ヤングアダルトの本

創作活動をささえる
4000冊

日外アソシエーツ

●編集担当● 小川 修司
カバーイラスト：赤田 麻衣子

刊行にあたって

　インターネットや携帯電話、スマートフォンが広く普及すると、小説投稿サイト「魔法のｉらんど」(1999年)、「小説家になろう」(2004年)、動画共有サイト「YouTube」(2005年)、「ニコニコ動画」(2006年)、SNS「フェイスブック」(2004年)、「Twitter（X）」(2006年)、「Instagram」(2010年)など各種人気投稿サイトが続々と設立され、規模を急拡大させている。「テレビ離れ」「活字離れ」がささやかれる中、カリスマYouTuber・HIKAKIN、SNS投稿からキャリアを始めた写真家・濱田英明、累計4500万部を売り上げたライトノベル作家・伏瀬など、アマチュアから大成功したクリエイターも現れ、子どもたちの憧れの職業として「YouTuber」が挙げられるまでとなった。今や誰もが自由に意見や作品を発表できる時代が到来したとみなされている。

　本書は、2000年から2024年までの国内で刊行された創造性や自己表現の技能を高めるのに役立つ図書を集めた図書目録である。YA・ティーンズ世代が、創作活動に取り組むにあたり参考となるような、主に中学生・高校生を対象とした初心者向けの入門書・概説書・技法書・学習漫画など3,777冊を収録した。本文は、出版年月の新しいものから順に排列し、選書の際の参考となるように内容紹介を掲載、巻末には書名索引、事項名索引を付して検索の便を図った。

　本書が公共図書館の児童・YA・ティーンズコーナーや中学・高校の学校図書館の場などで、本の選定・紹介・購入に幅広く活用されることを願っている。

2024年8月

　　　　　　　　　　　　　　　　　　　　　　　　日外アソシエーツ

凡　　例

1．本書の内容

　本書は、YA・ティーンズ世代が創造性や自己表現の技能を高めるのに役立つ図書を集め、テーマ別にまとめた図書目録である。

2．収録の対象

1) 中高生を主としたYA・ティーンズ世代を対象とする創作活動に関する図書 3,777 冊を収録した。
2) 2000 年から 2024 年 7 月までの約 24 年間に日本国内で刊行された図書を対象とした。
3) 基本的に、初版と改訂版、単行本と文庫版などがある場合は、最新版を収録した。

3．見出し

　各図書を「創作全般」「文章を学ぼう」「芸術・美術を学ぼう」「芸能を学ぼう」「IT技術を学ぼう」「デザインを学ぼう」に大別し、さらにテーマごとに小見出しを設けて分類した。

4．図書の排列

　各見出しのもとに出版年月の新しい順に排列した。出版年月が同じ場合は書名の五十音順に排列した。

5．図書の記述

　　書名／副書名／巻次／各巻書名／各巻副書名／各巻巻次／著者表示／版表示／出版地＊／出版者／出版年月／ページ数または冊数／大きさ／叢書名／叢書番号／副叢書名／副叢書番号／叢書責任者表示／注記／定価（刊行時）／ISBN（Ⅰで表示）／NDC（Ⓝで表示）／内容
　　＊出版地が東京の場合は省略した。

6．書名索引

　　各図書を書名の読みの五十音順に排列して著者名を補記し、本文での掲載ページを示した。

7．事項名索引

　　本文の各見出しの下に分類された図書に関する用語、テーマなどを五十音順に排列し、その見出しと本文での掲載ページを示した。

8．書誌事項の出所

　　本目録に掲載した各図書の書誌事項等は主に次の資料に拠っている。
　　データベース「BookPlus」
　　JAPAN/MARC
　　TRC MARC

目　次

創作全般 1

文章を学ぼう 6

　詩・短歌・俳句をつくりたい 23
　　短歌 24
　　俳句・連句 26
　　川柳 30
　　詩 31
　　漢詩 32
　ドラマや演劇のシナリオを書きたい .. 33
　小説やエッセイを書きたい 37
　童話を書きたい 50
　創作のためのヒント 51
　翻訳をしてみよう 58
　記事を書こう 58
　出版・編集をしてみよう 64
　　編集 65
　　出版 67
　　電子出版 70
　　組版・DTP 72
　　印刷 79
　　製本 81
　　装丁 83
　　同人誌 83

芸術・美術を学ぼう 85

　アートマネジメント 87
　彫刻にチャレンジ 87
　絵を描こう 89

　画法基礎 94
　水彩画 100
　水墨画 101
　油絵 102
　ポスター 103
　版画 103
　マンガやイラストを描けるようになる
　　には 104
　絵本を作ろう 114
　写真撮影にチャレンジ 116
　音楽を学ぼう 121
　　音楽基礎 124
　　楽譜 132
　　楽曲制作 135
　　　作詞 143
　　歌唱 145
　　演奏 150
　　　吹奏楽 155
　　　弦楽器 160
　　　ピアノ 169
　　　和楽器 170
　書道をしてみよう 170
　ものづくりにチャレンジ 173
　　陶磁工芸 179
　　　ガラス工芸 182
　　漆工芸 183
　　染織工芸 184
　　木竹工芸 185
　　宝石細工（アクセサリー） 190
　　革細工 191
　　金工芸 192
　　フィギュア 193
　　模型 194
　　トリックアート 194

アナログゲーム ………………… 195
ファッションデザイン …………… 195
　裁縫 ……………………………… 198
　　コスプレ …………………… 201
　ハンドメイド・ハンドクラフト ‥ 202
　　編物 …………………………… 205
　　袋物細工（バッグ・ポーチ）… 207
　　ビーズ細工 ………………… 208
　　パッチワーク ……………… 208
　　フェルト手芸 ………………… 209
　機械工作 ……………………… 211
　電子工作 ……………………… 212
　楽器製作 ……………………… 215
　ロケット製作 ………………… 220
　ロボット工作 ………………… 221
　モーター製作 ………………… 224
　発電機製作 …………………… 224
　ドローン工作 ………………… 225

芸能を学ぼう ………………… 227

演劇にチャレンジ ……………… 231
俳優にチャレンジ ……………… 234
声優にチャレンジ ……………… 235
ドラマ・映画を制作するために … 238
　音響制作 ……………………… 243
アニメを制作するために ……… 244
　CGデザイン・画像処理 ……… 247
　　CAD ………………………… 250
イベントを企画しよう ………… 251
お笑いにチャレンジ …………… 253

IT技術を学ぼう ……………… 255

プログラムを組もう …………… 256
　アプリをつくろう …………… 273
　　ゲーム ……………………… 279

ウェブデザインをするには …… 286
　ウェブライティング ………… 297
動画制作・動画配信しよう …… 303
AI・ChatGPTを使おう ………… 307

デザインを学ぼう …………… 313

工業デザインをするには ……… 321
商業デザインをするには ……… 323
広告デザインをするには ……… 327
　コピーライティング ………… 328
パッケージをデザインしよう … 332
文字をデザインしよう ………… 334
カラーコーディネートしよう … 339
インテリアをデザインしよう … 345
建築設計にチャレンジ ………… 348
　製図 …………………………… 354
ガーデニングにチャレンジ …… 354
　造園 …………………………… 357
　盆栽 …………………………… 361
フラワーデザインをするには … 361
　生け花 ………………………… 369
美容・理容・ヘアメイクにチャレンジ
……………………………………… 370

書名索引 ………………………… 373

事項名索引 ……………………… 423

創作全般

『プロフェッショナルな人たちのお仕事図鑑　3巻　日本がほこるカルチャー編』お仕事図鑑編集委員会編　文研出版　2022.8　47p　31cm　2800円　Ⓣ978-4-580-82436-2　Ⓝ366.29
　内容　さまざまな職業で活躍している人たちを取材し、「どうやったらなりたい職業に就けるのか」を写真とともにわかりやすく紹介。3巻は、プロ野球選手、動画クリエイター、俳優・声優、イラストレーター、美容師などを取り上げる。

『模倣と創造—13歳からのクリエイティブの教科書』佐宗邦威著　PHPエディターズ・グループ　2022.3　206p　18cm〈頒布・発売：PHP研究所〉1500円　Ⓣ978-4-569-85117-4　Ⓝ141.5
　内容　気鋭の戦略デザイナーが伝授！ 答えのない時代に生きるあなたに贈る19のヒント。

『エンジニアになろう！—つくってわかるテクノロジーのしくみ』キャロル・ボーダマン監修、後藤真理子訳　京都化学同人　2020.2　144p　29cm〈見たい、知りたい、ためしたい〉〈索引あり〉2500円　Ⓣ978-4-7598-2019-5　Ⓝ507
　内容　エンジニアのように考えて行動するとはどういうことかを学べる本。構造、機械、移動手段などをテーマに、家庭でできる実験を多数収録。わかりやすい解説のほか、歴史上の有名なエンジニアも紹介する。

『クリエイターになりたい！』ミータ・ワグナー著、小林玲子訳　柏書房　2018.4　287p　19cm　1900円　Ⓣ978-4-7601-4981-0　Ⓝ141.5
　内容　有名になりたい。ただただ、つくりたい。これまでの常識をくつがえしたい…。あなたはどのタイプ？ その人にとっての最大の動機をもとに、クリエイターのタイプを5つに分け、詳しく説明する。性格診断も収録。

『エンジニアになりたい君へ—理工系学生のためのキャリア形成ガイドブック』森實敏彦著　幻冬舎メディアコンサルティング　2017.2　202p　19cm〈発売：幻冬舎〉1400円　Ⓣ978-4-344-91093-5　Ⓝ377.9
　内容　君の就職活動は本当に正しいのか？ 技術至上主義で業界の常識を打ち破ってきたエンジニアリング企業社長が、エンジニアを目指す人にとって最適な会社・職場選びのポイント、一流のエンジニアになるための心構えを解説する。

『職場体験完全ガイド　45　能楽師・落語家・写真家・建築家—芸術にかかわる仕事 3』ポプラ社　2015.4　47p　27cm〈索引あり〉2800円　Ⓣ978-4-591-14370-4, 978-4-591-91497-7 (set)　Ⓝ366.29

『日本の発明・くふう図鑑』発明図鑑編集委員会編著　岩崎書店　2014.9　175p　29cm〈文献あり　年表あり　索引あり〉6000円　Ⓣ978-4-265-05966-9　Ⓝ507.1
　目次　1章 個人の探究心から生まれた（乾電池—もち運びがかんたんな、電気の缶詰、養殖真珠—人の手が生みだす、神秘の宝石、うま味調味料—世界じゅうに広まった「うま味」ほか）、2章 大勢の頭と力で生みだされたシステム（NC工作機械—機械をつくる機械、日本は実用化に貢献、イオンエンジン—小惑星探査機「はやぶさ」のエンジン、太陽電池—太陽の光を電気に変える、小さな発電所 ほか）、3章 長年にわたり積みあげられた世代を超えて、新しい日本らしさ（土佐和紙・土佐典具帖紙—世界にはばたく、紙すきの伝統技術、日本刀—「鍛錬」を重ねて、刀は強くなる、金魚—宇宙へ行った金魚 ほか）

『子供も大人も夢中になる発明入門—全国ジュニア発明展入選作品107点掲載』つくば科学万博記念財団監修、全国ジュニア発明展実行委員会編・著　誠文堂新光社　2014.7　159p　26cm　1400円　Ⓣ978-4-416-91436-7　Ⓝ507.1
　内容　全国ジュニア発明展入選作品107点掲載。

『職場体験完全ガイド　40　画家・映画監督・歌舞伎俳優・バレエダンサー—芸術

創作全般

にかかわる仕事2』　ポプラ社　2014.4　47p　27cm〈索引あり〉2800円　Ⓘ978-4-591-13788-8, 978-4-591-91408-3（set）　Ⓝ366.29

『職場体験完全ガイド　37　書店員・図書館司書・翻訳家・装丁家―本にかかわる仕事』　ポプラ社　2014.4　47p　27cm〈索引あり〉2800円　Ⓘ978-4-591-13785-7, 978-4-591-91408-3（set）　Ⓝ366.29

『マスコミ芸能創作のしごと―人気の職業早わかり！』PHP研究所編　PHP研究所　2011.6　111p　22cm　1300円　Ⓘ978-4-569-78152-5　Ⓝ366.29
目次 1 マスコミのしごと（アナウンサーのおしごと、編集者のおしごと）、2 芸能のしごと（声優のおしごと、映画監督のおしごと、ピアニストのおしごと）、3 創作のしごと（絵本作家のおしごと、陶芸家のおしごと、学芸員のおしごと）

『職場体験完全ガイド　25　テレビアナウンサー・脚本家・報道カメラマン・雑誌編集者―マスメディアの仕事2』　ポプラ社　2011.3　47p　27cm〈索引あり〉2800円　Ⓘ978-4-591-12298-3, 978-4-591-91211-9（set）　Ⓝ366.29

『職業ガイド・ナビ　2　コンピュータ・通信・放送／伝統技術／芸能・演芸／アート・デザイン』ヴィットインターナショナル企画室編　ほるぷ出版　2011.2　343p　27cm〈索引あり〉4800円　Ⓘ978-4-593-57232-8　Ⓝ366.29
内容 「知りたい！なりたい！職業ガイド」80巻で紹介した全240職業を、3冊の図鑑に再構成しました。それぞれの職業の第一線で活躍する人への取材をもとに、各職業4ページで写真やイラスト、図表を使って、ていねいに紹介。道筋がわかるフローチャート付き。よりくわしく知るために、すべての職業について『知りたい！なりたい！職業ガイド』へのインデックスとしても活用可能です。

『ファッション建築ITのしごと―人気の職業早わかり！』PHP研究所編　PHP研究所　2011.2　111p　22cm〈文献あり〉1300円　Ⓘ978-4-569-78118-1　Ⓝ366.29
内容 この本では、ものづくりや販売にかかわるしごとをテーマに、ファッションとビューティー、建築とインテリア、工業デザインや

ITにかかわるさまざまな職業を紹介しています。

『わたしが探究について語るなら』西澤潤一著　ポプラ社　2010.12　181p　20cm（未来のおとなへ語る）1300円　Ⓘ978-4-591-12142-9　Ⓝ507
内容 「なぜだろう？」と思う心が「思いがけない発見・発明」を生み出す。独創的な発明を成し遂げてきた科学者からのメッセージ。

『アイデアはどこからやってくる？』岩井俊雄著　河出書房新社　2010.6　222p　19cm（14歳の世渡り術）1200円　Ⓘ978-4-309-61661-2　Ⓝ141.5
内容 縦に開く斬新な絵本『100かいだてのいえ』、光と音を奏でる楽器『TENORI-ON』―きらめく発想はこうして生まれる！誰も思いつかなかったアイデアを次々と生み出すメディアアーティストが、その秘密を大公開。

『仕事の図鑑―なりたい自分を見つける！　13　人の心を動かす芸術文化の仕事』「仕事の図鑑」編集委員会編　あかね書房　2010.3　79p　27cm〈索引あり〉3300円　Ⓘ978-4-251-07823-0, 978-4-251-90453-9（set）　Ⓝ366.29
内容 自分の個性を生かし、音楽や美術、文学、映像で表現することで、人に感動を与える仕事を紹介。子どもたちに人気の職種が満載。

『メーカーのための「新人技術者」心得ノート』西畑三樹男著　日刊工業新聞社　2010.1　140p　21cm　1900円　Ⓘ978-4-526-06396-1　Ⓝ507
目次 第1章 技術者志望なら中小メーカーが面白い、第2章 技術者とはどんなものか、第3章 技術者になるにはどうすればよいか、第4章 技術のことだけ知っていればよいのではない、第5章 中小メーカーは研究開発が命である、第6章 製造技術と品質管理技術、第7章 社会とはどんなところか、第8章 これから技術者は何をなすべきか

『表現する仕事がしたい！』岩波書店編集部編　岩波書店　2009.6　214p　18cm（岩波ジュニア新書　631）780円　Ⓘ978-4-00-500631-1　Ⓝ366.29
内容 漫画家、音楽家、映画監督など「表現する仕事がしたい！」と夢見る若者は多い。人と違う個性をいかに発揮するかが勝負の世界で、どのような壁にぶつかり、乗り越えながら10代を過ごし、今の表現や仕事にたどりついたのかをさまざまな分野で活躍する個性豊かな13人が熱く語る。進路や生き方に悩む若

創作全般

者の道標となる一冊である。

『職場体験完全ガイド 9 小説家・漫画家・ピアニスト―芸術にかかわる仕事』
　ポプラ社　2009.3　47p　27cm〈索引あり〉2800円　①978-4-591-10675-4, 978-4-591-91061-0（set）Ⓝ366.29

『クリエイターになりたい―文章・絵・音楽・コンピュータ』しごと応援団編著
　理論社　2008.10　180p　19cm〈女の子のための仕事ガイド 8〉〈文献あり〉1200円　①978-4-652-04958-7　Ⓝ366.29
　[目次]雑誌記者、放送作家、アニメーター、グラフィックデザイナー、作詞家、CM音楽プロデューサー――。どんな仕事があるのか、具体的に何をするのか、何がおもしろくてどんな悩みがあるのか。結婚して子どもを産んでも続けられるのか…。分野ごとにまとめた先輩たちの話。

『人を楽しませたい―放送・エンタテインメント・広告・レジャー』しごと応援団編著　理論社　2007.7　187p　19cm〈女の子のための仕事ガイド 5〉〈文献あり〉1000円　①978-4-652-04955-6　Ⓝ366.29
　[目次]1 放送にかかわる仕事（テレビディレクター、アシスタントプロデューサー ほか）、2 エンタテインメントの仕事（映画会社で働く、美術監督 ほか）、3 広告にかかわる仕事（広告会社で働く（営業、媒体）、Webディレクター ほか）、4 レジャーにかかわる仕事（テーマパークで働く、ホテルで働く ほか）

『エンターテイメントとマスコミの仕事』
　あかね書房　2007.4　79p　27cm〈仕事の図鑑 なりたい自分を見つける！ 7「仕事の図鑑」編集委員会編）3300円　①978-4-251-07817-9, 978-4-251-90410-2（シリーズ）（set）Ⓝ366.29
　[目次]アナウンサー、アニメーター、絵本作家、大道具スタッフ、お笑い芸人、歌手、作曲家、CMプランナー、新聞記者、バレエダンサー、ファッションスタイリスト、ファッションデザイナー、マジシャン、マンガ編集者、ラジオDJ

『クリエイター・スピリットとは何か？』
　杉山知之著　筑摩書房　2007.4　141p　18cm（ちくまプリマー新書 57）700円　①978-4-480-68758-6　Ⓝ707
　[内容]日本のデジタルコンテンツは世界が認める文化。環境も需要も、本場だからこそ揃っ

ている。何かを表現したい君、迷わずクリエイターをめざせ！ そして最高にぜいたくな生き方をしよう。

『乗りものやコンピュータを扱う仕事』
　あかね書房　2007.4　79p　27cm〈仕事の図鑑 なりたい自分を見つける！ 6「仕事の図鑑」編集委員会編）3300円　①978-4-251-07816-2, 978-4-251-90410-2（シリーズ）（set）Ⓝ366.29
　[目次]ウェブデザイナー、宇宙開発を進める、エアラインパイロット、家電デザイナー、ゲームソフトをつくる、航空管制官、航空整備士、自動車整備士、鉄道運転士、電子マネーを運営する、時計修理工、働く車をつくる、遊園地の乗りものをつくる、レーシングドライバー、ロボットエンジニア

『技術者を目指す若者が読む本―技術者の卵が孵化する条件』池田満昭著　東京図書出版会　2006.7　96p　19cm〈発売：リフレ出版〉1000円　①4-86223-053-9　Ⓝ507
　[内容]何のためらいもなく、与えられた課題に素直に取組むことに慣らされて来た学生達・技術者の卵は社会に出て大きな壁にぶち当たり悩む。自立した技術者になるためには、この壁を乗り越えなければならない。そのためにはたった二つのことを理解して実践すれば良い。それは何か？ 例題をふんだんに取り込んで分かりやすく解説する。

『ゲーム・アニメ・声優・グッズ業界就職ガイド』　一迅社　2005.10　192p　21cm　1800円　①4-7580-1042-0
　[内容]ゲーム、アニメ、声優、グッズ、「好き」を一生の仕事にしたい。今すぐ役に立つ就職攻略本。

『これからの技術者―世界に羽ばたくプロを目指して』大橋秀雄著　オーム社　2005.10　194p　22cm　2500円　①4-274-20151-1　Ⓝ507
　[目次]第1章 プロローグ「何のために学ぶのか」、第2章 大学の役割、第3章 科学と技術、第4章 プロフェッショナルとしての技術者、第5章 グローバリゼーションが求めるもの、第6章 技術者の能力開発、第7章 技術者として生きる、付録

『発明家は子ども！』マーク・マカッチャン著、ジョン・カネルイラスト、千葉茂樹訳　晶文社　2005.9　87p　20cm　1300円　①4-7949-2724-X　Ⓝ507.1
　[内容]11歳の少女が冥王星の名づけ親になり、

創作全般

14歳の少年がテレビを発明した。SF作家のアシモフが小説を書き始めたのは、11歳。点字を思いついたのも、盲目の少年だった。みんな、子どものときから、発明家なのだ。彼らはとくべつなの？ いいえ、みんなと変わらない。ただ、すばらしいアイデアを思いついたら、実現するまで、ぜったいにあきらめなかったことだ。自分を信じて、やりとげること—それなら、君にもきっと、できる。

『大学生のためのエンジニア入門』三谷干城著　早稲田出版　2005.7　141p　21cm　1500円　⑪4-89827-298-3　Ⓝ507
内容　エンジニアに必要なのは「非常識な発想」がつくりだすスタンダード。現役エンジニアの著者が教える、未来のエンジニア達への指南本。

『発明にチャレンジ！』日本弁理士会監修　汐文社　2005.3　47p　27cm（イラスト大図解知的財産権 3）1800円　⑪4-8113-7937-3　Ⓝ507.1
内容　特許権は特許法という法律で、意匠権は意匠法という法律で、商標権は商標法という法律でそれぞれ保護されるようになっています。この本では、『特許』というものの仕組みがどのようになっているのか、意匠権のしくみがどのようになっているのか、商標権のしくみがどのようになっているのか、がよくわかるように説明してあります。

『技術者入門』松島隆裕編　学術図書出版社　2004.2　181p　21cm〈文献あり〉1800円　⑪4-87361-775-8　Ⓝ507
内容　技術って何？ 技術者って何をする人？ 科学と技術はどこが違うの？ 技術者のやるべき仕事は何？ 高等専門学校に入学した人を対象に、技術者をめざす自分の考え方・生き方を見つめるヒントを提供するテキスト。

『伝統美を表現する仕事—マンガ』ヴィットインターナショナル企画室編　ほるぷ出版　2002.4　146p　22cm（知りたい！ なりたい！ 職業ガイド）2200円　⑪4-593-57154-5, 4-593-09647-2 (set)
内容　本シリーズでは、毎回、さまざまな仕事に触れながら、その仕事はどんな世界を形作っているのか、その仕事につくためにはどうしたらいいのか、その答えをさぐっていきます。本巻では、伝統美を表現する仕事について。小学校高学年〜中学校・高校向け。

『いろんなメディアで伝えよう』満川尚美監修　汐文社　2002.3　59p　27cm（いのちを学ぼう『平和学習実践集』2）2000円　⑪4-8113-7437-1
内容　本書は、学習したこと、感動したことをどのようつたえたらよいか、を中心にまとめている。

『現代「手に職」ガイド—Web系から伝統的職業まで』上田信一郎著　実業之日本社　2001.11　318p　21cm　1900円　⑪4-408-10475-2　Ⓝ366.29
内容　数年で習得可能な102職種を厳選。実例も含め、わかりやすくポイント解説。進路決定から転職・独立にも役立つ。成長性、技術難易度、収入など具体的に紹介。

『技術者・研究者になるために—これだけは知っておきたいこと』前島英雄著　市川　米田出版　2001.10　152p　19cm〈発売：産業図書〉1200円　⑪4-946553-10-X　Ⓝ507
内容　自分を磨くために、潜在能力を引き出すために何をするか、研究開発にどう取り組むかなど、若い技術者、研究者の心構えをわかりやすく解説。

『なぜ私はこの仕事を選んだのか』岩波書店編集部編　岩波書店　2001.8　248p　18cm（岩波ジュニア新書）740円　⑪4-00-500380-X
内容　進路決定は人生の一大事。第一線で活躍中の映画監督、ミュージシャン、漫画家、ジャーナリスト、パン職人、蕎麦打ち職人、それに、いまではアドバイスをしてくれる学校の先生だって、一度はこの問題につきあたった。その悩みはどんなものだったのか。それをどう克服し、いまどんなことを感じながら仕事をしているのか。将来への夢は？ 各界で活躍中の先輩職業人一七人からのメッセージ。

『技術者のための『研究・開発活動入門』』宇賀丈雄著　鳥影社　2001.2　147p　19cm　1400円　⑪4-88629-550-9　Ⓝ507
内容　技術者のめざす創造的活動のガイドライン。知識吸収型から知識放出型への自己改造の方法を分かり易く説く。技術系必携。

『これから技術者になる君へ心得120』四畑三樹男著　日刊工業新聞社　2000.11　153p　19cm　1700円　⑪4-526-04667-1　Ⓝ507
内容　本書は、一人前の技術者になるためには最低限、何に気を付け、何を身につけなければならないかという基本を筆者の経験をもとに120の心得としてまとめたものである。

創作全般

『センスを生かす！ 人気のコーディネーターになる』日経事業出版社編　日経事業出版社　2000.6　181p　19cm（日経仕事の本シリーズ）1300円　①4-89112-009-6　Ⓝ366.29
内容 あなたの感性を新たなトレンドに！ スタイリスト、ブライダル、インテリア、雑貨、フラワー、バルーンetc.飾り、彩り、アレンジする魅力のコーディネーターを徹底公開。

文章を学ぼう

『すみっコぐらしといっしょに学ぼう文章が上手になるコツ』土居正博監修　主婦と生活社　2024.6　144p　21cm（今日からワクワクBook）1050円　①978-4-391-16225-7　Ⓝ816
|内容|日記帳や原稿用紙を前にすると、何を書いたらいいのか悩んでしまうよね。でも大丈夫♪「、」や「。」などの基本ルールがわかれば文章を書くのはかんたん！「ほんとに？」って思ったら、さっそく読んでみよう。

『型から学ぶ日本語練習帳―10代のはじめてのレポート・プレゼン・実用文書のために』要弥由美子著　ひつじ書房　2024.5　9, 197p　26cm〈文献:p195　索引あり〉2400円　①978-4-8234-1237-0　Ⓝ816
|内容|10代の学生に向けた、日本語の文章表現を手解きするテキスト。テキストタイプ別の定型文・形式を軸に、表現や文法を解説。レポートから、プレゼン、履歴書、メールまで、文書の基本が身につく。書き込み欄あり。

『知的文章術―誰も教えてくれない心をつかむ書き方』外山滋比古著　大和書房　2024.5　239p　19cm〈だいわ文庫 2017年刊の新装版〉1500円　①978-4-479-79807-1　Ⓝ816
|内容|読まずにはいられない、放ってはおかれないという気持を読む人に与えるもの、それがおもしろさである。文章は、おもしろくなくては話にならない―外山滋比古が、文章修業で学んだことを具体的にわかりやすく解説した。

『君の物語が君らしく―自分をつくるライティング入門』澤田英輔著　岩波書店　2024.4　5, 120p　19cm（岩波ジュニアスタートブックス―ジュニスタ）1450円　①978-4-00-027256-8　Ⓝ816
|内容|他人と比べず、他人の評価に縛られず、自分のために書いてみませんか？　中学生が自分の可能性を広げていけるよう、書くことの魅力を伝える。うまくなりたいと思ったら読んでほしい本5冊も紹介。

『マンガでよくわかる人を操る禁断の文章術』DaiGo著, 岡本圭一郎漫画　かんき出版　2024.4　205p　19cm　1500円　①978-4-7612-7731-4　Ⓝ816
|内容|書けないヒロイン、仕事、副業、婚活を成功させる！　20万部のロングセラーがマンガ化。チャット、メール、サムネにも使える。

『考える力がぐんぐん育ち、書くことが大好きになる！　こども「文章力」ゲーム』齋藤孝著　KADOKAWA　2024.2　111p　22cm　1500円　①978-4-04-606476-9　Ⓝ816
|内容|書くことがもっと楽しくなる！　これでキミも文章の達人だ！　日本語研究の第一人者・齋藤孝が考案した、文章の書き方を基礎から学べる20のゲームを収録する。短いフレーズから始めることができる、作文初心者に最適の一冊。

『作家になる方法』千田琢哉著　あさ出版　2024.2　423p　19cm〈著作目録あり〉2500円　①978-4-86667-665-4　Ⓝ021.3
|内容|著書240冊、累計発行部数350万部の職業作家による「作家になる方法」。執筆ジャンルの選定から原稿作成、デビューのしかた、増刷をかける方法、継続して出版をする方法まで、タブーを一切排した完全ノウハウを伝える。

『R80―自分の考えをパッと80字で論理的に書けるようになるメソッド』中島博司著　飛鳥新社　2023.11　183p　19cm　1273円　①978-4-86410-976-5　Ⓝ816
|内容|いま全国の多くの小中高で実践中！　論理力UP→成績UPが実証済み!!ルールは2つだけ！　2分で書けます。受験も仕事も「80字で伝える」が武器になる。奇跡の進学実績を成し遂げたカリスマ校長初の単著。

『現役ライター20人に訊いた！　私はこうしてエンタメ系ライターになった』北條俊正取材・執筆, 石井誠［ほか］ライター　玄光社　2023.9　208p　21cm　1700円　①978-4-7683-1838-6　Ⓝ021.3

文章を学ぼう

『**原稿用紙10枚を書く力**』齋藤孝著　増補新装版　大和書房　2023.9　235p　15cm〈だいわ文庫 9-16E〉〈文献あり〉800円　Ⓘ978-4-479-32067-8　Ⓝ816
[内容]「書く力とは何か」から、文章を構築するための方法、文体を身につける方法までを具体的に解説。思考力も文章もどんどん進む85の技巧、文章力を鍛えるおすすめ本150選を加えた増補新装版。

『**1文が書ければ2000字の文章は書ける**』松永正訓著　日本実業出版社　2023.7　326p　19cm〈文献あり〉1500円　Ⓘ978-4-534-06025-9　Ⓝ816
[内容] ビジネスでも勉学でも趣味でも、うまく文章が書ければ世界が広がる。医師であり作家でもある著者が、分かりやすくて読みやすい、絵が見えるような文章が書ける理系的「心を動かす文章術」を伝授する。

『**推しの素晴らしさを語りたいのに「やばい!」しかでてこない—自分の言葉でつくるオタク文章術**』三宅香帆[著]　ディスカヴァー・トゥエンティワン　2023.6　252p　19cm　1600円　Ⓘ978-4-7993-2950-4　Ⓝ816
[内容] 自分の感想を言葉にする「ちょっとしたコツ」を知れば、自分だけの言葉で推しを語ることができる! SNS、ブログなどの発信方法ごとに、推しの素晴らしさを伝える具体的な文章術を紹介する。例文やQ&Aなども掲載。

『**「書く仕事」のはじめ方・稼ぎ方・続け方—安定して頼まれるライターになる!**』藤木俊明著　同文舘出版　2023.6　307p　19cm（DO BOOKS）1600円　Ⓘ978-4-495-54140-8　Ⓝ021.3
[内容] 文章を書いて収入を得られるようになりたい人に、ライターであり発注する側でもある著者が、ライターの仕事内容や、はじめる前に知っておきたいこと、はじめ方、お金のこと、また頼まれるライターの要素などを教える。

『**音楽ライターになろう!**』妹尾みえ著　青弓社　2023.5　212p　19cm　1800円　Ⓘ978-4-7872-7455-7　Ⓝ764.7
[内容] アルバムレビューやアーティストへのインタビューなど、文章で楽曲やアーティストの魅力を伝える音楽ライター。音楽ライターへの一歩を踏み出したい人に、音楽を「聴く力」と、それを伝わるように「書く力」を磨く方法を伝授。

『**フードライターになろう!**』浅野陽子著　青弓社　2022.12　237p　19cm　1800円　Ⓘ978-4-7872-9268-1　Ⓝ596
[内容] レストランや著名なシェフ、料理研究家、食品関連企業に取材し、「おいしい」という言葉を使わずに、食の魅力を伝えるフードライター。デビューまでの道筋や文章術など、フードライターを目指す人に必要な情報をまとめる。

『**私立文章女学院**』加藤道子テキスト, 深川優イラスト　[武蔵野]　遊泳舎　2022.11　221p　19cm　1800円　Ⓘ978-4-909842-10-7　Ⓝ816
[内容] もし、女子校に「文章」の授業があったら。3人の高校生と学ぶ「文章のきほん100」。

『**ライター入門、校正入門、ずっと入門。—「書くこと」「読んでもらうこと」を考える。:THE BOOK**』中嶋泰, 張江浩司, 一色萌著　扶桑社　2022.11　215p　19cm　1500円　Ⓘ978-4-594-09366-2　Ⓝ021.3
[内容] ライターと校正者が「書くこと」「読んでもらうこと」を語り合う。2021年のトークイベントのダイジェストのほか、主催者ふたりによる「2022年春の感想戦」、レギュラーゲスト・一色萌の「振り返り」などを収録。

『**新編散文の基本**』阿部昭著　中央公論新社　2022.9　299p　16cm（中公文庫 あ20-4）〈『散文の基本』（福武書店 1981年刊）の改題、増補、再編集〉1000円　Ⓘ978-4-12-207253-4　Ⓝ914.6
[内容]「短編小説礼讃」の著者による小説作法の書。「私の文章作法」「短篇小説論」を中心に日本語論、自作解説を増補。荒川洋治との対談「短篇小説を語る」も収録。

『**富豪作家貧乏作家—ビジネス書作家にお金が集まる仕組み**』水野俊哉著　秀和システム　2022.8　278p　19cm　1500円　Ⓘ978-4-7980-6720-9　Ⓝ021.3
[内容] 13年間の作家・プロデューサー生活でわかった! ヒット率0.001%の世界で成功する方法、教えます。

『**文章がフツーにうまくなるとっておきのことば術**』関根健一著　大修館書店

2022.4 143p 21cm〈索引あり〉1600円 ⓘ978-4-469-21389-8 Ⓝ816
内容 「しかし」と「だが」の違いは？ 元読売新聞編集委員が、文章を書くときに役立つことばの選び方や使い方のコツを伝授する。大東文化大学法学部の授業で配信したコンテンツをもとに書籍化。

『よく生きることはよく書くこと―ジャーナリスト千本健一郎の文章教室1985-2015』千本健一郎著　静人舎　2022.4　547p　19cm〈文献あり　著作目録あり〉2700円　ⓘ978-4-909299-18-5　Ⓝ914.6
内容 『朝日ジャーナル』『週刊朝日』記者として健筆をふるい、朝日カルチャーセンターで30年にわたって文章指導を続けた千本健一郎が遺した文章の見本帖。

『最後まで読みたくなる最強の文章術―ちょっとしたことで差がつく』尾藤克之著　ソシム　2022.3　226p　19cm〈文献あり〉1450円　ⓘ978-4-8026-1358-3　Ⓝ816
内容 毎日ブログやSNSでアウトプットしているのに"読んでもらえない"そんな悩みを解決できる！ 今まで書いてこなかった本当のノウハウを凝縮！

『ゼロから始める文章教室―読み手に伝わる、気持ちを動かす！』小川こころ著　ナツメ社　2021.11　223p　19cm　1400円　ⓘ978-4-8163-7092-2　Ⓝ816
内容 ニガテな文章が1週間で上達する。趣味や副業に活かせる文章術が身につく！ ストアカビジネススキル部門2年連続「優秀講座賞」受賞。

『大学生のための文章表現＆口頭発表練習帳』銅直信子, 坂東実子著　改訂第2版　国書刊行会　2021.11　173p　26cm　1600円　ⓘ978-4-336-07282-5　Ⓝ816

『考えながら書く人のためのScrivener入門 for Windows―小説・論文・レポート、長文を書きたい人へ』向井領治著　ビー・エヌ・エヌ　2021.8　287p　24cm〈索引あり　「考えながら書く人のためのScrivener入門」ver.3対応改訂版 (ビー・エヌ・エヌ新社 2020年刊) の改題、全面改稿〉2600円　ⓘ978-4-8025-1227-5　Ⓝ007.638
内容 おもに個人で長文の文芸・評論作品を執筆するためのWindows用アプリケーション「Scrivener」の入門書。主要な機能を、「本文を書く」「出力する」等の目的別に解説。ver.3.0.1対応。

『短くても伝わる文章の書き方―学校生活・就活に役立つ！』白藍塾編, 樋口裕一監修　日本能率協会マネジメントセンター　2021.8　141p　21cm〈索引あり〉1300円　ⓘ978-4-8207-2950-1　Ⓝ816
内容 学校生活や就活で必要となる作文課題、自己PR、志望動機をはじめ、ビジネス文書・ビジネスメールの書き方を、「悪い文章・よい文章」の例を豊富に盛り込み解説する。テーマに応じて簡潔・適切に表現する力が身につく。

『伝える伝わる文章表現』新稲法子著　京都　ケイエスティープロダクション　2021.4　192p　19cm（知的シゲキbooks）1500円　ⓘ978-4-908717-08-6　Ⓝ816
内容 わかりやすい文章を書く技術を身につけるための問題集。「具体的に伝える」「構成を考えて書く」といった基礎編・応用編全7課を、練習・課題と解答例・解説で構成する。著者の大学等での授業を元にした問題を収録。

『「感想文」から「文学批評」へ―高校・大学から始める批評入門』小林真大著　小鳥遊書房　2021.2　238p　19cm〈文献あり〉2000円　ⓘ978-4-909812-53-7　Ⓝ901.4
内容 批評力は自分の意見を効果的に述べ、相手を説得させるために欠かせない重要なスキル。文学作品を批評することを通じて、いかなるコトバも批評できるテクニックや考え方を伝授する。

『大学生のための文章表現練習帳』坂東実子著　第2版　国書刊行会　2021.2　112p　26cm〈文献あり〉1000円　ⓘ978-4-336-07194-1　Ⓝ816
内容 "設計図"を使って文章を書く！「基本の型」を学んで、大学での学びに必要な文章力とスキルを身につけよう！ 身近なものから社会問題まで、さまざまなテーマで文章を書くトレーニング＆グループワーク8課を収録！

『名文に学ぶ授業に役立つ書くコツ！　2　作文・詩』白坂洋一監修　岩崎書店　2021.2　47p　29cm〈索引あり〉3000円　ⓘ978-4-265-08882-9　Ⓝ816
内容 名文に学ぼう！「作文・詩」を書くための準備と書くときに知っておきたいコツを、引用文とともに解説。それぞれのコツを生かしてどんなことができるかも、具体的な

文章を学ぼう

例で紹介する。書き込み式のシート付き。

『名文に学ぶ授業に役立つ書くコツ！ 4 スピーチ原稿』白坂洋一監修 岩崎書店 2021.1 47p 29cm〈索引あり〉3000円 Ⓘ978-4-265-08884-3 Ⓝ816
内容 名文に学ぼう！「スピーチ原稿」を書くための準備と書くときに知っておきたいコツを、引用文とともに解説。それぞれのコツを生かしてどんなことができるかも、具体的な例で紹介する。書き込み式のシート付き。

『名文に学ぶ授業に役立つ書くコツ！ 1 読書感想文』白坂洋一監修 岩崎書店 2021.1 47p 29cm〈索引あり〉3000円 Ⓘ978-4-265-08881-2 Ⓝ816
内容 名文に学ぼう！「読書感想文」を書くための準備と書くときに知っておきたいコツを、引用文とともに解説。それぞれのコツを生かしてどんなことができるかも、具体的な例で紹介する。書き込み式のシート付き。

『書くことについて』野口悠紀雄［著］KADOKAWA 2020.11 263p 18cm（角川新書 K-337）〈索引あり〉900円 Ⓘ978-4-04-082392-8 Ⓝ816
内容「文章を書く」とは、「自分の考えを伝える。意見を言う。主張を述べる」こと。ベストセラー作家・野口悠紀雄が、自らの「書くことについて」を解き明かし、基本的なスキルからアイディアの着想法まで、書く技術を公開する。

『14歳からの文章術――一生ものの「発信力」をつける！』小池陽慈著, 中山信一イラスト 笠間書院 2020.10 291p 19cm〈文献あり〉1400円 Ⓘ978-4-305-70929-5 Ⓝ816
内容 14歳から100歳まで日記、作文、読書感想文、願書、レポート、小論文、企画書…。役立つヒントが満載！書く「悩み」を「楽しみ」に変える本。

『文章を読む、書くのが楽しくなっちゃう本』QuizKnock著 朝日新聞出版 2020.10 127p 21cm（QuizKnockの課外授業シリーズ 02）1200円 Ⓘ978-4-02-331904-2 Ⓝ816
内容 文章とうまく付き合えば、「言葉の力」で世界がもっと広がる！ 文章という道具の目的や機能、働きに着目して、うまく使いこなすための思考法やテクニックを紹介する。書き込み式のワークシートも収録。

『作文教室』こざきゆう原作, 髙田桂漫画, 長谷川祥子監修 ポプラ社 2020.7 190p 21cm（マンガでマスター）〈文献あり〉1000円 Ⓘ978-4-591-16680-2 Ⓝ816
内容「作文力」を身につければ、論理的な思考ができる！ 作文や読書感想文を書くのに必要なことをマンガで紹介するとともに、例文をあげながら書き方をくわしく解説。コピーして使う「言葉ビンゴシート」「思い出シート」付き。

『伝わる文章の基本――初心者からプロまで一生使える』髙橋廣敏著 総合法令出版 2020.5 207p 19cm 1300円 Ⓘ978-4-86280-745-8 Ⓝ816
内容 10万人の文章が劇的に変わった！ 世界一わかりやすい文章講義。センスに頼らない93の文章術で誰でもスラスラ書けるようになる。

『理系のための文章教室――もう「読みにくい」とは言わせない！』藍月要著 星海社 2020.5 206p 18cm（星海社新書 161）〈発売：講談社〉840円 Ⓘ978-4-06-519945-9 Ⓝ816
内容 一文が長すぎる、字面の圧が高すぎる、「なんだか冷たい」と言われてしまう…。「文章力がない」と言われてしまう理系の人に向けて、「読みやすさ」という感覚的な要素を論理的に解説する。

『めんどくさがりなきみのための文章教室』はやみねかおる著 飛鳥新社 2020.3 255p 21cm 1200円 Ⓘ978-4-86410-671-9 Ⓝ816
内容 著者累計510万部以上人気児童書作家が贈る、小説を読むだけで、文章がうまくなる本。作文、メール、レポートから小説まで、これ1冊で書ける！

『放課後の文章教室』小手鞠るい著 偕成社 2019.8 169p 19cm 1200円 Ⓘ978-4-03-808270-2 Ⓝ816
内容 若い読者からの「文章について」「書くことについて」の質問に答えます。ツイッター・メールから読書感想文まで、書くことの楽しさとコツを教えます。小学校高学年から。

『自分で考え、自分で書くためのゆかいな文章教室』今野真二著 河出書房新社 2019.7 209p 19cm（14歳の世渡り術）1350円 Ⓘ978-4-309-61716-9 Ⓝ816
内容 学校では教えてくれない！ いつのまに

文章を学ぼう

か「考える力」が身につく国語レッスン、始めます。

『34の例文で苦手を克服読書感想文虎の巻』佐々木英昭著　幻冬舎メディアコンサルティング　2019.6　172p　18cm〈発売：幻冬舎〉800円　①978-4-344-92292-1　Ⓝ816
[内容]自分自身の生活を振り返る「反省文派」も、本の内容を分析する「批評派」も、自分に合った読書感想文がスイスイ書ける！　文学研究者でありブロガーでもある著者が、感想文を書くための4つのコツを豊富な例文と共に解説する。

『大学生のための国語表現』増田泉, 篠原京子著　東洋館出版社　2019.5　101p　26cm〈文献あり〉2000円　①978-4-491-03704-2　Ⓝ816
[目次]第1章 論理的思考を学ぼう！（論理の基礎とは？, 論理的文章と文学的文章は違うか）、第2章 基礎を大事に！（まず、鉛筆の持ち方から、平仮名を正しく ほか）、第3章 小論文を書こう！（基本の形、もっと小論文）、第4章 資料編（文章のキーワード・要約、練習問題解答 ほか）

『書くための勇気―「見方」が変わる文章術』川崎昌平著　晶文社　2019.4　294p　19cm　1650円　①978-4-7949-7087-9　Ⓝ816
[内容]批評性と言葉の磨き方を学んで、誰に臆するでもない勇気ある文章を書けるようになろう！　編集者・作家・漫画家として「相手に言葉を伝え」続ける著者が、本当に必要なテクニックを厳選し、公開する。

『間違いだらけの文章教室』高橋源一郎著　朝日新聞出版　2019.4　326p　15cm（朝日文庫 た26-8)〈「ぼくらの文章教室」(2013年刊)の改題、加筆〉680円　①978-4-02-261962-4　Ⓝ816
[内容]たくさんの「文章」を読んだぼくは、「文章」に揺さぶられ、いつの間にか、ぼくの「文章」を手に入れていた―。著者が好きな「文章」を紹介し、「名文」以上の文章がある事を解き明かす。NHKTV放送を基にした補講を追加。

『中高生からの論文入門』小笠原喜康, 片岡則夫著　講談社　2019.1　222p　18cm（講談社現代新書 2511)　840円　①978-4-06-514415-2　Ⓝ816.5
[内容]探究力・構築力・表現力を磨くには？　論文術・図書館学習の第一人者がわかりやす

く解説。学校の探究学習、卒業論文、新・大学入試対策にも最適！　この一冊さえあれば、だれでも論文が書ける。

『Markdownライティング入門―プレーンテキストで気楽に書こう！』藤原惟著　インプレスR&D　2018.12　142p　26cm（Next Publishing―技術書典SERIES)〈発売：インプレス〉2200円　①978-4-8443-9836-3　Ⓝ007.6388
[内容]「軽快に原稿を書きたい！」「テキストエディタやスマホで書きたい！」「手軽にWebに公開したい！」…そんなときにはMarkdownを使ってみませんか？

『悪文・乱文から卒業する正しい日本語の書き方』スクール東京［著］　ディスカヴァー・トゥエンティワン　2018.10　237p　19cm〈索引あり〉1500円　①978-4-7993-2373-1　Ⓝ816
[内容]仕事を進めるにあたって求められる、最低限の日本語の文章力が得られるまで、表記法、避けるべき表現や文法の知識など、文章についての項目を細かく分解して、1項目1ページで説明する。メールの書き方なども掲載。

『これで書く力がぐんぐんのびる!!―作文がもっと楽しくなるおもしろアイデアたっぷり問題にチャレンジ!!』工藤順一, 国語専科教室著　新版　合同出版　2018.7　143p　26cm　1800円　①978-4-7726-1342-2　Ⓝ816
[内容]書き込み式。

『簡潔で心揺さぶる文章作法―SNS時代の自己表現レッスン』島田雅彦著　KADOKAWA　2018.3　238p　19cm　1400円　①978-4-04-602253-0　Ⓝ816
[内容]短くても洗練された書き方とは？　現代文学の旗手・島田雅彦が、古今東西の名著を題材に「人に伝わりやすい短文のテクニック」をアドバイス。法政大学での講義をもとに、SNS時代の文章術を伝える。

『そもそも文章ってどう書けばいいんですか？』山口拓朗著　日本実業出版社　2018.3　249p　19cm　1400円　①978-4-534-05563-7　Ⓝ816
[内容]WEB制作会社に勤める25歳のモモは、小学生のころから作文が大嫌い。仕事で文章を書くときは、四苦八苦していたが…。ストーリーマンガと対話文で、文章を書くための基本とコツ、そしてテクニックをわかりやすく指南する。

文章を学ぼう

『はじめての技術書ライティング―IT系技術書を書く前に読む本：テーマの決め方から校正の仕方まで読みやすい本を書くための解説』向井領治著　インプレスR&D　2018.3　211p　21cm〈Next Publishing―New Thinking and New Ways〉〈発売：インプレス〉2200円
Ⓘ978-4-8443-9797-7　Ⓝ021

『文章表現のための辞典活用法』中村明著　東京堂出版　2018.2　268p　19cm〈文献あり〉1800円　Ⓘ978-4-490-20983-9　Ⓝ813
内容　文章の発想、書く内容のアイディア、意味・語感による最適なことば選び、漢字の使い分け、歴史的仮名遣いの確認…さまざまな場面での辞典活用法。

『あなたの文章が劇的に変わる5つの方法』尾藤克之著　三笠書房　2018.1　221p　19cm　1300円　Ⓘ978-4-8379-2723-5　Ⓝ816
内容　早く書けて、確実に伝わる！プロの技を一挙公開！相手の心をガッチリつかむ！誰でもすぐに、思い通りの文章が書ける！文章力は表現力。表現力は一生もののスキルとなり、あなたの人生をもっと輝かせる！

『みんなが書き手になる時代のあたらしい文章入門』古賀史健著　ピースオブケイク　2017.12　110p　15cm〈スマート新書 002〉〈発売：泰文堂〉500円　Ⓘ978-4-8030-1136-4　Ⓝ816
内容　資料作成、企画書、ブログ…。仕事やプライベートを問わず、文章力が必要とされる現代。人に伝わる文章を書くためにはどうしたらいいのか？　ミリオンセラー「嫌われる勇気」の著者が、とっておきの文章術を教える。

『日本語笑いの技法辞典』中村明著　岩波書店　2017.11　630,21p　20cm〈索引あり〉3400円　Ⓘ978-4-00-080320-5　Ⓝ816.036
内容　笑いを誘う日本語の発想と表現の技法を、12類287種に整理。

『日本語表現法　2　書くことの表現』白寄まゆみ著　白鷗社　2017.9　89p　26cm　1100円　Ⓘ978-4-938912-51-2　Ⓝ810.7

『13歳から身につける一生モノの文章術』近藤勝重著　大和出版　2017.7　190p　19cm　1300円　Ⓘ978-4-8047-6279-1　Ⓝ816
内容　作文、入試問題、レポート、報告書、メール、手紙…、あなたの人生についてまわる「文章力」を"考えたことをどう文字化するか"という根本から鍛える1冊。

『3行しか書けない人のための文章教室』前田安正著　朝日新聞出版　2017.6　190p　19cm　1300円　Ⓘ978-4-02-331599-0　Ⓝ816
内容　LINE、ツイッター、フェイスブックに慣れて…3行書くのがやっとな人でも、"長い文章"がすらすら書ける！朝日新聞ベテラン校閲記者が教える、すぐに使える「書き方」の基本。

『「超」実用的文章レトリック入門』加藤明著　朝日新聞出版　2017.4　263p　18cm〈朝日新書 613〉〈文献あり〉780円　Ⓘ978-4-02-273713-7　Ⓝ816.2
内容　うまい文章を書く人が駆使している「レトリック」とは、読む人を飽きさせないとっておきのワザを伝授する、元週刊誌編集長の文章塾。向田邦子の現写法、養老孟司の対照法、小泉今日子のオノマトペなど、使える実例が満載。

『伝わる文章Before＞＞＞After―せっかく書くならみんなに読んでもらいたい』坂本俊夫著　まむかいブックスギャラリー　2017.4　287p　19cm〈文献あり〉1600円　Ⓘ978-4-904402-01-6　Ⓝ816
内容　文章を書く上で大切なのは、伝えたいことを読み手にきちんと伝えること。わかりやすい文章、伝わる文章のコツを、30の文例をもとに、ビフォー・アフター形式で解説する。

『マジ文章書けないんだけど―朝日新聞ベテラン校閲記者が教える一生モノの文章術』前田安正著　大和書房　2017.4　221p　17cm〈文献あり〉1300円　Ⓘ978-4-479-79586-5　Ⓝ816
内容　朝日新聞ベテラン校閲記者が教える、一生モノの文章術―。大学3〜4年生や社会人になったばかりの文章を書くことに戸惑いを感じている人に向け、文章の書き方を初級〜プロ級のステップごとに、ストーリー仕立てで解説する。

『いつでもどこでも書きたい人のためのScrivener for iPad ＆ iPhone入門―記事・小説・レポート、文章を外出先で書く人へ』向井領治著　ビー・エヌ・エヌ新社　2017.2　255p　24cm〈索引あり〉2500円　Ⓘ978-4-8025-1044-8

文章を学ぼう

Ⓝ021.3
[内容] 長文の作品を執筆するためのiPad・iPhone用アプリ「Scrivener for iOS」の入門書。準備からプロジェクトの始め方、本文の書き方、出力方法、応用までを解説する。

『すべては書くことから始まる』坂東眞理子[著] クロスメディア・パブリッシング 2016.12 221p 19cm〈文献あり 発売：インプレス〉1380円 Ⓘ978-4-295-40037-0 Ⓝ816
[内容] 美しく正しい日本語が書ける人は、言いたいことがちゃんと伝わる。思考力、読解力、話し方、コミュニケーション能力、本物の人脈…。ベストセラー『女性の品格』の著者が明かす、仕事と人生を切り開く極意！

『悪文―伝わる文章の作法』岩淵悦太郎編著 KADOKAWA 2016.10 285p 15cm（[角川ソフィア文庫][E108-1]）〈第3版 日本評論社1979年刊の再刊〉800円 Ⓘ978-4-04-400081-3 Ⓝ816
[内容] 不用意な語順、一文字の助詞のちがい、身勝手な句読点…。すらりと頭に入らない悪文の、わかりにくさの要因はどこにあるのか？ 伝わらない文章の具体例をあげて徹底解剖。悪文の撃退法を50の鉄則で示し、添削法を明かす。

『フリーライターとして稼いでいく方法、教えます。』肥沼和之著 実務教育出版 2016.9 191p 19cm 1200円 Ⓘ978-4-7889-1191-8 Ⓝ021.3
[内容] 全くの未経験からライターになるためのノウハウを伝授。ライターの仕事の実例や、フリーランスのメリットとデメリット、ゼロから実績やコネを作る方法、文章上達法、持つべきマインドなどフリーライターに必要な内容が満載。

『アウトライナー実践入門―「書く・考える・生活する」創造的アウトライン・プロセッシングの技術』Tak.著 技術評論社 2016.8 271p 21cm〈文献あり〉1980円 Ⓘ978-4-7741-8285-8 Ⓝ021.3
[内容] ベストセラー電子書籍がフルリニューアルで新登場！ フリーのWorkFlowyやWordのアウトラインモードで実践。

『書きたいことがすらすら書ける！「接続詞」の技術』石黒圭著 実務教育出版 2016.8 206p 19cm〈文献あり 索引あり〉1400円 Ⓘ978-4-7889-1184-0

Ⓝ815.6
[内容] 論文、レポート、企画書、報告書、ブログ、…「つなぎ方」ひとつでこんなに変わる！ 第一人者が徹底伝授！

『大学生のための文章表現ワークブック―読み手・書き手と対話する』専修大学ネットワーク情報学部「リテラシー演習」開発チーム著, 冨永敦子編, 望月俊男, 山下清美監修 第3版 [出版地不明] 専大書房 2016.4 140p 30cm〈文献あり〉Ⓝ816

『たった一行で人を動かす文章術』潮凪洋介著 総合法令出版 2016.4 303p 19cm 1300円 Ⓘ978-4-86280-496-9 Ⓝ816
[内容] "人たらし"は、短い文章で相手の心に火をつける！ 人も自分もやる気にさせる、"ささる"文章のコツ。"短くても伝わる"文章の書き方・伝え方69。

『学生のための言語表現法』伊中悦子, 高崎みどり編 暁印書館 2016.3 222p 22cm 1800円 Ⓘ978-4-87015-525-1 Ⓝ816
[目次] 自己紹介スピーチ, ノートのとり方, ゼミナールの受け方の基礎, はじめてのレポート, 会議のもち方, 討論の仕方, 手紙の書き方―目上の人に手紙を出す, いろいろな文章の書き方のポイントと実例, 卒業論文（卒業研究）のすすめ方, 理科系のためのゼミナールの受け方およびノート作成上の注意, 理科系のためのレポート・論文作成上の注意

『文章力の基本の基本―分かりやすく書くための33の大切なヒント』阿部紘久著 日本実業出版社 2015.9 104p 26cm〈文献あり〉1000円 Ⓘ978-4-534-05308-4 Ⓝ816
[内容] この33の「基本の基本」を押さえれば、明日から、とても楽に文章が書けるようになります。書くのが好きな人は、もっと好きになれます。

『書かずに文章がうまくなるトレーニング』山口拓朗著 サンマーク出版 2015.7 302p 19cm 1400円 Ⓘ978-4-7631-3473-8 Ⓝ816
[内容] 人と話すとき、本を読むとき、プレゼントをするとき…。18年間で2300件以上の取材・インタビュー歴を誇る著者による、日常生活でちょっと意識を変えるだけで、あなたの文章がみるみる上達する方法！

『図解伝わる書き方超入門―伝わる文にど

文章を学ぼう

『**あっという間にどんどん変わる3つのステップ**』三谷宏治著 PHP研究所 2015.7 103p 29cm〈「伝わる書き方」（PHPエディターズ・グループ 2013年刊）の改題、加筆・修正〉800円 Ⓘ978-4-569-82518-2 Ⓝ816
[内容] 業務メール、報告書、企画書、ブログ、メッセージ…。もう面倒な準備はいらない。まず手を動かして、書きながら直そう。学校の感想文で先生から「よくわからない」と言われた筆者が、ベストセラー作家となった必殺の文章術を公開。

『**1分間文章術—文才がある人に生まれ変わる**』石井貴士著 KADOKAWA 2015.6 239p 19cm 1400円 Ⓘ978-4-04-601169-5 Ⓝ816

『**大学1年生のための日本語技法**』長尾佳代子,村上昌孝編 京都 ナカニシヤ出版 2015.4 99p 26cm〈索引あり〉1700円 Ⓘ978-4-7795-0902-5 Ⓝ816
[内容] 徹底した反復練習を通して、大学生として身につけなければならない日本語作文の基礎を学べる本。他の人の文章を引用するルールやパターンも具体的、かつ、ていねいに説明する。書き込み式の演習問題つき。

『**「私」を伝える文章作法**』森下育彦著 筑摩書房 2015.3 255p 18cm（ちくまプリマー新書 232）880円 Ⓘ978-4-480-68936-8 Ⓝ816
[内容] 心のもやもやを文字にしよう。答えは自分の中にしかない。記憶の引き出しから「私」を形作っているものを見つけ出そう。

『**自家製 文章読本**』井上ひさし著 改版 新潮社 2015.2 299p 15cm（新潮文庫）520円 Ⓘ978-4-10-116819-7
[内容] 「話すように書け」と人は説くが、「話すように書け」ばいい文章が書けるのか。簡潔ならばいい文章なのか。文学史にのこる名作から現代の広告文までを縦横無尽に駆使して、従来の文章読本の常識を覆す井上ひさし式文章作法。

『**伝えるための教科書**』川井龍介著 岩波書店 2015.1 228p 18cm（岩波ジュニア新書 794）840円 Ⓘ978-4-00-500794-3 Ⓝ816
[内容] 大学生や社会人になると、レポートや報告書、メールや手紙など、実用的な文書を書く機会が増えます。実用的な文書で大切なのは、なにより相手に伝わること。この本では、学校では教えてくれない「伝わる」文章の書き方を、シンプルな6つの心得と、身近な9つの場面で、やさしく学びます。受験や就職活動でもきっと役に立ちますよ。

『**型で習得！ 中高生からの文章術**』樋口裕一著 筑摩書房 2014.12 184p 18cm（ちくまプリマー新書 224）780円 Ⓘ978-4-480-68927-6 Ⓝ816
[内容] 学生でも社会人でも、文章力は武器になる。本書で紹介する三つの「型」を意識し応用すればカンタンに、必ず上手な文章が書ける。「小論文の神様」が秘中のテクニックを伝授！

『**大学一年生の文章作法**』山本幸司著 岩波書店 2014.12 177p 21cm（岩波テキストブックスα）〈文献あり〉2200円 Ⓘ978-4-00-028915-3 Ⓝ816
[内容] 分かる・伝わる文章を書くために—レジュメ、レポート、論文からエントリーシートまで、実践的な文章表現入門。

『**書きたいのに書けない人のための文章教室**』清水良典著 講談社 2014.11 222p 18cm 1200円 Ⓘ978-4-06-219257-6 Ⓝ816
[内容] 「書けない」悩み、解決します。「書くことが見つからない」「どう書けばいいか分からない」…そんなあなたに「自分らしい文章」を書く歓びをガイドする、大人のための文章入門！

『**「ゴーストライター」になって年1000万円稼ぐとっておきの方法—大物タレント本を書くプロが公開！**』やすだあんな著 創幻舎 2014.11 223p 19cm〈文献あり 発売：コスモの本〉1400円 Ⓘ978-4-86485-011-7 Ⓝ021.3
[内容] プロの裏技と稼げる極意を詰め込んだ渾身の一冊。

『**調べてみよう、書いてみよう**』最相葉月著 講談社 2014.11 164p 20cm（世の中への扉）1200円 Ⓘ978-4-06-287007-8 Ⓝ816
[内容] テーマが見つかる。調べ方がわかる。話の聞き方がうまくなる。だから、上手な文章が書ける！ 学校ではけっして教えてくれない、読む人にきちんと伝わる文章の書き方を、ノンフィクションライター・最相葉月さんが紹介します。

『**作文を書いてみよう—こうすれば、きみも文章が書ける**』村上政彦著 第三文明

社　2014.9　164p　19cm〈文献あり〉　1000円　Ⓣ978-4-476-03334-2　Ⓝ816

『作家になれる人、なれない人―自分の本を書きたいと思ったとき読む本』本田健,櫻井秀勲著　きずな出版　2014.6　205p　19cm　1400円　Ⓣ978-4-907072-18-6　Ⓝ021.3
[内容]　本が書ける人の条件とは？　ベストセラー作家・本田健と、伝説の編集長・櫻井秀勲が、「作家になること」をテーマに対談。1冊で終わらない作家の条件、部数を伸ばすコツ、うまい文章を書く秘訣などを語る。

『まず「書いてみる」生活―「読書」だけではもったいない』鷲田小彌太著　文芸社　2014.6　242p　15cm（文芸社文庫　わ1-4）〈祥伝社2006年刊の加筆・修正〉　580円　Ⓣ978-4-286-15358-2　Ⓝ816

『はじめよう、ロジカル・ライティング』名古屋大学教育学部附属中学校・高等学校国語科著　ひつじ書房　2014.5　213p　26cm〈文献あり〉　1600円　Ⓣ978-4-89476-700-3　Ⓝ816
[目次]　第1部 ウォーミングアップ編（意見文とは、「関係」を考える）、第2部 基本編（意見文のつくり方、「話題」「主張」を書くほか）、第3部 発展編―他者の成果を生かして考える方法（他者の考えとよりよく関わるために、要約から吟味、提案へ ほか）、第4部へのブリッジ（資料や他者の意見を取り込むために―引用の方法）、第4部 課題集

『ビジネス書の9割はゴーストライター』吉田典史著　青弓社　2014.5　205p　19cm　1600円　Ⓣ978-4-7872-3378-3　Ⓝ021.3
[内容]　ゴーストライターの経験豊富な著者が、ビジネス書にまつわる仕事の実態や収入、トラブルとその対処法、ライティングの心構えなどを数多くの実例に基づいて紹介し、著者・出版社・ライターの関係性をふまえたうえで、ライターの地位向上などの必要性を説く。ゴーストライターの基礎知識をまとめたQ&Aも所収。

『縦横無尽の文章レッスン』村田喜代子著　朝日新聞出版　2014.4　265p　15cm（朝日文庫　む9-4）　680円　Ⓣ978-4-02-264740-5　Ⓝ914.6
[内容]　優れた文章を書くためには、まず良い文章を読むこと。小学生の名作文、魂ふるえる童話『ねずみ女房』、世界の学者たちが闘わせる愉快で過激な文明論など、多岐にわた

る分野の文章がテキスト。名文を味わい、書く、大学で開かれた極めて実践的な文章講座。

『印税で1億円稼ぐ』千田琢哉著　あさ出版　2013.11　171p　19cm〈著作目録あり〉　1300円　Ⓣ978-4-86063-653-1　Ⓝ021.3
[内容]　デビュー、テーマ、出版社、販売促進、ヒット作―ミリオンセラー作家、初公開。「夢のような話」を現実にしたい挑戦者たちへ。

『職業、ブックライター。―毎月1冊10万字書く私の方法』上阪徹著　講談社　2013.11　229p　19cm　1500円　Ⓣ978-4-06-218695-7　Ⓝ021.3
[内容]　ベストセラー『成功者3000人の言葉』の著者が公開する、成功者に代わって本を書き、思いを人に伝える仕事！　取材のコツ、書く技術、時間管理からギャラの話まで、プロとして独立できるノウハウのすべて。

『思考力・構成力・表現力をきたえるはじめてのロジカルシンキング　2　書く力―ポスター・意見文・読書感想文・作文・おねがいの手紙・見学レポート・パンフレットを書いてみよう』大庭コテイさち子著,榎本はいほイラスト　偕成社　2013.4　55p　27cm〈文献あり〉　2000円　Ⓣ978-4-03-623120-1　Ⓝ141.5
[内容]　この本は、すっきり考えるためのロジカルシンキングの本。ポスターも意見文も読書感想文も、わかりやすく書けるようになる。「考える図」をつかってたのしく書こう！　小学校高学年から。

『日本語の〈書き〉方』森山卓郎著　岩波書店　2013.3　227p　18cm（岩波ジュニア新書　736）　840円　Ⓣ978-4-00-500736-3　Ⓝ816
[内容]　文章のキホンは、まず言葉から、文字の使い方、語彙の選び方、文の組み立て方、段落の構成法、と順を追って、日本語のしくみを知り、"書く"ための基礎を学ぼう。次に、報告文、論説文、文学的表現、手紙、と種類に応じた文章の"書き"方を考えてみよう。日本語学者がわかりやすく語る、まったく新しい文章レッスン。

『書きかたがわかるはじめての文章レッスン　3　物語・詩』金田一秀穂監修　学研教育出版　2013.2　47p　29cm〈発売：学研マーケティング〉　3000円　Ⓣ978-4-05-500985-0, 978-4-05-811259-5（set）　Ⓝ816
[目次]　物語の基本を知ろう（書くステップを知

文章を学ぼう

ろう，物語を書いてみよう，表現を工夫しよう，長い物語を書いてみよう），詩の基本を知ろう（表現の工夫を知ろう，書くステップを知ろう，詩を書いてみよう）

『書きかたがわかるはじめての文章レッスン　2　手紙・電子メール』金田一秀穂監修　学研教育出版　2013.2　47p　29cm〈発売：学研マーケティング〉3000円　Ⓘ978-4-05-500984-3, 978-4-05-811259-5(set)　Ⓝ816
目次　手紙の基本を知ろう，みんなの手紙を見てみよう，手紙の表現を知ろう，あて名の書き方を知ろう，電子メールの基本を知ろう，電子メールのマナー

『書きかたがわかるはじめての文章レッスン　1　読書感想文・作文』金田一秀穂監修　学研教育出版　2013.2　47p　29cm〈発売：学研マーケティング〉3000円　Ⓘ978-4-05-500983-6, 978-4-05-811259-5(set)　Ⓝ816
目次　読書感想文の基本を知ろう（書くステップを知ろう，基本にチャレンジしよう，表現を工夫しよう），作文の基本を知ろう（書くステップを知ろう，基本にチャレンジしよう）

『文章力の「基本」が身につく本—伝わる文章が書ける76の簡単テクニック』山﨑政志著　学研パブリッシング　2012.7　195p　21cm〈発売：学研マーケティング〉1200円　Ⓘ978-4-05-405389-2　Ⓝ816

『あなたの文章が〈みるみる〉わかりやすくなる本』石崎秀穂著　日本実業出版社　2012.5　190p　21cm　1300円　Ⓘ978-4-534-04950-6　Ⓝ816
内容　あなたの文章をわかりやすくする「6つの技」を紹介。豊富な「例文→改善例」を改善ポイントとともに丁寧に解説。メール，報告書，企画書，ブログ…。"伝わる文章のコツ"をくどいくらいに教えます。

『フリーライターになろう！』八岩まどか著　青弓社　2012.4　191p　19cm　1600円　Ⓘ978-4-7872-9206-3　Ⓘ021.5
内容　フリーライターは何でも屋！　出版をメインに多種多様な表現を求められる業界で，自分の強みを生かして文章を書いてお金を稼ぐ。ナゾが多い仕事と生活の実態を，現役ライターが自身のエピソードを交えながら「なる方法」から「続けていくコツ」までをドド〜ンと紹介します。

『高校生のための批評入門』梅田卓夫，清水良典，服部左右一，松川由博編　筑摩書房　2012.3　542p　15cm（ちくま学芸文庫　ン7-3）〈索引あり〉1600円　Ⓘ978-4-480-09440-7　Ⓝ904
内容　批評の豊かさを味わうことができる51編を収めたアンソロジー。「私の流儀」「生と死のサイクル」「思考するまなざし」などのテーマ別に，著名な作家・思想家・エッセイストの文章を短文読み切り形式で収録。

『13歳からの論理的な文章のトレーニング—「説得力あるロジック」が身につく80問』小野田博一著　PHPエディターズ・グループ　2012.2　124p　21cm〈発売：PHP研究所〉1200円　Ⓘ978-4-569-80210-7　Ⓝ816
目次　準備編1「論理的な文章」とは何かをまず知ろう，準備編2　基本の説明（論理がある，論理が正しく見える　ほか），本編1　結論を支える（文章の欠陥は何？，隠れた前提は何？　ほか），さらに，練習！　本編2　論理的な文章のフォーム（広い話（概論）の後には，それについての詳しい説明を置こう，断定できないことを断定してはならない　ほか），補編　終わりの練習（次の文章の欠陥は何？，文章改良の練習）

『20歳(にじゅっさい)の自分に受けさせたい文章講義』古賀史健著　星海社　2012.1　276p　18cm（星海社新書9）〈発売：講談社〉840円　Ⓘ978-4-06-138510-8　Ⓝ816
内容　どうすれば自分の気持ちや考えを「文章だけ」で伝えることが出来るのか。「話すこと」と「書くこと」はまったく別の行為である。現役のライターが「話し言葉から書き言葉へ」のノウハウを伝授する。

『150字からはじめる「うまい」と言われる文章の書き方』高橋フミアキ著　日本実業出版社　2011.5　158p　21cm　1300円　Ⓘ978-4-534-04820-2　Ⓝ816
内容　手紙・ブログ・メールから作文・自己PR・小論文・報告書まで…ニガテだった文章がみるみる書けるようになる10の文章パターンと48のテクニック。本当に書けるノウハウ満載。

『楽しい文章教室—今すぐ作家になれる　3巻　手紙がきちんと書ける』　教育画劇　2011.4　63p　23cm〈文献あり〉3300円　Ⓘ978-4-7746-1234-8　Ⓝ816
目次　「手紙が書ける」から，「手紙がきちんと書ける」ようになろう！，伝える方法を考え

る 手紙とその仲間, 使い分けのコツ, 伝える作法を心得る きちんと書くための決まりごと, 伝える方法その1 個性豊かな手紙の書き方, 伝える方法その2 見せるハガキの書き方, 伝える方法その3 プレゼントになるカードの書き方, 伝える方法その4 技ありなEメールとけいたいメールの書き方, 伝える方法その5 ブログとツイッターの書き方の基本,「手紙がきちんと書ける」をきわめよう

『日本語表現法』網本尚子, 河本明子, 押川聖子, 上野麻美著, 日本語表現研究会編 アイ・ケイコーポレーション 2011.4 159p 26cm 1900円 ⓘ978-4-87492-288-0 Ⓝ810.7
|目次| 1 文章の書き方, 2 ことばの知識, 3 レポートの書き方, 4 小論文の書き方, 5 メールの書き方, 6 手紙の書き方, 7 敬語の知識, 8 ビジネス文書の書き方, 9 発表のしかた, 10 就職活動に備えて

『人は文章を書く生きものです。―「私」のための文章講座』星野人史編著 木魂社 2011.3 269p 21cm 1800円 ⓘ978-4-87746-110-2 Ⓝ914.68
|内容| 推敲と音読, もう一度推敲と音読, さらに推敲と音読。自分が納得できる文章を書こうとする時間は, 納得できる自分に出会うための一人旅。巧拙, 優劣から解放された「書くことそれ自体」を大切にする「珊瑚舎スコーレ・文章講座」の一〇年。一〇歳から八四歳までの生徒・学生が綴った「自分であること」の証し。

『大学生からの文章表現―無難で退屈な日本語から卒業する』黒田龍之助著 筑摩書房 2011.2 202p 18cm〈ちくま新書 889〉〈文献あり〉720円 ⓘ978-4-480-06592-6 Ⓝ816
|内容| まずは学校の文章の決まりから自由になろう。あとはいくつかの約束事を守って練習すれば, 魅力的な文章を書くことができるはず。具体例をふんだんに盛り込んだ, 授業感覚で読める日本語表現のテクニック集。

『楽しい文章教室―今すぐ作家になれる 1巻 作文が書ける』 教育画劇 2011.2 63p 23cm〈文献あり〉3300円 ⓘ978-4-7746-1232-4 Ⓝ816
|目次| 文章を書くと "いいこと" がある!?, 作文はこわくない! 準備すればだいじょうぶ, テーマを決める―第一歩 何について書く?, 内容をまとめる―いちばん書きたいことは?, 文章を組み立てる―うまく伝えるには?, 文章を書き進める―ツボをおさえれば楽しく書ける! 面白く読める!, 作文も, 身だしなみを整えて―作文のお約束, 基本の"き", いろいろな作文1―紹介文, いろいろな作文2―日記, いろいろな作文3―読書感想文, いろいろな作文4―意見文, 作文が上手になる魔法

『伝わる文章の書き方教室―書き換えトレーニング10講』飯間浩明著 筑摩書房 2011.1 191p 18cm〈ちくまプリマー新書 151〉780円 ⓘ978-4-480-68853-8 Ⓝ816
|内容| ことばの選び方や表現方法, 論理構成をちょっと工夫するだけで, 文章はぐっとよくなる。ゲーム感覚の書き換えトレーニングを通じて, 相手に「伝わる」文章のコツを伝授する。

『プロ文章論―書いて生きていく』上阪徹著 ミシマ社 2010.12 318p 19cm 1600円 ⓘ978-4-903908-23-6 Ⓝ816
|内容| それで, 本当に伝わりますか? 40万部突破の『プロ論』他, ベストセラーを続々手がける著者が明かす, 生きた文章論。人に会い, 人に聞き, 人に伝える, テクニックを超えたコミュニケーションの心得。

『とりあえずの国語力』石原大作著 徳間書店 2010.11 191p 21cm 1400円 ⓘ978-4-19-863063-8 Ⓝ816
|内容| 履歴書, 企画書, プレゼン資料, 報告書…文章を書くのなんて簡単。小論文のカリスマ予備校講師が厳選した33の必修ポイント。

『明快に書く! 心をつかむ文章力』阿部紘久著 三笠書房 2010.10 237p 15cm〈知的生きかた文庫 あ35-1〉〈『明快な文章』(くろしお出版2007年刊)の加筆・改筆・再編集, 改題〉571円 ⓘ978-4-8379-7889-3 Ⓝ816
|内容|「伝わる文章」を書くための原理・原則, 表現に迷ったとき…スラスラ書けるヒント, 発想力・着想力がみるみる豊かになる効果的トレーニング法, 読みやすさ10倍アップ! たったこれだけ「視覚のマジック」―この1冊で身につく, 一生モノの「文章力の基本」。

『13歳からの作文・小論文ノート―読み手を「なるほど」と納得させる27のルール』小野田博一著 PHPエディターズ・グループ 2010.6 124p 18cm〈発売:PHP研究所〉1200円 ⓘ978-4-569-77991-1 Ⓝ816
|内容| 要するにキミは, 何が言いたいの?―中高生から大人まで役立つ「理詰めの文章術」。

文章を学ぼう

『早大院生と考えた文章がうまくなる13の秘訣』近藤勝重著　幻冬舎　2010.1　239p　19cm　1400円　Ⓘ978-4-344-01775-7　Ⓝ816
[内容] マスコミ志望の学生たちに大人気！ 近藤流文章教室が本になった！ 書く材料の組み合わせ次第で表現力は劇的にUPする。

『書いて稼ぐ技術』永江朗著　平凡社　2009.11　219p　18cm（平凡社新書494）740円　Ⓘ978-4-582-85494-7　Ⓝ021.3
[内容] フリーライターは名乗れば誰でもなれるが、それで食べていけるかどうかが肝心。何をどう書き、得意ジャンルをいかに確立するか。自らのキャリアをどのようにデザインするか。そして、世間をどう渡っていくか──。文筆稼業25年の著者が自らの体験を披瀝し、「書いて生きる方法」を説く。

『よくわかる文章表現の技術　2（文章構成編）』石黒圭著　新版　明治書院　2009.11　289p　21cm　1900円　Ⓘ978-4-625-70406-2　Ⓝ816
[目次] 魅力的な書き出し、さわやかな読後感、冒頭と結末の呼応、適切なタイトル、読者への配慮、手際のよい説明、目に浮かぶ描写、問題提起文の力、謎解き型の文章、伏線の張り方、譲歩による説得、要約の方法

『よくわかる文章表現の技術　1（表現・表記編）』石黒圭著　新版　明治書院　2009.11　256p　21cm　1900円　Ⓘ978-4-625-70405-5　Ⓝ816
[目次] 読点の打ち方、語順の文法、かなと漢字の書き分け、主語の省略と表出、表現選択の可能性、話しことばと書きことば、弱い判断の功罪、事実と意見の書き分け、「のだ」のさじ加減、接続詞の使い方、文の長さと読みやすさ、段落の考え方

『NHK伝える極意──達人に学ぶコミュニケーション　1　書く極意』NHK「伝える極意」制作班編　汐文社　2009.9　47p　27cm　2000円　Ⓘ978-4-8113-8613-3　Ⓝ361.45
[内容] 達人が、子供たちに必要なコミュニケーションのための技術を伝授。1は、お礼状や感想文、新聞、詩を取りあげ、具体的な「書く極意」をわかりやすく伝えます。

『たった4行ですらすら書く技術』久保博正著　すばる舎　2009.3　207p　19cm　1400円　Ⓘ978-4-88399-792-3　Ⓝ816
[内容] 表現の巧みさやボキャブラリーよりも大事なものがある。流れるように書くにはどうすればいいの？ まとまった文章を書くときに必要なものは？ 筆力をアップさせる一番の近道は？「書けない人」のどんな悩みも解決する起承転結の文章構成法。これをマスターすれば、文章力が一気にアップ。

『書く仕事入門──プロが語る書いて生きるための14のヒント』編集の学校文章の学校監修　雷鳥社　2008.7　183p　21cm　1500円　Ⓘ978-4-8441-3505-0　Ⓝ021.3
[内容] 作家、エッセイスト、ジャーナリスト、ライター、詩人、書家が語る。書いて暮らせるなんて、こんな素敵なことはない。

『やさしい文章表現法』中西一弘編　新版　朝倉書店　2008.5　217p　21cm〈執筆：金子泰子ほか　文献あり〉2600円　Ⓘ978-4-254-51032-4　Ⓝ816
[目次] はじめに 学習を始めるにあたって、第1章 気楽にちょっと、第2章 短い文章（二百字作文）を書いてみよう、第3章 書く生活を広げて、第4章 やや長い文章を書いてみよう、第5章 お話を作って、おわりに 学習の総復習

『調べる技術・書く技術』野村進著　講談社　2008.4　254p　18cm（講談社現代新書）〈文献あり〉740円　Ⓘ978-4-06-287940-8　Ⓝ901.6
[内容] テーマの選び方、資料収集法、取材の実際から原稿完成まで、丁寧に教える。これがプロの「知的生産術」だ！

『800字を書く力──小論文もエッセイもこれが基本！』鈴木信一［著］祥伝社　2008.2　204p　18cm（祥伝社新書）740円　Ⓘ978-4-396-11102-1　Ⓝ816

『読み上手書き上手』齋藤孝著　筑摩書房　2008.2　191p　18cm（ちくまプリマー新書 76）760円　Ⓘ978-4-480-68778-4　Ⓝ816
[内容] 入試や就職はもちろん、人生の様々な局面で読み書きの能力は重視される。本の読み方、問いの立て方、国語の入試問題などを例に、その能力を鍛えるコツを伝授する。

『日本語を書く作法・読む作法』阿刀田高著　時事通信出版局　2008.1　221p　20cm〈発売：時事通信社〉1600円　Ⓘ978-4-7887-0773-3　Ⓝ914.6
[目次] 第1部 書く作法（告白的文章作法、「直筆」の手紙力「縦書き」の効果、昔はみんな手で書いた、私の文字生活、まねて覚える敬語かなほか）、第2部 読む作法（珍しい読書体験、一生の楽しみ、小学校で英語を教えるの？、

朗読事始め，短編小説の魅力 ほか）

『年収1000万円！ 稼ぐ「ライター」の仕事術』吉田典史著　同文舘出版　2008.1　222p　19cm　1500円　ⓘ978-4-495-57881-7　Ⓝ021.3
内容　「書くことが好きだから…」「好き」だけで、いつまでライターを続けられるか？　年収400万円程度、5年以内に半分が廃業といわれているのがフリーライターの実態。本書では、ライターが「安定的に」「継続して」収入を得るための仕組みを紹介する。

『文彩百遊―楽しむ日本語レトリック』荻生待也編著　遊子館　2008.1　246p　19cm（遊子館books 1）1800円　ⓘ978-4-946525-85-8　Ⓝ816.2

『文章のみがき方』辰濃和男著　岩波書店　2007.10　240p　18cm（岩波新書）780円　ⓘ978-4-00-431095-2　Ⓝ816
内容　いい文章を書くために、作家・文章家たちは何を心がけているか。漱石・荷風から向田邦子・村上春樹まで幅広い人びとの明かす知恵を手がかりに、実践的な方策を考える。歩くことの効用、辞書の徹底活用、比喩の工夫…。執筆中や推敲時だけでなく、日常のなかの留意点もまじえて説く、ロングセラー『文章の書き方』の姉妹編。

『よくわかる文章表現の技術　5（文体編）』石黒圭著　明治書院　2007.10　291p　21cm〈文献あり〉1900円　ⓘ978-4-625-70404-8　Ⓝ816
目次　第1講　みんなの日本語―言語弱者の文体、第2講　重厚なことば―近代文語文体、第3講　翻訳的発想―翻訳調の文体、第4講　連体修飾節のしくみと働き―説明の文体、第5講　飾りの存在意義―描写の文体、第6講　文章のなかの声―言文一致の文体、第7講　カタカナの新用法―カタカナの文体、第8講　文末の緩急―点描文体、第9講　文学的な表現の性格―小説の文体、第10講　繰り返しとリズム―反復文体、第11講　私を消す文章―論文の文体、第12講　顔の見える文章―個性的な文体

『作文なんてカンタンだ！』齋藤孝著　PHP研究所　2007.8　95p　22cm（齋藤孝の「ズバリ！攻略」シリーズ）952円　ⓘ978-4-569-69284-5　Ⓝ816
目次　1　1行目なんてカンタンだ！（新しい自分に変身しよう！、紙の上で考えろ　ほか）、2　原稿用紙10枚なんてカンタンだ！（十枚書くより一枚のほうがむずかしい!?、最もくろしも」を使え！，秘伝その2―「じつは」を使え！　ほか）、4　作文マイスターになる必殺技！（不思議ゲッターになろう、立場を変えれば思わぬ発見がある　ほか）

『文章読本』日本ペンクラブ編，吉行淳之介選　ランダムハウス講談社　2007.6　253p　15cm〈福武書店1988年刊の再刊〉850円　ⓘ978-4-270-10104-9　Ⓝ816.04
内容　「文章」とは？「文体」とは？　作家が創作を重ねるたびに、文字通り身体で覚えた文章修業の奥儀を、正直にさらけ出した小説論のアンソロジー。谷崎潤一郎、三島由紀夫、丸谷才一ら、名だたる作家20人が磨きあげた「文章読本」のエッセンスを、吉行淳之介の目で抽出した決定版です。

『悪文―裏返し文章読本』中村明著　筑摩書房　2007.1　239p　15cm（ちくま学芸文庫）〈1995年刊の増訂〉840円　ⓘ978-4-480-09042-3　Ⓝ816
内容　文法的には正しいのになぜかしっくり来ない文章、明らかに悪文なのにどこか力がある文章、などなど、日本語においては悪文の要素があまりに多岐にわたり、かつ曖昧である。本書では、悪文とは何かに始まり、執筆態度や分量の調節、そして用字・用語の間違いにいたるまで、悪文に陥りやすいポイントをまとめ、小事典風にAからZまでの26章に分類して、日本語を書く際の問題点をユーモラスにわかりやすく解説する。

『何かを書きたいあなたへ―ケータイ小説の女王が教える文章術！』内藤みか著　ビジネス社　2006.10　222p　19cm〈文献あり〉1300円　ⓘ4-8284-1306-5　Ⓝ816
内容　1つの日記が、メール・作文・ブログ・エッセイ・小説・ケータイ小説・官能小説と、みるみるうちに7変化。

『日本語への文士の心構え―すぐれた文章を書くために』大久保房男著　アートデイズ　2006.10　193p　20cm　1600円　ⓘ4-86119-067-3　Ⓝ810.4
内容　名編集長として出版界に知られてきた著者が文芸の世界に氾濫するおかしな文章や言葉遣いを指摘しつつ、かつて文士たちがいかに優れた文章を書くことに腐心してきたかを編集者の視点から綴った書。

『本を書くhito・honを出す人―みんなはじめは新人だった!!』編集の学校文章の学校監修　雷鳥社　2006.10　141p

文章を学ぼう

26cm 1500円 ⓘ4-8441-3455-8 ⓃⓄ21.3
[内容] 作家、エッセイスト、絵本作家、ライター…12名の著者インタビュー。本の出し方は、実にさまざま。最初の1冊をどうやって出したのか、「はじめての1冊ものがたり」をお届けします。

『よくわかる文章表現の技術　4（発想編）』
石黒圭著　明治書院　2006.9　304p　21cm〈文献あり〉1900円　ⓘ4-625-70307-7　Ⓝ816
[内容] 著者が実際に大学でおこなった授業を、受講生の声を反映させて12講にまとめた一冊。要点整理の方法、文間を読ませる技術、予測を利用したレトリックなど、文章を書くための発想と技術を課題を解きながら解説していく。

『「文章の学校」の教科書―1週間でマスター　プロの現場には文章上達のヒントがいっぱい！　基礎編』編集の学校文章の学校監修　雷鳥社　2006.6　207p　19cm　1500円　ⓘ4-8441-3442-6　Ⓝ816
[目次] 第1日 読者を楽しませる、第2日 自分らしい文章を書くためには、第3日 読者をひきつけるには？、第4日 文章の「型」を覚える、第5日 文章にリアリティを演出する、第6日 文章のリズムをよくする、第7日 最後にもう一度チェックする

『リンボウ先生の文章術教室』林望著　小学館　2006.6　236p　15cm〈小学館文庫〉〈「文章術の千本ノック」（2002年刊）の増訂〉533円　ⓘ4-09-408083-X　Ⓝ816
[内容] 当代きっての名文家・リンボウ先生が、大学、カルチャーセンターで行った特別講義をリアルに再現！「文章を書くことも、一つのARTである」と言い切る先生が、その法則、技術、美学を厳しく、そして懇切丁寧に指導します。人の心に届く文章の書き方から、パソコンで書く際の注意点、実例がうれしい"鬼の赤ペン添削"まで、文章力が格段に向上する納得・充実の内容。

『大学生のためのレトリック入門―説得力と表現力を高める文章作成の技法』速水博司著　小平　蒼丘書林　2005.11　125p　21cm　900円　ⓘ4-915442-30-6　Ⓝ816.2

『今日から目覚める文章術』高橋三千綱著　ロングセラーズ　2005.10　317p　18cm　905円　ⓘ4-8454-0759-0　Ⓝ816

[内容] 文章は自分をよくみせる最も有効で元手のかからない手段だ。―芥川賞作家完全書き下ろし

『よくわかる文章表現の技術　3（文法編）』
石黒圭著　明治書院　2005.10　256p　21cm〈文献あり〉1900円　ⓘ4-625-70306-9　Ⓝ816
[目次] 日本語は最後まで読まなくてもわかる、なぜ受身を使うか、現在形と過去形の使い分け、否定表現の功罪、丁寧形と普通形の混用の可否、待遇表現の活用、指示語の適切な使用法、誤解を招きやすい表現、引用の多重性、カタカナ語は日本語をだめにするか、漢語は日本語をやさしくするか、ルビと複線的テクスト

『書けない私でもなれた！　お気楽ライター道―ライター道は山あり谷あり』ウサ吉著　技術評論社　2005.6　239p　19cm　1380円　ⓘ4-7741-2339-0　Ⓝ021.3
[内容] フリーターからフリーライターへの道をセキララにつづったメールマガジン「ライターってもうかるの!?」が書籍になってパワーアップ。

『大学生のための文章教室』大正大学表現技術研究会編　改訂第4版　大正大学出版会　2005.4　114p　21cm　ⓘ4-924297-31-3　Ⓝ816

『ことばを使う仕事』金田一春彦、金田一秀穂監修、深光富士男原稿執筆　学習研究社　2005.3　48p　27cm（金田一先生の日本語教室 7）2800円　ⓘ4-05-202172-X, 4-05-810757-X（シリーズ）(set)　Ⓝ366.29
[目次] アナウンサー・加賀美幸子さん、落語家・鈴々舎馬桜さん、毎日新聞社特別編集委員・岸井成格さん、映画字幕翻訳家・戸田奈津子さん

『売文生活』日垣隆著　筑摩書房　2005.3　266p　18cm（ちくま新書）780円　ⓘ4-480-06223-8　Ⓝ021.3
[内容] 投稿生活をへて作家・ジャーナリストとなった著者のみならず、物書きたちにとってお金の問題は避けて通ることのできない重大事だ。本邦初の"フリーエージェント宣言"をなし遂げた文豪・夏目漱石、公務員初任給の一〇〇倍は稼いでいた「火宅の人」檀一雄、「底ぬけビンボー暮らし」に明け暮れた作家・松下竜一…。明治の文士から平成のフリーライターまで、物書きたちはカネと自由を求めて苦闘してきた。本書ではそうした姿を、出版界の"秘部"とも言いうる「原稿料事情」を

『創作力トレーニング』原和久著　岩波書店　2005.1　181p　18cm（岩波ジュニア新書）780円　Ⓘ4-00-500494-6　Ⓝ816
[内容]　詩や脚本、小説などの文学作品をはじめ、漫画、手紙、新聞コラム、企画書、宣伝文など、さまざまなジャンルの文章表現を理解して、自分で作品を創り、さらに分析・解説してみよう。言葉と表現をみがいて"創造力"をきたえ、社会につながる文章を書くための楽しい手引き。

『評論家入門―清貧でもいいから物書きになりたい人に』小谷野敦著　平凡社　2004.11　232p　18cm（平凡社新書）760円　Ⓘ4-582-85247-5　Ⓝ021.3
[内容]　物書きは儲からない。本を出したって、売れやしない。それでも「書いて生きていきたい」と言う人のために、評論の読み方、書くにあたっての基本的な事柄を示し、物書きという仕事の苦しみと愉しみを説く。

『中学生からの作文技術』本多勝一著　朝日新聞社　2004.10　246p　19cm（朝日選書762）1200円　Ⓘ4-02-259862-X　Ⓝ816
[内容]　既刊「日本語の作文技術」「実戦・日本語の作文技術」から、言葉の順序、句読点の打ち方、漢字や助詞の使い方など、最低限習得さればいい部分を抽出し、まとめる。わかりやすく、誤解されづらい文章を書く「技術」を説明。

『書き上手―「天声人語」の文章術』栗田亘著　五月書房　2004.9　273p　19cm　1400円　Ⓘ4-7727-0414-0　Ⓝ816
[内容]　うまい文章のコツ、知っていますか？どこをどう直せばいいのか、何がダメなのか―「天声人語」の元・筆者が珠玉の文章作法を初めて説く。

『「ビジネス書」を書いて出版する法―あなたのビジネス経験とノウハウを商業出版しよう！』畑田洋行著　同文舘出版　2004.5　197p　19cm　1400円　Ⓘ4-495-56451-X　Ⓝ021.3
[内容]　本書で公開する「出版社への売り込みのコツ」さえ心得ておけば、原稿が採用される確率は大幅にアップすることは確実。これまで、持ち込み原稿が採用されなかった原因を徹底分析し、編集者から「ぜひ、あなたの原稿を出版させてください」と言わせるテクニックを教える。

『「国語表現」入門―日本語表現の「基礎と応用」学習帳』小野末夫著　増補・改訂　冬至書房　2004.4　130,14p　19cm　1500円　Ⓘ4-88582-134-7　Ⓝ816
[目次]　第1章　日本語の表現（「表現」とは、「読解」とは　ほか）、第2章　手紙文の書き方（手紙文の目的および性質、手紙文の種類　ほか）、第3章　ビジネス文書の書き方（ビジネス文書の目的および性質、ビジネス文書の種類　ほか）、付録「話し言葉」とマナー（日常の言葉遣い、接客の応対とマナー）

『初めての文章表現道場』佐藤二雄編著　日本放送出版協会　2004.4　222p　18cm（生活人新書）680円　Ⓘ4-14-088104-6　Ⓝ816.8
[内容]　文章の鍛錬とは、まず書きたいことから始めるべきである。本書は、小論文も作文も苦手な32名の大学生が、「書きたいことを書きたいように書きたいだけ」書いた、初めての文章表現。キーワードは「生命、愛情、家族」。一期一会を、猪突猛進を、右往左往を、愛別離苦を…。精一杯の文章に、素朴な感動がよみがえる。

『自分のことばで書く・話す』上村博一著　新樹社　2004.3　128p　19cm　1200円　Ⓘ4-7875-8527-4　Ⓝ810.4
[内容]　「書く」秘訣。2週間であなたは「日本語の達人」に。

『大学生のための文章表現入門　演習編』速水博司著　小平　蒼丘書林　2003.8　79p　21cm〈付属資料：15p　付属資料：15p〉700円　Ⓘ4-915442-29-2　Ⓝ816
[内容]　本書は、『大学生のための文章表現入門』の記述をふまえ、文章表現力を高めるための演習問題を収めたものである。小冊子ではあるが、本書の設問に取り組み、実際に書いてみることで、文章作成の基本、ルールを体得していただけることと思う。

『大学教授になれる本の書き方』山本武信著　早稲田出版　2003.7　238p　20cm　1700円　Ⓘ4-89827-259-2　Ⓝ021.3

『フリーライターズ・マニュアル』樋口聡著　青弓社　2003.7　254p　19cm　1600円　Ⓘ4-7872-9164-5　Ⓝ021.3
[内容]　デジタル時代を生き抜くフリーランサーには、いま、何が必要か。文章術からプロとしてのセルフ・マネジメントまで、フリーライターとして活動するためのすべてを詳説し

文章を学ぼう

た業界初のマニュアル書。プロからアマチュア、ライター予備軍、書きたい人、週末ライター志望者までの、「ここが知りたい」「いまさら聞けない」に迫る『フリーライターになる方法』第2弾。

『何でもわかる文章の書き方百科』平井昌夫著　三省堂　2003.5　601p　19cm　2300円　①4-385-15067-2　Ⓝ816
[内容] 文章、書く手順、効果的な書き方、語句と文字の選び方と使い方、いろいろな文章の書き方の五部構成。文章を書く時に必要な知識をあらゆるジャンルにわたって解説した「文章の百科事典」。

『入門日本語文章力―しっかりした日本語をきちんと書く』渡辺富美雄編　かんき出版　2003.1　205p　19cm　1300円　①4-7612-6064-5　Ⓝ816
[目次] 第1章　文章力の基本（文章とは何か、名文はいらない ほか）、第2章　文章力の理論（情報収集力・情報整理力を磨く、コンテを作成する ほか）、第3章　文章力の表現方法（主語と述語は正しく使う、必要最小限の修飾語を効果的に ほか）、第4章　文章力の実践（ビジネスで使う文章の書き方、企画書・提案書の書き方 ほか）、巻末　わかりやすい「手紙・ハガキ文」の実例集（「見舞状」の書き方、「礼状」の書き方 ほか）

『大学生のための文章表現入門―正しく構成し、明快に伝える手順と技術』速水博司著　小平　蒼丘書林　2002.12　166p　21cm　1000円　①4-915442-28-4　Ⓝ816

『日本語のレトリック―文章表現の技法』瀬戸賢一著　岩波書店　2002.12　209p　18cm（岩波ジュニア新書）740円　①4-00-500418-0　Ⓝ816.2
[内容]「人生は旅だ」「筆をとる」「負けるが勝ち」「一日千秋の思い」…。ちょっとした言い回しやたくみな文章表現で、読む者に強い印象を与えるレトリック。そのなかから隠喩や換喩、パロディーなど30を取り上げる。清少納言、夏目漱石から井上ひさし、宮部みゆきまで、さまざまな小説や随筆、詩を味わいながら、日本語の豊かな文章表現を学ぶ。

『思考のレッスン』丸谷才一著　文藝春秋　2002.10　278p　16cm（文春文庫）448円　①4-16-713816-9　Ⓝ914.6
[内容] 思考の達人・丸谷さんが「どうすればいい考えが浮かぶか」のテクニックを伝授。「仮説は大胆不敵に」「ひいきの学者をつくれ」「ホーム・グラウンドを持て」「文章は最後の

マルまで考えて書け」…。究極の読書法、文章を書く極意、アイデアを生むコツが満載。レポートや論文を書く時に必携の名講義。

『読む心・書く心―文章の心理学入門』秋田喜代美著　京都　北大路書房　2002.10　126p　19cm（心理学ジュニアライブラリ 2）〈文献あり〉1200円　①4-7628-2279-5　Ⓝ019.1
[内容] 文章を読んだり書いたりする時に、心の中で何が起こっているのだろうか。その心のしくみがわかると、読む時・書く時に自分の心を見つめるまなざしが変わってくる。

『図解でよくわかる上手な文章の書き方が身につく法』工藤圭著　アスカ・エフ・プロダクツ　2002.8　199p　19cm〈発売：明日香出版社〉1300円　①4-7569-0572-2　Ⓝ816
[内容] あきらめるな！「文章ベタ」は必ずなおる！ 読みやすくわかりやすい文章の書き方が身につく本。

『日本語の豊かな使い手になるために―読む、書く、話す、聞く』大岡信著　新版　太郎次郎社　2002.7　286p　19cm　1600円　①4-8118-0667-0　Ⓝ810.4
[内容] ことばは知識ではなく、体験である。ことばを育てる体験とは―「折々のうた」の著者・詩人が語りつくした、生きた日本語の世界。

『文章・会話辞典―いい文章の書き方、会話と敬語の心得、電子メール活用術、著作権への対応』野元菊雄編著　ぎょうせい　2002.7　503,15p　22cm　4190円　①4-324-06417-2　Ⓝ816.07
[目次] 1 いい文章の書き方、2 話し言葉と会話の心得、3 国語審議会答申について、4 現代表記法、5 用字用語・修辞文法辞典、6 電子メールの書き方、7 文章と著作権

『作文しよう！ 投稿しよう！』下村昇著　勉誠出版　2001.9　270p　19cm（楽しく豊かに 2）1300円　①4-585-09026-6　Ⓝ816
[目次] 第1章　書く意欲を高める（文章を書くことは、恥をかくことか？、書くことの必要性と目的 ほか）、第2章　あなたも書いてみよう（書くことを決める、材料探し ほか）、第3章　これだけは覚えておこう・基礎技能の伸ばし方（どんな練習をするか、練習によって伸ばす ほか）、第4章　子供にはどう教えるか（何について書くかを決める…話題と中心になる考え、書こうとする「中心になる考え」を

決める ほか)、第5章 わあステキ！・こんな作文ができちゃった(「題材」と「中心になる考え」を作った、初めての作文、どうにか成功！ ほか)。

『なっちゃえ！ 女性ライター——華麗なるプロへの転身』早稲田マスコミセミナー編、岩田薫監修　早稲田経営出版　2001.4　253p　21cm　1600円　①4-8471-0625-3　Ⓝ021.3
[内容] ライター業界は、年齢不問・経験不問。現在活躍中の女性ライターたちがみずからの体験をもとに「ズブの素人」がどうやって「プロ」になっていくか徹底的に教えます。

『100万人の文章表現術——基本の基本から、キラリと光る一文の作り方まで』PHPエディターズ・グループ著　PHPエディターズ・グループ　2001.4　152p　18cm〈発売：PHP研究所〉800円　①4-569-61543-0　Ⓝ816
[内容] 本書は自分が思っていること、考えていること、伝えたいことが、少々自己流の表現であったとしても、(1)「相手に読んでもらえて」、(2)「相手の心に伝わって」、(3)「感動したよ」と言ってもらえるようになるための、基本的な文章術です。文例も原則として、プロの書き手が上手いと認める名文ではなく、このように書けば相手に伝わりやすくなりますよといった意味での文を参考として紹介しました。

『日本語の磨きかた』林望著　PHP研究所　2000.11　226p　18cm（PHP新書）660円　①4-569-61320-9　Ⓝ810.4
[内容] 文章を書くとき心がけていることは何か？ 目上の人、年下の人にはどんなことば遣いで接しているか？ 林望事務所はなぜ「風邪ひきの人、出入り厳禁」なのか？ 数々のヒントに満ちたリンボウ先生の「ことば」生活。しかし、そういったノウハウ以上に大切なのは、自分のことばへの意識を常にもつこと、そして豊かな古典を学んで「日本語」を愛することである。ことばのトレーニングを通して「自分」の確立を考える、好評『知性の磨きかた』『日本語へそまがり講義』に続く集中講義第三弾。

『今から作家！——サラリーマン・OLをしながら作家になる方法』唐沢明著　総合法令出版　2000.10　205p　19cm　1400円　①4-89346-689-5　Ⓝ021.3
[内容] 不況の21世紀は"手に職"の「5時から作家」で快適生活！ 本書は、昼は会社員、夜は作家、さらに大学の講師という"三足のわらじ"をはいている著者が、「5時から作家」になる方法を伝授。また、出版社への売りこみテクニックも教えます。

『音楽ライター養成講座』小野島大著　音楽之友社　2000.10　221p　21cm　1800円　①4-276-23770-X　Ⓝ764.7
[内容] 12年のキャリアを持つ音楽評論家、小野島大が講師を務める「音楽ライター養成講座」は、96年の開講以来11期を数える人気講座。本書は、その受講生の作品を実際に取り上げながら講義内容を紙上で再現、音楽評論の書き方を正面からレクチャーする初の実践的ガイドだ。

『読むことは生きること——読書感想文の書き方：中学生向き』紺野順子著、ささめやゆき絵　ポプラ社　2000.5　143p　20cm　950円　①4-591-06466-2
[内容] 感想文を書くということは、一冊の本と真剣にむきあうことで、自己を見つめ、新しい自己を発見するという、きわめて緊張感をともなう営みなのだ。著者は、本書で、一冊の本と本気でむきあう読書があることを、多くの中学生に伝えたいと考えた。中学生向き。

『楽々書ける中学生の作文術』板垣昭一著　大阪　フォーラム・A　2000.5　127p　21cm　1143円　①4-89428-148-1
[内容] 作文の基本を4段階にわけ、ポイントを無理なく習得。例文を学び、書き方を整理し作文を書く。原稿用紙付。題材の収集、綴り方・推敲の仕方までを完全コーチ。

『作文がどんどん書ける作文名人になれちゃう本——宮川俊彦のノリノリ授業』宮川俊彦著　小学館　2000.4　175p　19cm（わかる！ できる！ のびる！ ドラゼミ・ドラネットブックス——日本一の教え方名人ナマ授業シリーズ）〈索引あり〉850円　①4-09-253515-5
[内容] 「作文は何とか書き上げた…」でも、本当の作文はここからがスタート。そんなとき、作文を磨きあげるワザがパッとわかる、とっても便利なマニュアル本。伝えたいことは何？ 確かな表現力とは？ 『自分作文』をとことん目指す！ 作文大王ワザづくし！ など、作文名人になるためのポイントを、ドラえもんのまんがでおもしろ解説。

『すぐに役立つ文章作法——書く前・書く時・書いた後』小田武次郎著、SCC出版局編　電子開発学園出版局　2000.4　264p　19cm〈発売：エスシーシー〉1500円　①4-88647-905-7　Ⓝ816

文章を学ぼう　　　　　　　　　　　詩・短歌・俳句をつくりたい

[内容] 本書は、学生やビジネスマン（技術者を含めて）が文章を書くに当たっての最小限の"きまり"を、「書く前に」「書く時に」「書いた後で」の3段階に分けて、分かりやすく説明したものです。

『フリーライターになる方法』樋口聡著　青弓社　2000.4　228p　19cm（寺子屋ブックス 15）1600円　Ⓘ4-7872-9139-4　Ⓝ070.7
[内容] フリーライターになるにはどうすべきか？　その鍵は「自己管理」と「特化」。持ち込みと売り込みの方法から、企画書のまとめ方、取材の方法まで、自分の道を見つけて切り開くためのノウハウを公開。

『書いてみようらくらく作文』武良竜彦著　偕成社　2000.3　161p　21cm（国語がもっとすきになる本）1500円　Ⓘ4-03-541250-3
[内容] 作文って、なんかいやだな…作文はにがてだ…と思っていませんか。じつは、作文を書くことはとても楽しいことなのです。どのように書いたらいいかもっとじょうずに書くにはどうしたらいいかやさしく、わかりやすく教えます。

『日本語の使い方に強くなる文字遊び』藁谷久三著　青年書館　2000.2　208p　19cm　1520円　Ⓘ4-7918-0865-7　Ⓝ810.4
[内容] 無意識に乱れている漢字とカナを見直し考え直し正しく使う秘訣集。入社・入学の試験に合格するコツを付記。

《詩・短歌・俳句をつくりたい》

『名文に学ぶ授業に役立つ書くコツ！　3　俳句・川柳・短歌』白坂洋一監修　岩崎書店　2021.1　47p　29cm〈文献あり　索引あり〉3000円　Ⓘ978-4-265-08883-6　Ⓝ816
[内容] 名文に学ぼう！　「俳句・川柳・短歌」を詠むための準備と詠むときに知っておきたいコツを、たくさんの例とともに解説。例を声に出して読み、気になる作品・好きな作品を見つけよう。書き込み式のシート付き。

『連歌を楽しむ―鑑賞と創作入門』黒岩淳著　広島　溪水社　2020.8　208p　19cm〈文献あり〉1000円　Ⓘ978-4-86327-530-0　Ⓝ911.2
[内容] 日本の伝統文芸である「座の文学」の連歌。初心者でも理解を深められるよう、連歌の作品のほか、連歌論や連歌に関する話などを紹介し、その楽しさを伝える。連歌創作をするときに役立つ事項も掲載。

『俳句・短歌をつくろう』神野紗希,小島ゆかり監修　金の星社　2017.3　39p　30cm（声に出して楽しもう俳句・短歌）〈索引あり〉2800円　Ⓘ978-4-323-05603-6　Ⓝ911
[内容] 俳句と短歌のつくりかたを楽しく紹介。基本的なルールはもちろん、題材の見つけかたや、表現を豊かにするテクニックも、名句・名歌を例にわかりやすく解説する。子どもたちが参加できる俳句・短歌のコンテストも掲載。

『俳句・川柳・短歌の練習帖―問題を解きながら3つの魅力に触れる：入門者、初心者、大歓迎！：問題に答えながら、俳句・川柳・短歌の基本から上達テクニックまでをマスター』やすみりえ,坊城俊樹,東直子監修　滋慶出版／つちや書店　2016.4　159p　21cm〈滋慶出版／土屋書店 2014年刊の再刊〉1480円　Ⓘ978-4-8069-1542-3　Ⓝ911.307
[内容] 短詩の世界がぐんぐん広がる！　練習問題とわかりやすい解説で鑑賞力と作品力が身につく。

『写真で読み解く俳句・短歌・歳時記大辞典』塩見恵介監修　あかね書房　2015.12　143p　31cm〈文献あり　索引あり〉5000円　Ⓘ978-4-251-06647-3　Ⓝ911.302
[内容] 百人一首や代表的な短歌と俳句をテーマ別にまとめ、写真とともに解説する。俳句と短歌の歴史や表現技法、俳句のつくり方、代表的な俳句作者を紹介し、より理解を深める「まめ知識」も収録する。見返しにクイズあり。

『これから始める俳句・川柳―いちばんやさしい入門書』神野紗希俳句,水野タケシ川柳　池田書店　2014.7　127p　21cm　1250円　Ⓘ978-4-262-14544-0　Ⓝ911.307
[内容] 毎日イキイキ！　一生楽しめる趣味になる！　俳句と川柳の違い、それぞれの基礎知識、素材の見つけ方、作り方のコツ、発表・投稿のしかたなど、ていねいにわかりやすく解説しました。

『書きかたがわかるはじめての文章レッスン　5　俳句・短歌』金田一秀穂監修

学研教育出版　2013.2　47p　29cm〈発売：学研マーケティング〉3000円　Ⓣ978-4-05-500987-4, 978-4-05-811259-5 (set)　Ⓝ816
　目次　俳句の基本を知ろう（表現の工夫を知ろう，作るステップを知ろう，俳句を作ってみよう，有名な俳句に親しもう），短歌の基本を知ろう（作るステップを知ろう，短歌を作ってみよう，有名な短歌に親しもう），金田一先生の短歌ワールド

『連歌入門―ことばと心をつむぐ文芸』廣木一人著　三弥井書店　2010.11　214p　19cm〈文献あり　索引あり〉1980円　Ⓣ978-4-8382-3200-0　Ⓝ911.2
　内容　うたわれる日本の文化，精神，文学，日本人の美意識とはいかなるものだったのか。

『新編どどいつ入門―風迅洞流「現代どどいつ」へ、ようこそ』中道風迅洞著　三五館　2005.12　286p　20cm〈文献あり〉1600円　Ⓣ4-88320-338-7　Ⓝ911.66
　内容　「初歩の初歩」から「練達の士」まで，どどいつの楽しみ方，味わい方。

◆短歌

『短歌を楽しむ基礎知識』上野誠編　KADOKAWA　2024.5　276p　19cm（角川選書 670）〈文献：p269～274〉1800円　Ⓣ978-4-04-703725-0　Ⓝ911.104
　内容　近年、短歌ブームが起きている。第一線の研究者と歌人が、万葉集の時代から、近代、現代のネット短歌まで、1400年の歩みを一気に振り返り、それぞれの時代でさまざまに姿を変えてきた短歌のありようを明らかにする。

『シン・短歌入門』笹公人　NHK出版　2023.12　178p　19cm（NHK短歌）1600円　Ⓣ978-4-14-016286-6　Ⓝ911.107
　内容　「NHK短歌」テキスト人気連載「念力短歌入門」書籍化！　大好評「推敲10のチェックポイント」も収録！

『中高生のための短歌のつくりかた―詠みたいあなたへ贈る40のヒント』鈴木英子監修　メイツユニバーサルコンテンツ　2023.3　128p　21cm（コツがわかる本―ジュニアシリーズ）〈文献あり〉1630円　Ⓣ978-4-7804-2738-7　Ⓝ911.107
　内容　心が動いた瞬間を、三十一音で表してみませんか？　短歌のきほんから表現力の身につけかたまで、気持ちを言葉にする方法をやさしく解説します。

『短歌部、ただいま部員募集中！』小島なお，千葉聡著　岩波書店　2022.4　115p　19cm（岩波ジュニアスタートブックス）〈文献あり〉1450円　Ⓣ978-4-00-027244-5　Ⓝ911.107
　内容　短歌はとても小さな詩形ですが、よく読むと新たな発見を与えてくれたり、気持ちを楽にしてくれたりします。心を揺さぶる、とっておきの短歌と、短歌の作り方を、2人の歌人が紹介します。

『基礎からわかるはじめての短歌上達のポイント』高田ほのか監修　メイツユニバーサルコンテンツ　2021.5　128p　21cm（コツがわかる本）1360円　Ⓣ978-4-7804-2423-2　Ⓝ911.107
　内容　一瞬の思いを三十一音に託して。短歌のルールから表現の磨き方まで、思い通りに詠むコツをやさしく解説します。

『短歌文法入門』日本短歌総研編著　改訂新版　飯塚書店　2020.7　261p　19cm　1800円　Ⓣ978-4-7522-1044-3　Ⓝ911.107
　内容　言葉を自在に操るために短歌実作者必携書！　定番ベストセラー再登場。短歌に必須の文語文法決定版。

『はじめての短歌』穂村弘著　河出書房新社　2016.10　171p　15cm（河出文庫 ほ6-3）〈文献あり　成美堂出版 2014年刊の再刊〉520円　Ⓣ978-4-309-41482-9　Ⓝ911.107
　内容　住み慣れた世界、語り慣れた言葉の束縛を解き、現代人が忘れた自由な表現を取り戻そう。歌人・穂村弘が、日常生活と短歌の言葉の関連や短歌を作るためのコツについてユニークな語り口で説明する。

『初心者にやさしい短歌の練習帳―30日のドリル式』中川佐和子著　池田書店　2016.6　159p　21cm　1300円　Ⓣ978-4-262-14548-8　Ⓝ911.107
　内容　書き込み式。

『短歌のための文語文法入門』今野寿美著　5版　KADOKAWA　2016.2　205p　19cm（角川短歌ライブラリー）1600円　Ⓣ978-4-04-652614-4　Ⓝ911.107
　内容　豊富な実作例を読むだけで、自然に短歌のための文語文法が身につく入門書。活用

形、助動詞の使い方、助詞、副詞、連体詞、感動詞、敬語の表現、文語の特殊な表現など、基本から用例まで詳しく解説する。

『ここからはじめる短歌―基本から上達のコツまで』梅内美華子監修 ナツメ社 2015.11 175p 21cm 1400円 ①978-4-8163-5908-8 Ⓝ911.107
内容 何を詠む？ 題材を探すヒント、テーマの探し方。さらによい歌にする技術、推敲のテクニック。言葉選びでぐっと変わる印象、表現のコツ。練習問題で表現力を磨く、短歌の練習帖収録。

『はじめてのやさしい短歌のつくりかた』横山未来子著 日本文芸社 2015.9 143p 21cm 1200円 ①978-4-537-21309-6 Ⓝ911.107
目次 第1章 短歌づくりの基本を学びましょう（基本形からリズムを感じましょう、音数のかぞえかたを覚えましょう ほか）、第2章 自分らしく短歌を詠んでみましょう（詠む対象をよく見つめましょう、自分らしいことばを選びましょう ほか）、第3章 テーマを決めて詠んでみましょう（自然を詠んだ短歌、日常の感動や家族のようすを詠んだ短歌 ほか）、第4章 添削で短歌をレベルアップさせましょう（対象を見つめ表現を工夫しましょう、推敲してことばを整理しましょう ほか）

『和歌のルール』渡部泰明編、和歌文学会監修 笠間書院 2014.11 166p 19cm〈執筆：上野誠ほか〉1200円 ①978-4-305-70752-9 Ⓝ911.13
内容 高校の教科書に載っている作品を中心に和歌の魅力を味わうのに十分な10のルールを選びました。初めて和歌を読む人々を思い浮かべて書かれた、わかりやすくて本格的な和歌案内書です。

『かんたん短歌の作り方』枡野浩一著 筑摩書房 2014.7 326p 15cm（ちくま文庫 ま32-2）〈著作目録あり 2000年刊の再編集、「作品集2014」「その先の「かんたん短歌」」を追加〉800円 ①978-4-480-43187-5 Ⓝ911.107
内容 今の言葉で作る「かんたん短歌」。感嘆するような表現を選び、並べるのは難しい。でも何かを言いたいときに、短歌のリズムなら思いが伝わる！

『子ども歌人になる！ 短歌はこうつくる』工藤順一監修、佐藤弓生、木谷紗知子著 合同出版 2014.4 103p 26cm 1400円 ①978-4-7726-1120-6 Ⓝ911.107

内容 国語専科教室の「文章教室」開講！ 課題作文から作品創作まで。文章力アップの基礎・基本。「短歌づくり」がもっとたのしくなる。

『短歌の作り方、教えてください』俵万智、一青窈［著］ KADOKAWA 2014.1 249p 15cm（［角川ソフィア文庫］［D132-1］）680円 ①978-4-04-405409-0 Ⓝ911.107
内容 短歌未経験の歌手・一青窈が、歌人・俵万智のマンツーマン実作レッスンに挑む！ はじめは五七五七七の定型と格闘していた一青が、しだいに定型をうまく使い、自分らしさを出せるようになっていく—。臨場感ある創作の実況中継でふたりのやりとりを辿る。穂村弘をゲストに迎えた吟行会や、斉藤斎藤を交えた題詠歌会も収録。短歌の不思議さや言葉の面白さを味わいながら創作のポイントを学ぶことができる画期的な入門書。

『今さら聞けない短歌のツボ100』三枝昂之編著 角川学芸出版 2012.2 198p 19cm（角川短歌ライブラリー）〈発売：角川グループパブリッシング〉1600円 ①978-4-04-652604-5 Ⓝ911.1
内容 短歌と和歌はどう違う？ この問いに答えられますか？ 初歩的に見えて実は短歌の肝心部分に触れるもろもろの不思議をこまやかに楽しく説く。かゆいところに手が届く一冊。短歌の基本から作歌の現場の身近な悩みまで、実力派35歌人の回答は如何に—。

『今はじめる人のための短歌入門』岡井隆［著］ 角川学芸出版 2011.9 222p 15cm（角川文庫 17043—［角川ソフィア文庫］［D-130-1]）〈角川書店1988年刊の加筆・訂正 発売：角川グループパブリッシング〉705円 ①978-4-04-405402-1 Ⓝ911.107
内容 うたうべきことなどは、生きて生活している間に、おのずから、その人の胸に落ちてくる—。現代を代表する歌人・岡井隆が、短歌を作る際に誰もが一度は悩む事柄を「遊びとまじめ」「読むことは作ること」「読者を予想する」など、テーマに沿ってわかりやすく解説。正岡子規、斎藤茂吉ら先人の名歌や名言も参照しながら歌作りの本質に迫る。初心者はもちろん、一段上を目指す中級者にもかならず役に立つ、正統派短歌入門の決定版。

『短歌をつくろう』栗木京子著 岩波書店 2010.11 189, 2p 18cm（岩波ジュニア新書 669）780円 ①978-4-00-

500669-4　Ⓝ911.107
内容　短歌は古めかしい？難しそう？いいえ、そんなことはありません。この本では、五・七・五・七・七のリズムにのって、楽しく短歌をつくるテクニックをたくさん紹介。標語やことわざを利用したり、昔話やレシピを短歌に翻訳したり、短歌の新しい世界が広がります。短歌の魅力とそのつくりかたが自然に身につく短歌入門。

『ここからはじめる短歌入門』坂井修一著
角川学芸出版　2010.9　213p　19cm（角川選書475）〈発売：角川グループパブリッシング〉1500円　Ⓘ978-4-04-703475-4　Ⓝ911.107
内容　31音という限られた「ことば」で無限の世界を表現できる短歌。恋、家族、老いといった人生のステージがどう歌になるのか、短歌の技法にはどんなものがあるのか、近現代の秀歌を通して学ぶ。はじめて短歌を作る人から、これからもずっと作り続けたい人まで、必読の1冊！"歌を詠む、読む"ことの楽しさをじゅうぶんに味わえる、21世紀の短歌入門書の決定版。

『ジュニア短歌―言葉の力と豊かな心を育てる短歌指導』清水麻利子著　短歌新聞社　2009.7　180p　18cm　952円　Ⓘ978-4-8039-1457-3　Ⓝ375.8
内容　長年多くの中学生・高校生たちに短歌の実作を指導し、東洋大学現代学生百人一首、市川ジュニア短歌祭、市川手児奈文学賞、全日本短歌大会などにも関わる著者が、「ジュニア短歌」の出発から現在の成果にいたる経緯・実践を伝える。

『現代短歌入門』尾崎左永子著　沖積舎　2006.11　225p　19cm　1800円　Ⓘ4-8060-4723-6
内容　表現の基本、短歌の本質。表現にとってほんとうに大切なことは何か。日本語の美しさと、作歌の基本、短歌の魅力についてこころ豊かに語りかける。

『生まれては死んでゆけ―新世紀短歌入門』さいかち真著　北溟社　2006.4　221p　19cm（精鋭歌論ベスト10 1）〈付属資料：8p；月報〉1800円　Ⓘ4-89448-501-X　Ⓝ911.104

『短歌レトリック入門―修辞の旅人』加藤治郎著　名古屋　風媒社　2005.9　208p　19cm　1600円　Ⓘ4-8331-2052-6　Ⓝ911.104
内容　「直喩」「枕詞」「掛詞」「本歌取り」「ルビ」「パーレン」…。古典から現代作家までの名作に表現の多彩さ、新鮮さを学ぶ。入門者のためのレトリック術。

『作ってみようらくらく短歌』今野寿美著　偕成社　2000.3　153p　21cm（国語がもっとすきになる本）1500円　Ⓘ4-03-541230-9
内容　短歌は日本の伝統的な詩のかたちです。そして、だれでもが作れる身近な詩なのです。作ってみよう、と思ったらこの本を読んでみましょう。短歌の作り方をわかりやすく教えます。

◆俳句・連句

『俳句わくわく51！　続』西田拓郎編著
［岐阜］　岐阜新聞社　2022.3　111p　19cm　1400円　Ⓘ978-4-87797-306-3　Ⓝ911.307
内容　自分の感動を自分自身の言葉で残すことができる俳句づくり。言葉の響き合いや季節感について考え、自分らしい俳句を作る方法を、小・中学生の俳句を紹介しながら教えます。『岐阜新聞』掲載を一部加筆。

『ハイクロペディア―超初心者向け俳句百科』蜂谷一人著　本阿弥書店　2021.10　276p　19cm　2500円　Ⓘ978-4-7768-1569-3　Ⓝ911.3
内容　「なぜ五七五なの？」「句会ってどうやるの？」「結社ってなに？」など、初歩すぎて今さら人に聞けなかったことがわかる辞典形式の俳句百科。俳句に関するキーワード187項目を50音順に並べ、くわしく解説する。

『俳句部、はじめました―さくら咲く一度っきりの今を詠む』神野紗希著　岩波書店　2021.3　120p　19cm（岩波ジュニアスタートブックス）〈文献あり〉1450円　Ⓘ978-4-00-027233-9　Ⓝ911.3
内容　五七五の定型のリズムに乗せ、季語の力を借りて詠む世界でいちばん短い詩「俳句」。十代で俳句に出会い、作句を続ける著者が、その魅力と作る楽しさを伝授する。

『杞憂に終わる連句入門』鈴木千惠子［著］　文学通信　2020.6　151p　21cm　1500円　Ⓘ978-4-909658-32-6　Ⓝ911.38
内容　過ぎてみれば杞憂であったということは転がっている。連句の実作もその一つではないだろうか―。共同で作品を制作する「連句」の実作に、一歩足を踏み出すための本。連句に対する考えをまとめると共に、現代連句作品を紹介する。

『俳句を楽しむ』佐藤郁良著　岩波書店　2019.11　193p　18cm〈岩波ジュニア新書 907〉〈文献あり〉860円　Ⓘ978-4-00-500907-7　Ⓝ911.3
[内容]高校の国語科教諭から俳人となった著者が、俳句を鑑賞するイロハから、吟行や句会の進め方まで、季語や文法の説明を交えてていねいに解説。十七音の世界がもつ味わい、更にはつくる楽しさを伝える。

『実践！すぐに詠める俳句入門』石寒太著　日東書院本社　2019.2　161p　21cm〈文献あり〉1380円　Ⓘ978-4-528-02221-8　Ⓝ911.307
[内容]初めてでも必ず詠める！まずは一句詠むところから。「難しい、分からない」を「面白い！楽しい！」に変える俳句入門決定版！

『夏井いつきの俳句ことはじめ―俳句をはじめる前に聞きたい40のこと』夏井いつき著　ナツメ社　2019.2　175p　21cm　1300円　Ⓘ978-4-8163-6584-3　Ⓝ911.307
[内容]「センスも語彙もないけれど…」「昨日も今日も同じ毎日。何を詠めばいいの？」「着物に正座でしょ？」そんな心配、いらないよ！俳句の楽しさをたっぷり教えます！「NHK俳句」司会・岸本葉子さんとの特別対談を収録！

『夏井いつきのおウチde俳句』夏井いつき著　朝日出版社　2018.11　170p　21cm　1680円　Ⓘ978-4-255-01087-8　Ⓝ911.307
[内容]俳句と暮らす生活、はじめてみませんか。家から一歩も出なくても俳句は作れます！穴埋め感覚でカンタン楽しい！書き込みドリル付。

『「型」で学ぶはじめての俳句ドリル』岸本尚毅,夏井いつき著　祥伝社　2018.9　245p　19cm　1500円　Ⓘ978-4-396-61664-9　Ⓝ911.307
[内容]ふたりの掛け合い問答で「穴埋め式岸本ドリル」を明快解説！穴埋めドリルで発想力を磨こう！10のレッスンと30のドリルで俳句がうまくなる！

『夏井いつきの世界一わかりやすい俳句の授業』夏井いつき著　PHP研究所　2018.8　191p　19cm　1400円　Ⓘ978-4-569-84096-3　Ⓝ911.307
[内容]センス0でも、作れます！小学生からシニアまで、どんな人でもすぐに一句！

『俳句わくわく51！』西田拓郎編著　[岐阜]　岐阜新聞社　2018.3　111p　19cm　1400円　Ⓘ978-4-87797-252-3　Ⓝ911.3
[内容]自分の感動を自分自身の言葉で残すことができる俳句づくり。言葉の響き合いや季節感について考え、自分らしい俳句を作る方法を、小・中学生の俳句を紹介しながら教えます。『岐阜新聞』掲載を一部加筆。

『クイズで学ぶ俳句講座―20週俳句入門』戸恒東人著　本阿弥書店　2017.3　163p　19cm　1600円　Ⓘ978-4-7768-1293-7　Ⓝ911.3
[内容]クイズで身につく俳句の基礎知識。覚えておきたい名句の数々、押さえておきたい古今の俳人、難読難解季語・用語のあれこれ、これ一冊で無理なく楽しく学べます！

『俳句でみがこう言葉の力　4　覚えておきたい名句と季語』小山正見監修　学研プラス　2017.2　39p　27cm〈文献あり　索引あり〉2500円　Ⓘ978-4-05-501209-6, 978-4-05-811413-1 (set)　Ⓝ911.3
[内容]小中学生の作った俳句から古今東西の名句まで数多くの俳句を紹介するとともに、俳句の作り方をやさしく解説する。4は、季節ごとの名句、すぐに使える基本の季語など、覚えておきたい名句と季語を収録。

『俳句でみがこう言葉の力　3　句会の進め方と発表のアイデア』小山正見監修　学研プラス　2017.2　39p　27cm〈文献あり〉2500円　Ⓘ978-4-05-501208-9, 978-4-05-811413-1 (set)　Ⓝ911.3
[内容]小中学生の作った俳句から古今東西の名句まで数多くの俳句を紹介するとともに、俳句の作り方をやさしく解説する。3は、俳句授業とミニ句会など、句会の進め方や発表のアイデアを収録。書き込み式の俳句ワークシート付き。

『俳句でみがこう言葉の力　2　俳句の作り方とヒント』小山正見監修　学研プラス　2017.2　39p　27cm〈文献あり〉2500円　Ⓘ978-4-05-501207-2, 978-4-05-811413-1 (set)　Ⓝ911.3
[内容]小中学生の作った俳句から古今東西の名句まで数多くの俳句を紹介するとともに、俳句の作り方をやさしく解説する。2は、名前よみこみ俳句、俳句作りの流れなど、俳句の作り方とヒントを収録。

『俳句でみがこう言葉の力　1　俳句のきまりと歴史』小山正見監修　学研プラス

2017.2　39p　27cm〈文献あり〉2500円　Ⓘ978-4-05-501206-5, 978-4-05-811413-1 (set)　Ⓝ911.3
内容　小中学生の作った俳句から古今東西の名句まで数多くの俳句を紹介するとともに、俳句の作り方をやさしく解説する。1は、五・七・五のリズム、季語、松尾芭蕉と「おくのほそ道」など、俳句のきまりや歴史を収録。

『はじめての連句―つくり方と楽しみ方』坂本砂南, 鈴木半酔著　木魂社　2016.4　171p　19cm〈文献あり〉1700円　Ⓘ978-4-87746-118-8　Ⓝ911.38
内容　「連句」という「言葉遊びゲーム」の概要をシンプルに解説した入門書。基本原則（ルール）、大まかな俳諧史、実作の進め方、多様な楽しみ方、効能やマナーを紹介。実作例、対談、作品鑑賞も掲載する。

『超辛口先生の赤ペン俳句教室』夏井いつき著　朝日出版社　2014.12　155p　19cm　1300円　Ⓘ978-4-255-00809-7　Ⓝ911.307
内容　これなら私もつくれそう！ 初めての人でもうまくなるやさしい俳句入門書。

『ゼロから始める俳句入門』大高翔監修　KADOKAWA　2014.7　175p　21cm〈文献あり 索引あり〉1300円　Ⓘ978-4-04-066926-7　Ⓝ911.307
内容　旅先や句会で感じたままに詠める。基礎から実践までやさしく解説。

『クイズで楽しく俳句入門』若井新一著　飯塚書店　2012.9　219p　19cm　1500円　Ⓘ978-4-7522-2066-4　Ⓝ911.3
目次　第1章 俳句って何？（名句を知ろう、俳句は十七音の文芸1（音数にご用心）ほか）、第2章 表現方法（切字の使い方、比喩（直喩・暗喩）ほか）、第3章 季語って何？（季語を知ろう、難読季語"春"ほか）、第4章 俳句実作のための文法（動詞・形容詞, 助動詞 ほか）、第5章 応用問題（埋字―俳句を完成させよう、季語を入れて俳句を完成させよう ほか）

『俳句入門―決定版』有馬朗人, 稲畑汀子, 宇多喜代子, 鷹羽狩行監修,『俳句』編集部編　角川学芸出版　2012.6　254p　19cm〈角川俳句ライブラリー〉〈発売：角川グループパブリッシング〉1600円　Ⓘ978-4-04-652612-0　Ⓝ911.307
内容　俳句の基本から、名句鑑賞法、俳句の作り方、句会の方法まで、これ一冊で、俳句がわかる。

『俳句は初心―龍太俳句入門』飯田龍太著　角川学芸出版　2010.4　241p　19cm（角川学芸ブックス）〈発売：角川グループパブリッシング　『飯田竜太俳句の楽しみ』（日本放送出版協会1986年刊）の改題〉1500円　Ⓘ978-4-04-621282-5　Ⓝ911.307
内容　俳句は、結論だけをずばりと言い切る断定の文芸。才知の甘えを捨て、人生経験を重ねつつ、自分に正直な句を作りつづけることが名句への道であると説く。俳句の特色と魅力、添削と助言、四季の眺め、忘れがたい俳人たち、さらに実作への手引として「作句心得八十章」を新たに加えた。作品に即した具体的な作句指導、すぐに役立つ実践的入門書。

『俳句をつくる』鍵和田柚子著　共文社　2009.8　186p　19cm〈第2刷〉980円　Ⓘ978-4-7643-0040-8
内容　俳句を始めよう！ 俳句は世界で一番短いすてきな詩。俳句を始めたくなる俳句の入門書。

『「全然知らない」から始める俳句入門』金子兜太監修, 土岐秋子編著　日東書院本社　2008.5　238p　19cm　1200円　Ⓘ978-4-528-01354-4　Ⓝ911.307
内容　まったくの初心者でも、添削によって「俳句のツボ」がつかめる入門書。

『芭蕉のことばに学ぶ俳句のつくり方』石寒太著　リヨン社　2007.11　267p　20cm〈発売：二見書房〉1800円　Ⓘ978-4-576-07170-1　Ⓝ911.32
内容　自己を発見し、日常生活を詩にうたう俳諧を樹立した芭蕉。以後、蕪村・一茶・子規・虚子と、多くの俳人が輩出したが、だれひとりとして乗りこえられていない巨峰・芭蕉。そのことばを原文で学び、現代俳句に生かす鍵をさぐる。俳句愛好家・入門者必携の書。

『俳句で能力トレーニング―書いて覚えて作句しよう』明治書院編集部編　明治書院　2006.10　100p　26cm　1000円　Ⓘ4-625-68365-3
内容　本書は、俳句に親しみをもってもらい、俳句の知識を高めてもらうための練習帳です。そこで中学・高校でなじみのある芭蕉・蕪村・一茶の俳句（名句）を取り上げました。また最近はやりの書く作業を織り込んでいます。

『俳句入門・再入門―かんたん・上達 超初心者から、さらに上を目指す中級者まで』安部元気, 辻桃子著　大阪　創元社

2005.8 238p 19cm 1400円 ⓘ4-422-91023-X Ⓝ911.307
内容 Q&A形式で、わからないこと、聞きたかったことにズバリ回答。五七五音で季語を入れるという俳句の第一歩から、皆をうならせる名句作りのテクニックまで、順を追ってやさしく教えます。

『俳句の作り方110のコツ―添削だからよくわかる』辻桃子, 安部元気著　主婦の友インフォス情報社　2005.3　238p　19cm〈発売：主婦の友社〉1400円　ⓘ4-07-243636-4　Ⓝ911.307
内容 1テーマごとの添削形式なので俳句の作り方が一目でわかる。ついやってしまう悪い癖が知らないうちに消えている。句作で普段から疑問に思っていたことがすっきり氷解する。句会で「最近、よくなりましたね」とほめられるようになる。目の付けどころが変わり、詠みたいテーマがはっきりする。言葉の選び方、表現の方法が今までとまったく違ってくる。

『連句―そこが知りたい！　Q&A』五十嵐譲介［ほか］著　おうふう　2003.10　215p　21cm　2000円　ⓘ4-273-03308-9　Ⓝ911.38
内容 純粋な蕉風連句の精神がこの一冊に！初心者へのアドバイスから上級者の実作理論にいたるまで、伝統を受け継ぐ美濃派と伊勢派に学んだ筆者たちがお答えします。

『やつあたり俳句入門』中村裕著　文藝春秋　2003.9　194p　18cm〈文春新書〉680円　ⓘ4-16-660338-8　Ⓝ911.302
内容 生まれてから一度も俳句を作ったことのない人はいないはずだ。「朝起きて/顔を洗って/歯をみがく」などと五・七・五を並べ、「季語がないじゃないか」と先生に言われた国語の授業の思い出は、みんなが持っている。ところが、大人になるとほとんどの人は俳句から遠ざかってしまう。そして、俳句を作るのは「結社」という家元制の特殊な世界に集まる人たちだけ。でも、俳句はそんなものじゃない。たった十七文字の奥の深い楽しみに、もう一度チャレンジしよう。

『入門俳句事典』石田郷子, 山田みづえ監修　国土社　2003.3　71p　27cm〈俳句・季語入門 5〉2800円　ⓘ4-337-16405-7　Ⓝ911.302
目次 俳句のなりたち、人物伝、二十四節気とは、俳句のつくりかた、俳句はじめの一歩＝身近なところで季語を見つけて俳句をつくろう、句会の開きかた

『Haikuのすすめ―日本人のための英語ハイク入門』吉村侑久代, 阿部貢共著　ジャパンタイムズ　2003.3　182p　21cm　1800円　ⓘ4-7890-1124-0　Ⓝ931.7
内容 本書は、これからハイクに親しんでみたいと思っている人、ハイクに挑戦してみようという人に、ハイクの楽しさ、世界の人々とその楽しさを分かち合う喜びを知っていただきたい、という思いで、できるだけ読みやすいものを目指して構成した。

『金子兜太の俳句の作り方が面白いほどわかる本―みんなの俳句学校入門の入門』金子兜太編著　中経出版　2002.6　190p　19cm　1200円　ⓘ4-8061-1637-8　Ⓝ911.307
目次 第1章 俳句ってなんだろう？(俳句はおもしろい！, 俳句には思わぬ効果が！ ほか), 第2章 俳句の技法あれこれやってみよう！(切れ字と切れって何だろう？, 一七文字で気持ちを表せる？―省略の技法 ほか), 第3章 兜太先生と一緒に俳句を鑑賞しよう(自然や季節を詠んだ句, 旅先で詠んだ句 ほか), 第4章 俳句の楽しみ(投句してみよう, 本格的に勉強するには？ ほか)

『連句って何―歌仙実作入門』磯直道著　東京教学社　2001.12　204p　20cm〈折り込1枚〉2381円　ⓘ4-8082-8042-6　Ⓝ911.38

『ゼロから始める人の俳句の学校』実業之日本社編　実業之日本社　2001.9　268p　19cm　1400円　ⓘ4-408-39480-7　Ⓝ911.307
内容 100年前、正岡子規は「野球」と自ら名づけたスポーツに興じ、短歌や文章の革新に情熱を注ぎ、写生画でこころを癒した。そして、俳句を「人生の生きがい」にまで高めた。子規が創設した俳句にもっと自由に親しみ、日々の暮らしを豊かにして、人生を愉しむ文芸の技と遊び心を、学校の教科のようにゼロから段階を追って伝授。

『連句への招待』乾裕幸, 白石悌三著　新版　大阪　和泉書院　2001.5　239p　19cm（Izumi books 5）〈初版：有斐閣昭和55年刊〉1500円　ⓘ4-7576-0116-6　Ⓝ911.3
内容 連句の定義・性格から、その歴史、書式とくに歌仙式、規則・題材・方法、興行の形態・方法、連歌・貞門・談林・蕉風の作品鑑賞に至るまで、はばひろく、平易に、親切に説きあかした入門書。連句を学ぶ学生と愛好

家に推奨する。

『「超」連句入門』浅沼璞著　東京文献センター　2000.10　155p　19cm（「超」入門シリーズ 1）1500円　Ⓘ4-925187-15-5　Ⓝ911.38
内容　連句作者（連衆・レンキスト）への道しるべ。座の文学・連句の楽しさがわかる。連句の「超」入門書。

『俳句を始めて習う人のために』甘田正翠著　東京四季出版　2000.8　129p　19cm（末黒野叢書 第52）1400円　Ⓘ4-8129-0080-8　Ⓝ911.307

『作ってみようらくらく俳句』辻桃子著　偕成社　2000.3　158p　21cm（国語がもっとすきになる本）1500円　Ⓘ4-03-541210-4
内容　俳句はいつでもどこでもだれでも作れます。これから作ってみたいと思っている人にももっとうまく作りたいと思っている人にも作り方と上達のコツをわかりやすく教えます。

◆川柳

『川柳入門表現のコツ50―楽しくもっと上達できる』杉山昌善監修　新装改訂版　メイツユニバーサルコンテンツ　2023.12　160p　21cm（コツがわかる本）〈新版のタイトル：楽しく上達できる川柳入門表現のコツ50〉1540円　Ⓘ978-4-7804-2849-0　Ⓝ911.4
内容　たくさんの例句と共に「十七音字の魅力」を追求します。テーマ＆言葉選びや喩えのテクニック。あえてドラマチックな演出で魅せる。鑑賞から学ぶ詠み方の奥深さを。

『添削から学ぶ川柳上達法―一句一句、丁寧に解説！』三上博史著　大阪　新葉館出版　2020.11　207p　19cm　1500円　Ⓘ978-4-8237-1044-5　Ⓝ911.4
内容　もっと川柳がうまくなりたい人に向けた、添削例から実践的に学べる川柳入門書。柳歴30年近くの間に著者が蓄積した川柳の考え方を随所に盛り込み、実例を示しながら川柳上達の方法を探る。

『達吟家に学ぶ入選にとことんこだわる川柳の作り方』阿部勲著　大阪　新葉館出版　2018.10　159p　18cm〈奥付のタイトル：入選にとことんこだわる川柳の作り方〉1400円　Ⓘ978-4-86044-528-7　Ⓝ911.4
内容　難しい講釈は一切ナシ！ "入選する"川柳の作り方に特化した川柳入門書。川柳界の達吟家が「下位でなく上位に入選する方法」「公募、句会で優勝する方法」などを指南する。『川柳マガジン』連載を元に加筆修正。

『マンガで覚える図解俳句短歌川柳の基本』白石範孝監修　つちや書店　2018.7　157p　21cm〈文献あり　索引あり〉1280円　Ⓘ978-4-8069-1650-5　Ⓝ911.307
内容　たのしいイラスト説明でよくわかる♪クイズにチャレンジでどんどんステップアップ。

『川柳入門―人間を詠む自然を謳う社会を裏返す』佐藤美文著　大阪　新葉館出版　2018.6　143p　19cm　1400円　Ⓘ978-4-86044-816-5　Ⓝ911.4
内容　必要最小限に的をしぼった川柳入門。「川柳とは何か」という基礎知識から、古今東西の名作家とその秀句鑑賞、人間・自然・社会といった各テーマの的確な捉え方、作句に役立つ知識までを収録する。クイズ「穴埋め川柳」も掲載。

『川柳の楽しみ』尾藤川柳著　改訂版　大阪　新葉館出版　2018.4　127p　15cm（川柳公論叢書 第4輯 3）1200円　Ⓘ978-4-86044-144-9　Ⓝ911.4
内容　手軽な文芸でありながら、作者のニンゲンの深さまで追求できる奥深い世界がある川柳。基礎や歴史、作り方ほか、さまざまな角度から川柳を楽しむためのヒントをまとめた入門書。

『川柳へようこそ―作り方から味わい方まで』大西泰世著　大阪　H・U・N企画　2016.6　189p　21cm〈文献あり〉1000円　Ⓘ978-4-907944-04-9　Ⓝ911.46

『川柳作句入門』北野邦生著　秋田　北の星川柳社　2016.3　120p　21cm　Ⓝ911.4

『川柳入門上達のコツ50―だれでも楽しく詠める』杉山昌善監修　メイツ出版　2013.7　160p　21cm（コツがわかる本）〈文献あり〉1400円　Ⓘ978-4-7804-1349-6　Ⓝ911.4
内容　面白さを表現するテクニックは？　もっと感情を出すにはどうするの？　ドラマチックに魅せるには？　はじめてでも楽しめる「十七音字の世界」。たくさんの例句を鑑賞しながら「現代川柳」の詠み方をご案内します。

『早分かり川柳作句Q＆A』三宅保州著　大阪　新葉館出版　2012.10　137p

19cm〈標題紙・表紙タイトル：早分かり川柳作句question&answer〉1200円　①978-4-86044-450-1　Ⓝ911.4

『川柳入門はじめのはじめ』田口麦彦著　飯塚書店　2012.6　219p　19cm〈東京美術 2000年刊に大幅加筆、改訂したもの〉1300円　①978-4-7522-4011-2　Ⓝ911.46
[目次]　第1章 川柳とは（川柳のはじまり，定型―五・七・五のリズム ほか），第2章 何をどう詠むか（身のまわりから―ジュニアの作品に見る、情け・飢え ほか），第3章 川柳との出会い（はじめに「こころざし」ありき，望郷のリズム ほか），第4章 実作の手法（テーマで連作、フィーリングで勝負 ほか），第5章 川柳は時代とともに（川柳と俳句の接近，イメージ・比喩 ほか）

『ユーモア川柳の作り方と楽しみ方』今川乱魚著　大阪　新葉館出版　2012.4　177p　19cm　1400円　①978-4-86044-457-0　Ⓝ911.46
[内容]　簡単そうで難しいユーモア。これを五七五で表現することは、もっと難しい。本当のユーモア川柳は？ 低俗な笑いにはない、上質な笑いとは？ ユーモア川柳を作る心構えとコツ！ エッセイ風で分かりやすいユーモア川柳入門。

『川柳を、はじめなさい！』大野風柳著　大阪　新葉館出版　2010.7　281p　18cm〈新葉館ブックス〉1200円　①978-4-86044-401-3　Ⓝ911.46

『「全然知らない」から始める川柳入門』荒木清編著　日東書院本社　2008.7　255p　19cm　1200円　①978-4-528-01355-1　Ⓝ911.45
[内容]　川柳は俳句と違って、「しばり＝規則」が少ない文芸です。俳句には、季語を入れる、その季重なりはよくない、「や」「かな」「けり」などの切れ字をなるべく使うなどの決まりはありますが、川柳にはそのような規則はありません。あるのは「うがち」の精神…。人間の心理や世相の奥に潜むものを、誰もがうなずくものに分析し、五・七・五にまとめればいいのです。できれば、それに滑稽が感じられるように…。

『川柳しよう―川柳入門実体験記』太田垣正義著　開文社出版　2003.6　155p　19cm　1200円　①4-87571-866-7　Ⓝ911.46
[内容]　本書は川柳入門体験記である。川柳本として、経験豊かなベテランや大家による入門書や句集は数多くあるが、このように初歩から始めた体験を紹介した本は目にしたことがない。本書では、著者が実際に川柳をやろうと思い、川柳の勉強をし、作句を始めた六ヶ月を描写している。

◆詩

『これから詩を読み、書くひとのための詩の教室』松下育男著　思潮社　2022.4　429p　19cm　3200円　①978-4-7837-3826-8　Ⓝ911.5
[内容]　定年後、東京、横浜、オンラインではじめた詩の教室。2017〜20年に語られた講義の記録。現在進行形。

『詩をつくろう　3　自分だけの詩集をつくろう、朗読しよう』和合亮一監修　汐文社　2020.3　39p　22cm〈文献あり 索引あり〉2200円　①978-4-8113-2709-9　Ⓝ911.5
[内容]　教科書に載っている有名な詩人の詩を引きながら、詩の「つくり方」のヒントを示す。3は、詩をあつめて詩集をつくったり、朗読したりする楽しみ方について学ぶ。

『詩をつくろう　2　詩のくふうを楽しもう―ことばあそび・ことばさがし』和合亮一監修　汐文社　2020.2　39p　22cm〈文献あり 索引あり〉2200円　①978-4-8113-2708-2　Ⓝ911.5
[内容]　教科書に載っている有名な詩人の詩を引きながら、詩の「つくり方」のヒントを示す。2は、詩で使われている表現のくふうや、ことばあそびなどについて学ぶ。

『詩をつくろう　1　見たこと、感じたことを詩にしよう』和合亮一監修　汐文社　2020.1　39p　22cm〈文献あり 索引あり〉2200円　①978-4-8113-2707-5　Ⓝ911.5
[内容]　教科書に載っている有名な詩人の詩を引きながら、詩の「つくり方」のヒントを示す。1は、詩の楽しみ方、そして身近なものを題材にした詩の書き方について学ぶ。

『詩を書くってどんなこと？―こころの声を言葉にする』若松英輔著　平凡社　2019.3　231p　19cm（中学生の質問箱）〈文献あり〉1400円　①978-4-582-83796-4　Ⓝ901.1
[内容]　詩を書くことはまるで、言葉というスコップで、人生の宝物を探すようなもの。「詩と本当に出会い、人生が変わった」著者が、

人にとって詩はなぜ必要かを若い人向けに語る。ブックリストも収録。

『詩の寺子屋』和合亮一著　岩波書店　2015.12　209p　18cm〈岩波ジュニア新書 820〉840円　Ⓘ978-4-00-500820-9　Ⓝ901.1
内容　耳に残った言葉、心に浮かんだ言葉を、毎日書きとめておこう。言葉のかたまりが詩になり、自分の心の記録、そして記憶になる―。福島市に住み、3・11以降ツイッター詩を書きつづける詩人が、詩作の方法を紹介する。

『子ども詩人になる！詩はこうつくる』工藤順一監修, 曹昇鉉著　合同出版　2014.4　87p　26cm　1400円　Ⓘ978-4-7726-1121-3　Ⓝ911.507
内容　国語専科教室の「文章教室」開講！課題作文から作品創作まで。文章力アップの基礎・基本。「詩づくり」がもっとたのしくなる。

『だれでも詩人になれる本―あなたも詩人』やなせたかし著　鎌倉　かまくら春秋社　2009.2　270p　19cm　1200円　Ⓘ978-4-7740-0426-6　Ⓝ911.5
内容　なんと現代詩はむつかしくて、頭の痛むことでしょう。ぼくらは詩人じゃなれけど、せめて心の奥底の孤独あるいは激情を、なにかのかたちで話したい…。詩人ではない第三者の立場から詩をごく率直に眺め、詩への思いを綴る。

『詩への道しるべ』柴田翔著　筑摩書房　2006.6　191p　18cm〈ちくまプリマー新書 37〉760円　Ⓘ4-480-68737-8　Ⓝ901.1
内容　短い詩一つの中に隠れている深くて広い世界、人間の心と暮らしのさまざまな在りよう。その秘密の扉を開くためのノックの仕方。詩の世界を楽しむための入門書。

『子どもに向けての詩のつくりかた入門―その基礎理論と技法』畑島喜久生著　川崎　てらいんく　2006.3　247p　19cm　1400円　Ⓘ4-925108-08-5　Ⓝ909.1
内容　乳幼児から小学生、中学生に向けての詩の作り方を、基礎理論篇、創作技法篇で、豊富な少年詩の実作をもとに解説。詩の訓み方、創り方にも作用させながら、最大限そのときどきの子どもの詩的感性に沿うように工夫を重ねてあるので、本書は、初心者のみならず、専門の方々にも十分に活用していただけるはずです。

◆漢詩

『はじめての漢詩作り入門』後藤淳一編著　大修館書店　2023.6　85p　24cm〈文献あり〉2100円　Ⓘ978-4-469-23286-8　Ⓝ919.07
内容　"基礎の基礎"から丁寧に解説！まずは一首作ってみるための実践型ガイド。

『漢詩のレッスン』川合康三著　岩波書店　2014.11　260p　18cm〈岩波ジュニア新書 789〉〈年表あり〉880円　Ⓘ978-4-00-500789-9　Ⓝ921.43
内容　たった4行からなる漢詩「絶句」。この本では、唐の時代に作られた有名な15首をじっくり味わいます。試験に合格した喜び、恋人との別れ、はるかな故郷への思い、山や川の美しい風景…。1000年以上も愛されてきた詩は、いまも変わらず私たちの心へ響きます。漢詩の歴史や読み方など、基本的な知識も丁寧に解説しています。気軽に漢詩の世界をのぞいてみませんか。

『漢詩をつくろう』新田大作著　明治書院　2013.10　148p　19cm〈学びやぶっく 75―こくご〉〈編集協力・小嶋明紀子「漢詩の作り方」(1970年刊)の改題、改訂〉1200円　Ⓘ978-4-625-68486-9　Ⓝ919.07
目次　1 漢詩というもの(漢詩の流れ、漢詩の種類、漢詩の組み立て、漢詩のリズム、韻の分類)、2 作詩の方法(ことば集め、作詩の工夫、名品鑑賞、いろいろな注意)、3 付録(漢詩をつくるための参考書、ミニ詩語集)

『漢詩を創る、漢詩を愉しむ―創ればわかる、漢詩のココロ』鈴木淳次著　リヨン社　2009.9　270p　19cm〈発売：二見書房　索引あり〉1800円　Ⓘ978-4-576-09131-0　Ⓝ919.07
内容　七文字を並べて一句をつくることからはじめて、あなたにも漢詩づくりが自由自在。よくわかり、よくできる、漢詩実作講座。入門者にかんたん便利な「韻脚集」「詩語集」付。

『漢詩入門の手引き―初学者講座』伊藤竹外編著　13版　松山　印刷：木曜社　2006.5　98p　25cm　1500円　Ⓝ919.07

『漢詩はじめの一歩』鈴木淳次著　リヨン社　2005.11　286p　20cm〈発売：二見書房　文献あり〉1900円　Ⓘ4-576-05157-1　Ⓝ919.07
内容　「漢文は苦手」「規則が難しそう」と敬遠していてはもったいない。漢字の知識や語彙

文章を学ぼう／ドラマや演劇のシナリオを書きたい

が増える、季節に敏感になる、事物を見る目が豊かになる―頭と心を活き活きさせる "漢詩作り" の魅力をお教えします。

『はじめての漢詩創作』鷲野正明著　白帝社　2005.9　276p　21cm　1800円　ⓘ4-89174-751-X　Ⓝ919.07
[目次] 第1部 作詩入門（詩形について、平仄について、平仄を合わせる ほか）、第2部「ことば」について考える（「モノ」と「こころ」と「ことば」、漢字の多義と音、漢字の結びつき方 ほか）、第3部 一句の組み立て、四句（一首）の構成（漢文の句形、漢詩の特殊句法、四句（一首）の構成 ほか）

『漢詩の作り方』新田大作著　新装版　明治書院　2003.11　388p　19cm（作法叢書）1700円　ⓘ4-625-62307-3　Ⓝ919.07
[目次] 漢詩というもの（漢詩の流れ、漢詩の種類、漢詩の組み立て ほか）、作詩の方法（ことば集め、作詩のくふう、名品鑑賞 ほか）、詩語編（元旦、立春、春日、田園 ほか）

『漢詩入門―作り方・味わい方』石川梅次郎著　松雲堂書店　2003.2　247p　27cm　4500円　ⓘ4-901410-21-0　Ⓝ919.07

《ドラマや演劇のシナリオを書きたい》

『いっきに書けるラジオドラマとテレビドラマ』シナリオ・センター編、森治美、堀江史朗執筆　言視舎　2022.4　193p　21cm（「シナリオ教室」シリーズ）〈「ドラマ脚本の書き方」（新水社 2008年刊）の改題、追加〉2000円　ⓘ978-4-86565-224-6　Ⓝ901.27
[内容] この1冊で、ラジオドラマとテレビドラマを書く技術を対比しながら学び、同時に体得できる画期的な入門書。

『ゲームシナリオ入門―基礎知識から設定・キャラクター・プロット・テキストの技法まで』北岡雄一朗著　技術評論社　2021.9　367p　21cm〈文献あり　索引あり〉2480円　ⓘ978-4-297-12203-4　Ⓝ798.507
[内容] プロのゲームシナリオライターが教える心を動かす物語の作り方。現場で活きる脚本術、法則、知識が身につく。

『小説・シナリオ二刀流奥義―プロ仕様エンタメが書けてしまう実践レッスン』柏田道夫著　改訂版　言視舎　2021.4　182p　21cm（「シナリオ教室」シリーズ）1600円　ⓘ978-4-86565-200-0　Ⓝ901.27
[内容]『武士の家計簿』『武士の献立』の脚本家が直接指導。創作のプロセスを13のレッスンで完全解説。創作の仕組みが丸裸に。

『ストーリーのつくりかたとひろげかた―大ヒット作品を生み出す物語の黄金律』イシイジロウ著　星海社　2021.4　249p　18cm（星海社新書 178）〈頒布・発売：講談社〉1000円　ⓘ978-4-06-522809-8　Ⓝ798.507
[内容] ゲームデザイナー、脚本家のイシイジロウが、ジャンルを超えたストーリーの成功法則とAI時代のコンテンツの展望を徹底解説。映画、ゲーム、リアルイベントを縦断し、未来のストーリーまで思考実験をしたノウハウ本。

『ミステリーの書き方―シナリオから小説まで、いきなりコツがつかめる17のレッスン』柏田道夫著　言視舎　2021.2　192p　21cm（「シナリオ教室」シリーズ）〈文献あり〉1600円　ⓘ978-4-86565-103-4　Ⓝ901.27
[内容] 何を観て、何を読めばミステリーが書けるのか？　どのように書けばミステリーになるのか？　だれも教えてくれなかった奥義を小説・シナリオ二刀流の達人が伝授。

『シナリオ錬金術 2　「面白い！」を生み出す即効テクニック』浅田直亮著　言視舎　2020.1　173p　21cm（「シナリオ教室」シリーズ）1600円　ⓘ978-4-86565-169-0　Ⓝ901.27
[内容] 世界の古典的名画はワザの宝庫。35本の「マエストロ映画」をお手本に面白いシナリオを書く方法、教えます。各章で提案する方法を実践するだけでいきなり面白くなります！

『ゲームシナリオの教科書―ぼくらのゲームの作り方』川上大典、北野不凡、都乃河勇人、長山豊、ハサマ、平川らいあん、米光一成著　秀和システム　2018.8　341p　21cm　1980円　ⓘ978-4-7980-5349-3　Ⓝ798.507
[内容] ロールプレイングゲーム、ノベルゲーム、スマホゲームなどに必要不可欠な "ゲームシナリオ" を基本から学べるシナリオ作成の教科書。ゲームクリエイター志望者が知っておくべき情報を盛り込む。

『ゲームシナリオの書き方―基礎から学ぶキャラクター・構成・テキストの秘訣』佐々木智広著　第2版　SBクリエイティブ　2017.12　291p　21cm〈NEXT CREATOR〉〈索引あり　初版：ソフトバンククリエイティブ2006年刊〉1780円　ⓘ978-4-7973-9537-2　Ⓝ798.507
[内容]キャラクター設定と役割のコツ、良い構成、テキストとセリフの技術…。アドベンチャーゲームやロールプレイングゲームなど、シナリオが重視されるゲームで魅力的な物語を書くための秘訣を、体系立ててやさしく解説する。

『シナリオパラダイス―人気ドラマが教えてくれるシナリオの書き方』浅田直亮著　言視舎　2015.7　189p　21cm(「シナリオ教室」シリーズ)　1600円　ⓘ978-4-86565-026-6　Ⓝ901.27
[内容]どうすれば魅力的なキャラクターを考えられるか？　主人公を葛藤させるには？　変化させるには？「困ったちゃん」とは？　感情移入させるにはどうしたらいいのか？　シナリオが驚くほど面白くなるノウハウ満載。

『ラジオドラマ脚本入門』北阪昌人著　映人社　2015.7　213p　19cm　1200円　ⓘ978-4-87100-238-7　Ⓝ901.27
[内容]現代ラジオドラマ脚本の第一人者が、ラジオドラマ脚本の書式、ルールなど基礎的内容から、創作のヒント、脚本コンクールへの応募といった実践的内容まで、ラジオドラマ脚本執筆のノウハウを披露する。

『僕がコントや演劇のために考えていること』小林賢太郎著　幻冬舎　2014.9　151p　19cm　1296円　ⓘ978-4-344-02624-7　Ⓝ779.14
[内容]アイデアは思いつくというよりたどりつくもの。面白くて、美しくて、不思議なための99の思考。

『ゲームシナリオを書こう！』米光一成,鈴木理香,笹成稀多郎,門司,川上大典[著],川上大典編著　青弓社　2014.4　239p　19cm　1600円　ⓘ978-4-7872-9219-3　Ⓝ798.5
[内容]米光一成、鈴木理香、笹成稀多郎、門司という一線で活躍する講師陣がテーマ設定の仕方からキャラクター作り、実践的なシナリオ作成方法、売れるゲームにするためのマーケティングのキモ、オリジナリティを高める創作の注意点までを惜しみなくレクチャー。作家の体験談・制作秘話までも収め、シナリオライター志望者だけでなくゲームファンをも魅了する「書き方」の決定版。

『ゲームシナリオ創作指南』川邊一外著　新紀元社　2014.4　227p　21cm　2000円　ⓘ978-4-7753-1199-8　Ⓝ798.5
[目次]ゲームとは何か？,ゲームの本質と発想,「ストーリー」の作り方,アドベンチャーゲームの歴史,アドベンチャーゲームのすすめ,創作秘伝1―根元にさかのぼる,創作秘伝2 何を書くのか？―選択の瞬間,ドラゴンクエストの3変化(へんげ),ファイナルファンタジー8について,HEAVY RAIN―心の軋むとき,オープンワールドゲーム3題,創作の工程,ドラマ・ファクトリー,"レポート"三つのシンポジウム

『裁判はドラマだ！―シナリオを書きたいあなたのための笑いと感動の裁判傍聴ガイド』萩原恵礼著　言視舎　2014.3　126p　21cm(「シナリオ教室」シリーズ)　1600円　ⓘ978-4-905369-83-7　Ⓝ901.27
[内容]裁判傍聴の魅力を案内しつつシナリオづくりに活用するためのノウハウを丁寧に解説。

『「懐かしドラマ」が教えてくれるシナリオの書き方』浅田直亮,仲村みなみ著　言視舎　2013.7　159p　21cm(「シナリオ教室」シリーズ―言視舎版)〈年表あり　索引あり　増補版　彩流舎2008年刊の再刊〉1500円　ⓘ978-4-905369-66-0　Ⓝ901.27
[内容]"お気楽流"のノウハウで、8日間でシナリオが書ける。60年代後半から2000年代までの代表的な「懐かしドラマ」がお手本。どうしたらいいのか具体的に解説。特別付録・本当に「8日」でシナリオを書いてしまうためのワークシート。

『冲方丁の「アニメ＆マンガ」ストーリー創作の極意』冲方丁著　宝島社　2013.2　263p　16cm(宝島社文庫 Cう-1-3)〈「冲方式「アニメ＆マンガ」ストーリー創作塾」(2009年刊)の改題、加筆・改訂〉648円　ⓘ978-4-8002-0789-0　Ⓝ901.27
[内容]『天地明察』『マルドゥック・スクランブル』など、小説のジャンルで話題作を次々に発表する傍ら、アニメ脚本、マンガ原作でも大活躍中の鬼才・冲方丁が、ストーリー創作の秘訣を徹底レクチャー。実際に本人が使用した企画書やシナリオ、設定案出書を公開し、具体的な解説をまじえて独自のメソッドを伝授する。

『どんなストーリーでも書けてしまう本―すべてのエンターテインメントの基礎になる創作システム』仲村みなみ著　言視舎　2012.5　126p　21cm（「シナリオ教室」シリーズ）1600円　Ⓘ978-4-905369-33-2　Ⓝ901.27
内容　ドラマ、映画、舞台、小説、マンガ、ゲーム…すべてのエンターテインメントに活用できるシステム。企画書づくりにも有効。お手本となる作品も多数解説。イラストで納得。

『だれでも書けるコメディシナリオ教室』丸山智子著　芸術新聞社　2011.11　183, 31p　21cm〈附属資料：DVD-Video1枚（12cm）：花坂荘の人々〉2380円　Ⓘ978-4-87586-297-0　Ⓝ901.27
目次　第1講 コメディとは？―書き始めるための"いろは"の"い"、第2講 物語の"種"を膨らませる―アイデアから構成まで、第3講 何より大事な人物造形―キャラクター設定、第4講 脚本の細部に込める笑い―笑いの盛り込み方、第5講 コメディを一本書き上げる―プロット作りの実践から脚本へ、第6講 これからプロを目指す人へ―脚本家になるための心得・心構え

『「超短編シナリオ」を書いて小説とシナリオをものにする本』柏田道夫著　言視舎　2011.11　174p　21cm（言視舎版「シナリオ教室」シリーズ）1600円　Ⓘ978-4-905369-16-5　Ⓝ901.27
内容　小説にシナリオ技術を活用するノウハウを丁寧に解説。「超短編シナリオ」の実践添削レッスンで創作力がいっきに身につく。

『1億人の超短編シナリオ実践添削教室―600字書ければ、なんでも書ける！』柏田道夫著　言視舎　2011.6　161p　21cm（言視舎版「シナリオ教室」シリーズ）1600円　Ⓘ978-4-905369-03-5　Ⓝ901.27
内容　短歌・俳句感覚でシナリオを始めよう。手取り足取り添削指導した実践例でどこをどうすればいいのか、具体的にコツがつかめる。長編ドラマも映画もマンガも小説もOK。コンクール対策にも。

『シナリオ錬金術―いきなりドラマを面白くする ちょっとのコツでスラスラ書ける33のテクニック』浅田直亮著　言視舎　2011.6　143p　21cm（言視舎版「シナリオ教室」シリーズ）〈イラスト：西純子〉1600円　Ⓘ978-4-905369-02-8　Ⓝ901.27
内容　キャラクター、展開、シーン、セリフ…ストーリーを考えずにドラマができてしまうノウハウを豊富な実例をまじえながらとことん楽しく解説。ちょっとのコツでスラスラ書ける、33のテクニック。

『名セリフどろぼう』竹内政明著　文藝春秋　2011.2　214p　18cm（文春新書796）720円　Ⓘ978-4-16-660796-9　Ⓝ778.8
内容　読書家の間で反響を呼んだ「名文どろぼう」に続き、今回"どろぼう"されたのは懐かしいテレビドラマのセリフたち。倉本聰、向田邦子、山田太一…お茶の間を熱くさせた言葉を引用しながら超一流の読み物に仕上げる名人芸の感動、再び。名セリフが10倍味わい深くなる驚きの文章術。

『シナリオを書きたい人の本―ドラマ作りの楽しさを『実作指導』を通して伝える』芦沢俊郎著　成美堂出版　2010.4　191p　22cm　1100円　Ⓘ978-4-415-30716-9　Ⓝ901.27
内容　シナリオを書く前に頭に入れておくべき重要なポイントを詳しく解説。プロのライターになるために身につけるべき事柄やコンクール突破の秘訣を紹介。誰もが知っているお伽話『浦島太郎』『桃太郎』をシナリオ化し、著者独自の作劇法をわかりやすく伝授。

『シナリオ作法入門―発想・構成・描写の基礎トレーニング』新井一著　映人社　2010.4　186p　21cm　1143円　Ⓘ978-4-87100-228-8　Ⓝ901.27
目次　シナリオは教えられるか、学べるか？、初心者の誤りやすいセリフ10の落し穴、シノプシスの上手な書き方、シナリオ上達法十則―「二十枚シナリオ学習法」のすすめ、コンクール応募の要チェックポイント、シナリオ・23の基本形式とカセの効用、「出だし」と「素材」の研究、最新版シナリオの書き方、企画書と題名、カセ（枷）の解説と活用、ストーリー創りのヒント、超「シナリオ執筆術」

『シナリオ・コンクール攻略ガイド』シナリオ・センター編　彩流社　2009.7　135p　21cm（「シナリオ教室」シリーズ3）〈狙ってみたいあなたのためのシナリオ・コンクール攻略ガイド〉（2007年刊）の増補改訂版〉1600円　Ⓘ978-4-7791-1051-1　Ⓝ901.27
内容　創作テレビドラマ大賞、フジテレビヤングシナリオ大賞、テレビ朝日21世紀新人シナリオ大賞、城戸賞…コンクール"常勝"のシナリオ・センターが伝授する受賞のための極意。

ドラマや演劇のシナリオを書きたい

各種コンクールの"傾向と対策"を徹底分析・全面改訂。受賞者インタビュー多数収録。

『冲方式「アニメ＆マンガ」ストーリー創作塾』冲方丁著　宝島社　2009.1　235p　19cm　1300円　①978-4-7966-6904-7　⑭778.77
内容　業界がコンテンツ不足に喘ぐ今「君たちは求められている！」アニメ脚本からマンガ原作までマルチに活躍する作家・冲方丁がストーリー創作のヒケツを完全レクチャー。

『ノベルゲームのシナリオ作成技法』涼元悠一著　第2版　秀和システム　2009.1　343p　21cm〈シナリオ監修：高橋直樹〉2000円　①978-4-7980-2120-1　⑭798.5
内容　『AIR』『CLANNAD』の涼元悠一が披露するシナリオの技。読み手の『泣きスイッチ』をオンにするには？ストーリーに引き込む選択肢の作り方とは？プロとして恥ずかしくないスクリプトとは？『ノベルゲーム』と『ライトノベル』の一線で活躍する著者が放つノウハウの集大成。

『ノベルゲームのシナリオ作成奥義』無頼寿あさむ著　秀和システム　2008.9　230p　21cm　1800円　①978-4-7980-1592-7　⑭798.5
内容　「自分の文章で泣かせたり萌えさせたりしたい」ストーリーを創り続けるプロの発想法と台本の書き方を大公開。

『シェイクスピアが笑うまで―中学生のための脚本創作法』志子田宣生著　晩成書房　2008.7　126p　21cm〈文献あり〉1200円　①978-4-89380-365-8　⑭901.2

『星山博之のアニメシナリオ教室』星山博之著　雷鳥社　2007.6　16, 303p　19cm　1800円　①978-4-8441-3435-0　⑭778.77
内容　「機動戦士ガンダム」「銀河漂流バイファム」「新世紀GPXサイバーフォーミュラ」…チーフシナリオライターとして数多くの名作オリジナルアニメを育て、日本アニメ界に不朽の功績を残した著者が、アニメ作品づくりを志す人に向けて書いたアニメシナリオの入門書。

『脚本家―ドラマを書くという仕事』中園健司著　福岡　西日本新聞社　2006.11　265p　18cm（西日本新聞新書）800円　①4-8167-0704-2　⑭912.7

『ゲームシナリオの書き方―基礎から学ぶキャラクター・構成・テキストの秘訣』佐々木智広著　ソフトバンククリエイティブ　2006.10　307p　21cm　1980円　①4-7973-3260-3　⑭798.5
内容　アドベンチャーゲームやロールプレイングゲームなど、シナリオが重視されるゲームで魅力的な物語を書くための秘訣を体系立ててやさしく解説。

『ゲームシナリオライターの仕事―名作RPGから学ぶシナリオ創作術』前田圭士著, 桝田省治, 重馬敬監修　ソフトバンククリエイティブ　2006.7　309p　21cm　2500円　①4-7973-3596-3　⑭798.5
内容　現役ゲームクリエイターだけが教えられるプロのテクニックを学び取れ。ゲームシナリオの「書き方」と「考え方」。

『劇作ワークブック―戯曲の書き方を学ぶ13のレッスン』ジャン＝クロード・ヴァン・イタリー著, 松田弘子訳　日本劇作家協会　2004.3　149p　19cm〈発売：ブロンズ新社〉1300円　①4-89309-317-7　⑭901.2
内容　自ら傑作戯曲を執筆しながら、イェール大学、プリンストン大学で25年間演劇を教えつづけた著者が、その経験を1冊にまとめたワークブック。グループでもひとりでも使用できる13回のレッスンを通して、登場人物をつくりだす方法、ストーリーやプロットの発展させ方、人が自然にしゃべるリズムに沿って書く方法などを学べる。劇作理論を紹介するほか、数々の練習課題の実践をとおして、劇作の方法を探求する。

『はじめての劇作―戯曲の書き方レッスン』デヴィッド・カーター著, 松田弘子訳　日本劇作家協会　2003.3　205p　19cm〈発売：ブロンズ新社〉1800円　①4-89309-288-X　⑭901.2
内容　思わずひきこまれる物語、リアルな登場人物、生き生きとしたダイアローグ…劇作を成功させるためのガイドラインが、この一冊にじつに明解に提示されている。

『書きたい！書けない！なぜだろう？』マリサ・デュバリ著, 別所里織訳, 岡田勲監修　ストーリーアーツ＆サイエンス研究所　2002.4　187p　19cm（夢を語る技術シリーズ No.4）〈発売：愛育社〉1800円　①4-7500-0243-7
内容　スランプ脱出の決め手！世界で証明された右脳活用による驚異のシナリオ創作術。

『物語の作り方―ガルシア＝マルケスのシナリオ教室』G.ガルシア＝マルケス［著］, 木村榮一訳　岩波書店　2002.2　405p　20cm　2700円　①4-00-025291-7　Ⓝ901.27

『脚本家になる方法』福田卓郎著　青弓社　2000.1　196, 13p　19cm〈寺子屋ブックス 10〉1600円　①4-7872-9137-8　Ⓝ912.7

[内容] 脚本家に必要な素質とは？ プロットからシナリオまでのプロセスとは？ そしてどうやってデビューし、プロの脚本家として生活していくのか。現役脚本家が説く、職業として脚本家をめざす人のための入門書。

《小説やエッセイを書きたい》

『物語のかたり方入門―〈ナラティブ〉を魅力的にする25の方法』エイミー・ジョーンズ著, 山田文訳　大阪　創元社　2024.6　60p　18cm〈アルケミスト双書〉1500円　①978-4-422-21553-2　Ⓝ901.307

[内容] プロットを物語としてうまく語るには。世界のすぐれた語り手たちが数百年にわたって発展させ、使いこなしてきたナラティブの方法を幅広く検討する。「物語のつむぎ方入門」の姉妹編。

『中高生のための小説のつくりかた―創作に役立つ実践知識とヒント』田中哲弥監修　メイツユニバーサルコンテンツ　2024.5　144p　21cm〈ジュニアコツがわかる本〉1630円　①978-4-7804-2891-9　Ⓝ901.307

[内容] ココロに響く物語を思い通りに描こう！ プロット、設定、登場人物、表現…。中高生に向けて、小説の書き方のコツを、知っておいた方がよい基本的なポイントとともにイラスト・図版を交えてわかりやすく解説する。

『言葉の舟―心に響く140字小説の作り方』ほしおさなえ著　ホーム社　2024.4　189p　19cm〈頒布：集英社〉1600円　①978-4-8342-5382-5　Ⓝ901.307

[内容] 広くて深い創作の世界に、140字の言葉の舟で漕ぎ出してみませんか？ 人気シリーズを数々手掛ける著者が贈る、魅力的なショートストーリーの書き方入門！

『オリジナルストーリーがどんどん思いつく！ 物語づくりのためのアイデア発想メソッド』榎本秋編著, 榎本海月, 榎本事務所著　DBジャパン　2024.3　214p　21cm〈ES BOOKS〉〈「ストーリー創作のためのアイデア・コンセプトの考え方」(秀和システム 2019年刊)の改題改訂　文献：p214〉1800円　①978-4-86140-400-9　Ⓝ901.307

[内容] 小説をはじめさまざまなエンターテインメントジャンルにおいて必要とされる「魅力的なアイデアを発想し、またそれを物語の形にとりまとめるためのテクニック」を紹介。実践で活用できる、コピーして使う「発想用シート」付き。

『これさえ知っておけば、小説は簡単に書けます。』中村航［著］　祥伝社　2023.12　187p　18cm〈祥伝社新書 690〉900円　①978-4-396-11690-3　Ⓝ901.307

[内容] アイデアの出し方から物語の構造、小説の設計、文章術、小説の書き出し・書き進め方・終わらせ方まで。現役小説家が小説の書き方を実践に基づいてわかりやすく教える。

『プロの小説家が教えるクリエイターのための名付けの技法書』秀島迅著　日本文芸社　2023.11　191p　26cm　1800円　①978-4-537-22162-6　Ⓝ901.307

[内容] 名前だけで段違いの作品クオリティになる命名のセオリーを大公開！ "売れる正攻法タイトル"の大原則。キャラクターの特性も表せるあだ名の活用術。必殺技の名前の付け方。

『たった独りのための小説教室』花村萬月著　集英社　2023.9　307p　19cm　2000円　①978-4-08-771844-7　Ⓝ901.307

[内容] 数多くの新人賞の選考委員を務めたマンゲツ先生だけが知っている、新人賞受賞のための一本道！ 今日からはじめる超実践的な全35講。

『面白い小説を書くためのプロット徹底講座』榎本秋編著, 橋本愛理, 榎本海月, 榎本事務所著　玄光社　2023.8　207p　21cm　1800円　①978-4-7683-1821-8　Ⓝ901.307

[内容] プロットの「良し」「悪し」を見極めろ！ はじめのアイディア出しから実例、見直しのテクニックまで。

『劇的（ドラマチック）！ 小説術―上手くなるのが実感できる95のレッスン』柏田道夫著　言視舎　2023.6　253p

21cm(「シナリオ教室」シリーズ)〈文献あり〉2000円 ①978-4-86565-253-6 Ⓝ901.307
内容 「武士の家計簿」「島守の塔」などを執筆した小説家&脚本家が、小説の書き方を丁寧に指導。向田邦子・村上春樹などの作品を徹底分析し、プロのテクニックを身につける方法を伝授する。

『これ1冊でできる! テンプレート式エンタメ小説のつくり方』榎本秋編著, 鳥居彩音, 榎本事務所著, DBジャパン編集 DBジャパン 2023.5 175p 21cm(ES books)1800円 ①978-4-86140-362-0 Ⓝ901.307
内容 キャラクター、ストーリー、世界観、物語の中の時間経過、具体的なシーン…。長編エンタメ小説を創作する上で必要な設定を整理するための書き込み式のテンプレートを紹介する。テンプレートのダウンロードサービス付き。

『部活でスキルアップ! 文芸部活躍のポイント』田中拓也監修 メイツユニバーサルコンテンツ 2023.5 128p 21cm(コツがわかる本―ジュニアシリーズ)1650円 ①978-4-7804-2779-0 Ⓝ910
内容 文芸部で活躍するには? さまざまな創作活動に役立つよう、作品作りの基本からレベルアップするための方法までをわかりやすく解説。コンクールに向けた準備のポイントも伝える。

『物語のつむぎ方入門―〈プロット〉をおもしろくする25の方法』エイミー・ジョーンズ著, 駒田曜訳 大阪 創元社 2022.12 61p 18cm(アルケミスト双書)〈文献あり〉1200円 ①978-4-422-21542-6 Ⓝ901.307
内容 読者の興味を引く物語の構成とは。プロット(筋立て)に関する理論と、具体的なプロットをつくる技術を紹介し、プロットをどのように操作すればドラマチックな効果が得られるかを、伝統的な文学の構造に的を絞って伝える。

『作家たちの17歳』千葉俊二著 岩波書店 2022.4 210p 18cm(岩波ジュニア新書 951)〈文献あり〉880円 ①978-4-00-500951-0 Ⓝ910.26
内容 太宰治、宮沢賢治、樋口一葉…。日本の文学史に大きな足跡を残した作家が、17歳の時にどのような選択をしたか、また、その選択がその後の人生にどのような影響を及ぼしたかを、当時の日記や創作の言葉をもとに明らかにする。

『本を書く』アニー・ディラード著, 柳沢由実子訳 田畑書店 2022.2 205p 16cm〈索引あり パピルス 1996年刊の加筆・修正〉1400円 ①978-4-8038-0392-1 Ⓝ934.7
内容 ものを書こうとしているすべての人へ。"書く生活"のバイブル、ついに復刊!

『テーマからつくる物語創作再入門―ストーリーの「まとまり」が共感を生み出す』K.M.ワイランド著, シカ・マッケンジー訳 フィルムアート社 2021.12 261p 21cm〈文献あり〉2200円 ①978-4-8459-2111-9 Ⓝ901.307
内容 プロットとキャラクターを磨くだけではまだ足りない。互いに関連し合うストーリーの「3大要素」最後のピース、テーマについて徹底的に掘り下げる。付録「5つの主要なキャラクターアーク」も収録。

『書きたいと思った日から始める! 10代から目指すライトノベル作家』榎本秋編著, 菅沼由香里, 榎本事務所著 DBジャパン 2021.11 205p 21cm(ES BOOKS)1700円 ①978-4-86140-206-7 Ⓝ901.307
内容 10代の作家志望者に向けて、「ライトノベルとはなにか?」「プロとはどういうことか?」から、本の流通プロセス、小説の基礎、デビューの仕方、進路の選び方まで紹介する。書き込み式のシートとテンプレートも収録。

『エッセイを書こう―心を伝える楽しみ』水木亮著 甲府 山梨日日新聞社 2021.8 159p 18cm(山日ライブラリー)1200円 ①978-4-89710-727-1 Ⓝ901.4
内容 これからエッセイを書きはじめたい、もっと良いものを書きたいという人のための手引き。実践的なポイントはもちろん、エッセイを書く楽しみ、書きつづけることの効用、伝えることの喜びを綴る。『文芸思潮』連載を基に書籍化。

『創作入門―小説を驚くほどよくする方法:小説は誰でも書ける』奥野忠昭著 鳥影社 2021.8 243p 19cm〈文献あり〉1800円 ①978-4-86265-910-1
内容 小説の文章のきまりは難しくはない。初心者でも訓練すれば身につく! 文学賞の受

文章を学ぼう / 小説やエッセイを書きたい

『ショートショートでひらめく文章教室』田丸雅智著　河出書房新社　2021.4　201p　19cm　〈14歳の世渡り術〉1420円　①978-4-309-61730-5　Ⓝ816
[内容]アイデアがとまらない！書くうちに頭がすっきり！東大・理系出身の人気ショートショート作家が教える、アイデアを形にする文章の書き方。

『エンタメ小説を書きたい人のための正しい日本語』榎本秋, 榎本事務所著　DBジャパン　2021.2　207p　21cm　〈ES BOOKS〉〈「ライトノベルのための正しい日本語」(秀和システム 2016年刊)の改題、増補・改訂〉1600円　①978-4-86140-146-6　Ⓝ901.307
[内容]日本語の文章の基本的なルールから、読みやすい文章の根幹部分、描写のポイントまで、小説を執筆するにあたって身につけておきたい文章テクニックを紹介。シチュエーション別の実践課題もポイントとともに収録する。

『書きたい人のためのミステリ入門』新井久幸著　新潮社　2020.12　223p　18cm　〈新潮新書 889〉〈文献あり〉760円　①978-4-10-610889-1　Ⓝ901.307
[内容]書き手の視点を知れば、ミステリは飛躍的に面白くなる。長年、新人賞の下読みを担当し、伊坂幸太郎らと伴走してきた編集長が、ミステリの〈お約束〉を徹底的に解説する。読むほどにミステリの基礎体力が身につく入門書。

『キャラクター創造論―キャラクターのレシピ！』榊一郎著　大阪　イメイジング・フォレスト　2020.11　298p　21cm　1500円　Ⓝ901.307

『マナーはいらない―小説の書きかた講座』三浦しをん著　集英社　2020.11　261p　19cm　1600円　①978-4-08-790015-6　Ⓝ901.307
[内容]長編・短編を問わず、小説を「書く人」「書きたい人」に向けて、人称、構成、推敲などの基本から、タイトルのつけ方や取材方法まで解説する。『Webマガジンcobalt』連載を改題、加筆・修正。

『新・時代小説が書きたい！』鈴木輝一郎著　河出書房新社　2020.5　208p　19cm　1800円　①978-4-309-02882-8　Ⓝ901.307
[内容]すべて見せます！「時代小説」の舞台裏！登場人物の履歴作成法、年表の作り方、資料の選び方、間違いやすい「暦法」「不定時法」の解説等、最新情報満載！作家志望者始め、時代小説をより楽しみたい方、必読の書！

『名著から学ぶ創作入門―優れた文章を書きたいなら、まずは「愛しきものを殺せ！」』ロイ・ピーター・クラーク著, 越前敏弥, 国弘喜美代訳　フィルムアート社　2020.5　334p　21cm　〈文献あり〉2000円　①978-4-8459-1924-6　Ⓝ021
[内容]アリストテレスからウィリアム・ジンサーまで。40年にわたり文章術の指導をしてきた専門家、ロイ・ピーター・クラークが、文筆にまつわる名著50点以上を厳選して引用し、読むことや書くことについてわかりやすく解説する。

『超ショート小説の書き方―テンプレート式：書ける・読ませる・面白い：だれでも書けるようになる超短編小説300文字小説』髙橋フミアキ著　改訂新版　総合科学出版　2019.7　223p　19cm　1400円　①978-4-88181-874-9　Ⓝ901.307
[内容]だれでも書けるようになる超短編小説、300文字小説。「えっ、原稿用紙1枚程度で小説が？」でも、執筆のパターンを知れば、小説家デビューも夢じゃない！

『小説を読むための、そして小説を書くための小説集―読み方・書き方実習講義』楽原丈和著　ひつじ書房　2019.4　234p　19cm　〈文献あり〉1900円　①978-4-89476-945-8　Ⓝ901.307
[内容]5つの小説を題材にして、どのように先行作品が摂取され、新たな小説に書き換えられたのかを具体的に解き明かしながら、読むこと・書くことについて実践を交えて考える小説指南の書。

『キャラクターからつくる物語創作再入門―「キャラクターアーク」で読者の心をつかむ』K.M.ワイランド著, シカ・マッケンジー訳　フィルムアート社　2019.3　244p　21cm　〈文献あり〉2200円　①978-4-8459-1822-5　Ⓝ901.307
[内容]あなたの物語に足りないのは、キャラクターアーク(登場人物の変化の軌跡)だった！キャラクターアークを作るときに考え

『エッセイの書き方―読んでもらえる文章のコツ』岸本葉子著　中央公論新社　2018.8　229p　16cm（中公文庫き30-15）〈「エッセイ脳」（2010年刊）の改題〉780円　⃝I978-4-12-206623-6　⃝N901.4
内容　言葉の選び方、書き出しの心得、起承転結の「転」を利かし、書き手の「ええーっ」を読み手の「へえーっ」に換える極意とは？エッセイ道30年の岸本葉子が、しなやかに感じてしたたかに描く奥義を伝授する。

『こども小説教室―きみだけのオリジナル小説ができる！』田丸雅智著　キノブックス　2018.7　79p　22cm　1500円　⃝I978-4-909689-04-7　⃝N901.307
内容　たった40分でだれでもかならず物語が書ける！発想力、論理的思考力、コミュニケーション力、文章力―こんな力が身につきます！

『工学的ストーリー創作入門―売れる物語を書くために必要な6つの要素』ラリー・ブルックス著、シカ・マッケンジー訳　フィルムアート社　2018.4　317p　21cm　2100円　⃝I978-4-8459-1722-8　⃝N901.307
内容　直感に頼らず、物語に必須の要素から書き始める、天才以外は必読の「工学的」創作入門。

『エンタテインメントの作り方―売れる小説はこう書く』貴志祐介[著]　KADOKAWA　2017.10　232p　18cm（角川新書 K-169）〈2015年刊の修正〉800円　⃝I978-4-04-082181-8　⃝N901.307
内容　エンタテインメント小説の書き方には、明確なルールがある。「黒い家」「悪の教典」など、映像化作品も多数生み出した人気小説家・貴志祐介が、"売れる小説"の創作テクニックを余すところなく開示する。

『絶対誰も読まないと思う小説を書いている人はネットノベルの世界で勇者になれる。―ネット小説創作入門』榎本秋, 榎本海月, 榎本事務所著　秀和システム　2017.9　255p　21cm　1600円　⃝I978-4-7980-5202-1　⃝N901.307
内容　ネットで自分の好きな小説を書きつつもネットのトラブルを回避する創作レッスン。

『〈小説家になろう〉で書こう―もうすぐアイディアが降臨しそうな人へ』ヒナプロジェクト監修　新紀元社　2017.8　293p　19cm（MORNING STAR BOOKS）〈文献あり〉1600円　⃝I978-4-7753-1517-0　⃝N901.307
内容　本気で作家になりたい人に向けて、小説投稿サイト『小説家になろう』の使い方から書籍化作業の流れまでを徹底ガイド。創作の基礎知識やアイディアのまとめ方、読者を引き込む文章テクニックも解説する。

『小説同人誌をつくろう！―ラノベを書くならウェブ投稿より同人で！』弥生肇著　総合科学出版　2017.6　143p　21cm　1400円　⃝I978-4-88181-860-2　⃝N901.307
内容　ウェブ小説で投稿した自分の作品をセルフプロデュースして、同人誌デビュー！ウェブ小説では体験できない楽しさがある!!

『ストーリーの作り方―創作トレーニング2　実践編』野村カイリ著　新紀元社　2017.4　277p　21cm　1600円　⃝I978-4-7753-1485-2　⃝N901.307
内容　ジャンル別にストーリーの作り方を詳しく解説！

『そろそろライトノベルでも書いてみようと思うキミへ47のtips』すずきあきら著　イカロス出版　2016.12　249p　21cm　1389円　⃝I978-4-8022-0279-4　⃝N901.307
内容　ライトノベルを書いてみようという人に向けて、書き方のコツをわかりやすく伝授する。魅力的なヒロインの作り方、キャラ同士の関係性の構築法、ストーリーと世界観など、役に立つ豆知識やテクニックが満載。

『ライトノベルのための正しい日本語―表現をより良くするための文章テクニック』榎本秋, 榎本事務所著　秀和システム　2016.12　191p　21cm　1300円　⃝I978-4-7980-4845-1　⃝N901.307
内容　創作のコツ、正しい日本語を使いライトノベルのための文章表現テクニックを磨こう!!表現をより良くするための文章テクニック。

『ライトノベルのための日本文学で学ぶ創作術』榎本秋編著, 粟江都萌子, 榎本事務所著　秀和システム　2016.10　291p　21cm〈文献あり〉1600円　⃝I978-4-7980-4789-8　⃝N901.307
内容　時代を越える文豪の技を学び、創作に

小説やエッセイを書きたい

生かす！ 長く人々に愛され、評価されてきた日本文学（短編）を、作品を読み解くポイントや、エンタメに役立つポイントなどとともに紹介。外国人作家の作品も取り上げる。

『ファンタジーへの誘い―ストーリーテラーのことのは』TricksterAge編集部編 徳間書店 2016.6 189p 19cm〈述：堀川アサコほか〉1300円 ⓘ978-4-19-864180-1 Ⓝ910.264
[内容] ファンタジー小説の紡ぎ手は、どのように魅力的な設定を作り、文章にしているのか。10人の作家が、幼い頃の読書体験、創作に対する想いなどを語る。『TricksterAge』連載に、新たなインタビューを加え単行本化。

『ミステリー小説を書くコツと裏ワザ』若桜木虔著 青春出版社 2016.6 206p 20cm 1460円 ⓘ978-4-413-23000-1 Ⓝ901.307
[内容] 40人以上を作家デビューさせた講師が教える、門外不出のテクニック。意表を突くストーリー展開の発想法、魅力的なキャラクター設定、新しいトリックの編み出し方が、自分のモノになる！

『デビュー小説論―新時代を創った作家たち』清水良典著 講談社 2016.2 272p 19cm 1800円 ⓘ978-4-06-219930-8 Ⓝ910.264
[内容] デビュー小説には作家のすべてが詰まっている。あの名作はこうして生まれた！ 人気作家の誕生を読み解く、新しい文学案内！

『芥川・太宰に学ぶ心をつかむ文章講座―名文の愉しみ方・書き方』出口汪著 水王舎 2015.10 255p 19cm 1300円 ⓘ978-4-86470-030-6 Ⓝ910.268
[内容] 二人の日本が誇る文学者から文章術を学ぶ方法を、「現代文のカリスマ」出口汪が詳細に解説する。明治大学文学部教授・斎藤孝との対談も収録。二人の国語の先生は、又吉直樹の『火花』をどう読んだのか？

『ミステリーの書き方』日本推理作家協会編著 幻冬舎 2015.10 685p 16cm〈幻冬舎文庫 に-21-1〉920円 ⓘ978-4-344-42401-2 Ⓝ901.307
[内容] どうしたら小説が書けるの？ アイデアはどこから生まれてくるの？ プロの作家に必要なことは？―ミステリーの最前線で活躍する作家が、独自の執筆ノウハウや舞台裏を余すところなく開陳した豪華本。日本推理作家協会に所属する現役作家たちが答えた貴重なアンケートも収録。作家志望者のみならず、すべてのミステリーファン必読の書。

『キャラクターの作り方―創作トレーニング』野村カイリ著 新紀元社 2015.8 271p 21cm 1500円 ⓘ978-4-7753-1358-9 Ⓝ901.307
[目次] 01 なにを作る？, 02 キャラクターを作ってみよう, 03 キャラクター属性を与える, 04 外見を与える, 05 内面を与える, 06 社会的な属性を与える, 07 こんなキャラを作る, 巻末付録

『はじめての文学講義―読む・書く・味わう』中村邦生著 岩波書店 2015.7 166p 18cm〈岩波ジュニア新書 810〉〈文献あり〉800円 ⓘ978-4-00-500810-0 Ⓝ901.3
[内容] 読むことを楽しむにはどんな方法がある？ 魅力的な文章を書くにはどうしたらいい？ その両面から文学の面白さ、深さを構造的に探っていく。太宰治をはじめ多種多様な文学作品をテキストにしながら、読むコツ、書くコツ、味わうコツを具体的に指南する。「文学大好き！」な現役の中学・高校生を対象にした「文学講義」をまとめた一冊。

『エッセイをどう書くの？ こう書いた！』辻真先講師 展望社 2015.6 253p 19cm 1600円 ⓘ978-4-88546-297-9 Ⓝ914.68
[内容] エッセイを書きたいけれど、どう書けばよいかわからない…そんなあなたに贈るエッセイ指南！ 朝日カルチャーセンター超人気講座「辻真先のエッセイ教室」卒業生によるエッセイ18篇も収録！

『「物語」の組み立て方入門 5つのテンプレート』円山夢久著 雷鳥社 2015.4 223p 19cm 1500円 ⓘ978-4-8441-3679-8 Ⓝ901.307
[内容] 作家が教える「物語」のつくり方入門7つのレッスン第2弾！

『芸術大学でまなぶ文芸創作入門―クリエイティブ・ライティング/クリエイティブ・リーディング』大辻都著 名古屋ブイツーソリューション 2015.3 198p 19cm〈文献あり 発売：星雲社〉1800円 ⓘ978-4-434-20369-5 Ⓝ901.307
[内容] 小説への具体的なアプローチを紹介し、小説の創作について考えるテキスト。書き出し、語りの機能、プロットとストーリーなど書くためのテクニックや作法を取り上げるとともに、クリエイティブな小説の読み方を提案する。

『本当に人を楽しませる！ エンタメ作家になる』榎本秋著　秀和システム　2014.2　231p　21cm　1600円　ⓣ978-4-7980-4056-1　Ⓝ901.307
内容　たった10行しか読まれない本当の理由とは？ ライトノベルやエンタメ小説を「うまく書けない」と悩んでいる人のために。プロは誰が読むかで言葉を変えている。

『これだけを知っていれば小説は見違えるほどよくなる―誰も書かなかった小説表現の基本中の基本：初めての創作』奥野忠昭著　大阪　大阪文学学校・葦書房　2014.1　197p　19cm　1000円　ⓣ978-4-87026-002-3　Ⓝ901.307

『中級作家入門』松久淳著　KADOKAWA　2014.1　189p　18cm　1000円　ⓣ978-4-04-110654-9　Ⓝ910.264
内容　10年以上のキャリアを持ちつつ"中級作家"を自称する著者が、原稿料の仕組みや本の売り方、編集者との付き合い方などリアルな作家ライフを完全公開。黒い笑いと作家志望者へのお役立ち情報が詰まった「ブラック・バイブル」誕生！

『キャラクター小説の作り方』大塚英志著　星海社　2013.10　349p　18cm（星海社新書 37）〈講談社 2003年刊に書き下ろしを加える　発売：講談社〉890円　ⓣ978-4-06-138540-5　Ⓝ901.307
内容　全十二講に及ぶ挑発的な「ラノベ」＝「キャラクター小説」の「作り方」を通じて、ゼロ年代の「文学」の可能性を追求した不滅の文学入門書、星海社新書に登場。補講「もう一度、キャラクターとは何かを考える」を書き下ろし。

『小説を書きたい人の本―コツさえつかめば小説は誰でも書ける！』校條剛監修, 誉田龍一著　新版　成美堂出版　2013.9　191p　22cm　1100円　ⓣ978-4-415-31653-6　Ⓝ901.307
目次　人気作家にインタビュー 私の小説の書き方, 1章 小説を書く前に, 2章 実践！ テーマ＆構想をスキルアップ, 3章 実践！ ストーリー作成をスキルアップ, 4章 実践！ 描写をスキルアップ, 5章 実践！ 推敲をスキルアップ, 6章 プロ作家になるには

『まんがでわかる物語の学校―あなたもストーリーが作れる！』大塚英志構成, 野口克洋まんが　角川書店　2013.7　170p　21cm（単行本コミックス）〈発売：KADOKAWA〉780円　ⓣ978-4-04-120761-1　Ⓝ901.307

『未来力養成教室』日本SF作家クラブ編　岩波書店　2013.7　150p　18cm（岩波ジュニア新書 750）780円　ⓣ978-4-00-500750-9　Ⓝ159.5
内容　使い方を間違えれば、誤解を生んだり相手を傷つけることもあるけれど、うまく鍛えれば、冒険の後押しをしてくれたり、不幸を防いだり、夢を実現する力を与えてくれる―、そんな「想像力」を使いこなし、自分の未来を切りひらく秘訣とは？ 日々想像力を駆使する9人の人気SF作家が、それぞれの10代を振り返りながら語ります。

『小さな物語のつくり方 2 創作授業のすすめ方指南・星派道場』江坂遊編著　横浜　樹立社　2013.4　261p　19cm　1400円　ⓣ978-4-901769-68-6　Ⓝ901.307
内容　大好評の前作で創作のノウハウを明かした著者が、より実践的な「小さな物語のつくり方教室」を開講します。仲間といっしょにレッスンを進めて切磋琢磨すれば、あなたも「小さな物語」作家になれるはずです。巻末掲載の創作コンテストにも是非チャレンジを！ 樹立社ショートショートコンテスト受賞作7編、加えて受賞者たちによる新作16編も一挙掲載。

『ストーリーの作り方―創作トレーニング』野村カイリ著　新紀元社　2013.3　222p　21cm　1400円　ⓣ978-4-7753-1107-3　Ⓝ901.307
内容　ストーリー作りはどんな作業？ バランスを崩せば個性が出る？ ストーリーには絶対的支配者がいる。伏線が効いていると言われてみたい。「実は…」は意外性を持たらすか。困ったときには行動させろ、ほか。

『新ライトノベルを書きたい人の本』ライトノベル創作クラブ編　成美堂出版　2013.2　191p　22cm〈文献あり〉1100円　ⓣ978-4-415-31445-7　Ⓝ901.307
内容　本当に面白い作品を書くための実践的ガイドブック！ プロになるために必要なことが全てわかる。"その道のプロに学べ！"とっておきコラム収録。

『西谷史先生のライトノベルの書き方の教科書 3 プロット・物語の作り方編』西谷史著　秀和システム　2013.2　207p　21cm　1300円　ⓣ978-4-7980-3681-6　Ⓝ901.307
内容　プロットを作る技術、そしてプロット

『西谷史先生のライトノベルの書き方の教科書 2 文章技術編』西谷史著 秀和システム 2013.2 207p 21cm 1300円 ①978-4-7980-3680-9 Ⓝ901.307
[内容] 朝の訪れを10種類書き分けられますか？ 人気小説で使われる文章技術のテクニックを学べる教科書。

（続き）を捨てる技術。人を感動させる物語を作るための教科書。デジタル・デビル・ストーリー「女神転生」「東京SHADOW」「神々の血脈」などメディアミックスを生み出した西谷史先生の教える小説の極意。

『西谷史先生のライトノベルの書き方の教科書 1 基礎編』西谷史著 秀和システム 2013.2 207p 21cm 1300円 ①978-4-7980-3679-3 Ⓝ901.307
[内容] 空想したことを文章に書いて他の人にわかってもらうのはなかなか難しい。ライトノベルの文章基礎を学べる教科書。

『マンガでわかる！ 小説家入門』榎本秋編著, あがのまこと作画, 榎本事務所原作 アスペクト 2013.1 207p 21cm 1500円 ①978-4-7572-2196-3 Ⓝ901.307
[内容] 小説を書きプロの作家として活動するために必要なことがマンガと図版で簡単に理解できる。現役の小説スクール講師による"超"実践メソッド。

『これだけは覚えておきたいライトノベルのための日本語表現』榎本秋, 諸星崇, 榎本事務所著 秀和システム 2012.12 191p 21cm 〈文献あり〉 1300円 ①978-4-7980-3617-5 Ⓝ901.307
[内容] 創作のコツ、それは状況に合わせて正しい日本語を使いこなすこと！ なんとなく覚えた日本語に、「遠足の感想文」に満足していませんか。本当の日本語の使い方伝授します。

『小説の聖典(バイブル)─漫談で読む文学入門』いとうせいこう, 奥泉光, 渡部直己著 河出書房新社 2012.11 300p 15cm (河出文庫 い18-2) 〈「文芸漫談」(集英社 2005年刊)の改題・加筆〉 850円 ①978-4-309-41186-6 Ⓝ904
[内容] 初心者のための小説の読み方・書き方、教えます。小説の不思議な魅力を、稀代の作家二人が漫談スタイルでボケてツッコむ。「書くことに先立って頭に浮かぶアイデアは「基本的に陳腐」だと知るべし」「「素直」を憎み、「ノイズ」を寿ぐ」─文学とは？ 物語とは？ スリリングな掛け合いの中にためになる金言が満載の文学入門書。

『目指せ！ ライトノベル作家超(スーパー)ガイド』榎本秋著 トランスワールドジャパン 2012.10 231p 21cm (TWJ BOOKS─CREATORS BIBLE vol.2) 〈文献あり〉 1400円 ①978-4-86256-111-4 Ⓝ901.307
[内容] 現役専門学校講師が贈る、豊富な作例とチャート、プロットパターン、赤字添削付き。プロになるための最強の入門書。

『プロになりたい人のための小説作法ハンドブック』榎本秋著 アスペクト 2012.6 205p 21cm 〈文献あり〉 1500円 ①978-4-7572-2077-5 Ⓝ901.307
[内容] 「読まれる」ためには、絶対に必要なことがある。効率的なアイデアの出し方から原稿執筆はもちろん、プロの小説家として通用するためのノウハウまで完全網羅。

『ライトノベル創作Q&A100』榎本秋著 新紀元社 2012.6 191p 21cm (ライトノベル作家になるシリーズ) 950円 ①978-4-7753-1024-3 Ⓝ901.307
[内容] 「ライトノベル作家になりたい！」と思っても文章を書いている最中はもちろん書き始める前から多くの疑問や悩みに襲われるはず。本書はそんな疑問や悩みに丁寧に答えていく大好評「ライトノベル作家になる」シリーズの副読本。

『ゲームで広げるキャラ&ストーリー』榎本秋著 新紀元社 2012.5 191p 21cm (ライトノベル作家になるシリーズ) 950円 ①978-4-7753-1010-6 Ⓝ901.307
[内容] ライトノベル作家を目指してはいるもののキャラクター造形やストーリー構成に悩む高校生・明人。そんな彼のもとに「TRPG(テーブルトーク・ロールプレイングゲーム)を遊ぶと、そうした力が鍛えられるよ」と言う先輩が現れて…。「キャラクター造形」や「ストーリー構成」のツボをTRPGを遊ぶ様子を通してわかりやすく紹介。現実のライトノベル作家の中にもTRPG経験者は驚くほど多い。「みんなに楽しんでもらう」コツを明人と一緒に学んでいこう。

『「物語」のつくり方入門7つのレッスン』円山夢久著 雷鳥社 2012.5 223p 19cm 〈文献あり〉 1500円 ①978-4-8441-3587-6 Ⓝ901.307
[内容] どんな物語を書きたいですか？ 作家が

小説やエッセイを書きたい　　　　　　　　　　　　　　　　文章を学ぼう

『キャラクター設計教室—人物が動けばストーリーが動き出す!』ライトノベル作法研究所著　最新　秀和システム　2012.4　279p　21cm〈文献あり〉1600円　Ⓣ978-4-7980-3305-1
内容　「こう設定すれば物語は勝手に展開する」—プロラノベ作家による「キャラクター設定20のポイント」をもとに、人物の設定方法を明確化。

『キャラクターレシピ—創作世界の100キャラクター』榎本秋著　新紀元社　2011.12　223p　21cm〈レシピシリーズ〉〈文献あり〉1800円　Ⓣ978-4-7753-0967-4　Ⓝ901.307
内容　エンターテイメントの世界で物語を作る際、最も重視しなくてはならないポイントである「キャラクター」。本書はそのキャラクターの類例を100パターン紹介し、創作活動をサポートするガイドブックとなっている。

『ライトノベルの書き方—キャラクターを立てるための設定・シーン・ストーリーの秘訣』野島けんじ著　ソフトバンククリエイティブ　2011.12　271p　21cm（Next creator）〈索引あり〉1780円　Ⓣ978-4-7973-6381-4　Ⓝ901.307
内容　キャラの魅力を可能な限り引き出して読者を惹きつける方法を、キャラクターの5要素、アクション・リアクション・シチュエーション、4幕構成、3つの時間軸、3つの柵、小道具など様々な切り口で分かりやすく解説。

『冲方丁のライトノベルの書き方講座』冲方丁著　新装版　宝島社　2011.11　221p　16cm（このライトノベルがすごい！文庫　う-1-1）590円　Ⓣ978-4-7966-8808-6　Ⓝ901.307
内容　ライトノベル作家になるにはどうすればいいか？『カオスレギオン』など数々のヒット作を世に送り出し、『マルドゥック・スクランブル』『天地明察』で一世を風靡した冲方丁が、創作のプロセスを公開した"伝説の書"が新装版で再登場！執筆時のプロットをそのまま公開する型破りな手法に、「シュピーゲル」シリーズをはじめとする代表作の創作過程を新たに語り下ろした特別インタビューを加え、ライトノベルの書き方を徹底指南。

『小さな物語のつくり方—ショートショート創作技術塾・星派道場』江坂遊著　横浜　樹立社　2011.10　237p　19cm〈奥付のタイトル：小さな物語の作り方〉1400円　Ⓣ978-4-901769-56-3　Ⓝ901.307
内容　世界でただ一人のショートショート専業作家・江坂遊がベールに覆われていた創作の秘密をついに明かします。弟子になり設問を解いていけば、何と！いつのまにか実力アップ、巻末記載のコンテストに応募したくなるはずです！新作ショートショート12編も特別収録。

『ミステリを書く！10のステップ』野崎六助著　最新版　東京創元社　2011.10　283p　15cm（創元ライブラリ　Lの1-2）980円　Ⓣ978-4-488-07068-7　Ⓝ901.307
内容　ミステリ作家・評論家であり、創作講座の講師でもあった著者が、作品の執筆過程を豊富な例文や自らの失敗談を織り交ぜ10ステップにわけて丁寧にまとめた、面白くてためになる参考書。人物の描き方や視点の取り方といった技術的な部分から、読んでおくべき傑作やネタ本の紹介まで、これからミステリを書きたい人に最適の一冊。

『すごいライトノベルが書ける本—これで万全！創作テクニック　実例サンプル満載』西谷史，榎本秋著　総合科学出版　2011.8　191p　21cm　1400円　Ⓣ978-4-88181-814-5　Ⓝ901.307
内容　ヒット作品の特徴や「ここが上手い！」といった分析で、創作のポイントをわかりやすく解説。あの「女神転生」シリーズの西谷史とライトノベル評論家・榎本秋が教える、マル秘執筆テクニック講座。

『実践！ライトノベル文章作法』榎本秋著　新紀元社　2011.7　191p　21cm（ライトノベル作家になるシリーズ）〈著作目録あり〉950円　Ⓣ978-4-7753-0925-4　Ⓝ901.307
内容　現役ライトノベル専門学校講師が贈る超実践的な文章技術指南書。

『楽しい文章教室—今すぐ作家になれる　2巻　創作ができる』牧野節子監修　教育画劇　2011.4　63p　23cm　3300円　Ⓣ978-4-7746-1233-1　Ⓝ816
目次　創作の世界にようこそ，創作の形態を知ろう，創作って何？　ジャンルいろいろ，キャラクターの設定　生きている登場人物，活やくする舞台　どこにいる？　いつのこと？，作品の組み立て方　物語の構成，ワクワクドキドキストーリー　プラスとマイナス，コンクールにちょうせん　読んでもらおう，魔法の力

文章を学ぼう　　　　　　　　　　　　　　　　　　　　小説やエッセイを書きたい

『漫画ノベライズによるラノベ上達教室』
日昌晶著　秀和システム　2011.2
215p　21cm〈索引あり〉1800円
①978-4-7980-2865-1　Ⓝ901.307
内容　実践！ 漫画的な表現を文章化する方法とは？ バトル・恋愛・ホラーなどの描写は？ コミックを文章化する練習で空想を現実に。

『電子書籍で人気小説を書こう!!』榎本秋著　秀和システム　2010.11　223p　21cm〈文献あり〉1400円　①978-4-7980-2788-3　Ⓝ901.307
内容　電子書籍の時代がくる！ 誰にでも作家のチャンス！ 今だから知りたい、1からわかる電子ノベルの出し方！ いまさら聞くのは恥ずかしい、1から学ぶ小説の書き方。

『ヒーローの作り方―ミステリ作家21人が明かす人気キャラクター誕生秘話』オットー・ペンズラー編、小林宏明他訳　早川書房　2010.8　462p　20cm　2700円　①978-4-15-209152-9　Ⓝ930.29
内容　アメリカ探偵作家クラブ賞最優秀評論・評伝賞受賞。モース警部の名前の由来は？ スペンサーはいかにして私立探偵になった？ 人気キャラの秘密から小説作法まで、おもしろくてためになるエッセイ評論。

『小説家という職業』森博嗣著　集英社　2010.6　199p　18cm（集英社新書）700円　①978-4-08-720548-0　Ⓝ901.307
内容　小説家になるためにはどうすれば良いのか？ 小説家としてデビューするだけでなく、作品を書き続けていくためには、何が必要なのだろうか？ プロの作家になるための心得とは？ デビュー以来、人気作家として活躍している著者が、小説を書くということ、さらには創作をビジネスとして成立させることについて、自らの体験を踏まえつつ、わかりやすく論じる。

『超ライトノベル実戦作法―売れるライトノベルは書く前に"9割"決まる』バーバラ・アスカ,若桜木虔著　アスペクト　2010.4　189p　19cm　1300円　①978-4-7572-1766-9　Ⓝ901.307
内容　ちょっと待て、書く前に考えろ。人と違うライトノベルを書けば、新人賞は獲れる。

『深く「読む」技術―思考を鍛える文章教室』今野雅方著　筑摩書房　2010.4　313p　15cm（ちくま学芸文庫 コ31-1）1100円　①978-4-480-09291-5　Ⓝ907
内容　受験技術をみがけば、大学には受かる。でも「点が取れる」ことと「読める」ことは、実はまったく別。設問から眺め、問題文の型を見抜いて効率的に解答すれば点は上がるが、「読む力」「考える力」は培えない。しかし社会に出れば、「判断と根拠をきちんと展開した文章が書けない」「自分の意見が好き/きらいしか言えない」「そもそも文章が読めていない」現実に突き当たる。ではどうすれば「読む力」がつくのか？ 読んでほんとうに理解したうえで自分の思考を紡いでいくにはどんな訓練をすればいいのか？ 読み込む技術、考える力・書く力を鍛え、問題解決力をつけるための徹底講座。

『ライトノベル創作Q&A（エー）』ライトノベル作法研究所,日昌晶著　秀和システム　2010.4　287p　21cm　1800円　①978-4-7980-2580-3　Ⓝ901.307
内容　Webサイト「ライトノベル作法研究所」に投稿された悩みと解答をまとめたQ&A形式で解決する指南書。

『作家の条件―文庫決定版』森村誠一［著］　講談社　2010.3　349p　15cm（講談社文庫 も1-89）629円　①978-4-06-276367-7　Ⓝ914.6
内容　作家になれる人、なれない人はどこが違うのか。通俗に堕ちず読者からも乖離しない作品を生み続ける秘訣とは。半世紀近く創作の第一線を走り続け、松本清張、笹沢左保、山村正夫ら幾多の作家と交わった経験が、熱きメッセージとなり、志ある後進の背を力強く押す。小説を書きたい人必読の"作家虎の巻"決定版。

『黒魔女さんの小説教室―チョコといっしょに作家修行！』石崎洋司,藤田香,青い鳥文庫編集部作　講談社　2009.11　207p　19cm（青い鳥おもしろランド）952円　①978-4-06-215903-6　Ⓝ901.307
内容　「小説を書きたい」「作家になりたい」という人のために、小説「黒魔女さんが通る!!」シリーズのキャラや設定を使って、小説の書き方を伝授する。マンガ「メグの赤ずきんちゃん」も収録。

『ライトノベルを書こう！』榎本秋著　宝島社　2009.7　223p　16cm（宝島sugoi文庫）457円　①978-4-7966-7205-4　Ⓝ901.307
内容　近年大きな盛り上がりを見せる、ライトノベル。「○○先生みたいな作品を書きたい！」「私もライトノベル作家になりたい！」という人も多いはず。でも、ライトノベルを

ヤングアダルトの本 創作活動をささえる4000冊　　45

『小説キャラクターの創り方―漫画・アニメ・映画、小説から学ぶ』若桜木虔,すぎたとおる,高橋桐矢著　雷鳥社　2009.4　239p　19cm　1500円　Ⓘ978-4-8441-3519-7　Ⓝ901.307
内容　新人賞受賞作をメッタ斬り。年間千冊以上を読破する著者(若桜木)だからこそ、わかる―生き残れる作家、生き残れない作家。大ヒットアニメ・映画・小説のキャラを徹底分析。

『小説の書き方―小説道場 実践編』森村誠一［著］　角川書店　2009.4　253p　18cm　〈角川oneテーマ21 B-119〉〈発売：角川グループパブリッシング〉724円　Ⓘ978-4-04-710187-6　Ⓝ901.307
内容　時代小説、ミステリ、エッセイ…すべての書き方を解説した小説入門の決定版。

『怪談文芸ハンドブック―愉しく読む、書く、蒐める』東雅夫著　メディアファクトリー　2009.3　335p　19cm　1490円　Ⓘ978-4-8401-2751-6　Ⓝ902.3
内容　怪談専門誌『幽』編集長、東雅夫が満を持して書き下ろす、トータル視点による入門ハンドブック。

『柴田さんと高橋さんの「小説の読み方、書き方、訳し方」』柴田元幸,高橋源一郎著　河出書房新社　2009.3　228p　19cm　1400円　Ⓘ978-4-309-01917-8　Ⓝ901.3
内容　小説は"読む"だけではもったいない！書いて、訳して、また読んでみたらあなたも小説を100倍楽しめます！日本を代表する作家と翻訳者が贈る初の"三位一体"小説入門。

『ケータイ小説家―憧れの作家10人が初めて語る"自分"』佐々木俊尚著　小学館　2008.12　222p　19cm　1000円　Ⓘ978-4-09-387816-6　Ⓝ910.264
内容　指を血だらけにしながらも、つらい体験や素直な気持ちをケータイに打ち込んでいく。書いているうちに、つらくて我慢できなくて、でも、読者の励ましでまた書き続ける。ケータイ小説家たちの純粋さ、一途な思い、そして読者との強い絆を、作家本人へのインタビューをもとに描き出します。

『書きあぐねている人のための小説入門』保坂和志著　中央公論新社　2008.11　356p　16cm　〈中公文庫〉667円　Ⓘ978-4-12-204991-8　Ⓝ901.307
内容　小説を書くときにもっとも大切なこととは？実践的なテーマを満載しながら、既成の創作教室では教えてくれない、新しい小説を書くために必要なことをていねいに追う。読めば書きたくなる、実作者が教える"小説の書き方"の本。著者の小説が生まれるまでを紹介した、貴重な「創作ノート」を付した決定版。

『ライトノベルを書きたい人の本』榎本秋著　成美堂出版　2008.10　191p　21cm　1100円　Ⓘ978-4-415-30387-1　Ⓝ901.307
内容　プロになるためのコツが一からわかる。面白い作品を書くためのパーフェクトガイド。

『ライトノベル創作教室』ライトノベル作法研究所著　秀和システム　2008.10　255p　21cm　1500円　Ⓘ978-4-7980-2085-3　Ⓝ901.307
内容　何人ものライトノベル作家を養成した「ライトノベル作法研究所」に大幅加筆。キャラクター作りから「てにをは」の使い方まで、これから始める人のための完全技法書。

『プロを目指す文章術―大人のための小説教室』三田誠広著　PHP研究所　2008.5　214p　19cm　1200円　Ⓘ978-4-569-69943-1　Ⓝ901.307
内容　書くのが大好き。でも、何かが足りない…。プロの作家になるための「あと一押し」のアドバイス。

『ケータイ小説書こう』内藤みか著　中経出版　2008.3　143p　19cm　1143円　Ⓘ978-4-8061-2967-7　Ⓝ901.307
内容　誰かにずっと伝えていきたいストーリーがありますか…？涙が止まらないほどすてきなストーリーがありますか…？最初は誰だって、初心者です。最初は誰だって、素人です。でもいま、ケータイ小説という新しい文学のかたちに、どんな人にもチャンスの場がたくさん増えました。あなただけのオリジナルストーリーをつくって、日本中に発表してください。ミリオン作家になることは、もはや夢ではないのです。

『本気で小説を書きたい人のためのガイドブック―ダ・ヴィンチ渾身』ダ・ヴィンチ編集部編著　メディアファクトリー　2007.3　253p　19cm　1300円　Ⓘ978-

文章を学ぼう　　　　　　　　　　　　　　　　　　　　　　　　小説やエッセイを書きたい

4-8401-1832-3　Ⓝ901.307
内容　ダ・ヴィンチ編集部と超豪華作家陣が渾身の力でお届けする、小説への道案内。

『マンガを読んで小説家になろう！』大内明日香,若桜木虔著　アスペクト　2007.3　189p　19cm〈文献あり〉1300円
Ⓘ978-4-7572-1353-1　Ⓝ901.307
内容　すべての物語は「パターンとバリエーション」だ！ だったら、大ヒットしている人気マンガにこそ学ぶべし！ すべての小説家、ライトノベル作家志望者必読、前代未聞のストーリー作法。

『ケータイ小説家になる魔法の方法──女子高生でもベストセラー作家になれる！』魔法のiらんど監修, 伊東おんせん著　ゴマブックス　2007.1　158p　19cm　1200円　Ⓘ4-7771-0548-2　Ⓝ901.307
内容　累計300万部の「ケータイ小説」を仕掛けた「魔法のiらんど」の敏腕プロデューサーがそのすべての秘密を明らかにする。

『小説家になる！──芥川賞・直木賞だって狙える12講』中条省平著　筑摩書房　2006.11　315p　15cm（ちくま文庫）760円　Ⓘ4-480-42277-3　Ⓝ901.307
内容　天才教師・中条省平が、新人賞を獲得するためのポイントを明かす熱血の特別講義。第1部では小説のメカニズムを透視し、レトリックの技法を紹介、海外ミステリーやマンガの表現をも展望する。第2部で、三島由紀夫、川端康成、岡本かの子、フロベールなどの名作を題材に、小説を書くためのテクニックをマスターするコツを華麗に公開。「小説作法指南書ベスト10」を巻末に付す。

『はやわかり!!ライトノベル・ファンタジー』榎本秋編著　小学館　2006.9　251p　18cm　838円　Ⓘ4-09-106313-6　Ⓝ901.307

『ライトノベルを書く！──クリエイターが語る創作術』ガガガ文庫編集部編　小学館　2006.9　207p　21cm　1143円　Ⓘ4-09-106314-4　Ⓝ901.307

『執筆前夜──女性作家10人が語る、プロの仕事の舞台裏。』恩田陸, 三浦しをん, 角田光代, 酒井順子, 加納朋子, 群ようこ, 中村うさぎ, 野中柊, 林あまり, 鷺沢萠［述］, CW編集部編　新風舎　2005.12　219p　19cm（ラセ）1500円　Ⓘ4-7974-8170-6　Ⓝ910.264
目次　恩田陸──時間とお金を費やしても後悔させないものにしたい、三浦しをん──自分の感覚を掘り下げて、角田光代──たった一つでも「共感」があれば、書ける、酒井順子──普通の中にあるものを、徹底して見つめる、加納朋子──平凡で普通だから書けるものがある、群ようこ──自分自身で見つけることが大事、中村うさぎ──自分の体は自分だけのもの。経験を「言葉」にする、野中柊──書くという行為は、祈りにも似て、林あまり──人との出会いがすべてにつながる、鷺沢萠──書くことが好きな人が書く。それが基本

『マンガでわかる小説入門』すがやみつる構成, 横山えいじ作画　ダイヤモンド社　2005.10　221p　19cm　1429円　Ⓘ4-478-93072-4　Ⓝ901.307
内容　「小説を書いてみたいが、どうやって書いたらいいのかわからない」「小説を書きはじめてみたが、どうもうまく書けない」というあなたに贈る小説入門書の最終兵器。

『推理小説入門──一度は書いてみたい人のために』木々高太郎, 有馬頼義共編　光文社　2005.9　251p　16cm（光文社文庫）476円　Ⓘ4-334-73943-1　Ⓝ901.307
内容　本書は、乱歩・清張共編の『推理小説作法』の姉妹編にあたる。しかし、編者・木々高太郎と有馬頼義の主張は、前書と比べ個性的でユニーク。その魅力に加え、証拠、毒物、監察、捜査の専門家による基礎知識の「解説」を四編収める本巻は、実際ミステリーを書く上でも有益な構成となっている。さらに松本清張の秀逸な"文章論"を収録。現在でも貴重な示唆に富むものだ。

『小説のはじめ──書き出しに学ぶ文章テクニック』佐藤健児著　雷鳥社　2005.8　307, 10p　20cm　1500円　Ⓘ4-8441-3427-2　Ⓝ901.307
内容　全51作家、54作品の文章テクニックを紹介。

『小説を書きたい人の本──好奇心、観察力、感性があれば、小説は書ける！』清原康正監修　成美堂出版　2005.6　191p　22cm　1100円　Ⓘ4-415-02983-3　Ⓝ901.307
内容　カルチャーセンター小説教室担当者が小説を書く上での基本を指南。陥りがちなポイントを実例を挙げてわかりやすく分析する。書く前の心構え、テクニックを含めた創作のポイント、各種新人文学賞に応募する際の諸注意など。

『小説50──あなたへの「著者からのメッ

セージ』』森恵子,高橋誠訳　生活情報センター　2005.5　219p　21cm　1400円　①4-86126-188-0　Ⓝ910.264
[内容] 小説50冊ぶんの、作家の息づかいが聞こえる、本が読みたくなる本です。作家インタビューの達人が、話題作の著者に聞く。

『小説を書くならこの作品に学べ！―1週間でマスター』奈良裕明著, 編集の学校監修　雷鳥社　2005.4　270p　19cm（小説のメソッド2（実践編））1500円　①4-8441-3430-2　Ⓝ901.307
[内容] 谷崎潤一郎『青い花』・山本周五郎『さぶ』・宮本輝『五千回の生死』・有吉佐和子『悪女について』から「短編小説を書く技術」を学ぶ。

『本気で書きたい人の小説「超」入門』松島義一著　さいたま　メディア・ポート　2005.1　245p　19cm　1500円　①4-901611-13-5　Ⓝ901.307
[内容] 赤ペン編集者が教える文章表現上達のための9つのツボ。

『本当の自分を見つける文章術』ブレンダ・ウェランド著, 浅井雅志訳　鎌倉アトリエHB　2004.10　263p　19cm　1500円　①4-9901219-2-9　Ⓝ801.6

『ボーイズラブ小説の書き方―「萌え」の伝え方、教えます。』花丸編集部編著　白泉社　2004.8　189p　21cm〈付属資料：CD-ROM1枚（12cm）〉1429円　①4-592-73224-5　Ⓝ901.307
[内容] 素敵な男性同士の恋愛をいろいろ想像して小説にしたい！でもあなたの「萌え」はうまく読者に伝わっていますか？自己満足に終わらないための文章術や表現方法を徹底解説。プロ作家デビューへの近道がこの一冊に詰まっています！さらに人気作家インタビューや、お勧め作品ガイドも収録。

『こころに効く小説の書き方』三田誠広著　光文社　2004.4　258p　19cm　1400円　①4-334-97440-6　Ⓝ901.307
[内容] 小説作法の権威がわかりやすく具体的に説く。

『人生の物語を書きたいあなたへ―回想記・エッセイのための創作教室』ビル・ローバック著, 仲村明子訳　草思社　2004.4　302p　19cm　1800円　①4-7942-1294-1　Ⓝ901.4
[内容] 記憶には、語るべき真実の物語がある―。創作の名物教授が、記憶の呼びだし方、

シーンの作り方、登場人物、会話など「いいもの」を書くコツを語る。課題・例文付き。

『読ませる技術―書きたいことを書く前に』山口文憲著　筑摩書房　2004.3　214p　15cm（ちくま文庫）600円　①4-480-03920-1　Ⓝ901.4
[内容] うまい文章を書く秘訣はないが、まずい文章を書かないコツはある―と語る著者が、手とり足とり、そのコツを伝授。文章は入口と出口が大事、構成は詰め将棋の要領で、ピンホールカメラの理論に学べ、映像の浮かぶ文章を書くためには固有名詞をうまく使う、面白さの秘訣は距離と段差にあり、「ある・ある・へー」の法則…などなど、読むだけで名文家になれる。

『だから、君に、贈る。』佐野眞一著　平凡社　2003.7　286p　20cm（佐野眞一の10代のためのノンフィクション講座2（実践篇））1500円　①4-582-83172-9　Ⓝ901.6
[目次] はじめに　取材者のペンと命が狙われている。だから、僕は…、第1章　僕の「課外授業」を、君に渡す襷として、第2章「鳥の目」と「虫の目」を持て。そのとき「世界」を見る目は変わる、第3章　無着成恭と子どもたちの、あの「山びこ」を遠くに聞きながら、第4章「精神のリレー」を続ける島から、君への伝言、第5章　日本の最深部、宮本常一という名の伏流水の旅、第6章　出版産業にクラッシュアウトを宣告しても、僕は本を死なせはしない、第7章　長い旅の途中で、おわりに　だから、君に、贈る

『小説を書くための基礎メソッド―1週間でマスター　小説のメソッド〈初級編〉』奈良裕明著, 編集の学校監修　雷鳥社　2003.4　397p　19cm　1600円　①4-8441-3415-9　Ⓝ901.307
[内容]「編集の学校」で好評の授業が本になりました。小説を書くための基礎技術を毎日無理なく学べる。はじめて小説を書く人でも大丈夫。書くことが好きな人に贈る、書くことが今よりもっと楽しくなる本。

『あなたも作家になろう―書くことは、心の声に耳を澄ませることだから』ジュリア・キャメロン著, 矢鋪紀子訳　風雲舎　2003.3　253p　19cm　1600円　①4-938939-30-4　Ⓝ021.3
[目次] はじまり、書いてもいい、耳を澄ませる、時間、下書き、下手な文章、書く人生、気分、ごたごた、苦しみ〔ほか〕

『だから、僕は、書く。』佐野眞一著　平凡

文章を学ぼう　　　　　　　　　　　　　　　　　　　小説やエッセイを書きたい

社　2003.3　214p　20cm（佐野眞一の10代のためのノンフィクション講座1（総論篇））1300円　Ⓘ4-582-83144-3　Ⓝ901.6
[内容] なぜ影に挑むのか。なぜ闇を追うのか。佐野ノンフィクションの心胆、今ここに語りつくす。

『ミステリーはこう書く！―最新完全メソッド』若桜木虔著　文芸社　2002.9　407p　19cm　1400円　Ⓘ4-8355-4146-4　Ⓝ901.307
[内容] 警察や毒物・鑑識の基礎情報からトリックの創り方まで、書くために必要な知識を徹底解説。有名作品の分析も加えた、ミステリーファンも読んで楽しめる完全マニュアル。

『ホラーを書く！』朝松健ほか著，東雅夫インタビュー　小学館　2002.7　393p　15cm（小学館文庫）〈年表あり〉657円　Ⓘ4-09-402836-6　Ⓝ910.264
[内容] 『パラサイト・イブ』『アナザヘヴン』『死の泉』…あの傑作ホラー作品を書いた作家はどんな人？　どんなことを考えて創作しているのだろう？　10人の人気ホラー作家に迫るのは、ホラーを愛してやまない評論家・東雅夫。それぞれのホラー観、小説をどう考えるか、好きな本のこと、作品が生まれた経緯…。踏み込んだインタビューから、自然とその人間性までが引き出されてくる、かつてないインタビュー本。

『ミステリを書く！』綾辻行人ほか著　小学館　2002.3　405p　15cm（小学館文庫）〈インタビュー：千街晶之〉657円　Ⓘ4-09-402626-6　Ⓝ901.307
[目次] 馳星周・「どう書くか」にこだわりたい、柴田よしき・生身の女、等身大の女性を書く、京極夏彦・テキストは読者と作者の唯一の接点、恩田陸・懐しいけど新しいものを書きたい、法月綸太郎・「これだけは書かなければ」と思うとき、山口雅也・ミスマッチの面白さを追求して、綾辻行人・なるべく多くの伏線と、最後の驚きを、井上夢人・マガイモノが好き、サマにするのが好き、大沢在昌・読者を喜ばせ続けることがプロの証明、笠井潔・本格ミステリは形式の自己運動

『エッセイ上達法―実例！9000作品の添削から生まれた1週間で文章家！』武田輝著，加藤康男監修　フローラル出版　2001.5　252p　19cm　1400円　Ⓘ4-930831-33-4　Ⓝ901.4
[内容] 添削文例満載でわかりやすい！　全く新しい文章のコツ。

『彼女たちは小説を書く』後藤繁雄著　メタローグ　2001.3　227p　19cm　1500円　Ⓘ4-8398-2025-2　Ⓝ910.264
[内容] これから小説を書くあなたへ、「彼女たち」の「物語」づくりの技法を、後藤繁雄がインタビューで解く。

『作家デビュー抜け道ガイド』もの書き観察学会編著　メディアパル　2000.4　87p　21cm〈文献あり〉760円　Ⓘ4-89610-039-5　Ⓝ910.49
[内容] 過去から現在まで作家としてこの国で名を成した人々の前職や、デビューのし方などを中心にアプローチ。

『新人文学賞ガイドブック』エディトリアル・ギャング編　新風舎　2000.4　213p　19cm　1300円　Ⓘ4-7974-1278-X　Ⓝ910
[内容] そう、悪かったのは作品じゃない！　賞の選び方だった（喜）！！作家になりたい人のための最強マニュアルがついに刊行。文学賞がまったく違って見えてくる。目ウロ（註：目からウロコ）の連続。この1冊で世界が変わる（泣）。業界話題騒然のまったく新しい超実践的新人賞獲得大入門。

『深くておいしい小説の書き方―ワセダ大学小説教室』三田誠広著　集英社　2000.4　317p　16cm（集英社文庫）533円　Ⓘ4-08-747187-X　Ⓝ901.3
[内容] 芥川賞作家・三田誠広のワセダ大学小説講義録シリーズ第二弾。第一弾で実証した「誰でも小説が書ける」からワンランク・アップ。「誰でも書ける小説をのりこえ、本物の小説を書く」具体的な方法論を開陳する。理屈ではなく理論を、理論ではなく技術を会得し、よりよい素材をより深く生かした「おいしい作品」を書くための指南書。さあ、あなたも新人賞を目指そう。

『天気の好い日は小説を書こう―ワセダ大学小説教室』三田誠広著　集英社　2000.3　270p　16cm（集英社文庫）〈著作目録あり〉495円　Ⓘ4-08-747175-6　Ⓝ901.3
[内容] ワセダ大学で小説作法を教授している芥川賞作家・三田誠広が、小説家をめざすあなたに小説の書き方をいちから伝授する。小説とおとぎ話の区別から説き起し、書き方の基礎の基礎を押さえ具体的な注意事項を与えた末に、小説がスラスラ書ける黄金の秘訣を授ける。文芸誌の新人賞作家を輩出したこの「講義録」を読んで、あなたもすぐにペン

ヤングアダルトの本　創作活動をささえる4000冊　　49

を執ろう。シリーズ第一弾。

《童話を書きたい》

『**100年後も読み継がれる児童文学の書き方**』村山早紀著　立東舎　2022.4　214p　19cm〈頒布・発売：リットーミュージック〉1800円　Ⓘ978-4-8456-3729-4　Ⓝ909.3
[内容] 小説家になりたいすべての方へ創作の秘術をお伝えします。『シェーラひめのぼうけん』『桜風堂ものがたり』の作者による入門書。

『**「こどもの本」の創作講座—おはなしの家を建てよう**』村中李衣著　金子書房　2022.1　141p　21cm〈文献あり〉1800円　Ⓘ978-4-7608-2441-0　Ⓝ909.3
[内容] 子どもの明日を照らすおはなしづくり。12のワークにトライ！

『**児童文学塾—作家になるための魔法はあるのか？**』日本児童文芸家協会編　日本児童文芸家協会　2021.1　197p　21cm〈頒布・発売：あるまじろ書房〉1500円　Ⓘ978-4-904387-31-3　Ⓝ909
[内容] 児童文学作家を目指す人に向けて、どういう心構えで、どんな勉強をし、どうチャンスをつかめばよいのかを、先輩作家が伝授。誌上ミニ添削講座なども収録した。『児童文芸』掲載に書き下ろしを加えて単行本化。

『**童話作家になりたい!!**』立原えりか著　愛育出版　2019.2　223p　18cm（aiiku books）1000円　Ⓘ978-4-909080-80-6　Ⓝ914.6
[目次] 童話作家になりたい！、童話を書く、原稿の依頼があった、長編を書いてみる、生活が変わった、審査委員と講師、旅と取材、童話が何の役にたつの？、ロイヤル・ショッピング、名刺にドリームクリエイター、童話の種、インド六不思議、リライト、キャラクターとストーリー、呪文と魔法の杖

『**童話作家になる方法**』斉藤洋著　講談社　2016.6　217p　18cm〈「童話作家はいかが」（2002年刊）の改題、加筆、修正〉920円　Ⓘ978-4-06-220038-7　Ⓝ909.3
[内容] あなたも童話作家になれる！　100万部突破で映画化決定の名作児童文学『ルドルフとイッパイアッテナ』の作者が教える"童話を書く秘訣"

『**童話を書こう！**』牧野節子著　完全版　青弓社　2012.2　194p　19cm　1600円　Ⓘ978-4-7872-9205-6　Ⓝ909.3
[内容] 書きたい気持ちが童話を生み出す力になる！　アイデアの出し方や登場人物の描き分け、ストーリーの進め方などを名作童話や小説、コントなどを具体例にして解説し、童話を組み立てるためのコツを余すところなく伝授する。

『**童話を書きたい人のための本**』上條さなえ著　角川学芸出版　2008.8　187p　19cm（角川学芸ブックス）〈発売：角川グループパブリッシング〉1300円　Ⓘ978-4-04-621265-8　Ⓝ909.3
[内容] 書くことによって癒された著者。その書く喜び、創作の楽しみを、コンクールに入選するまでの自らの体験を通して実践的に述べた童話作家による実作のための書。童話を書きたいと思っている人はもちろん、小説や物語を書きたいと思っている人、人生の節目に自分のことを振り返ってみようかと思っている人必読の一冊。

『**きむらゆういちの「ミリオンセラーのつくり方」—売れるものと売れないものとの差はほんのちょっとの違いだ**』木村裕一著　ビジネス社　2006.7　199p　21cm　1400円　Ⓘ4-8284-1288-3　Ⓝ909.3
[内容] 創作も仕事も商品も、うまくいく原理は、みんな同じだった！「あらしのよるに」の作者がおくる、その秘訣・ヒントとは。「かいけつゾロリ」の原ゆたかをはじめ、高橋克典、早見優ら6人との「発想術対談」も掲載。

『**カレル・チャペックの童話の作り方**』カレル・チャペック著、田才益夫訳　青土社　2005.2　196p　20cm　1600円　Ⓘ4-7917-6167-7　Ⓝ909.3
[目次] 1 童話作りの実践教室（カレル・チャペックのまえがき、とってもながーい猫ちゃんの童話より、お犬さんの童話、郵便屋さんの童話、とってもながーいお医者さんの童話より）、2 童話の作り方・総まとめ（童話の理論）

『**きむら式童話のつくり方**』木村裕一著　講談社　2004.3　206p　18cm（講談社現代新書）700円　Ⓘ4-06-149708-1　Ⓝ909.3
[内容] ミリオンセラー続出の童話作家がおくるプロの作家になる方法！　文章マニュアルから童話論まで、あなたも明日から書ける。

『**創作のための児童文学理論—入門書には

『ない創作のヒントとコツ』上坂むねかず著　彦根　サンライズ出版　2004.3　158p　19cm〈文献あり〉1400円　①4-88325-250-7　Ⓝ909

『童話を書こう！　実践篇』牧野節子著　青弓社　2003.11　237p　19cm　1600円　①4-7872-9168-8　Ⓝ909.3
|目次| 第1章 自分を見つめて，第2章 リズムに乗って，第3章 なにから書きだす？，第4章 ヒントはどこにでも，第5章 この先どうなるの？，第6章 人物をくっきり，第7章 骨組みをしっかり，第8章 目に浮かぶように，第9章 耳に響くように，第10章 心に残るラストシーン，インタビュー

『幼児のためのお話のつくり方』ジャンニ・ロダーリ著，窪田富男訳　作品社　2003.10　164p　20cm　1500円　①4-87893-585-5　Ⓝ909.3
|内容| 『チポリーノの冒険』『ファンタジーの文法』の著者として知られる世界的童話作家が伝授するお父さんとお母さんのための「お話づくり」のコツ。

『誰にでも書ける5枚童話の創り方』藤田富美恵著　主婦の友社　2002.12　167p　21cm〈奥付のタイトル：5枚童話の創り方〉1400円　①4-07-235298-5　Ⓝ909.3
|目次| 5枚童話最新作「あっはっはのプレゼント」，イメージから童話を書く「ももはかんごふさん」，添削，プロローグ 童話との出会い，第1章 書く前に知っておくと便利なこと，第2章 書くことは身のまわりから，第3章 5枚童話を書いてみよう，第4章 書けたらチェック，第5章 書き続けるために，第6章 応募を楽しもう

『童話作家はいかが』斉藤洋著　講談社　2002.5　237p　19cm　1600円　①4-06-211317-1　Ⓝ909.3
|内容| ひょんなことから初めて書いた童話が，児童文学の新人賞を受賞し，デビュー作は数十万部のロングセラー。気がつくと，「童話作家」などと呼ばれていたが…。さて，「童話作家」の仕事の真実とはいかなるものか？ ユーモアと諧謔に満ちた体験的職業論とユニークな27の教訓。

『童話を書こう！』牧野節子著　青弓社　2000.9　220p　19cm（寺子屋ブックス20）1600円　①4-7872-9144-0　Ⓝ909.3
|内容| キャラクターや背景の設定，会話や文体の処理，構成などを名作から学び，読む楽しみから書く楽しみへ。プロデビューまでのプロセスと一冊の本になるまでの流れ，公募に関する資料も所収。

『童話作家になるための本』日本児童文芸家協会著　東洋経済新報社　2000.6　274p　19cm　1700円　①4-492-04133-8　Ⓝ909.3
|内容| テーマの見つけ方から，書き方の実務，作品コンテストに勝つ秘訣など，役立つノウハウをプロの作家が伝授。

《創作のためのヒント》

『みんなが知りたい！ ファンタジーのすべて―剣と魔法の世界がよくわかる―武具・幻獣やモンスター・神話・術』「ファンタジーのすべて」編集室著　メイツユニバーサルコンテンツ　2024.6　128p　21cm（まなぶっく）〈文献：p127　索引あり〉1800円　①978-4-7804-2907-7　Ⓝ901.3
|内容| ゲーム，アニメ，マンガに小説―。ファンタジー作品に登場する空想上の生きものやアイテムを大解説！

『創作者のためのファンタジー世界事典―使えるネタが見つかる世界の神話・伝説データベース』幻想世界探究倶楽部編　増補改訂版　ワン・パブリッシング　2024.2　303p　21cm〈文献あり 索引あり　初版：学研プラス 2018年刊〉2700円　①978-4-651-20421-5　Ⓝ164.036
|内容| ギリシア・ローマ神話から，北欧神話，日本神話まで，ファンタジー作品の創作に必要な神話や伝説の知識をオールカラーの図表とともにわかりやすく解説する。世界観の構築やネーミングに便利な付録ページ付き。新章を追加。

『クリエイターのための階級と暮らし事典―中世ヨーロッパの世界観がよくわかる』祝田秀全，秀島迅監修　日本文芸社　2023.11　159p　21cm〈文献あり 年表あり〉1800円　①978-4-537-22148-0　Ⓝ901.307
|内容| 騎士と姫は結婚できる？ 伯爵と侯爵の違いは？ 史実をもとに，中世ヨーロッパのありのままの姿を多角的に解説する。中世ヨーロッパを舞台とした創作物をつくるうえで注意すべき点や書き方のポイントも教える。

『幻想世界ネーミング辞典―15ヵ国語&和』ネーミングワード研究会編著　電

波社　2023.7　447p　21cm〈索引あり〉　1800円　Ⓣ978-4-86490-234-2　Ⓝ801.3
内容　ネーミング辞典の超決定版。想像力を刺激する2万3,000語収録。

『北欧神話物語百科―ヴィジュアル版』マーティン・J・ドハティ著, 角敦子訳　原書房　2023.7　301p　22cm〈索引あり〉　3200円　Ⓣ978-4-562-07279-8　Ⓝ164.389
内容　現代のRPG、SFなどには、北欧神話に由来するコンセプトや定番キャラクターが使用されている。これらの世界観をより深く楽しむために、神々と巨人たちの壮絶な戦いや波乱万丈のストーリーをわかりやすくまとめた入門書。

『物語を作る魔法のルール―「私」を物語化して小説を書く方法』山川健一著　京都芸術大学東北芸術工科大学出版局藝術学舎　2023.7　396p　19cm〈文献あり〉　頒布・発売：幻冬舎　1500円　Ⓣ978-4-344-95457-1　Ⓝ901.307
内容　なぜ1行目が書き出せないのか？　なぜ途中で行き詰まるのか？　小説を書きたいあなたの悩みに全てお答えします！　物語論を解体し再構築した最も本質的な小説執筆講義。

『創作のための呪術用語辞典』朝里樹監修, えいとえふ著　玄光社　2023.6　239p　21cm　2000円　Ⓣ978-4-7683-1784-6　Ⓝ147.1
内容　安倍晴明、両面宿儺、望月千代女、九字切り、呪禁師、外法、忍法、使鬼神法、呪文、結界、口寄せ…呪術にまつわるあらゆる用語から、稀代の呪術者・超能力者まで制作魂を刺激する一八〇〇以上の項目をわかりやすく解説。

『古代日本のポイント29』榎本秋編著, 榎本海月, 榎本事務所著, DBジャパン編集　DBジャパン　2023.3　255p　21cm（物語づくりのための黄金パターン§ES books―世界観設定編5）〈文献あり　「日本神話と和風の創作事典」(秀和システム 2019年刊)の増訂〉　1800円　Ⓣ978-4-86140-340-8　Ⓝ901.307
内容　天孫降臨、平安の都に跋扈した怪異、陰陽師の伝説…。和をモチーフにした物語づくりに役立つよう、古代日本の神話と歴史、人々の暮らしや風俗を、創作のネタになりそうな部分を中心に紹介する。3本のサンプルも掲載。

『異世界ファンタジーのポイント75』榎本秋編著, 榎本海月, 榎本事務所著, DBジャパン編集　DBジャパン　2022.11　255p　21cm（物語づくりのための黄金パターン§ES books―世界観設定編2）〈文献あり　「異世界ファンタジーの創作事典」(秀和システム 2019年刊)の増訂〉　1800円　Ⓣ978-4-86140-306-4　Ⓝ901.307
内容　異世界ファンタジーの世界を作り上げるためにはどんなポイントを意識すればよいのか？　主にベースとなることの多い中世ヨーロッパ的な要素を中心に、押さえておくべき要点を紹介する。

『―物語を作る人のための―キャラクター設定ノート』鳥居彩音著, 榎本秋監修　パイインターナショナル　2022.11　115p　26cm〈文献あり〉　1300円　Ⓣ978-4-7562-5644-7　Ⓝ901.307
内容　物語の「顔」といえるキャラクターをどのように造形していくかを解説するとともに、学生、社会人、魔法使いなどの設定別に、キャラクターを特徴付ける項目を書き込めるテンプレートを掲載。サンプルも収録する。

『創作ネーミング辞典―ディズニーツイステッドワンダーランド：スカラビアエディション』　学研プラス　2022.8　234p　18cm（ことば選び辞典）〈索引あり　「大きな字の創作ネーミング辞典」(2017年刊)の改題〉　1280円　Ⓣ978-4-05-305563-7　Ⓝ801.3
内容　名付けをじっくり考えるためのネーミング辞典。約1000語のキーワードを選出し、英・仏・独・伊・西・羅・希・露の8ケ国語の訳語を記載。「冒険」「神秘」などのカテゴリー別に配列する。巻頭カラー口絵、索引付き。

『現代異世界ファンタジーの基礎知識―現代における幻想世界の新たな潮流と源を知る』ライブ編著　カンゼン　2021.7　317p　21cm〈文献あり　年表あり　索引あり〉　2100円　Ⓣ978-4-86255-608-0　Ⓝ901.307
内容　現代における「異世界ファンタジー」用語を徹底解説！　イラスト＆図解でわかりやすい。173項目大解説！

『職業設定類語辞典』アンジェラ・アッカーマン, ベッカ・パグリッシ著, 新田享子訳　フィルムアート社　2021.6　355p　21cm　2200円　Ⓣ978-4-8459-2025-9　Ⓝ901.307

文章を学ぼう　　　　　　　　　　　　　　　　　　　創作のためのヒント

内容 キャラクターの人生に欠かせない要素である職業を適切に設定するためのガイドブック。124の職業について、「有益なスキル・才能・能力」「性格的特徴」「葛藤を引き起こす原因」など必要な情報を集約、紹介する。

『山の怪異大事典』朝里樹著　宝島社　2021.6　399p　21cm〈文献あり　索引あり〉2000円　①978-4-299-01216-6　Ⓝ388.1
内容 神話時代から現代まで、日本の山を舞台に語られた怪異・妖怪たちを、創作の糧としても使えるように意識しつつ収集し、都道府県別に解説。掲載元の史料名や書籍名、山のどこに出現したのかがわかるアイコンを付す。

『一物語を作る人のための―世界観設定ノート』鳥居彩音著,榎本秋監修　パイインターナショナル　2021.5　115p　26cm〈文献あり〉1300円　①978-4-7562-5365-1　Ⓝ901.307
内容 物語の世界観は、オリジナル作品を作るための要。世界観をどのように構築するかを解説するとともに、異世界ファンタジーや近未来などのジャンル別に、設定を書き込めるテンプレートを掲載。サンプルも収録する。

『クリエイターのためのファンタジー世界構築教典』宮永忠将著　宝島社　2020.10　599p　19cm〈文献あり　「空想世界構築教典」増補改訂完全版(洋泉社2016年刊)の改題、大幅に加筆のうえ、再構成〉2800円　①978-4-299-00978-4　Ⓝ901.307
内容 あなたは"最強の世界"の創造主となる!! 世界構築からキャラクター設定、幻獣、武器、魔法の創造までゲーム、マンガ、ラノベ、アニメの創作バイブル決定版!!

『古代中国と中華風の創作事典』榎本秋編著,榎本海月,榎本事務所著　秀和システム　2020.2　255p　21cm〈文献あり〉2000円　①978-4-7980-5799-6　Ⓝ901.307
内容 シルクロード、風水と龍脈、道教と仙人…。中国そのもの、あるいは中国的世界(中華風世界)を舞台にした物語を作るための創作バイブル。古代中国を中心に、清朝時代までをフォローする。

『シナリオのためのSF事典―知っておきたい科学技術・宇宙・お約束120』森瀬繚編著　SBクリエイティブ　2019.9　270p　21cm（NEXT CREATOR―［&IDEA Entertainment]）〈文献あり　索引あり　「ゲームシナリオのためのSF事典」(ソフトバンククリエイティブ2011年刊)の改題、項目を追加して加筆・修正〉1890円　①978-4-7973-9538-9　Ⓝ901.307
内容 過去・現在・未来の定番の科学技術、科学の上に成立するお約束のテーマ…。SF作品を創作するときに役立つよう、様々な科学のトピックを6つに分けてその基礎知識を解説。章末には、用語・人名等のキーワードをまとめる。

『シナリオのためのファンタジー事典―知っておきたい歴史・文化・お約束121』山北篤著　SBクリエイティブ　2019.7　295p　21cm（NEXT CREATOR―［&IDEA Entertainment]）〈文献あり　索引あり　「ゲームシナリオのためのファンタジー事典」(ソフトバンククリエイティブ2010年刊)の改題、章・項目を追加して加筆・修正〉1890円　①978-4-8156-0078-5　Ⓝ902.3
内容 ファンタジーのストーリーを創作するときに知っておきたい基礎知識がわかる事典。国家のかたち、世界のルールを司る魔法と宗教、戦いを演出する武器や魔物、日常を描くための中世の生活などを紹介する。

『創作者のためのドイツ語ネーミング辞典―ドイツの伝説から人名、文化まで』伸井太一著　ホビージャパン　2019.5　319p　19cm〈文献あり　索引あり　背・表紙のタイトル：Das Namenswörterbuch für Kreative〉1600円　①978-4-7986-1904-0　Ⓝ843.3
内容 創作活動をしている人を対象としたドイツ語のネーミング辞典。キャラ名・アイテム名に活かしやすい言葉や、マンガ・アニメ・ゲーム好きな日本人がかっこいいと感じる響きの言葉を重点的に、4000語を収録する。

『異世界ファンタジーの創作事典』榎本秋編著,榎本海月,榎本事務所著　秀和システム　2019.2　255p　21cm〈文献あり　「幻想レシピ」(新紀元社2010年刊)の改題〉1800円　①978-4-7980-5593-0　Ⓝ901.307
内容 正しい歴史と文化の知識で広がるコンセプト・アイデア。異世界の日常生活にあたりまえの常識から忘れがちなお約束まで。クリエイター創作バイブル。

ヤングアダルトの本　創作活動をささえる4000冊

『幻想世界13カ国語ネーミング辞典』ネーミング委員会編　コスミック出版　2019.1　319p　19cm〈索引あり　「幻想世界ネーミング辞典」(2013年刊)の改題、改訂〉722円　ⓘ978-4-7747-9173-9　Ⓝ901.307
内容　全18,500語収録！幻の人造言語エスペラント語掲載。クリエイターから中二病患者までアナタの世界に命を吹き込む魔導書。

『軍事強国チートマニュアル』山北篤著　新紀元社　2018.9　399p　19cm（MORNING STAR BOOKS）〈文献あり　索引あり〉1700円　ⓘ978-4-7753-1610-8　Ⓝ901.307
内容　チートマニュアルシリーズ第2弾。将軍による用兵チートから宰相による内政チートまで。異世界で自分と国を守る知恵と知識。

『トラウマ類語辞典』アンジェラ・アッカーマン, ベッカ・パグリッシ著, 新田享子訳　フィルムアート社　2018.8　351p　21cm　2200円　ⓘ978-4-8459-1721-1　Ⓝ901.307
内容　読者の共感を呼ぶ多面性のある豊かなキャラクターや、リアリティのある状況設定は、トラウマを描くことによって生まれる！待望の第5弾！

『エヴァンゲリオン×創作ネーミング辞典』学研プラス　2018.2　234p　18cm（［エヴァンゲリオン×ことば選び辞典］［02］）〈索引あり　標題紙・表紙のタイトル：創作ネーミング辞典EVANGELION　外箱入〉925円　ⓘ978-4-05-304692-5, 978-4-05-811473-5(set)　Ⓝ801.3
内容　納得いく名付けができる、8ヶ国語ネーミング辞典。

『オリジナリティあふれる物語作りのためのライトノベル・マンガ・ゲームで使えるストーリー80』榎本秋, 榎本事務所著　秀和システム　2017.5　255p　21cm　1600円　ⓘ978-4-7980-4822-2　Ⓝ901.307
内容　"王道パターン"を知らなければ、オリジナルは作れない。アレンジのために必須の基本ポイントも図解で見える。新しいストーリーと今はやりのパターン、バラエティ豊かな80のシナリオ集。

『ゼロからわかる北欧神話』かみゆ歴史編集部著　イースト・プレス　2017.4　221p　15cm（文庫ぎんが堂　か1-3）〈文献あり　2016年刊の加筆・修正〉686円　ⓘ978-4-7816-7156-7　Ⓝ164.389
内容　サブカルチャーの題材として、広く注目される北欧神話。その特徴と成立、世界観を解説するほか、神々の住んでいる場所や種族、所持している武器などのデータや、彼らを象徴する神話のエピソード、ゲーム作品などを紹介する。

『場面設定類語辞典』アンジェラ・アッカーマン, ベッカ・パグリッシ著, 滝本杏奈訳　フィルムアート社　2017.4　583p　21cm　3000円　ⓘ978-4-8459-1623-8　Ⓝ901.307
内容　キャラクターや物語を生かすも殺すも場面設定の良し悪し次第！225パターンの場所・環境・背景を通じて自由自在に「場面設定」をつくりあげるテクニックをこの一冊で習熟しよう！大ヒット「類語辞典」シリーズ第4弾！

『空想世界構築教典—あなただけのファンタジーワールドの作り方』宮永忠将著　増補改訂完全版　洋泉社　2016.12　583, 16p　19cm〈文献あり〉2800円　ⓘ978-4-8003-1126-9　Ⓝ901.307
内容　空想世界を創作するために必要な知識と実例を完全に網羅した唯一無二の書!!

『ゲームシナリオのためのファンタジー解剖図鑑—すぐわかるすごくわかる歴史・文化・定番260』サイドランチ編　誠文堂新光社　2016.7　271p　21cm〈文献あり　索引あり〉1800円　ⓘ978-4-416-51607-2　Ⓝ902.3
内容　武器・防具から庶民の生活まで260項目を網羅！クリエイター必携のファンタジー資料集。

『13か国語でわかる新・ネーミング辞典』学研辞典編集部編　新装版　学研プラス　2016.7　936p　19cm〈索引あり　初版：学研2005年刊〉2800円　ⓘ978-4-05-304543-0　Ⓝ801.3
内容　商品名や会社・店名から個人的な創作物まで、どんなネーミングにも対応できる名づけ辞典。約3550語のキーワードを13か国語分収録。ジャンル別索引、ネーミングマニュアル、プチ古語辞典＆方言小辞典つき。

『性格類語辞典　ネガティブ編』アンジェラ・アッカーマン, ベッカ・パグリッシ著, 滝本杏奈訳　フィルムアート社

2016.6　287p　21cm〈索引あり〉1300円　Ⓘ978-4-8459-1602-3　Ⓝ901.307
内容 意地悪、気むずかしい、悲観的、優柔不断…。ネガティブな性格を表す106の属性について、要因、行動や態度、セリフなどさまざまな情報を、キャラクターの性格描写に活用可能な「類語」として紹介する。

『性格類語辞典　ポジティブ編』アンジェラ・アッカーマン, ベッカ・パグリッシ著, 滝本杏奈訳　フィルムアート社
2016.6　270p　21cm〈索引あり〉1300円　Ⓘ978-4-8459-1601-6　Ⓝ901.307
内容 愛情深い、協調性が高い、天真爛漫、勇敢…。ポジティブな性格を表す99の属性について、要因、行動や態度、セリフなどさまざまな情報を、キャラクターの性格描写に活用可能な「類語」として紹介する。

『幻獣＆武装事典─ファンタジー資料集成』森瀬繚著　三才ブックス　2016.4
207p　21cm〈索引あり〉1463円
Ⓘ978-4-86199-869-0　Ⓝ388
内容 モンスター、神々、武器防具。創作に役立つ重要項目100。

『ファンタジー世界用語事典─ゲーム・マンガ・小説がもっともっと楽しくなる!!』小谷真理監修　辰巳出版　2015.5
254p　21cm〈文献あり 年表あり〉1850円　Ⓘ978-4-7778-1484-8　Ⓝ903.3
内容 魔法、神・悪魔、モンスター、騎士・軍隊、武器・防具、国家・社会、歴史、地形、物質・鉱物、拷問・処刑具etc.全707語収録。「ファンタジー世界」をよりディープに楽しむためのガイドブック！ビジュアル要素も満載の超決定版!!

『クリエーターのための人名ネーミング辞典』学研辞典編集部編　学研教育出版
2014.12　364p　19cm〈索引あり　発売：学研マーケティング〉1400円
Ⓘ978-4-05-304102-9　Ⓝ280.3
内容 幻想、ファンタジー、ラノベ、ゲームに対応。商品名、キャラ名、ペット名…そのほか何にでも使える万能名づけ辞典！古代から現代まで。神話・聖書上の人物を含めて収録したので、読むだけでも楽しく、教養が身につく。世界をとらえるヒットネーマーへのガイドブック。

『クリエーターのための地名ネーミング辞典』学研辞典編集部編　学研教育出版
2014.12　364p　19cm〈索引あり　発売：学研マーケティング〉1400円
Ⓘ978-4-05-304103-6　Ⓝ290.33
内容 幻想、ファンタジー、ラノベ、ゲームに対応。商品名、キャラ名、ペット名…そのほか何にでも使える万能名づけ辞典！古代から現代まで。神話から小説上の地名まで収録したので、読むだけでも楽しく、教養が身につく。世界をとらえるヒットネーマーへのガイドブック。

『ゲーム制作者のための北欧神話事典』松之木大将著, 杉原梨江子監修　翔泳社
2014.10　215p　21cm〈文献あり〉1980円　Ⓘ978-4-7981-3636-3　Ⓝ164.389
内容 「北欧神話とは」からはじまり、戦いの歴史、そして登場する多くの神々や巨人たちなどを、イラストを多く用いて詳しく解説。ゲームの構想に結び付くコンテンツを数多く取り入れる。切り取り式のカード付き。

『ゲームシナリオのためのファンタジー物語事典─知っておきたい神話・古典・お約束110』山北篤著　SBクリエイティブ　2014.5　254p　21cm（NEXT CREATOR）〈文献あり 索引あり〉1890円　Ⓘ978-4-7973-7320-2　Ⓝ902.3
目次 第1章 主役の人物像、第2章 主役の行動、第3章 脇役は曲者揃い、第4章 敵役の魅力、第5章 物語のモチーフ、第6章 グループの命名

『クリエーターのための和のネーミング辞典』学研辞典編集部編　学研教育出版
2013.12　432p　19cm〈索引あり　発売：学研マーケティング〉1400円
Ⓘ978-4-05-304003-9　Ⓝ813
内容 雅（みやび）な日本語で名づけができる！叢書中最多の約6500単語収録。ゲーム、小説、マンガ、商品名…何でも役立つ、和風名づけ辞典。

『空想世界魔法創造教典─「魔法」と「魔術」の創造法を体系的に網羅・解説』宮永忠将著　洋泉社　2013.10　223p
19cm　1700円　Ⓘ978-4-8003-0212-0
Ⓝ901.307
内容 オリジナル魔法の創造がついに一冊の本に！行き詰まったネタを救うバイブル登場！魔法の知識はもちろんのこと、魔法の描き方や必要とされる理由なども詳解!!シリーズ完結編！

『クリエイターとプレイヤーのためのファンタジー事典』ファンタジー事典製作委員会著　笠倉出版社　2013.8　247p

19cm〈文献あり〉648円 ⓘ978-4-7730-8676-8 Ⓝ902.3
[内容] 揺りかごから墓場まで？ 中世世界の住人たちの生活をまるごと紹介！

『幻想世界ネーミングナビ ルール編』ネーミング研究会著 笠倉出版社 2013.8 335p 19cm〈索引あり〉848円 ⓘ978-4-7730-8663-8 Ⓝ801.4
[内容] 伝統的な命名法則（ルール）でリアルな名づけをしたいあなたに。ゲーム・小説の架空世界構築に、名づけの方法がわかる。

『学園レシピ―魅力的な学園のつくり方』榎本秋著 新紀元社 2013.2 191p 21cm（レシピシリーズ）〈文献あり〉1800円 ⓘ978-4-7753-1094-6 Ⓝ901.307
[内容] 本書はライトノベル作家や漫画家、シナリオライターを目指す人のための、「学園もの」世界構築の実践的なガイドブックだ。「学園ものを魅力的に描くための重要なポイント」や「学園もので外したくない定番要素」などをわかりやすく解説。

『クリエイターのためのSF大事典』高橋信之監修, スタジオ・ハードデラックス著 ナツメ社 2013.2 287p 21cm〈年表あり 索引あり〉1800円 ⓘ978-4-8163-5374-1 Ⓝ901.307
[内容] 創造するために必須の100項目400用語を、イラスト・関連書籍と合わせて紹介。SFの世界をビジュアルで解説する図解や、作品の歴史がわかる年表も付属。

『クリエイターのためのファンタジー大事典』高橋信之監修, スタジオ・ハードデラックス著 ナツメ社 2013.2 287p 21cm〈文献あり 年表あり 索引あり〉1800円 ⓘ978-4-8163-5375-8 Ⓝ901.307
[内容] 創造するために必須の100項目400用語を、イラスト・関連書籍と合わせて紹介。ファンタジーの世界をビジュアルで解説する図解や、作品の歴史がわかる年表も付属。

『ケルト神話全書―『新世紀エヴァンゲリオン』『デュラララ!!』『fate/zero』などのキャラクターや武器は、実はケルト神話がもとになっている!!』ケルト神話研究会著 日本文芸社 2013.1 159p 19cm（日文PLUS）〈文献あり〉552円 ⓘ978-4-537-26001-4 Ⓝ164.339
[内容] 『新世紀エヴァンゲリオン』『デュラララ!!』『fate/zero』などのキャラクターや武器は、実はケルト神話がもとになっている。あのキャラの名前の由来を検証し、ファンタジー創作の一助となす「ケルト神話」の真実。

『ネーミング辞典』学研辞典編集部編 第3版 学研教育出版 2013.1 728p 18×9.0cm〈索引あり 初版のタイトル等：最新ヒット商品をつくるネーミング辞典（学研 1991年刊） 発売：学研マーケティング〉1600円 ⓘ978-4-05-303603-2 Ⓝ801.3
[内容] ことばを旅する学研の辞典。名づけに使える8か国語2万9000語収録。

『ライトノベル・ゲームで使える魅力あふれるストーリー作りのためのキャラクター事典100―パターンから学ぶ「お約束」』榎本秋, 諸星崇, 榎本事務所著 秀和システム 2012.12 255p 21cm〈文献あり〉1800円 ⓘ978-4-7980-3602-1 Ⓝ901.307
[内容] 主人公、ヒロイン、仲間、ライバル、雑魚、講演者、通りすがりの通行人…その物語の雰囲気や世界設定にふさわしいキャラクターをうまく配置するために。パターンから学ぶ「お約束」。

『ライトノベル・ゲームで使える印象に残るストーリー作りのためのアイテム事典100―パターンから学ぶ「お約束」』榎本秋, 諸星崇, 榎本事務所著 秀和システム 2012.11 255p 21cm〈文献あり〉1800円 ⓘ978-4-7980-3552-9 Ⓝ901.307
[目次] ファンタジー世界の武器防具、特別な武器たち、冒険のお供、日常の中に、ファンタジーの精ѻ、世界を「つなげる」アイテム、魔法の薬と食べ物、青春アイテム、現代の中の非日常、SF世界の武器、SF世界の乗物・移動手段、SF世界を彩る大道具・小道具

『空想世界武器・戦闘教典―あなただけの最強武器と戦闘の基礎・応用』宮永忠将著 洋泉社 2012.8 223p 19cm 1700円 ⓘ978-4-86248-981-4 Ⓝ901.307
[内容] 最終戦争を制する「最強武器」を創造せよ。「戦闘」と「戦争」の創り方・考え方を徹底伝授。武器・防具の基礎知識から、さらに発展した戦闘と戦争の理解と創造まで。

『和の幻想ネーミング辞典』新紀元社編集部編 新紀元社 2012.8 327p

文章を学ぼう　　　　　　　　　　　　　　　創作のためのヒント

19cm〈索引あり〉1300円　Ⓘ978-4-7753-1042-7　Ⓝ901.307
[内容] 約4000の日本語の単語を解説つきで収録。漢字のネーミングに"使える"単語を厳選。別称からでも引ける便利索引つき。

『ゲームシナリオ創作のためのファンタジー用語大事典―クリエイターが知っておきたい空想世界の歴史・約束事・知識』ゲームシナリオ研究会編　コスミック出版　2012.7　287p　21cm〈文献あり　索引あり〉1800円　Ⓘ978-4-7747-9083-1　Ⓝ902.3
[内容] ファンタジー世界のお手本となる歴史・約束事・知識を覚えて、オリジナリティあふれる世界を創造しよう。

『空想世界幻獣創造教典―あなただけの幻獣・モンスターの作り方』宮永忠将著　洋泉社　2012.3　223p　19cm　1700円　Ⓘ978-4-86248-895-4　Ⓝ901.307
[内容] 棲息環境から、行動パターン、造形設定まで「幻獣」創造のすべてがわかる。

『ゲームシナリオのためのミステリ事典―知っておきたいトリック・セオリー・お約束110』ミステリ事典編集委員会著,森瀬繚監修　ソフトバンククリエイティブ　2012.3　254p　21cm（Next creator）〈文献あり　索引あり〉1890円　Ⓘ978-4-7973-6456-9　Ⓝ902.3
[内容] 魅力的な謎をつくるための道具箱。

『クリエーターのためのネーミング辞典』学研辞典編集部編　学研教育出版　2011.12　400p　19cm〈索引あり　発売：学研マーケティング〉1400円　Ⓘ978-4-05-303415-1　Ⓝ801.3
[内容] ゲーム、ラノベ、マンガ、商品名、会社名…8か国でどんなネーミングにも使える。商品名からキャラ名まで萌え萌え名づけ辞典。幻想・ファンタジー、BLにも対応。巻末付録に、中国語、韓国語、アラビア語の3か国語を収録。世界をとらえるヒットネーマーへのガイドブック。

『ファンタジー・ネーミング辞典EX―13ケ国語対応！』幻想世界研究会著　宝島社　2011.12　287p　19cm〈索引あり〉829円　Ⓘ978-4-7966-8850-5　Ⓝ901.307
[内容] 全15,600語収録。「堕天使」はヘブライ語で「マルアフ・ノフェル」。エルフ語で「剣士」は「ヴァゴル」。各国語の「I love you」

は？美麗イラスト＆解説付き。ゲームファンからクリエイターまで、自分だけのゲーム・キャラクター・小説世界が作れる必携の命名バイブル。

『ライトノベル設定資料生徒会のしくみ』ライトノベル作法研究所著　秀和システム　2011.10　238p　21cm〈文献あり　索引あり〉1800円　Ⓘ978-4-7980-3116-3　Ⓝ901.307
[内容] 設定にこだわれば物語が動き出す。生徒会未経験でも、学園モノが書ける。生徒会を取り巻く教師、PTA、部活についても解説。現実の生徒会をもとに、設定の例を紹介。学園モノの王道パターンを網羅。

『幻想世界11カ国語ネーミング辞典』ネーミング研究会著　笠倉出版社　2011.6　302p　19cm〈索引あり〉848円　Ⓘ978-4-7730-8554-9　Ⓝ901.307
[内容] 英語、フランス語、イタリア語、ドイツ語、スペイン語、ロシア語、ラテン語、ギリシア語、アラビア語、中国語、ポルトガル語の11カ国語13409単語を収録。実用にも創作にも最適のマルチリンガル辞典。ゲーム・小説の架空世界構築必携本。

『ゲームシナリオのためのファンタジー事典―知っておきたい歴史・文化・お約束110』山北篤著　ソフトバンククリエイティブ　2010.8　259p　21cm〈文献あり　共同刊行：Next Creator〉1890円　Ⓘ978-4-7973-5984-8　Ⓝ902.3
[内容] 世界の創作に大切なこと。ファンタジーのストーリーを創作する時に知っておいて欲しい歴史、文化、お約束を事典形式でまとめたネタ帳です。

『萌えわかり！ファンタジービジュアルガイド』藤浪智之,KuSiNaDa著　モエールパブリッシング　2006.8　163p　21cm　1619円　Ⓘ4-903028-81-X　Ⓝ902.3
[内容] 意外と知らないファンタジーの基礎知識がこの1冊でばっちりわかる！知っておくと人気のファンタジー映画や小説などがさらに楽しくなる知識を可愛らしいキャラがわかりやすく解説！すぐに遊べるファンタジー体験ゲーム付き。

『図説ファンタジー百科事典』デイヴィッド・プリングル編,井辻朱美日本語版監修　東洋書林　2002.11　684p　22cm〈文献あり〉12000円　Ⓘ4-88721-588-6　Ⓝ902.3

ヤングアダルトの本　創作活動をささえる4000冊

［内容］古代神話にさかのぼるルーツから現在、そして未来へ…。進化しつづけるファンタジーの世界を、小説や作家名鑑、映画やTV番組、キャラクターのA‐Z、ゲーム、雑誌、そして物語の舞台まで、多方面からアプローチ。

《翻訳をしてみよう》

『いっしょに翻訳してみない？―日本語と英語の力が両方のびる5日間講義』越前敏弥著　河出書房新社　2024.4　229p　19cm〈14歳の世渡り術〉1420円　Ⓘ978-4-309-61764-0　Ⓝ801.7
［内容］日本語と英語の力が両方のびる5日間講義。O・ヘンリーの名作『二十年後』翻訳に、5人の中学生が挑戦…⁉論理的な読み方を身につけ、言葉の感度が上がる、刺激に満ちたレッスンを書籍化！

『翻訳に挑戦！　名作の英語にふれる』河島弘美著　岩波書店　2024.4　9, 189p　18cm〈岩波ジュニア新書 983〉〈文献：p179～184〉900円　Ⓘ978-4-00-500983-1　Ⓝ837.5
［内容］名作の英語にふれる、豊かな読書の世界へようこそ！　翻訳とはどういうものかを体験できるよう、英米の小説8編を取り上げ、原文に語句の意味と和訳のポイント、訳例を添えて解説する。

『翻訳教室―はじめの一歩』鴻巣友季子著　筑摩書房　2021.2　212p　15cm〈ちくま文庫 こ39-2〉〈2012年刊の加筆・修正〉800円　Ⓘ978-4-480-43714-3　Ⓝ801.7
［内容］「外国語を訳す」とはどういうことか。母語ではない他者の言葉と向き合うための「はじめの一歩」とは－。文芸翻訳の第一線で活躍し続ける著者が、母校の小学校で開催した「翻訳教室」のレッスンをまとめた、珠玉の入門書。

『翻訳ってなんだろう？―あの名作を訳してみる』鴻巣友季子著　筑摩書房　2018.6　205p　18cm〈ちくまプリマー新書 301〉〈文献あり〉820円　Ⓘ978-4-480-68323-6　Ⓝ801.7
［内容］「赤毛のアン」「不思議の国のアリス」「高慢と偏見」「風と共に去りぬ」…。誰もが知っている名作を紙上で訳しながら、まったく新しい「翻訳読書」を教える。訳しにくいものワースト5なども紹介。

『ファンタジーのつくり方―クリエイターのためのファンタジーの系統図』中村一朗著　改訂新版　言視舎　2018.4　301p　19cm〈初版：彩流社 2004年刊〉1800円　Ⓘ978-4-86565-121-8　Ⓝ778.04
［内容］ロボット・人工知能、西洋神秘思想、日本の神話と民話という3つの「遺伝子」から、小説、アニメ、ゲームなどにまたがる古今東西の「ファンタジー」作品を系列化。エンターテインメントの創造に不可欠な知識を解説する。

『プロが教える基礎からの翻訳スキル―英日日英』田辺希久子, 光藤京子著　三修社　2008.10　217p　21cm〈付属資料：別冊（31p）〉2200円　Ⓘ978-4-384-05506-1　Ⓝ837.4
［内容］本書は翻訳に興味を持ち、専業のプロとして、あるいは職場での仕事の一環として翻訳に取り組もうとする方々を対象に執筆。「入門編」「基礎編」「実践編」の3部構成となっている。

《記事を書こう》

『マスコミ業界のしくみとビジネスがこれ1冊でしっかりわかる教科書』中野明著　技術評論社　2023.10　215p　21cm〈図解即戦力　オールカラーの豊富な図解と丁寧な解説でわかりやすい！〉〈文献あり　索引あり〉1800円　Ⓘ978-4-297-13733-5　Ⓝ070.21
［内容］業界志望者必読！　放送・新聞・出版・広告・ネットメディアの業界構造、仕事内容から求められる資質まで、最新の必須知識をまるごと理解‼

『映画で学ぶジャーナリズム―社会を支える報道のしくみ』別府三奈子, 飯田裕美子, 水野剛也編著, 飯田裕美子［ほか］［執筆］　勁草書房　2023.8　212p　21cm〈索引あり〉2300円　Ⓘ978-4-326-60363-3　Ⓝ070.4
［内容］ジャーナリズムは、何のため、誰のためにある？　記者ってどんな仕事？　12本の映画を取り上げ、その映画が描く場面を手がかりに、民主主義に不可欠なジャーナリズムの「これから」を読み解く。

『伝える技術はこうみがけ！―読売KODOMO新聞・読売中高生新聞の現場から』新庄秀規, 藤山純久著　中央公論新社　2021.3　196p　19cm　1500円

①978-4-12-005409-9　Ⓝ070.163
内容 学生や社会人に使えるノウハウが満載！

『13歳からのジャーナリスト──社会正義を求め世界を駆ける』伊藤千尋著　京都かもがわ出版　2019.11　183p　21cm　1600円　①978-4-7803-1055-9　Ⓝ070.16
内容 何のために書くのか。ジャーナリスト歴45年、世界82か国を取材し平和と社会正義を求めた体験的ジャーナリスト論。

『ネット時代の「取材学」──真実を見抜き、他人とつながるコミュニケーション力の育て方』藤井誠二著　IBCパブリッシング　2017.10　269p　19cm〈「大学生からの「取材学」」（徳間文庫カレッジ2015年刊）の改題、加筆修正〉1400円　①978-4-7946-0503-0　Ⓝ070.16
内容 「取材」はマスコミ専門職のための技術ではなく、子どもでも大人でも使える「学びの方法」であり、「人と関わるための技術」である。

『校閲記者の目──あらゆるミスを見逃さないプロの技術』毎日新聞校閲グループ著　毎日新聞出版　2017.9　221p　19cm　1400円　①978-4-620-32463-0　Ⓝ070.163
内容 「誤字脱字」だけじゃない！　日本語の落とし穴に限りなし。知らないと損する「ノーエラー」の絶対ルール。Web（毎日ことば）とTwitter（mainichi_kotoba）での発信が大評判。待望の書籍化！

『僕たちはなぜ取材するのか──極私的取材の世界』藤井誠二編著　皓星社　2017.8　286p　19cm〈文献あり〉1500円　①978-4-7744-0637-4　Ⓝ070.16
内容 取材に駆りたてるものとは？　そこには個人的動機や、強い思いがあった。6人の「取材者」たちが取材という行為についての考え方や自身の表現世界を語る。『ヤフー個人ニュース』掲載に加筆・修正し、語りおろしを加え書籍化。

『インタビュー』木村俊介著　ミシマ社　2017.6　325p　19cm　2200円　①978-4-903908-96-0　Ⓝ809.15
内容 千人以上にロングインタビューをしてきた著者が、インタビューの下準備、節度などの基本から、依頼の仕方、聞き方などの技術までを網羅。その上で、「インタビューにはなにができるか」という可能性を探る。

『英字新聞制作プロジェクト』グローバル教育情報センター編　第2版　グローバル教育情報センター　2017.5　68p　30cm　Ⓝ070.163

『調査報道実践マニュアル──仮説・検証、ストーリーによる構成法』マーク・リー・ハンター編著, 高嶺朝一, 高嶺朝太訳　旬報社　2016.12　163p　21cm〈文献あり〉1500円　①978-4-8451-1484-9　Ⓝ070.163
内容 世界で最も読まれているジャーナリスト待望のマニュアル翻訳刊行！　真実を明らかにする調査報道を可能にする方法、事例、ヒント、秘訣、そして精神が詰まっている。

『実践的新聞ジャーナリズム入門』猪股征一著　増補　長野　信濃毎日新聞社　2016.2　303p　19cm（信毎選書）〈初版：岩波書店 2006年刊〉1400円　①978-4-7840-7278-1　Ⓝ070.21
内容 「流されない」報道のために新聞記者は、どう記事を書くべきか。誤報の要因や権力との関係など、危機に瀕した現在のメディアが抱える問題を鋭く読み解く硬派ジャーナリズム論。近年の状況について増補。

『ジャーナリストという仕事』斎藤貴男著　岩波書店　2016.1　232p　18cm（岩波ジュニア新書 822）840円　①978-4-00-500822-3　Ⓝ070.16
内容 権力との癒着など、マスコミへの批判が高まっているいま、ジャーナリストの役割が改めて問われている。フリージャーナリストが、自らの体験を振り返りながら、ジャーナリズムの意義やメディアのゆくえを考える。

『発信力の育てかた──ジャーナリストが教える「伝える」レッスン』外岡秀俊著　河出書房新社　2015.9　189p　19cm（14歳の世渡り術）1300円　①978-4-309-61697-1　Ⓝ070
内容 すべての人が発信者になる時代がきた！　情報収集術・取材術・編集術・発信術──プロのコツさえ学べば、伝える力はぐんぐん伸びる。元朝日新聞の名記者が伝授する、世界とつながるためのスキル。

『新聞社・出版社で働く人たち──しごとの現場としくみがわかる！』山下久猛著　ぺりかん社　2014.7　156p　21cm（しごと場見学！）1900円　①978-4-8315-1381-6　Ⓝ070
内容 「新聞社・出版社」で働くいろいろな

職種を網羅。「新聞社・出版社」の現場としくみがわかります。本書を読むことにより、「新聞社・出版社」のバーチャル体験ができます。実際に「新聞社・出版社」で働く人たちのインタビューにより、具体的な将来のビジョンが描けます。

『報道記者の原点─記者入門ガイド：What is a journalist？：メディアを目指す、すべての人へ』岡田力著　リーダーズノート出版　2014.7　285p　19cm〈文献あり〉1400円　Ⓘ978-4-903722-50-4　Ⓝ070.16

『報道人の作法─メディアを目指す人たちへ』伊藤友治著　慶應義塾大学出版会　2014.2　282p　19cm〈文献あり〉2000円　Ⓘ978-4-7664-2108-8　Ⓝ070.16
内容　新聞・テレビで報道現場を歩んできた著者が、メディア志望者なら必ず知っておきたい作法を伝授。取材活動の基本から具体的注意事項、報道倫理までを綴る。

『The Japan Times報道デスク発グローバル社会を生きる女性のための情報力』大門小百合著　ジャパンタイムズ　2013.12　221p　19cm〈文献あり〉1400円　Ⓘ978-4-7890-1550-9　Ⓝ070.16
目次　1 英字新聞の仕事って？，2 情報はこうキャッチする，3 現場に飛び込む，4 ネットワークを作る，5 英文記事のABC，6 日本を発信する，7 世の中の半分は女性，8 発信力はどう高める？─自分へ投資

『新聞記者─現代史を記録する』若宮啓文著　筑摩書房　2013.9　234,4p　18cm（ちくまプリマー新書 202）〈年譜あり〉860円　Ⓘ978-4-480-68903-0　Ⓝ070.16
内容　冷戦の終焉、「55年体制」の解体、そして「3・11」。軋む日本はジャーナリストの目にどう映ったのか。大変貌と向き合った新聞記者の40年。

『毎日新聞社記事づくりの現場』深光富士男文　佼成出版社　2013.8　143p　22cm（このプロジェクトを追え！）1500円　Ⓘ978-4-333-02609-8　Ⓝ070.16
内容　新聞記者は、次々飛びこむニュースを、どうとらえどう伝えていくのか?!社会部記者、写真記者、校閲記者、論説委員、デジタル新聞ディレクターなどの仕事を紹介。

『池上彰の新聞活用大事典─調べてまとめて発表しよう！　4　新聞を作ってみよう！』池上彰監修　文溪堂　2013.3　47p　29cm〈索引あり〉2900円　Ⓘ978-4-7999-0009-3　Ⓝ070
目次　新聞作りの準備をしよう（学校で作る新聞のいろいろを知ろう、作りたい新聞をイメージしよう　テーマとデザインを考える、新聞作りの手順をおぼえよう、資料やデータの集めかた）、新聞を作ってみよう（企画・編集会議を開く、取材をしよう、調査、データ・アンケート集め、フォーマット作り）、学習新聞作り（学級新聞テーマ集、Q&A式学級新聞作りのポイント）

『学習に役立つ！　なるほど新聞活用術　3　新聞をつかって記事をつくろう』曽木誠監修,市村均文,伊東浩司絵　岩崎書店　2013.3　47p　29cm〈索引あり〉3000円　Ⓘ978-4-265-08283-4, 978-4-265-10657-8（set）　Ⓝ070
内容　新聞を使った学習のアイデアを紹介するシリーズ。3は、新聞の記事を利用しながら、情報を整理して、自分なりの新聞をつくる方法を紹介する。新聞を使ったディベートのやり方も掲載。

『幸福（しあわせ）を呼ぶインタビュー力』櫻田登紀子著　労働調査会　2013.3　259p　18cm（働く・仕事を考えるシリーズ 015）〈文献あり〉952円　Ⓘ978-4-86319-340-6　Ⓝ809.5
内容　インタビューの力とは、質問力、対話力、想像力、まとめる力、問題解決力などの総体である。その根底にあるのは、相手の求めるものを想像して引き出し、心の満足を提供する「ホスピタリティ」である。相手の信頼を獲得すれば、相手を動かし成果につながり、自分自身の幸福となって返ってくる。通算500人以上をインタビューしてきた筆者が、その経験の蓄積をもとに、人間関係のあらゆる場面で活用できるインタビュー、コミュニケーションのコツを解説する。

『新聞を作ってみよう！』古舘綾子構成・文,うしろだなぎさ絵　童心社　2013.3　47p　31cm（はじめての新聞学習）〈索引あり〉3000円　Ⓘ978-4-494-01279-4　Ⓝ070.163
目次　新聞作りのラッキー7，学校で作る新聞には、どんなものがあるの？─学校新聞、学級新聞、学習新聞、新聞を読んでもらうには？，新聞作りの流れは、どうなっているの？，いざ、作業開始！，さあ、わりつけよう！，取材をしよう！，さあ、新聞を作ろう！，おつかれさま！

『書きかたがわかるはじめての文章レッス

文章を学ぼう　　　　　　　　　　　　　　　　　　　　　記事を書こう

『ン　4　新聞・報告書』金田一秀穂監修　学研教育出版　2013.2　47p　29cm〈発売：学研マーケティング〉3000円　①978-4-05-500986-7, 978-4-05-811259-5（set）Ⓝ816
目次　新聞の基本を知ろう（書くステップを知ろう，新聞記事を書いてみよう，資料集めの方法を知ろう，読みやすい紙面を作ろう），報告書の基本を知ろう（書くステップを知ろう，報告書を書いてみよう）

『学校で役立つ新聞づくり活用大事典』関口修司監修　学研教育出版　2013.2　95p　29cm〈文献あり　索引あり　発売：学研マーケティング〉4500円　①978-4-05-500988-1　Ⓝ070
目次　第1章 新聞を見てみよう（新聞のおもしろさ，新聞の役割と特徴 ほか），第2章 新聞をいかそう（まず，スクラップ！，スクラップの活用 ほか），第3章 新聞をつくろう（新聞づくりの目的，制作を始める ほか），第4章 新聞のことをもっと知ろう（新聞社の1日，取材記者の仕事 ほか），資料ページ

『新聞を読もう！　2　新聞づくりに挑戦！』鈴木雄雅監修　教育画劇　2012.4　55p　27cm〈文献あり　索引あり〉3300円　①978-4-7746-1645-2　Ⓝ070
目次　新聞作りの流れをチェック！，さぁ企画会議だ！，下準備のポイントはこれ！，取材するから，わかること，下調べで差がつく質問力！，いい質問ってなんだろう？，取材メモを作ろう！，いろんな視点から見てみよう，記事の基本はこれ！，ポイントは5W1H〔ほか〕

『調べてまとめて新聞づくり　5　学級新聞・学校新聞をつくろう』竹泉稔監修　ポプラ社　2012.3　47p　29cm〈索引あり〉2800円　①978-4-591-12804-6, 978-4-591-91279-9（set）Ⓝ375.19
目次　1 学級新聞をつくろう（なぜ新聞をつくるの？，どんな記事をのせるの？，どの記事をどこにのせる？，どうやってつくるの？，いろいろな学級新聞を見てみよう），2 学校新聞をつくろう（どんなことを記事にするの？，学校新聞づくりの手順，いろいろな学校新聞を見てみよう），3 いろいろな記事のくふう（読者といっしょに考える，アンケートで記事をつくる，インタビューで記事をつくる）

『調べてまとめて新聞づくり　4　研究したことを新聞で発表しよう』竹泉稔監修　ポプラ社　2012.3　47p　29cm〈索引あり〉2800円　①978-4-591-12803-9, 978-4-591-91279-9（set）Ⓝ375.19
目次　1 新聞づくりで学びを深めよう（なぜ新聞づくりで学びを深めよう（なぜ新聞にまとめるといいの？，どうまとめたらいいの？，新聞をつくる手順），2 調べたことを新聞にまとめよう（環境新聞，国際理解新聞，平和新聞，福祉新聞，未来発見新聞，自由研究新聞），3 遠足や宿泊行事の新聞をつくろう（どんな活動をしたの？，校外学習で学べることは，いろいろ）

『調べてまとめて新聞づくり　3　授業のまとめ新聞をつくろう』竹泉稔監修　ポプラ社　2012.3　47p　29cm〈索引あり〉2800円　①978-4-591-12802-2, 978-4-591-91279-9（set）Ⓝ375.19
目次　1 学んだことを新聞にまとめよう（なぜ新聞にまとめるの？，どうまとめたらいいの？，どうやってつくるの？），2 授業のまとめ新聞をつくろう（社会―地域たんけん新聞，社会―昔のくらし新聞，社会―産業新聞，歴史新聞，理科新聞，読書新聞，家庭科新聞），3 社会科見学新聞をつくろう（見学したことを新聞にまとめるには，見学場所での取材がかんじん）

『調べてまとめて新聞づくり　2　新聞のつくり方・見せ方』竹泉稔監修　ポプラ社　2012.3　47p　29cm〈索引あり〉2800円　①978-4-591-12801-5, 978-4-591-91279-9（set）Ⓝ375.19
目次　1 どんな新聞をつくりたい？（学校で取りくむ新聞，だれに，どう読んでもらう？，なぜ新聞にまとめるの？），2 新聞づくりの手順（まずはテーマさがしから，紙面の割りつけを考える，取材方法を考える，現地取材に行く前の準備，いよいよ取材！，記事を書く，見出しとリード，紙面を組む，しあげはていねいに，合評会をおこなう），3 見やすい紙面づくりのテクニック（割りつけの基本X字型，割りつけと記事の流れ，少しのくふうで，こんなにかわる！，手書きか，パソコンか）

『調べてまとめて新聞づくり　1　新聞ってどんなもの？』竹泉稔監修　ポプラ社　2012.3　47p　29cm〈索引あり〉2800円　①978-4-591-12800-8, 978-4-591-91279-9（set）Ⓝ375.19
内容　ものを見る力，考える力が身につく新聞。子どもたちにもできる新聞のつくり方を，実際の紙面や写真を交えて紹介する。1は，新聞のくふうなどを収録。豆ちしきや，さまざまな新聞も掲載する。

『ジャーナリストの現場―もの書きをめざす人へ』岩垂弘著　同時代社　2011.10　494p　22cm　2800円　①978-4-88683-706-6　Ⓝ070.16

記事を書こう　　　　　　　　　　　　　文章を学ぼう

|内容| 朝日新聞記者であった著者の昭和33年から37年間に及ぶ評論集。一記者の自分史であるばかりか同時代史にもなっている。著者の志は巻末の3・11大震災・原発事故以降の報道の劣化ぶりに危機意識を抱いた訴えにあらわれている。

『トップ・インタビュアーの「聴き技」84―聞けば聞くほど、いい関係をつくれる聞き出し上手にあなたもスグなれる！』木村隆志著　TAC出版事業部　2011.3　238p　19cm〈索引あり〉1200円　Ⓘ978-4-8132-3987-1　Ⓝ809.5
|内容| 人気タレントへの取材エピソードを楽しみながら、仕事や日常生活で役立つ聴く技術（会話術）を学べます。会話の内容だけでなく、取材相手の表情や聴く側の内心までも再現。現場の臨場感そのままに、聴く技術を学べます。取材の中で用いた個々のテクニックを、読者の方が応用できるように、わかりやすくまとめました。有名人16人＋2グループへのインタビューを成功させた聴き方テクニックを大公開。

『論説入門』朝倉敏夫著　中央公論新社　2010.10　216p　18cm（中公新書ラクレ365）720円　Ⓘ978-4-12-150365-7　Ⓝ070
|内容| 新聞社ごとに違いがある社論はどうして出来上がったのか。長きにわたり論説委員会に身を置いた著者が、一般向けに書き下ろす。社論を司る論説の機能とは、常日頃行っている仕事とは。

『超入門ジャーナリズム―101の扉』小黒純、李相哲、西村敏雄、松浦哲郎著　京都晃洋書房　2010.5　211p　21cm〈索引あり〉2100円　Ⓘ978-4-7710-2161-7　Ⓝ070
|目次| 「コミュニケーション」とは何ですか？、「マス・コミュニケーション」の「マス」は何を指すのでしょうか？、「コミュニケーションに関する権利」とは何ですか？、「マスコミ」と「マス・コミ」は同じですか？、「マスコミ」と「マスメディア」はどこが違うのでしょうか？、マスメディアのない時代、人々はどのように情報を入手していたのですか？、メディアの技術は昔から西洋が進んでいたのですか？、携帯電話も「メディア」ですか？、ユーチューブはジャーナリズムと何か関係があリますか？、「ツイッター」で何ができるのでしょうか？〔ほか〕

『新聞製作入門―入稿から配送までのAtoZ』熊取義純著　印刷学会出版部　2010.4　83p　19cm〈索引あり〉1400円　Ⓘ978-4-87085-197-9　Ⓝ070.17
|内容| 新聞は一体どのように作られるのか？取材から記事入稿、印刷、後加工までわかりやすく解説し、専門用語には解説を加える。現在の新聞製作と供給の流れがわかる。

『職場体験完全ガイド　17　新聞記者・テレビディレクター・CMプランナー―マスメディアの仕事』ポプラ社　2010.3　47p　27cm〈索引あり〉2800円　Ⓘ978-4-591-11709-5　Ⓝ366.29
|内容| 仕事の現場に完全密着。取材にもとづいた臨場感と説得力。

『新聞のひみつ』青木萌作・文，ひろゆうこまんが　学研パブリッシングコミュニケーションビジネス事業室　2010.3　126p　23cm（学研まんがでよくわかるシリーズ 50）Ⓝ070

『目と耳と足を鍛える技術―初心者からプロまで役立つノンフィクション入門』佐野眞一著　筑摩書房　2008.11　174p　18cm（ちくまプリマー新書 95）〈文献あり〉760円　Ⓘ978-4-480-68796-8　Ⓝ901.6
|内容| 脳みそに汗かいて考えろ！世の中の動きと人びとの生態を一つ余さず凝視し、問題意識を身につける技術とは？必読書"百冊"を厳選した最強のブックガイド付き。

『記者になりたい！』池上彰著　新潮社　2008.9　319p　16cm（新潮文庫）〈「こどもにも分かるニュースを伝えたい」（平成17年刊）の改題〉476円　Ⓘ978-4-10-133072-3　Ⓝ070.16
|内容| 地方記者を振り出しに、警視庁担当、災害担当記者として、ホテルニュージャパン火災や、御巣鷹山日航機墜落など数々の大事件を取材。そして「週刊こどもニュース」のお父さんに。難しいニュースも専門用語を使わずわかりやすく説明し、人気を博した。取材記者とキャスターの経験を併せ持つ生涯一記者の半生記。

『ジャーナリストという仕事』読売新聞東京本社教育支援部編　中央公論新社　2008.3　158p　20cm　1500円　Ⓘ978-4-12-003927-0　Ⓝ070.16
|内容| 記者の仕事、教えます。ベテランジャーナリストが記者の心構えや取材の基本などを、豊富な経験を踏まえて伝授。

『月5万円くらいは稼げる投稿生活―楽しくてカンタン元手も時間もいらない』猫

文章を学ぼう　　　　　　　　　　　　　　　　　　　　　　　　記事を書こう

山あたりん著　中経出版　2007.12　142p　19cm　952円　①978-4-8061-2912-7　Ⓝ070.14
[内容]投稿の魅力は、文章、写真、イラストなど、自分のセンスを生かして作りあげたものが、第三者の目を通して選ばれることなんです。そして、選ばれた結果、一般に公表され、謝礼までもらえちゃう！ 懸賞が「当たる」なら、投稿は「選ばれる」。あなたも選ばれる幸せを味わってみませんか…。

『それいけ！ 新聞記者』くさばよしみ著、多田歩実画　フレーベル館　2006.11　159p　19cm（おしごと図鑑8）1200円　①4-577-03170-1　Ⓝ070.16
[内容]全ページイラストで新聞記者の仕事を完全紹介。

『ビデオジャーナリズム―カメラを持って世界に飛び出そう』神保哲生著　明石書店　2006.7　265p　19cm　2400円　①4-7503-2358-6　Ⓝ070.16
[目次]第1章 目指せVJ！、第2章 なぜ今ビデオジャーナリズムなのか、第3章 ビデオジャーナリズムとは何か、第4章 ビデオジャーナリズムの理論、第5章 ビデオジャーナリズムの文法（1）・初級、第6章 ビデオジャーナリズムの文法（2）・上級、第7章 ビデオジャーナリズムの制作工程、第8章 カメラの操作と必要な装備、第9章 ビデオジャーナリストの心構え、第10章 インターネット時代のビデオジャーナリズム

『新聞にかかわる仕事―マンガ』ヴィットインターナショナル企画室編　ほるぷ出版　2006.3　142p　22cm（知りたい！ なりたい！ 職業ガイド）2200円　①4-593-57189-8　Ⓝ070.16
[内容]新聞に関わる新聞記者、報道カメラマン、編集スタッフの3つの職業を紹介。その仕事のようすや、その職業につくための方法などをコミックと文章でガイド。

『文筆生活の現場―ライフワークとしてのノンフィクション』石井政之編著　中央公論新社　2004.7　283p　18cm（中公新書ラクレ）〈著作目録あり〉780円　①4-12-150139-X　Ⓝ070.16
[内容]最前線を走る第一人者から新人まで、総勢12名の書き手が描く「ビジネスとしての執筆業」。夢の追求と生活収入の獲得を両立すべく奮闘している彼ら。その実情と本音を克明に初公開する。

『ルポルタージュを書こう―市民のコレギウムをめざして』中里喜昭編著　同時代社　2004.7　252p　19cm　1800円　①4-88683-533-3　Ⓝ901.6
[内容]市民ルポ講座15年！ 子どもに見せる青空がないような時代でも、人はけんめいに生きようとする。市民のルポルタージュはどんな時代であろうと生きる市民の、存在の証。

『調べる、伝える、魅せる！―新世代ルポルタージュ指南』武田徹著　中央公論新社　2004.5　221p　18cm（中公新書ラクレ）760円　①4-12-150130-6　Ⓝ021.3
[内容]調べる技、伝える術、魅せる芸。表現上達のカギは「ルポルタージュ」にあった―巷にあふれる「文章読本」に飽き足らない書き手たちに贈る、情報化社会で生き残るための特別講義。

『インタビュー―聞く力をきたえる』菊池省三監修　フレーベル館　2004.4　47p　27cm（コミュニケーションの達人 国際人を目指せ！ 2）3200円　①4-577-02800-X　Ⓝ809.5
[目次]インタビュー達人への道（テーマを決めて情報を集めよう、質問をじゅんびしよう、インタビューのお願いをしよう、さあ、インタビュー本番！、インタビューをまとめよう）、インタビュー実践レポート（メールでショーン先生にとつげき取材！、地域とふれあうインタビュー学習、体験とインタビューで「共に生きる」を学習、パイロットの仕事を知る！ 電話でインタビュー、インタビューで外国の文化を知ろう、インタビューや体験で理解を深める総合的な学習）

『実践ジャーナリスト養成講座』花田達朗、ニューズラボ研究会編著　平凡社　2004.2　293p　21cm〈文献あり〉2200円　①4-582-73829-X　Ⓝ070.16
[内容]「ジャーナリストになりたい学生」、「メディア企業に就職し、数年仕事をした人」、「ほかの業種からジャーナリズムへの転職を考えている人」、本書は、こんな読者のために書かれた日本初の画期的ジャーナリスト用教科書。記事の書き方、取材のノウハウといった基礎編から、政治部をはじめ各部の具体的な仕事の内容に沿った実践各論編、これからのジャーナリズムの行方や可能性まで、あくまでも実践にこだわった実用的入門書である。

『学生に語るジャーナリストの仕事』早稲田大学人間科学部河西ゼミ編　平原社　2002.10　306p　19cm　2000円　①4-938391-29-5　Ⓝ070.16

|内容| 新聞、テレビ、出版、各界の第一線で活躍するOBが、マスコミ志望の学生たちに贈る応援歌。青春時代、職業キャリア、現在の仕事など、自らのライフヒストリーを通して語る「体験的現代ジャーナリズム論」の集大成。

『新聞づくりのABCとDTP編集―ここがポイントだ！』神奈川県立高等学校新聞連盟（高文連新聞専門部）編集委員会編　改訂新版　川崎　神奈川県立高等学校新聞連盟　2002.8　77p　30cm　Ⓝ375.19

『広報紙面デザイン技法講座―ビジュアル・エディティングへの基礎』長澤忠徳監修・文, 月刊『広報』編集部編　日本広報協会　2002.6　83p　30cm　1800円　Ⓘ4-930854-04-0　Ⓝ070.163

『実践ジャーナリズム読本―新聞づくりの現場から』読売新聞社調査研究本部編　中央公論新社　2002.6　327p　19cm　1850円　Ⓘ4-12-003276-0　Ⓝ070.4
|内容| 取材活動、原稿作成、紙面制作の喜びと労苦を刻み込んだ記者たちによる、現場の息吹きにあふれる体験的ジャーナリズム論。

『新聞記事の書き方。』鈴木史朗著　鳥影社　2001.4　452p　19cm　1900円　Ⓘ4-88629-565-7
|内容| 新聞記者をめざす諸君へ！　読者のみなさんへ！　知ってほしい投稿の楽しさ、取材のウラ話など、身近な新聞の楽しみ方と記事の書き方。

《出版・編集をしてみよう》

『カラー図解DTP＆印刷スーパーしくみ事典　2021』ボーンデジタル出版事業部編　ボーンデジタル　2021.2　319p　29cm〈文献あり 索引あり〉4000円　Ⓘ978-4-86246-500-9　Ⓝ749
|内容| ハードウェア、レイアウトデザイン、デジタル印刷など、DTPと印刷に関する情報をビジュアルを多用し、1見開き1テーマで解説。最新トピックス103も収録。印刷サンプル付き。

『本と雑誌のデザインがわかる本　2』obscure inc.編　ソシム　2007.7　191p　21cm　2000円　Ⓘ978-4-88337-555-4　Ⓝ021.4
|内容| 10人のADから学ぶ、デザインの極意とリアルなエディトリアルデザイナーへの道。現役デザイナーによる生のコトバ、プロの技とフレッシュな感性が光る作品を多数収録。

『本と雑誌のデザインがわかる本』obscure inc.編　ソシム　2005.5　190p　21cm　1800円　Ⓘ4-88337-438-6　Ⓝ021.4
|目次| 01 イントロダクション（現役・若手デザイナーに聞くエディトリアルデザインの仕事）, 02 エディトリアルデザインの仕事、アートディレクターの役割（岡本一宣［岡本一宣デザイン事務所］、久住欣也［ヒサズミデザイン］、尾原史和［スープ・デザイン］ほか）, 03 もっと学ぶためのヒント（本作りの愉しみ・紙を選ぶコツ、80年代の『アン・アン』から現在のエディトリアルデザインへ・雑誌のデザインを読む、印刷のあれこれをもっと知りたい・印刷博物館へ行こう）

『印刷・編集・デザインの基本　3』美術出版社「クリエイターズ・バイブル」編集室著　美術出版社　2001.1　155p　26cm　2500円　Ⓘ4-568-50218-7　Ⓝ749
|内容| 本巻は、ページ数の多い出版メディアを目指す人、携わる人たちをメインに、合理的な進行管理と原稿制作のあり方について述べてあります。また、出版物の視点からの校正技術については多くのページを設定しました。

『印刷・編集・デザインの基本　2』美術出版社「クリエイターズ・バイブル」編集室著　美術出版社　2000.11　155p　26cm　2500円　Ⓘ4-568-50217-9　Ⓝ749
|内容| すぐれた印刷原稿は、印刷仕上がりも期待できます。では、不適正な写真原稿を入稿しなければならない場合、どのような救済方法があるか、など、指定ひとつで決まる製版・印刷にもっとも適した原稿づくりのあり方について、くわしく述べてあります。

『印刷・編集・デザインの基本　1』美術出版社「クリエイターズ・バイブル」編集室著　美術出版社　2000.9　155p　26cm　2500円　Ⓘ4-568-50216-0　Ⓝ749
|内容| 企画から印刷完成までの基礎知識について、順を追ってわかりやすく解説してあります。印刷・編集・デザインを目指す人のために、今日からでも役に立つ入稿時の色指定や製版指定の仕方、わずか4色であらゆる色を再現する分解のメカニズム、さらに印刷の優劣を決めるカラー校正の実際に多くのページを用意しました。

◆編集

『小説編集者の仕事とはなにか？』唐木厚著　星海社　2024.5　220p　18cm〈星海社新書 294〉〈発売：講談社　文献：p215～216〉1450円　Ⓘ978-4-06-532625-1　Ⓝ910.265
内容　京極夏彦、森博嗣をはじめとする数多くの作家とタッグを組んできた編集者が、豊富な経験と奥深い知見から、編集者に必要な能力の養い方を伝授。小説の現状の分析や未来への展望、ミステリについてのQ&Aも収録する。

『ぽんぽこ書房小説玉石編集部』川崎昌平著　光文社　2019.4　227p　19cm　1000円　Ⓘ978-4-334-91279-6　Ⓝ021.43
内容　ワンマン社長が下した突然の休刊宣言！文芸誌は滅びてしまうのか!?編集者のリアルを真っ正面から描く、"胸アツ"な業界お仕事漫画！

『魔法をかける編集』藤本智士著　インプレス　2017.7　237p　19cm〈しごとのわ〉〈付属資料：しごとのわ（1枚）表紙のタイトル：THE MAGICAL EDITING〉1600円　Ⓘ978-4-295-00198-0　Ⓝ021.4
内容　マイナスをプラスに、忘れられていたものを人気商品に、ローカルから全国へ発信する…。これまであった当たり前に新しい価値を付加し、光を当てる方法を、『Re:S』『のんびり』編集長がすべて公開する。

『編集デザインの教科書』工藤強勝監修・エディトリアルデザイン，日経デザイン編　第4版　日経BP社　2015.10　222p　21cm〈文献あり 索引あり　発売：日経BPマーケティング〉2900円　Ⓘ978-4-8222-3504-8　Ⓝ022
内容　エディター、ライター、デザイナーから、ビジネスマンまで必携！コンテンツ作りの基礎を学ぶ本。ネット時代にも求められるコンテンツの本質とは何か。企画の立て方から制作まで編集業務の流れを紹介。実際にフライヤーを作ってデザインの基礎を知る。書籍のプロたちが雑誌つくりの実際を徹底解説。

『編集デザイン入門―編集者・デザイナーのための視覚表現法』荒瀬光治著　改訂2版　市川　出版メディアパル　2015.9　142p　21cm（本の未来を考える＝出版メディアパル No.29）〈文献あり　索引あり〉2000円　Ⓘ978-4-902251-29-6　Ⓝ022
目次　1 デザインの前に（デザインの必要性と共同制作の認識，雑誌づくりの基本的な制作システム ほか），2 書籍のデザイン（書籍デザインの考え方，書籍の各部の名称とデザイン要素 ほか），3 誌面デザインの基本（誌面の名称と役割，本文の流れとレイアウトの禁則 ほか），4 誌面デザインの実際（レイアウト用紙（基本フォーマット），レビュー用紙とラフ・コンテ ほか），5 印刷管理（印刷管理とは，文字校正（文字初校・文字再校）ほか），資料

『フォトブックで好きな本をつくる―絵本からカタログ、レシピ本、ポートフォリオまで』ボーンデジタル　2015.6　142p　26cm　2400円　Ⓘ978-4-86246-269-5　Ⓝ022
目次　0 フォトブックのつくり方について（本のつくりを知ろう，フォトブックサービスのしくみ），1 フォトブックの活用方法（フォトブック市場と技術の動向，フォトブック制作の大まかな流れ ほか），2 どんな視点でつくるか（作成レイアウトを全面貼り込み，ターゲットや目的に合わせたレイアウト ほか），3 つくってみよう―デジタル編（デジタルでデータ制作り，Photoshopで画像補正＆加工 ほか），4 つくってみよう―アナログ編（手描きイラストのスキャニング ほか），5 アイデア事例集（絵本，メニュー ほか）

『まんがでわかる編集者の仕事』編集実践教室編，永山たかまんが　テン・ブックス　2015.5　127p　19cm　900円　Ⓘ978-4-88696-036-8　Ⓝ021.43

『編集者・ライターのための必修基礎知識―Editor's Handbook』編集の学校／文章の学校監修　雷鳥社　2015.4　351p　21cm　1800円　Ⓘ978-4-8441-3666-8　Ⓝ021.43
内容　一見無関係に見えるものを組み合わせて大きな意味を持たせる。難しいことを、やさしくする。やさしいことを、深くする。深いことを、もっと面白くする。編集の技術・発想法は、すべての仕事の現場で役立ちます。124項目の学ぶべき編集術！

『編集とはどのような仕事なのか―企画発想から人間交際まで』鷲尾賢也著　新版　トランスビュー　2014.10　248p　20cm〈年譜あり〉2000円　Ⓘ978-4-7987-0152-3　Ⓝ021.4
内容　新書、単行本、シリーズと、画期的な企画を世に送り続けた名編集者が、基礎から応用まですべてを披瀝する。急逝した著者の次

代への贈物。著者の見つけ方や企画・プロットの立て方から原稿依頼の仕方まで、あるいは書名、目次、見出しのつけ方、装丁やオビの作り方などの実務的な知識から、いける本・いけない本の見分け方、出版界の見取り図、さらにはさまざまなクセありの著者との付き合い方まで、編集という仕事の奥義と全体を縦横に語った最良の教科書。

『編集者になろう！』大沢昇著　青弓社　2014.6　253p　19cm〈文献あり〉1600円　Ⓟ978-4-7872-3379-0　Ⓝ021.43
内容　売り上げ減少や書籍のデジタル化など、いま、「本の世界」はグローバルに激動している！変化のときこそ若い力が必要だし、活躍できる。小学館での38年の経験をもとに、本作りの実態、編集技術、人脈の作り方、電子編集に必要な技、企画の立て方、などを具体的にレクチャー。大学での講義内容も盛り込んだ21世紀の「実戦の武器」！

『たのしい編集―本づくりの基礎技術：編集、DTP、校正、装幀』和田文夫, 大西美穂著　逗子　ガイア・オペレーションズ　2014.1　281p　18cm〈発売：英治出版〉2200円　Ⓟ978-4-902382-09-9　Ⓝ021.4
内容　インタビュー・プロが語る、優れた編集者とは？　"本づくり"にたずさわる、すべての人に伝えておきたい編集技術。

『編集者の教室』元木昌彦編　徳間書店　2010.9　419, 13p　21cm〈述：粕谷一希ほか〉2500円　Ⓟ978-4-19-863028-7　Ⓝ021.43
内容　ネットにないのは背表紙と編集。拡散するメディア環境のなかで、編集者が果たす役割とは？　編集とは何かから取材でどう動くかまでカリスマたちが再び明かす。

『ヤフー・トピックスの作り方』奥村倫弘著　光文社　2010.4　205p　18cm（光文社新書 454）740円　Ⓟ978-4-334-03558-7　Ⓝ070
内容　絶大な影響力を誇る、13文字×8行の「ヤフー・トピックス」。ついクリックしてしまう13文字の作成ノウハウ、ジャーナリズムとビジネスを両立させることの苦悩を、当事者自らエピソード満載で書き下ろす。

『編集者をめざすならぜひ聞いておきたい大先輩17人の貴重な話―法政大学エクステンション・カレッジ編集・ライター講座』法政ナレッジ・クリエイト　2007.10　251p　19cm〈発売：展望社〉

1200円　Ⓟ978-4-88546-184-2　Ⓝ021.43
内容　597年分の経験を凝縮!!未来の編集者たちへ贈る出版・編集界の羅針盤。

『編集者！』花田紀凱著　ワック　2005.3　296p　19cm（マスコミの学校 1）1400円　Ⓟ4-89831-080-X　Ⓝ021.43
内容　できるわざ、人間関係のツボ、情報をとる技術が満載。

『花田編集長！質問です。―出版という仕事で生きる』花田紀凱著　ユーリード出版　2004.9　167p　21cm　1280円　Ⓟ4-901825-24-0　Ⓝ021.43
内容　就職から処世術まで、名物編集長が答える出版界の掟と内実。編集という仕事はこんなにおもしろい。

『めざせ！編集長』高木まさき, 中川一史監修　光村教育図書　2004.1　47p　27cm（光村の国語調べて、まとめて、コミュニケーション 3）2800円　Ⓟ4-89572-728-9　Ⓝ021.4
内容　まとめ方はこれでばっちり。きみの名編集長だね。

『編集をするための基礎メソッド―1週間でマスター』編集の学校監修　雷鳥社　2003.4　249p　19cm　1500円　Ⓟ4-8441-3414-0　Ⓝ021.4
内容　「編集」の仕事はむずかしい。企画の立て方、取材の仕方、原稿の書き方…。でも本書を読めば7日間で「編集」の仕事が丸ごとわかる。やっぱり「編集」っておもしろい！すべてのページに図解を使ったまったく新しい入門書です。

『イロハからわかる編集者入門―今日からすぐ役に立つ基礎の基礎』櫻井秀勲著　編書房　2003.2　197p　19cm〈発売：星雲社〉1600円　Ⓟ4-434-02797-2　Ⓝ021.43
内容　いったんどこの出版社でもいいから、なんとかぶら下がって入ること。希望する社でなくても、ここは我慢せよ。女性だったら頭と体の両方を使え。営業部を最初にめざすのもおもしろい。編集者とは編数者である―などなど、「女性自身」「微笑」編集長だったからこそできるアドバイスの数々。現役編集者も編集者をこころざす人も読んでトクする編集者読本。

『編集者になるには』山口雄二著　ぺりかん社　2002.3　167p　19cm（なるには

books 41)〈文献あり〉1170円　①4-8315-1000-9　Ⓝ021.43
内容　本書では、雑誌や書籍などの印刷物の編集者をとりあげ、その仕事の実際を紹介。あわせて編集という仕事に就く方法を探る。

『俺らはコミック編集長』藤本七三夫著　徳島　エッセイストとくしま　2000.5　226p　20cm（エッセイストとくしま叢書　第4集）〈編集：随筆とくしま編集室〉1800円　Ⓝ021.43

『編集者のお仕事―下請けプロダクション編集者、この愛すべきナンデモ屋の日々』平辻伸子著　郁朋社　2000.2　207p　19cm　1200円　①4-87302-071-9　Ⓝ021.43
内容　出版業界に就職希望の人にも現役の編集者にも、おもしろくて役に立つノウハウが満載。

◆出版

『本を出したい』佐藤友美著　CCCメディアハウス　2024.3　309p　19cm　1650円　①978-4-484-22248-6　Ⓝ023.1
内容　ビジネスや人生を1冊の本にするために必要なことすべて。本を出せる人／チャンスのつかみ方／本になるコンテンツ／自分で書く必要はない／本づくりのリアル／出版後の人生、他。

『はじめての自費出版』幻冬舎ルネッサンス編　幻冬舎メディアコンサルティング　2023.12　182p　19cm〈発売：幻冬舎〉1500円　①978-4-344-94715-3　Ⓝ023.89
内容　人生の軌跡、伝えたい物語、言葉…。自らの特別な想いを「本」にしてみませんか。自費出版の仕組みを解説し、個人が自分の想いをまとめ、より多くの人に読んでもらうためのノウハウなどを余すところなく紹介します。

『書籍編集者が教える出版は企画が9割―仕事につながる出版とつながらない出版』山田稔著　つた書房　2021.12　246p　19cm〈頒布・発売：三省堂書店／創英社〉1500円　①978-4-905084-49-5　Ⓝ023
内容　商業出版を目指す人に向けて、書籍編集者が企画の立て方を伝授。商業出版でビジネスを加速させる方法、企画の考え方、出版社に採用される出版企画書、書籍の原稿の書き方、刊行された書籍の売り方・使い方などを解説する。

『さあ、本を出そう！―出版一年目の教科書』金川顕教著　総合法令出版　2020.10　205p　19cm　1400円　①978-4-86280-767-0　Ⓝ023
内容　ゼロからベストセラーを生み出す33の法則。あなたのビジネスに効く！　売れる本作りのメソッドを一挙公開。

『かんたん出版マニュアル―出版社社長が明かす本を出す方法』杉浦浩司著、牧村康正スーパーバイザー　川口　みなみ出版　2018.10　223p　19cm〈発売：星雲社〉1400円　①978-4-434-22560-4　Ⓝ023
内容　出版社のほしい本から、企画書に必要なこと、最低限の文章テクニック、出版業界のお金の流れまで。本を出したいと思っている人が、出版までたどりつく助けになる要素を可能なかぎりかんたんにまとめた、出版お助けブック。

『上手な本の作り方Q&A』深川昌弘著　名古屋　近未来社　2018.5　137p　20cm　950円　①978-4-906431-49-6　Ⓝ023.89
内容　本書は、安全性・経済性・主体性を重視する人のために、50のテーマを「2ページ見開き完結」で解説した"楽しい本作りを実現するための道案内書"です。50項目の要点解説。

『青い鳥文庫ができるまで』岩貞るみこ作　講談社　2015.7　228p　18cm（講談社青い鳥文庫　265-9）〈2012年刊の再刊〉650円　①978-4-06-285501-3　Ⓝ023.1
内容　累計200万部突破目前の、とある人気シリーズ。最新刊の発売を12月に決めたものの、先生の原稿は遅れに遅れ!?作家、画家、編集部、校閲や印刷所、取次、書店など、本が書店にならぶまでの奮闘を描きます。4か月におよぶ取材にもとづいた臨場感あふれる現場の姿。これを読んだら、あなたも本が作りたくなっちゃうかも。同タイトル本の待望の青い鳥文庫化！　小学中級から。総ルビ。

『ペイする自費出版―自費出版の本：自費出版とらの巻！自費出版を楽しもう！』遠藤進著　［東大阪］　デザインエッグ　2014.7　63p　19cm〈共同刊行：高尾山の花名さがし隊〉①978-4-86543-086-8　Ⓝ023.89

『本を出したい人の教科書―ベストセラーの秘密がここにある』吉田浩著　講談社

2014.4 251p 19cm 1400円 ⓘ978-4-06-218907-1 Ⓝ023.1
内容 30年間、業界トップクラスの出版プロデューサー、ノウハウのすべてを公開。

『本は自分の出版社からだす。プラス―発行人は「あなた」です。』浅田厚志, 出版文化社共同出版事業部著 出版文化社 2013.8 179p 19cm〈「本は自分の出版社からだす。」(出版共同販売 2010年刊) の改題、改訂〉1500円 ⓘ978-4-88338-547-8 Ⓝ023.1
内容 商業出版でもない、自費出版でもない、出版社=発行元になるという方法を紹介。

『僕は本をつくりたい。』荒木スミシ著 加古川 ノンカフェブックス 2011.11 231p 19cm 1300円 ⓘ978-4-9905303-1-0 Ⓝ023.1
内容 たった一店舗から始まり広まった本が、メジャーデビューになった作者が本のつくり方、売り方の極意、伝授します。

『私にはもう出版社はいらない―キンドル・POD・セルフパブリッシングでベストセラーを作る方法』アロン・シェパード著, 平林祥訳 WAVE出版 2010.6 210p 19cm 1500円 ⓘ978-4-87290-482-6 Ⓝ023.89
内容 2007年、米国アマゾンはセルフパブリッシング「自費出版」の制作から販売まですべてをサイト上で行える仕組みを発表！アメリカの出版業界に激震が走った。本書は出版社を通さずにベストセラーを生み出した作家の体験型ガイドブック。

『自分の本のつくり方―自費出版実践マニュアル』布施克彦著 藤沢 湘南社 2009.10 121p 19cm（湘南選書 vol. 001）〈発売：星雲社〉1000円 ⓘ978-4-434-13580-4 Ⓝ023.89
内容 生涯に一冊！自分の本を！これからを生きる人たちに、残すことばがあるはずです。この一冊で自費出版ができる。

『あなたの本を出版しよう―上手な自費出版のやりかた教えます』菅野国春著 展望社 2009.9 164p 19cm 1143円 ⓘ978-4-88546-206-1 Ⓝ023.89
内容 知人への贈り方・書店へ並べる方法など、読んで得する自費出版に失敗しない、実用事典。

『わたしだけのフリーマガジン・フリーペーパーの作りかた―はじめてでも作れる・楽しめるフリーペーパーの基礎からデザインの知識を、豊富な実例で解説』芳賀正晴著 毎日コミュニケーションズ 2009.9 175p 24cm 2400円 ⓘ978-4-8399-3016-5 Ⓝ023
内容 手作り・少数ならではの情報発信、自分らしく作る、楽しくはじめるフリーペーパー／フリーマガジン。

『私の出版―自費出版で本を作ろう』武田忠治［ほか］著 舵社 2009.3 159p 21cm 800円 ⓘ978-4-8072-1930-8 Ⓝ023.89
目次 1 本のできるまで（本の内容を決定する, 原稿作成 ほか）、2 判型別本の仕様（判型の比較, A6判 ほか）、写真集を作ろう（おしゃれ色の友達手帳, ヨット風の中に）、4 目的から考える本づくり（作った本を売りたい販売型, 作った本を本業に役立てたいビジネス活用型 ほか）、5 本づくりHow to（早わかり自分史の作り方, あなたがよい原稿を書くためのポイント ほか）

『失敗しない自費出版―編集であなたの本は生まれ変わる』喜田りえ子著 大阪 竹林館 2008.5 141p 19cm 1000円 ⓘ978-4-86000-143-8 Ⓝ023.89

『自費出版がよく分かる本―自費出版（自分史）マニュアル 初めて自費出版、自分史を制作するときのアドバイス』栄光ラボラトリ企画・編集 金沢 栄光プリント 2008.4 98p 21cm 572円 Ⓝ023.89

『こんな企画ならあなたも本が出せる』吉木稔朗著 創芸社 2007.9 190p 19cm 1238円 ⓘ978-4-88144-109-1 Ⓝ023
内容 あなただけに教えるマル秘戦略。出版社が飛びつく売れる本のノウハウを分かりやすく伝授します。

『個人出版（自費出版）実践マニュアル―売れる本よりも売りたい本を 本を作ろう、どこにもない本を 2007年版』高石左京著 発売：太陽出版 2006.12 127p 21cm（本作りマニュアルシリーズ 1）1500円 ⓘ4-88469-494-5 Ⓝ023.89
内容 この本は、個人出版・自費出版のための実践的な本作りマニュアルです。JPS出版局における具体的な受注金額や内容も紹介しています。この本を参考に本作りの予算を考え、納得のいくところに本作りや販売の

依頼をされることをお勧めします。

『本を作る現場でなにが起こっているのか!?』編集の学校文章の学校監修　雷鳥社　2006.8　189p　21cm　1500円　④4-8441-3438-8　Ⓝ023.1

内容　プロに学ぶ本作りの極意。編集、広告、営業、出版プロデューサーなどなど。いま出版業界で起こっている現象から探るヒットの秘訣。

『今、出版が面白い―史実を本で残そう』手塚容子著　善本社　2006.4　172p　19cm　1100円　④4-7939-0437-8　Ⓝ023.89

内容　あなたは自分の名前で、本を発行したことがありますか？ あなたの学校や企業では、年史やPR誌を出していますか？ この本は、いままで出版したことはなくても、そのうち、自分の名前や団体名で、本を出したいと考えている方々のために書いた「出版の手引書」です。

『初めて本を創る人へ』杉山隆著　コスモトゥーワン　2006.3　190p　19cm〈「これであなたも「本」が出せる」(平成9年刊)の新装増補版〉　1200円　④4-87795-090-7　Ⓝ023

内容　プロがサポート売れる本のノーハウ教えます。本作りのエキスをどこよりもわかりやすく提示。

『本』永江朗監修、川端正吾、天野祐里編　プチグラパブリッシング　2006.3　143p　20cm〈あたらしい教科書 2〉1500円　④4-903267-18-0　Ⓝ023.1

内容　知ればもっと読みたくなる！ 本の世界をナビゲート。「あたらしい教科書」シリーズ第2巻。視点が変わる!?本をめぐる教科書。

『自分の企画を本にしよう！―出版社に採用される「企画書&サンプル原稿」はこうつくる』畑田洋行著　こう書房　2005.9　239p　19cm　1400円　④4-7696-0876-4　Ⓝ021.3

内容　出版社の関心を引くには、企画のよさをストレートに、コンパクトに、わかりやすくアピールすることが大切。一般人の出版支援で出版率75％を誇る著者が、あなたの企画を本にする「出版社へのアプローチ法」を教えます。

『38万円で本ができた―個人出版がおもしろい ちょっと本を作っています』両国の隠居著　発売：太陽出版　2005.2　160p　19cm　933円　④4-88469-408-2　Ⓝ023.89

内容　本書は38万円で1,000冊作った。誰もが可能な本作り。自分の本を作ろう。最小の費用で最高の本を作るためのノウハウ満載。

『失敗しない本づくりのために』細矢定雄著　矢巾町(岩手県)ローコスト出版支援センター　2004.10　52p　21cm　476円　④4-924981-46-X　Ⓝ023.89

『出版業界横入りガイド―才能はあるのにコネがないと嘆くアナタのために…』山田ゴメス著　宣伝会議　2004.2　178p　21cm〈標題紙のタイトル：山田ゴメスの出版業界横入りガイド〉1600円　④4-88335-101-7　Ⓝ023.1

目次　第1章 何はなくともまず上京せよ！、第2章 初仕事をゲットするために!!、第3章 媒体に応じた自己プロデュースとは、第4章 取材とインタビュー徹底マニュアル、第5章 原稿作成と入稿から校了までの基礎、第6章 必読！ 出版業界を巡る"お金"の話、第7章 書籍を作る基礎知識とテクニック

『自分で本を出版する―DIY産直出版のススメ　かんたん製本術編』七五郎著　[名古屋]　あくり出版　2003.10　135p　26cm〈発売：名古屋 アクリネット〉1800円　④4-902442-01-9　Ⓝ023.89

『自分で本を出版する―DIY産直出版のススメ　ワードDTP編』七五郎著　第2版　[名古屋]　あくり出版　2003.10　159p　22cm〈発売：名古屋 アクリネット　出版者の名称変更：初版は七つ屋〉1500円　④4-902442-00-0　Ⓝ023.89

『出版される前に―自分の本を作りたいあなたへのアドバイス』田中薫著　沖積舎　2003.10　269p　19cm〈文献あり〉2500円　④4-8060-4086-X　Ⓝ023.89

内容　自ら書いたものを本に、後世に伝える書籍に一本の出版の魅力を出版の方法と共に綴る一冊。IT革命が進んでも本の出版の"本"は変わることはないであろう。

『あなたにもできる「売れる本」の書き方―印税で稼ぐための31の法則』畑田洋行著　プロスパー企画　2003.8　166p　19cm〈標題紙・表紙のタイトル：教えますあなたにもできる「売れる本」の書き方〉1400円　④4-938695-78-2　Ⓝ023

内容　出版企画書の作り方から出版社へのアプローチの仕方に至るまで伝授。

『共創出版のすべて―あなたの本で世界は変わる』童門冬二監修　碧天舎　2003.2　110p　19cm　1000円　①4-88346-190-4　Ⓝ023.89
内容　今、とても身近になった出版。あなたの個性や経験は、きっと一冊の魅力的な本になるはず。ただの原稿を本にするその方法とは？　出版業界のプロの知識を詰め込んだ、本を出したいすべての人に捧げる創作必携バイブル、ここに誕生。

『パソコンであなたの本を作る本―5万円で自分史、句集、歌集、詩集を作る』パーソナル出版倶楽部著　一穂社　2002.4　66, 23, 36p　19cm〈作る本シリーズ〉1200円　①4-900482-20-X　Ⓝ023.89

『自費出版を楽しむ―あなただけの本づくり』藤倉朋良著　新潟　新潟日報事業社　2001.6　214p　19cm　1500円　①4-88862-865-3　Ⓝ023.89
内容　自分探しの旅に出る。喜びも悲しみもただ一度の人生だから…。自分史、歌集、句集から企業などの記念誌まで、本づくりのポイントを分かりやすく解説。

◆電子出版

『はじめてのkindle出版方法がシンプルにわかるガイドブック―大きな字で読みやすい　2024 電子書籍編』あん堂本づくり部著　[出版地不明]　[あん堂本づくり部]　2024.2　168p　23cm　Ⓝ023

『Git for Windows+Re：VIEWで電子書籍を作ろう』斎藤知明著　インプレスNextPublishing　2023.10　124p　26cm（技術の泉シリーズ）2400円　①978-4-295-60213-2
内容　Windowsで電子書籍制作環境を構築する！

『Amazon Kindleストア電子書籍出版のコレだけ！　技』加藤和幸著　技術評論社　2014.5　223p　21cm〈索引あり〉1880円　①978-4-7741-6420-5　Ⓝ023
内容　電子書籍をKindleストアで出版しよう！　Amazonで電子書籍の自費出版！　WordでKindle本をらくらく作成！　制作から販売までを完全サポート！　SigilやEPUBの応用技もフォロー！

『電子書籍制作・流通の基礎テキスト―出版社・制作会社スタッフが知っておきたいこと』植村八潮編著、電子出版制作・流通協議会著　ポット出版　2014.5　190p　21cm〈文献あり〉2000円　①978-4-7808-0206-1　Ⓝ023
内容　本書は、電子書籍の概要を整理した上で、コンテンツホルダー（著者、出版者）として準備すべきこと、制作作業の流れや実際、注意すべき点、さらに今後のビジネスなどについての基本を解説している。

『電子書籍の作り方がカンタンにわかる本』三武信夫著　[東大阪]　デザインエッグ　2014.4　160p　21cm　①978-4-86543-080-6　Ⓝ023

『KDPではじめるセルフ・パブリッシング―資金0でできる個人出版！　あなたも作家になれる！』倉下忠憲著　新潟　シーアンドアール研究所　2014.1　255p　19cm〈文献あり　別タイトル：Kindle Direct Publishingではじめるセルフ・パブリッシング〉1500円　①978-4-86354-138-2　Ⓝ023
内容　電子書籍を自分で作ってアマゾンで売ってみた！　紙の本で何冊ものヒットを飛ばす著者が、電子書籍の企画・執筆・EPUB3ファイル作成・プロモーションまでをチャレンジ！　その実体験から得たノウハウを全公開！

『Amazon Kindleブック制作＆出版完全マニュアル―電子書籍を魅力的に作って確実に売る方法』藤田拓人, 清水豊共著　エムディエヌコーポレーション　2013.7　191p　21cm〈発売：インプレスコミュニケーションズ〉1600円　①978-4-8443-6354-5　Ⓝ023
目次　01 Kindleってなに？, 02 Kindleで出版する方法, 03 注意すべき法令関連のこと, 04 執筆を助ける便利なツール, 第5章 掲載写真は見栄えよく, 06 掲載図版を効率的に作成する, 07 コンテンツを仕上げる, 08 校正を助ける便利なツール, 09 実際に出版しよう

『Amazon Kindleダイレクト出版完全ガイド―無料ではじめる電子書籍セルフパブリッシング』いしたにまさき, 境祐司, 宮崎綾子著　インプレスジャパン　2013.5　236p　21cm〈索引あり　発売：インプレスコミュニケーションズ〉1500円　①978-4-8443-3397-5　Ⓝ023
目次　1「知る」編（Kindleを取り巻く世界を知る, 著者がやるべきことを知る, 著作権のルールを知る　ほか）, 2「作る」編（本の作り方を知る, 原稿執筆のプランを立てる, 本に必要な素材を用意する　ほか）, 3「売る」編

『**AmazonのKindleで自分の本を出す方法**』山崎潤一郎著　ソフトバンククリエイティブ　2013.4　205,25p　19cm　1238円　①978-4-7973-7276-2　Ⓝ023
内容 「お金をかけずに」出版するためのコツを紹介。テーマ選びから、データ作成、販促まで3ステップの作業をわかりやすく完全ガイド。海外の事例はもちろん、国内のケースも取材。著者の経験から生まれたノウハウも、豊富に収録。

『**Kindleセルフパブリッシング入門―電子書籍でベストセラー作家になろう**』小泉俊昭著　日本実業出版社　2013.4　262p　19cm　1500円　①978-4-534-05063-2　Ⓝ023
内容 PCとインターネットがあれば、電子書籍の出版は1円もかからない。必要なのは、ちょっとした知識と情熱。原稿の書き方から、電子書籍データの作り方、サイトでの販売方法まで、その「知識」をすべて伝え、Kindleで電子書籍を出版するために必要な「考え方」「知恵」まで身につく。

『**はじめての電子出版―「電子書籍」の作り方から「電子書店」での販売まで!**』タナカヒロシ著、I/O編集部編集　工学社　2013.3　159p　21cm（I/O BOOKS）〈索引あり〉1900円　①978-4-7775-1750-3　Ⓝ023
目次 第1章 電子出版をはじめよう!、第2章「電子出版」のメリット、第3章 作家の担当分野、第4章「電子書籍」の種類と傾向、第5章「電子書籍」のフォーマット、第6章「電子出版」の流れ、第7章 日本語対応の状況、第8章「電子書籍」の販売

『**いちばんわかりやすい電子書籍の本―自分で書く、作る、配る、売る方法**』山本高樹、栗原亮共著　エムディエヌコーポレーション　2011.7　191p　21cm〈索引あり〉　発売:インプレスコミュニケーションズ〉1500円　①978-4-8443-6209-8　Ⓝ023
内容 電子書籍の企画・執筆・編集のテクニック。EPUBやPDF形式の電子書籍を自分で作成する。ストアへの登録や配布方法、宣伝活動まで。

『**電子書籍の作り方―EPUB、中間ファイル作成からマルチプラットフォーム配信まで**』境祐司著　技術評論社　2011.1　239p　19cm（ポケットカルチャー）〈索引あり〉1380円　①978-4-7741-4505-1　Ⓝ023
目次 第1章 電子書籍についての基礎知識、第2章 リーダーアプリケーションの種類について理解する、第3章 電子書籍のワークフローを構築する、第4章 素材データと交換データを準備する、第5章 実践編1:EPUB電子書籍の設計と制作、第6章 実践編2:EPUB電子書籍の仕上げとプレビュー、第7章 実践編3:EPUB電子書籍をあらゆる読書環境に対応させる

『**サルにもできるiPhone同人誌の創り方**』安倍吉俊,カワサキタカシ著　飛鳥新社　2010.12　103p　25cm〈付属資料:CD-ROM1枚（12cm）〉1800円　①978-4-86410-054-0　Ⓝ023
内容 iPhoneアプリ同人誌を創るための方法を、絵描きの立場に立って、小難しい説明を一切省いて紹介。最小限の理解で、iPhoneアプリ開発のステップを学ぶことができる。安倍吉俊画集も収録。

『**電子書籍の作り方、売り方―よくわかるiPad Kindle PDF対応版**』加藤雅士著　エムディエヌコーポレーション　2010.11　239p　21cm〈発売:インプレスコミュニケーションズ　年表あり　索引あり〉1500円　①978-4-8443-6144-2　Ⓝ023
内容 書（描）いて、作って、売って、儲ける。電子書籍制作の完全ガイド。

『**電子書籍の作り方ハンドブック―iPhone、iPad、Kindle対応**』ジャムハウス著　アスキー・メディアワークス　2010.9　207p　21cm〈発売:角川グループパブリッシング　索引あり〉1500円　①978-4-04-868812-3　Ⓝ021.49
内容 小説、論文、写真集、日記・エッセイ、パンフ。本の作成、編集から手持ち書類の電子化までゼロからわかる。

『**iPad電子書籍アプリ開発ガイドブック**』中島聡、まえだひさこ、新井英資、向井領治、大原ケイ、クレイグ・モッド共著　インプレスジャパン　2010.8　335p　24cm〈発売:インプレスコミュニケーションズ　索引あり〉3400円　①978-4-8443-2906-0　Ⓝ023
目次 第1章 iPadアプリのための私的アプローチ（Appleの戦略上のiPadの位置づけ、ケーススタディ CloudReaders）、第2章 iPadのアプ

リケーション開発の基本(iPadの概要,iPadアプリケーションの開発環境 ほか),第3章 iPadの雑誌アプリを作る(電子雑誌の各機能の紹介,電子雑誌のサンプルアプリを実装する),第4章 ePub形式の電子書籍を作る(ePubとは,ePubを読む ほか),第5章 市場とデザインを考える(iPadの読まれ方—1歩先をゆくNY電子書籍事情,"iPad時代の書籍"を考える)

『誰でも作れる電子書籍―今すぐできる制作から販売まで iPad/Kindle/PC/iPhone対応』米光一成,小沢高広,電子書籍部著　インプレスジャパン　2010.8　207p　19cm〈発売：インプレスコミュニケーションズ〉1200円　Ⓘ978-4-8443-2904-6　Ⓝ023

内容　パソコンはもちろんiPhone/iPad、Kindleで読める電子書籍が今すぐ自分で作れる。アマゾンやiBooksで販売もできるし自分で販売したっていい。電子書籍なら、全部自分でできる。誰でも今すぐ電子書籍出版「者」になれる。

『編集者のためのデジタル編集術入門―困ったときにすぐ活用できるノウハウ集』前川裕子著　市川　出版メディアパル　2008.9　94p　21cm（本の未来を考える＝出版メディアパル no.15）1200円　Ⓘ978-4-902251-15-9　Ⓝ021.49

『電子編集入門―編集者のためのsed活用術』浦山毅著　市川　出版メディアパル　2008.3　130p　21cm（本の未来を考える＝出版メディアパル no.14）〈文献あり〉1500円　Ⓘ978-4-902251-14-2　Ⓝ021.49

目次　第1章 表記の統一（編集の仕事と電子編集,原稿改変の問題点 ほか）,第2章 パソコンを活用した電子編集（データの流れとテキストファイル,修飾情報の記号化 ほか）,第3章 スクリプトファイルのつくり方（スクリプトファイルの基本形,全角・半角の統一―yコマンド ほか）,第4章 sedのさらに高度な使い方（sedの高度な機能,アドレス指定 ほか）,付録 電子メールと文字コードのしくみ（電子メールによる原稿入手,問題の症状と治療法 ほか）

『はじめて学ぶ印刷技術　デジタルプリプレス編』DTP研究会著,水無月実監修　第4版　日本印刷技術協会　2007.9　144p　26cm　2858円　Ⓘ978-4-88983-071-2　Ⓝ749

◆組版・DTP

『LATEX美文書作成入門』奥村晴彦,黒木裕介著　改訂第9版　技術評論社　2023.12　418p　23cm〈索引あり　改訂第8版のタイトル：LATEX2ε 美文書作成入門〉3300円　Ⓘ978-4-297-13889-9　Ⓝ749.12

内容　本や論文などを印刷・電子化するためのオープンソースソフトウェア「LATEX」および関連ツール・フォントについて、最新の動向を含め、やさしくかつ詳しく解説する。

『知りたいレイアウトデザイン』ARENSKI著　Second Edition　技術評論社　2023.10　221p　21cm（知りたいデザインシリーズ）2200円　Ⓘ978-4-297-13701-4　Ⓝ021.4

内容　レイアウトの基本とルールとアイデアをまとめた一冊。順を追って学び、具体的に実践することで、情報が的確に伝わるレイアウトのテクニックが身につく。イラレ・フォトショップのワンポイント解説付き。

『CSS組版Vivliostyle入門―Web技術で「本」が作れる』Vivliostyle監修,リブロワークス著　新潟　シーアンドアール研究所　2023.5　255p　21cm〈索引あり〉3410円　Ⓘ978-4-86354-418-5　Ⓝ021.49

内容　HTMLとCSSの基礎を習得している人に向けて、執筆からデザイン＆レイアウト、データ入稿の実際まで、CSSを活用した本作りのワークフローを徹底解説。書籍でよく使われる表現を実現するCSSも紹介する。

『編集者のためのInDesign入門早わかり―DTP時代の編集ノウハウ活用術』高田信夫著　市川　出版メディアパル　2022.9　174p　21cm（本の未来を考える no.42）1800円　Ⓘ978-4-902251-42-5　Ⓝ021.49

内容　初めてDTP作業に取り組む編集者のために、InDesign2022の操作をやさしく解説。画面の手順に従っていけば、簡単に目的の作業ができるように構成。DTPや編集に関わるテクニックを紹介したコラムも収録。

『1ページずつ学ぶ文字レイアウトの法則』ソフィー・バイヤー著,田代眞理訳　ビー・エヌ・エヌ　2022.7　205p　17cm〈索引あり〉2200円　Ⓘ978-4-8025-1245-9　Ⓝ749.12

内容　フォント、レタースペーシング、組版、

『伝わるデザインの基本―よい資料を作るためのレイアウトのルール』髙橋佑磨, 片山なつ著　増補改訂3版　技術評論社　2021.4　255p　23cm〈文献あり　索引あり〉1980円　①978-4-297-11985-0　Ⓝ021.4
内容 あらゆる資料作成に役立つデザインの基本ルールやテクニックを紹介。フォントの選び方から文字の配置、図表やグラフ、資料全体のレイアウトや配色まで、押さえておきたい基本ルールを豊富な事例とともに解説する。

『DTPベーシックガイダンス―DTPエキスパートカリキュラム準拠』『新版DTPベーシックガイダンス』制作委員会著, 日本印刷技術協会企画・編集　新版　日本印刷技術協会　2021.2　6, 121p　26cm〈年表あり　2016年刊の改訂〉2200円　①978-4-88983-168-9　Ⓝ021.49

『だれでもレイアウトデザインができる本―レイアウト・文字組み・配色、センスアップのコツ』樋口泰行著　新装版　エクスナレッジ　2019.12　159p　26cm〈索引あり〉2200円　①978-4-7678-2691-2　Ⓝ021.4
内容 文書をデザインする際のガイドとなる基礎知識をはじめ、読みやすい文書に仕上げるための具体的な寸法・書体・文字サイズなどを紹介。また、黄金比・白銀比を使った版面の設計方法、レイアウト見本の作例も数多く掲載する。

『インストールいらずのLATEX入門―Overleafで手軽に文書作成』坂東慶太著, 奥村晴彦監修　東京図書　2019.5　197p　21cm〈索引あり〉2400円　①978-4-489-02311-8　Ⓝ749.12
内容 論文執筆ツールとして評価が高まるオンラインLATEXエディタ、Overleaf。その基本的な使い方から、日本語を含む文書を作るためのノウハウ、GitHubやDropboxとの連携までを解説する。

『CSSページ組版入門―AH Formatter V6.6』アンテナハウス株式会社著　第4版　アンテナハウス　2018.9　117p　26cm　1400円　①978-4-900552-63-0　Ⓝ749.12

『やさしいレイアウトの教科書』大里浩二, 内藤孝彦, 長井美樹, 山﨑澄子共著　改訂版　エムディエヌコーポレーション　2018.9　143p　24cm〈索引あり　発売：インプレス〉1800円　①978-4-8443-6786-4　Ⓝ021.4
内容 デザイン初心者のためのレイアウト入門書。はじめてレイアウトをする前に知っておきたい基礎知識から、具体的な手法まで。豊富な図版とサンプルで初心者にもわかりやすく、実践的にまとめました。

『日本語組版入門―その構造とアルゴリズム』向井裕一著　誠文堂新光社　2018.6　180, 23p　23cm〈文献あり　索引あり「日本語組版の考え方」(2008年刊)の改題、増補・改訂〉2500円　①978-4-416-61868-4　Ⓝ749.12
内容 日本語タイポグラフィのニュースタンダード。日本語表記の特徴や、日本語組版の基本的な考え方と属性の関係などについて解説する。9種類の版面をInDesign CCで設定する方法も掲載。

『MathML数式組版入門』道廣勇司著　Ver.1.1.1　アンテナハウスCAS電子出版　2018.2　108p　26cm　1600円　①978-4-900552-52-4　Ⓝ749.12

『デザイン。知らないと困る現場の新100のルール』MdN編集部編　エムディエヌコーポレーション　2017.11　223p　21cm〈索引あり　「デザイン知らないと困る現場の新常識100」(2010年刊)を改題、ベースに編纂　発売：インプレス〉2300円　①978-4-8443-6717-8　Ⓝ021.49
内容 その常識、本当に正しいの？ デザインやDTP、レイアウトの基本やルールから、アプリケーションやフォーマットの知識、紙、色、印刷・校正まで、印刷物を制作するための現場の最新常識をまとめる。

『レイアウト、基本の「き」』佐藤直樹著　増補改訂版　グラフィック社　2017.4　164p　26cm　2400円　①978-4-7661-3023-2　Ⓝ021.4
内容 『レイアウト、基本の「き」』の内容をより役立つよう見直し、20ページ以上増補して新たな本として生まれ変わりました。

『レイアウトデザイン見本帳―レイアウトの意味と効果が学べるガイドブック』関口裕, 内藤タカヒコ, 長井美樹, 佐々木剛

士, 鈴木貴子, 市川水緒共著　エムディエヌコーポレーション　2017.4　159p　26cm〈索引あり　発売：インプレス〉2500円　①978-4-8443-6662-1　Ⓝ021.4
[内容]　見る人に与える心理的な効果や意義、意味が学べるレイアウトの見本帳。文字、写真、配置、配色といったレイアウトの基本をはじめ、イメージや言葉から創造されるレイアウトデザインの実践方法を丁寧に解説する。

『スタイルシート開発の基礎—XMLとFOで簡単な本を作ってみよう』アンテナハウス株式会社著　アンテナハウスCAS電子出版　2016.5　191p　26cm　2280円　①978-4-900552-23-4　Ⓝ749.12

『InDesign/Illustratorで学ぶレイアウト＆ブックデザインの教科書』ファー・インク編・著　ボーンデジタル　2015.8　207p　24cm〈索引あり〉3200円　①978-4-86246-285-5　Ⓝ021.49
[目次]　1 本のしくみ、2 InDesignオペレーションの基本、3 雑誌の誌面設計とレイアウト、4 書籍の誌面設計とレイアウト、5 装丁デザイン、6 出力と入稿データの作成

『なっとくレイアウト—感覚やセンスに頼らないデザインの基本を身につける』フレア著　エムディエヌコーポレーション　2015.8　159p　25cm〈発売：インプレス〉2200円　①978-4-8443-6514-3　Ⓝ021.4

『デザイナーズハンドブック　レイアウト編　豊富な実例で学ぶこれだけは知っておきたいレイアウトの基礎知識』パイインターナショナル　2015.7　127p　25cm〈索引あり〉2200円　①978-4-7562-4662-2　Ⓝ021.4
[目次]　1章 レイアウトの基本とセオリー（まずは知っておきたいこと、誌面の設計、レイアウトにおける文字、レイアウトにおける図版 ほか）、2章 実例から学ぶレイアウト（文字のレイアウト、図版のレイアウト、リズムとバランス、動きのあるレイアウト ほか）

『サルでもわかる！デザインの本』矢野りん著, 山中正大イラスト　パイインターナショナル　2015.5　169p　21cm〈文献あり　索引あり〉1900円　①978-4-7562-4611-0　Ⓝ021.4
[内容]　チラシ・名刺・年賀状・ショップカード…最低限のレイアウトのルールから色や文字の使い方まで！おサルといっしょにたのしく学べる。お手軽入門書！

『マネするだけでエディトリアルデザインが上手くなるはじめてのレイアウト』松田行正著　誠文堂新光社　2015.4　157p　26cm　1800円　①978-4-416-11411-7　Ⓝ021.4
[内容]　エディトリアルデザインの基礎的なノウハウを紹介した本。方法論の解説だけでなく、マネがしやすいように、レイアウト例やフォーマットをふんだんに載せ、寸法や文字の大きさなどの具体的な数字も掲載する。

『レイアウトの基本ルール—作例で学ぶ実践テクニック』大崎善治著　グラフィック社　2015.3　143p　26cm〈文献あり〉1800円　①978-4-7661-2702-7　Ⓝ021.4
[内容]　基本ルールを覚えれば合格点のレイアウトができる！名刺、企画書、カード、チラシなど実例50点で学ぶルールとテクニック。

『教科書には載っていないデザイン・レイアウトプロの流儀実例111』フレア編　エムディエヌコーポレーション　2014.12　159p　26cm〈発売：インプレス〉2500円　①978-4-8443-6460-3　Ⓝ021.4
[内容]　課題や制約を魅力に変える逆転のデザイン力がここにあり！

『実例で学ぶ！雑誌デザインのアイデア—人・物・場所から考える誌面の見せ方』ケイ・ライターズクラブ編著　ワークスコーポレーション　2014.12　142p　26cm〈索引あり〉2400円　①978-4-86267-171-4　Ⓝ021.4
[内容]　実力派デザイン事務所10社が手掛ける雑誌デザインの現場ノウハウ。

『基礎からはじめるレイアウトの学校』佐々木剛士, 市川水緒, 大橋幸二共著, 大里浩二監修　エムディエヌコーポレーション　2014.4　192p　26cm（BASIC SERIES）〈索引あり　発売：インプレスコミュニケーションズ〉2500円　①978-4-8443-6415-3　Ⓝ021.4
[内容]　はじめてレイアウトをしたい人のために、定番のセオリー、考え方、知識、そして現場のテクニックやコツをやさしく解説しました。ステップバイステップで「基本」→「応用」→「実践」が身に付く、レイアウトの教室です。

『ABC案のレイアウト—1テーマ×3案のデザインバリエーション』甲谷一著　誠

文堂新光社　2013.12　157p　26cm　1800円　①978-4-416-11301-1　Ⓝ021.4
内容『デザインの組み方』の続編。「レイアウトバリエーション制作」のコツとポイント。クライアントからのオーダーを受け、それを形にしていく流れを手描きのラフを交えながら、3案のレイアウトへと展開し、その考え方を紹介する。

『雑誌デザインの組み方ハンドブック─ビフォア→アフター形式で分かりやすい！』大内エキオ著　誠文堂新光社　2013.9　157p　26cm　1800円　①978-4-416-11335-6　Ⓝ021.4
目次 1章 女性ファッション誌、2章 男性誌、3章 ナチュラル系雑誌、4章 ビジネス雑誌、5章 カタログ、6章 カルチャー誌、7章 食べ物系雑誌、8章 文芸誌

『デザインにルールなんてない─Mac世代におくるレイアウト術』新谷雅弘著　京都　青幻舎　2013.7　303p　26cm　3200円　①978-4-86152-399-1　Ⓝ021.4
内容「デザイン体力」をつけるために、知っておくこと、考えること。レイアウトが手書きだった時代の熱気あふれるデザイン実例から項目別に解説。

『文字組版入門─美しく読みやすいプロ組版のヒント』モリサワ、日本エディタースクール編　第2版　日本エディタースクール出版部　2013.4　63p　21cm〈文献あり〉500円　①978-4-88888-404-4　Ⓝ749.2
目次 組版方式の移り変わり、組版の単位、文字組の基本、ページの基本体裁、行組版の原則、和欧文の混植、見出しの組方、注の組方、表の組方、図版・写真の組方、文字とフォント

『デザインの組み方─見てわかるレイアウトの新ルール』甲谷一著　誠文堂新光社　2011.9　159p　26cm　1800円　①978-4-416-61111-1　Ⓝ021.4
目次 1章 構成（まとまりのある誌面にしたい、楽しさを感じる誌面にしたい ほか）、2章 文字（内容に合った書体にしたい、和文と欧文を上手く収めたい ほか）、3章 配色（2色印刷を効果的に使いたい、明るく優しい感じにしたい ほか）、4章 写真（誌面にメリハリをつけたい、写真を最大限に活かしたい ほか）

『実例で学ぶ「伝わる」デザイン』川崎紀弘、アレフ・ゼロ著　グラフィック社　2011.4　139p　25cm　2400円　①978-4-7661-2224-4　Ⓝ021.4
内容 読み手に「伝わる」デザインとは何か？「伝わる」ためのさまざまなデザインアイデアは、何をきっかけに生まれるのか？エディトリアルデザインのパイオニアであるアレフ・ゼロが、実際の現場の仕事を通してデザイナーの思考過程をたどり、その「理由」に迫ります。

『レイアウトデザイン見本帖　雑誌編』レイアウトデザイン研究会編　新装版　ピアソン桐原　2010.11　217p　26cm〈初版：ピアソンエデュケーション2000年刊〉2000円　①978-4-86401-045-0　Ⓝ021.4
内容 すぐに使えるレイアウトの実例を豊富に掲載。そのまま使っても、自由にアレンジしてもOK。用紙や書籍のサイズが一目でわかる便利な付録つき。

『レイアウトデザイン見本帖　書籍編』レイアウトデザイン研究会編　新装版　ピアソン桐原　2010.11　217p　26cm〈初版：ピアソンエデュケーション2000年刊〉2000円　①978-4-86401-044-3　Ⓝ021.4
内容 縦組、横組別に、扉・目次・本文・奥付など、1冊の本に必要な各種レイウトの、実際に組んだ見本を掲載。また、見出しや柱といったパーツごとの実例も掲載している。用紙や書籍のサイズが一目でわかる便利な付録つき。

『新人デザイナーのためのデザイン・レイアウトの定番を学べる本』柘植ヒロポン著　ソシム　2010.4　159p　24cm　1800円　①978-4-88337-696-4　Ⓝ021.4
内容 ここを直せば、デザインがよくなる！目的別、ターゲット別、テイスト別のデザインの原則と極意。

『文字の組み方─組版/見てわかる新常識』大熊肇著　誠文堂新光社　2010.2　199p　26cm〈文献あり　索引あり〉2200円　①978-4-416-61012-1　Ⓝ749.42
目次 タイトルや見出しについて（詰めすぎ、詰めすぎ ほか）、和文本文組み（ノンブルの奇数、偶数が逆、1冊の本で版面が違う ほか）、欧文本文組み（似て非なるフォントの組み合わせ、マヌケ引用符を使っている ほか）、和文に欧文が混ざった場合（和文付属欧文フォントを使用、和欧間のアキがない ほか）、その他の資料（オックスフォードとシカゴの比較、「月曜会」の速読テスト ほか）

『LATEX 2_ϵ 階梯　下』藤田眞作著　第3

版　ピアソン・エデュケーション　2009.10　p333-640, 58p　23cm〈文献あり　索引あり〉2800円　①978-4-89471-732-9　Ⓝ021.49

|目次| 5 自作マクロで力づく（マクロを作る，通し番号と相互参照，箇条書七変化，表組み七変化，ページレイアウト），6 借りなきゃ損々パッケージ（基本的なパッケージ，横組の中の縦組，表組み大業・小業，数式番号の大業・小業，図表の大業・小業，箱の荒業，縦組の大業・小業），7 グラフィックスを使おう（標準グラフィックス機能，PSTricksと図形，図形の大業―化学構造式，XYMTEXの高度な使い方，XYMTEXと化学反応式），8 データの出し入れ（BIBTEXを使う，索引の作成）

『LATEX 2_ϵ 階梯　上』藤田眞作著　第3版　ピアソン・エデュケーション　2009.10　329, 58p　23cm〈索引あり〉3200円　①978-4-89471-731-2　Ⓝ021.49

|目次| 1 ラテックのラ・いろはのい（LATEXことはじめ，環境さまざま，書体さまざま，記号さまざま，数式さまざま），2 知っていればお得（文書クラス，組込みオプション，環境・命令・宣言，文書の論理構造），3 ラテック妙手は使い手次第（箱と罫線，作図環境，図表，目次さまざま，脚注と傍注，文献引用，行・段階・ページ），4 ファイルの七変化（POSTSCRIPTへの変換，EPSファイル，PDFへの変換，プレゼンテーション），上巻付録

『雑誌デザイン虎の巻―文字を組む，版面を設計する』オブスキュアインク, 大橋幸二執筆　ワークスコーポレーション　2009.6　155p　24cm（DTP world archives）2300円　①978-4-86267-060-1　Ⓝ021.4

|内容| 誌面づくりは奥が深い。「広告」「ソトコト」「サイゾー」…話題の雑誌を徹底解剖。

『レイアウトデザイン―レイアウト基本マニュアル』南雲治嘉著　グラフィック社　2009.5　127p　26cm（常用デザインシリーズ）1800円　①978-4-7661-2017-2　Ⓝ021.4

|内容| レイアウトをデザインという切り口で解説する。あなたのレイアウト基礎力を身につける。種類の異なる90点の優れたサンプル。

『デザインアイデア＆ヒント』佐々木剛士著　グラフィック社　2009.4　175p　26cm　2500円　①978-4-7661-1998-5　Ⓝ021.4

『新印刷メディアの基本設計―企画デザインのセオリーを学ぶ』和田義徳著　第2版　日本印刷技術協会　2008.7　79p　26cm　1524円　①978-4-88983-082-8　Ⓝ021.4

『知っておきたいレイアウトデザインの基本』内村光一著　エムディエヌコーポレーション　2008.2　143p　26cm（MdN design basics）〈発売：インプレスコミュニケーションズ〉2300円　①978-4-8443-5966-1　Ⓝ021.4

|内容| テクニック大公開！ プロが伝授するレイアウトデザインの方法論！ デザイン制作の流れを具体的なステップで解説，目的に合った"考え方"と"やり方"がわかります。

『レイアウトデザインのルール―目を引くページにはワケがある。』オブスキュアインク著　ワークスコーポレーション　2008.2　143p　29cm　2800円　①978-4-86267-024-3　Ⓝ021.4

|内容| 116誌の雑誌から，デザインの要素やテーマごとにすぐれたデザインのページを抽出し，すべて実例で紹介。

『デザイン・制作のセオリー―絶対はずせないデザインのお約束』佐々木剛士著　グラフィック社　2007.9　191p　26cm　2400円　①978-4-7661-1830-8　Ⓝ021.4

|内容| 良い例/悪い例でデザインセオリーの大切さが一目瞭然。デザイン・制作のセオリーを分かりやすい作例で個別に解説。今日の仕事に役立つ，守らなければならないお約束ごとが満載。今さら他人に聞けない，デザインや制作のオキテがバッチリわかる。現在活躍しているアートディレクター・川村哲司，ミルキィ・イソベ，平野光太郎，関本明子，居山浩二，各氏のインタビューを掲載。

『はじめてのLaTeX―簡単「MiKTeX」と充実「W32TeX」で完全マスター！』清水美樹著　工学社　2007.5　223p　21cm（I/O BOOKS）〈付属資料：CD-ROM1枚（12cm）〉1900円　①978-4-7775-1287-4　Ⓝ021.49

|内容| 本書では，「Win32TeX」「MiKTeX」という2つのLaTeXソフトを使い，ふんだんに「実践サンプル」を用意しました。最初はごく簡単で短い内容から始めて，だんだん複雑で長いサンプルを紹介していきます。

『2色デザイン・テクニックのセオリー―絶対はずせないデザインのお約束』佐々木剛士, 大橋幸二, 中嶋かをり, 森裕司著

グラフィック社　2007.3　189p　26cm　2400円　Ⓣ978-4-7661-1785-1　Ⓝ749
|内容| デザイン編とテクニック編の2部構成で2色デザインが総わかり。良い例/悪い例でデザインや制作テクニックのセオリーが一目瞭然。今日の仕事に役立つ2色デザインのお約束事が満載。高色域印刷による2色印刷サンプルが19種類も掲載。印刷会社への入稿時の注意点まで網羅。

『デザイン・レイアウトのセオリー──絶対はずせないデザインのお約束』佐々木剛士著　グラフィック社　2006.9　189p　26cm　2400円　Ⓣ978-4-7661-1735-6　Ⓝ021.4
|内容| 本書では、デザイナーに必携ともいえる、レイアウトの基本セオリーについて解説していきます。今まで明確な意図を持たずに何となくレイアウトしていたという方、しっかりと基礎を再確認しておきたいという方などのデザインに役立つでしょう。

『デザインアイデア＆ヒント』MdN編集部編　エムディエヌコーポレーション　2006.7　255p　21cm〈発売：インプレスコミュニケーションズ〉2500円　Ⓣ4-8443-5869-3　Ⓝ021.4
|内容| デザイナーの仕事に必ず役立つアイデアとヒントが詰まった一冊。レイアウトの話題はもちろんのこと、魅力的かつ華やかに彩るための手法やプロらしい仕上がりを得るためのコツ、いざというとき使えるテクニックからデザインを行ううえでの考え方まで、すべてを集約。

『レイアウト』ギャヴィン・アンブローズ、ポール・ハリス著,大塚典子訳　グラフィック社　2006.7　175p　23cm〈ベーシックデザイン・シリーズ 2〉2600円　Ⓣ4-7661-1572-4　Ⓝ021.4
|内容| 本書は制作物の様々な装丁をそれぞれの章に分けて紹介していく。どの章でも、時代の先端を行くデザインスタジオの制作物から、フォーマットデザインを効果的に使った例をふんだんに紹介し、そのデザインを取り上げた理由を述べている。デザインの基本方針をひとくくりにまとめ、それが実際のデザインにどう使われたかを分かりやすく説明する。

『デザイン解体新書』工藤強勝監修　ワークスコーポレーション　2006.3　271p　21cm　2381円　Ⓣ4-948759-91-0　Ⓝ021.4
|目次| 第1章 文字を知る、第2章 文字を組む、第3章 レイアウトをする、第4章 デザインをする、第5章 本のつくりを知る、第6章 DTPで実践する、第7章 補足・関連資料

『デザイン・レイアウトの基本テクニック──プロの実例200点から学ぶ』志岐デザイン事務所編　成美堂出版　2005.10　143p　26cm　1400円　Ⓣ4-415-03026-2　Ⓝ021.4
|内容| 美しいデザイン、読みやすいレイアウトのポイントを解説。エディトリアル・デザインの基礎知識から表現の幅を広げるテクニックまで、見てわかる、読んで身につく、単行本、雑誌、ムックのデザインのコツ。

『魅せるデザイン、語るレイアウト。──プロの実例から学ぶエディトリアルデザインの基礎』アレフ・ゼロ著　エムディエヌコーポレーション　2005.10　175p　26cm〈発売：インプレスコミュニケーションズ〉2600円　Ⓣ4-8443-5827-8　Ⓝ021.4
|内容| 実例650点！ 生きたデザイン論。『an・an』『クロワッサン』『Tarzan』…雑誌の黄金期からエディトリアルデザインを牽引してきたデザイン集団、アレフ・ゼロがその経験の中から培ってきた現場ならではのデザインを語る実践レイアウト術。

『レイアウトのデザインを読む。──情報デザインのロジックを学ぶ』高柳ヤヨイ著　ソシム　2005.7　263p　21cm〈デザインを発見する本！〉1900円　Ⓣ4-88337-399-1　Ⓝ021.4
|内容| 情報にアンテナをめぐらし、その「意」を解釈できるようになれば、人の心を動かすレイアウトのカタチが自然と見えてきます。レイアウトをイメージするのではなく、ロジックを読んでみてください。レイアウトとは人と人のコミュニケーションの設計図面です。

『新レイアウトデザイン見本帖　パーツ編』レイアウトデザイン研究会編　銀貨社　2004.12　103p　26cm〈発売：星雲社〉1400円　Ⓣ4-434-05305-1　Ⓝ021.4
|内容| 本文を装飾し、内容を視覚的に補足してくれる、見出し、柱、ノンブル、ツメ、コラムなど、レイアウトデザインのパーツ実例見本を掲載。書籍、雑誌、PR誌、会報などさまざまなシーンに応用がきくデザイン例が満載です。デザインにつまったときのアイデアの源泉として自由に活用できる一冊。

『編集者の組版ルール基礎知識』野村保惠著　日本エディタースクール出版部

2004.2　184p　21cm〈文献あり〉1800円　Ⓘ4-88888-338-6　Ⓝ749.42
目次　1 コンピュータと文字、2 組版ルール、3 行の組版ルール（縦組）、4 ページの組版ルール、5 横組の組版ルール、6 Oxford RulesとChicago Manualの比較、付録1 本の内容構成・文字・約物、付録2 電算植字の歴史

『レイアウトアイデア見本帳』石田恭嗣著　エムディエヌコーポレーション　2003.7　143p　26cm（MdN design basics）〈発売：インプレスコミュニケーションズ〉2500円　Ⓘ4-8443-5700-X　Ⓝ021.4
内容　エディトリアル、グラフィックデザインの基本が身につく。プロの仕事に学ぶレイアウト術。書籍・雑誌はもちろんポスター・チラシ・CDジャケットまで、デザイナー、編集者、DTPオペレーター必携の1冊。

『本文組版ガイドブック—タテ組・ヨコ組508 patterns』レイアウトデザイン研究会著　銀貨社　2003.6　377p　26cm〈発売：星雲社〉3000円　Ⓘ4-434-03240-2　Ⓝ749.12
内容　本書は書籍や雑誌の本文の組版を行う際にあらかじめおおまかなイメージをつかむための資料集です。

『やさしく学べるpLaTeX 2ϵ 入門—文書作成からプレゼンテーションまで』皆本晃弥著　サイエンス社　2003.6　247p　26cm（UNIX & information science 3）2700円　Ⓘ4-7819-1032-7　Ⓝ021.49
内容　本書は、文書作成ツールの定番となっている組版ソフトウェアPLATEX2ϵ の入門書である。

『LATEX 2ϵ 入門』生田誠三著　朝倉書店　2003.6　136p　26cm〈文献あり〉3300円　Ⓘ4-254-12157-1　Ⓝ021.49
目次　LATEX2ϵ のインストール、LATEX2ϵ 教材としての指針、最も簡単な入・出力例、文書クラス、ページのレイアウト、ページ形式とヘッダ・フッタ、文書ファイルの分割と結合、命令と引数、マクロ命令、パッケージの使用、部・章・節・段落、付録、目次、字下げ、水平・垂直方向のスペース、改行・改行幅・改ページ、文間・単語間・改行不可スペース〔ほか〕

『実践レイアウトデザイン』Far,inc.編、板谷成雄、大橋幸二共著　オーム社　2003.2　278p　26cm　3300円　Ⓘ4-274-07955-4　Ⓝ021.4
内容　広告・カタログ・雑誌・書籍・装丁etc.レイアウト、日本語組版—蓄積に裏付けられた理論とは。

『日本の文字組・表組デザイン—目次から本文のデザインまで』ピエ・ブックス　2002.1　216p　31cm〈英文併記〉14000円　Ⓘ4-89444-187-X　Ⓝ021.4
内容　ページ・デザインにおいて、重要なウェイトを占める文字組や表組。日本の雑誌、書籍、会社案内、カタログ等の媒体で展開される優れた文字レイアウトを4つのカテゴリーに分類して紹介するレイアウト・デザインのサンプル集。

『文字の組方ルールブック　ヨコ組編』日本エディタースクール編　日本エディタースクール出版部　2001.6　80p　21cm　500円　Ⓘ4-88888-314-9　Ⓝ749.12
内容　本書は日本語の文章を本や印刷物にする場合にどのように組んだらよいか、その基本となるもっとも標準的なルールをヨコ組についてまとめたものです。全体を行の組方の部とページの組方の部に分けて、それぞれに必要な個々のルールを示してあり、簡単な印刷物から複雑な要素をもつ書籍にまで広く応用することができます。

『日本語TEX超入門—pLaTeX 2ϵ で文書作成に挑戦』臼田昭司著　セレンディップ　2001.4　266p　24cm〈付属資料：CD-ROM1枚（12cm）〉発売：小学館　付属資料：CD-ROM1枚（12cm）〉2800円　Ⓘ4-7978-2017-9　Ⓝ021.49
内容　本書ははじめてTeXを使う理工系学生や高専の1年生（高校1年生）をスタートの読者対象として、これまであまり扱われなかったMac版にも言及した初心者向け超入門書。

『文字の組方ルールブック　タテ組編』日本エディタースクール編　日本エディタースクール出版部　2001.4　96p　21cm　500円　Ⓘ4-88888-312-2　Ⓝ749.12
内容　パソコン、DTP、印刷物に。

『レイアウトデザイン見本帖　ホームページ編』レイアウトデザイン研究会編　ピアソン・エデュケーション　2000.11　171p　26cm　2200円　Ⓘ4-89471-280-6　Ⓝ021.4
内容　ホームページデザインの好感度UPに役立つ1冊！レイアウトや配色のお手本になる実例を満載。基本タグを簡潔に解説した便利な付録つき。

◆印刷

『活版印刷―デザインのアトリエ』ギャビー・バザン作，みつじまちこ訳　グラフィック社　2023.8　1冊（ページ付なし）25cm　2200円　Ⓘ978-4-7661-3809-2　Ⓝ749.4
[内容] ようこそ、フランスの印刷工房へ！　古代の複製技術から、グーテンベルクの活版印刷機の誕生、そして活版印刷のしくみまでを、職人がやさしく案内します。活版印刷のことがゼロからわかる入門ブック。

『印刷・加工DIYブック』大原健一郎，野口尚子，橋詰宗，グラフィック社編集部著　改訂版　グラフィック社　2019.5　246p　23cm　2500円　Ⓘ978-4-7661-3299-1　Ⓝ749
[内容] 『合本完全版印刷・加工DIYブック』を情報刷新し、その基盤から最先端技術までを単なる印刷の技術書ではなく、文化的要素を加えながらまとめる。電子出版に関する章を新たに設けた第2版。

『みんなの印刷入門―図解でよくわかる！』『みんなの印刷入門』制作委員会編著，日本印刷技術協会，西村希美編　第3版　日本印刷技術協会　2019.5　127p　26cm　2200円　Ⓘ978-4-88983-164-1　Ⓝ749

『印刷技術基本ポイント　カラーコミュニケーション編』色彩技術研究会編　印刷学会出版部　2018.8　62p　19cm　2000円　Ⓘ978-4-87085-229-7　Ⓝ749
[内容] グラフィックデザイナー、DTPオペレーターなど色を扱う人に向けて、色をそれぞれの役割の人、担当者へ伝える「カラーコミュニケーション」について解説。色の認識、色の表現方法、色校正と印刷物の色管理等を取り上げる。

『グラフィックアーツ』グラフィックアーツ編集委員会編　第2版　印刷学会出版部　2017.4　217p　26cm〈年表あり　索引あり〉3000円　Ⓘ978-4-87085-226-6　Ⓝ749
[内容] 印刷は「芸術」と「技術」の融合であるとの観点に立ち、その基盤から最先端技術までを単なる印刷の技術書ではなく、文化的要素を加えながらまとめる。電子出版に関する章を新たに設けた第2版。

『印刷のできるまで』富士フイルムグローバルグラフィックシステムズ株式会社編　印刷学会出版部　2016.6　211p　30cm〈文献あり　索引あり〉　「誰でもわかる『印刷のできるまで』」改訂（富士フイルムグラフィックシステムズ　2007年刊）の改題、大幅に改訂し、加筆・修正〉4000円　Ⓘ978-4-87085-220-4　Ⓝ749
[内容] 印刷分野での初心者を対象に、企画から印刷、製本加工を経て印刷物ができるまでの全工程について、できるだけわかりやすい表現で解説。デジタルを中心とした昨今のさまざまな印刷業界の市場や技術の変化を踏まえたテキスト。

『「伝わる」印刷物の基本ルール―作り方・発注の仕方がよくわかる』佐々木剛士，島崎肇則，西村希美著　誠文堂新光社　2016.4　191p　23cm〈文献あり〉2000円　Ⓘ978-4-416-61659-8　Ⓝ749
[内容] 広報・宣伝・広告担当者必携！　専門知識は一切必要なし！　今必要なデザイン、印刷のワークフロー＆テクニックがすぐにわかる！

『印刷技術基本ポイント　組版・ページネーション編』「印刷雑誌」編集部編　印刷学会出版部　2015.2　62p　19cm　1200円　Ⓘ978-4-87085-217-4　Ⓝ749
[目次] 1 文字を並べる（空間をコントロール、文字のボディと字面の役割、日本語組版の多彩な要素　ほか）、2 行を組む（活字に合わなかったひらがな、行の長さと行の間隔、改行と禁則　ほか）、3 ページを組む（組版とページデザイン、余白が伝える紙面のイメージ、段組と柱　ほか）、4 視線を引きつけるデザインの工夫

『印刷技術基本ポイント　文字・書体編』「印刷雑誌」編集部編　印刷学会出版部　2014.11　60p　19cm　1000円　Ⓘ978-4-87085-216-7　Ⓝ749
[目次] 1 和文書体と文字組の基本、2 明朝体とゴシック体、3 さまざまな書体、4 欧文書体と和欧混植の基本、5 組版の基本、6 書体・フォントのこれから

『印刷技術基本ポイント　POD編』コニカミノルタビジネスソリューションズ編　印刷学会出版部　2014.7　62p　19cm〈索引あり〉1400円　Ⓘ978-4-87085-215-0　Ⓝ749
[目次] 1 PODの概念、2 電子写真方式の原理と仕組み、3 インクジェット方式の原理と仕組み、4 デジタル印刷のワークフロー、5 デジタル印刷の強みを高める技術、6 ビジネス的活用の示唆

『プリントオンデマンドガイドブック』日本複写産業協同組合連合会監修　ワークスコーポレーション　2014.5　197p

29cm〈索引あり〉2800円　①978-4-86267-164-6　Ⓝ749
目次 1 PODとさまざまな印刷技術，2 PODのシステム，3 POD印刷物の企画と制作，4 POD印刷物の入稿・印刷・加工，5 メニュー別製作ガイド，6 新しいサービス形態と最新技術動向

『本を読む人のための書体入門』正木香子著　星海社　2013.12　206p　18cm（星海社新書 40）〈文献あり　発売：講談社〉820円　①978-4-06-138541-2　Ⓝ022.7
内容 この本は「書体」の入門書ですが、デザイナーなどの専門家がノウハウを学ぶためのものではありません。読書好きの「ふつうの人」が、文字の味わいを知り、自らの感受性を育むことで、本を読むことがもっともっと好きになるための一冊です。文学の味わい方がわかれば、本の読み方も変わる。

『デザイン・印刷加工やりくりBOOK』グラフィック社編集部編　グラフィック社　2013.4　127p　26cm　2200円　①978-4-7661-2458-3　Ⓝ749
内容 第一線で活躍するデザイナーのやりくりノウハウ大公開。

『はじめて学ぶ印刷技術　印刷・製本加工編』小早川亨著　改訂新版　日本印刷技術協会　2013.4　100p　26cm　2381円　①978-4-88983-143-5　Ⓝ749

『出版・商業印刷物製作の必要知識』古殿竜夫編著　インプレスR&D　2013.2　116p　21cm（インプレスR&D〈next publishing〉—OnDeck books）〈発売：インプレスコミュニケーションズ〉①978-4-8443-9568-3　Ⓝ749

『トコトンやさしい印刷の本』真山明夫監修, 印刷技術と生活研究会編著　日刊工業新聞社　2012.12　159p　21cm（B&Tブックス—今日からモノ知りシリーズ）〈文献あり　索引あり〉1400円　①978-4-526-06992-5　Ⓝ749
目次 第1章 "印刷"ってどういう事だろう？，第2章 世界の印刷の歴史，第3章 日本の印刷の歴史，第4章 印刷の原点凸版印刷，色彩鮮やか凹版印刷，第5章 幅広く利用される平版印刷、孔版印刷、無版印刷，第6章 いろいろな機能をもつこれからの印刷技術

『印刷技術基本ポイント　プリプレス編』富士フイルムグローバルグラフィックシステムズ株式会社編　印刷学会出版部　2012.11　77p　19cm　1400円　①978-4-87085-207-5　Ⓝ749
目次 1 「プリプレス」の概要（プリプレス工程とは）、2 原稿入稿（文字原稿，図版原稿 ほか）、3 DTP作業（ソフトウェア，フォント ほか）、4 色管理（光の波長と色，色再現 ほか）、5 校正（校正とは，色校正のポイント ほか）、6 刷版作成（RIPの役割，PostScriptとPDF ほか）、7 デジタル印刷（デジタルプリントの仕組み，インクジェット方式 ほか）

『印刷入門—プリプレスからポストプレスまで』相馬謙一編著　改訂版　日本印刷技術協会　2012.1　103p　26cm　1714円　①978-4-88983-137-5　Ⓝ749

『紙と活版印刷とデザインのこと』パピエラボ著　ピエ・ブックス　2010.6　203p　20cm　2200円　①978-4-89444-856-8　Ⓝ749.4
内容 3人の紙好きが出会ってはじめたお店「パピエラボ」。居心地のよい店内には紙にまつわるプロダクトや作家の作品が並べられ、活版印刷の窓口もあります。自由気侭にはじまったお店にはお客さん、作家さん、印刷所や工場の職人さんとの楽しい出会いがあり、そんな人たちとの記録のような本です。クリエイター注目の、古くて新しい活版印刷。

『VIVA!!カッパン』アダナ・プレス倶楽部編著　朗文堂　2010.5　134p　26cm〈文献あり〉2800円　①978-4-947613-82-0　Ⓝ749.4
内容 活版印刷の楽しくてカワイイ入門書誕生！懐かしいのに新しい魅惑の印刷、カッパン。見て楽しい！知って楽しい！自分でやるともっと楽しい！カッパンを愛するアナタの必携書。

『図解活版印刷技術マニュアル—女子美・相模原印刷工房の場合』森啓解説，遠藤孝悦図版，世利隆之写真　相模原　女子美術大学　2009.12　87p　26cm（女子美術大学講義録書物を構成するもの 4）〈発売：日本エディタースクール出版部　文献あり　索引あり〉1600円　①978-4-88888-836-3　Ⓝ749.4
目次 第1部 タイポグラフィの基礎—金属活字を使用した印刷技術，第2部 活版印刷技術マニュアル—欧文活字の組版と印刷，第3部 活版印刷Glossary活版印刷備品一覧，第4部 女子美・相模原印刷工房設備の経緯

『早わかり印刷の知識—"版式の原理"から

『"デジタル技術"の基礎まで』　第6版　日本印刷新聞社　2006.4　143p　26cm　〈年表あり〉2800円　①4-88884-162-4　Ⓝ749

『2色印刷デザイン&テクニック』インフォメディア著　ワークスコーポレーション　2003.3　2冊(セット)　26cm　4000円　①4-948759-44-9
|内容| 本書は、2色印刷について基本的な内容を解説するとともに、2色印刷に適したデザイン例を掲載し、またその技法についても詳説している。とくにデジタル技術を使ったデザイン・製版の立場から基本的な概念はもちろん、具体的なテクニック・手法についても詳しく解説している。

『新・カラーイラスト印刷技術』印刷学会出版部編　印刷学会出版部　2002.7　63p　20cm　1600円　①4-87085-172-5　Ⓝ749
|目次| 印刷の歴史、印刷とは、企画、編集、活字について、書体(フォント)、文字校正、写真植字、スクリン線数、DTP、入力機、ソフトウエア、出力機器、色分解、カラー印刷のしくみ、色校正、カラーマネージメント、刷版、オフセット枚葉印刷機、オフセット輪転機、グラビア製版、グラビア印刷機、スクリーン印刷、オンデマンド印刷、印刷インキ、印刷用紙、本の構造、製本、印刷と環境、電子媒体と今後

『印刷技術者になるには―付/製本技術者』山本隆太郎,中村幹著　ぺりかん社　2001.9　163p　19cm　(なるにはbooks 38)　1270円　①4-8315-0956-6　Ⓝ749
|内容| みなさんが今手にしているこの本も、いつも読んでいるあの雑誌も、みんな印刷技術者の手から生まれている。文字を美しく組んだり、写真を本物と同じようにきれいに再現したり、文化を支えるまさに縁の下の力持ちといえるだろう。この本では、そんな印刷技術者の仕事を紹介する。また、あわせて製本技術者についても紹介する。

『印刷のおはなし―その精緻な世界』大日本印刷株式会社編　改訂版　日本規格協会　2001.8　147p　19cm　(おはなし科学・技術シリーズ)〈年表あり〉1500円　①4-542-90227-7　Ⓝ749
|内容| IT時代を迎え、印刷もデジタル技術、ネットワーク技術を取り込んで発展しております。改訂版では、このような新しい情報を追加・訂正し、新たに最近の技術進歩を加えました。

『印刷大全―製版・印刷・製本・加工』『デザインの現場』編集部編　美術出版社　2001.5　127p　26cm　(新デザインガイド)　2500円　①4-568-50231-4　Ⓝ749
|目次| 製本と加工(インタビュー・小野塚秋良―服への想いを本に託して『zucca1988-1998』、デザイン・トライアル!!・アートディレクションと制作現場の成功例、コラム・特色7色インキでモニタの色RGBを表現 ほか)、製版と印刷(デザイナー10人の製版ノウハウ、リポート1・新聞の写真製版を変えた55線―精美堂、写真原稿によって異なる指定と製版 ほか)

◆製本

『ポケット製本図鑑』デザインのひきだし編集部編　グラフィック社　2023.7　205p　19cm〈索引あり〉2300円　①978-4-7661-3814-6　Ⓝ022.8
|内容| 90種類以上の製本を掲載！「凝った表紙の上製本」「180度開く製本」…など、探している製本方法が目的別インデックスで探しやすい。

『ぼくは本のお医者さん』深山さくら文　佼成出版社　2023.6　95p　22cm〈文献あり〉1400円　①978-4-333-02901-3　Ⓝ022.8
|内容| 山形県酒田市で製本会社を経営しながら、壊れた本を修理する"ブックスドクター"としても活躍する齋藤英世さん。その仕事ぶりや半生を、本のつくりや修理方法、修理に対する思いとともに紹介する。

『美篶堂とはじめる本の修理と仕立て直し』美篶堂著,本づくり協会監修　新装版　河出書房新社　2023.3　111p　23cm〈文献あり〉2100円　①978-4-309-29275-5　Ⓝ022.8
|内容| 絵本のちぎれたページを直したり、旅のガイドブックをコンパクトにしたり。大切な本を長く楽しむための、修理の基本テクニック&仕立て直しのアイデアをやさしく紹介。

『美篶堂とつくる美しい手製本―本づくりの教科書12のレッスン』美篶堂編,本づくり協会監修　新装版　河出書房新社　2021.1　143p　23cm〈文献あり〉2800円　①978-4-309-28859-8　Ⓝ022.8
|内容| はじめてでもつくれる上製本から本格的なコーネル装、ブックケースまで。昔ながらの手製本、活版印刷、伝統の紙染め―多彩に学べる決定版！

『美篤堂とつくるはじめての手製本―製本屋さんが教える本のつくりかた』美篤堂著　新装版　河出書房新社　2021.1　143p　21cm〈文献あり〉1900円　Ⓘ978-4-309-28860-4　Ⓝ022.8
内容　和綴じの本、アコーディオンアルバム、フランス装…。お気に入りの紙や布で自分だけの本をつくってみましょう。手製本で知られる美篤堂が、手作業による製本をイラストと写真を交えて教えます。製本ワークショップを書籍化。

『製本大全―裁つ、折る、綴じる。知っておきたい全技術』フランツィスカ・モーロック、ミリアム・ヴァスツェレフスキー著, 岩瀬学監修, 井原恵子訳　グラフィック社　2019.12　419p　25cm〈文献あり　索引あり〉7900円　Ⓘ978-4-7661-3152-9　Ⓝ022.8
内容　世界トップクラスの製本所の取材をもとに、紙の裁ち、折り、綴じのあらゆる形式と技術を網羅。豊富な図版と写真で、「製本」方法を視覚的に理解できる。

『身近な道具で手づくりの本』関典子著, 佐藤光輝監修　弘前　弘前大学出版会　2017.3　83p　26cm　2100円　Ⓘ978-4-907192-49-5　Ⓝ022.8
内容　オリジナルの絵本、画集、ノート、アルバムなどを作るための、くるみ製本や折本といった基本的な製本方法を解説。比較的手に入りやすい道具・材料を使った方法を紹介する。

『印刷技術基本ポイント　製本編』「印刷雑誌」編集部編　印刷学会出版部　2013.10　62p　19cm〈文献あり〉1400円　Ⓘ978-4-87085-212-9　Ⓝ749
目次　1 製本の種類, 2 版面設計, 3 製本の工程, 4 製本に付随する加工, 5 デジタル製本へ, 6 本に携わる人たちへ, 付録 製本市場

『かんたん楽しい手づくり本　3　ハードカバーの本をつくってみよう！』水野真帆作　岩崎書店　2012.2　48p　29cm　3000円　Ⓘ978-4-265-02993-8　Ⓝ022.8
目次　材料と道具, 本の豆ちしき1 材料をあつめる, 文庫本の表紙をハードカバーにしてみよう！, 本の豆ちしき2 いろいろなとじ方, ハードカバーの本をつくってみよう！, 豆本をつくってみよう！, 本の豆ちしき3 自分だけの豆本づくり

『かんたん楽しい手づくり本　2　絵本をつくってみよう！』水野真帆作　岩崎書店　2012.1　48p　29cm　3000円　Ⓘ978-4-265-02992-1　Ⓝ022.8
目次　絵本づくりのながれ, 絵本作家やぎたみこさんインタビュー, 手づくり絵本を見てみよう！, 絵本をつくってみよう！（絵本のすがたをきめる, 絵コンテをつくる, 絵をかく, 製本する）

『手づくり製本の本―こだわりの作家もの+作り方』嶋崎千秋著　誠文堂新光社　2012.1　144p　21cm　1800円　Ⓘ978-4-416-81207-5　Ⓝ022.8
内容　10人の作家・クリエイターがつくり出す、個性豊かな111作品を収録。

『かんたん楽しい手づくり本　1　いろいろな形の本をつくってみよう！』水野真帆作　岩崎書店　2011.12　48p　29cm　3000円　Ⓘ978-4-265-02991-4　Ⓝ022.8
目次　1 切って折るだけの本, 2 ホチキスでとじる本, 3 ひもやリボンでとじる本, 4 きせかえ絵本, 5 テープでまとめる本, 6 ひもやリボンでまとめる本, 7 パラパラ絵本, 8 画帳じたてのアルバム, 9 しかけ絵本

『本づくりの匠たち』グラフィック社編集部編　グラフィック社　2011.5　150p　21cm　2000円　Ⓘ978-4-7661-2241-1　Ⓝ022
内容　本をつくるときに欠かせない印刷や加工の現場を、ブックデザイナー・名久井直子が訪ねます。そこには、現場でしかわからない、匠たちの細やかな気遣いや長年培ってきた技が惜しげもなく使われていました。

『もっと自由に！手で作る本と箱』山崎曜著　文化出版局　2008.6　99p　22cm　1600円　Ⓘ978-4-579-21043-5　Ⓝ022.8
目次　布表紙の本（布表紙の中とじノート, ハードカバー 接着芯を貼った布で ほか）, アルバムを作ろう（アルバムA ハードカバー, アルバムB テープとじつけ）, 工作的な紙の本（カードメモ, 封筒の本 ほか）, 本のための箱（夫婦箱 文庫本サイズ, 夫婦箱 『Le Petit Prince』 ほか）

『本づくりの常識・非常識』野村保恵著　第2版　印刷学会出版部　2007.9　276p　20cm〈文献あり〉2000円　Ⓘ978-4-87085-189-4　Ⓝ022
内容　DTPやディジタル化により、見失われた基本。守るべきものは何か、変えるべきものは何か。ディジタル時代にこそ必要な『正しい本づくり』を提言する。第二版刊行にあたり、このところ話題になっている漢字の字種・字体、オックスフォードルール・シカゴ

ルールの新版、印刷校正記号の改正について、大幅な加筆を行った。

『デジタル技術と手製本』坂井えり著　印刷学会出版部　2007.3　171p　16cm（デザイン製本 4）1600円　Ⓘ978-4-87085-187-0　Ⓝ022.8
[目次]第1章 本の計画（さまざまな私家版、本の条件、本の構造）、第2章 本文のレイアウトと印刷（本文の基本的構成、レイアウトの要素、ワープロ・ソフトとレイアウト・ソフト、短編小説の作例—Page Makerを使って、Word2003を

『手で作る本』山崎曜著　文化出版局　2006.3　95p　22cm　1500円　Ⓘ4-579-20970-2　Ⓝ022.8
[内容]数枚の紙をまとめてとじただけのシンプルな本から、和本、ハードカバーの本、リボンでとじる本、革表紙の本まで、いろいろな製本の技法をアレンジして、できるだけ簡単に仕上げられる、手作りならではのデザインの本を紹介。

『「本」に恋して』松田哲夫著　新潮社　2006.2　203p　20cm〈イラストレーション：内澤旬子〉2200円　Ⓘ4-10-300951-9　Ⓝ022
[内容]一冊の「本のかたち」ができるまで—編集狂・松田哲夫が案内する、めくるめく本作りの迷宮！ 装幀から、製本、函、紙、印刷インキまで。ベテラン編集者が、現場で体感し究めた本作りの奥義とは？ 緻密にしてダイナミックなイラスト満載、卓越したドキュメント。

◆装丁

『STEP UP！ 同人誌のデザイン—作りたくなる装丁のアイデア』髙山彩矢子、しまや出版執筆　ビー・エヌ・エヌ　2023.3　175p　25cm〈「同人誌のデザイン」（ビー・エヌ・エヌ新社 2017年刊）の改題、新たなコンテンツを加え、大幅アップデート〉2000円　Ⓘ978-4-8025-1266-4　Ⓝ022.57
[内容]同人誌の表紙のデザインにもっとこだわりたい人に向けて、知っておくと役に立つデザインの基礎知識や考え方、印刷・加工のアイデア、魅力的な装丁の同人誌を多数紹介。素材データのダウンロード特典付き。

『ここちいい本—ブックデザインの制作手法』髙橋善丸著者・アートディレクション　パイインターナショナル　2021.8　253p　21cm　2600円　Ⓘ978-4-7562-5534-1　Ⓝ022.57
[内容]本は情報の器のみにあらず。感動を所有するオブジェだ。実例100冊。『ここちいい文字』に続くシリーズ第2弾。

『本の顔—本をつくるときに装丁家が考えること』坂川栄治, 坂川事務所著　芸術新聞社　2013.10　141p　21cm　1800円　Ⓘ978-4-87586-378-6　Ⓝ022.57
[内容]「人と人とのコミュニケーションが装丁をつくる」それを30年間、第一線で実践してきた坂川栄治と坂川事務所による、装丁の教科書。今までに手掛けた数千冊の中から約180冊を厳選し、1冊の装丁ができるまでを図解した。坂川事務所の集大成ともいえる内容です。

『デザイナーをめざす人の装丁・ブックデザイン』熊澤正人, 清原一隆共著　エムディエヌコーポレーション　2007.7　159p　26cm（MdN design basics）〈発売：インプレスコミュニケーションズ〉2600円　Ⓘ978-4-8443-5927-2　Ⓝ022.57
[内容]装丁、本文デザイン、雑誌レイアウトに必要な基礎知識をプロの装丁家が豊富な図版や実例をまじえて解説。50人の装丁家が腕をふるう!!「カヴァーノチカラ」展収録。

◆同人誌

『簡単！ 楽しい！ はじめての同人活動ガイドブック』（萌）表現探求サークル著　ホビージャパン　2022.9　215p　19cm　1200円　Ⓘ978-4-7986-2944-5　Ⓝ023.89
[内容]同人誌を作って、同人イベントへ参加してみたい人に向けたガイドブック。同人誌・同人グッズの作りかた、サークル参加のしかた、同人誌を通販する方法、同人活動をするときの注意点・マナーなどを紹介する。

『魅せる！ 同人誌のデザイン講座—Before-Afterでわかる試したくなるアイデア＆テクニック』齋藤渉著　技術評論社　2021.4　191p　26cm〈索引あり〉2280円　Ⓘ978-4-297-11932-4　Ⓝ022.57
[内容]新刊、どんなデザインにする？ 表紙デザインの「こうすればよかったのか！」がよくわかる。紙面・お品書き・名刺を含む33の作例でデザインを解説。データ作りの基本も収録。入稿時の疑問も解決。

『はじめての同人誌デザイン』木緒なち著　KADOKAWA　2021.3　127p　26cm　1500円　①978-4-04-108787-9　Ⓝ022.57
[内容] 初心者だけどカッコ良く見せたい！ コンセプト、ロゴ、表紙、お品書き、入稿、イベントの準備―20の実例と7つのセオリーが役立つ！ 人気デザイナーのワザをやさしく解説。

『わかるをつくる。―評論系同人作家におくる88の伝える技術と考え方』RON編著　[出版地不明]　弐博同人製作所　2018.11　295p　19cm　2000円　Ⓝ023.89

『手づくり同人誌とらのまき―コピー本の基礎から応用テクニックまで』両角潤香, みずなともみ著　マール社　2015.4　87p　24cm〈文献あり〉1200円　①978-4-8373-0805-8　Ⓝ023.89
[内容] 同人誌を作りたい！ でも、どういう風に作ればいいのかわからない…コピー本って、折って重ねてホッチキスするだけじゃダメなの？ そんな疑問を解決するためのヒント集。同人誌＆コピー本の基礎から、素敵な装丁のアイデアまで。イベント参加についてのアドバイスなども掲載。

『同人誌制作ナビ本―知っていても知らなくても全部教えます！』日本同人誌印刷業組合制作　[出版地不明]　日本同人誌印刷業組合　2014.5　76p　26cm　Ⓝ023.89

『小説同人誌制作マニュアル』　キルタイムコミュニケーション　2001.12　96p　26cm　950円　①4-86032-009-3　Ⓝ023.89
[内容] 「小説」を、読みやすく綺麗に仕上げるためのコツが満載！ 校正の仕方からコピー本の作り方まで丁寧に解説した、小説同人誌制作マニュアル。豊富なレイアウト例をそのまま使えば、誰でもすぐに読みやすい本が作れる。同人誌作りは初めてという初心者から、もっと綺麗に作りたい中級者まで、幅広く対応。

芸術・美術を学ぼう

『アーティスト・クリエイターの心の相談室―創作活動の不安とつきあう』手島将彦著　福村出版　2024.4　278p　21cm　2400円　Ⓘ978-4-571-24112-3　Ⓝ702.8
内容　アーティストやクリエイターをはじめとした、文化・芸術・芸能の分野に関わる人たちのさまざまな悩みとメンタルヘルスに関する問題への対処法や考え方について、産業カウンセラーとしての著者の知識や経験をもとに解説する。

『ひと目でわかるアートのしくみとはたらき図鑑』池上英洋学術監修，岡本由香子訳　大阪　創元社　2024.2　223p　24cm（イラスト授業シリーズ）〈索引あり〉4000円　Ⓘ978-4-422-70147-9　Ⓝ700
内容　創る、観る、学ぶ、アートに触れるすべての人へ。見開きでまとまった簡潔な構成と、わかりやすいイラストで、あらゆる角度からアートを学べる、今までにないビジュアル図鑑。アートの概念から素材・技法・歴史まで。

『美術ってなあに？―"なぜ？"から広がるアートの世界』スージー・ホッジ著，小林美幸訳　新装版　河出書房新社　2023.12　95p　28cm〈索引あり〉2200円　Ⓘ978-4-309-25724-2　Ⓝ700
内容　「目も鼻もない棒みたいな人の絵がなんでアートなの？」「美術作品ってどうしてものすごく値段が高いの？」"なぜ？"という疑問を通して美術作品を解き明かしていく入門書。

『アートって何だろう―はじめてアートに出会う本』中島裕司訳　大阪　保育社　2021.5　95p　29cm〈年表あり　索引あり〉3000円　Ⓘ978-4-586-08633-7　Ⓝ700
内容　洞窟壁画、ルネッサンスから現代のグラフィティーまで、時空を超えたカラフルなアートの旅に出かけよう！　美術の歴史をたどりながら、アートとアーティストたちの秘密を解き明かす。

『造形の基礎―アートに生きる。デザインを生きる。』白尾隆太郎，三浦明範著　武蔵野　武蔵野美術大学出版局　2020.3　220p　21cm〈索引あり〉2200円　Ⓘ978-4-86463-108-2　Ⓝ700
内容　アートとデザインはどう違うのか。アートとデザインはどう学べばいいのか。武蔵野美術大学の教授2人がそれぞれの画家人生、デザイナー人生の話を交えながら解説する。

『「自分だけの答え」が見つかる13歳からのアート思考』末永幸歩著　ダイヤモンド社　2020.2　338,4p　19cm〈文献あり〉1800円　Ⓘ978-4-478-10918-2　Ⓝ141.5
内容　6つの作品をめぐる知的冒険が「ものの見方」を一変させる！　大人たちもいま熱狂的に受けたい授業!!

『クリエイターのためのセルフブランディング全力授業』青山裕企著　玄光社　2018.3　189p　23cm　1900円　Ⓘ978-4-7683-0946-9　Ⓝ366.29
内容　今までの自分の生き方や経験を振り返り、価値があることに気づき、それらを武器としてアピールする、「セルフブランディング」を実践しよう。末永くクリエイターとして「食べ続ける」ための戦略を教える。書き込み欄あり。

『アウトサイダー・アート入門』椹木野衣著　幻冬舎　2015.3　339p　18cm（幻冬舎新書 さ-13-1）〈文献あり〉980円　Ⓘ978-4-344-98375-5　Ⓝ700
内容　40年間、空想の戦争物語を描き続けたヘンリー・ダーガー、石を運び自分の庭に理想宮を作り上げたフェルディナン・シュヴァル…。逸脱者だからこそ真の意味で芸術家たりえた者たちの根源に迫る。

『アーティストになる基礎知識―プロとして生きるために知っておきたい』美術手帖編　美術出版社　2013.4　169p　21cm（BT BOOKS）〈文献あり〉1800円　Ⓘ978-4-568-43078-3　Ⓝ702.8

芸術・美術を学ぼう

<u>内容</u> 展覧会開催から、海外留学、コンペ、アトリエづくりまで、役立つノウハウを徹底ガイド。

『**文化系部活動アイデアガイド美術部**』秋山浩子文,納田繁イラスト　汐文社　2010.3　63p　27cm〈文献あり　索引あり〉2200円　Ⓘ978-4-8113-8646-1　Ⓝ707
<u>目次</u>　中学校美術部ギャラリー、WELCOME！　美術部、いろいろなアートを知ろう（水彩画、色鉛筆画、パステル画 ほか）、イラスト、まんがを描いてみよう（イラストを描こう、骨格をとらえよう、描き方のステップ ほか）、わかりあえる仲間がいる美術部大好き！（美術部の活動、美術館に行ってみよう！、さまざまな進路 ほか）

『**5教科が仕事につながる！―中学校の科目からみるぼくとわたしの職業ガイド別巻[3]　技術・家庭の時間**』松井大助著　ぺりかん社　2009.1　132p　22cm〈索引あり〉2800円　Ⓘ978-4-8315-1205-5　Ⓝ366.29
<u>内容</u> 技術・家庭が職業でどのように役立っているのかを紹介。あこがれの職業から、学習へのモチベーションを高めます。総合的な学習の時間や進路指導、職業体験の前後学習の教材としても最適です。

『**美術の時間―中学校の科目からみるぼくとわたしの職業ガイド**』松井大助著　ぺりかん社　2008.9　132p　22cm（5教科が仕事につながる！　別巻）2800円　Ⓘ978-4-8315-1204-8　Ⓝ366.29
<u>内容</u> 美術が職業でどのように役立っているのかを紹介。あこがれの職業から、学習へのモチベーションを高めます。総合的な学習の時間や進路指導、職業体験の前後学習の教材としても最適です。

『**「美しい」ってなんだろう？―美術のすすめ**』森村泰昌著　理論社　2007.3　284p　20cm（よりみちパン！セ 26）〈付属資料：1枚〉1400円　Ⓘ978-4-652-07826-6　Ⓝ704.9
<u>内容</u> あたまのなかをまっしろにして、よのなかのいたるところにある「ふしぎ」をみつけよう。…それが「美しい」と出会うための、まずさいしょの一歩です！　じつはこの本、ふだん想像もつかないような、とてつもなく広く大きく奥深い「美」の世界をたくさん用意して、あなたを待っているのです。ちょっとドキドキしますか？　でもだいじょうぶ、そこへ連れていってくれるのは、登校拒否教師のモリムラ先生ですし、「美しい」と出会えれば、あなたの人生、かならず大きく変わるんですから。

『**めざすは天才アーティスト！**』池上彰監修　文研出版　2006.3　143p　22cm（キッズヒーロー大集合 めざせ！　なんでもナンバー1 第3巻）1500円　Ⓘ4-580-81573-4, 4-580-88212-1（シリーズ）（set）　Ⓝ702.8
<u>目次</u> 登場1 ブラスバンド―日本一なかのよいバンドをめざす吹奏楽団（アンジェリック・ブラスバンド）、登場2 ドラム―たたくの大好き！　ナニワのドラマー（栗本靖弘くん）、登場3 CGアート―カッコいいな！　CGアーティスト（須藤健斗くん）、登場4 手芸―名古屋の天才手芸少年（松元伸太郎くん）

『**Why are you creative？―自分にしかできないことを探す55のヒント**』ハーマン・ヴァスケ著,山田貴久訳　竹書房　2005.5　191p　26cm　2300円　Ⓘ4-8124-2157-8　Ⓝ702.8
<u>内容</u> なぜあなたはクリエイティブなのですか…？「個性」という名の看板を背負って生きる著名人55人にこの質問をぶつけ、言葉やアートで答えてもらったのが本書です。なんとなく人生このままでいいのかな…と思っている人。クリエイティブな仕事につきたいと願っている人。漠然と自分はとくべつだと信じている人。やりたいことが見つからない人。人と同じにはなりたくない人。とにかく成功したい人。自分の人生を"自分らしく"クリエイトするためのヒントがここにあります。

『**音楽や絵・書くことが好き！**』　学習研究社　2003.4　47p　27cm（好きな仕事発見完全ガイド 6　鹿嶋研之助監修）2800円　Ⓘ4-05-201846-X, 4-05-810709-X（set）　Ⓝ700
<u>目次</u> 音楽の仕事（ミュージシャン、音楽プロデューサー、歌手 ほか）、絵を描く仕事（絵本作家、グラフィックデザイナー、マンガ家 ほか）、書く仕事（作家、作詞家、書家 ほか）

『**美術家になるには**』村田真著　ぺりかん社　2002.4　160p　19cm（なるにはbooks 39）1270円　Ⓘ4-8315-0975-2　Ⓝ707
<u>内容</u> 今までにないものを心に思い浮べる「想像力」と新しいものをつくり出す「創造力」。美術家は、このふたつの「そうぞう」を目に見えるかたちで実現させる冒険家です。美術とは？　表現とは？　芸術の行き着く先は？　永遠の課題を模索し続ける美術家の世界をの

『楽しさやおもしろさを作る人―心を語る414名の人びと』今井美沙子著, 今井祝雄写真　理論社　2000.4　250p　22cm（わたしの仕事 最新集）2200円　Ⓘ4-652-04829-7
内容　どういう仕事をしたいか。することができるか。それは、人生の大問題だが、そのためのよい案内書はとぼしい。今井美沙子さんは、たくさんのインタビューをとおして、今の日本にどういう仕事があるかのすばらしいカタログをつくった。それは仕事をしているその人とあってはなした直接の知識にもとづく、あたたかい人生案内の本である。

『伝統工芸にたずさわる仕事―マンガ』ヴィットインターナショナル企画室編　ほるぷ出版　2000.3　146p　22cm（知りたい！なりたい！職業ガイド）2200円　Ⓘ4-593-57144-8, 4-593-09613-8（set）
内容　本書は、「なるなるタウン」に住んでいる仲良し三人組が、さまざまな仕事に触れながら、その仕事はどんなものなのか、その仕事につくためにはどうしたらいいのか、その答えを発見していきます。

《アートマネジメント》

『アートディレクターの流儀―考え方・つくり方のデザインストーリー』MdN書籍編集部編　エムディエヌコーポレーション　2024.6　254p　26cm〈発売：インプレス〉3500円　Ⓘ978-4-295-20645-3　Ⓝ674.3
内容　国内の先端で活躍する20人のアートディレクターの仕事を、完成作品と完成に至る工程を交えて紹介。掲載アートディレクターが自身の仕事のために日常行っていることや考えていることなども掲載する。

『アートディレクションの「型」。―デザインを伝わるものにする30のルール』水口克夫著　誠文堂新光社　2015.12　223p　19cm　1600円　Ⓘ978-4-416-11501-5　Ⓝ674.3
内容　コピーライターは言葉で話し、アートディレクターは絵で話す。サントリー「ボス」、北陸新幹線、「バザールでござーる」などを手がけた人気アートディレクターによるアートディレクションの教科書。

『新アートディレクター入門』デンツウデザインタンク編著, 後藤徹監修　電通　2007.3　234p　26cm〈編集：阪口正太郎ほか〉2000円　Ⓘ978-4-88553-190-3　Ⓝ674.3
内容　プロのアートディレクターたちの、広告コミュニケーションデザイン表現の流儀を実際の作品の写真とともに紹介。いかにしてプロがアイディアを考え、表現に落とし込むかを学ぶ、アートディレクターを志す人たちへのプレゼント。

《彫刻にチャレンジ》

『わからない彫刻　みる編』冨井大裕, 藤井匡, 山本一弥編, 冨井大裕［ほか］著　小平　武蔵野美術大学出版局　2024.3　245p　21cm（彫刻の教科書 2）2400円　Ⓘ978-4-86463-162-4　Ⓝ710
内容　彫刻とは何か？　作家、ギャラリスト、学芸員等、彫刻に携わる24人が、「彫刻をみる」＝「彫刻を展示する」「彫刻を記録する」「彫刻を考える」という面からの考察を綴る。武蔵野美術大学がおくる「彫刻の教科書」第2弾。

『シドロモドロ工作所のはじめてのお彫刻教室』田島享央己著　新装版　河出書房新社　2023.4　127p　26cm　1900円　Ⓘ978-4-309-29284-7　Ⓝ712.1
内容　お彫刻界〜SNSを震撼させたあの作品をお手元に！

『わからない彫刻　つくる編』冨井大裕, 藤井匡, 山本一弥編, 冨井大裕［ほか］著　武蔵野　武蔵野美術大学出版局　2023.3　287p　21cm（彫刻の教科書 1）2500円　Ⓘ978-4-86463-156-3　Ⓝ710
内容　彫刻とは何か？　教育の現場に身をおく作家たちの活きた言葉を通して、彫刻が多様でわからないものであることを理解し、それぞれの視点であらためて彫刻を捉え直す。武蔵野美術大学がおくる「彫刻の教科書」第1弾。

『壊れた仏像の声を聴く―文化財の保存と修復』籔内佐斗司著　KADOKAWA　2015.7　173p　19cm（角川選書 559）1600円　Ⓘ978-4-04-703559-1　Ⓝ718.3
内容　「形あるものはかならず消滅する」。釈迦がそう説くにもかかわらず、私たちが数多くの古仏を拝観できるのは、文化財を脈々と伝える専門家の仕事があったからだ。自然環

『彫刻家の現場（アトリエ）から』武田厚著　生活の友社　2014.5　617p　21cm　3800円　Ⓘ978-4-915919-87-9　Ⓝ712.1
内容　8年にわたり日本を代表する彫刻家101人のアトリエに取材。彫刻の現場に迫る著者渾身の評論集。日本の現代彫刻は現場（ここ）から生まれた。

『時をこえる仏像──修復師の仕事』飯泉太子宗著　筑摩書房　2011.12　168,6p　18cm〈ちくまプリマー新書 171〉780円　Ⓘ978-4-480-68874-3　Ⓝ718.3
内容　ほとんどが木造ゆえに、数百年も経てば、必ず壊れてくる仏像。そういった仏像の修復の現場を案内しながらだからこそ知り得る少し変わった、仏像の見方を紹介。観て・触れて・解体して・直して・考えた仏像入門。

『松久宗琳の仏像彫刻──入門から中級まで』松久宗琳著　改訂12版　秀作社出版　2010.5　199p　30cm〈文献あり〉4800円　Ⓘ978-4-88265-471-1　Ⓝ718.3
目次　1 仏像彫刻の基礎知識（仏像を彫る心構え、仏像各部の名称、道具・用材について）、2 仏像の彫り方（各部）（地紋彫、仏足、仏手（握り手）、仏手（聞き手）、仏頭（恵比寿）、仏頭（吉祥天）、仏頭（不動明王））、3 仏像の彫り方（全身）（白衣観音（ミニ白衣観音）、恵比寿、不動明王、吉祥天、毘沙門天、聖観音、大日如来、仁王（ミニ仁王））、4 参考・資料（胎内仏（写経・誕生仏）、台・光背、宗教芸術院、支部・カルチャーのご案内、道具・材料の入手先）

『初心者のための篆刻墨場必携』矢島峰月編著　新装版　日貿出版社　2009.6　193p　19cm〈文献あり　索引あり〉1700円　Ⓘ978-4-8170-4055-3　Ⓝ739
内容　一字から五字までの漢語の中から、刻りやすい言葉、心に響く言葉を精選し、約四二〇語収録。それぞれに、読みと意味を付しました。日中著名作家の篆刻印影（印譜）を約一五〇点掲載し、解説を付しました。当用漢字を中心にした約一三〇〇字の篆書字体を収録しました。篆刻の歴史や、制作の手順、用具解説など、篆刻についての基礎知識を分かりやすく解説しました。

『ゼロからわかるチェーンソーカービング』全国林業改良普及協会編　全国林業改良普及協会　2009.5　219p　22cm　1900円　Ⓘ978-4-88138-217-2　Ⓝ713

『篆刻の学び方──ステップアップ篆刻』王小愛著　木耳社　2008.3　64p　30cm　2000円　Ⓘ978-4-8393-2946-4　Ⓝ739
内容　篆刻入門の次の段階として、日本と中国の篆刻作品を比較することにより長所と短所を見極め、3段階にまとめた学習法により次の一歩へと進む。

『続・仏像彫刻のすすめ』松久朋琳, 松久宗琳共著　新装版　日貿出版社　2007.9　209p　26cm〈付属資料：図1枚〉3500円　Ⓘ978-4-8170-5065-8　Ⓝ718.3
目次　序論──本書を読む人に、道具について、阿弥陀如来立像、参考作例、不動明王（蓑割り法の技法）、レリーフ（浮彫）を彫る、光背と台座

『仏師に聞く仏像彫刻教室』高井琮玄著　京都　青幻舎　2007.3　135p　30cm　3800円　Ⓘ978-4-86152-099-0　Ⓝ718.3
内容　仏像彫刻の彫り方をオールカラーで紹介する初の教科書。説明書だけではわかりにくい、像の削りの深さや浅さ。印相・仏手などを多数撮りおろし。

『木彫入門者のための研ぎの技法』渡辺一生著　新装版　日貿出版社　2007.3　103p　26cm　2200円　Ⓘ978-4-8170-5060-1　Ⓝ713
内容　本書では、研ぐ時の基礎となる刃物の持ち方、研ぎ方、砥石の選び方を最初に概説したあと、古人から伝えられた天然砥石から最新の機械による研ぎを丁寧に写真と図版で順を追って解説している。

『バード・カーヴィング入門』内山春雄著　新装版　日貿出版社　2006.11　241p　26cm　3300円　Ⓘ4-8170-5057-8　Ⓝ713
内容　本書はバード・カーヴィング世界大会で何度も上位賞を獲得し、アホウドリやツルの保護活動にも数々の作品を提供している我が国バード・カーヴィング界の第一人者で「日本バード・カービング協会」の会長を務める著者が、現在バード・カーヴィングの主流を占めるデコラティブ・バード・カーヴィングの技法を本格的に紹介する待望の入門書。人気のカワセミを主テーマに、キビタキやハクセキレイを参考テーマとして徹底解説します。

『仏像彫刻の技法』松久朋琳監修, 松久宗琳著　新装普及版　日貿出版社　2005.

12　222p　30cm〈付属資料：図1枚〉付属資料：図1枚〉4800円　Ⓘ4-8170-5054-3　Ⓝ718.3
目次　御仏開眼、千手観音を彫る、参考作例、弁財天を彫る、光背と台座、造仏余話、道具の用と美について、付録

『やすらぎの仏像彫刻―実物大で作る小仏』岩松拾文著　日貿出版社　2005.3　135p　26cm　2800円　Ⓘ4-8170-5048-9　Ⓝ718.3
内容　初心者でも何とか仏さまのお姿になるようにと、教室での指導経験豊かな著者が、小仏のお地蔵さま2種類と観音さまの彫り方を約650枚のカラー写真を使って、木取りから完成までやさしく解説する。

『さあ始めようナイフで木彫り―身近にあるナイフと木で箸から鳥・魚まで気軽に彫る』内山春雄著　日貿出版社　2002.4　94p　21cm（日貿アートライフシリーズ）1500円　Ⓘ4-8170-5040-3　Ⓝ713
目次　ナイフとの出合い、子供に正しいナイフの使い方を教えたい、身近にあるナイフで木彫りを楽しもう、カーヴァーズナイフ、ナイフの基本的な持ち方、手始めにハシを彫ってみよう、ポンチの使い方、研ぎ板の作り方、研ぎ方（3種）、研ぎ板の使い方、作業台を作る、材料（木）、実技篇（サンタクロース、カワセミ、キセキレイ、アユ）、道具・材料購入方法

『洋風の木彫り入門―ラワン材で彫る趣味の生活工芸品』戸島甲喜著　日貿出版社　2002.3　213p　26cm　3500円　Ⓘ4-8170-5035-7　Ⓝ713
目次　洋彫の技法、彫りの実技、参考編1 幾何学模様を彫る、参考編2 いろいろな模様を彫る、塗りの実技、制作のまにまに

『かわいい仏さまを彫る』阪田庄乾著　京都　淡交社　2001.12　142p　26cm　2800円　Ⓘ4-473-01863-6　Ⓝ718.3
目次　「かわいい仏さまたち」―さま、あなたも彫ってみましょう、「かわいいお地蔵さま」を彫る、「かわいいおんぶ地蔵さま」を彫る、「かわいい観音さま」を彫る、「かわいい七福神」を彫る、彫る前に知っておきたい基礎知識、かわいい仏さまデザイン画集、絵説き般若心経―般若心経入門、仏像の名称

『やさしい十二支の木彫り』駒澤聖刀著　日貿出版社　2001.10　147p　26cm　2500円　Ⓘ4-8170-5034-9　Ⓝ754
内容　年の初めには欠かせない十二支動物

をテーマとした、やさしい木彫を4種類、合計48体の作例で詳解。制作過程のポイント写真も豊富に掲載し、図面も全点完備。更に板彫りの年賀状、絵馬などユニークな作例も紹介。材料や道具の購入にも便宜をはかった入門書。

『おしゃれに楽しむ花の木彫り―ブローチづくりのアイデア』渡辺二笙著　日貿出版社　2001.9　99p　21cm（日貿アートライフシリーズ）1500円　Ⓘ4-8170-5029-2　Ⓝ713
内容　四季折々に咲く花、野に咲く花、色とりどりの花。花は木彫の永遠のテーマ。本書では、飾りとしても身に付けることができるブローチに的を絞って制作した。

『仏師という生き方――刀三礼魂の息づかい』江里康慧著　廣済堂出版　2001.4　205p　20cm　1800円　Ⓘ4-331-50764-5　Ⓝ718.3
内容　木の中に仏の声を聞く。純粋でひたむきな生き方。

『篆刻を愉しむ本―すぐに身につくテクニック』王小愛著　木耳社　2001.1　79p　27cm〈付属資料：2枚〉付属資料：2枚〉2000円　Ⓘ4-8393-2758-0　Ⓝ739
内容　21世紀は自分で印を彫る！ 材料の選び方から印譜の作り方、展示の方法、書画用印の調和考まで分かりやすく、ていねいに解説。書道、絵画、篆刻の世界必携の本です。

『図解篆刻入門』小原俊樹,勝目浩司編著　木耳社　2000.7　150p　26cm　2300円　Ⓘ4-8393-2696-7　Ⓝ739
内容　名品を鑑賞しながら篆刻の基礎を学ぶ！篆刻の「小さな世界」の美を豊富な知識・技法と多数の写真、図版でわかりやすく解説。日本、中国の名品鑑賞をしながら学習する格好の入門書。

《絵を描こう》

『美の共感思考―無名の専業画家が売れっ子的に活動できる地道な実践と考察：フリーランスの地道なファン獲得術』福井安紀者　誠文堂新光社　2024.5　223p　19cm　1800円　Ⓘ978-4-416-72306-7　Ⓝ720
内容　「共感される」の視点でフリーランスのファン獲得、美の追及、お金、心の安定、接客、価値創造の考え方が進化する。ギャラリーストーカー対策情報も。

『みんなで描こう！ 黒板アート―卒業式・文化祭・お楽しみ会などでまねしたい：想いを伝えるキャンバスを教室に』すずきらな著，子供の科学編集部編　誠文堂新光社　2023.10　63p　27cm　2800円　①978-4-416-62352-7　Ⓝ725.4
内容　教室の中心にある黒板に、チョークで色付けをして作品が生まれる「黒板アート」。その描き方やテクニックを紹介する。学校ですぐにでもまねをしたくなる、アイデアやサンプルが満載。

『美術の進路相談―絵の仕事をするために、描き続ける方法』イトウハジメ著　ポプラ社　2023.9　111p　21cm　1600円　①978-4-591-17892-8　Ⓝ720
内容　「絵を描くことが仕事になったらいいのにな」そのためには、どんな進路を進んだらいい？　大学で美術を教える著者が、画家・漫画家・イラストレーター、研究者など、美術の世界で活躍する人たちの仕事をやさしく紹介する。

『基礎から学べる仏画―パーツ別の表現＆着彩のコツ』川端貴侊監修　メイツユニバーサルコンテンツ　2023.8　112p　26cm（コツがわかる本）〈「仏画の描き方」（メイツ出版 2018年刊）の改題〉　2700円　①978-4-7804-2806-3　Ⓝ724.1
内容　画材の選び方、運筆の基本、線描きと着彩のテクニックまで。作画の手順に沿って差がつくコツをくわしく解説。

『巨匠に学ぶ人物画の基本―名画はなぜ名画なのか？』内田広由紀著　視覚デザイン研究所　2023.3　141p　21cm〈文献あり　「モナリザの秘密」（2014年刊）の改題、再編集〉2200円　①978-4-88108-286-7　Ⓝ723
内容　色や形の仕組みを知ると、画家のしかけに驚き、感動して、絵を見るのがぐっと楽しくなる。巨匠たちの人物画を例に、構図・色彩・ポーズ・関係性の法則を解説する。マチエール研究、コラムなども収録。

『やさしいクレパス画―身近なものを描いてみよう！』米津祐介著　誠文堂新光社　2022.11　143p　22cm　1900円　①978-4-416-62215-5　Ⓝ725.4
内容　まるいあんパン、チェック模様のマフラー、カフェメニューのコーヒーカップ…。クレパスを使った身近なものの描き方を紹介する。基本のテクニックのほか、グラデーションなど5つの表現テクニックも解説する。

『「黒板アート」のアイデア事典―〈素材集〉から〈制作〉までバッチリ！』小野大輔著　明治図書出版　2022.3　127p　22cm　1900円　①978-4-18-567513-0　Ⓝ725.4
内容　教師の想いや、卒業式などの大切な思い出を形にする黒板アート。制作目的を明確にするコンセプトチェックシートと図案作成シート、表現の仕方、制作手順、修正の工夫、様々な場面で使用できる素材のアイデアを紹介する。

『完売画家』中島健太著　CCCメディアハウス　2021.9　243p　19cm　1500円　①978-4-484-21223-4　Ⓝ720
内容　「絵描きは食えない」と言われる中、どうやって絵を売り、自分の価値を上げたのか。700点の絵画がすべて完売の現役プロ画家が、芸術の世界での生き方と仕事の哲学を冷静な分析で語る。

『プロ画家になる！―絵で生きていくための142条』佐々木豊著　芸術新聞社　2021.8　199p　21cm（読む技法書シリーズ）2200円　①978-4-87586-608-4　Ⓝ720
内容　半世紀以上の長きにわたって美術界の第一線で活躍する巨匠が赤裸々に綴る技法錬磨のテクニック、プロの絵描きの真実。新発想の「読む技法書」第2弾。

『職業は専業画家―無所属で全国的に活動している画家が、自立を目指す美術作家・アーティストに伝えたい、実践の記録と活動の方法：作品の価格設定／「自分のお客さん」のつくり方 展示の仕方／接客の方法／人生設計』福井安紀著　誠文堂新光社　2021.6　223p　19cm〈文献あり〉1800円　①978-4-416-52127-4　Ⓝ720
内容　美術団体に所属せず、個展を重ねることで、30～50歳の20年間を専業の絵描きとして活動してきた著者の記録。自立を目指す美術作家らに向け、作品の価格設定、「自分のお客さん」のつくり方、人生設計などを伝える。

『パステル画技法と表現力を磨く50のポイント―この一冊でステップアップ！』高木匡子監修　新版　メイツユニバーサルコンテンツ　2021.5　112p　26cm（コツがわかる本）〈初版：メイツ出版 2018年刊〉1850円　①978-4-7804-2473-7　Ⓝ725.4

芸術・美術を学ぼう　　絵を描こう

『初めてでもできる！『黒板アート』の描き方事典』小野大輔著　明治図書出版　2021.3　127p　22cm〈文献あり〉1900円　①978-4-18-567419-5　Ⓝ725.4
内容 画材の選び方やパステルの表現手法、魅せる構図・彩色のテクニックまで。作品づくりで差がつくコツを豊富な作品例でわかりやすく紹介します。静物・風景・動物・人物など各モチーフの手順を追いながら詳しく解説。
内容 黒板をキャンバスにチョークを主な画材として表現し、作品として完成させる「黒板アート」。初心者にむけて、簡単に描けるイラストやうまく描けるようになるコツ、基本的な黒板アートの描き方などをわかりやすく紹介する。

『12のヒントで学ぶ初心者のための俳画教室』伊藤青翔著　日貿出版社　2020.7　95p　26cm　2000円　①978-4-8170-2152-6　Ⓝ724.1
内容 誰でも簡単に取り組め、日本の四季を筆一本で表現できる「やさしい俳画」。必要な道具や、句と画の配置、色づかい、季節ごとの画題と描き方などを、Q&A形式で解説する。

『日本画思い通りに描く基本と応用のコツ40』中村鳳男監修　メイツユニバーサルコンテンツ　2020.6　128p　26cm（コツがわかる本）〈「思い通りに描ける日本画上達のコツ」（メイツ出版 2016年刊）の改題、加筆・修正〉2600円　①978-4-7804-2359-4　Ⓝ724.1
内容 道具や筆の選び方・使い方からぼかし、たらし込みなどの技法、様々なモチーフの描き方まで、上達のためのポイントをわかりやすくご紹介します。

『仏画入門』山田美和著, 堀内伸二解説　春秋社　2020.4　79p　26cm〈2015年刊の判型を変更〉2000円　①978-4-393-13905-9　Ⓝ724.51
内容 描き方の基本から応用までをわかりやすく具体的に示し、あわせて、背景にある仏教や経典の基礎知識も読みやすく解説。

『かんたんレベルアップ絵のかきかた　3　静物をかこう』女子美術大学付属高等学校・中学校監修　汐文社　2019.6　47p　27cm〈索引あり〉2500円　①978-4-8113-2599-6　Ⓝ724
内容 目に見えるものをていねいに観察しながら絵をかくコツを紹介。3は、野菜や花などの身のまわりの静物を取り上げ、観察のしかたや、かきかたのポイントを解説する。コラムや参考作品集も収録。

『かんたんレベルアップ絵のかきかた　2　人物をかこう』女子美術大学付属高等学校・中学校監修　汐文社　2019.6　47p　27cm〈索引あり〉2500円　①978-4-8113-2598-9　Ⓝ724
内容 目に見えるものをていねいに観察しながら絵をかくコツを紹介。2は、人物の手や顔、全身の観察のしかたや、かきかたのポイントを解説する。コラムや参考作品集も収録。

『かんたんレベルアップ絵のかきかた　1　風景をかこう』女子美術大学付属高等学校・中学校監修　汐文社　2019.4　47p　27cm　2500円　①978-4-8113-2597-2　Ⓝ724
内容 目に見えるものをていねいに観察しながら絵をかくコツを紹介。1は、自然風景や建物風景を取り上げ、観察のしかた、かきかたのポイントを解説する。コラムや参考作品集も収録。

『12色で描けるはじめての日本画教室』安原成美編著　グラフィック社　2019.1　179p　26cm　2800円　①978-4-7661-3118-5　Ⓝ724.1
内容 日本画の基礎や技法をたっぷり収録した決定版！　はじめてでも12色で本格的な日本画が描ける。

『仏画の描き方―いちばんわかりやすい上達のポイント』川端貴侊監修　メイツ出版　2018.7　112p　26cm（[コツがわかる本]）2680円　①978-4-7804-2057-9　Ⓝ724.1
内容 各部位別の表現、彩色のコツ、道具の上手な使い方…etc.もっと思い通りに描くためのコツやつまずきやすい点を、豊富な画像と詳しい解説で紹介します。

『いつもの暮らしにペイントをプラス―初心者さんでも描けるトールペイント』シロクマ社　2018.6　95p　26cm〈発売：日販アイ・ピー・エス　企画：沖昭子〉1481円　①978-4-906761-20-3　Ⓝ724.4
内容 好きな花、季節の花を身近な雑貨に描いてみましょう。知り合いに赤ちゃんが生まれたら、好きな動物を描いてバスケットに描いてあげましょう。毎日を楽しく彩るトールペイント作品を、図案や描き方とともに紹介

ヤングアダルトの本　創作活動をささえる4000冊

| 絵を描こう | 芸術・美術を学ぼう |

します。

『色鉛筆で描く街角風景画―林亮太が教える塗りのテクニック』林亮太著　第2版　マール社　2017.10　127p　26cm　1700円　Ⓘ978-4-8373-0671-9　Ⓝ725.5
[内容]描きたい時にすぐ描ける色鉛筆を使って、街角風景を描いてみませんか？ ブロック塀、電線・電柱、近景の植え込み、水、ガラスなどのモチーフ別に描き方のポイントを解説します。練習用の下絵集付き。

『手軽でたのしいふわかわパステル画―バランス・立体感・色彩3つのカギですぐ上手くなる』中村友美著　誠文堂新光社　2016.10　111p　26cm（はじめての描き方教室）1600円　Ⓘ978-4-416-51623-2　Ⓝ725.4
[内容]絵本のようなふわっと可愛いパステル画がだれでもすぐに描けるようになる！ 「バランス」「立体感」「色彩」の3つのカギを使って絵画の基本から丁寧に解説。メッセージカードや季節の便りに使えるイラスト等も紹介する。

『抽象画入門―視点が変わる気付きのテクニック』金子善明著　新装版　えにし書房　2016.4　119p　27cm〈初版：彩流社2010年刊〉3500円　Ⓘ978-4-908073-23-6　Ⓝ724
[内容]抽象画はむずかしくない！ 日常風景の中に抽象的な美しさはいくらでも潜んでいる。大切なのはそのことに気付くかどうかだけ。抽象画の技法をやさしく伝える初めての書！

『基礎からのやさしいチョークアート』熊沢加奈子著　新装版　マガジンランド　2016.2　99p　26cm　1852円　Ⓘ978-4-86546-087-2　Ⓝ725.4
[内容]チョークアートとは、ブラックボードにオイルパステルで立体的かつ鮮やかに描かれた絵のこと。チョークアートに必要な画材＆道具の他、文字、イラストの描き方を写真とともに丁寧に解説します。コピーして使える図案集付き。

『画家になるということ』宗田光一著　東京図書出版　2014.5　243p　20cm〈発売：リフレ出版〉1300円　Ⓘ978-4-86223-735-4　Ⓝ720
[内容]画家とは自分にしか成し得ない人生を送り、自分だけの色彩と造形世界を創造し得た人のための称号だ。画家になるためには、何をしなければならないのか。絵が好きで、描いていると時間を忘れてしまう人は画家になれる。画家として生きることの意味を教え

てくれる啓蒙の書。『リトル・プリンスの星をたずねて』二部作。

『きょうからアーティスト　2　空、木、動物かきわけテクニック！』フィオナ・ワット編, 結城昌子訳　フレーベル館　2014.2　96p　32cm〈索引あり〉3800円　Ⓘ978-4-577-04157-4　Ⓝ724
[目次]基礎知識―いろいろな画材、花―ペーパーナプキンの花, 景色―水にうつる町, 人物―簡単な人物画, 建物―おとぎの城, くだもの―おろし器で, くだものブツブツ, 鳥―木の枝にとまるスタンプ鳥, もよう―紙でつくるもよう, 基礎知識―木をかく, 基礎知識―そのほかの木のかき方〔ほか〕

『きょうからアーティスト　1　いろんな絵の具で絵をかこう！』フィオナ・ワット編, 結城昌子訳　フレーベル館　2013.12　95p　32cm〈索引あり〉3800円　Ⓘ978-4-577-04156-7　Ⓝ724
[内容]はがしたり、くっつけたり…あわい色にしたり、かげをつけたり…マスキングしたり、にじませたり…色をぬったり、スタンプしたり…下書きしたり、スケッチしたり…クレヨンとインクの相性は…筆の使い方や、色の作り方。

『楽しく描く日本画入門―写生から制作まで』大野俊明監修　京都　淡交社　2013.3　111p　26cm　1600円　Ⓘ978-4-473-03863-0　Ⓝ724.1
[目次]1 日本画の道具とその扱い方（絵具を溶く, 胡粉を溶くほか）, 2 筆を使う線とぬりの基本（金銀泥を使う, 仏画を写すほか）, 3 水彩・顔彩の表現（果物を描く）, 4 鉛筆と色鉛筆の表現（コスモスのスケッチ）, 5 水干・岩絵具で描く（初冬のさざんかを描く, 冬の雪景色を描くほか）, 6 短冊・色紙に描く（秋の実り栗を描く, 季節の風物を描くほか）

『線の演習―建築学生のための美術入門』小沢剛, 塚本由晴編著　彰国社　2012.12　175p　21cm（建築文化シナジー）2200円　Ⓘ978-4-395-24112-5　Ⓝ720.7
[内容]触覚だけを頼りに描こう。風景を音で描いてみよう。美術家の小沢剛が、線からひも解く美術入門。

『日本画の描き方―写生 下図づくり 地塗り 転写 骨描き 隈取り 彩色：この1冊を読めば日本画の基礎とあらゆる技法がわかる』菅田友子著　誠文堂新光社　2012.9　191p　26cm　2800円　Ⓘ978-4-416-81247-1　Ⓝ724.1

芸術・美術を学ぼう　　　　　　　　　　　　　　　　　　　　　　　　　　　　　　　　　　　　　　　絵を描こう

[内容] この1冊を読めば日本画の基礎とあらゆる技法がわかる。水干絵具、岩絵具、膠、メディウム、筆・刷毛、和紙・絵絹…、画材の選び方・使い方を徹底解説。

『リアリズム絵画入門』野田弘志著　芸術新聞社　2010.3　207p　21cm　2500円　①978-4-87586-190-4　Ⓝ720.4
[内容] "リアリズム絵画"という生き方を選んだ孤高の画家が、その実践と哲学を綴ったこれまでにない本格的指南書。

『巨匠に学ぶ構図の基本―名画はなぜ名画なのか？』内田広由紀著　視覚デザイン研究所　2009.2　141p　21cm〈文献あり　索引あり〉1900円　①978-4-88108-205-8　Ⓝ723
[目次] 第1編 構図の基本型（シンメトリー型―威厳・神聖・伝統を表す、シンメトリー崩し型―優しく穏やかな自然さを表す ほか）、第2編 構図の組み立て（版面率―低くすると静かな情緒を表す、情報量―多は賑やかな活気を表す ほか）、第3編 主役を引き立てる（中央に・大きく・強く―主役を強める正攻法、敵役をカット―主役が強くなる ほか）、第4編 人体のメッセージ（相思と対決の視線―交差は相思を表す、誘導する視線―始まりと受けで完結する ほか）

『巨匠に学ぶ配色の基本―名画はなぜ名画なのか？』内田広由紀著　視覚デザイン研究所　2009.2　141p　21cm〈文献あり　索引あり〉1900円　①978-4-88108-206-5　Ⓝ723
[目次] 第1編 配色の基本型（対決型―激しい緊張と開放感を表す、穏対決型―穏やかな緊張と開放感を表す、三角型―すっきりした開放感を表す ほか）、第2編 配色の組み立て（色相差―大差は生き生きと開放的、明度差―小差は隠やかで優しくなじむ、色量―小色量は優しい上品さを表す ほか）、第3編 主役を引き立てる（中央に・大きく・強く―堂々と力強い、反対色―シャープに生き生きさせる、添え色―主役色は弱い色のままでも ほか）

『自分の展覧会を開こう―貸画廊教本：貸画廊データ2008』月刊ギャラリー編集部編　ギャラリーステーション　2007.11　159p　21cm（実践アートシリーズ11）1200円　①978-4-86047-092-0　Ⓝ720.69
[内容] 貸画廊を使って、展覧会を開くにはどのようにしたらいいのか！ 画廊の探し方から、展覧会開催までのノウハウとともに、実際の貸画廊データも充実…これ一冊で、展覧会が実現できるクリエイターのためのGUIDE BOOK。

『なぞる・ぬる 2ステップレッスン帖―色えんぴつを使ってトレース画法をマスターしよう』森田健二郎著　清流出版　2007.4　63p　26cm　1200円　①978-4-86029-194-5
[内容] レッスン1～14まで、懇切丁寧に指導。描く対象物は、静物から草花、風景、動物、肖像などなど。この1冊をマスターすれば、次は、オリジナル絵画が制作できるようになる。

『絵を描く悦び』千住博著　光文社　2004.5　195p　18cm（光文社新書―千住博の美術の授業）720円　①4-334-03247-8　Ⓝ720.4
[内容] 芸術の本質に迫った画期的入門書。

『自然の中の絵画教室』布施英利著　紀伊國屋書店　2002.10　286p　20cm　1800円　①4-314-00926-8　Ⓝ724
[内容] 外に出て、「自然に触れ合う」ことで美的感性は磨かれ、素晴らしい絵が描けるようになる。そのための初めてのガイドブック。ダ・ヴィンチ博士流「絵画教室」の完成版。

『たのしい俳画入門―古典技法から現代俳画まで』白岩義賢、堂昌一著　主婦の友社　2001.12　127p　21cm〈発売：角川書店〉1800円　①4-07-231337-8　Ⓝ724.1
[内容] カルチャーセンターや通信講座でも人気の高い俳画の入門書。草花や野菜、果物、四季の風物の他、巻末には年賀状に使える作例も豊富に取り上げ、描き方を易しく解説。

『はじめてのオイルペインティング』吉川あつこ著　日本ヴォーグ社　2001.12　79p　26cm〈付属資料：型紙1枚　付属資料：型紙1枚〉1295円　①4-529-03611-1　Ⓝ724
[目次] LESSON PAGE, FLOWER, ANGEL, BABY, CHRISTMAS

『はじめてのトールペイント』成美堂出版編集部編　成美堂出版　2001.12　96p　26cm　900円　①4-415-01786-X　Ⓝ724
[目次] トールペイントレッスン、ベア＆バニー、やさしさが好き花と果物、"和"が新鮮！、愛らしさが人気の動物たち、ロマンティック・クリスマス

『花のパステル画入門』ジャッキー・シモンズ著,斉藤世津子訳　エム・ピー・シー　2001.8　65p　28cm（Learn to

paint 12) 1000円 Ⓘ4-87197-512-6 Ⓝ725.4
内容 パステルで楽しく庭園の花を描くために必要なことがすべてわかる入門書。

『絵画の教科書』谷川渥監修,小澤基弘,渡邊晃一編 〔大阪〕 日本文教出版 2001.7 397p 22cm〈発売：大阪 三晃書房〉3500円 Ⓘ4-7830-1006-4 Ⓝ720
内容 画家、版画家、美術史家、美学者、美術館学芸員、色彩学者、絵具研究家、美術教育者などだいさいの絵画のエキスパート53人が執筆。1項目を見開きでわかりやすく語った類のない絵画の入門書。

『私も開ける展覧会—全国貸画廊ガイド データ637掲載』月刊ギャラリー編集部編 ギャラリーステーション 2001.6 221p 21cm（実践アートシリーズ 8）1600円 Ⓘ4-906535-84-4 Ⓝ720.69
内容 自分流展覧会を開きませんか？本格的展覧会の解りやすい手引書。全国貸画廊のデータが満載。

『パステル画入門』ジョン・ブロックリー著,村上彩訳 エム・ピー・シー 2001.1 64p 28cm（Learn to paint 8）1000円 Ⓘ4-87197-508-8 Ⓝ725.4
内容 教育者としても定評のある有名画家がパステル画のノウハウを伝授。画材と用具についてのアドバイス、役に立つヒントやテクニック、簡単な練習、ステップバイステップ式の解説。パステル画を趣味として始めるために必要なことがすべてわかる、学びやすい入門書。

『絵筆のいらない絵画教室』布施英利著 紀伊國屋書店 2000.11 144,47p 20cm 1600円 Ⓘ4-314-00881-4 Ⓝ724
内容 子どもたちの絵が著者の2日間の授業でがらっと変わり、格段にうまくなった!!かの大天才ダ・ヴィンチを敬愛する著者が創始したこの絵の上達法を、「お話篇」と「実践篇」に分けて解説。子どものみならず大人でも、だれでも実践すれば、絵をかくことの新鮮な楽しさが味わえ、あなたも「気分はピカソ」。

『俳画講座—はじめて筆をとる人に』鈴木紅鷗著 日本放送出版協会 2000.11 95p 26cm 1700円 Ⓘ4-14-032040-0 Ⓝ724.1
内容 筆文字のかな手本。四季の花・野菜・風物など60作品。年賀状に役立つ十二支。同じ頁に絵と描き方の解説を収載。俳画入門の決定版。

『色鉛筆画入門』デビット・クック著,鈴木宏子訳 エム・ピー・シー 2000.8 64p 28cm（Learn to paint 5）1000円 Ⓘ4-87197-505-3 Ⓝ725.5
内容 色鉛筆と水彩色鉛筆の可能性を広げるさまざまな技法を紹介。色鉛筆ってこんなにいろいろな使い方があるのかと、きっと目を見張るはずです。

『画材・道具こんなものがあるよ』高村忠範文・イラスト 汐文社 2000.3 43p 27cm（イラスト・デザイン楽らく入門 2）1600円 Ⓘ4-8113-7303-0
目次 その1 えんぴつ、色えんぴつで描く、その2 サインペン、ペン、ふで、マーカーで描く、その3 スクリーントーンをつかってみる、その4 パステルをつかう、その5 絵の具をつかう

◆画法基礎

『人体の構造と動き描き方入門—人体を描くうえで重要なポイントを完全解説』蒙小洛編著,金井裕也監修 ホビージャパン 2024.4 271p 26cm 3300円 Ⓘ978-4-7986-3449-4 Ⓝ725
内容 動きのあるキャラクターをイメージ通りに描くには。人体フレームの描き方から、人体構造のポイント、動作の描き方、人体と空間構造の関係まで、難解な人体の構造・動きとその描き方をわかりやすく解説する。

『なるほどデッサン—みるみる上達するコツ教えます—モノの見方を変えれば誰でも描ける！』白井岳志著 ホビージャパン 2024.4 159p 21cm 1800円 Ⓘ978-4-7986-3490-6 Ⓝ725
内容 絵の上手さとは、モノの形を上手くとること。初心者や従来のデッサン法で描いている人に向けて、現役のプロダクトデザイナーが、モノの形のしくみを理解して描く新発想のデッサン法を紹介する。

『はじめてのデッサン教室60秒右脳ドローイングでパース・陰影がうまくなる！』松原美那子著 西東社 2024.3 191p 22cm〈文献あり 動画解説付 資料ダウンロード〉1800円 Ⓘ978-4-7916-3262-6 Ⓝ725
内容 ちょっとむずかしいパースと陰影が、少しの知識とかんたんなコツで身につき、風景画や背景イラストも描けるようになる！

『デジタルスケッチ入門―光と色で生活を描く』長砂ヒロ著　技術評論社　2024.2　159p 図版16p　24cm　2200円　①978-4-297-13937-7　Ⓝ726.507
内容　暮らしの中にあるレモンやぶどうなどの果物、花などをモチーフに、初心者でも綺麗な色を作れるようになるデジタルツールを使用したスケッチ方法を解説する。工程動画のダウンロードサービス付き。

『観察デッサンの基本―質感、空間、構造をとらえるテクニック』八木秀人著、角丸つぶら編集　ホビージャパン　2023.10　159p　26cm　2100円　①978-4-7986-3319-0　Ⓝ725
内容　デッサンが描けないのは、ただ技術不足なだけ！　モノを見極める技術から、画材をさらに使いこなす技術、絵を見てくれる相手に伝える技術まで、豊富な作例とともに解説する。

『絵を描くのが好きになれる本――人で手軽に始める日常のスケッチ』イギジュ著、猪川なと訳　翔泳社　2023.9　223p　21cm　1800円　①978-4-7981-8114-1　Ⓝ725
内容　自分のために、好きなように、楽しく描くためのガイドブック。周囲の評価が気になって、描くのが恐くなっているあなたへ。

『DRAWINGドローイング―点・線・面からチューブへ』鈴木ヒラク著　左右社　2023.9　269,10p　20cm〈索引あり〉2400円　①978-4-86528-384-6　Ⓝ725
内容　描く/書くことは生きることだ、いまここで未知を発掘することだ―。世界から注目されるアーティストが、芸術行為の根源を見つめ、書きつくす渾身のドローイング原論。作品の写真も多数収録。

『鉛筆デッサン入門講座―これだけで基礎が身につく』湘南美術学院著　ソーテック社　2023.6　175p　22cm　1800円　①978-4-8007-3031-2　Ⓝ725.2
内容　鉛筆の選び方から人物デッサンまでやさしく丁寧に学べます。観察力を身につければ見たままが描ける！

『人体ドローイングの基礎―アナトミーからパースまで』パクキョンソン著、岡崎暢子訳　玄光社　2023.5　279p　22cm　3200円　①978-4-7683-1777-8　Ⓝ725
内容　絵を始めたばかりの初心者向き！　人体ドローイングの基礎を1冊にまとめました。自由なポーズで人体が描けるようになる集中レッスン。

『人体の描き方マスターガイド―基礎から学ぶキャラクターデッサン』肖瑋春著、［新井朋子］［訳］　ホビージャパン　2023.4　293p　26cm　3600円　①978-4-7986-3136-3　Ⓝ725
内容　キャラクター創りの基礎となる人体の描き方を指南。人体の構造を解き明かし、シンプルな立体の組み合わせを使って、体の構造原理をわかりやすく解説する。

『基礎から学ぶ空間デッサン』石川聡,岡田浩志共著、代々木ゼミナール造形学校監修　エムディエヌコーポレーション　2023.1　175p　26cm〈頒布・発売：インプレス〉1800円　①978-4-295-20461-9　Ⓝ725
内容　正しく理解して身につける空間表現。

『はじめてのデッサン教室60秒右脳ドローイングで絵が感動的にうまくなる！』松原美那子著　西東社　2022.6　191p　22cm〈文献あり〉1700円　①978-4-7916-3079-0　Ⓝ725
内容　1万人以上のデッサン力がみるみる向上！　60秒で絵心を引き出す新しいデッサンの教科書！　これから絵をはじめる超初心者から、マンガ家、デザイナー、クリエイティブ系、美大受験生まで、絵がうまくなりたいすべての人へ！

『スケッチが上手くなるパース講座―風景画を描くときに知っておきたい遠近法の基本』ティム・フィッシャー著、倉田ありさ訳　マール社　2021.10　112p　25cm〈索引あり〉1800円　①978-4-8373-1685-5　Ⓝ725.2
内容　消失点がない自然の風景から、3点以上の消失点がある複雑な街角の風景まで、風景を描くときに知っておきたい遠近法の基本をわかりやすく解説。曲面や斜面、階段の描き方、よくある失敗などへのアドバイスも多数収録。

『人体解剖図から学ぶキャラクターデッサンの描き方―筋肉・骨格・内臓の構造を知ることで、より自然な人体画が描ける！』岩崎こたろう、カネダ工房著、ユニバーサル・パブリシング編　新版　誠文堂新光社　2021.6　237p　26cm〈描きテク〉〈文献あり〉2300円　①978-4-416-62109-7　Ⓝ725

絵を描こう　　　　　　　　　　　　　　　　　　　　芸術・美術を学ぼう

内容　漫画、アニメーション、コンピュータグラフィックの制作に役立つよう、人体の構造をイラストで丁寧に解説。基本からデッサンが難解なポーズまで、豊富な作例で人体デッサンのあらゆる難題を克服できるテクニックを公開。

『3ステップでらしく描ける伝わる絵の見本帖―ロジカルデッサンの技法：楽しいデッサン入門書』OCHABI Institute著　インプレス　2021.3　175p　21cm　1800円　①978-4-295-01117-0　Ⓝ725
内容　「絵を描くロジックを知る」というアプローチで絵の描き方を解説するデッサンの教科書。「植物」「生きもの」「乗りもの」「食べもの」「くらし」を題材に、すべての絵を3つのステップに分解して解説する。

『基礎から学ぶ人物デッサン』石川聡,岡田浩志共著,代々木ゼミナール造形学校監修　エムディエヌコーポレーション　2020.12　159p　26cm〈頒布・発売：インプレス〉1800円　①978-4-295-20084-0　Ⓝ725
内容　鉛筆・木炭・有色下地。図解で学ぶよくわかる人物の描き方。

『デッサン「パーフェクトレッスン」―基礎から応用までマスター』河村栄一監修　新版　メイツユニバーサルコンテンツ　2020.12　144p　26cm（コツがわかる本）〈初版：メイツ出版 2017年刊〉1800円　①978-4-7804-2415-7　Ⓝ725
内容　習得すべき基本テクニックから、作品としての表現力まで、デッサン上達の具体的なコツを全59作品で解説。コツを習得するためのポイント、実際に描くときに気をつける点などを紹介する。

『中学生にわかる遠近法―筒で考える遠近法　第3巻』古根里峰著　［神奈川県］　MK工房　2020.8　198p　26cm　①978-4-9911353-2-3　Ⓝ725.2

『中学生にわかる遠近法―筒で考える遠近法　第2巻』古根里峰著　［神奈川県］　MK工房　2020.8　184p　26cm　①978-4-9911353-1-6　Ⓝ725.2

『中学生にわかる遠近法―筒で考える遠近法　第1巻』古根里峰著　［神奈川県］　MK工房　2020.8　200p　26cm　①978-4-9911353-0-9　Ⓝ725.2

『鉛筆一本ではじめる人物の描き方―ロジカルデッサンの技法：まったく新しいデッサンの教科書』OCHABI Institute著　インプレス　2020.4　175p　21cm　1800円　①978-4-295-00836-1　Ⓝ725.5
内容　「絵を描くロジックを知る」というアプローチで絵の描き方を解説するデッサンの教科書。線の描き方から、顔や身体の平面的・立体的な描き方、人のいる情景までを、「Study」と「Work」に分けてていねいに説明する。

『はじめてでも基礎から身につく石膏デッサンの描き方教室』田代聖晃著　グラフィック社　2020.2　178p　26cm　2000円　①978-4-7661-3333-2　Ⓝ725.5
内容　石膏デッサンの描き方テクニックを写真とともに丁寧に解説！

『基礎から身につくはじめてのデッサン―形のとり方から質感まで―鉛筆デッサンが1冊でわかる』梁取文吾監修　新版　西東社　2019.11　191p　26cm　1700円　①978-4-7916-2846-9　Ⓝ725.5
内容　形のとり方から質感まで鉛筆デッサンの基本が1冊でわかる。作品例、作画のコツがさらに充実。信頼のロングセラー。

『誰でも上手にイラストが描ける！　基礎とコツ―知っておけば絶対にトクする優れワザ』阪尾真由美著,中本繁実監修　日本地域社会研究所　2019.10　227p　21cm（コミュニティ・ブックス）1900円　①978-4-89022-249-0　Ⓝ725
内容　立方体、円柱など基本形の描き方から、人物画、身近な生き物や植物の描き方まで。絵画指導歴10年の著者が、絵の描き方の基礎、上手に描くためのコツをわかりやすく紹介する。著者の「イラスト講座」をもとに書籍化。

『比較でわかる初心者デッサンの教科書』美学館デッサンスクール著　玄光社　2019.6　176p　25cm　2000円　①978-4-7683-1195-0　Ⓝ725
内容　改善前と改善後、比較することで今までの勘違いが一目瞭然！

『イチバン親切なデッサンの教科書―デッサンの基本から人体の構造まで、プロが教える究極のテクニック』上田耕造著　新星出版社　2018.4　191p　24cm　1950円　①978-4-405-07194-0　Ⓝ725
内容　デッサンの基本から人体の構造まで、プロが教える究極のテクニック。

『線一本からはじめる伝わる絵の描き方―

芸術・美術を学ぼう　絵を描こう

『ロジカルデッサンの技法：まったく新しいデッサンの教科書』OCHABI Institute著　インプレス　2018.3　174p　21cm　1800円　Ⓘ978-4-295-00335-9　Ⓝ725

内容　この本は、「絵を描くロジックを知る」というアプローチで絵の描き方を学ぶ、まったく新しいデッサンの教科書です。OCHABI artgymのコーチ陣が、線の描き方から情景の描き方までていねいに解説します。

『いちばんていねいな、基本のデッサン』小椋芳子著　日本文芸社　2018.2　127p　26cm　1800円　Ⓘ978-4-537-21541-0　Ⓝ725.5

内容　初心者にやさしい説明＆テクニック。身近なモチーフから始められる。

『デッサンの55の秘訣』バート・ドッドソン著、田辺晴美訳　マール社　2018.1　223p　26cm〈文献あり　索引あり　エルテ出版1991年刊の改訂〉1900円　Ⓘ978-4-8373-0673-3　Ⓝ725

内容　あなたのデッサンが変わる！　描く対象を本当に「見て」描いていますか？　55の秘訣で、ものの見方が変わる！　絵が上達する！

『素描（デッサン）からはじめよう─多角的なアプローチで学ぶ絵画の基本』アラン・ピカード著、戸沢佳代子監修、[假屋淳子]〔訳〕　グラフィック社　2017.12　128p　28cm　1800円　Ⓘ978-4-7661-3073-7　Ⓝ725

内容　これから絵画芸術を学び始める人へむけた、素描技術の入門書。陰影描写、遠近法、質感、構図といったデッサンの基礎知識をはじめ、実践的なテクニックをプロの目線からわかりやすく紹介。道具と画材についても説明します。

『はじめてでもすぐに描けるデッサン入門─基礎を身につけ、より表現力をつける鉛筆デッサンの描き方。』藤森詔子著　ソシム　2017.7　159p　26cm〈文献あり〉1600円　Ⓘ978-4-8026-1101-5　Ⓝ725.5

内容　基礎を身につけ、より表現力をつける鉛筆デッサンの描き方。

『鉛筆デッサン基本の「き」─やさしく、楽しく、デッサンを始めよう：基本から学び、デッサンの基礎力をつくる』スタジオ・ものくろーむ著、角丸つぶら編集　ホビージャパン　2017.3　175p　26cm　2000円　Ⓘ978-4-7986-1421-2　Ⓝ725.5

内容　これからデッサンを始める人のための入門書。鉛筆デッサンにおける基本の「き」にあたる導入部から応用までを、豊富な作例を挙げながらやさしく解説。準備する画材・道具類なども紹介する。

『基礎から応用までわかるデッサンの教科書』安原成美監修　池田書店　2016.11　191p　26cm　1700円　Ⓘ978-4-262-15420-6　Ⓝ725

内容　この本は、デッサンのコツをマスターし、「なんとなく」描いているだけでは到達できないレベルを習得したい人向けです。基本から始め、無理なくステップアップできます。

『スケッチで実験・観察生物の描き方とコツ』内山裕之編著　星の環会　2014.4　163p　26cm〈文献あり　索引あり〉2400円　Ⓘ978-4-89294-533-5　Ⓝ460.7

目次　1　なぜ理科の学びにスケッチは大切か、2　基礎編─理科観察のスケッチの描き方（ねらいの部分、気付いた部分を描く、ノートの大きさに応じて描く　ほか）、3　応用編─ボタニカルアートの描き方（下絵の描き方、色の付け方　ほか）、4　生き物スケッチ見本（野草、植物のスケッチ　ほか）、5　生き物スケッチ実践例（花の観察とスケッチ、茎の根と葉の細胞観察　ほか）

『絵をかこう！─デッサン・スケッチのコツ　3　いろいろなものをかこう！』いなだゆかり著　汐文社　2014.3　47p　27cm　2300円　Ⓘ978-4-8113-2036-6　Ⓝ725

目次　その1　いろいろやってみよう！（だんだん小さく、形の組み合わせ、マイキャラをつくる）、その2　人間をかこう！（顔をかく、からだの形を知る、見上げる／見下ろす、人物をかく）、その3　風景をかこう！（風景をかく）

『絵をかこう！─デッサン・スケッチのコツ　2　色をつかおう！』たかやまふゆこ著　汐文社　2014.2　47p　27cm　2300円　Ⓘ978-4-8113-2035-9　Ⓝ725

内容　折り紙をつかっていろいろな色をならべたり、くらべたりすることからはじめて、身のまわりにある色を集めたり、粘土で色あそびをしたりして、色のえらび方と組み合わせ方を学びます。また、みなさんがつまずきやすい絵の具のつかい方と、絵の具をまぜ合わせて新しい色をつくることを学びます。この本で紹介している絵の具のつかい方なら、絵に色をつけるときの失敗はぐんと少なくなります。

| 絵を描こう | 芸術・美術を学ぼう |

『絵をかこう！―デッサン・スケッチのコツ　1　よく見てかこう！』たかやまふゆこ著　汐文社　2013.11　47p　27cm　2300円　Ⓘ978-4-8113-2034-2　Ⓝ725
[目次]　その1　まわりをよく見る（景色を切り取る，カメラでのぞく，拡大して見る　ほか），その2　かいてみる（線をかく，形をかく，「気になるところ」をかく　ほか），その3　思った通りにかく（下がきをする，かきたい大きさでかく，大げさにかく）

『鉛筆画初級レッスン』内田広由紀著，視覚デザイン研究所編　視覚デザイン研究所　2013.11　142p　26cm（みみずく・ビギナーシリーズ）〈第15刷〉1800円　Ⓘ978-4-88108-144-0　Ⓝ725.5
[内容]　形のとりかた，立体感・質感の表現，構図の工夫といった基本から分かりやすく解説。野菜・果物・魚，ガラス・陶器・金属，紙・木・布・皮，花・風景・動物などモチーフの素材別に描き方のポイントを説明する。

『初めてでも楽しくできるスケッチの基本―印象的にみせるポイントもわかりやすく紹介』山田雅夫著　ナツメ社　2013.7　127p　26cm（[ナツメ社Artマスター]）〈奥付のタイトル：スケッチの基本〉1500円　Ⓘ978-4-8163-5445-8　Ⓝ725
[内容]　デッサンの基本から、人気の建築物、風景まで、印象的な描き方がわかる。余白の使い方や構図のコツも豊富な実例で解説。画材の選び方、使い方のポイントもていねいに解説！

『デッサン上達法―かたちのトレーニング』早坂優子著，視覚デザイン研究所編　視覚デザイン研究所　2012.8　140p　26cm（みみずく・ビギナーシリーズ）〈第28刷〉1800円　Ⓘ978-4-915009-94-5　Ⓝ725
[内容]　フリーハンドで線を描く練習やシルエットを取り出す方法、トーンのトレーニング等、手とり足とりの丁寧なデッサンの仕組みの解説書。趣味で絵を描く人にも美術学校を目指す人にも役立つ。

『ドローイングレッスン―古典に学ぶリアリズム表現法』ジュリエット・アリスティデス著，Bスプラウト訳，平谷早苗編　ボーンデジタル　2012.7　143p　29cm〈文献あり〉3800円　Ⓘ978-4-86246-184-1　Ⓝ725

『パーフェクトマスターデッサン・静物　質感表現の描き方』国政一真著　誠文堂新光社　2011.1　159p　26cm　1800円　Ⓘ978-4-416-81110-8　Ⓝ725
[内容]　細密に描く。形をとらえるデッサンからテクスチャーを表現するデッサンのすべてをマスター。

『石本正（しょう）と楽しむ裸婦デッサン』石本正，浜田市立石正美術館著　新潮社　2009.7　120p　21cm（とんぼの本）1400円　Ⓘ978-4-10-602190-9　Ⓝ725
[内容]　絵を描くには、裸婦デッサンから始めるのが、一番いい。対象が生身の人間だから、対話が成り立つし、相手の本質がみえてくる。それに絵は心だということを理解する上にも一番手取り早い方法だ。その上、絵の鑑賞も楽しくなってくる。ユニークな絵画教室への招待。

『人体デッサンの基礎知識―骨格と筋肉構造がよくわかる！』バーリントン・バーバー著，[郷司陽子][訳]　グラフィック社　2009.7　303p　26cm〈索引あり〉2800円　Ⓘ978-4-7661-2042-4　Ⓝ725
[内容]　ベストセラーの著者でありアーティストであるバーリントン・バーバーが、絵を描く人たちのために人体を図解した本。人体のあらゆる部位の骨格構造、筋肉知識、そして体表の様子が、一目で分かる。著者が長年の経験から得た実用的なアドバイスも盛り込まれ、新たに得た解剖学の知識を実際のライフドローイングに生かすコツを教えてくれる。400点を超すイラストを掲載し、徹底した研究の成果を包括的にまとめた。

『デッサン7日間』内田広由紀著，視覚デザイン研究所編　視覚デザイン研究所　2008.6　158p　26cm〈第23刷〉1800円　Ⓘ978-4-88108-121-1　Ⓝ725
[内容]　デッサンの基本の中で、どうしても必要最小限のことを7日間で独習できるように構成。レッスンを読み、練習問題を鉛筆と消しゴムを持ってこなすことで、立体感をもったデッサンが描けるようになる。

『パーフェクトマスターデッサン・静物』国政一真著　誠文堂新光社　2008.5　159p　26cm　1800円　Ⓘ978-4-416-80827-6　Ⓝ725
[内容]　新しいトレーニングでデッサンがより早く上達。質感表現を豊かにするために多数のモチーフにトライ。デッサン上達四大要素―形態、明暗、質感、空間表現を徹底解説。

『描きまくりのすすめ』永沢まこと［著］　講談社　2006.8　285p　16cm（講談社＋α文庫）686円　①4-06-281046-8　Ⓝ723.1
　内容　無地の文庫判ノートとペン1本を持って、街に出る。駅でカフェで街角で、人でも動物でも建物でも、目に付いたものを何でも描いてみよう。家では雑誌のグラビアを真似て、人物のかたちを練習する。人気の画家が自らの体験から編み出した、誰にでも絵を描くことが楽しめて、どんどん上手くなる方法を伝授する。

『スーパー人物スケッチ―やさしい顔と体の描き方』川口正明著　グラフィック社　2006.6　151p　26cm　2000円　①4-7661-1702-6　Ⓝ724.55
　内容　いつも見慣れている人の顔や姿なのに、なぜうまく描けないのでしょうか？　顔と体を、できるだけ簡単にやさしく描ける方法として、「タマゴ」と「コンニャク」から学ぶ、ユニークな技法書。

『デッサン―guide book』河村栄一著　一岬堂　2006.2　121p　31cm〈発売：星雲社〉2857円　①4-434-07451-2　Ⓝ725
　内容　描写力に欠かせない基本デッサン133点を完全収録。

『花のスケッチ入門』中島千波監修・著　宝島社　2004.10　64p　26cm（TJ mook）〈付属資料：DVD-Video1枚（12cm）付属資料：DVD-Video1枚（12cm）〉1600円　①4-7966-4270-6

『はじめての人物画レッスン帳』増井孝洋著　エムディエヌコーポレーション　2003.10　143p　26cm〈発売：インプレスコミュニケーションズ〉2300円　①4-8443-5714-X　Ⓝ724.55
　内容　本格的な絵の勉強はしたことがないけれど「人物を描きたい！」本書はそんな人物画ビギナーの方々に贈る入門書。全身のプロポーションのとり方、人体の基本的な骨格や筋肉の知識、顔や手足などのパーツの特徴と描き方、老若男女の描き分け、動態（ムーブマン）、衣服のシワの表現方法、視点（アイレベル）の定め方、背景と人物、構図・画面バランス・構成、テーマに沿った描き方、キャラクター設定、デフォルメなどを説明する。

『デッサン学入門―創意の源泉を探る』南城守著　岡山　西日本法規出版　2003.6　300p　21cm　2800円　①4-86186-153-5
　目次　第1章 素描学序章、第2章 ルネッサンス素描学の誕生、第3章 素描解析図への試み―絵画鑑賞の秘訣、第4章 バロックから近代美術までの素描観の変遷、第5章 観念的レアリスム―眼から頭への素描観、第6章 20世紀美術―新しいデッサン概念の誕生、第7章 アメリカ美術の台頭―現代ドローイングの誕生、終章 創造と鑑賞の秘訣

『スケッチ入門コツのコツ―静物と風景を描く』大場再生著　日本放送出版協会　2001.10　111p　24cm（生活実用シリーズ）1500円　①4-14-187841-3　Ⓝ725

『はじめてのマルチローディング―丸筆1本で描ける花のペイント』加藤幸子著　日本ヴォーグ社　2001.10　82p　26cm〈付属資料：型紙1枚　付属資料：型紙1枚〉1295円　①4-529-03610-3　Ⓝ724
　内容　本書は、初めての方でも描けるように基本を中心に構成。何よりなのは、1本の筆と10色の絵の具と13ストロークをマスターすることにより、ほとんどの花や静物が描けること。10種類の花と6種類の小花を中心に組み立ててあるが、少しの工夫によって色々な複雑な花も描くことができる。

『感動空間・デッサン』「民美」技法書・デッサン編集委員会編著　本の泉社　2001.6　111p　26cm（技法書シリーズ1）1905円　①4-88023-361-7　Ⓝ725
　目次　1章 デッサンとは何か（デッサンとは何か、線と明暗について）、2章 デッサンの描き方（用具と材料の使い方、画面と構図、形態と空間を描く、見ることについて）、3章 さまざまなデッサン（帰米二世の自己をみつめて―デッサンと野田英夫、根源的・今日的なデッサンの意味―色彩とデッサン、限られた生の燃焼―「無言館」のデッサン ほか）

『デッサン　初級編』フォーラム11編　遊友出版　2001.5　119p　26cm（入門シリーズ）1800円　①4-946510-19-2　Ⓝ725
　目次　画材別基本レッスン（鉛筆VS木炭、タッチ（ナチュラル、リアル、シャープ、ラフ、アンシャープ、省略と強調））、テーマ別基本レッスン（いろいろな形、位置関係、傾き：中心線の向きを見る、立体感：大きな形の組立てをつかむ、材質感：そのものらしさ ほか）

『ドローイング―Step by step』近藤達雄著　美術出版社　2000.11　174p　26cm（絵画表現1）2500円　①4-568-30054-1　Ⓝ725

『気軽にたのしむスケッチbook』湯山俊久著　西東社　2000.8　144p　26cm　1500円　④4-7916-1054-7　Ⓝ725
[内容]本書は、技法やテクニックだけによる、見た目の安易な表現ではなく、基本的な物の見方や造形的な解釈、描く際の具体的なポイントを重視し、豊富な作品例を見ながら、段階を追って描けるように構成しています。

『大和屋巌・飯野鐵郎のスケッチ入門』大和屋巌，飯野鐵郎［著］　小学館　2000.6　122p　21cm（Shotor library）1500円　④4-09-343116-7　Ⓝ725
[内容]描けたらいいなと思っている人は、この本を読んだ瞬間、絵が描けるようになりますよ！―『サライ』の二大特集「初めてのスケッチ」「初めての色鉛筆画」をまとめて一冊に。

『アルウィンのスケッチ入門』アルウィン・クローショー著，木村規子訳　エム・ピー・シー　2000.4　63p　28cm（Learn to paint 1）1000円　④4-87197-501-0　Ⓝ725
[内容]絵を始めたいけれどちょっと戸惑っている、そんなあなたに、描くことの楽しさを世界のトップアーティストが教えてくれる、絵画技法入門シリーズ。スケッチをする際の注意点やペンや鉛筆、水彩などでのスケッチの極意をNHK衛星放送でもおなじみのアルウィン氏が、魅力的な実例を示しながら、解説。スケッチの楽しさが広がる1冊。

◆水彩画

『水の使い方がわかる水彩風景画―6つの作例でウォッシュ技法が自然に身につく』グラハム・ブース著，倉田ありさ訳　マール社　2024.6　103p　25cm〈索引あり〉2000円　④978-4-8373-0882-9　Ⓝ724.4
[内容]大人になってから絵を始めて苦労した著者が、「風車の丘」「山の小道」など6つの特徴的な風景を通して、水彩に必要な知識とテクニックを解説。コピー＆ダウンロードできる下絵を使って描いていくうちに自然と技が身につく。

『イチバン親切な水彩画の教科書―描きながら覚える他では教えないマニュアル　水彩画のはじめ方から作品作りまでプロが教える究極のテクニック』上田耕造著　新版　新星出版社　2022.4　191p　24cm　1800円　④978-4-405-07347-0　Ⓝ724.4
[内容]描きながら覚える他では教えないマニュアル。水彩画のはじめ方から作品作りまでプロが教える究極のテクニック。

『もふもふ・かわいいはじめての透明水彩』すずきあやえ著　KADOKAWA　2022.3　95p　20cm　1380円　④978-4-04-605577-4　Ⓝ724.4
[内容]簡単な下絵に透明水彩絵の具で色をのせていくと、紙にジュワ〜ッと広がって、ふわふわ＆もふもふなモチーフが完成！　かわいいイラストの描き方を紹介します。ぼかしやにじみが出る紙、描き方動画が見られるQRコード付き。

『はじめて描く人へ花の水彩画レッスン』玉村豊男著　KADOKAWA　2018.8　95p　24cm　1450円　④978-4-04-896337-4　Ⓝ724.4
[内容]筆や絵の具、画用紙選びから教えます。絵を描いたことがなくても、好きな花が描ける本です。

『身近なモチーフで始める水彩画―かたち・色・光と影3つのコツですぐ上手くなる』堀川理万子著　誠文堂新光社　2018.4　111p　26cm（はじめての描き方教室）1600円　④978-4-416-51624-9　Ⓝ724.4
[内容]かたち、色、光と影の3つのコツを覚えれば、美しい水彩表現をマスターできる！　レモン、ミネラルウォーターのボトル、バラなど身近なモチーフを取り上げ、水彩画の描き方をわかりやすく解説する。基本の技法も掲載。

『はじめての水彩レッスン―モチーフ別でやさしく描ける』若月美南編著　ナツメ社　2017.5　143p　26cm（ナツメ社Artマスター）〈付属資料：彩色練習ノート（1冊）〉1600円　④978-4-8163-6226-2　Ⓝ724.4
[内容]水彩画のモチーフの描き方を、ていねいに手順を追いながら豊富な作例で解説しました。

『水彩画燦めきの小径―身近な風景をリアルに描く』田中己永著　日貿出版社　2015.8　111p　26cm　2200円　④978-

4-8170-2033-8　Ⓝ723.1
[目次]　第1章 カントリーロード―逃水の彼方、第2章 冬景色―鎮める世界、第3章 花室川―萌え出る命、第4章 作品制作の基本―風景を描くために（カメラを持って取材に出よう、構図の勉強、画材選びのヒント、筆遣いの基本、塗り方の基本）、第5章 描法プロセス―制作の流れを見る（制作の大きな流れをつかもう 青い陰、実際の制作過程を見てみよう 春の始まり）

『美術教師がつくった水彩画の教科書』米山政弘編著　京都　かもがわ出版　2010.10　143p　26cm　2000円　Ⓘ978-4-7803-0390-2　Ⓝ724.1
[内容]　基本を学ぼう。水彩画大好き人間を育む。40年の実践から生まれた入門書。

『はじめての植物画―好きな花を水彩絵の具で描こう！　ボタニカルアート入門』鎌滝由美監修　毎日コミュニケーションズ　2009.6　91p　26cm〈マイコミムック〉〈付属資料：DVD-Video1枚（12cm）〉1886円　Ⓘ978-4-8399-3115-5

◆水墨画
『現代感覚で描く水墨画の教科書』伊藤昌、久山一枝、根岸嘉一郎著　新装版　日貿出版社　2024.4　147p　26cm〈索引あり　動画解説付〉2700円　Ⓘ978-4-8170-2235-6　Ⓝ724.1
[内容]　伝統を踏まえつつ現代に生きる水墨画の新しい動きも盛り込んだ水墨画指導書。基本的な調墨と運筆から、さまざまな技法、作品づくりのコツまで、豊富な作例や描き方のプロセスを交えて解説する。動画が見られるQRコード付き。

『初心者のための水墨画入門―誰でもすぐに上達できる』塩澤玉聖指導　新装版　主婦の友社　2024.4　102p　26cm　1600円　Ⓘ978-4-07-456958-8　Ⓝ724.1
[内容]　上達のためのコツがよくわかる大きな写真、やさしい解説で基礎から学べる。すぐに描けて、本格的に見えるお手本を多数紹介。

『動画で楽しむはじめよう水墨画』久山一枝著　日貿出版社　2022.11　79p　26cm　1700円　Ⓘ978-4-8170-2206-6　Ⓝ724.1
[内容]　伝統的な技法解説とは異なり、新しいモチーフで水墨画を描く楽しさを紹介した入門書。用具・用語解説も収録する。動画が見られるQRコード付き。ユーチューブ配信動画をもとに書籍化。

『初めての水墨画―楽しく描ける基本とコツ』矢形嵐酔著　講談社　2018.10　99p　21cm〈The New Fifties〉1600円　Ⓘ978-4-06-513320-0　Ⓝ724.1
[内容]　初めて水墨画を学ぶ人のための入門書。初冬の法隆寺、十二支・縁起物、身近な静物等を描きながら、「筆致をリズミカルに」「大胆に、思い切りよく」など、水墨画の基本とコツをわかりやすく解説。道具の選び方も収録。

『基本が身につく初歩からの水墨画―手に取るようにわかる徹底レッスン』塩澤玉聖著　新装版　日貿出版社　2016.9　103p　26cm　2000円　Ⓘ978-4-8170-2073-4　Ⓝ724.1
[内容]　初心者のための水墨画入門。最初にそろえたい道具の選び方から、墨と筆の扱い方、基本の筆づかい、よく使われる技法、色の使い方までをやさしく丁寧に解説する。季節の花や実、野菜などを中心とした作例も豊富に掲載。

『基本が身につく水墨画黄金の法則』馬艶著　日貿出版社　2016.8　87p　30cm　2200円　Ⓘ978-4-8170-2067-3　Ⓝ724.1
[内容]　24の黄金の法則があなたの作品をレベルアップ！　基本が身につけば描ける水墨画の決定版。

『抽象水墨画入門―10大作家による描法と作例100選』全国水墨画美術協会編著　改訂新版　秀作社出版　2013.2　109p　30cm〈秀作水墨画描法シリーズ 35〉3800円　Ⓘ978-4-88265-523-7　Ⓝ721.9
[内容]　抽象画とはどういう絵画か？　抽象画はどう鑑賞したらいいのか？　抽象画はどう描いたらよいか？　画期的な入門書。

『やさしい水墨画入門―カラー図解でよくわかる』吉岡明峰著　金園社　2005.11　64p　26cm〈エンジョイシリーズ〉1260円　Ⓘ4-321-44508-6
[内容]　水墨画の入門書として、自然界そのものの描き方、捉え方をわかりやすく解説。

『はじめての水墨画―すぐに描ける誰でも描ける』小林東雲著　主婦の友社　2002.6　223p　21cm　1600円　Ⓘ4-07-233690-4　Ⓝ724.1
[内容]　本書では四季の画題を描きながら、水墨画にもっとも大切な、心の表現方法をわかりやすく解説した。

『やさしい水墨画―基本テクニックと作例』小林東雲著　主婦の友社　2000.10　223p　21cm〈発売：角川書店〉1600円　Ⓘ4-07-228625-7　Ⓝ724.1
内容　墨と紙の織りなす幽玄の世界。むずかしかった水墨画の基本を、本書ではじめて「5つの技法」に系統立て、四君子やツバキ、松などのモチーフと組み合わせてわかりやすく紹介しました。

『はじめての水墨画―1週間で学べる』岡村南紅著　可成屋　2000.5　103p　27cm〈発売：木耳社〉1800円　Ⓘ4-8393-8707-9　Ⓝ724.1

『今日から始める水墨画入門』白浪著　改訂新版　秀作社出版　2000.3　123p　30cm　3500円　Ⓘ4-88265-268-4
内容　本書は著者が長い間、西洋絵画と東洋水墨画を勉強してきた成果を、水墨画の基礎として易しく編んだものです。日本の画家たちでは真似ることのできない、いろいろな筆の使い方で表現された作例が沢山あります。

◆油絵

『油絵入門基本から始めよう』鈴木輝實著　新装版　グラフィック社　2024.4　95p　26cm〈初版のタイトル：基本から始めよう〉2000円　Ⓘ978-4-7661-3927-3　Ⓝ724.3
内容　油絵入門決定版！10色で描ける風景と静物。立体感、輪郭、前後関係の表現と塗り方がよくわかる。

『基本が身につく油絵レッスン』山中俊明著　ナツメ社　2021.3　223p　26cm　2000円　Ⓘ978-4-8163-6979-7　Ⓝ724.3
内容　道具の使い方、デッサン、構図、配色等を基礎から解説。静物画、風景画、人物画、創作画の実践例から学ぶ。

『7日でうまくなる油絵初級レッスン―12色でここまでできる静物画・風景画』小屋哲雄著　増補改訂　誠文堂新光社　2020.1　127p　26cm　1800円　Ⓘ978-4-416-71935-0　Ⓝ724.3
内容　静物画、風景画のレッスンに、雲・水面・樹木・建物のマチエールレッスンを追加。基礎から学べるロングセラー入門書。

『1日で描くリアル油絵の基本―6色＋白だけで多彩に描ける本格入門！』大谷尚哉著, 角丸つぶら編集　ホビージャパン　2019.9　143p　26cm　2200円　Ⓘ978-4-7986-1991-0　Ⓝ724.3
内容　「短時間」で「リアルに見える」油絵を描くには？　画材について説明するとともに、モチーフを実際に観察して描くことを重視した油絵の描き方を解説。風景については、写真を利用した短時間描きの方法を紹介する。

『はじめての油絵―ステップ＆テクニック』金子亨著　グラフィック社　2015.3　111p　26cm〈普及版カルチャーシリーズ〉1800円　Ⓘ978-4-7661-2780-5　Ⓝ724.3
内容　油絵具の特性を生かした表現テクニックを、描く手順を追って解説しています。

『はじめての油絵レッスン―道具・練習・下描きから完成まで』マーク・ウィレンブリンク, メアリー・ウィレンブリンク著, 森竹訳　マール社　2014.8　127p　25cm〈索引あり〉1750円　Ⓘ978-4-8373-0548-4　Ⓝ724.3
内容　本書は、道具の解説、絵画制作の基礎、油絵の基礎から完成までを解説しており、はじめて油絵に挑戦する方に分かりやすい構成になっています。また油絵の基本をもう一度学びたい方にもぴったりです。油絵は絵の具を塗り重ねて完成させます。作例はすべて手順を追った写真で丁寧に解説しています。写真を追うことで、下地から完成まで、どのように絵の具が塗り重ねられ、色が変化しているのかがよくわかります。

『イチバン親切な油絵の教科書―描きながら覚える、他では教えないマニュアル油絵・デッサンの基本から作品作りまで、プロが教える究極のテクニック』上田耕造著　新星出版社　2014.2　191p　24cm　1800円　Ⓘ978-4-405-07177-3　Ⓝ724.3
内容　描きながら覚える、他では教えないマニュアル。油絵・デッサンの基本から作品作りまで、プロが教える究極のテクニック。

『やさしい楽しい新油絵入門』鈴木輝實著　学習研究社　2008.7　111p　26cm〈納得のいく技法シリーズ〉2000円　Ⓘ978-4-05-403764-9　Ⓝ724.3
内容　『やさしい楽しい新油絵入門』の「新」には、2通りの新しさがある―絵具の練り具合をマヨネーズに例えたりして、親しみやすく、新しいアイデアいっぱいの技法書であること。そしてデュオ油絵具といって、水で溶いても描ける画期的な新しい画材を使った初めての技法書であること。ただし、本書で紹

介する内容そのものは、ウエット・イン・ウエットやウエット・オン・ドライなど、油絵の伝統的な技法の中から現在でも通用する普遍的な基本技法を、著者が独自に工夫して、よりわかりやすく、より体系立てた構成にしたものである。

『いまからはじめる油絵入門―画材の紹介から、制作手順まで"プロの視点と技法"が、よくわかる!』新星出版社編集部編　新星出版社　2004.10　158p　26cm　1600円　Ⓘ4-405-07086-5　Ⓝ724.3

目次 1 油絵の画材(絵の具、画用液 ほか)、2 色の基礎知識(色と名称、3原色と色相環 ほか)、3 油絵の技法(平塗り、インパスト ほか)、4 デッサンと構成(基本形態のデッサン、遠近法 ほか)、5 油絵の制作(風景、花畑 ほか)

◆ポスター

『ポスターで伝えよう見るコツつくるコツ　3　ポスターで発表しよう』冨樫忠浩監修　汐文社　2022.2　32p　27cm〈文献あり　索引あり〉2500円　Ⓘ978-4-8113-2891-1　Ⓝ727.6

内容 思いを伝えたり、受け止めたりできるポスターのすばらしさを伝える。3は、ポスターを使って、調べたことや情報を伝えたり、意見交換をしたりする発表方法、ポスターセッションについて、イラストや写真、マンガで紹介する。

『ポスターで伝えよう見るコツつくるコツ　2　ポスターをつくろう』冨樫忠浩監修　汐文社　2022.1　32p　27cm〈文献あり　索引あり〉2500円　Ⓘ978-4-8113-2890-4　Ⓝ727.6

内容 思いを伝えたり、受け止めたりできるポスターのすばらしさを伝える。2は、スローガンのつくり方から、デザインの方法やレタリングのコツ、上手なポスターでの発表方法までをイラストや写真、マンガで紹介する。

『ポスターで伝えよう見るコツつくるコツ　1　ポスターを読もう』冨樫忠浩監修　汐文社　2021.12　32p　27cm〈索引あり〉2500円　Ⓘ978-4-8113-2889-8　Ⓝ727.6

内容 思いを伝えたり、受け止めたりできるポスターのすばらしさを伝える。1は、ポスターの歴史から、学校やまちでの探し方、キャッチコピーとデザイン、ポスターの見比べ方まをイラストや写真、マンガで紹介する。

『ポスターをつくろう!　表現を工夫しよう!』デジカル作　汐文社　2010.12　47p　27cm〈索引あり〉2200円　Ⓘ978-4-8113-8714-7　Ⓝ727.6

目次 ポスターの役割とは?、ポスターの起源、日本のポスター文化、題材について深く考えよう!、キャッチコピーを工夫しよう!、レイアウトを工夫しよう!、デフォルメしよう!、色を工夫しよう!、テーマ別にポスターをつくろう!、コンクールに応募しよう!

『ポスターをつくろう!　魅力的なイラストを描こう!』デジカル作　汐文社　2010.10　47p　27cm　2200円　Ⓘ978-4-8113-8713-0　Ⓝ727.6

目次 イラストの役割とは?、描く準備をしよう!、構図を決めよう!、下描きをしよう!、色を塗ろう!、絵の具を使おう!、その他の画材を使おう!、色の組み合わせを考えよう!、人体を描こう!、顔や表情を描こう!〔ほか〕

『ポスターをつくろう!―注目されるコピーを書こう!』デジカル作　汐文社　2010.9　47p　27cm　2200円　Ⓘ978-4-8113-8712-3　Ⓝ727.6

目次 コピーの役割とは?、題材について考えよう!、下調べをしよう!、キャッチコピーを考えよう!、キャッチコピー以外のコピー、レイアウトを考えよう!、レタリングをしよう!、文字の骨組みを考えよう!、文字を書いてみよう!、自由にデザインしよう!

◆版画

『木版画を作ろう　応用篇』古谷博子監修　阿部出版　2019.8　107p　29cm〈版画技法実践講座〉2300円　Ⓘ978-4-87242-470-6　Ⓝ733

内容 水性・油性絵の具を使った木版画制作方法から、木版画で銅版のような線描を表現するための凹版による制作、「ぼかし」の表現方法まで、1工程ずつ写真をまじえながら分かりやすく紹介する。『版画芸術』連載に加筆し書籍化。

『版画―文部科学省認可通信教育』武蔵野美術大学油絵学科版画研究室、武蔵野美術大学通信教育課程研究室編　新版　武蔵野　武蔵野美術大学出版局　2012.4　249p　30cm〈文献あり　執筆:池田良二ほか〉4200円　Ⓘ978-4-86463-003-0　Ⓝ730

内容 銅版、石版、木版、スクリーンプリント。多様な技法を制作工程にそって丁寧に解

説。制作の現場で培われた工夫やアイデア。近代以降の版画史と現状の解説を加えムサビの版画教育が一冊に。

『新しいシルクスクリーン入門―版画・ポスター・イラスト・陶器・テキスタイルの制作』多摩美術大学校友会編　誠文堂新光社　2001.3　111p　26cm　1800円　Ⓘ4-416-80100-9　Ⓝ737
内容　本書は、シルクスクリーン技法を詳細に紹介するとともに、各学科で行われている制作の実際も分かりやすく解説しており、シルクスクリーンの意外な多様性が理解できる内容になっています。

『だれでもできる木版画はがき』多摩美術大学校友会編　誠文堂新光社　2000.7　95p　23cm〈版下付き〉1200円　Ⓘ4-416-80017-7　Ⓝ733
内容　本書には、原寸大の版下(版木に貼るために原画を転写した絵や文字の下書き)、道具、制作のやり方などの木版画制作に必要な基本的アイテムに加え、現在第一線で活躍している版画家の最新木版画技法が収められています。ぼかし技法やマチエール版画の制作方法もわかりやすく紹介しました。

『新しい木版画入門―現代木版画から年賀状まで』多摩美術大学校友会編　誠文堂新光社　2000.3　111p　26cm　1800円　Ⓘ4-416-80013-7　Ⓝ733
内容　本書は河内成幸氏を始めとして、平木美鶴、木村繁之、高垣秀光、おかもとひろこ、古谷博子、舩坂芳助、両角修、柿崎兆の諸氏のそれぞれの技法により、「動物」「風景」「静物」そして「抽象」と、モチーフごとにわかりやすくテクニックを披露しています。各作家それぞれの適切なアドバイスは、初めて木版画に取り組む方々や専門家の方々にもきっと役立つものです。

《マンガやイラストを描けるようになるには》

『1本の線からはじめる絵の描き方教室』高原さと著　SBクリエイティブ　2024.4　215p　21cm　1800円　Ⓘ978-4-8156-1908-4　Ⓝ726.507
内容　「絵が苦手だ」と思い込んでいる人のための線画イラスト入門。1本の線を引くことからはじめて、1枚の絵を完成させるまでの道のりを、たっぷりのイラストで教える。

『マンガって何？―マンガでわかるマンガの疑問』京都国際マンガミュージアム, 京都精華大学国際マンガ研究センター監修・編集　京都　青幻舎　2024.4　143p　21cm〈文献あり〉1800円　Ⓘ978-4-86152-950-4　Ⓝ726.101
内容　マンガのはじまりはいつ？　マンガって誰が読むの？　マンガの歴史、作り方、産業、国内外の状況などを、学術的な研究成果をふまえて、豊富な図版とともに解説する。京都国際マンガミュージアムの常設展示をもとに書籍化。

『イラスト、漫画のための配色教室ミニ帖』松岡伸治著　エムディエヌコーポレーション　2024.3　143p　19cm〈文献あり〉「イラスト、漫画のための配色教室」(2018年刊)の改題、抜粋、再編集　頒布・発売：インプレス〉1400円　Ⓘ978-4-295-20648-4　Ⓝ726.507
内容　47の配色を実例で分かりやすく図解。セパレーション、補色、アクセント、色相別、季節、時間…

『初めて描く人のための漫画キャラデッサン―知識ゼロから魅力的な女の子の描き方が身につく』ながさわとろ著, ユニバーサル・パブリシング編　増補改訂　誠文堂新光社　2024.1　191p　26cm（描きテク！）〈文献あり〉2000円　Ⓘ978-4-416-52422-0　Ⓝ726.107
内容　知識ゼロから魅力的な女の子の描き方が身につく。

『見てもらいたくなるマンガキャラの描き方超入門』KawaiiSensei監修　成美堂出版　2023.12　223p　26cm　1700円　Ⓘ978-4-415-33278-9　Ⓝ726.107
内容　男女の描き分けも、ポイントを意識すればこのとおり！　だれだってスグに上手くなる！　体をブロックに分けて考えると動きがわかりやすいですね！　急に上手くなる！　写真でよくわかる！

『プロのアドバイスで上手くなる！やさしいイラスト添削』ののまろ著　ソーテック社　2023.11　151p　26cm　1980円　Ⓘ978-4-8007-3035-0　Ⓝ726.507
内容　キャラクターの魅力を表現するには？　細かく描き込んでいるのに寂しく感じるのはなぜ？　添削前後のイラストを見開きで掲載し、プロのアドバイスでイラストがどう変化したのかを分かりやすく解説する。

芸術・美術を学ぼう　　　マンガやイラストを描けるようになるには

『1本の線で思いどおりに描ける！魔法の人物ドローイング』たきみや著　西東社　2023.10　191p　22cm〈文献あり〉1800円　Ⓘ978-4-7916-3223-7　Ⓝ726.507
内容　どんなポーズもたった2分で、変幻自在！マンガ、アニメーション、イラストレーション、すべてに通じる。はじめてでも簡単「ジェスチャードローイング」で全身の作画に困らない！

『今日からはじめるCLIP STUDIO PAINTイラスト入門―"描きたい"を"描ける"にしよう』葉丸著,リンクアップ編　技術評論社　2023.9　238p　26cm〈索引あり　PRO/EX/iPad対応版　イラストデータ配布〉2000円　Ⓘ978-4-297-13659-8　Ⓝ726.507
内容　"描きたい"を"描ける"にしよう。PRO/EX/iPad対応版。

『「好き」を育てるマンガ術―少女マンガ編集者が答える「伝わる」作品の描き方』鈴木重毅著　フィルムアート社　2023.9　357p　19cm　2000円　Ⓘ978-4-8459-2122-5　Ⓝ726.107
内容　どうしたらキャラが立つ？　物語の膨らませ方は？　読者をキュンとさせるにはどうしたらいい？　スランプの解消法は？　担当作の累計発行部数4000万部超えの敏腕編集者が、あなたの創作のお悩みに答えます！

『マンガ原作バイブル―77＆感動の法則』大石賢一著　言視舎　2023.9　295p　19cm〈「マンガ原作の書き方」(彩流社2009年刊)と「マンガ原作感動をつくる法則」(2015年刊)の改題、加筆・再編集〉2000円　Ⓘ978-4-86565-261-1　Ⓝ726.107
内容　決定版！　入門からプロの技術まで1200作ものマンガ原作を手がけてきた著者が伝授する創作ノウハウの核心。

『今日からはじめるProcreateイラスト入門―"描きたい"をiPadで叶えよう』s！on著,リンクアップ編　技術評論社　2023.8　206p　26cm〈索引あり　イラストデータ配布〉2000円　Ⓘ978-4-297-13597-3　Ⓝ726.507
内容　"描きたい"をiPadで叶えよう。イラストデータ配布。

『まんが原作・原論―理論と実践』大塚英志著　星海社　2023.5　283p　18cm〈星海社新書259〉〈頒布・発売：講談社〉1150円　Ⓘ978-4-06-531922-2　Ⓝ726.101
内容　まんが原作制作のすべてを徹底解剖。理論編では、まんが原作者の思考を「未然の文芸」「否定的媒介」といったキーワードで分析。実践編では、「企画書」の手法とプロセスを、日米のリアルな事例によって解説する。

『イラスト1年生のための「魅せるキャラクター」の描き方―「ここで差がつく」お絵描きヒント満載！』かおりゅ著　SBクリエイティブ　2023.4　143p　26cm　2000円　Ⓘ978-4-8156-1232-0　Ⓝ726.507
内容　描いたけど、なんか違う…。絵を描く人が「伸び悩んだとき」に役立つ本。顔、目、鼻、髪などを魅力的に描くコツから、ポーズ、構図、色選びまで、すぐに使えるテクニックが満載。添削動画がダウンロードできるQRコード付き。

『クリスタはじめての漫画制作入門―漫画づくりの流れがすっきりわかる！』まりむう著　ソーテック社　2023.4　263p　26cm〈索引あり　CLIP STUDIO PAINT PRO/EX対応　漫画データダウンロード〉2400円　Ⓘ978-4-8007-1317-9　Ⓝ726.107
内容　ネーム、コマ割、ペン入れ、背景、ベタ・トーン、カラーイラスト。漫画づくりの流れがすっきりわかる！

『まんがイラストずかんパーフェクトコレクション―めちゃカワMAX!!』めちゃカワ!!まんがイラスト委員会著　新星出版社　2023.3　287p　19cm〈「まんがイラストずかんキラメキコレクション」(2013年刊)の改題、内容に加筆、修正を加え、再編集　コデックス装〉980円　Ⓘ978-4-405-07366-1　Ⓝ726.107
内容　かわいい女の子やドレスも！　まねするだけでびっくりするほどうまく描けちゃう！

『漫画のプロが全力で教える「描き文字」の基本』東京デザイン専門学校著　日本文芸社　2023.3　123p　26cm〈索引あり〉1800円　Ⓘ978-4-537-22053-7　Ⓝ726.107
内容　漫画の描き文字の特徴やバリエーションを、「登場する」「走る」「料理する」「喜ぶ」といったシチュエーション別に50例紹介。「描き文字」の基本知識や描き方も解説する。

『現代Twitterマンガ概論』ハミタ著　玄

光社　2023.2　159p　21cm　1800円　ⓘ978-4-7683-1729-7　Ⓝ726.107
内容　誰でも簡単にバズることができる、SNSに特化した最先端の画期的マンガ術。

『へたっぴさんのための表情＆ポーズの描き方入門―なんでイメージどおりに描けないんだ!?』森永みぐ著　インプレス　2022.12　126p　21cm〈電子版（PDF）付き！〉1200円　ⓘ978-4-295-01523-9　Ⓝ726.507
内容　へたっぴなところを知れば、お絵描きクオリティはぐんぐん上がる！　思い通りの表情とポーズを描けるよう、体の各パーツとのつながり＆流れと体全体の流れを解説する。無料で電子版（PDF）をダウンロードできる特典付き。

『「棒人間」からはじめるキャラの描き方〈超入門〉―絵心ゼロでも大丈夫：とことん敷居を低くした、絶対に挫折しないイラスト教本です。』isuZu著　技術評論社　2022.6　191p　21cm〈練習シートダウンロード〉1800円　ⓘ978-4-297-12834-0　Ⓝ726.507
内容　とことん敷居を低くした、絶対に挫折しないイラスト教本です。

『キャラとモノの基本スケール図鑑―マンガ・イラスト・アニメ制作の場面設定に役立つ！』ユニバーサル・パブリシング編著　増補新版　芸術新聞社　2022.5　239p　26cm〈文献あり　索引あり　初版：グラフィック社2012年刊〉2500円　ⓘ978-4-87586-647-3　Ⓝ726.107
内容　人と物の大きさの関係がひと目でわかる作画資料集。人物とモノ、空間との対比を数値化し、絵を構成していく上での目安を提示する。人と空間の関係を扱うパブリック編と、モノとそれを扱う手との関係も追うパーソナル編で構成。

『プロの講師が教えるマンガの描き方―専門学校で教えるすべてのエッセンスがここに！』つちや書店　2022.4　143p　26cm　1800円　ⓘ978-4-8069-1754-0　Ⓝ726.107
内容　マンガを描く道具から、物語やネームの作り方、キャラクターの作り方、背景トレースの方法、読者を引き込む演出効果まで、専門学校で実際に講師が教えているマンガ制作の授業のエッセンスをまとめる。Q&Aも収録。

『うまく描けるスターターキットつき誰でもまんが家になれちゃうBOOK』　宝島社　2022.3　40p　30cm（TJ MOOK）2000円　ⓘ978-4-299-02190-8　Ⓝ726.107

『プロの講師が教えるコミックイラストの描き方―専門学校で教えるすべてのエッセンスがここに！』　つちや書店　2021.12　175p　26cm　2000円　ⓘ978-4-8069-1753-3　Ⓝ726.507
内容　コミックイラストの描き方の実践的な参考書。キャラクターを描くコツからポーズや構図、パースや色や光の描き方、キャラクターのデフォルメの方法、様々な世界観の表現方法、プロで仕事をしていくコツまでを収録する。

『デジタルイラストの「武器」アイデア事典―キャラクターを彩る古今東西の逸品400』サイドランチ著　SBクリエイティブ　2021.11　175p　26cm（NEXT CREATOR）〈文献あり　索引あり〉2050円　ⓘ978-4-8156-1001-2　Ⓝ726.507
内容　イラストを描く人のための武器のアイデア事典。古今東西の刀剣、槍、棍、斧、弓、銃、暗器などから魅力的な武器を多数収録。武器の構造・描き方、キャラに合う定番ポーズ、質感をみせる彩色などがわかる。

『マンガキャラ塗り方基本＆プロ技テクニック―人気絵師の実践動画付き』横濱英郷監修　西東社　2021.11　223p　26cm〈CLIP STUDIO PAINT対応〉2200円　ⓘ978-4-7916-2847-6　Ⓝ726.107
内容　アニメ塗り、厚塗り、ブラシ塗り、水彩塗り…。CLIP STUDIO PAINTを使ったプロの作画技術を、動画と紙面を合わせて解説。動画視聴用パスワード、練習用線画などのダウンロード特典付き。

『スマホで描く！はじめてのデジ絵ガイドブック』（萌）表現探求サークル著　ホビージャパン　2021.10　159p　19cm　1000円　ⓘ978-4-7986-2591-1　Ⓝ726.507
内容　誰でもはじめてのデジ絵が描ける！デジ絵に必要な知識、レイヤーの使い方、人物の塗り方など、デジ絵チャレンジで一番最初に知りたい情報が詰まった一冊！

『マンガストーリー＆キャラ創作入門―読者を惹きつける感情移入の作り方』田中

芸術・美術を学ぼう　　　　　　　　　　マンガやイラストを描けるようになるには

裕久著　玄光社　2021.8　175p　26cm　2100円　Ⓘ978-4-7683-1500-2　Ⓝ726.107
内容 豊富な実例でわかりやすい！ 企画・プロット・ネーム―ワンランク上の構成力が身につけられる！

『描きたい‼を信じる―少年ジャンプがどうしても伝えたいマンガの描き方』週刊少年ジャンプ編集部作　集英社　2021.4　183p　21cm　900円　Ⓘ978-4-08-790022-4　Ⓝ726.107
内容 週刊少年ジャンプ編集部が作った、「何も知らないところから、マンガを楽しく描いて上手くなる」ための本。マンガを描くときに誰もがもつ悩みや疑問に答える。ジャンプ作家たちの描きおろしネームやアンケートなども掲載。

『デジタルイラストのレベルがグッと上がる！ キャラ＆背景「塗り」上達BOOK』たける, ゆるや, 七瀬尚, 月うさぎ, 木野花ヒランコ, きるし, りーん, ふもえ, きすけくん,motto著　ナツメ社　2020.11　215p　26cm　2200円　Ⓘ978-4-8163-6912-4　Ⓝ726.507
内容 CLIP STUDIO PAINTでの「デジタル塗り」のコツを丁寧に解説！ 印象的な背景や小物の塗り方も紹介！ プロの技をのぞき見！ メイキング動画付き！

『ややこしくない絵の描き方―誰でも始めやすくて続けられる練習方法』松村上九郎著　秀和システム　2020.11　303p　21cm　1600円　Ⓘ978-4-7980-6318-8　Ⓝ726.107
内容 難しい絵も分解すれば怖くない！ パーツや要素ごとに練習、最後に要素をまとめる。楽しく描けるものから始めてOK！

『プロが教える少女マンガの作り方』松元美智子著　秀和システム　2020.10　263p　21cm〈索引あり〉1800円　Ⓘ978-4-7980-6044-6　Ⓝ726.107
内容 連載経験から学んだ少女マンガの原則。コンセプト、ストーリー、キャラ造形、コマ割り。いつの時代も変わらない、面白くするためのプロの常識を解説！

『小学生から始めるマンガ教室』すぎやまゆうこ監修・原作, かんくろうマンガ・イラスト　大泉書店　2020.7　159p　21cm（012ジュニア実用）1000円　Ⓘ978-4-278-05225-1　Ⓝ726.107

内容 マンガだからわかりやすい！ マンガを描くための入門書!!

『マンガのマンガ―初心者のためのマンガの描き方ガイド　伝わるマンガの描き方編』かとうひろし著　銀杏社　2020.5　131p　21cm（漫画街コミックス 16）1500円　Ⓘ978-4-903602-26-4　Ⓝ726.107

『マンガで分かりやすい！ れもんちゃんゼロからイラストはじめます』幸原ゆゆ著　パイインターナショナル　2020.3　159p　21cm　1200円　Ⓘ978-4-7562-5326-2　Ⓝ726.507
内容 イラストの描き方を、超初心者のれもんちゃんを主役にしたマンガで分かりやすく解説。デジタルツールの使い方や初心者ならではの悩み、うまく見えるちょっとしたコツなども、丁寧に紹介する。

『マンガ創作塾―構想、描き方、見せ方まで：美少女／ロボット／描写の極意』赤津豊著　玄光社　2020.2　175p　26cm　2000円　Ⓘ978-4-7683-1292-6　Ⓝ726.107
内容 キャラクターやメカニックのデザイン術から、ネームやペン入れの極意まで具体例と共に学べる究極のマンガ創作術。構想からペン入れ、彩色まで、マンガ制作の全工程を徹底解説！

『たのしく描けちゃう！ マンガキャラの描き方』少女マンガ研究会編著　成美堂出版　2020.1　287p　19cm　950円　Ⓘ978-4-415-32688-7　Ⓝ726.107
内容 マンガキャラを描こう！ 表情、ポーズ、髪型、服…。参考写真と、それをもとに描いたイラストを、描き方のコツとともに紹介。描き方の手順を紹介するレッスンページ、なぞり描きができるドリルコーナーなども収録。

『へたっぴさんのための身体（からだ）の描き方入門―なんでお前は絵が描けないんだ!?　アタリの取り方編』森永みぐ著　インプレス　2019.11　158p　21cm　1280円　Ⓘ978-4-295-00747-0　Ⓝ726.507
内容 ポーズも動きも思うまま！

『へたっぴさんのためのお絵描き入門―なんでお前は絵が描けないんだ』森永みぐ著　インプレス　2018.6　142p　21cm　1200円　Ⓘ978-4-295-00384-7　Ⓝ726.507

ヤングアダルトの本 創作活動をささえる4000冊　　107

マンガやイラストを描けるようになるには

|内容| へたっぴなところを知れば、お絵描きクオリティはぐんぐん上がる！ 絵がうまくなるために必要なことだけを厳選して解説する。コピーして使える練習ページあり。無料で電子版（PDF）をダウンロードできる特典付き。

『「キャラの背景」描き方教室―CLIP STUDIO PAINTで描く！ キャラの想いを物語る風景の技術』よー清水著　SBクリエイティブ　2018.4　207p　26cm（［Entertainment & IDEA］）〈索引あり〉2200円　①978-4-7973-9150-3　Ⓝ726.507

|内容| キャラの魅力を引き上げる背景とは？ CLIP STUDIO PAINTを使った背景描画のノウハウを、ラフから仕上げまでメイキング形式で丁寧に解説する。特製ブラシ24種＆イラストデータのダウンロード可能。

『Webマンガの技術―ゼロから学ぶプロの技』泡沫、佐木郁、世紀末、にいち、まき田、ヤマダ著　KADOKAWA　2017.12　141p　26cm（KITORA―神技作画シリーズ）1500円　①978-4-04-602184-7　Ⓝ726.107

|内容| 4ページ構成のマンガを描く、セリフの文字はスマホに合わせる…。泡沫、佐木郁ら人気作家6人が、テーマや内容の発想法から、コマの作り方、投稿時のテクニックまで、読者の"共感"を呼ぶWebマンガの創作術を伝授する。

『まんがデッサン基本講座　日常編』東京コミュニケーションアート専門学校監修　電波社　2017.10　119p　21cm　1000円　①978-4-86490-124-6　Ⓝ726.107

|内容| キャラクターの個性を引き出し、物語の世界観を表現する技術を身につけよう。日常編では、年齢ごとの描き方や、朝、学校・職場、帰宅後など日常のさまざまなシチュエーションの描写の仕方を解説する。人体構造大図鑑も収録。

『3ステップで描けちゃうかんたんイラスト練習帳』サカキヒロコ著　主婦の友社　2017.9　111p　21cm〈「ひろこっちのたのしいかんたんイラスト練習帳」新装版（2008年刊）と「ひろこっちのたのしいかんたんもっとイラスト練習帳」新装版（2008年刊）の改題、再編集〉1200円　①978-4-07-426220-5　Ⓝ726.507

|内容| 動物や植物、身のまわりの小物などのイラストの描き方を3ステップでかんたんに解説。人の顔のバランス、体のしくみといった、人を描くときの基本や、場面を描くコツ、イラストを使ったしかけお手紙やペーパークラフトも紹介。

『プロの作画から学ぶ超マンガデッサン―男子キャラデザインの現場から』林晃, 九分くりん, 森田和明著　ホビージャパン　2017.9　199p　26cm〈表紙のタイトル：How To Draw Manga！〉2000円　①978-4-7986-1538-7　Ⓝ726.107

|内容| 男子キャラのデザイン、体の構造、動きの作画のポイントを、紙上コマ送りで徹底解説。プロがどこに気を使って描いているか、何を大切にしているかのほか、絵に対する姿勢や線に対する意識などを学べる。

『まんがデッサン基本講座』東京コミュニケーションアート専門学校監修　電波社　2017.9　103p　21cm〈コスミック出版 2015年刊の再刊〉1000円　①978-4-86490-118-5　Ⓝ726.107

|内容| 顔の描き方。体の描き方。キャラの作り方。演出効果。背景の描き方。

『デジタルイラストの「服装」描き方事典―キャラクターを着飾る衣服の秘訣45』スタジオ・ハードデラックス著　SBクリエイティブ　2017.3　175p　26cm（［NEXT CREATOR］）〈索引あり〉1980円　①978-4-7973-8991-3　Ⓝ726.507

|内容| センスも画力もまるごと強化！　現代の男女の服装を、トップス、ボトムス等に分類し、服装ごとの構造や特徴、描き方、シワのポイント、バリエーションを描くコツ、コーディネートのヒントをまとめた事典形式のイラスト実用書。

『人気漫画家が教える！　まんがのかき方4　仕上げのテクニック編』久世みずき著　汐文社　2017.2　48p　24cm　2400円　①978-4-8113-2301-5　Ⓝ726.107

|内容| 漫画家・イラストレーターの久世みずきが教える、簡単でかわいいまんがのかき方本。4は、実際に原稿を仕上げるための手法、トーンの貼り方や着色をわかりやすく解説する。お手本まんがも収録。

『人気漫画家が教える！　まんがのかき方3　物語・コマ割り編』久世みずき著　汐文社　2016.12　48p　24cm　2400円　①978-4-8113-2300-8　Ⓝ726.107

|内容| 漫画家・イラストレーターの久世みず

芸術・美術を学ぼう　　　マンガやイラストを描けるようになるには

きが教える、簡単でかわいいまんがのかき方本。3は、物語の基本構造や、コマ割りのテクニックをわかりやすく解説する。お手本まんがも収録。

『人気漫画家が教える！　まんがのかき方　2　背景・キャラクター応用編』久世みずき著　汐文社　2016.11　48p　24cm　2400円　Ⓘ978-4-8113-2299-5　Ⓝ726.107　内容　第2巻では斜めや煽り、俯瞰など立体的に対象物をとらえて描くことを目的に構成。メインのお手本になっているキャラクターは、小学生高学年～中学生の女の子に設定している。

『デジ絵の教科書―初心者でも多彩な塗りのテクニックがこの一冊で身につく！』晋遊舎　2016.10　112p　28cm　〈100％ムックシリーズ〉〈付属資料：DVD-ROM（1枚 12cm）〉1200円　Ⓘ978-4-8018-0470-8　Ⓝ726.507　内容　アニメ塗り、ギャルゲ塗り、厚塗り、水彩塗りといった、さまざまなデジ絵の塗りのポイントとコツを解説する。絵師たちのイラストメイキングも掲載。完成イラスト生データ＆工程画像を収録したDVD-ROM付き。

『カタルシスプラン―面白いと確信して描ける漫画演出』樹崎聖著　北九州　幸文堂出版　2016.9　187p　21cm　1200円　Ⓘ978-4-907965-08-2　Ⓝ726.107　内容　漫画家・樹崎聖による漫画指南書。著者の経験と古今東西の作品のデータをもとに、現代に必要な、これまでの漫画入門的常識とは違ったキャラクター創出と演出法をわかりやすく解説する。

『10年メシが食える漫画家入門R―悪魔の脚本魔法のデッサン』樹崎聖著　北九州　幸文堂出版　2016.9　220p　21cm　〈奥付のタイトル：10年メシが食える漫画家入門Renewal　「10年メシが食える漫画家入門」（講談社 2009年刊）の改題改訂〉1300円　Ⓘ978-4-907965-07-5　Ⓝ726.107　内容　話を上手くまとめる方法とは？　編集者を虜にする持ち込み・打ち合わせでの注意点とは？　究極のデッサンとは？　プロを本気で目指す人のための、戦う漫画入門書。自分で考える漫画テクニックが満載。

『人気漫画家が教える！　まんがのかき方　1　キャラクター基本編』久世みずき著　汐文社　2016.9　48p　24cm　2400円　Ⓘ978-4-8113-2298-8　Ⓝ726.107　内容　第1巻では正面と真横に焦点を当て、平面的にバランスのとれたキャラクターを描くことを目的に構成しました。

『マンガを描くために必要な12の掟』玄光社　2016.5　143p　26cm〈玄光社MOOK〉〈索引あり〉1900円　Ⓘ978-4-7683-0710-6　Ⓝ726.107　内容　マンガ形式でマンガを描くための基礎が学べる入門書。マンガを描く道具の使い方やストーリーとキャラクターの作り方、コマ割りと演出のテクニックを、「12の掟」に分けて解説する。専門用語一覧も収録。

『胸キュンまんがイラストプロワザコレクション―めちゃカワ!!』めちゃカワ!!まんがイラスト委員会著　新星出版社　2016.5　255p　19cm〈「胸キュンまんがイラストラブリーコレクション」（2012年刊）の改題、再編集、追加〉930円　Ⓘ978-4-405-07221-3　Ⓝ726.507　内容　かわいいイラストがいっぱい！　ファッションコレクションやポーズ集、男の子の描き方も注目★キャラもまんがもマネして上達！　プロの技を教えちゃう!!

『キャラクターデザインの教科書―メイキングで学ぶ魅力的な人物イラストの描き方』Playce編著　エムディエヌコーポレーション　2015.12　158p　26cm〈文献あり　発売：インプレス〉2000円　Ⓘ978-4-8443-6556-3　Ⓝ726.507　内容　制作の前に知っておきたいキャラクターデザインの基礎知識。5つのテーマ別にポイントを解説し、キャラクターイラストメイキング。人物の性格や属性を外見のデザインで表すキャラクター記号学。プロ作家のテクニックをとおして実践的に学べる、キャラクターデザインと一枚絵での表現。

『本当におもしろいスマホコミックの描き方―誰でもコミックデビュー!!』成光雄，榎本秋監修，榎本事務所著　秀和システム　2015.11　199p　21cm　1500円　Ⓘ978-4-7980-4396-8　Ⓝ726.107　内容　みんなが楽しんでいるスマホコミックを自分でも描いてみよう。誰でもデビューできる。みんなにチャンスがある！　無料だからみんなが読んでくれる。可能性は無限大!!　この本は、本気でマンガを描きたい人のための本です。基本を大事に、伝わるマンガの描き方を教えています。本当におもしろくする

ためには、あなたの100％を表現すること。その方法は…

『ペン画―雑貨から風景スケッチまで』湯村京子著　丸善プラネット　2015.4　51p　20cm〈発売：丸善出版〉1200円　①978-4-86345-247-3　Ⓝ725.6

『ヤンキーマンガガイドブック―文化系のためのヤンキーマンガ入門』稲田豊史編　Du Books　2014.12　207p　21cm〈発売：ディスクユニオン〉1800円　①978-4-907583-25-5　Ⓝ726.101

『めざせ！まんが家PC（パソコン）でまんがを描こう！―CLIP STUDIO PAINTまんが制作ガイドブック』少年サンデー編集部編，セルシス監修・協力　小学館　2014.10　159p　21cm（SHONEN SUNDAY COMICS SPECIAL）1100円　①978-4-09-125447-4　Ⓝ726.107

『まんがとイラストの描き方―いますぐ上達！　5　ストーリーをつくってみよう』まんがイラスト研究会編　ポプラ社　2014.4　128p　27cm〈文献あり〉2800円　①978-4-591-13832-8, 978-4-591-91417-5 (set)　Ⓝ726.107
[目次]　クリエイターインタビュー　藤田和日郎，第1章　キャラクターをつくろう（キャラクターとは？，魅力的なキャラクターの条件　ほか），第2章　ストーリーをつくろう（まんがのジャンル，ストーリーまんがとは　ほか），第3章　原稿を描こう（いよいよネーム作り，少年まんがの基本　ほか），第4章　まんが家を目指すきみへ（アイデアを出すコツ，友だちと本をつくろう　ほか）

『まんがとイラストの描き方―いますぐ上達！　4　コマ割りをおぼえよう』まんがイラスト研究会編　ポプラ社　2014.4　128p　27cm〈文献あり〉2800円　①978-4-591-13831-1, 978-4-591-91417-5 (set)　Ⓝ726.107
[目次]　クリエイターインタビュー　能田達規，四コマまんがのコマ割り（四コマまんがを描く準備，四コマまんがの構成），ストーリーまんがを描く準備（ストーリーまんがを描く手順，創作動機とテーマ　ほか），ストーリーまんがのコマ割り（コマの視線誘導，コマの長さと置き方　ほか），プロのテクニックを学ぼう（プロのまんが家の原稿から学ぶ，まんが『調査員は夜くる』　ほか）

『まんがとイラストの描き方―いますぐ上達！　3　効果・背景を描こう』まんがイラスト研究会編　ポプラ社　2014.4　128p　27cm〈文献あり〉2800円　①978-4-591-13830-4, 978-4-591-91417-5 (set)　Ⓝ726.107
[目次]　クリエイターインタビュー　桐木憲一，第1章　効果について学ぼう（効果とは，ベタ，ホワイト　ほか），第2章　背景について学ぼう（パースとは，建物を描いてみよう，乗り物を描いてみよう　ほか），第3章　まんがのワンシーンに挑戦（プロのテクニックを参考にしよう）

『まんがとイラストの描き方―いますぐ上達！　2　人物を描こう　応用編』まんがイラスト研究会編　ポプラ社　2014.4　128p　27cm〈文献あり〉2800円　①978-4-591-13829-8, 978-4-591-91417-5 (set)　Ⓝ726.107
[目次]　クリエイターインタビュー　西炯子，第1章　キャラクターをつくろう，第2章　ポーズをつけよう，第3章　衣装を決めよう，第4章　小道具を持たせよう，第5章　イラストを完成させよう

『まんがとイラストの描き方―いますぐ上達！　1　人物を描こう　基本編』まんがイラスト研究会編　ポプラ社　2014.4　128p　27cm〈文献あり〉2800円　①978-4-591-13828-1, 978-4-591-91417-5 (set)　Ⓝ726.107
[目次]　クリエイターインタビュー　馬越嘉彦，第1章　まんがってどう描くの？（まんががてきるまで），第2章　顔を描いてみよう（描きたい顔をイメージしよう，正面顔　ほか），第3章　全身を描いてみよう（正面，ななめ　ほか），第4章　ペン入れをしてみよう（なぜペン入れが必要なの？，必要な道具　ほか）

『本当におもしろいマンガを描くためのプロットネームの作りかた―誰でもコミックデビュー!!』榎本秋，成光雄監修，榎本事務所，結城さくや，前田恵美著　秀和システム　2013.3　207p　21cm　1500円　①978-4-7980-3744-8　Ⓝ726.107
[内容]　少年マンガの派手なアクションも，少女マンガの恋愛ストーリーも，琴線に触れるかはネームで決まる。プロはここまで考えてネームを描いている。講師経験も豊かなマンガ家によるネーム作りの実践と，ライトノベルのストーリー創作ノウハウをリアルにミックスした今までにないユニークな本。マンガ学校で教える，プロのネームの描き方の秘密が詰まっている。

芸術・美術を学ぼう　　　　マンガやイラストを描けるようになるには

『イラストでアピールするレイアウト＆カラーズ―イラストを上手に使った雑誌・カタログのデザイン事例集』　ビー・エヌ・エヌ新社　2013.2　135p　26cm　〈LAYOUT & COLOURS 01〉2500円　Ⓘ978-4-86100-859-7　Ⓝ021.4
[目次] 1 イメージを伝えるためのイラスト（挿絵、背景、あしらい、描き文字）、2 解説のためのイラスト（図説、地図）

『ライトノベルのイラストレーターになる！』榎本秋編著　アスペクト　2012.8　206p　21cm　1500円　Ⓘ978-4-7572-2113-0　Ⓝ726.507
[内容] ラノベ、アニメ、ゲームなどオタク系コンテンツを彩る"イラストレーター＝絵師"になるための必要な技術を完全網羅。

『マンガ描こうよ！ 総集編―マンガ制作の基本がよくわかる』アミューズメントメディア総合学院監修　廣済堂出版　2012.7　175p　26cm　〈KOSAIDOマンガ工房〉〈第2刷　「マンガ描こうよ！Vol.1～Vol.3」（廣済堂あかつき株式会社出版事業部 2008～2009年刊）の抜粋再構成〉1600円　Ⓘ978-4-331-51560-0　Ⓝ726.107
[内容] 顔・手足とポーズの描き方、魅力的なキャラ設定の方法、ペン・インク・トーンの使い方などを解説。ほかに、はじめてのデジタルイラスト、3人のイラストレーターによる描き比べなども収録。

『アニメーション・イラスト入門―いきいきしたキャラクターを描こう！』プレストン・ブレア著、尾原美保訳　マール社　2012.5　223p　23×27cm　〈文献あり〉2350円　Ⓘ978-4-8373-0536-1　Ⓝ778.77
[内容] 伝説のアニメーター、プレストン・ブレアが、いきいきしたキャラクターの作り方、なめらかな動きの表現方法、効果的な撮影テクニックなど、アニメーション制作の基礎を作例と共にわかりやすく解説する。

『キャラクターデザインの仕事―ハッピークリエーター★たかいよしかず』たかいよしかず　大日本図書　2012.2　175p　20cm　1400円　Ⓘ978-4-477-02615-2　Ⓝ726.5
[内容] 超人気、超ヒットキャラクターを作った人のすべてを明かしました！ イラストやマンガ、デザインに興味のある人はもちろん、将来どんな仕事に就くのか、どんなふうに生きたらいいのか、そんな心配ごとのある人にオススメです。

『イラストのこと、キャラクターデザインのこと。』坂崎千春著　ビー・エヌ・エヌ新社　2011.1　127p　21cm　1980円　Ⓘ978-4-86100-743-9　Ⓝ674.3
[内容] Suicaのペンギン、カクカク・シカジカ、クウネルくん、チーバくんを生んだイラストレーターが語る、シンプルで、長く愛されるキャラクターのつくり方。

『ComicStudioでカンタン！ パソコンでマンガ入門―手描きよりもカンタン！ パソコンでマンガを描こう!!』　インフォレスト　2010.1　113p　29cm　〈Inforest mook〉〈付属資料：CD-ROM1枚（12cm）表紙のタイトル：ComicStudio 4.3.3でカンタン！ パソコンでマンガ入門〉1429円　Ⓘ978-4-86190-536-0

『0から始めるまんが教室―車谷晴子がおくる執事とお嬢様のまんが入門』車谷晴子、飯塚裕之構成　小学館　2009.8　184p　18cm　〈Flower comics special〉457円　Ⓘ978-4-09-132697-3　Ⓝ726.107

『マンガのキャラ作り入門―キャラから物語が始まる』塚本博義編　廣済堂あかつき出版事業部　2009.4　119p　24cm　1500円　Ⓘ978-4-331-51374-3　Ⓝ726.107
[内容] この本は、「描くことは好きだけど、ストーリーを考えることは苦手！」という人たちに向けて作りました。まずは、ユニークなキャラを作り出すためのアイディアを多数提案していますので、ぜひ参考にしてみてください。魅力的なキャラが生まれると、そこからあふれるように物語ができてきます。キャラの背景や行動など、想像の世界に心を遊ばせながら、おもしろいストーリーを次々と生み出してください。

『はじめてのBLマンガの描き方』藤本ミツロウ著　グラフィック社　2009.3　144p　26cm　1500円　Ⓘ978-4-7661-1905-3　Ⓝ726.107
[内容] 格好良い男の子を描くための基本から、「萌え」を重視したキャラ設定、ストーリーの発想法など、ステップを追った授業形式で易しく解説。マンガの画面構成や作画のテクニックも網羅し、ボーイズ・ラブの世界を描

マンガやイラストを描けるようになるには　　　芸術・美術を学ぼう

く際に必要な知識を凝縮。自分の「萌え」をマンガにして伝えたい。そんな女の子のための、新しいマンガ技法書。

『マンガのマンガ—初心者のためのマンガの描き方ガイド』かとうひろし著　銀杏社　2008.4　165p　19cm　1429円　Ⓘ978-4-903602-00-4　Ⓝ726.107

『ぐんぐん上達する！　コミックイラスト入門』　美術出版社　2008.2　110p　26cm（激マンシリーズ　コミッカーズマンガ技法書 v.12）1500円　Ⓘ978-4-568-50340-1　Ⓝ726.107
内容　悩みポイント別にイラストがうまくなるコツを丁寧解説。プロのイラストレーターの作品メイキング付き。プロになるためのあらゆる活動方法を一挙紹介。

『はじめての人物イラストレッスン帳』岩崎宏著　エムディエヌコーポレーション　2007.6　143p　26cm〈発売：インプレスコミュニケーションズ〉2000円　Ⓘ978-4-8443-5924-1　Ⓝ724.55
内容　デッサンは苦手だけど「人物をイラストやアニメ風で表現したい」。そんな人物イラスト初心者に贈る入門書。

『やさしい人物画の描き方—step 1顔→step 2バスト→step 3全身へと描き進めるステップ式』角田紘一著　池田書店　2006.5　127p　26cm　1600円　Ⓘ4-262-14519-0　Ⓝ724.55
内容　顔からはじめ→バストサイズ→全身へと順々に技法を習得してゆくステップ式。だから誰でもかんたんに上達できる。

『100年愛されるキャラクターのつくり方—キャラクターづくりのポイントとノウハウ：目指せ！　キャラクター作家』近藤健祐著　ゴマブックス　2006.1　174p　19cm　1200円　Ⓘ4-7771-0276-9　Ⓝ674.3
内容　キャラクターはおカネ儲けだけの存在なのでしょうか？　50年後、100年後の人たちからも愛される…そんなキャラクターのつくり方のすべてがここに。

『マンガの描き方徹底ガイド　6（キャラ・パーフェクト篇）』ゴー・オフィス著　グラフィック社　2005.11　144p　21cm　1000円　Ⓘ4-7661-1606-2　Ⓝ726.107
内容　個性を伝えるヘアスタイルと衣装の基本を学ぶ。舞台としての背景（風景と時間）を描くコツを学ぶ。キャラを印象的に見せる演出のテクニックを学ぶ。

『マンガの描き方徹底ガイド　5（迫力キャラの表現篇）』ゴー・オフィス著　グラフィック社　2005.11　144p　21cm　1000円　Ⓘ4-7661-1605-4　Ⓝ726.107
内容　マンガの描き方、女の子の描き方、からだの描き方、バトルの描き方、衣服の描き方など、長年にわたるマンガ技法書づくりのノウハウと、役に立つ最新の基本テクニックを今流に、徹底的に、コンパクトに凝縮して新登場。技法書の決定版。

『マンガの描き方徹底ガイド　4（動きキャラを描くワザ篇）』ゴー・オフィス著　グラフィック社　2005.8　144p　21cm　1000円　Ⓘ4-7661-1604-6　Ⓝ726.107
内容　キャラは動かしてこそ命が吹き込まれます。派手な動きや、ちょっとした動作やしぐさにも、動きの魅力を与える技術を学びましょう。

『マンガの描き方徹底ガイド　3（素敵キャラを描くコツ篇）』ゴー・オフィス著　グラフィック社　2005.8　144p　21cm　1000円　Ⓘ4-7661-1603-8　Ⓝ726.107
目次　第1章　エンピツとペンを使いこなそう（エンピツで描く、ペンで仕上げる）、第2章　素敵キャラを描こう（キャラを描きわける基本、主役・脇役の基本、主役と悪役を描きわけよう）、第3章　マンガ原稿から学ぶ（幻想・まなざし、ラブリー・視線、キュート・しぐさほか）

『10ステップで完成！　今すぐマンガが描ける本』　美術出版社　2005.7　109p　26cm（激マンシリーズ　コミッカーズマンガ技法書 1）1500円　Ⓘ4-568-50282-9　Ⓝ726.107
内容　この本では、「これからマンガを描き始めたい」という人に向けて、マンガの制作過程を「これさえ押さえればマンガが描ける」という最小限の10ステップに簡略化し、それぞれ現場でプロが使っているテクニックを引用しながら解説していきます。また、初心者が気になる道具選びと作品発表についてもサポートしていきます。

『マンガの描き方徹底ガイド　2（キャラと画材の基本篇）』ゴー・オフィス著　グラフィック社　2005.5　144p　21cm　1000円　Ⓘ4-7661-1602-X　Ⓝ726.107
目次　第1章　マンガ原稿のつくり方（マンガ原稿から学ぶ、マンガ原稿ができるまで、画材道具）、第2章　キャラを描く基本（顔を描く、顔

芸術・美術を学ぼう　　　　　　　　　マンガやイラストを描けるようになるには

面パーツの基本、目と髪型、体を描く)、第3章　キャラの表現(キャラの基本、キャラ表現のためのプロポーション　ほか)、第4章　プロの作品に学ぶマンガテクニック(元気・めでたい、緊迫・ヒーロー、キュート・ミステリアス、巨大な敵・豪快、登場・お色気)

『マンガの描き方徹底ガイド　1(やさしい基本の基本篇)』ゴー・オフィス著　グラフィック社　2005.5　144p　21cm　1000円　Ⓣ4-7661-1601-1　Ⓝ726.107
目次　第1章　マンガの基本(模倣(マネ)から学ぶ!、顔を描く基本、線のヒミツ　ほか)、第2章　キャラ表現の基本テクニック(キャラの基本、顔を描く、体を描く、キャラの背景、効果線とトーンの基本)、第3章　プロの作品に学ぶマンガテクニック(笑顔・しあわせに、にっこり・参上、涼しい笑顔・颯爽(さっそう)、涙・ふり向く、目をつむる・うつ向く)

『めざせコミケ! はじめての同人誌—パソコンを使った絵の描き方から、印刷、頒布まで完全入門　パソコンによる同人誌制作の完全入門ガイド』　インプレス　2005.3　143p　29cm〈発売:インプレスコミュニケーションズ〉1680円　Ⓣ4-8443-2087-4　Ⓝ726.107
内容　実力派作家のマンガ・イラストによる同人誌制作ガイド。ゼロからのスタートでも同人作家になれる。

『マンガの技法—女のコキャラをマスターしよう　第4巻』ゴー・オフィス,やぎざわ梨穂著　グラフィック社　2003.12　127p　26cm（新マンガ表現技法シリーズ）1400円　Ⓣ4-7661-1467-1　Ⓝ726.107
目次　第1章　12タイプのキャラをマスターしよう(イメージで描く12タイプのキャラ、12タイプを描きわけるための基本ポイント、身長差をつける、キャラのイメージに合ったコスチュームの選び方　ほか)、第2章　キャラを動かしてみよう(体を描く基本、歩くシーンを描く、ドアを開けて入ってくるシーンを描く、会話シーンによく用いるリラックスポーズ　ほか)

『マンガの技法—キャラの存在感をアップしよう　第3巻』ゴー・オフィス著　グラフィック社　2003.4　128p　26cm（新マンガ表現技法シリーズ）1400円　Ⓣ4-7661-1308-X　Ⓝ726.107
目次　第1章　キャラに存在感を与える決め手はトーンワークだ(キャラに貼るトーンの役割は2通り—カゲ表現と色表現、存在感をアップさせるために描き分けるサイズ7タイプ　ほか)、第2章　キャラのカゲと色表現とは(顔カゲの基本、基本的な顔のカゲのパターン　ほか)、第3章　より存在感のある動きの表現とは(自然な動き表現のポイントは肩にある、体の厚みを出すポイントは脇腹にある　ほか)、第4章　マンガバラエティ(マンガ表現の基本—目で見てわかるように描くと良い、人物と車—乗り降りシーンを簡単に描く方法　ほか)

『マンガの技法—ペンによるキャラ表現の基本をマスターしよう　第2巻』ゴー・オフィス,やぎざわ梨穂著　グラフィック社　2002.10　126p　26cm（新マンガ表現技法シリーズ）1400円　Ⓣ4-7661-1307-1　Ⓝ726.107
目次　第1章　ペンの基本(マンガ・イラストはペン入れが決め手)、第2章　キャラの描き分け(顔の基本の5タイプ、後ろ頭　ほか)、第3章　表情表現(無数の感情表現ができるようになる方法、口の動き・あいうえおの芝居　ほか)、第4章　マンガバラエティ(キメ絵・登場シーンを描く、車と人物:ドライブシーン　ほか)

『これでOK! まんがのかき方—ペン田吟ノ丞先生の炎のまんが道』亜月亮著　集英社　2002.8　169p　18cm（りぼんマスコットコミックス）〈「りぼん」特別編集〉390円　Ⓣ4-08-856398-0

『コスチューム描き方図鑑　2(インナー篇)』林晃,森本貴美子共著　グラフィック社　2002.7　238p　26cm　2400円　Ⓣ4-7661-1217-2　Ⓝ726.107
内容　マンガ、イラスト、アニメ、ファッションなどあらゆる分野のキャラクターに応用できるファッション本としても正確な資料に基づいたインナーのすべてが、わかる、使える、楽しめる。他に類例のない新タイプのファッション本。

『キャラクター・コミュニケーション入門』秋山孝［著］　角川書店　2002.5　172p　18cm（角川oneテーマ21）〈年表あり〉648円　Ⓣ4-04-704082-7　Ⓝ674.3
内容　丸に目を描くのは、人類だけだと言われています。幼児が初めて描く絵も丸です。ヒットキャラクターの顔も楕円の集合体です。古今東西、様々なメディアから人気者になっていったキャラクターたち。4兆円市場と言われるキャラクタービジネスも、ヒットの元はひとつの丸からスタートしているのかもしれません。これからキャラクターで仕事をしようとしている人たちなどのために、知っておきたいことを創り手の立場から解説した新しい入門書。

ヤングアダルトの本　創作活動をささえる4000冊　113

『マンガの技法―キャラの基本をマスターしよう　第1巻』ゴー・オフィス著　グラフィック社　2002.4　126p　26cm（新マンガ表現技法シリーズ）1400円　ⓘ4-7661-1306-3　Ⓝ726.107
目次 第1章 エンピツで描こう（お絵かきやラクガキはマンガの第1歩！），マンガ原稿や投稿イラストもエンピツから始まる ほか），第2章 顔を描こう（顔をアタリから描く，横顔から作る顔のデザイン ほか），第3章 からだを描こう（体を描く時の秘けつ，全身を描く手順 ほか），第4章 マンガバラエティ（マンガクリニック，人物と車を描く時 ほか）

『初めてのペン画教室』A.L.ガプティル著，猪川洋子訳　新装版　エルテ出版　2001.12　149p　26cm　1800円　ⓘ4-87199-066-4　Ⓝ725.6

『デジコミの描き方―モノクロ＆カラー完全攻略　第2巻』山上勝也著　グラフィック社　2001.11　132p　26cm　1600円　ⓘ4-7661-1216-4　Ⓝ726.107
目次 モノクロ原稿の作り方（モノクロページマンガの作成，様々な彩色表現，質感を表現する，特殊効果），カラー原稿の作り方（カラーページマンガの作成，様々な彩色表現，質感・効果，色管理について，注意点）

『まんが家になろう！』飯塚裕之編　小学館　2001.6　207p　19cm（ワンダーランドスタディブックス）〈索引あり〉850円　ⓘ4-09-253253-9
内容 まんがを描いてみたいけど，どんな道具を使って，どんなふうに描いたらよいのかわからない…。そんな悩みはこれ1冊読めば，即，解決！　第一線のまんが家たちが，かゆいところに手が届くように，アレコレくわしく教えてくれます。とっても役に立つ，まんがと記事を満載。

『コスチューム描き方図鑑』林晃，森本貴美子共著　グラフィック社　2001.3　238p　26cm　2400円　ⓘ4-7661-1213-X　Ⓝ726.107
内容 従来，ファッションの本は「服のデザインはわかるけど，キャラクターに着せようと思ったらどうなっているのかわからない」ものがほとんどだった。本書はマンガ風のキャラクターがモデルとなり，さまざまなポーズとアングルでファッションのポイントになるパーツを紹介している。収録図版は4000カット以上。ここから，例えばエリ＋袖＋袖口など，組み合わせによってオリジナルコスチュームのデザインも簡単にできる。

『イラストを描いてみよう』髙村忠範文・イラスト　汐文社　2000.3　43p　27cm（イラスト・デザイン楽らく入門 3）1600円　ⓘ4-8113-7304-9
目次 1 日記にイラストをつけてみる，2 詩にイラストをつけてみる，3 絵手紙を描いてみよう，4 ちょっとイラストにアドバイス，5 絵本をつくってみようか

『イラストってなんだ？』髙村忠範文・イラスト　汐文社　2000.3　43p　27cm（イラスト・デザイン楽らく入門 pt.1）1600円　ⓘ4-8113-7302-2
目次 1 イラストと私―はじめに，2 イラストは人生の友だち，3 イラストは誰でも描ける，4 自分の好きなイラストを探す資料を集める，5 デザインもかじってみようか

《絵本を作ろう》

『私の絵本ろん―中・高校生のための絵本入門』赤羽末吉著　新装版　平凡社　2020.5　262p　16cm（平凡社ライブラリー 902）〈著作目録あり 年譜あり〉1400円　ⓘ978-4-582-76902-9　Ⓝ726.601
内容 「スーホの白い馬」「だいくとおにろく」…日本ではじめて国際アンデルセン賞を受賞した絵本画家による，絵本ろん。「良い絵本はなぜ古くならないのか」という創作の根源的な疑問を，平易な言葉でときあかす。

『絵本をつくりたい人へ』土井章史著　改訂増補版　玄光社　2018.9　159p　25cm　2000円　ⓘ978-4-7683-1107-3　Ⓝ726.607
内容 さあ，絵本を始めようか！　フリーの絵本の編集者になって30年，これまで300冊以上の絵本の企画編集に関わってきた著者が，絵本制作に必要な考え方やつくっていく行程を紹介。人気絵本作家らへのインタビューも収録。

『絵本をプレゼント―えほんの作り方』もとせくらげ著　鳥影社　2017.3　28p　22cm　1200円　ⓘ978-4-86265-601-8　Ⓝ726.607
内容 だいすきなケンちゃんの誕生日に，絵本を作ってプレゼントしたエンピツくんとクレヨンちゃん。スケッチブックやホッチキス，のりを使った，かんたん絵本の作り方と，厚紙表紙の絵本の作り方を紹介する。

『絵本つくりかた―プロの現場から学

『ぶ!』つるみゆき著　技術評論社　2013.2　127p　23cm〈文献あり〉1880円　Ⓣ978-4-7741-5448-0　Ⓝ726.607
|内容|自分でつくるからたのしい、うれしい。絵本作家が教えるてづくり絵本。

『ひぐちみちこの手づくり絵本講座』樋口通子著　テキスト版　こぐま社　2007.11　55p　24cm　1100円　Ⓣ978-4-7721-9047-3　Ⓝ726.607
|目次|たいせつな人のために作る名前の絵本（"名前の絵本"は手づくり絵本の原点です、用意するもの ほか）、子どもの遊びから生まれる絵本(1)（"おみせやさん"を開店しよう、糸とじ絵本の作り方 ほか）、子どもの遊びから生まれる絵本(2)（折り紙ギャラリー、折り紙の折り方絵本 ほか）、まだまだあるよ手づくり絵本（リングどめ絵本の作り方、リングどめ絵本で作るいろいろ ほか）

『絵本をつくりたい!─楽しくはじめる絵本づくり』成美堂出版編集部編　成美堂出版　2007.8　127p　24cm　1300円　Ⓣ978-4-415-30035-1　Ⓝ726.607
|内容|絵本をつくってみたいけど、どうすればいいの…？ そんな声にこたえて、ストーリーの組み立て方や絵の描き方、製本の仕方まで、ポイントをわかりやすく解説します。さらに、人気の絵本作家たちの画材選びや発想法、テクニックもまとめて紹介。さあ、楽しい絵本づくりの世界へどうぞ。

『絵本と童話の作り方』なかえよしを作, 上野紀子、奥谷敏彦絵　長崎出版　2007.5　32p　27cm　1500円　Ⓣ978-4-86095-197-9　Ⓝ726.607
|内容|この本はあなたの想像した他の人には見えない世界を、絵本や童話という目に見える形で表現するためのお手伝いをするものです。

『絵本のつくりかた　2』貴田奈津子著, みづゑ編集部編　美術出版社　2004.6　111p　22cm〈みづゑのレシピ〉〈「2」のサブタイトル：フランスのアーティスト10名が語る創作のすべて〉1600円　Ⓣ4-568-30061-4　Ⓝ726.607
|内容|バーバパパはどうして生まれたの？ リサとガスパールの誕生秘話は？ アーティストのアトリエを訪ね創作の全てを徹底取材。彼らが語る言葉には、絵本づくりのとっておきのアイデアがつまっています。『みづゑ』掲載を再構成。

『手づくり絵本─たった1冊の〈自分だけの世界〉』沢田真理［著］　光文社　2003.10　193p　16cm（知恵の森文庫）705円　Ⓣ4-334-78248-5　Ⓝ726.607
|内容|世界でたった一冊の、自分だけの絵本をつくってみたい! そんな夢がすぐに叶います。レイアウトの仕方から楽しいページづくりのコツ、簡単で堅固な製本の技術まで、図解入りでわかりやすく教えます。絵や文章は上手じゃなくても大丈夫。旅の思い出を、お気に入りの料理のレシピを、個性豊かな手づくり絵本に仕立ててみませんか。

『絵本のつくりかた─あこがれのクリエイターとつくるはじめての物語　1』みづゑ編集部編　美術出版社　2003.6　111p　23cm（みづゑのレシピ）〈付属資料：1冊：Freestyle art book　付属資料：1冊：Freestyle art book　外箱入〉1900円　Ⓣ4-568-30057-6　Ⓝ726.607
|内容|お気に入りのイラストをつなげたり、旅の思い出を集めたり。難しいルールなんて考えずに、のびのびと遊ぶように、絵本をつくってみませんか？ コラージュ、ポップアップ、おりがみ絵本─クリエイターのとっておきのアイデアがギュッとつまった一冊です。

『写真を使って絵本を作ろう!』中川素子, 和田直人著　あすなろ書房　2003.6　55p　27cm　1800円　Ⓣ4-7515-1864-X　Ⓝ726.607
|目次|01 コラージュで遊ぼう、02 家族や友だちの写真絵本を作ろう、03 形さがし、色さがし絵本を作ろう、04 変身絵本を作ろう、05 おもしろい顔の絵本を作ろう、06 写真しかけ絵本を作ろう、07 あとがき

『世界でたった一冊の絵本づくり─こども篇』高橋宏幸著　日貿出版社　2002.8　63p　27cm　1800円　Ⓣ4-8170-3262-6　Ⓝ726.607
|内容|「大好きな絵本を自分でも作ってみたい」「自分のことを絵本にしたいな」。そんなこどもにぴったりの手づくり絵本入門書。物語の作り方から、絵本に仕上げるまで、カラーのイラストを中心にして、分かりやすく解説。自分だけの物語を作る楽しみが満載。

『ダヤンの絵本づくり絵本』池田あきこ著　エム・ピー・シー　2001.11　63p　25cm　1400円　Ⓣ4-87197-492-8　Ⓝ726.607
|内容|はじまりは1本のクレヨン。表紙をひらいたときからもうダヤンの小さな冒険は始まっています。さあ、あなたもページをめくってこのお話の結末を描いて見ませんか？ ダヤンの作者池田あきこが、絵本づくりのコツ

と楽しさを実例に沿いながらやさしくゆかいに語ります。読者参加型の楽しい入門書。

《写真撮影にチャレンジ》

『バズる！ 写真撮影術―SNSで映える撮影のプロセスを公開！』中瀬雄登,長尾岬生,Yuma Takatsuki,北村佑介著　玄光社　2024.5　175p　26cm（玄光社MOOK）2400円　①978-4-7683-1902-4　Ⓝ743
内容 人の心を動かす写真には共通する「わかりやすさ」がある。SNS映えする作品制作のポイントを「撮影テーマ」「撮影計画」「写真編集」といった6つのプロセスに沿って、豊富な実例とともにわかりやすく解説する。

『部活でスキルアップ！ 写真部活躍のポイント』吉田允彦監修　メイツユニバーサルコンテンツ　2024.5　128p　21cm（ジュニアコツがわかる本）1650円　①978-4-7804-2904-6　Ⓝ743
内容 高等学校の写真部顧問を務める著者が、写真撮影の基本的な心構えをはじめ、写真部の活動のポイントやコンテスト・作品セレクトの注意点などを豊富な作例とともに解説する。強豪校の活動内容や指導方法も収録。

『うまくてダメな写真とヘタだけどいい写真』幡野広志著, ヨシタケシンスケイラスト　ポプラ社　2023.11　271p　19cm　1500円　①978-4-591-17930-7　Ⓝ743
内容 できれば触れたくなかった写真の話。写真の撮り方、写真の誤解、勉強法、カメラの設定、RAW現像。大人気ワークショップをベースに渾身の書き下ろし！

『ほんのひと手間で劇的に変わるスマホ写真の撮り方―プロカメラマン志穂さんが教えるとっておきの撮影テクニック』吉住志穂著　技術評論社　2023.11　127p　21cm〈iPhone Android対応〉1600円　①978-4-297-13747-2　Ⓝ743
内容 プロカメラマン志穂さんが教えるとっておきの撮影テクニック。スマホカメラの可能性を最大限に引き出します！

『Instagram完全攻略本―決定版：売上とフォロワーを増やす知識とテクニックのすべて』木村麗,UUULA ANALYTICS開発チーム著　KADOKAWA　2022.10　255p　19cm　1600円　①978-4-04-605897-3　Ⓝ007.353

内容 ヒットメーカーのインスタグラム仕掛人が、トレンドに流されずに、予算ゼロでもできる「バズらせ方」から「売り上げへのつなげ方」までを徹底解説。思考法、写真&動画の撮影技術、投稿テクニック、分析方法が身につく。

『記念写真のひみつ』おだぎみをまんが　学研プラス　2022.9　126p　23cm（学研まんがでよくわかるシリーズ 186）〈構成：望月恭子〉頒価不明　Ⓝ740.67

『鉄道写真をはじめよう！―撮影テクからスポット選びまで完全マスター』福園公嗣監修　増補改訂版　メイツユニバーサルコンテンツ　2022.6　144p　21cm（コツがわかる本―ジュニアシリーズ）〈初版：メイツ出版 2016年刊〉1630円　①978-4-7804-2633-5　Ⓝ743.5
内容 イラストを交えてわかりやすく、撮影場所や対象ごとのポイントもよくわかる！

『飛行機写真をはじめよう！―撮影テクからスポット選びまで完全マスター』中野耕志監修・写真　メイツユニバーサルコンテンツ　2022.6　128p　22cm（コツがわかる本―ジュニアシリーズ）1720円　①978-4-7804-2635-9　Ⓝ743.5
内容 ジュニアから使える飛行機写真の入門書。飛行機写真を撮るときのルールやマナー、飛行機の知識、旅客機や軍用機の撮影方法、上級撮影技術などを解説し、飛行場別おすすめ撮影スポットを紹介する。

『授業で活躍！ タブレットPCで写真を撮ろう 3 見学先の施設を撮ろう―国語・社会・体育編』並木隆監修　汐文社　2022.3　31p　27cm　2600円　①978-4-8113-2885-0　Ⓝ375.199
内容 学校で配布されているタブレットPCにはカメラ機能がついている。季節の言葉の意味から思い浮かべた情景や博物館の展示物など、子どもたち自身がタブレットPCを用いて上手に写真を撮る方法を解説する。

『身近なものの撮り方辞典100―身の回りのありふれたものや見慣れた光景を、魅力的な被写体にするコツ』大村祐里子著　玄光社　2022.1　207p　26cm　2000円　①978-4-7683-1582-8　Ⓝ743
内容 身の回りのありふれたものや見慣れた光景を、魅力的な被写体にするコツ。

『スマートフォングラフィ―手軽にドラマ

芸術・美術を学ぼう　　　　　　　　　　　　　　　　写真撮影にチャレンジ

『を生み出す全撮影術：Photo & Movie』あああつし著　KADOKAWA　2021.9　183p　21cm　1600円　Ⓘ978-4-04-605179-0　Ⓝ743
内容　スマホ1台で誰でも同じ絵が撮れる写真・動画テクニック全集。フォロワー270万人の大人気クリエイターが伝授。「なんか普通」の写真や動画が簡単によくなるアイデアが満載！

『脱オートモードでこんなに写真がうまくなっちゃった！――一眼レフ＆ミラーレス1年生のためのマンガ解説本！』シロシオ著, 佐藤朗監修　ナツメ社　2021.2　191p　21cm〈索引あり〉1200円　Ⓘ978-4-8163-6951-3　Ⓝ743
内容　花・風景・人物…。テーマ別でわかりやすい！　一眼レフ＆ミラーレス1年生のためのマンガ解説本！

『まるごとわかる！　撮り方ブック　iPhone＆スマホ編　写真編集者が教える"スマホ写真"の撮り方ガイド』山崎理佳著　日東書院本社　2020.12　143p　21cm　1480円　Ⓘ978-4-528-02306-2　Ⓝ743
内容　スマホでうまく写真が撮れるコツをわかりやすく紹介！

『はじめてカメラ――ロケで覚える「映え撮り」講座』東京新聞写真部監修　東京新聞　2020.2　159p　21cm〈索引あり〉1300円　Ⓘ978-4-8083-1042-4　Ⓝ743
内容　新聞社カメラマンのノウハウ満載！「インスタ映え」は当たり前！　最高にお気に入りの一枚を。

『エモくて映（ば）える写真を撮る方法』Lovegraph著　KADOKAWA　2019.2　127p　21cm　1300円　Ⓘ978-4-04-065231-3　Ⓝ743
内容　最高に"っぽい"写真、つくり込まない"なんかいい"写真、なんでもない日常が"雰囲気よく"撮れた写真。そんな〈エモ映え〉写真の撮り方を、人気撮影サービス「Lovegraph」が完全レクチャーします。

『写真がかっこよくとれる30のわざ　3　町調べや修学旅行に使えるわざ』塩見徹監修　くもん出版　2018.2　31p　28cm〈文献あり〉2500円　Ⓘ978-4-7743-2716-7　Ⓝ743
内容　シャッターを押す前のひと工夫で、写真のできばえがぐっとよくなる！　小学校で子どもや保護者向けの写真教室を開催するフォトグラファーが、町調べや修学旅行に使えるわざを、実際に撮影した写真を例にわかりやすく紹介。

『写真がかっこよくとれる30のわざ　1　「わざ」をマスターしよう』塩見徹監修　くもん出版　2018.2　31p　28cm〈文献あり　索引あり〉2500円　Ⓘ978-4-7743-2714-3　Ⓝ743
内容　シャッターを押す前のひと工夫で、写真のできばえがぐっとよくなる！　小学校で子どもや保護者向けの写真教室を開催するフォトグラファーが、思いどおりの写真を撮るためのわざを、実際に撮影した写真を例にわかりやすく紹介。

『写真がかっこよくとれる30のわざ　2　自由研究や観察に使えるわざ』塩見徹監修　くもん出版　2018.1　31p　28cm〈文献あり〉2500円　Ⓘ978-4-7743-2715-0　Ⓝ743
内容　シャッターを押す前のひと工夫で、写真のできばえがぐっとよくなる！　小学校で子どもや保護者向けの写真教室を開催するフォトグラファーが、自由研究や観察に使えるわざを、実際に撮影した写真を例にわかりやすく紹介。

『写真がもっとうまくなる！　デジタル一眼マスターBOOK』橘田龍馬著　コスミック出版　2017.11　127p　26cm（COSMIC MOOK）1500円　Ⓘ978-4-7747-8387-1　Ⓝ743
内容　「あなたにしか撮れない、あなただけの写真」が撮れる！　カメラの構え方、明るさや色の調整方法などの基本から、撮影のテクニックまで、デジタル一眼のノウハウを丁寧に解説する。コラムも掲載。

『土門拳の写真撮影入門』都築政昭著　ポプラ社　2017.11　227p　18cm（ポプラ新書 136）〈文献あり　年譜あり　近代文芸社 2004年刊の加筆・修正〉900円　Ⓘ978-4-591-15657-5　Ⓝ740.21
内容　二人称カメラ、絞り第一主義、露出計の否定…。海外でも絶大な人気を誇る「求道者」土門拳の撮影技法を、さまざまな人間味あふれるエピソードを交え、実際の写真と共にわかりやすく紹介する。

『今さら聞けないとよけん先生のカメラメカニズム講座』豊田堅二著　日本カメラ社　2017.5　143p　21cm〈索引あり〉2200円　Ⓘ978-4-8179-0030-2　Ⓝ742.5

ヤングアダルトの本　創作活動をささえる4000冊　　117

写真撮影にチャレンジ　　　　　　　　　　　　　　　　　　芸術・美術を学ぼう

[内容] 撮像素子から、シャッター、ファインダー、フォーカシング、カメラデザイン、画像処理まで、とよけん先生がカメラのメカニズムを丁寧に解説する。『日本カメラ』連載に書き下ろしのコラムを加えて単行本化。

『SNS時代の写真ルールとマナー』日本写真家協会編　朝日新聞出版　2016.7　248p　18cm〈朝日新書 572〉780円　①978-4-02-273672-7　(N)316.1
[内容] いつでも、どこでも綺麗に写真を撮れて、その場で送信できるスマホ時代。SNSにアップするときに気を配りたいポイントなど、臆せず写真を楽しむためのルールとマナーを、プロ写真家がQ&A形式で教えます。

『風景写真の正しい撮り方—憧れの"絶景"を、もっと美しく撮る』　学研プラス　2016.1　144p　26cm〈GAKKEN CAMERA MOOK〉〈第3刷〉1200円　①978-4-05-610729-6　(N)743.5
[内容] 春夏秋冬、傑作はいつでも撮れる！ マスター必須の基本から差の出る応用まで、風景写真の正しい撮り方を季節ごとにわかりやすく解説する。風景撮影で持っておきたい機材、四季の絶景スポットも掲載。

『自撮りの教科書』うしじまいい肉著　マイクロマガジン社　2015.9　1冊　21cm〈学校ではゼッタイ教えてくれない教科書シリーズ〉1200円　①978-4-89637-525-1　(N)743.4
[内容] グラビア&衣装プロデューサー・うしじまいい肉が教える、楽しい「自撮り」の授業!!

『デジタル・ミラーレス一眼超かんたん撮り方BOOK—DVDでよくわかる：初心者でもOK！ プロ並みの写真が撮れるテクニック』大橋愛著　成美堂出版　2014.6　159p　22cm〈付属資料：DVDビデオディスク（1枚 12cm）〉1400円　①978-4-415-31492-1　(N)743
[内容] 初心者でもデジタル・ミラーレス一眼でプロ並みの写真が撮れるように、さまざまな撮影テクニック、演出や工夫を、豊富な作例とともに説明する。付属DVDにはシチュエーション別の撮り方の解説を収録。

『フォトジャーナリストが見た世界—地を這うのが仕事』川畑嘉文著　新評論　2014.6　238p　19cm　2200円　①978-4-7948-0976-6　(N)070.1
[内容] 普段、当たり前のように見られている

ドキュメンタリー写真は、どのように撮られているのか。またその裏側に何が潜んでいるのか。戦乱のアフガニスタン、9.11のニューヨークなどを取材してきたフォトジャーナリストが綴る。

『はじめてのデジタル一眼撮り方超入門—いちばんていねいでわかりやすい』川野恭子著　成美堂出版　2013.5　159p　21cm〈一眼レフ・ミラーレス一眼両方に対応〉1300円　①978-4-415-31402-0　(N)743
[内容] カメラの選び方から基本知識と操作方法、撮影シーン別の写し方、カメラグッズまで、女子カメラ界の第一人者が教える「カメラと写真の入門講座」。

『デジタルカメラのひみつ』鳥飼規世漫画，橘悠紀構成　新版　学研パブリッシングコミュニケーションビジネス事業室　2012.6　128p　23cm〈学研まんがでよくわかるシリーズ 70〉(N)535.85

『ぼくは戦場カメラマン』渡部陽一作　角川書店　2012.2　189p　18cm〈角川つばさ文庫 Dわ1-1〉〈発売：角川グループパブリッシング〉620円　①978-4-04-631221-1　(N)070.1
[内容] 戦争や災害が起こった地域に飛びこんでゆく仕事が、戦場カメラマン。兵士や、戦地で暮らす人々、その国の子どもたちが何を考え、何に困っているのか。世界で何が起こっているのかを、自分の目で確かめに行くのです。ときには監禁されたり、死にそうになったり、危険な目にもあいました。けれど、どんなにつらく悲しい現実でも、みんなに伝えるために、シャッターを切り続ける。それが、著者の仕事です。小学上級から。

『レンズの活用きほんBOOK—標準キットレンズ・単焦点・マクロ・広角レンズ編：レンズを知れば写真はもっと楽しくなる。』WINDY Co.編著　マイナビ　2012.2　159p　19cm　1300円　①978-4-8399-4167-3　(N)742.6
[内容] カメラとセットのキットレンズの上達方法から、単焦点・マクロ・広角レンズの撮影テクニックまで満載。レンズを楽しむための目からうろこのアイデア集。

『デジタル一眼カメラの撮り方きほんBOOK—きほんを知ればきれいに撮れる。』WINDY Co.編著　毎日コミュニケーションズ　2010.5　159p　19cm

〈索引あり〉1200円　①978-4-8399-3550-4　⑬743

[内容] いつもバッグに入れておきたい。写真がもっとわかるデジタル一眼カメラの教科書。

『写真のエッセンス―プロフェッショナル28人が語る写真作法』アン＝セリーヌ・イエガー著，小林美香訳　ピエ・ブックス　2008.4　272p　23cm〈文献あり〉3800円　①978-4-89444-662-5　⑬740.28

[内容] 28人のインタビューによって、現代の写真の巨匠たちがどのように考え、作品をつくっているかということがわかるだけではなく、作品を見る人が、一枚の写真を見るだけではなく、自分のレンズを通してまったく新しい方法で作品を見ることができるようなインスピレーションを与えられることでしょう。

『ぼくは写真家になる！』太田順一著　岩波書店　2005.2　201p　18cm（岩波ジュニア新書 497）740円　①4-00-500497-0　⑬740.21

[内容] ぼくは自由に生きたかった。いろいろ回り道して写真家になった。日本の中の朝鮮・猪飼野、本土の中の沖縄・大阪大正区にかよい、全国のハンセン病療養所をまわった。写真とは「人間」を撮るものだと考えていたが、ほんとに撮りたいものは「人生」ではないかと思い直すようになった。そして、今は「永遠」が撮れる写真家になりたいと願っている。写真は奥の深い仕事なのだ。

『使いこなそう！　デジタルカメラ　3　画像の加工』小松原康江著　汐文社　2004.3　63p　27cm　2000円　①4-8113-7845-8　⑬742.5

[目次] 1 基礎編―画像加工について知ろう（パソコンで画像を見るには？，画像を整理したいんだけど？，アルバムソフトの使い方って？　ほか），2 実用編―加工ソフトを使ってみよう（「ペイント」の使い方は？，「フォトエディタ」ってなに？，「デジカメde!!同時プリント」？　ほか），3 応用編―ほかにもできる、あんなことこんなこと（モノクロ画像ってなあに？，パノラマ写真を作るには？，オリジナルハガキの作り方？　ほか）

『使いこなそう！　デジタルカメラ　2　撮影のコツ』下村坦著　汐文社　2004.3　63p　27cm　2000円　①4-8113-7844-X　⑬742.5

[目次] 1 基礎編―まずは基本から（デジカメでの撮影とは？，撮影に必要な機材は？，ブレを防ぐには？　ほか），2 実用編―テクニックをおぼえよう（人物を撮影するには？，ペットなどを撮影するには？，風景を撮影するには？　ほか），3 応用編―写真上達のコツ（ホワイトバランスってなあに？，露出補正って、どうするの？，明るさの調節とは？　ほか）

『使いこなそう！　デジタルカメラ　1　カメラのしくみ』下村坦著　汐文社　2004.3　63p　27cm　2000円　①4-8113-7843-1　⑬742.5

[内容] 本書は、図解を中心に、デジカメ本体の基礎、応用、撮影について、みなさんにやさしく書いたもの。絵や写真を見ながら、デジカメのことばを学んでみよう。

『レンズの向こうに自分が見える』野村訓編著　岩波書店　2004.3　192p　18cm（岩波ジュニア新書）740円　①4-00-500465-2　⑬740.49

[内容] 写真を撮るということは、まだ自分で気づいていない自分自身を撮ること。さまざまな問題に悩む六人の高校生たちが、カメラを通して、人と出会い、自分の本当の居場所を見つけ、"自分を生きる"ことができるようになった過程を、写真作品と文章でたどります。写真の持つ不思議な力に出会うよ本。

『デジタル写真館―デジタルスタジオ入門11のステップ　2003』プロメディア　2003.7　153p　30cm　4800円　⑬740.67

『デジタルカメラ実践ワークフローガイド―カメラマン、編集者、デザイナー、製版オペレーターのための　2002-2003』DTP world編集部編　ワークスコーポレーション　2002.12　155p　29cm（DTP world別冊）2381円　⑬742.5

『写真家へ―写真家であり続けるためのターニングポイント』安友志乃著　窓社　2002.10　184p　20cm　1600円　①4-89625-043-5　⑬740

[内容] 写真家として生きていこうとする限り、避けて通ることのできないアポリアに、『撮る人へ』の鬼才が捨て身で斬り込んだ。"絶対確信"を信じる人のための"歓喜"と"恐怖"の写真家バイブル。

『ライカ入門編―これからライカを始める人の為に』島田和也著　ぶんか社　2002.9　224p　21cm（ぶんか社ムック 35）〈年表あり〉1600円　①4-8211-6135-4　⑬742.5

『プロの現場で使えるデジタル一眼レフカメラ』　玄光社　2002.8　146p　26cm（Commercial photo series）2600円　①4-7683-0155-X　Ⓝ742.5

『カメラのしくみ』なかやまかえるぶん・え　岩崎書店　2002.3　39p　22×28cm（分解ずかん 7）2200円　①4-265-04257-0
目次　しゃしんをうつすこれがカメラだ、フィルムやぶひんをおさめるボディ、フィルムをおくるまき上げ、光のあたるじかんをちょうせつするフォーカルプレインシャッター、うつすものを見やすくするファインダーとミラー、とりおわったフィルムをしまうまきもどし、明るさをはかるろしゅつけい、光をあつめて像をむすぶレンズ、はっきり見えるところ焦点、うつり方がかわるレンズの焦点きょり〔ほか〕

『撮る人へ―写真家であるためのセルフ・マネージメント』安友志乃著　窓社　2002.3　182p　20cm（人生と仕事のサプリ）1600円　①4-89625-035-4　Ⓝ740

『デジタルカメラとパソコンを合わせて使える本』広路和夫著　技術評論社　2002.2　111p　26cm（パソコン@ホーム）790円　①4-7741-1402-2　Ⓝ742.5
目次　デジタルカメラの基本を知ろう、デジタルカメラで上手に写真を撮るには、パソコンに写真を転送する、撮った写真を修整・加工する、デジタル写真の活用法、写真を出力する

『使いきりカメラであそぼう！』くもんやすし著　PHP研究所　2001.11　95p　22cm（未知へのとびらシリーズ）1250円　①4-569-68303-7
内容　使いきりカメラでドッキリするトリック写真を作ってみよう！　カメラの仕組み・カメラの歴史もイラストでわかりやすく紹介している。楽しくあそべるカメラの本。小学上級以上。

『これは便利！　デジカメ―初心者でもかんたん超デジカメ活用法』ブティック社　2001.9　111p　26cm（ブティック・ムック no.341）900円　①4-8347-5341-7　Ⓝ742.5

『すぐわかる写真の用語―知っておきたい写真用語をわかりやすく解説した、ビジュアル辞典』　日本カメラ社　2001.8　141p　26cm（NCフォトシリーズ 2）1500円　①4-8179-5502-3　Ⓝ740.33

『これ一冊でわかる!!デジカメ＋パソコン基本テクニック』ノマド・ワークス著　新星出版社　2001.7　251p　24cm　1600円　①4-405-04030-3　Ⓝ742.5
内容　デジタルカメラの選び方から撮った写真をパソコンに取り込み、写真を加工、メールやホームページで楽しく活用する方法までをわかりやすく解説。「デジカメには興味はあるけど…」と思っていた人も、これ一冊でまるごと早わかり。

『最新一眼レフ（楽）入門―カメラ選びも撮影術も、もう迷わない！　めざせ"いい写真"』　マキノ出版　2001.7　146p　29cm（マキノ出版ムック）〈「特選街」特別編集版　共同刊行：特選街出版〉1200円　①4-8376-6068-1　Ⓝ742.5

『超初心者のためのデジタルカメラ（楽）入門―選び方＆撮り方がスラスラわかる！』特選街出版,マキノ出版編　特選街出版　2001.3　143p　29cm（マキノ出版ムック）〈「特選街」特別編集版　共同刊行：マキノ出版〉1200円　①4-8376-6064-9　Ⓝ742.5

『フォト・ジャーナリズム―いま写真に何ができるか』徳山喜雄著　平凡社　2001.3　219p　18cm（平凡社新書）〈文献あり〉700円　①4-582-85081-2　Ⓝ070.17
内容　デジカメ、パソコン、携帯電話、テクノロジーが究極の速報性や現場性を可能にした今、報道やドキュメンタリーの写真の世界に何が起こっているのか。何が問われ、今後どうなっていくのか。第一線の報道カメラマンとしての実体験を語り、ユニークな活動を展開する多くの写真家たちへの取材を通して、新しい映像表現の可能性、フォト・ジャーナリズムの行方を追う。

『めざせ！　カメラ名人　2　35ミリ一眼レフで楽しもう』楠山忠之写真・文,吉田しんこイラスト　汐文社　2001.2　55p　27cm〈索引あり〉2000円　①4-8113-7373-1
内容　使いきりカメラで飽き足らなくなった子ども達に「写真の玉手箱」35ミリ一眼レフを紹介する。その構造、広角・標準・望遠レンズの違いなどの基礎とクローズアップや多重露光でデザインするトリック写真の撮り方などを解説。

『デジタルカメラまるごとガイド―選び方

芸術・美術を学ぼう　　　　　　　　　　　　　　　　　音楽を学ぼう

『&使い方がわかる！』　日本実業出版社　2001.1　144p　30cm（エスカルゴムック 148—Cameraシリーズ）1400円　Ⓘ4-534-60148-4　Ⓝ742.5

『めざせ！カメラ名人　1　使いきりカメラで楽しもう』楠山忠之写真・文, 吉田しんこイラスト　汐文社　2001.1　55p　27cm〈索引あり〉2000円　Ⓘ4-8113-7372-3
内容　本書はシリーズをとおして、カメラの楽しさを知ってもらうこと、写真の世界の深さ広さを自分の目と足とカメラで体験してもらうこと、さらにカメラが友だちの輪をひろげる道具にもなることを遊び感覚で学んでもらえるように編集した。本巻は、"使いきりカメラ"でここまで楽しめるというアイデアを満載、トリック写真にも挑戦して"嘘写真"の写し方をチョッピリでものぞいてほしい。

『わくわくデジカメ&ホームプリント—撮る, 作る, 見せるデジタルフォトマガジン　v.3』玄光社　2001.1　162p　26cm（玄光社mook 28）1450円　Ⓘ4-7683-0129-0　Ⓝ742.5

『デジカメの基本』毎日コミュニケーションズ　2000.12　128p　28cm（Mycomムック—Q&Aと図解でわかる保存版シリーズ）500円　Ⓘ4-8399-0485-5　Ⓝ742.5

『デジタルカメラを始めよう　2001年版』PC倶楽部編集部編　毎日新聞社　2000.10　132p　28cm（毎日ムック）648円　Ⓘ4-620-79159-8　Ⓝ742.5

『わくわくデジカメ&ホームプリント—撮る, 作る, 見せるデジタルフォトマガジン　v.2』玄光社　2000.8　166p　26cm（玄光社mook 25）1450円　Ⓘ4-7683-0123-1　Ⓝ742.5

『初めて買う人のための300万画素時代のデジタルカメラ入門Q&A』学習研究社　2000.5　146p　26cm（Gakken camera mook）〈"デジタルcapa"特別編集〉980円　Ⓘ4-05-602253-4　Ⓝ742.5

『わくわくデジカメ&ホームプリント—撮る, 作る, 見せるデジタルフォトマガジン』玄光社　2000.1　162p　26cm（玄光社mook）1450円　Ⓘ4-7683-0114-2　Ⓝ742.5

《音楽を学ぼう》

『超！簡単なステージ論—舞台に上がるすべての人が使える72の大ワザ/小ワザ/反則ワザ』鬼龍院翔著　リットーミュージック　2023.4　191p　19cm　1800円　Ⓘ978-4-8456-3885-7　Ⓝ767.8
内容　リハーサルでは客の見えづらさを体感しておく、音楽よりもまずは何者かを伝える…。ゴールデンボンバーのボーカル・鬼龍院翔が、顧客を満足させるステージ活動を続けていくための方法を紹介する。バンド運営についても解説。

『最新音楽業界の動向とカラクリがよくわかる本—業界人、就職、転職に役立つ情報満載』山口哲一著　秀和システム　2022.8　208p　21cm（図解入門業界研究—How-nual）〈索引あり〉1400円　Ⓘ978-4-7980-6747-6　Ⓝ760.9
内容　業界人、就職、転職に役立つ情報満載。クラウド化・グローバル化で変わる業界構造を探る！

『音楽で生きる方法—高校生からの音大受験、留学、仕事と将来』相澤真一, 髙橋かおり, 坂本光太, 輪湖里奈著　青弓社　2020.11　259p　19cm　2000円　Ⓘ978-4-7872-7435-9　Ⓝ760.7
内容　どうすれば音楽で生きていけるのか。20人以上の音楽関係者へのインタビューをもとに、音大受験、海外留学、卒業後の身の振り方など、音楽の道に進むなかで出会う出来事の順に沿って具体的に解説する。

『音大生のための"働き方"のエチュード』藤井裕樹著　ネクストステージ・プランニング　2020.4　199p　19cm〈発売：ザメディアジョン〉1500円　Ⓘ978-4-86250-669-6　Ⓝ760.9
内容　「音大出身＝演奏家一本で食べていく」と決めつけないことが、これからの音楽家の生き方の主流になる！演奏以外のスキルを身につける、音楽家の多面的な働き方を紹介する。

『最高の発表会のつくり方—生徒がキラキラ輝く！』ますこしょうこ著　全音楽譜出版社　2019.7　182p　21cm　1800円　Ⓘ978-4-11-810312-9　Ⓝ760.69
内容　誰でも素敵な発表会がつくれる！発表会の企画から準備、当日、後日のことまで、いつ何をするのか、円滑に進めるためにはどうすれば良いのかを解説。発表会をもっと楽

ヤングアダルトの本　創作活動をささえる4000冊　　　121

『ミュージシャン金のバイブル─音楽家になるための89の心得』小川悦司著　シンコーミュージック・エンタテイメント　2014.6　224p　21cm〈索引あり〉1500円　Ⓘ978-4-401-63999-1　Ⓝ760.69
内容　30年間音楽家として活動し、多くの後進を育成してきた小川悦司が、様々な場面で得た体験を89項目の心得に凝縮。音楽家を目指す人や業界初心者へ贈る、金のバイブル！

『音楽の仕事で生きていく』北原菜戸実著　大阪　エンタイトル出版　2013.6　130p　19cm〈発売：星雲社〉1200円　Ⓘ978-4-434-18082-8　Ⓝ760.69
内容　現役プロデューサーが親切丁寧に説く。この本を読めば音楽の仕事のことなら何でもわかる！　あなたも音楽業界で生きてみませんか？

『クラシック・コンサート制作の基礎知識─音楽とともに働きたい人の必携書！』日本クラシック音楽事業協会企画・制作　ヤマハミュージックメディア　2013.1　191p　26cm　2000円　Ⓘ978-4-636-87086-2　Ⓝ760.69
内容　クラシック・コンサート企画・制作の基本となる実践テキスト。実戦経験豊かな第一線で活躍中のプロデューサー、ディレクターら15名が渾身の執筆。

『音楽家をめざす人へ』青島広志著　筑摩書房　2011.8　203,4p　18cm（ちくまプリマー新書 164）〈文献あり〉800円　Ⓘ978-4-480-68866-8　Ⓝ760.7
内容　音楽とは、はたして才能か、それとも努力か、環境か？　音大には行くべきか、何を学ぶのか、仕事はあるのか？　音楽家をめざす若い読者の疑問や悩みに答える、入門書。音楽必修事項の解説、現在活躍中の音楽家との対談も収録。

『クラシック音楽マネジメント─音楽の感動を届ける仕事』木杳舎構成・執筆, 武濤京子監修　ヤマハミュージックメディア　2011.1　134p　21cm〈文献あり〉1600円　Ⓘ978-4-636-86069-6　Ⓝ760.7
内容　クラシック音楽の現場で働く若手～ベテランへのインタビュー満載！　クラシック音楽に関する「アートマネジメント」の範囲・実務・未来をトータルにわかりやすく紹介します。

『野外フェスのつくり方』岡本俊浩, 山口浩司, 庄野祐輔執筆, MASSAGE編集部編　フィルムアート社　2010.7　221p　19cm　2100円　Ⓘ978-4-8459-1051-9　Ⓝ764.7
内容　D.i.Y.ではじめるオーガナイズの知識。人気フェスの舞台裏からPAのノウハウまで。

『音楽の授業が楽しくなる本─小中学生用』新堀順子著　小美玉　楽優出版　2009.7　96p　21cm〈年表あり　発売：星雲社〉1000円　Ⓘ978-4-434-13369-5　Ⓝ760.7
目次　音楽の基礎知識（楽譜（がくふ）と鍵盤（けんばん）、シャープとフラットとナチュラル、音符（おんぷ）と休符（きゅうふ）ほか）、音楽の教科書に出てくる作曲家のプロフィールとイラスト（主な作曲家の生年順年表、ヨーロッパのクラシック作曲家の出身地の地図、ヴィヴァルディ ほか）、音楽の授業で取り扱われることが多い作品（文部省唱歌、小学1年生、小学2年生 ほか）、音楽教室へ通いたい方へ

『5教科が仕事につながる！─中学校の科目からみるぼくとわたしの職業ガイド 別巻 [4]　音楽の時間』松井大助著　ぺりかん社　2009.4　132p　22cm〈索引あり〉2800円　Ⓘ978-4-8315-1206-2　Ⓝ366.29
内容　音楽が職業でどのように役立っているのかを紹介。あこがれの職業から、学習へのモチベーションを高めます。総合的な学習の時間や進路指導、職業体験の前後学習の教材としても最適です。

『コンサートにかかわる仕事─コンサートプロデューサー　プロモーター　PAスタッフ：マンガ』ヴィットインターナショナル企画室編　ほるぷ出版　2009.1　140p　22cm〈知りたい！　なりたい！　職業ガイド〉〈文献あり〉2200円　Ⓘ978-4-593-57221-2　Ⓝ760.69
内容　本書では、さまざまな分野の職業が取り上げられ、その範囲は社会、文化、芸術、スポーツ、環境などさまざまな世界にわたっています。ひとつのテーマで3つの職業が紹介され、その仕事のようすやその職業に就くための方法などがコミックと文章でガイドされています。あなたがこれからめざす職業を発見したいと思ったとき、本書が大いに役立つはずです。

『アーティスト・マネジメント仕組みのす

べて』Xavier M.Frascogna,Jr.,H.Lee Hetherington著, 湯浅政義訳　オリコン・エンタテインメント　2008.12　429p　21cm　2800円　①978-4-87131-084-0　Ⓝ760.69

『音楽とキャリア―学生から大人まで、よりよく生きるための新たなアドバイス』久保田慶一著　国分寺　スタイルノート　2008.8　213p　21cm〈文献あり〉1600円　①978-4-903238-20-3　Ⓝ760.69
[内容] キャリア、プロ、職業選択といったキャリア論の基本的なことがらを、音楽に関連して解説。生涯学習の視点から、音楽を学ぶ意味について考える。音楽療法、ピアノ修復など音楽に関係する6つの職業で活躍する人々も紹介。

『音楽・音響50の仕事』　理論社　2007.7　175p　25cm（メディア業界ナビ 5　メディア業界ナビ編集室編著）2000円　①978-4-652-04865-8　Ⓝ760.69
[目次] 音楽をつくる！　とどける！　レコード会社の仕事、サウンドを録る！　響かせる！　レコーディング＆コンサート、もうひとつの音楽シーン！　インディーズの仕事、いい音楽を世界から日本へ！　洋楽文化を支えるプロ、オーケストラとともに生きる。クラシック演奏会の舞台裏, 音楽・音響業界　全50の仕事ガイド

『音大志願―音楽大学受験ハンドブック』浅井郁子著　ロコモーションパブリッシング　2006.3　185p　19cm　1300円　①4-86212-039-3
[内容] 本書は、音楽大学の変化を紹介しながら、音楽大学とはいったいどんなところか、そして進学を考えるにあたってのチェックポイントと入学試験の内容や勉強の仕方などをまとめたものである。

『音楽制作にかかわる仕事―マンガ』ヴィットインターナショナル企画室編　ほるぷ出版　2006.2　142p　22cm（知りたい！　なりたい！　職業ガイド）2200円　①4-593-57190-1　Ⓝ760.69
[目次] 音楽ディレクター, アレンジャー, シンセサイザープログラマー,

『歌・音楽にかかわる仕事』嶋田かおりまんが, 金子裕美, 桑名妙子, 井田ゆき子文　ポプラ社　2005.3　159p　22cm（まんがで読む仕事ナビ 1）1600円　①4-591-08482-5, 4-591-99636-0（シリーズ）（set）Ⓝ760.69
[目次] まんが歌手の仕事, まんが楽器演奏家の仕事, まんが音楽プロデューサーの仕事, まんがレコーディングミキサーの仕事, まんがCDショップ販売員の仕事

『誰も教えてくれない「インディーズ」の始め方・儲け方――人で始められる「CD・レコード会社」 CD制作から流通までの資料が満載！』郷田健二著　ぱる出版　2003.11　222p　21cm〈奥付のタイトル：「インディーズ」の始め方・儲け方〉2000円　①4-8272-0057-2　Ⓝ760.9
[内容] CD制作から流通までの資料が満載！　ミリオンセラーの金鉱脈を掘り当てる実践方法。

『あなたがアーティストとして成功しようとするなら―デビューから著作権管理まで、34章のミュージック・ビジネス実践ガイド』ドナルド・S.パスマン著, 升本喜郎訳　ソニー・マガジンズ　2002.4　647p　21cm　4000円　①4-7897-1828-X　Ⓝ760.69
[内容] アメリカのミュージック・ビジネスのすべてを網羅した名著。複雑な契約実務、印税計算などもわかりやすく解き明かして世界中のアーティスト、音楽業界人から絶賛された入門書がデジタル・ネットワーク時代に対応した改訂新版として復活。

『音楽家になるには』中野雄著　ぺりかん社　2002.3　185p　19cm（なるにはbooks 30）1170円　①4-8315-0989-2　Ⓝ760.7
[内容] ヴァイオリニスト、ピアニスト、指揮者、声楽家、作曲家と音楽家にはさまざまな人びとがいますが、共通していることは"音楽に生きがいを見出して"いること。魂の震えるような感動を聴き手に届けるため、音楽に人生を捧げています。一流の音楽家たちの言葉から、音楽に生きることのすばらしさや厳しさを感じ取ってください。

『売れるインディーズCDを作ろう！』gemini K&Y編・著　リットーミュージック　2000.5　136p　21cm（Creators' handbooks）1800円　①4-8456-0496-5　Ⓝ760.9
[内容] キミもインディーズでCDデビュー！　マスタリングからプレス、ジャケット制作、流通、宣伝、著作権関係までをドキュメンタリー・タッチで解説。CDを作る、レーベルを立ち上げる、作ったCDを売る、プロモーションする…。本書にはこうしたノウハウがすべて

載っている。あと必要なのはかっこいい音源と、何をやりたいかという自分のビジョンのみ。あなたにも絶対できるハズ。

◆音楽基礎

『やさしく学ぶ楽典の森』中村寛子編，長野俊樹監修　音楽之友社　2024.4　95p　26cm　1800円　Ⓘ978-4-276-10015-2　Ⓝ761.2
内容　音楽の基礎が楽しく学べる、初心者向けの楽典入門書。音符、休符、拍子といった楽譜の読み方から、音程、音階、コードなど演奏に必要な基礎知識までを、イラストや譜例を交えて平易に説明する。書き込み式の練習問題付き。

『子供のためのソルフェージュ　2』桐朋学園大学音楽学部附属子供のための音楽教室編　新版　音楽之友社　2024.3　152p　21cm　1300円　Ⓘ978-4-276-50305-2　Ⓝ761.2
内容　読譜力や正しい音楽表現を養うため「子供のための音楽教室」の教材として開発されたテキスト。2は、ト音記号のみだが、リズムが複雑になり、調も増えて、短調のほか転調を伴う課題も含んだ第8課から第16課を収録する。

『子供のためのソルフェージュ　1a』桐朋学園大学音楽学部附属子供のための音楽教室編　新版　音楽之友社　2024.3　118p　21cm　900円　Ⓘ978-4-276-50303-8　Ⓝ761.2
内容　読譜力や正しい音楽表現を養うため「子供のための音楽教室」の教材として開発されたテキスト。1aは、ハ長調とト音記号のみ、リズムも8分音符より短いものは使われていない、第1課から第7課を収録する。

『子供のためのソルフェージュ　1b』桐朋学園大学音楽学部附属子供のための音楽教室編　新版　音楽之友社　2024.3　108p　21cm　950円　Ⓘ978-4-276-50304-5　Ⓝ761.2
内容　読譜力や正しい音楽表現を養うため「子供のための音楽教室」の教材として開発されたテキスト。1bは、拍子の種類、タイやシンコペーションのほか、調号2つまでの長調とイ短調、ヘ音記号も登場する。

『読んでナットク！やさしい楽典入門―逆引きハンドブック　［2023］』オオシマダイスケ編著　頒布・発売：自由現代社　［2023.6］　109p　21cm〈索引あり〉　1300円　Ⓘ978-4-7982-2613-2　Ⓝ761.2

『リズムのプロと苦手を克服！リズム感改善メソッド』山北弘一著　メイツユニバーサルコンテンツ　2023.6　112p　21cm（コツがわかる本）〈レッスン音源つき〉1720円　Ⓘ978-4-7804-2795-0　Ⓝ761.3
内容　人気講師のノウハウを書籍化！歌唱、演奏、ダンス―「リズム感がない」人へ贈るとっておきレッスン。手軽にできるワークで身体の感覚を高め、様々なリズムに乗れるようにナビゲート。

『音楽理論まるごとハンドブック―バンド演奏に役立つ―知りたい項目をパッと確認＆解決！　［2023］』自由現代社編集部編著　頒布・発売：自由現代社　2023.5　121p　21cm〈索引あり〉　1300円　Ⓘ978-4-7982-2606-4　Ⓝ761
内容　音の名前と高さ、インターバル、コードとコード・ネーム、キーとコード進行、スケール、リズム、楽譜の読み方、コード表、知りたい項目をパッと確認＆解決！

『例題と問題で身に付く楽典―スケールとコードの仕組みがわかる！』オオシマダイスケ編著　頒布・発売：自由現代社　［2022.11］　111p　21cm〈「読んでナットク！やさしい楽典　完全マスター編」（2012年刊）の改題、加筆・再編集　一部譜例の音源がYouTubeで視聴可能！〉　1300円　Ⓘ978-4-7982-2574-6　Ⓝ761.2

『よくわかるやくにたつ　ザ・楽典―子供から大人まで楽しみながら学べる楽典入門』飛田君夫編著　改訂版　ヤマハミュージックエンタテインメントホールディングス　2022.6　77p　26cm　1200円　Ⓘ978-4-636-10062-4　Ⓝ761.2

『OzaShinの誰でもわかる音楽理論入門』OzaShin著　ナツメ社　2022.3　159p　21cm　1800円　Ⓘ978-4-8163-7157-8　Ⓝ761
内容　YouTubeで人気！OzaShinの神解説が本になりました！音楽知識ゼロでも大丈夫。スラスラ読めて、いつの間にか身につく！

『実用楽典―基礎から実習』澤野立次郎編著　改訂版　ドレミ楽譜出版社　2022.2　254p　21cm　1800円　Ⓘ978-4-285-15210-4　Ⓝ761.2
内容　中学校の音楽教科書から引用した曲を

例題に、和声学や対位法といった専門的な音楽理論を学ぶための前段階として知っておかなければならない音楽上のきまりを、わかりやすく説明する入門書。章末と巻末に練習問題を掲載。

『音階の練習12か月―うたう指づくり』原田敦子編著　改訂2版　ヤマハミュージックエンタテインメントホールディングスミュージックメディア部　2021.9　75p　31cm〈原田敦子基礎テクニック・12か月〉1500円　Ⓣ978-4-636-97848-3　Ⓝ761.2

『14歳からの新しい音楽入門―どうして私たちには音楽が必要なのか』久保田慶一著　国分寺　スタイルノート　2021.7　159p　21cm〈文献あり　年表あり〉1600円　Ⓣ978-4-7998-0193-2　Ⓝ761
内容　「音楽って何だろう？」という問いに、広い視野から、やさしい言葉で答えます。音楽の意味を基礎から学びたい人の必読書!!

『すぐに役立つ移調楽器の読み方―これですらすら読める！書ける！』伊藤辰雄著　音楽之友社　2021.1　103p　26cm〈索引あり　「移調楽器入門」改題版（東亜音楽社 1998年刊）の改題、編集した新版〉2400円　Ⓣ978-4-276-14703-4　Ⓝ761.2
内容　吹奏楽や管弦楽の演奏または編曲の際、とかくわずらわしいとされている移調の方法を実用面からわかりやすく述べる。実際の管弦楽曲などから多く引用課題を収録し、楽器が不足しているときの代理楽器の選び方も解説。

『ジュニアのための名曲で学ぶ音楽の基礎―フォルマシオン・ミュジカル：楽典・ソルフェージュから音楽史まで』舟橋三十子著　音楽之友社　2020.12　63p　30cm〈索引あり〉1700円　Ⓣ978-4-276-10056-5　Ⓝ760.7
内容　音楽を幅広い視点で捉える「フォルマシオン・ミュジカル」の考え方に基づいた、小学校高学年～中学生向けのテキスト。大作曲家の作品を通して、ソルフェージュ、音楽理論、音楽史が学べる。曲の試聴ができるQRコード付き。

『楽典がすいすい学べる本』土田京子著　ヤマハミュージックエンタテインメントホールディングスミュージックメディア部　2020.9　287p　15cm〈1冊でわかるポケット教養シリーズ〉〈「これだけは知っておきたい土田京子の説き語り楽典講座」改訂版（ヤマハミュージックメディア 2005年刊）の改題、改訂〉950円　Ⓣ978-4-636-97285-6　Ⓝ761.2
内容　楽譜の書き表し方、音楽の成り立ち、クラシック音楽の歴史、楽語など、音楽を楽しむうえで知っておきたい約束ごとを、軽快な語り口でやさしく解説する。

『ひとりでもみんなでもからだを使ってリズムで遊ぼう！―小中高生のための』伊藤康英編　ロケットミュージック　2020.8　31p　30cm〈付属資料：CD1枚（12cm）　イラスト・表紙デザイン：小島花恵〉3500円　Ⓣ978-4-86679-537-9　Ⓝ763.8

『リズムに強くなるための全ノウハウ』市川宇一郎編著　ドレミ楽譜出版社　2020.5　231p　21cm　2000円　Ⓣ978-4-285-15049-0　Ⓝ761.3
内容　洋楽リズムの本質から、日本特有のリズムと欧米リズムのちがい、日本人が欧米リズムを習得する方法、ビートを楕円のイメージでとらえる方法、ビートと拍子の関係までをわかりやすく解説する。練習課題も掲載。

『楽しく身に付く音楽の基礎知識―音楽記号・用語』侘美秀俊著　シンコーミュージック・エンタテイメント　2020.4　157p　21cm　1500円　Ⓣ978-4-401-64815-3　Ⓝ761
内容　何気なく使っている「連符」という言葉、本来の意味を知っていますか？　音楽記号・用語の知識が楽しく身に付く一冊。記号・用語の語源や本来の意味、トリビア、周辺情報なども紹介する。

『きいてたしかめよう!!やさしくわかるコードのしくみ』五代香蘭著　ケイ・エム・ピー　2019.12　175p　26cm〈付属資料：CD1枚（12cm）〉2000円　Ⓣ978-4-7732-4563-9　Ⓝ761.5
内容　複雑そうに見えるコード進行も、骨組みはとてもシンプル。やさしいハ長調（Cメジャー）とイ短調（Aマイナー）を例に、コードの使い方の基本ルールをていねいに解説する。音を確認できるCD付き。

『実践リズム感養成講座―あらゆる音楽で使えるリズムとグルーヴを身につける』チョンギヨン著, ME YOU訳　ヤマハミュージックエンタテインメントホー

ルディングス出版部　2019.9　157p　21cm　1900円　Ⓘ978-4-636-96298-7　Ⓝ761.3
内容　楽譜や図に合わせて身振り手振りするだけでリズム感が磨かれるリズム養成法を紹介。リズム感がない人、ジャズやラテンなどの複雑なグルーヴを身につけたい人など、あらゆるレベルに対応。参考用音源が聴けるQRコード付き。

『名曲理解のための実用楽典』久保田慶一編著、神部智、木下大輔著　音楽之友社　2019.7　142p　26cm　2600円　Ⓘ978-4-276-10061-9　Ⓝ761.2
内容　楽典の知識を学ぶことで、クラシック音楽の名曲をより深く理解し、音楽をさらに楽しむためのガイドブック。楽典の基礎を解説し、バッハからウェーベルンまで15曲を分析する問題を出題し、解説と解答例を掲載する。

『楽典─音楽の基礎から和声へ』小鍛治邦隆監修・著、大角欣矢、照屋正樹、林達也、平川加恵著　アルテスパブリッシング　2019.4　221p　22cm〈索引あり〉1800円　Ⓘ978-4-86559-197-2　Ⓝ761.2
内容　初歩的な楽譜の読み方と理解から、音程の厳密な把握、移調法の実践、本格的な理論学習の導入となる和声の基礎、そして歴史的な観点からの楽語や演奏記号の解説まで、最高水準の音楽的知性を結集した楽典の入門書。

『高校生のための音楽ノート』柴田篤志監修、三重県高等学校音楽教育研究会編　カワイ出版　2019.4　95p　30cm〈年表あり〉950円　Ⓘ978-4-7609-4046-2　Ⓝ375.764

『音楽用語の基礎知識─これから学ぶ人のための最重要キーワード100』久保田慶一編著　アルテスパブリッシング　2019.3　291p　21cm〈索引あり〉「キーワード150音楽通論」(2009年刊)の改題、改訂　執筆：上野大輔、川本聡胤、木下大輔、白石美雪、滝口幸子、長野俊樹、本多佐保美〉2000円　Ⓘ978-4-86559-199-6　Ⓝ760.36
内容　学ぶ人、教える人、聴く人、演奏する人…。あらゆる音楽人が身につけるべき教養を、100のワードと豊富な譜例・図版でわかりやすく解説。クラシックからポピュラー、民族・日本音楽までの全ジャンルを網羅する。

『日本の音階と和声─そのしくみと"編曲・作曲"へのアプローチ』中西覚著　マザーアース　2019.3　130p　26cm　3500円　Ⓘ978-4-908384-25-7　Ⓝ761.2

『音楽用語─オールカラー』ヤマハミュージックエンタテインメントホールディングス出版部　2018.11　121p　15cm（子どもポケット音楽事典）900円　Ⓘ978-4-636-96323-6　Ⓝ761.2
内容　楽譜にでてくるさまざまな用語や記号を掲載。ピアノの演奏に役立つ知識が身につく本。ポケットサイズのため、レッスンや自宅での練習でわからなくなったときに、その場で調べることができる。おさらいクイズも収録。

『やさしい楽典─オールカラー』ヤマハミュージックエンタテインメントホールディングス出版部　2018.11　123p　15cm（子どもポケット音楽事典）900円　Ⓘ978-4-636-96322-9　Ⓝ761.2
内容　ピアノを演奏するために必要な楽譜のきまりごとをまとめた本。ポケットサイズのため、レッスンや自宅での練習でわからなくなったときに、その場で調べることができる。おさらいクイズも収録。

『中学生・高校生のための吹奏楽楽典・音楽理論』侘美秀俊著　シンコーミュージック・エンタテイメント　2018.10　175p　21cm　1500円　Ⓘ978-4-401-64607-4　Ⓝ761.2
内容　コンクールでゴールド金賞を取るために学ぶ！楽典？音楽理論？知ってると知らないじゃ全然違う！楽器演奏が上手くなりたい全吹奏楽部員のための音楽理論の教科書♪

『耳コピが基礎からできるようになる本─トライ&トレーニング30＋150』永野光浩著　国分寺　スタイルノート　2018.9　413p　21cm　2600円　Ⓘ978-4-7998-0169-7　Ⓝ761.2
内容　ドラム、ベース、ギター、キーボード、各パートを狙いうち！少しずつレベルアップする150の基礎練習と30の実践曲！サウンドの中から目的の音を聴き分けるコツが身に付く！

『実践！しっかり学べる対位法─モードからフーガまで』彦坂恭人編著　発売：自由現代社　2018.8　143p　26cm　2000円　Ⓘ978-4-7982-2267-7　Ⓝ761.6
内容　音楽理論の中でも難しい対位法をしっかり学べるテキスト。対位法の基本から、様々

な形式、作曲、フーガまで、クラシックの名曲など豊富な作品例を交えて解説。練習課題とその解答も収録。

『ジュニア楽典』山下薫子著　音楽之友社　2018.7　199p　21cm〈文献あり　年表あり　索引あり〉1850円　①978-4-276-10013-8　Ⓝ761.2
内容　音の物理的特性から音楽の要素の働きや音楽史まで、基本的な知識が身につく子ども向け楽典。

『ちゃんとした音楽理論書を読む前に読んでおく本』侘美秀俊著　増補版　リットーミュージック　2018.7　262p　21cm〈索引あり〉1600円　①978-4-8456-3273-2　Ⓝ761
内容　本格的に理論を勉強する前にこの本で楽しく予習しておこう。

『マンガでわかる！音楽理論　3』侘美秀俊監修、坂元輝弥マンガ　リットーミュージック　2018.5　127p　19cm　1300円　①978-4-8456-3247-3　Ⓝ761
内容　リロンちゃんとセンセーのやり取りを描いたマンガを通して音楽理論の基礎に触れ、その後に続く詳しい解説文でより理解を深めることができる。3は、和音の転回やテンションコード、機能に基づいたコード進行などを取り上げる。

『マンガでわかる！音楽理論　2』侘美秀俊監修、坂元輝弥マンガ　リットーミュージック　2018.5　126p　19cm　1300円　①978-4-8456-3246-6　Ⓝ761
内容　リロンちゃんとセンセーのやり取りを描いたマンガを通して音楽理論の基礎に触れ、その後に続く詳しい解説文でより理解を深めることができる。2は、移調、調号、転調などの調性から、三和音の成り立ちまでを取り上げる。

『音楽の基礎―小学校教諭・保育者をめざす』木許隆監修、荒井弘高、岩佐明子、大塚豊子、高御堂愛子、田中知子、土門裕之、藤本逸子編著　改訂版　圭文社　2018.3　87p　26cm　1800円　①978-4-87446-066-5　Ⓝ761

『わかりやすい楽典』中西覚著　マザーアース　2018.3　97p　26cm〈付属資料：15p〉2400円　①978-4-908384-17-2　Ⓝ761.2

『最もわかりやすいソルフェージュ入門　下巻』赤石敏夫著　改訂第6版　ケイ・エム・ピー　2018.2　63p　31cm　1000円　①978-4-7732-4344-4　Ⓝ761.2
内容　音楽教育の基礎であるソルフェージュのテキスト。八分音符、十六分音符までを使用し、徐々に「難しい」「とりにくい」リズム＋音程がでてくるよう配慮。リズムの細分化、派生音、様々な調性が学べる。

『ジュニアクラスの楽典テキスト・ワーク』内藤雅子著　デプロMP　2017.7　94p　31cm〈付属資料：1冊〉1000円　①978-4-86633-151-5　Ⓝ761.2

『ソルフェージュの庭―リズム：短期集中！30 lessons　中級編』佐怒賀悦子著　音楽之友社　2017.6　38p　26cm　1300円　①978-4-276-50257-4　Ⓝ761.3
内容　「リズム」の基礎的な読譜力と音楽的な表現力を養うテキスト。「拍の均等な分割」「8分の9拍子と8分の12拍子」など、4小節程度の易しい課題を使った、生きた音楽表現のコツを学べるレッスンが満載。

『これだけは知ってほしい楽典はじめの一歩―保育士、幼稚園、小学校教諭を志す人たちへ』木村鈴代、田中美江、中山由里、安氏洋子、駒久美子、中川淳一、植村和彦、岸川良子、吉岡亜砂美共著　カワイ出版　2017.4　79p　30cm　1800円　①978-4-7609-4044-8　Ⓝ761.2
内容　保育士、幼稚園、小学校教諭を志す人たちに向けて、楽譜を読むための基本的なしくみ・ルールを解説したテキスト。演奏方法がわかりにくい記号には、目と耳で確認できるようQRコードを付す。書き込み式の練習問題あり。

『おんぷワーク・ドリル―ペースにあわせて無理なく理解　下　かたちながさおんがく記号』内藤雅子著　デプロMP　2017.2　80p　19×26cm　800円　①978-4-86633-106-5　Ⓝ761.2

『おんぷワーク・ドリル―ペースにあわせて無理なく理解　上　よみかたかきかた』内藤雅子著　デプロMP　2017.2　79p　19×26cm　800円　①978-4-86633-105-8　Ⓝ761.2

『最もわかりやすいソルフェージュ入門　上巻』赤石敏夫著　改訂第8版　ケイ・エム・ピー　2017.2　63p　31cm　1000円　①978-4-7732-4230-0　Ⓝ761.2

|内容| 音楽教育の基礎であるソルフェージュのテキスト。音程はC1〜G1までを中心とし、より狭い音域で子供達が楽に声を出せる範囲に、A1〜C2までは少しずつ導入し、段々に高い声を出せるよう工夫する。

『イチから知りたい！ 楽典の教科書』春畑セロリ,向井大策共著　西東社　2016.7　207p　21cm〈付属資料：DVDビデオディスク（1枚 12cm）年表あり 索引あり〉1600円　Ⓘ978-4-7916-2257-3　Ⓝ761.2
|内容| 人気のクラシック曲（抜粋）を多数収録！

『マンガでわかる！ 音楽理論』佗美秀俊監修,坂元輝弥マンガ　リットーミュージック　2016.3　126p　19cm　1300円　Ⓘ978-4-8456-2789-9　Ⓝ761
|内容| 音程には"長と短"や"増と減"がある。音程の位置を入れ替える"転回"。音階の仕組み。半音階と全音音階。長音階と短音階。音楽理論の基礎がマンガでスッキリわかる！

『耳コピカアップ術―理論と実践と聴き分けのコツ』永野光浩著　国分寺　スタイルノート　2015.12　333p　21cm　2600円　Ⓘ978-4-7998-0144-4　Ⓝ761.2
|内容| 聴き取る耳の力をアップさせる理論と実践。耳を鍛えて読譜力もアップ！ 音程やコードネームは鍵盤図やフレットボード図を使って説明。ポップスで使われるコードの仕組みや進行が詳しくわかる！ 音大方式の耳コピ術もわかる！ 実際の耳コピ手順が細かくわかる！

『ROCK & POPの音楽理論コンパクト・ガイド―ヒット曲でわかる！』ジュリア・ウィンターソン,ポール・ハリス著,大橋悦子訳　音楽之友社　2015.12　183p　19cm〈索引あり〉1850円　Ⓘ978-4-276-10024-4　Ⓝ761
|内容| 曲名、アーティスト名を挙げて解説！ 実感！ 理解！

『実践！ やさしく学べるポピュラー対位法―コード＆メロディで理解する［2015］』彦坂恭人編著　発売：自由現代社　2015.6　126p　26cm　1800円　Ⓘ978-4-7982-2040-6　Ⓝ764.7

『吹奏楽部員のための楽典がわかる本』広瀬勇人著　ヤマハミュージックメディア　2015.4　159p　26cm　2000円　Ⓘ978-4-636-90645-5　Ⓝ761.2
|内容| 実践で役立つ楽典が身に付く！ 問題を解きながら楽しんで学べる！

『絶対！ わかる楽典100のコツ』小谷野謙一著　ヤマハミュージックメディア　2015.1　135p　21cm　1600円　Ⓘ978-4-636-90935-7　Ⓝ761.2
|内容| 楽譜や楽典がすっきりわかる！ 楽しく読める新しい入門書。クラシックやポピュラーなど、ジャンルを問わず理解できるこれまでになかった楽典本。楽譜を書いてみたいときに役立つ知識も満載！

『音を感じる視唱入門―先生のピアノで歌おう』高橋千佳子著　音楽之友社　2014.12　95p　26cm　1400円　Ⓘ978-4-276-14211-4　Ⓝ761.2
|内容| 先生が歌う→生徒が真似をする。「歌う」楽しさが伝わる。

『一目瞭然！ 目からウロコの楽典―図解入り解説＆問題集（解き方ヒント付き）応用編』佐々木邦雄著　改訂版　ヤマハミュージックメディア　2014.10　95p　30cm　1100円　Ⓘ978-4-636-91012-4　Ⓝ761.2

『一目瞭然！ 目からウロコの楽典―図解入り解説＆問題集〈解き方ヒント付き〉基礎編』佐々木邦雄著　ヤマハミュージックメディア　2014.4　95p　30cm　1100円　Ⓘ978-4-636-90438-3　Ⓝ761.2

『吹奏楽部員のための和声がわかる本』天野正道著　ヤマハミュージックメディア　2014.3　103p　26cm〈文献あり〉1600円　Ⓘ978-4-636-89858-3　Ⓝ761.5
|内容| 作・編曲家や指揮者として活動し、35年以上教育の現場にも携わってきた著者による、一番わかりやすい和声本。

『譜読みチャレンジ―やさしいトレーニング　3』内藤雅子著　デプロMP　2014.2　51p　31cm　800円　Ⓘ978-4-86414-690-6　Ⓝ761.2

『譜読みチャレンジ―やさしいトレーニング　2』内藤雅子著　デプロMP　2014.2　51p　31cm　800円　Ⓘ978-4-86414-689-0　Ⓝ761.2

『譜読みチャレンジ―やさしいトレーニング　1』内藤雅子著　デプロMP　2014.2　51p　31cm　800円　Ⓘ978-4-86414-

音楽を学ぼう

688-3　Ⓝ761.2

『すぐわかる！　4コマ楽典入門』坂口博樹著　ヤマハミュージックメディア　2012.12　111p　21cm〈文献あり　4コマ漫画：なみへいほか〉1600円　Ⓘ978-4-636-89169-0　Ⓝ761.2
内容　10年かかる聖歌学習を2年にまで縮めたドレミ唱法、拍とは音楽の後々で一定の時間を刻む聞こえない音、拍子は拍という小さな数を周期的に繰り返す運動、など一項目3分で楽しくわかる。

『音感スーパーレッスン―うまく歌える！演奏がうまくなる！　楽譜が読める！』小原孝著　ナツメ社　2012.10　183p　21cm〈付属資料：録音ディスク（1枚12cm）〉1700円　Ⓘ978-4-8163-5292-8　Ⓝ761.2
内容　童謡からクラシックまで138のフレーズで音感チェック。小原先生オリジナルの伴奏つきで楽しくトレーニング。音楽が苦手な人にもよくわかる！アレンジ楽譜で楽々スタート。

『楽譜が読めると音楽がおもしろい』五代香蘭著　改訂版　メトロポリタンプレス　2012.10　94p　26cm〈初版：音教社1989年刊〉1200円　Ⓘ978-4-904759-25-7　Ⓝ761.2
目次　音の高低をあらわすのが五線だ、音の高さを決定する音部記号、音符の長さが楽譜の読み方のカンどころ、音符の使い方・ラ・ラ・ラ、休符はメロディー運びの黒子役、音の強弱の規則正しいくり返しが拍子の原点だ、拍子がひと目でわかる拍子記号、スタートの位置をずらした弱起の形、音符や休符の組み合わせがリズムを生み出す、曲のムードを左右する速度記号〔ほか〕

『絶対役立つ音楽の問題集　1　基礎知識編』大崎妙子編　ミュージックランド　2012.6　138p　31cm　1400円　Ⓘ978-4-86356-382-7　Ⓝ761.2

『小・中学生のための徹底!!音感トレーニング　3　全86問タイ/3連符/旋律的短音階までの聴音学習による』池田奈々子編　ドレミ楽譜出版社　2012.5　71p　19×26cm〈付属資料：録音ディスク（1枚12cm）〉1600円　Ⓘ978-4-285-13370-7

『鍵盤で覚える理論のキホン―体感＆納得！』田熊健編著　発売：自由現代社　2012.4　95p　26cm　1300円　Ⓘ978-4-7982-1814-4　Ⓝ761
内容　練習曲やフレーズを弾きながら学べる実践型入門書。ポピュラーの視点から、楽譜やコードなど理論のキホンをやさしく解説。

『小・中学生のための徹底!!音感トレーニング　2　全83問ト調、ヘ調/16分音符/和声的短音階までの聴音学習による』池田奈々子編　ドレミ楽譜出版社　2012.2　71p　19×26cm〈付属資料：録音ディスク（1枚12cm）〉1600円　Ⓘ978-4-285-13289-2

『小・中学生のための徹底!!音感トレーニング　1』池田奈々子編著　ドレミ楽譜出版社　2011.12　71p　19×26cm〈付属資料：CD1枚（12cm）〉1600円　Ⓘ978-4-285-13211-3

『「しくみ」から理解する楽典―オクターブ・サークルではやわかり！』坂口博樹著　ヤマハミュージックメディア　2011.9　205p　21cm　1600円　Ⓘ978-4-636-86922-4　Ⓝ761.2
内容　楽典―「楽譜上の決まりごと」は、各時代・各国によって積み重ねられ、そぎ落とされてきた歴史の集積です。一見複雑に見える決まりごとを、「どうしてそうなったのか」という「しくみ」から解説することで、音楽理論や音楽史の本質的理解を深めます。音階や和音の関係が直感的に把握できるオクターブ・サークルは画期的。

『よくわかる楽典の教科書』小谷野謙一著　ヤマハミュージックメディア　2011.2　160p　21cm〈索引あり〉1600円　Ⓘ978-4-636-85998-0　Ⓝ761.2
内容　はじめて楽譜を読む人も、より深く音楽を味わいたい人も知りたかったポイントがわかる。これなら楽譜が読める！クラシックからポップスまで対応。

『わかりやすい楽典「問題集」―解いておぼえる　くわしい解説・解答つき』川辺真著　音楽之友社　2010.3　127p　26cm　1800円　Ⓘ978-4-276-10032-9　Ⓝ761.2
内容　「例題→解説（＋ワンポイント）→答え→問題（グレード表示つき）」で構成され、「解説」では、楽典の基本問題を考える筋道を懇切に示した。

『図解でわかる楽典（musical grammar）の知識―弾いて覚えて調べて　MS 169 Music navi』小林一夫著　中央アート出版社　2009.9　195p　21cm〈奥付の

音楽を学ぼう　　　　　　　　　　　　　　　　芸術・美術を学ぼう

タイトル：図解でわかる楽典の知識　索引あり〉1500円　Ⓘ978-4-8136-0550-8　Ⓝ761.2
目次 音，楽譜，音符の種類，記譜，音律，リズムと拍子，音程，調，調名（キー），音階，和音，音楽の用語・記譜法，楽器と楽譜，付録 楽典の問題集

『楽典レッスン　2』山本英子著　共同音楽出版社　2009.3　39p　30cm（ぴあののアトリエ）1000円　Ⓘ978-4-7785-0250-8　Ⓝ761.2

『楽典レッスン　1』山本英子著　共同音楽出版社　2009.2　40p　30cm（ぴあののアトリエ）1000円　Ⓘ978-4-7785-0245-4　Ⓝ761.2

『高校生のための新・楽典ワーク』音楽研究グループATOM著　改再版　ドレミ楽譜出版社　2008.3　63p　26cm〈付属資料：別冊1〉600円　Ⓘ978-4-285-11822-3
内容 高校の教育現場で待望の楽典ワーク。授業でもすぐ役立つよう、使いやすさを重視。趣味で音楽を楽しんでいる現役の高校生たちの声を多く取り入れ、従来の「楽典」から実用部分だけを徹底的に精選した書。音楽を愛好する中学生にとっても有難い1冊。別紙解答付。

『音楽理論の基礎』笠原潔，徳丸吉彦著　放送大学教育振興会　2007.4　233p　21cm（放送大学教材 2007）2600円　Ⓘ978-4-595-30716-4　Ⓝ761

『超やさしい楽譜の読み方―これだけは覚えよう！　ポイント16』甲斐彰著　音楽之友社　2006.9　62p　21cm　800円　Ⓘ4-276-10046-1　Ⓝ761.2
内容 楽譜にはいろいろな記号や約束ごとがありますが、実際にはほとんど使われないもの、専門家には必要だけど一般の人にはあまり必要でないものもたくさんあります。本書では、これらをバッサリ切って、"これだけは知っておきたいもの"に絞って覚えていける様になっています。

『リズムの基本―確実なリズムへの新しい道』アンナ・マートン著，佐瀬道子訳　音楽之友社　2006.8　111p　27cm　1800円　Ⓘ4-276-50730-8　Ⓝ761.3

『絶対わかる！　曲作りのための音楽理論―必要最小限の理論知識だけでOK！』デイヴ・スチュワート著，藤井美保訳　新装版　リットーミュージック　2006.1　188p　21cm　1800円　Ⓘ4-8456-1264-X　Ⓝ761
内容 ロックやポップスを作曲・アレンジしたり、自由にアドリブ・フレーズを演奏したりしたいだけならば、なにも分厚い音楽理論書に書かれた内容のすべてを習得する必要はありません。アーティスト、コンポーザー、アレンジャーとしての活動でも知られるデイヴ・スチュワートが、広く深い音楽理論の樹海の中からみずからの経験上必要と思われる美味しい部分だけをピックアップし、若い世代のソング・クリエイター/プレイヤーのためにやさしくおもしろく伝授します。

『17のキーワードでよくわかるやさしい音楽理論』香取良彦著　リットーミュージック　2005.9　159p　21cm　1500円　Ⓘ4-8456-1226-7　Ⓝ761
内容 多くの人が疑問に感じるポイントを17のキーワードで斬る。複雑でわかりにくい音楽理論を楽しく読み解くヒントが満載。

『基礎から実習ソルフェージュ　2（後編）』澤野立次郎編著　ドレミ楽譜出版社　2005.2　101p　21cm　900円　Ⓘ4-285-10168-8　Ⓝ761.2

『基礎から実習ソルフェージュ　1（前編）』澤野立次郎編著　ドレミ楽譜出版社　2005.2　101p　21cm　900円　Ⓘ4-285-10167-X　Ⓝ761.2

『やさしくわかる楽典―クラシック音楽をもっと楽しむ！』青島広志著　日本実業出版社　2005.2　222p　21cm　1800円　Ⓘ4-534-03866-6　Ⓝ761.2
内容 音楽を理解するために必須の知識「楽典」をやさしく解説。

『高校生のソルフェージュ』田島秀男著　改訂新版　音楽之友社　2004.12　47p　26cm　600円　Ⓘ4-276-50251-9　Ⓝ375.764
目次 4分音符と4分休符，単純拍子，8分音符と8分休符，正しい楽譜の書き方，音名，付点音符，合唱練習，音程 1度から5度までの音程，複合拍子，臨時記号・奏法記号〔ほか〕

『初心者にもよくわかるやさしいポピュラー音楽の基礎知識―ポピュラー楽典早わかり』渡部力也編著　改訂版　龍吟社/リズム・エコーズ　2003.1　77p　26cm　2000円　Ⓘ4-8448-2181-4

芸術・美術を学ぼう / 音楽を学ぼう

Ⓝ764.7

『初心者にもよくわかるやさしいコードのしくみと使い方—ポピュラー・コード早わかり』渡部力也編著　改訂版　龍吟社/リズム・エコーズ　2002.9　88p　26cm　2000円　Ⓘ4-8448-2175-X　Ⓝ761.5

『初心者にもよくわかるやさしい楽典問題の解き方とポイント』竹内祥子編著　改訂版　龍吟社/リズム・エコーズ　2002.7　109p　26cm　2200円　Ⓘ4-8448-5132-2　Ⓝ761.2

『かいておぼえる音楽ドリル—楽典の基礎知識　2』佐野真澄編著　ケイ・エム・ピー　2002.5　127p　31cm〈付属資料：4枚〉1200円　Ⓘ4-7732-1432-5

『かいておぼえる音楽ドリル—楽典の基礎知識　1』佐野真澄編著　ケイ・エム・ピー　2002.5　127p　31cm〈付属資料：4枚〉1200円　Ⓘ4-7732-1431-7

『ピアノ名曲で学ぶ楽典book—音楽がよくわかる！』長沼由美, 二藤宏美著　ヤマハミュージックメディア　2002.4　167p　26cm〈奥付のタイトル：ピアノ名曲で学ぶ楽典ブック〉1600円　Ⓘ4-636-20998-2　Ⓝ761.2

『わかりやすい楽典—音符と鍵盤でおぼえる』川辺真著　音楽之友社　2002.4　214p　21cm　1700円　Ⓘ4-276-10031-3　Ⓝ761.2
[内容]　現代のニーズに合った新しい楽典がついに登場！　そのおもな特徴は、鍵盤図をふんだんに掲載。音を出して確認できる。ポピュラーに必須の「コードネーム」を詳しく解説。楽譜の書き方の注意点をていねいに説明。他にも、覚えておきたいポイントや豆知識をコラムで紹介、さらに、例題と解説、練習問題で復習できるなど、「わかりやすくて使いやすい」内容となっている。楽譜の読み方・書き方を知りたい人は必携。

『こどもの楽典—やさしく学べる：課題と問題集（解答付）』山本雅之編著　ドレミ楽譜出版社　2002.3　87p　26cm　700円　Ⓘ4-8108-5356-X
[目次]　五線と間、ト音記号、ヘ音記号、音名と音階、音符と休符、音符、休符の長さのひかく、譜表、縦線と小節、加線、ト音記号とヘ音記号〔ほか〕

『わかりやすい音楽理論』教育音楽研究会編著　ケイ・エム・ピー　2002.3　103p　26cm〈付・音楽の歴史〉1800円　Ⓘ4-7732-1417-1　Ⓝ761
[目次]　序　音楽と音、第1章　譜表と音名、第2章　音符と休符、第3章　拍子とリズム、第4章　音程、第5章　音階と調、第6章　速さ強さを表わす記号と標語、第7章　曲想・奏法を表わす記号と標語、第8章　和声と楽式、第9章　コードネーム、第10章　声楽と器楽、付　音楽の歴史

『理論』高橋秀雄総監修、茂手木潔子、森重行敏著、佐藤敏直音楽監修　小峰書店　2002.2　47p　29cm（日本の楽器　日本の音　6）〈付属資料：CD1枚（12cm）〉4500円　Ⓘ4-338-18206-7, 4-338-18200-8（set）
[内容]　多彩な写真で見やすく、わかりやすく、楽しく。プロの奏者が出演・指導する実践に即した内容。資料として歴史や理論の探求にも適する。各楽器の音を聴いて確認できるよう、全巻CD付き。日本の音楽になじみやすく、新たな曲も収録！　中学生以上。

『やさしい楽典—音符・読み方』ヤマハミュージックメディア編著　ヤマハミュージックメディア　2001.7　110p　15cm（ポケット音楽ブックス　1）600円　Ⓘ4-636-20973-7　Ⓝ761.2
[目次]　1 五線、2 音名と変化記号、3 音符と休符、4 拍子記号、5 速度記号、6 強弱記号、7 奏法・他の記号、8 楽語

『やさしい楽典—音階・調・和音』ヤマハミュージックメディア編著　ヤマハミュージックメディア　2001.7　110p　15cm（ポケット音楽ブックス　2）600円　Ⓘ4-636-20974-5　Ⓝ761.2
[目次]　1 音階について、2 全音階/長音階、3 全音階/短音階、4 半音階、5 いろいろな音階、6 調、7 音程、8 和音

『ポケット楽典』大角欣矢著　音楽之友社　2001.3　198p　16cm　952円　Ⓘ4-276-10012-7　Ⓝ761.2
[内容]　楽譜の全知識が片手でひける。アマチュアからプロまですべての音楽愛好家のニーズにこたえる"最小にして最強"の楽典！　基礎知識はもちろん、調判定のTipsやコードネームの知識、そして巻末には速度記号・発想記号の一覧もついて、「これ1冊でOK」の内容です。

『バンド・スコアを攻略しよう！—カンタンに始められる入門書』自由現代社編集

部編著　発売：自由現代社　2000.5　61p　26cm　800円　①4-88054-974-6　Ⓝ761.2
[目次]　1 これがバンスコだ！，2 バンスコ記号のマスター，3 パート別読譜攻略，4 専門用語集，5 名曲を聴こう！

『こどものための楽典と問題集』山本雅之編著　ドレミ楽譜出版社　2000.3　87p　26cm　700円　①4-8108-6371-9
[目次]　五線と間，ト音記号，ヘ音記号，音名と音階，音符と休符，音符，休符の長さのひかく，譜表，縦線と小節，加線，加間，ト音記号とヘ音記号〔ほか〕

◆楽譜

『基礎から始める楽譜の読み方—名曲からやさしく学ぶ！』横岡ゆかり編著　頒布・発売：自由現代社　[2023.11]　110p　21cm〈音声付　「基本から難曲を弾くための楽譜の読み方」(2014年刊)の改題，加筆再編集〉1500円　①978-4-7982-2639-2　Ⓝ761.2
[内容]　基礎的な楽譜の読み方から，より難しい部分まで幅広く長く学べる！

『読んで覚える楽譜のカラクリ　[2023]』田熊健編著　発売：自由現代社　2023.7　111p　21cm〈索引あり〉1300円　①978-4-7982-2618-7　Ⓝ761.2
[内容]　スラスラ読めて，楽譜がわかって，音楽がもっと楽しくなる！

『この1冊で楽譜が読める！　音楽記号事典—演奏鑑賞作曲で使える。持ち歩ける。』多田鏡子著　日本文芸社　2023.5　319p　18cm〈索引あり　「持ち歩き音楽記号事典」(2015年刊)と「持ち歩き楽譜がやさしく読める本」(2017年刊)の改題，再編集〉2000円　①978-4-537-22103-9　Ⓝ761.2
[内容]　楽譜を読むための基礎知識と音楽記号をまとめた事典。楽譜の基本的なことや音楽記号を，図版や楽譜を示して具体的に詳説する。見出しの記号や標語を大きく表示し，用語の意味も簡単に解説。

『楽譜がスラスラ読める本—読む・聴く・書くで楽しくおぼえられる！：『乙女の祈り』『エリーゼのために』ピアノで弾ける譜面付き』大塚茜監修　永岡書店　2023.4　159p　26cm〈索引あり　音源ダウンロード形式〉1200円　①978-4-522-44030-8　Ⓝ761.2
[内容]　初めて楽譜を学ぶ人に向け，音符，リズム，拍子，音程，和音，音階，調名などを解説。復習問題も掲載する。ピアノで弾ける「乙女の祈り」「エリーゼのために」の譜面，コード表一覧，音源がダウンロードできるパスワード付き。

『すぐわかる!!楽譜の読み方入門—譜例の音がスマホで聴ける』山下正著　ヤマハミュージックエンタテインメントホールディングスミュージックメディア部　2022.4　207p　26cm〈索引あり　スマホ対応　「誰でもできる楽譜の読み書き」(ヤマハミュージックメディア 2015年刊)の改題，加筆・修正した改訂版〉2000円　①978-4-636-10287-1　Ⓝ761.2
[内容]　丁寧で親切な解説と豊富なトレーニングで楽譜が読めるようになる！

『いちばん親切な音楽記号用語事典』轟千尋編著　新星出版社　2021.7　207p　21cm〈索引あり〉1500円　①978-4-405-07333-3　Ⓝ761.2
[内容]　音楽記号や音楽用語を読むコツがわかると，演奏はみるみる魅力的になり，音楽ライフは劇的に変わる！　主にクラシック音楽の楽譜に登場する記号や用語の意味をわかりやすく解説し，それを書いた作曲家の意図や視点を紹介する。

『誰でもぜったい楽譜が読める！』辻志朗著　新版　音楽之友社　2021.6　196p　21cm　1800円　①978-4-276-10014-5　Ⓝ761.2
[内容]　「音楽は好きだけど楽譜が読めない」人のためのバイブル。音の高さからハ長調以外の楽譜まで，楽譜のしくみを知っている単語や童謡唱歌などを例にわかりやすく解説する。書き込み式の練習問題も掲載。

『これでわかる！　はじめての楽譜の読み方—主要コード一覧表音楽用語集付き』石川良子著　新装版第2版　ケイ・エム・ピー　2021.4　143p　26cm　1500円　①978-4-7732-4719-0　Ⓝ761.2

『楽譜の書き方—ミュージック・コピーイストへのファースト・ステップ：即実践に役立つ写譜の世界』平石博一著，東京ハッスルコピー監修・編集　第6版　東京ハッスルコピー　2020.11　158p　26cm　1800円　①978-4-903399-58-4　Ⓝ761.2

芸術・美術を学ぼう　　音楽を学ぼう

『Dorico 3.5楽譜作成ガイド―基礎から応用までよくわかる：for Windows & Mac』スタイルノート楽譜制作部編
国分寺　スタイルノート　2020.7
239p　26cm〈索引あり〉2800円
Ⓘ978-4-7998-0186-4　Ⓝ761.2
内容　楽譜作成の基本手順をイチからていねいに解説。多彩なショートカットをポイントごとに紹介。トリムやはさみツールなど、Dorico独自の操作法についてもやさしく説明。各項には役に立つヒントがたくさん。

『ありそうでなかった形から引ける音楽記号辞典―ジュニア版：オールカラー』
トーオン編集部編　ヤマハミュージックエンタテインメントホールディングスミュージックメディア部　2020.5
207p　21cm〈索引あり〉ヤマハミュージックメディア 2014年刊の再刊〉1900円　Ⓘ978-4-636-97466-9　Ⓝ761.2
内容　読み方がわからなくても、音楽記号や用語の「形から」引ける音楽記号辞典。「音符・休符」「速度」「反復」などに分け、クラシック音楽を中心に、様々な楽器の楽譜によく出てくるものを選んでやさしく解説する。

『かんたん！ よくわかる！ 楽譜の読み方―楽譜が読めれば、音楽がもっと楽しくなる！』森真奈美著　日東書院本社
2019.11　128p　21cm　1200円　Ⓘ978-4-528-02270-6　Ⓝ761.2
内容　音の高さ、長さ、音程や和音など、楽譜を読むのに必要な要素をカテゴリーごとに分け、わかりやすく解説する。コード表、音楽用語リストなども掲載。書き込みページあり。

『キャラで楽しく学ぼう！ 音楽記号図鑑』
髙倉弘光監修, とくながあきこイラスト　シンコーミュージック・エンタテイメント　2019.4　77p　21cm〈索引あり〉1600円　Ⓘ978-4-401-64749-1　Ⓝ761.2
内容　子供から大人まで、入門者にピッタリの音楽記号図鑑。音符・休符から、奏法記号、速度記号まで、個性豊かな音楽記号の数々を、それぞれの役割やイメージを擬人化したかわいいキャラクターで解説する。コラムやクイズも収録。

『楽譜を見るのがうれしくなる方法とプレイに直結させるコツ』いちむらまさき著
リットーミュージック　2018.8　127p
21cm　1300円　Ⓘ978-4-8456-3274-9　Ⓝ761.2
内容　リズム譜から始めよう！ ここまで読めれば楽器はうまくなる！ ギター&ベース奏者へのヒント満載！

『ドリル式！ この1冊で譜面の読めるギタリストになれる本』渡辺具義著　リットーミュージック　2017.6　151p
23cm〈索引あり〉1800円　Ⓘ978-4-8456-3060-8　Ⓝ761.2
内容　音符の読めるギタリストになれるように、音符、音程、メジャースケールのフォームなどについて説明。実力向上テクニック、自分の理解度を確認できるドリル問題とその解説も掲載。MP3形式の模範演奏をダウンロードできる。

『楽譜をまるごと読み解く本』西村理, 沼口隆, 沼野雄司, 松村洋一郎, 安田和信著
ヤマハミュージックエンタテインメントホールディングス　2017.5　259p
15cm（1冊でわかるポケット教養シリーズ）〈文献あり　「楽譜を読む本」（ヤマハミュージックメディア 2010年刊）の改題、加筆、編集〉950円　Ⓘ978-4-636-94620-8　Ⓝ761.2
内容　楽譜ってなんだろう？ 歴史や成り立ち、種類、音楽的な意味、記号の詳細―。いろいろな角度から楽譜を見てみると、音楽がぐんと理解できて、もっと楽しくなる！

『できるゼロからはじめる楽譜&リズムの読み方超入門―いちばんやさしい楽譜とリズムの本』侘美秀俊著　リットーミュージック　2016.12　174p　24cm
〈付属資料：録音ディスク（1枚 12cm）索引あり〉1500円　Ⓘ978-4-8456-2979-4　Ⓝ761.2
内容　楽譜やリズムの読み方を、初心者にもわかりやすいよう、大きな図や譜面をふんだんに使っていねいに解説。レッスンに関連した知識も掲載する。裏表紙にリズム譜早見表あり。譜例の音を収めたCDつき。

『誰でもできる楽譜の読み書き―シンプルだからわかりやすい!!』山下正, ヤマハミュージックメディア編著　ヤマハミュージックメディア　2015.7　207p
21cm〈付属資料：録音ディスク（1枚 12cm）索引あり〉1600円　Ⓘ978-4-636-91671-3　Ⓝ761.2
内容　ていねいで親切な解説。スッキリと見やすいレイアウト。実際の音が聴けるCD付き。実践トレーニングが豊富。幅広い内容で

『楽典・楽譜の書き方―エッセンシャル・ディクショナリー』トム・ゲルー, リンダ・ラスク著, 元井夏彦訳, 西尾洋監修　ヤマハミュージックメディア　2015.4　313p　15cm〈索引あり〉1000円　Ⓘ978-4-636-90990-6　Ⓝ761.2
　内容　楽譜が読める！書ける！わかりやすい譜例付き！楽典・楽譜事典の決定版！アメリカのベストセラー、ついに邦訳！

『ラインとハンドサイン―新しい読譜トレーニング』二本柳奈津子著　東音企画　2015.4　68p　30cm　700円　Ⓘ978-4-905253-34-1　Ⓝ761.2

『スコア・リーディングを始める前に―楽器・楽譜の色々』中島克磨編著　ドレミ楽譜出版社　2013.3　117p　26cm　1500円　Ⓘ978-4-285-13620-3　Ⓝ761.2

『初心者のためのバンド・スコア見方・読み方・活用法』青山忠英著　ドレミ楽譜出版社　2012.12　127p　21cm　1000円　Ⓘ978-4-285-13554-1　Ⓝ761.2

『知って得するエディション講座』吉成順著　音楽之友社　2012.11　150p　21cm　2200円　Ⓘ978-4-276-10144-9　Ⓝ761.2
　内容　ピアノ楽譜の版の違い。そこから見えてくる校訂者の考え、時代背景…。作曲家は実際にはどう考えたのか。初版は本当に正しいのか？演奏解釈が広がるもうひとつの"学習"。

『早引き音楽記号・用語事典―演奏・作曲・鑑賞に役立つ！』齋藤純一郎監修　ナツメ社　2012.7　255p　18cm〈索引あり〉1300円　Ⓘ978-4-8163-5268-3　Ⓝ761.2
　内容　楽譜に記載されている音符や記号、音楽用語をわかりやすく解説。一般的な記号の読み方や欧文表記、記号の意味を記載。巻末に50音順索引、欧文索引が付く。

『ポピュラー楽譜がわかる本―楽譜に強くなるためのガイドブック』沢彰記著　ヤマハミュージックメディア　2012.5　86p　21cm（EASY STUDY Vol.14）〈ヤマハ音楽振興会1993年刊の再刊〉950円　Ⓘ978-4-636-88727-3　Ⓝ761.2
　内容　音楽には楽譜がつきもの。どんな音楽をやるにしろ楽譜の知識は必要不可欠です。この本はポピュラー音楽の楽譜の読み方、書き方をやさしく解説したもの。

知識力がアップ。

『楽譜がすぐ読める名曲から学べる音楽記号事典』齋藤純一郎監修　ナツメ社　2009.6　223p　24cm〈付属資料：CD1枚（12cm）『楽譜が読める！音楽記号事典』(2007年刊)の改訂新版　索引あり〉1680円　Ⓘ978-4-8163-4714-6　Ⓝ761.2
　内容　190曲の演奏例で音楽記号がよくわかる！バッハ、モーツァルト、ベートーヴェン、ショパンなど名曲の譜例が続々と登場！コーラス、楽器演奏、スコア・リーディングまで幅広く活用できる。

『超簡単・譜面攻略法』いちむらまさき著　シンコーミュージック・エンタテイメント　2006.4　100p　21cm　1200円　Ⓘ4-401-63010-6　Ⓝ761.2
　内容　本書は、ギタリストにとって難関とされている音符の読み方を中心に、リズム譜の読み方、Keyの判別、譜面と指板を連動させた画期的な読譜法など、譜面読破に必要なあらゆる要素を網羅。また、知っておくと便利な読譜のコツ、知識など、この本ならではの内容も満載。

『楽譜の見方/早わかり』橋本晃一編著　ドレミ楽譜出版社　2004.9　75p　21cm（初心者入門シリーズ 12）600円　Ⓘ4-8108-9890-3　Ⓝ761.2
　内容　オーソドックスな楽典の理論にもとづきながら、本当に必要な項目だけを分かりやすく説明した楽典入門書。アカデミックなクラシックの書法ばかりでなく、コード・ネームやポピュラー音楽用語などの知識も得られる内容になっている。

『楽譜の読み方初歩の初歩入門―初心者に絶対!!』小胎剛編著　ドレミ楽譜出版社　2004.3　65p　31cm　1000円　Ⓘ4-8108-8439-2　Ⓝ761.2
　目次　「五線譜」に関する五つの知識、「音符」に関する四つの知識、「休符」に関する二つの知識、「音」に関する三つの知識、「音程」に関する五つの知識、「調」に関する六つの知識、「拍子」に関する十の知識、「発想記号」に関する二つの知識、「速度」に関する二つの知識、「装飾記号・音符」に関する八つの知識〔ほか〕

『楽譜の読み方入門―知りたいことがよくわかる　見開式クイックマスター　これは見やすい！』山下正編著　ヤマハミュージックメディア　2004.3　189p　21cm　1400円　Ⓘ4-636-16007-X　Ⓝ761.2

『この楽譜なら音楽はやさしい！―全く新しい記譜法の紹介』夏山澄夫著　創栄出版　2004.2　96p　26cm〈発売：星雲社〉1200円　Ⓣ4-434-04101-0　Ⓝ761.2
[目次]　今までよりやさしい楽譜、音符と鍵盤の対応、調の違う曲、音名、各調のドレミファ、鍵盤の3分割、音の長さの表わし方、和音、転調、装飾音と装飾記号〔ほか〕

『コンパクト楽譜の構造と読み方―音楽の基礎知識』ハインツ＝クリスティアン・シャーパー著，越部倫子訳　シンフォニア　2003.5　179p　21cm〈奥付のタイトル：楽譜の構造と読み方〉2800円　Ⓣ4-88395-211-8　Ⓝ761.2

『おたまじゃくしとわたし―たのしい楽典』近藤深雪著　愛生社　2002.9　48p　21cm〈発売：星雲社〉1300円　Ⓣ4-434-02361-6　Ⓝ761.2
[内容]　音楽に興味はあるけど難しそう。そんな人のために音楽の基礎が簡単に身に付く入門書の登場。楽譜の読み方やコードについての基礎知識などが簡単に身に付く。

『すぐ役立つやさしい楽譜の読み方の手引き』森本琢郎，池田恭子編著　デプロ　2001.2　95p　31cm　1000円　Ⓣ4-88763-504-4　Ⓝ761.2

◆楽曲制作

『ABILITY5ガイドブック―基本操作から使いこなしまで―FOR WINDOWS―INTERNET公認ガイドブック』平賀宏之著　国分寺　スタイルノート　2024.5　446p　26cm〈ABILITY 5 PRO ABILITY 5 ELEMENTS対応　索引あり〉4400円　Ⓣ978-4-7998-0211-3　Ⓝ763.9
[内容]　音楽制作ソフト「ABILITY5」の設定から基本機能、新機能までを、多くの画面写真を使いながら詳しく解説。操作で気を付けるポイントも紹介する。ABILITY5 PRO/ELEMENTS対応。

『楽曲コンペ必勝マニュアル―作曲・作詞コンペ対策法＆勝利するメンタルの作り方』島崎貴光著　リットーミュージック　2024.5　383p　21cm　2500円　Ⓣ978-4-8456-4016-4　Ⓝ767.8
[内容]　作曲/作詞コンペを知り尽くした音楽プロデューサー/原盤制作ディレクター/作家が、作曲・作詞コンペのリアル＆攻略法＆メンタルコントロールを徹底解説！　日本初のコンペ対策本！

『深層学習による自動作曲入門』シンアンドリュー著　オーム社　2024.5　12,202p　21cm〈文献：p183～195　索引あり〉2800円　Ⓣ978-4-274-23194-0　Ⓝ761.8
[内容]　AIによる自動作曲を、技術と音楽の両面から解説。AIと音楽に興味を持つすべての人へ。

『実践！　はじめての作曲入門―理論は後からついてくる！　[2024]』竹内一弘，クラフトーン編著　発売：自由現代社　2024.3　111p　21cm　1400円　Ⓣ978-4-7982-2656-9　Ⓝ767.8
[内容]　作詞作曲が初めての人に向けて、オリジナル曲完成までの手順をわかりやすく紹介。「3コードから」「コード進行から」「サビから」「歌詞から」の4つの作曲法を順序立てて解説する。

『DTMミックスのコツが一冊で分かる本』中村公輔著　リットーミュージック　2024.3　107p　21cm（Sound & Recording Magazine）〈音声付〉1800円　Ⓣ978-4-8456-4017-1　Ⓝ763.93
[内容]　歴史に名を残す音作りが全17章で習得できるハンドブック。17ジャンルのミックスが「音源つき」でサクッと学べる！プロのエンジニアが解説。スマホからも聴ける音源。

『サントラ、BGMの作曲法―アイデア満載！　[2024]』岡素世編著　頒布・発売：自由現代社　[2024.2]　110p　21cm〈一部譜例の音源がYouTubeで聴ける！〉1500円　Ⓣ978-4-7982-2650-7　Ⓝ761.8
[内容]　こんな疑問が解決！歌ものは作曲できるけど、いまいちBGMは作曲できない。シーン（場面）にあった作曲ができない。インストゥルメンタルの作曲法が知りたい。様々なシーンのBGMを作曲するアイデアが満載！

『はじめての歌声合成ソフト―合成音声で歌う無料ソフトの使い方：ボカロライクな歌声合成ソフトで遊ぼう！』I/O編集部編集　工学社　2024.2　143p　21cm（I/O BOOKS）〈索引あり〉2600円　Ⓣ978-4-7775-2273-6　Ⓝ763.93
[内容]　手軽に楽曲制作ができる無料の歌声合成ソフトの中から「NEUTRINO」「VoiSona」

「Synthesizer V」の3つのソフトを紹介する。各ソフトの使い方を、特徴やダウンロード法などの基礎から丁寧に解説する。

『rekordboxパーフェクト・ガイド』DJ MiCL著　改訂新版　リットーミュージック　2024.2　141p　21cm　2200円　⑪978-4-8456-3938-0　Ⓝ763.93
内容　世界中で支持されているソフトと定番コントローラーDDJ・FLX4でDJを始めよう！ロングセラー解説書を全面改訂！大人気ソフトウェアでDJプレイを実践するためのノウハウをこの1冊に集約！

『Studio One 6ガイドブック―使いやすいDAWでイチから音楽づくり：FOR WINDOWS/MAC』近藤隆史著　国分寺　スタイルノート　2023.12　495p　26cm〈索引あり　Studio One 6 Professional Studio One 6 Artist Studio One 6 Prime対応〉5000円　⑪978-4-7998-0205-2　Ⓝ763.93
内容　音楽制作ソフト「Studio One 6」の基本から応用までを説明した総合ガイド。ソフトの使い方と音楽作りが覚えられる。Professional/Artist/Primeに対応。

『初心者のためのキーボード講座［2023］』自由現代社編集部編著　発売：自由現代社　2023.10　94p　21cm（ゼロから始められるあんしん入門書！）1200円　⑪978-4-7982-2632-3　Ⓝ763.93
内容　キーボードの入門知識から実践テクニックまでを、初心者向けに解説。周辺機器やセッティング方法を写真＆イラストで説明するほか、コードの種類と演奏パターンを弾きながら覚える実践形式で紹介する。練習譜面＆コード表付き。

『DTMerのための打ち込みドラム入門』スペカン著　リットーミュージック　2023.9　125p　26cm〈音声付〉2000円　⑪978-4-8456-3925-0　Ⓝ763.93
内容　FREEダウンロード対応。MIDI＆オーディオ・ファイルで確認できる！ガチ・ドラムへの「近づけ方」と「選び方」がわかるガイドブック。

『プロに聞いた！初心者が最初に覚えたいギターコード＆作曲法』東哲哉, 平沢栄司著　〔八王子〕　サウンド・デザイナー　2023.8　144p　23cm〈制作協力：織田哲郎〉2300円　⑪978-4-904547-36-6　Ⓝ763.55

『ひとりで学べる作曲法入門―musical composition in fifteen weeks』伊藤康英著　ロケットミュージック　2023.6　111p　30cm　1800円　⑪978-4-86758-200-8　Ⓝ761.8

『ピアノで始めるやさしい作曲法―作曲のヒントとアイデアが満載！［2023］』岡素世編著　発売：自由現代社　2023.5　95p　21cm　1300円　⑪978-4-7982-2605-7　Ⓝ761.8
内容　「メロディ」「コード付け」「アレンジ法」が実践でマスターできる"鍵盤派"のための作曲指南書。

『実践！作曲の幅を広げるコード進行パターン＆アレンジ―定番から応用まで』彦坂恭人編著　発売：自由現代社　2023.3　159p　26cm　2000円　⑪978-4-7982-2598-2　Ⓝ761.8
内容　作曲の道しるべとなるコード進行の定番パターンから、応用の仕方までを解説。コード進行のパターンは、例題曲やアーティストを交えながら紹介する。YouTubeで譜例の音源を視聴できるQRコード付き。

『DAWミックス/マスタリング基礎大全』大鶴暢彦著　Cubase ORIENTED EDITION　リットーミュージック　2023.3　278p　23cm〈索引あり　解説連動WAVダウンロード対応〉2300円　⑪978-4-8456-3873-4　Ⓝ763.93
内容　208の解説連動WAVファイルを使ってCubaseにバンドルされるVSTプラグインで、体系的に学べる＆体験できるミックス/マスタリングに必要な基本テクニックのすべて。

『いちばんやさしい「プロファイル式」作曲入門―鼻歌からメロディをカタチにする！』折笠雅美監修　新版　メイツユニバーサルコンテンツ　2023.2　128p　21cm（コツがわかる本）〈索引あり　初版：メイツ出版2019年刊　レッスン音源つき〉1810円　⑪978-4-7804-2737-0　Ⓝ761.8
内容　音楽理論がわからなくても大丈夫！鼻歌をプロファイルし、それをもとに作曲する方法を、初心者でもわかるように専門用語を極力削いで解説する。音源データのダウンロードサービス付き。

『Image line FL Studio 21攻略book―

芸術・美術を学ぼう　　　　　　　　　　　　　音楽を学ぼう

『EDMトラック作りのヒント満載！』東哲哉著　［八王子］　サウンド・デザイナー　2023.2　256p　23cm　3200円　ⓘ978-4-904547-35-9　Ⓝ763.93
[内容]個性的な音源やエフェクト、オートメーション機能などを装備した音楽制作ソフトFL STUDIO 21。インストール＆セットアップから、曲作りの大まかな流れ、付属プラグインまでを解説する。

『はじめよう！　楽しくマスターする GarageBand iOS/iPadOS版—iPhone/iPadで音楽やろう：iPhone iPadでここまでできる』大津真著　ラトルズ　2023.1　307p　23cm〈索引あり〉2600円　ⓘ978-4-89977-534-8　Ⓝ763.93
[内容]iOS/iPadOS版GarageBandの解説書。音源・トラック操作などのDTMの基本から、作品をまとめあげるミックスダウンのテクニック、Live Loopsの使いこなしまで、ていねいに解説する。

『実践！　はじめての作曲入門—理論は後からついてくる！　[2022]』竹内一弘、クラフトーン編著　頒布・発売：自由現代社　[2022.12]　111p　21cm　1300円　ⓘ978-4-7982-2579-1　Ⓝ761.8

『DTMに役立つ音楽ハンドブック—音楽のキホンが入門からわかる！　[2022]』岡素世著　頒布・発売：自由現代社　[2022.9]　95p　21cm　1300円　ⓘ978-4-7982-2558-6　Ⓝ763.93

『できるゼロからはじめる作曲超入門—パソコンを使って作曲してみよう！』侘美秀俊著　リットーミュージック　2022.8　159p　24cm〈付属資料：DVDビデオディスク（1枚 12cm）YouTube動画解説付き〉1600円　ⓘ978-4-8456-3788-1　Ⓝ763.93
[内容]譜面が読めなくても大丈夫、ピアノロールを使った分かりやすい解説！

『今すぐ使えるかんたんGarageBand』伊藤朝輝著　技術評論社　2022.3　207p　24cm（Imasugu Tsukaeru Kantan Series）〈索引あり　iPad/iPhone版アプリとの連携にも対応　背・表紙のタイトル：GarageBand〉1980円　ⓘ978-4-297-12590-5　Ⓝ763.93
[内容]GarageBandの基本から、基本的な曲作り、オーディオの録音、ミキシングとマスタリングまでを、大きな画面写真とともにわかりやすく解説する。iPad/iPhone版アプリとの連携にも対応。

『できるゼロからはじめるパソコン音楽制作超入門』侘美秀俊著　3訂版　リットーミュージック　2021.10　239p　24cm〈付属資料：DVDビデオディスク（1枚 12cm）索引あり　ウィンドウズ10対応 Studio One Prime 5.3対応〉1800円　ⓘ978-4-8456-3678-5　Ⓝ763.93
[内容]パソコン音楽制作に必要な基礎知識が身につくテキスト。大きな画面をふんだんに使い、すべての操作を丁寧に解説する。はじめる前に観るDVD付き。ウィンドウズ10、Studio One Prime 5.3対応。

『GarageBandではじめるループ音源で遊ぶ・楽しむ超入門』松尾公也著　秀和システム　2021.8　255p　26cm〈索引あり　iPhone/iPad対応〉2000円　ⓘ978-4-7980-6493-2　Ⓝ763.93
[内容]これさえあれば、誰でもミュージシャン!!楽器が演奏できなくても、楽譜が読めなくても、大丈夫!!タップするだけでオリジナルのループミュージックが作曲できる!!

『つくれるサントラ、BGM—様々なシーンが作曲できる！　[2021]』岡素世編著　発売：自由現代社　2021.7　111p　24cm〈付属資料：録音ディスク（1枚 12cm）〉1700円　ⓘ978-4-7982-2474-9　Ⓝ761.8
[内容]音色、理論、リズムの特徴を理解して、「様々なシーン」にあわせた作曲ができる！ CD付き。すべての例題曲を収録！

『作曲はじめます！—マンガで身に付く曲づくりの基本』monaca：factory著、ゆきしろくろマンガ　ヤマハミュージックエンタテインメントホールディングスミュージックメディア部　2021.3　207p　21cm　1400円　ⓘ978-4-636-97026-5　Ⓝ763.93
[内容]パソコン、スマホ、さまざまなソフト、アプリ。便利な道具に加えて、あと少しのコツを知るだけで作曲、そして音楽はグッと身近なものになる。作曲とDTMのレッスンをマンガで紹介。サンプル音源が聴けるQRコード付き。

『知識ゼロからのギターで作曲』ROLLY著、四月朔日義昭監修　幻冬舎　2021.3

143p　21cm　1300円　⓵978-4-344-90347-0　Ⓝ763.55
内容　オリジナルソングをつくるノウハウ全公開!!メロディ、コード進行も、定番や名曲を使って、わかりやすく解説。ROLLYワールド炸裂！

『DTMerのためのフィンガードラム入門―「指ドラム」のはじめ方と練習方法がわかるガイドブック』スペカン著　リットーミュージック　2021.3　111p　26cm　1500円　⓵978-4-8456-3606-8　Ⓝ763.93
内容　プロ・ドラマーによる充実のトレーニング・メニュー。演奏に最適なドラム音色の配置方法がわかる。16パッドと64パッドの2種類に対応。楽譜には運指も掲載。

『松隈ケンタ流ロックDTM入門―パソコンとギターで始める「ワンコーラス作曲法」』松隈ケンタ［著］　リットーミュージック　2021.3　129p　21cm（Sound & Recording Magazine）〈付属資料：CD-ROM（1枚 12cm）〉　2000円　⓵978-4-8456-3566-5　Ⓝ763.93
内容　BiSHやBiSのメイン・ソングライター松隈ケンタが教えるDTMロック制作法。機材選びから作曲作業、簡易ミキシングまで、豊富な図版・写真でDTMのノウハウを伝授。ドラム・サンプル等を収録したCD-ROM付き。

『ポピュラー音楽作曲のための旋律法―聴く人の心に響くメロディラインの作り方』高山博著　増補版　リットーミュージック　2021.1　363p　23cm〈文献あり〉　2700円　⓵978-4-8456-3581-8　Ⓝ764.7
内容　ポピュラー音楽の旋律の中で何が起きているかを明らかにし、旋律を作る上での原理的知識と、実際の創作過程を体系的かつ詳細に解説する。MP3オーディオファイルのダウンロードサービス付き。

『プロの音プロの技―ホームスタジオ制作する人みんなが知っておきたい基礎知識』永野光浩著　令和版　国分寺　スタイルノート　2019.11　207p　21cm　2000円　⓵978-4-7998-0178-9　Ⓝ763.93
内容　自宅機材のパフォーマンスを最大限に高める、自宅で録音制作する人のための音作りの技！ほんのちょっとした知識や工夫で、目からウロコの音が生まれる！

『ボカロビギナーズ！　ボカロでDTM入門』Gcmstyle（アンメルツP）著　第2版　インプレスR&D　2019.1　206p　26cm（インプレスR&D「next publishing」―OnDeck books）〈文献あり　発売：インプレス〉　2400円　⓵978-4-8443-9891-2　Ⓝ763.93
内容　一直線にオリジナル曲1曲を完成しよう。

『シンセサイザー入門―音作りが分かるシンセの教科書』松前公高著　Rev.2　リットーミュージック　2018.11　143p　21cm〈文献あり　索引あり〉　1800円　⓵978-4-8456-3316-6　Ⓝ763.93
内容　シンセの音作りを一から教える入門書の決定版がRev.2になって再登場！現状に合わせて随所にディテールアップを施した本書を片手に永遠の価値がある音作りのノウハウをマスターして、シンセと友達になりましょう！

『歌を作ろう！―宇宙でいちばんやさしい作詞作曲ガイドブック』ミマス著　音楽之友社　2018.8　127p　19cm　1500円　⓵978-4-276-20021-0　Ⓝ767.8
内容　楽譜の読み書きがとても苦手で、音楽学校に通ったことがなく、楽器を習ったこともない人が、気軽に歌を作ってみるための方法を紹介。これだけ知れば伴奏もできる和音、作詞のコツ、実例も収録する。

『バンドプロデューサー5ガイドブック―オーディオデータ解析で耳コピ・コード検出・楽譜作成も：FOR WINDOWS』平賀宏之著　国分寺　スタイルノート　2018.7　238p　26cm　2600円　⓵978-4-7998-0168-0　Ⓝ763.93
内容　楽曲からコード進行やメロディなどのフレーズを検出して、耳コピーを助けてくれるWindows向けソフト「バンドプロデューサー5」の使い方を解説。より使いこなすために知っておきたい音楽の基礎理論も収録。

『もっと！思いどおりに作曲ができる本―Q&A方式で音楽制作の実践テクニックをピンポイント解説！』川村ケン著　リットーミュージック　2018.6　199p　23cm〈「思いどおりに作曲ができる本」（2010年刊）の改題、加筆・再編集〉　2000円　⓵978-4-8456-3252-7　Ⓝ761.8
内容　Q&A方式で音楽制作の実践テクニックをピンポイント解説！

『誰にでもできるハーモニカ編曲術―さら

芸術・美術を学ぼう　　音楽を学ぼう

『に音楽を愉しむための実用テクニック』斎藤寿孝編著　全音楽譜出版社　2018.3　109p　26cm　1700円　ⓘ978-4-11-437432-5　Ⓝ763.79
内容　広い音域をカバーするハーモニカの編曲術を身につけましょう。編曲の基礎知識をはじめ、和声や和音の知識、ハーモニカアンサンブルに必要な知識、編曲の技法、独奏曲の編曲法などを解説します。各章末におさらいテストつき。

『ネット時代のボカロP秘伝の書』仁平淳宏聞き手、EasyPop、かにみそP、Junky、電ポルP［述］　シンコーミュージック・エンタテイメント　2017.8　174p　21cm　1667円　ⓘ978-4-401-64491-9　Ⓝ763.93
内容　レジェンドなボカロPは、どうやって楽曲を作り発表＆展開し、権利を守りメンタルを保つのか？　EasyPop、かにみそP、Junky、電ポルPらが、創作活動のすべてを語る。

『GarageBandではじめる楽器演奏・曲作り超入門』松尾公也著　秀和システム　2017.7　190p　26cm〈iPhone/iPad対応〉　1600円　ⓘ978-4-7980-5094-2　Ⓝ763.93
内容　楽器が演奏できなくても、楽譜が読めなくても大丈夫！　音楽制作ソフト「GarageBand」を使った演奏や曲作り、YouTube等での公開の仕方などを解説します。iPhone/iPad対応。

『Make：Analog Synthesizers』Ray Wilson著、斉田一樹監訳、小池実、高橋達也訳　オライリー・ジャパン　2017.3　163p　24cm（Make PROJECTS）〈索引あり　発売：オーム社〉　3000円　ⓘ978-4-87311-751-5　Ⓝ763.93
内容　自分だけのアナログシンセサイザーを作る！　電子工作経験者を対象に、アナログシンセサイザーを構成する要素（VCO、VCF、VCA、LFOなど）の基本から、実際の制作、マルチトラックの音楽制作まで詳細に解説。

『ゼロからの作曲入門—プロ直伝のメロディの作り方』四月朔日義昭著　ヤマハミュージックメディア　2017.1　149p　21cm　1700円　ⓘ978-4-636-93079-5　Ⓝ761.8
内容　口笛で、スマホで、気軽に曲作りを始めてみよう！　音楽の知識がなくても作曲できるように、メロディの生み出し方からイメージ通りの「雰囲気」を出す技術までを、プロがやさしく教えます。

『たくろくガールズ—マンガで楽しくわかる！　宅録＆DTMの本』ノッツ、サウンド・デザイナー編集部著　サウンド・デザイナー　2016.6　120p　21cm　1000円　ⓘ978-4-904547-22-9　Ⓝ763.9
内容　宅録/DTMのノウハウを4コママンガとともに紹介。著者の宅録ルーム＆インタビュー、Webマンガ「たくろく！」も掲載。『サウンド・デザイナー』連載他に描き下ろしを加えて書籍化。

『ボカロビギナーズ！　ボカロでDTM入門』Gcmstyle（アンメルツP）著　インプレスR&D　2015.12　202p　26cm（インプレスR&D〈NextPublishing〉—OnDeck books〉〈文献あり〉　2000円　ⓘ978-4-8020-9059-9　Ⓝ763.9

『Q&A形式ギタリストのためのDAWお悩み相談室』安保亮著　シンコーミュージック・エンタテイメント　2015.11　176p　21cm〈YOUNG GUITAR presents〉　1700円　ⓘ978-4-401-64226-7　Ⓝ763.9
内容　宅録派のギタリストが抱えるDAWに関するお悩みをまるっと解決！　あらゆる状況・場面でのお悩みに系統立てて解答！　巻末には宅録を実践するプロ・ギタリスト3人のインタビューを収録!!

『メロディがひらめくとき—アーティスト16人に訊く作曲に必要なこと』黒田隆憲著　Du Books　2015.9　329p　19cm〈発売：ディスクユニオン〉　1800円　ⓘ978-4-907583-64-4　Ⓝ764.7

『いちばんわかりやすいDTMの教科書』松前公高著　改訂版　リットーミュージック　2015.7　144p　21cm〈文献あり　索引あり〉　1900円　ⓘ978-4-8456-2622-9　Ⓝ763.9
内容　曲作りの流れが分かり、考え方とテクニックが身に付く、Cubaseユーザーに最適なDTM入門書の決定版!!

『プロが教えるアニソンの作り方』ランティス監修　リットーミュージック　2015.6　257p　21cm　1800円　ⓘ978-4-8456-2613-7　Ⓝ767.8
内容　プロデューサー/ディレクター、作曲家/編曲家、作詞家、音響監督たちが、どのようなことを考えて、どのような手法で作品を

作り上げているのか。アニメの主題歌や劇伴に携わるプロフェッショナルたちの熱い情熱と技術を紐解く。

『ボカロPの中の人―ボカロP40人くらい〈？〉…紹介してみた』『ボカロPの中の人』の中の人編　PHP研究所　2015.4　303p　19cm　1000円　Ⓘ978-4-569-82509-0　Ⓝ763.9
内容　総再生数2億回のボカロPたちに聞く、合計20万字インタビュー。

『これが知りたかった！ 音楽制作の秘密100―作曲/編曲/作詞からコンペ必勝法まで現役プロが明かすQ&A形式ノウハウ集』島崎貴光著　リットーミュージック　2015.2　211p　21cm〈ダウンロード対応〉1800円　Ⓘ978-4-8456-2571-0　Ⓝ767.8
内容　J‐POPシーンを中心に活躍する気鋭クリエイターが自らの体験を基に解き明かす、プロフェッショナルな音楽作りの極意。

『キーボードの知識・奏法がわかる本―丸ごと解説！：キーボードの基礎がゼロからわかる　［2014］』岡素世編著　発売：自由現代社　2014.9　111p　21cm　1300円　Ⓘ978-4-7982-1984-4　Ⓝ763.9
内容　キーボーディストのTPO、シンセサイザーの仕組みと機能からMIDIのことまで、初心者キーボーディストが知っておくべき基礎をやさしく解説。演奏の基本となるコード・バッキング。コードって何？ から始めて、ボイシングのルールやテンションノートを加えた奏法など、ちょっとムズカシイ音楽理論もゼロから丸わかり。バンド演奏でのアドリブの考え方、音色別の定番フレーズ、ライブでの応用テクニックなど、実践で役立つ知識が満載。

『D.I.Y.ミュージック―自宅でたのしい音楽づくり：DTM for Beginners』平川理雄著　ビー・エヌ・エヌ新社　2014.7　173p　23cm〈索引あり〉2200円　Ⓘ978-4-86100-932-7　Ⓝ763.9
内容　必要な機材を揃え、録音した音をPCに取り込み、1曲にまとめてから配信するまで…宅録を楽しむための入門書！（学べる、使える、サンプルデータダウンロード付き）

『ボカロを打ち込もう！―初心者のためのかんたんVOCALOID打ち込み用楽譜集　2』ヤマハミュージックメディア　2014.7　65p　30cm（ヤマハムックシリーズ 151）〈付属資料：CD-ROM（1枚12cm）〉1300円　Ⓘ978-4-636-90771-1

『ボカロを打ち込もう！―初心者のためのかんたんVOCALOID打ち込み用楽譜集』ヤマハミュージックメディア　2014.5　65p　30cm（ヤマハムックシリーズ 149）〈付属資料：CD-ROM（1枚12cm）〉1000円　Ⓘ978-4-636-90625-7

『作りながらおぼえる作曲術入門』大須賀淳著　秀和システム　2014.4　191p　21cm〈文献あり　索引あり〉1800円　Ⓘ978-4-7980-4107-0　Ⓝ761.8
内容　世界標準の音楽＆楽譜作成ソフトfinale NotePadではじめる音楽初心者にやさしい"体験型"作曲術。音源ファイルのダウンロードサービス付き！

『絶対！ できるボーカロイド100のコツ』平沢栄司著　ヤマハミュージックメディア　2014.2　124p　21cm　1800円　Ⓘ978-4-636-90130-6　Ⓝ763.9
内容　基本的な知識から使い方の初歩、上手に歌わせるコツ、そしてネットで公開するまでをやさしく解説。諦めていた人も、これでできる！ これからでも全然遅くない！ ボーカロイドがゼロからわかる。

『ポップス作曲講座―ヒット曲の作り方教えます』林哲司著　シンコーミュージック・エンタテイメント　2013.10　123p　21cm　1400円　Ⓘ978-4-401-63883-3　Ⓝ767.8
内容　楽器が弾けなくても、譜面が読めなくても、曲を作ることはできます。ふと口ずさんだメロディから名曲が生まれるかもしれません。「悲しい色やね」「悲しみがとまらない」などのヒット曲で知られる作曲家・林哲司が、その手順をレクチャー。日記を書くように、絵を描くように、日常生活の中で作曲を楽しみませんか？

『ボカロP生活』ボカロP生活プロジェクト編　PHP研究所　2013.3　298p　19cm　1000円　Ⓘ978-4-569-81162-8　Ⓝ763.9
内容　5周年。ボカロPのこれまでと、これから。ガチとネタの両面からボカロPの実態に迫る。

『知識ゼロからはじめる作曲―DTM for Beginners』平川理雄著　ビー・エヌ・エヌ新社　2012.12　191p　23cm〈索引あり〉1900円　Ⓘ978-4-86100-844-3　Ⓝ763.9

『実践DTM入門―パソコンで自由自在に音作り！』　晋遊舎　2012.5　113p　28cm（100％ムックシリーズ）〈付属資料：CD-ROM1枚（12cm）〉1695円　①978-4-86391-501-5

内容　音楽の知識がなくても、大がかりな機材を揃えなくても、この1冊と、「音楽を作りたい」という衝動と、パソコン1台があればすぐに、たのしく、楽曲制作がはじめられます！楽曲制作のはじめの一本はこの本です。

『これから始める人のための作曲入門』五代香蘭著　メトロポリタンプレス　2012.4　159p　21cm　1200円　①978-4-904759-54-7　Ⓝ761.8

目次　序章 作曲を始める前に、第1章 曲の組み立て（曲の構造を知ろう、モチーフのつなぎ方 ほか）、第2章 曲づくりの8つのノウハウ（順次進行と跳躍進行、key ほか）、第3章 コードにチャレンジしよう（コードの基礎、3コード ほか）、第4章 実践！ 2つの詞に曲をつけよう（「あこがれ」に曲をつけよう、「北街ほろり」に曲をつけよう）

『ウケる！作曲入門―心に残る曲を作るテクニック』上田起士著　ヤマハミュージックメディア　2012.3　153p　21cm　1600円　①978-4-636-87081-7　Ⓝ761.8

内容　AKB48や遊助など、ヒットアーティストの曲を生み出すプロが初歩からガイド。本当に「ウケる」ための、絶対に教えたくないワザを公開。

『誰にでもできる作曲講座―君も今日から作曲家』奥平ともあき著　ドレミ楽譜出版社　2012.1　181p　21cm　1200円　①978-4-285-13259-5　Ⓝ767.8

『誰でもできるやさしい作曲術。―「やりたい」と思ったら、必ずできるようになる！：45分でわかる！』青島広志著　マガジンハウス　2011.12　92p　21cm（Magazine house 45 minutes series #22）〈文献あり〉800円　①978-4-8387-2374-4　Ⓝ761.8

内容　キーボードを用意し、一本指で弾くことから始めよう。楽しいメロディをつくり、誰かに伝えることで、喜びが倍増する。

『コード進行による作曲入門ゼミ―作曲のヒントに役立つ実用パターン集』金子卓郎編著　発売：自由現代社　2011.9　127p　26cm（はじめの一歩）1300円　①978-4-7982-1766-6　Ⓝ761.8

内容　作曲の基礎と応用力が身につく実用コード・パターンを145譜例掲載。

『iPadで作曲入門―オリジナル曲をシーケンサーが演奏し、音声合成ソフトが歌う！』DJ SEN著　工学社　2011.2　143p　21cm（I/O BOOKS）〈付属資料：CD-ROM1枚（12cm）索引あり〉1900円　①978-4-7775-1580-6　Ⓝ763.9

内容　iPad用シーケンサー「iELECTRIBE」（KORG）でビートを刻み、Windows用フリーソフトの歌声合成ツール「UTAU」で作曲したメロディをMIXすることで、誰でも簡単にオリジナル曲を作って楽しめる。

『ソングライター100―20世紀全米チャートのヒットメーカーたち』中田利樹、林哲司著　ヤマハミュージックメディア　2010.12　159p　21cm〈索引あり〉2000円　①978-4-636-85481-7　Ⓝ767.8

内容　ヒットチャートを賑わせた作曲家たち100人を厳選。時代を作った名曲を世に送り出した職業作家たちの"人"と"曲"の魅力に迫る。

『初心者のためのキーボード講座―ゼロから始められるあんしん入門書！』自由現代社編集部編著　発売：自由現代社　2010.5　95p　21cm　1200円　①978-4-7982-1669-0　Ⓝ763.9

内容　入門知識から実践テクニックまで基礎からしっかり学べる。周辺機器やセッティング方法を写真＆イラストでやさしく解説。コードの種類、演奏パターンを弾きながら覚える実践形式。定番・人気曲の練習譜面＆大きく見やすいコード表付き。

『つくれる!!オリジナル・ソング―君ならどう作る？』竹内一弘，クラフトーン編著　発売：自由現代社　2010.5　111p　21cm　1400円　①978-4-7982-1672-0　Ⓝ761.8

内容　誰でもカンタン「3コード」からつくる、曲の流れ「コード進行」からつくる、やっぱりメインの「サビ」からつくる、一番伝えたい「歌詞」からつくる。

『つくれる!!オリジナル・メロディ―どんなメロディも曲になる！』竹内一弘，クラフトーン編著　発売：自由現代社　2010.5　111p　21cm　1400円　①978-4-7982-1673-7　Ⓝ761.8

内容　1項目見開き2ページの「らくらく進行」、「音域・リズム・コード」の徹底攻略、「ヒッ

ト曲」から学ぶ曲作り、「ジャンル」による曲作りのコツ…などメロディに関するアイデア満載。

『やさしい作曲入門』すぎやまこういち著　復刊　復刊ドットコム　2010.4　173p　19cm　3500円　①978-4-8354-4416-1
|目次| 第1章 作曲を始める前に, 第2章 音楽の三要素とは, 第3章 音階の種類と実例, 第4章 作曲の技術, 第5章 ヒット曲の分析, 第6章 まとめ, 第7章 ことばとメロディーについて, ふろく 音符の書き方

『ゼロからわかるギター作曲講座―作曲に欠かせない基本的な知識を網羅！』自由現代社編集部編著　発売：自由現代社　2010.3　95p　21cm　1300円　①978-4-7982-1659-1　⑩763.55

『ボーカロイド＋DTMで音楽をはじめよう―VOCALOIDで歌わせてみよう"みくみくにしてあげる"』　発売：ヤマハミュージックメディア　2010.2　127p　26cm（ヤマハムックシリーズ35）〈付属資料：DVD-ROM1枚（12cm）〉1600円　①978-4-636-85127-4

『とりあえず作ってみる作曲術入門』岡田庄司著　秀和システム　2009.11　247p　24cm〈索引あり〉2400円　①978-4-7980-2413-4　⑩763.9
|内容| 自動作曲ソフトなどを使って、お手軽な作曲に挑戦。作った曲を組み合わせたりアレンジしたりして、オリジナルに仕上げていく。作った曲をCDに焼いて配布したり、動画投稿サイトにアップロード。

『ゼロからわかるギター作曲講座―作曲に欠かせない基本的な知識を網羅！』自由現代社編集部編著　自由現代社　2009.1　95p　21cm　1200円　①978-4-7982-1573-0　⑩763.55
|内容| 作曲に欠かせない基本的な知識を網羅。

『誰にでもできる作曲講座―君も今日から作曲家』奥平ともあき著　ドレミ楽譜出版社　2008.7　181p　21cm　1500円　①978-4-285-12019-6　⑩761.8

『キーボードが弾けちゃった』松原幸広編著　発売：自由現代社　2008.6　126p　21cm（ビギナー用楽器入門）1200円　①978-4-7982-1524-2　⑩763.9
|内容| 楽譜が苦手な君でもOK！ やさしく楽しくスラスラ弾ける。

『はじめての初音ミク―ボーカロイド2オフィシャルガイドブック』　第2版　発売：ヤマハミュージックメディア　2008.4　127p　26cm（キャラクター・ボーカロイドシリーズ）〈付属資料：DVD-ROM1枚（12cm）〉2500円　①978-4-636-82817-7

『知りたい！ 弾きたい！ キーボード―入門から実践まで』岡素世編著　発売：自由現代社　2007.1　111p　21cm　1200円　①978-4-7982-1417-7　⑩763.9
|内容| キーボーディストのTPO、シンセサイザーの仕組みと機能からMIDIのことまで、初心者キーボーディストの知っておくべき基礎をやさしく解説。演奏の基本となるコード・バッキング。コードって何？ から始めて、ボイシングのルールやテンションノートを加えた奏法など、ちょっとムズカシイ音楽理論もゼロから丸わかり。バンド演奏でのアドリブの考え方、音色別の定番フレーズ、ライブでの応用テクニックなど、実践で役立つ知識が満載。

『サクサク覚えるキーボード入門』自由現代社編集部編著　発売：自由現代社　2006.11　95p　26cm　1200円　①4-7982-1404-3　⑩763.9

『今すぐ始めるキーボード入門―楽しく弾いて、らくらく上達!!』新藤伸恵編著　発売：自由現代社　2006.8　92p　26cm　1200円　①4-7982-1383-7　⑩763.9
|目次| 1 キーボードを知ろう！, 2 さっそく弾いてみよう, 3 指を増やしてレベルアップ！, 4 和音の攻略でステップアップ, 5 左手はコードで右手はメロディ！, 6 応用曲に挑戦!!

『プロの音プロの技―自宅録音派なら誰でも知っておきたい基礎知識』永野光浩著　改訂版　国分寺　スタイルノート　2006.1　132p　19cm（Stylenote nowbooks 1）950円　①4-903238-01-6　⑩763.9

『これならわかる!!アレンジのしかた』五代香蘭著　ケイ・エム・ピー　2005.7　142p　26cm　1200円　①4-7732-2342-1　⑩761.8

『キーボード―楽らく弾けちゃうコード・ブック』小胎剛, 江部賢一編著　発売：自由現代社　2005.1　111p　21cm　1000円　①4-7982-1263-6　⑩763.9

芸術・美術を学ぼう　　　　　　　　　　　　　　　　　　　音楽を学ぼう

内容　基本コードの押さえ方を各コード3種類ずつ掲載。「バンドで役立つオープンボイシングのコード」掲載。

『キーボード初歩の初歩入門―初心者に絶対!!』古川初穂著　ドレミ楽譜出版社　2004.11　87p　31cm　1200円　Ⓒ4-8108-8577-1　Ⓝ763.9

『はじめてのかんたんギター作曲法―弾いて歌って！』藤田進編著　発売：自由現代社　2004.8　95p　21cm　1300円　Ⓒ4-7982-1233-4　Ⓝ767.5
目次　0 オリジナル曲を作ろう！（森山直太朗の『さくら（独唱）』にチャレンジ、ゆずの『夏色』にチャレンジ ほか）、1 初めての曲作りにチャレンジ！（ワン・フレーズだけ、何か歌ってみよう、メロディーの始まりには要注意 ほか）、2 本格的な曲作りにトライ！（まず、AとBで作ってみよう、16小節の曲を作ろう ほか）、3 もっとかっこいい曲を作ろう！（"モチーフ"の生かし方、いろいろなコード進行を覚えよう ほか）、4 ヒット曲からコツを盗め！（桜坂、桜木町 ほか）

『初心者にもよくわかるやさしいDTM・楽譜の読み方とデータ変換の方法』野田正純,臼井理栄編著　龍吟社／リズム・エコーズ　2003.6　94p　26cm〈「DTM初心者のための楽譜の読み方」（1998年刊）の改訂〉2000円　Ⓒ4-8448-2186-5　Ⓝ763.9

『初心者にもよくわかるやさしいDTM・音楽の基礎知識―楽譜の読み方からコード進行の知識まで』野田正純,臼井理栄編著　改訂版　龍吟社／リズム・エコーズ　2003.5　86p　26cm　2000円　Ⓒ4-8448-2185-7　Ⓝ763.9

『誰でもできる編曲入門―伴奏と合唱・合奏編曲にすぐ役立つ』横山詔八著　音楽之友社　2003.4　187p　26cm　2200円　Ⓒ4-276-10611-7　Ⓝ761.8
内容　本書はピアノ伴奏の編曲そして合唱・合奏の編曲が、音符さえ読み書きできれば文字通り誰にでもできるように書かれています。

『ロック・キーボード／早わかり』松崎順司編著、洪栄龍監修　ドレミ楽譜出版社　2002.9　95p　21cm（初心者入門シリーズ 9）600円　Ⓒ4-8108-7843-0　Ⓝ763.9
目次　楽器屋さんへ行こう！、キーボードの主な分類、各部名称、音楽をやる上での簡単な約束ごと・楽典（がくてん）、演奏フォーム、音を出そう、キーボード上達のコツ、コードについて、リズムについて、イメージトレーニング、カウンターライン〔ほか〕

『これで完璧！ シンセサイザーの基礎』松尾英樹著　リットーミュージック　2002.4　126p　21cm　1300円　Ⓒ4-8456-0773-5　Ⓝ763.9
内容　機械は苦手！ そんな先入観からシンセサイザーに近寄りがたいものを感じてしまっているキーボーディストって多いよね。でも、リハーサル・スタジオにはたいていシンセサイザーが置いてある。本書でコンプレックスを払拭して、とりあえず触って、どんどん弾いてみよう。

『DTMのためのやさしいコード理論と入力方法―すぐ役立つコードの基礎知識』野田正純,臼井理栄編著　龍吟社／リズム・エコーズ　2001.5　93p　26cm〈「DTMに役立つコードの基礎知識」の改訂〉2000円　Ⓒ4-8448-2161-X　Ⓝ763.9

『打ち込みのためのDTMコード・ブック―キーボード、ギター、ベースのコードがすぐわかる！』野田正純,臼井理栄編著　改訂版　龍吟社／リズム・エコーズ　2001.1　223p　26cm　2400円　Ⓒ4-8448-2151-2（set）　Ⓝ763.9

『DTM道場forビギナー―パソコンで楽々、音楽作り ミュージ郎Windows用を使って』坂本光世著　オンキョウパブリッシュ　2000.1　118p　24cm　1800円　Ⓒ4-87225-757-X　Ⓝ763.9

◆◆作詞

『ザ・ソングライターズ』佐野元春著　スイッチ・パブリッシング　2022.3　853p　図版5枚　20cm（SWITCH LIBRARY）〈索引あり〉4800円　Ⓒ978-4-88418-585-5　Ⓝ767.8
内容　「私たちはなぜ歌を書くのか」佐野元春が、小田和正やさだまさし他24人のソングライターに訊く。対話を通して「音楽詩」の諸相を探り、創造的なソングライティングの本質に迫った、立教大学での連続講座を書籍化。

『いちばんやさしい作詞入門―プロが教える「伝わる歌詞」のテクニック』中村隆道著　メイツユニバーサルコンテンツ　2022.2　112p　21cm（メイツ出版のコツがわかる本）1630円　Ⓒ978-4-7804-

2582-6　Ⓝ767.8
内容 初心者でも「誰かの心に届く歌詞」が書ける。聞き手にアプローチする構成のコツから、メロディと連動して歌詞を引象付けるテクニックまで。作詞のプロが本書でやさしく伝授します。

『マンガでわかる！ 作詞入門』田口俊監修，さのかけるマンガ　リットーミュージック　2020.12　157p　19cm　1500円　Ⓘ978-4-8456-3555-9　Ⓝ767.8
内容 歌詞はどこから書けばいい？　Aメロ、Bメロ、サビ、それぞれに書くべき内容とは？　リスナーの心をつかむ方法は？　長年プロの現場で培われた「論理的な作詞法」をマンガとともにわかりやすく伝授する。

『作詞のことば―作詞家どうし、話してみたら』岩里祐穂著　blueprint　2018.12　255p　19cm　2000円　Ⓘ978-4-909852-00-7　Ⓝ767.8
内容 名曲の歌詞はここから生まれた―。作詞家・岩里祐穂が、髙橋久美子、松井五郎、ヒャダインらと対談。たがいに相手の作品を選んで質問・分析しあう。2016～2018年のトークセッションを書籍化。本体は背表紙なし糸綴じ。

『作詞がわかる11章―歌謡曲、ポップスなどのヒット曲例満載！：作詞のノウハウ完全マスター！』北村英明著　ケイ・エム・ピー　2016.1　141p　21cm　1000円　Ⓘ978-4-7732-4088-7　Ⓝ767.8
内容 作詞をはじめてまもない人のために、作詞のアウトラインをわかりやすく説明した入門書。素材やテーマの見つけ方から、詞の構成、よい詞の条件、詞の表現テクニック、ハメ込みまで、ヒット曲例とともに解説する。

『読めば解かる！ 作詞術101の秘密＋』相良光紀著　ドレミ楽譜出版社　2015.12　215p　21cm〈1999年刊の加筆〉1500円　Ⓘ978-4-285-14443-7　Ⓝ911.66

『ゼロからの作詞入門―プロ直伝の考え方とテクニック』井筒日美著　ヤマハミュージックメディア　2015.11　193p　21cm　1700円　Ⓘ978-4-636-90991-3　Ⓝ767.8
内容 作詞って何から始めればいいの？　図版や事例、マンガ満載で現場のノウハウを学べる！　はじめての人も感動的な詞がすぐに書ける！　J‐POP、アニメ、ゲームなど幅広く手がけるプロの作詞家が、確実に実力がつく方法を惜しみなく教えます。

『作詞力―ウケル・イケテル・カシカケル』伊藤涼著　リットーミュージック　2014.11　189p　19cm　1500円　Ⓘ978-4-8456-2537-6　Ⓝ767.8
内容 なんで作詞しないの？　人間力も養う、日本初の"作詞エッセイ"。

『これから始める人のための作詞入門』北村英明著　メトロポリタンプレス　2012.4　159p　21cm　1200円　Ⓘ978-4-904759-27-1　Ⓝ767.8
目次 第1章 作詞を始める前に（作詞の準備をしよう、ヒット曲を分析しよう）、第2章 作詞の基本を覚えよう（テーマ、素材 ほか）、第3章 マスターしたい作詞テクニック10（比喩、リフレイン ほか）、第4章 よりよい作品に仕上げるために（ストレートな表現でわかりやすい詞を書こう、ひとりよがりの作品は感動を呼ばない、第5章 一歩前に踏み出そう（ハメ込みをマスターしよう、仲間を見つけよう ほか）

『誰にでもできる作詞講座―君も今日から作詞家』奥平ともあき著　ドレミ楽譜出版社　2012.1　119p　21cm　1200円　Ⓘ978-4-285-13258-8　Ⓝ767.8

『よくわかる作詞の教科書』上田起士著　ヤマハミュージックメディア　2010.2　152p　21cm　1500円　Ⓘ978-4-636-84508-2　Ⓝ767.8
内容 はじめて作詞にチャレンジする人から、コトバの技法を身につけたい人まですぐに「使える」実践的なポイントが満載。

『作詞のコツがわかる―スラスラ出てくる作詞法』髙田元紀著　中央アート出版社　2007.1　124p　21cm　1200円　Ⓘ978-4-8136-0398-6　Ⓝ767.8

『読めば解かる！ 作詞術・101の秘密』相良光紀著　ドレミ楽譜出版社　2006.2　207p　21cm　1500円　Ⓘ4-285-10755-4
内容 作詞をするという作業は、自分の魂と向かい合うことでもある。音楽をつくる上で、オーディエンスの心に届く詞というのは、テクニックやノウハウでないが故に作詞をうたった本は数少ないのが現状である。だが、日本の音楽シーンを眺めてみても、売れてる曲は歌詞がとても良いのだ！　"作詞ができるようになりたい…"その疑問を解決すべく、詞が書けることの難しさの壁に挑戦している一冊であり、キミのアーティスト感性を磨くためにも、この本はバイブルに成りうる一冊だ!!　今まで決して触れられなかった、詞を書くと

いうことのたくさんのヒントが、この本には ぎっしり詰まっている…。

『森浩美のカクシ（書く詞）コウザ―作詞家以前の人のための作詞バイブル 辛口コラムと作詞論から独自の作詞法まで』森浩美著　ミュージッククリエイター　2004.7　157p　19cm〈発売：シンコーミュージック〉1429円　Ⓘ4-401-76101-4　Ⓝ911.66
内容　「SHAKE」「ダイナマイト」、「タイミング」etc…を手がけたミリオンヒット作詞家が放つ辛口エール！作詞の"壁"を越えたいあなたへの道標！業界志望者＆関係者必携の書。

『恋のクスリ・アナタの詞のつくりかた』サエキけんぞう著　有楽出版社　2002.12　175p　18cm〈発売：実業之日本社〉1200円　Ⓘ4-408-59180-7　Ⓝ911.66
内容　あなたの恋はあなただけのもの。ドキドキワクワクを詞にしてみよう。人気アーティストたちが伝授するラブソングと恋の入門編。

『ヒット・チャートをぶっとばせ！―作詞講座』森雪之丞著　シンコー・ミュージック　2002.3　128p　21cm〈歌詞カードに火をつけろ！PART 2〉1400円　Ⓘ4-401-61732-0　Ⓝ767.8
内容　ロックの作詞テクニックをシミュレーション方式で森雪之丞が教えるワーク・ブック・スタイルの作詞講座。

◆歌唱

『入門者のための「合唱の要点」』鵜川敬史著　東京図書出版　2024.4　226p　22cm〈文献あり　頒布：リフレ出版〉1800円　Ⓘ978-4-86641-695-3　Ⓝ767.4
内容　合唱とはいかなるものか。知っているようで知らない合唱の基本、歴史。過去の知恵に学び、現在に生かし、そして将来を考える。

『新・アカペラパーフェクト・ブック―練習方法！楽譜アレンジ！ボイパ！が学べる定番書！：web音源対応』あっしー編著　ドレミ楽譜出版社　2023.7　223p　21cm　2000円　Ⓘ978-4-285-15271-5　Ⓝ767.4
内容　練習方法から音楽理論、楽譜アレンジ、ボイパの知識まで、アカペラで歌う上で必要なものすべてを、初心者にも分かりやすく、丁寧に解説。楽譜集も収録。音源を聴けるQRコード付き。

『上手いと言われる歌い方入門―10日間完成ボイストレーナーが教える』シアーミュージック著，しらスタ監修　KADOKAWA　2023.4　127p　21cm　1500円　Ⓘ978-4-04-606223-9　Ⓝ767.1
内容　カラオケで必ずウケる10曲をマスター！お手本動画を見る、テクニックを知る、3STEPで練習する、プロ並みの歌唱力に！この1冊で声が変わる、ボイストレーニング本の決定版。

『もっと歌がうまくなる。　レベル3　ミックスボイスを出そうほか』日本工学院ミュージックカレッジ監修　汐文社　2023.3　39p　27cm〈文献あり　動画解説付き！〉2600円　Ⓘ978-4-8113-2985-7　Ⓝ767.1
内容　歌が上手に歌えるようになるコツを伝授。レベル3は、地声と裏声の中間に当たるミックスボイスやハモリ、ビブラートなど、実践的な歌い方をやさしく丁寧に解説する。動画を視聴できるQRコード付き。

『もっと歌がうまくなる。　レベル2　リズムを身につけようほか』日本工学院ミュージックカレッジ監修　汐文社　2023.3　39p　27cm〈文献あり　動画解説付き！〉2600円　Ⓘ978-4-8113-2984-0　Ⓝ767.1
内容　歌が上手に歌えるようになるコツを伝授。レベル2は、自分の音域の確認の仕方、楽譜の読み方、リズムの身につけ方、呼吸タイミング、歌詞を理解するコツなどをやさしく丁寧に解説する。動画を視聴できるQRコード付き。

『もっと歌がうまくなる。　レベル1　自分の声を知ろうほか』日本工学院ミュージックカレッジ監修　汐文社　2023.1　39p　27cm〈文献あり　動画解説付き！〉2600円　Ⓘ978-4-8113-2983-3　Ⓝ767.1
内容　歌が上手に歌えるようになるコツを伝授。レベル1は、声の出るしくみや、歌い方（発声）のタイプ、正しい呼吸の仕方や姿勢、声の響かせ方などをやさしく丁寧に解説する。動画を視聴できるQRコード付き。

『実践ボーカル力養成講座―世界基準の声量と歌唱力を身につける』チョンギヨン著，ME YOU訳　改訂初版　ヤマハミュージックエンタテインメントホールディングスミュージックメディア部　2022.12　303p　21cm〈初版：ヤマハ

ミュージックエンタテインメントホールディングス出版部 2018年刊〉2300円 Ⓘ978-4-636-10627-5 Ⓝ767.1
内容 本格的シンガーを目指す人必携のボーカルトレーニング本。人体の構造や発声原理など確立した理論に基づく具体的な訓練法を解説。基礎的な音楽知識や体調、声の管理法などにも触れる。サンプル音源を聴けるQRコード付き。

『自分の声をチカラにする』ウォルピスカーター著 KADOKAWA 2021.12 205p 19cm 1800円 Ⓘ978-4-04-605429-6 Ⓝ767.1
内容 独学で1オクターブ半の音域を拡げた歌い手（歌のカバー動画を投稿する人）ウォルピスカーターが、声の仕組みと磨き方を紹介。Gero、あらきとの歌い手特別座談会も収録する。

『プロデュースの基本』木﨑賢治著 集英社インターナショナル 2020.12 233,19p 18cm（インターナショナル新書 062）〈作品目録あり 頒布・発売：集英社〉880円 Ⓘ978-4-7976-8062-1 Ⓝ767.8
内容 沢田研二からBUMP OF CHICKENまで手掛けた名音楽プロデューサーが、あらゆる職種に応用自在の仕事術を伝授。自身の経験から編み出した役立つ法則の数々を披露し、クリエイティブであるための心得なども説く。

『新・ヴォーカリストのための全知識』高田三郎著 新装版 リットーミュージック 2020.3 181p 21cm（全知識シリーズ）〈初版のタイトル：ヴォーカリストのための全知識〉1900円 Ⓘ978-4-8456-3489-7 Ⓝ767.1
内容 発声のメカニズムから、正しいヴォイス・トレーニング法、マイクの扱い方、ステージやレコーディングの際の心構えといった実践的な部分まで、ヴォーカリストに求められる幅広いノウハウを網羅した解説書。

『部活でレベルアップ！ 合唱上達のポイント50』渡瀬昌治監修 メイツ出版 2019.4 128p 21cm（コツがわかる本）〈「部活でもっとステップアップ合唱のコツ50」の改題、加筆・修正〉1630円 Ⓘ978-4-7804-2171-2 Ⓝ767.4
内容 クラスが、メンバーが、ひとつになって本番で力を発揮する秘訣や今すぐ実践できる効果的な練習法がわかる！ 大会審査や講習会で活躍する指導者が実力アップのポイントを徹底解説！

『次世代アカペラーの参考書—「ひとつ上のステージ」を目指せ！』古屋Chibi恵子、野口大志共著 ドレミ楽譜出版社 2018.10 135p 26cm 1600円 Ⓘ978-4-285-14860-2 Ⓝ767.4
内容 次世代アカペラーのための、ありそうで今までなかった参考書。ボイストレーナーと音響エンジニアがタッグを組み、機材・練習・ライブ・ボイトレ・からだ・メンタルのすべてについて、実践で役立つ知識とコツを伝授する。

『イベンターノートがアニサマ出演アーティストにインタビューしてみました』イベンターノート編、アニメロサマーライブ監修 インプレスR&D 2016.12 60p 21cm（Next Publishing—New Thinking and New Ways）〈発売：インプレス〉1200円 Ⓘ978-4-8443-9739-7 Ⓝ767.8
目次 バックヤードインタビュー、motsu、黒崎真音、黒沢ともよ、沼倉愛美、三森すずこ、データで探るアニサマファン、生の声からみたアニサマファン、読者プレゼントコーナー

『フリースタイル・ラップの教科書—MCバトルはじめの一歩』晋平太著 イースト・プレス 2016.12 199p 19cm 1300円 Ⓘ978-4-7816-1492-2 Ⓝ764.7
内容 B BOY PARK、UMB、戦極で優勝した"フリースタイル・ゴッド"が、ラップの基礎テクニックからMCバトル必勝法まで、すべてを伝授！

『うまく歌える「からだ」のつかいかた—ソマティクスから導いた新声楽教本』川井弘子著 誠信書房 2015.4 139p 26cm 2200円 Ⓘ978-4-414-30005-5 Ⓝ767.1
内容 歌う人の楽器は「からだ」。ソマティクスでからだのことを理解して、「歌う感覚」とラクな「発声」を身につける。

『歌も作詞も機材も！ ゼロからのヴォーカル本—ヴォーカリストのための「3つの知識」をやさしく解説！』LINDEN著 発売：自由現代社 2014.10 94p 21cm 1300円 Ⓘ978-4-7982-1994-3 Ⓝ767.1
内容 ヴォーカリストのための「3つの知識」をやさしく解説！

『14歳 3』佐々木美夏著 エムオン・エン

タテインメント　2014.9　191p　19cm　1600円　①978-4-7897-3628-2　Ⓝ767.8
内容 12人のミュージシャンが初めて語った"あの"1年。

『絶対！　うまくなる合唱100のコツ』田中信昭著　ヤマハミュージックメディア　2014.8　159p　21cm　1600円　①978-4-636-90134-4　Ⓝ767.4
内容 個人と団体のレベルアップを目指す！楽に歌えるテクニック満載。もっと豊かな声に！　姿勢をよくする。声をよくする。アンサンブルのレベルを上げる。どこを変えたらいいかわからない人のための具体的解決策！合唱界の大家が語る、上達の極意。

『14歳　2』佐々木美夏著　エムオン・エンタテインメント　2013.9　191p　19cm　1600円　①978-4-7897-3591-9　Ⓝ767.8
内容 12人のミュージシャンが初めて語った"あの"1年。現在14歳のあなたと、かつて14歳だったあなたへ。

『ミュージシャンになろう！』加茂啓太郎著　青弓社　2013.8　178p　19cm　1600円　①978-4-7872-7338-3　Ⓝ767.8
内容 「ミュージシャンになりたい！けど、いったいどうしたらいいの？」一大手レコード会社で新人発掘プロデューサーとして活躍している著者が、デモの作り方やプロモーションの仕方など、現在の音楽事情に即したプロになるための道のりをわかりやすくガイドする。さらに、インタビューを通じてプロのミュージシャンのリアルな姿も紹介。さあ、情熱に火をつけろ！

『14歳』佐々木美夏著　エムオン・エンタテインメント　2013.3　191p　19cm　1600円　①978-4-7897-3569-8　Ⓝ767.8
内容 12人のミュージシャンが初めて語った"あの"1年。悩めるすべての子供たちと、親たちに捧げるメッセージ。

『ヒップホップのラッパーを目指す人のラップ入門─ラッパーへの道が今開く！　［2012］』MC一寸法師著　発売：自由現代社　2012.8　93p　21cm　1200円　①978-4-7982-1839-7　Ⓝ764.7
内容 ラッパーになるためのスキルを知りたい人に、トレーニングやパフォーマンス方法などを明解に伝授。「ラッパーにはどうやったらなれる？」「リリックはどう作る？」等、これまで誰かに聞きたくても聞けなかった、知りたくてもわからなかった情報が、この1冊に凝縮。

『絶対！　受かりたい音楽オーディション100のコツ』ヤマハミュージックパブリッシング企画推進グループ監修　ヤマハミュージックメディア　2012.4　127p　21cm〈構成：河原崎直巳　索引あり〉1500円　①978-4-636-88292-6　Ⓝ767.8
内容 応募用紙の書き方から本番でのアピール法、音楽力を上げる秘訣まで。主催者から見たオーディション実践テクニック。3分で読めて、すぐに役立ち、差がつく1冊。

『ボーカルが上手くなる本─発声からリズムトレーニングまではじめてでもやさしくマスター！』ヤマハ音楽振興会著　ヤマハミュージックメディア　2012.4　87p　21cm（Easy study vol.4）950円　①978-4-636-88653-5　Ⓝ767.1
内容 いざ本格的にやろうとすると、何をどう練習すれば良いのかよくわからないのがボーカル。この本はそんな人のために、基本の腹式呼吸からプロフェッショナルな表現テクニックに至るまで、ボーカリストに必要な要素を徹底解説！　ためになるトレーニングで初めての人にも確実なステップアップが期待できます。

『ロック&ポップス・ヴォーカル初歩の初歩入門─初心者に絶対!!：基礎知識から応用までやさしく学べるビギナーのための独習テキスト』ミュージック・スクール・ウッド編著　ドレミ楽譜出版社　2011.8　71p　31cm　1200円　①978-4-285-13130-7　Ⓝ767.1

『広瀬香美の歌い方教室─今日から歌がうまくなる！』広瀬香美［著］　ディスカヴァー・トゥエンティワン　2011.4　145p　21cm　1300円　①978-4-7993-1006-9　Ⓝ767.1
内容 高い声が出なくても、音程に自信がなくても、大丈夫。あなたも気持ちよく歌えるようになる！　いいことずくめの「香美式」美声レッスンへようこそ。twitterフォロワー37万人、随一の歌唱力で知られるシンガーソングライターの人気レッスンが本になりました。

『コーラス上達のポイント200─もっとステップアップできる！』吉村元子監修　メイツ出版　2010.9　128p　21cm（コツがわかる本）1500円　①978-4-7804-0853-9　Ⓝ767.4
内容 表現力の高め方や効果的な練習法はもちろん、コンクールや演奏会での演出法まで。美しいハーモニーを目指すために、今すぐで

きるコツを写真と図解でわかりやすく紹介します。

『ラップのことば―JAPANESE HIP HOP WORDS』猪又孝編　Pヴァイン・ブックス　2010.4　311p　19cm（P・Vine BOOKS）〈発売：スペースシャワーネットワーク〉2381円　①978-4-906700-13-4
[内容]ラッパー15人が語る歌詞の書き方証言集。するどい視点とあざやかな韻。聴く者をハッとさせる毒とユーモアとリアル。ラップという音楽の核である「歌詞」にスポットを当て、音楽ルーツや作詞のルール、曲に込めた想いなど日本語ラップのつくり方に初めてメスを入れた日本語ラップ読本。これを読めばラップの聴き方が変わります。

『文化系部活動アイデアガイド合唱部』秋山浩子文、納田繁イラスト、山崎朋子監修　汐文社　2010.2　63p　27cm〈文献あり　索引あり〉2200円　①978-4-8113-8643-0　Ⓝ767.4
[目次]ようこそ！合唱部へ、知っておきたい基礎知識（パートの種類を知っておこう、パート編成と並び方　ほか）、よい声で歌うための基本練習（よい声はよい姿勢から、呼吸法をマスターしよう　ほか）、コンサート、コンクールのステージで歌おう（気持ちよく、堂々と、コンクールに挑戦！ほか）、まんが　すすめ！合唱部　コンクール入賞への道、大好き合唱部大集合！（ある日の練習スケジュール、合唱部員・B子さん（中2）の1年間　ほか）

『プロデューサーがこっそり教えるギター弾き語りの法則―ギターボーカルを名乗るなら、知らないではすまされない歌唱・奏法のテクニックがある』野口義修著　ヤマハミュージックメディア　2010.1　143p　21cm　1600円　①978-4-636-84130-5　Ⓝ767.8
[内容]ギターボーカルを名乗るなら、知らないではすまされない歌唱・奏法のテクニックがある。

『4週間超独習実戦ボーカル入門―28のレッスンでボーカルをマスター』ヤマハミュージックメディア編著、[高田三郎][著]　ヤマハミュージックメディア　2010.1　63p　31cm（ヤマハムックシリーズ）〈付属資料：CD1枚、DVD-Video1枚（12cm）〉1800円　①978-4-636-84702-1

『高い声が出せるヴォイトレ本！』谷口守著　シンコーミュージック・エンタテイメント　2009.12　94p　21cm〈付属資料：CD2〉1800円　①978-4-401-63329-6
[内容]魅力的なハイ・トーン・ヴォイスで歌える、難なく楽しく高い声が身に付く。

『上手に歌うためのQ&A―歌い手と教師のための手引書』リチャード・ミラー著、岸本宏子，長岡英訳　音楽之友社　2009.6　383p　22cm〈文献あり　索引あり〉4000円　①978-4-276-14259-6　Ⓝ767.1
[内容]ベルカント唱法の真髄を知りたい人へ！歌い手や声楽指導者から実際に訊かれた「質問」計212題に明快に答えた、わかりやすく実用的なQ&A集。

『ボーカリストのための高い声の出し方―ミックスボイス・ホイッスルボイスをマスター!!』DAISAKU著　ドレミ楽譜出版社　2008.11　87p　21cm〈付属資料：CD1〉1600円　①978-4-285-12146-9
[内容]プロシンガーの歌をコピーする際「KEYが高すぎて歌えない！」「いったいどんな練習をすれば良いの!?」と感じたことはありませんか？そんな疑問に答えるべく高音発声法獲得のための具体的メソッドを伝授します！レッスンCDを使ってミックスボイス・ヘッドボイス・ホイッスルボイスといった高音発声法を獲得してください。

『あっというまに歌がうまくなる！―声が良くなる、いちばんやさしい本』上野直樹著　ヤマハミュージックメディア　2008.6　143p　19cm　1200円　①978-4-636-82751-4　Ⓝ767.1
[内容]奥歯で割りばしをくわえるだけで、ずっとラクに声が出る!?歌や話の基本はすべて声から。身の回りの道具をうまく使えば、今よりずっと声が良くなります。子供から大人まで、みるみる歌が上達する驚異の発声法。

『すくすくミュージックすくーる　おうたの学校　2』江口寿子著　全音楽譜出版社　2007.1　39p　31×23cm　900円　①978-4-11-178268-0
[内容]歌をじょうずにし、歌を好きになるための本です。声の強弱、声をのばすことと切ることに、興味をもたせます。声帯をコントロールして、強い声や弱い声を出したり、のばしたり切ったりができるようにします。声の強弱、のばす、切る、できききわけする力を育てます。規則的に正しく、拍を打つ力を育てます。リズムを正しくおぼえる力を育て

芸術・美術を学ぼう　　　　　　　　　　　　　　　　　音楽を学ぼう

ます。歌のイメージをふくらませ、歌をより楽しませます。歌のイメージをふくらませ、絵をかかせます。個人レッスンだけでなく、グループやクラス授業でもつかえます。

『ヴォーカル入門ゼミ―歌の悩みを解決する！』藤田進編著　発売：自由現代社　2006.12　93p　26cm　(はじめの一歩)　1200円　①4-7982-1409-4　Ⓝ767.1
[内容] 自分の声に磨きをかける！ ヴォーカルQ&Aで歌の悩みを解決！ プロのワザを徹底解剖。

『ラップがわかる・できる本―日々想うコト、ラップにしてみない！？「自分を表現したいすべての人に贈る」新しいラップの教科書』MC一寸法師編著　発売：自由現代社　2006.12　92p　21cm　1200円　①4-7982-1411-4　Ⓝ764.7
[内容] 日々想うコト、ラップにしてみない！？「自分を表現したいすべての人に贈る」新しいラップの教科書。

『完全hip hopマニュアル』架神恭介, 辰巳一世共著　シンコーミュージック・エンタテイメント　2006.9　187p　21cm　1600円　①4-401-63045-9　Ⓝ764.7
[内容]「フェイク野郎」と蔑まれない、イルでリアルなヒップホッパーになるためのHIP HOP入門書。

『ヴォイストレーニング基本講座―プロの"声づくり"基礎の基礎』福島英著　シンコーミュージック・エンタテイメント　2006.4　143p　21cm〈「ロックヴォーカル基本講座」の新装版〉1200円　①4-401-63013-0　Ⓝ764.7
[内容] 俳優、声優、ヴォーカリスト、ナレーター、ビジネスマン…みんな本当に声がよくなる！ プロの"声づくり"基礎の基礎。

『ヴォーカリスト必見・早わかり事典「こんな時どーするの？」―知って得する!!』古屋chibi恵子著　ドレミ楽譜出版社　2006.2　141p　21cm　1000円　①4-285-10728-7　Ⓝ767.1
[内容] この本の使い方はとってもカンタン！です。あなたの知りたいことをCONTENTSのページで探して、そこを開くだけ。たったそれだけで、初心者からプロ指向の人まで誰もが持っているギモンや悩みを、一気に解決しちゃいます！ さあ、あなたの音楽生活をさらに楽しいものに変えちゃいましょう。

『はじめよう！ 合唱―あなたにそっと教える発声から指揮まで』青島広志著・イラスト　全音楽譜出版社　2006.1　206p　21cm　2100円　①4-11-810351-6　Ⓝ767.4
[内容] ただ歌う?!…だけじゃつまらない！ 歌えばわかる、声が重なり合うハーモニーの美しさ。声を出す仕組みから、合唱団にあった選曲の仕方、編曲のコツ、指揮法をお教えしましょう。

『今すぐ始めるヴォーカル入門―楽しく歌って、らくらく上達!!』山田哲也編著　発売：自由現代社　2005.4　91p　26cm　1200円　①4-7982-1277-6　Ⓝ767.1
[目次] 1 準備編―まずは歌おう, 2 基本編―歌の基本を知ろう, 3 実践編―歌のコツをつかもう, 4 音程/リズム編―体で覚えよう, 5 ワンランク・アップ編―歌うこと以外も覚えよう, 6 応用編―憧れのアーティストに挑戦, これからのヴォーカル生活(カラオケのすすめ, バンド活動のすすめ)

『学校で楽しむみんなの合唱　3巻(アカペラ編)』さいとうみのる文, かざねそよかイラスト, さとうたかひろ編曲　汐文社　2004.8　47p　27cm　2000円　①4-8113-7896-2　Ⓝ767.4
[内容] 本書はアカペラ編である。「無伴奏によるコーラス」の初歩の初歩からわかりやすいようにイラストでくふうして解説する。

『学校で楽しむみんなの合唱　2巻(入学・卒業式編)』さいとうみのる文, かざねそよかイラスト, さとうたかひろ編曲　汐文社　2004.8　47p　27cm　2000円　①4-8113-7895-4　Ⓝ767.4
[内容] 本書は入学・卒業式編である。春には「新入生」が入学して、年度末には「卒業生」が旅立っていく。新入生を歓迎する気持ちと、卒業生に贈る言葉を「気持ち」をこめて歌おう。前半部分はクラスの話し合いから合唱の基礎をわかりやすいようにイラストでくふうをしている。

『学校で楽しむみんなの合唱　1巻(校内合唱コンクール編)』さいとうみのる文, かざねそよかイラスト, さとうたかひろ編曲　汐文社　2004.8　47p　27cm　2000円　①4-8113-7894-6　Ⓝ767.4
[内容] 本書は校内合唱コンクール編で校内で開かれる「合唱コンクール」にチャレンジ。まとまりのあるクラスにするためには？ みんなで「自由曲」を決めたり、「合唱曲」のイメージをふくらませるためには？ など、クラスでの話し合いからはじめている。「合唱」

『ゴスペルA to Z』　Tokyo FM出版　2003.12　214p　19cm〈年表あり〉1429円　Ⓘ4-88745-091-5　Ⓝ765.6
内容　マライアもディランもバッハもゴスペル!?もっと知ればもっと深く楽しめる！ゴスペル入門書の決定版。

『誰でもハモれるbook─知ってる曲から徹底研究！』藤田進編著　発売：自由現代社　2003.11　109p　21cm　1200円　Ⓘ4-7982-1185-0　Ⓝ767.4
内容　ハモリ方からヴォイス・トレーニング法・基礎知識までが身に付く。

『はじめての発声法─基礎を学ぶポイント30』ジャン＝クロード・マリオン著, 美山節子訳　音楽之友社　2003.10　103p　21cm〈ヴォカリーズ・エクササイズ付〉1500円　Ⓘ4-276-14258-X　Ⓝ767.1
内容　これから本格的に発声法のテクニックを学ぼうとする学生や、音楽指導者、アマチュア合唱団メンバー等のために、最小限知っておくべき「基礎」を30のポイントにまとめ、具体的に分かりやすく解説。

『だれでもカンタンアカペラはじめよう!!』Tsing-moo著　ケイ・エム・ピー　2002.6　78p　31cm　1200円　Ⓘ4-7732-1958-0　Ⓝ767.3

『自分の歌を歌おう─アーティストのためのヴォイストレーニング　ヴォーカリスト、俳優、声優、パーソナリティなど、表現活動をめざす人へのヒント』福島英著　音楽之友社　2002.2　158p　19cm　1200円　Ⓘ4-276-23542-1　Ⓝ767.1
内容　歌を歌うとは？自己表現ってなに？人を感動させるってどういうこと？ブレスヴォイストレーニング研究所代表である著者が書き下ろした、最新ヴォーカル論。読めば必ず勇気づけられる熱いアドヴァイスが満載。

『カッコよく歌う！　ヴォーカル』藤子著　音楽之友社　2001.6　106p　21cm（プロフェッショナル・パフォーマンス6）1300円　Ⓘ4-276-30026-6　Ⓝ767.1
内容　プロ直伝のテクニックに加え、ライヴ時に欠かせないステージ・パフォーマンスを満載。プロ・アマ必見のバイブル。また、オリジナル練習曲（シリーズ8）で君の実力を一気にランク・アップ。

『ヴォイス・コントロール』吉田顕編著　自由現代社　2001.5　127p　26cm（リアル・マスター・シリーズ）1200円　Ⓘ4-7982-1032-3
内容　主として、ロック・ポップスヴォーカルを極めたい人、プロ指向の人に向けて書いた総合的なトレーニング本。しかし、声に携わる職業、サークルの方（演劇、ミュージカル、合唱団等）にも対応できる。

『歌うって楽しい！』タケカワユキヒデ作, 白六郎イラスト　汐文社　2001.3　47p　27cm（タケカワユキヒデのもっと楽しもうよ！　音楽1）1800円　Ⓘ4-8113-7367-7
目次　1 学校で歌が、うまく歌えない君のために, 2 歌うのが下手だったり、音痴だと思っている君のために, 3 歌がどこか上手じゃないと思っている君のために, 4 歌がうまいと自信のある君に要注意, 5 歌の真髄はこれだ！, 6 ライブを見に行こう, 7 CDを聞きまくろう, 8 さあ、練習をはじめよう, 9 ミニコンサートをやっちゃお！

『これであなたも「一流歌手」と同じ唄い方ができる！─カラオケ専門講師ドン上月のカラオケ上達法』ドン上月著　マガジンランド　2001.1　142p　19cm　1429円　Ⓘ4-944101-01-5　Ⓝ767.8
内容　カラオケ専門講師ドン上月のカラオケ上達法。

『これで完璧！　ヴォーカルの基礎』福島英著　リットーミュージック　2000.9　123p　21cm〈「ヴォーカル」（1998年刊）の改訂〉1000円　Ⓘ4-8456-0539-2　Ⓝ767.1
内容　自分の声を伸ばす！本書は、あなただけしか持っていない"声"を最大限に伸ばして、"楽器"として機能させるためのトレーニング方法を中心にして書かれています。息と体の使い方を知り、発声、リズム、音程、声量を広げる…など、ヴォーカリストとしての基礎を身に付けてください。

『ゴスペルを歌おう─ボイストレーニング入門』亀淵友香講師, 日本放送協会, 日本放送出版協会編　日本放送出版協会　2000.4　93p　26cm（NHK趣味悠々）1000円　Ⓘ4-14-188295-X　Ⓝ765.6

◆演奏

『ドラム入門─初心者にもわかりやすい入門書：レッスン動画連動』島村楽器株式

会社企画・編集, 馬場誠人著, 藤本勝久, 佐藤将文監修・校正　島村楽器　2021.11　97p　31cm　1800円　⟨978-4-907241-21-6　Ⓝ763.85

『バークリー式ビッグバンド・アレンジ入門』ディック・ローウェル, ケン・プリグ共著, 浜本銘二訳, 佐藤研司監修　第2版　エー・ティー・エヌ　2021.7　209p　31cm〈付属資料：録音ディスク（1枚 12cm）〉4300円　⟨978-4-7549-3248-0　Ⓝ764.7
内容 バークリー音楽大学アレンジ学科のテキストで, 大編成に必要なジャズ・アレンジ・テクニックを身につける！ ハーモニーについてのテクニックや知識を, 様々な楽器編成に適用する方法を解説。模範演奏を収めたCD付き。

『みんなでたのしい20音でできるミュージックベル教本—曲集付き：音符が読めなくても演奏できる!!』富澤郁子著　ドレミ楽譜出版社　2021.7　87p　31cm　1600円　⟨978-4-285-15158-9　Ⓝ763.86
内容 ハンドベルを, 誰でも気軽に楽しめるように改良された「ミュージックベル」。その演奏の仕方を丁寧に説明し, 20音でできるように編曲した童謡やアニメ曲などの楽譜を歌詞付きで掲載。各曲ごとにベルの〈鳴らす回数〉も記す。

『DJをはじめるための本』EDIT INC.著　2nd Edition　リットーミュージック　2020.8　127p　26cm　2000円　⟨978-4-8456-3533-7　Ⓝ764.7
内容 DJソフトとDJコントローラー, serato DJ Pro/DDJ-SB3のセットアップと試奏・機能の解説, ミックステクニックなどを解説した, ビギナー向けDJ教則本。楽曲データ＆参考音源はダウンロードできる。

『楽譜が読めなくてもミュージックベルが演奏できる本—23音のベルで楽しもう！［2020］』竹内圭子編著　発売：自由現代社　2020.7　94p　30cm　1400円　⟨978-4-7982-2406-0　Ⓝ763.86
内容 五線譜を使わない「オリジナルかんたんベル譜」でミュージックベルが演奏できる本。使うベルの音域やリズムのパターンが増えていくステップアップ方式。音名入り五線譜も掲載。書き込みページあり。

『DJがわかる・できる本—基礎知識からスキル, デビューまで［2017］』M. KATAE著　発売：自由現代社　2017.1　77p　26cm　1200円　⟨978-4-7982-2157-1　Ⓝ764.7
内容 DJをはじめよう！ 必要機材, セッティング, レコードのかけ方といった入門知識から, ミックス, スクラッチ等の各種テクニック, CDJの操作, デジタルDJの最新事情までを完全網羅。ジャンルの解説など予備知識も満載。

『バンドマンが読むべきライブハウスの取扱説明書—バンド結成からライブハウスでの立ち回りまでがすべて分かる』足立浩志著　リットーミュージック　2016.9　207p　19cm〈索引あり〉1500円　⟨978-4-8456-2864-3　Ⓝ764.7
内容 ライブパフォーマンスを向上させたいバンドマンに向けて, バンド結成からライブハウスデビューまでの道のりを, ライブハウスの経営者兼PAエンジニアが丁寧にガイド。ライブハウスでよくある事例とその対策例, 用語集も収録。

『絶対！ 盛り上がる軽音楽部100のコツ』片桐慶久, 荒木敦史, 室井利仁監修　ヤマハミュージックメディア　2015.6　119p　21cm　1600円　⟨978-4-636-91232-6　Ⓝ764.7
内容 カリスマ顧問が「楽しむコツ」を伝授！ 学生生活を無駄にしない！ バンドと部活のすべてがわかる。3分で読めて, すぐに役立ち, 差がつく1冊！

『吹奏楽人（スインド）のための超入門ジャズ講座—7日間で突然スイング！』日䒩則彦著　PHPエディターズ・グループ　2014.7　175p　19cm〈作品目録あり〉発売：PHP研究所　1000円　⟨978-4-569-81954-9　Ⓝ764.78
内容 たった7日間でジャズのツボが押さえられる！ アドリブのコツから, とっておきの練習方法まで—。目からウロコのジャズ入門書！

『DVD&CDでよくわかる！ はじめてのハードロック・ドラム—この一冊でハードロック・ドラムが叩ける！』リットーミュージック　2013.3　111p　31cm〈リットーミュージック・ムック—リズム＆ドラム・マガジン〉〈付属資料：DVDビデオディスク（1枚 12cm）＋録音ディスク（1枚 12cm）〉2000円　⟨978-4-8456-2218-4

『本気でバンドを仕事にしたい人へ―名門ライヴ・ハウスのブッキング・マネージャーが教える、成功するバンドの作り方』味間正樹著　リットーミュージック　2012.9　223p　19cm　1400円　①978-4-8456-2134-7　Ⓝ764.7
[内容]何ごとにも上達のコツがあるように、バンドを良くするにも秘訣があります。バンドをする上での基本的な心構え、効果的なスタジオ利用法、曲作りやライヴで意識すべきこと、集客を増やすための方策などを解説します。

『はじめてでもスグ叩ける!!ロック・ドラム超入門』改訂版　ゲイン　2012.8　111p　31cm（シンコー・ミュージック・ムック）〈付属資料：DVDビデオディスク（1枚 12cm）前版の出版者：エス・アンド・エイチ　発売：シンコーミュージック・エンタテイメント〉1800円　①978-4-401-74903-4

『聞いて・見て・叩ける！ロック・ドラム入門―初めてでも必ず叩ける！入門教則本の決定版!!』改訂版　ゲイン　2012.4　79P　31cm（シンコー・ミュージック・ムック）〈付属資料：DVDビデオディスク（1枚 12cm）+録音ディスク（1枚 12cm）初版：エス・アンド・エイチ 2001年刊　発売：シンコーミュージック・エンタテイメント〉1800円　①978-4-401-74890-7

『4週間でモノになる！カホン集中レッスン―カホン初体験でもバンバンわかる！』岡部洋一著　リットーミュージック　2011.7　64p　28cm（リットーミュージック・ムック―リズム＆ドラム・マガジン）〈付属資料：DVD-Video1枚（12cm）〉2200円　①978-4-8456-1961-0

『ここからはじめるカホンの教科書―付属CDに合わせて楽しく練習できる初心者向けレッスンBOOK』シンコーミュージック・エンタテイメント　2010.11　79p　26cm（シンコー・ミュージック・ムック）〈付属資料：CD1枚（12cm）〉1200円　①978-4-401-63407-1

『ライブハウスオーナーが教える絶対盛り上がるライブステージング術』佐藤ヒロオ著　ポット出版　2010.5　156p　19cm　1600円　①978-4-7808-0145-3　Ⓝ764.7
[内容]あなたのライブが日本を変える。日本を生演奏天国にしたいと夢想する「荻窪ルースター」オーナー・佐藤ヒロオが教えるお客の心をグッとつかむMC＆ステージング術。

『はじめてでもスグ吹ける!!アルト・サックス超入門』岩佐真帆呂執筆・演奏　改訂版　エス・アンド・エイチ　2010.3　95p　31cm（シンコー・ミュージック・ムック）〈発売：シンコーミュージック・エンタテイメント　付属資料：DVD-Video1枚（12cm）〉2000円　①978-4-401-74808-2

『はじめてでもスグ吹ける!!フルート超入門』井上康子執筆・演奏　エス・アンド・エイチ　2010.3　79p　31cm（シンコー・ミュージック・ムック）〈発売：シンコーミュージック・エンタテイメント　付属資料：DVD-Video1枚（12cm）〉2000円　①978-4-401-74809-9

『4週間超独習実戦ブルースハープ入門―28のレッスンでブルースハープをマスター』ヤマハミュージックメディア編著　ヤマハミュージックメディア　2009.11　63p　31cm（ヤマハムックシリーズ）〈付属資料：DVD-Video1枚, CD1枚（12cm）〉2200円　①978-4-636-84969-1

『4週間超独習実戦ロック・ドラム入門―28のレッスンでロック・ドラムをマスター』尾崎元章著　ヤマハミュージックメディア　2009.9　63p　31cm（ヤマハムックシリーズ）〈付属資料：DVD-Video1枚, CD1枚（12cm）〉1800円　①978-4-636-84698-0

『ライブ上達100の裏ワザ―知ってトクするおもしろアイディア＆ヒント集』いちむらまさき著　リットーミュージック　2009.9　143p　21cm　1200円　①978-4-8456-1732-6　Ⓝ764.7
[内容]「モニターの音に頼るべからず」「アガリを隠すな」本当にライブが上達する極致の裏ワザを大総括。集客数が増えていく魔法のライブ本。

『聞いて・見て・吹ける！ブルース・ハープ入門』浦田泰宏, 加藤友彦著　改訂版　エス・アンド・エイチ　2008.11　79p

芸術・美術を学ぼう　　　　　　　　　　　　　　　　　音楽を学ぼう

28cm（シンコー・ミュージック・ムック）〈発売：シンコーミュージック・エンタテイメント　付属資料：DVD-Video1枚（12cm）〉1800円　ⓘ978-4-401-74755-9

『図解マスターはじめてのロック・ドラム』尾崎元章執筆・演奏　エス・アンド・エイチ　2008.2　79p　26cm（シンコー・ミュージック・ムック）〈発売：シンコーミュージック・エンタテイメント　付属資料：DVD-Video1枚（12cm）〉1800円　ⓘ978-4-401-74717-7

『聞いて・見て・吹ける！ ブルース・ハープ入門』浦田泰宏，加藤友彦著　エス・アンド・エイチ　2007.11　79p　28cm（シンコー・ミュージック・ムック）〈発売：シンコーミュージック・エンタテイメント　付属資料：DVD-Video1枚（12cm）〉1800円　ⓘ978-4-401-74707-8

『聞いて・見て・叩ける！ ドラム・フィルイン入門―DVDでマスターする』尾崎元章著　エス・アンド・エイチ　2007.2　79p　28cm（シンコー・ミュージック・ムック）〈発売：シンコーミュージック・エンタテイメント　付属資料：DVD-Video1枚（12cm）〉1800円　ⓘ978-4-401-74671-2

『聞いて・見て・叩ける！ ロック・ドラム入門』改訂版　エス・アンド・エイチ　2007.2　79p　28cm（シンコー・ミュージック・ムック）〈発売：シンコーミュージック・エンタテイメント　付属資料：DVD-Video1枚（12cm）〉1800円　ⓘ978-4-401-74673-6

『図解マスターはじめてのロック・ドラム』尾崎元章著　エス・アンド・エイチ　2006.11　79p　26cm（シンコー・ミュージック・ムック）〈発売：シンコーミュージック・エンタテイメント　付属資料：CD1枚（12cm）〉1300円　ⓘ4-401-74660-0

『DJ基礎テクニック講座　hip hop/R&B編』DJ Joe T,DJ Bucks編著　発売：自由現代社　2005.12　93p　21cm　1200円　ⓘ4-7982-1333-0　Ⓝ764.7　[内容]「どうすればDJになれるかわからない。」と諦めていた人たちが、この本を読んでもら

う事によって「自分もやってみよう。」とDJを目指すきっかけにしてくれたらと思い、本書をつくりました。

『DJ基礎テクニック講座　techno/house編』Kyo-Hey,HNMK-D著　発売：自由現代社　2005.12　93p　21cm　1200円　ⓘ4-7982-1334-9　Ⓝ764.7　[内容]この本は、著者が全くのゼロから始めて現在に至るまでの間に、わからなくて困った事や自分なりに気付いた事、人から教わった事などをできるだけ詳しく、しかも著者なりの視点で解説し、DJに興味があっても音楽の経験やDJの知識がまったくなく『機材の事もよくわからないし、なんだか難しそう…』とあきらめていた人達が、この本を読んでもらう事によって『なんだか自分にもやれそう』とDJを目指すキッカケになってもらえれば良いなと思って書きました。

『DJ選曲術―何を考えながらDJは曲を選び、そしてつないでいるのか？ Groove presents』沖野修也著　リットーミュージック　2005.11　250p　19cm　1200円　ⓘ4-8456-1243-7　Ⓝ764.7　[内容]クラブDJからiPodユーザーまですべてのミュージック・ラヴァーに捧ぐ！ DJプレイやミックスCDの質を向上させる世界初の「選曲ガイドブック」。

『聞いて・見て・吹ける！ ブルース・ハープ入門』浦田泰宏，加藤友彦，ケン吉岡著　エス・アンド・エイチ　2005.9　79p　28cm（シンコー・ミュージック・ムック）〈発売：シンコーミュージック・エンタテイメント　付属資料：CD1枚（12cm）〉1500円　ⓘ4-401-74607-4

『聞いて・見て・叩ける！ ロック・ドラム入門』エス・アンド・エイチ　2005.6　79p　28cm（シンコー・ミュージック・ムック）〈付属資料：CD1枚（12cm）発売：シンコーミュージック・エンタテイメント　付属資料：CD1枚（12cm）〉1500円　ⓘ4-401-74596-5

『スウィングガールズと始めるジャズ入門』日経エンタテインメント！編　日経BP社　2004.10　100p　26cm（日経BPムック）〈付属資料：CD1枚（12cm）発売：日経BP出版センター　付属資料：CD1枚（12cm）〉1333円　ⓘ4-8222-1737-X

ヤングアダルトの本 創作活動をささえる4000冊　　153

『聞いて・見て・叩ける！ドラム・フィル・イン入門』尾崎元章著　エス・アンド・エイチ　2004.4　79p　28cm（シンコー・ミュージック・ムック）〈付属資料：CD1枚（12cm）発売：シンコー・ミュージック　付属資料：CD1枚（12cm）〉1500円　Ⓘ4-401-74547-7

『成功するバンドのつくり方—メンバー探しからCDデビューまで』いちむらまさき著・イラスト　ドレミ楽譜出版社　2003.5　124p　21cm　1200円　Ⓘ4-8108-3332-1　Ⓝ764.7

『ドラムをたたこう』市川宇一郎著　中央アート出版社　2002.7　71p　31cm（CD book series—小・中学生の楽器入門）〈付属資料：CD1枚（12cm）〉2500円　Ⓘ4-88639-907-X

『ロック・ドラム入門』尾崎元章著　エス・アンド・エイチ　2002.6　79p　28cm（シンコー・ミュージック・ムック）〈付属資料：CD1枚（12cm）発売：シンコー・ミュージック　付属資料：CD1枚（12cm）〉1500円　Ⓘ4-401-74074-2

『管楽器』高橋秀雄総監修・著,佐藤敏直音楽監修　小峰書店　2002.2　47p　29cm（日本の楽器 日本の音 3）〈付属資料：CD1枚（12cm）〉4500円　Ⓘ4-338-18203-2, 4-338-18200-8（set）
内容　多彩な写真で見やすく、わかりやすく、楽しく。プロの奏者が出演・指導する実践に即した内容。資料として歴史や理論の探求にも適する。各楽器の音を聴いて確認できるよう、全巻CD付き。日本の音楽になじみやすい、新たな曲も収録！中学生以上。

『打楽器』高橋秀雄総監修・著,佐藤敏直音楽監修　小峰書店　2002.2　47p　29cm（日本の楽器 日本の音 1）〈付属資料：CD1枚（12cm）+ポスター1枚〉4500円　Ⓘ4-338-18201-6, 4-338-18200-8（set）
内容　多彩な写真で見やすく、わかりやすく、楽しく。プロの奏者が出演・指導する実践に即した内容。資料として歴史や理論の探求にも適する。各楽器の音を聴いて確認できるよう、全巻CD付き。日本の音楽になじみやすい、新たな曲も収録！中学生以上。

『ミュージシャンになる方法』加茂啓太郎著　増補版　青弓社　2002.1　203,19p　19cm　1600円　Ⓘ4-7872-7149-0　Ⓝ764.7
目次　第1章 入門篇（プロのアーティストとは？、アーティストの収入、その後のアーティストの人生 ほか）、第2章 業界篇（音楽業界の仕組み、音楽が先か、戦略が先か、音楽業界の椅子とりゲーム ほか）、第3章 実践篇（バンドの名前は大切に、ライブ・ハウスに出よう、自分でCDを出そう ほか）

『ピアノと歌がじょうずになる』　小学館　2001.6　191p　19cm（ドラえもんの学習シリーズ—ドラえもんの音楽おもしろ攻略）〈指導：八木正一〉760円　Ⓘ4-09-253175-3
目次　第1章 かんたん!!ピアノ上達法（ピアノをよく知ろう、正しい姿勢と指の形、メロディーをひこう！ ほか）、第2章 歌じょうずへの道（いい声でうたおう！、うまくうたうためのコツ、調子はずれをなおそう！ ほか）、第3章 かんたん作曲教室（ドラマに音楽をつけよう、チャンスミュージックにちょう戦！、曲をつくろう！）

『楽器にチャレンジ！』タケカワユキヒデ作,白六郎イラスト　汐文社　2001.3　47p　27cm（タケカワユキヒデのもっと楽しもうよ！音楽 2）1800円　Ⓘ4-8113-7368-5
目次　1 好きな楽器を見つけよう！、2 楽器が苦手でも気にしない、3 家にある楽器を見つけよう、4 まだあるミュージシャンのかたち、5 楽器の種類で役割が決まる、6 エレキギターを弾いてみよう、7 他のギター、8 キーボードを弾いてみよう、9 単音楽譜—トランペット・サックス・フルート・エレキベース、10 打楽器—パーカッション、11 新しい時代の指揮者—コンピュータ・シンセサイザー、12 練習の成果を録音しよう

『バンドをつくろう！』タケカワユキヒデ作,白六郎イラスト　汐文社　2001.3　47p　27cm（タケカワユキヒデのもっと楽しもうよ！音楽 3）1800円　Ⓘ4-8113-7369-3
内容　バンドはサイコーにカッコいい。ライブを見に行っても、CDを聞いていても、ゾクゾクする。だけど、自分たちでやったらもっといいぞ。

『DJリアル・テクニック』DJ HIRAGURI,北口大介共著　リットーミュージック　2000.11　109p　21cm（目で見て確認）1100円　Ⓘ4-8456-0569-4　Ⓝ764.7
内容　DJなくしてクラブ・シーンは語れず、フロアの盛り上がり方はDJのセンス次第。そ

う、DJは音空間を変幻自在にコントロールする指先の魔術師だ。でも、そもそもDJって何？ なぜターンテーブルは2つなの？ なぜCDよりもアナログ盤なの？ ヘッドフォンで何を聴いているの？…etc.こんな初心者の疑問をスッキリ解消。DJプレイの基本もバッチリ習得。自宅プレイからクラブ・デビューを目指す人まで、最初の1冊はこれで決まり！ ハマって楽しいDJワールド。

『みんなでやろう！ ロック・バンド―ライブ編』関口正治編著　発売：自由現代社　2000.9　91p　26cm　1200円　①4-88054-997-5　Ⓝ764.6
内容 これからバンドマンになろうという人へ贈る入門書。「スタジオ」や「ライブ」などバンドに必要なことを、具体的にアドバイスする。

『Let's DJ！―ビギナーのためのDJ機器マニュアル』益田博司著, 杉浦哲郎監修　発売：龍吟社／リズム・エコーズ　2000.4　104p　21cm　1400円　①4-8448-4116-5　Ⓝ764.7

『楽器用語事典』　リットーミュージック　2000.1　175p　12×14cm（Compact books）950円　①4-8456-0467-1　Ⓝ763.033
内容 楽器名や楽器のパーツ、また奏法など楽器の演奏に関連する用語約1200語を収録し解説した事典。現代かなづかい五十音順に配列し、英文は五十音順の後にABC順で配置した。

◆◆吹奏楽

『10分で上達！ ユーフォニアム』深石宗太郎著　ヤマハミュージックエンタテインメントホールディングス　2024.6　127p　21cm（パワーアップ吹奏楽！ シリーズ）1800円　①978-4-636-11183-5　Ⓝ763.67
内容 パワーアップ吹奏楽シリーズに"時短編"が登場！ 自己採点しながら、効率的に時間を使い、短時間でレベルアップ。

『吹奏楽基礎合奏スーパー・サウンド・トレーニング―conductor：小編成版』ウィンズスコア　2024.2　69p　30cm　4500円　①978-4-8152-4019-6　Ⓝ764.6

『吹奏楽基礎合奏スーパー・サウンド・トレーニング―string bass：小編成版』ウィンズスコア　2024.2　27p　30cm　1000円　①978-4-8152-4005-9　Ⓝ763.45

『パワーアップ吹奏楽！ オーボエ』宮村和宏著　改訂版　ヤマハミュージックエンタテインメントホールディングス　2024.1　103p　21cm〈初版：ヤマハミュージックメディア 2016年刊〉1800円　①978-4-636-11309-9　Ⓝ763.75
内容 オーボエについて知りたかったことが載っている、今日から役立つ一冊。オーボエの構え方や基本テクニック、上達のための短時間エクササイズ、合奏でうまく吹くために知っておきたいことなどを紹介する。

『パワーアップ吹奏楽！ ユーフォニアム』深石宗太郎著　改訂版　ヤマハミュージックエンタテインメントホールディングス　2024.1　103p　21cm〈初版：ヤマハミュージックメディア 2016年刊〉1800円　①978-4-636-11321-1　Ⓝ763.67
内容 ユーフォニアムについて知りたかったことが載っている、今日から役立つ一冊。ユーフォニアムの構え方や基本テクニック、上達のための短時間エクササイズ、合奏でうまく吹くために知っておきたいことなどを紹介する。

『絶対！ うまくなる吹奏楽100のコツ』小澤俊朗著　改訂版　ヤマハミュージックエンタテインメントホールディングスミュージックメディア部　2023.12（第6刷）134p　21cm　1800円　①978-4-636-11115-6　Ⓝ764.6

『吹奏楽部のトリセツ！』松元宏康監修　学研プラス　2022.2　127p　21cm　1300円　①978-4-05-205339-9　Ⓝ764.6
内容 1年間の活動から、楽器の種類、個人・全体練習、先輩や顧問の先生、コンクールまで、中学校の吹奏楽部について紹介。中学生のアンケートをもとにした体験記や吹奏楽の用語集なども掲載する。

『はじめての吹奏楽ブラスバンド―練習のコツと本番で成功するポイント55』佐藤博監修　メイツユニバーサルコンテンツ　2021.12　128p　21cm（コツがわかる本）「ステップアップ吹奏楽ブラスバンド上達のポイント55」（メイツ出版 2017年刊）の改題、再編集〉1530円　①978-4-7804-2558-1　Ⓝ764.6
内容 コンクール上位に輝くパフォーマンス

はここが違う！ 個人練習・合奏練習のポイントから、本番に役立つ知識まで。すべてのメンバーがおさえたい「技術」と「心構え」を教えます。

『バジル先生の吹奏楽相談室　たのしく上達編』バジル・クリッツァー著　学研プラス　2020.8　143p　21cm　1500円　①978-4-05-154221-4　Ⓝ764.6

『パワーアップ吹奏楽！ 心とチームワークの育て方』藤重佳久著　ヤマハミュージックエンタテインメントホールディングス　2019.10　103p　21cm　1600円　①978-4-636-96297-0　Ⓝ764.6
内容 考え方を変えるだけで、音が変わる！頑張り方を見直してネガティブをチャンスに変える方法、一瞬の本番のための集中力の身につけ方、先輩と後輩が高め合う方法など、吹奏楽における心とチームワークの育て方を解説する。

『必ず役立つ吹奏楽ハンドブック』丸谷明夫監修　改訂版　ヤマハミュージックエンタテインメントホールディングス　2019.9　135p　21cm　1600円　①978-4-636-97010-4　Ⓝ764.6
内容 吹奏楽ビギナーに必要なことが全てわかる！ 素朴な疑問から、音を出すまでの基本、部活での人間関係、いい音を出すための準備、譜面の読み方のポイント、コンクールや名曲の知識まで、マンガ＆イラスト満載で解説。

『必ず役立つ吹奏楽ハンドブック　小編成編』広瀬勇人著,丸谷明夫監修　ヤマハミュージックエンタテインメントホールディングス出版部　2019.8　102p　21cm〈和声編までの出版者：ヤマハミュージックメディア〉1600円　①978-4-636-92329-2　Ⓝ764.6
内容 「人数が少ないから出せる音」がある！楽器の割り振り・配置方法、打楽器の考え方、合奏でのポイント…。20人規模のバンドはもちろん、10人以下のバンドの音も豊かにできる、小編成の団体向けの細かな対策が満載。

『吹奏楽コンクールまでに身につける！サックス1年間上達トレーニング』田中拓也著　シンコーミュージック・エンタテイメント　2019.6　87p　30cm　1600円　①978-4-401-23223-9　Ⓝ763.74

『吹奏楽コンクールまでに身につける！フルート1年間上達トレーニング』窪田恵美著　シンコーミュージック・エンタテイメント　2019.6　87p　30cm　1600円　①978-4-401-20216-4　Ⓝ763.72

『武田隊長の一流吹奏楽団の作り方』武田晃著　ヤマハミュージックエンタテインメントホールディングス出版部　2019.6　111p　21cm　1800円　①978-4-636-95938-3　Ⓝ764.6
内容 陸上自衛隊中央音楽隊元隊長が教える、音作りのコツとバンドの質の高め方。吹奏楽団の悩みである組織作り、運営などについての考え方を紹介するほか、チューニングの仕方や指揮の合わせ方など14の場面における指導を解説。

『吹奏楽コンクールまでに身につける！ クラリネット1年間上達トレーニング』齋藤雄介著　シンコーミュージック・エンタテイメント　2019.5　95p　30cm　1600円　①978-4-401-23224-6　Ⓝ763.73

『吹奏楽コンクールまでに身につける！ トランペット1年間上達トレーニング』松山萌著　シンコーミュージック・エンタテイメント　2019.5　95p　30cm　1600円　①978-4-401-22101-1　Ⓝ763.63

『パワーアップ吹奏楽！ からだの使い方』高垣智著　ヤマハミュージックエンタテインメントホールディングス出版部　2019.5　103p　21cm　1600円　①978-4-636-96299-4　Ⓝ764.6
内容 からだを知ると、演奏はもっとうまくなる。自らをしっかりと管理して、個人で吹奏楽を上達させるための知識と方法論を解説。ウォームアップとクールダウン、練習と休息、けがや病気なども取り上げる。

『部活でレベルアップ！ 吹奏楽上達のコツ50』畠田貴生監修　メイツ出版　2019.5　128p　21cm（コツがわかる本）〈「部活でもっとステップアップ吹奏楽上達のコツ50」(2015年刊)の改題、加筆・修正〉1630円　①978-4-7804-2196-5　Ⓝ764.6
内容 全国大会の常連校の指導者が、実力アップのポイントを徹底解説！

『必ず役立つマーチングハンドブック　ドリルデザイン編』田中久仁明監修　ヤマハミュージックエンタテインメントホールディングス出版部　2019.1　118p　21cm　1800円　①978-4-636-

94123-4　Ⓝ764.6
|内容|マーチングのパフォーマンスのもととなる「ドリルデザイン」について説明。シーンや目的、人数にあわせたフォーメーションの考え方、ドリルデザインの方法、コンテの作り方などを解説します。問題集つき。

『ピアノdeボディパーカッション―発表会を名曲で楽しく演出！』山田俊之編　音楽之友社　2018.8　46p　26cm〈付属資料：CD1枚（12cm）〉2500円　①978-4-276-87840-2　Ⓝ763.1
|内容|『ピアノdeボディパーカッション』（2016年・音楽之友社刊）縮刷版。小・中学校、特別支援学校、福祉施設等での練習に役立つよう"練習用カラピアノCD"を添付。

『必ず役立つマーチングハンドブック』山﨑昌平監修　ヤマハミュージックエンタテインメントホールディングス出版部　2018.7　103p　21cm　1800円　①978-4-636-94122-7　Ⓝ764.6
|内容|初心者でもマーチングに取り組めるよう、始める前に知っておきたい基礎知識から、基本的な動きやフォーメーション、デイリートレーニング、効果的なパフォーマンスまでをやさしく解説します。

『音が変わる！　うまくなる！　たのしい吹奏楽　3　心と身体の相談室』バジル・クリッツァー著、天野正道監修　学研プラス　2018.2　79p　27cm　3500円　①978-4-05-501253-9, 978-4-05-811458-2（set）Ⓝ764.6
|内容|吹奏楽がたのしくなるコツを紹介。3は、練習から本番までの心構えのほか、部活の日常の悩みや部員同士の人間関係の悩みを解消する方法について、マンガやイラスト、写真を使って解説する。書き込み欄あり。

『音が変わる！　うまくなる！　たのしい吹奏楽　2　楽器別アドバイス』バジル・クリッツァー著、天野正道監修　学研プラス　2018.2　79p　27cm　3500円　①978-4-05-501252-2, 978-4-05-811458-2（set）Ⓝ764.6
|内容|吹奏楽がたのしくなるコツを紹介。2は、クラリネット、ホルン、パーカッション、コントラバスなどの楽器の構え方や注意すべきポイントなどについて、マンガやイラスト、写真を使って解説する。チェック欄あり。

『音が変わる！　うまくなる！　たのしい吹奏楽　1　楽器演奏の基礎』バジル・クリッツァー著、天野正道監修　学研プラス　2018.2　79p　27cm　3500円　①978-4-05-501251-5, 978-4-05-811458-2（set）Ⓝ764.6
|内容|吹奏楽がたのしくなるコツを紹介。1は、各楽器共通の呼吸法や大きな音の出し方、小さい音の奏で方など、確実に楽器演奏が上達するための色々な方法について、マンガやイラスト、写真を使って解説する。チェック欄あり。

『音楽演奏と指導のためのマンガとイラストでよくわかるアレクサンダー・テクニーク―バジル先生の　実践編』バジル・クリッツァー著　学研プラス　2017.9　127p　21cm〈入門編の出版者：学研パブリッシング〉1300円　①978-4-05-800817-1　Ⓝ761.9
|内容|心と身体の演奏法「アレクサンダー・テクニーク」をマンガとイラストで実践的にわかりやすく解説。練習の考え方とやり方、みんなの音楽表現が豊かになる簡単で楽しい方法、緊張を乗り越える方法などを紹介する。

『吹奏楽部員のためのココロとカラダの相談室―今すぐできる・よくわかるアレクサンダー・テクニーク：バジル先生の楽器演奏編』バジル・クリッツァー著　改訂版　学研プラス　2017.3　103p　26cm〈初版：学研パブリッシング 2013年刊〉1500円　①978-4-05-800721-1　Ⓝ764.6
|内容|こんなことで悩んでいませんか？　高い音が出ない、大きな音が出ない、タンギングがうまくできない、息が長く続かない…心配しなくても、大丈夫。うまくなるヒントが、ここにあります！

『入門者のためのコントラバス教本』鷲見精一著・演奏、ヤマハミュージックメディア編著　ヤマハミュージックメディア　2016.6　63p　31cm〈付属資料：DVD-Video1枚（12cm）+12p〉2500円　①978-4-636-92683-5　Ⓝ763.45
|内容|吹奏楽部の顧問の先生や生徒のためのコントラバス教本。練習スケジュールから、楽器の構造と構え方、右手・左手の練習、その他の奏法と知識までを網羅。演奏のポイントを収録したDVD、別冊のピアノ伴奏譜付き。

『朝練ユーフォニアム―毎日の基礎練習30分』山本孝著　新版　全音楽譜出版社　2016.3　46p　31cm（朝練）1200円

Ⓘ978-4-11-548691-1　Ⓝ763.67
内容 プレイヤーとしてのみならずクリニシャンとしても経験豊富な著者による、ユーフォニアムの基礎練習テキスト。スクール・バンドから市民バンドまで、毎朝30分の個人練習に最適。

『パワーアップ吹奏楽！　ファゴット』鹿野智子著　ヤマハミュージックメディア　2016.3　103p　21cm　1600円　Ⓘ978-4-636-92002-4　Ⓝ763.77
内容 ファゴットについて知りたかったことが載っている、今日から役立つ一冊。ファゴットの構え方から基本テクニック、上達のための短時間エクササイズ、合奏でうまく吹くために知っておきたいことなどを紹介する。

『パワーアップしようぜ！　みんなの吹奏楽　vol.4　演奏会/パフォーマンス編』ヤマハミュージックメディア　2015.11　111p　30cm（ヤマハムックシリーズ166）1400円　Ⓘ978-4-636-91731-4　Ⓝ764.6

『吹奏楽部員のためのココロとカラダの相談室―今すぐできるよくわかるアレクサンダー・テクニーク：バジル先生のコンクール・本番編』バジル・クリッツァー著　学研パブリッシング　2015.5　103p　26cm〈発売：学研マーケティング〉1500円　Ⓘ978-4-05-800474-6　Ⓝ764.6
内容 不安にならなくて大丈夫。音を楽しむ心と身体の護り方、お教えします！

『パワーアップしようぜ！　みんなの吹奏楽　vol.2　日々の練習・楽譜の基礎編』ヤマハミュージックメディア　2015.3　111p　30cm（ヤマハムックシリーズ159）1400円　Ⓘ978-4-636-91362-0　Ⓝ764.6

『超やさしい吹奏楽―ようこそ！ブラバンの世界へ』小髙臣彦著　日本地域社会研究所　2015.2　177p　21cm（[コミュニティ・ブックス]）〈文献あり〉1800円　Ⓘ978-4-89022-156-1　Ⓝ764.6
内容 吹奏楽のすべてがわかる。吹奏楽の基礎知識から、楽器、運指、指揮法、移調…までを。イラスト付きで、わかりやすくていねいに解説。

『パワーアップしようぜ！　みんなの吹奏楽―新入部員勧誘大作戦＆魅せるステージのコツ！』ヤマハミュージックメディア　2014.11　109p　30cm（ヤマハムックシリーズ153）1400円　Ⓘ978-4-636-90833-6　Ⓝ764.6

『必ず役立つ吹奏楽ハンドブック　和声編』ヤマハミュージックメディア　2014.7　119p　21cm〈文献あり　索引あり〉1600円　Ⓘ978-4-636-90443-7　Ⓝ764.6
内容 和声を知れば楽譜が理解でき、演奏力が向上します。古典的な和声はもちろん、吹奏楽コンクールの自由曲として人気の高いドビュッシー、ラヴェル、バルトークの作品を例に、近代和声までがこの一冊でわかります！

『吹奏楽部員のためのココロとカラダの相談室―今すぐできるよくわかるアレクサンダー・テクニーク：バジル先生の吹奏楽指導編』バジル・クリッツァー著　学研パブリッシング　2014.6　103p　26cm〈発売：学研マーケティング〉1500円　Ⓘ978-4-05-800277-3　Ⓝ764.6
内容 こんなことで悩んでいませんか？自分の教えていることに自信がもてない、指導していて、イライラしてしまう、「できない」のに「教える」ことができるのか、「ダメ出し」しない指導法って？やる気があるなら、大丈夫。伸ばし、育てる指導のポイントをお伝えします！

『絶対！うまくなる吹奏楽100のコツ』小澤俊朗著　ヤマハミュージックメディア　2014.3　134p　21cm　1500円　Ⓘ978-4-636-89860-6　Ⓝ764.6
内容 楽器や呼吸法の基礎から、アンブシュア、合奏のコツなど吹奏楽をレベルアップするために必要な要素がつまってる！現場のプロが教える吹奏楽の極意。はじめての人にも、もっと技術を磨きたい人にも最適な一冊！

『必ず役立つ吹奏楽ハンドブック　ジャズ＆ポップス編』丸谷明夫監修　ヤマハミュージックメディア　2014.2　119p　21cm　1600円　Ⓘ978-4-636-89794-4　Ⓝ764.6
内容 「ノリのよい」演奏を手に入れよう！ジャズやポップスの演奏法はクラシックとは異なります。「ノリの悪い」演奏にならないように基本を理解しましょう。プロの演奏家や作曲家がその極意について語ります！

『DVDで全曲弾ける！はじめてのソロ・ギタースタンダード曲集』松井祐貴演奏　リットーミュージック　2014.2　94p

31cm〈リットーミュージック・ムック―ACOUSTIC GUITAR MAGAZINE)〈付属資料：DVDビデオディスク（1枚 12cm)〉2300円　Ⓘ978-4-8456-2363-1

『必ず役立つ吹奏楽ハンドブック　からだメンテナンス編』丸谷明夫監修　ヤマハミュージックメディア　2014.1　103p　21cm　1500円　Ⓘ978-4-636-90089-7　Ⓝ764.6

内容 からだのケアで演奏が変わる!?吹奏楽部では体育会系並みに身体を酷使する。だからこそ、正しい知識をもっていないと怪我をしたり、演奏力が低下したりする。自分の身体は自分でケアしよう！

『必ず役立つ吹奏楽ハンドブック　マーチ編』丸谷明夫監修　ヤマハミュージックメディア　2013.12　111p　21cm　1600円　Ⓘ978-4-636-89792-0　Ⓝ764.6

内容 吹奏楽の基礎をマーチで学ぼう！マーチには演奏や指導の基本となる要素が多く、基礎力を向上することができます。具体的な曲例を使って演奏のコツを伝授するほか、陸上自衛隊中央音楽隊の武田晃隊長、作曲家の松尾善雄氏、淀工の丸谷明夫先生がマーチの魅力を語り尽くします！

『必ず役立つ吹奏楽ハンドブック　アンサンブル編』丸谷明夫監修　ヤマハミュージックメディア　2013.11　111p　21cm　1500円　Ⓘ978-4-636-89857-6　Ⓝ764.6

内容 少人数バンドでレベルアップしよう！少人数でのレベルアップをはかるため、そして大人数の学校でも全体合奏の演奏水準を引き上げるため、アンサンブルを極めよう！現場で使える選曲のコツや演奏ポイントも紹介。

『吹奏楽部員のためのココロとカラダの相談室―今すぐできるよくわかるアレクサンダー・テクニーク：バジル先生の　メンタルガイド編』バジル・クリッツァー著　学研パブリッシング　2013.9　103p　26cm〈発売：学研マーケティング〉1500円　Ⓘ978-4-05-800153-0　Ⓝ764.6

内容 こんなことで悩んでいませんか？ドキドキしてうまくいかない、失敗したらどうしようかと不安になる、先生や先輩・後輩とうまくいかない…先生、助けて！アナタはたくさんの能力を持っている。できないことがあっても、いいんです！

『はじめてのアルト・サックス―DVD & CDでよくわかる！：この一冊でアルト・サックスが吹ける！』　リットーミュージック　2013.9　108p　31cm〈リットーミュージック・ムック―Sax & Brass magazine)〈付属資料：DVDビデオディスク（1枚 12cm)+録音ディスク（1枚 12cm)〉2200円　Ⓘ978-4-8456-2299-3

『必ず役立つ吹奏楽ハンドブック　ステージパフォーマンス編』丸谷明夫監修　ヤマハミュージックメディア　2013.8　103p　21cm　1500円　Ⓘ978-4-636-89478-3　Ⓝ764.6

内容 演奏者も観客も楽しめるようなステージを演出して演奏会を成功させよう！ステージパフォーマンスの基礎から、具体的な体の動きや選曲、構成、演出方法のアイデアまでを紹介。さらに、ユニークなパフォーマンスで知られる須藤卓眞先生率いる松戸市立第四中学校吹奏楽部の練習法を公開！

『必ず役立つ吹奏楽ハンドブック　指導者編』丸谷明夫監修　ヤマハミュージックメディア　2013.3　107p　21cm　1600円　Ⓘ978-4-636-88778-5　Ⓝ764.6

内容 バンドのサウンド作りから吹奏楽部の運営方法まで、指導者としてのノウハウが満載。5人の指導者による取り組みの紹介に加え、読響正指揮者・下野竜也氏が、指揮者にとって必要なことは何かを具体的に伝授。

『必ず役立つ吹奏楽ハンドブック―音楽用語集付　楽典編』ヤマハミュージックメディア編　ヤマハミュージックメディア　2012.10　151p　21cm〈索引あり〉1500円　Ⓘ978-4-636-88924-6　Ⓝ764.6

目次 序章 マンガ「平・B・忠夫の山葉音楽学園奮闘記―楽譜が読めないと何か困りす？」、第1章 はじめての楽典「音楽の基礎知識」（楽譜とは、音符と休符、拍子について ほか）、第2章 音楽用語集（演奏の指示に関する記号、奏法を表す記号、発想用語 ほか）、第3章 レベルアップしたいひとのための音楽知識「音程・音階・調・和音・和声」（音程について、半音と全音、音程の数え方 ほか）

『必ず役立つ吹奏楽ハンドブック　Q&A編』丸谷明夫監修　ヤマハミュージックメディア　2012.4　103p　21cm〈文献あり〉1500円　Ⓘ978-4-636-88415-9　Ⓝ764.6

内容 循環呼吸ってなに？大きな音はどうやったら出せる？ハイトーンをうまく出すための練習方法は？金管楽器を水洗いしてもい

音楽を学ぼう　　　　　　　　　　　　　　　　　芸術・美術を学ぼう

いの？　仲間はずれにされてしまったけれどどうしたらよい？　演奏の上達法から人間関係まで悩みを即解決。

『必ず役立つ吹奏楽ハンドブック　コンクール編』丸谷明夫監修　ヤマハミュージックメディア　2011.12　103p　21cm　1500円　Ⓘ978-4-636-87080-0　Ⓝ764.6
[内容]　バンドの目標作り、練習方法の見直し、スケジュールの作り方などコンクールにのぞむためのノウハウが満載。パート練習やセクション練習におけるコツも満載。

『吹奏楽部に入ってはじめの3ヶ月でやっておくべき事！—初心者向け　読譜編』市川宇一郎著　中央アート出版社　2008.7　63p　21cm〈付属資料：CD1枚（12cm）〉1500円　Ⓘ978-4-8136-0486-0　Ⓝ763.8

『聞いて・見て・吹ける！　アルト・サックス入門』岩佐真帆呂著　エス・アンド・エイチ　2007.3　79p　28cm（シンコー・ミュージック・ムック）〈発売：シンコーミュージック・エンタテイメント　付属資料：DVD-Video1枚（12cm）〉1800円　Ⓘ978-4-401-74674-3

『聞いて・見て・吹ける！　フルート入門』井上康子著　エス・アンド・エイチ　2007.3　79p　28cm（シンコー・ミュージック・ムック）〈発売：シンコーミュージック・エンタテイメント　付属資料：DVD-Video1枚（12cm）〉1800円　Ⓘ978-4-401-74675-0

『吹奏楽部』斉藤義夫監修, 中野智美文・イラスト　汐文社　2007.2　63p　27cm（部活動レベルアップガイド）2000円　Ⓘ978-4-8113-8134-3　Ⓝ764.6
[目次]　吹いて奏でる楽器が集まって吹奏楽になる、楽器にさわるまえに吹奏楽の歴史を知っておこう、演奏するまえに楽器のことを知っておこう、こんな人はこんな楽器に向いている、楽器は買ったほうがいい？学校の備品を使ってもいい？, 楽器の手入れ、修理はどうしたらいい？、部活の練習で気をつけたいこと、楽器以外の必要なものをそろえよう、毎日の練習の準備で気をつけたいこと〔ほか〕

『知ってるようで知らない吹奏楽おもしろ雑学事典』吹奏楽雑学委員会著　ヤマハミュージックメディア　2006.4　252p　19cm　1600円　Ⓘ4-636-20423-9　Ⓝ764.6
[目次]　第1章　まずはこれから！　吹奏楽の基礎知識, 第2章　知っておきたい！　曲にまつわる話, 第3章　目からウロコ！　楽器マメ知識, 第4章　やってみたい！　マーチングバンド

『器楽合奏にチャレンジ　3巻　歓送迎会編』さいとうみのる文, えんどうけんいちイラスト, ゆかわとおる作曲・編曲　汐文社　2005.2　47p　27cm　2000円　Ⓘ4-8113-7940-3　Ⓝ764
[内容]　歓送迎会で演奏する曲を選んだり、チーム・ワーク作りなど器楽合奏に必要な準備や手順を図版・イラストを多く使ってわかりやすく、ていねいに解説します。器楽合奏のむずかしさや楽しさをしっかりと味わえるように、基本をしっかりとおぼえながらチャレンジしていきましょう。

『器楽合奏にチャレンジ　2巻　地区・学校の音楽祭編』さいとうみのる文, えんどうけんいちイラスト, ゆかわとおる作曲・編曲　汐文社　2005.2　47p　27cm　2000円　Ⓘ4-8113-7939-X　Ⓝ764
[内容]　地区や学校内の音楽祭などに必要な器楽合奏の準備・練習やクラスでの話し合いなどを図版・イラストを多く使ってわかりやすく、ていねいに解説します。器楽合奏のむずかしさや楽しさをしっかりと味わえるように、基本をしっかりとおぼえながらチャレンジしていきましょう。

『器楽合奏にチャレンジ　1巻　やさしい曲から始めよう』さいとうみのる文, えんどうけんいちイラスト, ゆかわとおる作曲・編曲　汐文社　2005.2　47p　27cm　2000円　Ⓘ4-8113-7938-1　Ⓝ764
[内容]　本書は、演奏する楽器の紹介と器楽合奏に必要な準備や手順を図版・イラストを多く使ってわかりやすく、ていねいに解説します。

『ホルンをふこう』吉永雅人著　改訂新版　中央アート出版社　2003.7　69p　31cm（CD book series—小・中学生の楽器入門）〈付属資料：CD1枚（12cm）〉2500円　Ⓘ4-88639-884-7　Ⓝ763.62

◆◆弦楽器

『超入門すぐ弾ける！　ウクレレの弾き方』海田祐樹史著　成美堂出版　2024.7　135p　26cm　1000円　Ⓘ978-4-415-33414-1　Ⓝ763.58
[内容]　上達までを完全サポート！　楽譜が読め

『弾きながら覚える！バイオリン入門—2週間で「エトピリカ」計画』葉加瀬太郎著, 葉加瀬アカデミー監修　ヤマハミュージックエンタテインメントホールディングスミュージックメディア部　2024.4　156p　21cm　1800円　Ⓘ978-4-636-10433-2　Ⓝ763.42
内容　バイオリンを触ろう！まずは音を出そう！「エトピリカ」が弾けるようになる2週間メニュー！

『「アコースティック・ギター」初歩の初歩入門—基礎知識から応用までやさしく学べるビギナーのための独習テキスト：初心者に絶対!!』岡田研二著　ドレミ楽譜出版社　2023.12　79p　31cm　1000円　Ⓘ978-4-285-15349-1　Ⓝ763.55
内容　基礎知識から応用までやさしく学べる、ビギナーのためのアコースティック・ギター独習テキスト。「チェリー」「マリーゴールド」など弾き語り用の練習曲も収録。

『1日5分ではじめるエレキギター超入門』ROLLY著, 四月朔日義昭監修　〔国分寺〕　アルファノート　2023.7　134p　30cm（弾けるようになるための3か月プラン！）〈付属資料：録音ディスク（1枚12cm）YouTube連動動画付き〉1800円　Ⓘ978-4-911000-07-6　Ⓝ763.55
内容　ROLLYによる、超初心者向けのエレキギター教則本。1日5分ほどでできる狙いを絞った練習メニューを3か月分収録。効率的に上達できる秘訣を伝える。譜面を音で確認できるCD、動画が視聴できるQRコード付き。

『1日5分ではじめるアコースティック・ギター超入門—弾けるようになるための3か月プラン！』四月朔日義昭著　〔国分寺〕　アルファノート　2023.4　117p　30cm〈付属資料：録音ディスク（1枚12cm）YouTube連動動画付き〉1800円　Ⓘ978-4-911000-04-5　Ⓝ763.55
内容　忙しい人にぴったりのアコースティック・ギター超初心者向け教則本。1日5分でできる練習メニュー3か月分を大きな譜面で掲載する。時短で上達する秘訣が満載。譜面を音で確認できるCD、動画を視聴できるQRコード付き。

『いちばんやさしいギター・コード・レッスン　［2023］』自由現代社編集部編著, 奥山清監修　頒布・発売：自由現代社　［2023.3］　95p　21cm　1300円　Ⓘ978-4-7982-2599-9　Ⓝ763.55

『DVDで今日から弾ける！かんたんスラップ・ベース—人気のフレーズ15曲収録！』リットーミュージック　2023.3　150p　24cm（BASS MAGAZINE）〈付属資料：DVDビデオディスク（1枚12cm）「DVD&CDでよくわかる！はじめてのスラップ・ベース」（2013年刊）の改題、増補・再編集　YouTube連動〉1700円　Ⓘ978-4-8456-3871-0　Ⓝ763.55
内容　YouTube連動。カラー・ページと人気のフレーズ解説でスラップ・ベースがすぐに弾ける。

『トモsunのいちばんやさしいウクレレ・レッスン』トモsun著　ナツメ社　2023.2　111p　31cm〈動画連動〉1500円　Ⓘ978-4-8163-7325-1　Ⓝ763.58
内容　初心者でも大丈夫！弾き語りからソロまでこの1冊でウクレレが楽しくなる！

『DVDで今日から弾ける！かんたんクラシック・ギター』斉藤松男監修　New Edition　リットーミュージック　2023.1　159p　24cm（ACOUSTIC GUITAR MAGAZINE）〈付属資料：DVDビデオディスク（1枚12cm）YouTube連動〉1600円　Ⓘ978-4-8456-3845-1　Ⓝ763.55
内容　カラー・ページと豊富な課題曲でクラシック・ギターを楽しくスタート♪

『ヒット曲で一発マスターはじめてのアコースティックギター』古川忠義監修　改訂版　学研プラス　2022.9　159p　24cm〈奥付・背のタイトル：はじめてのアコースティックギター　レッスン動画付き！〉1545円　Ⓘ978-4-05-801851-4　Ⓝ763.55
内容　いきなり弾き語りができる！ヒット曲で弾き方が身につく!!ヒットソング19曲収録！

『DVD&CDでよくわかる！はじめてのクラシック・ギター』斉藤松男監修　New Edition　リットーミュージック　2022.8　110p　31cm（リットーミュージック・ムック—ACOUSTIC GUITAR MAGAZINE）〈付属資料：DVDビデオディスク（1枚12cm）＋録音

ディスク（1枚 12cm） YouTube連動 音源ダウンロード〉1800円　Ⓘ978-4-8456-3789-8　Ⓝ763.55
内容 クラシック・ギターの基礎知識や右手・左手の使い方、和音とアルペジオ、様々な奏法などを写真と共に解説。付属のDVD&CDで手本のプレイを確認できる。「大きな古時計」等のスコアも収録。動画が見られるQRコード付き。

『今日からはじめるウクレレ』 改訂版　ヤマハミュージックエンタテインメントホールディングスミュージックメディア部　2022.5　127p　24cm（宇宙一やさしいシリーズpresents）1200円　Ⓘ978-4-636-10245-1　Ⓝ763.58
内容 構え方から綺麗なメロディーの弾き方まで、わかりやすく解説したウクレレの入門書。「ありがとう」「マリーゴールド」など、歌詞付きのウクレレ・スコアも掲載。スマホ＆PCで参考動画が視聴できるQRコード、URL付き。

『やさしいクラシック・ギター入門―CDでマスター』ドレミ楽譜出版社編集部編著　改訂版　ドレミ楽譜出版社　2022.4　62p　31cm〈付属資料：CD1枚（12cm）〉1800円　Ⓘ978-4-285-15219-7　Ⓝ763.55
内容 TAB譜付きの譜面と付属CDの模範演奏で分かりやすく学べる、クラシック・ギター入門書。ギターのかまえ方や左手の押さえ方、右手のひき方等を解説するほか、「かごめかごめ」「埴生の宿」など練習のための曲を多数掲載。

『DVD&CDでよくわかる！　はじめてのエレキ・ギター』 3rd Edition　リットーミュージック　2022.3　125p　31cm（リットーミュージック・ムック―ギター・マガジン）〈付属資料：DVDビデオディスク（1枚 12cm）＋録音ディスク（1枚 12cm）〉1800円　Ⓘ978-4-8456-3738-6　Ⓝ763.55
内容 カラー写真と実演DVD&CDでエレキ・ギターの演奏に必要なノウハウがイチから学べる教則本。ギター・スコア、バンド・スコアも収録。動画が見られるQRコード、CD音源のダウンロードサービスつき。

『DVD&CDでよくわかる！　はじめてのエレキ・ベース』 3rd Edition　リットーミュージック　2022.3　126p　31cm（リットーミュージック・ムック―BASS MAGAZINE）〈付属資料：DVDビデオディスク（1枚 12cm）＋録音ディスク（1枚 12cm）〉1800円　Ⓘ978-4-8456-3739-3　Ⓝ763.55
内容 カラー写真と実演DVD&CDでエレキ・ベースの演奏に必要なノウハウがイチから学べる教則本。ベース・スコア、バンド・スコアも収録。動画が見られるQRコード、CD音源のダウンロードサービスつき。

『DVD&CDでよくわかる！　はじめてのアコースティック・ギター』 New Edition　リットーミュージック　2022.2　127p　31cm（リットーミュージック・ムック―ACOUSTIC GUITAR MAGAZINE）〈付属資料：DVDビデオディスク（1枚 12cm）＋録音ディスク（1枚 12cm）〉1800円　Ⓘ978-4-8456-3723-2　Ⓝ763.55
内容 大きな文字と写真、実演DVD&CDでアコースティック・ギター演奏に必要なノウハウが学べる教則本。基礎知識やコードの押さえ方、フィンガーピッキングなどを解説し、ギター・スコアも収録。動画視聴用QRコード付き。

『これからはじめる!!ロック・ギター入門―オールカラー版：動画対応』 New edition　ドレミ楽譜出版社　2021.8　95p　31cm　1800円　Ⓘ978-4-285-15153-4　Ⓝ763.55
内容 ロック・ギターの基礎知識から、様々なコードの弾き方、リードプレイの練習法、エフェクターの使い方までをやさしく解説。「聖者の行進」「愛の讃歌」のギタースコアも収録。教則映像が視聴できるQRコード付き。

『できるゼロからはじめるギターコード超入門―指1本からはじめる練習法』野村大輔著　リットーミュージック　2021.6　144p　24cm〈付属資料：録音ディスク（1枚 12cm）＋コードブック＆便利メモ帳（31p）索引あり〉1580円　Ⓘ978-4-8456-3634-1　Ⓝ763.55
内容 指1本からはじめる練習法。

『1人で学べる初心者のためのチェロ入門』石黒豪著　ヤマハミュージックエンタテインメントホールディングスミュージックメディア部　2021.5　58p　31cm〈付属資料：DVD-Video1枚（12cm）〉3000円　Ⓘ978-4-636-97617-5　Ⓝ763.44
内容 初心者に向け、チェロの基礎を付属のDVDとともにわかりやすく解説。「アメイジ

ング・グレイス」「荒城の月」といったソロ曲や、「家路」「聖者の行進」などのアンサンブル曲の弾き方も紹介する。

『DVDで今日から弾ける！ かんたんエレキ・ベース—人気ソング17曲収録！』New Edition　リットーミュージック　2020.7　167p　24cm（BASS MAGAZINE）〈付属資料：DVDビデオディスク（1枚 12cm）〉1500円　Ⓘ978-4-8456-3525-2　Ⓝ763.55
内容　エレキ・ベースをはじめたい人に最適な入門書。超基本的な弾き方からちょっと難しいテクニックまでをわかりやすく解説する。レッスンに対応した動画を収録したDVD、YouTube上の動画にアクセスできるQRコード付き。

『DVDで今日から弾ける！ かんたんエレキ・ギター—人気ソング18曲収録！』New Edition　リットーミュージック　2020.6　168p　24cm（ギター・マガジン）〈付属資料：DVDビデオディスク（1枚 12cm）〉1380円　Ⓘ978-4-8456-3517-7　Ⓝ763.55
内容　エレキ・ギターのプレイテクニックやフレーズを、付属DVDとカラー写真・譜面で解説。BUMP OF CHICKEN「天体観測」等のフル・コーラス・ギター・スコアも収録。YouTube動画が見られるQRコード付き。

『DVDで今日から弾ける！ かんたんアコースティック・ギター—人気ソング18曲収録』New Edition　リットーミュージック　2020.4　159p　24cm（ACOUSTIC GUITAR MAGAZINE）〈付属資料：DVDビデオディスク（1枚 12cm）〉1380円　Ⓘ978-4-8456-3495-8　Ⓝ763.55
内容　大きな譜面と動画でイチから学べるフルカラー・アコースティック・ギター教則。人気ソング18曲収録！

『アコースティックギター入門—初心者にもわかりやすい入門書：オールカラー教則』島村楽器株式会社企画・編集，西山隆行著，藤本勝久監修　島村楽器　2020.3　97p　31cm〈付属資料：DVD-Video1枚（12cm）〉1800円　Ⓘ978-4-907241-11-3　Ⓝ763.55

『ウクレレ入門—初心者にもわかりやすい入門書』島村楽器株式会社企画・編集，小竹遼著，藤本勝久監修　島村楽器　2019.9　97p　31cm〈付属資料：DVD-Video1枚（12cm）〉1800円　Ⓘ978-4-907241-09-4　Ⓝ763.58

『「チェロ」初歩の初歩入門—初心者に絶対!!』黄原亮司著　ドレミ楽譜出版社　2019.9　63p　31cm　1400円　Ⓘ978-4-285-14970-8　Ⓝ763.44
内容　弓の持ち方と使い方、スケール練習、左手指の独立のための練習…。チェロの基礎知識から応用までやさしく学べる、ビギナーのための独習テキスト。「動物の謝肉祭より"白鳥"」など、チェロで奏でる名曲全2曲も収録する。

『かんたんに弾ける！ はじめてのウクレレスタンダード曲集』キヨシ小林著　リットーミュージック　2015.2　95p　31cm（リットーミュージック・ムック—Ukulele Magazine）〈付属資料：録音ディスク（1枚 12cm）〉2000円　Ⓘ978-4-8456-2576-5

『DVD&CDでよくわかる！ はじめてのブルース・ギター』リットーミュージック　2015.2　112p　31cm（リットーミュージック・ムック—Guitar magazine）〈付属資料：DVDビデオディスク（1枚 12cm）+録音ディスク（1枚 12cm）〉2200円　Ⓘ978-4-8456-2575-8

『ベースの基本テクが完全制覇できる本—これ1冊でベース・プレイの安定感が格段に向上！』河野淳著・演奏　シンコーミュージック・エンタテイメント　2014.8　127p　23cm（シンコー・ミュージック・ムック）〈付属資料：CD1枚（12cm）〉1500円　Ⓘ978-4-401-64027-0

『Aのブルースからはじめるジャジィな深煎りギター』日下義昭著　リットーミュージック　2013.12　156p　23cm（リットーミュージック・ムック—ギター・マガジン）〈付属資料：録音ディスク（1枚 12cm）〉1800円　Ⓘ978-4-8456-2338-9

『DVD&CDでよくわかる！ はじめてのジャズ・ギター—この一冊でジャズ・ギターが弾ける！』リットーミュージック　2013.9　128p　31cm（リットーミュージック・ムック—ギター・マガジ

ン）〈付属資料：DVDビデオディスク（1枚 12cm）+録音ディスク（1枚 12cm）〉2200円　①978-4-8456-2298-6

『基本5コードを変形！あらゆるギター・コードが身につく学習帳—これでコード・ブック不要のギタリストに進化！』和田一生著　リットーミュージック　2013.8　95p　28cm（リットーミュージック・ムック—ギター・マガジン）〈付属資料：録音ディスク（1枚 12cm）〉1800円　①978-4-8456-2277-1

『DVD&CDでよくわかる！はじめてのスラップ・ベース—この一冊でスラップ・ベースが弾ける！』　リットーミュージック　2013.8　114p　31cm（リットーミュージック・ムック—BASS MAGAZINE）〈付属資料：DVDビデオディスク（1枚 12cm）+録音ディスク（1枚 12cm）「DVDでよくわかる！スラップ・ベース入門」（2010年刊）の改題、増補、再編集〉2000円　①978-4-8456-2294-8

『DVD&CDでよくわかる！はじめての速弾きギター—この一冊で速弾きをマスター！』　リットーミュージック　2013.7　109p　31cm（リットーミュージック・ムック—ギター・マガジン）〈付属資料：DVDビデオディスク（1枚 12cm）+録音ディスク（1枚 12cm）〉2000円　①978-4-8456-2280-1

『DVD&CDでよくわかる！はじめてのソロ・ギター』　リットーミュージック　2012.12　127p　31cm（リットーミュージック・ムック—ACOUSTIC GUITAR MAGAZINE）〈付属資料：DVDビデオディスク（1枚 12cm）+録音ディスク（1枚 12cm）〉2000円　①978-4-8456-2183-5

『はじめてでもスグ弾ける!!ブルース・ギター超入門』浦田泰宏執筆・演奏　改訂版　ゲイン　2012.9　95p　31cm（シンコー・ミュージック・ムック）〈付属資料：DVDビデオディスク（1枚 12cm）発売：シンコーミュージック・エンタテイメント〉2000円　①978-4-401-74904-1

『はじめてでもスグ弾ける!!ソロ・ギター超入門』末原康志著　改訂版　ゲイン　2012.8　95p　31cm（シンコー・ミュージック・ムック）〈付属資料：DVDビデオディスク（1枚 12cm）初版：エス・アンド・エイチ 2010年刊　発売：シンコーミュージック・エンタテイメント〉2000円　①978-4-401-74902-7

『はじめてでもスグ弾ける!!ウクレレ超入門』浦田泰宏執筆・演奏　改訂版　ゲイン　2012.5　79p　31cm（シンコー・ミュージック・ムック）〈付属資料：DVD-Video1枚（12cm）発売：シンコーミュージック・エンタテイメント〉1800円　①978-4-401-74893-8

『はじめてのウクレレ—DVD&CDでよくわかる！』勝誠二監修　リットーミュージック　2012.4　119p　31cm（Rittor Music Mook—Ukulele Magazine）〈付属資料：DVDビデオディスク（1枚 12cm）+録音ディスク（1枚 12cm）〉1800円　①978-4-8456-2070-8

『はじめてのクラシック・ギター—DVD&CDでよくわかる！：この一冊でマスターできる！』斉藤松男監修　リットーミュージック　2012.3　110p　31cm（リットーミュージック・ムック—Acoustic guitar magazine）〈付属資料：DVD-Video1枚+CD1枚（12cm）〉1800円　①978-4-8456-2061-6

『ロック・キッズアコースティック・ギターが弾ける本—添削指導と質問回答がうけられる!!』浦田泰宏執筆・演奏　ゲイン　2011.12　111p　31cm（シンコー・ミュージック・ムック）〈付属資料：DVD-Video1枚（12cm）『中学生からのフォークギター・スタートブック』（エス・アンド・エイチ 2010年刊）の加筆・再編集　背・表紙のタイトル：Rock Kidsアコースティック・ギターが弾ける本　発売：シンコーミュージック・エンタテイメント〉1800円　①978-4-401-74882-2　Ⓝ763.55

『ロック・キッズエレキ・ギターが弾ける本—添削指導と質問回答がうけられる!!』浦田泰宏執筆・演奏　ゲイン　2011.12　111p　31cm（シンコー・ミュージック・ムック）〈付属資料：

DVD-Video1枚（12cm）『中学生からのロックギター・スタートブック』（エス・アンド・エイチ 2010年刊）の加筆・再編集　背・表紙のタイトル：Rock Kidsエレキ・ギターが弾ける本　発売：シンコーミュージック・エンタテイメント〉1800円　①978-4-401-74881-5　Ⓝ763.99

『ブルース・ギター超入門―はじめてでもスグ弾ける!!』浦田泰宏執筆・演奏　改訂版　ゲイン　2011.11　95p　31cm（シンコー・ミュージック・ムック）〈付属資料：DVD-Video1枚（12cm）発売：シンコーミュージック・エンタテイメント〉2000円　①978-4-401-74879-2

『アコースティック・ギタージュニアクラス―親子で楽しく演奏しよう！』浦田泰宏執筆・演奏　［2011年］改訂版　ゲイン　2011.10　95p　31cm（シンコー・ミュージック・ムック）〈付属資料：DVD-Video1枚（12cm）初版：エス・アンド・エイチ 2008年刊　発売：シンコーミュージック・エンタテイメント〉1800円　①978-4-401-74876-1　Ⓝ763.55

『はじめてのアコースティック・ギター―DVD&CDでよくわかる！：この一冊でアコギが弾ける！』［成瀬正樹］［監修］　リットーミュージック　2011.9　127p　31cm（リットーミュージック・ムック―Acoustic guitar magazine）〈付属資料：DVD-Video1枚＋CD1枚（12cm）〉1800円　①978-4-8456-1987-0

『はじめてでもスグ弾ける!!ジャズ・ギター超入門』浦田泰宏執筆・演奏　［2011］改訂版　エス・アンド・エイチ　2011.7　95p　31cm（シンコー・ミュージック・ムック）〈付属資料：DVD-Video1枚（12cm）発売：シンコーミュージック・エンタテイメント〉2000円　①978-4-401-74866-2

『10日間で弾けるロック・ギター―手軽にギターをはじめたい人に最適』河野和比古指導・演奏　［2011年］改訂版　エス・アンド・エイチ　2011.6　79p　28cm（シンコー・ミュージック・ムック）〈付属資料：DVD-Video1枚, CD1枚（12cm）発売：シンコーミュージック・エンタテイメント〉1800円　①978-4-401-74858-7

『10日間で弾けるロック・ベース―手軽にベースをはじめたい人に最適！』河野淳指導・演奏　［2011年］改訂版　エス・アンド・エイチ　2011.6　79p　28cm（シンコー・ミュージック・ムック）〈付属資料：DVD-Video1枚, CD1枚（12cm）発売：シンコーミュージック・エンタテイメント〉1800円　①978-4-401-74859-4

『はじめてでもスグ弾ける!!アコースティック・ギター超入門』浦田泰宏執筆・演奏　［2011年］改訂版　エス・アンド・エイチ　2011.6　111p　31cm（シンコー・ミュージック・ムック）〈付属資料：DVD-Video1枚（12cm）発売：シンコーミュージック・エンタテイメント〉1800円　①978-4-401-74863-1

『はじめてでもスグ弾ける!!ロック・ギター超入門』池田庫之助執筆・演奏　改訂版　エス・アンド・エイチ　2010.7　111p　31cm（シンコー・ミュージック・ムック）〈発売：シンコーミュージック・エンタテイメント　付属資料：DVD-Video1枚（12cm）〉1800円　①978-4-401-74813-6

『聞いて・見て・弾ける！ロック・ベース入門』浦田泰宏著　［2010年］改訂版　エス・アンド・エイチ　2010.3　79p　28cm（シンコー・ミュージック・ムック）〈発売：シンコーミュージック・エンタテイメント　付属資料：DVD-Video1枚, CD1枚（12cm）〉1800円　①978-4-401-74806-8

『DVDでよくわかる！スラップ・ベース入門―DVDでスラップのノウハウを詳しく解説！』河本奏輔著　リットーミュージック　2010.3　94p　31cm（リットーミュージック・ムック―Bass magazine）〈付属資料：DVD-Video1枚, CD1枚（12cm）〉2000円　①978-4-8456-1802-6

『聞いて・見て・弾ける！アコースティック・ギター入門―超初級レベルでよくわかる!!』　［2009年］改訂版　エス・アン

ド・エイチ　2009.12　79p　28cm（シンコー・ミュージック・ムック）〈発売：シンコーミュージック・エンタテイメント　付属資料：DVD-Video1枚、CD1枚（12cm）〉1800円　①978-4-401-74801-3

『聞いて・見て・弾ける！ロック・ギター入門―超初級レベルでよくわかる!!』［2009年］改訂版　エス・アンド・エイチ　2009.12　79p　28cm（シンコー・ミュージック・ムック）〈発売：シンコーミュージック・エンタテイメント　付属資料：DVD-Video1枚、CD1枚（12cm）〉1800円　①978-4-401-74800-6

『4週間超独習実戦ウクレレ入門―28のレッスンでウクレレをマスター』ヤマハミュージックメディア編著　ヤマハミュージックメディア　2009.11　63p　31cm（ヤマハムックシリーズ）〈付属資料：DVD-Video1枚、CD1枚（12cm）〉2000円　①978-4-636-84965-3

『4週間超独習実戦ロック・ベース入門―28のレッスンでロック・ベースをマスター』ヤマハミュージックメディア編著　ヤマハミュージックメディア　2009.9　63p　31cm（ヤマハムックシリーズ）〈付属資料：DVD-Video1枚、CD1枚（12cm）〉1800円　①978-4-636-84694-2

『図解マスターはじめてのフォーク・ギター―イラストとDVDで誰にでもスグわかる！　今すぐ覚えたいギターの知識と弾き方が楽しく学べる!!』浦田泰宏執筆・演奏［2009年］改訂版　エス・アンド・エイチ　2009.8　79p　26cm（シンコー・ミュージック・ムック）〈発売：シンコーミュージック・エンタテイメント　付属資料：DVD-Video1枚、CD1枚（12cm）〉1800円　①978-4-401-74787-0

『図解マスターはじめてのロック・ギター―イラストとDVDで誰にでもスグわかる！　今すぐ覚えたいギターの知識と弾き方が楽しく学べる!!』吉永裕一執筆・DVD演奏　［2009年］改訂版　エス・アンド・エイチ　2009.8　79p　26cm（シンコー・ミュージック・ムック）〈発売：シンコーミュージック・エンタテイメント　付属資料：DVD-Video1枚、CD1枚（12cm）〉1800円　①978-4-401-74786-3

『はじめよう！アコギでブルース―ギターがもっと楽しくなる』野村大輔著　リットーミュージック　2009.8　95p　28cm（リットーミュージック・ムック―ギター・マガジン）〈付属資料：CD1枚（12cm）〉1600円　①978-4-8456-1697-8

『4週間超独習実戦アコギ入門―28のレッスンでアコギをマスター』ヤマハミュージックメディア編著　ヤマハミュージックメディア　2009.8　63p　31cm（ヤマハムックシリーズ）〈付属資料：CD1枚、DVD-Video1枚（12cm）〉1800円　①978-4-636-84594-5

『4週間超独習実戦ロック・ギター入門―28のレッスンでロック・ギターをマスター』ヤマハミュージックメディア編著　ヤマハミュージックメディア　2009.8　63p　31cm（ヤマハムックシリーズ）〈付属資料：CD1枚、DVD-Video1枚（12cm）〉1800円　①978-4-636-84590-7

『10日間で弾けるアコースティック・ギター―手軽にギターをはじめたい人に最適！』森山直洋指導・演奏　［2009年］改訂版　エス・アンド・エイチ　2009.6　79p　28cm（シンコー・ミュージック・ムック）〈発売：シンコーミュージック・エンタテイメント　付属資料：DVD-Video1枚、CD1枚（12cm）〉1800円　①978-4-401-74776-4

『曲を弾くだけでマスターできる楽しいフォーク・ギター入門―はじめたその日から曲が弾けます』エス・アンド・エイチ　2009.3　79p　31cm（シンコー・ミュージック・ムック）〈発売：シンコーミュージック・エンタテイメント　付属資料：DVD-Video1枚、CD1枚（12cm）〉2000円　①978-4-401-74768-9

『見て覚えるいちばんやさしいエレキギター入門―はじめてでもわかる！出来る！上達する！』ヤマハミュージックメディア　2009.3　111p　31cm（ヤマハムックシリーズ―ゴー！ゴー！ギターブックス）〈付属資料：DVD-Video1枚（12cm）〉1800円　①978-4-636-84154-1

『Go！go！bass―はじめてのエレキベース―難易度付き奏法別スコア全11曲』

ヤマハミュージックメディア　c2009　112p　28cm（ヤマハムックシリーズ）〈付属資料：DVD-Video1枚（12cm）〉1800円　⓵978-4-636-84587-7

『アコースティック・ギター取扱い入門』エス・アンド・エイチ　2008.11　87p　31cm（シンコー・ミュージック・ムック）〈発売：シンコーミュージック・エンタテイメント　付属資料：DVD-Video1枚（12cm）〉2000円　⓵978-4-401-74754-2

『エレキ・ギター取扱い入門』エス・アンド・エイチ　2008.11　87p　31cm（シンコー・ミュージック・ムック）〈発売：シンコーミュージック・エンタテイメント　付属資料：DVD-Video1枚（12cm）〉2000円　⓵978-4-401-74753-5

『聞いて・見て・弾ける！ソロ・ギター入門』浦田泰宏執筆・演奏　改訂版　エス・アンド・エイチ　2008.11　79p　28cm（シンコー・ミュージック・ムック）〈発売：シンコーミュージック・エンタテイメント　付属資料：DVD-Video1枚（12cm）〉1800円　⓵978-4-401-74756-6

『はじめてでもスグ弾ける!!ロック・ベース超入門』第2版　エス・アンド・エイチ　2008.8　111p　31cm（シンコー・ミュージック・ムック）〈発売：シンコーミュージック・エンタテイメント　付属資料：DVD-Video1枚（12cm）〉1800円　⓵978-4-401-74718-4

『図解マスターはじめてのロック・ベース』浦田泰宏執筆・演奏　エス・アンド・エイチ　2008.4　79p　26cm（シンコー・ミュージック・ムック）〈発売：シンコーミュージック・エンタテイメント　付属資料：DVD-Video1枚（12cm）〉1800円　⓵978-4-401-74725-2

『はじめてでもスグ弾ける!!アコースティック・ギター超入門』浦田泰宏著　エス・アンド・エイチ　2008.1　111p　31cm（シンコー・ミュージック・ムック）〈発売：シンコーミュージック・エンタテイメント　付属資料：DVD-Video1枚（12cm）〉1800円　⓵978-4-401-74697-2

『聞いて・見て・弾ける！アコースティック・ギター入門』改訂版　エス・アンド・エイチ　2007.12　79p　28cm（シンコー・ミュージック・ムック）〈発売：シンコーミュージック・エンタテイメント　付属資料：DVD-Video1枚（12cm）〉1800円　⓵978-4-401-74712-2

『聞いて・見て・弾ける！ロック・ギター入門』改訂版　エス・アンド・エイチ　2007.12　79p　28cm（シンコー・ミュージック・ムック）〈発売：シンコーミュージック・エンタテイメント　付属資料：DVD-Video1枚（12cm）〉1800円　⓵978-4-401-74711-5

『聞いて・見て・弾ける！ソロ・ギター入門』浦田泰宏執筆・演奏　改訂版　エス・アンド・エイチ　2007.11　79p　28cm（シンコー・ミュージック・ムック）〈発売：シンコーミュージック・エンタテイメント　付属資料：DVD-Video1枚（12cm）〉1800円　⓵978-4-401-74708-5

『図解マスターはじめてのフォーク・ギター』浦田泰宏著　改訂版　エス・アンド・エイチ　2007.10　79p　26cm（シンコー・ミュージック・ムック）〈発売：シンコーミュージック・エンタテイメント　付属資料：CD1枚（12cm）〉1300円　⓵978-4-401-74702-3

『図解マスターはじめてのロック・ギター』吉永裕一執筆・演奏　改訂版　エス・アンド・エイチ　2007.10　79p　26cm（シンコー・ミュージック・ムック）〈発売：シンコーミュージック・エンタテイメント　付属資料：CD1枚（12cm）〉1300円　⓵978-4-401-74701-6

『はじめてでもスグ弾ける!!ロック・ギター超入門』池田庫之助著　エス・アンド・エイチ　2007.9　111p　31cm（シンコー・ミュージック・ムック）〈発売：シンコーミュージック・エンタテイメント　付属資料：DVD-Video1枚（12cm）〉1800円　⓵978-4-401-74698-9

『聞いて・見て・弾ける！ウクレレ入門』浦田泰宏執筆・演奏　改訂版　エス・アンド・エイチ　2007.8　79p　28cm（シンコー・ミュージック・ムック）〈発

売：シンコーミュージック・エンタテイメント　付属資料：DVD-Video1枚（12cm）〉1800円　①978-4-401-74696-5

『聞いて・見て・弾ける！ ロック・ベース入門』　改訂版　エス・アンド・エイチ　2007.2　79p　28cm（シンコー・ミュージック・ムック）〈発売：シンコーミュージック・エンタテイメント　付属資料：DVD-Video1枚（12cm）〉1800円　①978-4-401-74672-9

『聞いて・見て・弾ける！ ボサノバ・ギター入門』鈴木賢治著　エス・アンド・エイチ　2006.12　79p　28cm（シンコー・ミュージック・ムック）〈発売：シンコーミュージック・エンタテイメント　付属資料：DVD-Video1枚（12cm）〉1800円　①4-401-74662-7

『図解マスターはじめてのウクレレ』鈴木賢司著　エス・アンド・エイチ　2006.12　79p　26cm（シンコー・ミュージック・ムック）〈発売：シンコーミュージック・エンタテイメント　付属資料：CD1枚（12cm）〉1300円　①4-401-74663-5

『図解マスターはじめてのロック・ベース』浦田泰宏著　エス・アンド・エイチ　2006.11　79p　26cm（シンコー・ミュージック・ムック）〈発売：シンコーミュージック・エンタテイメント　付属資料：CD1枚（12cm）〉1300円　①4-401-74659-7

『聞いて・見て・弾ける！ ロック・ギター・スケール入門』浦田泰宏著　エス・アンド・エイチ　2006.9　79p　28cm（シンコー・ミュージック・ムック）〈発売：シンコーミュージック・エンタテイメント　付属資料：DVD-Video1枚（12cm）〉1800円　①4-401-74654-6

『図解マスターはじめてのフォーク・ギター』浦田泰宏著　エス・アンド・エイチ　2006.9　79p　26cm（シンコー・ミュージック・ムック）〈発売：シンコーミュージック・エンタテイメント　付属資料：CD1枚（12cm）〉1300円　①4-401-74652-X

『図解マスターはじめてのロック・ギター』吉永裕一著　エス・アンド・エイチ

2006.9　79p　26cm（シンコー・ミュージック・ムック）〈発売：シンコーミュージック・エンタテイメント　付属資料：CD1枚（12cm）〉1300円　①4-401-74651-1

『DVDでマスターするやさしいウクレレ入門』浦田泰宏著　エス・アンド・エイチ　2005.7　95p　28cm（シンコー・ミュージック・ムック）〈付属資料：DVD-Video1枚（12cm）　発売：シンコーミュージック・エンタテイメント　付属資料：DVD-Video1枚（12cm）〉2300円　①4-401-74598-1

『聞いて・見て・弾ける！ ソロ・ギター入門』浦田泰宏,鈴木直人著　エス・アンド・エイチ　2005.2　79p　28cm（シンコー・ミュージック・ムック）〈付属資料：CD1枚（12cm）　発売：シンコーミュージック・エンタテイメント　付属資料：CD1枚（12cm）〉1500円　①4-401-74583-3

『聞いて・見て・弾ける！ アコースティック・ギター入門』　エス・アンド・エイチ　2004.12　79p　28cm（シンコー・ミュージック・ムック）〈付属資料：CD1枚（12cm）　発売：シンコーミュージック・エンタテイメント　付属資料：CD1枚（12cm）〉1500円　①4-401-74579-5

『聞いて・見て・弾ける！ ロック・ギター入門』安保亮,浦田泰宏,海田千弘,宮脇俊郎著　エス・アンド・エイチ　2004.12　79p　28cm（シンコー・ミュージック・ムック）〈付属資料：CD1枚（12cm）　発売：シンコーミュージック・エンタテイメント　付属資料：CD1枚（12cm）〉1500円　①4-401-74578-7

『聞いて・見て・弾ける！ ブルース・ギター入門』浦田泰宏,安東滋,森岳史著　エス・アンド・エイチ　2004.8　79p　28cm（シンコー・ミュージック・ムック）〈付属資料：CD1枚（12cm）　発売：シンコー・ミュージック　付属資料：CD1枚（12cm）〉1500円　①4-401-74558-2

『聞いて・見て・弾ける！ ウクレレ入門』浦田泰宏著　エス・アンド・エイチ

芸術・美術を学ぼう　　　　　　　　　　　　　　　音楽を学ぼう

2004.5　79p　28cm〈シンコー・ミュージック・ムック〉〈付属資料：CD1枚（12cm）発売：シンコー・ミュージック　付属資料：CD1枚（12cm）〉1500円　Ⓘ4-401-74548-5

『聞いて・見て・弾ける！ジャズ・ギター・スケール入門』浦田泰宏著　エス・アンド・エイチ　2004.4　79p　28cm〈シンコー・ミュージック・ムック〉〈付属資料：CD1枚（12cm）発売：シンコー・ミュージック　付属資料：CD1枚（12cm）〉1500円　Ⓘ4-401-74546-9

『聞いて・見て・弾ける！ボサノバ・ギター入門』鈴木賢治著　エス・アンド・エイチ　2004.3　79p　28cm〈シンコー・ミュージック・ムック〉〈付属資料：CD1枚（12cm）発売：シンコー・ミュージック　付属資料：CD1枚（12cm）〉1500円　Ⓘ4-401-74543-4

『聞いて・見て・弾ける！ロック・ギター・スケール入門』浦田泰宏著　エス・アンド・エイチ　2004.3　79p　28cm〈シンコー・ミュージック・ムック〉〈付属資料：CD1枚（12cm）発売：シンコー・ミュージック　付属資料：CD1枚（12cm）〉1500円　Ⓘ4-401-74542-6

『聞いて・見て・弾ける！ジャズ・ギター入門』鈴木賢治著　エス・アンド・エイチ　2004.2　79p　28cm〈シンコー・ミュージック・ムック〉〈付属資料：CD1枚（12cm）発売：シンコー・ミュージック　付属資料：CD1枚（12cm）〉1500円　Ⓘ4-401-74539-6

『弦楽器』髙橋秀雄総監修・著, 佐藤敏直音楽監修　小峰書店　2002.3　47p　29cm〈日本の楽器　日本の音 2〉〈付属資料：CD1枚（12cm）4500円　Ⓘ4-338-18202-4, 4-338-18200-8（set）
内容　多彩な写真で見やすく、わかりやすく、楽しく。プロの奏者が出演・指導する実践に即した内容。資料として歴史や理論の探求にも適する。各楽器の音を聴いて確認できるよう、全巻CD付き。日本の音楽になじみやすい、新たな曲も収録！　中学生以上。

◆◆ピアノ

『はじめてでもひとりで弾ける！やさしいクラシックピアノ入門』井上明美編著

ナツメ社　2023.4　143p　26cm〈動画解説付〉1450円　Ⓘ978-4-8163-7357-2　Ⓝ763.2
内容　初心者でも大丈夫！楽譜の読み方から弾き方までひとつひとつ丁寧に解説。

『これからはじめる!!ピアノ入門—スマホを見ながら手軽に練習：初心者でも必ず弾ける動画対応』臼田圭介著　ドレミ楽譜出版社　2022.2　79p　30cm　1800円　Ⓘ978-4-285-15191-6　Ⓝ763.2
内容　ピアノをこれから始めてみたい人に向けた教則本。ピアノと楽譜の基礎知識を解説し、右手・左手・伴奏の順に写真を交えて弾き方を紹介。9曲の練習曲も収録する。演奏映像が見られるQRコード付き。

『はじめてのポピュラーピアノ入門—これ一冊ですべてがわかる！ビギナーズ・パーフェクト・ガイド』進藤克己編著〔さいたま〕　ドリーム・ミュージック・ファクトリー　2021.8　92p　31cm〈付属資料：CD1枚（12cm）〉1200円　Ⓘ978-4-86571-387-9　Ⓝ763.2
内容　初心者に向け、プロ・ミュージシャンがわかりやすく解説したポップス・ピアノ入門書。絵や写真を多く掲載して、基礎知識から実践練習までを紹介する。模範演奏を収めたCD、CDと同内容を視聴できるQRコード付き。

『すぐに弾けるピアノ入門—初心者も！学び直しも！』伯耆田ひろみ監修, 主婦の友社編　主婦の友社　2021.5　127p　24cm「きょうから弾ける！ピアノレッスン」（2015年刊）の改題, 再編集〉1600円　Ⓘ978-4-07-448114-9　Ⓝ763.2
内容　スマホでも視聴できるレッスン動画！コード奏法で弾き語りがカンタンに！1曲ごとに新しいテクニックをマスター！

『コード弾きソロ・ピアノ「超」入門—ポップスの名曲を自由に弾きこなすコツがわかる！初心者レベル/再チャレンジ大歓迎』林知行著　ゲイン　2012.8　127p　26cm〈シンコー・ミュージック・ムック〉〈付属資料：録音ディスク（1枚 12cm）発売：シンコーミュージック・エンタテイメント〉1700円　Ⓘ978-4-401-74900-3

『はじめよう！ピアノでコード弾き—キーボード・マガジン』野村美樹子, 坂本剛毅著　リットーミュージック　2005.11

127p　26cm〈リットーミュージック・ムック〉〈付属資料：CD1枚（12cm）付属資料：CD1枚（12cm）〉1700円　Ⓘ4-8456-1248-8

◆◆和楽器

『できるゼロからはじめる三線超入門―いちばんやさしい三線教本』松本克樹著　リットーミュージック　2017.10　175p　24cm〈付属資料：DVDビデオディスク（1枚 12cm）文献あり　索引あり〉1700円　Ⓘ978-4-8456-3127-8　Ⓝ768.11
内容　いちばんやさしい三線教本。収録曲・海の声／涙そうそう／てぃんさぐぬ花ほか。譜面にタブ譜を併記。音階シール付き。

『尺八をはじめる本。―CD付尺八入門』神永大輔著・作曲・編曲・演奏　全音楽譜出版社　2016.11　55p　31cm〈付属資料：CD1枚（12cm）〉2800円　Ⓘ978-4-11-790703-2　Ⓝ768.15
内容　都山流尺八師範の免状を持ち、「和楽器バンド」等で活躍中の尺八奏者・神永大輔が、自身の指導経験をもとにわかりやすく解説した尺八の入門書。練習曲、課題曲も収録。模範演奏、ピアノ伴奏を収録したCD付き。

『やさしい大正琴講座―五線とドレミでわかりやすい！：わかりやすい解説で、誰でも弾ける！』泉田由美子編著　発売：自由現代社　2013.1　94p　30cm〈「今すぐ弾けるやさしい大正琴入門」改訂版（2010年刊）の改題、加筆・再編集〉1800円　Ⓘ978-4-7982-1866-3　Ⓝ768.12
内容　初歩の初歩から一歩進んだテクニックまで、やさしくたのしく大正琴が弾ける。楽譜もスラスラ読めるドレミ音符付き。

『はじめての和楽器』石川憲弘編著　岩波書店　2003.3　179p　18cm（岩波ジュニア新書）〈付属資料：CD1枚（8cm）〉940円　Ⓘ4-00-500429-6　Ⓝ768
内容　中学校の音楽に和楽器が登場。リコーダーやピアノに比べると、まだまだなじみはないけれど、とにかくさわって音を楽しんでみよう！箏・尺八・三味線・打楽器の演奏家たちが、その魅力と奏法をわかりやすく解説する。和楽器演奏によるクラシックと童謡の名曲をおさめた8cmCD付。

『歌・合奏』高橋秀雄総監修・著，佐藤敏直音楽監修　小峰書店　2002.2　47p　29cm（日本の楽器 日本の音 4）〈付属資料：CD1枚（12cm）〉4500円　Ⓘ4-338-18204-0, 4-338-18200-8（set）
内容　多彩な写真で見やすく、わかりやすく、楽しく。プロの奏者が出演・指導する実践に即した内容。資料として歴史や理論の探求にも適する。各楽器の音を聴いて確認できるよう、全巻CD付き。日本の音楽になじみやすい、新たな曲も収録！中学生以上。

《書道をしてみよう》

『拓本入門―採拓の基礎から裏打まで』藪田夏秋著　京都　淡交社　2019.3　123p　26cm　2200円　Ⓘ978-4-473-04283-5　Ⓝ728.07
内容　拓本の基本が身につく充実のラインナップ。全国おすすめ採拓スポット、採拓許可書、ほかも掲載。

『サイン・署名のつくり方』署名ドットコム著，林斌監修　スモール出版　2016.9　165p　19cm　1600円　Ⓘ978-4-905158-36-3　Ⓝ728.7
内容　美しくて実用的な手書きサイン・自筆署名がつくれるようになる。サインづくりの具体的なコツやテクニックなどを紹介した、今までになかったハウツー本。サインのサンプルも計120点以上掲載。

『世界の文字の書き方・書道 3 漢字文化圏のいろいろな書道』稲葉茂勝著，こどもくらぶ編　彩流社　2015.11　31p　31cm〈文献あり　索引あり〉2700円　Ⓘ978-4-7791-5028-9　Ⓝ728
目次　1 漢字のはじまり，2 書体のうつりかわり，3 中国の書道と書家，4 世界の文字の歴史，5 漢字文化圏の文字，6 モンゴル書道，7 ベトナム書道，8 ハングルってなに？，9 ハングル書道に挑戦！

『世界の文字の書き方・書道 2 世界の文字と書き方・アラビア書道』稲葉茂勝著，こどもくらぶ編　彩流社　2015.9　31p　31cm〈文献あり　索引あり〉2700円　Ⓘ978-4-7791-5027-2　Ⓝ728
目次　1 アジア各地・各国の文字のルーツ，2 インドでつかわれている文字，3 ナーガリー文字を書いてみよう！，日本のお墓で見るこの文字は？，4 丸みのある文字、とがった文字と書写材料，5 タイ文字を書いてみよう！，6 アラビア文字はどんな文字？，7 アラビア文字を書いてみよう！，8 アラビア書道に挑戦！，9 アラビア文字の広がり

『世界の文字の書き方・書道 1 世界のアルファベットとカリグラフィー』稲葉茂勝著、こどもくらぶ編 彩流社 2015.7 31p 31cm〈文献あり 索引あり〉2700円 Ⓘ978-4-7791-5026-5 Ⓝ728
[目次] 1 人類の歴史と文字のはじまり、2 文字のルーツをさぐろう！、3 文字の形がかわる！、4 ギリシア文字から変化したいろいろな文字、5 ギリシア文字を書いてみよう！、6 ギリシア文字をつかってカードをつくろう！、7 世界で一番多くつかわれている文字、8 英語のペンマンシップ、9 カリグラフィーの歴史と書体、10 カリグラフィーの道具と書き方

『書の大疑問ハンドブック』横山淳一著 新装版 東京堂出版 2015.4 174p 21cm〈文献あり 初版：可成屋 2000年刊〉2200円 Ⓘ978-4-490-20903-7 Ⓝ728.07
[内容] 書のあらゆる疑問がスッキリ解消!!「最初に何を学ぶべきか」「筆は何本必要か」といった素朴な疑問から、「上手な草稿のつくりかた」「横書き作品のポイント」といった技法や表現上の高度な悩み、そしてプロだけが知る裏技まで、書の道で出合うあらゆる疑問のすべてに答える魔法の一冊。

『図解毛筆書き方字典―冠婚葬祭・表書きに役立つ：「常用漢字」「人名漢字」「ひらがな」「カタカナ」』阿保直彦編 改訂版 木耳社 2012.6 784p 21cm〈索引あり 最新「常用漢字」に対応〉3200円 Ⓘ978-4-8393-2144-4 Ⓝ728.036
[内容] 冠婚葬祭の表書き・宛名書きが、毛筆で正しく、美しく書ける。最新常用漢字2,136字、人名用漢字（異体字を除く）631字、ひらがな48字、カタカナ48字、総収録文字数2,863字。毛筆・筆ペンで正しく美しい文字を書くための情報が図解で満載。

『筆であそぼう書道入門 4 もっとくわしく！ 書の世界』角田恵理子、佐々木和童指導、座右宝刊行会編 小峰書店 2012.4 39p 31cm〈索引あり〉3200円 Ⓘ978-4-338-27404-3, 978-4-338-27400-5 (set) Ⓝ728
[目次] 書体の流れをたどる（中国の「漢字」から日本の「かな」まで、それぞれの書体の作例を見てみよう）、日本の書の歴史（漢字の伝来と受け入れ、日本風から中国風へ、漢文から日本文へ、「かな」の黄金期 ほか）、道具指南（筆について知ろう、紙のいろいろ、墨とすずり）

『筆であそぼう書道入門 3 筆で挑戦！作品づくり』角田恵理子、佐々木和童指導、座右宝刊行会編 小峰書店 2012.4 39p 31cm〈文献あり 索引あり〉3200円 Ⓘ978-4-338-27403-6, 978-4-338-27400-5 (set) Ⓝ728
[目次] 挑戦！作品づくり（一文字書こう、絵と文字を書こう、消しゴムで篆刻を作ろう、墨流しではがきを作ろう、好きな歌を書こう ほか）、いろいろな文字を使ってみよう（篆書で書いてみよう、隷書で書いてみよう、ユニークな楷書を書こう）、作品を飾ろう（壁飾りやかけ軸）

『筆であそぼう書道入門 2 さあ、筆で書いてみよう』角田恵理子、佐々木和童指導、座右宝刊行会編 小峰書店 2012.4 39p 31cm〈文献あり 索引あり〉3200円 Ⓘ978-4-338-27402-9, 978-4-338-27400-5 (set) Ⓝ728
[目次] 入門 筆になれよう（○×ゲームであそぼう、いろいろな線を書いてみよう、昔の文字で遊ぼう ほか）、秘伝 書写のコツ（横画たて画かっこよく、ハネ、ハライ、点の筆運び、平行と等分割と中心線を守る ほか）、奥義 書の本質（リズミカルに生き生きと、文字にも表情がある、表情豊かに書いてみよう）

『筆であそぼう書道入門 1 「書」ってなんだろう』角田恵理子、佐々木和童指導、座右宝刊行会編 小峰書店 2012.4 39p 31cm〈文献あり 索引あり〉3200円 Ⓘ978-4-338-27401-2, 978-4-338-27400-5 (set) Ⓝ728
[目次] 書の力、筆の魅力（筆であそぼう！ Tシャツに落書きしたよ、町の中の筆文字がし、どっちがおいしそうかな？、手紙もいいもんだ、いろいろな花が咲いたよ ほか）、すずりや「書の美術館」（「がんばろう日本」うどしい、「人」慈雲、「乞食放浪」須田剋太、「鳥」森田子龍、「般若心経」池田満寿夫 ほか）

『俳句の書き方』初山祥雲著 知道出版 2011.8 129p 21cm（暮しの中の書 9）1500円 Ⓘ978-4-88664-231-8
[目次] 第1章 俳句を美しく書くために（俳句の書き方、細字のかな、よく使われる変体がな、俳句の基本的な形）、第2章 俳句の作品をつくる（美しい料紙に書く、自由に、楽しく書く）、第3章 暮らしの中で楽しむ俳句の作品（年賀状 暑中見舞、四季折々のはがき、小色紙）、追補 短冊に書く基本例

『教えて先生！ 書のきほん』『墨』編集部編、川口澄子絵 芸術新聞社 2011.7 213p 22cm〈文献あり〉1900円

①978-4-87586-277-2　Ⓝ728
内容 実技をみがくための基礎体力増強講座。書くために知っておきたい12の本講+課外授業。

『花押の作り方』渡辺俊雄著　茨木　青山社　2011.6　180p　26cm　8000円
①978-4-88414-126-4　Ⓝ728.7

『かなの作品』大貫思水編　新版　知道出版　2009.8　141p　21cm（書道創作入門シリーズ 2）1600円　①978-4-88664-202-8　Ⓝ728.5
目次 本書の目的と特色，作品をつくるまえに，作品づくりの方法，筆者と書風，作品と解説（俳句，和歌，その他）

『かなの色紙―短冊・色紙・扇面の手本集』大貫思水編　新版　知道出版　2009.8　142p　21cm（書道創作入門シリーズ 4）1600円　①978-4-88664-204-2　Ⓝ728.5
目次 第1章 俳句の作品と解説（俳句作品について，色紙，短冊，その他の小品），第2章 和歌の作品と解説（和歌作品について，色紙，短冊，その他の小品），第3章 名言などの小品

『漢字の作品―正しい漢字条幅の手本集』大貫思水編　新版　知道出版　2009.8　177p　21cm（書道創作入門シリーズ 1）1600円　①978-4-88664-201-1　Ⓝ728.4
目次 第1章 作品をつくるということ（作品をつくるまえに，作品づくりの方法，三人の筆者と書風），第2章 作品と解説（小字数の作品と解説，多字数の作品と解説）

『漢字の色紙―贈る、飾る色紙と小品集』大貫思水編　新版　知道出版　2009.8　140p　21cm（書道創作入門シリーズ 3）1600円　①978-4-88664-203-5　Ⓝ728.4
目次 第1章 色紙について（書を贈るということ，色紙の簡単な知識と注意点，作品の完成―落款の知識，雅印の役割とたのしみ），第2章 色紙の作品と解説（一字の作品，二字の作品，三字の作品，四字の作品，五字以上の作品，墨絵のある作品），第3章 その他の小品（短冊，色紙，扇面・茶掛など，かなまじり文の小品）

『書き方字典』高塚竹堂書，野ばら社編集部企画編集　大字版　野ばら社　2009.4　631,24p　21cm　1800円　①978-4-88986-223-2　Ⓝ728.036
内容 高塚竹堂書，大きな文字の手本。筆順表示，見やすい大字で練習に最適。

『美しい書道―心と暮らしを豊かに彩る技法入門』鎌田悠紀子著　木耳社　2008.12　80p　27cm　2000円　①978-4-8393-2951-8　Ⓝ728.07
内容 筆の使い方の基本・お稽古の取り組み方・継続するコツから暮らしに役立つ表書き・手紙・葉書の実例，詩歌や自分の言葉を作品にする方法を書歴45年，海外でも高い評価を得ている著者が惜しみなく披露します。

『知っておきたい書道の基礎知識』武井実著　萱原書房　2007.8　114p　21cm　〈年表あり〉800円　①978-4-86012-039-9　Ⓝ728

『石川九楊の書道入門―石川メソッドで30日基本完全マスター』石川九楊著　芸術新聞社　2007.3　160p　29cm　2400円　①978-4-87586-150-8　Ⓝ728.07
内容 本書は単なる教則本，お手本集ではありません。著者の書に対する深い理解と長年にわたる指導経験を踏まえて生まれた，初心者が楽しみながら書を学ぶことのできるまったく新しいタイプの入門書です。さらに常用漢字全1945字に対応した画期的な学習システム「ブロック学習36」を併載，「石川メソッド」による学習法の集大成となっています。

『森大衛のなるほど書道入門　第3巻（創作に挑戦、気持ちをこめよう！）』森大衛著　汐文社　2007.3　47p　27cm　1800円　①978-4-8113-8155-8　Ⓝ728.07
内容 はじめて筆をもつ子どもにも，大人にもわかりやすくシンプルに上達する方法を解説。

『森大衛のなるほど書道入門　第2巻（ひらがなをきれいに書くコツ）』森大衛著　汐文社　2007.2　47p　27cm　1800円　①978-4-8113-8154-1　Ⓝ728.07
内容 はじめて筆をもつ子どもにも，大人にもわかりやすくシンプルに上達する方法を解説。これまでの指導書ではわかりづらいと思われる点を，少しちがう角度から解説しました。

『森大衛のなるほど書道入門　第1巻（やさしい漢字を堂々と書くコツ）』森大衛著　汐文社　2006.12　47p　27cm　1800円　①4-8113-8153-X　Ⓝ728.07
内容 この本は，はじめて筆をもつ子どもにも，大人にもわかりやすくシンプルに上達する方法を解説した本です。これまでの指導書ではわかりづらいと思われる点を，少しちがう角度から解説しました。

『書道にかかわる仕事―マンガ』ヴィットインターナショナル企画室編　ほるぷ出版　2006.11　142p　22cm（知りた

芸術・美術を学ぼう　　　　　　　　　　　　　　　ものづくりにチャレンジ

い！なりたい！職業ガイド）2200円　Ⓘ4-593-57194-4　Ⓝ728.21
[内容] 3つの職業が紹介され、その仕事のようすやその職業に就くための方法などがコミックと文章でガイドされています。

『書の十二則』魚住和晃著　日本放送出版協会　2006.7　228p　18cm〈生活人新書 187〉740円　Ⓘ4-14-088187-9　Ⓝ728
[内容] 心の発露としての書道。しかし手本や流儀に縛られて、自分を失っていませんか？中国・日本の名筆たちが切り開いた選筆の動きを科学的に分析し、その力と自在な造形力の秘密を解く。できあがった字形をなぞるのではなく、造型と美に向けての、12の技法とコツと練習法を提案する。また、脳科学の知見に照らし、書道の効用についても考察する。新しい書道入門書。

『谷蒼涯の書道教室』谷蒼涯著　日本習字普及協会　2002.7　93p　26cm　1800円　Ⓘ4-8195-0201-8　Ⓝ728.07
[内容] 本書は、初心者の方にもわかりやすく、筆使いや字形の整え方などの基礎学習が着実に身に付くように構成されそこから発展、応用へと習得できるよう工夫している。

『実用らくらく筆書き入門―のし書きから手紙まで』浅倉龍雲著　日貿出版社　2001.6　131p　26cm　1600円　Ⓘ4-8170-4025-4　Ⓝ728.07
[内容] 筆にはボールペンやサインペンなどにはない、温かみや味わいがあります。本書は、学校の書道以来、久しぶりに筆を持つ方を対象に、暮らしの中ですぐに参照できることを目的として、実用面を重視した書の練習を心がけています。

『条幅づくりに挑戦！―ワンランク上の「書」を楽しむ』可成屋書道編集部編　可成屋　2001.4　102p　37cm〈発売：木耳社〉1800円　Ⓘ4-8393-8729-X　Ⓝ728.07
[内容] 条幅作品をすぐに書きたい人、もう一度、基本から学びたい人に恰好の入門書が誕生しました。条幅づくりに欠かせない基本のすべてが網羅された、価値のある一冊です。

『気軽に始めるやり直しの書道』可成屋書道編集部編　可成屋　2000.12　106p　27cm〈発売：木耳社〉1800円　Ⓘ4-8393-8720-6　Ⓝ728.07
[内容] いきなり書く、本書のレッスンを受ける、もう一度書く。3段階のステップ・アッ

プ方式でみるみる上達。

『小中学生のための墨場必携』筒井茂徳編　二玄社　2000.9　270p　19cm　1500円　Ⓘ4-544-11215-X
[内容] 書写教育の経験が生んだ、「題材」検索の必備書！最大級の収録語句数。季節・字数による明快な分類。配当学年など、学習レベルの明示。幅広い作品づくりへの対応。小学校の学習漢字リストなど充実した参考資料。

『初めて挑戦する人のためのかな交じり書レッスンブック』金子卓義著　可成屋　2000.4　110p　27cm〈発売：木耳社〉1800円　Ⓘ4-8393-8704-4　Ⓝ728.07
[内容] 時代は今、かな交じり書！初めて書く人も、この一冊で万全です。読みやすく、わかりやすく、親しみやすい「漢字かな交じり書」は、書く楽しみもいっぱいです―古典にもとづく漢字とかなの調和から、作品にふさわしい詩宝の実力作家がわかりやすく懇切に解笈の選び方、作品の構成法、文字や表現の工夫まで、説した待望のレッスンブック。

《ものづくりにチャレンジ》

『香水のひみつ』宮原美香まんが, WILLこども知育研究所構成　Gakken　2024.3　127p　23cm〈学研まんがでよくわかるシリーズ 205〉Ⓝ576.72

『わくわく工作部 2　おもり・磁石で動かそう』かんばこうじ著, 子供の科学編　誠文堂新光社　2024.1　47p　28cm〈動画解説付〉3000円　Ⓘ978-4-416-52383-4　Ⓝ507.9
[内容] 全作品に動画QRコードつき！

『わくわく工作部 1　輪ゴム・ゼンマイで動かそう』かんばこうじ著, 子供の科学編　誠文堂新光社　2024.1　47p　28cm〈動画解説付〉3000円　Ⓘ978-4-416-52382-7　Ⓝ507.9
[内容] 全作品に動画QRコードつき！

『DIYアドバイザーハンドブック　技能編』日本DIY・ホームセンター協会DIYアドバイザーハンドブック技能編編集委員会著作　第6版　日本DIY・ホームセンター協会　2023.2　144p　30cm　4000円　Ⓝ592.7

『ものづくりを学ぼう！生きものすごワザ

『図鑑』 教育画劇 2022.2 35p 29cm〈索引あり〉3600円 ①978-4-7746-2258-3, 978-4-7746-3222-3(set) ⓝ463.9
内容 興味や驚きが発見につながる！ 生きものと科学が結びつく！

『DIYアドバイザーハンドブック』日本DIY・ホームセンター協会DIYアドバイザーハンドブック編集委員会著作 第6版 日本DIY・ホームセンター協会 2021.4 258p 30cm〈監修：油田加寿子ほか〉6000円 ⓝ592.7

『みんなの同人グッズ制作マニュアル』ビー・エヌ・エヌ新社 2019.3 143p 25cm 2200円 ①978-4-8025-1129-2 ⓝ023.89
内容 自分で同人グッズを作るには？ 同人グッズを作る前に知っておきたいことや、ステッカー、マグカップといった12種類のグッズの作り方とアイデアを、写真で解説する。人気クリエイターの事例集なども収録。

『caDIY3D-X解説＆リファレンスマニュアル—キャディースリーディークロス：DIY・日曜大工らくらく設計ソフト：使い方のすべてがわかる完全マニュアル！ caDIY3D-X ver.3.3に対応』日本マイクロシステム著 ［東大阪］ デザインエッグ 2019.1 151p 26cm ①978-4-8150-0961-8 ⓝ592.7

『伝統工芸のきほん 5 和紙と文具』伝統工芸のきほん編集室［著］ 理論社 2018.2 39p 31cm〈文献あり〉2800円 ①978-4-652-20231-9, 978-4-652-10193-3(set) ⓝ750.21
内容 国が指定した伝統的工芸品のうち、和紙を取り上げる。和紙の作り方や、和紙の基本を解説し、産地ごとの和紙の特徴を紹介する。筆や墨などの伝統的な文具、その他の工芸品も収録。

『ものづくりの魅力—中学生が育つ技術の学び』技術教育研究会編 一藝社 2017.12 77p 21cm 1000円 ①978-4-86359-133-2 ⓝ375.53
内容 ものづくりなどの「自分でやってみる」活動には、子どもたちを大きく成長させる可能性が秘められている。ものづくりを通して中学生を育てている技術科の教員らが、技術科授業における4つのエピソードを紹介する。

『からくり』安田真紀子文, からくりおもちゃ塾奈良町監修 文溪堂 2016.12 32p 26cm〈文献あり〉1600円 ①978-4-7999-0194-6 ⓝ759
内容 ヨーロッパやアジア、アフリカ大陸、日本、アメリカ大陸のからくりおもちゃをカラー写真で紹介。ほか、茶運び人形を作る流れ、からくりおもちゃの作り方、からくりの歴史も掲載。

『てづくりお香教室—かんたん・やさしい』松下恵子監修 日東書院本社 2016.12 111p 21cm〈文献あり〉1500円 ①978-4-528-02131-0 ⓝ792
内容 こころ落ち着かせる日本のやさしい香りをたのしむ。

『石けんのひみつ』宮原美香漫画, オフィス・イディオム構成 学研プラス出版プラス事業部出版コミュニケーション室 2016.7 128p 23cm〈学研まんがでよくわかるシリーズ 120〉〈年表あり〉ⓝ576.53

『調べてみよう！ 日本の職人伝統のワザ 6 「工芸」の職人—琴 和紙 筆 からくり人形』 学研プラス 2016.1 64p 27cm〈第8刷〉3000円 ①978-4-05-500804-4 ⓝ502.1
内容 世界に誇る日本の職人たちを紹介。6では、琴・和紙・筆・からくり人形の職人4人を取り上げ、伝統文化の基礎や仕事の様子、職人の作品などを、豊富な写真でわかりやすく解説する。

『調べてみよう！ 日本の職人伝統のワザ 7 「季節・行事」の職人—羽子板 ひな人形 こいのぼり 花火』 学研プラス 2015.10 64p 27cm〈第4刷〉3000円 ①978-4-05-500805-1 ⓝ502.1
内容 世界に誇る日本の職人たちを紹介。7では、羽子板・ひな人形・こいのぼり・花火の職人4人を取り上げ、伝統文化の基礎や仕事の様子、職人の作品などを、豊富な写真でわかりやすく解説する。

『調べてみよう！ 日本の職人伝統のワザ 5 「日用品」の職人—ふろしき 和傘 包丁 指物』 学研プラス 2015.10 64p 27cm〈第4刷〉3000円 ①978-4-05-500803-7 ⓝ502.1
内容 世界に誇る日本の職人たちを紹介。5では、ふろしき・和傘・包丁・指物の職人4人を取り上げ、伝統文化の基礎や仕事の様子、職人の作品などを、豊富な写真でわかりやすく

芸術・美術を学ぼう　　　　　　　　　　　　　ものづくりにチャレンジ

解説する。

『100円グッズで作って遊ぼう！ 遊具編—自由研究にもピッタリ！』工作・実験工房著　新装版　理論社　2015.7　47p　26cm（100円グッズでできる工作＆実験ブック1）〈イラスト：小野糸子〉1200円　①978-4-652-20111-4　Ⓝ759
内容 100円ショップで売っているグッズだけで、楽しめる工作・実験を紹介！ 遊具編は、子どもが自分で作ったもので遊べる楽しい工作ばかり！

『100円ショップでうきうき手づくりおもちゃ—今日からきみもマイスター』吉田未希子著　いかだ社　2015.3　63p　26cm　1400円　①978-4-87051-449-2　Ⓝ759
目次 入門編（工作のきほんが身につくまんぷくランチBOX、フワポンさかな ほか）、マイスター編（ダンシングフラワー、キラキラ★ボトル ほか）、トップマイスター編（めざせ！釣り王!!、ドロップモール ほか）、グランドマイスター編（つながれ！ カクカク星人、海賊救出大作戦！ ほか）

『職場体験完全ガイド 36　花火職人・筆職人・鋳物職人・桐たんす職人—伝統産業の仕事 3』ポプラ社　2014.4　47p　27cm〈索引あり〉2800円　①978-4-591-13784-0, 978-4-591-91408-3（set）Ⓝ366.29

『自分で作るリニアモータカー—「コイル」「制御回路」「レール」など、パーツをすべて自作！』神田民太郎著, I/O編集部編集　工学社　2014.3　143p　26cm（I/O BOOKS）〈索引あり〉2500円　①978-4-7775-1821-0　Ⓝ507.9
内容 「リニアモータカー」の模型—それも、「ディスプレイモデル」ではなく、ちゃんと動くものは、現在市販されていません。それは、「リニアモータ」が販売されていないからです。ですから、「リニアモータカー」の模型を手に入れたかったら、自分で「モータ」から作るしかありません。そこで、本書の出番です。本書で紹介した「リニアモータカー」の製作には、特別な技術は必要ありません。中学生以上の年齢の方なら、充分に製作可能です。

『職場体験学習に行ってきました。—中学生が本物の「仕事」をやってみた！　4 ものづくりの仕事—板金加工工場・和菓子製造所 スポーツ用品メーカー』全国中学校進路指導連絡協議会監修　学研教育出版　2014.2　39p　29cm〈文献あり〉発売：学研マーケティング〉2500円　①978-4-05-501017-7, 978-4-05-811292-2（set）Ⓝ366.29
内容 どんな職場？ 1日のスケジュール、こんな仕事を体験できた！ 職場の先輩からアドバイス、生徒たちが職場体験学習から学んだこと感じたこと、責任者から生徒のみなさんへ、知っておきたい！ 知識、働くために、で構成。

『伝統工芸ってなに？—見る・知る・楽しむガイドブック』日本工芸会東日本支部編　芸艸堂　2013.7　71p　25cm〈索引あり〉1600円　①978-4-7538-0271-5　Ⓝ750.21
内容 陶芸・染織・漆芸・金工・木竹・人形・ガラスなどの諸工芸の7ジャンルに分け、子供目線に立って、基本の「き」からわかりやすく解説。人間国宝をはじめ、現役作家作品が満載。実際の工程写真と図で超具体的に表示。専門用語をわかりやすく、やさしい文体で解説。小学校高学年標準のふりがな付き。小学生から工芸の基本をおさらいしたい大人まで。たのしく読める工芸入門！

『図工のきほん大図鑑—ヒントがいっぱい！：材料・道具から表現方法まで』辻政博著　PHP研究所　2013.4　63p　29cm〈索引あり〉2800円　①978-4-569-78301-7　Ⓝ750
目次 第1章 絵に表すコツ（いろいろなもので表そう、いろいろなものに表そう ほか）、第2章 紙でつくるコツ（紙を切ったり折ったりしよう、箱を立ててつくろう ほか）、第3章 木でつくるコツ（木切れをもとにつくろう、木を切って組み合わせよう ほか）、第4章 ねんどでつくるコツ（人工ねんどでつくろう、しん材を生かしてつくろう ほか）、第5章 身近にあるいろいろな材料でつくろう（針金でつくろう、水でつくろう、遊ぼう ほか）

『香料のひみつ』ひろゆうこ漫画, 入澤宣幸構成　学研パブリッシングコミュニケーションビジネス事業室　2012.8　128p　23cm（学研まんがでよくわかるシリーズ 74）〈年表あり〉Ⓝ576.6

『自転車ビルダー入門』今野真一［著］　グラフィック社　2012.2　167p　26cm（CYCLO TOURIST BOOKS 4）2500円　①978-4-7661-2322-7　Ⓝ536.86
目次 1 スポーツ用自転車フレームの用途と役割、2 自転車フレームの神秘、3 フレームの

ヤングアダルトの本 創作活動をささえる4000冊

素材とデザイン，4 フレーム製作の道具，5 フレーム製作の実例，6 フレームオーダーの実例，スチールの駿馬たち―ハンドメイド自転車コレクション

『職場体験完全ガイド　21　和紙職人・織物職人・蒔絵職人・宮大工―伝統産業の仕事2』　ポプラ社　2011.3　47p　27cm〈索引あり〉2800円　Ⓘ978-4-591-12294-5, 978-4-591-91211-9（set）　Ⓝ366.29

『職人になるガイド―自分の技で生きる！』山中伊知郎著　新講社　2010.6　175p　21cm〈『職人になる本』(永岡書店2002年刊)のリニューアル〉1300円　Ⓘ978-4-86081-331-4　Ⓝ366.29
内容 椅子修理職人，家具・木工職人，銀器職人，そば職人，刀匠など，55種類の職業と職人を抜粋し，あいうえお順に並べて紹介。また，その他の「職人になる」ための解説と問い合わせ先のリストも掲載する。

『職場体験完全ガイド　12　陶芸家・染めもの職人・切子職人―伝統産業の仕事』　ポプラ社　2010.3　47p　27cm〈索引あり〉2800円　Ⓘ978-4-591-11704-0　Ⓝ366.29
内容 仕事の現場に完全密着。取材にもとづいた臨場感と説得力。

『海の工作図鑑 図書館版―貝・石・砂・海草・草花でつくる』岩藤しおい著　いかだ社　2010.2　77p　22×19cm　1900円　Ⓘ978-4-87051-278-8
目次 海とあそんでつくろう（貝がら水族館，貝がらレリーフ，貝がら人形，ルームプレート，貝がらのアクセサリー　ほか），野山とあそんでつくろう（葉っぱでつくる昆虫，夏の草花あそび，夏の草花あそび，たたき染め，野菜スタンプTシャツ　ほか）

『ミヒャルスキィ夫妻のお絵かきと工作―日本語版』ウーテ・ミヒャルスキィ，ティルマン・ミヒャルスキィ著，横山洋子訳　武蔵野　アトリエニキティキ　2009.10　137p　30cm〈索引あり〉2800円　Ⓘ978-4-9904509-1-5　Ⓝ750
内容 絵の具，スタンプ，紙，粘土，木，フェルト，金属，石。子どもたちの作品づくりに役立つ材料と基本的な技術を，ミヒャルスキィ夫妻が丁寧に紹介しています。豊かな色彩の写真が創造意欲を引き出し，わかりやすい説明が楽しい作品づくりへと導きます。子どもたちだけでなく，日頃，絵を描いてみたい，

ものを作ってみたいと考えているすべての人に，是非手にしてほしい一冊です。

『ミヒャルスキィ夫妻の楽しい工作教室―日本語版』ウーテ・ミヒャルスキィ，ティルマン・ミヒャルスキィ著，横山洋子訳　武蔵野　アトリエニキティキ　2009.10　139p　30cm〈索引あり〉2800円　Ⓘ978-4-9904509-0-8　Ⓝ759
内容 紙，羊毛，木，粘土を使った子どもたちのセンスあふれる作品の数々。身近にある工作材料の魅力が存分に紹介されています。陽気な顔の指人形，きれいな色のおもちゃ，心温まるランタンや，立派なインディアンの酋長まで。きれいな写真とイラストは小さな子どもたちも楽しめます。作品はどれも作り方をわかりやすく説明。ひとりでできる簡単なものから手ごたえのあるものまで，工作のヒントが満載です。おとなと一緒なら4才から。

『でんじろう先生のカッコいい！科学おもちゃ』米村でんじろう監修　主婦と生活社　2009.6　120p　26cm　1300円　Ⓘ978-4-391-13739-2　Ⓝ507.9
内容 56の楽しくてカッコいい科学おもちゃを紹介！小中学校の理科に対応！自由研究や工作に大活躍。親子で楽しく作れます。

『職場体験完全ガイド　8　大工・人形職人・カーデザイナー―ものをつくる仕事』　ポプラ社　2009.3　47p　27cm〈索引あり〉2800円　Ⓘ978-4-591-10674-7, 978-4-591-91061-0（set）　Ⓝ366.29

『やさしいオリジナル香水のつくりかた』立川一義著，佐野孝太監修　フレグランスジャーナル社　2008.8　225p　22cm〈「マイ・フレグランス」改訂増補版〉2200円　Ⓘ978-4-89479-143-5　Ⓝ576.72

『今すぐできる！バルーンアート―ひねってつくる魔法の風船』寺崎美保子著　新星出版社　2008.4　95p　21cm〈付属資料：風船15本＋ポンプ1本＋シール1枚〉1450円　Ⓘ978-4-405-07108-7　Ⓝ759
目次 1 知っておきたいバルーンのあれこれ（作る前の保存方法/作った後の保存方法，バルーンを膨らます方法，バルーンを縛る方法　ほか），2 1本で作ろう！（あんぜんなサーベル，ふわふわハート，手乗りのマウス　ほか），3 組み合わせて作ろう！（チェーン，花束，フルーツバスケット　ほか）

芸術・美術を学ぼう / ものづくりにチャレンジ

『化粧品にかかわる仕事―マンガ』ヴィットインターナショナル企画室編　ほるぷ出版　2008.1　140p　22cm（知りたい！なりたい！職業ガイド）2200円　Ⓘ978-4-593-57215-1　Ⓝ576.7
[目次]化粧品開発者、美容部員、パヒューマー

『楽しく作れる！役に立つ！中学生のリサイクル工作―プラスチック容器、空き缶、割りばし、野菜くず…身近な材料でできる楽しい工作24テーマ』滝川洋二監修　成美堂出版　2007.6　127p　26cm　900円　Ⓘ978-4-415-30148-8　Ⓝ507.9
[内容]ケプラー式望遠鏡やスチームシップ、野菜くずペーパー、防犯ブザーなど、楽しいテーマが満載の自由工作解説書。紙や木、金属、プラスチック、食品といった身近な材料で作れるリサイクル工作24作品を紹介する。

『女職人になる』鈴木裕子著　アスペクト　2005.11　223p　19cm　1500円　Ⓘ4-7572-1197-X　Ⓝ750.21
[内容]女職人という仕事を学ぶ。仕事の中身から、女というメリット・デメリットまで働く場所としての「女職人」をみつめる。「和の仕事」に就職する方法。

『手作りおもちゃ―身近な材料で作るからくり工作』すずお泰樹こうさくせいさくブティック社　2005.8　96p　26cm（レディブティックシリーズ no.2305）800円　Ⓘ4-8347-2305-4　Ⓝ759

『光の力をつかう光の工作―考える力をたえる』住野和男著　勉誠出版　2004.12　67p　30cm　1200円　Ⓘ4-585-05307-7　Ⓝ507.9
[目次]工作編―光を利用した工作（照度計を作ろう、キャンプライトを作ろう、ソーラーボートを作ろう）、資料編―光の話（光利用の歴史、光とくらし、光の工業利用、光はおもしろ利用）

『作って遊べ！―完全図解工作図鑑：手が脳を鍛える！』かざまりんぺい、えびなみつる著　誠文堂新光社　2004.6　303p　21cm　1400円　Ⓘ4-416-30402-1　Ⓝ507.9
[内容]最近の研究で、遊び、中でも手をつかった遊びが、「脳の活性化」ととても深い関係があることが、すこしずつわかってきた。手をつかった遊びが「脳を鍛えている・発達させる」と言えるのだそうだ。本書の工作は作ってから遊ぶというだけでなく、「作っていると

きも遊び」を基本に考えている。イラストを見ながらゆっくりやれば大丈夫。さあ、作って遊ぼう。

『伝承おもしろおもちゃ事典―つくって遊ぼう!! 図工・生活科、総合学習、学級づくりに生かせる』竹井史著　明治図書出版　2003.5　119p　26cm　2260円　Ⓘ4-18-798623-5　Ⓝ759
[内容]伝承おもちゃは、現代における最もすぐれた教材の一つ。本書には、作り方のポイント、遊びの支援など、実践において必要となる観点をできるだけ多く盛り込んだ。いずれも、それを作って遊んでいただくことで、学ぶことの喜びや、ものをつくり、考える楽しさを与え、友だちと共に関わることの楽しさを生みだしてくれるものとなっている。

『ものづくりに生きる』小関智弘著　岩波書店　2003.1　199p　18cm（岩波ジュニア新書）〈第8刷〉740円　Ⓘ4-00-500318-4
[内容]ビルの屋上から設計図を紙飛行機にして飛ばせば、三日後には製品になってもどってくる一ネジ一つから、最先端のハイテク部品までを造りだす東京大田区の町工場街。この町の技術の蓄積と奥深さ、職人たちの生きる姿を旋盤工50年の作家が心をこめて描き、ものを創ることのよろこびと、働くことの意味を考える。

『工作と工具もの知り百科―もの作り「あの手」「この手」 電子工作のための工具の使い方』加藤芳夫著　電波新聞社　2002.11　147p　26cm（ここが「知りたい」シリーズ 2―もの知りシリーズ no.2）1700円　Ⓘ4-88554-722-9　Ⓝ592.7
[内容]家族そろって日曜工作/電子工作を、楽しむための各種工具の使い方を写真でやさしく説明。工具類の決定版。

『からくり玩具をつくろう―江戸時代で遊ぶ本』鎌田道隆, 安田真紀子編著　普及版　河出書房新社　2002.8　143p　25cm　2800円　Ⓘ4-309-26585-5　Ⓝ759
[内容]工作の楽しさがあふれだし、子どもから大人までもう夢中。総合学習のテキスト、夏休みの自由研究にも最適。奈良大学・鎌田研究室によるユニークな"実験歴史学"の試み。

『肌に優しい手作り石けん＆入浴剤―四季のレシピ：Tao's handmade soap & bath』小幡有樹子著　サンリオ　2002.4　93p　21cm　1000円　Ⓘ4-387-

01140-8　Ⓝ576.53
|内容| 小幡有樹子さんが贈る安心な材料で手軽に作れる石けん＆入浴剤レシピ32点。

『道具のつかい方事典―ものづくり』峰尾幸仁監修　岩崎書店　2002.3　175p　29cm　5000円　Ⓘ4-265-05952-X
|内容| 心に浮かんだイメージを絵にしましょう。いろいろな材料をつかって、楽しい物、すてきな物をつくりましょう。この本では、物をつくるときに役だつ、いろいろな道具たちとのつかい方を紹介しています。

『香料入門―香りを学びプロを目指すための養成講座』吉儀英記著　フレグランスジャーナル社　2002.2　483p　21cm　4300円　Ⓘ4-89479-051-3　Ⓝ576.6
|内容| 著者が40年にわたり香料に携わった経験から、実践に必要な内容を取り上げた一冊。

『日曜大工に役立つDIY用語事典』荒井章著　山海堂　2002.2　197p　21cm　1700円　Ⓘ4-381-10425-0　Ⓝ592.7
|内容| DIYをしていれば、必ず出会う用語がある。それを集めて、DIYの上達に役立つように解説を試みたのが本書。語義の分かりやすい説明はもちろん「どう解釈して生かすか」という考え方を述べている。

『工芸家になるには』河合眞木著　ぺりかん社　2001.7　183p　19cm（なるにはbooks 22）1270円　Ⓘ4-8315-0974-4　Ⓝ750.21
|目次| 1章 ドキュメント・ものづくりに生きる人びと（伝統技法を駆使して切り開く友禅染の新境地、繊細な自然への感性が織りなす世界、漆の伝統美を伝える作家になりたい ほか）、2章 工芸家の世界（染織家の仕事―手仕事ならではの色と肌ざわりを求めて、漆芸家の仕事―さまざまな工程と繊細な技術から一つの作品が生まれる、木工家の仕事―生き物としての素材を知ることから始まる ほか）、3章 なるにはコース（どこで学ぶか？―それぞれの長所を見きわめ自分にあった場所を探そう、求められる資質―工芸家をめざす前にまず考えておきたいこと、作家としてデビューする―作品ができたら多くの人に見てもらう努力も必要）

『カンタン！ おもしろ工作』MPC編集部企画・編集　エム・ピー・シー　2001.6　64p　21cm　630円　Ⓘ4-87197-377-8
|目次| 夢みるペガサス、コロコロランド、はりこのいぬ、バースデーカード、昆虫採集、鳥かごモビール、手づくりポットマン、アヒルの親子の散歩、動物ボーリング、三角屋根の家、宝物入れゾウ、手づくりげん楽器、あ散歩

ワンちゃん、台所の小物入れ、キリンのマリオネット、コーヒーカップ、森のおんがくたい、お城の貯金箱、道具の使いかた

『最新リサイクル工作図鑑―リサイクルおもちゃ大集合』黒須和清著、石川篤子、大内すみ江、角愼作絵　改訂版　東京書籍　2001.5　199p　21cm〈索引あり〉1600円　Ⓘ4-487-79678-4
|内容| 発泡スチロールの皿、ペットボトル、カップラーメンの容器、牛乳パックなどの廃品を利用した楽しいおもちゃ工作を満載！ 材料費ほとんど0円！ 環境にやさしいおもちゃづくりを教える。

『肌に髪に「優しい石けん」手作りレシピ32―Tao's handmade soap』小幡有樹子著　祥伝社　2001.5　84p　20×20cm　1200円　Ⓘ4-396-41011-5　Ⓝ576.53
|内容| キッチンで簡単に！ 手作り石けんのレシピ満載！ 手のひらでそっと泡立てた瞬間、あなたの肌が、髪が、生活がステキに変わります。ニューヨークで石けん作りを教えている"たおさん"がおくる、手作り石けん決定本。

『オリーブ石けん、マルセイユ石けんを作る―『お風呂の愉しみ』テキストブック』前田京子著　飛鳥新社　2001.4　110p　26cm　1800円　Ⓘ4-87031-449-5　Ⓝ576.53

『かんたん楽しいバルーンアート―わかりやすいイラスト説明で、初めての人でもすぐできる！』たかせさとみ監修　池田書店　2001.3　95p　26cm　1200円　Ⓘ4-262-15232-4　Ⓝ759
|内容| 本書では、バルーンアートの中でもできるだけかんたんに作れて、しかもプレゼントにしたり、インテリアとして楽しめる作品を紹介します。

『手仕事を見つけたぼくら』小関智弘選、ガテン編集部共同編集　小学館　2001.3　237p　15cm（小学館文庫）533円　Ⓘ4-09-403422-6　Ⓝ366.29
|内容| 今、若者たちの間で「職人」が見直されている。かつては3K（きつい、汚い、危険）と呼ばれ、敬遠された分野だ。「職人」といえば「伝統工芸」を思い浮かべるが、ここにあるのは身近な暮らしの中に散らばる様々な「手仕事」の発見体験である。傷つき、迷って、「手仕事」の手応えを見つけた24人の等身大感動エッセイ集。

芸術・美術を学ぼう　　　　　ものづくりにチャレンジ

『100円ショップで手づくりおもちゃ』吉田未希子著　いかだ社　2001.3　93p　21cm（遊youランド）1300円　ⓘ4-87051-100-2
目次　季節の工作、カードをつくる、ボトルでつくる、紙皿・紙コップでつくる、劇で遊ぶ、ゲームで遊ぶ、ふしぎをつくる、のぼる工作、走る工作、水に浮かぶ工作、遊園地をつくる

『役立つモノをつくる「福祉の仕事」―福祉機器を設計・デザインする』一番ヶ瀬康子、日比野正己監修・指導　学習研究社　2001.3　48p　27cm（未来に広がる「福祉の仕事」6）〈索引あり〉2800円　ⓘ4-05-201385-9、4-05-810616-6（set）
目次　ロボット工学者、工業デザイナー、義肢装具士、建築家・インテリアコーディネーター、ファッションデザイナー、リハビリテーション・エンジニア

『手作りおもちゃ大百科』遠藤ケイ著　勁文社　2001.2　333p　15cm（ケイブンシャの大百科）〈1977年刊の一部改訂〉820円　ⓘ4-7669-3722-8

『工作と修理に使う材料の使いこなし術―最適な材料を「選んで」「理解して」「使いこなす」』荒井章著　山海堂　2000.12　195p　21cm　1600円　ⓘ4-381-10387-4　Ⓝ592.7
内容　この本は、工作や修理で使う材料を集めたガイドブックです。そして材料の性質を生かして、自由な工作表現と丈夫な修理をするためのヒントを解説します。

『つくって遊ぼう！おもちゃのアトリエ』吉田れい、吉田未希子編著　いかだ社　2000.12　93p　21cm（遊youランド）1300円　ⓘ4-87051-099-5
内容　動くもの、しかけのあるもの、きれいなもの…。この本では、編者たちの10年の実践のなかで子どもたちに人気のあったヒット作品を掲載し、型紙とキャラクターのイラストも利用できるようにしています。

『肌にも環境にもやさしい手作り美肌石けん』今井龍弥著　マキノ出版　2000.8　213p　19cm（ビタミン文庫）1200円　ⓘ4-8376-1132-X　Ⓝ576.53
内容　家庭の廃油を使った安全、安価、安心の美肌石けんの作り方。

『ストローでカラクリ工作』芳賀哲著　誠文堂新光社　2000.7　98p　26cm　1200円　ⓘ4-416-30017-4

内容　本書は、こんなものを作ってみたい、あんなことをやってみると楽しいな…と思いをめぐらすうちに出てきたアイディアをまとめたものです。身近な材料や道具でつくれる楽しい工作ばかりです。

『手作り雑貨―飾って楽しい使ってうれしい』SSコミュニケーションズ　2000.7　129p　26cm（SSCムック―レタスクラブliving）1000円　ⓘ4-8275-4068-3　Ⓝ759

『おもちゃにかかわる仕事―マンガ』ヴィットインターナショナル企画室編　ほるぷ出版　2000.3　146p　22cm（知りたい！なりたい！職業ガイド）2200円　ⓘ4-593-57142-1、4-593-09613-8（set）
内容　本書は、「なるなるタウン」に住んでいる仲良し三人組が、さまざまな仕事に触れながら、その仕事はどんなものなのか、その仕事につくためにはどうしたらいいのか、その答えを発見していきます。

◆陶磁工芸

『やきもの基本用語事典―使うとき、作るとき、見るときに役立つ1500語』陶工房編集部編　誠文堂新光社　2023.5　318p　21cm（陶工房BOOKS）〈文献あり〉3900円　ⓘ978-4-416-52306-3　Ⓝ751.033
内容　使うとき、作るとき、見るときに役立つ1500語。

『土から土器ができるまで・小さな土製品を作る』望月昭秀［著］　ニルソンデザイン事務所　2022.3　71, 96p　22cm（縄文zine books）〈撮影：松岡宏大　ヤマウチ式土製品制作：山内崇嗣〉2000円　ⓘ978-4-9909963-1-4　Ⓝ751.4
内容　縄文文化の根幹を担っていた土器づくり。土器や土偶や土製品がどうやって作られているかをドキュメント。小さな土製品を作る方法、現代人が作るべき土製品、中高生のワークショップの様子と作品も収録。両開き本。

『陶芸は生きがいになる』林寧彦著　新潮社　2021.6　223p　18cm（新潮新書911）760円　ⓘ978-4-10-610911-9　Ⓝ751
内容　ふと見学した陶芸教室に通ううち、土いじりの解放感と自分の手で作る達成感、釉

ヤングアダルトの本　創作活動をささえる4000冊　　179

ものづくりにチャレンジ　　　　　　　　　　　芸術・美術を学ぼう

薬の不思議に憑かれ…。会社員からプロの陶芸家になった著者が、趣味として陶芸を始めたい人に向け実体験を元にアドバイス。陶芸の喜びを伝える。

『基礎からわかるはじめての陶芸―自分だけのやきものを作ろう！』学研プラス編　改訂新版　学研プラス　2020.7　127p　26cm〈初版：学研パブリッシング 2009年刊〉1400円　①978-4-05-801174-4　Ⓝ751
内容　自分だけのやきものを作ってみませんか？　土練り、成形から、絵付け、焼成まで、陶芸作品の作り方を豊富な写真で紹介。作陶中の「気になる」や「困った」にも答えます。全国陶芸教室一覧付き。

『やきものの教科書―基礎知識から陶芸技法・全国産地情報まで』陶工房編集部編　誠文堂新光社　2020.4　175p　21cm（陶工房BOOKS）〈索引あり〉2300円　①978-4-416-62006-9　Ⓝ751.1
内容　器の種類やつくり方、全国のやきもの産地や用語集など、知っておきたい基礎知識をまとめました。お気に入りの一枚を見つけたい人、器好きのための一冊です。

『陶工の本』バーナード・リーチ著, 石川欣一訳　河出書房新社　2020.2　408p　20cm〈中央公論社 1955年刊の再刊〉4500円　①978-4-309-25652-8　Ⓝ751
内容　六代目尾形乾山に入門し、日本国内で作陶を始め、イギリスで工房を設立したバーナード・リーチ。陶工たちのための実際的な内容と、洋の東西を超えた美の極意を伝える"民藝の聖典"の復刻。柳宗悦の解説も収録。

『陶芸基本のテクニック70―素朴な味わいを楽しむ』柚木寿雄監修　メイツ出版　2019.2　128p　26cm（コツがわかる本）〈「器づくり陶芸のコツ70」(2013年刊)の改題、加筆・修正〉1800円　①978-4-7804-2152-1　Ⓝ751.1
内容　土そのものの質感、偶然につくられる表情を味わう「焼き締め」を中心に作陶のレベルアップのコツを解説！

『伝統工芸のきほん　1　焼きもの』伝統工芸のきほん編集室［著］　理論社　2017.11　39p　31cm〈文献あり〉2800円　①978-4-652-20227-2　Ⓝ750.21
内容　国が指定した伝統的工芸品のうち、焼きものを取り上げる。焼きものがどうやって作られているのか、焼きものの種類、陶器と磁器の違いなどを解説し、産地ごとの焼きものの特徴や技法を紹介する。

『ゼロから分かる！やきもの入門』河野惠美子監修　世界文化社　2017.7　159p　21cm〈文献あり　索引あり〉1400円　①978-4-418-17222-1　Ⓝ751.1
内容　陶器と磁器の違いは？　器の形にはどんな種類がある？　やきものの見どころはどこ？　産地別やきものの特徴は？　どんなふうに料理を盛ると映える？

『陶芸道場―イラスト解説：基本を知って上達！　手びねり＆装飾の巻』杉山佳隆著　誠文堂新光社　2017.7　111p　26cm　2000円　①978-4-416-61781-6　Ⓝ751.1
内容　菊練り、玉づくり、タタラ成形、ヒモ積み…。手びねり成形のポイントを、写真とイラストでわかりやすく解説。九谷焼の絵付け、練り込み、染付技法、ポーセリンなどの装飾技術や学べる工房なども紹介する。

『陶芸をはじめよう―陶芸入門講座　材料・道具篇　土・ロクロ・釉薬・装飾道具を使いこなそう』岸野和矢監修　阿部出版　2016.4　103p　29cm〈「炎芸術」特別編集〉2300円　①978-4-87242-436-2　Ⓝ751
内容　陶芸の材料・道具の中から基本的なものを選び、その使い方を紹介。市販品だけでなく、手ロクロやレンガ窯など、自分でオリジナルの道具を作る方法も取り上げ、ラスター彩等の変わった材料にも触れる。『炎芸術』連載を書籍化。

『クレイの教科書―こんなのはじめて♪手法とアイデア』くりくり編集室編　二見書房　2014.5　80p　15×21cm（くりくりの本）1100円　①978-4-576-14041-4　Ⓝ751.4
目次　知識と手法（粘土を選ぶ、かたちをつくる、型取りでいくつもつくる、いろ塗りいろ染め、しあげ）、アイデアとテクニック（オリジナルのクレイアクセサリーをつくる）、基本の素材/道具、レジンの基本

『はじめてのオーブン陶芸―キッチンでつくるかわいい器』伊藤珠子, 酒井智子, 関田寿子, 山田リサ著　誠文堂新光社　2012.12　143p　21cm　1800円　①978-4-416-31237-7　Ⓝ751
内容　かわいくて毎日使える食器や雑貨を自宅で作れることを知っていましたか？　本陶芸のように土や窯がなくても、オーブン陶芸専

芸術・美術を学ぼう　　　　　　　　　　　　　　　ものづくりにチャレンジ

用の粘土を使えば、家庭用のオーブンで陶芸が楽しめます。オーブン陶芸で手軽に楽しく自分だけの作品づくりを始めませんか？―。

『知識ゼロからのやきもの入門』松井信義監修　幻冬舎　2009.7　159p　21cm〈文献あり　索引あり〉1300円　①978-4-344-90163-6　Ⓝ751.1
内容　見て、触れて、使って、愉しむ！　値段が高いほどいい器？　陶器と磁器はどう見分けるの？「作家もの」は、ほかの器と何が違う？　装飾、産地、作家、形、選び方、手入れの仕方、おすすめ美術館…初歩の疑問を解説。

『陶磁―発想と手法：文部科学省認可通信教育』小松誠、萩原千春、西川聡、磯谷慶子著、小松誠監修　武蔵野　武蔵野美術大学出版局　2009.4　127p　30cm　3200円　①978-4-901631-86-0　Ⓝ751.1
内容　造形のインスピレーションからオリジナリティ溢れる作品へ。土練り・成形・装飾・乾燥・素焼絵付け・施釉・本焼の過程を追い、陶磁制作の基本と楽しさを学ぶ。

『オーブン陶芸―簡単にできる キッチンで焼ける、わたしだけの器』伊藤珠子, 倉田てる子, 酒井智子, 関田寿子著　誠文堂新光社　2008.6　141p　21cm　1800円　①978-4-416-80822-1　Ⓝ751
内容　大皿・小鉢・湯呑み…暮らしで使える食品がいっぱい。

『陶芸の伝統技法』大西政太郎著　新版　理工学社　2008.3　284p　21cm　5300円　①978-4-8445-8583-1
内容　やきものの本質は"自然"であるが、作品として花開くには"技"も必要であるとする著者が、わが国の陶芸技法を体系的に分類・整理。土ごしらえ、成形、加飾の方法を、図・写真を使ってわかりやすく解説した本書は、やきもの制作に携わる方々や鑑賞される方々にとって最適。

『陶芸家Hのできるまで』林寧彦著　バジリコ　2007.7　269p　19cm〈文献あり〉1800円　①978-4-86238-058-6　Ⓝ751.1
内容　「コレ」で会社を辞めました。スーパー・ビジネスマンから、陶芸の道に。元祖・週末陶芸家が贈る、有芸退職のすすめ！　陶芸初心者のためのガイド付き。

『陶芸の技法』田村耕一著　新装版　雄山閣　2005.12　219p　21cm　2500円　①4-639-01883-5　Ⓝ751
内容　「人間国宝 田村耕一」の創作活動の所産である技術的特徴と氏の陶芸を生み出した源を余すところ無く紹介する。

『やきものの世界』江口滉著　岩波書店　2004.2　210p　18cm（岩波ジュニア新書）780円　①4-00-500462-8　Ⓝ751.1
内容　きみのお茶碗は陶器だろうか、それとも磁器？　いずれにしても、土を練って成型して焼き固めたもので、その製法は一万年前の縄文土器から変わらない。そんな長い歴史をもつ陶磁器に親しくなろう。基本的に技法を学んだり、信楽や益子など各地の窯元の特徴を知ったり、美術館で作品を見たりして、やきもの博士に近づく一冊。

『縄文土器を焼こう』宮内正勝監修　リブリオ出版　2003.3　40p　27cm（はじまりのもの体験シリーズ 5）〈年表あり〉2400円　①4-86057-114-2, 4-86057-109-6(set)　Ⓝ751.4
内容　昔から伝わる身近なものづくりを実際に体験できるように紹介したシリーズ。5巻では材料の準備から火を扱う際の注意など土器の焼き方を解説している。

『土を探る―陶土の基礎知識 土作りから焼き上がりまで』季刊「炎芸術」編集部企画・編集　阿部出版　2000.10　101p　26cm（「炎芸術」陶芸パワーブックス）2381円　①4-87242-148-5　Ⓝ751.1
目次　「土を探る」作家インタビュー、陶土、土を知る、土の変化、各土の特色・特性、名工の土観

『やきものの仕事―これであなたも起業家』東潔, 和田賢一著　同朋舎　2000.6　159p　19cm〈発売：角川書店〉1200円　①4-8104-2624-6　Ⓝ751.1
内容　好きを仕事に。手づくりの土の味のする、やきものが好き。「やきもののある暮らし」の提案者でいたい。必要なのは、自信ではなく、始める勇気。

『野焼き―やきものをつくる』『つくる陶磁郎』編集部編　双葉社　2000.3　109p　21cm（陶磁郎books）1700円　①4-575-29050-5　Ⓝ751.4
内容　窯なんかいらない。その場の材料を使い、状況に合わせた方法でやきものを焼く。一人でもよし、大勢でワイワイ楽しむもさらによし。全国九つの野焼きの実例や資料を参考に、野焼きをとことん遊び、やきものの時空を体感する。

◆◆ガラス工芸

『ステンドグラス―カラフルな板ガラスをハンダで組み立てて作るアクセサリー・インテリア・ランプスタンド』青木健著　誠文堂新光社　2024.6　173p　26cm（ガラス工芸の基本技法）3200円　Ⓘ978-4-416-52308-7　Ⓝ751.5
内容　ペンダント、リース、ランプ…。長い歴史を持ちながら手軽に取り組むことができるステンドグラス技法（カッパーテープ工法）について、作品の作り方とともに多くのプロセス写真で丁寧に解説。型紙の図案も収録する。

『ガラス―イチは、いのちのはじまり』矢野哲司編、吉田稔美絵　戸田　農山漁村文化協会　2023.8　36p　27cm（イチからつくる）〈文献あり〉2500円　Ⓘ978-4-540-23157-5　Ⓝ573.5
内容　イチからガラスをつくってみよう！　海辺の砂を原料にガラスをつくる工程を、写真でわかりやすく解説。ガラスの文化の発展の歴史や、身近なくらしの中にあるいろいろなガラス、トンボ玉のつくり方なども紹介する。

『ステンドグラスのきほん―動画つきでしっかりわかるはじめてでも美しく作るコツ』岸江馨監修　メイツユニバーサルコンテンツ　2023.3　128p　26cm（コツがわかる本）2200円　Ⓘ978-4-7804-2747-9　Ⓝ751.5
内容　ガラスの選び方、道具の使い方、制作の流れ　初歩からわかりやすく解説します。ベーシックな平面作品から憧れの立体作品まで。この1冊で制作の基本をマスター。

『ガラス・ノート―伊藤賢治の吹きガラス教本』伊藤賢治著　軽井沢町（長野県）彩グラススタジオ　2022.11　319p　31cm〈頒布・発売：グリーンキャット〉10000円　Ⓘ978-4-904559-18-5　Ⓝ751.5
内容　唯一無二のガラス工芸作家・伊藤賢治の吹きガラスの魅力と製法を伝える虎の巻。吹きガラスを愛するひとへの贈り物です。

『魅惑の万華鏡―華麗にモダンに繊細に！』照木公子著　日東書院本社　2017.5　79p　24cm（手作りを楽しむ）〈「作って遊ぶ！　魅惑の万華鏡」（辰巳出版 2007年刊）の改題、増補・改訂版〉1000円　Ⓘ978-4-528-01262-4　Ⓝ759
内容　美しく、怪しく、魅惑的な万華鏡。大きいものから小さいものまでさまざまな形で

あり、アイホールから覗けば広がる小宇宙。その映像、仕組み、作り方を紹介する。四角いボックスに閉じ込められた不思議アートのぞき箱も収録。

『楽しく作ろう！　手作り万華鏡』豊田芳弘監修　ブティック社　2015.8　48p　21×21cm（レディブティックシリーズ4031）833円　Ⓘ978-4-8347-4031-8　Ⓝ759

『スティップリング（点彫刻）―ダイヤモンド・ポイント彫刻　最も繊細なガラスの彫刻技法』桔геい明実編集・技法説明（制作・写真）美術出版社　2008.8　71p　30cm〈英語併記〉3000円　Ⓘ978-4-568-14320-1　Ⓝ751.5
内容　18世紀のオランダの作品、そしてSimon Whistler（サイモン・ウィスラー）他、イギリスの現代の作家達の素晴らしいスティップリング技法の作品の基本制作手順を紹介。また、線彫りのダイヤモンド・ポイント彫刻（スクラッチング）の古い作品、そして現代の技術で生まれた線彫り用の針を使用した作品と、その基本制作手順も併せて紹介。

『キルンワーク―電気炉を使った手作りガラス工房』奥野美果編著　ほるぷ出版　2008.3　111p　27cm（家庭ガラス工房）2600円　Ⓘ978-4-593-59507-5　Ⓝ751.5
内容　「キルンワーク」は、電気炉でガラスを熔かしてさまざまに造形することができる身近な技法です。本書では電気炉を使って、オリジナルな工夫をしてガラス作品を制作している7名の作家による個性豊かな作品と制作現場、基本的な電気炉造形の知識と技法を紹介します。

『バーナーワーク―酸素バーナーを使った耐熱ガラス工房』松村潔著　ほるぷ出版　2007.12　111p　27cm（家庭ガラス工房）〈英語併載〉2600円　Ⓘ978-4-593-59506-8　Ⓝ751.5
内容　近年、急速に発達し、広まってきている耐熱ガラス造形の世界。ガラスに熱を加えて熔かして成形する分野の1つ、バーナーワーク技法の中の、酸素バーナーを使う技法を解説する。耐熱ガラス工芸をわかりやすく解説した技法書。

『黒木国昭のやさしいガラスアート教室』黒木国昭著，土屋良雄監修　求龍堂　2006.11　39p　26cm　952円　Ⓘ4-7630-0665-7　Ⓝ751.5
内容　「現代の名工」ガラス作家・黒木国昭が

紹介する、たのしくて不思議なガラスの世界。

『万華鏡の作り方・楽しみ方―いつまで見ていてもあきない不思議な世界』国際万華鏡協会, 成美堂出版編集部編　成美堂出版　2001.5　79p　26cm（Seibido mook）950円　①4-415-09635-2　Ⓝ759

『グラスリッツェン入門―ガラスの彫刻―透き通った魅力』鈴木淳子監修, 鈴木裟萌著　日貿出版社　2000.12　111p　26cm　2500円　①4-8170-8042-6　Ⓝ751.5
内容　数あるガラス工芸の中でも一番シンプルで、奥が深いのが「ガラスリッツェン」。ダイヤモンドのついたペンで直接ガラスの表面に絵を彫り描くという、簡単ながら繊細で美しいガラス工芸の高級感ある魅力に迫る技法入門。ガラス工芸作家が知識と経験を生かして指導。

◆漆工芸

『漆とあゆむ』大西慶憲著　はる書房　2024.1　220p 図版16p　22cm〈文献あり 索引あり〉2800円　①978-4-89984-212-5　Ⓝ752.2
内容　デザインとは、ものづくりとは、漆とは―。香川に生まれ中学1年生のときに漆と出会い、工芸とデザインの分野で漆と様々な素材の作品制作や研究に取り組んできた著者が、これまでの歩みを振り返り、漆の技法などについて解説。

『伝統工芸のきほん　2　ぬりもの』伝統工芸のきほん編集室［著］　理論社　2017.12　39p　31cm〈文献あり〉2800円　①978-4-652-20228-9　Ⓝ750.21
内容　国が指定した伝統的工芸品のうち、ぬりもの（漆器）を取り上げる。木地作りからうるしぬり、もようつけまで、ぬりものの作り方や基本を解説し、産地ごとのぬりものの特徴や技法を紹介する。

『漆の技法―「炎芸術」工芸入門講座　応用篇　一閑張り・張抜き・蒔下地・七々子塗・唐塗・銀梨子地塗・石目塗・高蒔絵・陶胎漆器・鎌倉彫の塗り』柴田克哉監修　阿部出版　2016.4　107p　29cm　2300円　①978-4-87242-437-9　Ⓝ752
内容　「一閑張り」「張抜き」「蒔地」「変わり塗」「陶胎漆器」「鎌倉彫の塗り」といった、本格的な漆器作りの「応用」技法を写真付きで紹介する。『炎芸術』連載を書籍化。2012年刊「漆の技法」の応用篇。

『金継ぎのすすめ―ものを大切にする心』小澤典代編　誠文堂新光社　2013.3　143p　26cm　1600円　①978-4-416-31300-8　Ⓝ752
目次　1章 金継ぎのある暮らし（祥見知生さん, 松本武明さん, 土器典美さん ほか）, 2章 金継ぎ作家・繕う日々（堀道広さん, 櫛谷明日香さん, 小林剛人さん）, 3章 金継ぎを学ぼう（欠損の種類とその呼び名, 金継ぎに必要な道具と材料, 陶器・磁器・木製品の欠損別繕い方マニュアル ほか）

『かんたん金つくろいブック―こわれた器を手軽に直す方法、おしえます。』大野雅信, 野上忠男指導　京都　淡交社　2011.2　77p　26cm〈索引あり〉『やさしい金つくろい入門』（平成13年刊）の新装改訂版〉1500円　①978-4-473-03694-0　Ⓝ752
内容　実作業30分。「捨てちゃうはず」だった器が見ちがえる！ 不器用さん, 面倒臭がり屋さんもOKの, 陶磁器・漆器の簡単修繕ノウハウ。

『漆への憧憬―ジャパニングと呼ばれた技法』ジョン・ストーカー, ジョージ・パーカー著, 井谷善惠訳　里文出版　2010.11　175p　21cm　2000円　①978-4-89806-364-4　Ⓝ752
内容　日本の漆に憧れ出版され、300年以上もヨーロッパで読まれてきた倣製漆器の技法書。当時の, 東洋風とされるデザインの24枚の銅版画付。

『漆芸事典―新装合本』光芸出版編　光芸出版　2004.1　326, 16p　22cm〈文献あり　「漆芸入門」（1972年刊）と「うるし工芸辞典」（1978年刊）の増訂〉3800円　①4-7694-0118-3　Ⓝ752.036
目次　前編（うるしの科学, 素地のいろいろ, うるし工芸の技術, 各地の漆器産地を訪ねて, 漆芸の成立ちとその歩み）, 後編（漆芸用語集, 漆関連文献資料抄録, 人名索引・略歴）

『知る！ 使う！ 作る！ うるしの器―あなたにもできる漆器作り』季刊「炎芸術」編集部企画・編集　阿部出版　2001.10　101p　26cm〈「炎芸術」特別編集〉2381円　①4-87242-159-0　Ⓝ752
目次　第1章 うるしの知識（日本のうるしの歴史をたどる, うるしを科学する ほか）, 第2章 うるしの器を作る―漆器制作の基本（漆器作りのプロセス, 木地作りの仕事 ほか）, 第3章 うるしの器を飾る―漆器の加飾（さまざまな加飾, 蒔絵のプロセス ほか）, 第4章 金繕いの

楽しみ（金繕いのプロセス、下地作り ほか）、第5章 趣味で楽しむ漆器作り（木肌の美しさを引き出す摺りうるしに熱中、カルチャーセンターでうるし塗りを楽しむ ほか）

『金繕い工房―漆で蘇らせるつくろいの技』
原一菜著　改定新版　里文出版　2001.9　197p　21cm（目の眼ハンドブック）　2500円　Ⓘ4-89806-152-4　Ⓝ752
内容 陶磁器などの割れを漆で継ぎ、銀や金で上化粧して直す伝統の技術「金繕い」。器本来の品位や美術性を損なうことなく、豊富な実例と200点を越える図版によって、愛蔵の品に新たな生命を与えるユニークな手引き書。

◆染織工芸

『羊の毛糸とフェルト―イチは、いのちのはじまり』本出ますみ監修、パンチハル絵　戸田　農山漁村文化協会　2024.3　36p　27cm（イチからつくる）〈文献あり〉　2500円　Ⓘ978-4-540-23155-1　Ⓝ586.57
内容 イチから毛糸とフェルトをつくってみよう！　羊の毛から毛糸とフェルトをつくる工程を、写真でわかりやすく解説。羊の種類や飼いかた、毛糸の帽子の編み方なども紹介する。

『伝統工芸のきほん　4　布―織りもの そめもの』伝統工芸のきほん編集室［著］　理論社　2018.2　39p　31cm〈文献あり〉　2800円　Ⓘ978-4-652-20230-2, 978-4-652-10193-3（set）　Ⓝ750.21
内容 国が指定した伝統的工芸品のうち、織りものとそめものを取り上げる。織りもの・そめものの作り方や、織りもの・そめものの基本を解説し、産地ごとの織りもの・そめものの特徴や技法を紹介する。

『自然の色を染める―家庭でできる植物染』吉岡幸雄、福田伝士監修　第2版　京都　紫紅社　2016.12　207p　30cm〈文献：p206〉6800円　Ⓘ978-4-87940-623-1　Ⓝ753.8
内容 植物染とは、自然が育んだ植物から色を採り出して、天然の繊維に染めるもの。家庭で植物染を楽しめるよう、玉ねぎの皮や紅茶をはじめ入手しやすい35種の天然染料を用いた、70余種の染色法を写真とともに紹介する。

『みんなのおりぞめ』山本俊樹編著　仮説社　2016.8　79p　21cm〈文献あり〉　1500円　Ⓘ978-4-7735-0270-1　Ⓝ753.8
内容 和紙（障子紙）を折って、染料につけて、広げると、おどろくほど美しい模様があらわれる「おりぞめ」。基本のおりぞめとステンドおりぞめのやり方と、染めた紙でつくるアイテムを紹介する。

『母と子の織りの楽しみ―イラストで見てわかるはじめての機織り』志村ふくみ、志村洋子著　新装版　美術出版社　2014.4　119p　21cm　2000円　Ⓘ978-4-568-36015-8　Ⓝ753.3
内容 染織家・志村ふくみ、洋子母娘から織物を学ぶ。新規レポート記事「子供が学ぶ織物と染色」を加えて、装い新たに蘇る。

『草木染型染の色―草花をモチーフにした美しい型染図案と伝統色』山崎青樹著　新装版　美術出版社　2014.3　221p　25cm〈索引あり〉3500円　Ⓘ978-4-568-30083-3　Ⓝ753.8
内容 オリジナル染見本収録/伝統色の由来/型染の基本・染色手法図説。伝統色で染め上げた型染のビジュアル図鑑。

『染色の技法』田中清香著　新装版　理工学社　2009.5　1冊　22cm〈文献あり〉　3000円　Ⓘ978-4-8445-8585-5　Ⓝ753.8
内容 暮らしの中に工芸を。創作を楽しむ皆様から寄せられたたくさんのご要望によって実現した新装・復刊です。

『手織の技法』居宿昌義、田中佳子共著　新装版　理工学社　2009.5　1冊　22cm〈文献あり〉　3000円　Ⓘ978-4-8445-8586-2　Ⓝ753.3
内容 手織の基礎的な技法と必要な知識について、具体的にわかりやすく説明する。

『テキスタイル―表現と技法』田中秀穂監修　武蔵野　武蔵野美術大学出版局　2007.4　166p　30cm〈執筆：田中秀穂ほか〉3400円　Ⓘ978-4-901631-77-8　Ⓝ753
内容 テキスタイルを発想し展開し表現する。織・染・編の理論と技法を学び、発想をデザイン化するための思考法をトレーニングする。テキスタイル表現の総合技法書。

『日本の染型』　京都　青幻舎　2004.7　255p　15cm〈おもに図〉1200円　Ⓘ4-86152-014-2　Ⓝ753.8
内容 和紙を柿渋で貼り合せた型地紙に多彩な文様を彫りつけた型紙は広く染色に用いられてきました。優れた染めを得るためには、相応する型紙が必要とされます。中でも三重県鈴鹿市の白子町や寺家町では古来、その伝

芸術・美術を学ぼう　　　　　　　　　　　　　　　ものづくりにチャレンジ

統技法が育まれ「伊勢型紙」として有名です。本書は、至高の職人技が生み出す、繊麗にして力強い文様を多数収載。時代の文化と技がもたらす、研ぎ澄まされた型の美をお届け致します。

『古代の布を織ろう・染めよう』宮内正勝監修　リブリオ出版　2003.3　40p　27cm（はじまりのもの体験シリーズ 1）〈年表あり〉2400円　Ⓘ4-86057-110-X, 4-86057-109-6（set）　Ⓝ753.3
[内容]昔から伝わる身近なものづくりを実際に体験できるように紹介したシリーズ。1巻では織り方や染め方、草木染めに際の注意点など写真付きで丁寧に解説。

『手織りの実技工房—絣からもじり織まで』吉田紘三著　京都　染織と生活社　2002.12　196p　26cm　3800円　Ⓘ4-915374-39-4　Ⓝ753.3
[目次]第1章 手織りの準備、第2章 手織り上達の秘訣、第3章 基本の組織と組織図の描き方、第4章 平織で織る変化のある織物、第5章 絣を織る、第6章 すくい織の技法、第7章 花織の技法、第8章 二重織を織る、第9章 もじり織を織る、第10章 自由に組織を変えられる小型手織機、巻末資料 組織織りの組織図

『How to絵織物』ユミコ・ミノーラ著　Art Boxインターナショナル　2001.7　47p　23cm（ART BOX/galleryシリーズ）2000円　Ⓘ4-87298-540-0　Ⓝ753.3
[内容]絵織物は平織が基本で誰にでもすぐに織ることができます。ですから基本的なテクニックさえ覚えれば表現手段が無限に広がり、油絵etcとはまた違った魅力があります。いろんな素材を使ってオリジナリティーあふれる作品を作ってもらうための織物のHow to本です。

『染め織りを習う—彩りいろいろ、風合いさまざま 手づくり布工房ガイド』平凡社　2001.5　127p　29cm（別冊太陽—おとなの学校 4）1500円　Ⓘ4-582-94361-6　Ⓝ753

『手織りと手紡ぎ—豊かな暮らしを育む手作りの糸と織物』馬場きみ監修,彦根愛著　グラフ社　2000.10　128p　26cm（ハンドクラフトシリーズ no.142）1500円　Ⓘ4-7662-0586-3　Ⓝ753.3

『ワイルドカラー』ジェニー・ディーン著,箕輪直子日本語版監修,澁谷正示訳　産調出版　2000.8　142p　27cm　3800円　Ⓘ4-88282-228-8　Ⓝ753.8
[内容]初心者、染色のベテラン、意欲旺盛な工芸家など、誰もが草木染めを楽しむためのガイドブック。染料植物の栽培法や染料の抽出法、幅広い素材への染色方法についても紹介し、環境を重視した方法で順を追ってわかりやすく説明。

『キッチンでできる草木染め—身近な素材でわかりやすい染め方』母袋信恵著　ブティック社　2000.6　98p　26cm（レディブティックシリーズ no.1563）900円　Ⓘ4-8347-1563-9　Ⓝ753.8

『はじめましたボード織り—毛糸を使った新しい織り物の楽しみ』山野井佳子著　婦人生活社　2000.1　82p　26cm（婦人生活家庭シリーズ）840円　Ⓘ4-574-80293-6　Ⓝ753.3

◆木竹工芸

『鑿大全—ノミの使いこなしを網羅した決定版：種類・用途／仕立て／研ぎ方／組み継ぎ／手入れ／鑿の名品』大工道具研究会編　第3版　誠文堂新光社　2023.12　191p　26cm〈文献あり 索引あり〉4000円　Ⓘ978-4-416-62365-7　Ⓝ583.8
[内容]現在ではほとんど使われない形のものも含めて、多様な鑿の種類・用途を写真とともに解説。また、鑿の仕立てと研ぎの実践、保管方法、匠の技、鑿づくりの名工たちなども紹介する。

『木工手道具墨付けと木組みの技法—この1冊を読めば、家具・指物のための仕口の技術がわかる：仕口加工に使う道具 家具の構造と名称 仕口の種類 仕口加工の実例』大工道具研究会編　誠文堂新光社　2023.12　175p　26cm〈文献あり 索引あり〉3500円　Ⓘ978-4-416-62349-7　Ⓝ583.8
[内容]この1冊を読めば、家具・指物のための仕口の技術がわかる。仕口加工に使う道具 家具の構造と名称 仕口の種類 仕口加工の実例。

『大工道具のきほん—使い方からメンテナンスまで：木工手道具の知識と技術が身につく』「大工道具のきほん」編集室著　メイツユニバーサルコンテンツ　2023.6　144p　26cm（コツがわかる本）2360円　Ⓘ978-4-7804-2742-4　Ⓝ583.8
[内容]鉋・鋸・鑿・玄能・木槌・砥石など職人が紡ぐ手仕事の構造、メカニズム、仕立て、

ヤングアダルトの本 創作活動をささえる4000冊　　185

テクニックを解説。

『木工具なぐり・はつり・削りの技法—古から伝わる手道具が引き出す木材加工の魅力：釿 鉇 槍鉋 仕立て 削り方 槍鉋のできるまで』大工道具研究会編 誠文堂新光社 2023.1 160p 26cm〈文献あり 索引あり〉3800円 ①978-4-416-52341-4 Ⓝ583.8
内容 釿、鉇、槍鉋といった古から伝わる手道具の削り跡がいま、意匠性を高めるデザイン要素のひとつとして注目を集めている。実際に使用された建築の例を紹介し、なぐりに使う大工道具の種類と仕立て、削り方などを解説する。

『鉋大全—カンナの使いこなしを網羅した決定版：鉋の製作工程/種類/用途/仕立て 削り方/刃の研磨/手入れ/治具づくり』大工道具研究会編 新版 誠文堂新光社 2020.12 176p 26cm〈文献あり 索引あり〉3600円 ①978-4-416-62062-5 Ⓝ583.8
内容 鉋の製作工程、種類・用途、仕立て、削り方、刃の研磨、手入れ、治具づくり。1冊でわかるカンナのすべて。

『イラストでよくわかる！ 大工道具入門—匠の技から学ぶ上手な使い方』竹中大工道具館編著 日刊工業新聞社 2018.3 185p 21cm〈文献あり〉2000円 ①978-4-526-07827-9 Ⓝ583.8
内容 使い方や手入れの仕方などをわかりやすく解説。

『国産材でつくるインパクトドライバー木工—木材・道具の基礎から家具づくりまで』大内正伸著 農山漁村文化協会 2018.3 139p 26cm 2500円 ①978-4-540-17110-9 Ⓝ592.7
内容 国産材の魅力と国産材を活かす工具インパクトドライバーによる木工のコツを、豊富な図・写真とともに紹介する。木目やテクスチャーを活かす22作例も掲載。

『鉋 削りの技法—1/1000ミリを究める薄削りの極意を知る：薄削りの魅力 仕立て・研ぎ・削りの実践 名工と道具』削ろう会監修, 大工道具研究会編 誠文堂新光社 2018.1 175p 26cm〈文献あり 索引あり〉3500円 ①978-4-416-61753-3 Ⓝ583.8
内容 透き通るような薄い削りと、鏡のような削り肌を追求した職人たちの技術の集大成を、この1冊に収録。

『伝統工芸のきほん 3 木工と金工』伝統工芸のきほん編集室［著］ 理論社 2018.1 39p 31cm〈文献あり〉2800円 ①978-4-652-20229-6 Ⓝ750.21
内容 地域の木工芸・金工芸。代表的な種類と特徴。指物・鉄器できるまで。

『大工道具鍛冶大全—現代の名工たちが魅せる職人技と作品を知る：鉋/鑿/鋸/玄能 釿/切出し小刀 二丁白引』大工道具研究会編 誠文堂新光社 2016.12 175p 26cm〈文献あり 索引あり〉3500円 ①978-4-416-71639-7 Ⓝ583.8
内容 道具と向き合い、伝統の技術を受け継ぐ、鍛冶仕事の現場を徹底紹介。

『実践大工道具仕立ての技法—曼陀羅屋流研ぎと仕込みのテクニック』手柴正範著 誠文堂新光社 2016.1 159p 26cm〈索引あり〉3200円 ①978-4-416-71576-5 Ⓝ583.8
内容 道具屋直伝、使える研ぎと仕込みの技。日本伝統の大工道具を徹底的に使いこなすための仕立てを伝授。

『図でわかる大工道具』永雄五十太著, オーム社開発局企画編集 オーム社 2014.11 158p 26cm〈文献あり 第26刷 第1刷：理工学社 1986年刊〉2200円 ①978-4-274-05042-8 Ⓝ583.8
目次 1章 大工道具の種類、2章 さしがね・定規・墨つぼ、3章 のこぎり、4章 のみ、5章 かんな、6章 けびき・白書き、7章 玄能と金槌、8章 きり、9章 といし、10章 道具も取扱いと安全作業

『鋸・墨壺大全—ノコギリと墨壺の使いこなしを網羅した決定版：種類/用途/機能/構造/成り立ち/仕立て/手入れ/鋸の名品』大工道具研究会編 増補改訂 誠文堂新光社 2014.2 191p 26cm〈文献あり 索引あり〉3500円 ①978-4-416-61477-8 Ⓝ583.8
内容 この1冊を読めばノコギリと墨壺のすべてがわかる。

『鉋の技と銘品大全—プロが教えるカンナの魅力と使いこなしのテクニック：台打ち・仕立て・鉋身の形状 鉋鍛冶・名工の鉋・洋鉋』大工道具研究会編 誠文堂新光社 2013.11 158p 26cm〈文献あり 索引あり〉3500円 ①978-4-416-

71359-4 Ⓝ583.8
内容 最低限の機械と最大限の人力で鉋身を打ち続ける2人の職人の製作工程をはじめ、名工が残した鉋、形状から見た鉋の歴史、一流の大工と建具屋が魅せる仕立ての技術などを紹介。洋鉋についても取り上げる。

『はじめての木工切るだけ！ つなぐだけ!!―クギを使わないカンタン工作!!自由研究のアイデア集』滝口明治［著］ 実業之日本社 2013.7 98p 26cm（ヤングセレクション）933円 Ⓘ978-4-408-61761-9 Ⓝ754.3

『初心者にも分かる木工機械―スタンダード木工機械教本』エルエルアイ出版マシニングコア編集部編 エルエルアイ出版 2011.11 190p 26cm 3000円 Ⓘ978-4-9904439-3-1 Ⓝ583.8
目次 第1章 製材機械、第2章 合板機械、第3章 木工機械（NC・マイコン複合機、建築材加工機械 ほか）、第4章 関連機器、第5章 木工刃物・工具（木工刃物・工具、木工工具研削盤）、第6章 参考資料

『「実のなる木」でつくるカトラリー―10種類の木材で13の食器をつくる』山下純子監修 スタジオタッククリエイティブ 2011.8 119p 26×21cm 1900円 Ⓘ978-4-88393-471-3
内容 自然の恵みをいただいて両手で木を削り身近な暮らしの道具を作り出す。

『木工の基本を学ぶ―手づくり木工事典』庄司修［監修］ 最新版 ユーイーピー 2011.1 95p 26cm〈発売：主婦の友社『ウッディ・クラフト』特別編集〉1143円 Ⓘ978-4-07-276720-7 Ⓝ754.3
内容 木工の楽しさを身につけるための「基本」を紹介。

『万能ルーター加工技能』アルバート・ジャクソン、デヴィド・デイ著、吉田薫訳、村田光司日本語版監修 ガイアブックス 2010.11 128p 26cm（木工技能シリーズ 4）〈発売：産調出版 索引あり〉2800円 Ⓘ978-4-88282-765-8 Ⓝ583.8
内容 電動ルーターは万能の木工機械である。木材のみならず軽金属、プラスチック加工も出来る。カッターと付属品の選び方について総合的にアドバイス。ルーターの安全で正確な操作方法について順を追って解説。ルーターテーブルを使った加工方法をコツを交えて説明。

『木工工具の知識と技能』アルバート・ジャクソン、デヴィド・デイ著、乙須敏紀訳、村田光司日本語版監修 ガイアブックス 2010.11 128p 26cm（木工技能シリーズ 3）〈発売：産調出版 索引あり〉2800円 Ⓘ978-4-88282-764-1 Ⓝ583.8
内容 木工工具の選び方、使い方の完全ガイド。木工用の装置と工具を選ぶアドバイス。工具を使いこなすコツをていねいに解説。工具の収納・手入れ・研磨のための実践的アドバイス。

『木工の基礎』アルバート・ジャクソン、デヴィド・デイ著、花田美也子訳、赤松明日本語版監修 ガイアブックス 2010.11 128p 26cm（木工技能シリーズ 1）〈発売：産調出版 索引あり〉2800円 Ⓘ978-4-88282-762-7 Ⓝ583
内容 工具、木材、技術に関する初心者向け入門書。

『クリスマス・正月の工作図鑑―どんぐり・まつぼっくり・落花生、身近な素材ですぐつくれる』岩藤しおい著 図書館版 いかだ社 2009.11 79p 22×19cm 1900円 Ⓘ978-4-87051-281-8
目次 クリスマス（クリスマスかざりをつくろう、森のクリスマス人形、クリスマスリース、クリスマスツリー、ゆかいなクリスマスかざり ほか）、正月（正月のかざりをつくろう、正月リース、小さな正月かざり、正月ピックかざり、まゆ玉かざり ほか）

『ミヒャルスキィ夫妻の楽しい木工教室―日本語版』ウーテ・ミヒャルスキィ、ティルマン・ミヒャルスキィ著、横山洋子訳 武蔵野 アトリエニキティキ 2009.10 112p 30cm〈索引あり〉2800円 Ⓘ978-4-9904509-2-2 Ⓝ754.3
内容 木は生きている素材。木材のあたたかみを生かしたきれいな工芸品や便利な実用品、楽しいおもちゃなどの作り方を紹介しています。10才くらいからひとりで挑戦できる作品をはじめ、おとなと一緒に取り組む手ごたえのある大作まで。夢のある作品のきれいな写真とイラストが、みんなの創作意欲を引き出します。

『木工―樹をデザインする 文部科学省認可通信教育』十時啓悦、田代真、北川八十治、大串哲郎著、十時啓悦監修 武蔵野 武蔵野美術大学出版局 2009.4 107p 30cm 3000円 Ⓘ978-4-901631-85-3

Ⓝ754.3
内容 樹木とともに暮らし、樹木をデザインする。椅子、収納家具、テーブルウェアの制作を学び、玩具や木の道具に触れ、木工の楽しさを知る。

『手づくり木工大図鑑』田中一幸、山中晴夫監修 講談社 2008.3 456p 27cm 6571円 Ⓘ978-4-06-213588-7 Ⓝ583
内容 木工に関する基礎知識、木工製作の基本技術を収録。木工の匠が各種作例・作品を披露。ヨーロッパの名門木工工房を現地取材。

『竹細工―自然素材で作る:竹の種類選びから楽しめる「竹クラフト」完全教本』自然素材工作編集部編 誠文堂新光社 2007.11 95p 28cm 1800円 Ⓘ978-4-416-30707-6 Ⓝ754.7
内容 身近な自然素材・竹を使った夢のある作品、簡単にできるお手軽品から本格的な芸術品までのオンパレード。

『イラスト版子どもの技術―子どもとマスターするものづくり25のわざとこつ』産業教育研究連盟編、金子政彦、沼口博監修 合同出版 2005.8 111p 26cm 1600円 Ⓘ4-7726-0346-8 Ⓝ754.3
内容 現場の教師たちによって書かれたこの本は、子どもたちに伝えたいものづくりの技術、道具の使い方をわかりやすく説明しています。だれにでも身近な道具で、短時間につくることができる25の作品を紹介しています。

『木竹工芸の事典』柳宗理、渋谷貞、内堀繁生編 新装版 朝倉書店 2005.7 571p 26cm 18000円 Ⓘ4-254-68014-7
目次 1 木竹工芸の歴史(原始から古代、中世の木竹工芸 ほか)、2 木竹材料としての木材、木材の種類 ほか)、3 工具と加工技術(木工具、加工、仕口と継手、金物)、4 工芸品(箱と小工芸品、寄木細工 ほか)

『木工技術シリーズ―good wood 1(木工の基本)』アルバート・ジャクソン、デヴィド・デイ著、赤松明日本語版監修、花田美也子訳 産調出版 2005.7 128p 26cm〈背のタイトル:木工技術〉3200円 Ⓘ4-88282-428-0 Ⓝ583
目次 工具と基本技術(定規と巻き尺、直角定規と角度定規 ほか)、木材の性質(木材の起源、どのように木は成育するのか ほか)、ジョイントを作る(矩形打付け接ぎ、留形打付け接ぎ ほか)、木材の仕上げ(割れや穴の充填、研磨材 ほか)

『使う』雑賀淳著 改訂版 京都 同朋舎メディアプラン 2005.4 123p 31cm (手づくり遊びがおもしろい 第3巻 東山明監修)〈発売:リブリオ出版〉Ⓘ4-86057-200-9, 4-86057-197-5(set) Ⓝ754
目次 1 身につけて使う(なわをなう、わらぞうり ほか)、2 食事に使う(はし、はしおき ほか)、3 住まいで使う(作業台、砥石台 ほか)、4 日用品(まごの手・耳かき、くつべら ほか)、5 文房具(いろいろなペン、ペン皿 ほか)、6 狩りなどの道具(弓、せみ取りあみ ほか)、7 気象などの道具(火をつくる道具、砂時計 ほか)

『木工の基礎がわかる本―つくる楽しみ、使う楽しみがいっぱいの木工を知るための入門書』地球丸 2005.4 159p 21cm(Weekend living) 1333円 Ⓘ4-86067-049-3 Ⓝ754.3
内容 切ったり張ったり、組み立てたり…。木は、だれにでも扱いやすく、小物や家具をつくるのに最適の素材です。そんな木を使って、つくる過程から使う毎日までを楽しむことができる木工の魅力を、具体的な作業工程とともに、わかりやすく解説します。

『自分でつくる居心地のいい椅子』荒井章著 山海堂 2005.3 207p 21cm 1700円 Ⓘ4-381-07994-9 Ⓝ592.7
内容 すぐつくれる図面付き。木の椅子25モデル。

『木工』平井信二監修、上田康太郎、土屋欣也、藤城幹夫著 増補版、普及版 朝倉書店 2005.3 175p 26cm(技術シリーズ)〈文献あり〉4500円 Ⓘ4-254-20511-2 Ⓝ583

『楽しい枝の工作と遊び』郡山順一郎著 明和出版 2004.10 63p 27cm 2000円 Ⓘ4-901933-06-X Ⓝ754.3

『知的DIYの技術―木製玩具から山荘作りまで』中野不二男著 新潮社 2003.7 189p 20cm(新潮選書) 1000円 Ⓘ4-10-603529-4 Ⓝ592.7
内容 一にやる気、二に頭脳…たとえテクニックがなくても、楽しく安全に日曜大工はできる!材料の調達から、電動工具の力を借りた木材加工、身近な家具作り、建物の設計と施工の手順、そして実際の基礎作りと組み立てまで、趣味が高じて自分で山荘まで作ってしまった著者が伝授する「Do It Yourself」の極意。詳しい図解付き。

『わら細工をつくろう』宮内正勝監修 リ

『ブリオ出版 2003.3 40p 27cm（はじまりのもの体験シリーズ 2）〈年表あり〉2400円 ①4-86057-111-8, 4-86057-109-6(set) Ⓝ754
内容 昔から伝わる身近なものづくりを実際に体験できるように紹介したシリーズ。2巻ではわらの入手法から加工の仕方まで丁寧に解説。

『たくみ塾の木工の基本―基礎から学ぶ木工作』庄司修指導・監修 増補版 婦人生活社 2002.2 130p 26cm（婦人生活ベストシリーズ）〈「手づくり木工事典」特別編集〉1300円 ①4-574-80440-8 Ⓝ592.7

『満点父さんの日曜大工入門―イラストでわかる簡単・便利な木工クラフト！』つきよのウッディクラフト・クラブ編 池田書店 2001.10 191p 21cm 1300円 ①4-262-16005-X Ⓝ592.7
内容 限られた生活空間でわれわれが快適に暮らすためには工夫が必要である。でもその条件やスペースにぴったり合う既製品は、意外にないもの。それなら自分で作ってみようというのが本書。掲載した作品例は、初めての人にも作れるように、専門用語を使わず、作りやすい手順で、むずかしい加工をしなくてもいいものばかりである。

『はじめてでもできる木工クラフト』ブティック社 2001.9 98p 26cm（レディブティックシリーズ no.1742）800円 ①4-8347-1742-9 Ⓝ592.7

『日曜大工の（新）常識―超ビギナーのための藤岡流日曜大工の極意』藤岡等著 山海堂 2001.8 189p 21cm 1700円 ①4-381-10411-0 Ⓝ592.7
内容 クギ止めからねじ止めへ。手道具から電動工具へ。シンプル簡単、実用本位を重視した、日曜大工の基本ハウツー本。

『木工入門塾―この一冊で、木工の基本がすべてわかる』婦人生活社 2001.7 210p 28cm（婦人生活ベストシリーズ）〈「手づくり木工事典」特別編集「木工教室 初級用」（平成4年刊）の改訂〉1500円 ①4-574-80434-3 Ⓝ592.7

『ガーデニング木工―女性にもできるやさしい木工入門』大沢まりこ著 ブティック社 2001.5 114p 26cm（レディブティックシリーズ no.1683）900円 ①4-8347-1683-X Ⓝ592.7

『サヤドールの木工雑貨―生活雑貨を作ろう！』婦人生活社 2001.4 96p 30cm（別冊私の部屋―手づくりbook）〈付属資料：型紙1枚 付属資料：型紙1枚 「カントリークラフト」スペシャル〉1200円 ①4-574-80416-5 Ⓝ754.3

『やさしく手づくり小物木工作―暮らしをアイデアで演出するインテリア小物』パッチワーク通信社 2001.3 193p 28cm（レッスンシリーズ）1480円 ①4-89396-577-8 Ⓝ754.3

『楽しく学ぶはじめての糸鋸木工芸』橋本元宏著 日貿出版社 2001.2 130p 30cm 1900円 ①4-8170-8043-4 Ⓝ754.3
内容 本書は、もちろん初めて糸鋸盤に触れる人からある程度経験のある方も含めて、糸鋸木工芸を楽しんでいただける本に仕上げたつもりです。この本だけでも糸鋸盤を使い始めることができるように必要事項は解説しました。

『はじめてつくるウッドファニチャー―木のある暮らしを自分の手で』日本放送出版協会 2001.2 101p 26cm（NHK趣味悠々）〈付属資料：図1枚 講師：瀧口逸策 付属資料：図1枚〉1000円 ①4-14-188314-X Ⓝ592.7

『木工＆ペイント雑貨決定版―簡単木工でカントリーインテリア』婦人生活社 2000.12 96p 30cm（別冊私の部屋―手づくりbook）〈付属資料：型紙1枚 「カントリークラフト」スペシャル 付属資料：型紙1枚〉1200円 ①4-574-80390-8 Ⓝ754.3

『木工芸の野草染め入門―四季の花で彩るお盆・箱もの・香合・棗』藤井三枝著 日貿出版社 2000.8 136p 26cm 2500円 ①4-8170-8035-3 Ⓝ754.3
目次 染める前に（基礎を学ぼう、木工品の野草染めとは、染めに用いる野草、植物の煮出し方 ほか）、春を彩る（平らな面に単純な図案で―初心者の方へ）、夏を彩る（細長い空間に多色を使って―ロウの扱いに慣れたら）、秋を彩る（染めの技法を組み合わせて―より美しい図案を求めて）、冬を彩る（丸みのある面を染める―公募展への応用まで）

『日曜大工を極める道具の徹底使用術―自

分の作業に最適な道具を「探す」「理解する」「使いこなす」』荒井章著　山海堂　2000.6　214p　21cm　1600円　Ⓘ4-381-10376-9　Ⓝ583.8
[内容]本書では工作と修理に必要な道具を集めました。自分の作業に最適な道具を探すための本です。すでにお持ちの道具については、さらに便利に正確に使いこなすことができるようになります。

『カントリー木工決定版』　婦人生活社　2000.5　96p　30cm（別冊私の部屋—手づくりbook）〈付属資料：型紙2枚「カントリークラフト」スペシャル　付属資料：型紙2枚〉1200円　Ⓘ4-574-80335-5　Ⓝ592.7

『手作りが楽しいすてきな木工生活—手作り木工で夢のある快適暮らしを実現』成美堂出版編集部編　成美堂出版　2000.4　146p　26cm（Seibido mook）1200円　Ⓘ4-415-09530-5　Ⓝ592.7

『私のガーデングッズ—作り方の基本からペインティングまで』　婦人生活社　2000.2　98p　26cm（婦人生活ベストシリーズ）〈「手づくり木工事典」特別編集〉1200円　Ⓘ4-574-80325-8　Ⓝ592.7

◆宝石細工（アクセサリー）

『レジンアクセサリーのきほん—テクニックがいっぱいわかる作れる』　日本ヴォーグ社　2023.8　79p　26cm（Heart Warming Life Series）1400円　Ⓘ978-4-529-06317-3　Ⓝ751.9
[内容]LEDで硬化する1液性のレジン液を使用したレジンアクセサリーの作り方を紹介。ピアス、イヤリング、ネックレス、ブローチ、アクリルスタンドなど全35点を、すべて写真で解説します。

『ジュエリーのデザインと描き方—素材の知識と表現のすべてをイタリア著名デザイナーが解説』マヌエーラ・ブラムバッティ，コジモ・ヴィンチ著，清水玲奈訳　ホビージャパン　2021.9　207p　26cm〈文献あり〉2700円　Ⓘ978-4-7986-2530-0　Ⓝ755.3
[内容]宝石の様々なファセット（カット面）や輝き、透明・不透明性などの効果をイラストで表現できるよう、幅広いデザインのジュエリーの描き方を実践的に紹介。ジュエリーに用いられる素材についての知識も解説する。

『アクセサリー作りのためのレジンの教科書—いちばんわかりやすいテクニック・レッスン：UVレジンから2液性レジンまで』熊﨑堅一監修　新装版　河出書房新社　2020.3　95p　26cm〈索引あり〉1500円　Ⓘ978-4-309-28792-8　Ⓝ751.9
[内容]レジンの中に上手に封入できない！UVレジンとエポキシレジンってどう違う？ 立体的なパーツを作りたい！ オリジナルの形を作るには？…そんな疑問・悩み・創作意欲に応えるレッスンBOOK。

『ジュエラーのためのテクスチャー＆装飾技法』ジンクス・マクグラス著，日本宝飾クラフト学院［監修］　スタジオタッククリエイティブ　2008.7　128p　26cm　3800円　Ⓘ978-4-88393-270-2　Ⓝ755.3
[目次]各種の表面効果と仕上техника、スタンプワークとハンマー仕上げ、ローラーによるテクスチャー付け、溶接、光沢仕上げ、マット（梨地）仕上げ、サテン仕上げ、エッチング、緑青付けといぶし仕上げ、鋳造（キャスティング）、プレス成形、レティキュレーション（溶かし網目模様）、ゴールドフォいるとシルバーフォいる、グラニュレーション（粒金）、エナメル細工（七宝）、金属彫刻（イングレービング）、象眼、打ち出し加工（チェージングとレプーゼ）

『ヨーロッパのクリエイティヴジュエリー』エリザベス・オルヴァー著，飯泉恵美子訳・監修，日本宝飾クラフト学院監修　美術出版社　2002.12　80p　26cm（ジュエリー技法講座 別巻）3200円　Ⓘ4-568-32916-7　Ⓝ755.3
[内容]200を超えるわかりやすい図解と写真入りの解説。様々なジュエリーのフォルム、テクスチャー、仕上げ処理などを説明し、素材や工程がひと目でわかるように構成する。瞬時にインスピレーションを与えてくれるアイデアが満載。

『ワックスで創るジュエリー—30作品から学ぶワックステクニック』日本宝飾クラフト学院編著　美術出版社　2001.4　156p　27cm（ジュエリー技法講座 4）3200円　Ⓘ4-568-32913-2　Ⓝ755.3
[内容]本書は合計30点の作品をデザインから考えて一から制作し、使用する工具、基本的な作業、鋳造から完成品になるまでの工程など、あらゆる問題点を考え編集しました。制作していく上で、早く、きれいに、バランス良く、正確に作っていくにはどこがポイント

なのか、どのように作れば失敗が少なくて済むのかが書かれています。工程写真の枚数も選りすぐったカットで分かりやすく紹介しました。

『彫金と宝石の彫り留め技法──伝統タガネ技法を現代ジュエリーに応用』日本宝飾クラフト学院編　美術出版社　2001.3　164p　27cm（ジュエリー技法講座5）　3200円　Ⓘ4-568-32914-0　Ⓝ755.3
内容　彫金と彫り留めは、ジュエリー制作のフィニッシュワークとして重要な技術分野。色々な模様の彫り方から彫り留め方法、最近注目されているオリジナリティを演出するテクスチャーの表現方法等を解説。プロテクニックをほぼ網羅。

『ジュエリーキャスティングの基本と実際』諏訪小丸著　柏書店松原　2001.1　219p　27cm（Kashiwa technical books）3600円　Ⓘ4-87790-013-6　Ⓝ589

『宝飾クラフト技法の実際──ジュエリーテクニックのプロセス全公開』日本宝飾クラフト学院編著　美術出版社　2000.11　135p　27cm（ジュエリー技法講座3）　3200円　Ⓘ4-568-32912-4　Ⓝ755.3
内容　伝統的貴金属加工方法の基本から上級テクニックまでを解説した専門書。主に貴金属を切ったり削ったり、ロウ付けしたりしてジュエリーを組み立てる方法を、段階を追って分かりやすく紹介。

『ジュエリーデザイン制作事典──知っておきたいジュエリーのプロ知識』日本宝飾クラフト学院編著　美術出版社　2000.8　166p　27cm（ジュエリー技法講座6）　3200円　Ⓘ4-568-32915-9　Ⓝ755.3
内容　本書は、素材からデザイン、制作プロセス、テクスチャー、石留めまで、ジュエリーをデザイン・制作する上で知っておきたい基礎知識から専門知識までを事典形式で網羅しました。またジュエリーの全アイテムの知識、そしてリフォーム、オーダー、リペアなどのジュエリービジネス関連の実践的知識についても詳しく解説しました。

◆革細工

『はじめての手づくり革小物──30分からできるレザークラフト入門』アトリエネットラポート著　KADOKAWA　2024.2　95p　25cm　1450円　Ⓘ978-4-04-897665-7　Ⓝ755.7
内容　30分でつくれる革小物からはじめるレザークラフトの入門書。ペンケース、ノートカバー、ショルダーバッグなどのアイテムのつくり方も紹介する。解説動画の視聴、型紙がダウンロードできるQRコード付き。

『いちばんよくわかるはじめての革手縫い』野谷久仁子著　改訂版　日本ヴォーグ社　2023.3　96p　26cm〈索引あり〉　1800円　Ⓘ978-4-529-06273-2　Ⓝ755.5
内容　道具カバー、コインケース、トートバッグ、ウォレット…。やさしくシンプルなデザインで、縫い目が美しく見える、革手縫いの作品を作り方とともに紹介。革や糸の知識、基本のテクニックなども解説する。

『0からはじめるやさしい手縫いの革小物』松崎雅子著　日本ヴォーグ社　2021.2　95p　26cm　1600円　Ⓘ978-4-529-06053-0　Ⓝ755.7
内容　丁寧でよくわかるカラー写真の解説。全19アイテム。実物大型紙つき。

『レザーバッグ入門』スタジオタッククリエイティブ　2019.12　199p　26cm（Beginner Series）〈他言語標題：GUIDE TO LEATHER BAG MAKING〉2500円　Ⓘ978-4-88393-861-2　Ⓝ755.5
内容　レザークラフトの基本技術を使ったバッグの製作を解説。ミニショルダーバッグの製作では、はじめての人でもバッグを完成させることができるように、ひとつひとつの工程を丁寧に紹介する。トートバッグの作り方も掲載。

『レザークラフト入門』スタジオタッククリエイティブ　2019.5　207p　26cm（Beginner Series）2500円　Ⓘ978-4-88393-839-1　Ⓝ755.7
内容　アイテムを製作しながら基本技術が学べます。

『紳士靴のすべて──職人的伝統と、その技術を学ぶ』ラズロ・ヴァーシュ, マグダ・モルナール著, 山口千尋監修, 和田侑子訳　グラフィック社　2018.8　215p　26cm〈文献あり　索引あり〉4200円　Ⓘ978-4-7661-3122-7　Ⓝ589.25
内容　快適で、美しく、クラシックな紳士靴を作るための熟練した職人技を写真で紹介。一足の靴ができあがるまでの約10週間に行われる200以上の作業をステップ・バイ・ステップで追う。

『レザークラフト技法事典──完全版』クラ

フト学園監修　スタジオタッククリエイティブ　2012.12　223p　27cm〈付属資料：原寸大型紙（1枚）〉3500円　①978-4-88393-577-2　Ⓝ755.5
内容　レザークラフトの技法を作業別に細かく解説。素材である革に関する情報も充実。3点のレザーアイテムの型紙と、作り方を収録。

『手作り革靴の本─作り手の思いと技、革靴の基本、メンテナンス法』誠文堂新光社編　誠文堂新光社　2012.2　143p　21cm　1800円　①978-4-416-81256-3　Ⓝ589.25
目次　1 作り手を訪ねる（石丸靴工房─石丸奈央人さん, 手作り靴屋uzüra─高橋収さん・宏美さん, 吉靴房─野島孝介さん, kokochi byこうべくつ家─森田圭一さん ほか）, 2 知っておきたい革靴のエトセトラ（革の種類とは？, 革靴のメンテナンス, オーダーメイドをしてみよう, 本文中の用語解説集 ほか）

『レザーのアクセサリー』雄鶏社編　雄鶏社　2008.12　60p　20×21cm　880円　①978-4-277-43150-7
目次　レザーアクセサリー（Necklace, Choker, Wallet Chain, Bracelet, Key Ring, Strap, Belt）, 材料と用具, 基本の結び方, 作り方のポイント, 作り方

『くつ』太田恭治, 中島順子, 山下美也子文, 中川洋典絵　大阪　解放出版社　2003.12　32p　27cm（つくって知ろう！　かわ・皮・革 人権総合学習）2200円　①4-7592-2132-8　Ⓝ584.7
目次　1 世界で一つだけのくつをつくろう！, 2 どうしたらつくれるんだろう？, 3 つくってみよう, 4 革ぐつを見てみよう, 5 革ぐつは手で縫える, 6 機械を使ってつくる革ぐつ, 7 くつのあしあと, 8 人にやさしくいくつ, 9 世界の革ぐつ

『はじめての革モノづくり』森下雅代著　美術出版社　2000.3　107p　26cm　1900円　①4-568-14068-4　Ⓝ755.5
内容　「革でモノをつくる」ときの基礎的な事がらや考えかたをまとめ、はじめての人にもわかりやすいように解説しています。技法については、基本的な約束ごとをのみこんだあとは、自由に展開できるようにしました。材料や道具についての知識と理解は、あなたの造形活動をさらに広げてくれることでしょう。可能性は無限にあるといえます。さあ、ごいっしょに「革モノづくり」を楽しみましょう。

◆金工芸
『金属工芸─伝統工芸作家の仕事』日本工芸会金工部会編　里文出版　2022.4　247p　25cm〈年譜あり〉2800円　①978-4-89806-519-8　Ⓝ756.21
内容　古代より丁寧に伝承されてきた、人類史上最も重要な工芸のひとつである金属工芸。日本工芸会金工部会展50周年を記念し、金工部会の作家たちが、鋳金、彫金、鍛金の技術を詳細に伝える。巻頭には作品の写真も掲載。

『超技法 桂盛仁の彫金』桂盛仁編著　芸艸堂　2018.12　131p　21cm　3000円　①978-4-7538-0309-5　Ⓝ756.13
内容　重要無形文化財「彫金」保持者（人間国宝）の桂盛仁が、古くから受け継がれた、金属に装飾を施す高度な彫金の技法と様々な裏側を写真とともに公開。これまでの体験も交えながら、重要なポイントを丁寧に示す。

『伝統工芸のきほん　3　木工と金工』伝統工芸のきほん編集室［著］　理論社　2018.1　39p　31cm〈文献あり〉2800円　①978-4-652-20229-6　Ⓝ750.21
内容　地域の木工芸・金工芸。代表的な種類と特徴。指物・鉄器できるまで。

『作刀の伝統技法』鈴木卓夫著　オーム社　2016.1　1冊　22cm〈文献あり　第15刷第1刷：理工学社 1994年刊〉2800円　①978-4-274-21848-4　Ⓝ756.6
内容　約1000年に及ぶ伝統をもつ日本刀の、高度かつ繊細な技術をまとめた本。たたら製鉄、鍛練、研磨、刀装など各工程で用いられる用具・技術のポイントを図と写真で紹介する。

『木目金の教科書』高橋正樹, 日本杢目金研究所企画・監修　新装版　東京美術　2014.8　175p　21cm〈文献あり　初版：柏書店松原 2009年刊〉2800円　①978-4-8087-1009-5　Ⓝ756.21
内容　世界を魅了した日本独自の金属工芸技術「木目金」その歴史、文化、名品、制作工程まで、体系的に紐解いた教科書。

『七宝の技法』坂本巨摩紀著　新装版　理工学社　2009.5　1冊　22cm〈文献あり〉3000円　①978-4-8445-8587-9　Ⓝ751.7
内容　七宝の技法をまとめた。現在行なわれている七宝の基本的技法を、図や写真を多く使ってできるだけやさしく解説。

『彫金の技法─ジュエリーデザイン』塩入

義彦著　新装版　理工学社　2009.5　1冊　22cm　3000円　Ⓘ978-4-8445-8588-6　Ⓝ756.13
|目次| 1 彫金・ジュエリーデザインについて, 2 道具とその使いかた（ガスバーナー，バーナーの炎 ほか），3 基本技術（金具のつけかた，から草模様のつくりかた ほか），4 実技コース12行程（すり出し，平板リングのつくりかた ほか），5 ロストワックスの技法（ワックスの材料，ワックスモデリングの工具 ほか）

『七宝入門—桂七宝研究所・教室ノート』かすや桂子，小倉公雄著　木耳社　2002.4　120p　26cm　2500円　Ⓘ4-8393-5781-1　Ⓝ751.7
|内容| 日頃，目にしている七宝焼きが自分の手で気軽に作れる案内書。専門的な材料や薬品などの入手方法から扱い方，一つの作品が完成するまでを図版で分かりやすく説明。七宝制作の入門書として最適。

◆フィギュア

『フィギュアメイクアップマニュアル—自分好みの「カワイイ」を手に入れたいあなたへ送る，最高のペイント教本』mamoru著　大日本絵画　2024.4　96p　30cm　3600円　Ⓘ978-4-499-23393-4　Ⓝ759
|内容| どんな女性フィギュアでも美人に可愛く仕上げることで定評のあるmamoruの作品を掲載し，塗装テクニックを細かく解説。リアル3Dスキャンフィギュアからキャラクターフィギュアまで網羅する。

『作って覚える！ZBrushフィギュア制作チュートリアル—はじめてから塗装まで』ウチヤマリュウタ著　ボーンデジタル　2022.6　377p　26cm〈索引あり〉3600円　Ⓘ978-4-86246-528-3　Ⓝ759
|内容| 3Dプリンターでの出力を想定した分割方法から出力後の塗装方法の紹介まで，ZBrushを使用してフィギュアを完成させるまでの流れを解説。作例モデルデータ＆カスタムブラシをダウンロード可能。

『知っておきたい女性フィギュアのはじめかた』アーマーモデリング編集部編　大日本絵画　2020.1　96p　26cm　2700円　Ⓘ978-4-499-23283-8　Ⓝ759
|内容| 可愛く塗るのがむずかしいリアル女性フィギュア。くわしい塗り方からメイクの基本，知っておきたいプロのワザまで，リアル女性フィギュアを可愛く塗るためのテクニックを紹介する。『アーマーモデリング』掲載を書籍化。

『フィギュアの教科書　レジンキット＆塗装入門編』藤田茂敏著　新紀元社　2016.9　175p　24cm（How to build GARAGE KIT VOL.02）〈索引あり〉2100円　Ⓘ978-4-7753-1293-3　Ⓝ759
|内容| 美少女フィギュアの組み立てと塗装をゼロから学べる教科書。レジンキットの基礎知識をはじめ，パーツの整形，筆・エアーブラシを用いた塗装，ディテールアップテクニックなどについて写真を交えて解説する。

『ZBrushフィギュア制作の教科書』榊馨著　エムディエヌコーポレーション　2016.5　463p　26cm〈索引あり　発売：インプレス〉3900円　Ⓘ978-4-8443-6581-5　Ⓝ759
|内容| ZBrushのブラシやコマンドを駆使したモデリング，フィギュア用分割のコツ，フィギュア原型として仕上げる際の注意点までを解説。データ・動画のダウンロードサービスあり。ZBrush 4R6＆4R7対応。

『ぼくは恐竜造形家—夢を仕事に』荒木一成著　岩崎書店　2010.2　162p　22cm（イワサキ・ノンフィクション 15）1300円　Ⓘ978-4-265-04285-2　Ⓝ507.9
|内容| 全国の博物館や科学館などの恐竜復元模型を作成する著者が，模型作りの面白さや今の仕事に就くまでの道のり，恐竜造形家になるための方法などを語ります。骨から作るねんど模型のプロセスも紹介。

『平野"フィギュア・マイスター"義高の仕事』平野義高著，金子辰也作品解説　大日本絵画　2004.1　95p　26cm（モデル・マイスターズ・シリーズ）〈折り込1枚〉3000円　Ⓘ4-499-22784-4　Ⓝ507.9
|内容| 身長5cmたらずのフィギュアに凝縮されたリアル世界。『アーマーモデリング』と『モデルグラフィックス』に発表されたダイオラマに未発表の新作を加えて再構成。工作や塗装の過程，各種技法を説明し入念に紹介。英文併記。

『はじめてつくるビスクドール　2』本城光太郎著　新風舎　2001.10　80p　30cm（ドールアートシリーズ）2800円　Ⓘ4-7974-1626-2　Ⓝ759
|内容| 市販されている石膏モールドを使って，鋳込み作業から焼成彩色までを解説。

『はじめてつくるビスクドール　1』本城光太郎著　新風舎　2001.10　86p

30cm（ドールアートシリーズ）2800円　ⓘ4-7974-1625-4　Ⓝ759
[内容]原型から石膏モールド（鋳込み用の石膏型）の製作までを解説。

◆模型

『ジオラマ製作入門―憧れの情景を手元に！』改訂版　イカロス出版　2024.4　102p　29cm（イカロスMOOK）1700円　ⓘ978-4-8022-1399-8　Ⓝ507.9
[内容]ジオラマ製作で好きな情景を手に入れよう！住宅街とオフィス、駅、病院、ショッピングビル、海や山などの風景の作り方を写真で解説する。情景描写テクニック、ストラクチャー配置メソッド、ジオラマ用品カタログ等も収録。

『プラモはじめます！―誰でも驚くほど簡単に上達』香坂きの著　KADOKAWA　2021.7　152p　21cm　1700円　ⓘ978-4-04-605269-8　Ⓝ507.9
[内容]100均アイテムや日用品で誰もがプロモデラー級に！チャンネル登録者数13万人超！人気YouTuberのプラモ入門本。

『保存版 基本ツールの教科書』新紀元社　2014.8　95p　26cm（スケールモデルファン Vol.17）1300円　ⓘ978-4-7753-1280-3
[内容]模型ファンに贈るスケール模型製作ガイドブック。Vol.17は、「プラモデル製作における基本ツール」を特集。基本ツールの作法や応用的な使い方を、各ジャンルのスケールモデル製作を通じてレクチャーする。

『恐竜のつくりかた―古生物造形研究所』竹内しんぜん著, 真鍋真監修, 高瀬ゆうじ写真　グラフィック社　2013.7　127p　26cm〈文献あり〉1800円　ⓘ978-4-7661-2523-8　Ⓝ759
[内容]生き生きとした立体の恐竜図鑑と、初心者でもおどろくほどリアルな恐竜を作ることができる、わかりやすい作りかたが満載！プロのテクニックを見て、みんながびっくりするようなカッコいい恐竜を作ろう！

『帆船模型製作技法―木製帆船模型同好会「ザ・ロープ」創立30周年記念出版』白井一信著　復刊ドットコム　2013.1　227p　30cm　3200円　ⓘ978-4-8354-4922-7
[目次]着工の前に、船体の工作、船体の艤装、マスト、バウスプリット、ジブブーム等、ヤード、ガフ、ブーム、リギングの基本、スタンディングリギング（静索）、ランニングリギング（動索）、セール（帆）、旗、展示用船台、ネームプレート

『模型飛行機入門―飛行の歴史・飛行機の釣合・制作の基本・滑空調整』北代省三著　復刊ドットコム　2012.7　144p　26cm　3800円　ⓘ978-4-8354-4853-4
[目次]飛行の歴史と模型、飛行機はなぜ飛ぶか（翼には揚力がなぜおこるか、飛行機の釣合、滑空、翼の縦横比と平面形、重心位置と動的釣合、飛行速度と翼面荷重）、制作（なんでも自分で作ろう、曳航グライダーメイフライ‐T‐I型、ハンドランチグライダー初級入門機メイフライ‐H‐I型、ハンドランチグライダー中級練習機メイフライ‐H‐II型）

『ガンプラの教科書―はじめてだってうまくいく 完成度120％アップ！』オオゴシトモエ著　大泉書店　2010.12　127p　24cm（012 hobby）1300円　ⓘ978-4-278-05382-1　Ⓝ507.9
[内容]完成度120％アップ、超実用ノウハウ満載。組み立て＋αでビギナーだってここまでできる。

◆トリックアート

『超ふしぎ体験！立体トリックアート工作キットブック 3』杉原厚吉著　金の星社　2014.7　16p　30cm　1000円　ⓘ978-4-323-07295-1　Ⓝ141.21
[内容]こんなことありえない！そんなおどろきの立体を作ってみませんか？同じ大きさの玉をのせたのに大きさが変わる水路や、重力を無視してビー玉がのぼるすべり台。"かんたん工作キット"ですぐに作れる立体トリックアート。

『ふしぎなトリックアート―作って遊べるペーパークラフト工作：自由研究にも使える！』一川誠監修　メイツ出版　2014.7　56p　30cm〈文献あり〉1200円　ⓘ978-4-7804-1479-0　Ⓝ141.21
[内容]各作品の解説や錯覚のしくみもわかりやすく紹介。自由研究・工作にも役立ちます！

『超ふしぎ体験！立体トリックアート工作キットブック 2』杉原厚吉著　金の星社　2013.6　16p　30cm　1000円　ⓘ978-4-323-07260-9　Ⓝ141.21
[内容]ビー玉が重力を無視してのぼるすべり台や、ぐるぐるといつまでものぼりつづける無限階段。"かんたん工作キット"ですぐに作れる立体トリックアート！

『超ふしぎ体験！ 立体トリックアート工作キットブック』 杉原厚吉著　金の星社　2012.7　16p　30cm　1000円　⓾978-4-323-07246-3　Ⓝ141.31
内容　こんなことありえない!!そんなおどろきの立体を作ってみませんか？ ビー玉が重力を無視して屋根をのぼったり、すべり台をのぼったり。"かんたん工作キット"ですぐに作れる立体トリックアート。

◆アナログゲーム

『TRPGのデザイン』　ビー・エヌ・エヌ　2023.5　181p　24cm　2500円　⓾978-4-8025-1251-0　Ⓝ798.4
内容　ルールブックやシナリオを創る人、デザインする人、キャラクターを描く人など、セッションを視覚化して楽しむ人たちに向けた、TRPGのビジュアルづくりに役立つデザインガイド。美麗な作品実例と制作者インタビューが満載。

『自分だけのボードゲームを作ろう―ゲームをデザインして、作って、みんなでプレイする』 Jesse Terrance Daniels著, 金井哲夫訳　オライリー・ジャパン　2022.12　143p　24cm　(Make Japan Books)　〈索引あり　頒布・発売：オーム社〉2400円　⓾978-4-8144-0016-4　Ⓝ798
内容　ボードゲームを作りたい人に向けて、ボードゲームの基本から、アクション・移動・ロールプレイなどのメカニクス（ゲームの仕組み）までを解説する。4つのサンプルゲームも紹介。折り込みのサンプルゲームのボードなどあり。

『あなたも脱出できる―脱出ゲームのすべて』 L・E・ホール著, 安田均監修, 羽田紗久椰訳　神戸　グループSNE　2022.6　361p　19cm　〈文献あり　頒布・発売：新紀元社〉3000円　⓾978-4-7753-2031-0　Ⓝ798
内容　没入型ゲームの新しい形である"脱出ゲーム"をテーマに、成り立ちや歴史を細かく分析。さらに脱出ゲームの種類と遊び方、その中核を成すパズルや暗号をどう作り、どう解くのかを、多数の例を挙げて紹介する。

『カードゲームのひみつ』 梅屋敷ミタまんが, サイドランチ構成　学研プラス　2019.4　127p　23cm　(学研まんがでよくわかるシリーズ 156)　Ⓝ798

『テンプレート式脱出ゲームの作り方―テンプレートに従うだけで誰でも簡単に「脱出ゲーム」が作れちゃう!!』 田中一広著　総合科学出版　2018.12　158p　21cm　1600円　⓾978-4-88181-866-4　Ⓝ798
内容　実は誰でも作れる!? アプリやソーシャルゲームなどで「脱出ゲーム」を作ってきた著者が編み出したテンプレート術を伝授。"謎"を作るための考え方やコツを分かりやすく解説する。書き込み欄あり。

『ボードゲームデザイナーガイドブック―ボードゲームデザイナーを目指す人への実践的なアドバイス』 トム・ヴェルネック著, 小野卓也訳　スモール出版　2018.5　198p　19cm　2200円　⓾978-4-905158-54-7　Ⓝ798
内容　ドイツ・ボードゲーム界の第一人者が、ボードゲーム・デザイナーに向けて、デザインから製品化までをトータルにアドバイス。30年にわたる経験にもとづいた価値あるヒントや、具体的なノウハウが満載。

『つくって遊べる！ ボードゲーム工作』 千光士義和著　京都　PHP研究所　2014.3　95p　26cm　1300円　⓾978-4-569-81770-5　Ⓝ759

『「おもしろい」のゲームデザイン―楽しいゲームを作る理論』 Raph Koster著, 酒井皇治訳　オライリー・ジャパン　2005.12　283p　21cm　〈発売：オーム社〉2400円　⓾4-87311-255-9　Ⓝ798
内容　本書は今日のゲーム業界を牽引するゲームデザイナーであり偉大な思想家でもあるラフ・コスターが著した「おもしろくて刺激的」な読み物です。成功するゲームを作る上でゲームデザイナーが何を押さえなければならないかを解説します。

◆ファッションデザイン

『ファッション小物のデザインと描き方―靴、バッグ、帽子、ベルト、手袋、メガネのデザインを学ぶ』 マヌエーラ・ブラムバッティ, ファビオ・メンコーニ著, 清水玲奈訳　ホビージャパン　2022.11　263p　26cm　2900円　⓾978-4-7986-2850-9　Ⓝ593.36
内容　イタリアのファッションデザイナーが、靴や帽子などのファッション小物の形が誕生した歴史をひも解きながら、様々なデザイン案を提示。マーカー、色鉛筆を使ったイラストレーションの手法、素材別の表現方法など

ものづくりにチャレンジ　　　　　　　　　　　　　　　　芸術・美術を学ぼう

も解説する。

『ファッションの仕事で世界を変える―エシカル・ビジネスによる社会貢献』白木夏子著　筑摩書房　2021.9　207p　18cm〈ちくまプリマー新書 384〉820円　①978-4-480-68409-7　Ⓝ335.8
内容　貧困や社会問題への取組み、夢の追求、ビジネスへの挑戦心…。その全てを同時に叶える「エシカル・ビジネス」。エシカル・ビジネスの心得から、起業までの具体的な計画づくりまでを解説する。起業準備のためのワーク付き。

『シューフィッターに頼めば歩くことがもっと楽しくなる―靴の「ソムリエ」と呼ばれる専門家集団』足と靴と健康協議会編　キクロス出版　2017.7　155p　19cm〈発売：星雲社〉1400円　①978-4-434-23313-5　Ⓝ589.25
内容　婦人靴、紳士靴、子ども靴、シニア靴、ウォーキングシューズの現場で活躍するシューフィッターたちが初めて語る最新情報と卓越した技術。

『ファッションデザイナー―時代をつくるデザイナーになりたい!!』スタジオ248編著　六耀社　2015.12　40p　29cm　2600円　①978-4-89737-817-6　Ⓝ589.2
内容　ファッションの世界をくわしく知ることができる。人気のファッションデザイナーの仕事をくわしく紹介する。ファッションショーなど業界のようすがすべて分かる。ファッションデザイナーをめざすときに役立つ情報をQ&Aで解説する。世界にはばたく人気のファッションデザイナーが語ってくれる「仕事への情熱」「デザイナーをめざしたきっかけ」「読者へのメッセージ」

『デザインを伝える、ポートフォリオの作り方―100人いたら、100通りあるモノ語り：Storyteller Portfolio』吉田康成著　文化学園文化出版局　2014.9　127p　26cm〈文献あり〉2800円　①978-4-579-11496-2　Ⓝ589.2
目次　1 コンセプトを導く、2 リサーチでアイディアを広げる、3 アイディアをデザインに定着させる、4 ポートフォリオに"思い"を込める、5 レイアウトの心得、6 プロのデザイナーのポートフォリオ

『ファッションデザイン・リソース―インスピレーションを得るための、アイデアソースと実例集』Robert Leach著, 桜井真砂美訳　ビー・エヌ・エヌ新社　2013.

10　207p　23cm〈文献あり　索引あり〉3200円　①978-4-86100-871-9　Ⓝ589.2
内容　リサーチとは何か。どのように進めるべきか。何に役立つのか。なぜ行うのか。グローバル産業に身を置くファッションデザイナーが、自身のアイデンティティを築くためには、基本的なリサーチが不可欠であることをわかりやすく解説する。

『ファッショングッズプロフェッショナル事典―帽子・バッグ・靴・革小物：企画・デザイン・制作からビジネスまで』ジェーン・シェイファー, スー・サンダース著, 山崎恵理子訳　ガイアブックス　2013.6　255p　23×23cm〈索引あり〉3200円　①978-4-88282-874-7　Ⓝ589.2
内容　ファッショングッズのデザインプロセスを包括的に概観し、創造的プロセスと技術的プロセスの詳細をわかりやすく解説する。リサーチ、デザイン、展開の基本原則を導き、主なテクニック、プロセス、専門用語、必要なツールをやさしく説明。最初のセクションで一般的なファッションデザインの原則とプロセスを取り上げ、次にバッグ、靴、帽子、革小物を各章で詳細に説明。教材にも最適！

『ファッションのひみつ』あすみきり漫画, オフィス・イディオム構成　学研パブリッシングコミュニケーションビジネス事業室　2013.4　128p　23cm〈学研まんがでよくわかるシリーズ 84〉Ⓝ589.2

『ファッションデザイン・リサーチ―インスピレーションを得るための、調査とその生かし方：FASHION DESIGN BASICS』Simon Seivewright著, 滝本杏奈, 土屋弘美訳　ビー・エヌ・エヌ新社　2011.7　183p　23cm〈文献あり〉3200円　①978-4-86100-756-9　Ⓝ589.2
目次　01 リサーチとは何か（クリエイティブ・ブリーフとは, クリエイティブ・ブリーフの種類 ほか）, 02 リサーチの情報源（テーマやコンセプトを選ぶ, 一次資料とは ほか）, 03 リサーチのまとめ方（スケッチブック, ドローイング ほか）, 04 立体表現でのリサーチ（立体裁断, 繊維と生地の特性 ほか）, 05 リサーチからデザインへ（ギャップを埋める, デザインを発展させる要素 ほか）, 06 アイデアを伝える（ファッション・ドローイング, テンプレート ほか）

『職業ガイド・ナビ 3　社会/美容・ファッション/生活全般/交通・旅行』ヴィットインターナショナル企画室編

ほるぷ出版　2011.4　343p　27cm〈索引あり〉4800円　Ⓘ978-4-593-57233-5　Ⓝ366.29
内容　それぞれの職業の第一線で活躍する人への取材をもとに、各職業4ページで写真やイラスト、図表を使って、ていねいに紹介。道筋がわかるフローチャート付き。

『モードフィッター――既製服のためのフィッティング＆ピンワーク Lady's&Men's基本編』長屋恵美子著　ビジョンクエスト　2011.4　216p　30cm〈発売：星雲社　第3刷（初版2004年）〉3300円　Ⓘ978-4-434-13472-2
内容　長年にわたるインポートブランドの補正経験と実績を持つ著者が、既製服におけるアイテム別フィッティング＆ピンワークの基礎知識、実践ノウハウをレディス編、メンズ編でわかりやすく解説。

『スタイリスト＆コーディネーターの条件』林泉著　文化学園文化出版局　2011.3　97p　26cm〈文献あり〉1800円　Ⓘ978-4-579-11341-5　Ⓝ589.2
目次　第1章 これから必要とされるスタイリスト、コーディネーター、第2章 色の知識と基本的な技術、第3章 戦後ファッション概観、第4章 ファッション・コーディネート技術の必要性、第5章 ファッション商品知識、第6章 ファッション・ビジネス、第7章 ファッションショー、第8章 ファッション心理学、第9章 ファッションの専門用語、第10章 ビジネスマナーの基礎知識

『ファッションデザイン101のアイデア』アルフレッド・カブレラ，マシュー・フレデリック著，深町浩祥訳　フィルムアート社　2011.1　1冊（ページ付なし）14×19cm　2100円　Ⓘ978-4-8459-1161-5　Ⓝ589.2
内容　ファッションを"本当に"学ぶための101のアイデア。創造力を刺激するエッセンスが満載！ コンセプトの立て方、デザイン画のコツから、生地の選び方、マーケティングの考え方、ファッションの本質、センスを育む発想法まで一。

『FASHION DESIGN BASICS――世界共通、ファッションデザインの基礎知識』Richard Sorger,Jenny Udale著，滝本杏奈，土屋弘美訳　ビー・エヌ・エヌ新社　2010.4　175p　23cm〈文献あり 索引あり〉3800円　Ⓘ978-4-86100-686-9　Ⓝ589.2

目次　1 リサーチとデザイン（あなたはファッショナブル？，業界を知る ほか），2 生地とその用法（生地，天然繊維 ほか），3 衣服の構造と製作（道具と機械，製作のテクニック ほか），4 コレクションの展開（誰のためにデザインしていますか？，ジャンル ほか），5 ファッション業界の担い手たち（マリオス・ショワブ，MEADHAM KIRCHHOFF ほか）

『職場体験完全ガイド　10　美容師・モデル・ファッションデザイナー――おしゃれにかかわる仕事』　ポプラ社　2009.3　47p　27cm〈索引あり〉2800円　Ⓘ978-4-591-10676-1，978-4-591-91061-0（set）　Ⓝ366.29

『服飾がわかる事典――素材デザイン縫製 これだけは知っておきたい』熊崎高道編著　日本実業出版社　2008.4　181p　21cm　2400円　Ⓘ978-4-534-04373-3　Ⓝ593.3
内容　材料を知る、デザインを知る、縫製を知る。すべてのアパレル関係者に欠かせない服飾・ソーイングの基礎知識。

『人をきれいにしたい――ファッション・デザイン・美容・フィットネス』しごと応援団編著　理論社　2006.7　181p　19cm（女の子のための仕事ガイド 2）〈文献あり〉1000円　Ⓘ4-652-04952-8　Ⓝ593.3
内容　「人をきれいにする仕事ではりきる!!」将来を考え始めたあなたに19人の先輩からのメッセージ。

『アパレルデザインの基礎――衣服デザイン・色彩論』日本衣料管理協会刊行委員会編　改訂第2版　日本衣料管理協会　2004.10　165p　26cm　2429円　Ⓝ589.2

『衣服にかかわる仕事――マンガ』ヴィットインターナショナル企画室編　ほるぷ出版　2004.3　142p　22cm（知りたい！ なりたい！ 職業ガイド）2200円　Ⓘ4-593-57175-8　Ⓝ589.2
目次　テキスタイルデザイナー、染織家、パタンナー

『ファッションディレクターの言葉と心と夢』福田春美［著］，松浦弥太郎［監修］　DAI-X出版　2004.3　159p　18cm（仕事と生活ライブラリー 4）1300円　Ⓘ4-8125-2224-2　Ⓝ589.2
内容　就職しないで生きていくなら、手がかりは体験者の話の中にしかない。人気ブランド

『コーディネーターという仕事―マンガ』ヴィットインターナショナル企画室編　ほるぷ出版　2003.4　142p　22cm（知りたい！なりたい！職業ガイド）2200円　①4-593-57166-9　Ⓝ366.29
目次　フードコーディネーター，インテリアコーディネーター，カラーコーディネーター…WRのディレクター，福田春美が語るファッションの夢と現実を結ぶヒント。

『パタンナーの機能と役割―パタンナーはアパレルのキーパーソン』満清一編　繊研新聞社　2003.2　145p　21cm　1905円　①4-88124-111-7　Ⓝ589.2
目次　第1章 パタンナー職の基礎知識，第2章 企業内の役割分担を知る，第3章 商品企画の実際を知る，第4章 工業用ボディの解説，第5章 パターンメーキングの方法論，第6章 立体裁断＝ドレーピング，第7章 実践的な作業の進め方，第8章 誇り高き「縁の下の力持ち」

『ファッションデザイナーになろう！―Pinky・P・ピンク：学習まんが仕事完全ガイド』山辺麻由まんが　小学館　2002.7　215p　19cm（ワンダーランドスタディブックス）850円　①4-09-253259-8
内容　あこがれのファッションデザイナーになりたい！学習雑誌に好評連載されたファッショナブル・LOVEコミック『PINKY P ピンク』の楽しくハッピーな物語と徹底取材のノウハウ記事でファッションデザインの現場を解説。Q&Aや進路情報，インタビューを交えさまざまなデザイナーを一挙紹介した新・ファッション業界まるわかりガイド。

『インディペンデント・スタイル―ファッション・ブランドのはじめ方』造事務所編・著　情報センター出版局　2000.10　175p　19cm　1500円　①4-7958-3312-5　Ⓝ589.2

『アパレル製作入門―衣服設計・製作のための』日本衣料管理協会刊行委員会編　新版　日本衣料管理協会　2000.4　150p　30cm〈付属資料：4枚〉2762円　Ⓝ589.2

『スタイリストになるには』武藤直路著　ぺりかん社　2000.1　124p　19cm（なるにはbooks 54）1170円　①4-8315-0903-5　Ⓝ593.3
内容　スタイリストの活躍分野は，雑誌，CM，ファッションショー，テレビ，映画など。タレントや政治家のイメージ作りでも大きな役割を果たしている。いずれにしても，洋服や小物などを"感覚的に"組み合わせる仕事。これが絶対に正しいという回答はない。答えは時代が握っている。時代の際を歩き続けられる人だけがスタイリストでいられるのだ。"おしゃれ"を仕事にする方法を教える。

◆裁縫

『いちばんやさしい「推しぬい」つくりかたBOOK―ぶきっちょさんも完成できる！―基本から失敗フォローまでわかる』ぴよぴっこ監修　メイツユニバーサルコンテンツ　2024.6　112p　26cm（コツがわかる本）1720円　①978-4-7804-2914-5　Ⓝ594.9
内容　大丈夫！これで完成できる。ぬいづくりでつまずく「壁」を乗り越えて愛しの推しをつくる！

『自分サイズのやさしい服作りガイド―ソーイングはなんて楽しい！：トップス/スカート/パンツ』津田蘭子著　文化学園文化出版局　2024.5　111p　26cm　1600円　①978-4-579-11834-2　Ⓝ593.36
内容　シンプルな製図とわかりやすいイラストで作り方を教えます。

『着物地で作る服と小物』　エフジー武蔵　2024.3　82p　28cm（MUSASHI BOOKS）〈付：実物大型紙（1枚）〉1600円　①978-4-86646-121-2　Ⓝ593.36
内容　ボートネックワンピース，ケープシャツ，刺し子ワイドパンツ，ノーカラーコート，蓮のタペストリー…。17人の作り手が紡いだ，着物地で作る服と小物のアイデアを紹介します。

『かんたん！かわいい！はじめての推しぬい＆ぬい服』グッズプロ制作，まろまゆ監修　西東社　2023.9　127p　26cm　1600円　①978-4-7916-3294-7　Ⓝ759
内容　推しぬい本の決定版！人気パターン完全網羅！

『A4サイズのカーブ型紙を使ってかんたんに作る服―製図の引き方解説つき』ブティック社　2023.7　96p　30cm（レディブティックシリーズ 8414）1450円　①978-4-8347-8414-5　Ⓝ593.36
内容　製図を引くときにちょっと苦労するカーブ線。衿ぐり，袖ぐり，ポケットなど，カー

芸術・美術を学ぼう　　　　　　　　　　　　　　　　　　ものづくりにチャレンジ

ブ線を用いるパーツを、コピーして使える小さな型紙にして掲載。製図の引き方や縫い代のつけ方を、写真とイラストで解説する。

『一生使い続けたい！ミシンの基礎＆応用BOOK—完全編集版』主婦と生活社編　主婦と生活社　2023.1　127p　26cm　〈索引あり　COTTON TIME特別編集〉1682円　①978-4-391-15878-6　Ⓝ593.48
内容　写真＆イラストが怒濤の1000点超え!!知りたかったことがひと目でわかる。プロ目線のノウハウ満載のミシンとセットで持ちたい本。切り取ってそのまま使える「実物大型紙」つき。

『はじめてでもできるワンポイント刺しゅうBOOK—350図案』　日本ヴォーグ社　2022.10　79p　26cm　1350円　①978-4-529-06219-0　Ⓝ594.2
内容　基本のステッチ10種類で刺せる、ワンポイント刺しゅう350図案を収録。ポーチや巾着、レッスンバッグなどの小物のつくり方、ヨーロッパ刺しゅうの基礎も掲載。

『これだけでいいソーイングの基本—"縫い"のプロ "教える"のプロが伝える』香田あおい,LPS著　日本ヴォーグ社　2022.8　103p　26cm（Heart Warming Life Series）1500円　①978-4-529-06225-1　Ⓝ593.3
内容　ソーイング本（洋裁本）によく登場する45項目を選び出し、"縫う"プロの技を盛り込みながらも初心者でも難しくないテクニックをわかりやすい工程写真とともに紹介します。作品がきれいに仕上がるコツが満載。

『イチバン親切なおさいほうの教科書』クライ・ムキ著　新版　新星出版社　2022.7　159p　24cm　〈索引あり〉1400円　①978-4-405-07352-4　Ⓝ593
内容　ボタンつけから、手縫い、ミシンの基本、通園通学バッグなど作品づくりまで豊富な手順写真でわかりやすい！

『縫いながら覚えられるホームソーイングの基礎BOOK—May Meスタイル』伊藤みちよ著　増補改訂版　日本ヴォーグ社　2022.4　127p　26cm　〈索引あり〉1500円　①978-4-529-06174-2　Ⓝ593.36
内容　作ってすぐに着られるベーシックな大人服21点掲載。全作品オールカラープロセス。

『一生使えるミシンの基本—ソーイングの基本とテクニックを徹底解説』クライ・ムキ著　主婦の友社　2022.3　159p　24cm（実用No.1）〈「ミシンぬいの超基本」（2012年刊）の改題、増補改訂版〉1400円　①978-4-07-449384-5　Ⓝ593.48
内容　ミシンってどんな種類があるの？　針と糸は何を使えばいいの？　まっすぐぬうコツは？　ミシンソーイングの基本全般とポイントをわかりやすく解説。バッグやスカートの作り方も掲載する。

『クロスステッチ教室—はじめてさんにも基礎が一番よくわかる！："不思議の国のアリス"をテーマに』オノエメグミ［著］　増補改訂版　武蔵野　アップルミンツ（E＆Gクリエイツ）2022.3　79p　26cm〈頒布・発売：日本ヴォーグ社〉1500円　①978-4-529-07110-9　Ⓝ594.2
内容　"不思議の国のアリス"がテーマの、クロスステッチの入門書。アリス＆白ウサギのミニタペストリー、ティーポットとカップのランチョンマット＆コースターなどのつくり方を、ステッチの刺し方とともに紹介します。

『ミシンスタートBOOK—0からはじめるソーイング：ミシンの使い方から布や副資材までソーイングの基本がばっちりわかる』　日本ヴォーグ社　2022.1　95p　26cm〈索引あり〉1300円　①978-4-529-06167-4　Ⓝ593.48
内容　ミシンの使い方から布や副資材まで、ソーイングの基本がわかる。クッションカバー、ポーチ、トートバッグ、スカート、LESSONつき。

『はじめてのおさいほうBOOK—手ぬい編：カラフル手ぬぐいやハンカチを使ってチクチク！』高橋恵美子著　日東書院本社　2021.7　79p　26cm　1300円　①978-4-528-02364-2　Ⓝ593
内容　手さげバッグ、タブレットケース、リコーダーケース、巾着袋、移動ポケットなど、おうちや学校で使えるかわいい小物が作れるよ！

『イチバン親切な手ぬいの教科書—ぬい方の基本から小物・洋服作りまで』高橋恵美子著　新版　新星出版社　2020.11　127p　24cm〈索引あり〉1300円　①978-4-405-07315-9　Ⓝ593
内容　ぬい方の基本はもちろん、素材・道具の説明から、小物・洋服作りまで。素敵な作品も型紙付きで紹介。

『はじめての「ぬう」と「あむ」＋おさいほう』ミカ＊ユカ著　令和版　主婦の友社　2020.2　191p　24cm（実用No.1）〈索引あり　初版のタイトル：はじめての「ぬう」と「あむ」〉1400円　Ⓘ978-4-07-441046-0　Ⓝ594
内容　暮らしに必要なボタンつけ、すそ上げ、つくろいものなどから、手ぬい、ミシンぬい、刺しゅう、棒針あみ、かぎ針あみ、アクセサリー作りまで。中学や高校の家庭科テキストとしても使える、初心者向けの裁縫と手芸の本。

『今さら聞けない手芸の基礎がよくわかる！　はじめての子ども服—Point解説でボーダーの合わせ方、衿・袖・前立て・ベルトの付け方etc.わかりにくいところがよくわかる！』朝井牧子著　日東書院本社　2018.8　63p　24cm　1300円　Ⓘ978-4-528-02195-2　Ⓝ593.36
内容　ボーダーの合わせ方、衿・袖・前立て・ベルトの付け方がよくわかる！　ソーイング初心者のママたちに向けて、子ども服作りにかかせない大切なポイントを、写真つきで丁寧に説明する。

『今さら聞けない手芸の基礎がよくわかる！　口金＆持ち手つけ—すぐに作れるポーチやバッグの作例付き！』中嶌有希著　日東書院本社　2018.7　71p　24cm　1200円　Ⓘ978-4-528-02196-9　Ⓝ594.7
内容　つけるだけでフォルムやイメージが大変身！　すぐに作れるポーチやバッグの作例付き！

『今さら聞けない手芸の基礎がよくわかる！　はじめての針しごと—すぐに作れるかわいい小物の作例付き！』平野孝子著　日東書院本社　2018.3　79p　24cm〈索引あり〉1200円　Ⓘ978-4-528-02179-2　Ⓝ594
内容　糸を通す、玉結びをする、縫うあれこれ…ボタンをつける、スナップをつける、裾あげをする、意外と知らないあれこれ…。すぐに作れるかわいい小物の作例付き！

『はじめてでも上手にできる刺しゅうの基本—かわいい図案580』川畑杏奈監修　西東社　2018.3　191p　26cm　1200円　Ⓘ978-4-7916-2616-8　Ⓝ594.2
内容　自由に絵柄を刺しゅうする、フランス刺しゅう。基本のステッチの刺し方をイラストで詳しく説明するほか、季節や植物、動物、雑貨など、さまざまなテーマの図案や、刺しゅう小物の作り方を紹介します。

『今さら聞けない手芸の基礎がよくわかる！　ポケットつけ』中嶌有希著　日東書院本社　2017.12　63p　24cm　1200円　Ⓘ978-4-528-02178-5　Ⓝ593.3
内容　パッチポケットのノーカラーコート、シームポケットのカシュクールドレス、箱ポケットのセミタイトスカート…。洋服のデザインに合った、かわいいポケットのつけ方を、わかりやすく紹介します。

『今さら聞けない手芸の基礎がよくわかる！　基本のピンワーク—道具いらずでできるアクセサリーもあるよ！』貴和製作所監修　日東書院本社　2017.10　79p　24cm　1200円　Ⓘ978-4-528-02171-6　Ⓝ594.9
内容　はじめてでもできるアクセサリー "通すだけ" "貼るだけ" "つなぐだけ"。道具いらずでできるアクセサリーもあるよ！

『今さら聞けない手芸の基礎がよくわかる！　ファスナーつけ』中嶌有希著　日東書院本社　2017.9　63p　24cm　1200円　Ⓘ978-4-528-02172-3　Ⓝ594.7
内容　バッグ、ポーチ、スカート、ズボン、ワンピース…。どれにどんなファスナーをどうつけたらいい!?　さまざまなファスナーのつけ方を、プロセス写真とイラストで解説する。ファスナーの種類や選び方も掲載。

『紳士服裁断裁縫の要點』貝島正高著　改訂版、第12版　洋装社　2016.6　273p　26cm〈奥付のタイトル：紳士服図解裁断裁縫の要点〉4858円　Ⓘ4-89672-002-4　Ⓝ593.3

『たのしいジュニア手芸　1　縫う—スカート・ワンピース・ぬいぐるみ・バッグ』改訂新版　学研パブリッシング　2010.2　55p　27cm〈索引あり　初版：学習研究社2001年刊　発売：学研マーケティング〉2800円　Ⓘ978-4-05-500681-1, 978-4-05-811117-8（set）　Ⓝ594
内容　ジュニアのための手芸の本。1では、スカートやワンピース、ぬいぐるみ、バッグなどの作り方を紹介。製図の引き方、型紙の作り方、布の断ち方といったソーイングの基礎が身につきます。

『スカート作りの基礎—はじめて習うソーイング』文化出版局編　文化出版局　2008.1　63p　25cm　1100円　Ⓘ978-4-579-11176-3　Ⓝ593.36
内容　本書は中学校や高等学校の家庭科で洋裁

芸術・美術を学ぼう　　　　　　　　　　　　　　ものづくりにチャレンジ

を学んだり、それと同等程度の洋裁経験のあるかたが、あらためてホームソーイングをはじめてみよう、というときにお手伝いをする本です。一つの服を作るためにいろいろなプロセスをクリアしなければなりません。布地選び、パターンの用意、裁断、縫い、仕上げなどなど。この本は、これらすべてをとてもていねいに説明してあります。縫い方のポイント解説やそのほかのアドバイスもいっぱい載せています。スカート作りを通してソーイングの基礎をしっかりマスターしてください。

『絵を描くように刺繡する――ニードルワーク』中田全怡子著　横浜　Mai刺しゅう教室　2005.5　64p　26cm　2800円　Ⓝ753.7

◆◆コスプレ

『基本からばっちり！　COS衣装ベストセレクション――S～LLサイズ』　日本ヴォーグ社　2022.7　97p　30cm〈Heart Warming Life Series〉〈「すぐに作れるCOS衣装」(2012年刊)と「きれいに作れるCOS衣装」(2013年刊)ほかからの改題、人気作品をまとめ、新作を加えて再編集〉1500円　ⓘ978-4-529-06218-3　Ⓝ593.3
内容　メイドワンピース、アイドルジャケット、学ラン、スポーツジャージ、つけ袖…。コスプレ衣装に使いやすいベーシックアイテム28点の作り方を紹介。裁縫の基礎や用語集、副資材の使い方も解説。

『ヒロイン専用スーツ・武器の作りかた』西脇直人著、梅森充、桜田美和子縫製作例・レクチャー　玄光社　2017.8　159p　26cm　2300円　ⓘ978-4-7683-0885-1　Ⓝ593.3
内容　体にぴったりフィットする合皮製のヒロイン専用スーツ、バトルスーツ、ハンマー、剣、銃などの作りかたや、合皮貼り・エイジングのコツなどを、特撮作品やゲームイベント衣装等の業界で活躍するプロたちがわかりやすく教える。

『簡単コスプレ&イベント服――ハロウィンに！　クリスマスに！　フェスに！　学祭に！』みる著　主婦の友社　2016.10　64p　26cm　1280円　ⓘ978-4-07-416120-1　Ⓝ593.3
内容　メイド、執事、巫女、アリス、魔法使い、サンタ…。いろいろなイベントで楽しめるコスプレ服を手作りしてみましょう。1、2日で作れる簡単で工夫がいっぱいの衣装を紹介。ティーンからビッグサイズの人、メンズも着られます。

『手作りCOS！　3　はじめてさんでも作れるロリータ服編』うさこ,USAKOの洋裁工房著　復刻版　グラフィック社　2011.12　127p　26cm〈発売：復刊ドットコム　付属資料：CD-ROM1〉2800円　ⓘ978-4-8354-4789-6
内容　自分で服を作りたいけど自信がない、そんな初めてさんのために型紙の使い方や基本の縫い方、ミシンのトラブルの解決法まで、手作りの困った！にコスプレイヤーにおなじみのサイト「USAKOの洋裁工房」の店長・うさこがお答えします。ロリータ服としてだけでなく、コスプレのベースとして長く使えるデザインを揃えました。

『手作りCOS！　2　制服アレンジ編』柳なおみ著　グラフィック社　2009.3　127p　26cm〈付属資料：CD-ROM1枚〉1800円　ⓘ978-4-7661-1993-0　Ⓝ593.3
内容　布選び、道具の案内からぬいかたのバリエーションまで、ていねいに解説。ロックミシンがなくてもキレイに作れるテクニックをステップ・バイ・ステップで教えます。シャツの染色、スカーフやネクタイの作り方など、アレンジのアイデアも満載。付録CD-ROMの型紙データは各パーツ、各サイズ別に収録。タテヨコがひと目でわかるグリッド入りで、サイズ変更などのアレンジもかんたん。

『手作りCOS！　1　和装編』コジマアイ著　グラフィック社　2008.10　127p　26cm〈付属資料：CD-ROM1枚〉1800円　ⓘ978-4-7661-1955-8
内容　コスプレの定番、和装キャラクターにアレンジしやすいコスチュームの作り方を素材とミシンの基礎からていねいにレクチャー。忍者服、羽織&はかまの侍コス、着物ワンピ、着流しまでパーツの組み合わせでバリエーションが自由自在。

『アイデアあふれるぴかぴかコスチューム』高附恵子監修　アド・グリーン企画出版　2007.2　96p　26×22cm〈すぐに生かせる実技シリーズ〉〈発売：川口メイト〉1900円　ⓘ978-4-86051-052-7
目次　第1章 物語の人物になりきり！(プリンセス1・2、プリンス、家来、王さま ほか)、第2章 お仕事コスチュームでなりきり！(警察官1・2、フライトアテンダント、パイロット、消防士、医者、看護師 ほか)、第3章 かわい

い生き物になりきり！（ライオン、イヌ、ゾウ、キツネ、ヤギ、オオカミ、タヌキ ほか）、第4章 ファンタジーになりきり！（恐竜、ロボット、宇宙人、オニ、カミナリさま、カッパ、おばけ ほか）、第5章 2歳児さんもなりきり！（ウサギ、ヒヨコ、クマ、ゾウ、チョウチョ、テントウムシ、ハチ ほか）

◆ハンドメイド・ハンドクラフト

『わくわく手芸部　5　ミサンガを作ろう』ミカ，ユカ著　誠文堂新光社　2022.10　47p　28cm　3000円　Ⓘ978-4-416-52277-6　Ⓝ594
内容　手芸が上手になる一番の秘訣は「ヘタでもなんでも、とにかく完成させること」。ミサンガ、キーホルダー、ストラップなど、ひもを結んだり組んだりして作る小物やアクセサリーを、写真と図でわかりやすく説明します。

『一生使い続けたい！ ハンドメイドの基礎＆応用BOOK—完全編集版』主婦と生活社編　主婦と生活社　2021.12　162p　26cm〈COTTON TIME特別編集〉1727円　Ⓘ978-4-391-15697-3　Ⓝ593.3
内容　写真＆イラストが怒濤の1500点超え!!　ほしい知識と見たいノウハウ満載の初心者から上級者までずっと手元に置きたい本。切り取ってそのまま使える「実物大型紙」つき。

『男の子と女の子の手芸教室』苦木由佳子著　大阪　風詠社　2021.11　58p　26cm〈頒布・発売：星雲社〉1364円　Ⓘ978-4-434-29680-2　Ⓝ594
内容　子どもが楽しめる作品がいっぱい。自由工作にオススメ！

『わくわく手芸部　1　布で作ろう』ミカ，ユカ著　誠文堂新光社　2021.11　47p　28cm　3000円　Ⓘ978-4-416-62103-5　Ⓝ594
内容　手芸が上手になる一番の秘訣は「ヘタでもなんでも、とにかく完成させること」。マスク、エプロン、うわばき入れなど、ミシンや手ぬいで作る布の小物やバッグの作り方を、写真と図でわかりやすく説明します。実物大型紙付き。

『はじめてでもカンタン！ 手づくり布マスク』手づくり布マスク編集室編　図書館版　理論社　2021.3　48p　27cm　3000円　Ⓘ978-4-652-20424-5　Ⓝ594
内容　こども用・女性用・男性用の3つのサイズがつくれる製図・型紙つき！

『ミシンなしでかんたん！ 季節のこども手芸　夏　旬のくだもの、七夕飾り、お祭りのきんちゃくなど夏が楽しく過ごせる手作りがいっぱい！』C・R・Kdesign著　理論社　2021.1　47p　26cm〈「ミシンなしでかんたん！ 季節の手芸　夏」(2017年刊)の改題、再編集〉1200円　Ⓘ978-4-652-20384-2　Ⓝ594
内容　ペーパークラフトで作る「七夕飾り」、麻ひもで作る「空きびんデコレーション」…。「切る」「貼る」「ぬう」など、ミシンなしで作れる夏の手芸作品を紹介。本文、ジャケット裏にコピーして使える型紙付き。

『ミシンなしでかんたん！ 季節のこども手芸　春　春の花や食べもの、ひな祭りやこどもの日などの行事に合わせて、いろいろな手作りを楽しもう。』C・R・Kdesign著　理論社　2021.1　47p　26cm〈「ミシンなしでかんたん！ 季節の手芸　春」(2017年刊)の改題、再編集〉1200円　Ⓘ978-4-652-20383-5　Ⓝ594
内容　折り紙で作る「ミニミニかぶと」、フェルトで作る「いちごのブローチ」…。「切る」「貼る」「ぬう」など、ミシンなしで作れる、こどものための春の手芸作品を紹介。本文、ジャケット裏にコピーして使える型紙付き。

『ミシンなしでかんたん！ 季節のこども手芸　冬　クリスマスやお正月、節分、バレンタイン。イベントに合わせてカードや飾りを手作りしよう！』C・R・Kdesign著　理論社　2020.8　47p　26cm〈「ミシンなしでかんたん！ 季節の手芸　冬」(2017年刊)の改題、再編集〉1200円　Ⓘ978-4-652-20386-6　Ⓝ594
内容　ボタンで作る「クリスマスカード」、ポンポンで作る「干支の正月飾り」…。「切る」「貼る」「ぬう」「編む」など、ミシンなしで作れる、こどものための冬の手芸作品を紹介。本文、ジャケット裏にコピーして使える型紙付き。

『ミシンなしでかんたん！ 季節のこども手芸　秋　毛糸やフェルトなど温かな素材が活やくする季節。お月見など、行事に合わせた手作りにもチャレンジ！』C・R・Kdesign著　理論社　2020.8　47p　26cm〈「ミシンなしでかんたん！ 季節の手芸　秋」(2017年刊)の改題、再編集〉1200円　Ⓘ978-4-652-20385-9　Ⓝ594
内容　ねんどで作る「たい焼きマグネット」、ポンポンで作る「お月見うさぎ」…。「切る」

芸術・美術を学ぼう　　　　　　　　　　　　ものづくりにチャレンジ

「貼る」「ぬう」「編む」など、ミシンなしで作れる、こどものための秋の手芸作品を紹介。本文、ジャケット裏にコピーして使える型紙付き。

『かんたん！ かわいい！ はじめての手芸（ハンドメイド）―NHKガールズクラフト　[3]　気分をあげるファッションアイテム』NHK「ガールズクラフト」制作班編　金の星社　2020.3　39p　27cm　2800円　ⓘ978-4-323-06243-3　Ⓝ594
[内容]　コロコロバッグ、サングラスホルダー…。かわいいおしゃれアイテムを自分で手づくりしてみよう。NHK番組「ガールズクラフト」をもとに、簡単につくれて、リーズナブルなアイテムを写真で紹介する。

『かんたん！ かわいい！ はじめての手芸（ハンドメイド）―NHKガールズクラフト　[2]　おしゃれに変身イヤー＆ヘアアクセサリー』NHK「ガールズクラフト」制作班編　金の星社　2020.3　39p　27cm　2800円　ⓘ978-4-323-06242-6　Ⓝ594
[内容]　くす玉風のかんざし、花のコサージュ…。かわいいおしゃれアイテムを自分で手づくりしてみよう。NHK番組「ガールズクラフト」をもとに、簡単につくれて、リーズナブルなアイテムを写真で紹介する。

『かんたん！ かわいい！ はじめての手芸（ハンドメイド）―NHKガールズクラフト　[1]　世界にひとつアクセサリー』NHK「ガールズクラフト」制作班編　金の星社　2020.2　39p　27cm　2800円　ⓘ978-4-323-06241-9　Ⓝ594
[内容]　香水ピンのネックレス、ぺろぺろキャンディーのブローチ…。かわいいおしゃれアイテムを自分で手づくりしてみよう。NHK番組「ガールズクラフト」をもとに、簡単につくれて、リーズナブルなアイテムを写真で紹介する。

『基本がいちばんよくわかるアクセサリーのれんしゅう帳』寺西恵里子著　主婦の友社　2019.5　159p　24cm（実用No.1）〈索引あり〉1300円　ⓘ978-4-07-436507-4　Ⓝ594.9
[内容]　アイテム別にテクニックを写真で紹介。

『青春ハンドメイド―あこがれスクールライフ　3　インテリア・ツール―お部屋をいろどる』学研プラス　2019.2　96p　31cm　4200円　ⓘ978-4-05-501269-0, 978-4-05-811492-6（set）Ⓝ594
[内容]　「つくりたい」という気持ちをかたちにしよう！　ミニラックやチェアなど、気分がアガるインテリア・ツールの作り方を、初心者にも作りやすい工夫とともに紹介する。実寸大型紙はダウンロード可能。

『青春ハンドメイド―あこがれスクールライフ　2　アイテム―スクールライフを楽しむ』学研プラス　2019.2　96p　31cm　4200円　ⓘ978-4-05-501268-3, 978-4-05-811492-6（set）Ⓝ594
[内容]　「つくりたい」という気持ちをかたちにしよう！　きんちゃく袋やカバーケースなど、スクールライフに役立つアイテムの作り方を、初心者にも作りやすい工夫とともに紹介する。実寸大型紙はダウンロード可能。

『青春ハンドメイド―あこがれスクールライフ　1　コスチューム―イベントを盛り上げる』学研プラス　2019.2　96p　31cm　4200円　ⓘ978-4-05-501267-6, 978-4-05-811492-6（set）Ⓝ594
[内容]　「つくりたい」という気持ちをかたちにしよう！　アイドル風衣装やエプロン＆マントなど、スクールライフを盛り上げるコスチュームの作り方を、初心者にも作りやすい工夫とともに紹介する。実寸大型紙はダウンロード可能。

『ハンドメイド作家になる本―minneで大人気の先輩作家が実践』椹出版社　2017.3　95p　26cm　648円　ⓘ978-4-7779-4580-1　Ⓝ589.22
[内容]　ハンドメイドマーケット『minne』で活躍中のハンドメイド作家の作品の魅力やこだわり、制作の裏側を大公開。ハンドメイド作家の心得や、売れる作品にする撮り方＆見せ方の秘訣なども紹介する。ハンドメイドレシピつき。

『ハンドメイドイベント出展ガイドブック―自分の作品を販売してみよう』ブティック社　2017.1　96p　26cm（レディブティックシリーズ　4332）1296円　ⓘ978-4-8347-4332-6　Ⓝ673.3
[内容]　ものづくりの楽しさにハマる人が増え、全国各地で賑わいをみせる「ハンドメイドイベント」。出展までの流れや、イベントの種類、"売れるブース"の見せ方、宣伝の方法などを解説する。

『夢の名作ハンドメイド―マンガと絵本のあのグッズがつくれる！　3　編んでつ

ヤングアダルトの本　創作活動をささえる4000冊　　203

『くるふんわりグッズ』　高際有希作　日本図書センター　2015.11　47p　27cm　3000円　Ⓘ978-4-284-20349-4　Ⓝ594
内容　名作をもっと楽しく！『四月は君の嘘』『にんぎょひめ』『オトメン（乙男）』『りんごかもしれない』『ノラガミ』『orange』『秘密の花園』など人気作品が登場!!

『夢の名作ハンドメイド―マンガと絵本のあのグッズがつくれる！　2　アクセサリーとお部屋のグッズ』　キムラマミ，阪本あやこ，niko作　日本図書センター　2015.10　47p　27cm　3000円　Ⓘ978-4-284-20348-7　Ⓝ594
内容　名作をもっと楽しく！『海月姫』『Paradise Kiss』『おやゆびひめ』『神様はじめました』『なにができるでしょーか？』『繕い裁つ人』など人気作品が登場!!

『夢の名作ハンドメイド―マンガと絵本のあのグッズがつくれる！　1　布でつくるファッショングッズ』　キムラマミ，阪本あやこ，niko作　日本図書センター　2015.9　47p　27cm　3000円　Ⓘ978-4-284-20347-0　Ⓝ594
内容　名作をもっと楽しく！『夏目友人帳』『3月のライオン』『わたしのワンピース』『ハチミツにはつこい』『胸が鳴るのは君のせい』『銀河鉄道の夜』など人気作品が登場!!

『ビギナーのための…エコクラフト手芸入門―基礎テクニックや編み方を詳しく紹介！』　改訂版　ブティック社　2014.7　104p　26cm（レディブティックシリーズ　3793）　861円　Ⓘ978-4-8347-3793-6　Ⓝ754.9

『はじめましょ！　エコクラフト手芸―マルシェバッグ・和風の手さげかご…etc：写真で作り方を解説』　ブティック社　2014.3　88p　26cm（レディブティックシリーズ　3728）　857円　Ⓘ978-4-8347-3728-8　Ⓝ754.9

『ハンドメイド雑貨のお仕事BOOK―「好き」を「仕事」にする！』　マツドアケミ著　マイナビ　2013.12　143p　20cm　1650円　Ⓘ978-4-8399-4615-9　Ⓝ589
内容　手作り雑貨の作家として活躍する55の実例とHow Toを紹介！

『たのしいジュニア手芸　6　よくわかる手芸の基本―基本の縫い方・編み方・ステッチの刺し方』　改訂新版　学研パブリッシング　2010.2　55p　27cm〈索引あり　初版：学習研究社2001年刊　発売：学研マーケティング〉2800円　Ⓘ978-4-05-500686-6，978-4-05-811117-8（set）　Ⓝ594
内容　ジュニアのための手芸の本。6では、ソーイングや刺しゅう・アップリケ、かぎ針編み・ゆび編み・棒針編みの基礎を、イラストでわかりやすく解説。ハンドメイドの基本とテクニックが身につきます。

『たのしいジュニア手芸　5　新しい手芸―ステンシル・マクラメ・原毛フェルト・ドールハウス』　改訂新版　学研パブリッシング　2010.2　55p　27cm〈索引あり　初版：学習研究社2001年刊　発売：学研マーケティング〉2800円　Ⓘ978-4-05-500685-9，978-4-05-811117-8（set）　Ⓝ594
内容　ジュニアのための手芸の本。5では、フェルトのお財布、マクラメの手さげバッグ、パッチワークキルトのポシェット、ドールハウスなどの作り方を紹介。連続写真付きなのでわかりやすい。

『たのしいジュニア手芸　3　飾る―季節のオブジェ・簡単リメイク・収納雑貨』　改訂新版　学研パブリッシング　2010.2　55p　27cm〈索引あり　初版：学習研究社2001年刊　発売：学研マーケティング〉2800円　Ⓘ978-4-05-500683-5，978-4-05-811117-8（set）　Ⓝ594
内容　ジュニアのための手芸の本。3では、手づくりのインテリア小物やオブジェ、雑貨などを紹介。部屋を可愛く飾るアイテムが満載です。ステッチの刺し方も掲載。

『たのしいジュニア手芸　2　編む―かぎ針編み・棒針編み・ゆび編み・編みぐるみ』　改訂新版　学研パブリッシング　2010.2　55p　27cm〈索引あり　初版：学習研究社2001年刊　発売：学研マーケティング〉2800円　Ⓘ978-4-05-500682-8，978-4-05-811117-8（set）　Ⓝ594
内容　ジュニアのための手芸の本。2では、かぎ針編みの小物や棒針編みのキャップ、ゆび編みのマフラーなどを紹介。製図・編み方記号図の見方、編み目記号と編み方、編み地のつなぎ方といった編み方の基礎が身につきます。

『雑貨づくりの楽しみ―大切にしたい手づくりのぬくもり』　柳沢小実著　ピエ・ブックス　2008.2　111p　21cm　1600

『雑貨・ファッション小物を仕事にする』バウンド著　技術評論社　2007.6　159p　21cm　（現代仕事ライブラリ1）1540円　①978-4-7741-3112-2　Ⓝ589
内容　雑貨って何？ からはじまる仕事レクチャーブック。

『雑貨のしごと』西川敦子編著　アスペクト　2006.7　109p　21cm　1800円　①4-7572-1280-1　Ⓝ589
内容　デザイナーやショップオーナー、アーティストにスタイリスト…。雑貨があなたの手に渡るまでには、いろいろな人の手を経ています。これは、雑貨に関わるさまざまな職種の方々に仕事について話してもらった本です。

『かご・バッグ・雑貨クラフトテープで作る―基礎＆実用作品』本間一恵著　日本ヴォーグ社　2000.8　89p　26cm（Heart warming life series）790円　①4-529-03407-0　Ⓝ754.6

『草花・木の実・ツル・貝がらで作る雑貨―かんたんでおしゃれなクラフト入門』さとうますよ著　ブティック社　2000.4　98p　26cm（レディブティックシリーズ no.1479）900円　①4-8347-1479-9　Ⓝ754

『雑貨をつくる仕事』瀧清子著　主婦の友社　2000.3　152p　19cm（雑貨カタログbooks―あこがれの仕事ガイド）〈発売：角川書店〉1200円　①4-07-227130-6　Ⓝ589
内容　ものをつくることを天職とし、作品づくりに打ち込むアーティスト、雑貨ショップ経営と両立させ、つくることと売ることを結びつけている人、創作からプロデュースまでこなしマルチに活躍する人、企業のなかでものを生み出す人…、身近なものをつくる多様な雑貨アーティストを紹介。アーティスト作品歓迎の全国ショップガイドなど役立つ情報も満載。

◆◆編物

『ときめきを結ぶタティングレース』Tiny Flowers*枝貴子［著］　ブティック社　2024.7　96p　21×21cm（レディブティックシリーズ 8526）1500円　①978-4-8347-8526-5　Ⓝ594.3
内容　タティングレースは、糸を結んで作るレース。小さなアクセサリーから、じっくりと丁寧に作りたくなる大きめのドイリーまで、繊細で心ときめくデザインの作品を収録する。写真プロセスのポイント解説つき。

『初心者でも基本から理解できる一年中楽しめるかぎ針編みのバッグと小物―かわいさ満載の25アイテムを丁寧な写真＆動画で解説！』ミミアム高橋春香著　マイナビ出版　2023.11　159p　26cm　1630円　①978-4-8399-8082-5　Ⓝ594.3
内容　かわいさ満載の25アイテムを丁寧な写真＆動画で解説！

『はじめてでも大丈夫！ 編みながら楽しく覚える棒針編みの基礎』成美堂出版編集部編　成美堂出版　2023.10　127p　26cm　1400円　①978-4-415-33344-1　Ⓝ594.3
内容　セーター＆小もの全作品プロセス写真解説つき。棒針編みの基礎がこの1冊でわかる。きれいに仕上げるためのプロのワザ。基礎編みと記号図の読み方と編み方つき。

『左利きさんのためのはじめての棒針編み』佐野純子著　日東書院本社　2023.10　95p　26cm　1500円　①978-4-528-02432-8　Ⓝ594.3
内容　左利きの棒針編み初心者に向け、左利き専用の編み図とプロセス写真で基本の編み方を丁寧に解説。エコたわし、あみぐるみ、ポンチョ、マフラーといった小物の編み方も紹介します。

『グラニー編みの教科書―楽しく編みながらマスターする』ミカ*ユカ著　誠文堂新光社　2023.9　95p　25cm　1800円　①978-4-416-62314-5　Ⓝ594.3
内容　グラニー編みの世界へようこそ！ 正方形、三角形、長方形、円形といった基本の編み方をプロセス写真で解説。マフラー、こたつカバー、ショール、クッションなど23点のアレンジ作品も紹介します。

『左利きさんのためのはじめてのかぎ針編み』佐野純子著　日東書院本社　2023.7　95p　26cm　1500円　①978-4-528-02412-0　Ⓝ594.3
内容　左利きのかぎ針編み初心者に向け、左利き専用の編み図とプロセス写真で基本の編み方を丁寧に解説。エコたわし、ミニポーチ、ブレスレット、ミトンといった小物の編み方も紹介します。

『かぎ針編みのきほんとモチーフ―マンガ

と動画でわかる』かんのなおみ著　ナツメ社　2022.12　207p　21cm　1400円　①978-4-8163-7287-2　Ⓝ594.3
内容　かぎ針編みに必要な道具、編み図の読み方、基本の編み方、モチーフの編み方、さまざまなアイテムの作り方など。基礎からステップアップまで楽しくマスターできる！初心者さんでも大丈夫！

『よくわかる基礎かぎ針編み―動画つき決定版！』河合真弓監修　朝日新聞出版　2022.10　159p　26cm　1300円　①978-4-02-334086-2　Ⓝ594.3
内容　かぎ針編みの「きほんのき」から編み目記号の編み方、テクニックまで、イラストと写真でわかりやすく解説。編み目記号の針の動きは動画で確認できる。作品や模様のバリエーションも紹介。切り取り式の編み目記号一覧つき。

『よくわかる基礎棒針編み―動画つき決定版！』河合真弓監修　朝日新聞出版　2022.10　167p　26cm　1300円　①978-4-02-334087-9　Ⓝ594.3
内容　棒針編みの「きほんのき」から編み目記号の編み方、テクニックまで、イラストと写真でわかりやすく解説。編み目記号の針の動きは動画で確認できる。作品や模様のバリエーションも紹介。切り取り式の編み目記号一覧つき。

『あみぐるみ基本のきほん―7つのLESSONでたのしく学べる：かぎ針編み』いちかわみゆき著　文化学園文化出版局　2021.12　95p　26cm　1600円　①978-4-579-11765-9　Ⓝ594.3
内容　だれが作ってもかわいくできあがる手芸、あみぐるみ。いろいろなタイプのあみぐるみが作れるよう、かぎ針編みの基本からスタートし、7つのLESSONで段階的に解説します。あみぐるみQ&Aも掲載。

『わくわく手芸部　3　毛糸で作ろう・棒針』ミカ,ユカ著　誠文堂新光社　2021.11　47p　28cm　3000円　①978-4-416-62105-9　Ⓝ594
内容　手芸が上手になる一番の秘訣は「ヘタでもなんでも、とにかく完成させること」。マフラー、ヘアバンド、ポシェットなど、棒針で編む毛糸の小物やバッグの作り方を、写真と図でわかりやすく説明します。実物大型紙付き。

『わくわく手芸部　2　毛糸で作ろう・かぎ針』ミカ,ユカ著　誠文堂新光社　2021.11　47p　28cm　3000円　①978-4-416-62104-2　Ⓝ594
内容　手芸が上手になる一番の秘訣は「ヘタでもなんでも、とにかく完成させること」。マフラー、キャップ、シュシュなど、かぎ針で編む毛糸の小物やバッグの作り方を、写真と図でわかりやすく説明します。実物大型紙付き。

『はじめてでも編めるかぎ針編みの教科書』イデガミアイ著　日東書院本社　2021.10　111p　26cm（TORIDE de Knitの読む編みもの教室）〈索引あり〉1500円　①978-4-528-02373-4　Ⓝ594.3
内容　大きな写真でわかりやすい！QRコードを読み取って、動画でもつまづきポイントをやさしくフォロー。1レッスンずつクリアすることで、どんどんステップアップ。

『はじめてでも編める棒針編みの教科書』イデガミアイ著　日東書院本社　2021.10　111p　26cm（TORIDE de Knitの読む編みもの教室）〈索引あり〉1500円　①978-4-528-02374-1　Ⓝ594.3
内容　大きな写真でわかりやすい！QRコードを読み取って、動画でもつまづきポイントをやさしくフォロー。1レッスンずつクリアすることで、どんどんステップアップ。

『はじめてのかぎ針―手あみマフラーとこもの：マフラー、スヌード、帽子、バッグ』新装版　日本ヴォーグ社　2021.10　50p　23cm　780円　①978-4-529-06148-3　Ⓝ594.3
内容　困ったときのおたすけ動画つき。わかりやすいイラスト&写真で解説！

『はじめての棒針―手あみマフラーとこもの：マフラー、スヌード、帽子、ヘアバンド』新装版　日本ヴォーグ社　2021.10　50p　23cm　780円　①978-4-529-06149-0　Ⓝ594.3
内容　マフラー、スヌード、帽子、ヘアバンドetc.困ったときのおたすけ動画つき。わかりやすいイラスト&写真で解説！

『いちばんわかる！ずっと使える！新・かぎ針編みの基本―知っておきたいテクニックと編み目記号』ブティック社　2021.9　160p　26cm（レディブティックシリーズ　8122）〈索引あり〉1300円　①978-4-8347-8122-9　Ⓝ594.3
内容　準備から仕上げまで、かぎ針編みの基本を、見やすくてわかりやすい写真プロセスで解説。ヘアゴム、ハンドウォーマー、ストー

『はじめてでもこれ1冊できちんとわかる棒針編みの基本BOOK』鎌田恵美子著　新版　マイナビ出版　2020.10　144p　26cm〈索引あり　奥付・背のタイトル：これ1冊できちんとわかる棒針編みの基本BOOK　初版：マイナビ 2015年刊〉1380円　Ⓟ978-4-8399-7460-2　Ⓝ594.3
|内容| マフラー、ニット帽から、バックやポーチまで。かわいい作品満載！編んでいくうちに基礎がどんどん身につく！

『いちばんよくわかるかぎ針こもの―ニットこものの決定版！』　日本ヴォーグ社　2017.11　127p　26cm　1000円　Ⓟ978-4-529-05733-2　Ⓝ594.3
|内容| はじめてでもかんたん、QRコードで動画も見られる。帽子、巻きもの、バッグ、アクセサリーなど、かわいいニットこもの62点。

『いちばんよくわかる新・かぎ針あみの基礎』　日本ヴォーグ社　2014.11　152p　26cm〈索引あり　「いちばんよくわかるかぎ針あみの基礎」(2010年刊)の改題、増補改訂〉1000円　Ⓟ978-4-529-05388-4　Ⓝ594.3
|内容| すぐ編めるかわいい作品22点。編みながら見られる！便利なインデックスつき。

『いちばんよくわかる新・かぎ針あみの小物―ニット小物づくりの基本がわかる決定版！』　日本ヴォーグ社　2014.11　135p　26cm〈「いちばんよくわかるかぎ針あみの小物」(2010年刊)の改題、再構成した増補改訂版〉1000円　Ⓟ978-4-529-05387-7　Ⓝ594.3
|内容| はじめてでもかんたん。帽子、巻きもの、バッグ、アクセサリーなどかわいいニット小物77点。

『たのしいジュニア手芸　4　かわいい小物―ビーズアクセサリー・カード・フェルトのマスコット』　改訂新版　学研パブリッシング　2010.2　55p　27cm〈索引あり　初版：学習研究社2001年刊　発売：学研マーケティング〉2800円　Ⓟ978-4-05-500684-2, 978-4-05-811117-8（set）　Ⓝ
|内容| ジュニアのための手芸の本。4では、ビーズアクセサリーやカード、フェルトのマスコットなどかわいい小物の作り方を紹介。ビーズや金具の種類、編み始めと終わりの始末といったアクセサリーづくりの基礎が身につきます。

◆◆袋物細工（バッグ・ポーチ）

『こもの作りの基礎ノート―バッグ・ポーチ・布こもの』　増補改訂版　ブティック社　2024.6　112p　26cm（レディブティックシリーズ 8522）〈付：実物大型紙（1枚）〉1500円　Ⓟ978-4-8347-8522-7　Ⓝ594
|内容| 初心者がつまずきそうなポイントをおさえ、安心して最後まで作れるよう、こもの作りの基礎をまとめた本。まっすぐ縫うだけの布こものから、ちょっと難しいポーチ、バッグまで、作り方を写真で解説します。

『はじめて作るバッグ』　改訂版　ブティック社　2021.1　80p　26cm（レディブティックシリーズ 8073―ビギナーシリーズ）1000円　Ⓟ978-4-8347-8073-4　Ⓝ594.7
|内容| ぺたんこバッグ、マチ付きのトートバッグ、ためせるエコバッグ、グラニーバッグなど、はじめて作るのにぴったりなバッグを紹介。型紙の作り方や裁断のしかた、各バッグの作り方などを、写真とイラストで詳しく解説する。

『仕立て方が身に付く手作りバッグ練習帖』赤峰清香著　ブティック社　2020.5　120p　30cm（レディブティックシリーズ 4968）1450円　Ⓟ978-4-8347-4968-7　Ⓝ594.7
|内容| スタンダードトート、マリン巾着、サファリリュック、メッセンジャーバッグ…。手軽に作れるものから、難易度の高いものまで、手作りバッグを7つのカテゴリーに分けて、仕立てのコツを説明しながら紹介する。

『はじめてでも必ず作れる手づくりバッグのきほん』赤峰清香著　日本文芸社　2020.3　127p　26cm　1400円　Ⓟ978-4-537-21769-8　Ⓝ594.7
|内容| いろんな形のバッグ・ポーチ、作り方がよくわかる！

『いちばんよくわかるバッグの基礎―キレイに仕上げるポイントつき：基本から応用まで』　日本ヴォーグ社　2019.7　95p　26cm　1400円　Ⓟ978-4-529-05905-3　Ⓝ594.7
|内容| item全30点、欲しいバッグが作れる。アイデアバッグも満載！

『楽しく学べる！ポーチの教室』　日本ヴォーグ社　2018.10　95p　26cm　1400円　Ⓟ978-4-529-05843-8　Ⓝ594.7

ものづくりにチャレンジ　　　　　　　　　　　　　　　芸術・美術を学ぼう

|内容| かわいくて、便利だから何個でも作りたくなるポーチ。ポーチ作りに欠かせない、ファスナーつけ、裏地つけ、接着芯、口金、素材の5テーマに分けて、美しく仕上げるポイントを写真で詳しく解説する。

『はじめてのトートバッグ—基本のトートバッグは写真で1工程ごとに解説しています』　ブティック社　2017.4　80p　26cm（レディブティックシリーズ4374）972円　Ⓘ978-4-8347-4374-6　Ⓝ594.7
|内容| さあ、トートバッグを作ってみましょう！　しっかりした帆布の、基本のトートバッグから、縦型のトートバッグ、ママバッグまで、さまざまなタイプのトートバッグの作り方を紹介します。アップリケの実物大図案つき。

『作りながら基礎が学べるポーチと小もの—よくわかるパッチワークキルト』　日本ヴォーグ社　2016.12　80p　26cm　1300円　Ⓘ978-4-529-05631-1　Ⓝ594.7
|内容| 作品70点、詳しいプロセス実物大型紙つき。

『いちばんよくわかるバッグ作りの本—鎌倉スワニーの』鎌倉スワニー［著］　ブティック社　2015.8　104p　30cm（レディブティックシリーズ 4041）〈索引あり〉1200円　Ⓘ978-4-8347-4041-7　Ⓝ594.7

『初めてでも作れる基本の麻ひもバッグ』青木恵理子著　新版　マイナビ　2015.6　80p　26cm　1400円　Ⓘ978-4-8399-5656-1　Ⓝ594.7
|内容| 最小限のテクニックで編む33デザイン。

『いちばんよくわかる毎日使いたいバッグ—バッグ作りの基本がすべてわかる決定版！　難易度別に作りたいバッグが見つかる★35点★』　日本ヴォーグ社　2010.12　96p　26cm　1200円　Ⓘ978-4-529-04898-9　Ⓝ594.7
|内容| バッグ作りの基本がすべてわかる決定版。難易度別に作りたいバッグが見つかる、トートバッグ、ショルダーバッグ、グラニーバッグ、ボストンバッグ、リュック、バッグinバッグ、etc…35点。プロセス写真の作り方、実物大型紙つき。

『伝統工芸袋物教室』大野一郎監修　三弥井書店　2003.10　47p　26cm　1200円　Ⓘ4-8382-7039-9　Ⓝ594.7

|目次| 大野一郎作品アラカルト、手作りしてみましょう（被布、扇面敷物、布香合、数寄屋袋、玉縁手提げ袋）、作品の種類と材料

『バッグ作りの基礎ノート—バッグくらいは作ってみたい』しかのるーむ著　文化出版局　2000.12　94p　26cm　1000円　Ⓘ4-579-10865-5　Ⓝ594.7
|内容| 「洋服は無理でもバッグくらいは作ってみたい」とか「バッグのパターンがないので作れない」と言う人に役立つ。

◆◆ビーズ細工

『わくわく手芸部　4　ビーズで作ろう』　ミカ，ユカ著　誠文堂新光社　2022.10　47p　28cm　3000円　Ⓘ978-4-416-52276-9　Ⓝ594
|内容| 手芸が上手になる一番の秘訣は「ヘタでもなんでも、とにかく完成させること」。ネックレス、ティアラなど、ワイヤーやテグスにビーズを通すだけで作れるアクセサリーやマスコットを、写真と図でわかりやすく説明します。

『こどものビーズブック—楽しいマスコット＆かわいいアクセサリー』　雄鶏社　2006.1　48p　20×20cm　640円　Ⓘ4-277-47205-2　Ⓝ594.9
|内容| かわいいビーズマスコットや、カンタンなアクセサリーを作って楽しもう！　ビーズの材料・用具の紹介から、通し方やパーツのかがり方まで基礎もやさしくていねいに説明します。

『ジュニアのビーズアクセサリー＆雑貨』　ブティック社　2005.7　48p　18×19cm（プチブティックシリーズ no.384）400円　Ⓘ4-8347-6384-6　Ⓝ594.9

『ジュニアのビーズアクセサリー』　ブティック社　2004.7　59p　18×19cm（プチブティックシリーズ no.359）〈「自分で作ろう！　ジュニアのビーズアクセサリー」の改訂版〉400円　Ⓘ4-8347-6359-5　Ⓝ594.7

『自分で作ろう！　ジュニアのビーズアクセサリー』　ブティック社　2001.9　51p　18×19cm（プチブティックシリーズ 193）〈3刷〉400円　Ⓘ4-8347-6193-2

◆◆パッチワーク

『いつも手元にパッチワークハンドブック—基礎知識とハウツーがよくわかるパッ

『チワークのミニバイブル』 日本ヴォーグ社 2018.12 79p 26cm〈索引あり〉1200円 Ⓘ978-4-529-05858-2 Ⓝ594.9
内容 基礎知識とハウツーがよくわかるパッチワークのミニバイブル。作ってみたい人気のパターン156。

『初心者のためのパッチワーク―基本用語・パターンの縫い方・作品の作り方大きな写真で分かりやすく解説』木村公子〔著〕 パッチワーク通信社 2015.4 94p 26cm〈レッスンシリーズ〉〈「はじめてでもよく分かるパッチワーク」(2012年刊)の改題、増補改訂〉880円 Ⓘ978-4-86322-633-3 Ⓝ594.9

『いちばんはじめのパッチワーク―形がかわいい具象パターン：大きな写真でわかりやすい』 パッチワーク通信社 2014.10 114p 30cm〈レッスンシリーズ〉〈パッチワーク教室特別編集〉1000円 Ⓘ978-4-86322-580-0 Ⓝ594.9

『写真でわかるパッチワーク―きほんの縫い方と仕立て』 パッチワーク通信社 2014.8 160p 30cm〈レッスンシリーズ〉1238円 Ⓘ978-4-86322-572-5 Ⓝ594.9

『いちばんはじめのパッチワーク―連続模様のパターン』 パッチワーク通信社 2014.3 114p 30cm〈レッスンシリーズ〉〈「はじめてでもちゃんと作れるパッチワーク」(2006年刊)の改題、再編集 パッチワーク教室特別編集〉1000円 Ⓘ978-4-86322-536-7 Ⓝ594.9

『いちばんはじめのパッチワーク配色楽しむパターン』 パッチワーク通信社 2014.1 114p 30cm〈レッスンシリーズ〉〈パッチワーク教室特別編集「パッチワーク教室ベストセレクション2」(2002年刊)の改題、改訂〉952円 Ⓘ978-4-86322-525-1 Ⓝ594.9

『いちばんはじめのパッチワーク―基本のシンプルパターン』 パッチワーク通信社 2013.11 122p 30cm〈レッスンシリーズ〉〈パッチワーク教室特別編集〉952円 Ⓘ978-4-86322-506-0 Ⓝ594.9

『パッチワークビギナーズブック』木村公子著 パッチワーク通信社 2005.4 82p 26cm〈レッスンシリーズ〉1200円 Ⓘ4-89396-820-3 Ⓝ594.9

『ドキドキグッズ』船本里美作・編、高村忠範文・イラスト、野々下猛写真 汐文社 2002.3 55p 26cm〈かわいい手づくりパッチワーク 3〉2000円 Ⓘ4-8113-7449-5
目次 かわいいお花の額、ミトンのなべつかみ、ハウスのキーホルダー、ポケットティッシュケース、ハウスのランチョンマット、エプロン、カレンダー、ウォールポケット、ひざかけ、ハンカチ、キルト・パッチワークで使う道具、キルト・パッチワークの材料、玉結び・ししゅうの基本ステッチ、ぬい方、しつけの方法・キルティングの方法

『プチプチアクセサリー』船本里美作・編、高村忠範文・イラスト、野々下猛写真 汐文社 2002.3 55p 26cm〈かわいい手づくりパッチワーク 1〉2000円 Ⓘ4-8113-7447-9
目次 ステコザウルス、くまのぬいぐるみ、ケイタイストラップ、カントリードール、ハートのブローチと飾りもの、フォーパッチのドールキルト、平らなマスコット、ドアプレート、ひまわりの小物入れ、フォトフレーム〔ほか〕

『ワクワクバッグ』船本里美作・編、高村忠範文・イラスト、野々下猛写真 汐文社 2002.3 55p 26cm〈かわいい手づくりパッチワーク 2〉2000円 Ⓘ4-8113-7448-7
目次 ケイタイケース、おべんとうぶくろ、ペットボトル入れ、ハートのポシェット、手帳・カードケース、ヨットのシューズケース、トートバッグ、くまのポーチ、ヨーヨーのお花のバッグ、ペンケース〔ほか〕

◆◆フェルト手芸

『わくわく手芸部 6 フェルトで作ろう』ミカ,ユカ著 誠文堂新光社 2022.10 47p 28cm 3000円 Ⓘ978-4-416-52278-3 Ⓝ594
内容 手芸が上手になる一番の秘訣は「ヘタでもなんでも、とにかく完成させること」。ストラップ、ワッペンブローチなど、フェルトを使った小物の作り方を、写真と図でわかりやすく説明します。実物大型紙付き。

『羊毛フェルト基礎テクニックBOOK』佐々木伸子著 新装版 河出書房新社 2021.5 71p 25cm〈文献あり 2015年刊の再刊〉1100円 Ⓘ978-4-309-28888-8 Ⓝ594.9
内容 ニードルフェルトと水を使ったハンドメ

『ステップ式！ 羊毛フェルトの基礎BOOK』maco maako［著］ 新装版 日本ヴォーグ社 2021.2 75p 26cm 1000円 Ⓘ978-4-529-06062-2 Ⓝ594.9
内容 いちばん簡単なボール作りから、各パーツをジョイントさせたマスコット作りまで、羊毛フェルトの基本をステップごとにやさしく解説。きれいに作るためのポイントがいっぱい。実物大型紙も収録。

『かんたん！ かわいい！ ひとりでできる！ はじめてのフェルト』寺西恵里子著 日東書院本社 2013.8 63p 24cm （基礎がわかる！ For Kids!!）840円 Ⓘ978-4-528-01872-3 Ⓝ594.9
内容 はじめてでも大丈夫！ 切って、貼っただけでも作れる楽しいフェルト手芸です！ あたたかな感じのフェルトは色がたくさんあるのも魅力です。好きな色ではじめましょう！ フェルトマスコットは絵を描くように、楽しく作れるのでぜひ、チャレンジしてみて下さい。何を作ろうかと考える楽しさ色を選ぶ楽しさチクチクぬう楽しさ。フェルトのたくさんの楽しさにふれてみてください。さあ、1つ、作ってみましょう！

『羊毛フェルトに遊ぶ』 京都 マリア書房 2012.11 95p 30×23cm （創作市場 49）2800円 Ⓘ978-4-89511-649-7
目次 GRAPHIC FELT、ニードルフェルトにくびったけ、京都羊毛散歩、羊毛の手仕事、羊毛フェルト誌上展覧会、フェルトとアートの歴史

『はじめてのフェルトぬいぐるみ―カラフルなフェルトで楽しく作る』浦山亜由美作 学研教育出版 2010.6 128p 26cm〈発売：学研マーケティング〉950円 Ⓘ978-4-05-203285-1 Ⓝ594.9
内容 はりに糸を通すところからのせています。きほんのぬい方は、とくにていねいに解説しています。

『はじめての羊毛マスコット―チクチクさして作る』せとよしみ作 学研教育出版 2010.2 132p 26cm〈発売：学研マーケティング〉950円 Ⓘ978-4-05-203194-6 Ⓝ594.9
内容 ふわふわの羊毛を、特別なはりさしてためる「羊毛フェルト」にチャレンジしましょう。フェルティングカップやガイドを使えば、はじめてでも上手に形が作れます。あなたの好きな色を組み合わせて作ったら、本にのっている作品例より、もっとかわいくできちゃうかも。

『はじめてのフェルトケーキ―フェルトをぬってはって作る』飯塚みさ江作・指導 学習研究社 2008.12 112p 26cm 950円 Ⓘ978-4-05-203004-8 Ⓝ594.9
内容 ホイップクリームやフルーツを好きなだけトッピング。土台＆パーツが50以上のアイテムから選べる。オール写真解説で、作り方がよくわかる。

『フェルトでつくるスイーツ―はじめてでもかんたん！ お菓子な手芸』野口光世作 汐文社 2008.12 48p 27cm 2200円 Ⓘ978-4-8113-8506-8 Ⓝ594.9
目次 材料と用具、きほんのぬい方、刺しゅうのステッチ、ビスケットとお皿、クッキー、マグネットのクッキー、ロールケーキ、プリン、マカロン、ひなまつりのスイーツ、かわいいアクセサリー、チョコレート、ショートケーキ、デコレーションケーキ

『フェルトで作るかわいい動物―楽しいなかまたちあつまれー！』雄鶏社編 雄鶏社 2008.11 48p 20×20cm 740円 Ⓘ978-4-277-56317-8
内容 フェルトで作られた、かわいい動物たち。ひとつずつに温かみがあるのもフェルトの作品ならでは。マスコットやチャームなどバラエティ豊かな作品が勢ぞろいしました。

『針と糸なしで作るフェルトの焼き菓子＆パン』原口幸子著 雄鶏社 2008.10 48p 20×20cm 760円 Ⓘ978-4-277-43149-1
目次 1 お菓子の型で作る焼き菓子、2 クッキーの型で作るクッキー、3 オリジナルの型で作るクッキー、お菓子、パン、和菓子

『フェルトのマスコット＆雑貨』雄鶏社編 雄鶏社 2008.10 48p 21cm（きっかけ本）280円 Ⓘ978-4-277-49066-5
目次 双子のこぐま、2羽の小鳥、マトリョーシカ、ひつじの親子、カメの親子、キーホルダー、ヘアアクセサリー、チャーム、小さなバスケット、小物入れ〔ほか〕

『ぼくたちを作ってよ―針と糸をもってはじめよう』高柳ようこ作 長崎 童話館出版 2000.11 47p 26cm 1400円 Ⓘ4-88750-016-5
内容 この本では、作り方が簡単な作品から、だんだんむずかしい作品へと順番にならべてあります。作り方も最初はくわしく、ていねいに説明してあります。ですからページを

芸術・美術を学ぼう　　　　　　　　　　　　　　　　　ものづくりにチャレンジ

おって作っていけば、ひとりでもできるようになってます。

『ふわふわ原毛でフェルトワーク—たたいて、こすって、アラ不思議！』清水千絵著　婦人生活社　2000.10　82p　26cm（婦人生活家庭シリーズ）820円　①4-574-80376-2　Ⓝ594
内容　原毛にお湯と洗剤をつけて摩擦を与えると固まってできるフェルト。原毛からフェルト化するためのテクニックを紹介。また、フェルトを使ったバッグ、ポーチ、アクセサリーなどの作り方も掲載する。

『手作りフェルトのあったか小物』近藤美恵子著　フレーベル館　2000.1　61p　21cm（てづくりたからばこ 3）950円　①4-577-02029-7
内容　ふんわりやさしい実ざわりがみりょくのフェルト小物。実は、羊毛を使って自分でフェルトが作れるんです。手のひらで転がしたり、こすったりすれば、あっという間にフェルトのできあがり！　見た目よりも、ずっとカンタンです。てづくりたからばこを開けて世界にひとつしかないあなただけのたからものを作ってね。

◆機械工作

『作ってびっくり！　科学脳をきたえる！うごくおもちゃ工作』K&B STUDIO作　あかね書房　2024.6　112p　26cm　1200円　①978-4-251-05904-8　Ⓝ750
内容　わりばし射的、クルクル水車、ハロウィンモビール…。身近な材料を使った、48種類のうごくおもちゃのつくりかたを紹介するとともに、おもちゃがうごくしくみを解説する。おもちゃの説明書の書き方も掲載。

『世界で一番美しい「もの」のしくみ図鑑』セオドア・グレイ著、ニック・マン写真、前島正裕、佐々木勝浩監修、武井摩利訳　大阪　創元社　2020.9　256p　27×27cm〈索引あり〉3800円　①978-4-422-50002-7　Ⓝ530
内容　スケルトン家電、鍵、時計、はかり…。身の回りの製品の内部では何がどんなふうに機能しているのかを豊富なカラー写真で楽しく説明し、機械にまつわる物語や歴史を紹介する。機械仕掛けを愛する人、必携の一冊。

『めくって学べるきかいのしくみ図鑑』学研プラス　2018.10　34p　29cm〈文献あり〉1980円　①978-4-05-204769-5　Ⓝ530
内容　「トイレの水はどうして流れるの？」「自動販売機の中はどうなっているの？」　ふだん見たりさわったりしている、きかいやどうぐのしくみをしかけイラストを使って解説する図鑑。

『工具のひみつ』水木繁まんが　学研プラス　2018.9　126p　23cm（学研まんがでよくわかるシリーズ 140）〈構成：YHB編集企画〉頒価不明　Ⓝ532

『もののしくみ大図鑑—サイエンスプラス：なぜうごく？　どうちがう？：スマートフォンから宇宙ロケットまでもののしくみがよくわかる！』ジョエル・ルボーム、クレマン・ルボーム著，村上雅人監修　世界文化社　2018.6　167p　28cm〈索引あり　最新版 2016年刊の加筆・訂正　翻訳：村井丈美ほか〉2300円　①978-4-418-18811-6　Ⓝ530
内容　みぢかな道具から最新テクノロジーまで250のしくみを大解明！

『最強！　はたらくスーパーマシンのひみつ100』学研プラス　2017.6　207p　17cm（SG100）1200円　①978-4-05-204610-0　Ⓝ530
内容　この世界には、さまざまなところで活躍するすばらしいマシンがたくさんある。乗りもの、宇宙開発のマシン、ロボット…。厳選したスーパーマシンのひみつ100を迫力の写真で解説。クイズも掲載する。シール付き。

『動物園大脱走—機械のしくみがわかる本』デビッド・マコーレイ絵，小寺敦子訳　大日本絵画　2016　30p　29cm（しかけえほん）3000円　①978-4-499-28648-0　Ⓝ530
内容　ナマケモノのモノくんとハネジネズミのハネジくん。てこ、ねじ、滑車、いろんな道具や機械を使った動物園脱出作戦！　歯車をまわしたり、シーソーで遊んだりして、2ひきの作戦をおうえんしよう!!

『モノのしくみがわかる本—オールカラー：生活家電や乗り物からハイテク技術まで』科学技術研究倶楽部編　学研パブリッシング　2013.12　239p　19cm〈文献あり　発売：学研マーケティング〉571円　①978-4-05-405909-2　Ⓝ530
内容　私たちの生活を支えるさまざまな「モノ」のしくみを大解剖！

ヤングアダルトの本　創作活動をささえる4000冊　　211

『キカイはどうやって動いているの？―動かしてわかる機械のしくみ』ニック・アーノルド作，アラン・サンダーズ絵，こどもくらぶ訳　東京書籍　2013.5　22p　24×27cm〈付属資料：組みたてキット 1式〉2400円　Ⓘ978-4-487-80740-6　Ⓝ530

『道具と機械の本―てこからコンピューターまで』デビッド・マコーレイ［著］，歌崎秀史訳　新装版　岩波書店　2011.9　400p　29cm〈索引あり〉7600円　Ⓘ978-4-00-009889-2　Ⓝ530
内容　子どもから大人まで、みんなで楽しめる道具と機械の全ガイド。てこからデジタル機器まで、身近な道具と機械のしくみや働きを、豊富なイラストレーションで解き明かす。

『メカのはてな―図解もついて50の不思議まるわかり！』はてな委員会編　講談社ビーシー　2009.6　159p　21cm〈はてなシリーズ vol.1〉〈発売：講談社〉1200円　Ⓘ978-4-06-102891-3　Ⓝ530
内容　図解もついて50の不思議まるわかり。乗り物や家電製品、精密メカのすべて。

『わかるものづくりの基本』山本恭嗣著　名古屋　中日出版社　2004.7　182p　21cm　1429円　Ⓘ4-88519-230-7　Ⓝ530
目次　1 ものづくりの歴史, 2 ものづくりのための基礎知識の必要性, 3 ものの動きを構成する基本的な要素, 4 機械の動きの分類, 5 ものづくりのための材料、部品、ユニット, 6 機械工作と仕上、組立, 7 エア機器と自動化, 8 電気と制御, 9 設計及び図面, 10 ものづくりの進め方

『身近な道具と機械の図鑑―もののしくみと原理がひと目でわかる』川村康文監修　PHP研究所　2003.8　79p　31cm　2800円　Ⓘ4-569-68409-2　Ⓝ530
内容　てこ、ねじ、ばね、歯車…。くらしのなかでふだん使われている身近な道具や機械には、人類の発見した力学上の原理が、たくみに利用されています。原理としくみが、わかりやすい絵でひと目でわかる道具と機械の図鑑。

『ホントにうつる！手作りカメラ』伊知地国夫作・写真，山田ふしぎまんが　ポプラ社　2002.8　103p　21cm（ビックリ実験あそべる科学 2）950円　Ⓘ4-591-06508-1
内容　小さな穴をあけただけで写真がうつせるピンホールカメラや、虫めがねを使ったカメラなど、手作りカメラのアイデアがいっぱい。

◆電子工作

『ラズパイPico WかんたんIoT電子工作レシピ』そぞら著　技術評論社　2024.5　255p　23cm〈サンプルコードをダウンロード提供　索引あり〉2600円　Ⓘ978-4-297-14182-0　Ⓝ548.2
内容　難しい回路図はナシ！Pico WとMicroPythonでゼロから学べる電子工作の入門書。

『ラズパイ5完全ガイド―電子工作＆サーバー構築徹底解説！』福田和宏著，ラズパイマガジン編　日経BP　2024.5　16, 487p　24cm〈発売：日経BPマーケティング　索引あり〉3600円　Ⓘ978-4-296-20505-9　Ⓝ548.295
内容　「Raspberry Pi 5（ラズパイ5）」の導入方法から基本的な操作方法、サーバー構築、プログラミング、電子工作まで、活用する方法を網羅的に解説。ソースコード等のダウンロード付き。ラズパイ全モデル対応。

『Raspberry Piクックブック』Simon Monk著，水原文訳　第4版　オライリー・ジャパン　2024.1　534p　24cm（Make PROJECTS）〈索引あり　頒布・発売：オーム社〉3900円　Ⓘ978-4-8144-0050-8　Ⓝ548.22
内容　Raspberry Piを使いこなすための実践レシピ集。サンプルコードも豊富に収録。機械学習、Raspberry Pi Pico/Pico Wの章を追加した第4版。

『電子工作大図鑑―作ってきたえて能力アップ！：コピー基板方式でユニバーサル基板もこわくない！』伊藤尚未著　第3版　誠文堂新光社　2023.6　383p　26cm　2400円　Ⓘ978-4-416-62366-4　Ⓝ549.3
内容　楽しみながら覚える電子工作入門書！技術者の第一歩は電子工作から始まる。ラジオ少年の頃に戻って夢中になる！

『Arduinoをはじめよう』Massimo Banzi, Michael Shiloh著，船田巧訳　第4版　オライリー・ジャパン　2023.2　268p　21cm（Make PROJECTS）〈索引あり　頒布・発売：オーム社〉2200円　Ⓘ978-4-8144-0023-2　Ⓝ007.63

『Raspberry Piをはじめよう』Matt Richardson,Shawn Wallace,Wolfram Donat著,水原文訳　第4版　オライリー・ジャパン　2022.9　209p　21cm（Make PROJECTS）〈索引あり　頒布・発売：オーム社〉2000円　⒤978-4-87311-999-1　Ⓝ548.22
内容　ハードウェアの概要から、Linux、Pythonの基本、活用例までを解説したコンパクトな入門書。

『ラズパイ電子工作＆光の実験で理解する量子コンピュータ―ちょこっと未来の技術を今のうちに体感』藤井啓祐、武田俊太郎、束野仁政、漆谷正朗、山崎清仁著　CQ出版　2022.5　303p　18cm（CQ文庫シリーズ）〈索引あり〉1600円　⒤978-4-7898-5050-6　Ⓝ007.1
内容　ラズベリー・パイとPICマイコンを使って量子演算電卓の製作にチャレンジします。また、重ね合わせの原理や干渉といった光の実験を通して、量子コンピュータの挙動を理解します。

『Raspberry Pi教科書―ワンボードコンピュータの「基本」から「開発」まで』I/O編集部編　工学社　2022.5　159p　26cm（I/O BOOKS）〈索引あり〉2600円　⒤978-4-7775-2195-1　Ⓝ548.22
内容　電子工作、プログラミング、汎用コンピュータ。本格的なLinuxマシンがLinuxの知識なしでも使える！

『micro：bitであそぼう！―たのしい電子工作＆プログラミング』高松基広著　〈v2対応〉改訂新版　技術評論社　2022.2　159p　26cm　1980円　⒤978-4-297-12667-4　Ⓝ007.64
内容　micro：bitは、小さい本体の中にたくさんの機能が詰め込まれたプログラミング入門キット。ゲームから実用ツールまで、身の回りの物で簡単に作れて、たのしく遊べる作例を32収録する。v2対応。

『Raspberry Piはじめてガイド』山内直、大久保竣介、森本梨聖著、太田昌文監修　技術評論社　2021.3　255p　23cm〈索引あり　Raspberry Pi 4完全対応　Raspberry Pi 3 B+/A+にも対応〉2380円　⒤978-4-297-11958-4　Ⓝ548.22
内容　電子工作がはじめてのデザイナー、アーティスト、そして学生のための本。Arduino IDE2.0に対応し、待望のアップデート！

『ビジュアル図解micro：bitではじめるプログラミング＆マイコンボード入門』速水祐著　技術評論社　2020.12　239p　24cm〈索引あり〉2580円　⒤978-4-297-11787-0　Ⓝ548.22
内容　デスクトップ、サーバー、プログラミング、電子工作、ラズベリーパイの知識と使い方が1冊でわかる。

『ビジュアル図解micro：bitではじめるプログラミング＆マイコンボード入門』速水祐著　技術評論社　2020.12　239p　24cm〈索引あり〉2580円　⒤978-4-297-11787-0　Ⓝ548.22
内容　STEM教育の決定版!!ハードウェアからプログラミングまでmicro：bitフル活用！

『エレクトロニクスラボ―ものの仕組みがわかる18の電子工作』DK社著、若林健一訳　オライリー・ジャパン　2020.10　163p　24cm（Make KIDS）〈頒布・発売：オーム社〉2500円　⒤978-4-87311-924-3　Ⓝ549
内容　現実にあるものがどうやって動いているのか？が、作ってわかる！工具の使い方、ハンダ付けや電線処理の基本、コンデンサ、抵抗器、トランジスタなどエレクトロニクスの基礎知識も網羅。

『これ1冊でできる！ラズベリー・パイ超入門』福田和宏著　改訂第6版　ソーテック社　2020.2　287p　24cm〈索引あり　Raspberry Pi 1+/2/3/4/Zero/Zero W対応　Raspberry Pi 3A+、4Bなど最新モデルに対応！〉2750円　⒤978-4-8007-1261-5　Ⓝ548.22
内容　Linuxの基礎からサーバー構築まで！電子工作初心者でも図解豊富で安心！サンプルプログラムですぐに試せる！

『micro：bitではじめるプログラミング―親子で学べるプログラミングとエレクトロニクス』スイッチエデュケーション編集部著　第2版　オライリー・ジャパン　2019.6　191p　24cm（Make KIDS）〈発売：オーム社〉2000円　⒤978-4-87311-876-5　Ⓝ549
内容　イギリス生まれの教育用マイコンボード「micro：bit」を使ったプログラミングの入門書。ハードウェアの基本からプログラミングのしかた、さまざまな作品の作り方までをていねいに解説する。

『これ1冊でできる！Arduinoではじめる電子工作超入門―豊富なイラストで完全図解！』福田和宏著　改訂第3版　ソーテック社　2018.6　255p　24cm〈索引あり〉2480円　⒤978-4-8007-1210-3　Ⓝ548.22

『ラズベリー・パイで遊ぼう！―名刺サイズの魔法のパソコン』林和孝著　改訂第2版　ラトルズ　2017.4　327p　21cm〈索引あり〉2000円　①978-4-89977-462-4　Ⓝ548.22
内容　手のひらに乗る小さなコンピューター、ラズベリー・パイをトコトン遊び尽くそう。パソコンとして楽しむ方法から、電子回路を接続して制御する電子工作までをわかりやすく解説。ラズベリー・パイ3モデルB、Zero W対応。

『コンピュータ電子工作の素ラズベリー・パイ解体新書』インターフェース編集部編　CQ出版　2016.4　167p　26cm（ボード・コンピュータ・シリーズ）1800円　①978-4-7898-4709-4　Ⓝ548.22

『これからはじめるArduino入門―基板を使って覚える実践学習―Arduino, Sketch Your Imagination』許庚龍著, 江田睦監修　大阪　シアル　2015.12　10, 621p　26cm〈訳：株式会社高電社韓国語翻訳ソフト「Jソウル9」　柳昊雨　索引あり〉2980円　①978-4-9907127-1-9　Ⓝ548.2

『ハムのLED工作お役立ちガイド―LED工作の基礎からハム周辺機器への応用, イルミネーションを網羅』内田裕之著　CQ出版　2015.5　135p　24cm（HAM TECHNICAL SERIES）〈文献あり　索引あり〉2400円　①978-4-7898-1564-2　Ⓝ549.81
内容　LED工作の基礎からハム周辺機器への応用, イルミネーションを網羅。

『Raspberry Pi電子工作レシピ』河野悦昌著　翔泳社　2014.10　293p　23cm〈索引あり〉2980円　①978-4-7981-3731-5　Ⓝ548.29

『Raspberry Piユーザーガイド』Eben Upton, Gareth Halfacree共著, クイープ訳　第2版　インプレス　2014.9　297p　24cm〈索引あり　初版：インプレスジャパン　2013年刊〉2600円　①978-4-8443-3649-5　Ⓝ548.29

『Raspberry Piクックブック』Simon Monk著, 水原文訳　オライリー・ジャパン　2014.8　365p　24cm（Make PROJECTS）〈索引あり　発売：オーム社〉3400円　①978-4-87311-690-7　Ⓝ548.29
内容　Raspberry Piのすべてを使いこなす216のレシピ。初期設定, LinuxとPythonの基礎, ネットワークの設定, GPIOの使い方などの基本的な情報から, 各種センサー, モーターとの組み合わせなどを豊富なサンプルコードと合わせて解説。Arduinoとの連携についても詳しく紹介した決定版！

『Raspberry Piアイデア実験室―はんだ付け不要』坂本俊之著　新潟　シーアンドアール研究所　2014.6　207p　21cm〈索引あり〉2100円　①978-4-86354-148-1　Ⓝ548.29

『LEDで作る！知る！光の世界―虹から学ぶ光の不思議体験と電子工作』伊藤仁, 舘伸幸共著　CQ出版　2012.3　175p　24cm（電子工作まんがシリーズ）〈索引あり〉2400円　①978-4-7898-4168-9　Ⓝ425.075
内容　理科や科学の実験は「光」や「音」という日常生活でごく自然に接している素材を用いることができます。それら理科学実験に使う道具を電子工作で自ら作り出すことにより, より楽しく, より自由に実験を進められるようにまとめているのが本書の特徴です。

『PICマイコンとBASICで広がる電子工作―はじめてのプログラミングを楽しもう！』丹羽一夫著　CQ出版　2011.5　175p　24cm（電子工作マイコンシリーズ）2200円　①978-4-7898-4166-5　Ⓝ548.2
目次　第1章 PICマイコンと電子工作, 第2章 まずはプログラムと友達になろう, 第3章 つぎはLEDを点滅して遊んでみよう, 第4章 これであなたもミュージシャン, 第5章 時間を制御する―アナログ的手法で作る各種タイマの製作, Appendix "7セグLED"に「数字」を表示させよう

『キホンからはじめるPICマイコン―"C言語"をフリーのコンパイラで使う』中尾真治著　オーム社　2010.7　234p　26cm〈文献あり　索引あり〉2900円　①978-4-274-20902-4　Ⓝ548.2
目次　1章 C言語入門（C言語の基本情報, 定数

とデータ型と変数，配列とポインタ，構造体と共用体，演算，分岐と繰返し，関数，スコープ），2章 PICマイコンの基本情報（PICマイコンの基本情報，コンフィグレーション・ビットほか），3章 PICマイコンの周辺機能（I/Oポート，ウィーク・プルアップ ほか），4章 開発ツール（パソコンにインストール，プログラムを書く ほか），5章 PICマイコンの応用回路（USB，LCD ほか）

『LED工作テクニック―いろいろな光らせ方がマスターできる』伊藤尚未著　誠文堂新光社　2009.10　127p　21cm〈文献あり〉1800円　Ⓣ978-4-416-10911-3　Ⓝ549.81
内容 LEDの基本知識（世の中で活躍するLED，LEDの仕組みと特徴を知ろう ほか），LEDを光らせるための基本的な回路（直列につなげる，LEDを直列に複数つなげる ほか），作ってみよう（LEDによる照明装置 14LEDライト，三原色によるフルカラー照明 RGBライト ほか），電子工作のポイント（工作の道具と使い方）

『やさしいPICマイコン電子工作パソコンとつないで遊ぼう』高橋隆雄著　秀和システム　2006.8　303p　24cm　2300円　Ⓣ4-7980-1319-6　Ⓝ548.2
内容 本書は「やさしいPICマイコン プログラミング＆電子工作」の続編にあたります。前作ではPIC入門のための簡単な回路から作りはじめ，まったくの初めての人でもPICを動かすことができるように構成していました。本書ではこれを一歩進めて，より複雑なPICのプログラムを解説するとともに，パソコンと接続して使う回路を紹介しています。

『C言語ではじめるPICマイコン―フリーのCコンパイラではじめよう』中尾真治著　オーム社　2005.8　190p　26cm　2400円　Ⓣ4-274-20118-X　Ⓝ548.2
内容 PICマイコンの使いかたをC言語を使って説明。

『C言語で作るPIC電子工作―組み込み系ハードウェアの設計とFED WIZ-CによるC言語プログラミング』中尾司著　CQ出版　2005.5　255p　24cm（マイコン活用シリーズ）2400円　Ⓣ4-7898-3737-8　Ⓝ548.2
内容 組み込み機器を開発しませんか？ C言語を使って，短時間に開発できます。ハードウェアの制御にはもってこいのC言語FED社のWIZ-Cを使って，組み込み機器の開発の過程を学んでいきます。アセンブラのようにPIC自体に精通していなくても，WIZ-Cの

インテリジェントな機能を活用すれば，作りたい電子機器をすばやく実現，デバッグできることを具体的に解説します。

『作りながら学ぶPICマイコン入門―豊富な各機能を動かして確認しながら理解する』神崎康宏著　CQ出版　2005.5　341p　24cm（マイコン活用シリーズ）2600円　Ⓣ4-7898-3736-X　Ⓝ548.2
内容 本書はPICの潜在能力90％以上を使いこなすための，基礎からの情報が詳しくていねいに解説してあります。このエレキの助けを借りれば，メカも大変身。

『作ってみよう！ 電子工作25―カンタンにできる小学生・中学生の自由工作』樫野清一監修・製作　成美堂出版　2002.7　127p　26cm　950円　Ⓣ4-415-01974-9

『科学工作』高橋宏著，水谷桃子イラスト　大月書店　2002.4　31p　31cm（みんなでつくろう！ 大型クラフト 6）3000円　Ⓣ4-272-61306-5
内容 ペットボトルの太陽熱温水器，太陽熱でゆでたまご―パラソル集光器，自転車ポンプでミニ冷凍庫，ドライアイスで人工トルネード，しょうゆびんで巨大温度計，圧力なべでミニ火力発電，強力磁石で巨大モーター，とんでびっくり―ペーパーロケット

◆楽器製作

『スピーカーシステムの設計・製作ができる本―魅惑的なあなたの音を出せる』小椋實著　電波新聞社　2023.6　123p　26cm〈索引あり〉2300円　Ⓣ978-4-86406-045-5　Ⓝ547.31
内容 スピーカークラフトに特化し，スピーカーユニットやエンクロージャーの原理・しくみをわかりやすく解説。基本に忠実なものを中心に，簡単な設計手法や実際の製作事例も多数紹介する。

『作りやすくて音がいい真空管オーディオアンプ10機選―基礎解説とカラー実体配線図でよくわかる』MJ無線と実験編集部編　誠文堂新光社　2023.3　143p　26cm　3300円　Ⓣ978-4-416-52348-3　Ⓝ547.337
内容 実体配線図で作る真空管アンプ10機を，写真や図表とともに紹介。音の良いアンプをつくるための実体配線図や配線図の読み方，ハンダ付けの基礎，美しいアンプのための工作の基礎も解説する。『MJ無線と実験』掲載を書籍化。

『はじめてのオリジナル・エフェクター＆ミニ・アンプ製作―入門者でもカンタンにわかる実体配線図×10を収録！』秋間経夫著　新装版　リットーミュージック　2023.2　127p　23cm（ギター・マガジン）2500円　①978-4-8456-3861-1　Ⓝ547.33
内容　初心者にも簡単にできて、実際に楽しめるエフェクターとアンプの作り方を紹介。音の威力をカッコよく底上げするブースターや、古きよきロックサウンドを再現するヴィンテージミニアンプなど10の実体配線図も収録。

『魅惑のオーディオレシピ―あなたのお好みのオーディオシステムを作る』小椋實著　電波新聞社　2021.8　143p　26cm〈索引あり〉2000円　①978-4-86406-042-4　Ⓝ547.33
内容　自分だけのオーダーメイド仕様で世界にひとつのアンプやスピーカーを製作する方法を、写真を多様して詳しく解説。工具の選び方や使い方、音のよいパーツの選び方なども伝える。『電子工作マガジン』連載を書籍化。

『彩りの管球アンプ―自作へのお誘い・徹底解説』鈴木達夫著　電波新聞社　2021.3　199p　26cm　2700円　①978-4-86406-041-7　Ⓝ547.33
内容　ビーム管挿し替え式シングルステレオアンプなど、シングルアンプ3台を題材に、シャーシー加工から塗装、配線までの完全自作をオールカラーで徹底解説。アンプの実用性や見た目の美しさも追求する。

『理解しながら作るヘッドホン・アンプ　続　バイポーラ・トランジスタを使ったディスクリート回路で実現する』木村哲著　CQ出版　2021.3　111p　18cm（CQ文庫シリーズ）〈索引あり〉1200円　①978-4-7898-5046-9　Ⓝ547.337
内容　ヘッドホン・アンプを使えば、好みの音色やノイズの少ないクリアなサウンドを楽しめる。バイポーラ・トランジスタを使ったヘッドホン・アンプの作り方をやさしく解説する。

『Rock音！　アナログ系ギター・エフェクタ製作集―真空管ディストーションからリバーブ/コーラスまで』富澤瑞夫著　CQ出版　2020.4　271p　18cm（CQ文庫シリーズ）〈索引あり〉1400円　①978-4-7898-5030-8　Ⓝ547.33
内容　音に豊かな表現力を与えてくれる魔法の小箱「エフェクタ」。オリジナルのエフェクタが作れるよう、その原理から回路の動作までを解説する。『トランジスタ技術』連載を書籍化。

『カラー実体配線図で作る真空管アンプ―自作で楽しむHi-Fiオーディオ』MJ無線と実験編集部編　誠文堂新光社　2019.3　159p　26cm　2500円　①978-4-416-61963-6　Ⓝ547.337
内容　カラー実体配線図とカラー写真でよくわかる。作りやすい真空管アンプを全12機種掲載。

『スピーカー＆エンクロージャー大全―スピーカーシステムの基本と音響技術がわかる』佐伯多門著　誠文堂新光社　2018.2　222p　26cm〈「スピーカー＆エンクロージャー百科」新版（1999年刊）の改題、改訂版〉3200円　①978-4-416-51816-8　Ⓝ547.31
内容　ダイヤトーンスピーカーの開発設計に携わり、長年、多くのスピーカーシステムを開発してきた著者が、スピーカーの歴史から、スピーカーユニット、各種エンクロージャー、エンクロージャーの製作と実際、配置までを解説。

『コンピュータ搭載！　Linuxオーディオの作り方―Web接続、ネットワーク構成からスマホ制御, ハイレゾ再生まで』インターフェース編集部編集　CQ出版　2018.1　191p　26cm（ボード・コンピュータ・シリーズ）2600円　①978-4-7898-4707-0　Ⓝ547.337
内容　拡張ソースコード多数掲載。Web接続、ネットワーク構成からスマホ制御、ハイレゾ再生まで。

『超初心者からの真空管アンプ製作入門―作れる！　鳴らせる！』林正樹, 酒井雅裕共著　カットシステム　2015.8　223p　26cm〈索引あり〉2800円　①978-4-87783-364-0　Ⓝ547.337
内容　工作の基礎から原理までやさしく解説。段ボールシャーシーの1球アンプから始め、低価格でも可能なハイエンドオーディオアンプまで。初めて挑む編集スタッフの経験をもとに、初心者がつまづくポイントを押さえ、段階を追って高度な自作までを楽しめる、真空管アンプの至福の世界!!

『シンプルな回路でわかりやすい真空管オーディオアンプ―「部品選択」「回路

『設計』「音質改善」に強くなる』佐藤進著　誠文堂新光社　2015.7　199p　23cm　2500円　ⓣ978-4-416-11538-1　Ⓝ547.337
　内容　カラー実体配線図と詳細な内部写真で、人気の出力管EL34を使った音の良いパワーアンプを製作。パーツや回路の詳しい解説で、はじめてのアンプ作りでも楽しみながらしくみが理解できる。

『真空管ギター・アンプ実用バイブル―ベスト・サウンドを手に入れるために：歴史と仕組み、選び方と作り方』デイヴ・ハンター著，川村まゆみ訳，古澤正昭日本版監修　DU BOOKS　2014.9　251p　27cm〈文献あり　索引あり　発売：ディスクユニオン〉2800円　ⓣ978-4-925064-73-6　Ⓝ547.337

『真空管ギターアンプの工作・原理・設計』林正樹著　B&W Edition　ラトルズ　2014.8　324p　23cm〈付属資料：表(1枚)　索引あり〉2600円　ⓣ978-4-89977-409-9　Ⓝ547.337
　内容　原寸実体配線図・シャーシ加工図・切り取り部品表付きで初心者も安心。ギターアンプの命、ダイナミックでナチュラルな歪みをゲットするための真空管電気工作のテクニックとノウハウ、さらに真空管アンプの原理や設計法までやさしくかつディープに解説。

『ROLLYと作るギターエフェクター―ギターサウンドを変化させるオリジナル機器10種の製作：Hand Craft Effector』ROLLY監修　誠文堂新光社　2014.4　111p　27cm　1800円　ⓣ978-4-416-11440-7　Ⓝ547.33

『電流伝送方式オーディオDCアンプ―音楽ファンのための自作オーディオ　パワーアンプ＆DC録音編　最新版10機種』金田明彦著　誠文堂新光社　2014.1　235p　26cm　2700円　ⓣ978-4-416-11431-5　Ⓝ547.337
　目次　第1章　パワーIVC（電流伝送チャンネルフィルター＆電流入力パワーアンプ，SiC MOS-FET&大電流MOS-FETパワーIVC，SiC MOS-FETハイブリッドパワーIVC，D/Aコンバーター搭載SiC MOS-FETパワーIVC ほか），第2章　DC録音（電流伝送A/Dコンバーター，電流伝送DC録音システム）

『作って楽しむ真空管オーディオアンプ―カラー実体配線図付きでよくわかる』MJ無線と実験編集部編　誠文堂新光社　2013.9　144, 18p　26cm　2200円　ⓣ978-4-416-11374-5　Ⓝ547.337
　内容　すぐに作れるカラー実体配線図付き。真空管アンプの回路が作りながら理解できる。測定から試聴ソフトまで、真空管オーディオアンプを徹底的に楽しむ。

『メイキング・マスター・ギター―ギターの名器とその製作方法詳説』ロイ・コートナル著，瀧川勝雄訳　改訂版　現代ギター社　2013.6　441p　24cm〈文献あり〉4600円　ⓣ978-4-87471-541-3　Ⓝ582.7
　内容　ギター製作のバイブル的書籍の日本語版。工房・道具・材料について説明し、スペイン方式のギター組立を写真や図を用いて解説。トーレス、ハウザーといった名工とそのギターの設計図も紹介する。

『ギター・ケーブルを自作する！―ハンダ付けのコツがつかめる本：好きなプラグとケーブルの組み合わせで、キミだけのケーブルを手に入れよう』吉原大敬著　横浜　ミュージックネットワーク　2013.5　126p　21cm（ElectricGuitar magazine）1500円　ⓣ978-4-901910-04-0　Ⓝ547.33

『作りやすい高音質スピーカー―測定とシミュレーションで高性能を徹底追求：高音質・高能率オリジナルDIYスピーカー三面図・板取図付き作例30機種』小澤隆久著　誠文堂新光社　2013.4　264p　26cm〈文献あり〉2600円　ⓣ978-4-416-11362-2　Ⓝ547.31
　内容　高音質・高能率オリジナルDIYスピーカー、三面図・板取図付き作例30機種。

『真空管アンプの素』木村哲著　技術評論社　2011.11　335p　26cm〈索引あり〉3200円　ⓣ978-4-7741-4853-3　Ⓝ547.337
　内容　本書は真空管アンプの基礎知識から「Mini Watter」の製作までを網羅した、真空管アンプを自作してみたい人のための必携＆入門書。

『管球式ステレオアンプ製作80選―入門者から最高級までを網羅　下巻』上杉佳郎著　復刻版　誠文堂新光社　2011.5　362p　26cm　3000円　ⓣ978-4-416-11107-9　Ⓝ547.337
　内容　多くのアンプを自作してきた上杉佳郎

が製作した管球式ステレオアンプを紹介。彼の回路設計の思想や部品配置、シャシー構成がわかる。上巻は、高性能ステレオ・プリアンプ、超簡易型ステレオ・メインアンプなどを収録。

『管球式ステレオアンプ製作80選―入門者から最高級までを網羅　上巻』上杉佳郎著　復刻版　誠文堂新光社　2011.5　307p　26cm　2800円　Ⓘ978-4-416-11106-2　Ⓝ547.337
目次　プリアンプ編、メインアンプ編（純多極管の巻、ウルトラリニア接続の巻、カソード・フィードバック接続の巻、多極管の3結化の巻）

『達人と作るアナログシンセサイザー自作入門―世界で一台のオリジナル・アナログシンセを作る』岩上直樹著　ラトルズ　2011.2　291p　24cm〈索引あり〉2380円　Ⓘ978-4-89977-282-8　Ⓝ582.7
内容　超ロングセラー『大人の科学マガジン別冊　シンセサイザー・クロニクル』（学研刊）付録のアナログシンセSX‐150の設計や、ISO/IEC MPEG‐4 Audio標準文書の作成に参画した著者が、「どう作る？」「どう使う？」「なぜ動く？」の3つの疑問に答えながらアナログシンセの作り方をイチから伝授します。

『オーディオキット＆製作ガイド―キットでつくる本格オーディオシステム』MJ無線と実験編　誠文堂新光社　2008.8　173p　26cm　2200円　Ⓘ978-4-416-10810-9　Ⓝ547.33
内容　『MJ無線と実験』誌に2000年から2007年までに掲載されたオーディオキット製作記事を精選して再編集したものを中心に、基本的な製作技術を紹介するための新たな製作記事を収録。

『入門スピーカー自作ガイド―学ぶ・作る・楽しむ電子工作　基本原理を知って楽しく自作！』炭山アキラ著　電波新聞社　2008.4　199p　21cm　2000円　Ⓘ978-4-88554-960-1　Ⓝ547.31
内容　基礎知識からエンクロージャーのオリジナル設計まで自作スピーカーの醍醐味余すことなく紹介！炭山アキラ氏厳選の注目ユニット集と実践製作術。

『真空管式プッシュプルアンプ―つくりやすい自作オーディオ』MJ無線と実験編集部編　誠文堂新光社　2007.9　143p　26cm　2200円　Ⓘ978-4-416-10705-8　Ⓝ547.337

内容　入門者からベテランまで楽しめるていねいな解説。300B、6EW7、6BX7、421A、6F6、6V6、EL34、50BM8、6L6GC、C3o、6550、KT88、12種類の出力管で14台のアンプを製作。

『真空管式シングルアンプ―つくりやすい自作オーディオ』MJ無線と実験編集部編　誠文堂新光社　2007.8　143p　26cm　2200円　Ⓘ978-4-416-10706-5　Ⓝ547.337
内容　入門者からベテランまで楽しめるていねいな解説。10種類の出力管で14台のアンプを制作。

『オーディオ＆ラジオ完全自作―まるごと手作り!!こだわりの電子工作ブック』電波新聞社　2007.5　191p　26cm　2400円　Ⓘ978-4-88554-938-0　Ⓝ547.337
内容　iPodの音楽をFMラジオで楽しむ装置を、電子工作初心者にもわかりやすく写真・図を使って解説。ほかにも様々なラジオ、オーディオ製作例を掲載する。『ラジオの製作』記事の「復刻版」も収録。

『基礎トランジスタ・アンプ設計法』黒田徹著　インプレスコミュニケーションズ　2007.1　303p　21cm〈1989年刊の複製〉4700円　Ⓘ978-4-8443-7025-3　Ⓝ547.337

『オーディオ真空管アンプもの知り百科―手軽に作れて気軽に鳴らせる！』もの知り百科編集部編　電波新聞社　2006.10　127p　26cm（ここが「知りたい」シリーズ12）2000円　Ⓘ4-88554-924-8　Ⓝ547.337
内容　やさしい真空管アンプの製作「真空管アンプ回路図」を満載。

『新スピーカーの完全自作―まるごと手作り!!入門から本格テクまで』電波新聞社　2006.7　251p　26cm　2800円　Ⓘ4-88554-918-3　Ⓝ547.31
内容　iPod＋小型スピーカーで作る極楽オーディオシステム。オリジナルスピーカーシステム製作例全23本。

『スペイン式クラシックギター製作法―スペインの名工に学ぶ！クラシックギター製作の完全レシピ』欄寝孝次郎著　現代ギター社　2005.10　123p　26cm　2800円　Ⓘ4-87471-401-3　Ⓝ582.7

|目次| 材料と道具の準備、組立型を作る、スペイン式ネックの加工、表面板の成形と力木の接着、横板の加工と接着、裏板の加工と接着、パーフリングとバインディング、指板の加工とフレット打ち込み、駒の加工と接着、ナット、サドルの作製、塗装、指板・フレットの仕上げ、道具を知ろう

『はじめてつくるヘッドフォンアンプ』酒井智巳著 技術評論社 2005.9 186p 15×21cm（1万円の本格オーディオ）1680円 Ⓘ4-7741-2474-5 Ⓝ547.337
|目次| なぜヘッドフォンアンプなのか、少しだけ、基礎、部品の説明、動作のしくみ、製作手順、トラブル対策、部品などによる音の違い、自分好みのヘッドフォンを探す

『実験で学ぶ最新トランジスタ・アンプ設計法』黒田徹著 インプレスコミュニケーションズ 2005.8 226p 21cm〈ラジオ技術社1987年刊（再版）を原本としたオンデマンド版〉4000円 Ⓘ4-8443-7011-1 Ⓝ547.33
|目次| 第1章 トランジスタの基本特性、第2章 増幅回路の基礎、第3章 古典アンプの研究、第4章 差動増幅回路とオペアンプ、第5章 FET（Field Effect Transistor）入門、第6章 フラット・アンプ2種の設計と製作

『はじめてつくるパワーアンプ』酒井智巳著 技術評論社 2005.8 171p 15×21cm（1万円の本格オーディオ）〈文献あり〉1580円 Ⓘ4-7741-2427-3 Ⓝ547.337
|目次| 自作する訳、少しだけ、基礎、部品の説明、必要な道具、ハンダ付け、製作手順、配線のキモ、実際に使う前に、使い方の注意、トラブル対策、自分で組む電源、部品による音の違い、他の心臓部

『はじめてつくるプリアンプ』酒井智巳著 技術評論社 2005.8 235p 15×21cm（1万円の本格オーディオ）〈文献あり〉1680円 Ⓘ4-7741-2428-1 Ⓝ547.337
|目次| プリアンプは果たして必要か、少しだけ、基礎、部品の説明、自分の欲しいものは何か、製作手順：ボリュームのみの場合、製作手順：ボリューム＋セレクタの場合、製作手順：増幅部、製作手順：アッテネータ、製作した後に、インターコネクトケーブルの製作、部品による音の違い

『世界でただひとつ自分だけの手作りスピーカーをつくる―7000円から楽しめる不思議で奥深い魅力』長岡鉄男著 新装版 講談社 2004.9 339p 19cm 1600円 Ⓘ4-06-274179-2 Ⓝ547.31
|内容| 基礎から本格的なテクニックまで、初めての人にもわかるように、オーディオの神様「長岡鉄男」が手作りスピーカーの魅力を伝授。オリジナル設計図面30作品収録。99年刊の新装版。

『オーディオ真空管アンプ製作テクニック―入門者からベテランマニアまで楽しめる』森川忠勇著 誠文堂新光社 2004.8 231p 26cm 2600円 Ⓘ4-416-10407-3 Ⓝ547.337
|内容| 完全製作19台。管球アンプ基礎知識つき。

『オーディオDCアンプ製作のすべて―音楽を愛する電子回路 下巻』金田明彦著 誠文堂新光社 2004.7 266p 26cm 3200円 Ⓘ4-416-10405-7 Ⓝ547.337
|内容| オーディオに革命をもたらしたDCアンプ、その製作ノウハウを徹底紹介。半導体パワーアンプ、ハイブリッドパワーアンプ、真空管パワーアンプ、マッチングトランス、OPT付き真空管パワーアンプ、プリメインアンプ、ターンテーブル制御アンプ、マイクロフォン、録音アンプ、DCアンプのすべてがここにある。

『邦楽器づくりの匠たち―笛、太鼓、三味線、箏、尺八』奈良部和美聞き手 ヤマハミュージックメディア 2004.6 236p 19cm（音楽の匠シリーズ）1800円 Ⓘ4-636-20351-8 Ⓝ582.7
|内容| トップ奏者が求める理想の音に邦楽器づくりの匠たちはいかに応えるのか。

『楽器づくりの匠たち―パイプオルガン、チェンバロ、ヴィオラ・ダ・ガンバ』「楽器の匠」編集委員会著 ヤマハミュージックメディア 2004.5 271p 19cm（音楽の匠シリーズ）〈文献あり〉1800円 Ⓘ4-636-20670-3 Ⓝ582.7
|内容| 高貴で神秘的な音を奏でる楽器、その知られざる製作の世界を知る一冊！ 西洋の伝統楽器に魅せられた日本の製作者たち。

『楽器にかかわる仕事―マンガ』ヴィットインターナショナル企画室編 ほるぷ出版 2004.1 142p 22cm（知りたい！ なりたい！ 職業ガイド）2200円 Ⓘ4-593-57173-1 Ⓝ763
|目次| 楽器製作者、調律師、楽器講師

『オーディオDCアンプ製作のすべて―音

『楽を愛する電子回路　上巻』金田明彦著　誠文堂新光社　2003.3　262p　26cm　3200円　ⓘ4-416-10300-X　Ⓝ547.337
[目次]第1章 製作編（入門編）、第2章 理論編（完全対称アンプ）、第3章 半導体プリアンプ編、第4章 真空管プリアンプ編、第5章 モノーラルDCプリアンプ編、第6章 ハイブリッドDCプリアンプ編、第7章 チャンネルフィルター編、第8章 ネットワーク編

『直熱＆傍熱管アンプ―初心者向けシングルアンプから300Bプッシュプルアンプフォノ EQアンプまで完全製作』松並希活著　誠文堂新光社　2002.8　233p　26cm　3500円　ⓘ4-416-10204-6　Ⓝ547.337
[内容]初心者向けシングルアンプから300Bプッシュプルアンプ フォノEQアンプまで完全製作。

『太鼓―つくって知ろう！　かわ・皮・革』三宅都子文，中川洋典絵　大阪　解放出版社　2001.9　31p　27cm　2200円　ⓘ4-7592-2123-9
[内容]太鼓の中から歴史が見える。つくって、わかることがある。みんなで太鼓博士になろう。

『オーケストラの楽器たち―その製作現場をたずねて』石本祐吉著　アグネ技術センター　2000.9　207p　21cm　2800円　ⓘ4-900041-84-X　Ⓝ582.7
[内容]金属、木材、象牙、馬のしっぽ…。楽器にはさまざまな材料が使われているが、それには必ずそれなりの理由があるだろう。オーケストラで使われているすべての楽器について、その製作現場を訪ねて製作工程、材料とのかかわりを解明し、オーケストラでのその楽器の役割を考える。演奏者、楽器製作者、音楽愛好者、少しでも音楽に興味のある人、そんなすべての人におすすめする。

◆ロケット製作

『手作りロケット入門―モデルロケットの基礎から製作ソフト「RockSim」の解説まで』日本モデルロケット協会編　新版　誠文堂新光社　2013.5　175p　21cm〈索引あり〉1800円　ⓘ978-4-416-31331-2　Ⓝ507.9
[内容]モデルロケットとはいかなるものか、また、どのように製作し打ち上げるのかなど、その基礎をまとめた入門書。

『手作りロケット打ち上げテクニック―火薬を使った本格ロケットモデルロケット入門』足立昌孝著，日本モデルロケット協会監修　誠文堂新光社　2010.6　111p　26cm　1800円　ⓘ978-4-416-31025-0　Ⓝ507.9
[内容]1957年に米国で誕生し、50年間無事故を誇る宇宙科学教材「モデルロケット」。その世界的リーダーであるエステス社の製品を紹介するとともに、ライセンスの取り方、オリジナルロケットの作り方なども説明する。

『手作りロケット完全マニュアル―アマチュア・ロケッティアのための』久下洋一著，日本モデルロケット協会監修　増補　誠文堂新光社　2007.9　318p　26cm　3500円　ⓘ978-4-416-30710-6　Ⓝ507.9
[内容]モデルロケットを自分で製作し、実際に打ち上げて楽しむためのノウハウを満載。ロケットの航行力学を解説した上で、モデルロケットの基本的な設計計算方法や、周辺機器について詳しく紹介する。最新情報を追加した増補版。

『火薬エンジンで飛ぶ！　モデルロケット』宇宙航空研究開発機構宇宙教育センター監修，日本モデルロケット協会指導・執筆　理論社　2006.7　43p　22×26cm（ロケットを飛ばそう！　2）2000円　ⓘ4-652-00317-X　Ⓝ507.9
[内容]手づくりモデルロケットを大空へ飛ばそう！　モデルロケットは火薬エンジンで飛ぶ本格的なロケットです！　組み立てがかんたんな入門キットをつくって飛ばしてみよう。

『ホントにとばせる！　手作りアイディアロケット』後藤道夫監修，山田ふしぎ作・絵，内田雅也指導　ポプラ社　2000.10　127p　21cm（ビックリ実験&あそべる科学　1）950円　ⓘ4-591-06507-3
[内容]野菜と消毒薬でとばすロケットから、火薬でとばすモデルロケットまで、アイディアロケットがいっぱい。

『変身！　磁気が電気に・手づくりロケットを飛ばそう！』米村傳治郎監修，田部井一浩，林熙崇実験指導　理論社　2000.3　40p　24×25cm（NHKやってみようなんでも実験 理論社版 第4集 5）2000円　ⓘ4-652-00335-8
[内容]わたしたちのまわりはふしぎなことでいっぱいです。どんな小さなぎもんでもたいせつなんだからもの。子どもたちが身のまわりの材料でじぶんの手で実験したのしく遊んで

いるうちに「科学する心」がはばたきます。さあ！はじめませんか？やさしい科学の手づくり実験室。NHK教育テレビ「やってみようなんでも実験」の1995年4月から98年3月までの放送をもとに、小学校低・中学年向きのものをえらんで構成・制作しました。

◆ロボット工作

『UnityとROS2で実践するロボットプログラミング―ロボットUI/UXの拡張』奥谷哲郎, 田井普, 高木健太, 中西泰人著　つくば　科学情報出版　2024.5　12, 315p　21cm〈エンジニア入門シリーズ〉〈索引あり〉3600円　①978-4-910558-29-5　Ⓝ548.3
内容　Unity Robotics Hubを用いて、ゲームエンジンであり可視化ツールでありXRを作るための開発環境であるUnityとROSを組み合わせた実践的なサンプルを紹介。サンプルコードを入手できるURL付き。

『ロボット工学ことはじめ―hello, robotics！　Aro2入門編』日本ビジネスデータープロセシングセンター著, 日本ビジネスデータープロセシングセンターAI・ロボティクス推進室編集制作　神戸　日本ビジネスデータープロセシングセンター　2024.3　183p　21cm　2800円　①978-4-908999-04-8　Ⓝ548.3

『くらべてわかるロボットと人体のしくみ大研究―からだのつくり、動きのしくみ、脳や心のはたらきまで』ジョン・アンドリューズ著, ミッシェル・ティリー絵, 古田貴之翻訳監修, 子供の科学編集部編　誠文堂新光社　2023.7　95p　31cm〈索引あり〉4000円　①978-4-416-52344-5　Ⓝ548.3
内容　からだのつくり、動きのメカニズム、感じたり考えたりするしくみなど、ロボットと人体を比較して、豊富なイラストでわかりやすく解説する。まめ知識や、クイズ形式で思考力を鍛えるコーナーも収録。

『「Arduino」と「3Dプリンタ」でロボットを作ろう―Arduino×3Dプリンタ＝面白いロボット！』東京バード著　工学社　2022.11　127p　21cm（I/O BOOKS）〈文献あり　索引あり　DownLoadサンプル・プログラム〉2200円　①978-4-7775-2224-8　Ⓝ548.3
内容　簡単なプログラムで動く「Arduino」のロボットを紹介。実際に作って動かしながら「Arduino」に触れることで、マイコンに対する理解が深まる。

『ゼロからはじめるSLAM入門―Pythonを使いロボット実機で実践！　ROS活用まで』中嶋秀朗著　つくば　科学情報出版　2022.8　200p　24cm（エンジニア入門シリーズ）〈索引あり　Pythonコードダウンロードサービス〉3200円　①978-4-910558-15-8　Ⓝ548.3
内容　初めてSLAMを学ぶ人や、これから移動ロボットの開発にかかわる技術者等に向けたテキスト。自分自身で購入できる範囲の機体を用いながら、SLAM技術を扱えるようになる。Pythonコードのダウンロードサービス付き。

『あそべる！通じ合う！てづくりAIロボット―はじめてでもロボットを動かせる、かんたんプログラミング』牧野浩二, 和田義久, 西崎博光, 吉田拓史, ユカイ工学著　誠文堂新光社　2022.7　157p　26cm〈子供の科学特別編集〉2000円　①978-4-416-52251-6　Ⓝ548.3
内容　小学生が自分の力でやりきれる！AIで楽しくあそんで、将来につながる！

『ドラえもんを本気でつくる』大澤正彦著　PHP研究所　2020.2　202p　18cm（PHP新書 1216）880円　①978-4-569-84592-0　Ⓝ548.3
内容　ドラえもんをつくりたい―。小学生のころからロボットをつくり始め、現在は最新のAIやHAIをもとに、本気でミニドラづくりに取り組む新進気鋭の研究者が、人とロボットの未来について語る。

『はじめてのロボット工学―製作を通じて学ぶ基礎と応用』石黒浩, 浅田稔, 大和信夫共著　第2版　オーム社　2019.3　200p　26cm〈文献あり　索引あり〉2400円　①978-4-274-22340-2　Ⓝ548.3
内容　ヒューマノイドロボットをベースとしたロボット工学の入門書。ロボットの歴史や構造から、モータやセンサ、機構や制御までを体系的にまとめ、パーツの作成から組み立て、モーション作成までのロボットの作り方を解説する。

『次世代リーダーを育てる！ファーストレゴリーグ』鴨志田英樹編　KTC中央出版　2018.9　175p　21cm　1800円　①978-4-87758-382-8　Ⓝ507.9
内容　88カ国から約32万人の子どもたちが参

『ブリタニカ科学まんが図鑑ロボット―未知の世界を冒険しよう！』ボンボンストーリー文, ジョンユンチェ絵, 古田貴之監修　ナツメ社　2018.9　161p　23cm〈ナツメ社科学まんが図鑑シリーズ〉1200円　ⓘ978-4-8163-6507-2　Ⓝ548.3
内容　幅広い科学分野から、子どもたちに人気のテーマを厳選したシリーズ。ロボットの歴史から種類、様々な場面で活躍するロボットまで、マンガでわかりやすく解説する。イラストや写真も豊富に掲載。折込みの図あり。

『らくらくロボット工学ことはじめ―hello, robotics！　1　入門編』日本ビジネスデータープロセシングセンター著, 日本ビジネスデータープロセシングセンターAI・ロボティクス推進室編制作　神戸　日本ビジネスデータープロセシングセンター　2018.8　135p　30cm　2600円　ⓘ978-4-908999-03-1　Ⓝ548.3

『ワクワク・ドキドキロボットプログラミング大作戦』谷藤賢一著　リックテレコム　2018.5　255p　24cm〈文献あり　索引あり〉2400円　ⓘ978-4-86594-069-5　Ⓝ007.64
内容　ロボットを動かしながら、楽しくプログラミングに入門しよう！　専用ソフトを使った簡単なプログラミングからスタートしつつ、本格的なプログラミングの醍醐味をC言語で満喫できる。プログラム集なども収録。

『ロボットキットで学ぶ機械工学―「機械」を作るための基礎知識！』馬場政勝著　工学社　2018.1　127p　21cm（I/O BOOKS）〈索引あり〉2300円　ⓘ978-4-7775-2041-1　Ⓝ530
内容　実際にロボットを製作し、その動きを見ることで、「機械が動く仕組み」を理解しよう！　比較的単純な「二足歩行ロボット」を教材として使いながら、「機械工学」の基礎的な内容を解説する。

『イラストで学ぶロボット工学』木野仁著, 谷口忠大監修　講談社　2017.11　209p　21cm〈文献あり　索引あり〉2600円　ⓘ978-4-06-153834-4　Ⓝ548.3
内容　「ホイールダック2号＠ホームを家庭用ロボットとしてチューンナップしていく」というストーリーを例に、ロボット工学の中でも、特にロボットのマニピュレータの制御について解説する。計算力が身につく章末問題も掲載。

『闘え！高専ロボコン―ロボットにかける青春』萱原正嗣著, 全国高等専門学校ロボットコンテスト事務局監修　ベストセラーズ　2017.9　258p　19cm〈文献あり〉1400円　ⓘ978-4-584-13813-7　Ⓝ548.3
内容　祝30th。覚えてる？　初めてスイッチを入れた時のこと。「動いてくれ！」と祈ったあの日。

『Arduinoでロボット工作をたのしもう！』鈴木美朗志著　第2版　秀和システム　2017.8　361p　24cm〈索引あり〉2400円　ⓘ978-4-7980-5140-6　Ⓝ548.3
内容　簡単なおもちゃの改造からはじめて、四足歩行ロボットまでチャレンジしよう！　電気電子回路やマイコン「Arduino」の基本を解説し、自分で考えて動くロボット、無線操縦ロボットなどの作り方を紹介する。

『文系のロボット工学ことはじめ―hello, robotics！』田中善隆, 増永凛瞳著, 日本ビジネスデータープロセシングセンターAI・ロボティクス推進室編　神戸　日本ビジネスデータープロセシングセンター　2016.11　103p　30cm　1800円　ⓘ978-4-9089-9901-7　Ⓝ548.3

『ロボット創造学入門』広瀬茂男著　岩波書店　2011.6　211p　18cm〈岩波ジュニア新書 687―〈知の航海〉シリーズ〉840円　ⓘ978-4-00-500687-8　Ⓝ548.3
内容　地雷探知除去ロボットをつくるとき、アフガニスタンの現場でつい地雷原に入りこんでしまった！　そんな危険な体験をしながら、つくりあげた実用ロボットはどんなものになったか？　さまざまな用途のヘビ型や四足歩行ロボットを開発してきた著者が、それぞれどのようにつくったかを解説し、ロボットの形や心の未来も語る。

『プログラムによる計測・制御への第一歩―親子ではじめる』神崎康宏著　CQ出版　2011.5　103p　26cm（チャレンジシリーズ）〈索引あり〉2000円　ⓘ978-4-7898-4574-8　Ⓝ548.3
目次　第1章 社会を支えるコンピュータとロボットはどんなもの, 第2章 Beauto Racer（ロ

ボットカー)について、第3章 ロボットのプログラムの作り方、第4章 ロボットを動かしてみる、第5章 センサで路面を調べる、第6章 黒いラインに従ってロボットを動かす、第7章 交差点はどうしましょう…速くまわる方法、第8章 より詳細な制御の機能を活用しよう

『入門Lego Mindstorms NXT(エヌエックスティ)—レゴブロックで作る動くロボット』大庭慎一郎著 第2版 ソフトバンククリエイティブ 2010.3 183p 24cm〈索引あり〉2700円 ①978-4-7973-5579-6 Ⓝ507.9
内容 知識ゼロからはじめるロボットプログラミング。組み立てたロボットを自由自在に操ろう—次世代マインドストームである「レゴマインドストームNXT」の入門書。MINDSTROMS NXT2.0および英語版に対応。

『作って学ぶロボット入門講座—趣味から理科教育の現場まで』永田照三、戎俊男、太田信二郎、江藤昭弘、水野隆、石野健英、藤間信久、東直人、井上修次著 浜松ITSC静岡学術出版事業部 2009.4 101p 26cm(静岡学術出版理工学ブックス 090001—創造スキルアップシリーズ)1000円 ①978-4-903859-20-0 Ⓝ548.3

『実践! 作りながら学ぶマイコンカーラリー—H8マイコンによる自走式ライントレースロボット』島津春夫著、ジャパンマイコンカーラリー実行委員会監修 電波新聞社 2008.8 467p 26cm 2800円 ①978-4-88554-967-0 Ⓝ548.3
内容 ワンチップマイコン「H8」によるF1レース、基本製作から応用活用まで。今回の編集には、工業高等学校のほか、理科の先生も協力、工業系に偏りがちな表現方法にも留意した。

『カスタムロボットパーフェクトブック—二足歩行ロボットをカッコよく自作・改造する本』岩気裕司、田中誠二著 毎日コミュニケーションズ 2008.3 191p 26cm 2800円 ①978-4-8399-2566-6 Ⓝ548.3
内容 ホビーでロボットを手軽に自作できる時代がついに来た! パーツ選びと組み合わせの秘訣から始まり、フレームの自作やモーション作りも詳細に解説。特に「カッコイイ」を実現するための外装についてはプロの技まで紹介します。

『60日でできる! 二足歩行ロボット自作入門』吉野耕司著 毎日コミュニケーションズ 2007.8 639p 24cm 3800円 ①978-4-8399-2396-9 Ⓝ548.3
内容 ロボットの基本的なしくみから、電子部品の半田付け、プラ板工作のイロハ、CやVBでのプログラミングと進み、最終的に「敵を見つけて近づいてパンチする」ことができる二足歩行ロボットを作り上げる入門書。前提知識は一切不要。実際に作らない人にも読み物として十分タメになる1冊。

『絵とき「ロボット工学」基礎のきそ』門田和雄著 日刊工業新聞社 2007.7 239p 21cm(Mechatronics series)〈文献あり〉2400円 ①978-4-526-05909-4 Ⓝ548.3
目次 第1章 ロボット工学のすすめ(ロボット工学とは、ロボット市場は立ち上がるのか ほか)、第2章 ロボットの要素学(アクチュエータ、スイッチとセンサ ほか)、第3章 ロボットの運動学(運動学の基礎、運動学のためのベクトル ほか)、第4章 ロボットの制御学(ロボットの制御とは、制御の種類 ほか)

『ロボ鉄—ロボット競技に勝ち抜く極意! キミも"ロボットづくりの鉄人"になれる。』中野栄二監修、ロボテツ取材班編 バジリコ 2006.6 149p 24cm 1800円 ①4-86238-012-3 Ⓝ548.3
目次 最新版 ロボ鉄カタログ、ロボ鉄の軌跡—ロボットの鉄人File(古田貴之—千葉工業大学未来ロボット技術研究センター(fuRo)所長、川村聡—第17回知能ロボットコンテスト最優秀技術賞受賞、福島高専分子生物学愛好会—第17回知能ロボットコンテストテクニカルコース優勝)、最強のロボ鉄、烈伝!!(第17回知能ロボットコンテスト2005、第8回ロボットグランプリ、第12回かわさきロボット競技大会 ほか)、「ロボットの鉄人」をめざして、大学へ行こう!(千葉工業大学、愛知工業大学)

『RoboDesignerロボット製作入門—自律型ロボットの作り方』黒木啓之著 カットシステム 2006.2 117p 30cm 3800円 ①4-87783-111-8 Ⓝ548.3

『図解もの創りのためのおもしろいロボット工学—ロボコンに挑戦!』門田和雄著 技術評論社 2004.1 375p 21cm 2280円 ①4-7741-1898-2 Ⓝ548.3
内容 本書では、ロボット初心者が身につけておけばよいと思われる「機械技術」、「電気技術」、「工作技術」をまとめています。また、これまでに著者が工業高校の生徒たちと共につくってきたさまざまな「ロボット」や、開

催してきた「ロボットコンテスト」の取り組みなども数多く掲載している。

『タミヤ工作パーツで作るロボット工作ガイドブック』城井田勝仁著　オーム社　2003.6　182p　26cm（Robo books）1900円　①4-274-08737-9　Ⓝ548.3
内容　安価で手に入りやすいタミヤ工作パーツを使用した、ロボットの製作方法とそのポイントを解説。ロボット工作の知識がなくても理解できるように、写真などを多用し、わかりやすく解説。

『わくわくロボットワールド』松原仁監修，大谷卓史構成・文，吉住純漫画　集英社　2003.3　157p　23cm（集英社版・学習漫画）〈年表あり〉1200円　①4-08-288081-X　Ⓝ548.3
内容　鉄腕アトムからAI（人工知能）まで！ロボットの過去・現在・未来がすべてわかる。

『ロボカップジュニアガイドブック―ロボットの歴史から製作のヒントまで』子供の科学編集部編　誠文堂新光社　2002.6　143p　21cm　1200円　①4-416-80223-4　Ⓝ548.3
目次　第1章 ロボカップって何だろう？（ロボットとは何なのか？ ロボットの歴史を知ろう！，ロボカップって何だろう？ ほか），第2章 ロボカップジュニアに参加しよう！（ロボカップジュニアに参加しよう，ロボットはどんなふうにできているの？ ほか），第3章 マンガ・ロボカップジュニアにチャレンジ！，第4章 メカニックを考える（ロボットの移動のための機構，ロボカップに見るロボットの機構），第5章 ロボカップジュニアに参加するみんなを紹介！（サッカー、ダンスに参加するみんな）

『勝てるロボコン高速マイクロマウスの作り方』浅野健一著　東京電機大学出版局　2000.11　185p　26cm〈付属資料：CD-ROM1枚（8cm）付属資料：CD-ROM1枚（8cm）〉2700円　①4-501-41510-X　Ⓝ548.3
内容　本書は、高校生や大学生、専門学校生などを対象として、"もの作り"を主体としてメカトロニクス技術の基礎を解説すると同時に、"いかに安価にロボットを製作するか"ということに重点を置いたものである。

◆モーター製作

『わくわく工作部　3　モーターで動かそう』かんばこうじ著，子供の科学編　誠文堂新光社　2024.1　47p　28cm〈動画解説付〉3000円　①978-4-416-52384-1　Ⓝ507.9
内容　全作品に動画QRコードつき！

『モーターのひみつ』おぎのひとしまんが，YHB編集企画構成　学研プラス　2019.3　125p　23cm（学研まんがでよくわかるシリーズ 150）Ⓝ542.13

『自作マニアのための小型モータ・パーフェクトブック―基礎から学んでArduino & Raspberry Piによる制御を楽しもう』マシュー・スカルピノ著，百目鬼英雄監訳　技術評論社　2018.10　215p　23cm〈索引あり〉2680円　①978-4-297-10113-8　Ⓝ542.13
内容　小型モータの仕組みを基礎から説明するとともに、Arduino Mega、Raspberry Pi、BeagleBone Blackの3種のボードについてそれぞれ機能から制御プログラムまでを解説する。

『よくわかる最新モータ技術の基本とメカニズム―モータの基礎講座と工作ガイド』井出萬盛著　秀和システム　2004.12　267p　21cm（図解入門）1800円　①4-7980-0959-8　Ⓝ542.13
内容　これ1冊でモータが丸わかり！様々なモータの基本構造から使いこなし方まで、豊富なイラストで完全解説。

『DCモータ活用の実践ノウハウ―ビギナーのための制御回路設計入門』谷腰欣司著　CQ出版　2000.4　239p　21cm　2200円　①4-7898-3277-5　Ⓝ542.13
内容　本書では、DCモータの基本特性から始まり、回転数を安定にするためのサーボ技術を紹介し、PWMによるドライブ法、正逆転制御などを紹介。動作原理をわかりやすく解説するために、まずディスクリート素子を使って説明し、さらに現実的な回路としてLSIを使った例を紹介している。マイコンを使ってDCモータを制御することが多いので、その制御の実例をアセンブラで記述して理解の助けとしている。

◆発電機製作

『200W水力発電装置を作ろう―身近な水の有効利用術』石田正著　パワー社　2012.9　78p　26cm　1200円　①978-4-8277-2075-4　Ⓝ543.3
目次　第1章 設置に必要な事前の調査，第2章 水車の選定と製作，第3章 発電機の選定，第4章 発電電力の制御，第5章 設置工事，第6章

水力発電所の設置例、第7章 200W発電電力の活用方法、第8章 発電電力を100W〜1kWに変更、付録 組立部材と完成品について

『ソーラークッカーを作ろう―お日様の力を頂いて！』佐藤輝康著　パワー社　2011.10　72p　26cm〈文献あり〉1000円　①978-4-8277-2073-0　Ⓝ533.6
目次　第1章 ソーラークッカー（太陽熱調理器）とは（ソーラークッカーとは、南の島での実用例）、第2章 箱型ソーラーオーブンの製作（使用する材料、使用する道具 ほか）、第3章 パラボラ型ソーラークッカーの製作（パラボラ型ソーラークッカー、使用する材料 ほか）、第4章 パネル型ソーラークッカーの製作（パネル型ソーラークッカーの作り方、パネル型ソーラークッカーの性能は？）、第5章 廃材で作るマイクロ風力発電機（風のエネルギーを実感する、使用する材料 ほか）

『自転車発電機（ハブダイナモ）による超小型風車の製作』三野正洋著　パワー社　2011.3　95p　26cm〈付・手作り風車競技会（WINCOM）への招待〉1200円　①978-4-8277-2402-8　Ⓝ534.7
目次　第1章 ハブダイナモとはどのようなものか、第2章 マイクロ風車を作ろう、第3章 実際の製作、第4章 風車製作の周辺で必要な事項、第5章 マイクロ風車性能競技会"WINCOM"への招待、第6章 風車データシート34種

『手作り風車ガイド―風との対話 楽しさの玉手箱』松本文雄、牛山泉共著　改訂版　パワー社　2006.6　212p　19cm（サイエンス・シリーズ）〈文献あり〉1600円　①4-8277-2293-5　Ⓝ534.7
目次　第1章 風の知識、第2章 風車の知識、第3章 手作り風車の実例、第4章 風車エネルギーの活用、第5章 手作り風車への取組み、第6章 手作り風車マニア紹介

『だれでもできる小さな風車の作り方―20分で組み立てる学習キットから実用小型機まで』松本文雄著　合同出版　2005.2　123p　21cm〈文献あり〉1500円　①4-7726-0322-0　Ⓝ534.7
内容　わずか数ワットのエネルギーを生み出す喜びが、ライフスタイルを見つめ直すきっかけに。風車の仕組み・作り方を詳説。豊富なアイデアがその可能性を広げます。風車や風のエネルギーに関心のある方々、待望の入門書。

『家庭で楽しむ太陽電池工作―手づくり太陽光発電 電気の元はお日様です』角川浩著　増補改訂版　パワー社　2004.6　197p　19cm（サイエンス・シリーズ）1600円　①4-8277-2292-7　Ⓝ549.31
目次　第1章 独立型太陽光発電システムとその意義、第2章 工作を始めるにあたって、第3章 太陽光発電のための基本部品と利用方法、第4章 太陽電池工作のための電源の準備、第5章 ベランダで行うパネル1枚から太陽光発電、第6章 太陽光発電に役立つ関連装置の製作、第7章 太陽電池を使って、第8章 水環境と太陽電池の利用

『さわやかエネルギー風車入門』牛山泉著　増補版　三省堂　2004.3　299p　20cm〈文献あり〉1600円　①4-385-35812-5　Ⓝ534.7
内容　手作り風車から本格的発電まで、風車の全魅力。

『自転車の発電機でマイクロ風力発電に挑戦―風と遊んでみよう』三野正洋著　パワー社　2003.10　136p　19cm（サイエンス・シリーズ）1600円　①4-8277-2282-X　Ⓝ543.6
内容　第1部 自転車用発電機を利用した風車の自作ガイド（風車のタイプと大きさ、そして2つのタイプ、2種の自転車用発電機、プロペラについて、主な部品について、発電された電気をどのように使うのか、MM風車の安全装置、風車を設置する場所（サイト）、自created風力発電システムのテスト、MM風車の壊れるとき）、第2部 実際に作ってみよう（最良のタイプはこれだ、次のステップへ、製作に当たっての一般的な注意、部品の購入について）

『やってみよう！ 太陽電池で手作り工作―TDKフィルム太陽電池工作事例』西田和明、丹治佐一著　マイクロデザイン　2001.11　145p　19cm　980円　①4-89637-068-6　Ⓝ549.31
内容　太陽エネルギーで「動く」「光る」「鳴る」。太陽電池で楽しい手づくり工作！ 太陽電池と身近な電子・電気パーツの組合わせで出来る楽しいおもちゃ＆便利な道具18種類。作り方、遊び方、太陽電池の仕組みを紹介。エレクトロニクスDIYを通して無限のソーラー・エネルギーも体感！ さあやってみよう！ 親子で楽しめるおもしろ工作集。

◆ドローン工作

『ドローンのつくり方・飛ばし方―構造、原理から製作・カスタマイズまで』野波健蔵、鈴木智、王偉、三輪昌史共著　オーム社　2022.8　212p　21cm〈索引あり〉2600円　①978-4-274-22905-3　Ⓝ538.6
内容　機体システム、計測制御システム、通

信システム…。ドローンの5つの構成要素を事例を挙げながら説明し、設計・製作、目的に応じたハード・ソフト面でのカスタマイズの仕方、航空法に沿った飛ばし方などを具体的に解説する。

『空飛ぶプログラム―ドローンの自動操縦で学ぶプログラミングの基礎』ドローンエモーション著　新潟　シーアンドアール研究所　2020.3　199p　24cm〈文献あり 索引あり〉2820円　①978-4-86354-300-3　Ⓝ507.9
[内容]ドローンを自分の命令で自動操縦！ 前転・バック転から2台・4台の編隊飛行まで！ プログラミング的思考も身に付けられる！

『Scratchでトイドローンをプログラミングして飛ばそう！』高橋隆雄著　秀和システム　2018.10　183p　24cm〈索引あり〉1900円　①978-4-7980-5519-0　Ⓝ507.9
[内容]親子で楽しむプログラミング！ Ryze Tech社のトイドローンTelloで、プログラミングを楽しく体験しよう。

『ドローンを作ろう！ 飛ばそう！』高橋隆雄著　第2版　秀和システム　2017.6　339p　24cm〈索引あり〉2600円　①978-4-7980-5091-1　Ⓝ507.9
[内容]パーツを買って組み立てるだけ。ドローンを作ってみよう！ ドローンの仕組み、パーツの役割を解説するとともに、基本的なクワッド機や室内用の超小型クワッド機の作り方、飛ばし方などを紹介する。

芸能を学ぼう

『部活でスキルアップ！ 放送部活躍のポイント』さらだたまこ監修　増補改訂版　メイツユニバーサルコンテンツ　2023.5　128p　21cm（コツがわかる本―ジュニアシリーズ）〈初版のタイトル等：部活でスキルアップ！ 放送活躍のポイント50（メイツ出版 2019年刊）〉1650円　Ⓘ978-4-7804-2774-5　Ⓝ699
[内容] アナウンス、朗読、ドキュメント、創作ドラマの各部門に役立つ！ 大会本番に向けた練習法や、作品制作の秘訣がよくわかる！

『韓国エンタメ業界の現場（リアル）―K-POPアイドル・韓国ドラマ俳優はこうして作られる』ドラゴン・ジェイ著、川谷麻由美訳　玄光社　2022.2　191p　22cm　1800円　Ⓘ978-4-7683-1575-0　Ⓝ770.9
[内容] 大手芸能プロダクションのチーム長が、スター誕生のプロセスや韓国エンタメ産業を詳細に紹介。韓国内の芸能マネージメントシステムについても具体的な数字をあげながら分析するほか、芸能界関係者らのインタビューも収録する。

『アナウンサーという仕事』尾川直子著　青弓社　2019.10　213p　19cm　1600円　Ⓘ978-4-7872-3461-2　Ⓝ699.39
[内容] 現役フリーアナウンサーであり、講師として採用試験の合格者を多数送り出した著者が、アナウンサーになるためのノウハウを公開。エントリーシートの書き方や面接対策を解説するほか、現場の声や合格体験記なども紹介する。

『10年続くアイドル運営術―ゼロから始める"ゆるめるモ！"の2507日』大坪ケムタ, 田家大知著　コアマガジン　2019.9　191p　18cm（コア新書 029）787円　Ⓘ978-4-86653-336-0　Ⓝ767.8
[内容] 「アイドルグループを自分の手で作る」ためのハウツー本。グループの人気を拡大していくためのメソッドやアイデアを紹介する。アイドルグループ「ゆるめるモ！」のメンバーによる座談会も収録。

『グラビアアイドルの仕事論―打算と反骨のSNSプロデュース術』倉持由香著　星海社　2019.4　188p　18cm（星海社新書 150）〈発売：講談社〉980円　Ⓘ978-4-06-516013-8　Ⓝ779.9
[内容] 「＃グラドル自画撮り部」部長・倉持由香が編み出した、"すべての職業"をアップデートする実践的お仕事理論。

『スポーツ実況を100倍楽しむ方法』大藤晋司著　札幌　北海道新聞社　2019.3　221p　19cm　1300円　Ⓘ978-4-89453-940-2　Ⓝ699.65
[内容] もっともっと、スポーツ中継を楽しめる！ 実況アナのディープな世界と恐るべき生態。実況アナが見聞きした仰天・迷言実況の数々、心に残る名実況のドラマ。おいしい実況が出来上がるまでがおもしろい！

『テレ東のつくり方』大久保直和著　日本経済新聞出版社　2018.6　241p　18cm（日経プレミアシリーズ 376）850円　Ⓘ978-4-532-26376-8　Ⓝ699.64
[内容] 「ガイアの夜明け」「未来世紀ジパング」「カンブリア宮殿」…。おカネも人手も足りなかった逆境のテレビ東京報道局は、なぜ名物番組を生み出せたのか。3番組すべてにかかわった著者が、制作の舞台裏、奮闘の軌跡を綴る。

『響く言葉―エンタテインメント業界を目指す若者たちへ』東京工科大学編　茉莉花社　2017.12　278p　19cm〈発売：河出書房新社〉1500円　Ⓘ978-4-309-92134-1　Ⓝ770.9
[内容] 今、伝えておきたいこと、業界が求める人材、視野を広げるためにすべきこと…。松任谷正隆、堀義貴ら、東京工科大学メディア学部で講師を務めたエンタテインメント業界のトップランナーからのメッセージをまとめる。

『アイドルになりたい！』中森明夫著　筑摩書房　2017.4　190p　18cm（ちくまプリマー新書 275）780円　Ⓘ978-4-

480-68972-6　Ⓝ767.8
[内容] アイドルになるために必要なものって、何だろう？　アイドルとしてブレークするには、どうすればいい？　仕事の中身から、これからのアイドルまで、大切なことがぎっしり詰まった、初のアイドル入門本。

『スポーツ実況の舞台裏』四家秀治著　彩流社　2016.4　174p　19cm（フィギュール彩 54）1800円　Ⓘ978-4-7791-7058-4　Ⓝ699.65
[内容] スポーツ実況担当は、試合前にいろんな場面を想定してスタンバイし、情報を整理しわかりやすく視聴者に伝えなければならない。スポーツ実況アナウンサーの著者が、実況の舞台裏やアナウンサーの技を徹底解説する。

『スポーツアナウンサー──実況の真髄』山本浩著　岩波書店　2015.10　196p　18cm（岩波新書 新赤版 1570）740円　Ⓘ978-4-00-431570-4　Ⓝ699.65
[内容] いまも語り継がれる、あの試合、この試合。サッカー中継のパイオニアとして、ファンの胸に忘れがたい言葉を刻みこんだアナウンサーが語る、スポーツ実況論。躍動するプレーのリズムと濃度を感じながら、言葉とアクションを融合してゆく。練達の士が真髄を伝える。

『ゼロからでも始められるアイドル運営──楽曲制作からライブ物販まで素人でもできる！』大坪ケムタ,田家大知著　コアマガジン　2014.6　190p　18cm（コア新書 005）787円　Ⓘ978-4-86436-659-5　Ⓝ767.8
[内容] 自分好みのアイドルをプロデュースしたい！　そんな夢を叶えるアイドル作りの指南本。メンバー集めの手段、オリジナル曲の作りかた、CDを全国に流通させる方法、ライブブッキングの仕組み、物販のメソッドなどを紹介します。

『アナウンサーになろう！──愛される話し方入門』堤江実著　PHP研究所　2014.4　125p　19cm（心の友だち）1150円　Ⓘ978-4-569-78383-3　Ⓝ699.39
[内容] アナウンサーを目指して自分を磨き始めることは、あなたの将来にきっと役に立ちます。発声、発音、敬語のルールなど日本語の常識と、あなたを素敵にする笑顔や姿勢を、元アナウンサーが教えます。

『職場体験学習に行ってきました。──中学生が本物の「仕事」をやってみた！　9　メディアの仕事──新聞社・ケーブルテレビ局 映画会社』全国中学校進路指導連絡協議会監修　学研教育出版　2014.2　39p　29cm〈文献あり　発売：学研マーケティング〉2500円　Ⓘ978-4-05-501022-1, 978-4-05-811292-2（set）Ⓝ366.29
[内容] どんな職場？　1日のスケジュール、こんな仕事を体験できた！　知っておきたい！　知識、職場の先輩からアドバイス、生徒たちが職場体験学習から学んだこと感じたこと、責任者から生徒のみなさんへ、働くためには、で構成。

『オーディションに合格する12のコツ──HYBRID BOOK』NTTラーニングシステムズ,ワタナベエンターテイメントカレッジ著　東急エージェンシー　2013.11　92p　30cm　1600円　Ⓘ978-4-88497-118-2　Ⓝ779.9
[目次] 1 芸能界を目指すキミへ。(芸能事務所に所属することの重要性、事務所の種類について、事務所契約までの流れ ほか)、2 オーディションにエントリーする。(オーディションの資料準備、写真撮影の注意点、履歴書の書き方 ほか)、3 オーディションを受けてみる。(オーディションに向かう服装・準備する物、オーディション実技審査の注意点、面接で質問されることとは？　ほか)

『テレビ番組をつくる人──あの番組をつくった、あの人に、思いっきり叫んでもらいました。』インタラクティブ・プログラム・ガイド編　PHPパブリッシング　2013.9　149p　19cm〈年表あり〉1200円　Ⓘ978-4-907440-34-3　Ⓝ699.67
[内容] 1953年にテレビの本放送が開始されてから、ちょうど60年。エンタテインメントが多様化した今、テレビはどこへ向かうのか。人気番組をつくったテレビマン6人へのインタビューを収録する。

『文化系トークラジオLifeのやり方』鈴木謙介,長谷川裕,Life Crew著　TBSサービス　2013.1　222p　19cm　1300円　Ⓘ978-4-904345-34-4　Ⓝ699.68
[内容] 注目の若手論客を続々と輩出！　新たな言論シーンを生み出す名物ラジオ番組の「作り方」と「思想」を大公開。

『ラジオのすごい人たち──今こそ聴きたい34人のパーソナリティ』豊田拓臣著　アスペクト　2012.8　270p　19cm〈文献あり　索引あり〉1500円　Ⓘ978-4-7572-2076-8　Ⓝ699.66

芸能を学ぼう

『タレントだった僕が芸能界で教わった社会人として大切なこと』飯塚和秀著　こう書房　2012.6　239p　19cm　1400円　①978-4-7696-1071-7　Ⓝ770.9

内容　「有名になって、女の子にちやほやされて、大金持ちになるんだ！」軽い気持ちでタレントになった16歳の高校生を待ち受けていた運命とは？　教育係に叱られ、マネージャーに呆れられ、大女優に無視され、新人女優に慰められ、番組スタッフに脅されながら学んだ、めちゃくちゃ厳しい実力社会で生き残る「努力」「礼儀」「人間性」。

『テレビ放送のひみつ』藤みき生漫画, オフィス・イディオム構成　学研パブリッシングコミュニケーションビジネス事業室　2012.3　128p　23cm（学研まんがでよくわかるシリーズ 66）〈年表あり〉　Ⓝ699

『放送局で働く人たち―しごとの現場としくみがわかる！』山中伊知郎著　ぺりかん社　2010.10　157p　21cm（しごと場見学！）1900円　①978-4-8315-1273-4　Ⓝ699.3

内容　「放送局」で働くいろいろな職種を網羅。「放送局」の現場としくみがわかる。本書を読むことにより、「放送局」のバーチャル体験ができる。実際に「放送局」で働く人たちのインタビューにより、具体的な将来のビジョンが描ける。

『職場体験完全ガイド　20　お笑い芸人・俳優・歌手―エンターテインメントの仕事』ポプラ社　2010.3　47p　27cm〈索引あり〉2800円　①978-4-591-11712-5　Ⓝ366.29

内容　仕事の現場に完全密着。取材にもとづいた臨場感と説得力。

『職場体験完全ガイド　17　新聞記者・テレビディレクター・CMプランナー―マスメディアの仕事』ポプラ社　2010.3　47p　27cm〈索引あり〉2800円　①978-4-591-11709-5　Ⓝ366.29

内容　仕事の現場に完全密着。取材にもとづいた臨場感と説得力。

『タレント「就活」』石田博利著　幻冬舎ルネッサンス　2009.8　189p　18cm（幻冬舎ルネッサンス新書 003）〈『タレントになれる人、なれない人』（ルネッサンスブックス2007年刊）の加筆・修正〉838円　①978-4-7790-6004-5　Ⓝ779.9

内容　「大スター」とまではいかなくても、「一度、映画やテレビに出てみたい」と思っている人は多いのではないだろうか。これまでまったく芸能界に縁がなく、チャンスもなかったけれど、「タレントになりたい」という夢を大切にしてきたあなた、その夢は必ず実現できる。創業35年を迎えた業界最大手のタレント派遣会社会長が、選りすぐりの極意を伝授する。普通の人がテレビ、CM、映画で活躍するノウハウ35。

『タレントになれるかな？―芸能界を目指すあなたへ、リアルに役立つヒント集！』ホリプロ・なれるカナ子プロジェクト編著　ゴマブックス　2009.8　124p　19cm　1200円　①978-4-7771-1500-6　Ⓝ779.9

内容　石原さとみ、田代さやか、源崎トモエ、クワバタオハラ、妻夫木聡、優香、藤原竜也、新山千春の"スカウト秘話"公開。タレントと現役マネジャーがはじめて明かす「私たちが選んだ・選ばれた理由」。

『スポーツ中継―知られざるテレビマンたちの矜持』梅田明宏著　現代書館　2008.6　289p　20cm〈文献あり〉2000円　①978-4-7684-6970-5　Ⓝ699.65

内容　スポーツ中継番組の草創期から活躍したテレビマンたちに取材し、スポーツ番組の使命・何を伝えるべきかという問題に対峙し現場で答えを見つけていったテレビマンたちの感動的な姿勢を描く。

『芸能プロダクション64の仕事』理論社　2007.3　175p　25cm（メディア業界ナビ 3　メディア業界ナビ編集室編著）2000円　①978-4-652-04863-4　Ⓝ770.9

内容　制作デスク/構成作家/VTR編集/ナレーター…どんなことをする仕事か、わかるかな。

『テレビ局・ラジオ局64の仕事』理論社　2006.11　175p　25cm（メディア業界ナビ 2　メディア業界ナビ編集室編著）2000円　①4-652-04862-9　Ⓝ699

内容　テレビディレクター/タイムキーパー/脚本家/テクニカルディレクター/テレビカメラマン/ノンリニア編集/MAミキサー/音響効果/ヘアメイク/ラジオプロデューサー/ラジオディレクター/ラジオミキサー/構成作家。どんなことをする仕事か、わかるかな。

『アナウンサー私が絶対してあげる！』高

野美穂著　東邦出版　2006.9　191p　19cm　1400円　Ⓘ4-8094-0557-5　Ⓝ699.39
[内容] アナウンサーになるのは難しい？　局アナ受験から始まり、フリーアナウンサー、声優、ナレーター、場内アナウンス、お天気お姉さんなど、あらゆる「喋りを仕事にする方法」をエピソードたっぷりに紹介。

『パブリック・アクセスを学ぶ人のために』
津田正夫、平塚千尋編　新版　京都　世界思想社　2006.4　316p　19cm〈文献あり　年表あり〉1900円　Ⓘ4-7907-1186-2　Ⓝ699
[内容] 市民が責任をもって放送番組を制作・発信する制度を、世界中の人々は手にしている。日本でも着実に根をおろしつつあるパブリック・アクセス（市民放送）入門書が、より新鮮でコンパクトになって再登場。

『芸能界でがんばるぞ！』池上彰監修　文研出版　2006.3　143p　22cm（キッズヒーロー大集合　めざせ！なんでもナンバー1　第4巻）1500円　Ⓘ4-580-81574-2, 4-580-88212-1（シリーズ）(set)　Ⓝ779.9
[目次] 登場1　子役俳優─映画やドラマで大人も泣かせた名子役（武井証くん）、登場2　ミュージカル女優─歌って、おどれるミュージカル女優（鈴木満梨奈さん）、登場3　モデル─ファッション雑誌で活躍する、中学生モデル（長尾春佳さん）、登場4　ドラマー─10歳で自分のCDを出した天才ドラマー（和丸くん）、登場5　テレビタレント─一生放送のニュース番組に出演する小学生（大亀美桜さん）

『アナウンサーになる！』永井譲治著　毎日新聞社　2005.12　229p　19cm　1400円　Ⓘ4-620-31749-7　Ⓝ699.39
[内容] 2500人を業界に送り込んだプロ中のプロが教える"なるなるメソッド"。

『芸能界のウラ事情─だれかに話したくなる！』阿部よしき著　こう書房　2004.4　231p　21cm　1000円　Ⓘ4-7696-0828-4　Ⓝ779.9
[目次] 1　芸能人の日常生活をのぞいてみたら、2　プロダクション＆マネージャーのお仕事、3　芸能人ってどんだけ稼いでいるんでしょう、4　デビュー─どーしても芸能人になりたい人へ、5「営業」の実態は…ホントにつらいよ、6　キャスティングに関する摩訶不思議、7　芸能人以外でテレビに出ている面々、8　収録現場は今日もトラブルでいっぱい、9　番組はこうしてつくられているのだよ、10　あぁ、番組制作の苦労は底なし…、11　裏方さんは頑張っています！

『テレビの教科書─ビジネス構造から制作現場まで』碓井広義著　PHP研究所　2003.6　207p　18cm（PHP新書）〈文献あり〉700円　Ⓘ4-569-62786-2　Ⓝ699
[内容] TVメディアが創り出す情報をいかに読み取るか。視聴率の謎、ドキュメンタリーの検証、デジタル放送など、現場からみた体験的テレビ論。

『芸能界デビュー─はじめての実践知識』芸能界ウォッチング班編著　東急エージェンシー出版部　2003.2　282p　19cm　1400円　Ⓘ4-88497-095-0　Ⓝ779
[内容] なんとしても芸能界デビューを成功させたい。できれば子供のデビューを実現させたい。マネージャーとかスタッフとして働きたい。芸能界に入る、成功する必勝プログラムがここにある。

『映像技術者になるには』有竹緑著　新版　ぺりかん社　2002.11　181p　19cm（なるにはBOOKS）1170円　Ⓘ4-8315-0605-2
[内容] 第一線で活躍する人たちの生きた仕事現場を取材するほか、映像技術者の世界を、歴史や全体像、将来性も含めながら解説。なるための適性や心構え、必要な資格なども紹介する。

『芸能オーディション必勝マニュアル─あこがれは現実になる』渡辺浄著　ドリームワークス出版　2001.12　166p　19cm　952円　Ⓘ4-88618-272-0　Ⓝ779.9
[内容] 選ばれる理由と選ばれない理由とは？　書類の作り方から当日の心構えまで「選ぶ側」が明かす、合格へのノウハウ。

『タレントデビュー─最強運のつかみ方：スターになるための実践アドバイス＆占い処方箋』相澤秀禎、奥久津まるも著　ごま書房　2001.8　228p　18cm〈肖像あり〉1200円　Ⓘ4-341-01861-2　Ⓝ779.9
[内容] 芸能界にデビューし、勝ち残るために必要不可欠な「運」を自分で引き寄せるためのノウハウを解き明かしたはじめての本。

『ネットアイドル─Muses@web-site　インターネットの女神たち』村松孝英著　原書房　2001.5　215p　19cm　1400円　Ⓘ4-562-03414-9　Ⓝ779.9
[内容] タレントや有名人ではないのに、イン

ターネットの世界で高いアクセス数を記録するネットアイドルたち。彼女たちは究極のナルシストなのか、自己演出の天才なのか？ 自分自身のプロデュース方法からバーチャルコミュニティの作り方まで、彼女たちのホンネの本音を描く異色のノンフィクション。

『オーディション合格(秘)テクニック—53冠女王直伝』白石さおり著　ノアール出版　2001.4　159p　21cm　951円　①4-86002-021-9　Ⓝ779.5
[内容] 芸能オーディション・ミスコンテストを全網羅。これまで公開されることのなかった、オーディション合格一直線のマル秘ノウハウ大集結。

『実践！ ネットアイドルのなり方・やり方・稼ぎ方—ホームページ開設から安全管理まで』梅宮貴子著　エクシードプレス　2001.4　227p　21cm〈発売：ビー・エヌ・エヌ〉2000円　①4-89369-873-7　Ⓝ779.9
[内容] なり方・やり方・稼ぎ方。工夫しだいで誰でもネットアイドルになれる！ 男性なら、友人や彼女をプロデュースしよう！ なるのはカンタン、デビューしてからが勝負！ 今日からあなたもネットアイドル。

『芸能にかかわる仕事—マンガ』ヴィットインターナショナル企画室編　ほるぷ出版　2000.3　146p　22cm（知りたい！ なりたい！ 職業ガイド）2200円　①4-593-57145-6, 4-593-09613-8（set）
[内容] 本書は、「なるなるタウン」に住んでいる仲良し三人組が、さまざまな仕事に触れながら、その仕事はどんなものなのか、その仕事につくためにはどうしたらいいのか、その答えを発見していきます。

『伝統芸能家になるには』佐貫百合人著　ぺりかん社　2000.3　180p　19cm（なるにはbooks 49）1170円　①4-8315-0926-4　Ⓝ772.1
[内容] 歌舞伎、能・狂言、文楽は近寄りがたい世襲の世界と思っていませんか？ 観て楽しむだけのもの、ではありません。後継者難が続いた伝統芸能の世界では、公募して後継者を養成しています。たとえば、あなたが歌舞伎俳優になることは決して夢物語ではないのです。まずは、俳優、演奏者、人形遣いとして活躍する人びとの生の声を聞いてください。

『一度はやってみたい！ こんな仕事タレント』緑川銀次著　すばる舎　2000.1　207p　19cm（バーチャル体験on books）〈イラスト：にらけら〉1300円　①4-88399-006-0　Ⓝ779.8
[内容] キミは「才能」のあるタレントになれるか？ 診断チェックでアナタのタレント人生がわかる！ 本書でバーチャル体験してみよう！

《演劇にチャレンジ》

『部活でスキルアップ！ 演劇部活躍のポイント』杉山純じ監修　増補改訂版　メイツユニバーサルコンテンツ　2023.5　144p　21cm（コツがわかる本—ジュニアシリーズ）〈初版のタイトル等：部活でスキルアップ！ 演劇上達バイブル（メイツ出版 2018年刊）〉1630円　①978-4-7804-2773-8　Ⓝ775.7
[内容] 舞台を作り上げるどの役割にも役立つ！ 稽古、準備から本番まで、具体的なポイントでパフォーマンスの質がもっと高まる！

『今日も舞台を創る—プロデューサーという仕事』池田道彦著　岩波書店　2023.4　189, 19p　19cm〈文献あり 作品目録あり〉2400円　①978-4-00-061589-1　Ⓝ772.1
[内容] 1950年代末から2010年代半ばまで、日本のショービジネス界の最前線で、約150にもおよぶ新作舞台を企画・制作してきた著者が、全身で演劇プロデュースという波間を渡ってきた日々を語る。

『2.5次元のトップランナーたち—松田誠、茅野イサム、和田俊輔、佐藤流司』門倉紫麻著　集英社　2018.12　221p　19cm　1500円　①978-4-08-781661-7　Ⓝ775.4
[内容] 日本発、世界に向けた新しいエンターテインメント「2.5次元ミュージカル」。演劇プロデューサー・松田誠をはじめ、そのムーブメントの最前線に身を置く4人のトップランナーたちのインタビュー集。

『演劇プロデューサーという仕事—「第三舞台」「劇団☆新感線」はなぜヒットしたのか』細川展裕著　小学館　2018.10　295p　19cm〈年譜あり〉1400円　①978-4-09-389780-8　Ⓝ775.1
[内容] 鴻上尚史との対談、いのうえひでのり、古田新太との鼎談にて秘話満載！

『舞台衣裳とデザイン』石橋舞著　浦安ラピスエンテ　2018.8　96p　21cm　2000円　①978-4-9908562-1-2　Ⓝ771.8

演劇にチャレンジ　　　　　　　　　　　　　　芸能を学ぼう

『部活でスキルアップ！　演劇上達バイブル』杉山純じ監修　メイツ出版　2018.4　128p　21cm（コツがわかる本）1570円　ⓘ978-4-7804-2013-5　Ⓝ775.7
内容　舞台を作り上げるどの役割にも役立つ！　毎日の効果的な練習メニューから、期間に応じた稽古プラン、本番で輝くための意識とコツまで、どのような部活環境でも実践できる、演劇部のトレーニング方法と注意点を解説。

『劇場ってどんなところ？』フロランス・デュカトー文，シャンタル・ペタン絵，岡室美奈子日本語版監修，野坂悦子訳　西村書店東京出版編集部　2017.1　［38p］　27cm　1600円　ⓘ978-4-89013-973-6　Ⓝ771
内容　劇場ってどんなところ？　どんな人たちが働いているの？　昔はどんな演劇が演じられていたの？　楽しいイラストで、劇場や演劇についての疑問に答えます。ワイドページ、工作のページ、見返しにまちがいさがしの答えあり。

『江川悦子の特殊メイクアップの世界—異次元の扉が開かれる！』江川悦子著　主婦の友社　2016.11　111p　26cm　2300円　ⓘ978-4-07-417852-0　Ⓝ771.8
内容　特殊メイクで体感や触感も含めたリアルを表現するメイクアップアーティスト・江川悦子の詳細な連続写真で解説。ステンシルの中を塗るだけの簡単ペイントも紹介。仕事、生活について聞いたQ&Aも収録。

『高校演劇のつくりかた—日本大学第二高校の場合』ながしろばんり著　名古屋ブイツーソリューション　2015.12　255p　18cm　1000円　ⓘ978-4-86476-368-4　Ⓝ775.7

『ミュージカル入門』石原隆司著　ヤマハミュージックメディア　2013.10　255p　15cm（1冊でわかるポケット教養シリーズ）〈「知ってるようで知らないミュージカルおもしろ雑学事典」（2003年刊）の改題〉950円　ⓘ978-4-636-90084-2　Ⓝ775.4
内容　ニューヨーク、ロンドン、日本のミュージカル事情が早わかり。ミュージカルを120%楽しもう！

『タカラジェンヌになろう！』山内由紀美著　青弓社　2013.3　209p　19cm　1600円　ⓘ978-4-7872-7330-7　Ⓝ775.4
内容　わたしも、タカラジェンヌになりたい！　受験の決意と試験対策、レッスンの日々、困難を乗り越える方法、両親の支援など、普通の女の子が宝塚受験スクールで夢に向かって成長していく姿を物語形式で描く。元タカラジェンヌがあなたに贈るハートフル・レッスン。

『生きる力が育つ創作劇活動—演劇夏季学校新テキスト』佐藤良和著　日本教育新聞社　2012.7　162p　21cm　1500円　ⓘ978-4-89055-305-1　Ⓝ775.7

『舞台に生きる—誰にでもわかる演劇・ミュージカルの話』浜畑賢吉著　作品社　2012.7　226p　20cm　1600円　ⓘ978-4-86182-386-2　Ⓝ771.7
内容　演劇、映画、TV、ミュージカルの看板役者・演出家として40余年の現役生活から得た全ての知見を書き残す体験的役者論。

『演劇は道具だ』宮沢章夫著　イースト・プレス　2012.1　169p　19cm（よりみちパン！　セ P029）〈理論社2006年刊の復刊〉1200円　ⓘ978-4-7816-9028-5　Ⓝ770
内容　自己表現が苦手な人は演劇に向いている。不自由な、かたいからだをぐいっと動かしたときに、きしむ音。それこそが表現というものだから。いつの日か効いてくる、こつこつ遠回りな演劇入門。

『ミュージカル・劇場解体新書—制作テクニックからマネジメントまで』石原隆司著　ヤマハミュージックメディア　2010.8　238p　21cm　2000円　ⓘ978-4-636-85477-0　Ⓝ775.4
内容　劇場のすごいテクニック満載！　ミュージカルの仕組みを知れば、ひとつ上の鑑賞法が身につきます。

『劇団にかかわる仕事—劇団員　文芸スタッフ　劇団技術スタッフ』ヴィットインターナショナル企画室編　ほるぷ出版　2010.3　140p　22cm（知りたい！　なりたい！　職業ガイド）〈文献あり〉2200円　ⓘ978-4-593-57230-4　Ⓝ771
目次　劇団員，文芸スタッフ，劇団技術スタッフ

『文化系部活動アイデアガイド演劇部』西野泉文，納田繁イラスト　汐文社　2010.3　63p　27cm〈索引あり〉2200円　ⓘ978-4-8113-8644-7　Ⓝ772
目次　演劇ってこんなにおもしろい！（演劇って何？，みんなでひとつの作品を作る喜び

芸能を学ぼう　　　　　　　　　　　　　　　　　　　　　　　　　　　演劇にチャレンジ

ほか），演劇部の活動に密着！（どんな一年を過ごしているの？，文化祭の発表ができるまで），演技力UPと公演・コンクールに向けて1（基礎編：体づくりをしよう，ストレッチをしよう ほか），演技力UPと公演・コンクールに向けて2（応用編：演技力を身につけよう，表現力UPをめざそう ほか），もっと演劇のことを知りたい！（プロの芝居を観に行こう，演劇のジャンルはいろいろ ほか）

『わたしが仕事について語るなら』ワダエミ著　ポプラ社　2010.3　198p　20cm　〈未来のおとなへ語る〉〈年譜あり〉　1300円　①978-4-591-11594-7　Ⓝ771.8
内容　日本で初めて衣装デザイナーとしてアカデミー賞を受賞したワダエミが「仕事」について語ります。

『先生！ 今日も劇やりたいです―学校生活を楽しくする劇の本』児童劇脚本研究会こまの会編　晩成書房　2009.12　360p　26cm　3000円　①978-4-89380-391-7　Ⓝ775.7

『知識ゼロからのミュージカル入門』塩田明弘監修　幻冬舎　2009.9　174p　21cm〈文献あり 索引あり〉1300円　①978-4-344-90167-4　Ⓝ775.4
内容　歌とダンス、オーケストラ、そして人間のドラマ。最高のエンターテイメントをわかりやすく解説。

『タカラジェンヌ誕生』小嶋希恵著　PHP研究所　2007.4　238p　19cm　1300円　①978-4-569-69109-1　Ⓝ775.4
内容　「東の東大、西の宝塚」と言われるほど、入学が難しい宝塚音楽学校。ここで、2年間の厳しいレッスンとしつけの学校生活を闘い抜かなければ、彼女たちはあの夢の大舞台に立つことはできない。

『劇・朗読劇―気持ちを合わせて名演技』工藤直子，高木まさき監修　光村教育図書　2007.2　63p　27cm（光村の国語読んで、演じて、みんなが主役！ 2）　3200円　①978-4-89572-733-4　Ⓝ775.7
内容　作品の内容をせりふや動作などによって伝える方法を紹介。みんなで気持ちを合わせていっしょにつくる心地よく緊張した舞台で、劇・朗読劇の主役を目指してみませんか。

『中学生・高校生のための劇作り9か条―みんなの力で創作劇を！』菅井建著　晩成書房　2006.2　86p　21cm（ミニ・テキスト）　1200円　①4-89380-326-3　Ⓝ775.7

『演劇やろうよ！』かめおかゆみこ著　青弓社　2004.8　254p　19cm　1800円　①4-7872-7186-5　Ⓝ770
内容　演劇の魅力、それは想像力とことばを駆使した変身の魔法だ！「自分を表現したい」という欲求を実現するための演劇を楽しむ方法を、全国の学校の現場で、ワークショップで指導にあたっている著者が教える、ハッピーで元気になる演劇入門。

『メークアップ―演劇メークの入門から歌舞伎・現代劇まで』深町稜子著　萌文社　2004.7　48p　31cm　1905円　①4-89491-075-6　Ⓝ771.8
目次　1 メークアップの歴史、2 メークアップの役割、3 メークアップの土台―日常の心得、4 メークアップ用品、5 メークアップにかかる前に、6 舞台作品の様式とメークアップの種類、7 メークアップの準備、8 メークアップの順序、9 メークアップと切り離せない関係用品、付 扮装の一部としての衣裳（着物について）

『舞台衣裳の仕事』加納豊美著　カモミール社　2004.6　157p　22cm　2000円　①4-907775-30-X　Ⓝ771.8
内容　衣裳へのこだわり、衣裳プランから実際まで、第一線で活躍する衣裳家・加納豊美が語りつくす。

『劇つくりハンドブック―アマチュア演劇』新芸術研究会編　青雲書房　2003.3　224p　19cm〈25刷〉1238円　①4-88079-009-5　Ⓝ775.6

『はじめの一歩―脚本作り』演劇教育フォーラムこんぺいとう編　［横浜］演劇教育フォーラムこんぺいとう　2003　52p　21cm　Ⓝ775.7

『舞台に生きる』花田春兆監修　日本図書センター　2002.2　47p　31cm（目でみる「心」のバリアフリー百科 3）4400円　①4-8205-6819-1，4-8205-6816-7(set)
目次　榎本健一（喜劇）、沢村貞之助（3代目）（歌舞伎）、上埜英世（語り部）、川津将憲（マジック）、木村進（コント）、萩生田千津子（女優）、米内山明宏（演出家・俳優）、楽園あぶあぶあ＆ミュージカルチームLOVE（総合）、車いすダンススポーツ連盟（ダンス）、劇団態変（演劇）〔ほか〕

『高校生のための実践劇作入門　pt.2』北村想著　白水社　2001.12　150p　19cm　1600円　①4-560-03565-2

|内容| 具体的な添削テキスト満載。名作の引用からコツを引き出す。演劇用語の解説ページ。あの人は、どうやって書いているのか、有名劇作家へのアンケート。最強の虎の巻。

『「ドラマ」づくりで友だち発見―高学年』大門高子[ほか]編著, 安土じょう画　岩崎書店　2001.4　154p　27cm（心とからだで表現しよう 総合学習を豊かにする劇の本 3）3000円　⊕4-265-02823-3, 4-265-10236-0（set）

『ミュージカル完全ガイド』　音楽之友社　2000.11　230p　22cm（Ontomo mook）〈年表あり〉1400円　⊕4-276-96102-5　Ⓝ775.4

『高校生のための実践劇作入門―劇作家からの十二の手紙』北村想著　白水社　2000.8　147p　19cm　1500円　⊕4-560-03563-6
|内容| 書きたい書きたいと思いながら、どうしても書きすすめられないあなたのために、具体的できめこまかなテクニックをつめ込んだ、実践劇作アドバイス。

『ミュージカルに連れてって！』萩尾瞳著　青弓社　2000.3　224p　19cm　1600円　⊕4-7872-7122-9　Ⓝ775.4
|内容| せりふやしぐさの限界を跳び超えてあらゆる表現手段で語りかけてくれるから、複雑でおもしろい人間の姿が心までじかに届く。芝居・ダンス・音楽・舞台美術…たくさんの輝きにあふれる宝石のようなミュージカルの世界へご招待。

《俳優にチャレンジ》

『俳優になるには』山本健翔著　改訂版　ぺりかん社　2024.6　157p　19cm（なるにはBOOKS 15）〈なるにはブックガイド：p154～155〉1600円　⊕978-4-8315-1669-5　Ⓝ771.7
|内容| 演劇やミュージカル、テレビ、映画といった現場において求められる資質、はじめの一歩を踏み出すための方法など、体当たりで演じる役者の仕事の実際から、俳優への道のりまでを解説する。「なるにはフローチャート」も掲載。

『演技をはじめる人のためのハンドブック―今日から使える「演じる」技術』ジェレミー・クルーズ著, シカ・マッケンジー訳　フィルムアート社　2024.5　169p　19cm　2000円　⊕978-4-8459-2316-8　Ⓝ771.7
|内容| 演技をするには、何が必要？　演技の練習方法から、脚本の読み方、オーディションの準備など、演技をするためにすぐ実践できるテクニックやエクササイズを紹介する。書き込み式のワークシートあり。

『俳優の教科書―撮影現場に行く前に鍛えておきたいこと』三谷一夫著　フィルムアート社　2017.1　253p　19cm　1800円　⊕978-4-8459-1454-8　Ⓝ778.3
|内容| 俳優は「センス」ではなく「技術」である。前作『俳優の演技訓練』の基礎編！　長く仕事を続けるために必要な「演技術」と成果がでる「正しい訓練の仕方」を、「俳優・芸能業界のリアル」をもとに徹底的に解説した決定版!!

『ミュージカル俳優という仕事』井上芳雄著　日経BP社　2015.12　217p　19cm〈発売：日経BPマーケティング〉1600円　⊕978-4-8222-7257-9　Ⓝ772.1
|内容| 初めて語る、仕事への思い。俳優として生きていく覚悟。

『俳優になるということ』ディー・キャノン著, 梶原香乃訳　雄松堂書店　2014.7　180p　21cm　1200円　⊕978-4-8419-0664-6　Ⓝ771.7
|内容| 演技と向き合うすべての人に伝えたい。世界各地で演技指導を行なう英国王立演劇学校の元教師が贈る言葉。

『はじめての演技トレーニング―レッスンのヒント83』松濤アクターズギムナジウム監修　雷鳥社　2014.7　127p　26cm　1400円　⊕978-4-8441-3657-6　Ⓝ771.7
|目次| 1 ウォーミングアップ（ストレッチ, ネームほか）, 2 発声・発音・滑舌トレーニング（腹式呼吸, 腹式呼吸に必要な筋力をつけるほか）, 3 演技トレーニング基礎編（舞台を歩く, 舞台でイスに座る ほか）, 4 演技トレーニング実践編（台本の読解, 喜怒哀楽 ほか）

『俳優になる方法』山崎哲著　増補版　青弓社　2011.11　255p　19cm　1600円　⊕978-4-7872-7313-0　Ⓝ771.7
|内容|「しゃべりことばによって "劇物語の世界" を立ち上げるのが俳優だ」「演技の稽古は、乳幼児がことばを覚えていくのと同じである」―。会話を積み重ねることでゼロの空間に立体的な劇物語の世界を創出していくためのコツを教える入門書。

『ファム・ビューティー—女優たち美の追求』Banana Boat Crew［編］　二見書房　2007.11　108p　18cm　1000円　Ⓘ978-4-576-07204-3　Ⓝ778.28
　内容　ヘア＆メイクで「女」は変わる。女優たちのヘアメイク術をプライベートフォトで解き明かす。

『俳優になりたいあなたへ』鴻上尚史著　筑摩書房　2006.5　175p　18cm（ちくまプリマー新書 35）760円　Ⓘ4-480-68735-1　Ⓝ771.7
　内容　どうやって俳優になるの？　いい演技って？　ルックスは重要？　将来の生活は？　女優・男優を夢見る人たちに愛を込めて贈る、最良の入門書。

『俳優になる　2004』　演劇ぶっく社　2004.7　95p　26cm（演劇ぶっく別冊）〈発売：星雲社〉1500円　Ⓘ4-434-04704-3　Ⓝ771.7

『俳優になる。』　演劇ぶっく社・書籍出版局　2002.4　109p　26cm〈発売：星雲社〉「演劇ぶっく」創刊100号記念本　1000円　Ⓘ4-434-01906-6　Ⓝ771.7
　目次　入門篇（劇団に入る、人気劇団「大人計画」プロデューサー・長坂まき子インタビュー、専門学校・養成所・各種学校　ほか）、修行篇（良い俳優に必要なものって何だろう？、ボイストレーニング、ストレッチ　ほか）、応用篇（映画やCMのキャスティングの仕組みって？、キャスティングディレクター・大徳啓インタビュー、白井晃・松下哲　ほか）

『俳優になるには』山本健翔著　ぺりかん社　2001.6　169p　19cm（なるにはbooks 15）1170円　Ⓘ4-8315-0958-2　Ⓝ771.7
　内容　人に感動とあこがれを抱かせる映画や演劇。華やかに見える俳優の世界ですが、実際の仕事としてはどんな日常をおくっているのでしょう。またどのように映画やテレビドラマはつくられているのでしょう。そのなかで俳優の役割とは？　演技とは？　個性あふれる俳優たちの魅力と表現者としての苦悩と喜び、そしてその現実の世界を紹介します。

《声優にチャレンジ》

『佐々木未来と学ぶ！　世界一わかりやすい最強声優トレーニングBOOK』専門学校東京アナウンス学院編集協力　日本文芸社　2020.4　127p　21cm〈文献あり〉1600円　Ⓘ978-4-537-21789-6　Ⓝ778.77
　内容　丁寧な基本の繰り返しで声が良くなる。オーディション勝ち抜きポイントの伝授。基本が確認できる課題だから急成長。

『声優という生き方』中尾隆聖［著］　イースト・プレス　2019.5　191p　18cm（イースト新書Q Q058—「仕事と生き方」）840円　Ⓘ978-4-7816-8058-3　Ⓝ778.77
　内容　若者の人気職業・声優。華やかさの陰には厳しい現実も待ち受けている。芸歴60年超のレジェンドが、「うまくやろうとするな」「売れるのが唯一の価値観か」など、成功法則のない業界だからこそ必要なスキルと心構えを語る。

『プロフェッショナル13人が語るわたしの声優道』藤津亮太インタビュー　河出書房新社　2019.5　254p　19cm　1700円　Ⓘ978-4-309-25635-1　Ⓝ778.77
　内容　人気キャラクターを演じてきた「声」の職人たちの役者道と仕事術に迫る必読のロングインタビュー集!!声優を志したきっかけから、役作りの苦難と楽しみ、後進へのメッセージまで人気声優たちが語り尽くす。

『声優道—名優50人が伝えたい仕事の心得と生きるヒント』声優グランプリ編集部編　主婦の友インフォス　2019.3　269p　21cm〈発売：主婦の友社〉1400円　Ⓘ978-4-07-435229-6　Ⓝ778.77
　内容　声優戦国時代を生き抜いてきた名優50人が語る「選ばれる」仕事術、そして「声で生きていく」道の厳しさ—。『声優グランプリ』がお届けするすべての声優ファン＆声優志望者必読のバイブル！

『いつかすべてが君の力になる』梶裕貴著　河出書房新社　2018.5　170p　図版12p　19cm（14歳の世渡り術）1300円　Ⓘ978-4-309-61713-8　Ⓝ778.77
　内容　大人気声優が伝える"夢"を仕事にする方法。

『声優—声の職人』森川智之著　岩波書店　2018.4　145, 21p　18cm（岩波新書 新赤版 1714）780円　Ⓘ978-4-00-431714-2　Ⓝ778.77
　内容　日本中の女子をお世話してきた「帝王」であり、30年以上もトップを走ってきた実力派声優・森川智之による声優論＝役者論。声優という職業、これまでの歩み、声優が表舞

『**声優をプロデュース。**』納谷僚介著　星海社　2018.4　190p　18cm（星海社新書128）〈発売：講談社〉960円　①978-4-06-511634-0　Ⓝ778.77
内容　ベテラン声優マネージャーによる、声優プロデュース論。声優たちの才能のきらめきを届けるために、マネージャーが何を考え、どういった仕事をしているのか、また業界の現状などを包み隠さず明かす。

『**90分でわかるアニメ・声優業界**』落合真司著　青弓社　2017.8　207p　19cm　1600円　①978-4-7872-7404-5　Ⓝ778.77
内容　世界中が日本のアニメに熱狂するのはなぜか？　声優ブームとマルチタレント化の関係は？　アニソンが音楽特区になった理由とは？　深夜アニメから劇場版まで見続けている著者が、メディア視点でアニメ・声優業界を語り尽くす。

『**声優に死す―後悔しない声優の目指し方**』関智一著　KADOKAWA　2017.3　189p　19cm　1000円　①978-4-04-105138-2　Ⓝ778.77
内容　自分は声優を目指してもいいのか。養成所や専門学校には入るべきなのか。何を学ぶのか。どう生き残るのか…。キャリア25年、講師歴10年の声優・関智一が、後悔しない声優の目指し方を伝える。おまけ袋とじ付き。

『**イベンターノートが声優にインタビューしてみました―データと生の声で探る声優イベントの世界**』イベンターノート編　新版　インプレスR&D　2017.2　134p　21cm（Next Publishing—New Thinking and New Ways）〈発売：インプレス〉1800円　①978-4-8443-9749-6　Ⓝ778.77
内容　竹達彩奈、小倉唯、西明日香、M・A・O、三澤紗千香、伊藤美来。人気声優に「イベント」の事だけ聴いてみた！

『**声優語―アニメに命を吹き込むプロフェッショナル**』藤津亮太著　一迅社　2017.2　271p　19cm　1389円　①978-4-7580-1533-2　Ⓝ778.77
内容　声優になった経緯、超人気作品の裏話、演じる役との距離のとり方…。日高のり子、三木眞一郎、山寺宏一、緒方恵美ら11人の人気声優たちのロングインタビュー集。アキバカルチャーマガジン『Febri』連載を書籍化。

『**声優道―死ぬまで「声」で食う極意**』岩田光央著　中央公論新社　2017.2　203p　18cm（中公新書ラクレ576）780円　①978-4-12-150576-7　Ⓝ778.77
内容　人気職業、声優。志望者は激増するも、プロとして生き残る声優は激減、ほとんどの若者が淡い夢の前で挫折していく。その実態や成功するための「極意」を、混沌とする業界で30年以上も"食えている"著者が公開する。

『**大塚明夫の声優塾**』大塚明夫著　星海社　2016.6　189p　18cm（星海社新書83）〈発売：講談社〉840円　①978-4-06-138589-4　Ⓝ778.77
内容　それでも諦められない奴へ―大塚明夫が本気の声優志願者たちと繰り広げた、180分の真剣勝負を1冊に!!声優だけではない！　すべての「芸道を往くもの」に贈る、実践的演技・役者論。

『**現場で求められる声優―「ダイヤのA」「キングダム」「最遊記」の音響監督髙桑一が語る**』髙桑一著　くびら出版　2016.3　197p　19cm〈発売：サンクチュアリ出版〉1200円　①978-4-86113-328-2　Ⓝ778.77
内容　現場で求められる声優とは？　声優になるにはどうしたらいいのかを説明し、現場でおこなわれていることや、オーディションの傾向と対策、勉強方法等について解説する。髙桑一×堀内賢雄×浪川大輔の座談会も収録。

『**声優サバイバルガイド―現役プロデューサーが語る"声優の戦い方"**』大宮三郎著　くびら出版　2015.11　198p　19cm〈別タイトル：Voice actorサバイバルガイド　発売：サンクチュアリ出版〉1200円　①978-4-86113-327-5　Ⓝ778.77
内容　声優になる！→なった→その後は？　オーディション必勝法から次の仕事の呼び込み方まで、現場発の"実践的"声優サバイバル術を伝授！

『**声優なれるかな？―声優お仕事コミックエッセイ**』逸架ぱずる著　KADOKAWA　2015.7　143p　21cm（メディアファクトリーのコミックエッセイ）1000円　①978-4-04-067733-0　Ⓝ778.77
内容　アニメ、映画の吹き替え、ナレーション、イベント出演、音楽活動、舞台…etc.さまざまなシーンで活躍している「声優」。どうやったら声優になれるの？　どんな人が声優になれるの？　この本では実際に活躍してい

る声優・桑原由気さん(マウスプロモーション)をモデルに実際にどうやったら声優になれるのか、声優としてどのようなお仕事をしているかをマンガで紹介していきます。

『声優魂』大塚明夫著　星海社　2015.3　220p　18cm（星海社新書62）〈発売：講談社〉820円　①978-4-06-138567-2　Ⓝ778.77
内容　声優界に並び称される者のない唯一無二の存在、大塚明夫。一誰よりも仕事を愛する男が、「声優だけはやめておけ」と発信し続けるのはなぜなのか？「戦友」山寺宏一氏をはじめ、最前線で共闘する「一流」たちの流儀とは？稀代の名声優がおくる、声優志望者と、全ての職業人に向けた仕事・人生・演技論であり、生存戦略指南書。

『声優になりたい！―夢を叶えるトレーニングBOOK』武田正憲［執筆］　マイナビ　2015.3　160p　21cm　1380円　①978-4-8399-5448-2　Ⓝ778.77
内容　スマホ＆パソコン両対応!!本物のボイスドラマ。台本を使ったお手本ボイスが聴ける。掛け合い練習用の音声もあり！

『声優さんになりたいっ！』仲川僚子取材・構成・執筆、81プロデュース監修　講談社　2014.11　111p　21cm　1400円　①978-4-06-219183-8　Ⓝ778.77
内容　声優事務所大手の81プロデュースが監修したなりたい職業ランキング上位の「声優」への道が開けるパーフェクトガイド。

『声優100年―声優を目指す君たちへ』南沢道義著　小学館集英社プロダクション　2014.7　271p　19cm（ShoPro Books）1500円　①978-4-7968-7516-5　Ⓝ778.77
内容　「声優」の仕事を確立させたテレビアニメが生まれて約50年。次の節目である100年に向けて、業界の風雲児が伝える"声優魂"！

『10代から目指す！　声優トレーニング最強BIBLE』声優塾監修　トランスワールドジャパン　2013.10　159p　21cm（TWJ BOOKS）〈付属資料：録音ディスク（1枚 12cm）〉1800円　①978-4-86256-129-9　Ⓝ778.77
内容　自宅で毎日！声優力を磨くトレーニング。早稲田塾×賢プロがコラボした特別カリキュラムを1冊に凝縮！人気声優がドラマCD2作品を収録！

『ぜったい声優になる！　最強トレーニングBOOK』Knowledge-NEXT監修　トランスワールドジャパン　2012.7　143p　21cm（TWJ BOOKS―CREATORS BIBLE vol.1）1400円　①978-4-86256-104-6　Ⓝ778.77

『きっと声優になる！―夢を見ないとはじまらない!!人気声優たちのリアルインタビュー』柳谷杞一郎、菊地和俊、東海林龍著, 声優になる！マガジン編集部編　雷鳥社　2011.10　187p　21cm　1200円　①978-4-8441-3574-6　Ⓝ778.77
内容　「私が声優になった理由」書籍化第3弾。人気声優13人のロングインタビュー。

『しずかちゃんになる方法―めざすは声優一番星』野村道子著　リブレ出版　2009.8　209p　19cm　1200円　①978-4-86263-651-5　Ⓝ778.77
内容　しずかちゃんとワカメちゃんを長年演じ、現在は少数精鋭の難関声優養成所「スクールデュオ」の校長として、代永翼、阿部敦、伊藤静、いのくちゆか、藤村歩などの若手人気声優を育て上げている野村道子が、初めて語る―声優業界のすべて。

『もっと声優になる！―夢を叶えるためのヒントが見付かる!!人気声優たちのリアルインタビュー』橋本崇宏、柳谷杞一郎著, 声優になる！マガジン編　雷鳥社　2009.2　255p　21cm　1200円　①978-4-8441-3512-8　Ⓝ778.77
内容　雷鳥社メールマガジン『声優になる！マガジン』連載中の人気声優インタビュー「私が声優になった理由」の書籍化第2弾。

『声優になる！―夢が近づく!!ヒントが見える!!人気声優たちのリアルインタビュー』橋本崇宏、柳谷杞一郎著, 声優になる！マガジン編　雷鳥社　2008.8　199p　21cm　1200円　①978-4-8441-3507-4　Ⓝ778.77
内容　雷鳥社メールマガジン『声優になる！マガジン』の人気連載、「私が声優になった理由」インタビューより13人を収録。

『声優・朗読入門トレーニング』福島英編著　改訂版　新水社　2007.7　198p　21cm　1500円　①978-4-88385-102-7　Ⓝ778.77
内容　個性的、パワフル、魅力的な声づくりに、きっと役立つヴォイス・トレーニング。

『基礎から始める声優トレーニングブッ

ク』松濤アクターズギムナジウム監修　雷鳥社　2004.9　127p　26cm　1400円　Ⓘ4-8441-3423-X　Ⓝ778.77
内容　声優を目指す人、「声」を仕事にしたい人、学校の演劇部、劇団の発声練習に欠かせない1冊。声優としての身体づくりから始まり、発声法、アクセント、リズムなどを修得していく。言葉を自在に操るための技術を写真やイラストでわかりやすく解説。ひとりでも、仲間同士でもトレーニングできる内容になっている。

『声優バイブル―声優になりたい人の必読本』　宙出版　2004.8　160p　21cm　1200円　Ⓘ4-7767-9021-1　Ⓝ778.77
内容　日本を代表する10人の声優たちの超ロングインタビュー。日本のアニメ界の全てがわかる。

『神谷明の声優ワンダーランド―すべての"声優を志す人"と"声優を愛する人"へ』神谷明著　学習研究社　2001.3　141p　23cm　(Gakken mook animedia selection)〈折り込1枚〉1000円　Ⓘ4-05-602495-2　Ⓝ778.77

『はじめての声優トレーニング　声のテクニック編』松濤アクターズギムナジウム監修　雷鳥社　2000.9　125p　20cm〈付属資料：CD1枚(12cm)〉1800円　Ⓘ4-8441-3315-2　Ⓝ778.77
内容　声と言葉を自在に操るテクニックを、基礎の基礎から身に付けるためのガイドブック。正しい発声、美しい発音、豊かな表現を実現するノウハウを解説。プロの技術を完全収録したCDをプラス。

『一度はやってみたい！　こんな仕事声優』長瀬一人著　すばる舎　2000.6　206p　19cm（バーチャル体験on books）〈イラスト：にらけら〉1300円　Ⓘ4-88399-057-5　Ⓝ778.77
内容　「声」のスペシャリストたちの本音をズバリ！　本書でバーチャル体験してみよう。

『演声人語―ベテラン声優が語る役者人生』ソニー・マガジンズ　2000.6　191p　21cm〈述：青野武ほか〉1600円　Ⓘ4-7897-1569-8　Ⓝ778.77
内容　誰もが聞いたヒーロー・ヒロインの声はこうして作られた。

『声優の教科書―基礎編からプロでも役立つ実践編まで』本田保則著　ソニー・マガジンズ　2000.6　274p　21cm　1905円　Ⓘ4-7897-1568-X　Ⓝ778.77
内容　『ちびまる子ちゃん』『マスターキートン』など、数多くの名作を手がける音響監督・本田保則による、プロの声優を目指すための教科書。みるみる力がつく初の実践的ステップアップ方式。

『声優白書』松田咲實著　オークラ出版　2000.3　285p　20cm〈年表あり　折り込1枚〉1800円　Ⓘ4-87278-564-9　Ⓝ778.77
内容　林原めぐみ・三石琴乃・天野由梨・白鳥由里など、数々の人気声優、実力派声優を第一線に送り込んだ男による業界指南書の決定版。

《ドラマ・映画を制作するために》

『映画技術入門』高良和秀編著, ゆめの漫画　小金井　明幸堂　2024.2　380, 24p　21cm　3600円　Ⓘ978-4-9910348-4-8　Ⓝ778.4
内容　映画の歴史を支えてきた様々な技術を、関連する700作品とともに解説。名画座で働く主人公が映写室や現像所で学ぶ漫画で、サイレントからIMAXまで各時代の技術により変化していった映画の姿を紹介する。写真も多数掲載。

『映像と企画のひきだし―門外不出のプロの技に学ぶ』黒須美彦著　宣伝会議　2023.12　253p　21cm　2300円　Ⓘ978-4-88335-573-0　Ⓝ674.6
内容　コトバ×映像×時間軸で発見した「やり口」の数々。いくつもの話題のCMを世に送り出したCMプランナー黒須美彦の「技」を集大成。映像制作で実践できるノウハウを公開する。

『無声映画入門―調査、研究、キュレーターシップ』パオロ・ケルキ・ウザイ著, 石原香絵訳　美学出版　2023.11　16, 421, 21p, 図版11枚　21cm　4800円　Ⓘ978-4-902078-79-4　Ⓝ778.2
内容　20世紀初頭の全盛期から今日の復活までを取り上げ、セルロイドのフィルムとその関連機材の発明から、撮影所、映画館、フィルムアーカイブに至るまで、テクノロジー、文化、社会と、より広い文脈で無声映画を探求する。

『映画編集の教科書プロが教えるポストプ

ロダクション―構成・演出・効果・音』衣笠竜屯監修　メイツユニバーサルコンテンツ　2023.8　112p　21cm（コツがわかる本）〈文献あり〉1800円　①978-4-7804-2814-8　Ⓝ778.4
内容　感情移入させる物語を構築するコツ、ツールの使いこなしで思い通りの表現を作る、意図・思惑を生み出す色や音のテクニック。作り手から演者まで、すぐに活用できる実践ノウハウを凝縮。

『はじめて学ぶ映像コミュニケーション―映像メディアを見る・撮る・知る』長野真一,増本貴士著,長野真一編　福村出版　2023.4　242p　21cm〈文献あり〉2600円　①978-4-571-41072-7　Ⓝ778
内容　映像メディアを学ぼうとしている学生を対象として、最初に学んでおいてほしい知識やスキルをまとめる。映像の歴史、映像制作の基本、放送業界の成り立ちと放送倫理について解説する。

『いま、映画をつくるということ―日本映画の担い手たちとの21の対話』是枝裕和,土田環,安藤紘平,岡室美奈子,谷昌親,長谷正人,藤井仁子編,青山真治［ほか］［述］　フィルムアート社　2023.3　277p　21cm　2500円　①978-4-8459-2146-1　Ⓝ778
内容　脚本、演出、撮影、編集、製作…時代を揺るがす作品はいかにして生まれるのか―第一線の映画人たちから学ぶ。

『最新映画産業の動向とカラクリがよ～くわかる本―業界人、就職、転職に役立つ情報満載』中村恵二,佐々木亜希子著　第4版　秀和システム　2021.9　197p　21cm（図解入門業界研究―How-nual）〈索引あり〉1400円　①978-4-7980-6462-8　Ⓝ778.09
内容　映画産業の現在について、多面的に紹介するとともに、コンテンツ・ビジネスという広義の枠の中での映画産業の位置付けなどについても詳しく解説。日本のメディア・ソフト産業と映画産業のいまがわかる一冊。

『映画はこう作られていく―名作映画に学ぶ心を揺さぶる映像制作術：映画史に残る126本超の作品を新たな視点で分析！』ティム・グリアソン著,Bスプラウト訳　ボーンデジタル　2021.6　191p　21×23cm〈文献あり　索引あり〉3000円　①978-4-86246-498-9　Ⓝ778.4

内容　緊迫のドラマをリアルに伝えるライティング戦略とは？　定番から実験的な作品まで、重要な原則がはっきり示されている古典の名作や現代映画を例に、映画の中核をなす要素（脚本・演技・撮影など）の概要を解説する。

『職業としてのシネマ』髙野てるみ著　集英社　2021.5　254p　18cm（集英社新書1066）〈文献あり〉860円　①978-4-08-721166-5　Ⓝ778.09
内容　観るよりも働くほうが人生愉しい!?　ミニシアター・ブームの立役者の一人である著者が、配給、バイヤー、宣伝等の現場における豊富なエピソードを交え、仕事の難しさや面白さ、やりがいを伝える、映画業界入門書。

『ドラマスタイリストという仕事―ファッションで役柄をつくるプロフェッショナル』西ゆり子著　光文社　2021.3　195p　19cm　1600円　①978-4-334-95234-1　Ⓝ778.8
内容　"ファッションが気になるドラマ"の仕掛人が語る、痛快キャリア・ヒストリー。

『IPのつくりかたとひろげかた』イシイジロウ著　星海社　2020.10　270p　18cm（星海社新書169）〈発売：講談社〉980円　①978-4-06-521289-9　Ⓝ778.09
内容　ビッグビジネスの源泉となる強力なコンテンツのストーリー・キャラクター・世界観のすべてを網羅する知的財産権「IP」。「新サクラ大戦」などを手掛けた著者が、IP成功の絶対法則を語る。セミナー内容をもとに書籍化。

『低予算の超・映画制作術―『カメラを止めるな！』はこうして撮られた』曽根剛著　玄光社　2020.4　207p　23cm　2200円　①978-4-7683-1294-0　Ⓝ778.4
内容　誰でも映画を作れる時代…搾取されてばかりでは未来がない！『カメ止め！』カメラマンによる容赦なき自主製作のススメ。

『映画制作の教科書プロが教える60のコツ―企画・撮影・編集・上映』衣笠竜屯監修　メイツユニバーサルコンテンツ　2020.1　144p　21cm（コツがわかる本）1800円　①978-4-7804-2289-4　Ⓝ778.4
内容　できる監督の指示や接し方、機材のイロハ＆応用テクニック…。映画制作の準備から撮影、編集、仕上げ、公開までのすべての工程を、物語の起承転結に合わせて4章立てで解説。秘伝ツールを使うコツも伝授する。

『日本映画大学で実践しているドキュメン

『タリー映像制作の作法』安岡卓治著　玄光社　2019.10　237p　23cm　2000円　Ⓘ978-4-7683-1246-9　Ⓝ778.7
[内容] 日本映画界やテレビ制作業界に優秀な人材を幅広く輩出し続けている日本映画大学。その「映像制作」の方法論をドキュメンタリーコースの教授が解き明かす。『ビデオサロン』連載に新規原稿を加え書籍化。

『映画ってどうやってつくるの?』フロランス・デュカトー文,シャンタル・ペタン絵,大久保清朗日本語版監修,野坂悦子訳　西村書店東京出版編集部　2019.2　[38p]　27cm　1800円　Ⓘ978-4-89013-995-8　Ⓝ778.4
[内容] 撮影スタジオってどうなってるの? 製作現場にはどんなしごとがあるの? 効果音ってどうやってつくるの? 楽しいイラストで、映画づくりについての疑問に答えます。ワイドページ、工作やクイズのページあり。

『イラストでわかる映画の歴史—いちばんやさしい映画教室』アダム・オールサッチ・ボードマン著,細谷由依子訳　フィルムアート社　2018.11　104p　21cm〈文献あり　索引あり〉2000円　Ⓘ978-4-8459-1805-8　Ⓝ778.2
[内容] ポップなイラストで中高生から大人まで楽しめる! 知識ゼロから学べる、いちばんやさしい映画の教科書。

『映画制作、はじめの一歩。—サクッと学べる39のキーポイント』Little White Lies著,牧尾晴喜訳　ビー・エヌ・エヌ新社　2018.2　135p　21cm〈索引あり〉2000円　Ⓘ978-4-8025-1089-9　Ⓝ778.4
[内容] 映画づくり不変の文法を紹介。ウォッチリスト40作品。計画表のテンプレート付き。映画の見方もわかる!

『ドキュメンタリーを作る2.0—スマホ時代の映像制作』山登義明著　京都　京都大学学術出版会　2016.9　242p　21cm〈索引あり〉2200円　Ⓘ978-4-8140-0046-3　Ⓝ699.64
[内容] 誰もが高度な映像技術を手にする時代を、今をどう切り取るか。企画・取材・撮影技術からメディア論まで、大学で番組制作の授業に取り組んできた練達のプロデューサーが、市民のためのハイクオリティの映像作りを伝授する。

『映画は楽しい表現ツール—創造力、表現力、コミュニケーション力!　2　表現をととのえる』昼間行雄著　偕成社　2016.3　63p　28cm〈文献あり　索引あり〉2800円　Ⓘ978-4-03-525720-2, 978-4-03-525731-8〈set〉Ⓝ778.4
[内容] 映画作りで自分を磨こう! 2は、映画の編集の歴史から、実際の編集で使われるテクニック、音と映像のあつかい方、上達するための作品の宣伝や上映会の仕方までをわかりやすく解説。

『映画は楽しい表現ツール—創造力、表現力、コミュニケーション力!　1　考えをまとめ、表現する』昼間行雄著　偕成社　2016.2　63p　28cm〈文献あり　索引あり〉2800円　Ⓘ978-4-03-525710-3　Ⓝ778.4
[内容] 映画作りで自分を磨こう! 1は、映画作りのためのひとりでできるトレーニングから、「映画の脚本を書く」「役を演じる」「撮影をする」といった実際に映画を作るためのテクニックまでをわかりやすく解説。

『監督のリーダーシップ術—5つのミステイクと5つの戦略』ジョン・バダム著,シカ・マッケンジー訳　フィルムアート社　2013.11　319p　21cm〈文献あり〉2400円　Ⓘ978-4-8459-1320-6　Ⓝ778.3
[内容] 傑作を生み出す本当の「リーダーシップ」とは何か。名シーンと脚本から学ぶ。

『社会の今を見つめて—TVドキュメンタリーをつくる』大脇三千代著　岩波書店　2012.10　210,5p　18cm（岩波ジュニア新書 725）〈文献あり〉840円　Ⓘ978-4-00-500725-7　Ⓝ699.64
[内容] 日常に潜む現代社会のひずみをていねいにすくい取り、TVドキュメンタリーに仕上げ問題提起をしてきた著者。報道記者として夜の町、事故現場、かつての戦場や産科病棟等で見たもの、聞いたことを通し、今社会で何が起き、私たちの暮らしとどう関わっているかを語る。いかに生きるかを考えさせられる一冊。

『歴史ドラマと時代考証—つくりごとか? 史実か?』小和田哲男著　中経出版　2010.2　287p　15cm（中経の文庫　お-10-2）571円　Ⓘ978-4-8061-3608-8　Ⓝ778.8
[内容] 『秀吉』では竹中直人の「すし食いてぇ、天ぷら食いてぇ」のアドリブで綿密な台詞考証が吹っ飛び、『功名が辻』では脚本家の強い要請でしぶしぶ認めた本能寺での銃撃戦にたくさんのお叱りを受けるなど、いまだから

話せる時代考証失敗談などの三つの大河ドラマの制作秘話を披露。本書を読めば大河ドラマを見る楽しみが倍増します。

『映画館(ミニシアター)のつくり方』映画芸術編集部編　AC Books　2010.1　319p　19cm〈著：奥田瑛二ほか〉1500円　①978-4-904249-12-3　Ⓝ778.09
内容　人口1万5千人の海辺の町で90年以上続く映画館。出演者や監督が次々に舞台あいさつに訪れるピンク街のアート系映画館。「幽霊通り」と呼ばれた駅前を復活させた映画館—。全国の"わが町"に銀幕を掲げる16の映画館。その幸福と苦悩を凝縮。

『映像クリエーター入門—ノンフィクション映像を志す人へ』黒瀬政男著　伊丹牧歌舎　2009.11　171p　21cm〈発売：星雲社　文献あり〉1500円　①978-4-434-13633-7　Ⓝ778.7
目次　映像制作の基礎知識、制作フロー、スタッフの役割、企画書、シナリオ・絵コンテ(ドラマ)、シナリオ(ノンフィクション)、制作予算、ロケハン、撮影準備、ビデオ技術の基礎知識〔ほか〕

『Movie & design—映画宣伝ツールのアートディレクション』岡野登著　ビー・エヌ・エヌ新社　2008.11　183p　28cm〈付属資料：1冊〉3800円　①978-4-86100-553-4　Ⓝ778.09
内容　フライヤー・ポスター・プログラム・試写状・グッズなど、全214点の映画作品から大量の宣伝ツールを紹介。映画宣伝デザインの第一人者岡野登が20年にわたり制作してきた作品を、ツール展開／アイテム別／映画ジャンル別、と多角的にひも解き、豊富な写真と彼自身の解説コメントで綴る貴重な資料本です。ハリウッドもの・ミニシアター系・アクション・コメディ・ドキュメンタリー…ありとあらゆる映画の宣伝美術が満載。デザイナーはもちろんのこと、映画ファン必携の一冊です。

『映画・映像業界大研究』フィールドワークス著　産学社　2008.8　213p　21cm　1400円　①978-4-7825-3237-9　Ⓝ778.09
内容　映画監督やプロデューサーをはじめ、第一線で活躍する人々が自らの仕事を熱く語る。劇場公開からパッケージ流通、放送・配信まで、関連業界を幅広く解説。映画・映像業界を知りたい人はもちろん、就職希望者にも役立つ情報満載。

『映画の瞬き—映像編集という仕事』ウォルター・マーチ著,吉田俊太郎訳　フィルムアート社　2008.8　191p　19cm　1700円　①978-4-8459-0820-2　Ⓝ778.4
内容　ハリウッドの第一線で活躍してきたカリスマ映画編集者が、長年の経験で得た知識とセンスを伝授。画面を息づかせる"編集"の極意。

『ビデオカメラでいこう—ゼロから始めるドキュメンタリー制作』白石草著　七つ森書館　2008.4　171p　19cm〈文献あり〉1700円　①978-4-8228-0860-0　Ⓝ778.7
内容　手軽にビデオカメラ＆ビデオジャーナリスト、ホームビデオからインターネット配信まで、感動を呼ぶビデオのコツを満載。

『映画製作にかかわる仕事—マンガ』ヴィットインターナショナル企画室編　ほるぷ出版　2008.1　140p　22cm〈知りたい！なりたい！職業ガイド〉2200円　①978-4-593-57216-8　Ⓝ778
目次　映画プロデューサー、映画監督、撮影監督

『映像コンテンツの作り方—コンテンツ工学の基礎』金子満著,東京工科大学片柳研究所クリエイティブ・ラボ監修　ボーンデジタル　2007.4　363p　26cm　4600円　①978-4-86246-017-2　Ⓝ548

『映画・CM 65の仕事』理論社　2007.3　175p　25cm（メディア業界ナビ4　メディア業界ナビ編集室編著）2000円　①978-4-652-04864-1　Ⓝ778.09
内容　照明技師／スクリプター／美粧／操演／特殊造型…どんなことをする仕事か、わかるかな。

『最新CMプランナー入門』中山幸雄編著,中山幸雄,丸山顕,杉本健二,渡部秀人［著］　電通　2007.3　196p　26cm　2000円　①978-4-88553-189-7　Ⓝ674.3
内容　埋もれたはずの広告を、アイデアを、表現を掘り起こしていくと、そこに共通点を見いだすことができ、それは技術として習得することも可能となる。本書は、「CMプランナー入門」であり、同時に「アイデア入門」でもあり、「クリエイティビティ（創造性）入門」でもある。

『テレビCMにかかわる仕事—マンガ』ヴィットインターナショナル企画室編　ほるぷ出版　2007.2　142p　22cm（知

ドラマ・映画を制作するために　　　　　　　　　　　　　芸能を学ぼう

りたい！なりたい！職業ガイド）2200円　Ⓘ978-4-593-57197-0　Ⓝ674.6
内容　本書では、さまざまな分野の職業が取り上げられ、その範囲は社会、文化、芸術、スポーツ、環境などさまざまな世界にわたっています。ひとつのテーマで3つの職業が紹介され、その仕事のようすやその職業に就くための方法などがコミックと文章でガイドされています。

『ドキュメンタリーを作る―テレビ番組制作・授業と実践』山登義明著　京都　京都大学学術出版会　2006.8　217p　21cm　2200円　Ⓘ4-87698-686-X　Ⓝ699.64
内容　手持ちの機材で学ぶ、メディアのしくみ。百戦錬磨のテレビプロデューサーが京大生を指導。5分間ドキュメンタリーの制作実習をとおして、ストーリー性・説得力ある番組作りのコツを知るとともに、現代社会にあふれる映像の、構造と意味が見えてくる。キレイに撮るだけじゃない、映像制作入門。

『あなたも映画業界で働いてみませんか？―業界のハローワーク』スクリーン,恒川めぐみ編　近代映画社　2006.6　127p　21cm　1200円　Ⓘ4-7648-2083-8　Ⓝ778.09
内容　はじめて映画業界を研究したい人に。主要73社映画配給・宣伝会社データベース付き。

『クロスメディア時代のCM制作の基礎知識―TVCMからWEB・ケイタイまで』阿部正吉著　宣伝会議　2006.4　309p　21cm（広告基礎シリーズ）〈文献あり〉2000円　Ⓘ4-88335-150-5　Ⓝ674.6
内容　CM制作の現場でさまざまな体験を積んできた著者が、その経験と知識を次代のクリエイターに伝えるべく、CMの歴史から、企画、制作準備、撮影、CG、ポストプロ、また、クロスメディア時代のCM制作の流れまで詳しく解説。現場で活きるノウハウ満載。CM制作のすべてがこの一冊に。

『映画の仕事はやめられない！』附田斉子著　岩波書店　2005.11　200p　18cm（岩波ジュニア新書 523）740円　Ⓘ4-00-500523-3　Ⓝ778.09

『映画ライターになる方法』まつかわゆま著　青弓社　2005.8　237p　19cm　1600円　Ⓘ4-7872-9176-9　Ⓝ778.09
目次　第1章 映画ライターって、何ですか？，第2章 映画評論家と映画ライターの違いって、何ですか？，第3章 映画ライターって、どん

な生活を送っているのですか？，第4章 映画ライターはどんなところで仕事をするのですか？，第5章 雑誌ができるまで，第6章 雑誌以外で映画ライターができる仕事ってありますか，第7章 雑誌に書く！，第8章 映画ライターの文章術，第9章 映画ライターの取材術，第10章 映画ライターの営業術，第11章 望まれる映画ライターとは

『いかにして100万円でインディーズ映画を作るか―超低予算ムービーメイキング』ブレット・スターン著,吉田俊太郎訳　フィルムアート社　2004.2　252p　21cm　2000円　Ⓘ4-8459-0458-6　Ⓝ778.4
内容　金がなくても、撮れる。家族を泣かせず、警察にもパクられず、長編劇映画をひっさげてデビューするための方法。

『映画を楽しくつくる本―55の低予算ノウハウ』山崎幹夫著　ワイズ出版　2004.1　128p　18cm　952円　Ⓘ4-89830-166-5　Ⓝ778.4
内容　もはや映画はプロだけのものではない。ビデオカメラで撮影し、パソコンで編集する。安直かもしれないけれど、安直＝駄作とは言い切れない。難しいことはヌキ。とにかく「楽しむ」というスタンスで、映画をつくろう。そのためのヘルプになるよう考案されたのが本書です。

『映像上映人材のための手引き―上映ハンドブック』デジタルコンテンツ協会　2003.12　62p　30cm〈経済産業省デジタルコンテンツ産業人材育成のための調査〉Ⓝ778.09

『映画配給プロデューサーになる！―話題の映画の仕掛人に聞く映画ビジネスのすべて』CWS,高野てるみ編　メトローグ　2003.5　245p　19cm（CWSレクチャーブックス）1500円　Ⓘ4-8398-1022-2　Ⓝ778.09
内容　バイヤー、宣伝パブリシスト、劇場番組選定者、字幕・予告篇制作者、編集者、ライター、映画プロデューサーになりたい人は必読。

『最新CM制作の基礎知識―プランニングからデジタル制作まで』阿部正吉著　新版　宣伝会議　2003.4　290p　21cm（広告基礎シリーズ）1800円　Ⓘ4-88335-078-5　Ⓝ674.6
内容　CM制作の現場でさまざまな体験を積んできた著者が、その経験と知識を次代のクリ

エーターに伝えるべく、CMの歴史から、企画、制作準備、撮影、CG、ポストプロなど、最新のCM制作にかかわるすべてを、豊富な事例とともに執筆の指南書。

『一人でもできる映画の撮り方』西村雄一郎著　洋泉社　2003.4　350p　21cm〈「映画の撮り方・ビデオの撮り方」(学研1995年刊)の増訂〉2800円　①4-89691-720-0　Ⓝ778.4
内容　撮って、つないで、見せる！ 単独走破の映画製作、その全工程完全マニュアル。撮影テクニックからパソコン編集、アニメ製作、公開方法まで、この本こそがあなたの頼れるスタッフだ。

『いま学校が面白い』佐藤忠男著　岩波書店　2001.12　217p　18cm(岩波ジュニア新書)　740円　①4-00-500387-7
内容　映画評論家佐藤忠男さんは、日本映画学校の校長だ。偏差値の必ずしも高くない自分の学校の生徒が、映画づくりの目的に向って、熱心に調査し、本を読み、激論し、内外の映画祭で受賞する作品をつくりだす。若者たちは試験などで評価できない力を秘めている。学校とは異質の人間が個性をたたかわせ、自分を打たれ強い人間に鍛える道場である。

『Movie大学』cafe@franken movie workshop著、佐藤信介監修　河出書房新社　2001.8　127p　21cm（cafe@frankenクリエイター読本）1400円　①4-309-72162-1　Ⓝ778.3
内容　行定勲、篠原哲雄、竹内鉄郎、河瀬直美、中島哲也、佐藤信介…日本映画界を走る新世代監督が語る「映画監督」への道。短編映画を撮る方法から、作品として発表する方法まで全ての制作バイブル。

『ハリウッド大作映画の作り方』ハイパープレス編　光文社　2001.7　267p　16cm（知恵の森文庫）533円　①4-334-78107-1　Ⓝ778.253
内容　「映画のエンドロールに流れる、様々な役割の人たちは一体どういう仕事をしているの？」「1作の失敗で会社がつぶれるって本当？」「幻の監督、アラン・スミシーって誰？」脚本選び、資金調達から、スニーク・プリビュー、最新CG事情まで。ハリウッドの現場を追い、大作映画が作られる仕組みを徹底解剖！ 映画ファン垂涎の一冊。

『ビデオ・レッスン—撮り方・楽しみ方』渡辺浩著　岩波書店　2001.6　189p　18cm（岩波ジュニア新書）780円　①4-00-500376-1
内容　誰にでも手に入り、すぐにも撮れるビデオカメラ、でも一歩進んだ表現にはどうしたらいいでしょうか。このレッスンでは、撮影機材やレンズ、撮影の基礎からはじめて、編集の仕方、ドラマの構成にいたるいわば映像の文法をわかりやすく指導してゆきます。いまや個人の自由な発想でつくられた作品が映像の歴史に新しい扉を開く時代なのです。

『テレビドラマの仕事人たち』上杉純也, 高倉文紀著　ベストセラーズ　2001.4　205, 6p　21cm　1619円　①4-584-18594-8　Ⓝ778.8
内容　ドラマはこう見る、こう作る！ 21世紀のドラマ界を担う演出家＆プロデューサーを徹底解剖。

『ぼくらがドラマをつくる理由』北川悦吏子ほか著　角川書店　2001.2　208p　18cm（角川oneテーマ21）571円　①4-04-704018-5　Ⓝ778.8
内容　視聴率30パーセントの人気ドラマはどんなふうに作られるのか。視聴率1パーセント＝100万人の日本人の心理をつかむ人気ドラマの裏側とは。現場からの初めてのメッセージ。

『女性が映画をつくるということ』高野悦子著　朝日新聞社　2000.12　355p　15cm（朝日文庫）〈「私のシネマ宣言」（1992年刊）の改題〉660円　①4-02-264254-8　Ⓝ778.04
内容　国際女性映画週間のプロデュースを機に生まれた、世界中の女性映画人との交流…岩波ホール総支配人であり映画をこよなく愛する著者が、"男性社会"であった映画界での女性の近年の活躍と、自らの映画人生を重ねて爽やかに語る女性の生き方。

『テレビ・ドキュメンタリーの現場から』渡辺みどり著　講談社　2000.2　208p　18cm（講談社現代新書）660円　①4-06-149491-0　Ⓝ699.64
内容　視聴率とは？ 良い番組とは？ テレビ局で働く人々のホンネ。テレビ第一世代の女性ディレクターが語る番組制作者たちの発想と真実に迫る映像化の全プロセス。

◆音響制作

『新・レコーディング／ミキシングの全知識』杉山勇司著　リットーミュージック　2022.4　253p　21cm（全知識シリーズ）〈文献あり　索引あり〉2000円

Ⓘ978-4-8456-3748-5　Ⓝ547.33
|内容| スタジオで使用する機材から、DAWなどの近年の録音技術まで、最前線で活躍するプロ・エンジニアが、レコーディングの心得、ミキシングの実際の流れなどを具体的な実例も含めて解説する。自宅で完結する録音などを追加。

『はじめてのレコーディング』満田恒春著　ヤマハミュージックエンタテインメントホールディングス出版部　2017.9　155p　21cm　1700円　Ⓘ978-4-636-94592-8　Ⓝ547.33
|内容| 宅録からバンド活動、さらにフィールド・レコーディングまで、さまざまな場面で使える録音の知識とテクニックを紹介。録音機材の選び方や基本的な使い方、機材の保管方法や部屋の音響改善など、さまざまなノウハウも網羅する。

『「Adobe Audition」ではじめる音声編集―「歌声」から「ゲーム効果音」まで！』中村隆之著, I/O編集部編集　工学社　2016.12　159p　21cm（I/O BOOKS）〈索引あり〉1900円　Ⓘ978-4-7775-1985-9　Ⓝ547.33
|内容| レコーディング、ミキシング、ミックスダウン、マスタリング…"音の加工"に特化した編集ソフト！「Audition」の基本的な使い方を分かりやすく解説。

『よくわかる最新音響の基本と仕組み―音の科学、技術、文化を基礎から学ぶ：「音」の世界を包括的に解説』岩宮眞一郎著　第2版　秀和システム　2014.4　271p　21cm（図解入門 How-nual―Visual Guide Book）〈文献あり　索引あり〉1500円　Ⓘ978-4-7980-4106-3　Ⓝ424
|内容| 音の科学、技術、文化を基礎から学ぶ。暮らしをとりまく音と響の物理、生理、心理、アート、テクノロジィ、この一冊で「音」のすべてがわかる！

『ゼロからはじめる音響学』青木直史著　講談社　2014.3　197p　21cm〈索引あり〉2600円　Ⓘ978-4-06-156529-6　Ⓝ424
|内容| ゼロから学べる超入門！サポートサイトでしっかり理解。

『サウンドプログラミング入門―音響合成の基本とC言語による実装』青木直史著　技術評論社　2013.3　279p　21cm（Software Design plusシリーズ）〈索引あり〉2980円　Ⓘ978-4-7741-5522-7　Ⓝ547.3
|内容| サンプリング、サイン波、フーリエ変換、デジタルフィルタ、PSG音源、アナログシンセサイザ、FM音源、PCM音源。音を作る原理をC言語のプログラムで体験学習。

『アンプ＆エフェクター入門』［2012］改訂版　ゲイン　2012.6　95p　28cm（シンコー・ミュージック・ムック）〈付属資料：録音ディスク（1枚 12cm）発売：シンコーミュージック・エンタテイメント〉1500円　Ⓘ978-4-401-74894-5

『図解入門よくわかる最新音響の基本と応用―音の科学、技術、芸術を基礎から学ぶ 「音」の世界を包括的に解説』岩宮眞一郎著　秀和システム　2011.3　303p　21cm（How-nual visual guide book）〈文献あり　索引あり〉1600円　Ⓘ978-4-7980-2921-4　Ⓝ424
|内容| 暮らしをとりまく音と響の物理、生理、心理、アート、テクノロジィが、この一冊で「音」のすべてがわかる。

『音響制作―音の世界を目指したい人へ』半田健一著　兼六館出版　2010.11　212p　26cm　2500円　Ⓘ978-4-87462-068-7　Ⓝ547.3
|目次| 1 音響制作現場で求められるもの（音の世界と作品制作の変遷、音響の知識と音源との関連、デジタル・オーディオ、バランス感覚の生成、感性、スコアリーディングと出演者の楽器の接点、欧米と日本の音響制作のスタンスに違いはあるのか、サウンドポリシー、企画を立てることが費用効率の良さ、プロデューサー、ディレクター、サウンドエンジニアの役割、編集作業、使用する機器の故障、製作現場に入る前に心に留めておくことは何か）、2 舞台音響、レコーディングの音響制作（舞台音響、放送、レコーディング）

《アニメを制作するために》

『Blenderでアニメ絵キャラクターを作ろう！　後編　トゥーンレンダリングの巻』夏森轆著　マイナビ出版　2024.1　620p　26cm（Compass Creative Works）〈索引あり〉4590円　Ⓘ978-4-8399-8520-2　Ⓝ007.642
|内容| アニメ絵風に見せるマテリアル設定やテクスチャ制作ノウハウ、表情の作成、アニ

『Blenderでアニメ絵キャラクターを作ろう！　前編　モデリングの巻』夏森轄著　マイナビ出版　2023.11　472p　26cm（Compass Creative Works）〈索引あり〉3980円　①978-4-8399-8228-7　Ⓝ007.642
内容　基本操作から、かわいいキャラクターを作るコツまで、ステップ形式で紹介！　前後編2巻でお送りする実践的解説書の前編「モデリング」の巻です。

『アニメーターが教えるキャラ描画テクニックミニ帖　人物』toshi著　エムディエヌコーポレーション　2023.7　159p　19cm〈「アニメーターが教えるキャラ描画の基本法則」（2016年刊）と「線と陰」（2018年刊）ほかからの改題、抜粋、再編集、2分冊　頒布・発売：インプレス〉1200円　①978-4-295-20541-8　Ⓝ726.507
内容　心を惹きつける人物表現を学べ！「動きと流れ」「線や陰の効果」など細部までこだわることでイラストの魅力を最大限に引き出す。

『アニメーターが教えるキャラ描画テクニックミニ帖　パーツ』toshi著　エムディエヌコーポレーション　2023.7　159p　19cm〈「アニメーターが教えるキャラ描画の基本法則」（2016年刊）と「線と陰」（2018年刊）ほかからの改題、抜粋、再編集、2分冊　頒布・発売：インプレス〉1200円　①978-4-295-20542-5　Ⓝ726.507
内容　キャラの魅力はディティールに宿る！「形と位置」「関節の可動領域」などパーツ別に考えることで存在感のある人物描画へ導く。

『最新アニメ業界の動向とカラクリがよ～くわかる本―業界人、就職、転職に役立つ情報満載』谷口功,麻生はじめ著　第3版　秀和システム　2020.12　303p　21cm（図解入門業界研究―How-nual）〈文献あり　年表あり　索引あり〉1700円　①978-4-7980-6338-6　Ⓝ778.77
内容　市場規模と収益構造がわかる！　仕事内容と人材育成の今がわかる！　国際化と海外展開の事例がわかる！　日本アニメ発展の歴史がつかめる！　多角化する業界の現在と未来を展望。

『3DCGアニメーション入門』荻野哲哉著　ボーンデジタル　2020.10　199p　26cm〈索引あり〉2800円　①978-4-86246-488-0　Ⓝ778.77
内容　様々な動きに応用できる基礎力が身につく！　動きを考える練習問題＆解説付き。

『アニメーションの基礎知識大百科』神村幸子著　増補改訂版　グラフィック社　2020.3　223p　26cm　2800円　①978-4-7661-3331-8　Ⓝ778.77
内容　新人アニメーターなら知っておきたいアニメーション用語を増補改訂した決定版！「デジタル作画」の章も新たに追加！

『人生を変えるアニメ』河出書房新社編　河出書房新社　2018.8　209p　19cm（14歳の世渡り術）〈作品目録あり　執筆：池澤春菜ほか〉1350円　①978-4-309-61714-5　Ⓝ778.77
内容　アニメ監督、声優、漫画家etc…が、本気ですすめるこの一本！

『アニメプロデューサーになろう！―アニメ「製作」の仕組み』福原慶匡著　星海社　2018.3　325p　18cm（星海社新書　124）〈文献あり　発売：講談社〉920円　①978-4-06-511439-1　Ⓝ778.77
内容　アニメ製作が学べる教科書。アニメーションスタジオ「ヤオヨロズ」のプロデューサー・福原慶匡が、アニメビジネスの未来のために必要な「今現在の常識」を伝授する。

『マンガで探検！　アニメーションのひみつ　3　ゾートロープをつくろう』叶精二編著,大塚康生監修,田川聡一漫画　大月書店　2017.7　32p　31cm〈年表あり〉2800円　①978-4-272-61413-4　Ⓝ778.77
内容　人間が絵を動かそうとしてきた歴史、動いて見えるしくみをマンガと手づくり工作で学ぶシリーズ。3は、アニメーションの誕生とゾートロープのつくり方を解説。コピーして使うゾートロープ見本帖・型紙つき。

『マンガで探検！　アニメーションのひみつ　2　フェナキスティスコープをつくろう』叶精二編著,大塚康生監修,田川聡一漫画　大月書店　2017.6　32p　31cm　2800円　①978-4-272-61412-7　Ⓝ778.77
内容　人間が絵を動かそうとしてきた歴史、動いて見えるしくみをマンガと手づくり工作で学ぶシリーズ。2は、仮現運動等を解説し、

『マンガで探検！アニメーションのひみつ 1 ソーマトロープをつくろう』叶精二編著，大塚康生監修，田川聡一漫画　大月書店　2017.5　32p　31cm　2800円　ⓘ978-4-272-61411-0　Ⓝ778.77
内容　人間が絵を動かそうとしてきた歴史、動いて見えるしくみをマンガと手づくり工作で学ぶシリーズ。1は、動物と動画の関係などを解説し、ソーマトロープのつくり方を紹介。コピーして使うソーマトロープ見本帖・型紙つき。

『基礎からわかる手づくりアニメーション—動きの法則・動画の描き方・動かし方』有原誠治著　合同出版　2016.9　143p　22cm〈文献あり〉1500円　ⓘ978-4-7726-1247-0　Ⓝ778.77
内容　アニメーションの基礎知識が学べる本。アニメーションの原理と動画の技法を、くるくるアニメーション、パラパラまんが、ループアニメーションなど、豊富な作品例で紹介する。

『アニメを仕事に！—トリガー流アニメ制作進行読本』舛本和也著　星海社　2014.5　203p　18cm（星海社新書 47）〈発売：講談社〉820円　ⓘ978-4-06-138549-8　Ⓝ778.77
内容　アニメがどのようにして作られているかを、作品制作の全工程に関わる唯一の役職「制作進行」の視点からお伝えします。お届け元は、『キルラキル』、『リトルウィッチアカデミア』等を制作し、アニメファンの気持ちを鷲掴みにしている制作会社TRIGGER。事例に不足はありません。アニメを見るのはもちろん楽しいけど、作るのはもっともっと楽しい！（そしてしんどい！）

『職場体験完全ガイド 35 アニメ監督・アニメーター・美術・声優—アニメーションにかかわる仕事』ポプラ社　2013.4　47p　27cm〈索引あり〉2800円　ⓘ978-4-591-13293-7, 978-4-591-91346-8（set）　Ⓝ366.29

『つくろう！コマ撮りアニメ』竹内泰人著　ビー・エヌ・エヌ新社　2011.4　128p　24cm　2200円　ⓘ978-4-86100-723-1　Ⓝ778.77

『アニメーションの本—動く絵を描く基礎知識と作画の実際』アニメ6人の会編著　改訂新版　合同出版　2010.3　162p　22cm〈文献あり〉1800円　ⓘ978-4-7726-0461-1　Ⓝ778.77
目次　1 アニメーションとは何か、2 アニメーションのできるまで、3 アニメートの基礎知識、4 作画の実際、5 動きの実例、6 アニメーターになろうとする君に、7 アニメーションの知識

『絵コンテ入門—アニメーションがつくれる』アニメーションノート編集部編　誠文堂新光社　2010.3　189p　19×19cm〈文献あり〉2400円　ⓘ978-4-416-81018-7　Ⓝ778.77
内容　最前線のアニメーション制作で活躍する演出家、監督の描いた絵コンテを通じて、アニメーション映像における絵コンテの果たす役割と、その基本原則、同時に多用な表現について紹介。

『アニメーションの仕事—マンガ 2』ヴィットインターナショナル企画室編　ほるぷ出版　2009.9　140p　22cm（知りたい！なりたい！職業ガイド）2200円　ⓘ978-4-593-57225-0　Ⓝ778.77
目次　演出スタッフ, 背景美術スタッフ, 撮影スタッフ

『ひとりから始めるアニメのつくり方』おかだえみこ文, 鈴木伸一絵　新装版　洋泉社　2006.9　189p　21cm　1500円　ⓘ4-86248-079-9　Ⓝ778.77
内容　アニメの基本知識から製作のツボまでドンドンわかって面白い。デキるアニメーターになれる本。

『アニメーションの世界へようこそ—カラー版』山村浩二著　岩波書店　2006.6　158, 14p　18cm（岩波ジュニア新書 538）〈著作目録あり〉980円　ⓘ4-00-500538-1　Ⓝ778.77
内容　はるか昔から、人間は「動き」を記録しようとしてきました。古代の壁画や日本の絵巻、絵の動く仕掛けおもちゃ、映画の発明などを見ながら、アニメーションが誕生し、発展してきた歴史をたどります。『頭山』などの作品で、国際的に活躍しながらも手作りにこだわる著者が、アニメーションの魅力とメイキングを楽しく案内。

『アニメ・ゲーム76の仕事』理論社　2006.5　175p　25cm（メディア業界ナビ　メディア業界ナビ編集室編著）2000円　ⓘ4-652-04861-0　Ⓝ778.77

『作る！極める！GIFアニメ!!―イメプロpresents』JEI著　毎日コミュニケーションズ　2005.1　285p　24cm　2200円　Ⓞ4-8399-1703-5　Ⓝ778.77
内容　GIFアニメの世界へようこそ，GIFアニメの制作（超基本編，作品編，Web素材編），GIFアニメ最強ソフトを使い倒せ！，フィルタで動画のエフェクトを作ろう，スーパー高度なGIFアニメに挑戦！

『めざせ！アニメクリエイター』末八重州著　秀和システム　2004.4　200p　21cm〈付属資料：CD-ROM1枚（12cm）付属資料：CD-ROM1枚（12cm）〉2000円　Ⓞ4-7980-0757-9　Ⓝ778.77
内容　そういえば，こどもの頃アニメを創るのが夢だったんだ…。教科書の端っこに描いた棒人間を赫々と動かして喜んだりしてね。でも，俺って今何してるんだろ？　夢は夢で，これが現実なのか。あ〜あ，もうあの頃には戻れないんだぁ！　そんなコトないよ！　大丈夫だよ！　がんばろうよ！　見るのが好き。見られるのが（？）好きなら素質は十分だよ。私たちと一緒に，アニメクリエイターをめざしましょう！　三姉妹があなたをや・さ・し・くナビゲートします。

『アニメで遊ぼう』月岡貞夫作・絵　偕成社　2002.3　31p　30cm（月岡先生の楽しいアニメ教室1）2800円　Ⓞ4-03-526010-X
内容　自分でアニメを作って，パソコンで発表できて，アニメの仕事のこともわかる楽しい楽しい教室。第1巻は，もっともかんたんなアニメ工作。ソーマトロープ，おどろき盤，フリップブックを作って遊ぶ。小学中級から。

『イヌやネコに教えてもらおう』月岡貞夫作・絵　偕成社　2002.3　31p　30cm（月岡先生の楽しいアニメ教室4）2800円　Ⓞ4-03-526040-1
内容　自分でアニメを作ってパソコンで発表できて，アニメの仕事のこともわかる楽しい楽しい教室。第4巻では，人間以外のイヌやネコなどの動物，風や木の動きなど，自然にあるものの動きの秘密を学びます。小学中級から。

『原画はこうして描こう』月岡貞夫作・絵　偕成社　2002.3　31p　30cm（月岡先生の楽しいアニメ教室2）2800円　Ⓞ4-03-526020-7
内容　自分でアニメを作ってパソコンで発表できて，アニメの仕事のこともわかる楽しい楽しい教室。2巻では，アニメのもととなる原画（キーフレーム）の描き方や，描くための道具の使い方を学びます。小学中級から。

『CMアニメはこうして作る』月岡貞夫作・絵　偕成社　2002.3　31p　30cm（月岡先生の楽しいアニメ教室6）2800円　Ⓞ4-03-526060-6
内容　自分でアニメを作って，パソコンで発表できて，アニメの仕事のこともわかる楽しい楽しい教室。第6巻は，テレビでよく見るアニメができるまで。たくさんの人が，どんな仕事をして完成するのかを学ぶ。小学中級から。

『パソコンで発表しよう』月岡貞夫作・絵　偕成社　2002.3　31p　30cm（月岡先生の楽しいアニメ教室5）2800円　Ⓞ4-03-526050-9
内容　第5巻は，動画をつないで実際に動かして見るために，スキャナとパソコンを使います。そして，パソコンの中に動画を取りこみ，発表するためのソフトの使い方を学びます。小学中級から。

『人の動きを観察しよう』月岡貞夫作・絵　偕成社　2002.3　31p　30cm（月岡先生の楽しいアニメ教室3）2800円　Ⓞ4-03-526030-4
内容　自分でアニメを作ってパソコンで発表できて，アニメの仕事のこともわかる楽しい楽しい教室。第3巻では，泣いたり，笑ったり，走ったり…。人間の動きは，どのように描けば動いて見えるのかを学びます。小学中級から。

『アニメをつくろう―ハイパーキューブネット＆ハイパーキューブネット・ジュニア』　芸文社　2001.3　32p　26cm（総合的な学習の時間で使うワークブック　ステップ4）381円　Ⓞ4-87465-504-1

◆CGデザイン・画像処理

『画像生成AI Stable Diffusionスタートガイド』白井暁彦,AICU media編集部著　SBクリエイティブ　2024.3　223p　26cm〈文献あり　サンプルデータダウンロード　Google Colab & Stability Matrix環境対応〉2400円　Ⓞ978-4-8156-2456-9　Ⓝ007.642
内容　生成AIの基礎を体験しながら学ぼう！　プロンプト構築，拡張機能，追加学習，関連ツール。

『世界一わかりやすいIllustrator操作とデザインの教科書』ピクセルハウス著　改訂4版　技術評論社　2024.3　287p　26cm〈索引あり　Windows & Mac対応　サンプルデータダウンロード〉2280円　①978-4-297-13989-6　⑩726.507
内容　Illustratorの基本操作とよく使う機能を習得できる入門書。レッスンファイル（専用サイトからダウンロード）の作成手順をステップアップ形式で解説。練習問題付き。Windows & Mac対応。

『AFFINITY PHOTOクリエイター教科書―V2対応版』山本浩司著　技術評論社　2024.2　223p　26cm〈索引あり〉2600円　①978-4-297-14001-4　⑩007.637
内容　オール用途に対応できるアフィニティフォトの基本から使いこなしまで、豊富な画面でしっかりわかる。

『3D映像制作のための基礎からわかるMR〈複合現実〉―リアルとバーチャルの融合技術』大島登志一著　つくば　科学情報出版　2024.1　242p　21cm（エンジニア入門シリーズ）〈索引あり〉3600円　①978-4-910558-25-7　⑩007.1
内容　現実感技術の入門書。MRの基本概念から、視覚体験の基本的な仕組み、より空間再現性の高いMR視覚体験の実現手法、身体や周囲環境をMR空間に取り込む技術、MR空間と身体との相互作用、応用事例までを解説する。

『PlayCanvasではじめるWeb3Dコンテンツ制作―3Dゲームやインタラクティブな3Dコンテンツを開発』津田良太郎著　工学社　2024.1　207p　26cm（I/O BOOKS）〈索引あり〉3600円　①978-4-7775-2272-9　⑩007.642
内容　すべてをWebで作れるWebGLゲームエンジン「PlayCanvas」の公式参考書。導入チュートリアルから、サンプルを利用した解説、一歩先の応用機能までを網羅的に紹介する。

『はじめてでも迷わないMidjourneyのきほん―デザインに差がつく画像生成AI活用術』mikimiki web school, 福岡真之介著　インプレス　2023.11　255p　24cm〈索引あり　定番プロンプト集PDF特典付き〉2200円　①978-4-295-01792-9　⑩007.642
内容　画像生成AI「Midjourney」の概要や基本機能から、ビジネス資料、バナー、Webデザイン、サムネイル、メルマガなどの用途で利用する画像を生成するプロンプトまでを解説。定番プロンプト集のダウンロード付き。

『AIイラストで好みの絵を作ろう―にじジャーニーで作れる！ AIイラスト術』発売：ジーウォーク　2023.10　111p　26cm（G-MOOK 302）1500円　①978-4-86717-626-9　⑩726.507
内容　文字入力だけで絵が自動生成される、二次元イラストに特化したAIイラスト生成サービス「にじジャーニー」。アニメ調からリアルタッチ、SDキャラまで生成のコツを紹介する。今すぐ使えるプロンプト400も掲載。

『AIで好きな絵をつくる！「Stable Diffusion」―魔法の言葉、呪文〈プロンプト〉が満載！「画像生成AI」超入門』生成AI研究会著　興陽館　2023.9　149p　19cm　1400円　①978-4-87723-316-7　⑩007.642
内容　「一言」打つだけで120%の絵ができる！最強画像生成AIでどんな絵も自由自在！「Stable Diffusion」の使いかた！

『作って学ぶ！ Blender入門―3D制作の基本を完全マスター！』M design著　SBクリエイティブ　2023.9　242p　26cm〈索引あり〉2600円　①978-4-8156-1623-6　⑩007.642
内容　3DCGを作成するための統合環境アプリケーション・Blender。30のサンプルを難易度順に取り上げ、その制作過程と機能を解説する。サンプルのダウンロード、解説動画のQRコード付き。

『画像生成AIがよくわかる本―次世代AIサービス：仕組みをざっくり理解！』田中秀弥著, 松村雄太監　秀和システム　2023.5　193p　19cm（図解ポケット）〈索引あり〉1100円　①978-4-7980-6899-2　⑩007.642
内容　国内外の最新動向や市場性がわかる！AI画像の著作権の取扱いがわかる！代表的サービスの特徴がわかる！ビジネスでの活用事例がわかる！キーワードや専門用語をすっきり解説！

『Illustrator誰でも入門』高橋としゆき, 浅野桜, 五十嵐華子, mito共著　エムディエヌコーポレーション　2021.8　271p　26cm〈プロの手本でセンスよく！〉〈索引あり　頒布・発売：インプレス〉2100

円　Ⓘ978-4-295-20152-6　Ⓝ007.637
内容　初めてでもクリエイティブ！ 本格的な作例で実用性抜群。基本Study＋作例Tryでよく分かる！ Illustrator全ツール一覧つき。

『初心者からちゃんとしたプロになるPhotoshop基礎入門』おのれいこ, 髙橋宏士朗共著　エムディエヌコーポレーション　2021.2　303p　25cm〈索引あり　Photoshop 2021対応！　頒布・発売：インプレス〉2200円　Ⓘ978-4-295-20088-8　Ⓝ007.637
内容　プロを目指すなら、最初に選ぶ本！ Photoshopの楽しさ＆使い方が全部わかる。基本操作＋画像合成＋色調補正。クリエイティブの現場で必要な写真編集の基本が身につきます！

『ノンデザイナーのためのPhotoshop写真加工講座』パパ著　玄光社　2021.1　207p　26cm〈Win ＆ Mac対応　Photoshop CC対応〉2500円　Ⓘ978-4-7683-1431-9　Ⓝ007.637
内容　Photoshopの使い方が身に付く。クリエイティブ系YouTuberのビジュアル作成術！ 本当によく使う機能に絞って解説。「切り抜き」「変形」「なじませる」方法をマスター。豊富な作例で制作のポイントがわかる。

『＃ズボラPhotoshop―知識いらずの絶品3分デザイン』トミナガハルキ著　インプレス　2020.10　253p　25cm〈Mac ＆ Windows対応 Photoshop CC対応〉1980円　Ⓘ978-4-295-01005-0　Ⓝ007.637
内容　Photoshopを使って、簡単なテクニックでかっこいいデザインを作る方法やアイデアを紹介。Photoshopをはじめて使う人も操作できるよう画面写真をたくさん使い丁寧に解説する。

『ビジュアル情報処理―CG・画像処理入門―CGエンジニア検定・画像処理エンジニア検定ベーシック対応書籍』 改訂新版　画像情報教育振興協会　2020.7　283p　26cm〈3刷　文献：p275　索引あり〉2900円　Ⓘ978-4-903474-57-1　Ⓝ007.642

『はじめてのIllustrator CC』佐藤理樹, 小関匡著　秀和システム　2020.3　271p　24cm〈BASIC MASTER SERIES 519〉〈索引あり　macOS/Windows対応〉1980円　Ⓘ978-4-7980-6018-7　Ⓝ007.642
内容　macOS/Windows対応。はじめの一歩からよく分かる。本格的な作図まで丁寧に解説。基礎からレイヤーやパスの操作など、中級レベルのテクニックまで分かる。

『これからはじめるPhotoshopの本 2020年最新版』宮川千春, 木俣カイ著, ロクナナワークショップ監修　技術評論社　2020.2　159p　23cm〈デザインの学校〉〈付属資料：DVD-ROM（1枚 12cm）索引あり〉1980円　Ⓘ978-4-297-10909-7　Ⓝ007.637
内容　基本操作を短期間でしっかり習得できます！ 作例を作りながらの実習でモチベーションがアップします！ 一番やさしいデザインの教科書です！

『ディジタル映像表現―CGによるアニメーション制作―CGクリエイター検定エキスパート対応書籍』 改訂新版　画像情報教育振興協会　2018.3　341p　26cm〈3刷　文献：p336　索引あり〉3600円　Ⓘ978-4-903474-48-9　Ⓝ007.642

『デジタル粘土でつくるかわいいイラスト―造形ソフトZBrushCore超入門：スイーツデコや小物やアクセをかんたん創作』オヨンソン著　秀和システム　2017.12　255p　24cm　2500円　Ⓘ978-4-7980-5176-5　Ⓝ007.642
内容　粘土みたいに簡単におもしろいイラスト素材がつくれる。今日からデザイナー＆クリエーター。スイーツデコや小物やアクセをかんたん創作。

『イラストレーター、CGデザイナーのための人体の教室』飯島貴志著　エムディエヌコーポレーション　2016.8　223p　26cm〈発売：インプレス　第3刷〉3200円　Ⓘ978-4-8443-6351-4　Ⓝ726.507
内容　人物デッサンはもとより、キャラクターアニメーションにも欠かせない人体のかたち、構造と仕組みを、最新のCGでわかりやすく解説。筋肉や骨がどのように動き、見た目にどのような影響を及ぼすかを理解できる。

『コンピュータグラフィックス―CGエンジニア検定エキスパート対応書籍』 改訂新版　画像情報教育振興協会　2016.3　443p　26cm〈2刷　文献：p425～431　索引あり〉3600円　Ⓘ978-4-903474-49-6　Ⓝ007.642

『はじめての画像処理技術』岡崎彰夫著　第2版　森北出版　2015.12　176p　22cm〈索引あり　初版：工業調査会2000年刊〉2200円　Ⓘ978-4-627-85322-5　Ⓝ007.1
[内容]画像処理の初歩から実行のプロセス、現場での応用事例までやさしく解説。画像を「作る人」だけでなく、「見る人」「撮る人」にもおすすめの一冊！

『POV-Rayによる3次元CG制作―モデリングからアニメーションまで』鈴木広隆、倉田和夫、佐藤尚著　第2版　画像情報教育振興協会　2015.7　215p　26cm〈索引あり〉2800円　Ⓘ978-4-903474-19-9　Ⓝ007.642

『ローポリで作る3Dゲームキャラクター制作ガイド』さぼてん著　翔泳社　2014.3　311p　23cm〈付属資料：CD-ROM（1枚 12cm）　索引あり〉2800円　Ⓘ978-4-7981-3055-2　Ⓝ726.507
[内容]メタセコイア3/4を使用して、3Dゲームキャラクターを作成する手法を解説。モデリングに必要な知識や基本的な作成方法、剣士、魔法使いの作成方法などを掲載。原画・モデリングデータを収録したCD-ROM付き。

『デジ絵の描き方入門ガイド―機材の選び方からデジタルイラストの描き方まですべてがわかる！』晋遊舎　2013.9　111p　28cm〈100%ムックシリーズ〉〈付属資料：DVD-ROM（1枚 12cm）〉1314円　Ⓘ978-4-86391-809-2

『コンピュータグラフィックス』大澤秀直著、武蔵野美術大学出版局編集・制作　武蔵野　武蔵野美術大学出版局　2008.2　79p　30cm〈第2刷〉4067円　Ⓘ978-4-901631-31-0　Ⓝ007.642

『やさしくわかる3D入門―CGの基礎知識から実践テクニックまで』山中修著　日本実業出版社　2000.3　406p　21cm　2400円　Ⓘ4-534-03057-6　Ⓝ007.637
[内容]本書では、オブジェクトの作成、質感の設定、光源の設定（ライティング）、アニメーションの設定（キーフレーム等）、最終画像の作成などの基本作業を、豊富な作例を挙げながら懇切丁寧に解説します。また、どうすれば豊かな表現が可能になるのか？　人間らしい動きをさせるコツは？　3D映像作家の第一人者が実践的なテクニックを伝授しました。

◆CAD

『こんなに簡単！　DRA-CAD22　3次元編　モデリング/レンダリングから日影図/天空図まで』構造システム編　構造システム　2024.3　327p　26cm〈発売：建築ピボット　付：図（1枚）索引あり〉3000円　Ⓘ978-4-87735-070-3　Ⓝ525.18
[内容]「DRA-CAD22」「DRA-CAD22 LE」の3次元編独習書。基本操作、住宅モデル作成方法、レンダリング、日影図・天空図の描き方などを解説。練習用データのダウンロードサービス付き。

『こんなに簡単！　DRA-CAD22　2次元編　基礎からプレゼンまで』構造システム編　構造システム　2024.3　375p　26cm〈発売：建築ピボット　付：マンション基本計画書（1枚）索引あり〉2500円　Ⓘ978-4-87735-069-7　Ⓝ525.18
[内容]「DRA-CAD22」「DRA-CAD22 LE」の2次元編独習書。基本操作から平面図の作成・印刷、プレゼンテーション用図面の作成までを解説。練習用データのダウンロードサービス付き。

『高校生から始めるJw_cad建築製図入門　RC造編』櫻井良明著　エクスナレッジ　2022.2　239p　26cm〈付属資料：CD-ROM（1枚 12cm）索引あり　Jw_cad8対応版〉2800円　Ⓘ978-4-7678-2974-6　Ⓝ525.18
[内容]RC造の図面をかくには木造とは違った特徴がある。その特徴をやさしく解説しながらJw_cadでRC造の図面をまとめるための基本をマスター。

『Jw_cad建築詳細図入門』櫻井良明著　エクスナレッジ　2021.3　287p　26cm〈付属資料：CD-ROM（1枚 12cm）索引あり　Jw_cad8対応　『高校生から始めるJw_cad建築詳細図入門』（2013年刊）の改題、加筆・修正〉3000円　Ⓘ978-4-7678-2862-6　Ⓝ525.18
[内容]Jw_cadで建築詳細図を作図するための最適入門書。基本ルールに沿って作図要領を覚えることができ、実務で使える実践ノウハウが満載です。

『高校生から始めるJw_cad土木製図入門』櫻井良明著　エクスナレッジ　2020.8　239p　26cm〈付属資料：CD-ROM（1

枚 12cm〉索引あり　Jw_cad 8.10b対応 2017年刊の一部内容を改訂〉2800円　①978-4-7678-2788-9　Ⓝ513.1
内容 土木製図でも使い勝手のよいJw_cad。土木製図に利用できる新たな機能も搭載されました。本書はその内容を大幅に書き換えた改訂版です。

『高校生から始めるJw_cad建築プレゼン入門』櫻井良明著　エクスナレッジ　2019.4　239p　26cm〈付属資料：CD-ROM（1枚 12cm）索引あり　Jw_cad8対応版〉2800円　①978-4-7678-2611-0　Ⓝ525.18
内容 Jw_cadで建築模型やプレゼンボードを作成するために最適の書。高校生が授業で学ぶように建築プレゼンの初歩をやさしく学ぶことができます。

『高校生から始めるJw_cad建築製図入門』櫻井良明著　エクスナレッジ　2017.12　239p　26cm〈付属資料：CD-ROM（1枚 12cm）索引あり　Jw_cad8対応版〉2800円　①978-4-7678-2423-9　Ⓝ525.18
内容 Jw_cadで建築製図を簡単にマスターするために最適の書。高校生が製図の授業を学ぶように建築図面の描き方を初歩からやさしく解説しています。

『高校生から始めるJw_cad製図超入門』櫻井良明著　エクスナレッジ　2017.8　223p　28cm〈付属資料：CD-ROM（1枚 12cm）索引あり　Jw_cad8対応版〉2500円　①978-4-7678-2377-5　Ⓝ501.8
内容 フリーウェアの二次元CADソフト「Jw_cad8」の基本操作から簡単な建築の平面図の作図方法までをドリル形式で解説するテキスト。新高等学校学習指導要領に準拠。付属CD-ROMにソフトとドリル教材を収録。

『徹底ArchiCAD作法―「自分だけのArchiCADの作り方」を知る　第1部成功へのArchiCAD改造術―環境設定編』池田雅信著　横浜　池田雅信建築デザイン事務所　2016.2　127p　30cm〈ArchiCAD 18+Windows 7　索引あり〉3500円　①978-4-9908817-0-2　Ⓝ525.1

『高校生から始めるSketchUp木造軸組入門』櫻井良明著　エクスナレッジ　2014.3　255p　26cm（エクスナレッジムック）〈付属資料：CD-ROM（1枚 12cm）索引あり〉2800円　①978-4-7678-1764-4

『パソコン超初心者のための図解でかんたん！Jw_cad』中央編集舎著　エクスナレッジ　2013.10　191p　28cm（エクスナレッジムック）〈付属資料：CD-ROM（1枚 12cm）索引あり〉2800円　①978-4-7678-1661-6

『高校生から始めるJw_cad建築構造図入門』櫻井良明著　エクスナレッジ　2012.1　255p　26cm（エクスナレッジムック―Jw_cadシリーズ 11）〈付属資料：CD-ROM1枚（12cm）〉2800円　①978-4-7678-1273-1　Ⓝ525.18

《イベントを企画しよう》

『ハイブリッドイベントの教科書』光畑真樹著　クロスメディア・パブリッシング　2022.6　230p　19cm〈頒布・発売：インプレス〉1480円　①978-4-295-40687-7　Ⓝ674.53
内容 ビジネスイベントプロデュースの先駆者が明かす。「リアル×オンライン」のハイブリッド化により200％の効果を実現するためのノウハウを大公開。感動を呼ぶ新たなビジネスイベントプロデュース入門書。

『アフターコロナ時代のうけるイベントプロデュース』土岐龍馬著　幻冬舎メディアコンサルティング　2021.11　234p　19cm〈頒布・発売：幻冬舎〉1500円　①978-4-344-93682-9　Ⓝ674.53
内容 リアルとオンラインを融合したイベントのアイデアから、SNSを駆使した集客術まで、アフターコロナの世界でも反響を得られる、イベントの成功ポイントを徹底解説する。

『わかる！イベント・プロデュース』宮地克昌著　増補改訂版　戎光祥出版　2020.4　353p　19cm〈文献あり　年表あり　索引あり〉2700円　①978-4-86403-351-0　Ⓝ674.53
内容 イベントの力をフル活用して企業、学校、地域の活性化を目指す。イベント業務の獲得に欠かせないプレゼンのスキルアップに役立つ情報満載！

『手紙社のイベントのつくり方』北島勲著　美術出版社　2020.3　237p　19cm〈年表あり〉2200円　①978-4-568-50646-4

Ⓝ674.53
　内容 もみじ市、東京蚤の市、布博…。作り手にとっての舞台である手紙社のイベントは、どのようにつくられているのか。イベント成功のためのアイデア、強いコンテンツのつくり方などを紹介する。Q&A、用語辞典も掲載。

『新イベント運営完全マニュアル』高橋フィデル著　最新改訂版　JAPAN VISITORS BUREAU　2019.11　235p　19cm〈JVB BOOKS〉〈初版のタイトル等：イベント運営完全マニュアル（飯塚書店 2013年刊）〉1500円　Ⓘ978-4-908166-23-5　Ⓝ674.53
　内容 参加率を上げる方法、プロデューサーとしての感性の磨き方、リスクマネージメントの方法、イベント終了後のチェックポイントなど、イベントの準備から実行、運営までを解説する。SNSの進化の影響等を取り上げた最新改訂版。

『誰も教えてくれないイベントの教科書』テリー植田著　本の雑誌社　2019.2　261p　19cm　1600円　Ⓘ978-4-86011-426-8　Ⓝ674.53
　内容 卒業パーティー、式典、トークイベント、町おこし、宣伝、ファン作りなど、すべてを成功に導くイベントのバイブル。イベントが「大変」から「楽しみ」に変わる50の法則を紹介する。14の実例も収録。

『仲間とつくる楽しく稼げるイベントマーケティング』村井祥亮著　パブラボ　2014.2　186p　19cm〈発売：星雲社〉1500円　Ⓘ978-4-434-18309-6　Ⓝ674.53
　内容 「あなたにお願いしたい」「あなたから買いたい」そう思ってもらえる関係をイベントでつくる具体策。

『「才能」だけでは、つくれない。―つくる人、動かす人になる、5つのメソッド』平野暁臣著　美術出版社　2012.8　196p　21cm〈著作目録あり〉1800円　Ⓘ978-4-568-50494-1　Ⓝ674.53
　内容 これからの時代、ものごとの価値を決めるのは、クリエイティブであるかどうか。ただし、「才能」だけでは、クリエイティブなプロジェクトは動かせない。プロジェクトを動かし、成功に導くための5つのメソッドを、実例とともにひもとく。

『空間メディア入門―僕たちは空間を使って何ができるのか』平野暁臣著　イースト・プレス　2009.12　189p　19cm　1800円　Ⓘ978-4-7816-0312-4　Ⓝ674.53
　内容 空間づくりの達人が解き明かすウェブ時代の「空間を使いこなす発想と技術」とは？ 講義形式ですぐわかる心に響く情報空間のつくり方。

『プロデュース入門―オリジナリティが壁を破る』平野暁臣著　イースト・プレス　2009.12　270p　19cm　1800円　Ⓘ978-4-7816-0293-6　Ⓝ674.53
　内容 『六本木ヒルズアリーナ』『岡本太郎明日の神話再生プロジェクト』を仕掛けたカリスマプロデューサーの渾身の書き下ろし。人を動かし、一流の仕事を成し遂げるための「プロデューサー思考」とは。

『今日からあなたもプロデューサー―イベント企画制作のためのアート・プロデュース＆マネジメント入門』境新一著　レッスンの友社　2009.6　179p　21cm〈文献あり〉2200円　Ⓘ978-4-947740-17-5　Ⓝ674.53

『「イベント実務」がよくわかる本』平野暁臣著　イースト・プレス　2007.8　390p　19cm　2800円　Ⓘ978-4-87257-819-5　Ⓝ674.53
　内容 学生からプロまでイベントづくりに必携の本！ 商店街のお祭りイベントから、世界的大イベントまでイベント計画の全ての局面を網羅した「イベント実務」バイブル。

『イベント営業演出家―業界のプロが語る―こんな素敵な仕事はない』小林雄二著　経済界　2006.12　215p　19cm　1400円　Ⓘ4-7667-8384-0　Ⓝ674.53
　内容 真夏のステージを本物の桜で満開に!? それを実現させるのが、楽しくてたまらない！ 有名イベントの演出テクニックを大公開。

『人を集めるマニュアル―0円広報と手作りイベント』東山雅広著　アスカ・エフ・プロダクツ　2006.6　191p　21cm〈発売：明日香出版社〉1600円　Ⓘ4-7569-0987-6　Ⓝ674
　目次 Prologue 知ってもらい＆集まってほしい、1 悩む前にやってみる素人広報＆手作りイベント、2 小さな一歩が大きな成功への道、3 これならできる！ ミニイベント―実践編、4 今日からできる！ 「0円」広報―実践編、5 ヒト×モノ×カネ×情報を活かそう！

『コトづくりの眼―イベントを読み解く48の着想』平野暁臣著　日本実務出版

2005.7　205p　19cm〈発売：星雲社〉1200円　Ⓝ4-434-06429-0　Ⓝ674.53
|目次| 葬儀に代わるもの、プロデューサーのハサミ、素顔の日本、百発三中、リアルとバーチャル、プリウスの思想、なにも足さない、ステーキを売るな、物語を取り戻せ、評価と向き合う〔ほか〕

『現場主義のイベント企画』TOWイベントプランナーズスクール編　日経BP企画　2002.4　257p　19cm〈発売：日経BP出版センター〉1500円　Ⓝ4-931466-59-1　Ⓝ674.53
|内容| 第1章 21世紀は「感動ビジネス」の時代、第2章 イベントロジー事始、第3章 イベントの演出と映像、第4章 音楽の演出とイベントの演出、第5章 イベントのコンセプトデザイン、第6章 イベント企画の基本構造、第7章 デジタル時代のイベント進化

『イベントをつくる男達—プロデューサーの仕事と人生』秋本道弘著　日経BP企画　2000.9　252p　19cm〈発売：日経BP出版センター〉1400円　Ⓝ4-931466-20-6　Ⓝ674
|内容| ミレニアム、新世紀到来、2002年ワールドカップ開催などで、活況を呈するイベントの世界。その最前線に立つプロフェッショナルたちの、知られざる業務の実際を現役イベントプロデューサーがつづる。

《お笑いにチャレンジ》

『はじめての漫才—コミュニケーション能力や表現力をのばす！　2　ワークシートで漫才をつくろう』矢島ノブ雄著、田畑栄一監修、ノダタカヒロイラスト　くもん出版　2024.3　63p　28cm〈文献あり〉3200円　Ⓝ978-4-7743-3464-6　Ⓝ779.14
|内容| 「漫天プリント」とお手本動画で漫才すぐできる

『はじめての漫才—コミュニケーション能力や表現力をのばす！　1　知って楽しい漫才のキホン』矢島ノブ雄著、田畑栄一監修、ノダタカヒロイラスト　くもん出版　2023.11　63p　28cm　3200円　Ⓝ978-4-7743-3463-9　Ⓝ779.14
|内容| スゴイぞ、笑いの力！　全国の学校を回って出前授業を行っている漫才コンビ・オシエルズが、お笑いの種類、漫才の歴史、漫才の基本的なパターンとスタイルなどを紹介。

人気の漫才コンビ・ナイツのインタビューも収録。

『漫才の教科書—ネタ作りから売れる方法まで、ぜんぶ教えます』元祖爆笑王編著、元祖爆笑王、大隈一郎著　立東舎　2022.11　221p　19cm〈「しゃべくり漫才入門」（2015年刊）の改題、改訂版　頒布・発売：リットーミュージック〉1500円　Ⓝ978-4-8456-3820-8　Ⓝ779.13
|内容| 現役放送作家が伝授する、漫才師になる方法。ナイツ、ストレッチーズとの鼎談収録！

『たのしい落語創作』稲田和浩著　彩流社　2015.11　135p　19cm（フィギュール彩42）1600円　Ⓝ978-4-7791-7043-0　Ⓝ779.13
|内容| 「落語」から文章づくりの骨法を学ぶ！　これまで考えなかった文章づくりのノウハウを伝授。新作落語とは何か、そしてそこから学ぶオモシロオカシイ文章の作り方を考える。創作のヒント満載の一冊！

『芸人志願—お笑いタレントを目指すキミへ』本多正識著　鉄人社　2014.12　222p　19cm　1300円　Ⓝ978-4-86537-024-9　Ⓝ779.14
|内容| 自分にどんな才能があるのか、それがいつ開花するかは誰にもわからない—芸人の心構えからウケる技術、ネタの作り方、処世術まで。吉本NSCで"最も怖い"講師が授業内容の全てを詰め込んだお笑いの教科書！

『どうしたらおもしろい人間になれますか？—よしもと式クリエイター養成講座の現場から』よしもとクリエイティブカレッジ編　ヨシモトブックス　2011.3　195p　19cm〈発売：ワニブックス〉1238円　Ⓝ978-4-8470-1978-4　Ⓝ779
|内容| 吉本興業が設立したクリエイター養成校"YCC（よしもとクリエイティブカレッジ）"。業界屈指の講師陣が新宿・歌舞伎町で教える「いま、現場で必要とされる知識と能力」。

『爆笑コント入門—ウケる笑いの作り方、ぜんぶ教えます』元祖爆笑王編著、元祖爆笑王、田中イデア、松本哲也著　リットーミュージック　2010.7　205p　19cm　1200円　Ⓝ978-4-8456-1833-0　Ⓝ779.14
|内容| お笑い系コントの決定版ハウツー本。コントの法則が身に付く問題集付き。

『お笑いの達人になろう！—コミュニケー

ション力up 3 コント』　松竹芸能監修　ポプラ社　2009.3　143p　22cm〈お笑いコンビTKOのインタビューつき〉1500円　Ⓣ978-4-591-10639-6, 978-4-591-91074-0（set）　Ⓝ779

|内容|学校でできるコントを中心に演じ方やネタ作りのコツを解説します。巻頭カラーページでは、人気お笑いコンビTKOが登場。

『お笑いの達人になろう！—コミュニケーション力up 2 漫才』　松竹芸能監修　ポプラ社　2009.3　143p　22cm〈ますだおかだのインタビューつき〉1500円　Ⓣ978-4-591-10638-9, 978-4-591-91074-0（set）　Ⓝ779

|内容|漫才を演じる時のポイントやネタ作りのコツをわかりやすく解説します。巻頭カラーページでは、人気お笑いコンビますだおかだが登場。

『ゆえに、プロ。—努力を笑いに変えた12組の芸人による仕事論』木村祐一著　ヨシモトブックス　2008.11　237p　19cm〈発売：ワニブックス〉1238円　Ⓣ978-4-8470-1811-4　Ⓝ779.021

|内容|プロになるまでの本音ドキュメント。壁を乗り超えるための心得。

『漫才入門百科』相羽秋夫著　弘文出版　2001.6　262p　19cm〈文献あり〉1600円　Ⓣ4-87520-225-3　Ⓝ779.14

|内容|今日芸の代表"漫才"は、演者が恥をかき、演者の個性そのもので笑わせる芸—漫才世界への案内書。

IT技術を学ぼう

『プログラマーになりたい！』長岡英史著　改訂新版　日経BP　2022.10　237p　21cm〈索引あり〉頒布・発売：日経BPマーケティング〉2180円　Ⓘ978-4-296-07050-3　Ⓝ007.35
内容　仕事としてのプログラマーを志す人に向け、プログラマーの仕事の内容、Pythonの基礎、Webアプリケーションの開発などを説明。経験ゼロでも独学でプロになれるヒントが満載。最新の情報に対応した改訂新版。

『ITエンジニアになる！　チャレンジLinux』高橋隆雄著　秀和システム　2018.4　287p　24cm〈索引あり〉2400円　Ⓘ978-4-7980-5395-0　Ⓝ007.634
内容　Windowsマシンへのインストールから、Linuxコマンドの使いこなし方、WordPressでのブログ開設まで。Linuxを仕事で使えるようになりたい人に向けて、必要最低限の知識を解説する。

『キャリア教育支援ガイドお仕事ナビ　2　ゲームを作る仕事—グラフィックデザイナー　プロデューサー　サウンドクリエイター　シナリオライター　プログラマー』お仕事ナビ編集室［著］　理論社　2014.10　55p　30cm　2800円　Ⓘ978-4-652-20069-8　Ⓝ366.29
目次　01 グラフィックデザイナー—杉山伸江さん、02 プロデューサー—馬場保仁さん、03 サウンドクリエイター—スキャット後藤さん、04 シナリオライター—魚住ユキコさん、05 プログラマー—白石竜介さん、他にもいろいろなお仕事！

『プログラマーの心得—プログラマーを目指す人・活躍したい人へ』赤間世紀著　工学社　2010.8　239p　19cm（I/O biz）〈索引あり〉1800円　Ⓘ978-4-7775-1542-4　Ⓝ007.35
内容　プログラマーになる人、現役プログラマー、すべての疑問への答は、ここにあります。

『職場体験完全ガイド　13　携帯電話企画者・ゲームクリエイター・ウェブプランナー・システムエンジニア（SE）—IT産業の仕事』ポプラ社　2010.3　47p　27cm〈索引あり〉2800円　Ⓘ978-4-591-11705-7　Ⓝ366.79
内容　仕事の現場に完全密着。取材にもとづいた臨場感と説得力。

『プログラマーは芸術家であり、職人だ』浅井治著　ルネッサンスブックス　2006.11　126p　19cm（プロフェッショナルシリーズ 1）〈発売：幻冬舎ルネッサンス〉1200円　Ⓘ4-7790-0100-5　Ⓝ007.35
内容　IT技術者として25年以上キャリアを磨いた著者が、人間味あふれるプログラマーの仕事の世界を余すところなく紹介。これからプログラマーをめざす人、すでにプログラマーになっている人、必読の1冊。

『デジタルの夢でメシを食うためにボクらは！』米光一成編著　マイクロマガジン社　2006.3　207p　19cm　1500円　Ⓘ4-89637-230-1　Ⓝ007.35
内容　『ぷよぷよ』『バロック』を産んだゲーム作家・米光一成が第一線で活躍する6人のゲストと探る、デジタルコンテンツ仕事術の超実戦的テクニックから方法論！　発想法。

『デジタルの仕事がしたい』杉山知之編　岩波書店　2005.8　181p　18cm（岩波ジュニア新書 515）740円　Ⓘ4-00-500515-2　Ⓝ007.35
内容　デジタル・IT業界の第一線で活躍する人気クリエイター、プロデューサー、企業家たちが語る仕事案内。仕事にかける情熱や人気コンテンツ開発のエピソード、ユニークな発想法、アイディアを実現させるためのノウハウなど、その個性的な仕事術を紹介する。

『コンピュータにかかわる仕事』ふなつかみちこまんが, 野中祐文　ポプラ社　2005.3　159p　22cm（まんがで読む仕事ナビ 6）1600円　Ⓘ4-591-08487-6, 4-591-99636-0（シリーズ）(set)　Ⓝ007.35
目次　まんがウェブサイトのプロデューサーの仕事、まんがCG（コンピュータグラフィック

デザイナーの仕事、まんががゲームプロデューサーの仕事、まんがパソコンの商品企画の仕事、まんがカスタマーエンジニアの仕事

『女性ITプロフェッショナルのホンネ会議―男だらけの業界で生きる55のヒント』
TeaTime著　日経BP社　2004.6　222p　19cm〈発売：日経BP出版センター〉1400円　①4-8222-2120-2　Ⓝ007.35
内容　社会に出て働き続けていると、さまざまな問題に直面する。思うように成果を出せない、上司や部下とうまくいかない、正当に評価されない、子育てをしながらの仕事は大変…。一方で実績を認められて昇進したり、スキルアップしたり、家族の愛情が支えになったりと、働く喜びを実感することもあるだろう。本書は、そんなビジネスパーソンの「ホンネ」をまとめたものだ。仕事の進め方、オフィスでの人間関係、時間管理、うつ病のことなど、55の体験談やメッセージを紹介。

『デジタルコンテンツ制作入門』デジタルコンテンツ協会編　オーム社　2004.3　222p　21cm　1800円　①4-274-94709-2　Ⓝ007.35
内容　デジタルコンテンツ制作者、およびこれからデジタルコンテンツ制作に関与しようと思っている人向けの入門書。デジタルコンテンツ制作の基礎を網羅し、著作権等の注意点、ビジネス上の知識等も紹介。

『コンピューターが好き！』　学習研究社　2003.4　47p　27cm（好きな仕事発見完全ガイド7　鹿嶋研之助監修）2800円　①4-05-201847-8, 4-05-810709-X（set）Ⓝ007.35
目次　ゲームやアニメを制作する仕事（マルチメディアクリエーター、ゲームプロデューサーほか）、インターネットを活用する仕事（ウェブ・デザイナー、ショッピングサイト・プランナー　ほか）、社会に役立つシステムを作る仕事（プロジェクトマネージャー、アプリケーションエンジニア　ほか）、コンピューターを広める仕事（パソコンインストラクター、パソコンショップスタッフ　ほか）、未来の夢を実現する仕事（ロボット開発技術者、ロケット開発技術者　ほか）

『こんなにあるぞ!!不況に強いお仕事ガイド』鳥山隆一著　ソフトバンクパブリッシング　2002.4　206p　19cm　1500円　①4-7973-2001-X　Ⓝ007.35
内容　本書では網羅性を高めるより、一つひとつの職種について、具体的な仕事内容と、どのような人材が求められるか、という二点を中心に詳しく記した。IT関係の資格の一覧や、情報収集に役立つサイトの紹介なども掲載している。

『コンピュータで創造する仕事―マンガ』
ヴィットインターナショナル企画室編　ほるぷ出版　2002.4　146p　22cm（知りたい！　なりたい！　職業ガイド）2200円　①4-593-57153-7, 4-593-09647-2（set）
内容　本シリーズでは、毎回、さまざまな仕事に触れながら、その仕事はどんな世界を形作っているのか、その仕事につくためにはどうしたらいいのか、その答えをさぐっていきます。本巻では、コンピュータで創造する仕事について。小学校高学年～中学校・高校向け。

『めざせ！　デジタルクリエイター』リクルート編　リクルート　2000.11　216p　30cm（リクルートムック）457円　①4-89807-186-4　Ⓝ007.35

『ウェブクリエータになるには』西村翠著　ぺりかん社　2000.6　132p　19cm（なるにはbooks 103）1270円　①4-8315-0917-5　Ⓝ007.35
内容　まだ生まれたばかりといっていいインターネットの世界。まだ企業や個人がウェブサイトを持ちだしたばかり。これからの可能性は無限大です。これからまだまだ社会に浸透し、技術も進むでしょう。そのウェブサイトを制作、管理しているのがウェブクリエータです。そういうこれからの職業、ウェブクリエータになって、情報産業の最先端を進みませんか。

『マルチメディアクリエータになるには』
石村武朗著　ぺりかん社　2000.6　134p　19cm（なるにはbooks 102）1270円　①4-8315-0916-7　Ⓝ007.35
内容　マルチメディアと聞いて何を想像しますか。CD‐ROM？　映像作品？　一時の夢のメディアという考えは去りましたが、それだけ日常の世界にとけ込んできた、ということ。実はもう身の回りにあふれています。でも、まだまだ作り手が足りない状況です。あなたも自分の感性、創作能力が生かせる仕事として、マルチメディアクリエータを考えてみませんか。

《プログラムを組もう》

『Google AI Studio超入門』掌田津耶乃

IT技術を学ぼう　　　　　　　　　　　　　　　　　プログラムを組もう

著　秀和システム　2024.6　322p　24cm〈索引あり〉3000円　Ⓘ978-4-7980-7257-9　Ⓝ007.64
内容　生成AI×Webアプリ開発。いますぐはじめたい人へ！ 仕組みから始め方までハンズオンでていねいに解説。

『これからのJavaScriptの教科書—モダンJavaScriptを基礎から実用レベルまで』狩野祐東著　SBクリエイティブ　2024.6　16,591p　24cm〈索引あり〉3200円　Ⓘ978-4-8156-1802-5　Ⓝ007.64
内容　JavaScriptが「わかる」から「使える」へとステップアップ！ 開発に必要なコードを自分で考え、書けるようになるための知識と技術を、豊富なサンプルとともに解説する。ES2023までの標準仕様に完全対応。

『C++基本プログラミング講座—安心で安全なC++プログラム開発の手引き』日向俊二著　カットシステム　2024.6　10,397p　24cm〈ダウンロードできる学習に使えるサンプルファイル　索引あり〉2800円　Ⓘ978-4-87783-548-4　Ⓝ007.64
内容　C++の基礎的なことからSTLや例外処理まで、C++プログラミングで必ず押さえておきたいことを具体的なコード例を示して解説する。コンパイルして実行可能なサンプルファイルのダウンロード付き。

『いきなりはじめるPHP—新・ワクワク・ドキドキの入門教室』谷藤賢一著　改訂版　リックテレコム　2024.5　171p　24cm〈文献：p161　索引あり〉2000円　Ⓘ978-4-86594-402-0　Ⓝ007.609
内容　プログラミング入門書の決定版！ MySQLもできちゃうよ。

『おうちで学べるPythonのきほん』清水祐一郎, 沖野将人著　翔泳社　2024.5　303p　21cm〈索引あり〉2200円　Ⓘ978-4-7981-8413-5　Ⓝ007.64
内容　Pythonの基礎から実践的な知識までを、手を動かしながら身につけよう。プログラミング初心者でも、開発に求められるスキルが身につく。練習問題も収録する。書き込み欄あり。

『13歳からのプログラミング入門—マインクラフト&Pythonでやさしく学べる！』山口由美著　メイツユニバーサルコンテンツ　2024.4　128p　26cm〈索引あり　サンプルデータダウンロード〉1800円　Ⓘ978-4-7804-2894-0　Ⓝ007.64
内容　はじめてでも基本と考え方がよくわかる！ 操作手順をしっかりナビゲート！ マイクラのスゴ技で簡単&楽しく練習！

『Java〈完全〉入門』松浦健一郎, 司ゆき著　SBクリエイティブ　2024.3　599p　21cm〈索引あり　サンプルデータダウンロード〉2680円　Ⓘ978-4-8156-1924-4　Ⓝ007.64
内容　プログラミング言語Javaの入門書。Javaの根底にある仕組みや考え方とともに、基本的な文法からオブジェクト指向プログラミングまでを、豊富な図や用例で解説する。サンプルプログラムをダウンロードできるURL付き。

『はじめてのアルゴリズム—論理的思考力を身につける』島袋舞子著, 兼宗進監修　くもん出版　2024.3　143p　21cm〈くもんこれからの学び—楽しく知りたいコンピュータ〉1600円　Ⓘ978-4-7743-3756-2　Ⓝ007.64
内容　問題を解きながら、アルゴリズムが身近な場面でどう使われているかを深く知り、問題解決のための論理的思考力を身につける。具体的で楽しい問題25問！ 小学校高学年から大人まで。

『スッキリわかるJava入門　実践編』中山清喬著, フレアリンク監修　第4版　インプレス　2024.2　742p　21cm〈文献あり　索引あり〉3000円　Ⓘ978-4-295-01845-2　Ⓝ007.64
内容　Javaエンジニアが身につけておくべき開発現場の「常識」が一気にまとめてスッキリわかる。

『エラーで学ぶPython—間違いを見つけながらプログラミングを身につけよう』中野博幸著, 堀田龍也監修　日経BP　2024.1　191p　26cm〈頒布・発売：日経BPマーケティング〉2200円　Ⓘ978-4-296-07081-7　Ⓝ007.64
内容　Pythonのコードに潜むエラー（バグ=不具合）を見つけながらプログラミング力を高めよう！ エラーをあらかじめ含むプログラムを示した問題とチャレンジ問題を収録。プログラムや学習計画案のダウンロードサービス付き。

『Nintendo Switchで学ぶ！ プログラミングワーク—チャレンジ！ プチコン4

ヤングアダルトの本 創作活動をささえる4000冊　　257

『SmileBASIC』スマイルブーム監修,アレッサンドロ・ビオレッティイラスト・キャラクターデザイン　くもん出版　2023.12　271p　26cm　1800円　①978-4-7743-3448-6　Ⓝ798.507
内容　学んで、書いて、動かして、5つの本格ゲーム作りに挑戦!!ゲーム作りでプログラミングの基礎が学べる。小学校高学年から。

『Pythonで簡単プログラミング入門—小学生でもゲームが作れる！』　ジーウォーク　2023.12　111p　30cm（G-MOOK 307）1500円　①978-4-86717-648-1　Ⓝ798.507
内容　小学生でも簡単に使えるプログラミング言語「Python」でゲームを作ろう！　Pythonの基本や、Pythonでできること、簡単なゲームの作り方などをわかりやすく解説する。

『Pythonで学ぶはじめてのプログラミング入門教室—「数」と「計算」でプログラミングの本質を理解する！』柴田淳著　SBクリエイティブ　2023.12　291p　21cm〈索引あり〉2200円　①978-4-8156-1335-8　Ⓝ007.64
内容　Pythonを学びながら、コンピューターを動かすプログラムの基本を理解できるプログラミング入門書。専門用語をできるだけ使わず、豊富な図とともにわかりやすく解説する。サンプルプログラムのダウンロードサービス付き。

『スッキリわかるJava入門』中山清喬, 国本大悟著, フレアリンク監修　第4版　インプレス　2023.11　759p　21cm〈索引あり〉2700円　①978-4-295-01793-6　Ⓝ007.64
内容　環境構築不要のクラウド開発実行環境「dokojava」を使ってJavaを学習できる入門書。親しみやすいイラストとゲーム題材を用いて、難所のオブジェクト指向などをわかりやすく解説する。Java21対応。

『スッキリわかるPython入門』国本大悟, 須藤秋良著, フレアリンク監修　第2版　インプレス　2023.11　415p　21cm〈索引あり〉2500円　①978-4-295-01636-6　Ⓝ007.64
内容　手軽に・つまずかずに、Pythonをはじめられる。「なぜ」「どうして」が必ずわかる。今後に活かせる「基礎」を学べる。コツ・しくみ・落とし穴をしっかり押さえるから初心者でもすぐにプログラミングを習得できる！

『これからはじめるReact実践入門—コンポーネントの基本からNext.jsによるアプリ開発まで』山田祥寛著　SBクリエイティブ　2023.10　649p　24cm〈索引あり〉4000円　①978-4-8156-1948-0　Ⓝ007.64
内容　Reactの機能から、モダンJavaScript、TypeScript、Next.jsによる本格的なアプリ開発までを解説する。React 18/Next.js 13対応。サンプルファイルはダウンロード可能。

『はじめての"文字で打ちこむ"プログラミングの本—スクラッチのブロックとくらべて学べるJavaScriptの基本』尾関基行著　技術評論社　2023.10　305p　23cm（13歳からのIT & CS plus）〈索引あり〉2600円　①978-4-297-13713-7　Ⓝ007.64
内容　"文字で打ちこむ"プログラミングの基本を学べる入門書。スクラッチのブロックと文字をくらべながら、プログラム言語「JavaScript」の文法を解説。他のプログラミング言語にも共通する基本的な考え方を習得できる。

『よくわかるC言語—イメージと例題で理解するStep ABC』長谷川聡著　増補新訂版　近代科学社　2023.10　169p　26cm〈索引あり〉2250円　①978-4-7649-0665-5　Ⓝ007.64
内容　文系・理系どちらもやさしくはじめて、しっかり学べる教科書！　難易度の順に演習問題をこなせば、確実にプログラミング力が上がる！

『よくわかるJava入門—はじめてでもつまずかないJavaプログラミング』富士通ラーニングメディア著作・制作　FOM出版　2023.10　242p　24cm〈索引あり〉2100円　①978-4-86775-062-9　Ⓝ007.64
内容　手を動かしてプログラムをどんどん作る！　挫折しやすいエラーを徹底フォロー！　たくさんの実習問題で理解度アップ！　人気の研修コース、プログラミング入門Java編を書籍化！

『いちばんやさしいPython入門教室—プログラムに必須の基本と文法を手を動かしながらマスターしよう！』大澤文孝著　改訂第2版　ソーテック社　2023.9　287p　24cm〈索引あり　サンプルダウンロード〉2480円　①978-4-8007-1321-

6　Ⓝ007.64

内容　Pythonプログラムの〈読み書き〉〈ルール〉〈命令〉を、ゲームやアプリを作りながら楽しく学べる入門書。機械学習を使った「画像認識」も扱う。Webからサンプルプログラムをダウンロードできる。

『Jupyter Notebookで始めるプログラミング』桑田喜隆, 小川祐紀雄, 早坂成人, 石坂徹共著　増補版　学術図書出版社　2023.9　198p　21cm〈文献あり　索引あり〉2100円　Ⓘ978-4-7806-1159-5　Ⓝ007.64

内容　対話的なプログラミングの入門書。Jupyter Notebook上でプログラミング言語「Python」を使って、初心者でも「プログラミングの楽しさ」を実感しながら学習できる。演習問題も収録。

『これからはじめる「情報」の基礎―プログラミングとアルゴリズム』谷尻かおり著, 谷尻豊寿監修　技術評論社　2023.8　239p　23cm〈索引あり〉2400円　Ⓘ978-4-297-13645-1　Ⓝ007.64

内容　学科や家庭での補習のためにも最適な第一歩。

『プログラムの基本を知ることで考える力が身につく―チャットGPT時代の小学生の必読本！』すわべしんいち著　志木repicbook　2023.7　127p　19cm　1300円　Ⓘ978-4-908154-41-6　Ⓝ007.64

内容　チャットGPTなどの生成AIによるサービスの普及により、これからの時代は課題解決力や問題発見力が特に重要視されます！プログラムの基本を学びながら自然と「考える力」が身につく本書はまさに小・中学生の必読書！

『身近なモノやサービスから学ぶ「情報」教室　3　コンピュータとプログラミング』土屋誠司編　芋野美紗子著　大阪創元社　2023.7　183p　22cm〈索引あり〉2500円　Ⓘ978-4-422-40083-9　Ⓝ007.3

内容　第3巻では、デジタルデータやコンピュータのしくみから演算処理の流れ、プログラミングにおける基本構文や初歩的なコードの書き方などについて学びます。

『JavaScript Primer―迷わないための入門書』azu, Suguru Inatomi著　改訂2版　ドワンゴ　2023.6　484p　24cm〈索引あり　頒布・発売：KADOKAWA〉3900円　Ⓘ978-4-04-893110-6　Ⓝ007.64

内容　プログラミング経験者がJavaScriptを新たに学ぶことを念頭に書かれたテキスト。文法や機能を一から解説する。変化に対応できる基礎が身につく。ビット演算、非同期処理等に図を追加するなどした改訂2版。

『はじめてのWebデザイン＆プログラミング―HTML、CSS、JavaScript、PHPの基本』村上祐治著　森北出版　2023.6　165p　26cm〈索引あり〉2200円　Ⓘ978-4-627-85721-6　Ⓝ007.64

内容　Webページ・アプリケーション制作の1冊目。全体像をつかめ、初学者が知っておくべきことをひと通り学べる！

『みんなが使っている！VSCode超入門―プログラマーを目指すなら確実に身につけたい必携ツール：超初心者にも分かりやすく、ゼロからゆっくりスタート！』清水美樹著　工学社　2023.6　127p　26cm（I/O BOOKS）〈索引あり〉2600円　Ⓘ978-4-7775-2256-9　Ⓝ007.64

内容　マイクロソフトが開発し、無償公開している高機能テキスト・エディタ＋コマンド操作のコードエディタ「VSCode」の操作を、大きな図を多用して詳しく紹介する。

『Juliaプログラミング大全』佐藤建太著　講談社　2023.5　579p　24cm〈索引あり〉5800円　Ⓘ978-4-06-531819-5　Ⓝ007.64

内容　基礎から実践まで、幅広いトピックを網羅！

『ユウと魔法のプログラミング・ノート』鳥井雪著, 鶴谷香央理絵, 打浪文子監修　オライリー・ジャパン　2023.5　221p　24cm（O'REILLY KIDS）〈索引あり　頒布・発売：オーム社〉2000円　Ⓘ978-4-8144-0029-4　Ⓝ007.64

内容　小学5年生の女の子ユウは、忘れ物が多いのが悩み。コンピューター・ミニオに忘れ物をしないよう助けてもらいたいが、プログラミングが必要で…。ストーリー形式でプログラミングの考え方が身につく本。書き込み式ページあり。

『iPhone1台で学ぶプログラミング―日常の問題を解決しながら、論理的思考を身に付ける本』増井敏克著　翔泳社　2023.4　223p　21cm　1700円　Ⓘ978-

4-7981-7959-9 Ⓝ007.64
内容 iPhoneやiPadに標準搭載のアプリ「ショートカット」を使って、便利なアプリを作りながらプログラミング的思考が学べる入門書。豊富なスクリーンショットや図でアプリ作成の手順をわかりやすく解説する。

『アルゴリズム図鑑―絵で見てわかる33のアルゴリズム』石田保輝,宮崎修一著　増補改訂版　翔泳社　2023.2　255p　23cm〈索引あり〉2480円　Ⓘ978-4-7981-7243-9　Ⓝ007.64
内容 iPhone&Androidアプリ「アルゴリズム図鑑」をベースに、33のアルゴリズムと7つのデータ構造の動作を、フルカラーの図とともに丁寧に解説。各アルゴリズムの考え方や計算効率、問題点もフォローする。

『いちばんやさしいPython機械学習の教本―人気講師が教える業務で役立つ実践ノウハウ』鈴木たかのり,降籏洋行,平井孝幸,ビープラウド著　第2版　インプレス　2023.2　303p　21cm〈索引あり　サンプルデータダウンロード〉2600円　Ⓘ978-4-295-01607-6　Ⓝ007.64
内容 Pythonを使った機械学習をテーマに、ワークショップ形式の講義を通して、機械学習の概念、スクレイピング、データの前処理、データの分類や数値の予測を解説する。サンプルコードのダウンロードサービス付き。

『キュレオ　プログラミングチャレンジャーズ！―ようこそ！　プログラミングの世界へ』御狐ちひろまんが,古城宏シナリオ・構成,桧貝卓哉クイズ考案,キュレオ原案・監修　小学館　2023.2　120p　19cm（ビッグコロタン）900円　Ⓘ978-4-09-259214-8　Ⓝ007.64
内容 プログラミング経験ゼロの栄太は、未来からやってきたプログラミング上級者のアルゴと協力して、プログラムの異常で起こる事件を解決していく！　まんがとクイズで、プログラミングの基本を楽しく学べる本。

『Cプログラミング入門以前』村山公保著　第3版　マイナビ出版　2023.2　367p　21cm（Compass Programming）〈文献あり　索引あり〉2450円　Ⓘ978-4-8399-8255-3　Ⓝ007.64
内容 Cプログラミングを学ぶためにあらかじめ知っておくべきことを網羅。プログラムの概念から作り方、コンピュータの構造、変数とメモリ、処理の流れ、ソフトウェア開発の基礎までを解説する。章末に演習問題を収録。

『JavaScript本格入門―モダンスタイルによる基礎から現場での応用まで』山田祥寛著　改訂3版　技術評論社　2023.2　623p　23cm〈索引あり　ECMAScript新規格準拠〉3200円　Ⓘ978-4-297-13288-0　Ⓝ007.64
内容 JavaScriptのプログラミングスタイルを基礎から解説。手軽さゆえに油断しがちな正しい文法から、オブジェクト指向構文、実際の開発に欠かせない知識まで身につく本格入門書。ECMAScript 2022に対応。

『Pythonでチャレンジするプログラミング入門―もう挫折しない！　10の壁を越えてプログラマーになろう』石上晋,横山直敬著　技術評論社　2023.2　287p　23cm〈索引あり〉2200円　Ⓘ978-4-297-13292-7　Ⓝ007.64
内容 学習継続力の壁、環境構築の壁、変数の壁…。プログラミング初学者の挫折に共通する原因を「10の壁」として定義し、プログラミング言語Pythonを使って学習しながら、それぞれの壁を乗り越える方法を示す。

『これからはじめるPython入門講座―文法から機械学習までの基本を理解：オンライン大学の人気講義で現場で役立つ知識を身につけよう！』鶴長鎮一著　技術評論社　2023.1　311p　23cm〈索引あり　サンプルダウンロード〉2700円　Ⓘ978-4-297-13200-2　Ⓝ007.64
内容 オンライン大学の人気講義で現場で役立つ知識を身につけよう！

『ちゃんと使える力を身につけるWebとプログラミングのきほんのきほん』大澤文孝著　改訂2版　マイナビ出版　2023.1　351p　24cm（Compass Web Development）〈索引あり　初版：マイナビ 2015年刊〉2590円　Ⓘ978-4-8399-8035-1　Ⓝ007.64
内容 インターネットやWebの仕組みを探りながら、Webプログラムの基礎を習得することを目指したテキスト。データベースやフレームワーク、開発体制、セキュリティまでカバー。サンプルファイルのダウンロードサービス付き。

『プログラミングという最強の武器』庄司渉著　ロングセラーズ　2022.12　187p　19cm（君に伝えたい仕事の話・シリーズ 1）1500円　Ⓘ978-4-8454-2499-3　Ⓝ007.64

IT技術を学ぼう　　　　　　　　　　　　　　　プログラムを組もう

内容　アプリやケータイ、ゲームも、コントロールしているのは、全て、プログラム。新しい世界を作るために、プログラマーになろう。よいプログラマーになるために必要なこと、未来を作るためにできることを対話形式で解説する。

『C#のプログラミングのツボとコツがゼッタイにわかる本』五十嵐貴之,五十嵐大貴著　秀和システム　2022.11　250p　24cm（最初からそう教えてくれればいいのに！）〈索引あり〉2000円　①978-4-7980-6778-0　Ⓝ007.64
内容　初心者ならオブジェクト指向は後回しでOK！　まずは、動くプログラムを作って、プログラミングの面白さを体験しよう！

『アルゴリズムとプログラミングの図鑑—楽しくわかる、アルゴリズムのしくみと、主要言語での書き方』森巧尚作、まつむらまきお絵　第2版　マイナビ出版　2022.10　261p　26cm（初版のタイトル：楽しく学ぶアルゴリズムとプログラミングの図鑑）2490円　①978-4-8399-7709-2　Ⓝ007.64
内容　サーチアルゴリズム、ソートアルゴリズム、迷路自動生成アルゴリズムなど、アルゴリズムのしくみをイラスト図解でやさしく説明。実際の挙動を確認できるよう、主要言語によるサンプルプログラムも掲載する。

『アルゴリズムをめぐる冒険—勇敢な初学者のためのPythonアドベンチャー』Bradford Tuckfield著、ホクソエム監訳、武川文則,川上悦子,高柳慎一訳　共立出版　2022.9　240p　24cm〈索引あり〉3200円　①978-4-320-12487-5　Ⓝ007.64
内容　アルゴリズムを学ぶための、Pythonコード付きのわかりやすい入門書。人間がどのようにボールをキャッチするかなど身近な例を通じて、アルゴリズムとは何か、問題をアルゴリズム的に解決するにはどうすればよいかを学ぶ。

『C言語—ゼロからはじめるプログラミング』三谷純著　新版　翔泳社　2022.9　267p　23cm（プログラミング学習シリーズ）〈索引あり　ダウンロード付録　授業や学習に活用できるスライド教材つき！〉2000円　①978-4-7981-7465-5　Ⓝ007.64
内容　プログラミング初心者に向けたC言語

のテキスト。条件分岐や繰り返し処理を行うための基本構文から、アドレスとポインタの概念の理解までわかりやすく解説する。練習問題も収録。サンプルコードのダウンロードサービス付き。

『よくわかるPython入門—人気の研修コースを書籍化！』富士通ラーニングメディア著作・制作　FOM出版　2022.9　242p　24cm〈索引あり〉2100円　①978-4-938927-99-8　Ⓝ007.64
内容　手を動かしてプログラムをどんどん作る！　挫折しやすいエラーを徹底フォロー！　たくさんの実習問題で理解度アップ！　人気の研修コース「Python入門」を書籍化！

『よしもとプログラミング部と学ぶPython「超」入門教室』よしもとプログラミング部,リーディング・エッジ社著　SBクリエイティブ　2022.9　271p　21cm〈索引あり〉2000円　①978-4-8156-0952-8　Ⓝ007.64
内容　吉本興業のプログラミング部の芸人達とともにPythonプログラミングを学ぶ入門書。プログラミングの基本と実践を、部員達が苦戦して学ぶリアルな会話とともに解説。サンプルファイルのダウンロードサービスつき。

『Python1年生—体験してわかる！　会話でまなべる！　プログラミングのしくみ』森巧尚著　第2版　翔泳社　2022.8　199p　23cm（1年生）〈索引あり　サンプルはWebからダウンロード〉1980円　①978-4-7981-7038-1　Ⓝ007.64
内容　Python初心者を対象とした入門書。基本的なプログラムから面白い人工知能アプリの作成までを、ヤギ博士とフタバちゃんの会話形式でまなべる。サンプルはWebからダウンロードできる。Windows 11等に対応。

『M5Stack/M5Stickではじめるかんたんプログラミング』田中正幸著　マイナビ出版　2022.4　312p　26cm（Compass Creative Works）〈文献あり　索引あり〉2690円　①978-4-8399-7747-4　Ⓝ007.64
内容　小型マイコン、M5StackやM5Stickを用いたプログラミングの入門書。UIFlowを使い、プログラムの基本から、グラフィックや通信、センサーとの連携までを解説する。

『高校生からのPython入門』立山秀利著　ジャムハウス　2022.4　239p　24cm〈索引あり〉2200円　①978-4-910680-

ヤングアダルトの本　創作活動をささえる4000冊　　261

02-6　Ⓝ007.64
内容 高校の必修科目"情報1"で学ぶプログラミングの基本とコンピューターの仕組みがわかる！作例を作りながら学べる！AIや画像処理、Pythonでできることを体験！

『初心者による初心者のためのFlutter詳解―Flutter初学者のための入門書！』前田欣耶著　インプレスR&D　2022.4　187p　26cm〈Next Publishing―技術の泉SERIES〉〈頒布・発売：インプレス〉2800円　Ⓘ978-4-295-60080-0　Ⓝ007.64

『アメリカの中学生が学んでいる14歳からのプログラミング』ワークマンパブリッシング著, 千葉敏生訳　ダイヤモンド社　2022.3　562p　21cm〈索引あり〉2200円　Ⓘ978-4-478-11219-9　Ⓝ007.64
内容「クラスでいちばん頭のいい同級生」が貸してくれた「オールカラーのイラスト&手書きノート式のデザイン」で、わかりやすく楽しく学べるプログラミング入門書。アメリカのロングセラー参考書シリーズ「天才ノート」を翻訳。

『いちばんやさしいGit & GitHubの教本―人気講師が教えるバージョン管理&共有入門』横田紋奈, 宇賀神みずき著　第2版　インプレス　2022.2　239p　21cm〈索引あり〉2200円　Ⓘ978-4-295-01361-7　Ⓝ007.64
内容 はじめて学ぶ人でも安心！コマンドやしくみを丁寧に解説。実際のワークフローをイメージしながら実践的な使い方が身に付く！勘違いしやすい箇所は講師がフォロー！ワークショップ感覚で読み進められる。

『小学生からはじめるプログラミングの本 2022年版』石井英男, 吉岡直人, 赤石昭宏, 相川いずみ, 森谷健一著, 日経パソコン編　日経BP　2022.3　121p　28cm（日経BPパソコンベストムック）〈頒布・発売：日経BPマーケティング〉1300円　Ⓘ978-4-296-11154-1　Ⓝ007.64
内容 プログラミングについて知っておきたいことやプログラムの基礎、楽しんで身につくプログラミングソフトなどを紹介するとともに、スクラッチを使ったプログラミングを解説する。全国プログラミング教室ガイドも掲載。

『楽しくわかる！やってみたくなる！コンピュータ&プログラミングキャラ図鑑』石戸奈々子監修, ノダタカヒロイラスト　くもん出版　2022.3　111p　21cm〈文献あり 索引あり〉1500円　Ⓘ978-4-7743-3288-8　Ⓝ548.2
内容 AIってどんなもの？ プログラミング言語のちがいって？ AI時代に知っておきたい、ハードウエア、ソフトウエア、プログラミングの必須要素をキャラクター化。デジタルの基礎知識をまんがを交えて解説する。

『アルゴリズムがわかる図鑑』松浦健一郎, 司ゆき著　技術評論社　2022.1　191p　26cm（まなびのずかん）〈索引あり〉2400円　Ⓘ978-4-297-12553-0　Ⓝ007.64
内容 動物たちの会話やアクションを読んだり見たりしていくだけで、むりなくアルゴリズムの基本が身につく、楽しい図鑑。手を動かしてPythonで確認できる練習問題も収録する。

『問題解決のための「アルゴリズム×数学」が基礎からしっかり身につく本』米田優峻著　技術評論社　2022.1　281p　23cm〈文献あり 索引あり〉2680円　Ⓘ978-4-297-12521-9　Ⓝ007.64
内容 中学レベル～大学教養レベルの数学的知識のうちアルゴリズム学習に必要なものについて扱うとともに、有名なアルゴリズムと典型的な数学的考察についてオールカラーで丁寧に解説する。例題・演習問題を全200問掲載。

『Pythonでまなぶプログラミング』［佐々木明］［著］, 実教出版編修部編　実教出版　［2022］　63p　26cm〈索引あり〉464円　Ⓘ978-4-407-35961-9　Ⓝ007.64
内容「Python」を使ったプログラミングを短期間で楽しく学べる初心者向け教材。「ウサギとカメの競走」「自分専用AI」など、生徒が興味を持つ題材を扱い、実習形式で解説する。データのダウンロードサービス付き。

『いちばんやさしいプログラミングの教本―人気講師が教えるすべての言語に共通する基礎知識』廣瀬豪著　インプレス　2021.12　223p　21cm〈索引あり〉1800円　Ⓘ978-4-295-01305-1　Ⓝ007.64
内容「はじめの一冊」として最適なプログラミングの本。社会・教育・ビジネスとの関わり、プログラミングの本質、仕組みと基礎文法、ミニゲームの作成などを解説する。PDF版電子書籍のダウンロードサービス付き。

IT技術を学ぼう　　　　　　　　　　　　　　　　プログラムを組もう

『スッキリわかるC言語入門』中山清喬著，フレアリンク監修　第2版　インプレス　2021.12　759p　21cm〈索引あり〉2700円　①978-4-295-01278-8　Ⓝ007.64
内容　C言語やその背景にあるコンピュータの原理について、仕組みやコツも含めて解説した入門書。練習問題つき。エラー解決・虎の巻、クイックリファレンスなども収録。仮想開発環境「dokoC」を導入した第2版。

『p5.jsプログラミングガイド』松田晃一著　改訂版　カットシステム　2021.12　285p　24cm〈索引あり〉3200円　①978-4-87783-510-1　Ⓝ547.483
内容　p5.jsをベースにしたプログラミングの入門書。図形描画から、画像・動画処理、人工知能の活用・作成機能まで、わかりやすく解説する。学習に使えるサンプルファイルのダウンロードサービス付き。

『いちばんやさしいPHPの教本—人気講師が教える実践Webプログラミング』柏岡秀男，池田友子，アリウープ著　第3版　インプレス　2021.11　247p　21cm〈索引あり　PHP8対応〉1980円　①978-4-295-01286-3　Ⓝ007.64
内容　Webアプリを作りながら楽しく学べるPHPの入門書。Webサイトを作る際に必要な知識と、プログラミングの1行1行の流れをオールカラーで丁寧に解説。サンプルプログラムのダウンロードサービス付き。PHP8に対応。

『つくって楽しいJavaScript入門—身近な不思議をプログラミングしてみよう』柳田拓人著，ラッコラ監修　翔泳社　2021.11　243p　23cm〈文献あり　索引あり〉2200円　①978-4-7981-6832-6　Ⓝ007.64
内容　身近な不思議×プログラミング！　知っているようで知らない「しくみ」や「法則」を再現しながら、JavaScriptプログラミングが楽しく学べる！

『14歳からのプログラミング』千葉滋著　東京大学出版会　2021.8　235p　21cm〈索引あり〉2200円　①978-4-13-062461-9　Ⓝ007.64
内容　はじめての人でも、繰り返し・場合分け・配列などプログラミングの基本が身につく入門書。JavaScriptとサポートサイトでプログラムを動かしながら学ぶことができる。

『SCRATCHで楽しく学ぶアート＆サイエンス』石原淳也著，阿部和広監修　改訂第2版　日経BP　2021.8　217p　26cm〈文献あり　Scratch 3.0対応　初版：日経BP社 2018年刊　頒布・発売：日経BPマーケティング〉2200円　①978-4-296-07014-5　Ⓝ007.64
内容　子ども向け、ゲームばかり…。Scratchに対する誤解を解き、Scratchの楽しさ、プログラミングの楽しさを伝える書。アート＆サイエンスをテーマとした多彩なプロジェクトを紹介する。Scratch3.0対応。

『日本語だからスイスイ作れるプログラミング入門教室—中学生から大人まで、プログラミングが初めての方へ』クジラ飛行机著　マイナビ出版　2021.8　223p　26cm〈索引あり〉2200円　①978-4-8399-7669-9　Ⓝ007.64
内容　日本語プログラミング言語「なでしこ」を使ったプログラミングの入門書。基本からデータ集計、カードゲームやチャットツール作成までを解説する。練習問題も掲載。サンプルファイルがダウンロードできるQRコード付き。

『高校生からはじめるプログラミング』吉村総一郎著　改訂版　KADOKAWA　2021.7　279p　26cm〈索引あり〉2000円　①978-4-04-605222-3　Ⓝ007.64
内容　Webプログラミングの基礎を学ぼう！「HTMLでWebページを作る」「CSSでWebページをデザインする」といった4つのパートに分けてわかりやすく解説し、情報処理技術を学ぶ楽しさを伝えます。

『13歳からのPython入門—新時代のヒーロー養成塾』James R.Payne著，竹内薫監訳，柳田拓人訳　東京化学同人　2021.7　240p　26cm（DIGITAL FOREST）〈索引あり〉2200円　①978-4-8079-2006-8　Ⓝ007.64
内容　社会に必要とされる「クリエイティブなプログラマー」になるためのPython入門書。教養としての「プログラミング思考」を身につけ、Python言語だけでなく、他の言語にも通用するプログラミングの原理を理解できる。

『子どもと学ぶLINE entryプログラミング入門』中川一史監修，モウフカブール，大澤文孝，できるシリーズ編集部著　インプレス　2021.6　238p　24cm（できるキッズ）〈索引あり　小学校プログラミング教育対応〉1800円　①978-4-295-

01170-5　Ⓝ007.64
内容　無料で簡単！ プログラミングを楽しく学べる。小学3年生以上対象。

『わかばちゃんと学ぶGit使い方入門』湊川あい著, DQNEO監修　改訂2版　新潟　シーアンドアール研究所　2021.6　278p　21cm〈文献あり　索引あり　Windows Mac対応！　Source Tree対応〉2230円　Ⓘ978-4-86354-343-0　Ⓝ007.64
内容　マンガでGit、GitHubがよくわかる！ クリック操作で初心者でも安心！ コマンド操作でレベルアップも可能！

『Python―ゼロからはじめるプログラミング』三谷純著　翔泳社　2021.5　267p　23cm（プログラミング学習シリーズ）〈索引あり〉1880円　Ⓘ978-4-7981-6946-0　Ⓝ007.64
内容　プログラミング言語「Python」の基礎とコツをしっかり学べる入門書。基本文法からクラス、メソッドの使い方・作り方までわかりやすく解説する。サンプルコードのダウンロードサービス付き。

『やさしくわかるPythonの教室―イラスト＆会話形式で楽しくはじめよう♪』ビープラウド監修, リブロワークス著　技術評論社　2021.5　223p　23cm〈索引あり〉2100円　Ⓘ978-4-297-12117-4　Ⓝ007.64
内容　大人気のプログラミング言語Pythonの基礎知識・文法・活用方法がわかる。

『理科がもっとおもしろくなるScratchで科学実験―自由研究にも使えるプログラミングを活かした実験がいっぱい！』横川耕二著, 横山正, 阿部和広監修, 子供の科学特別編集　誠文堂新光社　2021.5　159p　26cm（子供の科学★ミライクリエイティブ）〈micro：bit V2対応〉2000円　Ⓘ978-4-416-52030-7　Ⓝ407.5
内容　重さ/速度/音/生き物/気象/天体/電気/熱など、小中学校で学ぶ理科がプログラミングで超充実！

『Scratchで今から始めるプログラミング―はじめての人も、挫折した人も』鈴木喬裕著　日経BP　2021.3　271p　24cm〈頒布・発売：日経BPマーケティング〉1980円　Ⓘ978-4-296-07007-7　Ⓝ007.64
内容　ブロックを組み合わせるだけのScratchを使い、難しいコードや文法なしでプログラミングを学ぼう。今すぐ遊べるゲームを作りながら、プログラミングの基礎が身につく本。次に何を勉強すればよいのかも伝える。

『Processingなら簡単！ はじめてのプログラミング『超』入門』宮田章裕著　つくば　科学情報出版　2021.3　253p　24cm（エンジニア入門シリーズ）〈索引あり〉2700円　Ⓘ978-4-904774-81-6　Ⓝ007.64
内容　プログラミングをやったことがない『超初心者』向け！ プログラミングとProcessingをゼロから学べる！

『JavaScript〈完全〉入門』柳井政和著　SBクリエイティブ　2021.2　567p　21cm〈索引あり〉2680円　Ⓘ978-4-8156-0763-0　Ⓝ007.64
内容　言語仕様、通信処理、開発演習―開発に活かせる実践的な知識を「この一冊」に完全集約。フロントエンドからバックエンドまで徹底網羅。初心者でも要点を必ず理解できる!!

『Python版コンピュータ科学とプログラミング入門―コンピュータとアルゴリズムの基礎』小高知宏著　近代科学社Digital　2021.2　164p　26cm〈文献あり　索引あり　「コンピュータ科学とプログラミング入門」（近代科学社 2015年刊）の改題、改訂　頒布・発売：近代科学社〉2200円　Ⓘ978-4-7649-6017-6　Ⓝ007
内容　工学系基礎教育としてのコンピュータ教育およびプログラミング教育を実現するための教科書。「コンピュータ科学とプログラミング入門」のコンセプトを継承しつつ、プログラミングの例題をC言語からPython言語に変更。

『アルと考えるアルゴリズムってなんだ？』エコー・エリース・ゴンザレス作, グラハム・ロス絵, 山崎正浩訳, 石戸奈々子監修　くもん出版　2021.1　31p　27cm（くもんのSTEMナビプログラミング）〈索引あり〉1500円　Ⓘ978-4-7743-3181-2　Ⓝ007.64
内容　アルがナビゲーターとなり、コンピューターに指示を伝えるときに役立つ「アルゴリズム」について解説。身のまわりのアルゴリズムから、アルゴリズムの書き方、アルゴリズムの歴史まで、やさしく紹介する。

IT技術を学ぼう　　　　プログラムを組もう

『**アンドとオアが伝える論理演算の使いかた**』エコー・エリース・ゴンザレス作，グラハム・ロス絵，山崎正浩訳，石戸奈々子監修　くもん出版　2021.1　31p　27cm（くもんのSTEMナビプログラミング）〈索引あり〉1500円　①978-4-7743-3184-3　Ⓝ007.64
内容　10人のナビゲーターがプログラミングやコンピューターの基礎知識を、わかりやすく伝えるシリーズ。コンピューターがデータを処理するときに使う論理演算のしくみや、それをふまえたプログラミングの例を見ていきます。

『**Java　入門編　ゼロからはじめるプログラミング**』三谷純著　第3版　翔泳社　2021.1　275p　23cm（プログラミング学習シリーズ）〈索引あり　Java 11対応〉1880円　①978-4-7981-6706-0　Ⓝ007.64
内容　Java言語の入門書。入門編は、Java言語によるプログラミングの基礎からオブジェクト指向の基本までを解説する。練習問題も掲載。サンプルコードのダウンロードサービスあり。Java 11対応。

『**Java　実践編　アプリケーション作りの基本**』三谷純著　第3版　翔泳社　2021.1　302p　23cm（プログラミング学習シリーズ）〈索引あり　Java 11対応〉1880円　①978-4-7981-6707-7　Ⓝ007.64
内容　Java言語の入門書。実践編は、アプリケーション作成の実践的な内容とJava言語の新しい機能について解説する。練習問題も掲載。サンプルコードのダウンロードサービスあり。Java 11対応。

『**12歳までに身につけたいプログラミングの超きほん**』飛田桂子監修　朝日新聞出版　2021.1　127p　21cm（未来のキミのためシリーズ）1000円　①978-4-02-333362-8　Ⓝ007.64
内容　創造力、論理的に考える力、課題解決力を高めよう！　子どもたちに身につけてもらいたいプログラミングの基本的な知識について、マンガやイラストを用いて解説。プログラミングの練習ができる書き込み式のワークも収録。

『**スタックが語るデータ構造の大切さ**』エコー・エリース・ゴンザレス作，グラハム・ロス絵，山崎正浩訳，石戸奈々子監修　くもん出版　2021.1　31p　27cm（くもんのSTEMナビプログラミング）〈索引あり〉1500円　①978-4-7743-3186-7　Ⓝ007.64
内容　スタックがナビゲーターとなり、プログラムで使うデータを整理して保存するための「データ構造」について解説。配列、キュー、セット、ハッシュテーブルなど、さまざまなデータ構造をやさしく紹介する。

『**Python〈完全〉入門**』松浦健一郎，司ゆき著　SBクリエイティブ　2021.1　591p　21cm〈索引あり〉2900円　①978-4-8156-0764-7　Ⓝ007.64
内容　Pythonで学ぶプログラムの作り方、最新の知識と技術を一冊に凝縮。AI、スクレイピング、データベース、仕事の自動化、必須テクニックをしっかりサポート！

『**Python3で学ぶ！　プログラミングはじめの一歩─わかる・書ける・作れる！ドリル＆演習問題付き**』大西陽平著　インプレスR&D　2021.1　245p　26cm（Next Publishing─技術の泉SERIES）〈文献あり　頒布・発売：インプレス〉2600円　①978-4-8443-7876-1　Ⓝ007.64
内容　わかる・書ける・作れる！ドリル＆演習問題付き。

『**バグと挑戦デバッグの方法**』エコー・エリース・ゴンザレス作，グラハム・ロス絵，山崎正浩訳，石戸奈々子監修　くもん出版　2021.1　31p　27cm（くもんのSTEMナビプログラミング）〈索引あり〉1500円　①978-4-7743-3183-6　Ⓝ007.64
内容　10人のナビゲーターがプログラミングやコンピューターの基礎知識を、わかりやすく伝えるシリーズ。プログラムのまちがいを直す作業、デバッグについて読者と身近な例で挑戦しながら学んでいきます。

『**フローが見せる制御フローのはたらき**』エコー・エリース・ゴンザレス作，グラハム・ロス絵，山崎正浩訳，石戸奈々子監修　くもん出版　2021.1　31p　27cm（くもんのSTEMナビプログラミング）〈索引あり〉1500円　①978-4-7743-3185-0　Ⓝ007.64
内容　10人のナビゲーターがプログラミングやコンピューターの基礎知識を、わかりやすく伝えるシリーズ。プログラムの命令の実行順を決める制御フローのしくみやデータのならび順を決めるソートアルゴリズムについて

学びます。

『ゼロとワンが紹介プログラミング言語のいろいろ』エコー・エリース・ゴンザレス作, グラハム・ロス絵, 山崎正浩訳, 石戸奈々子監修　くもん出版　2020.12　31p　27cm〈くもんのSTEMナビプログラミング〉〈索引あり〉1500円　①978-4-7743-3182-9　Ⓝ007.64
内容　10人のナビゲーターがプログラミングやコンピューターの基礎知識を、わかりやすく伝えるシリーズ。コンピューターに人間のアイデアを伝えてくれるプログラミング言語のはたらきや分類、いろいろな言語の例を紹介します。

『はじめてのAndroidプログラミング―しっかり丁寧だから安心』金田浩明著　第5版　SBクリエイティブ　2020.12　431p　24cm〈索引あり　Kotlin対応〉2800円　①978-4-8156-0796-8　Ⓝ007.64
内容　アプリ開発に必要なKotlinの基礎と、Android Studioの1つひとつの開発手順を詳細に解説。

『はたらくプログラミング―完全版』とりたす著, ウェブカツ!!監修　KADOKAWA　2020.12　222p　21cm　1200円　①978-4-04-680135-7　Ⓝ007.64
内容　新入社員のジャバスクリプト（JS）は素敵なwebサービスを作ろうと張り切るが、配属先にはHTMLをはじめクセのある人たちが…。プログラミング言語を擬人化し、漫画で解説。『ウェブカツ!!』掲載に加筆修正し書籍化。

『いちばんやさしいJavaの教本―人気講師が教えるプログラミングの基礎』石井真, カサレアル著　インプレス　2020.11　295p　21cm〈索引あり〉2400円　①978-4-295-01033-3　Ⓝ007.64
内容　言語の基礎知識、基本文法、実践的なサンプル。この一冊で応用できる基礎が身につく！ 講義＋実習のワークショップ形式の学習書。

『JavaScript基礎ドリル穴埋め式』金子平祐, Grodet Aymeric, Bahadur MD Rakib, 新居雅行共著　オーム社　2020.11　244p　21cm〈索引あり〉2000円　①978-4-274-22619-9　Ⓝ007.64
内容　素直な問題、ひねった問題、ひっかけ問題。穴埋めでJavaScriptのスキルアップ。

『プログラミングでSTEAMな学びBOOK―学校・家庭で体験ぜんぶIchigoJam BASIC！：小学校全学年対応/中学校技術・家庭科の「双方向」授業にも！』松田孝著　フレーベル館　2020.11　79p　31cm　4500円　①978-4-577-04890-0　Ⓝ007.64
内容　IchigoJamは小さくて安いシングルボードコンピューター！ 学校の授業や家庭でのプログラミング体験にぴったり！ 小学校全学年対応/中学校技術・家庭科の「双方向」授業にも！

『そろそろ常識？ マンガでわかる「正規表現」』森巧尚著, 大原ロロンイラスト, リブロワークス編　新潟　シーアンドアール研究所　2020.10　191p　21cm〈索引あり〉1880円　①978-4-86354-327-0　Ⓝ007.64
内容　あやふやな文字列からルールを見つけ出して、パターンで表現した「正規表現」。バリデーション（入力チェック）から複雑なテキスト処理まで、正規表現をマンガ、会話、チュートリアルをシームレスに組み合わせて解説する。

『AI時代を生き抜くプログラミング的思考が身につくシリーズ　2　プログラミングのきほん』土屋誠司著　大阪　創元社　2020.9　47p　27cm〈索引あり〉2500円　①978-4-422-40051-8, 978-4-422-40060-0（set）　Ⓝ007.63
内容　第2巻のテーマはプログラミング。言語の習得ではなく、基本的な考え方を「演算子」「条件分岐」「変数・型」「配列」「繰り返し」「関数」の6つに分けて学びます。

『10才からはじめるScratchプログラミング図鑑』キャロル・ヴォーダマンほか著, 山崎正浩訳　大阪　創元社　2020.9　224p　24cm〈索引あり　Scratch 3.0対応版〉2800円　①978-4-422-41445-4　Ⓝ007.64
内容　スクラッチのような言語を使えば、複雑なプログラムもあっという間！ プログラミング初心者に向け、スクラッチの基本を解説。色々な作品を作りながらプログラミングのスキルを磨くことができる。Scratch 3.0対応。

『文系でも必ずわかる中学数学×Python―超簡単プログラミング入門』谷尻かおり著　日経BP　2020.9　255p　21cm

〈索引あり　発売：日経BPマーケティング〉2400円　①978-4-8222-9597-4　Ⓝ413.5
内容 中学数学でPythonを極める。プログラミングはやさしい数学から。直線とグラフでPythonを学習。直線がわかれば分析も予測もできる！機械学習、データ分析への第一歩。カンタンな数式でプログラミングを学ぶ。

『いちばんやさしいPythonの教本─人気講師が教える基礎からサーバサイド開発まで』鈴木たかのり, ビープラウド著　第2版　インプレス　2020.8　271p　21cm〈文献あり　索引あり〉2200円　①978-4-295-00985-6　Ⓝ007.64
内容 小さなプログラムで基本を学んで、最後は実践的なプログラムを完成させる！Pythonを使ったプログラムの書き方を、講義+実習のワークショップ形式で解説。サンプルプログラムのダウンロードサービス付き。

『プログラミングHaskell』Graham Hutton著, 山本和彦訳　第2版　ラムダノート　2020.7　17, 307p　21cm〈第2刷　文献：章末, p295〜297　索引あり〉3200円　①978-4-908686-07-8　Ⓝ007.64
内容 Haskellという言語を使った関数プログラミングの入門書。Haskellの主要な特徴を紹介し、精選した例題を通じて、関数プログラミングのさまざまな概念を解説する。練習問題も豊富に収録。

『あなうめ式Pythonプログラミング超入門』大津真, 田中賢一郎, 馬場貴之共著　エムディエヌコーポレーション　2020.6　295p　21cm〈索引あり　発売：インプレス〉1800円　①978-4-8443-6959-2　Ⓝ007.64
内容 読む+解くでしっかり身につく！あなうめ問題を解きながら、いちばん大切なプログラミング力を育てる!!基礎から身につく。手を動かして学べる。初心者歓迎！

『SwiftUIではじめるiPhoneアプリプログラミング入門』大津真著　ラトルズ　2020.6　319p　23cm〈索引あり〉2680円　①978-4-89977-504-1　Ⓝ007.64
内容 SwiftUIを使用してiOSアプリを作成する方法を学ぶ入門書。SwiftUIを扱うために不可欠なSwift言語のポイントも解説する。サンプルファイルのダウンロードサービス付き。

『10才からはじめるプログラミング図鑑─たのしくまなぶスクラッチ&Python超入門』キャロル・ヴォーダマンほか著, 山崎正浩訳　大阪　創元社　2020.5　223p　24cm〈索引あり　Scratch3.0対応版〉2800円　①978-4-422-41441-6　Ⓝ007.64
内容 7つのプロジェクトを通してプログラムの書き方やゲームの作り方がわかる入門書。1冊でスクラッチとPythonの2つのプログラミング言語が学べる。Scratch3.0対応。

『micro:bitで楽しむワークショップレシピ集─プログラミングも！工作も！』スイッチエデュケーション編集部著　ジャムハウス　2020.4　191p　26cm　2200円　①978-4-906768-79-0　Ⓝ007.64
内容 手のひらに乗る小さなコンピューター「micro:bit」を使ったプログラミングと、作ったプログラムで動かす工作のワークショップレシピ集。ふりがな付きで子ども用テキストとしても最適。指導者向けのアドバイスも収録。

『アイデアふくらむ探検ウォッチmicro:bitでプログラミング─センサーの実験・宝探しゲーム・友だちとの通信……使い方はキミしだい！』倉本大資著, 子供の科学編集　誠文堂新光社　2020.3　157p　26cm（子供の科学★ミライクリエイティブ）2200円　①978-4-416-71918-3　Ⓝ007.64
内容 小さなコンピューター「micro:bit」を使って、腕時計型のデバイス「探検ウォッチ」で楽しめるプログラミングを体験できる本。micro:bitのしくみやプログラミングの手順を写真や図を交えて解説する。

『アルゴリズムビジュアル大事典─図解でよくわかるアルゴリズムとデータ構造』渡部有隆, ニコライ・ミレンコフ著　マイナビ出版　2020.3　415p　24cm〈文献あり　索引あり〉2980円　①978-4-8399-6827-4　Ⓝ007.64
内容 「アルゴリズムとデータ構造」の計算の形・流れ、結果のデータを分かりやすくビジュアル化。各アルゴリズムの「アニメーション」が見られるQRコード付き。擬似コードによるプログラミングの手引きも掲載。

『高校生のためのアルゴリズム入門』秋山崇著　第4版　インフォテック・サーブ　2020.3　218p　26cm　900円　①978-4-

909963-10-9　Ⓝ007.64

『小中学生からはじめるプログラミングの本　2020年版』石井英男,吉岡直人,赤石昭宏,神谷加代,森谷健一著,日経パソコン編　日経BP　2020.3　121p　28cm（日経BPパソコンベストムック）〈発売：日経BPマーケティング〉1300円　Ⓘ978-4-296-10539-7　Ⓝ007.64
|内容| プログラムとは何かから、スクラッチを使ったゲームの作り方までやさしく解説。全国プログラミング教室ガイドも掲載。目次に「小中学生向けの記事」「高校生向けの記事」「親向けの記事」の3種のアイコン付き。

『作って楽しむプログラミングiPhoneアプリ超入門―Xcode 11 & Swift 5で学ぶはじめてのスマホアプリ作成』片渕彼富,山田祥寛監修　日経BP　2020.3　323p　24cm〈索引あり　発売：日経BPマーケティング〉2200円　Ⓘ978-4-8222-5391-2　Ⓝ007.64
|内容| 簡単なゲームアプリを作成しながら、iPhoneプログラミングの基礎を学べる入門書。iPhoneアプリの基礎知識から、アプリ作成の基本、公開の手順まで解説する。学習用ファイルのダウンロードサービス付き。

『Python超入門―モンティと学ぶはじめてのプログラミング』及川えり子著　オーム社　2020.2　179p　24cm　2500円　Ⓘ978-4-274-22494-2　Ⓝ007.64
|内容| プログラミング言語Pythonについて、小学校高学年でもわかるように、会話文も取り入れながらやさしく解説。おみくじや数当てゲームの作り方やエラーの対処法なども収録する。ソースコードのダウンロードサービス付き。

『Nuxt.jsとPythonで作る！　ぬるさくAIアプリ開発入門―データ分析からAIアプリ開発まで優しく解説！』深野嗣,高山和幸著　インプレスR&D　2020.1　174p　26cm（Next Publishing―技術の泉SERIES）〈発売：インプレス〉2400円　Ⓘ978-4-8443-7812-9　Ⓝ007.64
|内容| データ分析からAIアプリ開発まで優しく解説！

『あなうめ式Javaプログラミング超入門』大津真,田中賢一郎,馬場貴之共著　エムディエヌコーポレーション　2019.12　319p　21cm〈索引あり　発売：インプレス〉1800円　Ⓘ978-4-8443-6941-7　Ⓝ007.64
|内容| あなうめ問題でJavaの基礎をしっかり身につける!!

『子どもから大人までスラスラ読めるJavaScript Kidsふりがなプログラミング―ゲームを作りながら楽しく学ぼう！』LITALICOワンダー監修,リブロワークス文,ア・メリカ絵　インプレス　2019.11　223p　15×22cm〈索引あり　奥付のタイトル：子どもから大人までスラスラ読めるJavaScriptふりがなKidsプログラミング　背のタイトル：子どもから大人までスラスラ読めるJavaScriptふりがなプログラミングKids〉2300円　Ⓘ978-4-295-00783-8　Ⓝ798.507
|内容| 「ふりがな」で英語や記号の意味がわかる。「読み下し文」でプログラムが日本語の文章で読める。小学5年生以上対象。

『ジブン専用パソコンRaspberry Piでプログラミング―ゲームづくりから自由研究までなんだってできる！』阿部和広,塩野祐樹著,［子供の科学］［編集］誠文堂新光社　2019.11　157p　26cm（子供の科学★ミライクリエイティブ）〈文献あり〉1900円　Ⓘ978-4-416-71919-0　Ⓝ007.64
|内容| 小中学生のための入門書！　パソコンの使い方からはじめてスクラッチやマインクラフトでプログラミングを学ぼう！

『SCRATCHではじめよう！　プログラミング入門―ゲームを作りながら楽しく学ぼう：Scratch 3.0版』杉浦学著,阿部和広監修　日経BP　2019.11　163p　26cm〈発売：日経BPマーケティング〉1900円　Ⓘ978-4-8222-8625-5　Ⓝ007.64
|内容| 15+1ステージで着実に学べる。プログラミングの基本がこの1冊で、わかる！

『ガール・コード―プログラミングで世界を変えた女子高生二人のほんとうのお話』ソフィー・ハウザー,アンドレア・ゴンザレス著,堀越英美訳　Pヴァイン　2019.10　255,20p　19cm（ele-king books）〈発売：日販アイ・ピー・エス〉2270円　Ⓘ978-4-909483-40-9　Ⓝ798.507
|内容| 生理タブー風刺ゲームを作ったことから、すべては始まった―。ニューヨーク公共図書館ベストブック2017、米国児童図書評議会

の高校生以下向けベストSTEM図書に選出された、女の子たちの痛快サクセスストーリー。

『スクラッチ3.0―小・中学生のための：プログラミングに挑戦』河西朝雄著　改訂第2版　〔出版地不明〕　カサイ.ソフトウエアラボ　2019.9　92p　30cm〈共同刊行：茅野市教育委員会〉Ⓝ007.64

『たのしく考える力が身につくScratchワークブック』古金谷博著　日経BP　2019.9　154p　26cm〈Scratch3.0対応　総ルビ対応〉　発売：日経BPマーケティング〉1900円　Ⓘ978-4-8222-5349-3　Ⓝ007.64
内容　目当てと道筋を示した上で、子どもが自分で考えてプログラムを作るように誘導する、Scratchを題材にしたワークブック。各ステップにはチェック欄を用意し、足取りを確認しながら進める。

『micro：bitで学ぶプログラミング―ブロック型からJavaScriptそしてPythonへ』高橋参吉,喜家村奨,稲川孝司共著　コロナ社　2019.9　120p　26cm〈文献あり　索引あり〉2200円　Ⓘ978-4-339-02898-0　Ⓝ007.64
内容　初めてのプログラミングを想定し、ブロックを利用したプログラム作成手順を詳述。JavaScriptのプログラムを併記し、言語にも慣れることを意識して解説する。演習問題も掲載。

『よくわかるScratch3.0ではじめるプログラミング』富士通エフ・オー・エム株式会社著作・制作　FOM出版　2019.8　159p　24cm〈索引あり〉1800円　Ⓘ978-4-86510-402-8　Ⓝ007.64
内容　かんたんなプログラム作りからスタート。キーボードでキャラクターを操作！コスチュームを変えてアニメを作ろう。効果音を付けたり、音楽を演奏したり♪ゲーム「サルカニ合戦」を完成させよう！

『親子でかんたんスクラッチプログラミングの図鑑』松下孝太郎,山本光著　技術評論社　2019.7　191p　26cm（まなびのずかん）〈索引あり　Scratch3.0対応版〉2680円　Ⓘ978-4-297-10686-7　Ⓝ007.64
内容　ブロックを並べるだけで手軽にプログラミングを楽しめる、スクラッチ。その使い方から本格的なプログラミング知識までを、オールカラーでビジュアルに解説する。教材

として使える絵本や計算ドリルの作り方も掲載。3.0対応。

『自分で作ってみんなで遊べる！プログラミング―マインクラフトでゲームを作ろう！』水島滉大著　KADOKAWA　2019.7　159p　26cm　1800円　Ⓘ978-4-04-604157-9　Ⓝ798.507
内容　マインクラフト・マイクラッチを使って、楽しいゲームを作りながら、プログラミングについて学ぼう！アスレチックゲーム、ダイヤモンドランなどのプログラムの手順をていねいに解説。説明動画が見られるURL付き。

『Girls Who Code―女の子の未来をひらくプログラミング』レシュマ・サウジャニ著,鳥井雪訳,杉浦学監訳,阿部和広監修　日経BP　2019.6　175p　26cm〈索引あり〉　発売：日経BPマーケティング〉1800円　Ⓘ978-4-8222-8977-5　Ⓝ007.64
内容　女の子のためのプログラミング入門本。様々なバックグラウンドを持つ女の子たちが、プログラミングをイチから学びながら、それぞれの興味や関心に基づいた創作活動に取り組む構成で、プログラミングの基礎を解説する。

『Scratchで学ぶプログラミングとアルゴリズムの基本』中植正剛,太田和志,鴨谷真知子著　改訂第2版　日経BP社　2019.4　202p　26cm〈索引あり　Scratch3.0対応〉　発売：日経BPマーケティング〉2300円　Ⓘ978-4-8222-8617-0　Ⓝ007.64
内容　プログラミングのポイントとScratchの操作がわかる。Scratch3.0対応。

『いちばんやさしいJavaScriptの教本―人気講師が教えるWebプログラミング入門』岩田宇史著　第2版　インプレス　2019.3　279p　21cm〈索引あり　ECMAScript 2017（ES8）対応〉2200円　Ⓘ978-4-295-00592-6　Ⓝ007.64
内容　オールカラーでコードを丁寧に解説。小さなプログラムで基本を学んで最後は実践的なプログラムを完成させる！勘違いしやすい箇所は講師がフォロー！

『高校生のためのJava入門　情報処理検定1級』秋山崇著　第2版　インフォテック・サーブ　2019.3　191p　26cm〈第2刷〉900円　Ⓘ978-4-906859-65-8　Ⓝ007.64

『高校生のためのJava入門 情報処理検定2級』秋山崇著 第2版 インフォテック・サーブ 2019.3 132p 26cm〈第2刷〉900円 Ⓘ978-4-906859-64-1 Ⓝ007.64

『生物データから学ぶプログラミング入門』若林智美,船越紫［著］ 奈良 奈良女子大学理系女性教育開発共同機構 2019.3 31p 26cm（LADy SCIENCE BOOKLET 21）頒価不明 Ⓝ007.64

『事例でまなぶプログラミングの基礎』実教出版編修部編集 実教出版 ［2019］ 111p 26cm〈索引あり〉700円 Ⓘ978-4-407-34703-6 Ⓝ007.64
内容 プログラムの基本からアルゴリズムの作成、Scratchのみの簡単なプログラミング、ScratchとExcel VBAを用いたプログラミングまで、マンガや例題を交えつつ解説する。プログラムデータをダウンロード可。

『天才を育むプログラミングドリル―Mind Renderで楽しく学ぶVRの世界』白土良一,石原正雄,伊藤宏,武富香麻里共著 カットシステム 2018.12 255p 26cm 2800円 Ⓘ978-4-87783-436-4 Ⓝ375.199
内容 頭の中にある考えをプログラミングで表現するためのツール「Mind Render」の使い方を紹介。バーチャルリアリティが楽しめるプログラムを作りながら知識が身につく。ダウンロード特典が利用できる袋とじ付き。

『子どもの本―情報教育・プログラミングの本2000冊』野口武悟編 日外アソシエーツ 2018.11 383p 21cm〈索引あり〉発売：紀伊國屋書店〉8000円 Ⓘ978-4-8169-2746-1 Ⓝ007.031
内容 小学・中学・高校生、および親・教師を対象とした情報教育・プログラミングについて書かれた図書（学習漫画・学習参考書を含む）をテーマ別にまとめた図書目録。原則2010年以降に日本国内で刊行された1948冊を収録。

『10歳からのプログラミング―ホームページやゲームをつくってみよう』中野コンテンツネットワーク協会編著 オーム社 2018.11 134p 26cm〈索引あり〉1600円 Ⓘ978-4-274-22307-5 Ⓝ007.64
内容 ホームページやゲームを自分でつくっちゃおう！

『子どもと学ぶJavaScriptプログラミング入門』大澤文孝,できるシリーズ編集部著 インプレス 2018.9 254p 24cm（できるキッズ）〈索引あり〉2200円 Ⓘ978-4-295-00485-1 Ⓝ007.64
内容 初めてでもOK！パソコンを使ってゲームを作ろう。

『小中学生でもできるプログラミング―はじめてのパソコンでも大丈夫！ ゲーム感覚で楽しく学ぼう！』 英和出版社 2018.9 128p 30cm（EIWA MOOK―らくらく講座 307）1200円 Ⓘ978-4-86545-618-9 Ⓝ007.64
内容 Scratchを使った簡単なゲームの作り方を紹介したうえで、すでにScratchで作られ、共有されたゲームが、どのように動作しているかを解説。micro：bitのいろいろな機能を使ったプログラミングも説明する。

『たのしくまなぶPythonプログラミング図鑑』キャロル・ヴォーダマンほか著,山崎正浩訳 大阪 創元社 2018.8 223p 24cm〈索引あり〉2800円 Ⓘ978-4-422-41419-5 Ⓝ007.64
内容 2020年小・中学校でプログラミング教育が本格化！ 人気のプログラミング言語「パイソン」を習得するための最高の入門書。

『冒険で学ぶはじめてのプログラミング』鈴木遼著 技術評論社 2018.8 182p 21cm〈索引あり〉1780円 Ⓘ978-4-7741-9918-4 Ⓝ007.64
内容 アイテムを集めたり、モンスターと戦ったり、ダンジョンを探検したり…。「C++」で、少年プラスが冒険する世界を作るプログラミング入門書。早稲田情報科学ジュニア・アカデミーの人気プログラミング講座を書籍化。

『Webプログラミングが面白いほどわかる本―環境構築からWebサービスの作成まで、はじめからていねいに：N高校のプログラミング教育』吉村総一郎著 KADOKAWA 2018.6 415p 26cm〈索引あり〉2500円 Ⓘ978-4-04-602302-5 Ⓝ007.64
内容 Linuxでの環境構築から、Git・GitHubによるコード管理、Node.jsによるサーバーサイドのプログラミングが学べる1冊。

『Swift4プログラミング入門』飛岡辰哉著 ソシム 2018.4 799p 24cm〈索引あり iOS11＋Xcode9対応〉3300円 Ⓘ978-4-8026-1153-4 Ⓝ007.64
内容 世界と戦うiOSアプリ開発者のための最

高の教科書。Swift3/4のちがいが一目でわかる！ 文法解説。ていねいなステップバイステップ式のUIデザイン解説。

『小学生でもわかるプログラミングの世界—プログラミングってそういうことか…』林晃著　新潟　シーアンドアール研究所　2018.2　119p　30cm（目にやさしい大活字§Excellent Books）〈2016年刊の再刊　索引あり〉4730円　Ⓘ978-4-86354-818-3　Ⓝ007.64
内容　プログラムってどんなところで使われているの？　プログラマーってどんなことをする仕事？　プログラミングを勉強し始める前に知っておきたい基礎知識をQ&A形式で解説。難しい事柄は図を使ってわかりやすく説明する。

『10代からのプログラミング教室—できる！わかる！うごく！』矢沢久雄著　河出書房新社　2017.12　185p　19cm（14歳の世渡り術）〈本文イラスト：伊藤ハムスター〉1300円　Ⓘ978-4-309-61712-1　Ⓝ007.64
内容　プログラミングができれば、たった一人でも、アイデアを自分で形にできる。まだプログラミングの楽しさを知らない人のために、プログラミングの基礎を漫画やイラストを交えて解説。

『12歳からはじめるJavaScriptとウェブアプリ』TENTO著　ラトルズ　2017.11　287p　23cm　2580円　Ⓘ978-4-89977-471-6　Ⓝ007.64
内容　プログラミング言語「JavaScript」の解説本。子ども向けプログラミングスクールで小学生が学んだカリキュラムをもとに、JavaScriptプログラミングを紹介する。Windows対応。

『子どもの考える力を育てるゼロから学ぶプログラミング入門』すわべしんいち著, 熊谷正朗監修, 典挿絵　志木　repicbook　2017.10　159p　26cm〈Scratch2.0対応〉1500円　Ⓘ978-4-908154-07-2　Ⓝ007.64
内容　プログラミングの考え方をわかりやすく説明した入門書。物語を読むだけで論理的思考が育まれる「理解編」と、Scratchで実際のプログラムを体験できる「実践編」の2部構成。Scratch 2.0対応。

『中学プログラミング—世界一わかりやすいBASICの入門書』蝦名信英著, 小野哲雄監修　札幌　サンタクロース・プレス　2017.9　169p　24cm〈付属資料：フローチャート定規（1枚）〉2600円　Ⓘ978-4-9908804-3-9　Ⓝ007.64
内容　プログラム言語「BASIC」とフローチャートを通して、プログラミングとは何かを学ぶ入門書。数学が得意でなくても、例題や練習問題に取り組みながらプログラミングの基礎を学べるように構成する。フローチャート定規付き。

『プログラミングで目覚まし時計を作る！—日経Kids＋自由研究：子どもの未来を拓く！：夏休みは親子で！』日経BP社　2017.8　130p　28cm（日経ホームマガジン）〈発売：日経BPマーケティング〉1200円　Ⓘ978-4-8222-5918-1　Ⓝ007.64
内容　プログラミングスクール「プロキッズ」の先生が、目覚まし時計をScratchで作る過程を通して、プログラミングの基本から応用までを解説する。自由研究のまとめに最適な考察のしかたも紹介。

『子どもと学ぶScratchプログラミング入門』竹林暁, 澤田千代子, できるシリーズ編集部著　インプレス　2017.7　270p　24cm（できるキッズ）〈索引あり〉1880円　Ⓘ978-4-295-00131-7　Ⓝ007.64
内容　ゲームを作って、楽しくプログラミングを学ぼう！　パソコンの画面上でブロックを組み合わせてプログラミングする「Scratch」を初めて学ぶ子どもと大人のために、使い方や機能を丁寧に解説。

『Minecraftで楽しく学べるPythonプログラミング—楽しくスキルアップできるゼロからのPython学習帳』齋藤大輔著　ソーテック社　2017.6　239p　24cm〈文献あり　索引あり〉2480円　Ⓘ978-4-8007-1165-6　Ⓝ007.64
内容　初心者でもマイクラを自由自在に制御できるゼロからのPython学習帳。

『子どもと一緒に楽しむ！プログラミング—日経Kids＋：はじめてでもカンタン！すぐできる』日経BP社　2017.4　98p　28cm（日経ホームマガジン）〈発売：日経BPマーケティング〉1200円　Ⓘ978-4-8222-3881-0　Ⓝ007.64
内容　プログラミングとは何か、子どもも学べるプログラム言語にはどんなものがあるかを紹介。さらに、Scratchの操作方法やプログ

『高校生のためのマクロ言語入門』佐藤賢一郎著　第2版　インフォテック・サーブ　2017.2　221p　26cm　900円　ⓘ978-4-906859-59-7　Ⓝ007.64

『ローリーとふしぎな国の物語——プログラミングとアルゴリズムにふれる旅』カルロス・ブエノ著, 奥泉直子訳　マイナビ出版　2017.2　238p　21cm　2200円　ⓘ978-4-8399-6108-4　Ⓝ007.64
内容　ふしぎな国「ユーザーランド」に迷い込んだローリーは、出会った人に話を聞きながら、家に帰る道を探していき…。プログラミングやアルゴリズムなど、コンピューター科学の柱となる様々な考え方を身につけるための本。

『インドの小学校で教えるプログラミングの授業——これならわかる！超入門講座』織田直幸著, ジョシ・アシシュ監修　青春出版社　2017.1　189p　18cm（青春新書INTELLIGENCE PI-504）920円　ⓘ978-4-413-04504-9　Ⓝ007.64
内容　IT大国のインドではプログラミングを日本でいう小学5年生から学び始めている。そんなインドでのプログラミングの入門授業を参考にITが苦手な人にもわかりやすく解説した世界一やさしいプログラミング講座です。

『親子でまなぶステップアップ式プログラミング』TENTO監修　洋泉社　2016.11　111p　26cm　1900円　ⓘ978-4-8003-1073-6　Ⓝ007.64
内容　子どものためのプログラミングスクールが監修した、小学生からはじめられるプログラミングの本。Windows、Mac、タブレットでもできるソフト・アプリを取り上げ、それぞれの使い方・遊び方を解説する。

『親子で始めるプログラミング——日経Kids+』日経BP社　2016.9　106p　28cm（日経ホームマガジン）〈発売：日経BPマーケティング〉1200円　ⓘ978-4-8222-3855-1　Ⓝ007.64
内容　親世代に向け、プログラミングの基礎と子ども・学生向けプログラミング教育の現状を紹介。いま学びたい主要プログラミング言語、ラズベリーパイで楽しむプログラミング、小中高校生が学べるプログラミングスクールなども収録。

『プログラムの絵本——プログラミングの基本がわかる9つの扉：誰もが学べるソフト作りの基本』アンク著　翔泳社　2016.9　159p　23cm〈索引あり〉1780円　ⓘ978-4-7981-4674-4　Ⓝ007.64
内容　中高生からプロの人まで誰もが学べるソフト作りの基本。

『妖怪プログラミング アルゴとリズムの冒険——しっかり考える小中学生の本格プログラミング　システム界は大混乱の巻』宮嵜淳著　リックテレコム　2016.8　167p　26cm〈索引あり〉1900円　ⓘ978-4-86594-007-7　Ⓝ007.64
内容　小学3・4年生からのプログラミング入門書。個性的なコンピュータ妖怪との交わりや事件を通じて、プログラムの仕組みと書き方を楽しく学べるほか、簡単なゲームを作って動かすこともできます。

『遊んで学ぶはじめてのプログラミング——Processingの魔法学校』西田竜太著　秀和システム　2016.4　549p　21cm（Game Developer Books）〈索引あり〉2200円　ⓘ978-4-7980-4634-1　Ⓝ798.5
内容　不思議な魔法学校のストーリーを楽しみながら、プログラミングが学べる本。実際に絵を描いたり、ゲームを作ることで、プログラミングに使う言葉や考え方のコツが身につく。サンプルプログラム等のダウンロードサービス付き。

『親子でベーシック入門——IchigoJamではじめてのプログラミング』蘆田昇, 福野泰介, ジャムハウス編集部著　ジャムハウス　2015.12　151p　26cm　1980円　ⓘ978-4-906768-31-8　Ⓝ007.64
内容　"プログラミング"と"かんたん電子工作"に挑戦しよう。

『こどもが楽しむ「プログラミン」入門——つくってあそべるプログラム』岡嶋裕史著　技術評論社　2015.6　143p　23cm　1780円　ⓘ978-4-7741-7343-6　Ⓝ007.64
内容　こどものためのプログラミング体験用ウェブアプリケーション「プログラミン」の入門書。プログラミンでゲームやアニメを作る方法をわかりやすく解説する。作ったプログラムを公開する方法も掲載。

『世界が変わるプログラム入門』山本貴光著　筑摩書房　2015.4　206p　18cm（ちくまプリマー新書 233）〈文献あり〉820円　ⓘ978-4-480-68938-2　Ⓝ007.64

IT技術を学ぼう　　　　　　　　　　　　プログラムを組もう

内容 現代人の基礎教養?!新しいプログラムを書くことは新しいコンピュータの使い方を発見すること。難解な数式不要！　まずは紙と鉛筆と頭で入門しよう。

『pixivエンジニアが教えるプログラミング入門』金子達哉著　星海社　2015.3　153p　18cm〈星海社新書 63〉〈発売：講談社〉820円　Ⓟ978-4-06-138568-9　Ⓝ007.64
内容 pixiv社内で行われた白熱・丁寧な講義を凝縮！「画像投稿掲示板を作ってみる」というシンプルな目標に向かって実際にプログラミングを実施して頂く行程を、具体的かつ丁寧に、ゼロから解説した。

『はじめてのプログラミングHSP3.4+3Dish超入門―オフィシャル：JavaやCへのステップアップに！　プログラミングの手ほどき！：iPhone/Androidでも動く』おにたま, 悠黒喧史, うすあじ著　秀和システム　2014.12　291p　24cm〈付属資料：CD-ROM（1枚 12cm）索引あり〉2200円　Ⓟ978-4-7980-4236-7　Ⓝ007.64
内容 プログラミングの考え方からインディーゲームまでJavaやCでつまずいた人にも最適！　サンプルアプリ・ゲーム多数収録！　Windows 10/8.1/8/7/Vista/XP対応。

『作例で覚えるAndroidプログラミング入門―SDK 3.1/2.3対応』吉井博史著　ソーテック社　2011.9　479p　24cm〈索引あり〉2780円　Ⓟ978-4-88166-905-1　Ⓝ007.64
内容 Androidプログラミングの初歩から応用まで、ソースコードの要点をわかりやすく解説。

『はじめてのAndroidプログラミング入門―決定版』五十嵐貴之著　秀和システム　2011.7　223p　24cm（Basic master series 354）〈文献あり　索引あり〉1600円　Ⓟ978-4-7980-3024-1　Ⓝ007.64
内容 楽しくAndroidアプリを開発する。かんたんプログラミングでビジネスチャンスを掴む。ビジネスにすぐ役立つ活用法がわかる。

◆アプリをつくろう

『Spring Framework超入門―やさしくわかるWebアプリ開発』樹下雅章著　改訂新版　技術評論社　2024.4　367p　26cm〈索引あり　サンプルデータダウンロード　Spring Framework 6 JDK 21対応〉3200円　Ⓟ978-4-297-14049-6　Ⓝ007.64
内容 Spring Boot、Spring MVC、Spring Security、Spring DI&AOP、MyBatis。5つのフレームワークを理解するだけで、Webアプリケーション開発の一歩が踏み出せます！

『Python×APIで動かして学ぶAI活用プログラミング』下山輝昌, 黒木賢一, 宮澤慎太郎著　秀和システム　2023.11　328p　21cm〈索引あり〉2600円　Ⓟ978-4-7980-7090-2　Ⓝ007.64
内容 最近話題のAIを扱うスキルを体験学習！　StreamlitというPythonライブラリを使用してアプリを作成する方法を紹介するとともに、AIがどのようなデータをインプット、アウトプットしているのか等を解説する。

『プログラミングでなにができる？―ゲーム・ロボット・アバター・スマホアプリ・Webサイト…将来につながるモノづくりを体験！』杉浦学著, 阿部和広監修　第2版　誠文堂新光社　2023.10　192p　26cm（子供の科学★ミライクリエイティブ）〈Scratch3.0対応　子供の科学特別編集〉2500円　Ⓟ978-4-416-62340-4　Ⓝ007.64
内容 プログラミングを始めたい小学生に最適のガイドブック。Scratch、JavaScriptなどを用いていろいろなものをつくりながら、プログラミングでどんなことができるのかを学べる。Scratch 3.0対応。

『いきなりプログラミングAndroidアプリ開発―アプリ完成まで最短の入門書！』Sara著　翔泳社　2023.9　233p　26cm〈索引あり　表紙のタイトル：Androidアプリ開発　サンプルダウンロード〉2200円　Ⓟ978-4-7981-7899-8　Ⓝ007.64
内容 初期設定を済ませたダウンロードサンプルでサクサク作れる！　ページを開けば即・作れる！

『PythonとDjangoではじめる！　Webアプリ制作ハンズオン』大西陽平著　インプレスNextPublishing　2023.9　238p　26cm（技術の泉シリーズ）〈発売：インプレス〉3500円　Ⓟ978-4-295-60214-9
目次 第1章 Webページを制作してみよう, 第2章 Webページをデザインしてみよう, 第3章 Webアプリケーションとは, 第4章 Djangoとは, 第5章 環境構築, 第6章 Django

でHelloWorld、第7章 HTMLを出力してみよう、第8章 モデルからデータを取得して表示、第9章 Djangoの管理サイト（Django Admin）、第10章 モデルからデータを条件付きで取得、第11章 クラスベースの汎用ビュー、第12章 CRUDアプリを作ってみよう（設計編）、第13章 CRUDアプリを作ってみよう（制作編）、第14章 DjangoでBootstrapを使ってみよう、第15章 検索フォーム、第16章 ユーザー管理機能、第17章 DjangoアプリをGitHubにアップしてみよう、第18章 Djangoアプリをデプロイしてみよう（本番環境構築編）、第19章 Djangoアプリをデプロイしてみよう（アプリデプロイ編）

『**Flask本格入門―やさしくわかるWebアプリ開発**』樹下雅章著　技術評論社　2023.9　399p　26cm〈索引あり　サンプルファイルダウンロード〉3200円　①978-4-297-13641-3　Ⓝ007.64
内容 必要なときに必要なテンプレートを追加して、PythonのWebアプリケーションを構築するマイクロフレームワークの使い方がよくわかる！

『**はじめてつくるWebアプリケーション―Ruby on Railsでプログラミングへの第一歩を踏み出そう**』江森真由美，やだけいこ，小林智恵著　技術評論社　2023.5　257p　23cm〈文献あり　Windows・macOS対応〉2600円　①978-4-297-13468-6　Ⓝ007.64
内容 はじめてプログラミングにチャレンジする人に、Ruby on Railsを利用したWebアプリケーションの作り方を丁寧に解説。プログラミングの楽しさや奥深さ、Webアプリケーションの基礎を伝える。

『**Androidアプリ開発の教科書―基礎＆応用力をしっかり育成！：なんちゃって開発者にならないための実践ハンズオン**』齊藤新三著，山田祥寛監修　第3版　翔泳社　2023.1　455p　23cm（CodeZine BOOKS）〈索引あり　Kotlin対応〉2850円　①978-4-7981-7613-0　Ⓝ007.64
内容 Android Studioを使ったAndroidアプリ開発のテキスト。Kotlin言語の学習者が、サンプルプログラムを作りながら、アプリ開発に必要な基礎知識やSDKの機能、プログラミングテクニックを学べる。

『**メタバースワールド作成入門―clusterで作る仮想世界・イベント空間**』vins著　翔泳社　2023.1　303p　23cm〈索引あり　Cluster Creator Kit Unity 2021対応〉3000円　①978-4-7981-7766-3　Ⓝ007.1
内容 日本発のメタバース「cluster」を利用し、メタバースワールドを作成する方法を解説する。サンプルファイル等のダウンロードサービス付き。cluster Creator Kit/Unity 2021対応。

『**Python2年生デスクトップアプリ開発のしくみ―体験してわかる！　会話でまなべる！**』森巧尚著　翔泳社　2022.12　207p　23cm（2年生）〈索引あり　サンプルはWebからダウンロード〉2200円　①978-4-7981-7499-0　Ⓝ007.64
内容 初心者にも簡単に作れる方法を使ってデスクトップアプリ開発の基本をやさしく解説。アプリの作り方の基本から、計算アプリなど日常生活で役立つアプリ作成までを、会話形式で紹介する。サンプルのダウンロードサービス付き。

『**Swift PlaygroundsではじめるiPhoneアプリ開発入門**』掌田津耶乃著　ラトルズ　2022.5　343p　23cm〈索引あり〉2500円　①978-4-89977-526-3　Ⓝ007.64
内容 iPadでアプリを開発しよう！　Swift Playgroundsに付属のサンプルでコーディングの基礎を説明し、そのあと本格的にSwiftUIというフレームワークを使ったプログラミングを解説する。

『**基礎から学ぶARKit**』林晃著　新潟シーアンドアール研究所　2022.4　311p　21cm〈索引あり　サンプルデータのダウンロードサービスあり〉3820円　①978-4-86354-369-0　Ⓝ007.1
内容 ARアプリを作るためのフレームワーク「ARKit」を使った、iPhone/iPad向けのAR開発を丁寧に解説する。サンプルデータのダウンロードサービスあり。

『**はじめてのAndroidアプリ開発　Java編**』山内直著，山田祥寛監修　秀和システム　2022.2　651p　24cm（TECHNICAL MASTER 99）〈索引あり〉3200円　①978-4-7980-6511-3　Ⓝ007.64
内容 Javaを利用したAndroidアプリ開発の全体像と開発環境の構築方法から、ビュー開発、応用・連携ノウハウ、アプリの公開までをわかりやすく解説。サンプルをダウンロードできるURL付き。

IT技術を学ぼう　　　　　　　　　　　　　　　　　　　　プログラムを組もう

『Python FlaskによるWebアプリ開発入門─物体検知アプリ＆機械学習APIの作り方』佐藤昌基, 平田哲也著, 寺田学監修　翔泳社　2022.1　467p　23cm〈索引あり〉3400円　①978-4-7981-6646-9　Ⓝ007.64
内容 Pythonのフレームワーク「Flask」によるWebアプリ開発の入門書。問い合わせフォーム、データベースを使ったアプリ、認証機能から、物体検知アプリ、Web API化する方法まで、わかりやすく解説する。

『いちばんやさしいアプリマーケティングの教本─人気講師が教えるスマホアプリ収益化の大原則』森下明著　インプレス　2021.12　190p　21cm〈索引あり〉1800円　①978-4-295-01279-5　Ⓝ675
内容 アプリマーケティングの成功確率を高めるために、開発・リリース・運営において決して外してはならないポイントとは？　アプリ広告の基礎知識や主要4媒体での運用・改善、ASO、広告不正対策、アプリ分析などを解説する。

『はじめてのAndroidアプリ開発 Kotlin編』山田祥寛著　秀和システム　2021.12　651p　24cm（TECHNICAL MASTER 98）〈索引あり〉3200円　①978-4-7980-6510-6　Ⓝ007.64
内容 Kotlinを利用したAndroidアプリ開発の全体像と開発環境の構築方法から、ビュー開発、応用・連携ノウハウ、アプリの公開までをわかりやすく解説。サンプルをダウンロードできるURL付き。

『作って楽しむプログラミングAndroidアプリ超入門─Android Studio 2020.3.1 & Kotlin 1.5で学ぶはじめてのスマホアプリ作成』髙江賢著, 山田祥寛監修　改訂新版　日経BP　2021.11　293p　24cm〈索引あり〉頒布・発売：日経BPマーケティング　2000円　①978-4-296-08009-0　Ⓝ007.64
内容 簡単なゲームアプリを作成しながら、Androidプログラミングの基礎を学べる入門書。Androidアプリの基礎知識から、開発環境の準備、アプリ公開の手順までを解説する。学習用ファイルのダウンロードサービス付き。

『ゲームセンターあらしと学ぶプログラミング入門まんが版こんにちはPython』すがやみつる著　日経BP　2020.5　191p　21cm〈発売：日経BPマーケティング〉1500円　①978-4-8222-8882-2　Ⓝ007.64
内容 だれでも、はじめてでも、ゲームが作れる！　エラーなんか怖くない！　作って動かす楽しさを体験しよう！　伝説のゲームマンガでプログラミングが身につく！

『Webアプリケーション構築の教科書』「SCCライブラリーズ」制作グループ編　エスシーシー　2019.3　337p　24cm（SCC Books B-412─Javaバイブルシリーズ）〈索引あり〉2800円　①978-4-88647-732-3　Ⓝ007.63
内容 Webアプリケーションの構築方法を学べるテキスト。Apache Tomcatサーバの動作のしくみと、Webアプリケーションを作る手順、脆弱性対策を解説する。練習問題や総合演習も収録。

『絵解きでわかるiPhoneアプリ開発超入門』七島偉之著　秀和システム　2018.3　267p　24cm〈索引あり〉2800円　①978-4-7980-5024-9　Ⓝ007.64
内容 アプリを作りながら学べるよ。誰でもつまづくポイントを徹底的にフォロー。

『Webアプリケーション構築』SCC出版局編集　改訂版　エスシーシー　2017.3　381p　24cm（SCC Books B-399─Javaバイブルシリーズ）〈索引あり〉2800円　①978-4-88647-637-1　Ⓝ007.63
内容 Webアプリケーションの構築方法を学べるテキスト。入門的なApache Tomcatサーバに焦点を当て、その動作のしくみと、Webアプリケーションを作る手順を小さなサンプル作成を通して解説する。

『ゲームを作りながら楽しく学べるHTML5＋CSS＋JavaScriptプログラミング』田中賢一郎著　改訂版　インプレスR&D　2017.3　339p　26cm（Next Publishing─Future Coders）〈発売：インプレス〉2500円　①978-4-8443-9751-9　Ⓝ007.64
内容 ブラウザですぐ始められる高校生のためのプログラミング入門。

『JavaScript本格入門─モダンスタイルによる基礎から現場での応用まで』山田祥寛著　改訂新版　技術評論社　2016.11　455p　23cm〈索引あり〉2980円　①978-4-7741-8411-1　Ⓝ547.483
内容 JavaScriptのプログラミングスタイルを基礎から解説。手軽さゆえに油断しがちな正

ヤングアダルトの本　創作活動をささえる4000冊　　275

しい文法から、オブジェクト指向構文、実際の開発に欠かせない知識まで身につく本格入門。ECMAScript 2015に対応。

『ほんきで学ぶAndroidアプリ開発入門』
Re：Kayo-System著　第2版　翔泳社　2016.11　423p　23cm〈索引あり　Android Studio、Android SDK 7対応〉2800円　Ⓘ978-4-7981-4812-0　Ⓝ007.64
内容　実習と講義で基本を習得。Androidの新機能を網羅したミニアプリが満載。

『これからつくるiPhoneアプリ開発入門—Swiftではじめるプログラミングの第一歩』藤治仁, 徳弘佑衣, 小林加奈子, 小林由憲著　SBクリエイティブ　2016.10　385p　24cm〈索引あり　Swift3 & Xcode8にもしっかりと対応〉2680円　Ⓘ978-4-7973-8714-8　Ⓝ007.64
内容　体験→理解→学ぶ、選び抜かれたサンプルアプリを作りながら、効果的にレベルアップ！ Swift3&Xcode8にもしっかりと対応。

『これ1冊でできる！ Android Studioアプリ開発入門』清水美樹著　ソーテック社　2016.8　367p　24cm〈索引あり　Android Studio2.1対応〉2480円　Ⓘ978-4-8007-1106-9　Ⓝ007.64
内容　楽しみながら学べる、Android Studioアプリ開発の入門書。ダウンロードできるサンプルプログラムを基に、FuelPHPでの実践的な開発方法について解説する。Android Studio 2.1対応。

『スマートフォンアプリマーケティング現場の教科書』川畑雄補, 丸山弘詩, 荻野博章著　マイナビ出版　2016.5　247p　24cm〈索引あり〉2490円　Ⓘ978-4-8399-4784-2　Ⓝ007.63
内容　iPhone/Androidアプリの企画、ビジネス、プロモーション、運用、マーケティング、分析に関わる人必携！ 数々の運用実績から導き出された現場のノウハウ！

『ほんきで学ぶSwift+iOSアプリ開発入門』加藤勝也著　翔泳社　2015.12　407p　23cm〈索引あり　Swift2, Xcode7, iOS9対応〉2800円　Ⓘ978-4-7981-4235-7　Ⓝ007.64
内容　アイデア満載のアプリを作る。Swiftの基本からUI設計・実装・国際化対応まで。

『アプリを作ろう！ Android入門—Android Studio版：ゼロから学ぶアプリの作成から公開まで』髙江賢著, 山田祥寛監修　日経BP社　2015.8　289p　24cm〈索引あり　Android 5対応　発売：日経BPマーケティング〉2000円　Ⓘ978-4-8222-9644-5　Ⓝ007.64
内容　Androidアプリ開発の経験がなくても、手順どおりに操作するだけで、ゲームアプリを作成して公開する楽しさが体験できる入門書です。全9章を順番に進めることで、Androidアプリの基礎知識、開発環境の使い方、画面のレイアウト、コードの書き方、アプリ公開の手順までを学ぶことができます。章ごとに短いトピックで区切られているので、自分のペースで学べます。PCスクールなどの教材としても適しています。

『JavaScript Web開発パーフェクトマスター—ダウンロードサービス付』金城俊哉著　秀和システム　2015.7　783p　24cm（Perfect Master 159）〈索引あり〉3400円　Ⓘ978-4-7980-4388-3　Ⓝ547.483
内容　ペアプロ形式でナビゲーターがやさしく教える。10年先でも使える！ 必要とされ続けるWebアプリ開発の真髄をエディタとブラウザーで学ぶことができる！ 開発現場で即役立つワザ満載！

『アプリを作ろう！ iPhone入門—ゼロから学ぶアプリの作成から公開まで』池谷京子著　第2版　日経BP社　2015.6　283p　24cm〈索引あり　iOS 8+Xcode 6+Objective-C対応　発売：日経BPマーケティング〉2200円　Ⓘ978-4-8222-9635-3　Ⓝ007.64
内容　本書はiPhoneアプリ開発の経験がなくても、手順どおりに操作するだけで、アプリを作成して公開する楽しさが体験できる入門書です。全10章を順番に進めることで、iPhoneアプリの基礎知識、開発環境の準備、画面のデザイン、コードの書き方、デバッグ、アプリの公開手続きまでを学習できます。章ごとに短いトピックで区切られているので、自分のペースで学習できます。PCスクールなどの教材としても適しています。

『SwiftでつくるiPhoneアプリやさしい制作入門』泉直樹著　エムディエヌコーポレーション　2015.3　302p　24cm〈索引あり　Xcode6 iOS8対応　発売：インプレス〉2800円　Ⓘ978-4-8443-6482-5　Ⓝ007.64

IT技術を学ぼう　　　　　　　　　　　　　　プログラムを組もう

[内容] よりやさしくなったアップルの新プログラミング言語「Swift」でアプリ制作を学ぶ。アプリをつくってSwiftを知る、プログラミングの基礎を覚える。

『SwiftによるiPhoneプログラミング入門―新言語によるiPhoneアプリ開発』大川善邦著, I/O編集部編集　工学社　2015.3　207p　26cm（I/O BOOKS）〈文献あり　索引あり〉2300円　①978-4-7775-1886-9　Ⓝ007.64
[内容] iPhoneのアプリケーションを作りながら、新言語「Swift」を覚える！　基本コンポーネントから、コントロール、イメージ・ビューまでを解説する入門書。サンプルプログラムをダウンロードできるパスワード付き。

『中学生でもわかるAndroidアプリ開発講座』蒲生睦男著　改訂2版　新潟　シーアンドアール研究所　2015.3　271p　24cm〈索引あり　Android Studio対応〉2400円　①978-4-86354-166-5　Ⓝ007.64
[内容] アプリ開発のツボを徹底的にかみ砕いてわかりやすく解説！　各機能を会話形式で解説し、イラストを豊富に使い初心者目線で図解しています！

『中学生でもわかるWindowsストアアプリ開発講座』西村誠著　新潟　シーアンドアール研究所　2015.2　287p　24cm〈索引あり〉2500円　①978-4-86354-153-5　Ⓝ007.64
[内容] アプリ開発のツボを徹底的にかみ砕いてわかりやすく解説！　各機能を会話形式で解説し、イラストを豊富に使い初心者目線で図解しています！

『検索エンジン自作入門―手を動かしながら見渡す検索の舞台裏』山田浩之, 末永匡著　技術評論社　2014.10　222p　21cm〈文献あり　索引あり〉2680円　①978-4-7741-6753-4　Ⓝ007.58
[内容] GoogleやYahoo！の裏側にはどのようなしくみがあるのか？　ソースコードで原理を深く理解する。

『小学生・中学生でもできるiPhoneアプリ開発―XcodeでつくるiOSアプリ』泉直樹, 清水豊共著　エムディエヌコーポレーション　2014.7　158p　26cm〈索引あり　発売：インプレス〉2000円　①978-4-8443-6430-6　Ⓝ007.64
[目次] 第1章 キミにもできる！iPhoneアプリ開発！, 第2章 最初の準備をしよう, 第3章 簡単なアプリを作ってみよう！, 第4章 「おしゃべりアプリ」を作るよ！, 第5章 アプリで「朝顔観察日記」, 第6章 App Storeで世界に配信だ！

『中学生でもわかるiOSアプリ開発講座―iPhoneやiPadで動くアプリを作る！』林晃著　新潟　シーアンドアール研究所　2014.2　319p　24cm〈索引あり〉2600円　①978-4-86354-140-5　Ⓝ007.64
[内容] アプリ開発のツボを徹底的にかみ砕いてわかりやすく解説！　各機能を会話形式で解説し、イラストを豊富に使い初心者目線で図解しています！

『ヒットするiPhoneアプリの作り方・売り方・育て方―マーケティングから企画、マネタイズ、開発、プロモーションまで、「売れる」アプリ制作のコツとノウハウ』川畑雄補, 丸山弘詩著　マイナビ　2013.7　255p　24cm〈索引あり〉2480円　①978-4-8399-4783-5　Ⓝ007.35
[内容] ヒットするアプリには全部「理由」がある！　本書でその「秘密」を解き明かします!!　マーケティングから企画、マネタイズ、開発、プロモーションまで。成功事例に見るノウハウのあれこれ！

『かんたんAndroidアプリ作成入門』朝井淳著　技術評論社　2013.5　639p　21cm（プログラミングの教科書）〈索引あり〉2980円　①978-4-7741-5499-2　Ⓝ007.64
[内容] アプリ開発の基本をマスター。各種センサーを使いこなす。音声認識、GPS、カメラ等も解説。ホンモノの技術が身につく新しい教科書。

『はじめてのNode.js―サーバーサイドJavaScriptでWebアプリを開発する』松島浩道著　ソフトバンククリエイティブ　2013.3　383p　24cm〈索引あり〉2900円　①978-4-7973-7090-4　Ⓝ547.483
[内容] 環境構築からフレームワークの使い方まで、すべてを網羅したNode.js解説書の決定版。

『作って覚えるiPhone/iPadアプリ開発入門』増田智明著　秀和システム　2013.1　414p　24cm〈索引あり〉2400円　①978-4-7980-3584-0　Ⓝ007.64
[内容] 実際に動くアプリケーションを作りな

がら、楽しい図解イラスト、ていねいなコード解説、要点の的確な解説により、初心者でもプログラミングの考え方と書き方が自然と身につく。

『はじめてのAndroidアプリ作成 HTML5入門―Javaよりカンタンにアプリ開発』末次章著　日経BP社　2012.11　201p　24cm〈索引あり　発売：日経BPマーケティング〉1800円　①978-4-8222-9617-9　Ⓝ007.64
内容　タッチ操作に最適な画面にツールで変換、クイズアプリと実用的地図アプリを作成。HTML5+最新ツールでアプリ開発の近道を学ぶ。

『はじめてのiOSアプリプログラミング入門―決定版』辨崎宗義著　秀和システム　2012.7　275p　24cm（BASIC MASTER SERIES 376）〈索引あり〉1600円　①978-4-7980-3422-5　Ⓝ007.64
内容　iPhoneアプリの作成から配布まで。かんたんプログラミングでビジネスチャンスを掴む。iOS SDK/Objective‐C/Xcode超入門。

『アプリを作ろう！ HTML5入門―HTML5+CSS3+JavaScriptで学ぶAndroid/iPhoneアプリ作成』山田祥寛著　日経BP社　2012.6　257p　24cm〈索引あり　発売：日経BPマーケティング〉1900円　①978-4-8222-9612-4　Ⓝ007.64
内容　HTML5、CSS3、JavaScriptを使って簡単なサンプルを作りながら、Android/iPhoneの両方に対応したWebアプリの作成を体験できる入門書。全9章を順番に進めることで、HTML5アプリの基礎知識、画面のデザイン、コードの書き方などが理解できます。章ごとに短いトピックで区切られているので、自分のペースで学べます。

『はじめてのFlex―リッチインターネットアプリケーション開発の入門』楠神沙緒里著　名古屋　三恵社　2012.3　151p　26cm　2200円　①978-4-88361-947-4　Ⓝ547.483

『Titanium Mobile iPhone（アイフォーン）/Androidアプリ開発入門―JavaScriptだけで作る』小澤栄一著、増井雄一郎監修　秀和システム　2012.2　286p　24cm〈文献あり　索引あり〉2400円　①978-4-7980-3231-3　Ⓝ007.64
内容　Objective-CやJavaを知らなくてもJavaScriptだけでアプリ開発ができる。

『はじめてのAndroidアプリ作成Java入門―嫌いだったJavaと仲良くなれる』末次章著　日経BP社　2012.2　173p　24cm〈索引あり　発売：日経BPマーケティング〉1800円　①978-4-8222-9615-5　Ⓝ007.64
内容　Androidに必要なJava知識のみ凝縮。難しい文法や用語を物語形式でわかりやすく解説。

『iPhone & iPadアプリマーケティング―あなたのアプリはもっと儲かる！』ジェフリー・ヒューズ著、及川直彦、藤田明久監訳、松並敦子訳　ピアソン桐原　2011.10　353p　21cm〈索引あり〉2800円　①978-4-86401-048-1　Ⓝ007.35
目次　1 マーケティングメッセージ（iPhoneとiPadアプリのマーケティング戦略：狙うは満塁ホームラン、それともヒット？、何が勝つ組iPhone/iPadアプリを作るのか？　ほか）、2 メッセージを届ける（インターネットの口コミ、アプリのマーケティングにソーシャルメディアを利用する　ほか）、3 iPhone/iPadアプリの価格設定（アプリの価格設定、アプリの価格分析を行う　ほか）、4 アプリのマーケティング計画/開始を実行する（マーケティング計画はなぜ必要か？、アプリマーケティング計画の構成要素　ほか）

『図解入門よくわかる最新ソフトウェア開発の基本―ソフトウェアエンジニアリングの基礎 開発技術と最新技法』谷口功著　秀和システム　2011.9　291p　21cm（How-nual visual guide book）〈索引あり〉1700円　①978-4-7980-3066-1　Ⓝ007.61
内容　開発技術と最新技法、ソフトウェアエンジニアリングの基礎。ソフトウェア開発の全工程を解き明かす。わかりやすくビジュアルに解説。

『iPhoneアプリで稼ごう』丸山弘詩、川畑雄補、脇俊済著　毎日コミュニケーションズ　2011.7　176p　20cm〈索引あり〉1680円　①978-4-8399-3806-2　Ⓝ007.35
内容　開発、コンサル、メディア。各分野のエキスパートが贈るアプリの売り方・作り方。

『これでiPhoneアプリが1000万本売れた

`—稼ぐ仕組みづくり』南雲玲生著　PHP研究所　2011.6　221p　19cm　1400円　①978-4-569-79682-6　Ⓝ007.35
内容　『誰でも弾けるPianoMan』『8Bitone』『Matrix Music Pad』『Live Link 3G』etc、AppStore総合1位を複数回獲得した著者がノウハウを初公開。

『はじめてのASP.NET4（フォー）プログラミング　Visual Basic編』土井毅, 広瀬嘉久著, 山田祥寛監修　秀和システム　2011.5　578p　24cm（Technical master 64）〈索引あり〉3000円　①978-4-7980-2950-4　Ⓝ547.483
内容　最新フレームワークASP.NET4によるWebプログラミング入門の決定版。

『iPhoneアプリ成功の法則』日経BP社出版局編　日経BP社　2009.12　190p　21cm〈発売：日経BP出版センター　執筆：和田純平ほか　索引あり〉1800円　①978-4-8222-8410-7　Ⓝ694.6
内容　8人の人気アプリ開発者が明かすアイデア発想法、開発のコツ、アピール術。

『図解でわかるソフトウェア開発の実践—ベンダー、システムインテグレータ＆顧客企業のための』Mint（経営情報研究会）著　日本実業出版社　2002.12　330p　21cm〈文献あり〉2800円　①4-534-03510-1　Ⓝ007.61
内容　高品質、予算内、納期遵守。チーム構築から話題のTOC（『ザ・ゴール』ほか）まで、現場PM、SEがホンネで語るソフトウェア開発成功の条件。

『図解ソフトウェア開発の仕組みがやさしくわかる本—ソフトウェアの設計・つくり方の基礎知識から構造化プログラミング・アルゴリズムまで』玉川理英, 御手洗毅著　メディア・テック出版　2002.3　267p　21cm　2180円　①4-89627-148-3　Ⓝ007.61
内容　パソコンを使う際に直接利用するのは、どんな場合も「ソフトウェア」。使い勝手のよいソフトウェア、便利なソフトウェア、安心して使えるソフトウェアがどのように考えられ、開発されているのかをわかりやすく解説する。

『図解でわかるソフトウェア開発のすべて—構造化手法からオブジェクト指向まで』Mint著　日本実業出版社　2000.7　327p　21cm〈文献あり〉2500円　①4-534-03109-2　Ⓝ007.61
内容　構造化手法やオブジェクト指向による設計・開発方法論のみでなく、最近のWebプログラミング技術まで幅広く理論面を押さえ、実践面からの手法や技術の重要性等にも触れた、わかりやすい入門書。

◆◆ゲーム

『ハンズオンで身につく！Unreal Engine5ゲーム開発入門』遠藤俊太著　ボーンデジタル　2024.3　309p　26cm〈索引あり　サンプルデータダウンロード〉4000円　①978-4-86246-586-3　Ⓝ798.507
内容　シンプルなアクションゲームを作りながら、「基本機能」と「ワークフロー」を習得！

『生成AI＋Pythonで作るゲーム開発入門』廣瀬豪著　ソーテック社　2024.2　247p　24cm〈索引あり　サンプルデータダウンロード〉2400円　①978-4-8007-1332-2　Ⓝ798.507
内容　生成AIを用いてキャラ、背景、シナリオ、セリフといったコンピューターゲームの素材を作成し、プログラミング言語「Python」でゲームを制作する手順を丁寧に解説。サンプルプログラムのダウンロードサービス付き。

『ゲーム作りで楽しく学ぶオブジェクト指向のきほん』森巧尚著　マイナビ出版　2023.12　255p　24cm〈索引あり　サンプルファイルダウンロード〉2490円　①978-4-8399-8301-7　Ⓝ007.64
内容　ゲームを作りながら楽しくオブジェクト指向を学ぶ入門書。オブジェクト指向をもっと身近で具体的にイメージしやすくなるために、イラストや例え話を使って解説する。サンプルファイルのダウンロード付き。

『Unreal Engine5ではじめる！3DCGゲームワールド制作入門—基本的な使い方から、細かいテクニックまで学べる！』梅原政司著　技術評論社　2023.11　351p　23cm〈索引あり　サンプルデータダウンロード〉3200円　①978-4-297-13779-3　Ⓝ798.507
内容　基本的な使い方から、細かいテクニックまで学べる！

『作って学べるUnity本格入門』賀好昭仁著　技術評論社　2023.10　447p　23cm（作って学べる開発入門）〈索引あり　Unity 2023対応版　SAMPLE`

DOWNLOAD〉2720円　Ⓣ978-4-297-13741-0　Ⓝ798.507
内容 3Dゲームの制作を通して、Unityの基本的な使い方からエフェクト、チューニングまで、開発ノウハウのすべてが学べる入門書。サンプルデータのダウンロードサービス付き。Unity 2023対応版。

『Unity〈超〉入門―すぐに学習をはじめられるいちばんやさしい入門書』荒川巧也,浅野祐一著　SBクリエイティブ　2023.10　223p　24cm〈索引あり　ビジュアルスクリプティング対応　サンプルはWebからダウンロード〉2300円　Ⓣ978-4-8156-1822-3　Ⓝ798.507
内容 コンテンツを制作しながら学べるUnity入門書。Unityでのコンテンツ制作で知っておきたいことを1つひとつ丁寧に解説する。ビジュアルスクリプティング対応。サンプルのダウンロードサービス付き。

『Pythonではじめるゲーム制作超入門―知識ゼロからのプログラミング&アルゴリズムと数学』廣瀬豪著　インプレス　2023.9　283p　24cm（ゲーム開発スキルアップ）〈索引あり〉2400円　Ⓣ978-4-295-01765-3　Ⓝ798.507
内容 Pythonを使ったゲーム制作&プログラミングの入門書。プログラミングの基礎知識、ゲームの制作方法、ゲーム作りに必要なアルゴリズムや数学を、ゲームを作りながら解説。サンプルプログラムのダウンロードサービス付き。

『Unreal Engine 5で極めるゲーム開発―サンプルデータと動画で学ぶゲーム制作プロジェクト』湊和久著　ボーンデジタル　2023.8　801p　26cm〈索引あり〉5400円　Ⓣ978-4-86246-553-5　Ⓝ798.507
内容 90%以上のリニューアル&ボリュームアップの大改訂でさらに"極"まる！充実の付録コンテンツ―リソース&プロジェクトデータ、ハンズオン動画、追加ドキュメント他。

『たのしい2Dゲームの作り方―Unityではじめるゲーム開発入門』STUDIO SHIN著　第2版　翔泳社　2023.8　455p　23cm〈索引あり　Unity 2022 LTS（2023年6月版）対応！〉2880円　Ⓣ978-4-7981-7935-3　Ⓝ798.507
内容 ゲーム作りが初めての人に向けて、Unityを使った2Dゲームの作り方を丁寧に解説する。サンプルファイルのダウンロードサー

ビス付き。Unity 2022 LTS（2023年6月版）に対応。

『Unityの教科書―2D&3Dスマートフォンゲーム入門講座：はじめてでも安心！』北村愛実著　SBクリエイティブ　2023.8　455p　24cm（&IDEA Entertainment）〈索引あり　Unity 2023完全対応版　サンプルゲームダウンロード〉2700円　Ⓣ978-4-8156-2136-0　Ⓝ798.507
内容 やさしい説明とイラストで、ゲームの作り方を教えます！

『RustとWebAssemblyによるゲーム開発―安全・高速・プラットフォーム非依存のWebアプリ開発入門』Eric Smith著,中田秀基訳　オライリー・ジャパン　2023.7　347p　24cm〈索引あり　頒布・発売：オーム社〉3900円　Ⓣ978-4-8144-0039-3　Ⓝ798.507
内容 安全性・高速性・並列性で定評のあるRustとその実行環境としてWebAssemblyを使って、従来より高速かつ安全にブラウザを動かす方法を、簡単なゲーム開発を通じて解説する。

『マインクラフトでわかる！プログラミングおもしろドリル特盛』晋遊舎　2023.5　175p　26cm（100%ムックシリーズ）1273円　Ⓣ978-4-8018-2083-8　Ⓝ798.507
内容 人気ゲーム「マインクラフト」で登場する「レッドストーン回路」について解説。レッドストーン回路に関するおもしろ問題に答えるだけで、回路の作り方だけでなく、学校で学ぶ「プログラミング的思考」も楽しく身につく。

『Unityデザイナーズ・バイブルReboot―これから始める人でも現場で使えるスキルが身につく：すべての職種で役立つ最新トピックを厳選』森哲哉［ほか］著　ボーンデジタル　2023.5　751p　24cm〈索引あり　「UNITYデザイナーズ・バイブル」（2020年刊）の改題,改訂版〉5400円　Ⓣ978-4-86246-555-9　Ⓝ798.507
内容 これから始める人でも現場で使えるスキルが身につく。すべての職種で役立つ最新トピックを厳選。

『まいぜんシスターズとロブロックスでゲームをつくろう！』今澄亮太著,まい

| IT技術を学ぼう | プログラムを組もう |

ぜんシスターズ監修　日経BP　2023.4　159p　21cm〈索引あり〉頒布・発売：日経BPマーケティング〉1500円　①978-4-296-07052-7　Ⓝ798.507
[内容] まいぜんシスターズを案内役に、ロブロックスでオリジナルゲームをつくる方法を解説する。ロブロックスのはじめ方や遊び方、ゲームのアレンジ法、友だちを招いて一緒に遊ぶ方法も紹介。

『ゲームで学ぶJavaScript入門―ブラウザゲームづくりでHTML & CSSも身につく！：つくりながらWeb技術を学ぼう！』田中賢一郎著　増補改訂版　インプレス　2022.12　335p　24cm〈文献あり　索引あり〉2400円　①978-4-295-01568-0　Ⓝ798.507
[内容] ゲームを作りながらJavaScriptを楽しく学べて、HTMLやCSSといったWeb技術の基礎も身につくテキスト。ブラウザ・スマホで動く13本のゲームを紹介。サンプルプログラムのダウンロード付き。

『見てわかるUnreal Engine5超入門』掌田津耶乃著　秀和システム　2022.10　487p　24cm（Game Developer Books）〈索引あり〉3200円　①978-4-7980-6803-9　Ⓝ798.507
[内容] 未経験者でも大丈夫！何をしたらいいのかわからない人へ、手を動かして覚えるUE5の使い方。Windows/macOS対応。ハンズオンの解説で手順全部のせ！

『猫でもわかるPlayFab　UGC編　UGCの使い方をマスター！』ねこじょーかー著　インプレスR&D　2022.7　72p　26cm（Next Publishing―技術の泉SERIES）〈頒布・発売：インプレス〉2000円　①978-4-295-60084-8　Ⓝ798.507

『Robloxでゲームをつくろう！』今澄亮太著　日経BP　2022.3　287p　24cm〈索引あり〉頒布・発売：日経BPマーケティング〉2200円　①978-4-296-07033-6　Ⓝ798.507
[内容] 人気のプラットフォーム「Roblox」で、クイズゲーム、アスレチックゲーム、壁よけゲームといった3Dゲームを制作しながら、プログラミングの知識を学べる入門書。動画解説を視聴できるQRコード付き。

『動画×解説でかんたん理解！　Unityゲームプログラミング超入門』大角茂之, 大角美緒著　技術評論社　2022.2　255p　23cm〈索引あり〉2580円　①978-4-297-12543-1　Ⓝ798.507
[内容] 3つの2Dゲームを作りながら、Unityの機能や基本操作、ゲーム作りのコツを身に付けられる入門書。操作手順を画面付きで丁寧に説明する。操作解説動画視聴用パスフレーズ付き（図書館利用不可）。

『猫でもわかるPlayFab　運用編　PlayFabを使ってゲームをリリース＆運用する！―さらにゲームを良くするメソッド』ねこじょーかー著　インプレスR&D　2022.2　88p　26cm（Next Publishing―技術の泉SERIES）〈頒布・発売：インプレス〉2000円　①978-4-295-60039-8　Ⓝ798.507
[内容] PlayFabを使ってゲームをリリース＆運用する！

『Python＋Panda3Dによるゲームプログラミング入門―Panda3Dゲームエンジンのテキストブック：Pythonで楽しくゲームを作ろう』多田憲孝著　インプレスR&D　2022.2　318p　26cm（Next Publishing―OnDeck Books）〈頒布・発売：インプレス〉3400円　①978-4-295-60075-6　Ⓝ798.507
[目次] 第1章 Panda3Dを起動する, 第2章 オブジェクトを配置する, 第3章 オブジェクトを動かす, 第4章 ユーザーインターフェイスを使う, 第5章 入力機器（キーボード・マウス・ゲームパッド）を使う, 第6章 カメラとライトを使う, 第7章 視覚効果とサウンド効果を使う, 第8章 ベクトルとクォータニオンを理解する, 第9章 物理エンジン（Bullet Physics Engine）を使う

『野田クリスタルのこんなゲームが作りたい！』野田クリスタル, 廣瀬豪著　インプレス　2021.11　206p　26cm〈Scratch3.0対応〉1800円　①978-4-295-01281-8　Ⓝ798.507
[内容] 野田クリスタル×廣瀬豪が本気でゲームを作りました。対象年齢：中学生以上～。サンプルデータ付き。超本格ゲーム5本収録。

『猫でもわかるPlayFab　ソーシャル編　PlayFabのソーシャル関連処理を理解する！』ねこじょーかー著　インプレスR&D　2021.10　130p　26cm（Next Publishing―技術の泉SERIES）〈頒布・発売：インプレス〉2000円　①978-4-8443-7997-3　Ⓝ798.507

『猫でもわかるPlayFab　自動化編　難解なPlayFabのサーバー処理をこの1冊で理解する！』ねこじょーかー著　インプレスR&D　2021.10　120p　26cm（Next Publishing―技術の泉SERIES）〈頒布・発売：インプレス〉2000円　①978-4-8443-7989-8　Ⓝ798.507

『ゲーム作りで楽しく学ぶPythonのきほん』森巧尚著　マイナビ出版　2021.6　287p　24cm〈索引あり〉2590円　①978-4-8399-7356-8　Ⓝ007.64
内容　はじめての人でも安心！やさしくプログラミングを教えます！「ブロック崩し」や「シューティングゲーム」を作ってPythonを学ぼう！

『はじめてのスプリンギン―プログラミングを学んでゲームをつくろう：子どもから大人まで』しくみデザイン，中村俊介著　技術評論社　2021.4　191p　26cm〈索引あり〉1800円　①978-4-297-11807-5　Ⓝ007.64
内容　ストーリーで楽しく学べる魔法探偵になって事件解決。文字を使わないビジュアルプログラミングアプリで「論理的思考力」「創造力」「試行錯誤力」が身につく。

『ゲームを動かす数学・物理R』堂前嘉樹著　ボーンデジタル　2020.12　495p　21cm〈索引あり〉3000円　①978-4-86246-494-1　Ⓝ798.5
内容　中学校や高等学校で学ぶ数学・物理が、どのようにゲーム開発で活躍するかを、イラストや図と共に丁寧に解説。キャラクターやオブジェクトの移動や加速などの運動、時間の計測ほか、ゲームづくりを下支えする基礎知識も収録。

『猫でもわかるPlayFab入門―マイクロソフト社のゲームバックエンドプラットフォーム「PlayFab」の入門書！』ねこじょーかー著　インプレスR&D　2020.12　119p　26cm（インプレスR&D「next publishing」―技術の泉series）〈頒布：インプレス〉2200円　①978-4-8443-7922-5　Ⓝ798.507
内容　マイクロソフト社のゲームバックエンドプラットフォーム「PlayFab」の入門書！

『Python3　3Dゲームプログラミング―人気上昇！　本格的プログラミング言語』大西武著　工学社　2020.12　143p　21cm（I/O BOOKS）〈索引あり〉1900円　①978-4-7775-2129-6　Ⓝ798.507
内容　Python3言語しか使えない3Dゲーム開発初心者を対象に、無料で使える言語やツールを使った3Dゲームプログラミングを、豊富な作例で解説する。サンプル・プログラムのダウンロードサービス付き。

『Pythonでつくるゲームプログラミング入門―あのゲームのアルゴリズムはこうつくられている！』松浦健一郎, 司ゆき著　秀和システム　2020.12　459p　24cm〈索引あり〉2900円　①978-4-7980-6176-4　Ⓝ798.507
内容　Pythonを使ってゲームプログラミングを楽しむ本。スマホゲームやレトロゲームの有名な作品に見られる、さまざまな動きを再現。図やプログラム例を使って、ゲームにおける色々な「アルゴリズム」を分かりやすく解説する。

『プチコン4 SMILEBASIC公式リファレンスブック―Nintendo Switchで自作ゲームを作ろう！遊ぼう！』アンビット　2020.12　144p　30cm〈SmileBASIC v4.4対応　頒布・発売：徳間書店〉1800円　①978-4-19-865201-2　Ⓝ798.507
内容　SmileBASICをNintendo Switch用ダウンロードソフト「プチコン4」で楽しもう！プログラミングの練習から、音楽作り、お絵描き、本格的なゲーム制作まで、パソコンなしで体験できる。

『UnityではじめるC#―知識ゼロからはじめるアプリ開発入門　基礎編』いたのくまんぼう監修, リブロワークス著　改訂版　エムディエヌコーポレーション　2020.12　295p　26cm〈索引あり　Unity 2020対応　発売：インプレス〉2600円　①978-4-295-20079-6　Ⓝ798.507
内容　知識ゼロからはじめるアプリ開発入門。定番プログラミング言語「C#」の基礎を、ゲームエンジン「Unity」で簡単なスマホアプリをつくりながら、しっかり習得。

『"12歳"からはじめるゼロからのC言語ゲームプログラミング教室』リブロワークス著　最新版　ラトルズ　2020.7　295p　23cm〈索引あり　Visual Studio Community 2019対応　Windows8.1/10対応〉2270円　①978-4-89977-506-5　Ⓝ007.64
内容　ミニゲームを作りながらC言語の基礎を

『たのしくまなぶPythonゲームプログラミング図鑑』キャロル・ヴォーダマンほか著, 山崎正浩訳　大阪　創元社　2019.11　223p　24cm〈索引あり〉2800円　Ⓘ978-4-422-41436-2　Ⓝ798.507
|内容| 2020年に小学校で、2021年に中学校で、2022年に高校でプログラミング教育が始動・本格化！さまざまなタイプの9つのゲーム作りを通して、プログラミングの基本を身につけよう。

『スラスラ読めるUnityふりがなKidsプログラミング—ゲームを作りながら楽しく学ぼう！』LITALICOワンダー監修, リブロワークス文, ア・メリカ絵　インプレス　2019.9　255p　15×22cm〈索引あり〉2300円　Ⓘ978-4-295-00739-5　Ⓝ798.507
|内容| ゲームを作りながら楽しく学ぼう！ブロックくずし、迷路で追いかけっこゲーム、FPS。小学5年生以上対象。

『Pythonでつくるゲーム開発入門講座』廣瀬豪著　ソーテック社　2019.7　375p　24cm〈索引あり〉2680円　Ⓘ978-4-8007-1239-4　Ⓝ798.507
|内容| プロのゲームクリエイターによるゲーム開発の入門書。初心者が習得しやすいプログラミング言語Pythonを用いて、さまざまなゲーム制作の技術を解説する。サンプルプログラムを入手・利用できるパスワード付き。

『ゲーム作りで学ぶはじめてのプログラミング—初心者でも「コード」が書ける！』うえはら著, 竹林暁監修　技術評論社　2019.5　279p　26cm〈索引あり〉2280円　Ⓘ978-4-297-10579-2　Ⓝ007.64
|内容| 初心者を対象に、プログラミング言語「Processing」を使って、プログラミングをやさしく解説。Processingでコードを書き、プログラムを実行することで、基本的な文法からゲームの作り方までを学べる本。

『10才からはじめるプログラミング—Scratchでゲームをつくって楽しく学ぼう』大角茂之, 大角美緒著　技術評論社　2019.4　255p　26cm〈索引あり　Scratch3対応〉2280円　Ⓘ978-4-7741-9816-3　Ⓝ007.64

|内容| Scratchプログラミングをゲームで学ぼう！ゲームづくりに使えるたくさんのワザを、事前知識がなくても親子で学べるように紹介する。サンプルファイルがダウンロードできるURL付き。Scratch 3に対応。

『はじめてのEffekseer—フリーで使えるゲーム用「エフェクトツール」』澤田進平著　工学社　2019.4　239p　21cm（I/O BOOKS）〈索引あり〉2300円　Ⓘ978-4-7775-2076-3　Ⓝ798.507
|内容|「Effekseer」の導入から、基本的なエフェクトの作成方法、さらに「ヒット・マーク」「雷」「魔法陣」など、実用的なエフェクトのつくり方までを解説する。サンプル・エフェクトのダウンロードサービス付き。

『ゲーム＆クリエイター パソコンのひみつ』マンガデザイナーズラボまんが　学研プラス　2019.3　127p　23cm（学研まんがでよくわかるシリーズ 153）〈構成：入澤宣幸〉頒価不明　Ⓝ548.295

『12歳からはじめるゼロからのSwift Playgroundsゲームプログラミング教室』柴田文彦著　ラトルズ　2019.3　287p　21cm〈索引あり〉2480円　Ⓘ978-4-89977-484-6　Ⓝ798.507
|内容| iPadでゲームづくりをはじめよう！

『小学生がスラスラ読めるすごいゲームプログラミング入門—日本語Unityで3Dゲームを作ってみよう！』PROJECT KySS著　秀和システム　2019.3　356p　24cm〈索引あり〉2600円　Ⓘ978-4-7980-5734-7　Ⓝ798.507
|内容| 3つのポイントで読みやすい！Unity独自のことばもわかりやすく。むずかしいことばは使いません。英語には読みがなをふっています。サンプルのダウンロード付き！解説動画をすべて無料公開！

『ブロックチェーンdapp＆ゲーム開発入門—Solidityによるイーサリアム分散アプリプログラミング』Kedar Iyer, Chris Dannen著, 久富木隆一訳　翔泳社　2019.3　235p　23cm　3280円　Ⓘ978-4-7981-5968-3　Ⓝ007.609
|内容| 分散アプリの基本を学び、実装したい人のための本格入門書。

『スラスラ読めるUnity C#ふりがなプログラミング』安原祐二監修, リブロワークス著　インプレス　2019.2　215p

21cm〈索引あり〉2000円　Ⓘ978-4-295-00557-5　Ⓝ798.507
内容 うろ覚えだったスクリプトに自信が持てる‼基本をしっかり。目指したのは「究極のやさしさ」。登場するコードに「ふりがな」を。さらに「読み下し文」でフォロー。

『親子で一緒につくろう！ micro：bit ゲームプログラミング』橋山牧人, 澤田千代子著, TENTO監修　翔泳社　2019.1　135p　26cm（ぼうけんキッズ）1800円　Ⓘ978-4-7981-5843-3　Ⓝ798.507
内容 教育用コンピューター「micro：bit」で5つのゲームをつくりながら、プログラミングや身の回りのコンピューターに関する知識が身につく入門書。サンプルプログラムのダウンロードサービス付き。

『できるパソコンで楽しむマインクラフトプログラミング入門』広野忠敏, できるシリーズ編集部著　インプレス　2018.4　222p　24cm〈索引あり〉Microsoft MakeCode for Minecraft対応　2300円　Ⓘ978-4-295-00351-9　Ⓝ798.507
内容 「MakeCode for Minecraft」を使って、マインクラフトの世界でプログラミングをする方法を解説。完成したプログラムをマインクラフトの世界で役立てる方法も紹介。練習用ファイルもダウンロードできる。

『高校生のためのゲームで考える人工知能』三宅陽一郎, 山本貴光著　筑摩書房　2018.3　264p　18cm（ちくまプリマー新書 296）950円　Ⓘ978-4-480-68998-6　Ⓝ798.507
内容 「人工知能」を考えることは、「知性」とは何か、「人間」とは何かを考えること。気鋭のクリエイター2人が、ゲームのつくり方を通して人工知能の仕組みを解説する。

『親子で学ぶはじめてのプログラミング─Unityで3Dゲームをつくろう！』掌田津耶乃著　マイナビ出版　2017.5　349p　26cm〈索引あり〉2740円　Ⓘ978-4-8399-6189-3　Ⓝ798.507
内容 初心者歓迎！ 親子で楽しく学べる。UnityとC#で本格プログラミング。ボウリング、砲撃ゲームなどがつくれて遊べる！

『12歳からはじめるゼロからのPythonゲームプログラミング教室』大槻有一郎, リブロワークスPython部著　ラトルズ　2017.5　279p　21cm〈索引あり〉Windows7/8/8.1/10対応　2200円　Ⓘ978-4-89977-463-1　Ⓝ798.507
内容 ミニゲームを作りながら、人工知能で話題のPythonを楽しく覚えよう！ Windows 7/8/8.1/10対応。

『Unityではじめるおもしろプログラミング入門』藤森将昭著　リックテレコム　2017.3　166p　24cm〈索引あり〉1800円　Ⓘ978-4-86594-070-1　Ⓝ798.5
内容 初めてプログラミングに触れる、中学生以上が対象。初歩的な「プログラムの書き方」を学ぶ近道として、1本の簡単な3Dゲームを、「Unity5」で少しずつ作りながら動かしていく。

『12歳からはじめるゼロからのC言語ゲームプログラミング教室』大槻有一郎著　ラトルズ　2016.3　295p　23cm〈索引あり〉Visual Studio 2015対応　Windows7/8/8.1/10対応　〈「13歳からはじめるゼロからのC言語ゲームプログラミング教室 入門編」（2010年刊）の改題、改訂〉2280円　Ⓘ978-4-89977-445-7　Ⓝ798.5
内容 ミニゲームを作りながら、プログラミング言語の王様Cを楽しく覚えよう！

『BISHAMONではじめるゲームエフェクト制作─ゲーム開発で使える簡単「3Dエフェクト」ツール！』マッチロック著, I/O編集部編集　工学社　2015.11　223p　21cm（I/O BOOKS）〈索引あり〉2300円　Ⓘ978-4-7775-1921-7　Ⓝ798.5
内容 ゲーム開発で利用するエフェクトを作るための制作環境「BISHAMON」。直感的で扱いやすく、さまざまなプラットフォームなどに対応したBISHAMONの導入、基本操作、簡単なエフェクトの制作方法を詳しく解説する。

『BISHAMONゲームエフェクトデザインレシピ』アグニ・フレア, 後藤誠著　秀和システム　2015.6　791p　24cm（Game Developer Books）〈索引あり〉4600円　Ⓘ978-4-7980-4318-0　Ⓝ798.5
内容 本書は、ゲームのリアルタイムエフェクトを中心としたエフェクトの専門集団である株式会社アグニ・フレアの面々が執筆しています。紹介する作例は、社内の未経験スタッフが技術を習得するためのもので、スマートフォンやコンシューマーゲームに用いるエフェクトを想定しています。それぞれの作例の制作期間はおよそ半日～数日で、要素ごとに特徴のあるものを26種類用意しました。

『動かして学ぶ3Dゲーム開発の数学・物理─表現の幅を広げるための数式プログラミングを具体的にわかりやすく解説！』加藤潔著　翔泳社　2015.3　406p　23cm（Game Developer's Resources）〈索引あり〉3200円　ⓘ978-4-7981-3692-9　Ⓝ798.5
内容　ゲームでよく使われる画面表現を提示し、続いて、それを実現するための数式プログラミングの解説を行います。これにより、ゲームでの応用をイメージしながら、必要となる数学・物理学の基礎を学んでいくことができます。

『3Dゲーム制作のためのCryEngine─高性能＆多機能「ゲームエンジン」を使いこなす！』益田貴光著, I/O編集部編集　工学社　2015.3　191p　21cm（I/O BOOKS）〈索引あり〉2300円　ⓘ978-4-7775-1887-6　Ⓝ798.5
内容　独Crytek社が開発したゲームエンジン「CryEngine」は、"リアルすぎる"描画力で、「ゲーム」ばかりでなく、「ムービー作成」や「建築CG」にも広く使われている。本書は、「CryEngineを起動したのはいいけど、どうすればいいか分からない」「ゲームエンジンに触ったことがない」…といった、初心者が読者対象。

『SpriteKitではじめる2Dゲームプログラミング』村田知常、原知愛、近藤秀彦、山下佳隆著　翔泳社　2015.2　387p　23cm（SMART GAME DEVELOPER）〈索引あり　Swift対応〉2980円　ⓘ978-4-7981-3951-7　Ⓝ798.5
内容　Apple標準のプログラミング言語SwiftとSpriteKitフレームワークを使って6つのゲームを作りながら、2Dゲームプログラミングの基本と定番テクニックを学ぶ本。Webからサンプルをダウンロードできる。

『BISHAMONゲームエフェクトデザイン入門』moko, 後藤誠, EIKI', なる, 見習いD著　秀和システム　2014.6　609p　24cm（Game Developer Books）〈索引あり〉4200円　ⓘ978-4-7980-4118-6　Ⓝ798.5
内容　あなたのゲームをワンランクアップ。これだけは知っておきたいデザイン、素材作成、実装までを完全解説。

『入門Webゲーム開発』Evan Burchard著、永井勝則訳　オライリー・ジャパン　2014.3　336p　24cm〈文献あり　索引あり〉　発売：オーム社　3200円　ⓘ978-4-87311-664-8　Ⓝ798.5
内容　10種のゲームジャンルの開発手法を学びながら、厳選されたJavaScriptライブラリとHTML5によるゲーム開発テクニックを詳しく解説！

『入門ゲームプログラミング』チャールズ・ケリー著, ぷれす訳　SBクリエイティブ　2014.2　504p　24cm（Professional Game Developer）〈索引あり〉2900円　ⓘ978-4-7973-7454-4　Ⓝ798.5
内容　10年戦える基礎力を！C++によるゲーム開発のエッセンスを徹底解説。根源的なゲームプログラミング力を生み出す珠玉の12章。

『実例で学ぶゲーム開発に使える数学・物理学入門』加藤潔著　翔泳社　2013.11　319p　23cm（Game Developer's Resources）〈文献あり　索引あり〉2800円　ⓘ978-4-7981-3086-6　Ⓝ798.5
内容　必須5分野を実例で解説。理論もしっかり学べる。サンプルを動かして確認できる。中学校レベルから無理なく学べる。

『AndEngineでつくるAndroid 2Dゲーム─ヒットメーカーが教えるゲームプログラミング』立花翔著　翔泳社　2012.12　399p　23cm（SMART GAME DEVELOPER）〈索引あり〉2800円　ⓘ978-4-7981-3051-4　Ⓝ798.5
内容　AndEngineとは、Javaで使えるフリーのゲームエンジン（ライブラリ）です。Android向けの2Dゲームをネイティブアプリとして、手軽に作ることができます。本書は、AndEngineを用いた2Dゲーム開発について、環境構築からライブラリを使った開発手順、広告やランキング機能の組み込みまで、サンプルを基にしながら解説していきます。

『15歳からはじめるAndroidわくわくゲームプログラミング教室』掌田津耶乃著　フルカラー最新版　ラトルズ　2012.9　327p　23cm〈索引あり　Windows対応〉2380円　ⓘ978-4-89977-320-7　Ⓝ798.5
目次　第1章 Androidのプログラミングはどうなってる？, 第2章 Androidプログラミング超入門, 第3章 グラフィックを使ったパズルゲームに挑戦！, 第4章 コンピュータが考える思考型ゲームに挑戦！, 第5章 SurfaceViewを使ってリアルタイムゲームに挑戦！, 第6

章 センサーを使ったリアルタイムゲームに挑戦！

『**15歳からはじめるiPhone（アイフォーン）わくわくゲームプログラミング教室**』沼田哲史著　ラトルズ　2011.11　279p　23cm〈索引あり〉2180円　①978-4-89977-300-9　⑩798.5
内容 楽しいiPhoneゲームをObjective‐Cで作っちゃおう。

『**14歳からはじめるHTML5 & JavaScriptわくわくゲームプログラミング教室―Windows/Macintosh対応**』大槻有一郎著　ラトルズ　2011.6　319p　23cm〈索引あり〉2280円　①978-4-89977-297-2　⑩798.5
目次 第1章 HTML5でプログラムを作る準備をしよう―開発に必要なソフトの用意、第2章 まずはキホンからはじめてみよう―HTMLとJavascriptの基礎、第3章 ゲームの画面を作ってみよう―HTML5とCSS3、第4章 シルクハット並べゲームを作ろう―JavaScriptでHTML要素を動かす、第5章 バグ消しパズルを作ろう―Canvasを使ったゲーム作成、第6章 アドベンチャーゲームを作ろう―AJAXとCSSアニメーション

『**ゲームの教科書**』馬場保仁,山本貴光著　筑摩書房　2008.12　188p　18cm（ちくまプリマー新書 98）780円　①978-4-480-68802-6　⑩798.5
内容 人気ゲームの作者が、ゲーム開発の秘密をぜんぶ教えます。プロになりたい人から教養として知りたい人まで、ゲームの「全体像」をつかめる一冊。

『**ゲームクリエイターになろう！―まんが版仕事完全ガイド**』玉井たけし,日野まるこまんが,天沢彰原作,平林久和本文監修　小学館　2002.5　166p　19cm（ワンダーランドスタディブックス）850円　①4-09-253257-1
内容 ゲームクリエイターになるための知識やアドバイスがいっぱい詰まってる。巻頭まんが1作目は、ある小学生の実話に基づいたゲームコンテスト受賞感動ストーリー。2作目は人気ゲーム「桃太郎シリーズ」の制作物語。記事では「ゲームの作り方」や「著名クリエイターの体験談インタビュー」「適職診断」など、今まで教えられなかった情報満載！ 将来クリエイターをめざす人には必読の一冊。

『**ゲームクリエイターの原体験**』ゲーム批評編集部編　マイクロデザイン　2001.10　146p　19cm　1200円　①4-89637-065-1　⑩007.35
内容 ゲーム批評で好評連載中の「クリエイターの原体験」が遂に単行本に。ゲーム開発に関わる秘話から普段語られない幼少時代の体験談まで、素顔のクリエイターに迫る。あの「ゲーム」のあの"アイデア"はどこから生まれたのか？ その手がかりに触れてみよう。

『**ゲームクリエータになるには**』西村翠著　ぺりかん社　2000.6　145p　19cm（なるにはbooks 101）1270円　①4-8315-0915-9　⑩007.35
内容 好きを、仕事にするために。ゲームクリエータになりたいと考えているあなた、本当に仕事の中身、わかっていますか。

『**一度はやってみたい！ こんな仕事ゲームクリエイター**』黒澤亮著　すばる舎　2000.5　206p　19cm（バーチャル体験on books）〈イラスト：にらけら〉1300円　①4-88399-046-X　⑩007.35
内容 ゲームクリエイターを目指す前に知っておきたいアレコレ。

《ウェブデザインをするには》

『**1冊ですべて身につくHTML & CSSとWebデザイン入門講座**』Mana著　第2版　SBクリエイティブ　2024.3　319p　24cm〈文献あり 索引あり　動画解説付 サンプルデータダウンロード〉2350円　①978-4-8156-1846-9　⑩007.645
内容 WebクリエイターボックスのManaが教えるWebサイト制作の定番&旬のスキル。この1冊で必要なことがすべて学べる！

『**よくわかるはじめてのHTML&CSSコーディング―HTML Living Standard準拠**』富士通ラーニングメディア著制作　川崎　FOM出版　2024.3　6, 271p　29cm〈索引あり〉2500円　①978-4-86775-099-5　⑩007.645
内容 HTML Living StandardやCSS3を使ったWebページの作成方法を解説する。総合問題も掲載。学習ファイル、購入者特典PDFのダウンロードサービス付き。

『**Tailwind CSS実践入門**』工藤智祥著　技術評論社　2024.2　369p　23cm（エンジニア選書）〈索引あり〉3400円　①978-4-297-13943-8　⑩007.645
内容 Tailwind CSSの実践的な入門書。基本

的な使い方や、デフォルトテーマによって提供されるクラスを紹介し、テーマのカスタマイズやプラグインの作成によってデザインシステムを作るための実践的なノウハウも詳説。

『はじめてのホームページ制作 WordPress超入門』早﨑祐介著　ソシム　2023.10　311p　23cm〈索引あり　WordPress Ver.6.X対応〉2000円　①978-4-8026-1425-2　Ⓝ007.645
内容　知識はゼロでも自分で会社やお店のホームページを作りたい人に向け、WordPressの基本的な知識から、コンテンツを自由自在に作成する方法までを、実在するカフェを舞台に、ストーリー仕立てで丁寧に解説する。

『作りながら学ぶWebシステムの教科書』鶴長鎮一著　日経BP　2023.9　14, 480p　24cm〈発売：日経BPマーケティング　索引あり〉3800円　①978-4-296-20322-2　Ⓝ547.4833
内容　Webシステムの構築や運用に携わるWebインフラエンジニアにとって必要な技術や知識を解説。実際に手を動かしながら学べるワークショップも多数掲載。概念だけでなく実践的なスキルも同時に身に付けることができる。

『いきなりWebデザイナー──副業でもOK！ スキルゼロから3か月で月収10万円』濱口まさみつ著　日本実業出版社　2023.5　254p　19cm〈表紙のタイトル：Start web designs in just three months〉1500円　①978-4-534-06009-9　Ⓝ335
内容　高度な技術は不要！ スキマ時間に働ける！ 仕事に困らない！「自由に働き」「必要な額を」らくらく稼ぐ方法。スキルシェアサービスMENTAの人気ナンバーワン講師がノウハウを全公開！

『HTML/CSSの絵本──Webコンテンツ作りの基本がわかる新しい9つの扉：豊富なイラストでイメージしながら学ぼう！』アンク著　翔泳社　2023.3　181p　23cm〈索引あり〉1980円　①978-4-7981-7583-6　Ⓝ007.645
内容　Webコンテンツ作りに必要な「HTML」と「CSS」を、仕組みや書き方が直感的にわかるようイラストを交えながら、見開き単位でひとつひとつ丁寧に解説。Webサーバーの準備と公開方法なども紹介する。

『サムネイルデザインのきほん──伝える、目立たせるためのアイデア』瀧上園枝著　ホビージャパン　2023.3　191p　21cm〈文献あり　索引あり〉2000円　①978-4-7986-2947-6　Ⓝ674.6
内容　デザインの基本的なセオリーや理論をサムネイル制作で活かすには。豊富なデザインアイデアやバリエーションをOK作例とNG作例で紹介し、デザインのポイントを解説する。頻出ジャンルのサムネイルデザインも掲載する。

『Wixではじめてのホームページ制作 2023年版』相澤裕介著　カットシステム　2023.1　265p　26cm〈索引あり〉3000円　①978-4-87783-527-9　Ⓝ007.645
内容　800種類以上のテンプレートがあり、誰でも無料で洗練されたデザインのホームページを作成できるWix。基本操作から、パーツの編集、Webサイトの管理までを、画面写真でわかりやすく解説する。

『ゼロから学ぶはじめてのWordPress──簡単にできるWebサイト制作入門』泰道ゆりか著　SBクリエイティブ　2022.10　351p　24cm〈索引あり　バージョン6.X対応〉1800円　①978-4-8156-1522-2　Ⓝ007.645
内容　WordPressの基礎が作りながら楽しく学べる！ Webサイト制作ならまずはこの1冊からはじめよう！

『1週間でHTML & CSSの基礎が学べる本』亀田健司著　インプレス　2022.9　343p　21cm〈索引あり〉1980円　①978-4-295-01526-0　Ⓝ007.645
内容　これからHTMLとCSSの学習を始めようとしている人のための入門書。Webのしくみから、HTMLとCSSに関する基礎知識、簡単なスマホ対応のWebページの作成方法までをやさしく解説する。練習問題も収録。

『基礎からのWeb開発リテラシー──Webアプリ・Webサイトを公開する前に知っておきたいプログラミング技術"以外"の知識』増井敏克著　技術評論社　2022.7　253p　21cm〈索引あり〉2300円　①978-4-297-12907-1　Ⓝ547.4833
内容　Webサイト公開までに何をする？ 開発の全体像から規約まで。いまどきの個人開発学ぶ本。Webアプリ・Webサイトを公開する前に知っておきたいプログラミング技術"以外"の知識。

『1冊ですべて身につくWordPress入門講座』Mana著　SBクリエイティブ　2022.3　343p　24cm〈索引あり〉2000円　①978-4-8156-0940-5　Ⓝ007.645
内容　コードを使わずにサイトが作れる！WordPressの基本から体系的に学べる入門書。「見てもらえる」サイトの作り方やセキュリティ、トラブル対策なども説明する。サンプルデータのダウンロードサービス付き。

『思わずクリックしたくなるバナーデザインのきほん』カトウヒカル著　インプレス　2022.2　175p　23cm　1800円　①978-4-295-01327-3　Ⓝ674.6
内容　バナー制作はこの1冊で解決！簡単に見えて、実は難しい…。小さなサイズのデザインの攻略法、全部教えます。広告・アイキャッチなどに、今日から使えるテクニック収録。

『超初心者のためのWeb作成特別講座―全国中学高校Webコンテスト認定教科書』永野和男編著,望月なをき,小川布志香,学校インターネット教育推進協会著　日本能率協会マネジメントセンター　2020.11　117p　26cm〈索引あり〉1400円　①978-4-8207-2850-4　Ⓝ007.645
内容　Web制作の初心者や、チームでWeb制作に取り組む人に最適な入門書。HTML・CSSなどの基礎知識と、「全国中学高校Webコンテスト」で要求される構成力・表現力、問題解決力・コミュニケーション力が身に付く。

『30時間でマスターWebデザイン―HTML5 & CSS3』実教出版企画開発部編　改訂版　実教出版　2019.10　207p　26cm〈索引あり　Windows10対応〉1300円　①978-4-407-34781-4　Ⓝ007.645
内容　HTML5、CSS3によるWebページ作成を、例題を通して基礎から学べるテキスト。JavaScriptによるプログラミング入門も収録。Windows 10対応。

『はじめての今さら聞けないアフィリエイト入門』染谷昌利著　第2版　秀和システム　2018.9　183p　24cm（BASIC MASTER SERIES 501）〈索引あり〉1580円　①978-4-7980-5552-7　Ⓝ674.6
内容　簡単に稼げるって聞くけどホント？　専門知識が無いとうまくいかない？　始め方から続けるコツまで、アフィリエイトの基本を、具体例を織り交ぜながら説明します。悩んだ時のQ&Aも収録。見返しに本書の使い方あり。

『1時間でわかるアフィリエイト―要点を絞った"超速"解説』リンクアップ著　技術評論社　2018.7　159p　19cm（スピードマスター）〈索引あり〉1000円　①978-4-7741-9845-3　Ⓝ674.6
内容　始める前に知っておく基礎知識はこれで充分！収益を上げる基礎と仕組みを最短で理解。初心者でも成果に結び付くコツを解説。

『元Google AdSense担当が教える本当に稼げるGoogle AdSense―収益・集客が1.5倍UPするプロの技60』石田健介,河井大志著　ソーテック社　2018.1　207p　21cm　1480円　①978-4-8007-1191-5　Ⓝ674.6
内容　クリックを増やしたい人・売上を伸ばしたい人必読！この1冊でGoogle AdSenseの収益化ノウハウ・正しい運営テクニックまるわかり！プロがこっそり教える60の実践術。初心者もいちから学べる！

『いちばんやさしいSEO入門教室―検索上位をキープするための基礎知識とGoogle対策のすべて。』ふくだたみこ著　ソーテック社　2017.12　255p　24cm〈索引あり〉1850円　①978-4-8007-1192-2　Ⓝ675
内容　Google検索で上位表示を目指すための、SEO入門書。検索エンジンの仕組みやSEOの基礎をやさしく丁寧に説き明かし、「集客できる」サイト設計・コンテンツ作成・運営のコツを幅広く紹介する。

『あなたもアフィリエイト×アドセンスで稼げる！　はじめてのWordPress本格ブログ運営法』大串肇,染谷昌利,北島卓,清野奨,福嶌隆浩共著　エムディエヌコーポレーション　2017.7　223p　24cm〈索引あり　スマートフォン対応　AMP対応　Googleアドセンス対応　発売：インプレス〉2300円　①978-4-8443-6674-4　Ⓝ674.6
内容　WordPressでブログを作り、アフィリエイトでお小遣いを稼ぐことに主眼をおいた入門書。広告掲載の申請と登録、効果的な記事の書き方などをやさしく解説する。ブログテーマのダウンロードサービス付き。

『いちばんよくわかるWebデザインの基本きちんと入門―レイアウト/配色/写真/タイポグラフィ/最新テクニック』伊藤庄平,益子貴寛,久保知己,宮田優希,伊藤由暁著　SBクリエイティブ　2017.3

239p　26cm（［Design & IDEA］）〈索引あり〉2380円　①978-4-7973-8965-4　ℕ547.483
[内容]　一生使えるWebデザインのテクニックが身に付く入門ガイド。コンセプト、レイアウト、配色、写真と図版、タイポグラフィといったデザインの基礎からWebに関連する技術まで、Webデザイナーに必須の基礎知識を網羅。

『この一冊で全部わかるWeb技術の基本―実務で生かせる知識が、確実に身につく』小林恭平,坂本陽right,佐々木拓郎監修　SBクリエイティブ　2017.3　191p　21cm（Informatics & IDEA―イラスト図解式）〈索引あり〉1680円　①978-4-7973-8881-7　ℕ007.3
[内容]　HTTP、データ形式からシステム開発まで。知識ゼロから全体像をつかめる。よく使われる用語の意味がわかる。技術のしくみがスムーズに学べる。

『はてなブログカスタマイズガイド―HTML & CSSで「はてなブログ」を次のステップへ！』相澤裕介著　カットシステム　2016.11　278p　26cm〈索引あり〉2600円　①978-4-87783-411-1　ℕ547.483
[内容]　HTML&CSSを使った「はてなブログ」の本格的なカスタマイズについて解説するほか、メニューの作成、関連記事の表示、アクセス解析など、「はてなブログ」を使いやすいサイトにするためのテクニックを紹介する。

『ホームページ作成のツボとコツがゼッタイにわかる本』中田亨著　秀和システム　2016.10　323p　24cm（最初からそう教えてくれればいいのに！）〈索引あり〉2400円　①978-4-7980-4777-5　ℕ547.483
[内容]　ホームページは難しい？　HTML、CSSがわからない…この方法なら悩み解消！　会社のホームページ作成を通して学ぶ！

『例題で学ぶWebデザイン入門』大堀隆文,木下正博共著　コロナ社　2016.10　180p　21cm〈索引あり〉2400円　①978-4-339-02863-8　ℕ547.483
[内容]　Webの文書構造を記述する言語であるHTMLと、文書の体裁やデザインを記述する言語であるCSSを駆使して、Webサイトをデザインするための基礎技術を、例題で学ぶ入門テキスト。

『現場でかならず使われているWordPressデザインのメソッド』WP-D監修　アップデート版　エムディエヌコーポレーション　2016.9　223p　26cm〈索引あり　執筆：相原知栄子ほか　発売：インプレス〉2500円　①978-4-8443-6605-8　ℕ547.483
[内容]　コンテンツの表示方法やナビゲーションの作成、さまざまなカスタマイズなど、WordPressのテーマを自作していく際に必要な手法をステップ・バイ・ステップ方式で解説。サンプルデータがダウンロードできるURL付き。

『Webデザインとコーディングのきほんのきほん』瀧上園枝著,浜俊太朗監修　マイナビ出版　2016.8　303p　24cm〈索引あり　PC、スマホ、タブレット対応！〉2680円　①978-4-8399-5734-6　ℕ547.483
[内容]　制作の流れをつかむのに最適の1冊。HTML/CSSへの落とし込みまで配慮したデザイン作りのスキルを身につけられる！　今、必要とされるWebデザインの知識を手に入れよう！　PC、スマホ、タブレット対応！

『世界一やさしいブログの教科書1年生―再入門にも最適！』染谷昌利著　ソーテック社　2016.8　286p　21cm　1580円　①978-4-8007-2039-9　ℕ547.483
[内容]　自分の好きなことを楽しく書き続けられる秘密の方程式を一挙公開！　テーマの決め方から記事の書き方、アクセスの集め方収益化の方法まで17人の人気ブロガーでわかる！　身につく！

『ドリル式やさしくはじめるWebデザインの学校―講義＋BiNDを使ったチュートリアルによる短期マスターコース』佐藤好彦,坂本典子,そうまかおり,栗谷幸助,アマルゴン著,デジタルステージ監修　マイナビ出版　2016.8　223p　24cm〈索引あり〉2280円　①978-4-8399-5854-1　ℕ547.483
[内容]　実例たっぷりの「ドリル」で、Webデザイン力をアップしよう！　BiNDでレスポンシブWebサイトを作ってみよう！　ノンプロのWebサイトデザイナーを対象にしたWebデザインを学ぶ本。Webデザインの基礎も解説。

『超明快Webユーザビリティ―ユーザに「考えさせない」デザインの法則』スティーブ・クルーグ著,福田篤人訳

ビー・エヌ・エヌ新社　2016.6　242p　21cm　2400円　⑪978-4-8025-1031-8　Ⓝ547.483
内容　Web＆モバイルユーザビリティの定番書。ユーザビリティコンサルタントの第一人者にして激安ユーザーテストの伝道師が、ユーザーに「考えさせない」サイトの作り方を説く。

『わかばちゃんと学ぶWebサイト制作の基本』湊川あい著　新潟　シーアンドアール研究所　2016.6　303p　21cm〈文献あり　索引あり　Windows Mac対応！〉2200円　⑪978-4-86354-194-8　Ⓝ547.483
内容　企画からデザイン、コーディング、公開、運用まで、Webサイト制作の基本を4コママンガや図解で楽しく学べるテキスト。Windows、Mac対応。無料でサンプルデータをダウンロードできる。

『一歩先にいくWordPressのカスタマイズがわかる本―仕組みや考え方からちゃんとわかりたい人のために』相原知栄子,大曲仁著,プライム・ストラテジー株式会社監修　翔泳社　2016.4　319p　24cm〈索引あり〉2680円　⑪978-4-7981-3093-4　Ⓝ547.483
内容　WordPressの仕組みや考え方を理解することで、どんなカスタマイズにも応えられる！　サイトの設計方法といった基礎知識から、カスタマイズ方法、効率的な運用方法まで解説する。ダウンロードデータのURL付き。

『Webデザイン基礎トレーニング―現場で使うテクニックをひとつずつ、しっかり。』境祐司監修　エムディエヌコーポレーション　2016.4　223p　26cm〈索引あり　執筆：大野謙介,北川貴清,佐藤とも子,高橋としゆき,錦織幸知,原一宣。,矢野みち子　発売：インプレス〉2300円　⑪978-4-8443-6572-3　Ⓝ547.483
内容　HTML、CSS、jQuery、レスポンシブWebデザイン…etc。すべての基礎になるテクニックをきちんとマスター！　幅広いサイト・現場で活きる基本のノウハウが身につく！

『Webデザイン必携。―プロにまなぶ現場の制作ルール84』北村崇,浅野桜共著　エムディエヌコーポレーション　2016.4　223p　21cm〈索引あり　発売：インプレス〉2200円　⑪978-4-8443-6574-7

　Ⓝ547.483
内容　デザイナーとしてWebデザインに携わるうえでの必須知識を、基本的な考え方から正しいデータの作り方、コーディング担当者に納品する際の注意点、アプリケーションの操作方法まで、様々な側面から解説する。

『現場のプロが教えるSEOの最新常識』ジオコード著　エムディエヌコーポレーション　2016.4　159p　26cm（知らないと困るWebの新ルール ISSUE01）〈索引あり　発売：インプレス〉2200円　⑪978-4-8443-6576-1　Ⓝ547.483
内容　Webマーケティング施策の中でも特にその重要度が増しているSEO。進化するSEOの全体像が知りたい人のために、SEOの歴史から、最新の手法、具体的な技術やツール、考え方までをわかりやすく解説する。

『コンテンツストラテジー―今すぐ現場で使える：ビジネスを成功に導くWebコンテンツ制作：フレームワーク＋ツールキット』ミーガン・キャシー著,長谷川敦士日本語版監修・序文,髙崎拓哉訳　ビー・エヌ・エヌ新社　2016.4　247p　26cm〈索引あり〉2800円　⑪978-4-8025-1008-0　Ⓝ547.483
内容　Webコンテンツには、戦略と武器が必要だ！　現場プロの活用ツール29。「コンテンツマーケティング」を超えてあらゆるWeb構築に使える実践型ワークブック！

『Webデザイン―コンセプトメイキングから運用まで』　改訂第5版　画像情報教育振興協会　2016.3　241p　26cm　3600円　⑪978-4-903474-53-3　Ⓝ547.483

『たった2日で楽しく身につくHTML/CSS入門教室』高橋朋代,森智佳子著　SBクリエイティブ　2016.3　234p　24cm（Design & IDEA）〈索引あり　パソコン スマートフォン タブレット表示に完全対応〉1980円　⑪978-4-7973-8303-4　Ⓝ547.483
内容　最新のウェブサイトづくりがはじめてでもよくわかる！　レッスンごとに課題が分かれているから、反復学習にも最適。

『入門webデザイン』　改訂第3版　画像情報教育振興協会　2016.3　163p　26cm　2700円　⑪978-4-903474-52-6　Ⓝ547.483

『Webデザインの新しい教科書―基礎から

覚える、深く理解できる。』こもりまさあき、赤間公太郎共著　改訂新版　エムディエヌコーポレーション　2016.2　287p　26cm〈索引あり〉発売：インプレス〉2500円　①978-4-8443-6563-1　⑩547.483
内容　Web制作入門書のロングセラー。「背景」や「理由」を知ることで、一生役立つ応用力が身につく。

『モバイルファーストSEO―Web標準の変革に対応したサイト制作：PCサイトの「モバイル版」はもう古い！』瀧内賢著　翔泳社　2016.2　239p　21cm〈索引あり〉1980円　①978-4-7981-4424-5　⑩547.483
内容　モバイルユーザーを第一に考えた、これからのサイトのあり方と制作手法を徹底解説。モバイルファーストの概念からサイト設計や効果的なコーディング方法、スマホでアクセスしても重くならないための改善手法まで網羅した。

『Sassファーストガイド―CSSをワンランク上の記法で作成！』相澤裕介著　カットシステム　2015.12　245p　26cm〈索引あり〉2600円　①978-4-87783-386-2　⑩547.483

『Webデザインの見本帳―実例で学ぶ最新のスタイルとセオリー』境祐司監修、森本友理、ラナデザインアソシエイツ、福岡陽、ラナエクストラクティブ、宇野雄共著　エムディエヌコーポレーション　2015.10　159p　26cm〈索引あり〉発売：インプレス〉2500円　①978-4-8443-6526-6　⑩547.483

『実践でスグに役立つ新しいWebデザイン＆制作入門講座―CSSフレームワークとグリッドで作るマルチデバイス対応サイト』下野宏著　SBクリエイティブ　2015.10　199p　24cm（Design & IDEA）〈索引あり〉2300円　①978-4-7973-7671-5　⑩547.483
内容　経験がなくても大丈夫！　素早く、綺麗なレスポンシブWebデザインのノウハウが身につく！　Bootstrapを使った、効率的なWeb制作手法の基本をわかりやすく紹介。

『できる100の新法則Google Search Console―これからのSEOを変える基本と実践』アユダンテ株式会社、できるシリーズ編集部著　インプレス　2015.9　238p　21cm〈索引あり〉旧サービス名Googleウェブマスターツール最新版に対応〉1800円　①978-4-8443-3885-7　⑩547.483

『超実践的Webディレクターの教科書―第一線のプロがホンネで教える：全国100,000人のディレクターが集まるサイト「Webディレクターズマニュアル」出張版！』中村健太、田口真行、高瀬康次著　マイナビ　2015.8　241p　21cm〈索引あり〉2280円　①978-4-8399-5592-2　⑩547.483
内容　筆者3人が、実際の現場で使っている生の情報を惜しみなく披露。プロジェクトをうまく回していくための基本ノウハウから、フェーズ別の詳細なTips、ディレクターとしてのスキルの棚卸しや適正コストの考え方、スキルアップするためのトレーニング方法まで。

『入社1年目からの「Web技術」がわかる本』濱勝巳著　翔泳社　2015.8　283p　21cm〈索引あり〉2480円　①978-4-7981-4244-9　⑩547.483
内容　ごまかしが効かないクラウド時代の新常識。プロとして身につけたい基礎知識。フレームワークにしばられないボトムアップのアプローチ。Webの基本思想からRESTfullなアーキテクチャ設計まで。

『メディアクエリで実現するレスポンシブWebデザイン』相澤裕介著　カットシステム　2015.6　219p　24cm〈索引あり〉2400円　①978-4-87783-359-6　⑩547.483
内容　HTMLとCSSの基本的な知識さえあれば、誰でもレスポンシブなWebサイトを構築可能。既存サイトのレスポンシブ化も視野に入れた、RWDのファーストガイド!!

『新人デザイナーのためのWebデザインを基礎から学べる本』瀧上園枝著　ソシム　2015.1　183p　24cm〈索引あり〉2000円　①978-4-88337-948-4　⑩547.483
内容　プロになるための最初の一歩。OK・NGの事例で学ぶ、見やすくきれいなレイアウト×使い勝手のよいナビゲーション。これだけ覚えれば、デザインがよくなる！

『「自分メディア」はこう作る！―大人気ブログの超戦略的運営記』ちきりん著　文藝春秋　2014.11　286p　18cm　1000円　①978-4-16-390175-6　⑩547.483

『リファレンスを使う前に読んでほしいWebデザインの心得』園田誠著　秀和システム　2014.11　241p　24cm〈索引あり　「HTMLとCSSで基礎から学ぶWebデザイン」(2011年刊)の改題、リメイク〉2000円　①978-4-7980-4217-6　Ⓝ547.483
[内容]　HTMLタグがわかればデザインできる？　CSS属性がわかればデザインできる？　"h1"＝大きい字にする。"strong"＝太い字にする。…と思っていたら、本書を開いてみて下さい。Webデザインの土台をHTMLとCSSの掘り下げから学ぶことのできる、新しい入門書です。

『スラスラわかるCSSデザインのきほん—サンプル実習：ブログもホームページも自由自在』狩野祐東著　SBクリエイティブ　2014.10　217p　24cm〈索引あり　最新CSS3準拠　Win/Mac対応〉1900円　①978-4-7973-8007-1　Ⓝ547.483
[内容]　作ってたしかめて、応用する力が身につく。最新CSS3準拠、Win/Mac対応。ステップバイステップで理解しながら進められる入門書の決定版！

『Webデザイン・コミュニケーションの教科書』秋葉秀樹,秋葉ちひろ著　SBクリエイティブ　2014.9　192p　24cm〈索引あり〉2400円　①978-4-7973-7622-7　Ⓝ547.483
[内容]　現場のビギナーが知っておくべき初歩から、ベテランがつまずきがちな落とし穴まで、この1冊でフォロー。最強デザイン脳ができ上がる画期的テキストブック、ついに誕生！

『Google AdSense成功の法則57—収益化を加速させる「広告対策」と「実践ノウハウ」』染谷昌利著　ソーテック社　2014.7　199p　21cm　1480円　①978-4-8007-1056-7　Ⓝ674.5
[内容]　世界最強のGoogle版アフィリエイト、究極のテクニックを完全公開!!テキスト広告、ディスプレイ広告の使い方をトコトンわかりやすく解説。驚くほど効果が見込めるGoogle AdSenseの配置事例を大公開！

『はじめてのMarkdown—軽量マークアップ言語の記法と使い方』清水美樹著,I/O編集部編集　工学社　2014.5　159p　21cm（I/O BOOKS）〈索引あり〉1900円　①978-4-7775-1832-6　Ⓝ547.483
[内容]　「Markdown」を実際に書くときに初心者がつまづきやすいポイントに重点を置いて、解説。「失敗例」や「疑問が涌きそうな書例」を豊富に、念を入れて、紹介している。

『作りながら学ぶHTML/CSSデザインの教科書』高橋朋代,森智佳子著　SBクリエイティブ　2013.12　336p　24cm〈索引あり〉2800円　①978-4-7973-7302-8　Ⓝ547.483
[内容]　基礎の基礎から、サイトの公開まで。美しいサイトを作り、魅せるための、不朽の力が身につく。Google Chrome、Internet Explorer、Safari、Firefox、Operaに対応。

『イラストでよくわかるJavaScript—Ajax・jQuery・HTML5/CSS3のキホン』安藤建一,杉本吉章,小田倉竜也著　インプレスジャパン　2013.11　212p　24cm〈文献あり　索引あり　イラスト：めじろまち　発売：インプレスコミュニケーションズ〉1800円　①978-4-8443-3502-3　Ⓝ547.483
[内容]　Webプログラミングのはじめの一歩。HTMLやCSSをおさらいしながら、JavaScriptの基礎を習得しよう！

『フラットデザインの基本ルール—Webクリエイティブ＆アプリの新しい考え方。』佐藤好彦著　インプレスジャパン　2013.11　159p　21cm〈索引あり　発売：インプレスコミュニケーションズ〉1980円　①978-4-8443-3505-4　Ⓝ547.483
[内容]　iOS7で注目の「フラットデザイン」誕生の背景と将来をデザイン事例や先駆者インタビューから紐解く一冊。

『マルチデバイス時代のWebデザインガイドブック』鍋坂理恵,大月茂樹著　ソシム　2013.11　255p　26cm〈索引あり〉2400円　①978-4-88337-894-4　Ⓝ547.483
[目次]　1章 Webデザインの変化,2章 スマートフォンとタブレット向けのWebデザイン,3章 アプリのデザイン,4章 レスポンシブWebデザイン,5章 プロトタイピングの活用,6章 サンプル＆チュートリアル

IT技術を学ぼう　　　　　　　　　　　　　　　　　　　　　ウェブデザインをするには

『ウェブデザインを仕事にする。―プロの考え方、ワークフロー、つくる楽しさ』ラナデザインアソシエイツ監修，フレア著　エムディエヌコーポレーション　2013.10　159p　26cm〈索引あり　発売：インプレスコミュニケーションズ〉2200円　Ⓣ978-4-8443-6369-9　Ⓝ547.483
[内容] 現場のプロが考えるウェブデザイナーに必要なこと。「ウェブデザイナーになる！」「キャリアアップしたい！」という方のために、第一線の仕事の様子とプロとして求められる知識・スキルをまとめたガイドブック。

『Webクリエイターのための Web マーケティング―クライアントに喜ばれるWeb制作の手引き』山田案稜著　ソシム　2013.6　287p　21cm　1800円　Ⓣ978-4-88337-867-8　Ⓝ675
[内容] サイト制作だけじゃもったいない。Webクリエイターだからこそすぐに活かせるマーケティングノウハウ。

『レスポンシブWebデザイン「超」実践デザイン集中講義』山崎大助著　ソフトバンククリエイティブ　2013.4　215p　24cm〈索引あり〉2200円　Ⓣ978-4-7973-7353-0　Ⓝ547.483
[内容] 現場のプロがとことん教える実務で使えるマルチデバイス対応サイトの作り方。1ソースであらゆるデバイスに対応する最新のWeb制作技術を確実に身につけよう。

『スマートフォンデザインでラクするために』石嶋未来著　技術評論社　2013.3　223p　19×19cm〈索引あり〉2380円　Ⓣ978-4-7741-5510-4　Ⓝ547.483
[内容] 「手順がわかる本は読んだ」「テクニックはたくさん知ってる」でも、なぜかちっともラクにならないのはどうして？　そんなあなたを助けるシンプルだけど100年先でも役立つルールとは。

『スラスラわかるJavaScript』生形可奈子著　翔泳社　2013.3　400p　21cm（Beginner's Best Guide to Programming）〈索引あり〉2300円　Ⓣ978-4-7981-2583-1　Ⓝ547.483
[内容] 「JavaScript関連の知識はゼロ」という状態から、JavaScriptの基礎知識や作法、基本構文、基本テクニックなどを無理なく習得し、読んだあとには、プログラムが自力で作れるようになるところまで、しっかりとフォロー。基礎を無理なく学べる、図解と短いサンプルを使用した

わかりやすい解説。

『レスポンシブWebデザイン入門―マルチデバイス時代のWebデザイン手法』小川裕之著　マイナビ　2013.3　319p　24cm〈索引あり〉2800円　Ⓣ978-4-8399-4539-8　Ⓝ547.483
[内容] 概要から制作準備、実践、役立つテクニックまで豊富なサンプルを通して基本から学べる。スマートフォン・タブレット・PC…あらゆるデバイスにワンソースで対応！　身につけておきたいレスポンシブWebデザインの手法を解説。

『ウェブ配色決める！　チカラ―WEB COLOR SCHEME：問題を解決する色彩とコミュニケーション』坂本邦夫著　ワークスコーポレーション　2013.2　223p　21cm〈索引あり〉2300円　Ⓣ978-4-86267-139-4　Ⓝ547.483
[内容] センスに頼らず解決策に導く、逆引きハンドブック。

『12歳からはじめるHTML5とCSS3』TENTO著　ラトルズ　2013.1　303p　23cm　2380円　Ⓣ978-4-89977-342-9　Ⓝ547.483
[内容] HTML/CSSの基礎からJavaScriptの初歩まで！　最新の情報をわかりやすく解説。日本ではじめての子ども向けプログラミングスクールで小学生が学んだカリキュラムをそのまま本にした。

『スマートフォンデザイン見本帳』矢野りん著　エムディエヌコーポレーション　2013.1　159p　26cm〈発売：インプレスコミュニケーションズ〉2500円　Ⓣ978-4-8443-6310-1　Ⓝ547.483
[内容] これから、スマートフォンサイトとアプリのデザインはどうあるべきなのか？　デザインと機能性に優れたスマートフォンサイトとアプリのデザインのポイントとインターフェイスの仕組みを500点あまりの実例とともに具体的に解説しました。見た目だけではなく、ユーザビリティや実用性にすぐれた、これからのスマートフォンサイトとアプリのデザインのための、実践的デザインカタログ。

『レスポンシブWebデザイン―制作の実践的ワークフローとテクニック』渡辺竜著　ソシム　2013.1　319p　24cm〈索引あり〉2800円　Ⓣ978-4-88337-857-9　Ⓝ547.483
[内容] レスポンシブWebデザインにまつわる

基本的な知識を、技術的な側面と、その土台となる考え方から丁寧に解説。レスポンシブなWebサイトを構築するために最適な制作体制、そしてワークフローを具体例を交えて説明。メディアクエリからCSSスプライトまで、レスポンシブWebデザインを実装するための具体的な手法を紹介。また、それらの手法を用いて実際にサンプルサイトを構築していく。

『スマートフォンサイト制作ハンドブック』CREAMU、嶋田智成共著　第2版　秀和システム　2012.12　191p　21cm　〈索引あり〉1600円　①978-4-7980-3577-2　Ⓝ547.483
日次 1 依頼を受けたときの注意点、2 スマートフォン用デザインの考え方、3 コーディング前に検討しておくべきこと、4 サイト制作に役立つコーディングテクニック、5 サンプルサイドで学ぶ制作方法、6 サイトをサーバにアップロードして公開する、7 シミュレータのインストールと使い方、interview クリエイターの制作現場

『デザイナーズテキストHTML入門』日本パソコンスクール協会著　日経BP社　2012.12　174p　30cm〈発売：日経BPマーケティング〉2800円　①978-4-8222-9381-9　Ⓝ547.483

『これからはじめるSEO内部対策の教科書』瀧内賢著　技術評論社　2012.11　223p　21cm〈索引あり〉1880円　①978-4-7741-5294-3　Ⓝ547.483
内容 SEO（検索エンジン最適化）コンサルタントが、SEO内部対策の基本や、SEO効果のあるタグへの書き換え方、ソースコード全体を徹底的に最適化する方法などを具体的に解説する。

『サンプルで学ぶ魅せるスマートフォンサイト・デザイン』瀧上園枝著　マイナビ　2012.9　255p　24cm〈索引あり〉2480円　①978-4-8399-3542-9　Ⓝ547.483
内容 PhotoshopやIllustratorによるデザインプレビュー/パーツの作成から、HTML/CSSによるコーディングまで、豊富な作例でテクニックを解説。

『スマートフォンサイト設計入門―使いやすく魅力的なサイトをデザインする』アイ・エム・ジェイマルチデバイスLab.著　技術評論社　2012.8　215p　23cm（Books for Web Creative）〈索引あり〉2480円　①978-4-7741-5181-6　Ⓝ547.483

内容 スマートフォンサイトは、デバイス特有の利用シーンや独特のタッチインターフェイスを理解したうえで、最適な設計をする必要があります。情報アーキテクチャの考え方に基づき、ユーザビリティの高いスマートフォンサイトを設計する方法を解説します。

『超簡単ブログを1時間で作る本―ポケット図解：便利技』中村有里著　第3版　秀和システム　2012.8　191p　19cm（Shuwasystem PC Guide Book）〈索引あり　Windows7/Vista/XP対応〉750円　①978-4-7980-3443-0　Ⓝ547.483
日次 第1章 ブログの概要、第2章 各ブログサービスの特徴、第3章 ブログの作成と編集（基本）、第4章 ブログの作成と編集（応用）、第5章 コメントとトラックバック、第6章 ブログを充実させる機能、第7章 ブログの展開、第8章 ブログを探す

『スマートフォンサイトデザインブック―仕事で絶対に使うプロのテクニック』アジタス著　エムディエヌコーポレーション　2012.7　254p　26cm〈索引あり　発売：インプレスコミュニケーションズ〉2800円　①978-4-8443-6273-9　Ⓝ547.483
内容 スマートフォンサイトのデザインに必要な情報がすべて一冊でわかります。スマートフォンサイト制作の基礎知識も解説。実際の現場で使うテクニックを大公開。本格的な企業サイトにも使える技を厳選。"デザインの考え方"を丁寧に解説。

『レスポンシブ・ウェブデザイン標準ガイド―あらゆるデバイスに対応するウェブデザインの手法』こもりまさあき著　エムディエヌコーポレーション　2012.6　223p　25cm〈索引あり　発売：インプレスコミュニケーションズ〉2500円　①978-4-8443-6266-1　Ⓝ547.483
内容 レスポンシブ・ウェブデザインとは何か、どのようなメリットがあるのか、どのようにデザインするのか、レスポンシブ・ウェブデザインにまつわるあらゆる項目を総合的にまとめた標準ガイドブック。

『クリエイターの卵のためのWebデザイン集中講座』アークフィリア著　マイナビ　2012.4　288p　24cm〈索引あり〉2580円　①978-4-8399-4238-0　Ⓝ547.483
内容 FireworksとDreamweaverを使ってデザインからコーディングまで1冊でマスター。画面の設計からパーツ制作、マークアップ、

IT技術を学ぼう　　　　　　　　　　　　　　　ウェブデザインをするには

CSSコーディングまでWebデザインのワークフローを全部学べる。

『ウェブデザインのつくり方、インターフェイスデザインの考え方。―新しいウェブデザインの技法大全！』矢野りん著　エムディエヌコーポレーション　2011.10　255p　21cm〈発売：インプレスコミュニケーションズ〉2300円　①978-4-8443-6222-7　Ⓝ547.483
内容　Webとスマートフォン、そして電子書籍をデザインするために必要なデザインのセオリーと技法をやさしく解説した、誌上「ウェブデザイン講座」。

『"ソーシャル"なサイト構築のためのWeb APIコーディング―Twitter・Facebook・YouTube・Ustream』MdN編集部編　エムディエヌコーポレーション　2011.5　175p　24cm〈索引あり　発売：インプレスコミュニケーションズ〉2300円　①978-4-8443-6193-0　Ⓝ547.483
内容　「つぶやき」「いいね」をサイトに組み込む実践的Web API活用術。いま流行のソーシャルサービスが勢ぞろい。

『すべての人に知っておいてほしいWEBデザインの基本原則』新谷剛史,加藤善規,こもりまさあき,境祐司,坂本邦夫,武内満,豊沢泰尚,原田学史,古籏一浩,渡邉大翼共著　エムディエヌコーポレーション　2011.4　223p　26cm〈発売：インプレスコミュニケーションズ　索引あり〉2500円　①978-4-8443-6181-7　Ⓝ547.483
内容　進化をし続けるWEBデザインの世界。知っているつもりのそのルールは今も通用しますか？　WEBを正しくデザインするためのルールとテクニック、現在のすべてを網羅した決定版、ここに登場。

『プロのWebクリエイターになるための教科書』千貫りこ著　毎日コミュニケーションズ　2011.2　255p　24cm〈索引あり〉2480円　①978-4-8399-3735-5　Ⓝ547.483
内容　サイトの質も、クライアントとの良好な関係も手に入れる。小～中規模案件を手掛けるWebクリエイターに読んで欲しい、よりよい仕事をするためのバイブル。

『携帯+iPhoneモバイルサイト制作術―実践的コーディング＆デザイン完全ガイド』久保靖資,豊沢泰尚共著　エムディエヌコーポレーション　2010.9　223p　24cm〈発売：インプレスコミュニケーションズ〉2200円　①978-4-8443-6136-7　Ⓝ547.483
内容　ケータイサイトの企画・設計・運用の注意点、XHTML+CSSによる3キャリア汎用コーディング、ドコモ・au・ソフトバンク端末の検証結果も掲載、iPhone最適化サイトの制作手法、PCサイト制作者のための超実践的Q&A。

『人気サイトに学ぶウェブユーザビリティ』猿橋大著　秀和システム　2010.6　213p　24cm　2400円　①978-4-7980-2621-3　Ⓝ547.483
内容　何故、人はコンビニに毎日よってしまうのだろう？　何故、人気サイトは人気があるのだろう？　何故あの綺麗なサイトは人気がないのだろう？　コンビニに、人を惹きつける工夫が数々されているように人気サイトにも人を離さない数々の工夫がされている。人気サイトで採用されているユーザインターフェース・デザインから学ぶウェブの黄金則。

『ソーシャルアプリ入門―SNSプラットフォームビジネスの企画・開発・運営ガイド』クスール,dango,クレイ,マイクロアド,富川真也,新井啓祥著　翔泳社　2010.5　211p　21cm〈索引あり〉1890円　①978-4-7981-2133-8　Ⓝ547.483
内容　SNSプラットフォームを利用したアプリケーションビジネスが急成長している。各SNSが提供するプラットフォームビジネスの現状と、SNSアプリを企画、開発、運営するノウハウをわかりやすく解説する。

『プロになるためのWeb技術入門―なぜ,あなたはWebシステムを開発できないのか』小森裕介著　技術評論社　2010.5　277p　23cm〈文献あり　索引あり〉2280円　①978-4-7741-4235-7　Ⓝ547.483
内容　Webアプリケーション開発の「基礎の基礎」をしっかり学べる入門書。通信技術とソフトウェア開発技術の両面から、Webシステムのしくみをひとつひとつ確実に解説。

『iPhone Web style―iPhoneにフィットしたウェブサイトデザイン』正健太朗,川畑佑介著　ソフトバンククリエイティブ　2009.3　179p　24cm〈索引あり〉2800円　①978-4-7973-5138-5　Ⓝ547.483
内容　独自のスタイルで魅せる、これがiPhone

ヤングアダルトの本　創作活動をささえる4000冊　　295

流のWebサイト。縦/横どちらでも綺麗に見えるiPhoneサイトの制作をスタートしましょう。

『ブログデザイン—graphics, color & navigation』大藤幹,松原慶太,押本祐二,境祐司,こもりまさあき共著　翔泳社　2008.8　128p　19cm（クリエイターのための3行レシピ）1300円　⓵978-4-7981-1668-6　Ⓝ547.483
[内容]世界中の秀逸なブログサイトを参考にして、ブログをぐっとカッコよく、使いやすくするデザインのアイデアを厳選60のレシピにまとめた。パラパラ眺めるだけで、デザインのネタ探しにも役立つ。

『新人Webデザイナーの仕事』加藤才智著　翔泳社　2008.2　143p　21cm　2000円　⓵978-4-7981-1592-4　Ⓝ547.483
[内容]Webデザインの現場に立つその前に。日々、進化を続けるWebデザインの基本ノウハウを詰めこみました。

『インターネットにかかわる仕事—マンガ』ヴィットインターナショナル企画室編　ほるぷ出版　2007.1　142p　22cm（知りたい！なりたい！職業ガイド）2200円　⓵978-4-593-57196-3　Ⓝ694.5
[内容]本書では、さまざまな分野の職業が取り上げられ、その範囲は社会、文化、芸術、スポーツ、環境などさまざまな世界にわたっています。ひとつのテーマで3つの職業が紹介され、その仕事のようすやその職業に就くための方法などがコミックと文章でガイドされています。

『誰でも簡単！手取り足取り「自分流」ブログカスタマイズ—このとおりやればすぐできる!!』青木恵美著　技術評論社　2006.6　295p　21cm　1880円　⓵4-7741-2787-6　Ⓝ547.483
[内容]掲示板、ペット、ニュースなど、楽しいブログパーツを設置しよう！Amazonや楽天市場でアフィリエイトをはじめよう！そのほか自分流にカスタマイズするテクニックを紹介。

『ブログデザインの本』グロービズ著　秀和システム　2006.3　253p　21cm（ウェブデザインブック）1980円　⓵4-7980-1246-7　Ⓝ547.483
[内容]知っておきたいデザイン知識、知っておきたいウェブ製作知識、便利なカラー配色イメージなど。

『誰でも簡単！手取り足取り「自分流」ブログ入門—このとおりやればすぐできる!!』青木恵美著　技術評論社　2005.78, 287p　21cm　1680円　⓵4-7741-2402-8　Ⓝ547.483
[内容]カンタン、便利、楽しい！話題のブログが30分で作れる！ココログ/ライブドアブログ/はてなダイアリーに対応。

『Webデザイン・ハンドブック—効率的なサイト制作のためのヒント＆ガイド』深沢英次著　エムディエヌコーポレーション　2005.5　207p　22cm〈発売：インプレスコミュニケーションズ〉1800円　⓵4-8443-5802-2　Ⓝ547.483
[内容]サイト制作に求められる知識をコンパクトに集約し、豊富な図表とともに解説。Webデザイナーを成功に導く必携テキスト。

『超簡単！ブログ入門—たった2時間で自分のホームページが持てる』増田真樹［著］　角川書店　2005.1　190p　18cm（角川oneテーマ21）705円　⓵4-04-704187-4　Ⓝ547.483
[内容]誰もが簡単にホームページを作れるということで、ブログの開設者が急増しています。小学生から70代のお年寄りまで、とくれば、その敷居の低さがお分かりいただけるでしょうか。本書を読めば、あなたも今日からブロガーです。充実したセカンドライフが始まります。ブログを開設して、活力ある毎日を送りましょう。

『Webクリエイターの現場—96人のプロが教えるWeb制作最前線　デザイン解説付』アスキー　2003.12　184p　28cm　2680円　⓵4-7561-4381-4　Ⓝ674.6

『落ちるなキケン！webデザインの落とし穴』Web creators編集部編　エムディエヌコーポレーション　2003.9　207p　21cm〈発売：インプレスコミュニケーションズ〉2500円　⓵4-8443-5682-8　Ⓝ547.483
[内容]WEBデザインには、とてもキケンな落とし穴がいっぱい！サイト制作の作業において起こりがちな「落とし穴」を実践的に回避する方法をまとめたテクニック解説書。図書全体に穴あり。

『Webデザイン必携』深沢英次著　エムディエヌコーポレーション　2002.6　207p　26cm〈発売：インプレスコミュニケーションズ〉2300円　⓵4-8443-

『5645-3　Ⓝ547.483
|内容| Web制作に必要な情報・資料を豊富な図版や表を使って詳説、仕事の能率を大幅にアップさせる最強ハンドブック。

『Webデザイン初級講座―好感度を確実に上げる』内田広由紀著　視覚デザイン研究所　2001.12　142p　26cm　2500円　Ⓘ4-88108-163-2　Ⓝ547.483
|目次| 好感度の高いWebページとは、レイアウトの6要素―3つのキーワードをつくりだすデザインのスケールツール（レイアウトスタイル、情報量、タイトル、配色、画像、レイアウトの完成度を上げる）

『ホームページを作ろう』梅津健志監修、梅津健志著、こどもくらぶ編　ポプラ社　2001.4　47p　29cm（総合的な学習のためのインターネット活用書 3）〈索引あり〉2600円　Ⓘ4-591-06709-2, 4-591-99366-3（set）
|内容| 調べたことを発表するためには、どんな方法があるのだろう？　プレゼンテーションやホームページ作成など、方法と注意点をくわしく説明。小学校高学年向。

『Webデザイン超入門―自分に合った"コンセプトWeb"を作るために』太田公士著、レディバード編集部編　すばる舎　2001.3　143p　21cm（Compu books）1900円　Ⓘ4-88399-116-4　Ⓝ547.438
|内容| 本書は、敢えて具体的な技術ではなく、Webデザインにはどのようなイメージの類型（パターン）があるのか、イメージに即して配色はどのように考えたらいいのか、構図はどのようにしたらいいのかなどのデザインの観点や、ホームページを構成する要素を整理して紹介することによって、皆さんの「個性的なホームページ作り」に役立つ本作りを目指しました。

『ホームページでふるさと新聞をつくろう―地域学習・ふるさとじまん・インターネット』金子美智雄監修、ヴィップス編　ほるぷ出版　2000.3　40p　31cm（テーマ発見！　総合学習体験ブック）〈索引あり〉2800円　Ⓘ4-593-57305-X, 4-593-09614-6（set）
|内容| 本書では、パソコンを使った情報の発信の仕方について考え、そして、いまもっとも新しいメディアであるインターネットで、自分たちの学校を紹介するホームページを発信することをめざします。企画の立て方、取材の方法やマナー、記事のまとめ方に重点を置き、先進校の実例や調べ学習に役立つイン

ターネット情報を豊富に紹介しています。

◆ウェブライティング

『「最強の一言」Webコピーライティング―AI時代の初心者が大手代理店に勝つ技術―ほんの数文字の工夫が「売れるサイト」をつくる！　マイクロコピー活用術』野津瑛司著、山本琢磨監修　スタンダーズ・プレス　2024.6　233p　21cm〈発売：スタンダーズ〉2000円　Ⓘ978-4-86636-683-8　Ⓝ675
|内容| ほんの数文字の工夫が「売れるサイト」をつくる！　誰でも早く簡単に売上を伸ばせるWebコピーライティング＝マイクロコピーの方法を実例に沿って解説。AIツールと組み合わせてもっと効率的にアイデアを出す方法も紹介。

『AI時代のWebライター1年目の教科書―未経験から副業・起業で稼ぐ―3ケ月で月3万円を叶える』佐々木ゴウ著　日本能率協会マネジメントセンター　2024.5　311p　21cm　1800円　Ⓘ978-4-8005-9141-8　Ⓝ021.3
|内容| 3ケ月で月3万円を叶える。Webライターは時代遅れ？パソコンが苦手、しばらく働いていない、もう若くない―全部大丈夫。今の力で書いて、お試し営業から始まる、無理なくできる超高速の仕事獲得テクニック。

『はじめてのソーシャルメディア論』白土由佳著　三和書籍　2024.3　211p　21cm〈文献あり〉2200円　Ⓘ978-4-86251-529-2　Ⓝ007.353
|内容| 次々と現れるソーシャルメディアは、現代に生きる私たちの生活にとって必要不可欠なもの。Xなど身近にあるソーシャルメディアを例に、社会学や心理学、工学など分野を横断し、広く深くソーシャルメディア論の世界を紹介する。

『フォロワーが増える！　Instagramコンテンツ制作・運用の教科書―初心者OK！』mikimiki web school著　秀和システム　2024.1　223p　21cm〈索引あり〉1600円　Ⓘ978-4-7980-7085-8　Ⓝ007.353
|内容| 集客力がアップする最新ツールを活用したテクニックを解説！

『X集客の教科書―500フォロワーで稼げる人10万フォロワーで稼げない人』門口拓也著　KADOKAWA　2023.12

223p　21cm　1600円　ⓘ978-4-04-606342-7　Ⓝ675
[内容]バズり、センス、宣伝費はいらない。成功者しか知らないSNSマーケティングの正解。

『はじめてのWebライティング大全100』
芝田弘美著　自由国民社　2023.12　223p　21cm（1日1テーマ読むだけで身につく）1800円　ⓘ978-4-426-12957-6　Ⓝ816
[内容]専門知識不要。「成果が上がる」文章の書き方！Web集客のプロがわかりやすく解説。刺さる文章術！

『TikTok完全マニュアル—販促・PR・ファン獲得も！』桑名由美著　秀和システム　2023.11　231p　21cm〈索引あり〉　1400円　ⓘ978-4-7980-7042-1　Ⓝ007.353
[内容]効果や分割での編集、LIVE配信の基本から、安全・快適に使う設定まで、TikTokの使い方を紹介。収益化の種類や方法、動画のクオリティを上げたいときのアプリやサービスについても解説する。

『100倍売れる文章が書ける！Webライティングのすべてがわかる本』KYOKO著　ソーテック社　2023.1　255p　21cm　1780円　ⓘ978-4-8007-1313-1　Ⓝ816
[内容]ネットで稼ぎたい、ブログで広告収入を得たい、販売に誘導する記事が書きたい、文章で人の心を動かしたい。読者の見ない壁、読まない壁、行動しない壁を突破する文章テクニック！

『ブログマネタイズのツボ84—ブログを活用して人気者や専門家になる！本気で夢を実現するための方法初めての人も、再入門の人も！』菅家伸著　ソシム　2022.7　334p　21cm　1700円　ⓘ978-4-8026-1374-3　Ⓝ675
[内容]これからの時代のブログの新たな活用法とは。お小遣い稼ぎブログではなく、本物の副業＆ビジネスとなる、人が集まるブログの書き方を大公開。好きなこと、得意なことを発信してマネタイズするテクニックを紹介する。

『沈黙のWebライティング—Webマーケッターボーンの激闘』松尾茂起著，上野高史作画　アップデート・エディション　エムディエヌコーポレーション　2022.5　639p　21cm〈頒布・発売：インプレス〉　2100円　ⓘ978-4-295-20290-5　Ⓝ675
[内容]Webサイトで成果を上げるための文章の書き方を、ストーリー形式で学ぶライティングの実用入門書。SEOに強いライティングをストーリー形式で学ぶ！

『一生使えるWebライティングの教室—10代から大人まで、基礎から身につく「文章力」』片桐光知子著　マイナビ出版　2022.3　247p　24cm（Compass Web Development）〈文献あり　索引あり〉　2190円　ⓘ978-4-8399-7721-4　Ⓝ816
[内容]Webライティングの前段階にあたるWeb上の調査・分析から、それらに裏付けられた企画立案、記事構成の作成、ライティング、リライトまでを解説する。書き込み式の課題なども収録。

『TikTokハック—あなたの動画がバズり続ける50の法則』マツダ家の日常著　KADOKAWA　2022.2　217p　19cm　1400円　ⓘ978-4-04-605650-4　Ⓝ007.353
[内容]TikTok再生回数世界5位！（2021年10月期）。実験と失敗から導き出した「バズる法則」を全解禁！

『世界一やさしいTwitter集客・運用の教科書1年生—再入門にも最適！』岳野めぐみ著　ソーテック社　2022.1　319p　21cm　1480円　ⓘ978-4-8007-2099-3　Ⓝ675
[内容]ネットの共感をビジネスにつなげる秘訣とは。アカウント設定から、キャンペーン企画、口コミの創出、広告展開まで、Twittterで集客・収益を上げる方法を伝授する。

『超ライティング大全—「バズる記事」にはこの1冊さえあればいい』東香名子著　プレジデント社　2021.6　309p　19cm　1600円　ⓘ978-4-8334-2416-5　Ⓝ816
[内容]定番テーマ、下準備、ルール、推敲のコツ、タイトルの作り方…。バズった記事10491本を徹底的に研究してわかった、バズる記事を最短・最速で書くために必要な情報を紹介する。「バズる単語136」付き。

『「バズる文章」のつくり方—100万PV連発のコラムニスト直伝』尾藤克之著　WAVE出版　2021.6　239p　21cm〈文献あり〉　1400円　ⓘ978-4-86621-341-5　Ⓝ816
[内容]書くのが「苦手」「嫌い」でもコツさえ

『自分らしさを言葉にのせる売れ続けるネット文章講座』さわらぎ寛子著　ぱる出版　2020.9　206p　19cm　1400円　ⓘ978-4-8272-1246-4　Ⓝ007.353
　内容　"自分らしさが伝わる"→"ファンが増える"→"集客に悩まない"コピーライターによる人気文章講座を書籍化！

『世界一やさしいWebライティングの教科書1年生―再入門にも最適！』グリーゼ著　ソーテック社　2020.9　271p　21cm　1680円　ⓘ978-4-8007-1273-8　Ⓝ816
　内容　「Webライターとして稼げるようになりたい」と思っている人のための、ネット文章術の入門書。書き方の基本から、説得力ある表現、キャッチコピー術、メールの作法までを、例文や練習問題を盛り込んで解説する。

『はてなブログPerfect GuideBook』JOE AOTO著　改訂第2版　ソーテック社　2020.7　278p　21cm〈索引あり　最新インターフェイススマホ対応〉1680円　ⓘ978-4-8007-1269-1　Ⓝ007.353
　内容　投稿・アフィリエイト・カスタマイズ・アクセスアップ…記事の管理からデザインカスタマイズ、集客、広告、SNSとの連携も！基本操作から活用ワザまで知りたいことが全部わかる！

『1時間でわかるWebライティング―要点を絞った"超速"解説』ふくだたみこ,さかたみちこ著　技術評論社　2018.12　159p　19cm（スピードマスター）1000円　ⓘ978-4-297-10253-1　Ⓝ816
　内容　この1冊で自信を持って文章を書く力が身に付く。効率よく書くための技術を紹介する。顧客をぐっと引き付けるコツを解説。

『この一冊で面白いほど人が集まるSNS文章術』前田めぐる著　青春出版社　2018.3　312p　15cm（青春文庫 ま-40）〈「ソーシャルメディアで伝わる文章術」（秀和システム 2013年刊）の改題、大幅に加筆・修正し、新規原稿を加えて再編集〉850円　ⓘ978-4-413-09692-8　Ⓝ816
　内容　Facebook、Twitter、ブログなどのソーシャルメディアでの伝わりやすい・誤解を受けにくい文章の書き方や、書く内容についての目的に応じたポイント・マナーを紹介する。

『学生のためのSNS活用の技術』佐山公一編著,髙橋大洋,吉田政弘著　第2版　講談社　2018.2　151p　21cm〈文献あり　索引あり〉2200円　ⓘ978-4-06-153162-8　Ⓝ007.353
　内容　情報収集と情報発信。双方向からのSNS活用のポイントをわかりやすく解説。在学中はもちろん、社会に出てからも使える内容！

『たくさん読まれるアメブロの書き方』木村賢著　技術評論社　2017.12　174p　19cm　1480円　ⓘ978-4-7741-9416-5　Ⓝ007.353
　内容　あなたのブログに、もっとたくさんの人が来るようになる。あなたのブログを、もっとたくさんの人に読んでもらえるようにする。この本には、そのためのヒントを詰め込んでいます。

『SNS地獄を生き抜くオトナ女子の文章作法』石原壮一郎著　方丈社　2017.10　171p　19cm　1200円　ⓘ978-4-908925-18-4　Ⓝ007.353
　内容　LINE、フェイスブック、ツイッターで、スルーされない、嫌われない、振り回されない、悩まない、強くたくましいオトナ女子になるための文章作法を、大人コラムニスト・石原壮一郎が指南します。

『Web文章の書き方入門教室―いますぐはじめる：5つのステップで「読まれる→伝わる」文章が書ける！』志鎌真奈美著　技術評論社　2016.6　191p　26cm　1980円　ⓘ978-4-7741-8072-4　Ⓝ816
　内容　Webライティングの基本はこれ1冊でマスター！　商品紹介・会社案内・ブログ記事など用途別に、豊富な文例を挙げながらノウハウを開示。検索エンジンを意識した文章の書き方もしっかりフォローします。書き込みページあり。

『書かなきゃいけない人のためのWebコピーライティング教室』森田哲生著　KADOKAWA　2016.6　174p　21cm（［WEB PROFESSIONAL］）2000円　ⓘ978-4-04-865625-2　Ⓝ674.6
　内容　キャッチも見出しもリードも自由自在!?　文才不要のWebコピー設計術！　コンテンツマーケティングの「書けない」悩みを現役コピーライターが楽しく解決。

『SNS時代の文章術』野地秩嘉［著］　講

談社　2016.3　205p　18cm（講談社＋α新書 721-1C）　840円　⓵978-4-06-272932-1　Ⓝ816
内容　「文章力ゼロ」からプロの物書きになった筆者だから書けた「21世紀の文章読本」

『高校生が教える先生・保護者のためのLINE教室』旭LINE同盟, 佐藤功著　学事出版　2015.9　63p　21cm　1000円　⓵978-4-7619-2141-5　Ⓝ547.483
内容　「大人にLINEを教える」活動を行っている大阪府立旭高等学校の生徒によるLINE教室。LINEを使用している子どもをもつ保護者や、使い方の指導をする先生に向けて、当世LINE事情やLINEルール等を解説する。

『ツイッターくらいはモテさせろ！ ゆるカワWeb女子入門書』小野ほりでい著　一迅社　2015.7　127p　19cm　1121円　⓵978-4-7580-6518-4　Ⓝ694.5
内容　ネットに蔓延る困ったさん。そんな人たちの生態を大胆解説。油断もスキもないネット社会に生きる女子に贈る、女子のためのWebライフスタイル入門書!!アナタのWeb女子力を上げる11のポイントを徹底解説!!

『レスポンシブEメールデザイン―マルチデバイス時代の魅せるメルマガの作り方』こもりまさあき著　KADOKAWA　2015.1　181p　21cm（WEB PROFESSIONAL）〈索引あり〉2400円　⓵978-4-04-869227-4　Ⓝ547.483
内容　見やすく、押しやすいデザインでCTRを上げる。「買う」「読む」「お店へ行く」効果の上がるメールの考え方・作り方。すぐに使えるテンプレート＆全文PDF付。

『はちま起稿―月間1億2000万回読まれるまとめブロガーの素顔とノウハウ』清水鉄平著　SBクリエイティブ　2014.3　207p　19cm　1500円　⓵978-4-7973-7628-9　Ⓝ547.483
内容　ブログに人生を狂わされた男！ ゲームブログ、ステマ、まとめ、ゲハ、アフィリエイト、顔バレ、裏切り、会社、2ちゃんねる転載禁止、家庭崩壊、著作権問題、引退宣言、参考人取調べ、記事はタイトルが命、ライバルを見つけろ、独自性を持たせろ、アンチがいて一人前、18時間更新×365日―全部明かします！

『SEOに効く！ Webサイトの文章作成術』ふくだたみこ著, 鈴木将司監修　新潟　シーアンドアール研究所　2014.2　223p　19cm　1600円　⓵978-4-86354-141-2　Ⓝ675
内容　「Webに人を集める」「検索ランキング上位に表示する」には、もはや被リンクに依存してはダメ！ 企業のWebコンテンツ制作・メールマガジン制作・キーワードライティングのプロが「人を集めるための文章術」を大公開！

『ウェブでの〈伝わる〉文章の書き方』岡本真著　講談社　2012.12　174p　18cm（講談社現代新書 2187）〈文献あり〉740円　⓵978-4-06-288187-6　Ⓝ816
内容　「Yahoo！ 知恵袋」生みの親がわかりやすく語る！ ウェブにはウェブのルールとコツがある。

『書ける!!SNSメッセージ―1駅3分集中！：通勤解速トレーニング』浅羽真由美, 高津由紀子著　マクミランランゲージハウス　2012.9　214p　19cm　1700円　⓵978-4-7773-6465-7　Ⓝ836

『SNSの超プロが教えるソーシャルメディア文章術』樺沢紫苑著　サンマーク出版　2012.4　270p　19cm　1500円　⓵978-4-7631-3217-8　Ⓝ816
内容　ライティング・テクニックといっても、国語的な文章の書き方ではなく、「ソーシャルメディアに書く」上で、どんなことに気をつけて書くべきなのか、何を書くと読者に支持されるのか、というように、「どう書くか」だけではなく、「何を書くか」というコンセプトをも含めた書き方について説明。ソーシャルメディアを盛り上げ、ビジネスに役立てるライティングの教科書。

『ニコニコ動画の中の人　2冊目　うp主50人くらい（？）…また紹介してみた―公式』『ニコ動の中の人』の中の人編　PHP研究所　2011.12　159p　21cm　1000円　⓵978-4-569-80065-3　Ⓝ547.483
目次　巻頭特集（イベント特集, VOCALOID TM3発売特集, インタビュー特集, ニコニコで漫画を描いてみた, ニコニコ静画で絵を描いてみた!!!!, 自主制作アニメ特集）、うp主インタビュー（描いてみた、踊ってみた、ゲーム実況、ニコニコ技術部、編集部独断と偏見うp主Pick Up！）、ニコニコ動画のお楽しみ、カテゴリ紹介

『ニコニコ動画の中の人―うp主50人くらい（？）…紹介してみた』『ニコ動の中の人』の中の人編　PHP研究所　2011.

IT技術を学ぼう　　　　　　　　　　　　　　　　ウェブデザインをするには

3　159p　21cm　952円　①978-4-569-79534-8　Ⓝ547.483
内容 古参から新参まで話題のうp主にインタビュー。

『ツイッターってラジオだ！―ナンバーワンツイッター番組のパーソナリティがつぶやくあなたの味方を増やす59の方法』吉田尚記著, ニッポン放送出版編
講談社　2010.9　190p　18cm　952円　①978-4-06-216444-3　Ⓝ547.483
内容 ラジオが培ってきた技術をツイッターで生かすと、押しつけがましくなく、自然にあなたのことをわかってもらえて、味方を増やすことができる！日本初のツイッター完全連動番組のパーソナリティとして放送で毎日しゃべり、みずからの手でツイートを行う著者ならではの、初めて具体的にツイッターを理解し、具体的に使う知恵のある本。ツイッターがもたらす未来図へも踏み込む一冊。

『ツイッターの教科書―本当はココが知りたかった　自分ブランディングから企業PRまで』松宮義仁著　徳間書店　2010.6　171, 31p　19cm〈文献あり〉1400円　①978-4-19-862973-1　Ⓝ547.483
内容「ソーシャルメディア時代」に、個人も組織もともに成長するためのノウハウを詰め込んだツイッター超入門。ツイッターが「わかりにくい」のは、ツイッターには「作法」が必要だから。あなたの人脈力、知識力、コミュニケーション力をアップさせる「つぶやき方」を手取り足取り教えます。

『ツイッターの使い方が面白いほどわかる本―今さら聞けない』ノマディック著　中経出版　2010.5　221p　15cm（中経の文庫 の-1-3）571円　①978-4-8061-3696-5　Ⓝ547.483
内容 人気急上昇中の「ツイッター」は、140文字以内で自分の今を"つぶやき"、他者と情報を共有するという新たなコミュニケーション・ツールです。本書は、マニアはもちろん、超ビギナーにも対応。ツイッターの基礎知識を皮切りに、携帯を使った高度な利用法など、実生活や仕事でフル活用できる便利なノウハウをわかりやすく解説しています。

『携帯＆iPhoneツイッターを使いこなす！―140文字の「つぶやき」は最強の情報ツール！』武井一巳著　日本文芸社　2010.3　222p　18cm（日文新書 043）724円　①978-4-537-25747-2　Ⓝ547.483

内容 やさしく詳しい解説で最高の結果を出す、50のノウハウ！Twitterのつながる力でビジネス・チャンスをつかむ。

『これは「効く！」Web文章作成＆編集術―逆引きハンドブック』松下健次郎著　ワークスコーポレーション　2010.1　199p　21cm〈文献あり 索引あり〉2000円　①978-4-86267-079-3　Ⓝ547.483
内容 よくある悩みから解決方法を導く、Webサイト運営・コンテンツづくりの処方せん。

『SNS実践講座』加藤忠宏著　同友館　2007.5　211p　21cm　2200円　①978-4-496-04306-2　Ⓝ694.5
内容 ガンガン売れるWebの実践テクニックが満載。実践派コンサルが語るWeb戦略。

『日記ブログで夢をかなえる』経沢香保子著　ダイヤモンド社　2006.12　195p　19cm　1300円　①4-478-73338-4　Ⓝ694.5
内容 超人気「女性起業塾」主宰、人気社長ブログ「人生を味わい尽くす」ブログを書く、経沢香保子の体験的ブログ術。

『ブログを本にする本―逆説！ブログの使い方：ブログがあったら本にしよう！：人気サイトでなくてイイ』佐藤英典著　発売：太陽出版　2006.12　122p　21cm（本作りマニュアルシリーズ 2）1200円　①4-88469-495-3　Ⓝ023
内容 ブログに書きためた文章の数々。扱いに困っていませんか？書籍の意義を見失ったすべてのユーザーに、書籍の価値を見失ったすべての読者に捧ぐ。本作り新時代の書!!駄文を宝の山に!!競い合っていては見出せない、あなたの文章の真価、お伝えします。アクセスランキング、ミリオンセラーはもういらない。

『Web文章上達ハンドブック―良いテキストを書くための30カ条』森屋義男著　日本エディタースクール出版部　2006.7　102p　19cm　1200円　①4-88888-369-6　Ⓝ816
内容 魅力あるWebサイトを作成するには、テキスト編集のレベルが高くなくてはなりません。IT系雑誌ベテラン編集長がレクチャーする"Webに活かせる"文章技法。ディレクター、ライター、エディターのそれぞれの基本則10カ条を指南。

『一日10分で上達！Webライティング』平野栄著　武蔵野書院　2006.4　181p

19cm 952円　①4-8386-0415-7　Ⓝ547.483

[内容] ホームページで生きる文章表現術、必ず読んでもらえるメルマガの書き方とは？ コメントを増やす！ ブログ文章作成法、携帯メール、コミュニケーション上達法、絵文字、顔文字は次世代の言語、など、文章上達法メルマガ、ダントツ人気のプロが、そのノウハウを教えます。

『「手帳ブログ」のススメ―日々の記録から成功を引き出すブログ術』大橋悦夫著　翔泳社　2006.4　181p　19cm　1380円　①4-7981-1102-3　Ⓝ694.5

[目次] 1日目―ブログをはじめるには何が必要？ ～1週間―とにかく毎日書き続ける！、～2週間―書きっぱなしではもったいない！、～1ヶ月―スタート！ マイブログ、～3ヶ月―視点を変え、可能性を掘り出す、～半年後―長く楽しく続けるには？

『頭のいい人のブログ悪い人のブログ』天野優志著　徳間書店　2006.1　237p　19cm　1300円　①4-19-862107-1　Ⓝ547.483

[内容] 目立つ！ 好かれる！ 惹きつける！ 人気ブログをつくる秘訣をアナタに！ どこからでも友達や仲間を見つけられるうえ、お小遣い稼ぎも夢じゃない、ブログの世界へようこそ。「始めてみたい」人から、「こんなはずじゃなかった！」人まで、快適ブログ・ライフのアッタマい～いつかみ方。

『招待状、届きましたか？―SNS「ソーシャル・ネットワーキング・サービス」で始める新しい人脈づくり』田中良和監修、原田和英著　ディスカヴァー・トゥエンティワン　2005.9　215p　21cm　1200円　①4-88759-402-X　Ⓝ694.5

『伝わる、Webテキストのつくりかた―知っておきたい文字情報デザインテクニック』栗原明則著　ビー・エヌ・エヌ新社　2005.9　207p　21cm　1600円　①4-86100-343-1　Ⓝ547.483

[内容] ライター、編集者、WEBクリエイター、サイト運営者、ブロガー等々情報発信者の必須知識、読ませるテキストデザイン、教えます。

『ソーシャル・ネットワーキング・サービス―縁の手帖』ヒマナイヌ監修、猪蔵、川井拓也、石谷匡希、原田和史、中村初生、南田要、高橋暁子、田中頼人、神田敏晶著　翔泳社　2005.3　207p　21cm　1580円　①4-7981-0802-2　Ⓝ694.5

[内容] SNSは新しいシステムでありながら、なぜか懐かしさを感じさせるサービスです。それは古くからある人の「縁」をベースにした仕組みだからでしょう。本書を通してインターネット最先端の定番に触れてみるのはいかがでしょうか。

『ウケるブログ―Webで文章を"読ませる"ための100のコツ』高瀬賢一著　技術評論社　2005.2　206p　19cm　1180円　①4-7741-2258-0　Ⓝ816

[目次] 第00章 プロローグ、第01章 書く前に、第02章 読み手を一目で惹きつける、第03章 惹きつけた読み手を逃さない！ その1―中身で読み手を魅了する、第04章 惹きつけた読み手を逃さない！ その2―読みやすさ、わかりやすさの追求、第05章 仕上げ

『ブログで始める超速起業入門』中野瑛彦著、藤井孝一監修　明日香出版社　2004.11　219p　21cm（Asuka business & language books）1400円　①4-7569-0816-0　Ⓝ007.35

[目次] 第1章 ブログはカンタン、楽しい、儲かる―基礎編、第2章 こんなにあるブログのメリット―知識編、第3章 さあブログを試してみよう！―準備編、第4章 オンリーワン戦略を作れ！―戦略編、第5章 5つの戦術―戦術編、第6章 ブログで収入をアップする―応用編

『伝わるWeb文章デザイン100の鉄則』益子貴寛著　秀和システム　2004.7　231p　21cm　1800円　①4-7980-0816-8　Ⓝ547.483

[内容] 本書は「文書の改善こそが最大のアクセスアップ法だ」というコンセプトのもと、文章の基本ルールから効果的なレイアウト法、魅力的な文章の書き方、文章の信頼感を高める方法、文章系コンテンツの書き方、校正の仕方まで、ウェブでの文章表現を実践的・網羅的に解説した本だ。

『行列のできるメルマガ作成入門』高橋浩子著　翔泳社　2004.5　256p　21cm　1480円　①4-7981-0649-6　Ⓝ694.5

[内容] 『普通の人がこうして億万長者になった』の著者・本田健氏も、『儲かるしくみはこうつくれ』の著者・岡崎太郎氏も皆メルマガをやっていた！ メルマガの成功者の独占インタビューで、その成功の裏側にある独自の戦略や成功の秘密を明かす！ また、具体的な制作フローを手取り足取り解説し、経験からしか得られない実用的なノウハウを一挙公開。さらに、読者アンケートをもとに、読まれるメルマガの条件を徹底検証。これから

『メルマガ起業1年目の成功術—あなたの情報がお金にかわる！』平野友朗著　ベストブック　2004.3　207p　19cm　1300円　Ⓘ4-8314-0075-0　Ⓝ694.5
[内容] 本書では、著者がどういう経緯で独立をし、何を思って起業したのか？そしてその思いつきのビジネスを利益1000万円以上にまで育てることができたのかを体験をベースに紹介する。人との出会いの話が中心で進められているが、人との出会いが大きな影響を与えていたことは紛れもない事実である。そのため、私が歩んできた道を出会った方の順番に時系列で追っている。その体験の中で、私がその行動をとった理由、そこから得たこと、考えたこと、感じたこともあわせて書いた。

『有料メルマガの作り方—素人でもできる、夢の「印税生活」！』浜野秀雄著　サイビズ　2004.3　79p　26cm（SOHO books—図解まるわかりシリーズ）1000円　Ⓘ4-916089-36-7　Ⓝ694.5
[内容] 著者の経験を踏まえて、メールマガジンライターの素晴らしさを伝え、そしてどうすればなれるかを答えるのが本書の目的である。

『メルマガ成功の鉄則—読者1万人をお客に変える』平野友朗著　サイビズ　2003.12　79p　26cm（SOHO books—図解まるわかりシリーズ）1000円　Ⓘ4-916089-33-2　Ⓝ694.5
[目次] 1 メルマガ基礎編—メルマガは「安い・早い・うまい（儲かる）」，2 メルマガ特長編—発行しなきゃ損する、これだけのメリット，3 メルマガ準備編—「まぐまぐ」でメルマガを発行してみよう、4 メルマガ文章編—買ってもらえる、メルマガの書き方、5 メルマガ戦略編—メルマガで売上を伸ばし続けるしくみ、6 メルマガ実践編—メルマガで新規客を獲得するしくみ、7 メルマガ応用編—リピーターをつくる、3段階フォロー術

『『メルマガ』成功のルール—あなたもメルマガを立ち上げよう！　元手がいらない強力な宣伝』高橋浩子著　明日香出版社　2003.5　263p　19cm（Asuka business & language books）1300円　Ⓘ4-7569-0646-X　Ⓝ694.5
[内容] 「メールマガジン？なんですか？」という方や、「もうとっくに出してるけど、いまいち効果が上がらないよ、トホホ…」といった悩める皆様に、先行"成功組"直伝の"成功のルール"を伝授する一冊。

『メルマガ情報発信術—手軽に使えるITツール あなたも「メルマガ」で自己表現・自己実現できる』中村秀樹著　オーエス出版　2000.11　239p　21cm　1500円　Ⓘ4-87190-880-1　Ⓝ694.5
[内容] メールマガジンはホームページほど難しくもないし、文章がキーボードから入力できる人なら誰でも発行人になることができる、新しいメディアです。これは、メールマガジンのつくりかたから発行の仕方まで、すべてを親切に解説した本です。

『ホームページ繁盛の法則』別冊宝島編集部編　宝島社　2000.7　252p　16cm（宝島社文庫）600円　Ⓘ4-7966-1866-X　Ⓝ366.59
[内容] たった半年で…たった1年で…楽しんでやってたら儲かっちゃいました！ゼロから始めた素人から今やこんな声が続出する、ホームページは打ち出の小槌だ！ラクして遊んでボロ儲けのための開設実験、趣味や遊びを極めて大成功のサイト紹介から、あなたの趣味へのスポンサーのつけ方、月30万円の副収入を得るためのサイト運営術まで、「好きなことして大繁盛」のための完全ガイド。

『ザクザク儲かるホームページの掟—ゴミホームページを儲かる（金）に変える』川崎裕司著　あさ出版　2000.6　207p　21cm（1発でわかるsuperマスター）1500円　Ⓘ4-900699-52-7　Ⓝ675
[内容] あなたのホームページはゴミになっていませんか？こんなホームページは要注意！すぐに金への変身をはかりましょう。

《動画制作・動画配信しよう》

『今すぐ使えるかんたんYouTube動画編集入門—PowerDirector対応版』入江祐也著　改訂新版　技術評論社　2024.6　207p　24cm（Imasugu Tsukaeru Kantan Series）〈索引あり〉1700円　Ⓘ978-4-297-14194-3　Ⓝ746.7
[内容] 撮影から編集・投稿までYouTube動画の作り方がすぐわかる！

『VTuberデザイン大全—あなたの魅力を引き出すアイデア集』小栗さえ監修　KADOKAWA　2024.5　191p　21cm　1900円　Ⓘ978-4-04-606804-0　Ⓝ726.507
[内容] 業界初のVTuberデザイン書！VTuber

活動に必要なコンテンツ制作のノウハウを一冊の本にしました。

『ゲーム会社が本気でVtuber作ってみた』MUTAN著　ボーンデジタル　2023.8　429p　26cm〈索引あり〉5000円　①978-4-86246-557-3　Ⓝ007.637
内容　キャラモデルの作り方をイチから丁寧に教えてくれる。「この1冊があればOK」という頼もしい本です！

『YouTubeライブ配信大全―OBS Studio対応版』リンクアップ著，アバンク監修　技術評論社　2023.7　287p　21cm　2200円　①978-4-297-13555-3　Ⓝ007.353
内容　ライブ配信をマスターする94技教えます。基本から実践、OBS Studioの詳細設定まで、これ1冊でわかる！

『今すぐ使えるかんたんPremiere Proやさしい入門』阿部信行著　技術評論社　2023.6　255p　24cm（Imasugu Tsukaeru Kantan Series）〈索引あり　Windows & Mac対応　サンプルファイルダウンロード〉2680円　①978-4-297-13547-8　Ⓝ746.7
内容　動画編集の基本から実践テクニックまでこの1冊でわかります。丁寧な解説でわかりやすく、やりたいことをすぐに試せる、初心者でも安心して学べる。

『YouTube投稿＆集客プロ技BESTセレクション』リンクアップ著，ギュイーントクガワ監修　改訂2版　技術評論社　2023.6　255p　21cm（今すぐ使えるかんたんEx）〈索引あり　初版のタイトル：YouTube投稿＆集客プロ技セレクション〉1800円　①978-4-297-13483-9　Ⓝ675
内容　これが知りたかった！　動画の視聴＆投稿のキホンから再生数アップ＆収益化まで！厳選137技。

『〈超完全版〉YouTube大全―6ケ月でチャンネル登録者数を10万人にする方法』小山竜央著　KADOKAWA　2023.3　397p　21cm〈表紙のタイトル：YouTube complete works〉1900円　①978-4-04-605557-6　Ⓝ007.353
内容　これまでアドバイスしたYouTubeチャンネルの総登録者7000万人超の仕掛け人が初めて語る「新時代の動画マーケティング」のすべてがここに！　動画で世界を変える！

『YouTube活用大全―使い方を広げて楽しもう』守屋恵一著　技術評論社　2023.3　245p　21cm　1400円　①978-4-297-13429-7　Ⓝ007.353
内容　動画の編集・投稿・管理からショート動画、ライブ配信、広告収益もわかる。スマホで使う方法も解説。必須の知識を1冊に凝縮！

『After Effectsよくばり入門―初めてだけど、いっぱいやりたい！』TETERON著　インプレス　2023.2　302p　26cm（できるよくばり入門）〈索引あり　CC対応 Windows & Mac　サンプルデータダウンロード　動画解説付　資料ダウンロード〉2720円　①978-4-295-01583-3　Ⓝ746.7
内容　初めてでも安心の解説動画付き。やる気がアップする魅力的な作例。ワンランク上のテクニックまで学べる。

『YouTuberのための動画編集逆引きレシピ―無料ではじめる！』阿部信行著　インプレス　2023.1　287p　21cm〈索引あり　DaVinci Resolve 18対応〉2400円　①978-4-295-01588-8　Ⓝ007.353
内容　編集の基礎から実践的なワザまでこの一冊でしっかり身に付く！

『今すぐ使えるかんたんYouTube動画編集入門』入江祐也著　技術評論社　2021.12　191p　24cm（Imasugu Tsukaeru Kantan Series）〈索引あり　PowerDirector対応版　背・表紙のタイトル：YouTube動画編集入門〉1680円　①978-4-297-12492-2　Ⓝ007.353
内容　PowerDirectorの操作方法、YouTube Studioの使い方、収益化のしくみ…。動画の撮影から編集・投稿まで、YouTube動画の作り方を大きな画面写真とともにわかりやすく解説する。

『YouTuberの教科書―視聴者がグングン増える！　撮影・編集・運営テクニック』大須賀淳監修　インプレス　2021.9　255p　21cm〈索引あり〉1680円　①978-4-295-01262-7　Ⓝ007.353
内容　機材選び、音声の編集、チャンネル運営、ライブ配信…。YouTuberを楽しく続けるために、今さら聞けない基礎知識から、再生数が伸びる動画作りのワザまでをわかりやすく解説する。

『GoPro 100％活用ガイド―HERO9&8Blackによる《動画撮影の

IT技術を学ぼう　　　　　　　　　　　　動画制作・動画配信しよう

すべて》がわかる！』ナイスク著　技術評論社　2021.6　159p　26cm〈索引あり〉　HERO9 Black・8 Black対応版〉1680円　Ⓘ978-4-297-12086-3　Ⓝ746.7
[内容] これ1冊でクールな映像＆写真が撮れる！ 最新のHERO9&8 Blackによる"動画撮影のすべて"がわかる！

『メディアをつくる！―YouTubeやって考えた炎上騒動とネット時代の伝え方』池上彰, 増田ユリヤ著　ポプラ社　2021.6　188p　18cm（ポプラ新書 211）〈年譜あり〉890円　Ⓘ978-4-591-17043-4　Ⓝ070.14
[内容] SNSをやらない、テレビ、紙媒体で活躍する2人が、コロナ禍で学校に行けない子どもたちのために始めたYouTube。炎上騒動を経験して考えたこと、デジタル時代の理想のメディア、伝え方などを語り合う。

『世界一やさしいYouTubeビジネスの教科書1年生―再入門にも最適！』KYOKO著　ソーテック社　2021.2　303p　21cm　1680円　Ⓘ978-4-8007-2088-7　Ⓝ675
[内容] 広告収入だけじゃない独自コンテンツ販売、アフィリエイトなどYouTubeで稼ぐ入門書！ アルゴリズム対策、ジャンル選定から継続投稿のコツ、ネタ探しなど個人でも最速で結果を出せるノウハウが満載！

『いちばんやさしい音声配信ビジネスの教本―人気講師が教える新しいメディアの基ін』八木太亮, 江口立哉著　インプレス　2020.12　190p　21cm〈索引あり〉1600円　Ⓘ978-4-295-01044-9　Ⓝ699.7
[内容] 音声コンテンツの種類や特徴がよくわかります。音声配信のはじめ方やマネタイズ方法が理解できます。次の時代の音声コンテンツの流れがわかります。

『初心者VTuber登録者数100人突破するまでの道のりまとめました！』田近葵著　インプレスR&D　2020.11　58p　26cm（インプレスR&D「next publishing」―技術の泉series）〈企画・編集：技術の泉出版　頒布：インプレス〉1800円　Ⓘ978-4-8443-7921-8　Ⓝ007.353
[内容] VTuberになるためのノウハウ満載！ 配信環境セットアップからSNSマーケティングまで！

『マンガでわかるYouTuber養成講座―世界一のRyan's Worldのノウハウ公開！』シオン・カジ, ライアン・カジ著, NICOMICHIHIRO漫画　講談社　2020.11　190p　19cm〈標題紙のタイトル：YouTuber養成講座マンガでわかる〉1400円　Ⓘ978-4-06-521145-8　Ⓝ007.353
[内容] 視聴回数10億超えの動画は、スマホで撮れる！ YouTubeチャンネル『Ryan's World』の立役者が、基本の作業からチャンネル・ブランディングの方法まで、マンガとともにわかりやすく解説する。

『いきなり効果があがるPR動画の作り方―自分で作れる、シナリオが決め手』新井一樹編著, 岡田千重[ほか]執筆　改訂版　言視舎　2020.7　148p　21cm（「シナリオ教室」シリーズ）1600円　Ⓘ978-4-86565-184-3　Ⓝ674.6
[内容] 動画を使って新商品を売り出したい、定番シリーズをさらにPRしたい、会社のブランドイメージをアップさせたい！ PR動画を作るために、伝えたいことをどう整理し、どう表現したらよいのかをわかりやすく解説する。

『IT知識ゼロ＆アラフィフの私が2年で稼げるトップYouTuberになった方法』緒方亜希野著　扶桑社　2020.5　223p　19cm　1600円　Ⓘ978-4-594-08466-0　Ⓝ007.353
[内容] 長年こだわってきた仕事・趣味・習いごとの知識や経験を生かすチャンス！ YouTubeデビューから動画で収益を上げるまでのノウハウを丁寧に解説。

『もっとええのん追求（つく）りたい！―ギューイン流YouTubeの遊び方：トーク原稿、撮り方、サムネまで！「楽しむ」ための動画制作全部入り読本』ギューイーントクガワ著者・写真　玄光社　2020.5　159p　23cm　2200円　Ⓘ978-4-7683-1347-5　Ⓝ547.483
[内容] YouTubeへの動画投稿を始めたい、もっといい動画を作りたい―。そんな人に向け、YouTubeクリエイターの著者が動画づくりのノウハウをステップごとに紹介する。『VIDEO SALON』連載に加筆し書籍化。

『気をつけよう！ ネット動画　3　大丈夫!?動画の著作権』小寺信良監修　汐文社　2020.3　31p　27cm〈索引あり〉2500円　Ⓘ978-4-8113-2688-7　Ⓝ007.353
[内容] テレビ画面を撮って投稿していいの？

『気をつけよう！ ネット動画 2 動画投稿に潜むワナ』小寺信良監修 汐文社 2020.3 31p 27cm〈索引あり〉2500円 ①978-4-8113-2687-0 Ⓝ007.353
内容 炎上しちゃったらどうしたらいいの？ 動画投稿する時に気をつけることは？ SNSや動画共有、あなたの投稿大丈夫？

『気をつけよう！ ネット動画 1 動画を見るのがやめられない』小寺信良監修 汐文社 2020.1 31p 27cm〈索引あり〉2500円 ①978-4-8113-2686-3 Ⓝ007.353
内容 動画にハマりすぎるとどんなことが起こる？ 長時間視聴で体に異変が起きる？

『15秒から始めるウケるスマホ動画入門』戸田覚著 青春出版社 2019.11 156p 19cm 1400円 ①978-4-413-11305-2 Ⓝ007.353
内容 撮影・編集の基本から、YouTubeの配信方法、視聴者を増やすコツまで、誰でもマネできるテクニック満載。初心者の「わからない…」を解消する解説動画付き！

『世界一やさしいブログ×YouTubeの教科書1年生―再入門にも最適！』染谷昌利, 木村博史著 ソーテック社 2018.12 255p 21cm 1580円 ①978-4-8007-2063-4 Ⓝ007.353
内容 ブログの第一人者×動画の第一人者が誰も教えなかったアクセスアップの方程式を完全解説！

『親子で楽しむユーチューバー入門』FULMA株式会社, できるシリーズ編集部著 インプレス 2018.9 174p 24cm（できるキッズ）〈索引あり〉1850円 ①978-4-295-00449-3 Ⓝ007.353
内容 安心、家族や友人と楽しめる。ユーチューバーのようなワクワク動画を作ろう。

『今日からはじめる「技術Podcast」完全入門』YATTEIKI Project編, itopoid, kkosuge, r7kamura, soramugi著 インプレスR&D 2018.7 53p 26cm（Next Publishing―技術書典SERIES）〈発売：インプレス〉1600円 ①978-4-8443-9846-2 Ⓝ699.7

『After Effects FIRST LEVEL―ゼロからはじめる映像制作基礎テクニック』佐藤智幸著 ボーンデジタル 2018.4 371p 26cm〈索引あり〉3200円 ①978-4-86246-408-8 Ⓝ746.7
内容 AE初心者・未経験者のための最初の一冊！ 演習用素材をダウンロード提供！ ハンズオンで覚える必須機能＆テクニック！

『みるさんの〈歌ってみた〉やってみた』みるさん著 KADOKAWA 2016.10 127p 21cm 926円 ①978-4-04-068653-0 Ⓝ547.483
内容 ネットに歌をアップして、世界に発信しちゃおう！ YouTube動画総再生回数600万回の人気歌い手・みるさんが、〈歌ってみた〉のノウハウをコミックで紹介します。

『自分で作れる！ 効果的なYouTube広告動画の作り方』藤川佑介著 マイナビ出版 2016.8 207p 26cm〈索引あり〉2080円 ①978-4-8399-5973-9 Ⓝ674.6
内容 企業動画のすべてがわかる！ プロが教える！ 動画の構成から撮影・エフェクト編集まで、これ一冊で企業動画のすべてがわかる！ Premiere Pro、After Effects、Audition対応。

『いきなり効果があがるPR動画の作り方―自分で作れる、シナリオが決め手』新井一樹編著, 川村千重, 内藤麻貴, 田中和次朗執筆 言視舎 2016.7 146p 21cm（「シナリオ教室」シリーズ）1600円 ①978-4-86565-058-7 Ⓝ674.6
内容 公式SNS、自社サイト、広告動画…。効果のある「伝わる動画」を作るには、シナリオが必要。PR動画の目的に合わせてシナリオを作るコツを会話形式で解説する。

『1人でできる！ 3日で完成！ 事例で学ぶ1分間PR動画ラクラク作成ハンドブック―今日から役立つ入門書！ プロが教えるノウハウ満載』渡川修一, 小西イサオ著 明石 ペンコム 2016.6 207p 26cm〈索引あり〉 Windowsムービーメーカー対応 発売：インプレス 2000円 ①978-4-8443-7729-0 Ⓝ674.6
内容 動画でショップや商品、会社をPRしたい。しかも効果的に、無料で、カンタンに！ 個人事業主・中小企業・起業家・NPO・学生に向けて、1分間動画の作成法を徹底解説する。Windowsムービーメーカー対応。

『はじめての今さら聞けないGoPro入門』日沼諭史著 秀和システム 2015.10 143p 24cm（BASIC MASTER

| IT技術を学ぼう | AI・ChatGPTを使おう |

SERIES 446)〈索引あり〉1500円　①978-4-7980-4455-2　⑩746.7
内容　"どう撮ってるの!?"迫力動画を残せる。趣味をみんなに見せよう。激しく使っても本当に壊れない？　子供や動物を使って大丈夫なの？　実は仕事でも役に立つって本当？　こんな小さくて綺麗に撮れる？　皆が感じる疑問を解消。

『YouTube革命者 "異次元" の稼ぎ方──今、起きているネット平成維新。稼ぎの極意を10人の革命児から盗め。』菅谷信一著　ごま書房新社　2015.9　209p 19cm　1550円　①978-4-341-08623-7　⑩675
内容　今、起きているネット平成維新。稼ぎの極意を10人の革命児から盗め。一分動画で50億円。今、異次元で起きている革命の舞台裏。今日、本書を手に取ると、明日からのあなたの人生に「革命」が訪れます。

『YouTube投稿＆集客で稼ぐ！　コレだけ！　技』川崎實智郎、リンクアップ著　技術評論社　2015.1　191p　21cm〈索引あり〉1480円　①978-4-7741-7058-9　⑩547.483
内容　基本の操作から、応用ノウハウまで解説！

『YouTube成功の実践法則53──稼げる「動画作成テクニック」と「実践ノウハウ」』木村博史著　ソーテック社　2014.12　263p　21cm　1580円　①978-4-8007-1083-3　⑩547.483
内容　動画クリエイターやYouTuberが教えなかった動画制作＆YouTube活用戦略を完全公開!!簡単にマネができる一歩抜きん出るプロの動画制作テクニック満載！　ビジネスユースからYouTuberまで、目的別YouTube活用法を解説。

『YouTubeで食べていく──「動画投稿」という生き方』愛場大介著　光文社　2014.8　222p　18cm（光文社新書709）740円　①978-4-334-03804-5　⑩547.483
内容　「稼ぎたい」「有名になりたい」という願望は、YouTubeで簡単にかなえられるのだろうか？　日本で最も動画共有サイトの立ち上げに携わってきたビデオブロガーが、動画投稿ビジネスについて考える。

『YouTubeの女王× "ミラクル" 人生リメイク術』松本通子著、菅谷信一監修　ご

ま書房新社　2014.7　203p　19cm　1450円　①978-4-341-08591-9　⑩675
内容　再生回数65万回！　女性起業家日本一。スマホ1台、人生逆転のドラマ。25歳で借金3000万円。2人の子を残して、自殺未遂。最愛の人との離婚。無一文からたった300日で失ったお金・家庭・仕事を取り戻す方法…本書の他にあったら教えてください！

『YouTubeは僕たち家族の日常をお金に換えてくれました──「動画投稿」という生き方・働き方』伊藤元亮著　徳間書店　2013.11　188p　19cm　1200円　①978-4-19-863702-6　⑩547.483
内容　動画投稿だけで一家五人が食べていけるという事実！　生活の軸を「家庭99％・仕事1％」にする。コストもストレスも不要な暮らし方！

『僕の仕事はYouTube』HIKAKIN著　主婦と生活社　2013.7　158p　19cm　952円　①978-4-391-14379-9　⑩547.483
内容　『HikakinTV』『HIKAKIN』『Hikakin-Blog』総登録者数130万人超！　総再生回数3億3千万回超！　日本一のYouTuberが明かす成功秘訣＆必勝法則。

『YouTubeで小さく稼ぐ──再生回数2億回の達人が教える、撮った動画をお金に変える方法』MEGWIN著　大和書房　2013.6　159p　19cm　1300円　①978-4-479-79379-3　⑩547.483
内容　動画をお金に変える方法はたった一つ。再生回数を増やすことだけです。著者の8年間の「毎日欠かさず動画アップ」経験から誰でも実践できる法則をお伝えします。

《AI・ChatGPTを使おう》

『ChatGPTで身につけるPython──AIと、目指せプロ級！──新しい時代のプログラミング学習書』掌田津耶乃著　マイナビ出版　2024.5　10,277p　21cm〈索引あり〉2390円　①978-4-8399-8610-0　⑩007.64
内容　簡単なプロンプトで思ったような説明を受け取る方法、効率的に学ぶためのAIの活用法など、生成AIとの付き合い方と、プログラミング言語「Python」の基礎を一気に学べる入門書。

『自分専用AIを作ろう！　カスタムChatGPT活用入門』清水理史著　イ

ンプレス　2024.3　206p　21cm〈電子書籍付〉1400円　①978-4-295-01875-9　Ⓝ007.13
内容　複雑なプロンプトやコードは不要！ChatGPTの最新機能「カスタムChatGPT」について、作成方法と便利な使い方を紹介する。電子版のダウンロードサービス（購入特典）付き。

『やさしくわかる！　文系のための東大の先生が教えるChatGPT―知識ゼロから読める超入門書！』松原仁監修　ニュートンプレス　2024.3　303p　21cm〈索引あり〉1500円　①978-4-315-52784-1　Ⓝ007.13
内容　知識ゼロから読める、ChatGPTの超入門書。ChatGPTの基本、AIの急速な進化をもたらしたディープラーニング、画像生成AIのしくみや使い方などを、対話形式で、イラストや図も使いながらやさしく解説する。

『9歳から知っておきたいAIを味方につける方法』TOSS AI活用教育研究会編, 谷和樹監修　マイクロマガジン社　2024.2　207p　19cm〈文献あり　索引あり〉1500円　①978-4-86716-529-4　Ⓝ007.13
内容　世界的に広まる生成AI。とても便利なものですが、その危険性を知らないまま使うのはよくありません。生成AIのしくみや長所・短所、正しい使い方を、子どもにもわかるように解説します。

『初心者でもわかるChatGPTとは何か―自然な会話も高精細な画像も生成AIの技術はここまできた』松尾豊監修　ニュートンプレス　2024.1　139p　21cm（中・高生からの超絵解本）1345円　①978-4-315-52767-4　Ⓝ007.13
内容　ChatGPTのはじめ方やうまく使いこなすためのコツといった実践的な内容から、生成AIを発展させてきた技術までわかりやすく解説する。生成AIがかかえる課題や、生成AIがもたらす未来にもせまる。

『クリエイターのためのChatGPT活用大全―創作の幅が一気に広がる！』國本知里監修　Gakken　2023.12　207p　21cm（Re Series）1800円　①978-4-05-406953-4　Ⓝ007.13
内容　すぐに使える95の活用術カタログ。アマチュアからプロまで、副業にも役立つ！　アイデア＆作業効率に革命を起こすChatGPT「超」入門。

『人工知能入門―初歩からGPT/画像生成AIまで』豊田秀樹編著　東京図書　2023.12　311p　21cm〈索引あり〉3200円　①978-4-489-02416-0　Ⓝ007.13
内容　本書は、人工知能に関してまったく知識のない初心者の方を読者対象とした入門書です。実用的な意味での人工知能の実践的知識と技能を解説します。

『ChatGPTと学ぶPython入門―「Python×AI」で誰でも最速でプログラミングを習得できる！』熊澤秀道著　翔泳社　2023.11　247p　21cm〈索引あり〉1980円　①978-4-7981-8223-0　Ⓝ007.64
内容　「コード作成をChatGPTにサポートしてもらう」というコンセプトのPythonプログラミング入門書。プログラミングに必要な知識・概念・機能もしっかり解説する。「困ったときに使えるプロンプト集」も収録。

『ゼロからわかる生成AI法律入門―対話型から画像生成まで、分野別・利用場面別の課題と対策』増田雅史, 輪千浩平編著, 上村哲史[ほか]著　朝日新聞出版　2023.9　175p　19cm〈索引あり〉1600円　①978-4-02-251938-2　Ⓝ007.13
内容　対話型から画像生成まで、生成AIの法律にかかわる課題と対策を解説！

『10歳からの図解でわかるAI―知っておきたい人工知能のしくみと役割』山口由美, 木脇太一監修　メイツユニバーサルコンテンツ　2023.8　128p　21cm（まなぶっく）〈索引あり〉1680円　①978-4-7804-2816-2　Ⓝ007.13
内容　未来に役立つ正しい知識を、「いまとこれから」の視点でやさしく解説します。

『人工知能入門』小高知宏著　第2版　共立出版　2023.8　187p　21cm〈文献あり　索引あり〉2400円　①978-4-320-12568-1　Ⓝ007.13
内容　大学などにおける半期15回の講義を念頭においた、人工知能の教科書。諸領域をカバーし、図表を多用して現代的な視点からわかりやすく解説する。コラムや章末問題も掲載。ディープラーニングに関する話題を加えた第2版。

『世界一やさしいChatGPT入門』ChatGPTビジネス研究会著　宝島社　2023.8　223p　18cm（宝島社新書　689）〈文献あり〉900円　①978-4-299-04656-

7　Ⓝ007.13

内容　人類の脅威なのか？　それとも最高のツールなのか？　超高性能な文章生成AI「ChatGPT」について、知っておくべき事項や、仕組み、利用方法、注意点と併せて、その本当の姿を解き明かす。

『Python3年生ディープラーニングのしくみ―体験してわかる！　会話でまなべる！』森巧尚著　翔泳社　2023.8　223p　23cm（3年生）〈索引あり　サンプルはWebからダウンロード〉2200円　Ⓘ978-4-7981-7498-3　Ⓝ007.13

内容　パーセプトロンの作成、CNNによる画像認識の方法など、ディープラニングのしくみを、数式を使わず、イラストとともに会話形式でわかりやすく解説する。サンプルファイルのダウンロードサービス付き。

『身近なモノやサービスから学ぶ「情報」教室　4　アルゴリズムとデータサイエンス』土屋誠司編　鈴木基之著　大阪創元社　2023.8　199p　22cm〈索引あり〉2500円　Ⓘ978-4-422-40084-6　Ⓝ007.3

内容　身のまわりのモノをきっかけに「情報」について広く学べるテキスト。4は、アルゴリズムの基本的な考え方と種類、データ構造やさまざまなデータ分析の手法のほか、機械学習やニューラルネットワークを解説する。

『GPT4に聞いた「ChatGPT」―世界一わかる超入門100』興陽館編集部+AI著　興陽館　2023.7　251p　19cm　1200円　Ⓘ978-4-87723-312-9　Ⓝ007.13

内容　「ChatGPT」が教えてくれる「ChatGPT」のすべて！

『絵と図でよくわかる人工知能―AI時代に役立つ科学知識』ニュートン編集部編著　ニュートンプレス　2023.1　141p　21cm（14歳からのニュートン超絵解本）1345円　Ⓘ978-4-315-52645-5　Ⓝ007.13

内容　医療や芸術、接客もこなす社会に浸透していくAIの驚異的な進化がわかる。

『AI活用入門学習用ガイドブック―関西学院大学AI活用人材育成プログラム』日経パソコン編集部編集　日経BP　2022.12　98p　26cm　Ⓝ007.13

『ゼロから学ぶAI入門講座』阿部晋也著，コガク編　コガク　2022.12　109p　21cm〈索引あり　頒布・発売：とおと

うみ出版〉1800円　Ⓘ978-4-910754-07-9　Ⓝ007.13

内容　永年の企業内教育で培ったノウハウを基に、今話題だけどピンとこない、そもそも何の略なのかもわからない、そんな人向けの「AI解説」の決定版！　自ら学ぶ能動的解説書です。

『文系のためのめっちゃやさしい人工知能―はじめて学ぶ人でも、どんどん楽しく読める！：知識ゼロから読める超入門書！』松原仁監修　ニュートンプレス　2022.8　303p　21cm（東京大学の先生伝授）〈索引あり〉1500円　Ⓘ978-4-315-52591-5　Ⓝ007.13

内容　はじめて学ぶ人でも、どんどん楽しく読める！　知識ゼロから読める超入門書！

『Scratchであそぶ機械学習―AIプログラミングのかんたんレシピ集』石原淳也，小川智史，倉本大資著，阿部和広監修　オライリー・ジャパン　2022.7　197p　24cm〈頒布・発売：オーム社〉2200円　Ⓘ978-4-87311-996-0　Ⓝ007.13

内容　数学の知識も、テキストプログラミングも不要！　Scratchだけでできる、画像認識、音声認識、ポーズ推定を活用した楽しいプログラミング作品の作り方を紹介する。「Scratchではじめる機械学習」の姉妹編。

『絵でわかる10才からのAI入門』森川幸人著・イラスト　ジャムハウス　2022.2　191p　18cm（ときめき×サイエンス　ジャムハウスの科学の本 8）1600円　Ⓘ978-4-910680-00-2　Ⓝ007.13

内容　AI研究の第一人者が、子どもたちに向け、「AI（人工知能）とは何か」を豊富なイラストでわかりやすく解説する。AIの学習方法をゲームのようにおもしろ楽しく体験できる「宝箱へのルートを探せ！」も掲載。

『一般教養としての人工知能入門』上野晴樹著　近代科学社　2022.1　198p　21cm〈索引あり〉2100円　Ⓘ978-4-7649-0638-9　Ⓝ007.13

内容　大学の教養課程で学ぶAI（人工知能）のテキスト。AIの基本概念と関連学問、AI研究の現状およびAI技術の基礎、社会活動の中で使われている代表的なAI応用システムなどについて解説する。章末問題、用語集も収録。

『Python3年生機械学習のしくみ―体験してわかる！　会話でまなべる！』森巧尚著　翔泳社　2021.12　199p　23cm（3

年生）〈索引あり〉 2200円　Ⓝ978-4-7981-6657-5　Ⓝ007.13
内容 「Python2年生」の修了者を対象とした入門書。機械学習のしくみや、いろいろなアルゴリズムを、ヤギ博士とフタバちゃんの会話形式でまなべる。サンプルはWebからダウンロードできる。

『AIの時代を生きる―未来をデザインする創造力と共感力』美馬のゆり著　岩波書店　2021.10　206p　18cm〈岩波ジュニア新書 941〉860円　Ⓘ978-4-00-500941-1　Ⓝ007.13
内容 AIの存在感が増し、便利な暮らしへの期待や憧れが高まる一方で、仕事を奪われる不安に揺れる現代人。人間とAIの未来はどうあるべきなのか、AIの技術的な説明から社会的な影響まで、さまざまな視点を提供する。

『AI時代を生き抜くプログラミング的思考が身につくシリーズ　7　ロボットと生きる世界』土屋誠司著　大阪　創元社　2021.9　47p　27cm〈索引あり〉2500円　Ⓘ978-4-422-40057-0　Ⓝ007.63
内容 第7巻のテーマはロボット。すでに、さまざまな場所やいろいろな分野で人間と共に働いているロボットの活躍を見ながら、その歴史や危険性について学びます。

『はじめての機械学習―中学数学でわかるAIのエッセンス』田口善弘著　講談社　2021.7　217p　18cm〈ブルーバックス B-2177〉〈文献あり 索引あり〉1000円　Ⓘ978-4-06-523960-5　Ⓝ007.13
内容 近年、飛躍的な進歩を遂げている「機械学習」。その基本的な概念と、線形回帰、主成分分析、BERT、GANなどの代表的な手法を、難解な数式を使わず、中学生でもわかる平易な記述で解説する。

『これならわかる機械学習入門』富谷昭夫著　講談社　2021.3　244p　21cm〈文献あり 索引あり〉2400円　Ⓘ978-4-06-522549-3　Ⓝ007.13
内容 膨大な観測データから普遍的な法則を抽出する手法とは？ 高校数学レベルから始まり、Python、TensorFlowによる実装、最新の論文まで踏み込む、機械学習の入門書。

『ディープラーニング実装入門―PyTorchによる画像・自然言語処理』吉崎亮介, 祖父江誠人著　インプレス　2020.12　335p　24cm（impress top gear）〈索引あり〉3600円　Ⓘ978-4-295-01062-3　Ⓝ007.13
内容 ディープラーニングの実用的な応用のための知識を基礎から学べる入門書。画像の解析とテキスト分析処理を例に、ディープラーニングライブラリPyTorchを使って解説する。

『AI時代を生き抜くプログラミング的思考が身につくシリーズ　1　AI〈人工知能〉のきほん』土屋誠司著　大阪　創元社　2020.9　47p　27cm〈索引あり〉2500円　Ⓘ978-4-422-40050-1, 978-4-422-40060-0（set）　Ⓝ007.63
内容 第1巻のテーマはAI（人工知能）。その歴史や問題点を踏まえつつ、人工知能がもつ主要な5つのはたらきである「知識」「推論」「探索」「分類」「学習」について学びます。

『ゼロからつくるPython機械学習プログラミング入門』八谷大岳著　講談社　2020.8　349p　21cm（機械学習スタートアップシリーズ）〈文献あり 索引あり〉3000円　Ⓘ978-4-06-520612-6　Ⓝ007.13
内容 機械学習アルゴリズムの原理を徹底マスター！ Pythonの基本ライブラリのみを用いたゼロからの実装に重きを置いて、機械学習の基礎理論と実装方法を解説する。プログラムコードはダウンロード可能。

『Scratchではじめる機械学習―作りながら楽しく学べるAIプログラミング』石原淳也, 倉本大資著, 阿部和広監修　オライリー・ジャパン　2020.7　190p　24cm〈文献あり　発売：オーム社〉2200円　Ⓘ978-4-87311-918-2　Ⓝ007.13
内容 ブロック型のビジュアルプログラミング言語「Scratch」を使って学ぶ、小学校高学年くらいの年齢から読める機械学習の入門書。プログラムを作りながら学ぶことで、仕組みを考える力を養うことができる。

『AIとともに生きる未来　3　AIの今―スマート家電・バーチャルアシスタントなど』山田誠二監修　文溪堂　2020.3　47p　30cm〈索引あり〉3200円　Ⓘ978-4-7999-0354-4　Ⓝ007.13
内容 実用化が進み、社会的にもよく知られるようになったAI（人工知能）。AI活用の最前線、いろいろなタイプのAIと、最新AIなどをイラストや図版を使ってやさしく解説する。コラムも収録。

『AIとともに生きる未来　2　AIの進化―

IT技術を学ぼう　　　　　　　　　　　　　　　　AI・ChatGPTを使おう

『推論・探索からディープラーニングまで』山田誠二監修　文溪堂　2020.3　47p　30cm〈索引あり〉3200円　①978-4-7999-0353-7　Ⓝ007.13
[内容]実用化が進み、社会的にもよく知られるようになったAI（人工知能）。推論・探索からディープラーニングまで、AI研究の進化をイラストや図版を使ってやさしく解説。「フレーム問題」などについてのコラムも収録。

『ラズパイとEdgeTPUで学ぶAIの作り方―次世代AIチップをRaspberry Piで動かす！』高橋秀一郎著　インプレスR&D　2020.3　79p　26cm（Next Publishing―技術の泉SERIES）〈発売：インプレス〉1800円　①978-4-8443-7859-4　Ⓝ007.13

『AIとともに生きる未来　4　これからのAI―「シンギュラリティ」が来る？』山田誠二監修　文溪堂　2020.2　47p　30cm〈索引あり〉3200円　①978-4-7999-0355-1　Ⓝ007.13
[内容]実用化が進み、社会的にもよく知られるようになったAI（人工知能）。ロボット開発や、AIのある未来、AIが人間の知能を上回る＝シンギュラリティなどをイラストや図版を使ってやさしく解説する。コラムも収録。

『AIとともに生きる未来　1　知ろうAIというプログラム』山田誠二監修　文溪堂　2020.2　47p　30cm〈索引あり〉3200円　①978-4-7999-0352-0　Ⓝ007.13
[内容]実用化が進み、社会的にもよく知られるようになったAI（人工知能）。「AIとは何か」から、発展の歴史、実現のための技術まで、イラストや図版を使ってやさしく解説。「チューリング・テスト」などのコラムも収録。

『クラウドではじめる機械学習―Azure ML Studioでらくらく体験』脇森浩志，杉山雅和，羽生貴史著　改訂版　リックテレコム　2019.5　351p　24cm〈文献あり　索引あり〉2700円　①978-4-86594-162-3　Ⓝ007.13
[内容]クラウドサービス「Azure ML Studio」の操作と、機械学習の仕組みが学べる入門書。異常検知に関する章を書き下ろした改訂版。2024年4月まで有効の簡易電子版コンテンツ引換袋綴じ申請コード付き。

『イラストで読むAI入門』森川幸人著　筑摩書房　2019.3　167p　18cm（ちくまプリマー新書 322）780円　①978-4-480-68349-6　Ⓝ007.13
[内容]AIは本当に優れている？ そもそもAIって何？　その歴史から進歩の過程までを数式を使わずに解説した入門書。AIはどのように私たちの生活にはいってくるのかを、イラストで読み解く。

『AIのひみつ―ミッションをクリアしてときあかす！　3　AIと人間のこれから』香山瑞恵監修　フレーベル館　2019.2　47p　29cm〈索引あり〉3500円　①978-4-577-04669-2　Ⓝ007.13
[内容]いつ生まれて、なにができて、どうやって開発されているのか、実はよく知られていないAI（人工知能）。「将来、AIにまかせられる仕事を探しだせ！」などのミッションを通して、AIと人間のこれからをやさしく解説する。

『AIのひみつ―ミッションをクリアしてときあかす！　2　くらしをささえるAI』香山瑞恵監修　フレーベル館　2018.12　47p　29cm〈索引あり〉3500円　①978-4-577-04668-5　Ⓝ007.13
[内容]いつ生まれて、なにができて、どうやって開発されているのか、実はよく知られていないAI（人工知能）。「AIが得意なことを探しだせ！」などのミッションを通して、くらしをささえるAIの役割と未来像をやさしく解説する。

『AI入門講座―人工知能の可能性・限界・脅威を知る』野口悠紀雄著　東京堂出版　2018.11　301p　20cm〈索引あり〉1800円　①978-4-490-20996-9　Ⓝ007.13
[内容]「人間の仕事が奪われる」「AI大国・中国の脅威」「新たな格差社会の誕生」…AI時代を生き抜くための必読書！

『AIのひみつ―ミッションをクリアしてときあかす！　1　AIってなんだろう？』香山瑞恵監修　フレーベル館　2018.10　47p　29cm〈索引あり〉3500円　①978-4-577-04667-8　Ⓝ007.13
[内容]いつ生まれて、なにができて、どうやって開発されているのか、実はよく知られていないAI（人工知能）。「AIができることを見極めよ！」などのミッションを通して、「AIとはなにか」をやさしく解説する。

『夢見るディープラーニング―ニューラルネットワーク〈Python実装〉入門：ダウンロードサービス付』金城俊哉著　秀和システム　2018.6　245p　21cm〈文献あり　索引あり〉1500円　①978-4-

7980-5433-9　Ⓝ007.13
　内容　コグニティブ・コンピューティングへの第一歩。日本一わかりやすいPythonによる深層学習の手ほどき！

『ロボットは東大に入れるか』新井紀子著　改訂新版　新曜社　2018.5　300p　19cm（よりみちパン！セ YP06）〈初版：イースト・プレス 2016年刊〉1500円　Ⓘ978-4-7885-1563-5　Ⓝ007.13
　内容　AIにしかできないことは何か。そして、人間に残されていることとは何か。東大模試で偏差値72.6を叩き出したAI「東ロボくん」の成長と挫折のすべてを紹介しながら、「東ロボくん」の将来と私たちの未来について考える。

『いちばんやさしいAI〈人工知能〉超入門』大西可奈子著　マイナビ出版　2018.3　191p　21cm〈索引あり〉1580円　Ⓘ978-4-8399-6559-4　Ⓝ007.13
　内容　機械学習、ディープラーニングもやさしく解説。数式なし！専門用語なし！

『いちばんやさしいディープラーニング入門教室―TensorFlowとKerasで学ぶ必須の基礎理論と実装方法』谷岡広樹,康鑫著　ソーテック社　2018.2　247p　24cm〈文献あり　索引あり〉2580円　Ⓘ978-4-8007-1187-8　Ⓝ007.13
　内容　ディープラーニングの基礎理論とPythonによる実装をTensorFlowとKerasでやさしく学べる入門書。基礎数学もフォロー。Webからサンプルプログラムをダウンロードできる。

『Excelでわかるディープラーニング超入門―AIのしくみをやさしく理解できる！』涌井良幸,涌井貞美著　技術評論社　2018.1　207p　21cm〈索引あり〉1880円　Ⓘ978-4-7741-9474-5　Ⓝ007.13
　内容　ExcelはAI学習に最適！ディープラーニングの基本となる畳み込みニューラルネットワークのしくみを、Excelを利用して理解することを目的とした入門書。サンプルファイルをダウンロードできるURL付き。

『図解でわかる14歳から知っておきたいAI』インフォビジュアル研究所著　太田出版　2018.1　96p　26cm〈文献あり　索引あり〉1200円　Ⓘ978-4-7783-1615-0　Ⓝ007.13
　内容　コンピュータなどの機械に人間のような知能をもたせる技術"AI"。その誕生から未来まで、ロボット、思想、技術、人間社会との関わりなど様々な面を取り上げて、豊富なカラー図版とともにわかりやすく解説する。

『これならわかる深層学習入門』瀧雅人著　講談社　2017.10　339p　21cm（機械学習スタートアップシリーズ）〈文献あり　索引あり〉3000円　Ⓘ978-4-06-153828-3　Ⓝ007.13
　内容　大学1年程度の線形代数と微分積分の知識だけを仮定し、機械学習の初歩から最新の話題まで解説する。さまざまな実装例が何を計算しているのか理解できるよう構成し、深層学習の基礎が一通り把握できる。

『やさしく学ぶ機械学習を理解するための数学のきほん―アヤノ＆ミオと一緒に学ぶ機械学習の理論と数学、実装まで』立石賢吾著　マイナビ出版　2017.9　255p　21cm〈索引あり〉2580円　Ⓘ978-4-8399-6352-1　Ⓝ007.13
　内容　機械学習の理論と数学、実装まで、プログラマのアヤノと友達のミオの会話を通じてやさしく解説。高校数学を忘れている人でも復習できるよう、数学の基礎知識をまとめた付録つき。

『AIによる大規模データ処理入門』小高知宏著,オーム社開発局企画編集　オーム社　2013.8　254p　21cm〈文献あり　索引あり〉2800円　Ⓘ978-4-274-06926-0　Ⓝ007.13
　内容　必要な情報を効果的に探し出す探索、利用可能な形式にまとめる知識表現、データ処理に有効な進化的手法・群知能、インターネットに大量に蓄積された自然言語を扱う言語処理アルゴリズムを取り上げ、大規模データ処理を支えるAI技術の基礎を固めます。

デザインを学ぼう

『デザインの仕事』寄藤文平著，木村俊介聞き書き　筑摩書房　2024.6　230p　15cm（ちくま文庫　よ34-1）840円　①978-4-480-43962-8　Ⓝ727
内容　好きなことを仕事にするってどういうこと？　広告から装丁まで、様々な形で活躍するグラフィックデザイナー・寄藤文平。絵を描き始めた子供時代から現在まで、仕事にまつわる経験や考え方を聞き書きの形で伝える。

『デザインのきほん―プロっぽいセンスが身につく』木村宏明著　ソーテック社　2024.5　223p　21cm　1800円　①978-4-8007-3038-1　Ⓝ727
内容　みるみるデザインが上手くなる！　情報整理、レイアウト、文字、配色、写真・イラスト、装飾―これ1冊で全部わかる！　いちばんやさしい入門書。

『美大式ビジネスパーソンのデザイン入門』稲葉裕美著　翔泳社　2024.5　260p　19cm　1800円　①978-4-7981-8318-3　Ⓝ757
内容　ビジネスパーソンが"デザインのわかる人"になるための教科書。「そもそも、デザインってなに!?」という基本のキから、デザインの役割、デザイン力を磨く習慣までを、優しく丁寧に言語化して解説する。

『ルール？　本―創造的に生きるためのデザイン』菅俊一，田中みゆき，水野祐著　フィルムアート社　2024.5　319p　19cm〈文献：p316〜317〉2400円　①978-4-8459-2144-7　Ⓝ757
内容　ルールは人を縛るものではなく、この社会で自由に生きるためのもの―。創造的に生きるためのルールのデザインを扱った入門書。2021年開催「ルール？　展」を元に、全編書き下ろしのテキストと座談会、寄稿を加えて書籍化。

『デザイナーが最初の3年間で身につけるチカラ』NASU Co.,Ltd.著　ソシム　2024.4　271p　21cm（ENJOY DESIGN）〈資料ダウンロード〉2000円　①978-4-8026-1461-0　Ⓝ757
内容　デザイン会社の現場から学ぶデザイナーの「思考法」と「仕事力」。デザイン現場のあるあるシーン3年間を疑似体験!?

『デザインの思考法図鑑―発想から実践まで』btrax著，ブランドン・片山・ヒル監修　ソシム　2023.12　182p　22cm　2000円　①978-4-8026-1432-0　Ⓝ675
内容　プロダクトサービス×デザインにおいてグローバルで求められる考え方が身に付く！

『プロだけが知っている届くデザイン』鎌田隆史著　旬報社　2023.10　297p　19cm　1700円　①978-4-8451-1801-4　Ⓝ757
内容　「いつも心に色相環を」「レイアウト模写法」「楽しむポートフォリオづくり」…。学校では教えてくれない現場で役立つデザインの考え方を紹介する。デザイナーになるためのロードマップも掲載。

『デザインのすごい力』関和之マンガ・イラスト　旺文社　2023.3　127p　21cm（学校では教えてくれない大切なこと　41）850円　①978-4-01-011466-7　Ⓝ757
内容　自信をもって生きていくには、自分でとことん考え、そのときの自分にとっての正解が何かを判断していく力が必要。「デザイン」をテーマに、デザインが生活に役立っていることをマンガで紹介する。

『わかる！　使える！　デザイン』小杉幸一著　宣伝会議　2023.3　187p　19cm〈文献あり〉2000円　①978-4-88335-551-8　Ⓝ757
内容　この違和感、どんな言葉だとデザイナーに伝わるんだろう？　「このデザイン、もっとよくなるはず」日々の仕事において、そう感じている皆さんへ。デザインをもっと自分の強みにして活用できるメソッドを公開。

『自己満足のデザイン―無名からSNS発デザイナーへ』いまいません著　実業之日本社　2023.2　205p　19cm　1700円

①978-4-408-42129-2　Ⓝ757　内容 自己満足こそ個性的なデザインを作る秘訣！

『そもそものデザインのりくつ』シブヤ領一著　翔泳社　2022.12　207p　19cm　1680円　①978-4-7981-7705-2　Ⓝ757　内容 書体と配色、視線の誘導、情報の整理、制作の過程。法則やルールを理解すれば、デザインはもっと楽しくなる！若手デザイナーのリアルな悩みに向き合い続けるプロのデザイナーがわかりやすく解説します！

『デザインをまねよう！ 生きものすごワザ図鑑』　教育画劇　2022.4　35p　29cm〈索引あり〉3600円　①978-4-7746-2259-0, 978-4-7746-3222-3（set）Ⓝ463.9　内容 水の抵抗をへらすサメのウロコを応用して作られた競泳用水着の素材、モルフォチョウの構造色をまねて作られたかがやくドレス…。生きものたちのすごワザと、そこからヒントを得たデザインを迫力の写真で紹介する。

『0から1を生み出すデザイン思考の教科書』油井毅著　泉文堂　2022.3　110p　21cm　1800円　①978-4-7930-0468-1　Ⓝ336　内容 問題を見つけ出すところから始めてその解決策を生み出し、価値をユーザーに届ける「デザイン思考」。さまざまな起点のイノベーションの事例を提示し、デザイン思考の5ステップを中心に解説する。

『とりあえず、素人っぽく見えないデザインのコツを教えてください！―初心者のためのデザイン書』ingectar-e著　インプレス　2022.1　239p　21cm〈文献あり〉1800円　①978-4-295-01317-4　Ⓝ674.3　内容 コツを知れば初心者でもプロっぽく！デザインが上手くなるとっておき教えます。

『はじめてのデザイン思考―基本BOOK＆実践CARDs』伊豆裕一著　東京書籍　2021.9　215p　21cm〈文献あり〉1800円　①978-4-487-81519-7　Ⓝ336　内容 製品、システム、サービス、組織を革新する「デザイン思考」。日本企業でも注目される世界標準の課題解決手法を基礎から説き起こす。実践CARDsのダウンロードサービス、フォーマットのサンプルページ付き。

『センスがないと思っている人のための読むデザイン』鎌田隆史著　旬報社　2021.5　212p　19cm　1500円　①978-4-8451-1693-5　Ⓝ757　内容 デザインの基本を理解して場数さえ踏めば、未経験であってもどんどんデザインは上達する。文章だけでデザインの素晴らしさ・デザインの基本や上達法を解説する。メルマガ『美大いらずのデザイン講座』を書籍化。

『デザインのドリル―トレース＆模写で学ぶ #2　コンセプト編』Power Design Inc.著　ソシム　2021.4　127p　15×21cm　1480円　①978-4-8026-1304-0　Ⓝ674.3　内容 デザインの練習に必要な題材/素材/テキスト/完成見本が揃っているから今すぐ始められる！ 1日1問で1カ月分、演習30問。

『ひと目でわかるフォントが活きるデザインの基本。』伊達千代監修, MdN編集部編　エムディエヌコーポレーション　2021.1　159p　26cm（デザイン技法図鑑）〈頒布・発売：インプレス〉2200円　①978-4-295-20039-0　Ⓝ727.8087　内容 フォントと文字の基本と応用が学べるデザイン教本。

『これならわかる！ 人を動かすデザイン22の法則』ウジトモコ著　KADOKAWA　2020.12　263p　19cm　1500円　①978-4-04-604681-9　Ⓝ757　内容 一発OKの資料作成。見やすいチラシ。映えるSNS。買いたくなるポップ。名刺、ウェブ、ポスターetc.伝えたい相手にしっかり届く！ 説得力を100%にする超カンタンな「ひと工夫」。

『デザインのドリル―トレース＆模写で学ぶ』Power Design Inc.著　ソシム　2020.7　127p　15×22cm　1480円　①978-4-8026-1257-9　Ⓝ674.3　内容 デザイン上達の近道はたくさん作ること！ デザインの練習に必要な題材/素材/テキスト/完成見本が揃っているから今すぐ始められる！ 1日1問で1カ月分、演習30問。

『はてなのデザイン―デザイナーのためのデザイン思考』　長岡　長岡造形大学　2020.3　81p　15×15cm〈構成・編集：板垣順平〉1000円　①978-4-9911552-0-8　Ⓝ757

『世界はデザインでできている』秋山具義著　筑摩書房　2019.11　147p　18cm（ちくまプリマー新書 338）760円

デザインを学ぼう

ⓘ978-4-480-68363-2 Ⓝ727
[内容]今の世の中は、デザインがなくては成立しない。デザインはどのように見られ、どのように機能しているのか。広告、パッケージ、本の装丁など、グラフィックデザインで活躍中のアートディレクターが語るデザインの魅力。

『ひと目でわかるレイアウトの基本。』大里浩二監修,MdN編集部編　エムディエヌコーポレーション　2019.10　159p　26cm〈デザイン技法図鑑〉〈発売：インプレス〉2200円　ⓘ978-4-8443-6930-1　Ⓝ727
[内容]何を、どのように、どこに置くのかが理解できる！　レイアウトにおける基本の型や考え方から、そこに収めたり演出する要素である文字・写真・図版・配色について、初心者でも"ひと目見るだけでわかる"ように解説する。

『デザイン力の基本—簡単だけど、すごく良くなる77のルール』ウジトモコ著　日本実業出版社　2019.8　217p　19cm〈文献あり〉1500円　ⓘ978-4-534-05711-2　Ⓝ757
[内容]プロのデザイナーの思考プロセスを「デザインの原理原則(「AISUS」)」をもとに、「BEFORE→AFTER」の改善例とともにわかりやすく解説。

『デザイナーになる！—伝えるレイアウト・色・文字の大切な基本と生かし方』永井弘人著　新版　エムディエヌコーポレーション　2019.6　140p　22cm〈文献あり　発売：インプレス〉1800円　ⓘ978-4-8443-6867-0　Ⓝ674.3
[内容]本書を読めば、デザイナーに必要な知識と考え方が身につくはず。いま、デザイナーを目指す、すべての人へ。本書の中でお会いしましょう！

『デザイナーが未来に残したい私の3カ条—スペシャリストが仕事で大切にするルール』［水野学、森本千絵、居山浩二、ナガオカケンメイ、えぐちりか、大日本タイポ組合、田中良治、KIGI、永井一史、長嶋りかこ、浅葉克己、佐藤直樹、セキユリヲ、永井一正］［著］玄光社　2018.5　143p　21cm〈文献あり　年表あり　索引あり〉2000円　ⓘ978-4-7683-0962-9　Ⓝ757.021
[内容]人々の心に残るグラフィックや、強いメッセージを持つ作品は、どのように生まれたのか。グラフィックの分野を中心に、第一線で活躍する14人のデザイナーに仕事をする上で大事にしている「ルール」や「思い」を聞く。

『やさしいデザインの教科書』瀧上園枝著　改訂版　エムディエヌコーポレーション　2018.4　143p　24cm〈索引あり　発売：インプレス〉1800円　ⓘ978-4-8443-6757-4　Ⓝ727
[内容]これからデザインを学ぶ人に向けて、レイアウト・文字・カラーの基礎知識を豊富なサンプルと実例でやさしく解説。Webサイトやモバイルデバイス用アプリなどに即したテーマを盛り込んだ改訂版。

『りんご—学び方のデザイン　デザインの学び方』三木健著　CCCメディアハウス　2017.12　219p　24cm　3700円　ⓘ978-4-484-17234-7　Ⓝ757
[内容]「りんご」をデザインの視点から徹底して研究することで、デザインの「考え方・作り方・伝え方・学び方」が身につくテキスト。大阪芸術大学で行われたワークショップ形式の授業を書籍化。

『デザインの仕事』寄藤文平著,木村俊介聞き書き　講談社　2017.7　201p　17cm　1300円　ⓘ978-4-06-220662-4　Ⓝ757
[内容]何かをつくり出したいと思っているすべての人へ。イラスト、デザイン、広告から装丁まで、さまざまな形で活躍する寄藤文平の体験的仕事論。

『構成学のデザイントレーニング—デザインに活かす造形力』三井秀樹,三井直樹著　六耀社　2017.3　182p　25cm〈文献あり　索引あり〉3200円　ⓘ978-4-89737-889-3　Ⓝ757
[内容]デザインの原点は構成学のトレーニングにある。ポスターカラー、色紙、筆と製図用具を用いた平面構成演習、手描きのドローイング等を通し、発想力を養うトレーニング法を、学生による手描きの課題作品とともに紹介する。

『海外でデザインを仕事にする—世界の果てまで広がるフィールド』岡田栄造編　京都　学芸出版社　2017.2　267p　19cm〈執筆：鈴木元ほか〉2400円　ⓘ978-4-7615-2638-2　Ⓝ757
[内容]ミラノのスター・デザイナーのアトリエから、世界一大きなデザイン会社のボストン・オフィス、アフリカのファブラボまで—。海外でキャリアを積み重ねながら独自の働き

方を見出したデザイナー14人が、自らの体験を綴る。

『クリエイターが「独立」を考えたとき最初に読む本』日経デザイン編　日経BP社　2017.2　231p　21cm〈発売：日経BPマーケティング〉2200円　ⓘ978-4-8222-3596-3　Ⓝ674.3
[内容] 自分の値付けからプレゼン力向上のヒントまでを、第一線で活躍するクリエイターたちが語る、成功のための指南書。『日経デザイン』特集記事の中から、独立を考えたときに知っておきたい情報を厳選して再編集。

『はじめて学ぶデザインの基本—Basic design』小島トシノブ著　ナツメ社　2017.2　175p　26cm〈索引あり〉2000円　ⓘ978-4-8163-6152-4　Ⓝ021.4
[内容] ノンデザイナーにもわかるようにデザインのルールを解説！ 豊富な作例からデザインの"見方・考え方・つくり方"がわかる！ 良いデザインに修正したBEFORE→AFTERの例も満載！

『かたち・色・レイアウト—手で学ぶデザインリテラシー』白石学編、小西俊也、白石学、江津匡士著　武蔵野　武蔵野美術大学出版局　2016.9　119p　24cm〈文献あり　索引あり〉2800円　ⓘ978-4-86463-053-5　Ⓝ757
[内容] 武蔵野美術大学デザイン情報学科の新入生がとり組む名物授業「デザインリテラシー」を書籍化。デザインの基礎となる読み書きの能力「デザインリテラシー」を培うための、10のエクササイズを紹介する。

『プロなら誰でも知っているデザインの原則100』生田信一著　ボーンデジタル　2016.8　215p　21cm〈文献あり〉2200円　ⓘ978-4-86246-350-0　Ⓝ757
[内容] デザインを初めて学ぶ人が最初にぶつかる疑問や悩みを100の項目にまとめ、個々の質問の回答として、デザインの考え方や方法論などを具体的に示す。デジタルデータの扱い方や主要なグラフィックソフトウェアの操作法も解説。

『ノンデザイナーズ・デザインブック』Robin Williams著, 吉川典秀訳　第4版　マイナビ出版　2016.7　257p　26cm〈索引あり　初版：毎日コミュニケーションズ　1998年刊〉2180円　ⓘ978-4-8399-5555-7　Ⓝ021.4
[内容] デザイナーでなくたって、かっこいい

デザインをしたい！ デザインを専門的に勉強していない人のために、様々なドキュメントデザインの技術、コミュニケーションを強化する活字のアレンジを豊富な作例を交えて解説。

『デザイン学概論』石田亨編　共立出版　2016.4　260p　24cm〈京都大学デザインスクールテキストシリーズ 1〉〈索引あり〉3500円　ⓘ978-4-320-00600-3　Ⓝ757
[内容] デザイン学の確立を目指す京都大学デザインスクールのテキスト。新たなデザイン概念を踏まえて、デザインの対象、方法、行為、方法論のあり方を検討し、より良い未来の創造に資するデザイン学を展望する。演習問題も収録。

『アイデアスケッチの教科書』Artist Hal_著　インプレスR&D　2015.12　129p　26cm〈インプレスR&D〈nextpublishing〉—New thinking and new ways〉1900円　ⓘ978-4-8020-9048-3　Ⓝ727

『ことば・ロジック・デザイン—デザイナー・クリエイターを目指す方々へ』妻木宣嗣著　大阪　清文堂出版　2015.12　248p　21cm〈文献あり〉2300円　ⓘ978-4-7924-1023-0　Ⓝ757
[内容] 自ら問い、考え、解釈し、研究するための読解力のつけ方、話の聞き方、考えのまとめ方・書き方を伝える。さらに、思考レベルにおける視点の多様性についても解説。大阪工業大学工学部空間デザイン学科の講義メモを書籍化。

『要点で学ぶ、デザインの法則150—Design Rule Index』ウィリアム・リドウェル, クリティナ・ホールデン, ジル・バトラー著, 郷司陽子訳　ビー・エヌ・エヌ新社　2015.10　317p　13×13cm〈「Design Rule Index」第2版（2010年刊）の改題、加筆、再構成・新装したポケット版〉2000円　ⓘ978-4-86100-978-5　Ⓝ757
[内容] "デザイン"に関わるすべての人へ。あらゆる分野のデザイン現場で役立つ、絶対に古びない150のデザイン法則を分かりやすく解説。

『ゼロからはじめるデザイン』北村崇著　SBクリエイティブ　2015.8　182p　26cm〈索引あり〉2280円　ⓘ978-4-

デザインを学ぼう

7973-7696-8　Ⓝ727
[内容] センス不要。直感でわかりやすい作例とともに、デザインの「なぜ？」にやさしく答える。

『いいデザイナーは、見ためのよさから考えない』有馬トモユキ著　星海社　2015.4　252p　18cm〈星海社新書 64〉〈発売：講談社〉840円　Ⓘ978-4-06-138562-7　Ⓝ757
[内容]「デザイン」は、「デザイナー」と呼ばれる人たちの専売特許ではありません。ロジカルシンキングやプレゼンテーションと同じ問題解決の「道具」であり、コツさえ学べば誰にでも使いこなすのできるものなのです。本書では、書籍やアニメ、スマホアプリなどの身近な題材を元に、デザイナーの思考プロセスを分解。「デザインとは何か」を、一緒に考えていきます。

『腕のいいデザイナーが必ずやっている仕事のルール125』宇野昇平、木村茂、國時誠、黒崎敏、戸恒浩人、鳥村鋼一、藤原佐知子、武藤智花、渡邊謙一郎著　エクスナレッジ　2014.4　272p　21cm〈英語併記〉1600円　Ⓘ978-4-7678-1517-6　Ⓝ757
[内容] 仕事の取り組みかたから、人間関係デザインフィー、マネジメント、部下の育成まで。ものづくりに携わるすべての方へ。建築・照明・写真・服飾・グラフィック・家具・華道・PR・不動産など各分野のプロフェッショナルに学ぶ仕事の極意。

『デザイナーとして起業した〈い〉君へ。成功するためのアドバイス』David Airey著、小竹由加里訳　ビー・エヌ・エヌ新社　2013.11　369p　19cm〈文献あり　索引あり〉1800円　Ⓘ978-4-86100-886-3　Ⓝ674.3
[内容]「新しいクライアントをどうやって見つけるの？」「デザイン料はどのくらいに設定すべき？」「厄介なクライアントの対処法を教えて！」etc.著者の運営する3つのブログに、最も多く寄せられた質問に対して、自身の経験や世界中のデザイナーたちから学んだヒントや教訓をまとめた1冊。

『HELLO WORLD—「デザイン」が私たちに必要な理由』アリス・ローソーン著、石原薫訳　フィルムアート社　2013.10　463p　19cm〈文献あり〉2600円　Ⓘ978-4-8459-1309-1　Ⓝ757
[目次] デザインとは何か、デザイナーとは何か、よいデザインとは？、よいデザインが大事な理由、なぜダメなデザインが多いのか、なぜ誰もが第二のアップルになりたいのか、デザインと芸術をけっして混同してはならない理由、サインは世につれ、百聞は一見に如かず、エコってラクじゃない、形態は機能に従わない、その理由、「私」、残りの90％の人たちを救え

『たのしいインフォグラフィック入門』櫻田潤著　ビー・エヌ・エヌ新社　2013.5　193p　21cm　2200円　Ⓘ978-4-86100-853-5　Ⓝ727
[内容] 情報をわかりやすく、視覚的に伝えるためのエッセンスをまとめた、ウェブ時代のインフォグラフィック制作入門書。

『コミュニケーションをデザインするための本』岸勇希著　第2版　電通　2013.4　201p　26cm〈発売：朝日新聞出版〉1800円　Ⓘ978-4-02-100912-9
[内容] デザインすべきは「仕組み」ではなく「気持ち」—。広告の枠を超えて、さまざまな領域で応用できるコミュニケーション・デザインの企画のプロセスから結果に至るまでを、数々の広告キャンペーンの成功事例をもとに紹介。

『デザインを仕事にする。—必要なスキル、ワークフロー、仕事の楽しさ』フレア著　エムディエヌコーポレーション　2013.3　159p　26cm〈文献あり　索引あり　発売：インプレスコミュニケーションズ〉2000円　Ⓘ978-4-8443-6324-8　Ⓝ674.3
[内容] 雑誌、書籍、CD/DVDジャケット、広告、パッケージなどといったグラフィックデザインにおける仕事の内容や関わり方、身につけておきたいスキルを一冊にまとめました。これからデザイナーを目指したい、またデザイナーになりたての方に必要な現場で役立つ知識が満載。

『なんのための仕事？』西村佳哲著　河出書房新社　2012.4　253p　19cm　1600円　Ⓘ978-4-309-24589-8　Ⓝ757
[内容] どの仕事の先にも、かならず人間がいる。わたしたちの働きの意味や質はその"人間"が、どんな存在として見えているかに懸かっている。技術もやり甲斐も、そのあとをついてくる。働き方研究家の著者が、いまデザインを通じて考える"仕事のあり方"。

『DESIGN BASICS—デザインを基礎から学ぶ』デービッド・ルーアー、スティーブン・ペンタック著、大西央士、

小川晃夫, 二階堂行彦訳, センゲージラーニング株式会社編　改訂版　ビー・エヌ・エヌ新社　2012.2　289p　28cm〈文献あり　初版：トムソンラーニング2003年刊　索引あり〉3800円　①978-4-86100-781-1　Ⓝ757
　目次　第1部 デザインの原理（デザインのプロセス，作品全体のまとまり，強調と焦点 ほか），第2部 デザインの要素（線，シェイプ ほか）

『学生・キャリア・スキル・ハイブリッド起業，めざせ独立の星。クリエイターの起業「虎の巻」』佐藤良仁，溝川誠司編著　六耀社　2011.11　120p　26cm　1900円　①978-4-89737-691-2　Ⓝ674.3
　内容　独立起業をめざすクリエイターにむけて，独立成功への準備や，営業プロモーションの心得，税金，社会保険などの実務を解説。タナカノリユキ，落合賢ら先人から学ぶ独立術も紹介する。

『クリエイターをめざす人のための、人の心を動かす三ツ星ポートフォリオの企画「虎の巻」―グラフィック・広告・WEB・空間・プロダクトデザイン、アニメ、ゲーム、CG』佐藤良仁ほか編著　六耀社　2011.11　120p　26cm　1900円　①978-4-89737-692-9　Ⓝ674.3
　目次　「ものづくりの視点」に帰って，人の心を動した，三ツ星ポートフォリオ拝見，人の心を動かす三ツ星ポートフォリオ企画「基本編」，人の心を動かす三ツ星ポートフォリオ企画「実践編」，人の心を動かす三ツ星ポートフォリオ企画「文章編」，人の心を動かす三ツ星ポートフォリオ企画「知識編」

『デザインの教科書』柏木博著　講談社　2011.9　221p　18cm（講談社現代新書2124）720円　①978-4-06-288124-1　Ⓝ757
　内容　デザインがわかれば生活はもっと豊かになる。消費のためのデザインから生活のためのデザインへ。

『デザインの授業―目で見て学ぶデザインの構成術』佐藤好彦著　エムディエヌコーポレーション　2011.8　157p　21cm〈発売：インプレスコミュニケーションズ　年表あり〉2300円　①978-4-8443-6210-4　Ⓝ757
　内容　良いデザインは，なぜ良いのだろう。すぐれたデザイン作品の手法，構成要素，文字，配色，レイアウトまでを実践的に解説。自分でデザインを『組み立てる論理』を養うための，『読む』デザイン・トレーニングブック。古今東西，デザインの名作30点を詳細解説。

『未経験者のためのデザイナー就活テキスト』武井正理著　アスペクト　2011.8　235p　21cm〈文献あり〉1600円　①978-4-7572-1965-6　Ⓝ674.3
　内容　なぜ未経験者はこれほど採用されないのか？ デザイナーにとっての就職活動とは、自分をデザインする初めての「実務」。採用に結びつく履歴書，ポートフォリオ作成からプレゼン（面接）まで，セルフデザインの手法を具体的に解説。

『クリエイターのための独立ガイド―フリーで好きな仕事がしたい！』デザインの現場編集部編　増補改訂版　美術出版社　2011.4　131p　26cm〈文献あり〉2000円　①978-4-568-50440-8　Ⓝ674.3
　内容　独立に向く人，向かない人，事務所物件探しのポイント，デザイン料の設定と請求書の書き方，知っておきたいスタッフ雇用のルール，1ケ月の収入支出シミュレーションほか，すぐに役立つリアルな情報が満載。

『Design Basic Book―はじめて学ぶ，デザインの法則』生田信一，大森裕二，亀尾敦著　第2版　ビー・エヌ・エヌ新社　2010.5　199p　22cm〈文献あり　索引あり〉2500円　①978-4-86100-695-1　Ⓝ757
　目次　第1章 デザインへの招待（デザインとは？，ビジュアル・コミュニケーション ほか），第2章 タイポグラフィ（和文書体，欧文書体 ほか），第3章 カラー（色とは何か？，色の属性 ほか），第4章 形と構成（幾何学図形，記号・符号 ほか），第5章 編集とレイアウト（ワークフロー，仕上がりサイズとトンボ ほか）

『視覚デザイン―現場で活きるベーシックデザイン』南雲治嘉著　ワークスコーポレーション　2009.12　127p　24cm（デザインサポートシリーズ）〈文献あり〉1800円　①978-4-86267-074-8　Ⓝ757
　内容　あなたは"基礎"で成長し，壁を超える。本質を知らなければ上辺のことしかできない。これまでになかったデザインの本質の書である。小手先のことから解放され，本物のデザインを目指そう。「100の悩みに100のデザイン」（光文社）の著者が送る本質のデザインサポート書。

『これがデザイナーへの道―プロを目指す人に読んでほしい31通りの方法』増渕

俊之編著　エムディエヌコーポレーション　2009.11　191p　21cm〈発売：インプレスコミュニケーションズ〉1600円　Ⓘ978-4-8443-6083-4　Ⓝ674.3
内容　デザイナーになるための「光」が必ず見える。グラフィックやWEBの世界で活躍する31人のデザイナーがその"生き様"を明かす。デザイン業界を目指す人、転職する人、独立する人、必読の書。

『初めてデザインを学ぶ人のために―ある大学授業の試み』大竹誠著　論創社　2009.11　251p　21cm　2200円　Ⓘ978-4-8460-0922-9　Ⓝ317
内容　デザインは誰にでもできる。授業のプロセスに使用した、900枚のデッサンを自由自在にあやつりながら、その1枚いちまいに丁寧な"批評"を加えた異色のデザイン講座。

『売れるデザインのしくみ―トーン・アンド・マナーで魅せるブランドデザイン』ウジトモコ著　ビー・エヌ・エヌ新社　2009.10　255p　19cm〈文献あり〉1800円　Ⓘ978-4-86100-632-6　Ⓝ675
内容　プロじゃなくても「デザインの正解」は導き出せます。デザインを資産として完全に機能させるための方法を、「ポジショニング」と「トーン・アンド・マナー」という手法を組み合わせて、分かりやすく具体的に紐解きます。デザインと正しく向き合うための本。

『グラフィックデザイナーのサインデザイン』デザインノート編集部編　誠文堂新光社　2009.9　156p　26cm〈デザイン：廣村正彰ほか〉2500円　Ⓘ978-4-416-60926-2　Ⓝ727
目次　廣村正彰、葛西薫、原研哉、小磯裕司、美澤修、前田豊、菊地敦己、色部義昭、グラフィックデザイナーのサインデザインその視点

『デザイナーへの道を知る30人の言葉』石田純子著、デザインの現場編集部編　美術出版社　2009.6　199p　21cm　2000円　Ⓘ978-4-568-50390-6　Ⓝ757.028
内容　今最も活躍するデザイナーが語る、悩みに満ちた若い時代からトップデザイナーに駆け上がるまでの道のり。『デザインの現場』連載、「先輩に聞け！」登場の30人を全て収録。

『デザイン、現場の作法。―デザイン力を鍛える仕事術』伊達千代著　エムディエヌコーポレーション　2009.6　191p　25cm〈発売：インプレスコミュニケーションズ　索引あり〉2300円　Ⓘ978-4-8443-6049-0　Ⓝ757
内容　デザインをする上での心構えから、ワークフローや画像、フォントやアプリケーション、そして印刷についてまで。デザインの現場で今、本当に必要とされる85の基本的な知識を具体的に解説しました。現場で知らないと困る実践的マナーの本。

『くらしとデザインの本　3巻　これからのデザイン』日本デザイン機構編　鳥越けい子, 佐藤典司, 南條あゆみ著、カワキタカズヒロ絵　岩崎書店　2009.4　56p　29cm〈索引あり〉3200円　Ⓘ978-4-265-04513-6, 978-4-265-10474-1 (set)　Ⓝ757
目次　1 デザインと私たち、2 モノとのつながりのなかで（モノとの関係をたいせつにしよう、よいモノをえらぼう、自分のセンスをみがき、スタイルをつくる ほか）、3 まちのくらしのなかで（自転車でまちにでかけよう！、人とまちを安全につなぐ、ゴチャゴチャをスッキリと、これもデザイン！ ほか）、4 地球とのつながりのなかで（地球のデザインに学ぶ、循環型社会のための商品の工夫、まちの温度をさげるために ほか）

『くらしとデザインの本　2巻　デザインの現場から』日本デザイン機構編　伊坂正人, 佐藤聖徳著, 夏目洋一郎絵　岩崎書店　2009.4　54p　29cm〈索引あり〉3200円　Ⓘ978-4-265-04512-9, 978-4-265-10474-1 (set)　Ⓝ757
目次　1 デザインするってなに？（ぐるぐるまわるデザインのすすめ方）、2 デザインの実際1―鍋のデザイン（なにが必要か、なにをデザインするか、どのような形にするか ほか）、3 デザインの実際2―自転車のデザイン（なにが必要か、なにをデザインするか、どのような形にするか ほか）、4 デザインの実際3―スツールのデザイン（なにが必要か、なにをデザインするか、どのような形にするか ほか）、5 実際にデザインをしてみよう―スツールをつくる（どんなスツールをデザインするか、どのような形にするか ほか）

『くらしとデザインの本　1巻　デザインのいろいろ』日本デザイン機構編　金子修也著, 依田定幸絵　岩崎書店　2009.4　64p　29cm〈索引あり〉3200円　Ⓘ978-4-265-04511-2, 978-4-265-10474-1 (set)　Ⓝ757
目次　1 人は何を、なぜ、デザインするの？（デザインとは、デザインは料理とにている、涼しさのデザイン、デザインがとりくむ、いろいろな物とは？、道具、情報、空間のデザインのあいだにも ほか）、2 ムダなく、ムリ

なく、美しく(美しいからデザイン、かたちを工夫、使いわけもデザイン、手加工でつくるクラフトデザイン、長く使えるエコ・デザインほか)、3 まとめ

『グラフィックデザイナー1年生―プロになる前に知っておきたい! 仕事の中身と進め方』オブスキュアインク編 ワークスコーポレーション 2008.9 191p 23cm 2400円 ⓘ978-4-86267-033-5 Ⓝ674.3
内容 現場で恥をかかないために、疑似体験しながら覚える、雑誌、書籍、フリペ、パンフデザインの仕事の基本。

『フリーのデザイナーになる。―そのノウハウと7人のエピソード』立古和智著 誠文堂新光社 2008.8 125p 21cm 1600円 ⓘ978-4-416-60842-5 Ⓝ674.3
内容 フリーで活動するにあたって欠かせない知識、ノウハウを「独立前」「独立直前・直後」「独立後」の時間軸に区切って解説。現在一線で活躍するデザイナーたちの、独立前後のエピソードも収録。

『デザイン原論』森啓著 相模原 女子美術大学 2008.6 284p 21cm (女子美術大学講義録書物を構成するもの 3)〈発売:日本エディタースクール出版部〉2400円 ⓘ978-4-88888-835-6 Ⓝ757
目次 序に代えて 史的なモノローグ、第1章 デザインという語が意味するもの、第2章 彩りと色彩について、第3章 運ぶ技術、第4章 物語の成立、第5章 空間論と建築について、第6章 デザインの方法と手仕事の意味するもの、第7章 デザインを形成する要素

『情報デザインベイシクス―DTP・プレゼン・ウェブを始める人のために』遠藤潤一、奥村和則、寺田勝三、内藤美千絵、茂登山清文ほか著、デザインリテラシー研究会編 第2版 名古屋 ユニテ 2008.4 111p 26cm 1500円 ⓘ978-4-8432-3074-9 Ⓝ727

『デザイン基礎講座レイアウト&タイポグラフィ』リサ・グラハム著, ファー・インク訳・編 センゲージラーニング 2007.12 319p 図版16p 24cm〈発売:ビー・エヌ・エヌ新社〉2800円 ⓘ978-4-86100-561-9 Ⓝ727
目次 1 レイアウトとレイアウトの基本(デザインの下準備、強調表現、コントラスト、バランス、整列、反復、流れ、イメージ、色)、2 タイ

ポグラフィの基本(専門用語の概要、タイポグラフィの基本法則、日本語組版の基本)、3 プロジェクト例と参考資料(プロジェクト別解説、デザインツールと参考資料)

『デザイナーの仕事―デザインガイドブック』Real design編集部編 枻出版社 2007.6 207p 21cm 1500円 ⓘ978-4-7779-0769-4 Ⓝ757
内容 あのデザインはこの人です。わたしたちの身の回りにはモノがあふれています。でもそれらが一体誰によってデザインされたのか、どの会社のものなのか、意外と知られていないものです。

『Visual grammar―デザインの文法』Christian Leborg著, 大塚典子訳 ビー・エヌ・エヌ新社 2007.3 94p 22cm 1600円 ⓘ978-4-86100-503-9 Ⓝ757
内容 面・フォーマット・立体などの抽象的、フォーム・サイズ・色・質感といった具体的な事象とその構造、繰り返し・鏡面反射・運動など構図における動き及び事象間の関係性について解説。ビジュアル言語の文法を明らかにする。

『駆け出しデザイナー奮闘記』立古和智編 誠文堂新光社 2007.1 135p 21cm 1600円 ⓘ978-4-416-60718-3 Ⓝ757.028
内容 著名デザイナーを支える縁の下の力持ち、なかでもデザイナー歴5年以内の若者の声を集めたインタビュー集。そこに在籍する意義、華やかなだけではないリアルなデザイナーの日常とは。

『クリエイター独立ガイド―起業と経営』せきかわとしいち著, 谷崎良治, 千葉知登, 平山久美子監修 ローカス 2006.12 255p 21cm 1800円 ⓘ4-89814-722-4 Ⓝ674.3
内容 起業から経営まで直面する様々な問題を実際に起業したクリエイターが解説。

『僕はこうしてデザイナーになった―10 designers' stories』立古和智著 グラフィック社 2006.4 255p 21cm 1800円 ⓘ4-7661-1687-9 Ⓝ757.028
目次 作品、尾原史和(スープ・デザイン)、北川一成(グラフ)、佐々木信(3KG)、佐藤直樹(アジール・デザイン&アジール・クラック)、信藤三雄(コンテムポラリー・プロダクション)、セキユリヲ(ea)、祖父江慎(コズフィッシュ)、浜田武士、東泉一郎(ハイグラフ)、平林奈緒美

『フォーマット』ギャヴィン・アンブローズ、ポール・ハリス著、大塚典子訳　グラフィック社　2006.2　175p　23cm（ベーシックデザイン・シリーズ 1）2600円　Ⓘ4-7661-1571-6　Ⓝ757
内容　本書では、書籍をはじめ、雑誌、ポスター、チラシ、パンフレット、パッケージ、ウェブサイトなど、さまざまなデザインフォーマットについて、基礎から応用まで、実際のデザイン例を取り上げながら解説する。今日の最先端を行くデザイナー、デザインファームの作品を選び、その狙いや技術的な詳細などに触れながら、デザイン制作のノウハウを解き明かす。

『Balance in design—美しくみせるデザインの原則』Kimberly Elam著、伊達尚美訳　ビー・エヌ・エヌ新社　2005.10　107p　22cm　1800円　Ⓘ4-86100-324-5　Ⓝ757
内容　バランスにテーマを絞ったデザインの教科書。

『デザイン』日野永一著　普及版　朝倉書店　2005.3　187p　26cm（技術シリーズ）4500円　Ⓘ4-254-20514-7　Ⓝ757

『デザインの煎じ薬・全十三包—じわじわとデザインのことがわかる本』武正秀治著　美術出版社　2003.8　193p　21cm　2600円　Ⓘ4-568-50260-8　Ⓝ757.04
内容　ひとくちにデザインといっても、現実のデザイン世界はグラフィック・デザイン、ファッション・デザイン、インダストリアル・デザインなど、内容に応じて線引きされている。本書では、これら複雑多岐なデザインに共通する本質を、「生活に必要な道具や仕組みを創造する総合的な計画や設計」ととらえ、解説している。

『デザインマネジメント』坂下清監修、坂下清［ほか］著　武蔵野　武蔵野美術大学出版局　2002.4　215p　21cm〈文部科学省認可通信教育〉1967円　Ⓘ4-901631-17-9　Ⓝ757

《工業デザインをするには》

『デザインリサーチの演習』木浦幹雄著　ビー・エヌ・エヌ　2024.4　223p　21cm〈資料ダウンロード〉2400円　Ⓘ978-4-8025-1286-2　Ⓝ501.83
内容　CIIDで北欧型のCo-Designを学び、国内外で活躍する著者による「デザインリサーチ」の実践ワーク集。47の演習を掲載する。インタビューのサンプル文書のダウンロードサービス付き。

『物のかたち図鑑—大人もしらないかたちのひみつ』講談社編、形の科学会監修、茂原万寿実イラスト　講談社　2023.11　159p　23cm　1600円　Ⓘ978-4-06-533451-5　Ⓝ501.83
内容　物のかたちのナゾがわかると、世界がきっともっとよく見えてくる。六角形のエンピツ、トゲトゲのある金平糖…。科学的な理由でかたちが定まった物を中心に、そのひみつを紹介する。『webMOVE』連載を書籍化。

『カタチのひみつ図鑑』スタジオタック クリエイティブ　2023.8　151p　26cm〈文献あり〉2500円　Ⓘ978-4-88393-993-0　Ⓝ501.83
内容　マンホールのふたが丸いのはなぜ？　お寺の建物にはどんな種類があるの？　いろいろな建物や施設の形状、構造、種類を豊富な写真とイラストで解説する。調べ学習や自由研究にも役立つ図鑑。

『プロダクトデザインのスタイリング入門—アイデアに形を与えるための11ステップ』ピーター・ダブズ著、小野健太監訳、百合田香織訳　ビー・エヌ・エヌ　2023.6　161p　24cm〈文献あり　索引あり〉2800円　Ⓘ978-4-8025-1090-5　Ⓝ501.83
内容　カタチで違いを生み出すための教科書。スタイリングのプロセスを、シルエット、プロポーション、形状、スタンス、など重要な項目ごとに分け、必要となる知識を画像と共にわかりやすく解説する。

『だれでもデザイン—未来をつくる教室』山中俊治著　朝日出版社　2021.11　356p　19cm〈文献あり〉1900円　Ⓘ978-4-255-01255-1　Ⓝ501.83
内容　みんなのためのデザインから、一人ひとりのためのデザインへ。Suicaの改札機。美しい義足。人間と新しい技術の接点を考えつづけてきたデザイナーが中高生に語る、物づくりの根幹とこれから。

『プロダクトデザイン101のアイデア』スン・ジャン、マーティン・セイラー、マシュー・フレデリック著、石原薫訳　フィルムアート社　2021.9　1冊（ページ付なし）13×19cm　1800円　Ⓘ978-

4-8459-2101-0　Ⓝ501.83
内容　ニーズは動詞である、同情を共感に変える、「美は普遍的なものである」の嘘、環境汚染はデザインの欠点…。身の回りのモノとコトから「デザイン」を考えるためのヒントを、イラストとともに多数紹介する。

『デザインリサーチの教科書』木浦幹雄著　ビー・エヌ・エヌ新社　2020.11　351p　21cm〈索引あり〉2600円　Ⓘ978-4-8025-1177-3　Ⓝ501.83
内容　VUCAの時代を生き抜くために欠かせない「デザインリサーチ」。その全貌と詳細を、CIIDで北欧型のCo-Designを学び、国内外のプロジェクトを導く著者が、日本のコンテクストに沿う形で解説した入門書。

『デザイン3.0の教科書―誰もがデザインする時代』山岡俊樹著　海文堂出版　2018.10　147p　19cm〈索引あり〉1500円　Ⓘ978-4-303-72723-9　Ⓝ501.83
内容　21世紀の新時代に対応した「デザイン3.0」の教科書。デザイナー、エンジニア、プランナーなどの専門家だけでなく、ビジネスマンの誰もが発想力を高め、デザインできるよう、汎用システムデザインの方法を紹介する。

『デザインはストーリーテリング―「体験」を生み出すためのデザインの道具箱』エレン・ラプトン著, ヤナガワ智予訳　ビー・エヌ・エヌ新社　2018.10　165p　25cm〈文献あり〉2500円　Ⓘ978-4-8025-1099-8　Ⓝ501.83
内容　デザインは人々に感情や理解、行動をもたらす。その要となるのがストーリー。重要なデザインの方法として「ストーリーテリング」を紹介し、デザインのプロセスとその伝え方を教える。

『エンジニアリング・デザインの教科書』別府俊幸著　平凡社　2018.4　254p　21cm〈文献あり　索引あり〉3200円　Ⓘ978-4-582-53225-8　Ⓝ501.83
内容　優れた製品とは何か？　それを作るためにはどうすれば？　圧倒的な品質で世界をリードしてきた日本が、これからの製品をデザインするために必要な、さらなるデザインの知識と技術と意思決定法をわかりやすく解説する。

『文具と雑貨づくりの教科書』日経デザイン編　第2版　日経BP社　2018.4　287p　21cm〈発売：日経BPマーケティング〉3400円　Ⓘ978-4-8222-5657-9　Ⓝ589.73
内容　ヒット商品づくりのアイデアと事例が満載。ヒット商品開発事例、コンペ情報、人気商品リストを大幅拡充。

『プロダクトデザインのスケッチ技法―世界を魅了した製品開発メソッドに学ぶ』ケヴィン・ヘンリー著, Bスプラウト訳　ボーンデジタル　2016.3　207p　28cm〈文献あり　索引あり〉4000円　Ⓘ978-4-86246-330-2　Ⓝ501.83
内容　フリーハンドスケッチを中心に、デジタルおよびアナログのレンダリング、インフォグラフィック、プレゼンテーションなど、現代のプロダクトデザイナーたちが使っているビジュアライゼーションテクニックの理論と実践を解説。

『デザイン思考の教科書―欧州トップスクールが教えるイノベーションの技術』アネミック・ファン・ブイエン、ヤープ・ダールハウゼン、イェレ・ザイルストラ、ロース・ファンデル・スコール編, 石原薫訳　日経BP社　2015.6　172p　26cm〈文献あり　索引あり　発売：日経BPマーケティング〉2400円　Ⓘ978-4-8222-5064-5　Ⓝ501.83
内容　デルフト工科大学工業デザインエンジニアリング学部の学士および修士課程で使用されているプロダクトデザインのモデル、アプローチ、視点、デザイン手法を一挙紹介。デザインには、その複雑さゆえに、構造的・体系的なアプローチと、高度な創造性が必要です。本書は、目的や求める成果に応じて使い分けられる多様なデザイン手法（広く活用されている手法＋オリジナルの手法＝約70種類）を収録。それぞれの手法をビジュアルとともに見開きで解説します。

『論理的思考によるデザイン―造形工学の基本と実践』山岡俊樹著　ビー・エヌ・エヌ新社　2012.2　224p　21cm〈文献あり　『デザインの造形工学』（工業調査会2010年刊）の改題・加筆修正　索引あり〉2400円　Ⓘ978-4-86100-805-4　Ⓝ501.83
内容　次世代の商品開発において最も重要になってきた、工学的なアプローチによるデザイン手法の教科書。誰もがデザインを検証・評価することができる、山岡式『70デザイン項目』のチェックリストを巻末収録。

『プロダクトデザインスケッチ―デザインの発想から表現』清水吉治著　日本出版サービス　2011.5　166p　30cm〈文献

あり〉3400円　①978-4-88922-123-7　Ⓝ501.83
|内容| 手描きスケッチの基礎から高度な技法まで、多くの作例を使って解説するほか、第一線で活躍するデザイナーのスケッチも掲載。

『ユニバーサルデザインってなにかな？—いろんな人が使いやすい？』改訂版　[大阪]　エイジレス・プランニング・ネットワーク　2010.11　10p　21cm　頒価不明　Ⓝ501.83

『インタラクションデザインの教科書』Dan Saffer著, 吉岡いずみ訳, ソシオメディア株式会社監訳　毎日コミュニケーションズ　2008.8　255p　21cm（Design IT！books）2800円　①978-4-8399-2238-2　Ⓝ501.83
|内容| "インタラクションデザイン"とは…製品やサービスを通じて、人々がどのように互いとつながり合うかをデザインすること。インタラクションデザインのテクニックを適用することで、人間同士のインタラクションがもっと豊かに、もっと深く、もっと優れたものになります。インタラクションデザインに関する概念だけでなく、具体的なアプローチや事例を多数紹介した新たなデザイン分野の教科書です。

『デザイン論』田中央著　岩波書店　2005.3　153p　22cm（シリーズ現代工学入門）〈文献あり〉2500円　①4-00-006934-9　Ⓝ501.83
|内容| デザインとは新しい生活行為の提案であり、構想から造形にいたるまでの創造活動である。創造性豊かなデザインという発想されるものなのか？ レンズ付きフィルムの開発など、著者自らの体験をもとに培われたユニークな視点と解説によって、モノ作りにたいする幅広い視野と柔軟な思考力が養われる。「岩波講座 現代工学の基礎」からの単行本化。

『成功するプロダクトのためのカラーリング講座』小倉ひろみ著　美術出版社　2004.9　108p　26cm　2800円　①4-568-52021-5　Ⓝ501.83
|内容| プロダクト・カラーリングには独自の基礎知識が数多くあることを知ってほしいとの思いから、この本を記すことにしました。本書は実践の知識として現場で役立つように、実際のプロダクト・デザインプロセスに沿って構成しています。

《商業デザインをするには》

『あなたの商品のウリを1秒で伝えてください—初めてでもできる手法!!』弓削徹著　自由国民社　2024.5　269p　21cm　〈文献あり〉1700円　①978-4-426-12987-3　Ⓝ674.3
|内容| 儲かっている会社は、キービジュアルで売っている！ 商品・サービスのウリが1秒で伝わる、広告効果を爆上げする表現テクニックを紹介。基本的なレイアウトの仕方から、各種販促ツールのつくり方までをわかりやすく解説する。

『漫画でわかるけっきょく、よはく。—デザインは「余白」が9割』ingectar-e著, 大舞キリコ作画　ソシム　2024.4　239p　21cm（ENJOY DESIGN）〈文献あり〉1600円　①978-4-8026-1445-0　Ⓝ674.3
|内容| いいデザインは余白の使い方が上手い！ カフェのポスターや会社案内のパンフレットなどを題材に、余白のとり方からレイアウト、配色、フォント選びまで漫画で解説。さまざまな作例でデザインのNG/OKを紹介する。

『デザインのしごと100の質問—プロのデザイナーに聞きたい、仕事にまつわる大切なこと』ingectar-e著　マイナビ出版　2024.2　255p　21cm〈文献あり〉2270円　①978-4-8399-8122-8　Ⓝ674.3
|内容| デザインのリアルなお悩み100問を解決する6つのアプローチ。わからない！ から抜け出そう。困ったときのお悩み解決！ 仕事で「デザイン」にかかわるすべての人に贈る。

『本の帯をつくろう！—読書を楽しむ』「本のPOPや帯を作ろう」編集室[著], ニイルセンイラスト　理論社　2024.2　31p　29cm（帯・POP作りのスゴ技）3000円　①978-4-652-20602-7　Ⓝ019.5
|内容| 本の魅力を伝え、おすすめするためによく使われている「帯」。今すぐその本を読みたくなる帯作りのコツやプロのアイディア例などを紹介します。コピー＆ダウンロードして使える「読書メモ」付き。

『本のPOPをつくろう！—読書を楽しむ』「本のPOPや帯を作ろう」編集室[著], ニイルセンイラスト　理論社　2024.2　31p　29cm（帯・POP作りのスゴ技）3000円　①978-4-652-20601-0　Ⓝ019.5
|内容| コツ、教えます。作り方の手順は写真やイラストでわかりやすく紹介！ タイプ別のプロのアドバイスを参考に魅力的なPOPを

作ってみよう!!

『看板業の基礎知識―看板の仕事を楽しむための心得』サインの森編集・著作　第6版　サインの森　2023.10　179p　26cm〈第2刷　認定職業訓練施設サインの森使用テキスト〉6000円　Ⓘ978-4-9091-5201-5　Ⓝ674.8

『すべての仕事はデザインから始まる。―失敗しないデザイン発注』カイシトモヤ著　クロスメディア・パブリッシング　2023.8　239p　19cm〈文献あり　頒布・発売：インプレス〉1580円　Ⓘ978-4-295-40854-3　Ⓝ674.3
内容　優れたデザインは「発注」で決まる。「成功するデザイン」を生むために必要な、コミュニケーション術とセンスの磨きかた。

『無言板アート入門』楠見清著　筑摩書房　2023.6　206p　15cm（ちくま文庫　く34-1）900円　Ⓘ978-4-480-43898-0　Ⓝ674.8
内容　誰かがなにかの目的で立てたはずなのに、雨風や紫外線などの影響で文字が消えてしまった街角の看板＝無言板。そんな多数の「路上の芸術」を美術評論家が解説する。ウェブ連載を元に再構成し、加筆して文庫化。

『サクッと学べるデザイン心理法則108』321web著　翔泳社　2023.2　151p　19cm〈文献あり〉1680円　Ⓘ978-4-7981-7577-5　Ⓝ674.1
内容　心理効果を使った広告・デザインで自然に売れる広告やデザインの仕組みがわかる。

『クイズdeデザイン―解くだけで一生使える知識が学べる！』ingectar-e著　SBクリエイティブ　2022.8　255p　21cm　1800円　Ⓘ978-4-8156-1447-8　Ⓝ674.3
内容　気づいたらデザインがわかる5つのヒミツの切り口。

『動機のデザイン―現場の人とデザイナーがいっしょに歩む共創のプロセス』由井真波著　ビー・エヌ・エヌ　2022.6　271p　21cm〈文献あり〉2400円　Ⓘ978-4-8025-1232-9　Ⓝ674.3
内容　動機が動き出せば、だれもが創造性を発揮できる！　現場の当事者が主体者に変わるためのプロセスモデルを全解説。

『パパッとデザインレシピ―頑張らなくても速攻できる！』Power Design Inc.著　ソシム　2022.6　239p　15×21cm（ENJOY DESIGN）1800円　Ⓘ978-4-8026-1372-9　Ⓝ674.3
内容　レシピ通りに作るだけでそれっぽく仕上がる！　非デザイナーでも！　ビギナーさんでも！　みんなにやさしい時短デザイン本！

『要点で学ぶ、デザインリサーチの手法125―Research & Design Method Index』ベラ・マーティン,ブルース・ハニントン著，郷司陽子訳，木浦幹雄監修　増補改訂版　ビー・エヌ・エヌ　2022.6　271p　13×13cm〈初版のタイトル等：要点で学ぶ、リサーチ&デザインの手法100（ビー・エヌ・エヌ新社　2018年刊）〉2000円　Ⓘ978-4-8025-1235-0　Ⓝ674.3
内容　正しく適切なデザインをするために必要なリサーチとデザインの手法125項目をコンパクトに紹介。世界中で読まれているベストセラー。

『赤ペン添削でわかりやすい！　選ばれるデザイナーへの道』上司ニシグチ著　ソシム　2022.3　239p　21cm（ENJOY DESIGN）〈文献あり〉1800円　Ⓘ978-4-8026-1360-6　Ⓝ674.3
内容　赤ペン添削でデザインがどんどん良くなる。上司と部下のリアルなやりとりでわかる"選ばれるデザインのコツ"を大公開！

『どうする？　デザイン―クライアントとのやりとりでよくわかる！　デザインの決め方、伝え方』ingectar-e著　翔泳社　2021.1　255p　21cm　2000円　Ⓘ978-4-7981-6101-3　Ⓝ674.3
内容　あれ、違ってた？　とならないために。クライアントとのやりとりでよくわかる！　デザインの決め方、伝え方。

『失敗しないデザイン』平本久美子著　翔泳社　2020.7　223p　21cm〈文献あり〉1800円　Ⓘ978-4-7981-6670-4　Ⓝ674.7
内容　あの『やってはいけないデザイン』のわかりやすさが講座になりました！　短時間であなたのデザイン力をググッと上げる秘訣を教えます！

『まねるだけで伝わるデザイン―センスがなくても大丈夫！』深田美千代著　ダイヤモンド社　2020.6　261p　21cm〈文献あり〉2000円　Ⓘ978-4-478-10944-1　Ⓝ674.3
内容　伝わるデザインには根拠がある！　誰も教えてくれなかった伝わる理由をわかりやすく解説。ポスターやロゴなど、まねるだけで

『レイアウト・デザインの教科書―ALIGNMENT/PROXIMITY/REPETITION/CONTRAST/GRID SYSTEMS』米倉明男，生田信一，青柳千郷著　SBクリエイティブ　2019.2　183p　24cm〈文献あり　索引あり〉　2300円　①978-4-7973-9731-4　Ⓝ674.3

内容　デザインの基本原則から、今すぐ役立つ新しい考え方まで、一生使えるプロの技術がきちんと身につく！

『けっきょく、よはく。―余白を活かしたデザインレイアウトの本』ingectar-e著　ソシム　2018.7　239p　21cm〈文献あり〉　1800円　①978-4-8026-1169-5　Ⓝ674.3

内容　いいデザインは余白の使い方が上手い！カフェのポスターや会社案内のパンフレットなどを題材に、余白のとり方からレイアウト、配色、フォント選びまで、デザイン初心者に「あるある」な悩みと解決法を紹介する。

『手づくりPOP―かわいい文字＆イラストの描き方：はじめてでもできる！』ナツメ社　2015.7　191p　21cm　1500円　①978-4-8163-5862-3　Ⓝ674.53

内容　だれでも気軽にすてきなPOPがつくれる！お店で使う、かわいいPOPの作り方を紹介しました。はじめてでもこだわりのPOPが作れるように、レイアウトや配色の基本からていねいに説明。すぐに真似できるデコ文字やかわいいイラストの描き方もたくさん提案しています。人気の雑貨店やカフェでディスプレイされているPOPも掲載しています。

『アイデアが生まれる、一歩手前のだいじな話』森本千絵著　サンマーク出版　2015.4　219p　図版16p　19cm　1500円　①978-4-7631-3384-7　Ⓝ674.3

内容　いま最も注目されるアートディレクターの「ものづくりの手法」とは？「こうすればアートディレクターになれる」とか「これをすれば仕事が成功する」という具体的な方法論ではない、感覚や心の有り様、意識の持ち方に触れていく、ちょっと特殊な方法論。

『クイズで学ぶデザイン・レイアウトの基本』田中クミコ，ハラヒロシ，ハヤシアキコ，ヤマダジュンヤ著　翔泳社　2013.8　127p　26cm　1800円　①978-4-7981-3210-5　Ⓝ674.3

内容　専門的なデザインの勉強をしたことはないけれど、デザインの力を身につけたい人、デザインを見極める立場にいる人に。ただ読むだけでなく、クイズ形式で「考える」ことで、やさしくデザイン・レイアウトの基本をおさらいすることができます。

『美しいデザイン7人の女性アートディレクターその視点と考え』ペンライト編　誠文堂新光社　2010.4　159p　21cm　1800円　①978-4-416-81020-0　Ⓝ674.3

内容　広告、空間、装幀など、さまざまなフィールドで活躍する7人の女性アートディレクター。彼女たちはどのようにオリジナルなデザインを生み出しているのか。デザインの道を志したきっかけや日々の修練法、作品をつくる上で大切にしていることなどその視点と考えを探っていく。

『センスのデザイン―クリエイターの感性と技術』大内エキオ著　誠文堂新光社　2010.3　207p　20cm〈文献あり　述：副田高行ほか〉　1800円　①978-4-416-60938-5　Ⓝ674.3

目次　第1章　センスの過去（暗黙値、センスの源泉、個人のセンスから企業のセンスへ、センスの河、日本の美意識とセンス）、第2章　センスの現在（センスを求められるクリエイター）、センス・インタヴュー（広告デザイン：副田高行、広告コピーライター：岩崎俊一、広告写真家：白鳥真太郎、TV・CMプランナー：福里真一、エディトリアルデザイン：木村裕治、センス・インタヴュー：後記）、第3章　センスの未来（センスの可視化、センスの種類とスケール、センスの時代）

『プロのデザインルール―基礎とケーススタディ　8（サービス案内編）』　ピエ・ブックス　2009.12　144p　29cm〈索引あり〉　3800円　①978-4-89444-825-4　Ⓝ674.3

内容　形のないサービスを伝えるために制作された、サービス業のパンフレットやリーフレットを紹介。

『プロのデザインルール―基礎とケーススタディ　7（ショップツール編）』　ピエ・ブックス　2009.9　144p　29cm〈索引あり〉　3800円　①978-4-89444-804-9　Ⓝ674.3

目次　第1章　ショップツールの基礎知識（フードのショップツール一覧、ファッションのショップツール一覧、リビングのショップツール一覧、ショッピングバッグ、ボックス、カードDM、カタログ、店頭アイテム、装飾アイテ

ム、ノベルティ、エディトリアルノート)、第2章 実例で学ぶフード・ファッション・リビング(フードのケーススタディ、ファッションのケーススタディ、リビングのケーススタディ)

『プロのデザインルール—基礎とケーススタディ　6(ダイアグラム編)』　ピエ・ブックス　2009.6　156p　29cm〈索引あり〉3800円　ⓘ978-4-89444-782-0　Ⓝ674.3
[内容]プロのグラフィックデザイナーが制作をする際に、知っておきたい基本的な知識と制作のポイントが学べる、実践のための教科書第6弾。第1章では、地図、グラフ、表組、チャート、図説というダイアグラムの表現方法について、その特徴と注意点をまとめた。第2章では、ダイアグラムを制作するには、どのような点に注意を払わなければならないのか、コンセプトと完成作品をケーススタディとして紹介している。

『クライアントに響くプレゼンテーションデザイン—アイデアスケッチから完成までのデザインプロセス』　ピエ・ブックス　2009.3　159p　31cm〈索引あり　英文併記〉9800円　ⓘ978-4-89444-759-2　Ⓝ674.3
[内容]普段、実際に見る機会の少ない、グラフィックデザイナーがクライアントにプレゼンテーションを行う際に提示されたグラフィックの事例を紹介。完成されたグラフィックデザインの作品よりも、特に途中段階の作品、すなわちアイデアの発想からプレゼンテーションまでをふんだんなビジュアルで紹介する。

『プロのデザインルール—基礎とケーススタディ　5(特殊印刷・加工編)』　ピエ・ブックス　2009.3　142p　29cm〈文献あり　索引あり〉3800円　ⓘ978-4-89444-761-5　Ⓝ674.3
[内容]デザイナーに仕事の現場で役立ててもらえるような印刷の基本的な知識から、特殊な印刷や加工をほどこした応用例まで。

『デザインのへそ—デザインの基礎体力を上げる50の仕事術』　矢野りん著　エムディエヌコーポレーション　2008.10　209p　21cm〈発売：インプレスコミュニケーションズ〉1600円　ⓘ978-4-8443-6012-4　Ⓝ674.3
[内容]かたちにするだけがデザイナーの仕事ではない。より良いデザインをする上でもっと大切な50の事項をたのしいイラストと解説

で綴った、デザイン心に効く一冊。

『プロのデザインルール—基礎とケーススタディ　4　カタログ編』　ピエ・ブックス　2008.9　144p　29cm　3800円　ⓘ978-4-89444-664-9　Ⓝ674.3
[内容]プロのグラフィックデザイナーが制作する際に参考となる基本的な知識に加え、さまざまな工夫が施された実例を紹介し分析する教科書。

『プロのデザインルール—基礎とケーススタディ　3　DM編』　ピエ・ブックス　2008.6　144p　29cm　3800円　ⓘ978-4-89444-663-2　Ⓝ674.3
[目次]第1章 DM〈ダイレクトメール〉の基礎知識、第2章 実例で学ぶ〈戦略的コンセプトで攻めるDM、印刷・加工で魅せるDM、定型サイズ・低コストDM〉

『プロのデザインルール—基礎とケーススタディ　2　CI&ロゴマーク編』　ピエ・ブックス　2008.2　144p　29cm　3800円　ⓘ978-4-89444-655-7　Ⓝ674.3
[内容]CIやロゴマークの役割や目的、一般的に考えられる図形や色が与える印象、そしてCIやロゴマークが作られていく流れなど、基本となる考え方を紹介したほか、現在使われているマークがどのようにして作られたのか、実際の作品を例に紹介する。

『プロのデザインルール—基礎と戦略別ケーススタディ　1(会社・入社案内編)』　ピエ・ブックス　2007.11　145p　29cm　3800円　ⓘ978-4-89444-628-1　Ⓝ674.3
[内容]グラフィックデザイナーが仕事をする前に、知っておきたい基本的な知識と、それをどのように応用していくと個性的かつ説得力のあるデザインに仕上げることができるか、実例をもとに紹介する、現場で使える実践のための教科書。

『アイデア&プロセスの法則レイアウトデザイン』　ロドニー・J.ムーア編、郷司陽子,伊達尚美,バベル訳　毎日コミュニケーションズ　2005.8　207p　31cm　3480円　ⓘ4-8399-1704-3　Ⓝ674.3
[内容]プロのグラフィックデザイナーは、どのようにアイデアを発想し、どのようにクライアントと仕事を進めていくのだろうか。本書では、美術展カタログ、販促マテリアル、会社案内、年次報告、製品カタログなど、ハイクオリティな50のデザイン事例をあげ、プロのデザイナーの「デザイン・シークレット」を

解析する。グラフィックデザイナーのみならず、広告関係の業種にたずさわる人にも大いに参考になる書といえよう。『アイデア＆プロセスの法則』シリーズ第1弾。

『デジタル時代のクリエイターに求められる条件』大内エキオ著　すばる舎　2003.12　207p　19cm　1500円　Ⓣ4-88399-323-X　Ⓝ674.3
[内容] 憧れだけでは作り手になれない。技術だけではプロにはなれない。今、現場が求めているのは「技術以外のスキル」だ。「経験がない」「スタートが遅かった」「自分の作品に自信が持てない」そんな悩みにベテランクリエイターがアドバイス。

『今すぐつくれる！POPの本』石原純子著　フォレスト出版　2003.7　102p　19cm　1000円　Ⓣ4-89451-148-7　Ⓝ674.53
[内容] 古い考えを捨てて新たな発想をすると、POPは紙一枚、ペン一本でつくれる。POPの目的は、「伝える」こと。POPは「瞬間芸」である。以上のことを踏まえて、そして実践するために、今すぐあなたができる簡単なPOPづくりの方法を伝授。

『POPのパターンとレイアウト』四辻隆司著　マール社　2000.1　127p　26cm　1400円　Ⓣ4-8373-0392-7　Ⓝ674.53
[内容] どんなに文字が上手でも、レイアウトが単調ではインパクトの強いPOPは作れません。本書は、誰もがかんたんにレイアウトできるよう、数種類のパターンを用意しました。レイアウトの技術がなくても、パターンに文字を配置して簡単な装飾をほどこすだけで、インパクトのあるPOPが出来上がります。

《広告デザインをするには》

『クリエイティブ・サイエンス―グッとくる広告の作り方：ココロを動かす11の手法』松井正徳著　宣伝会議　2024.3　205p　19cm　2000円　Ⓣ978-4-88335-574-7　Ⓝ674
[内容] 「なんとなく」や「感性」ではない、論理的な説明と明確な効果を目指したい人に贈る表現の実践書。広告を見る人のココロを動かす11の手法について説明し、クリエイティブをつくる場合に大事なこと、気をつける点を紹介する。

『広告制作にかかわる仕事―マンガ』ヴィットインターナショナル企画室編　ほるぷ出版　2008.3　140p　22cm（知りたい！なりたい！職業ガイド）2200円　Ⓣ978-4-593-57217-5　Ⓝ674
[目次] コピーライター、アートディレクター、イラストレーター

『広告』天野祐吉監修　プチグラパブリッシング　2006.7　157p　20cm（あたらしい教科書 6）1500円　Ⓣ4-903267-32-6　Ⓝ674
[内容] 世界は"広告"でできている!?だからいま考える、広告って何。岡康道、佐藤可士和、前田知巳、中島信也、瀧本幹也をはじめ、広告界の"トップランナー"たちが多数参加した、あたらしい「広告」の教科書。

『「絵解き」広報活動のすべて―プレスリリースの作り方からメディア対応まで』山見博康著　PHP研究所　2005.10　302p　21cm（Business selection）1700円　Ⓣ4-569-64572-0　Ⓝ674
[内容] 広報は身だしなみ演出家だ。これであなたも「PRの達人」になれる。

『「広告」がスラスラわかる本―60分で知ったかぶり！』佐々木宏著　新版　同文舘出版　2005.6　219p　19cm　1400円　Ⓣ4-495-55812-9　Ⓝ674
[内容] われわれの日常生活と切っても切れない『広告』について企業、代理店、生活者のそれぞれの視点から、わかりやすく解説。大好評を得た前作『「広告」がスラスラわかる本』を大幅改訂。"『広告』本"の決定版。

『学校を広告しよう』藤川大祐監修　学習研究社　2005.2　47p　28cm（広告！しる・みる・つくる「よのなか」がわかる総合学習 第4巻）3000円　Ⓣ4-05-202124-X, 4-05-810751-0（シリーズ）(set)　Ⓝ674
[内容] いくつかの方法を組み合わせて「学校を広告」していきます。どんな方法でつくっていけばいいのか、必要なこと、注意することがわかります。千葉大学教育学部附属小学校のみんなに協力してもらいました。

『広告』大城勝浩、高山英男、波田浩之著　日本能率協会マネジメントセンター　2004.11　262p　19cm（図解ビジネス実務事典 読んで使える引いてわかる）1600円　Ⓣ4-8207-1642-5　Ⓝ674
[内容] 広告の仕事に必須の基本知識と実務ポイントを全図解。

『広告クリエイティブへの招待―実践的広

告制作論』深川英雄, 相澤秀一著　メトロポリタン　2001.9　294p　19cm〈発売：星雲社〉1900円　ⓘ4-434-00987-7　Ⓝ674
内容　広告は、どのようにして作られるのか、広告制作にはどのような人びとが携わっているのか、すぐれた広告を作るにはなにが必要なのかなどを、わかりやすく具体的に述べる

◆コピーライティング

『ライティングは「宝探し」―売れる文章の作り方、買いたくなる理由の見つけ方』谷本理恵子著　エムディエヌコーポレーション　2024.5　223p　21cm〈頒布：インプレス〉1800円　ⓘ978-4-295-20249-3　Ⓝ675
内容　宝（売れる文章）は、買ってくれた人の言葉の中にある。「売るための文章」を書きたいなら、お客様にインタビューしよう！

『広告コピーってこう書くんだ！読本』谷山雅計著　増補新版　宣伝会議　2024.4　283p　19cm　2000円　ⓘ978-4-88335-602-7　Ⓝ674.35
内容　コピーライティングのベストセラー教本、待望の増補新版。

『なまえデザイン―そのネーミングでビジネスが動き出す』小藥元著　宣伝会議　2023.5　365p　19cm　2000円　ⓘ978-4-88335-570-9　Ⓝ674.35
内容　「価値」を一言で伝える。大ヒット商品「まるでこたつソックス」をはじめ、数々の商品・サービス・施設名を手がける人気コピーライターが「ネーミングの秘訣」と、その思考プロセスを初公開！

『ひとこと化―人を動かす「短く、深い言葉」のつくり方』坂本和加著　ダイヤモンド社　2023.2　222p　19cm　1500円　ⓘ978-4-478-11718-7　Ⓝ674.35
内容　一番言いたいことを「ひとつ」に絞る。すると、「伝わる言葉」が見えてくる。とことん考えて、「ひとこと」に凝縮する方法を徹底的に伝授！

『ほしいを引き出す言葉の信号機の法則―たった1時間で売れる言葉がつくれるようになる本』堤藤成著　ぱる出版　2022.12　190p　19cm〈文献あり〉1400円　ⓘ978-4-8272-1362-1　Ⓝ674.35
内容　買いたくなる言葉をつくる秘訣は、信号機の3つの色をイメージすること―。広告、WEBサイト、SNS、メルマガ、チラシなど、どの媒体でも効果バツグン。不況でも124%売れる「うるおすコトバ」の原理原則を公開する。

『伝わる短文のつくり方―「言語化のロジック」が身につく教科書』OCHABI Institute著　ビー・エヌ・エヌ　2022.9　159p　21cm　2000円　ⓘ978-4-8025-1211-4　Ⓝ674.35
内容　優れた短文（＝コピー）は、一瞬で相手に伝わるもの。誰に向けて、何を届けるのか。「思い」や「考え方」のエッセンスを抽出して言葉にする方法を、広告コピーから学ぶ。「言語化のロジック」をステージ別に解説する。

『すごいタイトル㊙法則』川上徹也著　青春出版社　2022.5　202p　18cm（青春新書INTELLIGENCE PI-649）〈文献あり〉1000円　ⓘ978-4-413-04649-7　Ⓝ674.35
内容　コンテンツ黄金時代、どんなに内容が良くてもタイトルがものをいう！　たった10文字ほどでものすごい数の人間の心を魅了する秘訣を伝授する。「タイトルの天才」と呼ばれるクリエイターのエピソードも多数収録。

『1行で伝える力』田口まこ著　三笠書房　2022.3　206p　15cm（知的生きかた文庫 た82-1）〈「伝わるのは1行。」（かんき出版 2018年刊）の改題〉780円　ⓘ978-4-8379-8765-9　Ⓝ674.35
内容　今の時代、残念ながら2行以上の情報は読んでもらえない。"わずか1行"で言いたいことをより速く、面白く伝える、コピーライターのノウハウを紹介する。特別付録「女心入門 女性に届く1行のコツ」も収録。

『コピーライティング技術大全―百年売れ続ける言葉の原則』神田昌典, 衣田順一著　ダイヤモンド社　2021.11　459p　21cm〈文献あり 索引あり〉3200円　ⓘ978-4-478-11177-2　Ⓝ674
内容　従来のコピーライティングにとどまらない広範な分野を漏れなくカバーし、100のコピーライティング技術を実用しやすい体系にまとめる。BTRNUTSS（バターナッツ）見出しチェッカーなどの折り込みシート付き。

『セールスライティング・ハンドブック―広告・DMからWebコンテンツまで、「売れる」コピーのすべて：新訳』ロバート・W・ブライ著, 岩木貴子訳　増補改訂版　翔泳社　2021.5　479p　19cm〈索引あり〉2280円　ⓘ978-4-

デザインを学ぼう　　　　　　　　　　　　　　広告デザインをするには

7981-6696-4　Ⓝ674
内容 モノやサービスを売るすべての人のための文章術の本。時代を問わないコピーの原則から、デジタル時代で注意すべきポイントまで、さまざまなセールスライティングのテクニックを豊富な事例と共に解説する。

『なぜか惹かれる言葉のつくりかた』能勢邦子著　サンマーク出版　2021.3　205p　19cm　1400円　Ⓘ978-4-7631-3896-5　Ⓝ674.35
内容 anan元編集長が教える、文章をつくるすべての人に伝えたい、読み手を引き込む技術。SNS・web記事・社外文書・メール・企画書・HP作成・販促物・商品紹介に。

『なんだ、けっきょく最後は言葉じゃないか。』伊藤公一著　宣伝会議　2021.2　223p　19cm　1600円　Ⓘ978-4-88335-511-2　Ⓝ674.35
内容 人の心を動かすには、言葉を磨くしかない！　電通で中堅コピーライターのための「コピーゼミ」を主宰していた著者が、強く伝わる言葉の書き方を体系立てて解説する。もう一段上のコミュニケーション力が身につく一冊。

『セールスコピー大全—見て、読んで、買ってもらえるコトバの作り方』大橋一慶著　ぱる出版　2021.1　382p　21cm　1800円　Ⓘ978-4-8272-1261-7　Ⓝ674.35
内容 おもわず注目し、夢中で読み進め、気が付けば申込んでいる…変態的なまでに結果を追求！　"レスポンスアップの鬼"による非対面・非接触でバカ売れさせる全技術。

『成功を呼ぶネーミングの技術』平方彰著　竹書房　2020.6　173p　19cm　1700円　Ⓘ978-4-8019-2286-0　Ⓝ674.35
内容 アンテナを張る、CMに学ぶ、常に疑問を持つ、自分なりに結論を出す…。"SAMURAI JAPAN"と"eスポーツ"で、流行語大賞優秀賞を2度も受賞した著者が、ネーミング力を養う5つの方法を伝授する。

『好きなものを「推す」だけ。一共感される文章術』Jini著　KADOKAWA　2020.5　221p　19cm　1300円　Ⓘ978-4-04-604757-1　Ⓝ674.35
内容 本当に好きなものを推して2500万PV獲得、仕事の依頼も絶えなくなったトップブロガーの全スキル。

『神1行―『バカ売れ』する言葉の作り方』中山マコト著　東久留米　シャスタインターナショナル　2020.3　189p　19cm　1400円　Ⓘ978-4-908184-25-3　Ⓝ674.35
内容 心を動かす言葉のチカラを持った短いコピーの作り方がわかる。

『バズる1行―お金を稼ぐキャッチコピーがスラスラ書けるようになる！』中山マコト著　総合法令出版　2019.12　233p　19cm　1400円　Ⓘ978-4-86280-724-3　Ⓝ674.35
内容 バズるフレーズ＝バズフレーズを持つと、目立つ、広がる、売れていく！　企画書やSNS、チラシ等で使えるバズフレーズ、さらに威力のある「ハイパー・バズフレーズ」のつくり方を伝授する。プロが使っているメソッドが満載。

『今すぐ自分を売り出す1行を作れ』さわらぎ寛子著　大和書房　2019.3　207p　21cm　1400円　Ⓘ978-4-479-79683-1　Ⓝ674.35
内容 キャッチコピーは人生の羅針盤。「自分が何者か、誰にどんな価値を提供できるのか」を1行で表すPRコピーの作り方を紹介する。書き込み式ワークシートとワークシートがダウンロードできるQRコード付き。

『届く！　刺さる!!売れる!!!キャッチコピーの極意』弓削徹著　明日香出版社　2019.1　269p　19cm　1600円　Ⓘ978-4-7569-2009-6　Ⓝ674.35
内容 「買いたいスイッチ」をONにするキャッチコピーの書き方を伝授。「ウリ」を見つける方法、当てはめるだけでどんどん書ける表現パターンなどを、やってはいけないNGコピーとともに紹介する。

『マンガでわかるキャッチコピー力の基本』川上徹也著、松浦まどか漫画　日本実業出版社　2019.1　158p　19cm　1300円　Ⓘ978-4-534-05662-7　Ⓝ674.35
内容 才能やセンスがなくても大丈夫！　チラシ、自社HPの紹介文、企画書など、仕事や日常のさまざまなシーンで必要な「刺さる言葉」「届く言葉」の選び方・使い方をマンガで紹介。内容を補足した解説も掲載する。

『全米は、泣かない。―伝え方のプロたちに聞いた刺さる言葉のつくり方』五明拓弥著　あさ出版　2018.3　340p　19cm　1500円　Ⓘ978-4-86667-021-8　Ⓝ674.35

広告デザインをするには　　デザインを学ぼう

『　内容　「人の心を動かす言葉」はどうやったら作れるようになるんですか？　吉本芸人で、CMプランナーとしてTCC新人賞を受賞した著者と、名だたるコピーライター・CMプランナーたちとの対談集。又吉直樹との特別対談も収録。

『ネーミング発想・商標出願かんたん教科書』松野泰明著　中央経済社　2017.11　215p　21cm〈文献あり　発売：中央経済グループパブリッシング〉2400円　①978-4-502-23061-5　Ⓝ674.35
　内容　どんな商品、企画もネーミングが命。ネーミングの成功例やネーミング創作法を紹介するとともに、まったくの初心者でも、発明・商標の楽しさ・出願方法がわかるよう、考え方や手続きを丁寧に説明する。

『伝わる人は「1行」でツカむ』川上徹也著　PHP研究所　2017.10　285p　15cm（PHP文庫　か80-1）680円　①978-4-569-76686-7　Ⓝ674.35
　内容　「1行でツカむ」基本ルールを知れば、ビジネスとプライベートで結果が出る！「言い切る」「問いかける」「数字を使う」「比喩や名言を使う」など、短く的確な言葉で人の気持ちを惹きつける39の基本ルールを伝授する。

『最強のネーミング―すべてのビジネスは名前から始まる』岩永嘉弘著　日本実業出版社　2017.9　237p　19cm　1600円　①978-4-534-05522-4　Ⓝ674.35
　内容　名付けビジネスの第一人者による買わせる名前秘中の秘。

『キャッチコピーの教科書―わかる!!できる!!売れる!!』さわらぎ寛子著　すばる舎　2017.5　162p　21cm（1THEME×1MINUTE）〈文献あり〉1400円　①978-4-7991-0619-8　Ⓝ674.35
　内容　心に刺さるフレーズは誰でも簡単に作れる！たった1行で、お客様の心をつかんで離さない！コストゼロで売上アップ！キャッチコピー65のテクニック。

『ネーミング全史―商品名が主役に躍り出た』岩永嘉弘著　日本経済新聞出版社　2017.1　305p　19cm　2300円　①978-4-532-32127-7　Ⓝ674
　内容　「モノが売れない」といわれる時代に、売れ行きを決めるのは「ネーミング」。時代を超えて生き続ける「ネーミング」を歴史と共に振り返る。『広研レポート』『日経産業新聞』連載に加筆、再構成。

『これぞ、ザ・ネーミング～。―楽しい笑える遊べる儲かる』包行均著　日刊工業新聞社　2016.3　159p　21cm（B&Tブックス）1800円　①978-4-526-07557-5　Ⓝ674
　内容　ネーミングから始まる「売れるものづくり」がここに！「草刈機まさお」などオンリーワン製品を次々と世に送り出してきた農機メーカー「キャニコム」の代表取締役会長が、ネーミングの奥義を伝授する。

『これから、絶対、コピーライター』黒澤晃著　宣伝会議　2015.12　285p　19cm（マスナビBOOKS）1400円　①978-4-88335-344-6　Ⓝ674
　内容　コピーライターになりたい人を、コピーライターにする本。あの広告会社で、多くのコピーライターを採用、発掘、教育した著者がそのすべてを初公開。あなたのコピー力を発掘する特別企画：ツイッターでツボ伝授。

『広告コピーってこう書くんだ！相談室』谷山雅計著　宣伝会議　2015.10　259p　19cm　1800円　①978-4-88335-339-2　Ⓝ674

『1行バカ売れ』川上徹也［著］KADOKAWA　2015.8　254p　18cm（角川新書 K-39）〈文献あり〉800円　①978-4-04-102752-3　Ⓝ674
　内容　大ヒットや大行列は、たった1行の言葉から生まれることがある。様々なヒット事例を分析しながら、人とお金が集まるキャッチコピーの法則や型を紹介。「結果につながる」言葉の書き方をコピーライターの著者が伝授する。

『名作コピーの教え』鈴木康之著　日本経済新聞出版社　2015.7　470p　19cm〈文献あり　「名作コピーに学ぶ読ませる文章の書き方」（日経ビジネス人文庫 2008年刊）と「文章がうまくなるコピーライターの読書術」（日経ビジネス人文庫 2010年刊）の改題、再編集、加筆〉2800円　①978-4-532-32012-6　Ⓝ674
　内容　人を動かす文章、読ませるコピーはどう作るか？　多くの広告業界関係者が影響を受けたベストセラー『名作コピー読本』の著者がレクチャーする文章作成講座 "永久保存版"。

『広告コピーの教科書―11人のプロフェッショナルの仕事から伝える』誠文堂新光社編　誠文堂新光社　2015.1　261p

21cm 1800円 ⓘ978-4-416-11318-9 Ⓝ674

内容 一倉宏、仲畑貴志、国井美果、秋山晶…。11人のプロフェッショナルたちが、コピーライティングのテクニック論だけでなく、ライターとしての生き方についても語る。コピーライティングの、さらにはコミュニケーションの教科書として、必携の一冊。

『広告コピーの筋力トレーニング』渡辺潤平著 グラフィック社 2015.1 205p 20cm 1600円 ⓘ978-4-7661-2695-2 Ⓝ674

内容 近道は、ない。楽しさは与えられるものではなく、自分でプロデュースするもの。クリエイティブディレクターやデザイナーから言われたことをそのまま書くのではなく、自分なりの目的と動機をセットして、日常の仕事の中で自分を高めていく。この本には、著者が悪戦苦闘の末に生み出した、いくつかのヒントの種がまとめて収録されている。

『買わせる文章が「誰でも」「思い通り」に書ける101の法則』山口拓朗著 明日香出版社 2014.9 204p 19cm 1500円 ⓘ978-4-7569-1720-1 Ⓝ674

内容 お客様の心に刺さるキャッチコピーや文章がスラスラ書ける！ あなたの商品やサービスを買ってもらえる！ プレゼン資料、ネット、チラシ、広告、企画書などに使える。ライバルが嫉妬する文章の書き方。

『「そのひと言」の見つけ方―言葉を磨く50のコツ』渡邉洋介著 実務教育出版 2014.9 234p 19cm 1400円 ⓘ978-4-7889-1077-5 Ⓝ674

内容 仕事ができる人は、言葉ができる人。気鋭のコピーライターが明かす、「人と仕事を動かすひと言」を見つけるための使えるノウハウ！

『誰でもすぐにできる売上が上がるキャッチコピーの作り方』堀内伸浩著 明日香出版社 2012.12 190p 19cm 1500円 ⓘ978-4-7569-1594-8 Ⓝ674

内容 「いい商品があるのに、なかなか売れない」それは、お客様にあなたの思いや商品の良さが届いていないから。58のルールを覚えるだけで、簡単に伝わるキャッチコピーが作れます。POP・チラシ・カタログ・ホームページ・ネーミング・タイトルなどで迷った時の1冊。

『キャッチコピー力の基本―ひと言で気持ちをとらえて、離さない77のテクニック』川上徹也著 日本実業出版社 2010.8 232p 19cm〈文献あり〉1300円 ⓘ978-4-534-04734-2 Ⓝ674.21

内容 あなたの文章は、なぜスルーされてしまうのか？ 仕事で一番必要なのに、誰も教えてくれなかった言葉の選び方、磨き方、使い方。

『ホントのことを言うと、よく、しかられる。―勝つコピーのぜんぶ』仲畑貴志著 宣伝会議 2008.12 254p 20cm 1800円 ⓘ978-4-88335-209-8 Ⓝ674

内容 前著『コピーのぜんぶ』に新コピーを加えた全1539本を収録。第一線で活躍し続けるコピーライター・仲畑貴志の仕事場そのものであり、厳選広告コピーの集大成。

『ザ・コピーライティング―心の琴線にふれる言葉の法則』ジョン・ケープルズ著, 神田昌典監訳, 齋藤慎子, 依田卓巳訳 ダイヤモンド社 2008.9 431p 21cm 3200円 ⓘ978-4-478-00453-1 Ⓝ674

内容 どんな見出しが1番たくさんの人を引きつけるか？ どんなビジュアルが1番注目を集めるか？ アメリカの広告業界で58年間も活躍し続けた伝説的コピーライターによる、クリエイティブかつ効果的な広告を作るためのバイブル。

『広告コピーってこう書くんだ！ 読本』谷山雅計著 宣伝会議 2007.9 235p 20cm〈肖像あり〉1800円 ⓘ978-4-88335-179-4 Ⓝ674

内容 いいアイデアやコピーは発想法を知るよりも、自分のアタマを普段から発想体質にしておく必要があります。"発想体質"になるための31のトレーニング法。

『3Dコピーライティング』栃内淳著 ソフトバンクパブリッシング 2005.9 200p 19cm 1500円 ⓘ4-7973-3227-1 Ⓝ674

内容 『3Dコピーライティング』は、言葉の音と形で意味を刺激して、「わけて、わかる」フレーズの料理法。コピーライティング、ネーミング、作詞の技法やテクニックを紹介。今日からあなたも3つ星コピーライター！

『広告コピー概論』植条則夫著 増補版 宣伝会議 2005.4 494p 22cm〈文献あり〉2800円 ⓘ4-88335-132-7 Ⓝ674

内容 コピーライターに必要な基礎理論と、その表現技術を中心に執筆したテキスト。コピーの目的、アイデア、要素、視覚化、媒体、

『新・コピーライター入門』小松洋支,中村卓司監修　電通　2005.3　266p　21cm　〈執筆：小松洋支ほか〉2000円　Ⓘ4-88553-175-6　Ⓝ674
[目次]第1部 基礎篇—これからコピーライターになる人へ。(新人コピーライター物語)、第2部 応用篇—コピーライター、コピーを語る。(あの人は、こんな風に、コピーを。,「思い出の小箱」に残る言葉,表現は氷山の一角だ。,めざせ、企画エンタテインメント。,それも、これも、コピーライターの仕事。)

『一行力』岩永嘉弘著　草思社　2004.4　206p　19cm　1200円　Ⓘ4-7942-1300-X　Ⓝ674
[内容]携帯電話などの情報ツールは年々進化し、膨大な情報が飛び交ってはいるが、伝えたいことを端的に表現する力はまさに"ボキャ貧"、衰弱の一途だ。そこで、恋を、政治を、経済を、時には戦争をも左右した古今東西のパンチあるフレーズを渉猟しながら、ビジネスや生活ですぐ役に立つ一行力の鍛錬法を、ネーミングの第一人者が指南する。

『誰でも成功するネーミング入門』井上睦己著　新版　実業之日本社　2003.11　239p　19cm　1500円　Ⓘ4-408-10565-1　Ⓝ674
[内容]ネーミングの発想法から、企画書の書き方、企業への売り込みまでを初心者にもわかるよう徹底的に伝授する決定版。

『ネーミング発想法』横井惠子著　日本経済新聞社　2002.2　185p　18cm（日経文庫）830円　Ⓘ4-532-10849-7　Ⓝ674
[内容]ブランド戦略の"要"として注目を集めるネーミング。その基本から商標登録上必要な知識までを網羅。ネーミングを発想する際のポイント、さまざまな造語法、商品名や社名として実際に使えるかどうかの見極めまで一連の手順に従って詳しく解説。発想法、造語法を丁寧に紹介しているので、実際のネーミング開発の手引書としても最適。

『新約コピーバイブル』宣伝会議コピーライター養成講座編　宣伝会議　2001.6　251p　19cm　2400円　Ⓘ4-88335-050-9　Ⓝ674
[目次]第1章 基本編、第2章 基礎編、第3章 本格編、第4章 電波編、第5章 キャンペーン編、第6章 実務編、第7章 コラボレーション編、第8章 リーガル編

『ヒット商品ネーミングの秘密』秋場良宣,竹間忠夫著　講談社　2000.12　308p　19cm　1500円　Ⓘ4-06-210539-X　Ⓝ674
[内容]ウォークマン、スーパードライ、一太郎、写ルンです…。市場で圧勝した決め手はなにか!?売れる商品はネーミングが違う。ヒット商品を送り出した各企業からネーミング秘話を得て書き下ろす、最強の「商品ヒットの法則」。

《パッケージをデザインしよう》

『パッケージデザインのひみつ』日本パッケージデザイン協会監修　グラフィック社　2023.5　139p　19cm　1800円　Ⓘ978-4-7661-3609-8　Ⓝ675.18
[内容]フタにヨーグルトが付かないひみつ、いろいろな光から中身を守る容器の技術、裏面にこめられたコミュニケーションの工夫…。身近なパッケージに秘められたデザインの創意工夫を紹介する。

『包装のひみつ—考えよう、地球のこと、包装の文化と未来』梅屋敷ミタまんが,WILLこども知育研究所構成　学研プラス　2021.3　127p　23cm（学研まんがでよくわかるシリーズ 174）Ⓝ385.97

『トコトンやさしい包装の本』石谷孝佑,水口眞一,大須賀弘著　第2版　日刊工業新聞社　2020.12　159p　21cm（B&Tブックス—今日からモノ知りシリーズ）〈文献あり 索引あり〉1500円　Ⓘ978-4-526-08101-9　Ⓝ675.18
[内容]"包む"だけでなく、たくさんの機能をもつ「包装」。その目的や使われる材料をはじめ、包装機を中心とする包装システム、様々な機能性包装などをわかりやすく解説。包装に関連する資源・環境問題等の新項目を加えた第2版。

『売れる配色—目を引く商品パッケージの作り方』グラフィック社編　グラフィック社　2020.5　227p　25cm〈索引あり〉3900円　Ⓘ978-4-7661-3384-4　Ⓝ675.18
[内容]「思わず買いたくなる」色づかいがよく分かる。成功した世界の商品パッケージ約50例を紹介し、人々を惹きつけるパッケージデザイン配色のヒントを提供する。CMYK、パントーンなど、全デザイン色番号付き。

『パッケージデザインの教科書』日経デザイン編　第3版　日経BP社　2017.6　271p　21cm〈執筆：日経デザインほか　発売：日経BPマーケティング〉2900円　Ⓘ978-4-8222-5914-3　Ⓝ675.18
内容　売れるパッケージのヒントと事例が満載！パッケージ制作の基礎〜応用テクニックを網羅。商品企画担当者、デザイナー必携！増ページ＆大幅改訂！　最新ヒット商品の開発事例、調査データを大幅拡充！

『きほんのラッピング便利帳─いちばんわかりやすい』包むファクトリー監修　学研パブリッシング　2014.12　159p　24cm〈発売：学研マーケティング〉1300円　Ⓘ978-4-05-800388-6　Ⓝ385.97
内容　合わせ包みや斜め包みなど、きほんの箱の包み方はもちろん、リボンのかけ方・結び方、袋のとじ方など、ラッピングに必要なテクニックを、手順を追った写真とともに網羅。イベントや贈る相手をイメージした具体的なラッピングも提案。巻末では、慶弔に必要な熨斗や贈り物のマナーについても詳しく解説している。

『一瞬で心をつかむパッケージデザインの見本帳─商品価値を高めるアイデアと技法』フレア編　エムディエヌコーポレーション　2014.4　159p　26cm〈索引あり　発売：インプレスコミュニケーションズ〉2800円　Ⓘ978-4-8443-6411-5　Ⓝ675.18
内容　数々の隠れた名品からパッケージデザインを学ぶ。基礎知識から実例サンプルまでパッケージデザインを網羅。

『パッケージデザインを学ぶ─基礎知識から実践まで』白尾隆太郎監修, 福井政弘, 菅木綿子著　武蔵野　武蔵野美術大学出版局　2014.4　175p　24cm〈文献あり〉2800円　Ⓘ978-4-86463-012-2　Ⓝ675.18
内容　素材や印刷の知識から実際のデザイン開発まで、パッケージデザインを広く網羅。視覚的な要素だけのデザインではなく、今日の社会におけるデザインの役割を熟慮し、本来のパッケージのあり方、素材の選び方、製作の方法と構造の関係、商品と消費者の関係から店頭効果までを。身近な事例105をとりあげ、パッケージデザインのいまと未来を考える

『イチバン親切なラッピングの教科書─豊富な手順写真で基本からアレンジまでわかりやすく解説。この1冊でどんなものでもセンス良く包めます！：最新アレンジテクニックも紹介！』宮田真由美著　新星出版社　2013.12　191p　24cm　1280円　Ⓘ978-4-405-07176-6　Ⓝ385.97
内容　豊富な手順写真で基本からアレンジまでわかりやすく解説。この1冊でどんなものでもセンス良く包めます！

『リボン＆ペーパーギフトのためのラッピング─基本の包み方やリボンかけ、ボウの作り方がよくわかる』長谷良子著　ブティック社　2013.9　80p　26cm（［レディブティックシリーズ］［3632］）943円　Ⓘ978-4-8347-3632-8　Ⓝ385.97

『デザインのココロ』カトウヨシオ文と絵　六耀社　2013.6　223p　18cm　1200円　Ⓘ978-4-89737-741-4　Ⓝ675.18
内容　デザインはアイデアる！数々のヒット商品を手がけたパッケージデザイナーが「商品づくりにたいせつな心」を伝える。

『図解でわかるパッケージデザインマーケティング』小川亮著　日本能率協会マネジメントセンター　2010.7　262p　21cm〈文献あり〉1800円　Ⓘ978-4-8207-4658-4　Ⓝ675.18
目次　第1章 パッケージデザインをマーケティングから考える、第2章 パッケージデザインと戦略、第3章 パッケージデザインを作るための要素、第4章 パッケージデザインの定石、第5章 競争優位を発揮するためのデザイン、第6章 デザインの評価ポイント、第7章 リニューアルを考えるポイント、第8章 デザイナーとのコミュニケーション、第9章 パッケージデザインの発注、第10章 パッケージデザインを考える上で注意すべきこと

『売れる色とパッケージデザインの法則─ルールとドリルで配色力が身につく』高坂美紀著　ソシム　2008.9　103p　26cm　1380円　Ⓘ978-4-88337-611-7　Ⓝ675.18
内容　カラーマーケティングで学ぶヒット商品・定番商品の秘密。17の「重要なルール」と14の「ドリル」でデザイン力をレベルアップ。

『パッケージデザイン』佐井国夫[ほか]著　武蔵野　武蔵野美術大学出版局　2003.4　103p　21cm〈文部科学省認可通信教育〉3900円　Ⓘ4-901631-27-6　Ⓝ675.18

『箱がデキルまで―パッケージデザインの現場から』スタッフォード・クリフ著，嶋垣ナヲミ，伊達尚美訳　六曜社　2000.1　223p　30cm　10000円　①4-89737-361-1　Ⓝ675.18
内容　実際に商品化された商品のパッケージデザイン50例を取り上げ、その誕生から完成までのプロセスを、詳しいインタビューと様々なデザインカンプ、サムネール、写真で再現する。

《文字をデザインしよう》

『カリグラフィー教本―37の美しい書き文字レッスン』ジュリアン・シャザル著，白谷泉監修，ダコスタ吉村花子訳　グラフィック社　2024.6　223p　28cm　3500円　①978-4-7661-3852-8　Ⓝ727.8
内容　初心者や、もっと上達したいカリグラファーに向けて、「文字を書く」から「作品制作」までを解説したカリグラフィー教本。基本の書体からメロヴィング体などめずらしい書体まで、1文字ずつ丁寧にポイントを解説する。

『もじグラフィックス』そばまる[ほか]インタビュー&メイキング執筆　ビー・エヌ・エヌ　2024.3　191p　25cm〈索引あり〉2400円　①978-4-8025-1287-9　Ⓝ727.8
内容　「文字を作る」行為である作字。500点以上の作字を「形状」「発想」「組み合わせ」の特徴ごとに分類し、制作意図のキャプションとともに紹介する。独自性を発揮する作家・デザイナー5名のインタビュー&メイキングも掲載。

『レタリングデザインの極意―プロセスから学ぶ、描き文字を活かすためのガイドブック』ジェシカ・ヒシュ著，井原恵子訳　ビー・エヌ・エヌ　2024.2　175p　24cm〈索引あり〉2600円　①978-4-8025-1294-7　Ⓝ727.8
内容　レタリングアーティストによるレタリングデザインの解説書。手描きのスケッチからデータ化に至るまで、洗練された制作プロセスを公開。数多くのクライアントワークを通じ、手描き文字を活かすデザインについて学べる。

『ふつうのデザイナーのためのタイポグラフィが上手くなる本―学校では教えてくれない、書体選び/配置/文字組みの実践的なコツ』加納佑輔，佐藤雅尚著　翔泳社　2023.7　159p　26cm〈文献あり　索引あり〉2200円　①978-4-7981-7907-0　Ⓝ727.8
内容　鎌倉で文字にこだわるデザイン会社が教えるタイポグラフィの実践書。フォントの選択やレイアウト、文字組みがしっくりこない、何から勉強すればよいのか迷っている方に向けてわかりやすく解説します。

『ロゴデザインの原則―効果的なロゴタイプ、シンボル、アイコンを作るためのテクニック』ジョージ・ボクア著，百合田香織訳　ビー・エヌ・エヌ　2023.7　224p　24cm〈索引あり〉2800円　①978-4-8025-1267-1　Ⓝ727.8
内容　9つのタイプ×32の要点、洗練されたロゴの作り方。シンプルで力強く、永続性のあるデザインに。海外の一流デザイナーから学ぶ、スキルアップの道しるべ。

『ロゴデザインのコツ―プロのクオリティに高めるための手法65』佐藤浩二著　ビー・エヌ・エヌ　2023.4　175p　21cm〈索引あり〉2000円　①978-4-8025-1255-8　Ⓝ727.8
内容　ノンデザイナーでも実例から楽しく学べ、ロゴの見方が変わります！ロゴのクオリティを劇的に上げる秘訣をプロのデザイナーがわかりやすく解説。

『ロゴづくりの研究室―自由自在に文字をデザインする作字テクニック』かねこあみ著　日貿出版社　2023.1　159p　26cm　2200円　①978-4-8170-2207-3　Ⓝ727.8
内容　かわいい、かっこいい、おしゃれ…etc　ロゴデザインの引き出しが広がる！お店・企業ロゴ商品POPにも使える！

『Glyphsではじめるフォント制作』大曲都市，照山裕爾，丸山邦朋，吉田大成著　ビー・エヌ・エヌ　2022.11　239p　26cm〈文献あり　索引あり〉3000円　①978-4-8025-1237-4　Ⓝ007.6355
内容　フォント制作ソフトGlyphs（グリフス）の使い方、和文・欧文・記号フォントの作り方を徹底解説。自分でフォントを作りたい人のための入門書！

『もじモジ探偵団―まちで見かける文字デザインの秘密』雪朱里著，ヒグチユウコイラスト　グラフィック社　2022.1

デザインを学ぼう　　　　　　　　　　　　　　　　　　　　　　文字をデザインしよう

167p　21cm　2000円　①978-4-7661-3605-0　Ⓝ727.8
内容 くらしのなかで目にするさまざまな文字のデザインは、いつ、どこで、だれが手がけているの？『デザインのひきだし』連載「もじモジ探偵団」が待望の書籍化！

『手書き文字＆イラストLesson—かわいくかけるヒントがいっぱい！』　ナツメ社　2021.11　111p　15×21cm　980円　①978-4-8163-7090-8　Ⓝ727.8
内容 手帳、アルバム、イベントかざり…アイテムごとにかわいいアイデアが盛りだくさん！ ハングルのフレーズや推し活アイテムも紹介！ マネしてかける練習帳つき！

『フォントの話をしよう』　パイインターナショナル　2021.8　231p　24cm〈索引あり〉2200円　①978-4-7562-5455-9　Ⓝ007.6325
内容 さまざまなフィールドの第一線で活躍中のアートディレクター・デザイナーに、文字＆書体の扱い方をじっくりと取材しました。タイポグラフィがすーっと理解できる1冊です。

『タイポグラフィ・ハンドブック』　小泉均編著、akira1975著　第2版　研究社　2021.7　507p　20cm〈索引あり〉4200円　①978-4-327-37749-6　Ⓝ727.8
内容 アルファベットのタイポグラフィを中心に、フォントの特徴や効果的な使い方を分かりやすく解説。文字デザインの「理屈」と「仕組み」を理解するのに最適なハンドブック。和文フォントやWebフォントも取り上げた第2版。

『レタリングマニュアル—ハウスインダストリーズに学ぶレタリングの基本』　ケン・バーバー著、井原恵子訳　ビー・エヌ・エヌ　2021.5　207p　24cm〈文献あり 索引あり〉2800円　①978-4-8025-1208-4　Ⓝ727.8
内容 アメリカを代表する文字デザイン集団、ハウスインダストリーズによるレタリングの教科書。文字の種類、道具、発想方法、バランスの取り方など、上達のためのノウハウが詰まった一冊です。

『文字のきほん』　伊達千代著　グラフィック社　2020.12　143p　21cm〈文献あり〉1700円　①978-4-7661-3447-6　Ⓝ749.41
内容 書体とフォントの違い、文字と印刷の

歴史、電車の文字、フォントの作られ方、国内の主なフォントメーカー、フォントの入手方法…。「文字」そのものに焦点を当て、写真や説明図とともに平易な言葉で解説する。

『時代をひらく書体をつくる。—書体設計士・橋本和夫に聞く活字・写植・デジタルフォントデザインの舞台裏』　雪朱里著　グラフィック社　2020.11　295p　22cm〈文献あり 年譜あり〉2700円　①978-4-7661-3459-9　Ⓝ727.8
内容 活字・写植・デジタルフォントと3世代にわたり文字をデザインし続けた書体設計士・橋本和夫へインタビュー。現在のルーツとなる書体デザインの舞台裏を浮かび上がらせ、日本の書体の知られざる流れを紐解く。

『新標準・欧文タイポグラフィ入門—プロのための欧文デザイン＋和欧混植』　アンドリュー・ポセケリ、生田信一、コントヨコ、川下城誉共著　エムディエヌコーポレーション　2020.9　175p　25cm〈索引あり〉　発売：インプレス　2400円　①978-4-8443-6990-5　Ⓝ007.6325
内容 イギリス人デザイナーと国内の文字の専門家がまとめた、欧文タイポグラフィの解説書。見落としがちなポイント、ネイティブでなければわかりにくい勘どころを押さえてデザインスキルを向上させる。

『ロゴデザインの教科書—良質な見本から学べるすぐに使えるアイデア帳』　植田阿希著　SBクリエイティブ　2020.8　207p　26cm〈文献あり 索引あり〉2400円　①978-4-7973-9446-7　Ⓝ727.8
内容 デザイン・ブランディング・商品開発…「平凡なロゴ」を「印象に残るロゴ」に変える知識とヒントが！ ロゴ制作の基本から、展開の仕方まで、ずっと役立つ知識が詰まっている！

『欧文書体のつくり方—美しいカーブと心地よい字並びのために』　小林章著　Book&Design　2020.5　159p　26cm　3000円　①978-4-909718-04-4　Ⓝ727.8
内容 欧文書体デザインの第一人者によるフォントとロゴ制作のテキスト。美しく読みやすい文字をつくるための基礎知識と考え方を解説する。『欧文書体』『欧文書体2』の続編。『デザインの現場』等掲載を加筆、再構成。

『デザインのつかまえ方—ロゴデザイン40事例に学ぶアイデアとセオリー』　小野圭介著　エムディエヌコーポレーション

2020.5　271p　13×13cm〈発売：インプレス〉2000円　①978-4-8443-6948-6　Ⓝ727.8
内容　ロゴデザインのプロセスをテーマに、デザインの発想法、アイデア、ノウハウ等をビジュアルにまとめた解説＆資料集。臨機応変に適用し、見立て、連想し、その先にあるブレイクスルーの瞬間をひも解く至極のデザインメイキング。

『ロゴのつくりかたアイデア帖―"いい感じ"に仕上げる65の引き出し』遠島啓介著　インプレス　2020.3　174p　21cm〈文献あり〉1800円　①978-4-295-00854-5　Ⓝ727.8
内容　見るだけで楽しくなる＆参考になる豊富な作例。デザインの基本から丁寧に解説。ロゴづくりのステップがよくわかる。アイデア出しから納品までの流れがわかる。

『書体デザイン』桑山弥三郎著　新装版　グラフィック社　2020.1　278p　30cm〈文献あり〉2700円　①978-4-7661-3373-8　Ⓝ727.8
内容　書体デザインの基本と考え方、企業制定書体の考え方、書体制作方法と過程…。現代にも通じる書体デザインの発想を、豊富な制作事例とともに解説。1971年刊行当時の書体制作の現場を伝える貴重な資料も収録する。

『タイポグラフィ―タイポグラフィ的造形の手引き』エミール・ルーダー著, ヘルムート・シュミット監修, スミ・シュミット訳, 室賀清徳監訳・編集　ボーンデジタル　2019.10　279p　24×24cm　8500円　①978-4-86246-447-7　Ⓝ727.8
内容　タイポグラフィを21年間にわたって教えてきた著者が、タイポグラファが仕事を遂行する上で直面するフォルムの問題を取り上げ、デザインの問題と密接に関連する技術的なプロセスについて説明する。事例も掲載。

『ディテール・イン・タイポグラフィ―読みやすい欧文組版のための基礎知識と考え方』ヨースト・ホフリ著, 麥倉聖子監修, 山崎秀貴訳　改訂版　Book & Design　2019.10　67p　21cm　2300円　①978-4-909718-02-0　Ⓝ749.42
内容　本書では、読みやすい欧文組版を行うための、文字、行、段落の扱い方を図版をもとに具体的に解説。コンパクトなサイズ、ページ数の本の中に、欧文タイポグラフィに必要な基礎知識が簡潔にまとめられています。

『となりのヘルベチカ―マンガでわかる欧文フォントの世界』芦谷國一著, 山本政幸監修　フィルムアート社　2019.9　215p　21cm〈文献あり　年表あり〉1600円　①978-4-8459-1821-8　Ⓝ749.41
内容　超有名書体ヘルベチカ、宇宙に行ったフーツラ、世界のOSシェア9割のインパクト…。個性豊かな欧文フォントたちを擬人化したマンガで、25種類のフォントの特徴や成り立ち、使用例などを紹介する。

『欧文組版―タイポグラフィの基礎とマナー』髙岡昌生著, 髙岡重蔵監修　増補改訂版　烏有書林　2019.7　189p　26cm〈文献あり　索引あり　初版：美術出版社 2010年刊〉2800円　①978-4-904596-11-1　Ⓝ749.42
内容　欧文書体の基礎知識から、欧文組版に関する知識やマナー、根底に流れている考え方、実践例までを丁寧に解説。文字を巧みに使いこなし、美しく、心地よく読める文章を組版／構築するためのヒントが満載。

『活字入門帖―和字書体・漢字書体・欧字書体：継承への思索』今田欣一編　鶴ヶ島　今田欣一デザイン室　2019.7　165p　15cm〈奥付のタイトル：欣喜堂活字入門帖2019〉Ⓝ749.41

『フォント部へようこそ―文字を楽しむおとなの部活』フォント部編　自由国民社　2019.7　125p　21cm〈文献あり〉1200円　①978-4-426-12555-4　Ⓝ007.6355
内容　楽しく学べるフォント入門書。フォントの基本的な知識を紹介したうえで、フォントの種類や効果をデザイナーの意図を探りながら考察。日本を代表するフォントメーカー4社のデザイナーへのインタビュー等も収録。

『ほんとに、フォント。―フォントを活かしたデザインレイアウトの本』ingectar-e著　ソシム　2019.3　239p　21cm〈文献あり〉1800円　①978-4-8026-1208-1　Ⓝ727
内容　「魅せる文字と読ませる文字は意識して使い分ける」「イメージに合うフォントを取捨選択」―フォント力は最強の武器になる！ 指摘されるまで気づかない「文字」デザインがわかる本。

『すごいぞ、さか立ちする文字！ アンビグラム暗号のなぞ』ノムライッセイ作, フルカワマモる絵　KADOKAWA　2019.2　87p　19cm　900円　①978-4-04-

107344-5　Ⓝ727.8
内容 逆さになっても読めたり別の意味になったりするフシギな文字アート「アンビグラム」を使ったクイズを、その言葉の解説やヒントとともに収録。アンビグラムの作り方のコツも紹介する。書き込み欄あり。

『**つくろうよ！アンビグラム**』野村一晟著　飛鳥新社　2018.11　110p　26cm　1200円　①978-4-86410-653-5　Ⓝ727.8
内容 逆さで読める不思議文字！アンビグラムの仕組みや作り方といった基礎知識から、作る際の具体的なテクニックまで解説。年賀状などに使えるサンプルデータはダウンロード可能。書き込める練習問題、切り取って使えるカード付き。

『**タイポグラフィ・ベイシック**』高田雄吉著　パイインターナショナル　2018.4　135p　30cm〈文献あり〉1800円　①978-4-7562-5084-1　Ⓝ727.8
内容 若いデザイナーはもとより学生、企業人に向けて、タイポグラフィの必要最小限のエッセンスをコンパクトにまとめた一冊。「グラフィックデザインの要素」「文字」「タイプフェイス」「デジタルデザイン」などを取り上げる。

『**知りたいタイポグラフィデザイン**』ARENSKI著　技術評論社　2018.1　222p　21cm（知りたいデザインシリーズ）2080円　①978-4-7741-9522-3　Ⓝ727.8
内容 身につける・理解する・やってみる—デザインのアイデアいろいろ。文字組みのルールからロゴまで。

『**ハンド・レタリングの教科書—スケッチから完成まで、レタリング・デザインのすべて**』マルティナ・フロー著、白井敬尚監修、井原恵子訳　グラフィック社　2018.1　167p　24cm〈文献あり〉2700円　①978-4-7661-3089-8　Ⓝ727.8
内容 手描き文字がうまくなりたい人、プロのレタリング作家を目指す人に向けて、文字の構造から描き方、装飾や作品構成の仕方まで、ハンド・レタリングのすべてを解説する。数百点におよぶスケッチやイラストを収録。

『**ここちいい文字—ロゴタイプや書体のデザイン手法**』高橋善丸著・アートディレクション　パイインターナショナル　2016.11　302p　21cm　2600円　①978-4-7562-4844-2　Ⓝ727.8
内容 ここちいい文字のデザイン手法とは。120余の実例で文字の深淵を探る。

『**ロゴをデザインするということ。成功と失敗から伝える、君へのアドバイス—ロゴデザイン・ラブ！**』David Airey著、郷司陽子訳　改訂第2版　ビー・エヌ・エヌ新社　2016.11　287p　21cm〈文献あり　索引あり　初版のタイトル：ロゴデザイン・ラブ！〉2400円　①978-4-8025-1037-0　Ⓝ674.3
内容 ロゴデザインをメインに、ブランド・アイデンティティ制作の受注から完成までのプロセスにおいて知っておくべきポイントを、多くのケーススタディを用いて紐解く。優れたロゴに欠かせない基本要素やアイデアの出し方等を紹介。

『**文字を作る仕事**』鳥海修著　晶文社　2016.7　235p　20cm　1800円　①978-4-7949-6928-6　Ⓝ022.7
内容 本や新聞、PC、モバイルなどで毎日目にする文字は、読みやすさや美しさを追求するデザイナーの手によって生み出されている。書体設計の第一人者が、文字に込めた思想、理想の文字、これからの文字作りにつなぐ思いをつづる。

『**ロゴデザインの現場—事例で学ぶデザイン技法としてのブランディング**』佐藤浩二、田中雄一郎、小野圭介著　エムディエヌコーポレーション　2016.6　271p　24cm〈文献あり　発売：インプレス〉2500円　①978-4-8443-6587-7　Ⓝ727.8
内容 企業やブランドだけでなく、地域、行政、教育、街づくり等に、デザインの力で参加していく気鋭デザイナーの制作現場に密着。すべての制作過程を追いかけ、デザイナーという職業と、デザインの今に迫るロゴデザインの教本。

『**もじ部—書体デザイナーに聞くデザインの背景・フォント選びと使い方のコツ**』雪朱里、グラフィック社編集部編著　グラフィック社　2015.12　141p　26cm　2500円　①978-4-7661-2858-1　Ⓝ727.8
内容 パソコンに入っているあのフォントも、普段目にするこの文字も、必ずだれかがデザインしている。人気書体デザイナーに聞いたフォントデザイン・設計秘話、フォントをよりうまく使いこなすヒントが満載！『デザインのひきだし』誌の連載を書籍化。新規記事として、駅の案内表示板などでよく見かけるかわいい丸ゴシック体「機械彫刻用標準書体」制作の舞台裏に迫るレポートも掲載。

『欧文タイポグラフィの基本』サイラス・ハイスミス著, 田代眞理訳　グラフィック社　2014.1　103p　14×22cm　1600円　Ⓘ978-4-7661-2545-0　Ⓝ749.42
[目次] 文字のはたらき、「読む」ということ、字間、単語間と行間、段落の設定、微調整

『ぼくのつくった書体の話—活字と写植、そして小塚書体のデザイン』小塚昌彦著　グラフィック社　2013.12　269p　22cm〈文献あり　年譜あり　索引あり〉2500円　Ⓘ978-4-7661-2562-7　Ⓝ749.41
[内容] 毎日新聞書体、新ゴ、小塚明朝、小塚ゴシックのタイプデザインディレクターが語る、文字づくりのすべて。

『伝わるロゴの基本—トーン・アンド・マナーでつくるブランドデザイン』ウジトモコ著　グラフィック社　2013.6　207p　22cm〈文献あり〉2300円　Ⓘ978-4-7661-2499-6　Ⓝ674.3
[内容] ブランドにあった正しいロゴを選んでいますか？　企業デザインを丸ごとまかされるデザイナーのノウハウを公開！　ロゴ事例170点掲載。

『デザインを学ぶ　3　文字とタイポグラフィ—講義と演習で習得する、文字と組版、タイポグラフィの標準テキスト。』板谷成雄、大里浩二、清原一隆、トモ・ヒコ共著、ファー・インク編　エムディエヌコーポレーション　2013.6　143p　25cm〈索引あり　発売：インプレスコミュニケーションズ〉1800円　Ⓘ978-4-8443-6346-0　Ⓝ727
[内容] 講義と演習で習得する、文字と組版、タイポグラフィの標準テキスト。

『美しい欧文フォントの教科書』デザインミュージアム編、和田京子訳　エクスナレッジ　2013.4　107p　22cm〈索引あり〉1800円　Ⓘ978-4-7678-1343-1　Ⓝ749.41
[内容] 古代エジプトのヒエログリフから最新のスクリーンフォントまで欧文フォントの歴史と成り立ちをわかりやすく解説。

『たのしいロゴづくり—文字の形からの着想と展開』甲谷一著　ビー・エヌ・エヌ新社　2012.9　173p　21cm　1800円　Ⓘ978-4-86100-839-9　Ⓝ727.8
[目次] 1 欧文ロゴのテクニック（文字をカットする、文字を伸ばす　ほか）、2 文字の形を知ろう（A、B ほか）、3 和文ロゴのテクニック（和文ロゴについて, 文字をカットする　ほか）、4 メイキングで見るロゴづくり（BS1/BSプレミアム, People Design ほか）

『タイポグラフィ　ISSUE01　特集フォントをつくろう！』グラフィック社編集部編　グラフィック社　2012.5　117p　26cm　2000円　Ⓘ978-4-7661-2372-2
[内容] 自分でつくった文字をフォント化するには？　フォントがつくれるソフトウェア、iPadアプリを紹介。フォントのつくり方、売り方、探し方、買い方がすべてわかる。

『タイポグラフィの基礎—知っておきたい文字とデザインの新教養』小宮山博史編　誠文堂新光社　2010.8　217, 35p　30cm〈年表あり　索引あり〉3200円　Ⓘ978-4-416-61022-0　Ⓝ727.8
[内容] 効果的に文字を配列するためには、どのフォントを選び、どのように組めばいいのか？　和文から欧文まで各分野の第一人者を執筆陣に迎え、タイポグラフィの背景や考え方を理解するための基礎をまとめた決定版。

『文字をつくる9人の書体デザイナー』雪朱里著　誠文堂新光社　2010.6　159p　26cm〈文献あり〉2000円　Ⓘ978-4-416-81038-5　Ⓝ727.8
[内容] 9人の書体デザイナーに聞く文字への思い、書体のつくりかた、組み見本。身のまわりにある書体誕生の背景がわかる一冊。

『きれいな欧文書体とデザイン—名作書体の特色とロゴづくり』甲谷一著　ビー・エヌ・エヌ新社　2010.3　171p　21cm〈文献あり〉1980円　Ⓘ978-4-86100-689-0　Ⓝ727.8
[目次] 1 欧文書体の基礎（セリフ書体/ローマン体、セリフの種類　ほか）、2 欧文書体を使ったロゴづくり（文字をカットする、文字を伸ばす　ほか）、3 名作書体の特色とアレンジ（Garamond, Garamond (Italic) ほか）、4 響き合う書体たち（Garamond, Big Caslon ほか）

『まなぶたのしむ文字デザイン　2　使う文字デザイン』吉田佳広著　理論社　2009.3　67p　23cm（名人のデザイン塾）2000円　Ⓘ978-4-652-04858-0　Ⓝ727.8
[目次] 活字の書体から学ぼう, 活字書体の知識, 活字の移り変わり, 活字を組む, いろいろな書体, 活字のサイズと行間, 活字を「組む」前に考える, 実践トレーニング, 代表的なローマ字の書体

デザインを学ぼう　　　　　　　　　　　　　　　　カラーコーディネートしよう

『まなぶたのしむ文字デザイン　1　創る文字デザイン』吉田佳広著　理論社　2009.3　67p　23cm〈名人のデザイン塾〉2000円　Ⓘ978-4-652-04857-3　Ⓝ727.8
　目次　文字デザインってなに？，文字デザインのいろいろ，用具と用材のいろいろ，いろいろな筆記用具，実践トレーニング，パソコンでなにができるか，知っておきたい用語

『おもしろピクトの作り方―かわいくて楽しいピクトグラムの作り方のノウハウ満載!!』Kaigan編著　誠文堂新光社　2009.2　127p　26cm〈楽しいデザインシリーズ〉1800円　Ⓘ978-4-416-60901-9　Ⓝ727
　内容　街の至るところでピクトグラムを見かける。気にしはじめたら実に、キリがない。交差点、デパート、駅、レストラン…etc。もし、トイレの入口にピクトがなかったら…もし、火事になったとき非常口のピクトがなかったら…もし、言葉が通じない外国でピクトがなかったら…街中にあふれているピクトはもはや空気のような存在。控えめに、我々を誘導してくれている。そんなピクトに人格を持たせたら…一体どうなるんだろうか。おもしろピクトのはじまり、はじまり。

『ロゴデザイン―Illustrator』ヤマダジュンヤ著　翔泳社　2008.5　128p　19cm（クリエイターのための3行レシピ）1300円　Ⓘ978-4-7981-1654-9　Ⓝ727
　内容　パパっと手早く、プロの味！　かっこいいロゴや見出しのデザインをかんたん手間なく作りたい…。Illustratorの操作は一通り覚えたけれど、いいアイディアが出てこない…。そんなときにパラパラと眺めるだけで、プロがデザインしたような、素敵なロゴや見出しを作れます。

『デザイン・ルールズ『文字』―文字とデザインについて知っておきたいこと』伊達千代，内藤タカヒコ著　エムディエヌコーポレーション　2007.3　159p　25cm〈発売：インプレスコミュニケーションズ〉2300円　Ⓘ978-4-8443-5907-4　Ⓝ727.8
　内容　文字について知りたい人、デザインを学びたい人のために。つたえるデザインのための、文字とタイポグラフィーの基礎知識。

『レタリング・タイポグラフィ』後藤吉郎，小宮山博史，山口信博編，後藤吉郎［ほか］著　武蔵野　武蔵野美術大学出版局　2002.4　243p　30cm〈文部科学省認可通信教育〉2800円　Ⓘ4-901631-25-X　Ⓝ727.8

『5分で描くはじめてのカリグラフィー』松井康子著，小田原真喜子監修　成美堂出版　2000.1　95p　26cm　1000円　Ⓘ4-415-00924-7　Ⓝ727.8
　内容　オールカラープロセスのくわしい解説。全点、実物大図案つき。イタリック、カッパープレート、アンシャル書体の描き方付き。

《カラーコーディネートしよう》

『「悩まない」配色の基本―好きな色から考える：デザイン事務所が作った』細山田デザイン事務所著，鈴木明彦監修　翔泳社　2023.11　231p　21cm〈文献あり〉2000円　Ⓘ978-4-7981-7879-0　Ⓝ757.3
　内容　デザイナーが現場で使うメソッドを公開！　各デザイン、10パターン紹介！

『すごすぎる色の図鑑―色のひみつがすべてわかる！』ingectar-e著，桜井輝子監修　KADOKAWA　2022.10　175p　19cm〈文献あり　索引あり〉1300円　Ⓘ978-4-04-605749-5　Ⓝ757.3
　内容　色についての知識を身につけ、色鮮やかな毎日を楽しもう！　色が見える仕組みから、おもしろい錯視、色から受けるイメージ、配色のポイントまで、わかりやすく紹介する。

『現代色彩論講義―本当の色を求めて』港千尋著　MEI　2021.7　247p　19cm〈文献あり　頒布・発売：インスクリプト〉1800円　Ⓘ978-4-900997-91-2　Ⓝ757.3
　内容　多摩美術大学で2020年に開講された現代色彩論講義を元に編集された一冊。

『配色手帳』日本カラーデザイン研究所監修　増補・新版　玄光社　2021.3　143p　19cm　1800円　Ⓘ978-4-7683-1467-8　Ⓝ757.3
　内容　色の組み合わせである配色の楽しさと色づかいのコツを知るための入門書。「12色のキーカラーとシルバー、ゴールドを使った2〜3色の組み合わせ」などを収録。「表現したいイメージで配色を考える」等を加えた増補・新版。

『2択でわかる配色基礎トレーニング』内田広由紀著　視覚デザイン研究所

2021.2　119p　17×21cm　1700円　①978-4-88108-272-0　Ⓝ757.3
内容　どっちのメリーゴーランドが好き？　仲良しふたり組はどっち？　配色の違う2つの絵を提示し、問いに対する答えをヒントとともに掲載。トーンと色相環の関係、メジャートーンとマイナートーンといった色の基礎知識も解説する。

『カラーデザインの教科書』日本カラーマイスター協会著　秀和システム　2020.12　127p　26cm〈文献あり　表紙のタイトル：COLOR TEXT BOOK〉2000円　①978-4-7980-6380-5　Ⓝ757.3
内容　色を知れば、世界は変わる。各界の第一線で活躍するイノベーターの色彩論も収録した、画期的な色の教科書！

『色の楽しみ―衣食住の配色アイデア×基礎知識×覚えておきたい240色：私らしい、モノ・コトの見つけ方。』暮らしの図鑑編集部編　翔泳社　2020.11　223p　19cm（暮らしの図鑑）〈文献あり　索引あり〉1800円　①978-4-7981-6515-8　Ⓝ757.3
内容　色から考える食材の選び方や、カラフルな飲み物の作り方。少ないアイテムでもできる、器の色使いと食卓でのコーディネート。ワントーンで作るかわいいコーデのアイデア…。日常で簡単にできる色の楽しみ方を紹介する。

『ひと目でわかる配色デザインの基本。―デザイン技法図鑑』柘植ヒロポン監修, MdN編集部編　エムディエヌコーポレーション　2020.4　159p　26cm〈発売：インプレス〉2200円　①978-4-8443-6977-6　Ⓝ757.3
内容　デザインで色を扱うときに知っておきたい色が持つ原理や効果といった基本知識から、表現したいイメージを実現するためのトーンや配色のテクニックまで解説。配色に関する作例や概念図も豊富に掲載する。

『色彩・配色・混色―美しい配色と混色のテクニックをマスターする』ベティ・エドワーズ著, 高橋早苗訳　新装版　河出書房新社　2020.1　189p　23cm〈文献あり〉2800円　①978-4-309-29066-9　Ⓝ757.3
内容　色彩の基本構造がよくわかり、配色・混色の技術が身につく実践の書！

『生活の色彩学―快適な暮らしを求めて』橋本令子, 石原久代編著, 井澤尚子, 大森正子, 滝沢真美, 内藤章江, 橋本雅好, 花田美和子著　朝倉書店　2019.6　121p　26cm〈索引あり〉2800円　①978-4-254-60024-7　Ⓝ757.3
内容　日常生活において色を活用できるよう解説した色彩学の入門テキスト。生活と色との関わりや、カラーユニバーサルデザイン、色の調和と配色技法、色の心理的効果などについて、カラー図版を交えて説明する。

『知りたい配色デザイン』ARENSKI著　技術評論社　2018.10　221p　21cm（知りたいデザインシリーズ）〈索引あり〉2180円　①978-4-297-10079-7　Ⓝ757.3
内容　色彩の基本とルールから配色レイアウトのアイデアいろいろ。イラレ・フォトショップのワンポイント解説付き。

『配色デザインミニ帳』伊達千代著　エムディエヌコーポレーション　2018.6　111p　19cm〈発売：インプレス〉1300円　①978-4-8443-6764-2　Ⓝ757.3
内容　プロのデザイナーの配色パターンが満載の、学べて使える配色デザイン見本帳。色についての基本的な知識から、色の持つ効果、そして色のイメージがどのようにでき上がるのかを、図や作例とともに論理的にわかりやすく解説する。

『やさしい配色の教科書』柘植ヒロポン著　改訂版　エムディエヌコーポレーション　2018.6　143p　24cm〈索引あり　発売：インプレス〉1800円　①978-4-8443-6771-0　Ⓝ757.3
内容　「色のルール」を身につければ、正しく的確な配色が行えるようになる！　配色を行う際に便利で役に立つ基礎知識から実践的な手法まで、豊富な図とサンプルで初めての人にもわかりやすく解説する。

『100語でわかる色彩』アマンディンヌ・ガリエンヌ著, 守谷てるみ訳　白水社　2017.12　151, 2p　18cm（文庫クセジュ　1017）1200円　①978-4-560-51017-9　Ⓝ757.3
内容　カラーアドバイザーとして、エルメスやアクト・シュッド出版等の仕事に携わる著者が、顔料の歴史、色の理論、象徴性、色と文化、色と音楽の関係など、100のテーマで色を解説。著者の色に対する感性を随所に散りばめた一冊。

『説得力を生む配色レイアウト―効果的な

『配色とレイアウトがわかる本』南雲治嘉著　グラフィック社　2017.7　191p　21cm〈文献あり　デジタル色彩対応〉1800円　Ⓘ978-4-7661-3076-8　Ⓝ757.3
内容　色をどこに置けばいいか？　感覚に頼らない。ボリュームと位置が要。色彩生理学×視覚心理学に基づくノウハウ。配色とレイアウトの悩みにこの1冊！

『わかる！使える！色彩の教科書―ビジネスにも役立つ』勝馬ちなつ著　洋泉社　2016.10　190p　21cm〈索引あり〉1500円　Ⓘ978-4-8003-1041-5　Ⓝ757.3
内容　色のキホンから配色まで実例でわかる！基本60色辞典収録！

『トコトンやさしい色彩工学の本』前田秀一著　日刊工業新聞社　2016.9　159p　21cm（B&Tブックス―今日からモノ知りシリーズ）〈文献あり　索引あり〉1500円　Ⓘ978-4-526-07605-3　Ⓝ425.7
内容　「色彩」というものの全体を俯瞰できる本。色の正体と色覚から、色の科学、色のポジショニング、色の心理とその活用、物質を中心に考えたときの色、進化する色をあやつる技術までを、やさしく噛み砕いて解説する。

『デザインを学ぶすべての人に贈るカラーと配色の基本BOOK』大里浩二著　ソシム　2016.8　159p　26cm〈文献あり　索引あり〉1800円　Ⓘ978-4-8026-1021-6　Ⓝ757.3
内容　プロがやっている「かっこいい配色」は、コツとルールさえわかれば、誰でもできること。グラフィックデザインから企画書・プレゼン資料まで、すぐに実践できる配色のルールとコツを、Before→After形式で紹介する。

『色彩ルールブック―色を上手に使うために知っておきたい基礎知識』武川カオリ著　パイインターナショナル　2016.7　159p　21cm〈文献あり　索引あり〉2000円　Ⓘ978-4-7562-4788-9　Ⓝ757.3
内容　色のイメージ、色彩心理、配色ルール、400以上の配色サンプルetc…

『色の秘密―色彩学入門』野村順一著　文藝春秋　2015.11　251p　16cm（文春文庫21-1）〈文献あり　文春文庫PLUS　2005年刊の新装版〉700円　Ⓘ978-4-16-790496-8　Ⓝ757.3
内容　人はピンクで若返り、黒い服は皺を増やす。赤は血圧を上げ、不眠症には青が効く。黄色い車は事故が少なく、紫好きは芸術家が多い。人の心と体に影響を及ぼし、その好みで相性や適職さえも分かり、ストレス解消にも役立つ色の謎を、日本の商品学の草分け的存在だった商学博士が科学的に解明。快適色彩生活入門のバイブル的1冊！

『色の教科書―暮らしがもっと楽しくなる！』桜井輝子監修　学研パブリッシング　2015.6　144p　21cm〈文献あり　発売：学研マーケティング〉1400円　Ⓘ978-4-05-800476-0　Ⓝ757.3
内容　ファッション、料理、インテリアなど、暮らしに役立つ色の使い方の実例と配色がわかります。"色"のある生活で、毎日をもっと楽しく快適に、今日から使える色の実例ヒント集。

『色のまなび事典　3　色であそぶ』茂木一司,手塚千尋編集,夏目奈央子イラスト・デザイン　星の環会　2015.6　63p　29cm〈文献あり〉2800円　Ⓘ978-4-89294-539-7　Ⓝ757.3
目次　第1章 色であそぶ（自然の色、いろいろな素材で色あそび、光であそぶ）、第2章 色を見る（地味な色・しずかな色・わび・さび文化と色、金色・銀色のひみつ、モダンアートの色、彫刻の色、工芸・民芸の色、補色と効果）、第3章 色でつくる（画材の効果、わたしの色をつくる、音と色、クリエイティブ・リユース）

『色のまなび事典　2　色のふしぎ』茂木一司,手塚千尋編集,夏目奈央子イラスト・デザイン　星の環会　2015.6　63p　29cm〈文献あり〉2800円　Ⓘ978-4-89294-538-0　Ⓝ757.3
目次　第1章 色をつたえる・色がつたえる（色ことはじめ、色いろいろ、色と命のつながり）、第2章 日本の色と世界の色（日本の色、日本の色と世界の色、色と建築家）、第3章 くらしの色（ファッションと色、くらしと色）

『色のまなび事典　1　色のひみつ』茂木一司,手塚千尋編集,夏目奈央子イラスト・デザイン　星の環会　2015.4　63p　29cm〈文献あり〉2800円　Ⓘ978-4-89294-537-3　Ⓝ757.3
目次　第1章 色を見つける、第2章 色を知る、第3章 色のはたらき

『配色デザイン見本帳―配色の基礎と考え方が学べるガイドブック』伊達千代著　エムディエヌコーポレーション　2014.10　159p　26cm〈索引あり　発売：インプレス〉2500円　Ⓘ978-4-8443-6452-8　Ⓝ757.3

『配色イメージ手帳―色選びの基本とセンスが身につく！』桜井輝子監修　ナツメ社　2014.5　255p　18cm〈文献あり　背・表紙のタイトル：The Notebook of Color Scheme Image〉1200円　①978-4-8163-5580-6　Ⓝ757.3
内容　ファッション、インテリア、ネイル…etc。カラーチャード200色を掲載！さまざまなシーンにおいて最適な配色を選択するためのコツとヒントが満載。

『色と意味の本―明日誰かに話したくなる色のはなし』ジュード・スチュアート著、細谷由依子訳　フィルムアート社　2014.4　207p　20cm〈文献あり〉2300円　①978-4-8459-1427-2　Ⓝ757.3
内容　あなたが見ているその色は、ほんとうは何色ですか？　白、ピンク、赤、オレンジ、黄、緑、青、藍、紫、茶、グレー、黒。それぞれの色の、意外で不思議なサイドストーリーで読むたのしい色彩学入門。

『色彩の学校―色彩論とデザイン原理を探り表現するための50の実験』リチャード・メール著, Bスプラウト訳　ボーンデジタル　2013.10　190p　24×24cm〈文献あり　索引あり〉3000円　①978-4-86246-207-7　Ⓝ757.3
内容　バウハウス流の色彩構成を学ぶ。NYスクール・オブ・ビジュアル・アーツの教科書をベースにした実践ワークブック。ヨハネス・イッテンとジョセフ・アルパースがお手本。

『デザインを学ぶ　2　色彩と配色セオリー―講義と演習で習得する、配色デザインの標準テキスト。』　石田恭嗣著　エムディエヌコーポレーション　2013.6　143p　25cm〈索引あり　発売：インプレスコミュニケーションズ〉1800円　①978-4-8443-6345-3　Ⓝ727
内容　講義と演習で習得する、配色デザインの標準テキスト。

『すべての人に知っておいてほしい配色の基本原則』大里浩二監修, フレア編　エムディエヌコーポレーション　2013.1　223p　26cm〈索引あり　発売：インプレスコミュニケーションズ〉2500円　①978-4-8443-6311-8　Ⓝ757.3
内容　色の基本的な知識から、実際の配色の例から配色のテクニックやセオリーをまとめています。色の基本や、反対色、補色、グラデーションなどの配色の基本を押さえつつ、配色のテクニックを、雑誌、書籍、広告、パッケージ等の実例を基に紹介。また文化や国で異なる配色の印象や、さまざまな国の伝統色を解説した配色のセオリーと、カジュアルやロマンチック、モダンなどといった配色イメージを集めた配色見本も掲載することで、色を使うときに知っておくと便利な事柄を網羅。

『色の事典―色彩の基礎・配色・使い方』色彩活用研究所サミュエル監修　西東社　2012.10　223p　21cm〈索引あり〉1500円　①978-4-7916-1944-3　Ⓝ757.3
内容　色のしくみ、配色のルール、色がもつ心理的効果など、色のパワーを最大限に引き出す使い方が満載。

『配色＆カラーデザイン―プロに学ぶ、一生枯れない永久不滅テクニック』都外川八恵著　ソフトバンククリエイティブ　2012.6　159p　28cm〈a.D Design Lab Issue1 vol.7―Design Lab+〉〈文献あり〉1980円　①978-4-7973-5923-7　Ⓝ757.3
内容　「色とは何か」、「配色とは何か」といった、根本的な基礎知識から、印象に残る美しい配色を制作する際に活用できる実践的な配色技法まで、配色デザインに欠かすことのできない全知識を、わかりやすく解説した「配色の教科書」。プロの発想法やアイデアも満載で、この1冊で配色の基本を習得できる！　人の真似ではなく、独自に美しい配色を作り出したい人は必読・必携！　色を理解すれば、デザインがもっともっと楽しくなる！　豊富な実例と、具体的な色チップで、理解がどんどん進む。

『色と配色がわかる本』南雲治嘉著　日本実業出版社　2012.1　190p　21cm〈文献あり　あらゆるシーンで使えるカラーイメージチャート付き〉1600円　①978-4-534-04906-3　Ⓝ757.3
目次　第1章 色の持つ力、第2章 色と生活、第3章 色の見え方、第4章 色とイメージ、第5章 配色のルール、第6章 即効！カラーイメージチャート、第7章 色彩計画と色彩戦略

『新人デザイナーのための色彩デザイン・配色のルールを学べる本』柘植ヒロポン著　ソシム　2011.11　158p　24cm　1800円　①978-4-88337-789-3　Ⓝ757.3
内容　色の基礎知識＋1～2のテクニック＋色の演出＋配色ルール、事例で学ぶ色彩デザインのここを直せば、デザインがよくなる。

『色彩の教科書―カラー版　「色」のチカラ

『と不思議』芳原信著　洋泉社　2011.7　191p　18cm（Color新書y）1000円　①978-4-86248-748-3　Ⓝ757.3
[内容] 色には、時間や重さなどの感覚、さらには味覚、感情などを操る不思議なチカラがあります。街中の看板や空間、あるいは店頭に並ぶすべての商品は、そんな色のチカラを利用して、人々の感覚に訴えているのです。高級ウイスキーのラベルはなぜ黒色なの？ファミレスの店内や看板に青系が使われない理由とは？　色が私たちに与える影響を科学的に分析！　本書を読めば、仕事からプライベートまで「色のチカラ」を使いこなすことができます。

『配色デザイン─Illustrator & Photoshop』スーヴェニアデザイン著　翔泳社　2010.2　128p　21cm（クリエイターのための3行レシピ）1600円　①978-4-7981-2052-2　Ⓝ757.3
[内容] 見る人の心を動かす配色アイデア50。メインカラーから考えた配色、対比や相乗効果で見せる配色、文字や情報、ロゴでの配色…現場で使えるテク満載。

『パーソナルカラーワークブック─あなたがつくる色のないカラーブック：500ピースカラーチップつき』伊熊知子著　BABジャパン　2008.11　49p　26cm　1200円　①978-4-86220-377-9　Ⓝ757.3
[内容] 色に関心があり、なんとなく好きな色を選ぶことはできても、仕事として他の人に分かりやすくアドバイスすることはまた別の話です。本書では、実際にカラーチップを使って、パーソナルカラーの配色法を楽しく学べます。カラーのプロになりたい人のほか、美容・ファッション系のプロでキャリアアップを目指す人にもオススメの一冊。

『カラーコーディネーター用語辞典』尾上孝一、金谷喜子、田中美智、柳澤元子編著　井上書院　2008.6　227p　21cm　3000円　①978-4-7530-0105-7　Ⓝ757.3
[内容] 引きやすさ、見やすさ、知る楽しさを追求した受験者のための色彩辞典。色彩検定、カラーコーディネーター検定における頻出用語を中心に、色覚・生理・心理、色の表示・色彩調和論、光・光源・照明・測色、ファッション、美術、建築、環境、人名、文化等の各分野の用語を網羅。巻頭には、290色の色名一覧と色彩の基礎として重要な図表、巻末には略語をまとめて収録。

『デザイン・配色のセオリー─絶対はずせないデザインのお約束』オブスキュアインク著　グラフィック社　2008.6　191p　26cm　2400円　①978-4-7661-1868-1　Ⓝ757.3
[内容] 本書は単に漠然と色を選ぶのではなく、ある狙いを持ったデザインをしたい場合にどのような配色が効果的かをわかりやすく解説したものです。

『ちゃんと知りたい配色の手法』石田恭嗣著　エムディエヌコーポレーション　2007.9　135p　26cm（MdN design basics）〈発売：インプレスコミュニケーションズ〉2300円　①978-4-8443-5936-4　Ⓝ757.3
[内容] 本書では、配色の基本方針の決め方、配色のまとめ方や変化のつけ方、色相やトーンを使ったイメージの表現方法、配色のよしあしを左右する白と黒の効果的な使い方など、さまざまな「色をどう使うのか」について解説しています。

『図解雑学よくわかる色彩の科学』永田泰弘、三ッ塚由貴子著　ナツメ社　2007.7　223p　19cm〈奥付のタイトル：よくわかる色彩の科学〉1500円　①978-4-8163-4357-5　Ⓝ757.3
[内容] 本書は、色彩について、色は脳で見るという原理に基づき、色とは何か、光とは何かという科学的な基礎知識から、色の持つイメージや心理的な効果、インテリアやおしゃれに役立つ配色の基礎、商品価値を高める商品色彩の秘密や、最先端の色再現の技術、美しい街並みを作るための色の話題にいたるまで、様々な角度からアプローチしています。

『色であそぼう』日本色彩研究所監修, 岩井真木構成・文　岩崎書店　2007.3　47p　27cm（「色」の大研究 3）2800円　①978-4-265-04263-0　Ⓝ757.3
[内容] 目の錯覚や配色によるちがいなど、色の不思議を体験できる。草木染、絵の具づくりなど、色をつかったユニークな実験工作。小学校中学年～。

『色のはたらき』日本色彩研究所監修, 高岡昌江構成・文　岩崎書店　2007.3　45p　27cm（「色」の大研究 2）2800円　①978-4-265-04262-3　Ⓝ757.3
[内容] 色が見えるしくみ、色の性質のちがいなど。くらしの中での利用、色のユニバーサルデザインについて。小学校中学年～。

『色彩─カラーコーディネーター入門』大

井義雄,川崎秀昭著,日本色彩研究所監修　改訂増補版　日本色研事業　2007.3　91p　26cm〈年表あり〉1500円　①978-4-901355-27-8　Ⓝ757.3

『カラー』ギャヴィン・アンブローズ,ポール・ハリス著,郷司陽子訳　グラフィック社　2007.1　175p　23cm（ベーシックデザイン・シリーズ 4）2600円　①4-7661-1573-2　Ⓝ757.3
[内容] ベーシックデザイン・シリーズは、デザインにおける主要なテーマを採り上げ、基本の解説と多くのケーススタディを通してその本質に迫る。今日の最先端を行くデザインの実例には技術的な詳細を付し、作品をより深く理解できるようになっている。第4巻、「カラー」は、色彩理論の基本概念からデザインへ応用まで、レイアウトや印刷などのテクニカルな側面だけでなく、色の持つ意味合いやニュアンスに関連づけながら解説する。

『基本はかんたん配色のルール―好かれる配色は9つのルールでつくられる』内田広由紀著　視覚デザイン研究所　2006.11　141p　26cm　2500円　①4-88108-194-2　Ⓝ757.3
[内容] 日常で目に触れる中から魅力的な配色を選出。その美しさには、どれもが9つの原則で裏打ちされている。

『カラー・ルールズ―色とデザインについて知っておきたいこと』伊達千代著　エムディエヌコーポレーション　2006.10　159p　25cm〈発売：インプレスコミュニケーションズ〉2300円　①4-8443-5883-9　Ⓝ757.3
[内容] 理解していますか？ デザインにかかせない色のはなし。色について知りたい人、デザインと色の関係を考えたい人のために。ひとつ先のデザインのための、色彩の基礎知識。

『よくわかる色と配色の事典』葛西紀巳子,篠崎幸惠著　成美堂出版　2005.3　191p　22cm　1300円　①4-415-02835-7　Ⓝ757.3
[内容] 色名と配色、色彩の基礎知識、ファッション・食・住まいと環境、色の機能など、暮らしを豊かにする色の知識が身につく。

『色彩百科ビギナーズ』ジーイー企画センター企画編集部編　増補改訂版　ジーイー企画センター　2005.2　111p　30cm（GEK design library）3200円　①4-921062-43-9　Ⓝ757.3

『Color workshop―デザイナーとアーティストのための色彩教室』David Hornung著,郷司陽子訳　ビー・エヌ・エヌ新社　2005.1　167p　25cm　3000円　①4-86100-195-1　Ⓝ757.3
[目次] 1 色の見え方、2 色彩学の基礎、3 カラー習作の制作方法、4 色彩の相互作用、5 応用編、6 色彩の統一性、7 カラーリサーチ、8 色彩の心理効果、9 コンピュータで作るカラー習作

『クロマチクス―色彩論』出村洋二著　改訂版　京都　昭和堂　2004.4　206p　21cm　2500円　①4-8122-0404-6　Ⓝ757.3
[内容] 美術・デザインに必要な色彩の科学をわかりやすく解説。

『色の仕事のすべて―色彩のプロをめざす、あなたに』ヨシタミチコ著　誠文堂新光社　2003.6　127p　26cm　2200円　①4-416-80311-7　Ⓝ757.3
[内容] ファッション・商品企画・高齢者福祉施設…「色の現場」を教えます。

『色彩ガイドブック―配色の基本がすべてわかる』佐藤千佳著　永岡書店　2003.3　222p　18×9cm　980円　①4-522-42109-5　Ⓝ757.3

『デザインの色彩』中田満雄,北畠耀,細野尚志著,日本色彩研究所監修　部分改訂版　日本色研事業　2003.3　32p　26cm〈年表あり　付属資料：1枚：色相・トーン一覧表〉980円　①4-901355-18-X　Ⓝ757.3

『入門色彩学』松崎雅則著　繊研新聞社　2002.9　210p　21cm　1905円　①4-88124-102-8　Ⓝ757.3
[内容] 色彩生活を享受するためには、色の基本的な内容を理解することが大切。本書は、そうした時代の中で、色彩の基礎を学ぶ入門書的なものである。「人間にはどうして色が見えるのか」「色の世界の決まりごととは何なのか」、そして「配色の技術的手法はどうしたらよいのか」などを、図版を多く取り入れ、理解しやすくまとめた。

『カラーコーディネーターのための配色入門』川崎秀昭著,日本色彩研究所監修　日本色研事業　2002.1　98p　26cm　1600円　①4-901355-16-3　Ⓝ757.3

『カラーコーディネートの本―色を変える暮らしが変わるあなたを変える』坂井多

デザインを学ぼう　　　　　　　　　　　　　　　インテリアをデザインしよう

伽著　明窓出版　2001.10　218p　図版21枚　19cm　1500円　①4-89634-080-9　Ⓝ757.3
[内容]カラーコーディネート検定を受ける人も受けない人も。誰にでも身近な「色」への意識を高めてくれる一冊。

『色彩基本ブック―色の知識と配色テクニック』永田泰弘，野坂瑛子著　新星出版社　2001.9　150p　21cm　1500円　①4-405-02659-9　Ⓝ757.3
[内容]実生活で色を便利に使えるための「色彩技法」を盛り込んだ本。

『色彩工学』大田登著　第2版　東京電機大学出版局　2001.9　310p　22cm〈文献あり〉4500円　①4-501-61890-6　Ⓝ425.7
[内容]本書は，則色学の基礎・発展・応用の分野を「色彩工学」として総合的に把え，色彩工学をこれから学び応用する学生，技術者の方々，及び現に実務で色彩工学を活用している方々を念頭に置いて執筆したものである。

『カラーコーディネーターの仕事がわかる本』法学書院編集部編　改訂版　法学書院　2001.8　175p　19cm　1400円　①4-587-61896-9　Ⓝ757.3
[内容]本書は，これからカラーコーディネーターを目指そうと考えている人々のために，どんな仕事をするの？　どんなところで働くの？　どんな人が活躍しているの？　生活は？　資格はどうやってとればいいの？　私でもなれるの？　などなど，だれでも最初に抱くであろう疑問に回答するため，第一線で活躍しているカラーコーディネーターの仕事ぶりなどを紹介しながら，カラーコーディネーターの世界を取材によって，できるだけ広く紹介したものです。

『ビジュアルカラーコーディネート』徳永聖一郎著　講談社　2000.9　119p　21cm　1800円　①4-06-210118-1　Ⓝ757.3
[内容]あなたは今までの色彩教育の中で「美しい」「心地よい」配色法を教わりましたか？　何となく美しいと思う色の組み合わせ，合わない組み合わせはわかってもそれを理論づけて説明することができますか？　第一印象は色で決まる！　自然界の法則から導き出した快適な色彩調和論「1/fゆらぎカラー」の不思議なチカラ。

『インテリアと色彩―色彩の基本とカラーコーディネーション』インテリア産業協会インテリア・コーディネート・ブック編集委員会著　インテリア産業協会　2000.6　104p　26cm（インテリア・コーディネート・ブック）〈発売：産能大学出版部〉1800円　①4-382-07009-0　Ⓝ757.8
[目次]色彩が語る暮らしと文化，日本の色彩，四季の生活行事と色彩，食文化の色彩，色彩の基礎，光と色彩，色の使い方と効果

『カラーコーディネーターのための色彩科学入門』日本色彩研究所編　日本色研事業　2000.4　87p　26cm　1800円　①4-901355-11-2　Ⓝ757.3

『7日間でマスターする配色基礎講座』内田広由紀著，視覚デザイン研究所編　視覚デザイン研究所　2000.4　142p　26cm　2500円　①4-88108-153-5　Ⓝ757.3
[内容]美しい配色を自分でつくり出す自信はないけど，「きれいな配色だなあ」と思ったことはある。こんな経験のある人ならば，実はセンスが眠っているだけ。この本では配色の効果と仕組みを，わかりやすく解説している。

《インテリアをデザインしよう》

『住宅インテリアのための実践カラーテクニック』滝沢真美[著]　改訂版　トーソー株式会社トーソー出版　2023.1　159p　26cm〈文献あり　索引あり〉3000円　①978-4-904403-26-6　Ⓝ757.8
[内容]インテリア空間の中で使える実践的なカラーテクニックの教科書。色の基礎知識や配色テクニック，基本色とカラーイメージ，代表的なインテリアスタイル，イメージスケールを使ったコーディネート理論，トレンド変遷などを収録。

『テレンス・コンラン流インテリアの基本―シンプルで美しい暮らしのための3つのエッセンス』テレンス・コンラン著，[大野千鶴][訳]　増補改訂版　エクスナレッジ　2021.9　239p　26cm〈索引あり〉2400円　①978-4-7678-2863-3　Ⓝ757.8
[内容]快適な住まいの鍵となるのは「無駄なく」「シンプル」で「実用的」なもの。世界で最も有名なインテリアデザイナーのひとり，テレンス・コンランが，インテリアの「余分な部分をそぎおとす」手法を紹介する。

『照明の基礎知識―LED対応　初級編』照

明学会編集　改訂2版　照明学会　2021.
2　96p　26cm（新・照明教室）1500円
Ⓝ545

『あかりの学校―心安らぐ手作りのあか
り』橋田裕司著　マール社　2020.5
157p　21cm　1700円　Ⓘ978-4-8373-
0895-9　Ⓝ545.61
内容　手作りのあかりには、心を癒す効果が
ある。心温まるあかりの手軽な作り方と、そ
の役立て方を紹介。介護や病院、災害時など
の活用事例も掲載する。巻末にコピーして使
える型紙付き。

『yupinoko's DIY BASIC LESSON―
初めてでも失敗しないおしゃれ雑貨
&家具の作り方24』ゆぴのこ著　学研
プラス　2020.1　112p　24cm　1300円
Ⓘ978-4-05-801095-2　Ⓝ592.7
内容　ビスの打ち方からジグソーの使い方ま
でDIYの基本が身につく雑貨&家具づくりの
教科書。SNSで超人気のDIYクリエイターゆ
ぴのこさんがワークショップ講師で培った、
誰でもできるノウハウを伝授！

『おしゃカワ！　はじめてのインテリア
BOOK』ときめきルーム研究会監修
成美堂出版　2019.10　173p　19cm
700円　Ⓘ978-4-415-32762-4　Ⓝ597
内容　みんなを呼びたくなる！　おしゃれルー
ムに大変身。お部屋スタイルが20パターン。
カンタン♪手作り雑貨も30こ以上！

『照明の基礎知識　中級編』照明学会編
改訂2版　照明学会　2019.2　110p
26cm（新・照明教室）〈LED対応〉
1500円　Ⓝ545

『テレンス・コンラン インテリアの色使
い』テレンス・コンラン著, 大野千鶴訳
エクスナレッジ　2017.2　223p　26cm
〈索引あり〉3200円　Ⓘ978-4-7678-
2210-5　Ⓝ757.8
内容　心理学的・科学的な色の作用から、色
別のコーディネートの方法など色の基本知識
を美しい写真とともに解説。補色の組み合わ
せ方やフォーカルポイントのつくり方などの
事例も紹介する。

『あこがれのお部屋コーデ&プチリメイ
ク』インテリア研究クラブ著　ナツメ社
2016.2　170p　19cm（キラかわ★ガー
ル）680円　Ⓘ978-4-8163-5967-5
Ⓝ597
内容　オシャレでかわいいお部屋をめざそっ！
お店みたいなディスプレイ、手づくりのイン
テリア小物。小物づくりに使えるキュートな
ラベルつき。

『LEDのひみつ』谷豊漫画, オフィス・イ
ディオム構成　学研プラス出版コミュ
ニケーション室　2015.12　127p　23cm
（学研まんがでよくわかるシリーズ
108）Ⓝ545.2

『テレンス・コンランの美しいインテリア
カラーコーディネート』テレンス・コン
ラン著, ［佐藤志緒］［訳］　エクスナ
レッジ　2014.3　111p　22cm〈索引あ
り〉1600円　Ⓘ978-4-7678-1723-1
Ⓝ757.8
内容　インテリアに色を取り入れる"技術"も
"勇気"もないというあなたに知ってほしい、
確実に役立つ36の方法。

『最新インテリア業界の動向とカラクリが
よ～くわかる本―業界人、就職、転職に
役立つ情報満載』本田榮二著　第2版
秀和システム　2013.4　255p　21cm
（How-nual図解入門―業界研究）〈年表
あり　索引あり〉1500円　Ⓘ978-4-7980-
3775-2　Ⓝ583.7
内容　業界6大勢力の特徴と最新動向を徹底分
析。最新インテリアトレンドが生まれる背景。
メーカー、商社、問屋、販売店の仕組み。各
マテリアルの最新市場規模と傾向分析。これ
からの業界を展望する6つのキーワード。

『インテリアコーディネーター合格教本 販
売編―らくらく一発合格』HIPS合格対
策プロジェクト編　第8版　ハウジング
エージェンシー出版局　2013.3　385p
21cm　2900円　Ⓘ978-4-89990-241-6
内容　インテリアコーディネーター資格試験
対策28年間の集大成。ハウジングエージェン
シーの合格ノウハウを全投入した最高傑作。

『魂の木工家具―現代を代表する10人の巨
匠と作品』デイヴィッド・サベージ著,
横山文子訳　講談社　2011.3　231p
31cm　6190円　Ⓘ978-4-06-215388-1
Ⓝ758
内容　サベージが持ち前の鋭い洞察力と親し
みを込めて紹介する11人の木工作家。1人ひ
とりの考え方や創作のプロセス、発表の場の
見つけ方、名声を得るまでの道のりなどを明
らかにしながら、読者を彼らの仕事場だけで
なく心の内にまでいざなう。

『マンガやさしい照明入門』照明学会編
　照明学会　2011.3　63, 7, 2p　26cm
　（新・照明教室）2100円　Ⓝ545

『光が照らす未来―照明デザインの仕事』
　石井幹子著　岩波書店　2010.10　211p
　18cm（岩波ジュニア新書 666）960円
　Ⓘ978-4-00-500666-3　Ⓝ545.6
　内容　東京タワーや明石海峡大橋のライトアップで知られる世界的照明デザイナーから若い世代に向けたメッセージ。進路に悩んだ学生時代、ヨーロッパ留学の体験、照明デザインとの出会い、各地のプロジェクトでのエピソードなど、新しい世界を切り拓いてきた道のりをたどり、照明デザインの魅力とその可能性を語る。

『Lighting by Yourself―手づくりライティング』小林茂雄, 東京都市大学小林研究室著　オーム社　2010.6　134p　21cm　2200円　Ⓘ978-4-274-20885-0　Ⓝ545.6
　目次　1 光源別ライティング（キャンドル―キャンドルの種類と作品例, 白熱電球白熱電球の種類と作品例, LED―LEDの種類と作品例 ほか）, 2 光の特性活用術（ガラスや金属への反射を活かす, 水面への反射を活かす, 特徴に合わせて影をデザインする ほか）, 3 ライティングのプロセス（並木道に虹をかける, ガラスの反射を活かしたイルミネーション, クリスマス・イルミネーション ほか）

『椅子―人間工学・製図・意匠登録まで』
　井上昇著　改訂版　建築資料研究社
　2008.8　221p　26cm　2800円　Ⓘ978-4-87460-992-7　Ⓝ583.75
　内容　著者が主宰している「井上昇の椅子塾」での10年間にわたる椅子づくりの経験のなかから、分かり易く、誰でも椅子が設計できるよう要点をまとめた。前半の学習編に加え、後半の椅子製作編では椅子塾の最初の5年間における、椅子塾生50名の作品をまとめた。

『スウェーデンで家具職人になる！』須藤生著　早川書房　2008.5　191p　21cm　1800円　Ⓘ978-4-15-208925-0　Ⓝ583.7
　内容　木工家イクルが、北欧随一の家具製作学校であるカペラゴーデン、マルムステンCTDに留学し、スウェーデンの職人資格を取得するまでの奮闘を語る。

『家具・インテリアを仕事にする』バウンド著　技術評論社　2007.8　151p　21cm（現代仕事ライブラリ 3）1540円　Ⓘ978-4-7741-3161-0　Ⓝ583.7
　内容　椅子、照明、収納ファブリック、『住む』を考えた空間づくり。

『家具のデザイン―椅子から学ぶ家具の設計』森谷延周著　オーム社　2007.7　169p　26cm　2600円　Ⓘ978-4-274-20425-8　Ⓝ583.7
　目次　1章 家具の役割と種類, 2章 インテリア・家具・いすの移り変わり, 3章 家具をデザインするとき, 4章 家具の材料, 5章 家具の構造と仕上げ, 6章 図法と図面, 7章 発想と形

『家具デザインと製図』森谷延周著　2訂
　山海堂　2007.2　110p　26cm　2600円
　Ⓘ978-4-381-02240-0　Ⓝ583.7
　目次　1 家具の基礎知識とデザイン（家具とは, 家具の分類 ほか）, 2 家具の図面/線と用具（家具デザインのイメージ, 家具デザインの基本プロセス ほか）, 3 家具の図面/立体表現（プレゼンテーション, アイディアスケッチ ほか）, 4 家具の図面/図面表現（尺度, 三面図 ほか）, 5 6人のデザイナーの家具のクリエーション（豊口克平―日本の住まいと生活を意識した「休息椅子」, 井上昇―ハイバック回転イス ほか）

『よくわかるインテリア業界』インテリアビジネス研究会著　改訂版　日本実業出版社　2006.12　235, 3p　19cm（業界の最新常識）1300円　Ⓘ4-534-04169-1　Ⓝ583.7
　内容　トータルインテリアからホームファッションへ。ファブリックス・家具・設備機器をめぐる熱き戦い。インテリアエレメントの流通はこうなっている。外資組・新業態続々！インテリアショップの最新動向。LOHAS&ユニバーサルデザインのインパクト。インテリアコーディネーター&プランナーの仕事。「インテリア」に関わる常識と情報が満載。

『生活雑貨のデザイン―インテリアプロダクトの設計・製図入門』石川はるな, 礒部晴樹共著　オーム社　2006.9　195p　24cm　2700円　Ⓘ4-274-20286-0　Ⓝ589
　内容　本書は、これからプロダクトやインテリアなどデザインについて学ぶ学生を対象として書かれています。今まで図面など描いたことがなく、それでも何かモノをつくりたいと思っている方へ向けた設計製図の基礎について解説した書籍です。

『光に魅せられた私の仕事―ノートル・ダムライトアッププロジェクト』石井リーサ明理著　講談社　2004.11　232p　20cm〈文献あり〉1500円　Ⓘ4-06-

212666-4　Ⓝ545.6
内容　29歳、やまとなでしこ。パリ、ノートル・ダム大聖堂のライトアップリニューアルに、チーフデザイナーとして参加。世界を舞台に活躍中！光の物語を世界の夜空に描く、「照明デザイナー」という仕事のすべて。

『生活デザインとインテリア』インテリア産業協会著　インテリア産業協会　2001.4　209p　26cm（生活文化とインテリア 3）〈年表あり　発売：産能大学出版部〉3000円　Ⓘ4-382-07016-3　Ⓝ597
内容　本書は、インテリア・コーディネートの基本となる主要エレメントを、インテリア・スタイル別に学べるように工夫。通時的・共時的に整理されたエレメントの知識は、生活デザインの素養となるとともに、インテリアコーディネーターの実務知識としても利用できるように考えて編集した。

『インテリアを素敵にする70のテクニック—センスアップのためのレッスンブック』　成美堂出版　2000.5　143p　26cm（Seibido mook）1200円　Ⓘ4-415-09443-0　Ⓝ597

《建築設計にチャレンジ》

『エコハウス』辻充孝著　エクスナレッジ　2024.4　239p　21cm（ぜんぶ絵でわかる 7）〈文献あり　索引あり　資料ダウンロード　サンプルデータダウンロード〉2500円　Ⓘ978-4-7678-3230-2　Ⓝ527
内容　エコハウスは、エネルギーをほとんど使わず、初夏には気持ちの良い風が流れ、冬はポカポカした陽気が感じられる住まい。温熱環境と省エネ設備を中心に、設計手順と手法を紹介。環境デザインサポートツールのダウンロード付き。

『世界で一番やさしい2×4住宅—110のキーワードで学ぶ：建築知識創刊60周年記念出版』大浦修二、梶山英幸、片岡保、菊池時夫、齊藤英富美、志水隆之、鈴木友則、鈴木雄司、舘野正明、服部哲、村田義明、山口明宏著　第2版　エクスナレッジ　2023.7　239p　26cm（建築知識—［世界で一番やさしい建築シリーズ］17）〈文献あり〉3000円　Ⓘ978-4-7678-3170-1　Ⓝ527
内容　地震に強い2×4工法のしくみを分かりやすく詳細に解説。設計で必須となる構造の話からプランニングのヒントまでこれ1冊でOK！

『すごい建築士になる！—設計・プレゼン・営業・事務所経営のコツまで』関本竜太著　エクスナレッジ　2023.6　303p　19cm　1800円　Ⓘ978-4-7678-3144-2　Ⓝ520.9
内容　売れてる建築家が教える、一番大切なこと。これからの時代をどう生き抜くか？知っておきたい技術と心得。

『会社を辞めて建築家になった』坂牛卓著　フリックスタジオ　2023.3　207p　19cm　1364円　Ⓘ978-4-904894-58-3　Ⓝ520.7
内容　建築設計を仕事にするための指南書。日建設計で修行し、退職して個人事務所を立ち上げた著者の経験をもとに、建築設計の業態、建築家とはどういう人種なのか、学び方や就職活動の方法、本音の建築界などについて解説する。

『家づくりはじめからおわりまで』鈴木敏彦,萱沼宏記著　エクスナレッジ　2022.7　167p　26cm　2200円　Ⓘ978-4-7678-2980-7　Ⓝ527
内容　プレゼンのコツから基本設計の考え方、予算のたて方、実施設計図の書き方、現場の進め方、そして引き渡してから20年後30年後まで、家づくりの段取りや設計のノウハウをプロが紹介する。

『建築家の基点—「1本の線」から「映画」まで、13人に聞く建築のはじまり』坂牛卓編著,安田幸一［ほか］［述］　彰国社　2022.5　303p　19cm　2500円　Ⓘ978-4-395-32178-0　Ⓝ520.28
内容　建築家の基点はいつ始まり、どのようないきさつで生まれるのか。坂牛卓が、建築家13人へのインタビューを通して、その基点と素顔を探る。『JIA MAGAZINE』掲載をもとに書籍化。

『世界で一番やさしい木造3階建て—110のキーワードで学ぶ：建築知識創刊60周年記念出版』齊藤年男,安井昇,望陀佐和子著　改訂版　エクスナレッジ　2021.8　239p　26cm（建築知識—［世界で一番やさしい建築シリーズ］18）〈索引あり〉3000円　Ⓘ978-4-7678-2813-8　Ⓝ527
内容　防火設計、構造設計、確認申請など、木

造3階建てならではのポイントを網羅した「木3入門」の決定版。

『建築模型アイデア図鑑―身近な材料でつくる83の方法』西日本工業大学石垣充研究室, つくりもの, 九州産業大学ABC建築道場, 矢作昌生編著　京都　学芸出版社　2021.7　215p　19cm〈索引あり〉2400円　⒤978-4-7615-2774-7　Ⓝ525.1

内容 賑やかな建築模型をつくるためのアイデア集。一般的な材料以外に、日用品や落ち葉などを使った83案を、つくり方とともに紹介する。植栽の専門家と建築カメラマンが、ワンランク上の模型表現を伝授するコラムも掲載。

『世界で一番やさしい木造住宅―125のキーワードで学ぶ：建築知識創刊60周年記念出版　監理編』安永正著　最新改訂版　エクスナレッジ　2021.7　279p　26cm（建築知識―[世界で一番やさしい建築シリーズ] 09）〈索引あり〉3000円　⒤978-4-7678-2902-9　Ⓝ527

内容 監理不足による施工不良の具体例やその解決策も網羅した完全版。

『エコハウス超入門―84の法則ですぐ分かる』松尾和也著　新建新聞社　2020.8　227p　21cm　2400円　⒤978-4-86527-101-0　Ⓝ527

内容 断熱性能はどのように高めるとよいか。窓に必要な性能をどのように満たすか。換気量をどう確保して熱損失を抑えるか。建物配置や形をどう整えると日射が増すか―。エコハウス設計の勘どころを84の法則で解説する。

『初めての人にもできる！　木組の家づくり絵本―木組の家のみかた、みせかた、つくりかた　架構編』松井郁夫著　ウエルパイン書店　2020.6　83p　30cm　2700円　⒤978-4-910069-01-2　Ⓝ527

内容 本書は、伝統的な木組の家づくりを初心者の人にもわかりやすくイラストを多用して描かれた一冊です。「木組の家に住みたい」人や、「木組の家をつくりたい」初心者向けに書かれた実践の書。

『世界で一番やさしい茶室設計―115のキーワードで学ぶ：建築知識創刊60周年記念出版』桐浴邦夫著, 有斐斎弘道館監修　最新版　エクスナレッジ　2020.5　254p　26cm（建築知識―[世界で一番やさしい建築シリーズ] 30）〈文献あり〉3000円　⒤978-4-7678-2769-8　Ⓝ521.863

内容 お茶の作法やしきたり、歴史上の茶人から計画、材料まで、茶室設計にまつわる様々な知識をやさしく語る。

『世界で一番やさしい建築計画―110のキーワードで学ぶ：建築知識創刊60周年記念出版　住宅編』樋口善信著　最新改訂版　エクスナレッジ　2020.4　239p　26cm（建築知識―[世界で一番やさしい建築シリーズ] 24）〈文献あり〉3000円　⒤978-4-7678-2752-0　Ⓝ527

内容 設計者は住宅の計画を進めるために何が必要で何を知っておくべきか。住宅用途に絞って建築計画とは何かを分かりやすく詳細に解説。

『"山"と"谷"を楽しむ建築家の人生』山崎健太郎, 西田司, 後藤連平編　ユウブックス　2020.2　331p　19cm〈述：永山祐子ほか〉2200円　⒤978-4-908837-07-4　Ⓝ520.28

内容 アトリエ事務所として独立してからの収入は、あるいはいくらの貯金があったのか。どのようにプロジェクトを進め、どのような働き方をしているのか。設計事務所を構える建築家7人が、学生の疑問に答えるべく、その生活を語る。

『世界で一番やさしい木造住宅―110のキーワードで学ぶ：建築知識創刊60周年記念出版』関谷真一著　エクスナレッジ　2019.12　239p　26cm（建築知識―[世界で一番やさしい建築シリーズ] 01）〈索引あり　増補改訂カラー版　2013年刊の再刊〉3000円　⒤978-4-7678-2705-6　Ⓝ527

内容 木造住宅のプラン・構造・仕上げ・設備・外構の基礎知識を網羅した解説です。これだけ読めば、すべてが分かる！

『ストーリーで面白いほど頭に入る木造』森山高至原作, 高村しづ漫画　エクスナレッジ　2018.12　195p　26cm〈2014年刊の再刊〉1800円　⒤978-4-7678-2574-8　Ⓝ527

内容 時空調査機関タイムゾーンの調査員・茜は、世界的に失われつつある木造建築の調査をすべく、現代日本へ向かう。さっそく昔かたぎの大工のもと、木造建築のノウハウを学んでいくが…。木造の知識をストーリー漫画で紹介する。

『アメリカの大工さんの愛読書昔ながらの

建築設計にチャレンジ　　　　　　　　　　　　　　　　　　　　　デザインを学ぼう

『木の家のつくり方―全文絵解き入り　軀体・屋根・外装工事編』ボブ・サイバネン著, 戸谷玄訳, 住宅生産性研究会監修, セルフビルド勉強会編　市川　真間書院　2018.8　176p　19cm〈「昔気質の大工さんの知恵」(HICPM研究所)の改訂〉2000円　①978-4-9907990-1-4　Ⓝ527
［内容］屋根と外壁にウッドシングルをあしらった、昔ながらのニューイングランド様式の住宅の軀体・屋根・外装工事の基本とコツを、絵を交えて解説する。アメリカで読まれていた実用書を、日本の初学者向けに再編集・加筆したもの。

『ゼロ・エネルギー住宅のひみつ』大岩ピュンまんが, オフィス・イディオム構成　学研プラス　2018.8　127p　23cm（学研まんがでよくわかるシリーズ141）〈年表あり〉Ⓝ527

『トンネルのひみつ』田川滋漫画, YHB編集企画構成　学研プラス次世代教育創造事業部学びソリューション事業室　2018.3　127p　23cm（学研まんがでよくわかるシリーズ136）〈年表あり〉Ⓝ514.9

『子育てしながら建築を仕事にする』成瀬友梨編著　京都　学芸出版社　2018.2　250p　19cm　2000円　①978-4-7615-2668-9　Ⓝ520.28
［内容］ワーママ1年目の日常、もうひとつの人生に関わる喜び、子どもが生まれて変わった思考回路…。子育てをしながら働く16人の建築家が、様々な工夫や苦労に満ちたサバイバルの日々を綴る。

『建物をつくるということ』梶原一幸著　大阪　清風堂書店　2017.11　97p　19cm　1250円　①978-4-88313-867-8　Ⓝ525.1
［内容］建物は、どのようにして、どんなプロセスでつくられていくのか。設計から維持管理まで、建物をつくりだすための様々で複雑な過程をわかりやすく解説する。完成予想図、展開図といった参考図集も収録。

『節電住宅―自然エネルギー利用の家づくり』白岩且久著　改訂版　同時代社　2017.7　190p　19cm　1500円　①978-4-88683-821-6　Ⓝ527
［内容］脱原発！　節電時代の住宅・リフォーム事情。「高断熱高気密」＋「自然エネルギー利用」。停電になっても凍えない、暑くない！

『設計者とインテリアコーディネーターが知っておきたいデザインキッチンの新しい選び方』本間美紀著　京都　学芸出版社　2017.6　159p　21cm　2400円　①978-4-7615-2647-4　Ⓝ527.3
［内容］300人のキッチンを取材してわかった！脱システムキッチンの時代に、依頼主の想いを叶えるワンランク上のキッチンを提案するための最新ガイド。

『18歳から考える建築家として独立する為の75』澤田友典著　［東大阪］　デザインエッグ　2017.5　151p　21cm〈共同刊行：RC Design Studio〉①978-4-86543-982-3　Ⓝ520.9

『建築のチカラ―闘うトップランナー』森清, 有岡三惠著, 日経アーキテクチュア編　日経BP社　2017.2　349p　21cm〈発売：日経BPマーケティング〉2200円　①978-4-8222-3933-6　Ⓝ520.28
［内容］最前線の設計者・エンジニア10人が、建築に取り組む際に考えなければならない大切なことを語るインタビュー集。『日経アーキテクチュア』連載のインタビュー全文と、伊東豊雄×乾久美子の対談も収録。

『窓のひみつ』松野千歌漫画, 橘悠紀構成　学研プラスメディアビジネス部コンテンツ営業室　2017.2　127p　23cm（学研まんがでよくわかるシリーズ124）Ⓝ524.89

『調べてみよう！　日本の職人伝統のワザ4　「住」の職人―大工　左官　庭師　畳』学研プラス　2015.10　64p　27cm〈第4刷〉3000円　①978-4-05-500802-0　Ⓝ502.1
［内容］世界に誇る日本の職人たちを紹介。4では、大工・左官・庭師・畳の職人4人を取り上げ、伝統文化の基礎や仕事の様子、職人の作品などを、豊富な写真でわかりやすく解説する。

『見てすぐつくれる建築模型の本』長沖充著　彰国社　2015.9　149p　21cm　2000円　①978-4-395-32049-3　Ⓝ525.1
［内容］模型製作のプロセスをとことん図解！建築系学生の必携本！

『初めて学ぶ住居学』〈建築のテキスト〉編集委員会編　京都　学芸出版社　2015.6　167p　26cm〈索引あり〉2500円　①978-4-7615-2596-5　Ⓝ527

デザインを学ぼう / 建築設計にチャレンジ

内容 「地球・都市・まち」の環境の中に住まいを位置づけ、基本的な項目についてわかりやすく解説。住まいの移り変わりなどの歴史を学び、風土との関わり、そのありかたなどについて言及。住まいの防災・防犯・防火・長寿命化、体と心の心地よさ、誰もが使いやすい住まいについて、多数の図版とともにやさしく述べている。

『**14歳からのケンチク学**』五十嵐太郎編　彰国社　2015.4　335p　19cm　1850円　①978-4-395-32037-0　Ⓝ520.4
内容 中学・高校の18科目から、建築の面白さを体験してみよう。

『**プロフェッショナルとは何か―若き建築家のために**』香山壽夫著　松戸　王国社　2014.8　218p　19cm　1850円　①978-4-86073-058-1　Ⓝ520.4
内容 「作る仕事」はなぜこんなに面白いか。建築家歴50年の著者が、長持ちする秘訣を実践と歴史理解の両面から熱く伝授する。

『**新しい住宅デザインの教科書**』黒崎敏著　最新版　エクスナレッジ　2013.12　239p　26cm（建築知識―デザイン技術シリーズ 1）2400円　①978-4-7678-1684-5　Ⓝ527
内容 最新のプランニング手法、美しく見せるこだわりの詳細図など設計のヒントが満載。

『**オフィス建築**』日置滋執筆代表　市ケ谷出版社　2013.10　211p　26cm（IS建築設計テキスト）3000円　①978-4-87071-274-4　Ⓝ526.3
内容 オフィスを設計する上で知ってもらいたい、理解してもらいたい内容を大きく4つに分け、「事例」の章は、2000年以降に完成した優れた建物の中から、自社ビル、賃貸ビル、建築主、設計者、規模、平面計画などが、多岐にわたるよう選択した。

『**トコトンやさしいエコハウスの本**』鈴木八十二監修、エコハウス検討委員会編　日刊工業新聞社　2013.8　159p　21cm（B&Tブックス―今日からモノ知りシリーズ）〈文献あり 索引あり〉1400円　①978-4-526-07113-3　Ⓝ527
内容 断熱構造と換気装置、住宅のライフサイクル、パッシブハウス、ルーフシート、家庭用小規模風力発電、屋根塗装、床暖房…知りたいことがよくわかる。

『**身近なところからはじめる建築保存**』頴原澄子著　福岡　弦書房　2013.6　171p　19cm　1800円　①978-4-86329-090-7　Ⓝ523.07

『**坂茂の家の作り方**』坂茂著　平凡社　2013.3　39p　22×22cm（くうねるところにすむところ 家を伝える本シリーズ 30）〈英語抄訳付〉1900円　①978-4-582-83588-5　Ⓝ527

『**道づくりのひみつ**』中尾雄吉漫画、橘悠紀構成　学研パブリッシングコミュニケーションビジネス事業室　2012.11　128p　23cm（学研まんがでよくわかるシリーズ 77）Ⓝ514

『**みんなの家。―建築家一年生の初仕事**』光嶋裕介著　アルテスパブリッシング　2012.7　221p　19cm　1800円　①978-4-903951-56-0　Ⓝ527
内容 施主の希望は「合気道の道場と能舞台のある武家屋敷みたいな家」。独立したての新人建築家が挑んだ内田樹邸「凱風館」竣工までの物語。

『**建築プロデュース学入門―おカネの仕組みとヒトを動かす企画**』広瀬郁著　彰国社　2012.4　199p　19cm　1905円　①978-4-395-01031-8　Ⓝ520.4
内容 プロジェクト成功のエッセンスが8つの授業で一気につかめる！建築・不動産・街づくり・デザインを仕事とする人の必読書。

『**建築バカボンド**』岡村泰之著　増補　イースト・プレス　2012.1　244p　19cm（よりみちパン！セ P030）〈初版：理論社2008年刊〉1400円　①978-4-7816-9029-2　Ⓝ527
内容 家づくりとは、まず見栄を捨てること、そしてブラックボックスをなくすこと。あとはとことん信じて突き進む。日本一コストパフォーマンスが高い、ひっぱりだこの建築家が見せる、ハダカの家作り。増補に「超仮設住宅へのご案内」を付す。学校でも家でも教えてもらえなかったリアルな知恵満載。

『**なりたいのは建築家**』ローランド・ハーゲンバーグ著　柏書房　2011.6　391p　21cm〈文献あり　英文併記〉2500円　①978-4-7601-3964-4　Ⓝ520.28
内容 いま、世界が日本の建築を注視する！プロフェッショナル24人の発想・思考・感性が炸裂する稀代のドキュメント。

『**20代で身につけたいプロ建築家になる勉強法**』山梨知彦著　日本実業出版社

2011.6　254p　19cm〈索引あり〉1600円　①978-4-534-04838-7　Ⓝ520.7
内容　「建築でメシを食っていく」ために本当に知っておきたいこと。プロジェクトを進める極意、コンセプト立案のキモ、コアスキルを磨く方法、プレゼン資料のまとめ方…など超実践的な実務ノウハウ。

『建築の仕事につきたい！―大切にしたい、日本のものづくりの心』広瀬みずき著　中経出版　2011.2　190p　19cm（教えて、先輩！ 私の職業シリーズ 1）1200円　①978-4-8061-3954-6　Ⓝ520.9
目次　第1章 建築を始めるまで、第2章 京都に暮らす、第3章 図面を描くということ、第4章 突然、フランスへ、第5章 大使館プロジェクト、第6章 劇場をたてる、第7章 ものづくりの流れ

『最高の建築士事務所をつくる方法―設計者のための独立開業・運営ガイド』湯山重行著　増補改訂版　エクスナレッジ　2011.2　271p　21cm　1800円　①978-4-7678-1103-1　Ⓝ520.9
内容　独立するなら楽しくやろう！ 好きな建築で幸せな人生を手に入れる、"自分サイズ"の建築士ライフ―仕事の獲り方、契約のイロハ、設計料のもらい方…独立後の不安も一挙に解決。

『和風住宅の基本を学ぶ本』本吉康郎,境原達也,吉橋榮治,安藤隆夫共著　エクスナレッジ　2010.9　295p　30cm〈『和風からの発想』（建築知識1993年刊）の改題　文献あり〉4200円　①978-4-7678-1028-7　Ⓝ527
目次　序章 和風空間の演出（外観、アプローチ ほか）、第1章 木造和風の基礎知識（構造編、造作編 ほか）、第2章 設計とその手法（設計プロセスの概要、基本設計のポイント ほか）、第3章 造作と納まり（屋根・軒廻り、外部開口廻り ほか）、付録 木造和風を知る用語

『木造住宅』関谷真一著　エクスナレッジ　2010.6　175p　21cm（ゼロからはじめる建築知識 1）2000円　①978-4-7678-0991-5　Ⓝ527
内容　木造住宅の成り立ちを分かりやすい図解でていねいに解説。最低限必要な知識が身につきます。

『木造の工事』安水正著　エクスナレッジ　2010.6　175p　21cm（ゼロからはじめる建築知識 2）2000円　①978-4-7678-0996-0　Ⓝ527
内容　木造の工事着工から竣工までをていねいに解説。工事の流れが手に取るように分かります。

『家づくりにかかわる仕事―大工職人 畳職人 左官職人：マンガ』ヴィットインターナショナル企画室編　ほるぷ出版　2010.2　140p　22cm（知りたい！ なりたい！ 職業ガイド）〈文献あり〉2200円　①978-4-593-57228-1　Ⓝ525.54
内容　本書では、さまざまな分野の職業が取り上げられ、その範囲は社会、文化、芸術、スポーツ、環境などさまざまな世界にわたっています。ひとつのテーマで3つの職業が紹介され、その仕事のようすやその職業に就くための方法などがコミックと文章でガイドされています。あなたがこれからめざす職業を発見したいと思ったとき、本書が大いに役立つはずです。

『中身が見える木の家のつくり方―顔の見える関係で、納得できる家づくり』nestさいたま編著　さいたま　nestさいたま　2010.2　185p　21cm　Ⓝ527

『一流建築家のデザインとその現場―現代建築がすぐわかる！ よくわかる！』内野正樹,オブスキュアインク著　ソシム　2009.11　199p　21cm〈文献あり〉2200円　①978-4-88337-681-0　Ⓝ520.28
内容　見て"感動"、読んで"なるほど"現代建築コンプリートガイド！ 最前線で活躍する一流建築家6人が、自らの建築を詳細に語る！ 建築を志したきっかけから代表作の現場まで、かつてない徹底インタビューを敢行。加えて、照明デザイナーなどのコラボレーターへの取材で現代建築の姿がさらに浮き彫りに。

『木の家をつくるために、これだけは知っておきたいこと―基礎から学ぶ木造講座』近山スクール東京編　近山スクール東京　2009.3　207p　21cm〈文献あり〉Ⓝ527
目次　山と町をつなぐ林業家の取り組み（和田善行著）、木材の基本、加工と乾燥を知る（大河原章吉著）、これだけは知っておきたい木構造（山辺豊彦著）、快適な環境は、人体から建築、地球につながる（宿谷昌則著）、泣くな！ シロアリ（神谷忠弘著）、木造住宅は本当に火災に弱いのか（安井昇著）、古い民家は宝物（對馬英治著）、左官職人と一緒にワークショップ（金田正夫著）、実践！ 日本の木と自然素材の家づくり（直井徹男著）

『建築学生のハローワーク』五十嵐太郎編

デザインを学ぼう　　　　　　　　　　　　　建築設計にチャレンジ

彰国社　2009.1　255p　19cm（建築文化シナジー）1905円　Ⓘ978-4-395-24108-8　Ⓝ520.9
内容　建築学生が活躍できる職種50。建築士から紛争解決請負人まで、各方面で活躍する24人をインタビュー。

『新・空間設計マニュアル—最新空間30のデザイン事例』西森陸雄著　グラフィック社　2008.1　127p　29cm　2500円　Ⓘ978-4-7661-1871-1　Ⓝ525.1
内容　21世紀の空間を読みとる。図面で解説する最新空間30の事例。

『大工が教えるほんとうの家づくり』阿保昭則著　文藝春秋　2007.10　219p　20cm　1600円　Ⓘ978-4-16-368240-2　Ⓝ527
内容　美しく、心地良く、丈夫で、長持ち。お金を出せばいい家が出来るわけではない。鉋薄削り日本一の大工が伝えたい本当のこと。

『街づくりにかかわる仕事—マンガ』ヴィットインターナショナル企画室編　ほるぷ出版　2007.10　144p　22cm（知りたい！なりたい！職業ガイド）2200円　Ⓘ978-4-593-57211-3　Ⓝ525.1
目次　空間デザイナー、ディスプレイ・デコレーター、ネオンサイン製作者

『目で見る「住生活と」住まいのデザイン』中野明編著、竹下俊夫、藤本憲太郎共著　第2版　建帛社　2007.9　176p　26cm　2250円　Ⓘ978-4-7679-1421-3　Ⓝ527
内容　本書は「住まいのデザイン」に必要な基礎的な事項には一通りふれることとし、住居学専攻の学生はもちろんのこと、それ以外の大学・短大で生活科学系や家政系の一科目として住居を学ぶ人や、住まいに関心のある一般の人びとをも対象に編集したものであり、読む人ができるだけ楽しく、視覚的に理解できるように心がけた。

『住宅をデザインする』建築学教育研究会編　鹿島出版会　2007.7　141p　21cm（はじめての建築学　建築デザイン基礎編）1900円　Ⓘ978-4-306-04483-8　Ⓝ527
目次　第1部　環境建築家をめざして、第2部　住宅をデザインする（課題を始めよう、敷地の特徴を読みとろう、都市との関係を調べよう、プログラムを考えよう、平面でエスキスしよう、立体で考えよう、構造を計画しよう、環境・設備を計画しよう、ランドスケープを考えよう、プレゼンテーションしよう、発表しよう、ポートフォリオをつくろう）、ケーススタディ　近代・現代の住宅建築

『住まいのひみつ』田中久志漫画, 篠木絹枝構成　学習研究社コミュニケーションビジネス事業部教材資料制作室　2007.3　128p　23cm（学研まんがでよくわかるシリーズ 28）Ⓝ527

『職業は建築家—君たちが知っておくべきこと』ローランド・ハーゲンバーグ著　柏書房　2004.11　182p　21cm〈対談：安藤忠雄ほか　英語併記　文献あり〉2000円　Ⓘ4-7601-2623-6　Ⓝ520.4
内容　建築家という人生を選択したい君たちへ、美しい建物の写真とともに届けられた、プロフェッショナルからのメッセージ。

『大きな暮らしができる小さな家』永田昌民, 杉本薫著　オーエス出版　2003.11　189p　21cm　1800円　Ⓘ4-7573-0201-0　Ⓝ527
内容　建築家・永田昌民が語る「小さな家」の設計の極意。住宅ジャーナリスト・杉本薫が自身の体験をふまえてN設計室の仕事を徹底取材。これから家を建てたい人に必読の書。大きな暮らしが手に入ります。

『「建築学」の教科書』安藤忠雄［ほか］著　彰国社　2003.6　302p　21cm　2286円　Ⓘ4-395-00542-X　Ⓝ520.4
内容　読み出したらやめられない。建築をめぐる14の醍醐味。

『建築家であること—建築する想いと夢』日経アーキテクチュア編　日経BP社　2003.5　325p　21cm〈発売：日経BP出版センター　執筆：荒川修作ほか〉1600円　Ⓘ4-8222-0462-6　Ⓝ520.28
内容　「建築家という生き方」に続くインタビュー集。言葉と作品で綴る28人の仕事へのこだわり。

『もっと知りたい建築家—淵上正幸のアーキテクト訪問記』淵上正幸著　TOTO出版　2002.12　198p　22cm　1900円　Ⓘ4-88706-219-2　Ⓝ520.28
内容　次から次へと話題作を生み出すアトリエ事務所を直撃！　あなたが気になっている建築家は、どんな人なんだろう？　どうして建築家になったのか？　どんなことに悩み、どんな生活をしているんだろう？　これから建築家になりたい人・今から建築家に設計を依頼する人、必読の書。

『建築家という生き方―27人が語る仕事とこだわり』日経アーキテクチュア編　日経BP社　2001.8　406p　21cm〈発売：日経BP出版センター　年表あり〉1800円　⑪4-8222-0443-X　Ⓝ520.28
[内容]　建築を取り巻く様々な分野の第一人者27人が話題作を、時代を、人生を語る珠玉のインタビュー集。

『日曜大工で建てる夢の手作りマイホーム―はじめての人のための2×4工法マニュアル』藤岡等著　山海堂　2000.9　228p　21cm　1900円　⑪4-381-10380-7　Ⓝ527
[内容]　手作りマイホームの完全バイブル書。「手作りマイホーム」は決して夢物語ではありません。やる気さえあれば、誰でも実現は可能なのです。すでにその夢を実現している人、奮闘中の人、実現に向けて準備中の人など、現在も多くの人が夢を実現させるためにがんばって奮闘しています。建てかたは2×4。けれども決して均一ではなく、それぞれが工夫やこだわりをもって個性的な家を建てています。さあ、あなたも夢の実現に向けて一歩を踏み出してみませんか。

『建築プロデューサー』浜野安宏著　鹿島出版会　2000.4　227, 11p　19cm　2000円　⑪4-306-04406-8　Ⓝ520.4
[内容]　青山フロムファーストから、渋谷QFRONTまで。安藤忠雄、マイケル・グレイヴス、ジョン・ジャーディ、北山恒、妹島和世、シーラカンスK&Hたちとのコラボレーション・ドキュメント。

『建築にかかわる仕事―マンガ』ヴィットインターナショナル企画室編　ほるぷ出版　2000.3　146p　22cm（知りたい！なりたい！職業ガイド）2200円　⑪4-593-57147-2, 4-593-09613-8（set）
[内容]　本書は、「なるなるタウン」に住んでいる仲良し三人組が、さまざまな仕事に触れながら、その仕事はどんなものなのか、その仕事につくためにはどうしたらいいのか、その答えを発見していきます。

◆製図

『初めて学ぶ図学と製図』松井悟, 竹之内和樹, 藤智亮, 森山茂章著　改訂版　朝倉書店　2023.4　176p　21cm〈索引あり〉3300円　⑪978-4-254-23152-6　Ⓝ501.8
[内容]　図学・製図の初学者に向け、内容を「図学の基礎的な部分」と「製図の基礎的な要点」に限定したテキスト。図を見ながら説明を読めるように配置を工夫する。練習問題も収録。用語の更新に対応した改訂版。

『おもしろ話で理解する製図学入門』坂本卓著　日刊工業新聞社　2002.9　181p　21cm　1900円　⑪4-526-05005-9　Ⓝ501.8
[内容]　本書では簡単な図学からはじまり、製図の規則、読図の重要さ、機械要素の理解と描き方、図面の改善例、組立図まで製図学の本質を著者の企業内での実経験をもとに紹介した。

《ガーデニングにチャレンジ》

『園芸はじめました―超初心者の"庭作り"イラストエッセイ』あらいのりこ著　主婦の友社　2019.4　127p　21cm　1200円　⑪978-4-07-437122-8　Ⓝ629.75
[内容]　はじめて木や草花を育てることに向き合ったイラストレーターが、土作りから水やり、鉢選び、虫との戦いまで、わからないことだらけの庭作りの日々を綴ったイラストエッセイ。初心者ガーデナーの「あるある」も収録。

『こどものガーデニング―まいて・育てて・楽しもう』　静岡　静岡教育出版社［2009］　61p　19cm〈編集執筆：宮津裕一ほか〉476円　⑪978-4-901348-85-0　Ⓝ629.75

『学校で作るビオトープ』小宮輝之監修, 木村義志著　学習研究社　2007.3　47p　29cm（飼い方観察完全ガイド　学校で飼う身近な生き物 8）2500円　⑪978-4-05-202574-7, 978-4-05-810823-9（シリーズ）（set）　Ⓝ629.75
[目次]　生き物のすみかを作ってみよう, 小さなビオトープに来る生き物, 小さなビオトープを作ってみよう, すいれんばちで作ってみよう, 水辺の植物を知ろう, いろいろな容器で作ってみよう, いろいろな環境を作ってみよう

『ビオトープをつくろう！』アクアライフ編集部編　横浜　エムピージェー　2005.6　157p　18cm（水族館のいきものたち　ポケット図鑑 2）〈発売：マリン企画〉1000円　⑪4-89512-536-X　Ⓝ629.75
[目次]　ビオトープをしろう！, ビオトープのつ

『花と緑のガーデニング』松井孝監修　町田　玉川大学出版部　2005.2　79p　31cm（ガーデニングをはじめよう 1）　3500円　Ⓘ4-472-05876-6　Ⓝ629.75
[目次] 1 ガーデンづくりを楽しもう（いろいろなスタイルのガーデンづくりをしよう，寄せ植えの花を選ぼう ほか），2 インテリアガーデニングに挑戦しよう（インテリアガーデニングとは？，植物とともにいきていくわたしたち ほか），3 ガーデニングの基礎知識（花と緑のガーデニングとは，ガーデニングに必要な用具 ほか），4 身近な植物を自由研究に利用しよう（ホウセンカのつめ染め，花の色水で遊ぼう ほか），5 花と緑のカタログ（春に咲く花，夏に咲く花 ほか）

『野菜と果樹のガーデニング』松井孝監修　町田　玉川大学出版部　2005.2　79p　31cm（ガーデニングをはじめよう 2）　3500円　Ⓘ4-472-05877-4　Ⓝ626.9
[目次] 1 庭や室内をかざる野菜と果樹をつくろう，2 野菜とくだもののインテリアガーデニング，3 収穫した野菜やくだものを食べよう，4 野菜と果樹の基礎知識，5 身近な植物を自由研究に利用しよう，6 野菜と果樹のカタログ

『生活と園芸―ガーデニング入門』松井孝編　町田　玉川大学出版部　2004.11　236p　21cm〈文献あり〉2400円　Ⓘ4-472-40314-5　Ⓝ629.75
[目次] 暮らしと園芸とのかかわり，園芸と文化，園芸植物の分類，品種改良，繁殖，成長と開花の調節，栽培技術，園芸植物の鮮度保持，野菜と果樹の利用，花きの利用―学校花壇，花のまちづくり，園芸と昆虫，栽培の実際

『DIYハンドブック　園芸編』　日本ドゥ・イット・ユアセルフ協会　2003.9　286p　30cm　4000円　Ⓝ620.4

『ホームビオトープ入門―生きものをわが家に招く』養父志乃夫著　農山漁村文化協会　2003.9　197p　21cm〈文献あり〉1619円　Ⓘ4-540-02197-4　Ⓝ629.75
[内容] 野鳥，チョウ，トンボ，カブトムシ，ハチ，バッタ，カエル，メダカなど，野生の生きものが集まり，すみついてくれるビオトープをわが家の庭に手作りしよう。タフブネやヒョウタン池利用のトンボ池，遮水シート利用のビオトープ池，野鳥やチョウを呼び込むミニ林，カブトムシやクワガタの育つ堆肥場や廃はだ木置き場，チョウを呼ぶ食草・食樹を植えた花壇や菜園，バッタやコオロギがすみつく「土手マット移植法」でつくる野草草地，「植生土のう法」でつくる低木林，草屋根ビオトープや屋上ビオトープガーデンなどなど。わが家の庭やベランダ・屋上をビオトープ化する技と生きものとのつきあい術を写真・イラストで実践的に紹介。

『初めてのガーデニング大図鑑』成美堂出版編集部編　成美堂出版　2002.5　161p　26cm（Seibido mook）〈監修：小黒晃〉1300円　Ⓘ4-415-09739-1　Ⓝ627.83

『はじめてのガーデニングデラックス』主婦と生活社　2002.4　258p　30cm（私のカントリー別冊）1600円　Ⓘ4-391-61412-X　Ⓝ629.75

『新編庭木の選び方と手入れ事典 3』主婦と生活社　2001.10　167p　26cm〈「やさしい庭木事典」（1983年刊）の改訂〉1200円　Ⓘ4-391-12534-X　Ⓝ627.7
[目次] 食べられる実のなる木，枝垂れる木，つる性の木，幹膚の美しい木，小鳥を呼ぶ木，主木になる木，大気汚染に強い木，日陰に耐えられる木，芝庭に合う木，玄関脇に向く木，門かぶりに向く木，庭木になる雑木，庭の排水，主木の仕立て方，門かぶりの仕立て方，庭木の殖やし方，実なりをよくする方法，花芽の分化期と開花期，目的に合った庭木選び，小鳥と実のなる木，図解植物用語

『新編庭木の選び方と手入れ事典 2』主婦と生活社　2001.10　167p　26cm〈「やさしい庭木事典」（1983年刊）の改訂〉1200円　Ⓘ4-391-12533-1　Ⓝ627.7
[目次] 秋に花をつける木，冬に花をつける木，早春に花をつける木，黄葉・紅葉の美しい木，実の美しい木，下木に向く木，生垣に向く木，植えつぶしに向く木，池辺に強い木，石組・坪庭に向く木，縁起・記念樹に向く木，土壌改良の方法，庭木の肥料，生け垣の作り方，石組みの庭の作り方，庭の形による樹種の選び方，花芽の分化期と開花期，庭木を鉢上げする方法

『新編庭木の選び方と手入れ事典 1』主婦と生活社　2001.10　167p　26cm〈「やさしい庭木事典」（1983年刊）の改訂〉1200円　Ⓘ4-391-12532-3　Ⓝ627.7
[内容] 本書は，自宅の庭に植える庭木を選ぶときに，大変便利な項目別構成になっている。花・実・葉・類似種・園芸種・利用例など，カラー写真をふんだんに駆使し，一つの樹種をできるだけ多角的にとらえ，それだけでなく，写真の解説にはその樹種に関する由来や特徴，

俳句や短歌などがおりこまれている。

『あそぼう！ そだてよう！ 学校ビオトープ』日本生態系協会編著　汐文社　2001.4　47p　27cm（世界とむすぶ学校ビオトープつくりかた図鑑 3）〈索引あり〉2000円　Ⓣ4-8113-7380-4
[目次]学校ビオトープをつくったよ！，学校ビオトープであそぼう！，本格 学校ビオトープ道！学校ビオトープを育てよう！（水辺を育てよう，はらっぱを育てよう，林を育てよう，生きものをよぶしかけや観察路など），ビオトープをつなげよう！（みんなのくらすまちをビオトープのいっぱいあるまちに！）

『はじめよう！ 学校ビオトープ』日本生態系協会編著　汐文社　2001.4　47p　27cm（世界とむすぶ学校ビオトープつくりかた図鑑 2）〈索引あり〉2000円　Ⓣ4-8113-7379-0
[内容]地域の野生の生きものが暮らす場所、ビオトープ。学校ビオトープを作っている学校を紹介し、ビオトープができるまでの手順、計画から設計まで、学校ビオトープづくりを提案する。

『一年草と二年草のガーデニング』英国王立園芸協会著，奥峰子訳　講談社　2001.3　80p　21cm（英国名庭師の知恵）1000円　Ⓣ4-06-210405-9　Ⓝ627.4
[内容]毎日毎年が新鮮！ いつも花が楽しめる庭！ これはと思える本場の新情報と技術がいっぱい。

『学校が楽しくなるビオトープってなんだ？』日本生態系協会編著　汐文社　2001.3　47p　27cm（世界とむすぶ学校ビオトープつくりかた図鑑 1）〈索引あり〉2000円　Ⓣ4-8113-7378-2
[内容]本書は、自然体験の少ない子どもたちに、自然とは何か、ビオトープとは何か、そして人間は多くの生きものたちと共存しなければ生きていけないことを知ってもらうためにまとめています。

『新植物をつくりだす』岡田吉美著　岩波書店　2001.3　198p　18cm（岩波ジュニア新書）780円　Ⓣ4-00-500368-0

『夢みるガーデンのつくり方―英国で学んだ草花とのしあわせ時間』前田まゆみ著　PHP研究所　2000.5　160p　20cm　1350円　Ⓣ4-569-61101-X　Ⓝ627.7
[内容]イギリスのフラワースクールで過ごしたかけがえのない花体験。著者自筆の美しい花のイラストとともに綴る、ナチュラル・ガーデニングの楽しみ方。

『今から始めるフラワーガーデニング―5つのポイントでカンタンに花が楽しめる』松田岑夫著　日本文芸社　2000.4　207p　21cm　1300円　Ⓣ4-537-12024-X　Ⓝ627.8
[内容]本書は、草花を育てるにあたっての基本的なポイントを、やさしく解説したものです。とくに、植物別の育て方の章では、もっとも基本的な日当たり・水やり・肥料に加え、あと二つだけ注意を払うことで、その草花を失敗なく育てることができるように解説しました。

『ガーデニング百科―花と緑のすてきな庭づくり』高橋章著　ブティック社　2000.4　154p　26cm（ブティック・ムック）1200円　Ⓣ4-8347-5283-6　Ⓝ629.75

『季節のガーデニング―さあ、はじめましょう！』ブティック社　2000.4　50p　18×19cm（プチブティックシリーズ 184）400円　Ⓣ4-8347-6184-3　Ⓝ627.8

『はじめてのガーデン作り―小さな苗の育て方からガーデンのデザインまでがわかる』中山正範著　主婦の友社　2000.4　130p　26cm（主婦の友生活シリーズ）〈発売：角川書店〉1380円　Ⓣ4-07-227778-9　Ⓝ629.75

『イラスト園芸作業のツボ―鉢花・観葉植物』江尻光一著　家の光協会　2000.3　191p　26cm　1800円　Ⓣ4-259-53938-8　Ⓝ627.8
[内容]本書はガーデニングの基本にたち、育てたり、ふやしたりする技術のポイントをできるかぎりイラストでわかりやすく説明したものです。カラー写真を多く入れ、みた目のよさを狙った本ではなく、地道に花とのかかわりを深めている方々に、お役に立つ内容を掲げ、書き上げました。

『美しい花壇づくり』奥峰子著　家の光協会　2000.3　111p　26cm　1800円　Ⓣ4-259-53914-0　Ⓝ629.75
[内容]スタイルからメンテナンスまで―花壇づくりのサポートガイド。

『自分で作ろう！ ガーデンリビング入門―DIYで挑戦するウッドデッキ/パティオ

/ガーデン家具etc.』 立風書房 2000.3 145p 26cm（立風ベストムック 67―Do series） 1524円 Ⓘ4-651-00875-5 Ⓝ629.75

『すてきな手作りガーデン―週末園芸と日曜大工でできる』 主婦の友社 2000.3 129p 26cm（主婦の友生活シリーズ）〈発売：角川書店〉1400円 Ⓘ4-07-225644-7 Ⓝ629.75

『初めてのガーデニング』 SSコミュニケーションズ 2000.3 175p 26cm（SSCムック―レタスクラブ生活便利シリーズ 16） 1000円 Ⓘ4-8275-4065-9 Ⓝ629

『はじめての花の木―彩り豊かな庭を楽しむ』宙出版書籍編集部編 宙出版 2000.2 143p 21cm（Ohzora culture books） 1300円 Ⓘ4-87287-995-3 Ⓝ627.7
目次 彩りのガーデンツリー（それぞれの個性を生かして仕立てます、洋風の庭に合う新しい花木も人気の的です ほか）、花木を楽しむための8つの心得（花木には、ガーデン材料として、草花にはない楽しみがあります、どのくらい大きくなるのかを調べ、長年安心して育てられる樹種を選びます ほか）、Flower Trees栽培図鑑（アカシア、アセビ ほか）、花の木の育て方（苗木を購入するときは、こんな点に注意しよう、購入した花木苗のじょうずな植えつけ方 ほか）、園芸基礎用語の解説、全国・緑の相談一覧、花木苗の入手情報、植物名索引

◆造園

『自然風庭園のつくり方―豊富な作例でわかる実践テクニック』秋元通明著 誠文堂新光社 2024.2 157p 26cm〈索引あり〉3200円 Ⓘ978-4-416-62355-8 Ⓝ629.76
内容 自然風庭園のつくり方を、豊富なビジュアルとともに、ていねいに紹介。作例を比較しながら、狭い庭でも広がりを感じる工夫、庭と建物の一体感を高める方法など、よりよい庭のつくり方をわかりやすく解説する。

『最高の植栽をデザインする方法』建築知識編 改訂版 エクスナレッジ 2023.6 163p 26cm（建築知識―建築設計シリーズ 2） 2600円 Ⓘ978-4-7678-3145-9 Ⓝ629.75
内容 屋上・外構・庭・壁面などで緑を生かす

植物の基礎知識から、計画・施工のテクニック、トラブル回避まで、豊富な事例で解説する。原寸大・緑の見本帳も掲載。

『造園がわかる本』赤坂信編、「造園がわかる」研究会著 第2版 彰国社 2023.4 279p 21cm〈文献あり 索引あり〉3200円 Ⓘ978-4-395-32189-6 Ⓝ629
内容 造園の思想から歴史や様式、法制度、資格、管理・運営、マネジメントまで、造園の全体像を初学者に向けてわかりやすくまとめる。社会情勢の変化や法律の改訂を中心に見直しを行った第2版。

『植栽』荒木造園設計,上町研究所著 エクスナレッジ 2023.1 207p 21cm（ぜんぶ絵でわかる 4）〈索引あり〉2200円 Ⓘ978-4-7678-3046-9 Ⓝ629.75
内容 敷地条件に合わせた植栽計画の立て方、バランスのよい植物の組み合わせ、元気に育てるポイントなど、知っておきたい植栽のノウハウがぜんぶわかる。

『エクステリア植栽の維持管理―緑のある暮らしを保つ知識・計画・方法』日本エクステリア学会編著 建築資料研究社 2022.8 159p 30cm〈文献あり〉2700円 Ⓘ978-4-86358-803-5 Ⓝ629.75
内容 緑のある暮らしを長く楽しむために、植栽の維持管理の基礎的な知識から、目的、それにともなう実践と技術、維持管理者の役割、環境にやさしい自然管理方法まで解説する。

『住宅用植栽―世界で一番くわしい 04』山﨑誠子著 最新版 エクスナレッジ 2022.7 195p 30cm（建築知識）〈索引あり 奥付・背のタイトル：世界で一番くわしい住宅用植栽〉3200円 Ⓘ978-4-7678-2988-3 Ⓝ629.75
内容 設計のポイントから、樹木の基礎知識、緑の効果の生かし方、緑の空間の演出法、テーマで考える植栽、特殊樹の植栽、工事・管理まで。住宅用植栽について、フルカラーのイラストや写真でくわしく解説する。

『造園の知識と知恵―これからの庭師と庭づくりを愉しむ人に贈る』福本要一 菱田編集企画事務所 2022.4 205p 21cm 1800円 Ⓘ978-4-909235-04-6 Ⓝ629

『世界で一番やさしい住宅用植栽―110のキーワードで学ぶ：建築知識創刊60周年記念出版』山﨑誠子著 エクスナレッジ 2021.9 239p 26cm（建築知識―

ガーデニングにチャレンジ　　デザインを学ぼう

『[世界で一番やさしい建築シリーズ]04〉〈索引あり〉3000円　①978-4-7678-2898-5　Ⓝ629.75
内容　北庭には何を植える？　狭いスペースに向く樹種は？　コストはどこまでかける？　すべての疑問に答える入門書の決定版！

『緑化・植栽マニュアル—計画・設計から施工・管理まで』中島宏著　改訂　経済調査会　2020.6　543p　26cm〈文献あり　索引あり〉8300円　①978-4-86374-281-9　Ⓝ629
内容　緑化・植栽の計画・設計から施工・維持管理までを網羅したマニュアル。官民の緑化関係者だけでなく、緑化ボランティアや学生にも役立つよう、平易に解説する。新たにコラムや事例を挿入するなどした改訂版。

『心地よい庭づくりQ&A—小さくても、日陰でも、理想の庭に：実例46植栽から手入れまで詳しくわかる』平井孝幸著　主婦の友社　2020.4　159p　26cm〈文献あり　「雑木の庭づくりQ&A」(2015年刊)の改題、増補改訂版〉1700円　①978-4-07-441684-4　Ⓝ629.75
内容　実例46。植栽から手入れまで詳しくわかる。ミシュランで三つ星に輝いた「麻布かどわき」、参詣客が絶えない人気の「陽運寺」など、気持ちも運気も上向きになる庭の実例を多数掲載！

『新・緑のデザイン図鑑—樹木・植栽・庭づくりのテクニック』山﨑誠子,建築知識編集部著　エクスナレッジ　2019.11　243p　30cm〈文献あり　索引あり　2009年刊の修正〉4000円　①978-4-7678-2690-5　Ⓝ629.75
内容　一般的な住宅での植栽を想定して、樹木の特性や植栽場所、植栽方法、葉の特徴など、さまざまな情報を記載。植栽樹の選定や庭づくりに活用できる。絶対失敗しない住宅植栽100のテクニックも紹介する。

『エクステリアの植栽—基礎からわかる計画・施工・管理・積算』日本エクステリア学会編　建築資料研究社　2019.3　239p　30cm〈文献あり〉3000円　①978-4-86358-617-8　Ⓝ629.75
内容　日本エクステリア学会の活動の成果をまとめたもの。植物についての基本的な知識から、植栽計画や施工、植栽の表現方法、植栽に関わる工事費の算出までを、イラストをまじえながらわかりやすく解説する。

『コケを楽しむ庭づくり—豊富な植栽例と植えつけの実際、美しく保つコツ』大野好弘著　講談社　2018.11　127p　26cm〈文献あり　索引あり〉1800円　①978-4-06-513738-3　Ⓝ629.7
内容　庭植えに適する30種を収録&解説。コケの庭の実例10件と4つの庭のつくり方をわかりやすい手順写真で紹介。一緒に植えて楽しめる山野草59種を紹介する。本邦初の日本とイギリスのコケの名所探訪記を収録。

『エクステリアのひみつ』たまだまさおまんが　学研プラス　2018.9　127p　23cm〈学研まんがでよくわかるシリーズ　143〉〈構成：オフィス・イディオム　住生活のうつり変わり：巻末〉頒価不明　Ⓝ527

『美しい苔庭づくり』アニー・マーティン著,石黒千秋訳　エクスナレッジ　2017.9　240p　23cm〈文献あり　索引あり〉2200円　①978-4-7678-2335-5　Ⓝ629.7
内容　苔のエキスパートが、苔の基本知識から細かな手入れ方法までをやさしく解説。多種多様な色、かたち、大きさの苔を組み合わせ、ほかの植物とともに配置して心やすらぐ理想の庭をつくりあげる方法を伝授する。苔の図鑑も収録。

『造園の手引き—造園学の知識から実務に必要な技術まで』京都府造園協同組合著　誠文堂新光社　2016.3　223p　21cm〈索引あり〉3000円　①978-4-416-71550-5　Ⓝ629
内容　日本の庭づくりの発祥の地ともいえる京都で活躍する庭師や造園家たちによる入門書。造園とは何かという定義から歴史などの造園概念、実際に庭を造る際に必要となってくる計画・設計・施工・管理と造園材料までを丁寧に解説。

『今伝えておきたい、庭師のワザ—剪定・結び・石・植栽の手法を図解でわかりやすく』秋元通明著　誠文堂新光社　2015.7　175p　21cm〈索引あり〉2000円　①978-4-416-61564-5　Ⓝ629.21
内容　基本を図解でわかりやすく、生粋の庭師が解説。日々の仕事のやり方を精緻な手描きでコツコツと描きためた。図と職人ならではの技術を無駄のない文章で語った解説で、職人の身だしなみから樹木の剪定、結び、石の扱いまで、庭づくりに必要な技術の一つひとつを一冊にまとめた。

デザインを学ぼう / ガーデニングにチャレンジ

『イラストひと目でわかる庭木の剪定基本とコツ』内田均監修　家の光協会
2013.10　159p　21cm〈文献あり　索引あり〉1300円　Ⓘ978-4-259-56420-9　Ⓝ627.7
内容　人気の庭木・花木・果樹との上手な付き合い方を徹底解説。

『住宅の植栽』山崎誠子著　エクスナレッジ　2010.10　175p　21cm（ゼロからはじめる建築知識 07）〈『世界で一番やさしい住宅用植栽』(2008年刊)の再編集、加筆・修正〉2000円　Ⓘ978-4-7678-1040-9　Ⓝ629.75
内容　植栽計画から工事後の管理まで、ポイントを押さえて分かりやすく解説しました。

『イラストでわかるエクステリアデザインのポイント』猪狩達夫編　彰国社　2008.4　183p　26cm〈執筆：猪狩達夫ほか〉3000円　Ⓘ978-4-395-00875-9　Ⓝ524.89
目次　1章 エクステリアデザインとは、2章 ファサードのデザイン、3章 門まわりのデザイン、4章 アプローチのデザイン、5章 駐車スペースのデザイン、6章 主庭のデザイン、7章 側庭・バックヤードのデザイン、8章 囲障のデザイン、9章 照明のデザイン、10章 色彩のデザイン

『ガーデンブック―ガーデニング完全ガイド 自分でイングリッシュガーデンを造るために』ジョン・ブルックス著，[白井彦ához][日本語版監修]　第2版　町田メイプルプレス　2005.10　285p　31cm　4600円　Ⓘ4-944161-11-5　Ⓝ629.75

『植える　樹木編』北澤周平，鈴木庸夫著　井上書院　2005.7　134p　19cm（住宅現場携帯ブック）1840円　Ⓘ4-7530-1883-0　Ⓝ629.75
内容　よく使われる249種の造園樹木の特徴や用途、作庭手法について、樹形・葉・花・実等のカラー写真530点とともに解説した。設計者、現場管理者必携の植栽ハンドブック。

『植える　作庭編』北澤周平編　井上書院　2004.8　92p　19cm（住宅現場携帯ブック）1600円　Ⓘ4-7530-1880-6　Ⓝ629.75
内容　庭園を構成する要素ごとに作庭のポイントを徹底図解！　打合せに、施工管理に携帯に便利な手帳サイズ。住宅設計者・現場管理者必携庭園・植栽ハンドブック。

『名人庭師剪定・整姿の知恵袋』吉村隆一編著　講談社　2002.8　222p　18cm（講談社＋α新書）880円　Ⓘ4-06-272146-5　Ⓝ627.7
内容　素人にもできる庭づくりの名人の技とコツを全公開。初心者でもらくに取り組めるやさしい剪定・整姿の方法をベテラン庭師があますところなく語った。基本さえわかれば"こんなに簡単なのか"と、目からウロコのコツ満載。

『設計から楽しむガーデンデザイン入門』日本花普及センター企画・編　農山漁村文化協会　2002.7　267p　26cm　2714円　Ⓘ4-540-02121-4　Ⓝ629.75
内容　本書では、これからの庭のデザイン手法の基礎から、現況図、ゾーニング図、平面図、アクソメ図、パース、植栽図等の描き方、資材や植栽の選択と施工まで、手順を追ってわかりやすく解説。ガーデンデザイナーを志す方はもちろんのこと、庭の設計から楽しみたい方々の座右のテキストである。

『日曜大工でレンガワーク』藤岡等著　山海堂　2002.6　173p　21cm　1700円　Ⓘ4-381-10429-3　Ⓝ629.75
内容　レンガ敷きの小径や花壇、バーベキューグリルや水洗い場など、昨今のガーデニングにはかかせないレンガワークの基本から施工例までを、具体的な製作過程の写真を多用してビギナーにもわかりやすく解説。

『見違えるように良くなる庭づくりの実例アイデア』佐藤勇武監修　成美堂出版　2002.5　175p　24cm　1200円　Ⓘ4-415-01803-3　Ⓝ629.75
内容　本書は幾多の基本と、庭づくりの様々なアイデアやテクニックを、卓越したガーデナーの感性と技能で意匠化された豊富な細部事例の写真を通して、具体的で分かりやすく解説したものである。

『人はなぜ、こんなにも庭仕事で幸せになれるのか―初めての庭の物語』エイミィ・ステュワート著，J.ユンカーマン，松本薫訳　主婦と生活社　2002.4　301p　20cm　1800円　Ⓘ4-391-12614-1　Ⓝ629.75
内容　北カリフォルニア、サンタクルーズの小さな庭を舞台にユーモアとウイットに満ちた「実戦」ガーデニング奮闘記。

『やさしい住まいのエクステリア入門』空木しき著　オーム社　2002.4　167p

21cm　2300円　④4-274-10294-7　Ⓝ527
[目次] 1章 住まいと街を結ぶエクステリア，2章 景観としてのエクステリア装置，3章 道とのふれあいエクステリア装置，4章 環境にやさしいインフラエクステリア装置，5章 自然との共生エクステリア装置，6章 エクステリアに緑を取り入れる，7章 アプローチ・車庫スペースの実例集，8章 知っておきたいエクステリアの法規

『自分で作るスモールガーデン』　主婦の友社　2002.3　128p　26cm（主婦の友生活シリーズ）1480円　④4-07-227910-2　Ⓝ629.75

『自分でやる庭の工事―作る過程を楽しむ！ 思いどおりの庭を丸ごと作るためのノウハウ集』荒井章著　山海堂　2001.7　215p　21cm　1700円　④4-381-10410-2　Ⓝ629.75
[内容] 本書は庭に必要な工事を、自分で行うための解説書です。広い庭でも狭い庭でもOK。樹木の植え付けから塀の施工や修理、ガーデンテーブルの制作までを詳しく見ていきます。つまり庭を丸ごと作って楽しむための本です。

『日曜大工ですてきな庭づくり』　主婦と生活社　2001.7　143p　26cm（生活シリーズ）1300円　④4-391-61266-6　Ⓝ629.75

『アプローチのガーデニング』英国王立園芸協会著, 奥峰子訳　講談社　2001.3　71p　21cm（英国名庭師の知恵）1000円　④4-06-210406-7　Ⓝ629.75
[内容] 花壇や庭づくりの基礎の基礎がわかる！これはと思える本場の新情報と技術がいっぱい。

『小さな庭のガーデニング』英国王立園芸協会著, 奥峰子訳　講談社　2001.3　79p　21cm（英国名庭師の知恵）1000円　④4-06-210403-2　Ⓝ629.75
[内容] ちょっとしたアイデアで狭い庭もイキイキ！ これはと思える本場の新情報と技術がいっぱい。

『日陰の庭のガーデニング』英国王立園芸協会著, 奥峰子訳　講談社　2001.3　72p　21cm（英国名庭師の知恵）1000円　④4-06-210404-0　Ⓝ629.75
[内容] 日陰の庭が生きる花木の知識とアイデア！ これはと思える本場の新情報と技術がいっぱい。

『ガーデニングの資格と仕事がわかる本』法学書院編集部編　法学書院　2000.11　191p　19cm　1300円　④4-587-41455-7　Ⓝ629
[内容] ガーデニングを楽しみたい方、資格を取りたい方、仕事がしたい方のためのガイド。

『古庭園の鑑賞と作庭手法』吉田徳治著　農業図書　2000.10　291p　27cm　5000円　④4-8219-1015-2　Ⓝ629.21

『実例はじめてのエクステリア―門・塀・庭をすてきに！ 個性的に！』U.M.E.エクステリア＆ガーデニング工学会監修，主婦と生活社編　主婦と生活社　2000.9　159p　26cm　2000円　④4-391-12456-4　Ⓝ629.75
[内容] 建物の外壁をはじめ、門や塀、また駐車スペースや庭などを総称して「エクステリア」と呼びます。つまり、エクステリアは建物がまとう洋服のようなもの。快適で、かつ上手にコーディネートされたおしゃれな最新実例を紹介します。

『美しいガーデン―花の庭づくりと育て方365日』　主婦と生活社　2000.5　129p　26cm（別冊美しい部屋）1300円　④4-391-61064-7　Ⓝ629.75

『小さな洋風の庭づくり―ガーデン・デザイナーが教える』横山正文著　講談社　2000.3　207p　21cm　1500円　④4-06-209356-1　Ⓝ629.75
[内容] 洋風の住宅に合わせた庭のつくり方を豊富な実例と80のレッスンで解説。

『はじめての庭作り―かんたんガーデニング』新星出版社編集部編　新星出版社　2000.3　174p　24cm　1500円　④4-405-08536-6　Ⓝ629
[目次] 1 お手本にしたい手軽な庭，2 コンテナガーデニングから始めよう，3 イメージ通りの庭を作ろう，4 自分で庭を作ってみよう，5 庭を彩る植物，6 庭仕事Q&A

『名人庭師とっておきの知恵袋』平野泰弘編著　講談社　2000.3　245p　18cm（講談社+α新書）880円　④4-06-272002-7　Ⓝ627.7
[内容] 庭づくりの基本と極意、熟練の知恵と技の数々!!木の国ニッポンが育んだ日本の風土に根ざした庭と庭木の手入れ法。この誇るべき伝統の技を名人庭師たちがあますところなく、とことん語った。

『自分でできる庭づくり』高槻香琉、二葉昇司、金田初代著　西東社　2000.1　222p　24cm　1500円　Ⓘ4-7916-1018-0　Ⓝ629.75
　目次　美しい庭・実例集、庭づくりの基礎知識、四季を彩る庭木図鑑、ガーデニングの楽しみ、花壇を彩る花図鑑、庭づくり・ガーデニング作例集

◆盆栽

『盆栽えほん』大野八生作　あすなろ書房　2013.10　47p　21×22cm〈文献あり　索引あり〉1400円　Ⓘ978-4-7515-2705-4　Ⓝ627.8
　内容　小さな鉢からひろがる大きな世界！　海外でも人気のBonsai、その「和」の心を、わかりやすく紹介します。庭がなくても、木は育てられる！　手軽に盆栽を楽しむためのかわいいアイディアが満載。ボンサイ入門絵本。

『作って楽しむ小さな盆栽・寄せ植え盆栽』安井義昌監修　成美堂出版　2002.7　159p　24cm　1200円　Ⓘ4-415-01946-3　Ⓝ627.8
　内容　本書では、さまざまなミニ盆栽などの写真を紹介して楽しみながらイメージをふくらませ、苗や器の選び方・つくり方・管理方法などもわかるようにした。また、寄せ植えなどに楽しみを広げたり、水やりや夏・冬越しなどの方法も詳しく紹介した。

『盆栽入門』群境介著　西東社　2002.6　207p　24cm　1500円　Ⓘ4-7916-1132-2　Ⓝ627.8
　目次　初めての盆栽（気軽に盆栽を楽しもう、盆栽にもいろいろな種類がある　ほか）、樹種別盆栽（花もの盆栽、実もの盆栽　ほか）、盆栽基本作業（新梢の芽と葉―枝葉の手入れ1、いろいろな整枝、剪定―枝葉の手入れ2　ほか）、その他の盆栽（花もの、実もの　ほか）

『ひと目でわかる盆栽づくりの基本とコツ』髙柳良夫著　大泉書店　2002.5　174p　21cm　1200円　Ⓘ4-278-04438-0　Ⓝ627.8
　内容　本書では、盆栽づくりをこれから始める人たちのために、基本テクニックと日常管理のしかたを徹底してわかりやすく解説し、人気の35種の整姿・剪定のポイントがひと目でわかるように、イラストと写真を用いて紹介してあります。

『小品盆栽をはじめよう―和の植物にふれる』梶山富蔵監修　河出書房新社　2001.10　127p　26cm　1800円　Ⓘ4-309-26504-9　Ⓝ627.8
　内容　初心者から上級者まで楽しめる究極のBONSAI"小品盆栽"の魅力がここに。小品盆栽に向く「盆栽植物図鑑」、よくわかる「盆栽用語辞典」付き。

『盆栽』小松正夫編著　家の光協会　2001.1　143p　21cm（イラスト園芸シリーズ）1600円　Ⓘ4-259-53959-0　Ⓝ627.8
　内容　カラーで見る重厚で華麗な伝統美、など。伝統と創造を楽しむ盆栽仕立ての決定版。

『図解・盆栽テクニック101条』木原進著　農山漁村文化協会　2000.3　182p　19cm　1333円　Ⓘ4-540-99300-3　Ⓝ627.8
　内容　ここがわかれば悩ます管理も安心、安心、全国の栽匠から学んだ101カ条の知恵袋、人気50樹種の年間作業カレンダー、ズバリとわかる盆栽の勘どころ。

『はじめての手づくり盆栽』豊島伊都子著　日本ヴォーグ社　2000.1　106p　26cm　1800円　Ⓘ4-529-03331-7　Ⓝ627.8
　内容　自然を観察しながら粘土やリボンなど、身近な材料を使って簡単に楽しめる手づくりの盆栽を一人でも多くの方々に知っていただき、創造の喜びを共に味わっていただけたらと心より願っております。ぜひこの機会に、手のひらに乗せられるかわいい盆栽からお始めになってはいかがでしょうか。

《フラワーデザインをするには》

『フラワーデザインの教科書―花束・アレンジメント・リース制作を完全マスター習得時間の目安付き』永塚慎一監修　誠文堂新光社　2024.3　271p　26cm　3200円　Ⓘ978-4-416-62330-5　Ⓝ793
　内容　フラワーアレンジメントの制作技術力をより伸ばすための教科書。フラワーデザインに効果的な葉物や枝物のテクニックを紹介したうえで、基本的なものから難易度の高いものまで、ブーケとアレンジメントの作り方を解説する。

『花を飾る―1本から始める、彩り豊かな部屋づくり』増田由希子著　家の光協会　2022.10　95p　26cm〈「はじめてのフラワーレッスン」（2012年刊）の改題、加筆、修正、再編集〉1500円　Ⓘ978-4-259-56741-5　Ⓝ793

『デザインの基礎が身につくフラワーアレンジ上達レッスン60』長井睦美監修 新装版 メイツユニバーサルコンテンツ 2022.3 128p 26cm（コツがわかる本）〈初版：メイツ出版 2018年刊〉1720円 ISBN978-4-7804-2592-5 NDC793

内容 基本から多彩な表現方法まで、身近な花材で本格的なデザインがマスターできる四季のアレンジ40。

『ソラフラワーズブライダル・アレンジメント―生産地から制作まで、自然素材・ソフトソラフラワーのすべて』網野妙子著 誠文堂新光社 2022.1 127p 27cm 2000円 ISBN978-4-416-92146-3 NDC627.9

内容 南国タイ生まれの自然素材「ソラフラワー」は、ウェディングフラワーにぴったりのアレンジ素材。ブライダル・アレンジのアイデアから、タイでの種まき・加工・花材制作の様子まで、ソラフラワーの魅力を紹介する。

『花の本』新井光史著, 第一園芸株式会社監修 雷鳥社 2021.5 159p 22cm 〈文献あり〉1800円 ISBN978-4-8441-3775-7 NDC793

内容 日本の花き園芸文化を牽引する第一園芸のトップデザイナーであり、フローリスト日本一にも輝いた新井光史が導く、花の活け方、その考え方。花の選び方からフラワーデザインのノウハウまで解説する。花にまつわる雑記も収録。

『花言葉で編むフラワーアレンジメント―気持ちを伝える花々を贈る50のアイデア』長井睦美監修 メイツユニバーサルコンテンツ 2021.4 128p 26cm（コツがわかる本）1810円 ISBN978-4-7804-2421-8 NDC793

内容 感謝の気持ち、お祝い、励まし…言葉で伝えきれない想いを花々に託して。アレンジの基本からやさしく解説します。

『はじめよう花のある暮らし―Happy Flower Lesson：基礎から生活シーンに応じた生け方まで』真子やすこ著・監修, マナコフラワーアカデミー［著］ 日東書院本社 2020.11 95p 26cm 1400円 ISBN978-4-528-02289-8 NDC793

内容 本書は、日本におけるフラワーデザインの草分けである著者が、その基礎知識から生活シーンに適した作品を紹介し、解説するものです。

『基本セオリーがわかる花のデザイン 基礎科3 知識の仕上げ―構図とタッチで学ぶ基礎の最終章』磯部健司監修, 花職向上委員会編 誠文堂新光社 2020.10 143p 26cm 2000円 ISBN978-4-416-62046-5 NDC627.9

内容 花を活ける人のためのベーシックテキスト。豊富な作例とイラストで、花のデザインの要点が理解できる。基礎科3は、基礎知識の総仕上げを目的として、「構図」と「植物のタッチ」を中心にまとめる。

『花の造形理論基礎レッスン―フロリストマイスターが教える』橋口学著 誠文堂新光社 2020.6 142p 26cm〈表紙のタイトル：Basic floral design methods〉2600円 ISBN978-4-416-62028-1 NDC793

内容 「造形材料」である植物を魅力的に見せ、植物が持つ生命力や表情を、商品や作品を通して見る人に感じてもらうには。フロリストに必要な植物の見方、感じ方、知識を作例とともに紹介する。『フローリスト』連載を加筆し書籍化。

『フラワーアレンジメントの発想と作り方―制作意図とデザイン画からわかる』永塚慎一監修 誠文堂新光社 2020.3 223p 26cm〈索引あり〉2200円 ISBN978-4-416-52076-5 NDC793

内容 フラワーアレンジメントを作りたい人、もっと上手になりたい人のために、テクニックとデザインを紹介したアイデアブック。150点以上のアレンジメントの作例を掲載する。

『フラワーラッピング・マニュアル―時短テクニックから資材の無駄を省く技まで』出崎徹著 誠文堂新光社 2019.8 223p 26cm 2700円 ISBN978-4-416-71908-4 NDC627.9

内容 お花をより効果的にみせ、より美しく仕上げることがフラワーラッピングの役割。ちょっとしたアイデアで時間短縮するラッピング、コストカットになるラッピングのアイデア、資材を有効活用する方法などを紹介する。

『基本セオリーがわかる花のデザイン 基礎科2 歴史から学ぶ―伝統を知り、新

デザインを学ぼう　　　　　　　　　　　　　　フラワーデザインをするには

『しい表現に活かす』磯部健司監修, 花職向上委員会編　誠文堂新光社　2018.10　143p　26cm　1900円　①978-4-416-51890-8　Ⓝ627.9
内容　豊富な作例とイラストで要点が理解でき、花を活ける人必携のベーシックテキスト。

『花束・ブーケの発想と作り方―制作意図とデザイン画からわかる』フローリスト編集部編　誠文堂新光社　2018.10　223p　26cm〈索引あり〉2000円　①978-4-416-51895-3　Ⓝ793
内容　花束・ブーケを作りたい、技術を学びたい人のためのアイデアブック。基本的な花束の発想法や制作テクニックとともに、生花、ドライフラワー、アーティフィシャルフラワーなどを素材とした、さまざまなデザイン例を紹介します。

『ローラン・ボーニッシュのブーケレッスン―フレンチスタイルの花束基礎とバリエーション』ローラン・ボーニッシュ著　new edition　誠文堂新光社　2018.1　127p　27cm　1600円　①978-4-416-71735-6　Ⓝ793
内容　フランスの人気フローリスト、ローラン・ボーニッシュが、フレンチスタイルのブーケの基礎技術や伝統的なスタイルから、色合わせ、花合わせのバリエーションまでを紹介する。

『フラワーリースの発想と作り方―制作意図とデザイン画からわかる』フローリスト編集部編　誠文堂新光社　2017.9　223p　26cm　2000円　①978-4-416-51639-3　Ⓝ793
内容　フラワーリースを無駄なく制作できる発想法や基本のテクニックなどとともに、生花、ドライフラワー、プリザーブドフラワー、アーティフィシャルフラワー等さまざまな素材で制作したフラワーリースを150点以上掲載します。

『ワクワクお花屋さん気分―はじめての花レッスン』今野政代著　六耀社　2017.2　47p　26cm（子どもの手しごとブック）1300円　①978-4-89737-890-9　Ⓝ793
内容　身近なお花で楽しく遊ぶ、子どものためのデザインブック。お花のアクセサリーやクリスマスのアレンジ、絵の具とお花で楽しむコラージュをはじめ、家の中の飾り、お花のプレゼントなどの作り方を紹介します。

『基本セオリーがわかる花のデザイン　基礎科1　花の取り扱いを学ぶ―植物を知り、活かす』磯部健司監修, 花職向上委員会編　誠文堂新光社　2016.10　143p　26cm　1900円　①978-4-416-61600-0　Ⓝ627.9
内容　豊富な作例とイラストで要点が理解でき、花を活ける人必携のベーシックテキスト。

『初花レッスン―アーティフィシャルからはじめるフラワーアレンジ』坪内裕子著　六耀社　2016.8　72p　26cm（花生活、はじめます）〈索引あり〉1800円　①978-4-89737-844-2　Ⓝ793
内容　7つのテクニック習得と5つの道具で、アレンジ自由自在。アーティフィシャルからはじめるフラワーアレンジ。

『花1本からはじめる基本のフラワーアレンジ』森美保監修・制作　成美堂出版　2016.3　143p　26cm〈文献あり〉1300円　①978-4-415-31997-1　Ⓝ793
内容　季節を感じる12カ月の花のあしらい、身近な器を使った和風アレンジ、手づくりブーケやリースを贈りものに、知っておきたい道具選びや花のケア―自分らしく楽しむ花のある暮らし。

『ワンコインでできるはじめての花の飾り方―スーパーのサービス花束もセンスよく！：簡単でおしゃれなアレンジのアイディアと長もちのコツ』ワンコインフラワー倶楽部著　主婦の友社　2016.3　95p　21cm　1100円　①978-4-07-412056-7　Ⓝ793
内容　生け花の知識もフラワーアレンジメントの技術も不要！アメーバブログで人気の「ワンコインフラワー倶楽部」メンバーがスーパーのサービス花束でできる、アレンジのコツをわかりやすく解説した初心者向けの本。

『花束の作り方テクニック―花選びと組み合わせのコツがわかる』フローリスト編集部編　誠文堂新光社　2016.2　112p　27cm（フラワーデザインの上達法）1800円　①978-4-416-61628-4　Ⓝ793
内容　花束の作り方を写真で解説した一冊。作りやすい3種類の形のレッスンとイメージに合わせて作るレッスンを収録し、花材選びのポイントや作り方を紹介する。ほか、花束のラッピング、プロのフローリストが作る花束も掲載。

『フラワーデザイナーのための花の教科書』日本フラワーデザイナー協会編著

講談社エディトリアル　2015.6　207p　26cm〈文献あり 索引あり〉2200円
①978-4-907514-54-9　Ⓝ793
目次 1 フラワーデザインを始めてみましょう（フラワーデザインとは、フラワーデザインの広がり ほか）、2 フラワーデザインの色彩学（色彩学の基礎知識、色合わせのテクニック ほか）、3 フラワーデザインの歴史（フラワーデザイン史概略、イギリスのフラワーデザインの歴史 ほか）、4 花ごよみ便利帳と冠婚葬祭の基礎知識（月別・行事暦と季節のことば、結婚式の歴史と知識 ほか）、5 知っておきたい植物の基本（植物とは、園芸的な分類 ほか）

『こんなフラワーアレンジ作ってみたい！—70の花レシピ：イラストと写真でラクラク学べる花あしらいの基礎とコツ』KADOKAWA　2015.2　95p　26cm〈『花時間』特別編集〉1380円　①978-4-04-730258-7　Ⓝ793
内容 無駄なく花を切り分ける、色合わせを考える、サブ的な花を選ぶ…。フラワーアレンジを作るときに知っておくとアレンジメントがぐんと見違える、そんな"役立つコツ"を70のアレンジメント例とともに写真とイラストでわかりやすく解説します。

『花1本から始めるはじめてのフラワーアレンジ―決定版』小松弘典著　講談社　2014.11　127p　24cm〈今日から使えるシリーズ―gardening〉〈文献あり〉1400円　①978-4-06-280819-4　Ⓝ793
内容 人気、定番の花1本から始められます！花材選び、花器選びのコツがわかります。花の組み合わせ、花と花器の組み合わせを紹介。はじめてでも安心定番の花図鑑つき。シンプルなアレンジから、ブーケにも挑戦！贈りものにも。かんたんラッピングも紹介。基本テクニックが、ていねいなプロセス写真でよくわかる！アレンジの基本から応用までが一冊にぎっしり。

『基本セオリーがわかる花のデザイン―歴史・テクニック・デザインテーマ：花を活ける人が必ず知っておきたい』磯部健司監修, 花職向上委員会編　誠文堂新光社　2014.10　128p　26cm　1900円
①978-4-416-61400-6　Ⓝ627.9
内容 花を扱うすべての人に贈る、花のデザインの基礎理論テキスト。花のデザインをするうえで知っておきたい基礎知識や理論を、「歴史」「造形・構成・テクニック」「テーマ」の3つに分けて解説する。120の作例も掲載。

『花のアレンジテクニックフォルムとプロポーション―フラワーアレンジメントの制作技法』蛭田謙一郎著　誠文堂新光社　2014.4　128p　26cm　1800円
①978-4-416-61423-5　Ⓝ793
目次 1 フォルムとプロポーション 基本の考え方（花の配置でフォルムを見せる1 三角形のアレンジの場合、花の配置でフォルムを見せる2 180°展開の花束の場合、花の配置でフォルムを見せる3 オールラウンドのアレンジと花束の場合 ほか）、2 器・土台+花でフォルムを見せる（母の日に贈るアレンジメント、器を作る、アネモネに魅せられて ほか）、3 自作の土台でフォルムを見せる（水遊び、和装のブーケ、ハンドバッグ形のブーケ ほか）

『初心者のための花の本ブーケ＆アレンジメント＆アクセサリーetc―プリザーブドアートフラワー 生花』酒徳みつ子著　名古屋　ブイツーソリューション　2013.10　73p　30cm〈発売：星雲社〉1000円　①978-4-434-18303-4　Ⓝ793
内容 クラシカルなキャスケードブーケ、幸せのサムシングブルーを散りばめたテーブルアレンジメント…。プリザーブドフラワーやアートフラワー、生花を使ったブライダルブーケ・アレンジメント・アクセサリーを紹介する。

『ひとりでできるフラワーデザイン基礎講座 アレンジメント編』神保豊著　誠文堂新光社　2013.7　93p　21cm　1300円　①978-4-416-71382-2　Ⓝ793
目次 1 フラワーデザインのツール（ハサミ、フローリストナイフ ほか）、2 基本のテクニック（吸水性スポンジをセットする、吸水性スポンジの花留め方法 ほか）、3 ひとりでできるデザイン基礎ロジック（フラワーデザインの考え方、基本のデザイン構成 ほか）、4 目指せ上級者！ステップアップのためのデザインロジック（花の方向性、立体と平面のデザイン ほか）、5 ひとりでできるテクニック実践集（ラウンドのアレンジメントを作る、トライアンギュラーのアレンジメントを作る ほか）

『花の教室―recipes for flowers：季節の花の85アレンジ：庭の花、野の花、お店の花すべての質問に答える生け方＆飾り方』井出綾著　グラフィック社　2013.3　143p　21cm　1400円　①978-4-7661-2413-2　Ⓝ793
内容 庭の花、野の花、お店の花。すべての質問に答える生け方＆飾り方。

『はじめての花色配色テクニックBOOK』

デザインを学ぼう　　　　　　　　　　　　フラワーデザインをするには

坂口美重子著　誠文堂新光社　2012.12　127p　26cm　1600円　Ⓘ978-4-416-71252-8　Ⓝ793
[内容]色の与えるイメージ、効果、器との色合わせ基礎理論まで。

『花束作り基礎レッスン―初心者からわかる：フローリストマイスターが教える』橋口学著　誠文堂新光社　2012.9　127p　26cm　1800円　Ⓘ978-4-416-71225-2　Ⓝ793
[目次]1 基礎編―ラウンドの花束（ラウンドコンパクト、ラウンド高低差）、2 応用編―動きと空間を生かした花束（一方見、パラレル、フレーム、アシンメトリー）

『小さな花の教科書』佐々木じゅんこ著　グラフィック社　2012.4　143p　21cm　1300円　Ⓘ978-4-7661-2342-5　Ⓝ793
[内容]季節の花で楽しむ105のアレンジ・レッスン。

『花色ブーケレッスン―色合わせ上手になる！』ヨシタミチコ著　誠文堂新光社　2011.9　128p　27cm　1800円　Ⓘ978-4-416-41103-2　Ⓝ627.9
[目次]色彩理論―ブーケに活かす配色のコツ、色使いのテクニック―9つの技法、パーソナルカラーウェディング、赤のブーケ、白のブーケ、青・青紫のブーケ、ピンクのブーケ、紫・赤紫のブーケ、黄・オレンジのブーケ、緑のブーケ

『花束デザインブック―人気フローリストのギフトブーケと基本の作り方＆ラッピング』フローリスト編集部編　誠文堂新光社　2011.3　128p　26cm　1800円　Ⓘ978-4-416-81125-2　Ⓝ793
[内容]人気フローリストのギフトブーケと基本の作り方＆ラッピング。

『フラワーアレンジはじめてBOOK―花1本から、ひとりですぐにスタートできる』井越和子著　主婦の友社　2011.2　111p　26cm　1400円　Ⓘ978-4-07-275056-8　Ⓝ793
[内容]毎日の生活にもお祝い事のときにも使えるアレンジテク満載。アレンジメントからブーケ、リースまで1冊でマスター！大人気！プリザーブドフラワーの初心者向けレッスンも。アレンジに使いやすい188種の花カタログつき。

『きほんのフラワーアレンジ―花1本でもかんたんおしゃれ！：はじめてのレッスン』[大高令子][監修・制作]　学研パブリッシング　2010.10　135p　26cm〈索引あり　発売：学研マーケティング〉1300円　Ⓘ978-4-05-404659-7　Ⓝ793
[内容]"花1本＋お気に入りのマグカップ"が、ちょっとした飾り方のコツでおしゃれでかわいいインテリアに変身！そんなふうに、気軽に花あしらいを楽しむためのヒントが満載。

『手軽に楽しむ毎日のフラワーアレンジ―シンプルなアレンジから豪華な演出まで、初心者でもすぐに生けられる人気花30』並木容子著　日本文芸社　2010.4　143p　24cm〈索引あり〉1300円　Ⓘ978-4-537-20803-0　Ⓝ793
[内容]初心者でも楽に生けられる基本のアレンジ例を紹介する。種類別や特別な日のアレンジなど、今日から始められるノウハウが満載。

『英国スタイルのフラワーアレンジメント―ようこそ、フラワーレッスンへ』三代川純子著　六耀社　2009.12　95p　26cm　2400円　Ⓘ978-4-89737-646-2　Ⓝ793
[内容]フラワーデザインの基本をファッショナブルにアレンジ。ヴァリエーションも紹介します。フラワーデザイナーになるための勉強法や、実際の仕事の内容、流行の捉え方など、これからフラワーデザイナーを目指す方にも役立つ内容。

『フラワーアレンジスタイリング入門―Feel the flower：知りたい"基本技術"がよくわかる』渡邉昭彦著　毎日コミュニケーションズ　2009.4　127p　26cm　1800円　Ⓘ978-4-8399-3044-8　Ⓝ793
[内容]日比谷花壇のトップデザイナーに学ぶ。初心者でも簡単にできるプロの「魅せワザ」。

『フラワーデザイナーのためのハンドブック―フラワーデザイン用語集』増補改訂版　六耀社　2009.1　271p　21cm〈文献あり　年表あり〉2800円　Ⓘ978-4-89737-618-9　Ⓝ793.033
[内容]フラワーデザイン用語、ドイツ・フロリスティック用語、いけばな基礎用語、園芸ベーシック用語などについて解説したハンドブック。現在、日本のフラワー・デザイン界で使われている用語に合わせて再編集した増補改訂版。

『フラワーアレンジレッスン―花あしらい上手になる！』野口美知子著　誠文堂新

光社　2008.11　95p　26cm　1800円　①978-4-416-40811-7　Ⓝ793
[内容] 人気のバラや、旬の花を使ったおしゃれな花あしらいや、1種の花材によるシンプルアレンジ、ふだんの暮らしに彩りをプラスするナチュラルアレンジを紹介。身近な雑貨を使ったアイデアも収録する。

『トピアリー—topiary for your new life & garden』宮崎雅代著　名古屋グリーン情報　2008.9　143p　26cm　2000円　①978-4-907682-13-2　Ⓝ627.9
[内容] イギリスの名庭園レヴェンス・ホール、アメリカの夢の国ディズニー・ワールド・リゾート、そして日本にもあったトピアリー、菊人形＆アグリクラフト。楽しさあふれるトピアリーの世界へようこそ。

『プランツ・イン・スタイル—鉢物を使ったフラワーデザイン プランツ・アレンジメントの作り方とアイデア』レン・オークメイド著, 清水真里子訳　誠文堂新光社　2008.9　128p　26cm　3200円　①978-4-416-40807-0　Ⓝ627.9
[内容] 鉢物にプラスデザインで付加価値を—寄せ植えとも、フラワーアレンジとも違った新しい魅力。「プランツ・アレンジメント」の作品、約80点を収録。

『プリザーブドフラワーテキスト』こなかみき著　毎日新聞社　2008.3　126p　30cm　2400円　①978-4-620-90676-8　Ⓝ793
[目次] アレンジメント, オブジェクト, ブーケ, ディスプレイ, テーブルコーディネイト, 様々なシーンで活用できるプリザーブドフラワー

『エリー・リンのフラワーデザインDIY』エリー・リン著　誠文堂新光社　2007.7　128p　26cm〈英語併記〉3200円　①978-4-416-40700-4　Ⓝ627.9
[内容] 四季のアレンジ・植物のオブジェとテーブルデコレーションの作り方＆テクニック。

『フラワー・インテリアbook—花とインテリアのコーディネート基礎レッスン 空間を自由に変える魔法のテクニック』鈴音著　誠文堂新光社　2007.7　128p　26cm　1800円　①978-4-416-40703-5　Ⓝ793
[目次] 1 日常生活空間に花を飾る, 2 いただいた花束のリメイク法, 3 鈴音のスペシャルフラワーアレンジメント, 4 ナチュラルカラーの花とインテリア, 5 インテリアフラワーの基本テクニック, 6 インテリアを素敵にする花図鑑, 7 花のための専用ツール＆ケア方法

『新ヨーロピアンフラワーデザイン基本テクニックブック』久保数政, ガブリエレ・ワーグナー久保著　六耀社　2007.4　109p　28cm　3700円　①978-4-89737-582-3　Ⓝ627.9
[内容] 主軸のさし方やバランスの取り方を解説したプロセス付き。応用にも役立つ基礎理論を徹底的に解明。ひとつのデザインから広がるさまざまなアレンジメントを同じページで比べて見られる、わかりやすく画期的なテキスト誕生。

『花のデザイン構成—ヨーロピアンフラワーデザインレッスン』久保数政, ガブリエレ・ワーグナー久保共著　誠文堂新光社　2007.3　112p　30cm　3200円　①978-4-416-40702-8　Ⓝ627.9
[目次] 1 造形法, 2 配列法, 3 焦点, 4 配置法, 5 制作構成, 6 時代様式

『川崎景太のフラワーデザイン入門—暮らしを彩る花の演出』日本放送協会, 日本放送出版協会編　日本放送出版協会　2006.11　103p　26cm（NHK趣味悠々）1000円　①4-14-188433-2　Ⓝ793

『フラワーデザイン入門—花と遊ぶ・花を学ぶ』日本フラワーデザイナー協会著　講談社　2006.10　110p　30cm　1700円　①4-06-213458-6　Ⓝ793
[目次] 四季を楽しむ花アレンジ, Let's try！さあ、はじめましょう！, 知っておきたい基礎知識, フラワーデザインのベーシック理論, 植物を知ろう！, 形の基本, 自然に学ぶフラワーデザイン, いつもいっしょ, アイデアいっぱいの花, 成功する色合わせの基本, 花・枝・葉・実いろいろ, フラワーデザインのプロをめざす, フラワーデザインの関連用語

『花1本から始めるフラワーアレンジの基本』森美保監修・制作　成美堂出版　2005.10　143p　26cm　1300円　①4-415-03070-X　Ⓝ793
[内容] いつもの部屋にいてもそこに小さな花アレンジがあれば気分がナチュラルに、明るくなります。さあ、自由にあなたのセンスで、お気に入りの器に花をあしらってみましょう。

『フラワーデザインをはじめたいあなたに—flower design school guide book 2005』草土出版　2005.4　161p　30cm〈発売:星雲社〉1200円　①4-434-05031-1　Ⓝ793

デザインを学ぼう / フラワーデザインをするには

『花アレンジメント―ベーシックデザインからヨーロピアンデザイン』 改訂版
ブティック社 2004.9 123p 26cm 1300円 ①4-8347-2188-4 Ⓝ793

[目次] スペシャルインタビュー 憧れの女性の花物語（五十嵐淳子さん、ジュリアン・トヌリエ―花と情熱）、大特集 バラに魅せられてはじめましょう（バラで奏でるジャポニズム、ニコライ・バーグマン、バラのルーツを訪ねてほか）、今、注目の花のクリエイター、5カラーズ―ウエディングブーケ＆ブートニア、花の世界もやっぱりここがホット！ フローム名古屋、フラワースクールで学びましょう、花の仕事場、プリザーブドフラワーが好き、花の留学。花の資格、フラワースクール・ガイド

『ブーケ基礎レッスン―ワイヤリングで花・色・形、自由自在！』渡辺俊治著
高橋書店 2004.4 109p 26cm 1550円 ①4-471-40051-7 Ⓝ793

[目次] 1 基本の5つのテクニック（茎やがくが太くて固い花に、茎が柔らかい花に ほか）, 2 基本の5つのかたち（ラウンドブーケ―ブーケの基本形、ティアドロップブーケ―涙のしずくのかたち ほか）, 3 花材別ブーケ（ガーベラのブーケ、カーネーションのブーケ ほか）, 4 カラー別ブーケ（イエローのブーケ―誕生日のお祝いなどに、ブルーのブーケ―母の日の贈り花に ほか）

『村松文彦の花・アレンジテクニック―優しい花々とそのつくり方』村松文彦著
誠文堂新光社 2004.3 127p 27cm 2857円 ①4-416-40402-6 Ⓝ793

[目次] 1 「あの人に贈りたい！」ブーケ編（ブーケホルダーを使って、手で束ねる（シュトラウス））, 2 「アイテムからひらめきを！」資材編（キャンドル、ガラスの小さな器 ほか）, 3 「創ることの楽しさ！」造形編（吸水性スポンジを形作る、枝で見せる造形）, 4 「デザインの幅を広げよう！」テクニック編（フリーセント、ホリゾンタル ほか）, 5 村松さんからの花・メッセージ（美しい花に仕上げるために、私の道具箱 ほか）

『とっておきのflower style―ギフト・インテリア・ブーケ56のアレンジメント』
佐々木潤子文・写真・イラスト 新紀元社 2003.6 123p 23cm 1600円 ①4-7753-0146-2 Ⓝ793

[内容] インテリアや洋服に好みがあるように、花にも特に好きな色や形がある。本書では、そんな花を中心に、そのときの気分に合わせて作った著者お気に入りのアレンジを集めている。

『花にかかわる仕事―マンガ』ヴィットインターナショナル企画室編 ほるぷ出版 2003.4 142p 22cm（知りたい！なりたい！ 職業ガイド）2200円 ①4-593-57165-0 Ⓝ627

[目次] 花き生産者, フローリスト, フラワーデザイナー

『クリエイティヴ・フラワー・アレンジメント―和と洋の花あわせ』クリエイティブ・フラワー・アレンジメント・スクール編 松戸 製作・発売：三好企画 2002.8 113p 30cm 3000円 ①4-938740-44-3 Ⓝ793

[内容] 総80図（オールカラー）掲載。類書にない画期的な構成。すべてのアレンジメントに明解な解説図（イラスト）を添えて、創作の過程と彩りの秘術を公開。

『プティデザイン―小さなフラワーアレンジメントの魅力』阿部さやか著 六耀社 2002.8 93p 25cm 2900円 ①4-89737-438-3 Ⓝ793

[内容] プティデザインは、22.5センチ四方でアレンジするフラワーデザインのこと。その小さな世界の魅力をつくり方とともに解説。花の扱い方も紹介した、はじめてのプティデザインの本。

『プリザーブドフラワー・バイブル』石川妙子著 誠文堂新光社 2002.8 95p 27cm 1800円 ①4-416-40204-X Ⓝ793

[内容] 本書では、カラーバリエーションが豊富なプリザーブドフラワーを人気のカラーを中心に色別に案内する。アレンジの作製手順・取扱い方・花材・資材など、プリザーブドフラワーのすべてがわかる本。

『プリザーブドフラワーブーケ＆アレンジメント』今野政代,細沼光則著 六耀社 2002.7 103p 26cm 2200円 ①4-89737-442-1 Ⓝ793

[目次] 1 ライフスタイルを彩るために, 2 ウォーミングアップ, 3 デザインいろいろ, 4 ウエディングブーケ, 5 ウエディングの花飾り, 6 基礎知識, 7 ワイヤリング・テクニック

『はじめてのメッシュフラワーとアクセサリー』塩崎文江著 日本ヴォーグ社 2002.4 98p 26cm 1295円 ①4-529-03675-8 Ⓝ594.8

[目次] 花束と飾り（丸い花束（1種類の花で）, ハート型の飾り ほか）, アレンジメント（植生的形態, 共同形態 ほか）, アクセサリー（ワ

インカラー、赤&黒 ほか）、はじめてのメッシュクラフト（材料と用具、基本手順（基本プロセス））、アクセサリー作りの基本（バラのコサージュ、カトレアのコサージュ ほか）

『はじめてのリボンフラワー』塩崎文江著　日本ヴォーグ社　2002.4　122p　26cm　1500円　①4-529-03660-X　Ⓝ594.8
目次　春の景（とうちく蘭、うちょう蘭 ほか）、夏の景（けまん草、せきしょうおうごん ほか）、秋の景（かもじ草、おみなえし ほか）、冬の景（梅、竹 ほか）

『超ビギナーのためのフラワーアレンジ基礎レッスン』神保豊総監修　角川書店　2002.3　137p　26cm〈「花時間」特別編集〉1600円　①4-04-853486-6　Ⓝ793
目次　どれから試してみる？季節の花あしらいカタログ13、1 花を知る、道具を知る。、2 水あげを知る。、3 テクニックを知る。、4 花束を作る。、5 リースを作る。、6 超ビギナー卒業、ウエディングブーケに挑戦！、7 花の名前と用語を知る。

『超ビギナーのためのフラワーアレンジ基礎レッスン—ひとりでも学べる、やさしいやさしい花あしらいの教科書』神保豊総監修　角川マガジンズ　2002.3　137p　26cm〈発売：角川SSコミュニケーションズ〉1600円　①978-4-8275-3035-3　Ⓝ793

『フラワーアレンジメント入門』新妻尚美、後藤史都　竹内書店新社　2002.3　143p　26cm〈発売：雄山閣〉2500円　①4-8035-0340-0　Ⓝ793
内容　暮らしに華やぎを添える、花あしらいの入門書。

『いまこそ！フラワーデコレーター—「花」をプロデュースする仕事』フラワーデコレーター協会編著　中央経済社　2001.12　202p　19cm〈CK books〉1600円　①4-502-57580-1　Ⓝ793
内容　花が好き！人を喜ばせることが好き！それは本人が思う以上にすごいこと。そんな特技に磨きをかけて、一生の仕事にしませんか？「いまこそ」がチャレンジのとき。

『はじめての押し花—ハーブ・野の花・木の葉で作る』澤登恵美子著　パッチワーク通信社　2001.12　74p　26cm〈レッスンシリーズ〉1360円　①4-89396-613-8　Ⓝ594.8

『斬新で創造的なフラワーデザイン—5分から30分でできるひと味ちがう花のアレンジメント』パメラ・ウェストランド著、谷川倫子訳　産調出版　2001.7　140p　28cm　2800円　①4-88282-247-4　Ⓝ793
内容　本書では、フラワーアレンジメントの初心者から上級者まで満足いただけるさまざまな作品を、現代的なセンスで紹介。作品ごとに、必要な時間、道具、花材のリストを示し、各ステップの手順が一目瞭然のカラー写真も添えてある。

『今日からはじめる花のアレンジメント』峰岸昌志監修　パッチワーク通信社　2001.5　74p　26cm（レッスンシリーズ）1200円　①4-89396-588-3　Ⓝ793

『テクニックインフラワーズ—ヨーロピアン・フラワーデザインのテクニック』レン・オークメイド著　誠文堂新光社　2001.4　95p　27cm　3700円　①4-416-40102-7　Ⓝ627.9
内容　フラワーアレンジメントのレシピ="テクニック"をマスターして、ヨーロピアン・フラワーデザインの名シェフに。著者が美しい作品をたっぷり添えて案内する。知っておきたいフラワーデザインのテクニックを大公開。

『よくわかるフラワーカラーレッスン—基本8色を学ぶ』フラワーデコレーター協会編著　ブラス出版　2001.4　62p　21cm　1200円　①4-938750-32-5　Ⓝ793

『はじめてのおし花』武広美紀子著　ブティック社　2001.3　98p　26cm（レディブティックシリーズ no.1651）800円　①4-8347-1651-1　Ⓝ594.8

『かわべやすこのガーデンスタイルフラワーアレンジメント』かわべやすこ著　同朋舎　2000.11　96p　25cm〈発売：角川書店〉1800円　①4-8104-2655-6　Ⓝ793
内容　イングリッシュガーデンスタイルアレンジは、マジックのような色の重なりがポイント。その神髄を色彩中心に論理的にやさしく解説したはじめての本。

『ドリーン・ローリンのフラワーデザインテクニック』ドリーン・ローリン著　誠文堂新光社　2000.5　119p　26cm　2500円　①4-416-40005-5　Ⓝ627.9
内容　3年にわたり月刊フローリストに掲載さ

れた誌上レッスンをまとめたデザインブック。ベーシックなテクニックから表現豊かなものまで掲載している。

『フラワーアレンジメント楽しいレッスン33』フラワーデコレーター協会編著　ブラス出版　2000.4　110p　26cm　2000円　①4-938750-29-5　Ⓝ793
目次　家庭でも教室でも使えるレッスン集。33作品を制作プロセス写真・解説付きで収録。さらに参考作品として21作品を紹介。

『花・いろいろお絵かき』花と緑の研究所著　汐文社　2000.3　47p　27cm（押し花アートを楽しもう 3）1800円　①4-8113-7276-X
目次　夢見が丘花園，押し花の作り方（基本編，上級編），そのまま押せる花たち，押すのがむずかしい花たち，押す前にすること，バラの花の作り方，カーネーションの花の作り方，押し花絵を作ろう，押し花絵-応用編，押し花カードを作ろう，楽しい押し花アレンジメント，かざりボトルを作ろう

◆生け花

『小原流いけばな入門book』小原流研究院監修　小原流事業部　2022.10　64p　26cm〈編集：小原流事業部出版事業課〉1100円　①978-4-9911018-5-4　Ⓝ793

『知っておきたい池坊いけばな基本講座』日本華道社編集部編　〔京都〕　日本華道社　2018.8　78p　26cm　1200円　①978-4-89088-137-6　Ⓝ793

『やさしい、いけばなの基本—人気花、定番花で品よく、おしゃれにはじめる：基礎から応用まで　いけばな入門書の決定版』竹中麗湖著　世界文化社　2016.12　127p　24cm〈索引あり〉1500円　①978-4-418-16435-6　Ⓝ793
目次　身近な花材や、人気の高い花を使って。季節やイベント、飾る場所ごとに豊富な作例を紹介！　基礎から応用まで、誰でも気軽にはじめられる！　いけばな入門書の決定版。

『生花　2』日本華道社編集部編　改訂版　〔京都〕　日本華道社　2015.11　45p　26cm（池坊いけばなテキスト）800円　①978-4-89088-096-3　Ⓝ793

『生花　1』日本華道社編集部編　改訂版　〔京都〕　日本華道社　2015.10　53p　26cm（池坊いけばなテキスト）800円　①978-4-89088-095-9　Ⓝ793

『はじめるいけばな学校華道』池坊専永監修　京都　日本華道社　2012.11　159p　26cm〈池坊いけばな年表：p148〜151〉800円　①978-4-89088-064-5　Ⓝ793

『はなひとうつわ—新いけばな入門』関美香著　平凡社　2012.1　135p　22cm（コロナ・ブックス　166）1800円　①978-4-582-63463-1　Ⓝ793
目次　天（日本の古層—樹木信仰、神仏習合の花），地（たてはな、なげいれ），水（現代いけばな考—存在を生きる、日本の花），人（なぜ花を生けるのか、自然と人の同心）

『はじめてのいけばな』　京都　日本華道社　2011.8　40p　19×26cm　600円　①978-4-89088-056-0　Ⓝ793
目次　1 はじめに（「いけばな」って何だろう？，覚えておきたい3つのこと，行事と花，季節の花を知ろう），2「いけばな」を始めましょう（どんな道具を使いますか？，どんな花を選べばいいの？，何にいけるの？，覚えておこう!!，どうやっていけるの？，「いけばな」をよく観察しよう，「いけばな」をスケッチしておこう），3「いけばな」をもっと楽しく（器を作ってみよう，おうちに「いけばな」をかざろう，「いけばな」をプレゼントしよう，花で動物を作ろう）

『今日から花をきれいにいける—いますぐはじめられる花をいける、飾る基礎レッスン』講談社編　講談社　2008.6　111p　26cm　1800円　①978-4-06-214701-9　Ⓝ793
目次　10人の花の達人を講師に迎えた豪華な花レッスン。

『はじめての簡単いけばな—だれでも素敵にできる』竹中麗湖［著］　世界文化社　2006.2　144p　24cm（特選実用ブックス　花と庭）1400円　①4-418-06401-X　Ⓝ793
目次　全68作品！　花材全133種！　基礎から応用までを網羅したいけばな入門書の決定版。基本の花型、アイディア花器、ゴージャスアレンジ

『花を生ける—花と芸術』安達瞳子著　農山漁村文化協会　2004.12　36p　31cm（自然の中の人間シリーズ　花と人間編 8　農林水産省農林水産技術会議事務局監修，樋口春三編）〈年表あり〉2000円　①4-540-04137-1　Ⓝ793
目次　1 花を生ける心（大地に生きる草木の美しさ，花を生けるということ），2 生け花の歴

史(豊かな自然と風土が育んだ「生け花」、仏の花、そして楽しむ花、宗教空間から生活空間へ ほか)、3 花を生ける技(身近な花を生けてみよう、花、器、場の調和を考えて、大切にしたい季節感、知っておきたい基本の技法とプロセス)、4 生活の中の花(生活の中に花があるということ、サクラの花を生ける)

『いけばなit's ikenobo入門』池坊専永監修, 伊藤雅夫著　日本華道社　2001.5　123p　19cm　1400円　Ⓘ4-89088-012-7　Ⓝ793.6

『小原流の花―だれでもわかる基本のテクニック』小原宏貴監修　主婦の友社　2000.5　183p　26cm　〈いけばなマスターシリーズ〉〈発売：角川書店〉2900円　Ⓘ4-07-225012-0　Ⓝ793　内容　この本では、最初に覚えておきたい基礎的な花型、小原流のいけばなを代表する「盛花」「瓶花」の基本花型、多面性をもった「花意匠」、花の新たな可能性を表現する「花舞」を紹介します。四季折々の花を使った作例はすべてカラー写真で紹介し、各作例ごとにいけ方のポイントを図解しています。また、巻末には、自分で花を取り合わせていけるときに役に立つ「四季の花材取り合わせ集」をつけました。

『はじめよう、いけばな――一目でわかる基礎の基礎』小原流編集室編　小原流出版事業部　2000.4　88p　21cm　1400円　Ⓝ793

《美容・理容・ヘアメイクにチャレンジ》

『WONJUNGYO韓国メイクアップBOOK』ウォンジョンヨ著　カエルム　2023.11　159p　21cm　1800円　Ⓘ978-4-908024-61-0　Ⓝ595.5　内容　『TWICE』の専属メイクアップアーティスト。涙袋メイクの第一人者！ ウォン・ジョンヨ初のメイクBOOK。

『早わかりメイクの秘密』　日本出版制作センター　2019.3　10, 215p　20cm　(話のネタ帳)　1500円　Ⓘ978-4-902769-27-2　Ⓝ595.5　内容　Q&A48問を一挙掲載!!「お化粧」の素朴な疑問。メイクは難しくない！ 高齢者も今風に？ メイク術150！ 基本から裏技まで！

『職場体験完全ガイド　30　スタイリスト・ヘアメイクアップアーチスト・ネイリスト・エステティシャン―おしゃれにかかわる仕事 2』　ポプラ社　2012.3　47p　27cm〈索引あり〉2800円　Ⓘ978-4-591-12731-5, 978-4-591-91287-4〈set〉Ⓝ366.29

『おんなのこの髪型カタログ』ポストメディア編集部編　一迅社　2011.8　95p　21cm　1300円　Ⓘ978-4-7580-1227-0　内容　ポニーテール、ツインテール、ストレートロング、ショートカット…オンナノコだからできるステキな髪型、こんなにあるんです。さまざまな女の子の髪型の作り方から特徴までわかりやすくイラストで解説します。

『だいじょうぶ？ 体でアート―ピアス&タトゥーのリスク』ベス・ウィルキンソン著, 冨永星訳　大月書店　2009.2　154p　19cm　(10代のセルフケア 10)　1400円　Ⓘ978-4-272-40537-4　Ⓝ383.7　内容　まずはよく知り考えてから。歴史から現在の状況まで伝えます。

『1200万スタイリストの仕事』宮村浩気著　女性モード社　2005.6　163p　27×17cm　2800円　Ⓘ4-902016-18-4　目次　第1章 自分とのコミュニケーション(目標、土台、不器用・失敗・エトセトラ)、第2章 人とのコミュニケーション(技術、仲間、人と人、お客さまとは、クチコミ)、第3章 1200万のサロンワーク(システムづくり、オタクになる、いろいろなきっかけ、課外活動、売上、よく晴れた日の午後―1200万スタイリストのサロンワークに密着)

『かづきれいこのメイク大事典』かづきれいこ著　産経新聞ニュースサービス　2003.12　175p　21cm〈発売：扶桑社〉1429円　Ⓘ4-594-04277-5　内容　「こんなとき、どうすればいいの？」そんなメイクの疑問にすべて答える。朝のメイク時、困ったときにもすぐに助けてくれる永久保存版。

『お化粧大研究―すてきな自分になるために』石田かおり著　PHP研究所　2003.11　115p　22cm〈未知へのとびらシリーズ〉〈年表あり　文献あり〉1300円　Ⓘ4-569-68414-9　Ⓝ383.5　内容　みんなはお化粧に興味がある？ 女の子も男の子も、みんなお化粧大好き！ みんなの身近にある、いろいろなお化粧を探ってみよう！ 小学上級以上。

『ヘアメイクアップアーティストになろう！―学習まんが仕事完全ガイド』山辺麻由まんが, 大古知金吾監修　小学館　2002.8　231p　19cm（ワンダーランドスタディブックス）850円　①4-09-253260-1
[内容] 美の魔法使い…ヘアメイクアップアーティストってどんな職業なの？ 恋のメイク魔法コミック「キ・レ・イをあげる！」と最新取材記事で、ヘアメイクアップの世界を徹底紹介。プロのインタビューやQ&Aなど役立つ知識が満載の一冊。

『はじめてのおしゃれレッスン―お役立ちコミック』マイバースデイ編集部編　実業之日本社　2001.5　160p　19cm（My birthdayの本 151）740円　①4-408-39147-6
[内容] お肌や髪のこと、プロポーションが気になり始めたあなた。メイクに興味が出てきたあなた。マンガと記事でおしゃれのいろいろな基本を紹介します。

書名索引

【あ】

アイデアあふれるぴかぴかコスチューム（高附恵子） ……… 201
アイデア＆プロセスの法則レイアウトデザイン（ロドニー・J.ムーア） ……… 326
アイデアが生まれる、一歩手前のだいじな話（森本千絵） ……… 325
アイデアスケッチの教科書（Artist Hal_） ……… 316
アイデアふくらむ探検ウォッチmicro：bitプログラミング（倉本大資） ……… 267
アイデアはどこからやってくる？（岩井俊雄） ……… 2
ITエンジニアになる！ チャレンジLinux（高橋隆雄） ……… 255
IT知識ゼロ＆アラフィフの私が2年で稼げるトップYouTuberになった方法（緒方亜希野） ……… 305
アイドルになりたい！（中森明夫） ……… 227
iPadで作曲入門（DJ SEN） ……… 141
iPad電子書籍アプリ開発ガイドブック（中島聡） ……… 71
IPのつくりかたとひろげかた（イシイジロウ） ……… 239
iPhoneアプリ成功の法則（日経BP社出版局） ……… 279
iPhoneアプリで稼ごう（丸山弘詩） ……… 278
iPhone ＆ iPadアプリマーケティング（ジェフリー・ヒューズ） ……… 278
iPhone1台で学ぶプログラミング（増井敏克） ……… 259
iPhone Web style（正健太朗） ……… 295
アウトサイダー・アート入門（椹木野衣） ……… 85
アウトライナー実践入門（Tak.） ……… 12
青い鳥文庫ができるまで（岩貞るみこ） ……… 67
赤ペン添削でわかりやすい！ 選ばれるデザイナーへの道（上司ニシグチ） ……… 324
あかりの学校（橘田裕司） ……… 346
アクセサリー作りのためのレジンの教科書（熊崎堅一） ……… 190
芥川・太宰に学ぶ心をつかむ文章講座（出口汪） ……… 41
悪文（岩淵悦太郎） ……… 12
悪文（中村明） ……… 18
悪文・乱文から卒業する正しい日本語の書き方（スクール東京） ……… 10
あこがれのお部屋コーデ＆プチリメイク（インテリア研究クラブ） ……… 346
アコースティック・ギタージュニアクラス（浦田泰宏） ……… 165
「アコースティック・ギター」初歩の初歩入門（岡田研二） ……… 161
アコースティック・ギター取扱い入門 ……… 167
アコースティックギター入門（島村楽器株式会社） ……… 163
朝練ユーフォニアム（山本孝） ……… 157

あそべる！ 通じ合う！ てづくりAIロボット（牧野浩二） ……… 221
あそぼう！ そだてよう！ 学校ビオトープ（日本生態系協会） ……… 356
遊んで学ぶはじめてのプログラミング（西田竜太） ……… 272
頭のいい人のブログ悪い人のブログ（天野優志） ……… 302
新しい住宅デザインの教科書（黒崎敏） ……… 351
新しいシルクスクリーン入門（多摩美術大学校友会） ……… 104
新しい木版画入門（多摩美術大学校友会） ……… 104
あっというまに歌がうまくなる！（上野直樹） ……… 148
アーティスト・クリエイターの心の相談室（手島将彦） ……… 85
アーティストになる基礎知識（美術手帖） ……… 85
アーティスト・マネジメント仕組みのすべて（Xavier M.Frascogna） ……… 122
アートって何だろう（中島裕司） ……… 85
アートディレクションの「型」。（水口克夫） ……… 87
アートディレクターの流儀（MdN書籍編集部） ……… 87
「Adobe Audition」ではじめる音声編集（中村隆之） ……… 244
あなうめ式Javaプログラミング超入門（大津真） ……… 268
あなうめ式Pythonプログラミング超入門（大津真） ……… 267
アナウンサーという仕事（尾川直子） ……… 227
アナウンサーになる！（永井譲治） ……… 230
アナウンサーになろう！（堤江実） ……… 228
アナウンサー私が絶対してあげる！（高野美穂） ……… 229
あなたがアーティストとして成功しようとするなら（ドナルド・S.パスマン） ……… 123
あなたにもできる「売れる本」の書き方（畑田洋行） ……… 69
あなたの商品のウリを1秒で伝えてください（弓削徹） ……… 323
あなたの文章が劇的に変わる5つの方法（尾藤克之） ……… 11
あなたの文章が〈みるみる〉わかりやすくなる本（石崎秀穂） ……… 15
あなたの本を出版しよう（菅野国春） ……… 68
あなたもアフィリエイト×アドセンスで稼げる！ はじめてのWordPress本格ブログ運営法（大串肇） ……… 288
あなたも映画業界で働いてみませんか？（スクリーン） ……… 242
あなたも作家になろう（ジュリア・キャメロン） ……… 48
あなたも脱出できる（L・E・ホール） ……… 195
アニメを仕事に！（舞本和也） ……… 246
アニメをつくろう ……… 247
アニメ・ゲーム76の仕事 ……… 246
アニメーション・イラスト入門（プレストン・ブレア） ……… 111

あにめ　書名索引

アニメーションの基礎知識大百科（神村幸子）
  ………………………………………… 245
アニメーションの仕事（ヴィットインターナショナル企画室） ……………………… 246
アニメーションの世界へようこそ（山村浩二）
  ………………………………………… 246
アニメーションの本（アニメ6人の会） …… 246
アニメーターが教えるキャラ描画テクニックミニ帖（toshi） ………………………… 245
アニメで遊ぼう（月岡貞夫） ………………… 247
アニメプロデューサーになろう！（福原慶匡）
  ………………………………………… 245
アパレル製作入門（日本衣料管理協会刊行委員会） ………………………………… 198
アパレルデザインの基礎（日本衣料管理協会刊行委員会） ……………………… 197
ABILITY5ガイドブック（平賀宏之） ……… 135
AFFINITY PHOTOクリエイター教科書（山本浩司） ……………………………… 248
After Effects FIRST LEVEL（佐藤智幸）… 306
After Effectsよくばり入門（TETERON）…… 304
アフターコロナ時代のうけるイベントプロデュース（土岐高志） ………………… 251
油絵入門基本から始めよう（鈴木輝實）…… 102
アプリを作ろう！ iPhone入門（池谷京子）… 276
アプリを作ろう！ Android入門（髙江賢）… 276
アプリを作ろう！ HTML5入門（山田祥寛）
  ………………………………………… 278
アプローチのガーデニング（英国王立園芸協会） ………………………………… 360
Amazon Kindleストア電子書籍出版のコレだけ！技（加藤和幸） ………………… 70
Amazon Kindleダイレクト出版完全ガイド（いしたにまさき） ……………………… 70
Amazon Kindleブック制作＆出版完全マニュアル（藤田拓人） ……………………… 70
AmazonのKindleで自分の本を出す方法（山崎潤一郎） ……………………………… 71
あみぐるみ基本のきほん（いちかわみゆき）
  ………………………………………… 206
アメリカの大工さんの愛読書昔ながらの木の家のつくり方（ボブ・サイパネン）… 349
アメリカの中学生が学んでいる14歳からのプログラミング（ワークマンパブリッシング） ……………………………… 262
ありそうでなかった形から引ける音楽記号辞典（トーオン編集部） ………………… 133
アルウィンのスケッチ入門（アルウィン・クローショー） ……………………… 100
R80（中島博司） ………………………………… 6
アルゴリズムをめぐる冒険（Bradford Tuckfield） ……………………………… 261
アルゴリズムがわかる図鑑（松浦健一郎）… 262
アルゴリズム図鑑（石田保輝） …………… 260
アルゴリズムとプログラミングの図鑑（森巧尚） …………………………………… 262
アルゴリズムビジュアル大事典（渡部有隆）
  ………………………………………… 267
Arduinoをはじめよう（Massimo Banzi）… 212

Arduinoでロボット工作をたのしもう！（鈴木美朗志） ……………………………… 222
「Arduino」と「3Dプリンタ」でロボットを作ろう（東京バード） ……………………… 221
アルと考えるアルゴリズムってなんだ？（エコー・エリース・ゴンザレス）……… 264
AndEngineでつくるAndroid 2Dゲーム（立花翔） ……………………………………… 285
アンドとオアが伝える論理演算の使いかた（エコー・エリース・ゴンザレス）… 265
Androidアプリ開発の教科書（齊藤新三）… 274
アンプ＆エフェクター入門 ………………… 244
Unreal Engine 5で極めるゲーム開発（湊和久） ……………………………………… 280
Unreal Engine5ではじめる！ 3DCGゲームワールド制作入門（梅原政司）……… 279

【い】

いいデザイナーは、見ためのよさから考えない（有馬トモユキ） ………………… 317
家づくりにかかわる仕事（ヴィットインターナショナル企画室） ……………… 352
家づくりはじめからおわりまで（鈴木敏彦）
  ………………………………………… 348
いかにして100万円でインディーズ映画を作るか（ブレット・スターン） …………… 242
いきなりWebデザイナー（濱口まさみつ）… 287
いきなり効果があがるPR動画の作り方（新井一樹） ……………………………… 305, 306
いきなりはじめるPHP（谷藤賢一）………… 257
いきなりプログラミングAndroidアプリ開発（Sara） …………………………………… 273
生きる力が育つ創作劇活動（佐藤良和）…… 232
池上彰の新聞活用大事典（池上彰）………… 60
生花（日本華道社編集部） ………………… 369
いけばなit's ikenobo入門（池坊専永）…… 370
石川九楊の書道入門（石川九楊）…………… 172
石本正（しょう）と楽しむ裸婦デッサン（石本正） ……………………………………… 98
椅子（井上昇） ……………………………… 347
異世界ファンタジーの創作事典（榎本秋）… 53
異世界ファンタジーのポイント75（榎本秋）
  ………………………………………… 52
1億人の超短編シナリオ実践添削教室（柏田道夫） ……………………………………… 35
イチから知りたい！ 楽典の教科書（春畑セロリ） ……………………………………… 128
1行で伝える力（田口まこ） ……………… 328
1行バカ売れ（川上徹也） ………………… 330
一行力（岩永嘉弘） ………………………… 332
1時間でわかるアフィリエイト（リンクアップ） ………………………………… 288
1時間でわかるWebライティング（ふくだたみこ） …………………………………… 299

書名索引　いつほ

一度はやってみたい！ こんな仕事ゲームクリエイター（黒澤亮） ………… 286
一度はやってみたい！ こんな仕事声優（長瀬一人） ………… 238
一度はやってみたい！ こんな仕事タレント（緑川銀次） ………… 231
1日5分ではじめるアコースティック・ギター超入門（四月朔日義昭） ………… 161
1日5分ではじめるエレキギター超入門（ROLLY） ………… 161
一日10分で上達！ Webライティング（平野栄） ………… 301
1日で描くリアル油絵の基本（大谷尚哉） …… 102
一年草と二年草のガーデニング（英国王立園芸協会） ………… 356
イチバン親切な油絵の教科書（上田耕造） …… 102
イチバン親切なおさいほうの教科書（クライ・ムキ） ………… 199
いちばん親切な音楽記号用語事典（轟千尋） ………… 132
イチバン親切な水彩画の教科書（上田耕造） ………… 100
イチバン親切なデッサンの教科書（上田耕造） …… 96
イチバン親切な手ぬいの教科書（高橋恵美子） ………… 199
イチバン親切なラッピングの教科書（宮田真由美） ………… 333
いちばんていねいな、基本のデッサン（小椋芳子） ………… 97
いちばんはじめのパッチワーク ………… 209
いちばんはじめのパッチワーク配色楽しむパターン ………… 209
いちばんやさしいアプリマーケティングの教本（森下明） ………… 275
いちばんやさしいAI〈人工知能〉超入門（大西可奈子） ………… 312
いちばんやさしいSEO入門教室（ふくだたみこ） ………… 288
いちばんやさしい「推しぬい」つくりかたBOOK（ぴよぴっこ） ………… 198
いちばんやさしい音声配信ビジネスの教本（八木太亮） ………… 305
いちばんやさしいギター・コード・レッスン（自由現代社編集部） ………… 161
いちばんやさしいGit & GitHubの教本（横田紋奈） ………… 262
いちばんやさしい作詞入門（中村隆道） ……… 143
いちばんやさしいJavaScriptの教本（岩田宇史） ………… 269
いちばんやさしいJavaの教本（石井真） …… 266
いちばんやさしいディープラーニング入門教室（谷岡広樹） ………… 312
いちばんやさしいPython機械学習の教本（鈴木たかのり） ………… 260
いちばんやさしいPython入門教室（大澤文孝） ………… 258
いちばんやさしいPythonの教本（鈴木たかのり） ………… 267

いちばんやさしいPHPの教本（柏岡秀男） …… 263
いちばんやさしいプログラミングの教本（廣瀬豪） ………… 262
いちばんやさしい「プロファイル式」作曲入門（折笠雅美） ………… 136
いちばんよくわかるWebデザインの基本きちんと入門（伊藤庄平） ………… 288
いちばんよくわかるかぎ針こもの ………… 207
いちばんよくわかる新・かぎ針あみの基礎 … 207
いちばんよくわかる新・かぎ針あみの小物 … 207
いちばんよくわかるはじめての革手縫い（野谷久仁子） ………… 191
いちばんよくわかるバッグ作りの本（鎌倉スワニー） ………… 208
いちばんよくわかるバッグの基礎 ………… 207
いちばんよくわかる毎日使いたいバッグ …… 208
いちばんわかりやすいDTMの教科書（松前公高） ………… 139
いちばんわかりやすい電子書籍の本（山本高樹） ………… 71
いちばんわかる！ ずっと使える！ 新・かぎ針編みの基本 ………… 206
1文が書ければ2000字の文章は書ける（松永正訓） ………… 7
1ページずつ学ぶ文字レイアウトの法則（ソフィー・バイヤー） ………… 72
一目瞭然！ 目からウロコの楽典（佐々木邦雄） ………… 128
一流建築家のデザインとその現場（内野正樹） ………… 352
いつかすべてが君の力になる（梶裕貴） …… 235
いっきに書けるラジオドラマとテレビドラマ（シナリオ・センター） ………… 33
1冊ですべて身につくHTML & CSSとWebデザイン入門講座（Mana） ………… 286
1冊ですべて身につくWordPress入門講座（Mana） ………… 288
1週間でHTML & CSSの基礎が学べる本（亀田健司） ………… 287
一瞬で心をつかむパッケージデザインの見本帳（フレア） ………… 333
一生使い続けたい！ ハンドメイドの基礎&応用BOOK（主婦と生活社） ………… 202
一生使い続けたい！ ミシンの基礎&応用BOOK（主婦と生活社） ………… 199
一生使えるWebライティングの教室（片桐光知子） ………… 298
一生使えるミシンの基本（クライ・ムキ） …… 199
いっしょに翻訳してみない？（越前敏弥） …… 58
いつでもどこでも書きたい人のためのScrivener for iPad & iPhone入門（向井領治） ………… 11
一般教養としての人工知能入門（上野晴樹） ………… 309
1分間文章術（石井貴士） ………… 13
一歩先にいくWordPressのカスタマイズがわかる本（相原知栄子） ………… 290
1本の線からはじめる絵の描き方教室（高原さと） ………… 104

いつほ　　書名索引

1本の線で思いどおりに描ける！ 魔法の人物ドローイング（たきみや）...... 105
いつも手元にパッチワークハンドブック...... 208
いつもの暮らしにペイントをプラス...... 91
イヌやネコに教えてもらおう（月岡貞夫）...... 247
衣服にかかわる仕事（ヴィットインターナショナル企画室）...... 197
イベンターノートがアニサマ出演アーティストにインタビューしてみました（イベンターノート）...... 146
イベンターノートが声優にインタビューしてみました（イベンターノート）...... 236
イベント営業演出家（小林雄二）...... 252
イベントをつくる男達（秋本道弘）...... 253
「イベント実務」がよくわかる本（平野暁臣）...... 252
いま、映画をつくるということ（是枝裕和）...... 239
いま学校が面白い（佐藤忠男）...... 243
今から作家！（唐沢明）...... 22
いまからはじめる油絵入門（新星出版社編集部）...... 103
今から始めるフラワーガーデニング（松田岑夫）...... 356
いまこそ！ フラワーデコレーター（フラワーデコレーター協会）...... 368
今さら聞けない手芸の基礎がよくわかる！ 基本のピンワーク（貴和製作所）...... 200
今さら聞けない手芸の基礎がよくわかる！ 口金&持ち手つけ（中嶌有希）...... 200
今さら聞けない手芸の基礎がよくわかる！ はじめての子ども服（朝井牧子）...... 200
今さら聞けない手芸の基礎がよくわかる！ はじめての針しごと（平野孝子）...... 200
今さら聞けない手芸の基礎がよくわかる！ ファスナーつけ（中嶌有希）...... 200
今さら聞けない手芸の基礎がよくわかる！ ポケットつけ（中嶌有希）...... 200
今さら聞けない短歌のツボ100（三枝昂之）...... 25
今さら聞けないとよけん先生のカメラメカニズム講座（豊田堅二）...... 117
今、出版が面白い（手塚容子）...... 69
今すぐ自分を売り出す1行を作れ（さわらぎ寛子）...... 329
今すぐ使えるかんたんGarageBand（伊藤朝輝）...... 137
今すぐ使えるかんたんPremiere Proやさしい入門（阿部信行）...... 304
今すぐ使えるかんたんYouTube動画編集入門（入江祐也）...... 303, 304
今すぐつくれる！ POPの本（石原純子）...... 327
今すぐできる！ バルーンアート（寺崎美保子）...... 176
今すぐ始めるヴォーカル入門（山田哲也）...... 149
今すぐ始めるキーボード入門（新ань伸恵）...... 142
今伝えておきたい、庭師のワザ（秋元通明）...... 358
今はじめる人のための短歌入門（岡井隆）...... 25
Image line FL Studio 21攻略book（東哲哉）...... 136

イラスト1年生のための「魅せるキャラクター」の描き方（かおりゅ）...... 105
イラスト園芸作業のツボ（江尻光一）...... 356
イラストを描いてみよう（高村忠範）...... 114
イラストってなんだ？（高村忠範）...... 114
イラストでアピールするレイアウト&カラーズ...... 111
イラストで学ぶロボット工学（木野仁）...... 222
イラストでよくわかるJavaScript（安藤建一）...... 292
イラストでよくわかる！ 大工道具入門（竹中大工道具館）...... 186
イラストで読むAI入門（森川幸人）...... 311
イラストでわかる映画の歴史（アダム・オールサッチ・ボードマン）...... 240
イラストでわかるエクステリアデザインのポイント（猪狩達夫）...... 359
イラストのこと、キャラクターデザインのこと。（坂崎千春）...... 111
イラスト版子どもの技術（産業教育研究連盟）...... 188
イラストひと目でわかる庭木の剪定基本とコツ（内田均）...... 359
イラスト、漫画のための配色教室ミニ帖（松岡伸治）...... 104
イラストレーター、CGデザイナーのための人体の教室（飯島貴志）...... 249
Illustrator誰でも入門（高橋としゆき）...... 248
色鉛筆画入門（デビット・クック）...... 94
色鉛筆で描く街角風景画（林亮太）...... 92
色であそぼう（日本色彩研究所）...... 343
色と意味の本（ジュード・スチュアート）...... 342
色と配色がわかる本（南雲治嘉）...... 342
彩りの管球アンプ（鈴木達夫）...... 216
色の教科書（桜井輝子）...... 341
色の仕事のすべて（ヨシタミチコ）...... 344
色の事典（色彩活用研究所サミュエル）...... 342
色の楽しみ（暮らしの図鑑編集部）...... 340
色のはたらき（日本色彩研究所）...... 343
色の秘密（野村順一）...... 341
色のまなび事典（茂木一司）...... 341
イロハからわかる編集者入門（櫻井秀勲）...... 66
いろんなメディアで伝えよう（満川尚美）...... 4
印刷・加工DIYブック（大原健一郎）...... 79
印刷技術基本ポイント（「印刷雑誌」編集部）...... 79, 82
印刷技術基本ポイント（コニカミノルタビジネスソリューションズ）...... 79
印刷技術基本ポイント（色彩技術研究会）...... 79
印刷技術基本ポイント（富士フイルムグローバルグラフィックシステムズ株式会社）...... 80
印刷技術者になるには（山本隆太郎）...... 81
印刷大全（『デザインの現場』編集部）...... 81
印刷人（相馬謙一）...... 80
印刷のおはなし（大日本印刷株式会社）...... 81
印刷のできるまで（富士フイルムグローバルグラフィックシステムズ株式会社）...... 79

印刷・編集・デザインの基本（美術出版社「クリエイターズ・バイブル」編集室）............ 64
Instagram完全攻略本（木村麗）............ 116
インストールいらずのLATEX入門（坂東慶太）............ 73
印税で1億円稼ぐ（千田琢哉）............ 14
インターネットにかかわる仕事（ヴィットイ インターナショナル企画室）............ 296
インタビュー（菊池省三）............ 63
インタビュー（木村俊介）............ 59
インタラクションデザインの教科書（Dan Saffer）............ 323
インディペンデント・スタイル（造事務所）............ 198
InDesign/Illustratorで学ぶレイアウト＆ブックデザインの教科書（ファー・インク）............ 74
インテリアを素敵にする70のテクニック............ 348
インテリアコーディネーター合格教本 販売編（HIPS合格対策プロジェクト）............ 346
インテリアと色彩（インテリア産業協会インテリア・コーディネート・ブック編集委員会）............ 345
インドの小学校で教えるプログラミングの授業（織田直幸）............ 272

【う】

Wixではじめてのホームページ制作（相澤裕介）............ 287
Webアプリケーション構築（SCC出版局）............ 275
Webアプリケーション構築の教科書（「SCCライブラリーズ」制作グループ）............ 275
Webクリエイターの現場............ 296
WebクリエイターのためのWebマーケティング（山田案稜）............ 293
ウェブクリエータになるには（西村翠）............ 256
Webデザイン............ 290
ウェブデザインを仕事にする。（ラナデザインアソシエイツ）............ 293
Webデザイン基礎トレーニング（境祐司）............ 290
Webデザイン・コミュニケーションの教科書（秋葉秀樹）............ 292
Webデザイン初級講座（内田広由紀）............ 297
Webデザイン超入門（太田公士）............ 297
Webデザインとコーディングのきほんのきほん（瀧上園枝）............ 289
Webデザインの新しい教科書（こもりまさあき）............ 290
ウェブデザインのつくり方、インターフェイスデザインの考え方。（矢野りん）............ 295
Webデザインの見本帳（境祐司）............ 291
Webデザイン・ハンドブック（深沢英次）............ 296
Webデザイン必携（深沢英次）............ 296
Webデザイン必携。（北村崇）............ 290
ウェブでの〈伝わる〉文章の書き方（岡本真）............ 300
ウェブ配色決める！ チカラ（坂本邦夫）............ 293

Webプログラミングが面白いほどわかる本（吉村総一郎）............ 270
Web文章上達ハンドブック（森屋義男）............ 301
Web文章の書き方入門教室（志鎌真奈美）............ 299
Webマンガの技術（泡沫）............ 108
植える（北澤周平）............ 359
ヴォイス・コントロール（吉田顕）............ 150
ヴォイストレーニング基本講座（福島英）............ 149
ヴォーカリスト必見・早わかり事典「こんな時どーするの？」（古屋chibi恵子）............ 149
ヴォーカル入門ゼミ（藤田遊）............ 149
WONJUNGYO韓国メイクアップBOOK（ウォンジョンヨ）............ 370
ウクレレ入門（島村楽器株式会社）............ 163
ウケる！ 作曲入門（上田起士）............ 141
ウケるブログ（高瀬賢一）............ 302
動かして学ぶ3Dゲーム開発の数学・物理（加藤潔）............ 285
歌うって楽しい！（タケカワユキヒデ）............ 150
歌を作ろう！（ミマス）............ 138
歌・音楽にかかわる仕事（嶋田かおり）............ 123
歌・合奏（高橋秀雄）............ 170
歌も作詞も機材も！ ゼロからのヴォーカル本（LINDEN）............ 146
打ち込みのためのDTMコード・ブック（野田正純）............ 143
美しい欧文フォントの教科書（デザインミュージアム）............ 338
美しい花壇づくり（奥峰子）............ 356
美しいガーデン............ 360
美しい苔庭づくり（アニー・マーティン）............ 358
美しい書道（鎌田悠紀子）............ 172
「美しい」ってなんだろう？（森村泰昌）............ 86
美しいデザイン7人の女性アートディレクター その視点と考え（ペンライト）............ 325
腕のいいデザイナーが必ずやっているのルール125（宇野琴平）............ 317
冲方式「アニメ＆マンガ」ストーリー創作塾（冲方丁）............ 36
冲方丁の「アニメ＆マンガ」ストーリー創作の極意（冲方丁）............ 34
冲方丁のライトノベルの書き方講座（冲方丁）............ 44
上手いと言われる歌い方入門（シアーミュージック）............ 145
うまく歌える「からだ」のつかいかた（川井弘子）............ 146
うまく描けるスターターキットつき誰でもまんが家になれちゃうBOOK............ 106
うまくてダメな写真とヘタだけどいい写真（幡野広志）............ 116
生まれては死んでゆけ（さいかち真）............ 26
海の工作図鑑 図書館版（岩藤しおり）............ 176
漆への憧憬（ジョン・ストーカー）............ 183
漆とあゆみ（大西慶憲）............ 183
漆の技法（柴田克哉）............ 183
売れる色とパッケージデザインの法則（高坂美紀）............ 333

売れるインディーズCDを作ろう！（gemini K&Y） 123
売れるデザインのしくみ（ウジトモコ） 319
売れる配色（グラフィック社） 332

【え】

AIイラストで好みの絵を作ろう 248
AI時代を生き抜くプログラミング的思考が身につくシリーズ（土屋誠司） 266, 310
AI時代のWebライター1年目の教科書（佐々木ゴウ） 297
AIで好きな絵をつくる！「Stable Diffusion」（生成AI研究会） 248
AIとともに生きる未来（山田誠二） 310, 311
AI入門講座（野口悠紀雄） 311
AIによる大規模データ処理入門（小高知宏） 312
AIの時代を生きる（美馬のゆり） 310
AIのひみつ（香山瑞恵） 311
AI活用入門学習用ガイドブック（日経パソコン編集部） 309
映画・映像業界大研究（フィールドワークス） 241
映画を楽しくつくる本（山崎幹夫） 242
映画技術入門（高良和秀） 238
映画・CM 65の仕事 241
映画製作にかかわる仕事（ヴィットインターナショナル企画室） 241
映画制作の教科書プロが教える60のコツ（衣笠竜屯） 239
映画制作、はじめの一歩。（Little White Lies） 240
映画ってどうやってつくるの？（フロランス・デュカトー） 240
映画で学ぶジャーナリズム（別府三奈子） 58
映画の仕事はやめられない！（附員斉子） 242
映画の瞬き（ウォルター・マーチ） 241
映画配給プロデューサーになる！（CWS） 242
映画編集の教科書プロが教えるポストプロダクション（衣笠竜屯） 238
映画ライターになる方法（まつかわゆみ） 242
映画はこう作られていく（ティム・グリアソン） 239
映画は楽しい表現ツール（昼間行雄） 240
英国スタイルのフラワーアレンジメント（三代川純子） 365
英字新聞制作プロジェクト（グローバル教育情報センター） 59
映像技術者になるには（有竹純） 230
映像クリエーター入門（黒瀬政男） 241
映像コンテンツの作り方（金子満） 241
映像上映人材のための手引き 242
映像と企画のひきだし（黒須美彦） 238
HTML/CSSの絵本（アンク） 287

プロが教える基礎からの翻訳スキル（田辺希久子） 58
エヴァンゲリオン×創作ネーミング辞典 54
絵を描くのが好きになれる本（イギジュ） 95
絵を描くように刺繍する（中田全怡子） 201
絵を描く悦び（千住博） 93
絵をかこう！ 97
絵をかこう！（たかやまふゆこ） 97, 98
江川悦子の特殊メイクアップの世界（江川悦子） 232
エクステリア植栽の維持管理（日本エクステリア学会） 357
エクステリアの植栽（日本エクステリア学会） 358
エクステリアのひみつ（たまだまさお） 358
Excelでわかるディープラーニング超入門（涌井良幸） 312
エコハウス（辻充孝） 348
エコハウス超入門（松尾和也） 349
絵コンテ入門（アニメーションノート編集部） 246
SEOに効く！ Webサイトの文章作成術（ふくだたみこ） 300
SNS地獄を生き抜くオトナ女子の文章作法（石原壮一郎） 299
SNS時代の写真ルールとマナー（日本写真家協会） 118
SNS時代の文章術（野地秩嘉） 299
SNS実践講座（加藤忠宏） 301
SNSの超プロが教えるソーシャルメディア文章術（樺沢紫苑） 300
X集客の教科書（門口拓也） 297
エッセイを書こう（水木亮） 38
エッセイをどう書くの？ こう書いた！（辻真先） 41
エッセイ上達法（武田輝） 49
エッセイの書き方（岸本葉子） 40
絵でわかる10才からのAI入門（森川幸人） 309
「絵解き」広報活動のすべて（山見博康） 327
絵解きでわかるiPhoneアプリ開発超入門（七島偉之） 275
絵とき「ロボット工学」基礎のきそ（門田和雄） 223
絵と図でよくわかる人工知能（ニュートン編集部） 309
NHK伝える極意（NHK「伝える極意」制作班） 17
Aのブルースからはじめるジャジィな深煎りギター（日下義昭） 163
ABC案のレイアウト（甲谷一） 74
絵筆のいらない絵画教室（布施英利） 94
絵本をつくりたい！（成美堂出版編集部） 115
絵本をつくりたい人へ（土井章史） 114
絵本をプレゼント（ももとせくらげ） 114
絵本つくりかた（つるみゆき） 114
絵本と童話の作り方（なかえよしを） 115
絵本のつくりかた（みづゑ編集部） 115
絵本のつくりかた（貴田奈津子） 115

M5Stack/M5Stickではじめるかんたんプログラミング（田中正幸） 261
エモくて映（ば）える写真を撮る方法（Lovegraph） 117
A4サイズのカーブ型紙を使ってかんたんに作る服 198
エラーで学ぶPython（中野博幸） 257
エリー・リンのフラワーデザインDIY（エリー・リン） 366
LED工作テクニック（伊藤尚未） 215
LEDで作る！ 知る！ 光の世界（伊藤仁） 214
LEDのひみつ（谷豊） 346
エレキ・ギター取扱い入門 167
エレクトロニクスラボ（DK社） 213
演技をはじめる人のためのハンドブック（ジェレミー・クルーズ） 234
園芸はじめました（あらいのりこ） 354
演劇プロデューサーという仕事（細川展裕） 231
演劇やろうよ！（かめおかゆみこ） 233
演劇は道具だ（宮沢章夫） 232
エンジニアになりたい君へ（森實敏彦） 1
エンジニアになろう！（キャロル・ボーダマン） 1
エンジニアリング・デザインの教科書（別府俊幸） 322
演声人語 238
エンターテイメントとマスコミの仕事 3
エンタテインメントの作り方（貴志祐介） 40
エンタメ小説を書きたい人のための正しい日本語（榎本秋） 39
鉛筆一本ではじめる人物の描き方（OCHABI Institute） 96
鉛筆画初級レッスン（内田広由紀） 98
鉛筆デッサン基本の「き」（スタジオ・ものくろーむ） 97
鉛筆デッサン入門講座（湘南美術学院） 95

【お】

俺らはコミック編集長（藤本七三夫） 67
おうちで学べるPythonのきほん（清水祐一郎） 257
欧文組版（髙岡昌生） 336
欧文書体のつくり方（小林章） 335
欧文タイポグラフィの基本（サイラス・ハイスミス） 338
大きな暮らしができる小さな家（永田昌民） 353
大塚明夫の声優塾（大塚明夫） 236
お化粧大研究（石田かおり） 370
オーケストラの楽器たち（石本祐吉） 220
OzaShinの誰でもわかる音楽理論入門（OzaShin） 124
教えて先生！ 書のきほん（『墨』編集部） 171

推しの素晴らしさを語りたいのに「やばい！」しかでてこない（三宅香帆） 7
おしゃカワ！ はじめてのインテリアBOOK（ときめきルーム研究会） 346
おしゃれに楽しむ花の木彫り（渡辺二笙） 89
おたまじゃくしとわたし（近藤深雪） 135
落ちるなキケン！ webデザインの落とし穴（Web creators編集部） 296
オーディオ＆ラジオ完全自作 218
オーディオキット＆製作ガイド（MJ無線と実験） 218
オーディオ真空管アンプ製作テクニック（森川忠勇） 219
オーディオ真空管アンプもの知り百科（もの知り百科編集部） 218
オーディオDCアンプ製作のすべて（金田明彦） 219
オーディション合格㊙テクニック（白石さおり） 231
オーディションに合格する12のコツ（NTTラーニングシステムズ） 228
音を感じる視唱入門（高橋千佳子） 128
音が変わる！ うまくなる！ たのしい吹奏楽（バジル・クリッツァー） 157
男の子と女の子の手芸教室（苫禾由佳子） 202
小原流いけばな入門book（小原流研究院） 369
小原流の花（小原宏貴） 370
オフィス建築（日置滋） 351
オープン陶芸（伊藤珠子） 181
面白い小説を書くためのプロット徹底講座（榎本秋） 37
「おもしろい」のゲームデザイン（Raph Koster） 195
おもしろ話で理解する製図学入門（坂本卓） 354
おもしろピクトの作り方（Kaigan） 339
おもちゃにかかわる仕事（ヴィットインターナショナル企画室） 179
思わずクリックしたくなるバナーデザインのきほん（カトウヒカル） 288
親子で一緒につくろう！ micro:bitゲームプログラミング（橋山牧人） 284
親子でかんたんスクラッチプログラミングの図鑑（松下孝太郎） 269
親子で楽しむユーチューバー入門（FULMA株式会社） 306
親子で始めるプログラミング 272
親子でベーシック入門（蘆田昇） 272
親子でまなぶステップアップ式プログラミング（TENTO） 272
親子で学ぶはじめてのプログラミング（掌田津耶乃） 284
オリジナルストーリーがどんどん思いつく！ 物語づくりのためのアイデア発想メソッド（榎本秋） 37
オリジナリティあふれる物語作りのためのライトノベル・マンガ・ゲームで使えるストーリー80（榎本秋） 54

オリーブ石けん、マルセイユ石けんを作る（前田京子） ……… 178
お笑いの達人になろう！ ……… 253, 254
音階の練習12か月（原田敦子） ……… 125
音楽演奏と指導のためのマンガとイラストでよくわかるアレクサンダー・テクニーク（バジル・クリッツァー） ……… 157
音楽・音響50の仕事 ……… 123
音楽家をめざす人へ（青島広志） ……… 122
音楽家になるには（中野雄） ……… 123
音楽制作にかかわる仕事（ヴィットインターナショナル企画室） ……… 123
音楽で生きる方法（相澤真一） ……… 121
音楽とキャリア（久保田慶一） ……… 123
音楽の基礎（木許隆） ……… 127
音楽の仕事で生きていく（北原菜戸実） ……… 122
音楽の授業が楽しくなる本（新堀順子） ……… 122
音楽や絵・書くことが好き！ ……… 86
音楽用語 ……… 126
音楽用語の基礎知識（久保田慶一） ……… 126
音楽ライターになろう！（妹尾みえ） ……… 7
音楽ライター養成講座（小野島大） ……… 22
音楽理論の基礎（笠原潔） ……… 130
音楽理論まるごとハンドブック（自由現代社編集部） ……… 124
音感スーパーレッスン（小原孝） ……… 129
音響制作（半田健一） ……… 244
音大志願（浅井郁子） ……… 123
音大生のための"働き方"のエチュード（藤井裕樹） ……… 121
女職人になる（鈴木裕子） ……… 177
おんなのこの髪型カタログ（ポストメディア編集部） ……… 370
おんぷワーク・ドリル（内藤雅子） ……… 127

【か】

海外でデザインを仕事にする（岡田栄造） ……… 315
絵画の教科書（谷川渥） ……… 94
会社を辞めて建築家になった（坂牛卓） ……… 348
怪談文芸ハンドブック（東雅夫） ……… 46
かいておぼえる音楽ドリル（佐野真澄） ……… 131
書いて稼ぐ技術（永江朗） ……… 17
書いてみようらくらく作文（武良竜彦） ……… 23
花押の作り方（渡辺俊雄） ……… 172
科学工作（高橋宏） ……… 215
書かずに文章がうまくなるトレーニング（山口拓朗） ……… 12
書かなきゃいけない人のためのWebコピーライティング教室（森田哲生） ……… 299
画家になるということ（宗田光一） ……… 92
書きあぐねている人のための小説入門（保坂和志） ……… 46
書きかたがわかるはじめての文章レッスン（金田一秀穂） ……… 14, 15, 23, 60
書き方字典（高塚竹堂） ……… 172
書き上手（栗田亘） ……… 20
描きたい!!を信じる（週刊少年ジャンプ編集部） ……… 107
書きたいことがすらすら書ける！「接続詞」の技術（石黒圭） ……… 12
書きたい！書けない！なぜだろう？（マリサ・デュバリ） ……… 36
書きたいと思った日から始める！10代から目指すライトノベル作家（榎本秋） ……… 38
書きたいのに書けない人のための文章教室（清水良典） ……… 13
書きたい人のためのミステリ入門（新井久幸） ……… 39
かぎ針編みのきほんとモチーフ（かんのなおみ） ……… 205
描きまくりのすすめ（永沢まこと） ……… 99
家具・インテリアを仕事にする（バウンド） ……… 347
学園レシピ（榎本秋） ……… 56
書くことについて（野口悠紀雄） ……… 9
書く仕事入門（編集の学校） ……… 17
「書く仕事」のはじめ方・稼ぎ方・続け方（藤木俊明） ……… 7
学習に役立つ！なるほど新聞活用術（曽木誠） ……… 60
学生・キャリア・スキル・ハイブリッド起業、めざせ独立の星。クリエイターの起業「虎の巻」（佐藤良仁） ……… 318
学生に語るジャーナリストの仕事（早稲田大学人間科学部河西ゼミ） ……… 63
学生のためのSNS活用の技術（佐山公一） ……… 299
学生のための言語表現法（伊中悦子） ……… 12
書くための勇気（川崎昌平） ……… 10
家具デザインと製図（森谷延周） ……… 347
楽典（小鍛冶邦隆） ……… 126
楽典・楽譜の書き方（トム・ゲルー） ……… 134
楽典がすいすい学べる本（土田京子） ……… 125
楽典レッスン（山本英子） ……… 130
家具のデザイン（森谷延周） ……… 347
楽譜をまるごと読み解く本（西村理） ……… 133
楽譜を見るのがうれしくなる方法とプレイに直結させるコツ（いちむらまさき） ……… 133
楽譜がすぐ読める名曲から学べる音楽記号事典（齋藤純一郎） ……… 134
楽譜がスラスラ読める本（大塚茜） ……… 132
楽譜が読めなくてもミュージックベルが演奏できる本（竹内圭子） ……… 151
楽譜が読めると音楽がおもしろい（五代香蘭） ……… 129
楽譜の書き方（平石博一） ……… 132
楽譜の見方/早わかり（橋本晃一） ……… 134
楽譜の読み方初歩の初歩入門（小胎剛） ……… 134
楽譜の読み方入門（山下正） ……… 134
駆け出しデザイナー奮闘記（古立和智） ……… 320
書けない私でもなれた！お気楽ライター道（ウサ吉） ……… 19
書ける!!SNSメッセージ（浅羽真由美） ……… 300
かご・バッグ・雑貨クラフトテープで作る（本間一恵） ……… 205

画材・道具こんなものがあるよ（高村忠範）．．．．．94
かづきれいこのメイク大事典（かづきれいこ）．．．．．．．．．．．．．．．．．．．．．．．．．．．．．．．．．．．．．．370
カスタムロボットパーフェクトブック（岩気裕）．．．．．．．．．．．．．．．．．．．．．．．．．．．．．．．．．．．．．．223
画像生成AIがよくわかる本（田中秀弥）．．．．．248
画像生成AI Stable Diffusionスタートガイド（白井暁彦）．．．．．．．．．．．．．．．．．．．．．．．．．．．．．．．247
型から学ぶ日本語練習帳（要弥由美）．．．．．．．．6
かたち・色・レイアウト（白石学）．．．．．．．．．．316
カタチのひみつ図鑑．．．．．．．．．．．．．．．．．．．．．．321
型で習得！ 中高生からの文章術（樋口裕一）．．13
「型」で学ぶはじめての俳句ドリル（岸本尚毅）．．．27
カタルシスプラン（樹崎聖）．．．．．．．．．．．．．．．109
楽器づくりの匠たち（「楽器の匠」編集委員会）．．．．．．．．．．．．．．．．．．．．．．．．．．．．．．．．．．．．．．．219
楽器にかかわる仕事（ヴィットインターナショナル企画室）．．．．．．．．．．．．．．．．．．．．．．．．．．．．．219
楽器にチャレンジ！（タケカワユキヒデ）．．．．154
楽器用事典．．．．．．．．．．．．．．．．．．．．．．．．．．．．．155
楽曲コンペ必勝マニュアル（島崎貴光）．．．．．135
学校を広告しよう（藤川大祐）．．．．．．．．．．．．327
学校が楽しくなるビオトープってなんだ？（日本生態系協会）．．．．．．．．．．．．．．．．．．．．．．．．．．．．356
学校で楽しむみんなの合唱（さいとうのる）．．．149
学校で作るビオトープ（小宮輝之）．．．．．．．．．354
学校で役立つ新聞づくり活用大事典（関口修司）．．61
カッコよく歌う！ ヴォーカル（藤子）．．．．．．150
活字入門帖（今田欣一）．．．．．．．．．．．．．．．．．336
活版印刷（ギャビー・バザン）．．．．．．．．．．．．79
家庭で楽しむ太陽電池工作（角川浩）．．．．．225
ガーデニングの資格と仕事がわかる本（法学書院編集部）．．．．．．．．．．．．．．．．．．．．．．．．．．．．．360
ガーデニング百科（高橋章）．．．．．．．．．．．．．356
ガーデニング木工（大沢まりこ）．．．．．．．．．189
勝てるロボコン高速マイクロマウスの作り方（浅野健一）．．．．．．．．．．．．．．．．．．．．．．．．．．．．．224
ガーデンブック（ジョン・ブルックス）．．．．．359
カードゲームのひみつ（梅屋敷ミタ）．．．．．．195
かなの作品（大貫思水）．．．．．．．．．．．．．．．．172
かなの色紙（大貫思水）．．．．．．．．．．．．．．．．172
必ず役立つ吹奏楽ハンドブック．．．．．．．．．．．158
必ず役立つ吹奏楽ハンドブック（ヤマハミュージックメディア）．．．．．．．．．．．．．．．．．．．．．．．．．159
必ず役立つ吹奏楽ハンドブック（丸谷明夫）
．．．．．．．．．．．．．．．．．．．．．．．．．．．．．．．．156, 158～160
必ず役立つ吹奏楽ハンドブック（広瀬勇人）．．．156
必ず役立つマーチングハンドブック（山﨑昌平）．．．．．．．．．．．．．．．．．．．．．．．．．．．．．．．．．．．．．157
必ず役立つマーチングハンドブック（田中久仁明）．．．．．．．．．．．．．．．．．．．．．．．．．．．．．．．．．．．156
金子兜太の俳句の作り方が面白いほどわかる本（金子兜太）．．．．．．．．．．．．．．．．．．．．．．．．．．．．．．29
彼女たちは小説を書く（後藤繁雄）．．．．．．．．49
神1行（中山マコト）．．．．．．．．．．．．．．．．．．．329
紙と活版印刷とデザインのこと（パピエラボ）．．80
神谷明の声優ワンダーランド（神谷明）．．．．．238
カメラのしくみ（なかやまかえる）．．．．．．．．120
火薬エンジンで飛ぶ！ モデルロケット（宇宙航空研究開発機構宇宙教育センター）．．．．．220
カラー（ギャヴィン・アンブローズ）．．．．．．344
からくり（安田真紀子）．．．．．．．．．．．．．．．．174
からくり玩具をつくろう（鎌田道隆）．．．．．．177
カラーコーディネーターの仕事がわかる本（法学書院編集部）．．．．．．．．．．．．．．．．．．．．．．．．．．．345
カラーコーディネーターのための色彩科学入門（日本色彩研究所）．．．．．．．．．．．．．．．．．．．．．345
カラーコーディネーターのための配色入門（川崎秀昭）．．．．．．．．．．．．．．．．．．．．．．．．．．．．．．．．344
カラーコーディネーター用語辞典（尾上孝一）．．．343
カラーコーディネートの本（坂井多莉）．．．．．344
カラー実体配線図で作る真空管アンプ（MJ無線と実験編集部）．．．．．．．．．．．．．．．．．．．．．．．．216
ガラス（矢野哲司）．．．．．．．．．．．．．．．．．．．．182
カラー図解DTP＆印刷スーパーしくみ事典（ボーンデジタル出版事業部）．．．．．．．．．．．．．．．64
ガラス・ノート（伊藤賢治）．．．．．．．．．．．．．182
カラーデザインの教科書（日本カラーマイスター協会）．．．．．．．．．．．．．．．．．．．．．．．．．．．．．．340
カラー・ルールズ（伊達千代）．．．．．．．．．．．344
Color workshop (David Hornung)．．．．．．．344
カリグラフィー教本（ジュリアン・シャザル）．．．334
ガール・コード（ソフィー・ハウザー）．．．．．268
Girls Who Code（レシュマ・サウジャニ）．．．269
GarageBandではじめる楽器演奏・曲作り超入門（松尾公也）．．．．．．．．．．．．．．．．．．．．．．．．．．139
GarageBandではじめるループ音源で遊ぶ・楽しむ超入門（松尾公也）．．．．．．．．．．．．．．．．．．137
カレル・チャペックの童話の作り方（カレル・チャペック）．．．．．．．．．．．．．．．．．．．．．．．．．．．．．．50
かわいい仏さまを彫る（阪田庄乾）．．．．．．．．89
川崎景太のフラワーデザイン入門（日本放送協会）．．．．．．．．．．．．．．．．．．．．．．．．．．．．．．．．．．．366
買わせる文章が「誰でも」「思い通り」に書ける101の法則（山口拓朗）．．．．．．．．．．．．．．．．．331
かわべやすこのガーデンスタイルフラワーアレンジメント（かわべやすこ）．．．．．．．．．．．．．368
考えながら書く人のためのScrivener入門for Windows（向井領治）．．．．．．．．．．．．．．．．．．．．．．8
考える力がぐんぐん育ち、書くことが大好きになる！ こども「文章力」ゲーム（齋藤孝）．．6
管楽器（高橋秀雄）．．．．．．．．．．．．．．．．．．．．154
管球式ステレオアンプ製作80選（上杉佳郎）．．．．．．．．．．．．．．．．．．．．．．．．．．．．．．．．．．217, 218
簡潔で心揺さぶる文章作法（島田雅彦）．．．．．10
韓国エンタメ業界の現場（リアル）（ドラゴン・ジェイ）．．．．．．．．．．．．．．．．．．．．．．．．．．．．．．227
観察デッサンの基本（八木秀人）．．．．．．．．．．95
漢詩を創る、漢詩を愉しむ（鈴木淳次）．．．．．32

かんし

漢詩をつくろう（新田大作） ……………… 32
漢詩入門（石川梅次郎） ……………………… 33
漢詩入門の手引き（伊藤竹外） ……………… 32
漢字の作品（大貫思水） …………………… 172
漢字の色紙（大貫思水） …………………… 172
漢詩の作り方（新田大作） ………………… 33
漢詩のレッスン（川合康三） ……………… 32
漢詩はじめの一歩（鈴木淳次） …………… 32
完全hip hopマニュアル（架神恭介） …… 149
「感想文」から「文学批評」へ（小林真大） … 8
かんたんAndroidアプリ作成入門（朝井淳）
　……………………………………………… 277
カンタン！ おもしろ工作（MPC編集部） … 178
かんたん！ かわいい！ はじめての推しぬい
　＆ぬい服（グッズプロ） …………………… 198
かんたん！ かわいい！ はじめての手芸（ハン
　ドメイド）（NHK「ガールズクラフト」制作
　班） ………………………………………… 203
かんたん！ かわいい！ ひとりでできる！ は
　じめてのフェルト（寺西恵里子） ………… 210
かんたん金づくろいブック（大野雅司） … 183
簡単コスプレ＆イベント服（みる） ……… 201
かんたん出版マニュアル（杉浦浩司） …… 67
かんたん楽しい手づくり本（水野真帆） … 82
簡単！ 楽しい！ はじめての同人活動ガイド
　ブック（（萌）表現探求サークル） ………… 83
かんたん楽しいバルーンアート（たかせさと
　み） ………………………………………… 178
かんたん短歌の作り方（枡野浩一） ……… 25
かんたんに弾ける！ はじめてのウクレレスタ
　ンダード曲集（キヨシ小林） …………… 163
かんたん！ よくわかる！ 楽譜の読み方（森真
　奈美） ……………………………………… 133
かんたんレベルアップ絵のかきかた（女子美
　術大学付属高等学校・中学校） ………… 91
感動空間・デッサン（「民美」技法書・デッサ
　ン編集委員会） …………………………… 99
監督のリーダーシップ術（ジョン・バダム） … 240
カントリー木工決定版 ……………………… 190
鉋 削りの技法（削ろう会） ………………… 186
鉋大全（大工道具研究会） ………………… 186
鉋の技と銘品大全（大工道具研究会） …… 186
完売画家（中島健太） ……………………… 90
看板業の基礎知識（サインの森） ………… 324
ガンプラの教科書（オオゴシトモエ） …… 194

【 き 】

きいてたしかめよう!!やさしくわかるコード
　のしくみ（五代香蘭） …………………… 125
聞いて・見て・叩ける！ ドラム・フィル・イ
　ン入門（尾崎元章） ……………………… 154
聞いて・見て・叩ける！ ドラム・フィルイン
　入門（尾崎元章） ………………………… 153
聞いて・見て・叩ける！ ロック・ドラム入
　門（尾崎元章） …………………… 152, 153
聞いて・見て・弾ける！ アコースティック・
　ギター入門 ………………… 165, 167, 168
聞いて・見て・弾ける！ ウクレレ入門（浦田
　泰宏） …………………………… 167, 168
聞いて・見て・弾ける！ ジャズ・ギター・ス
　ケール入門（浦田泰宏） ………………… 169
聞いて・見て・弾ける！ ジャズ・ギター入門
　（鈴木賢治） ……………………………… 169
聞いて・見て・弾ける！ ソロ・ギター入門（浦
　田泰宏） ………………………… 167, 168
聞いて・見て・弾ける！ ブルース・ギター入
　門（浦田泰宏） …………………………… 168
聞いて・見て・弾ける！ ボサノバ・ギター入
　門（鈴木賢治） …………………… 168, 169
聞いて・見て・弾ける！ ロック・ギター・ス
　ケール入門（浦田泰宏） ………… 168, 169
聞いて・見て・弾ける！ ロック・ギター入
　門 ………………………………… 166, 167
聞いて・見て・弾ける！ ロック・ギター入門
　（安保亮） ………………………………… 168
聞いて・見て・弾ける！ ロック・ベース入
　門 ………………………………………… 168
聞いて・見て・弾ける！ ロック・ベース入門
　（浦田泰宏） ……………………………… 165
聞いて・見て・吹ける！ アルト・サックス入
　門（岩佐真帆呂） ………………………… 160
聞いて・見て・吹ける！ ブルース・ハープ入
　門（浦田泰宏） …………………… 152, 153
聞いて・見て・吹ける！ フルート入門（井上
　子） ……………………………………… 160
気をつけよう！ ネット動画（小寺信良） … 305, 306
キカイはどうやって動いているの？（ニック・
　アーノルド） ……………………………… 212
器楽合奏にチャレンジ（さいとうみのる） … 160
気軽にたのしむスケッチbook（湯山俊久） … 100
気軽に始めるやり直しの書道（可成屋書道編
　集部） ……………………………………… 173
記者になりたい！（池上彰） ……………… 62
技術者を目指す若者が読む本（池田満昭） … 3
技術者・研究者になるために（前島英雄） … 4
技術者入門（松島隆裕） …………………… 4
技術者のための『研究・開発活動入門』（宇賀
　丈雄） ……………………………………… 4
季節のガーデニング ……………………… 356
基礎から応用までわかるデッサンの教科書（安
　原成美） …………………………………… 97
基礎から実習ソルフェージュ（澤野立次郎）
　……………………………………………… 130
基礎からのWeb開発リテラシー（増井敏克）
　……………………………………………… 287
基礎からのやさしいチョークアート（熊沢加
　奈子） ……………………………………… 92
基礎から始める楽譜の読み方（横岡ゆかり）
　……………………………………………… 132
基礎から始める声優トレーニングブック（松
　濤アクターズギムナジウム） …………… 237
基礎からはじめるレイアウトの学校（佐々木
　剛士） ……………………………………… 74

| 書名索引 | きんつ |

基礎から学ぶARKit（林晃）............ 274
基礎から学ぶ空間デッサン（石川聡）........... 95
基礎から学ぶ人物デッサン（石川聡）........... 96
基礎から学べる仏画（川端貴侊）............ 90
基礎から身につくはじめてのデッサン（梁取文吾）................ 96
基礎からわかる手づくりアニメーション（有原誠治）.............. 246
基礎からわかるはじめての短歌上達のポイント（高田ほのか）.......... 24
基礎からわかるはじめての陶芸（学研プラス）................ 180
基礎トランジスタ・アンプ設計法（黒田徹）.... 218
ギター・ケーブルを自作する！（吉原大敬）.... 217
キッチンでできる草木染め（母袋信恵）...... 185
きっと声優になる！（柳谷杞一郎）........ 237
Git for Windows+Re:VIEWで電子書籍を作ろう（斎藤知明）............ 70
記念写真のひみつ（おだぎみを）...... 116
木の家をつくるために、これだけは知っておきたいこと（近山スクール東京）........ 352
キーボード（小胎剛）............ 142
キーボードが弾けちゃった（松原幸広）...... 142
キーボード初歩の初歩入門（古川初穂）...... 143
キーボードの知識・奏法がわかる本（岡素世）............. 140
基本がいちばんよくわかるアクセサリーのれんしゅう帳（寺西恵里子）......... 203
基本が身につく油絵レッスン（山中俊明）..... 102
基本が身につく初歩からの水墨画（塩澤玉聖）................ 101
基本が身につく水墨画黄金の法則（馬艶）..... 101
キホンからはじめるPICマイコン（中尾真治）................ 214
基本からばっちり！COS衣装ベストセレクション................ 201
基本5コードを変形！あらゆるギター・コードが身につく学習帳（和田一生）...... 164
基本セオリーがわかる花のデザイン（磯部健司）.............. 362〜364
きほんのフラワーアレンジ（[大高令子]）.... 365
きほんのラッピング便利帳（包むファクトリー）............... 333
基本はかんたん配色のルール（内田広由紀）................ 344
君の物語が君らしく（澤田英輔）.......... 6
きむら式童話のつくり方（木村裕一）...... 50
きむらゆういちの「ミリオンセラーのつくり方」（木村裕一）........... 50
着物地で作る服と小物............. 198
脚本家（中園健司）............. 36
脚本家になる方法（福田卓郎）.......... 37
キャッチコピーの教科書（さわらぎ寛子）.... 330
キャッチコピー力の基本（川上徹也）...... 331
caDIY3D-X解説＆リファレンスマニュアル（日本マイクロシステム）...... 174
キャラクターからつくる物語創作再入門（K.M.ワイランド）............ 39

キャラクター・コミュニケーション入門（秋山孝）................ 113
キャラクター小説の作り方（大塚英志）...... 42
キャラクター設計教室（ライトノベル作法研究所）................ 44
キャラクター創造論（榊一郎）.......... 39
キャラクターデザインの教科書（Playce）.... 109
キャラクターデザインの仕事（たかいよしかず）................ 111
キャラクターの作り方（野村カイリ）...... 41
キャラクターレシピ（榎本秋）.......... 44
キャラで楽しく学ぼう！音楽記号図鑑（髙倉弘光）.............. 133
キャラとモノの基本スケール図鑑（ユニバーサル・パブリシング）........ 106
「キャラの背景」描き方教室（よー清水）.... 108
キャリア教育支援ガイドお仕事ナビ（お仕事ナビ編集室）............ 255
Q&A形式ギタリストのためのDAWお悩み相談室（安保亮）............ 139
9歳から知っておきたいAIを味方につける方法（TOSS AI活用教育研究会）...... 308
90分でわかるアニメ・声優業界（落合真司）.... 236
杞憂に終わる連句入門（鈴木千恵子）...... 26
キュレオ プログラミングチャレンジャーズ！（御狐ちひろ）............ 260
教科書には載っていないデザイン・レイアウトプロの流儀実例111（フレア）...... 74
きょうからアーティスト（フィオナ・ワット）.... 92
今日からあなたもプロデューサー（境新一）................ 252
今日からはじめるウクレレ.......... 162
今日からはじめる「技術Podcast」完全入門（YATTEIKI Project）...... 306
今日からはじめるCLIP STUDIO PAINTイラスト入門（葉丸）........... 105
今日から始める水墨画入門（白浪）........ 102
今日からはじめる花のアレンジメント（峰岸昌志）.............. 368
今日からはじめるProcreateイラスト入門（s！on）................ 105
今日から花をきれいにいける（講談社）..... 369
今日から目覚める文章術（高橋三千綱）..... 19
共創出版のすべて（童門冬二）.......... 70
今日も舞台を創る（池田道彦）......... 231
恐竜のつくりかた（竹内しんぜん）...... 194
行列のできるメルマガ作成入門（高橋浩子）................ 302
曲を弾くだけでマスターできる楽しいフォーク・ギター入門............ 166
巨匠に学ぶ構図の基本（内田広由紀）...... 93
巨匠に学ぶ色彩の基本（内田広由紀）...... 90
巨匠に学ぶ配色の基本（内田広由紀）...... 93
キルンワーク（奥野美果）.......... 182
きれいな欧文書体とデザイン（甲谷一）.... 338
金属工芸（日本工芸会金工部会）...... 192
金継ぎのすすめ（小澤典代）.......... 183

ヤングアダルトの本 創作活動をささえる4000冊　385

きんつ 書名索引

金繕い工房（原一菜） …………… 184
Kindleセルフパブリッシング入門（小泉俊昭） …………… 71

【く】

クイズで楽しく俳句入門（若井新一） …… 28
クイズdeデザイン（ingectar-e） ………… 324
クイズで学ぶデザイン・レイアウトの基本（田中クミコ） …………… 325
クイズで学ぶ俳句講座（戸恒東人） …… 27
空間メディア入門（平野暁臣） ……… 252
空想世界幻獣創造教典（宮永忠将） …… 57
空想世界構築教典（宮永忠将） ……… 54
空想世界武器・戦闘教典（宮永忠将） …… 56
空想世界魔法創造教典（宮永忠将） …… 55
Google AdSense成功の法則57（染谷昌利） …………… 292
Google AI Studio超入門（掌田津耶乃） … 256
草木染型染の色（山崎青樹） ………… 184
草花・木の実・ツル・貝がらで作る雑貨（さとうますし） …………… 205
くつ（太田恭治） …………… 192
クライアントに響くプレゼンテーションデザイン …………… 326
クラウドではじめる機械学習（脇森浩志） … 311
クラシック音楽マネジメント（木杳舎） … 122
クラシック・コンサート制作の基礎知識（日本クラシック音楽事業協会） …………… 122
くらしとデザインの本（日本デザイン機構） …………… 319
グラスリッツェン入門（鈴木淳子） …… 183
グラニー編みの教科書（ミカ*ユカ） …… 205
グラビアアイドルの仕事論（倉持由香） … 227
グラフィックアーツ（グラフィックアーツ編集委員会） …………… 79
グラフィックデザイナー1年生（オブスキュアインク） …………… 320
グラフィックデザイナーのサインデザイン（デザインノート編集部） …………… 319
くらべてわかるロボットと人体のしくみ大研究（ジョン・アンドリューズ） …… 221
クリエイターをめざす人のための、人の心を動かす三ツ星ポートフォリオの企画「虎の巻」（佐藤良仁） …………… 318
クリエイターが「独立」を考えたとき最初に読む本（日経デザイン） …………… 316
クリエイター・スピリットとは何か？（杉山知之） …………… 3
クリエイター独立ガイド（せきかわとしいち） …………… 320
クリエイターとプレイヤーのためのファンタジー事典（ファンタジー事典製作委員会） …………… 55
クリエイターになりたい（しごと応援団） … 3

クリエイターになりたい！（ミータ・ワグナー） …………… 1
クリエイターの卵のためのWebデザイン集中講座（アークフィリア） …………… 294
クリエイターのためのSF大事典（高橋信之） …………… 56
クリエイターのための階級と暮らし事典（祝田秀全） …………… 51
クリエイターのためのセルフブランディング全力授業（青山裕企） …………… 85
クリエイターのためのChatGPT活用大全（國本知里） …………… 308
クリエイターのための独立ガイド（デザインの現場編集部） …………… 318
クリエイターのためのファンタジー世界構築教典（宮永忠将） …………… 53
クリエイターのためのファンタジー大事典（高橋信之） …………… 56
クリエイティヴ・フラワー・アレンジメント（クリエイティブ・フラワー・アレンジメント・スクール） …………… 367
クリエイティブ・サイエンス（松井正徳） … 327
クリエイターのための人名ネーミング辞典（学研辞典編集部） …………… 55
クリエイターのための地名ネーミング辞典（学研辞典編集部） …………… 55
クリエイターのためのネーミング辞典（学研辞典編集部） …………… 57
クリエイターのための和のネーミング辞典（学研辞典編集部） …………… 55
クリスタはじめての漫画制作入門（まりむう） …………… 105
クリスマス・正月の工作図鑑（岩康しおい） … 187
Glyphsではじめるフォント制作（大曲都市） …………… 334
クレイの教科書（くりくり編集室） …… 180
黒木国昭のやさしいガラスアート教室（黒木国昭） …………… 182
クロスステッチ教室（オノエメグミ） … 199
クロスメディア時代のCM制作の基礎知識（阿部正吉） …………… 242
黒魔女さんの小説教室（石崎洋司） …… 45
クロマチクス（出村洋二） …………… 344
ぐんぐん上達する！コミックイラスト入門 … 112
軍事強国チートマニュアル（山北篤） …… 54

【け】

芸術大学でまなぶ文芸創作入門（大辻都） …… 41
携帯＆iPhoneツイッターを使いこなす！（武井一巳） …………… 301
携帯＋iPhoneモバイルサイト制作術（久保靖資） …………… 295
芸人志願（本多正識） …………… 253
芸能オーディション必勝マニュアル（渡辺浄） …………… 230
芸能界でがんばるぞ！（池上彰） …………… 230

芸能界デビュー（芸能界ウォッチング班）…… 230
芸能界のウラ事情（阿部よしき）………… 230
芸能にかかわる仕事（ヴィットインターナショナル企画室）……………………………… 231
芸能プロダクション64の仕事……………… 229
劇作ワークブック（ジャン＝クロード・ヴァン・イタリー）……………………………… 36
劇場ってどんなところ？（フロランス・デュカトー）…………………………………… 232
劇団にかかわる仕事（ヴィットインターナショナル企画室）………………………… 232
劇つくりハンドブック（新芸術研究会）…… 233
劇・朗読劇（工藤直子）…………………… 233
化粧品にかかわる仕事（ヴィットインターナショナル企画室）………………………… 177
ケータイ小説家（佐々木俊尚）…………… 46
ケータイ小説書こう（内藤みか）………… 46
ケータイ小説家になる魔法の方法（魔法のiらんど）…………………………………… 47
けっきょく、よはく。(ingectar-e)………… 325
KDPではじめるセルフ・パブリッシング（倉下忠憲）…………………………………… 70
ゲーム・アニメ・声優・グッズ業界就職ガイド……………………………………… 3
ゲーム＆クリエイター パソコンのひみつ（マンガデザイナーズラボ）………………… 283
ゲームを動かす数学・物理R（堂前嘉樹）… 282
ゲームを作りながら楽しく学べる HTML5+CSS+JavaScriptプログラミング（田中賢一郎）……………………………… 275
ゲーム会社が本気でVtuber作ってみた（MUTAN）…………………………… 304
ゲームクリエイターになろう！（玉井たけし）……………………………………… 286
ゲームクリエイターの原体験（ゲーム批評編集部）…………………………………… 286
ゲームクリエータになるには（西村翠）… 286
ゲームシナリオを書こう！（米光一成）…… 34
ゲームシナリオ創作指南（川邊一外）…… 34
ゲームシナリオ創作のためのファンタジー用語大事典（ゲームシナリオ研究会）…… 57
ゲームシナリオ入門（北岡雄一朗）……… 33
ゲームシナリオの書き方（佐々木智広）… 34,36
ゲームシナリオの教科書（川上大典）…… 33
ゲームシナリオのためのファンタジー解剖図鑑（サイドランチ）……………………… 54
ゲームシナリオのためのファンタジー事典（山北篤）…………………………………… 57
ゲームシナリオのためのファンタジー物語事典（山北篤）………………………………… 55
ゲームシナリオのためのミステリ事典（ミステリ事典編集委員会）……………………… 57
ゲームシナリオライターの仕事（前田圭士）……………………………………… 36
ゲーム作りで楽しく学ぶオブジェクト指向のきほん（森巧尚）…………………………… 279
ゲーム作りで楽しく学ぶPythonのきほん（森巧尚）…………………………………… 282

ゲーム作りで学ぶはじめてのプログラミング（うえはら）………………………… 283
ゲーム制作者のための北欧神話事典（松之木大将）…………………………………… 55
ゲームセンターあらしと学ぶプログラミング入門まんが版こんにちはPython（すがやみつる）…………………………………… 275
ゲームで広げるキャラ＆ストーリー（榎本秋）……………………………………… 43
ゲームで学ぶJavaScript入門（田中賢一郎）……………………………………… 281
ゲームの教科書（馬場保仁）……………… 286
ケルト神話全書（ケルト神話研究会）……… 56
現役ライター20人に訊いた！ 私はこうしてエンタメ系ライターになった（北條俊正）… 6
弦楽器（高橋秀雄）………………………… 169
原画はこうして描こう（月岡貞夫）……… 247
原稿用紙10枚を書く力（齋藤孝）………… 7
検索エンジン自作入門（山田浩之）……… 277
幻獣＆武装事典（森瀬繚）………………… 55
幻想世界11ヵ国語ネーミング辞典（ネーミング研究会）………………………………… 57
幻想世界13ヵ国語ネーミング辞典（ネーミング委員会）………………………………… 54
幻想世界ネーミング辞典（ネーミングワード研究会）………………………………… 51
幻想世界ネーミングナビ（ネーミング研究会）……………………………………… 56
現代異世界ファンタジーの基礎知識（ライブ）……………………………………… 52
現代感覚で描く水墨画の教科書（伊藤昌）… 101
現代色彩論講義（港千尋）………………… 339
現代短歌入門（尾崎左永子）……………… 26
現代Twitterマンガ概論（ハミタ）………… 105
現代「手に職」ガイド（上田信一郎）……… 4
建築学生のハローワーク（五十嵐太郎）… 352
「建築学」の教科書（安藤忠雄）…………… 353
建築家であること（日経アーキテクチュア）……………………………………… 353
建築家という生き方（日経アーキテクチュア）……………………………………… 354
建築家の基点（坂牛卓）…………………… 348
建築にかかわる仕事（ヴィットインターナショナル企画室）………………………… 354
建築の仕事につきたい！（広瀬みずき）… 352
建築のチカラ（森清）……………………… 350
建築バガボンド（岡村泰之）……………… 351
建築プロデューサー（浜野安宏）………… 354
建築プロデュース学入門（広瀬郁）……… 351
建築模型アイデア図鑑（西日本工業大学石垣充研究室）………………………………… 349
現場主義のイベント企画（TOWイベントプランナーズスクール）…………………… 253
現場でかならず使われているWordPressデザインのメソッド（WP-D）………………… 289
現場で求められる声優（高桑一）………… 236
現場のプロが教えるSEOの最新常識（ジオコード）…………………………………… 290
鍵盤で覚える理論のキホン（田熊健）…… 129

【こ】

恋のクスリ・アナタの詞のつくりかた（サエキけんぞう） 145
校閲記者の目（毎日新聞校閲グループ） 59
工学的ストーリー創作入門（ラリー・ブルックス） 40
工具のひみつ（水木繁） 211
工芸家になるには（河合眞木） 178
高校演劇のつくりかた（ながしろばんり） 232
高校生が教える先生・保護者のためのLINE教室（旭LINE同盟） 300
高校生からのPython入門（立山秀利） ... 261
高校生から始めるJw_cad建築構造図入門（櫻井良明） 251
高校生から始めるJw_cad建築製図入門（櫻井良明） 250, 251
高校生から始めるJw_cad建築プレゼン入門（櫻井良明） 251
高校生から始めるJw_cad製図超入門（櫻井良明） 251
高校生から始めるJw_cad土木製図入門（櫻井良明） 250
高校生から始めるSketchUp木造軸組入門（櫻井良明） 251
高校生からはじめるプログラミング（吉村総一郎） 263
高校生のソルフェージュ（田島秀男） ... 130
高校生のためのアルゴリズム入門（秋山崇） 267
高校生のための音楽ノート（柴田篤志） ... 126
高校生のためのゲームで考える人工知能（三宅陽一郎） 284
高校生のための実践劇作入門（北村想）... 233, 234
高校生のためのJava入門 情報処理検定1級（秋山崇） 269
高校生のためのJava入門 情報処理検定2級（秋山崇） 270
高校生のための新・楽典ワーク（音楽研究グループATOM） 130
高校生のための批評入門（梅田卓夫） ... 15
高校生のためのマクロ言語入門（佐藤賢一郎） 272
広告（大城勝浩） 327
広告（天野祐吉） 327
「広告」がスラスラわかる本（佐々木宏） ... 327
広告クリエイティブへの招待（深川英雄） ... 327
広告コピー概論（植条則夫） 331
広告コピーってこう書くんだ！ 相談室（谷山雅計） 330
広告コピーってこう書くんだ！ 読本（谷山雅計） 328, 331
広告コピーの教科書（誠文堂新光社） 330
広告コピーの筋力トレーニング（渡辺潤平） 331
広告制作にかかわる仕事（ヴィットインターナショナル企画室） 327
工作と工具もの知り百科（加藤芳夫） 177
工作と修理に使う材料の使いこなし術（荒井章） 179
香水のひみつ（宮原美香） 173
構成学のデザイントレーニング（三井秀樹） 315
広報紙面デザイン技法講座（長澤忠徳） ... 64
香辛料入門（吉儀英記） 178
香料のひみつ（ひろゆうこ） 175
5教科が仕事につながる！（松井大助） ... 86, 122
「国語表現」入門（小野夫） 20
国産材でつくるインパクトドライバー木工（大内正伸） 186
『黒板アート』のアイデア事典（小野大輔） ... 90
コケを楽しむ庭づくり（大野好弘） 358
ここからはじめるカホンの教科書 152
ここからはじめる短歌（梅内美幸子） 25
ここからはじめる短歌入門（坂井修一） ... 26
ここちいい本（高橋善丸） 83
ここちいい文字（高橋善丸） 337
心地よい庭づくりQ&A（平井孝幸） 358
Go！go！bass-はじめてのエレキベース 166
こころに効く小説の書き方（三田誠広） ... 48
個人出版（自費出版）実践マニュアル（高石左京） 68
コスチューム描き方図鑑（林晃） ... 113, 114
「ゴーストライター」になって年1000万円稼ぐとっておきの方法（やすだあんな） ... 13
ゴスペルA to Z 150
ゴスペルを歌おう（亀淵友香） 150
子育てしながら建築を仕事にする（成瀬友梨） 350
古代中国と中華風の創作事典（榎本秋） ... 53
古代日本のポイント29（榎本秋） 52
古代の布を織ろう・染めよう（宮内正勝） ... 185
古庭園の鑑賞と作庭手法（吉田徳治） 360
コーディネーターという仕事（ヴィットインターナショナル企画室） 198
コード進行による作曲入門ゼミ（金子卓郎） 141
コトづくりの眼（平野暁臣） 252
ことばを使う仕事（金正一春彦） 19
言葉の舟（ほしおさなえ） 37
ことば・ロジック・デザイン（妻木宜嗣） ... 316
コード弾きソロ・ピアノ「超」入門（林知行） 169
子ども歌人になる！短歌はこうつくる（工藤順一） 25
こどもが楽しむ「プログラミン」入門（岡嶋裕史） 272
子どもから大人までスラスラ読めるJavaScript Kidsふりがなプログラミング（LITALICOワンダー） ... 268
子ども詩人になる！詩はこうつくる（工藤順一） 32
こども小説教室（田丸雅智） 40

子どもと一緒に楽しむ！プログラミング …… 271
子どもと学ぶJavaScriptプログラミング入門（大澤文孝）…… 270
子どもと学ぶScratchプログラミング入門（竹林暁）…… 271
子どもと学ぶLINE entryプログラミング入門（中川一史）…… 263
子どもに向けての詩のつくりかた入門（畑島喜久生）…… 32
こどもの楽典（山本雅之）…… 131
こどものガーデニング …… 354
子どもの考える力を育てるゼロから学ぶプログラミング入門（すわべしんいち）…… 271
こどものための楽典と問題集（山本雅之）…… 132
子供のためのソルフェージュ（桐朋学園大学音楽学部附属子供のための音楽教室）…… 124
こどものビーズブック …… 208
子どもの本（野口武悟）…… 270
「心」の創作講座（村中李衣）…… 50
子供も大人も夢中になる発明入門（つくば科学万博記念財団）…… 1
この一冊で面白いほど人が集まるSNS文章術（前田めぐる）…… 299
この1冊で楽譜が読める！音楽記号事典（多田鏡子）…… 132
この一冊で全部わかるWeb技術の基本（小林恭平）…… 289
この楽譜なら音楽はやさしい！（夏山澄夫）…… 135
コピーライティング技術大全（神田昌典）…… 328
GoPro 100%活用ガイド（ナイスク）…… 304
5分で描くはじめてのカリグラフィー（松井康子）…… 339
ComicStudioでカンタン！パソコンでマンガ入門 …… 111
コミュニケーションをデザインするための本（岸勇希）…… 317
こもの作りの基礎ノート …… 207
コーラス上達のポイント200（吉村元子）…… 147
これ1冊でできる！Arduinoではじめる電子工作超入門（福田和宏）…… 213
これ1冊でできる！Android Studioアプリ開発入門（清水美樹）…… 276
これ1冊でできる！テンプレート式エンタメ小説のつくり方（榎本秋）…… 38
これ1冊でできる！ラズベリー・パイ超入門（福田和宏）…… 213
これ1冊でわかる!!デジカメ＋パソコン基本テクニック（ノマド・ワークス）…… 120
これが知りたかった！音楽制作の秘密100（島崎貴光）…… 140
これがデザイナーへの道（増渕俊之）…… 318
これから技術者になる君へ心得120（西畑三樹男）…… 4
これから詩を読み、書くひとのための詩の教室（松下育男）…… 31
これから、絶対、コピーライター（黒澤晃）…… 330
これからつくるiPhoneアプリ開発入門（藤治仁）…… 276
これからの技術者（大橋秀雄）…… 3
これからのJavaScriptの教科書（狩野祐東）…… 257
これからはじめるArduino入門（許庚龍）…… 214
これからはじめるSEO内部対策の教科書（瀧内賢）…… 294
これからはじめる「情報」の基礎（谷尻かおり）…… 259
これから始める俳句・川柳（神野紗希）…… 23
これからはじめるPython入門講座（鶴長鎮一）…… 260
これからはじめる!!ピアノ入門（臼田圭介）…… 169
これから始める人のための作詞入門（北村英明）…… 144
これから始める人のための作曲入門（五代香蘭）…… 141
これからはじめるPhotoshopの本（宮川千春）…… 249
これからはじめるReact実践入門（山田祥寛）…… 258
これからはじめる!!ロック・ギター入門 …… 162
これさえ知っておけば、小説は簡単に書けます。（中村航）…… 37
これぞ、ザ・ネーミング〜。（包行均）…… 330
これだけを知っていれば小説は見違えるほどよくなる（奥野忠昭）…… 42
これだけでいいソーイングの基本（香田あおい）…… 199
これだけは覚えておきたいライトノベルのための日本語表現（榎本秋）…… 43
これだけは知ってほしい楽典はじめの一歩（木村鈴代）…… 127
これでiPhoneアプリが1000万本売れた（南雲玲生）…… 278
これであなたも「一流歌手」と同じ唱い方ができる！（ドン上月）…… 150
これでOK！まんがのかき方（亜月亮）…… 113
これで書く力がぐんぐんのびる!!（工藤順一）…… 10
これで完璧！ヴォーカルの基礎（福島英）…… 150
これで完璧！シンセサイザーの基礎（松尾英樹）…… 143
これでわかる！はじめての楽譜の読み方（石川良子）…… 132
これならわかる!!アレンジのしかた（五代香蘭）…… 142
これならわかる機械学習入門（富谷昭夫）…… 310
これならわかる深層学習入門（瀧雅人）…… 312
これならわかる！人を動かすデザイン22の法則（ウジトモコ）…… 314
これは「効く！」Web文章作成＆編集術（松下健次郎）…… 301
これは便利！デジカメ …… 120
壊れた仏像の声を聴く（籔内佐斗司）…… 87
コンサートにかかわる仕事（ヴィットインターナショナル企画室）…… 122
コンテンツストラテジー（ミーガン・キャシー）…… 290

こんな企画ならあなたも本が出せる（吉木稔朗） 68
こんなにあるぞ!!不況に強いお仕事ガイド（鳥山隆一） 256
こんなに簡単！ DRA-CAD22（構造システム） 250
こんなフラワーアレンジ作ってみたい！ 364
コンパクト楽譜の構造と読み方（ハインツ＝クリスティアン・シャーパー） 135
コンピューターが好き！ 256
コンピュータグラフィックス 249
コンピュータグラフィックス（大澤秀直） 250
コンピュータで創造する仕事（ヴィットインターナショナル企画室） 256
コンピュータ電子工作の素ラズベリー・パイ解体新書（インターフェース編集部） 214
コンピュータ搭載！ Linuxオーディオの作り方（インターフェース編集部） 216
コンピュータにかかわる仕事（ふなつかみちこ） 255

【さ】

さあ始めようナイフで木彫り（内山春雄） 89
さあ、本を出そう！（金川顕教） 67
最強のネーミング（岩永嘉弘） 330
「最強の一言」Webコピーライティング（野津珉司） 297
最強！ はたらくスーパーマシンのひみつ100 211
最高の建築士事務所をつくる方法（湯山重行） 352
最高の植栽をデザインする方法（建築知識） 357
最高の発表会のつくり方（ますこしょうこ） 121
最後まで読みたくなる最強の文章術（尾藤克之） 8
最新アニメ業界の動向とカラクリがよ～くわかる本（谷口功） 245
最新一眼レフ（楽）入門 120
最新インテリア業界の動向とカラクリがよ～くわかる本（本田榮二） 346
最新映画産業の動向とカラクリがよ～くわかる本（中村恵二） 239
最新音楽業界の動向とカラクリがよくわかる本（山口哲一） 121
最新CM制作の基礎知識（阿部正吉） 242
最新CMプランナー入門（中山幸雄） 241
最新リサイクル工作図鑑（黒須和清） 178
「才能」だけでは、つくれない（平野暁臣） 252
裁判はドラマだ！（萩原恵礼） 34
サイン・署名のつくり方（署名ドットコム） 170
サウンドプログラミング入門（青木直史） 244
サクサク覚えるキーボード入門（自由現代社編集部） 142

ザクザク儲かるホームページの掟（川崎裕司） 303
作詞がわかる11章（北村英明） 144
作詞のコツがわかる（高田元紀） 144
作詞のことば（岩里祐穂） 144
作詞力（伊藤涼） 144
サクッと学べるデザイン心理法則108（321web） 324
作刀の伝統技法（鈴木卓夫） 192
作文を書いてみよう（村上政彦） 13
作文がどんどん書ける作文名人になれちゃう本（宮川俊彦） 22
作文教室（こざきゆう） 9
作文しよう！ 投稿しよう！（下村昇） 21
作文なんてカンタンだ！（齋藤孝） 18
作例で覚えるAndroidプログラミング入門（吉井博史） 273
ザ・コピーライティング（ジョン・ケープルズ） 331
佐々木未来と学ぶ！ 世界一わかりやすい最強声優トレーニングBOOK（専門学校東京アナウンス学院） 235
The Japan Times報道デスク発グローバル社会を生きる女性のための情報力（大門小百合） 60
Sassファーストガイド（相澤裕介） 291
ザ・ソングライターズ（佐野元春） 143
雑貨をつくる仕事（瀧清子） 205
雑貨づくりの楽しみ（柳沢小実） 204
作家たちの17歳（千葉俊二） 38
作家デビュー抜け道ガイド（もの書き観察学会） 49
作家になる方法（千田琢哉） 6
作家になれる人、なれない人（本田健） 14
雑貨のしごと（西川敦子） 205
作家の条件（森村誠一） 45
雑貨・ファッション小物を仕事にする（バウンド） 205
作曲はじめます！（monaca：factory） 137
雑誌デザイン虎の巻（オブスキュアインク） 76
雑誌デザインの組み方ハンドブック（大内エキオ） 75
サムネイルデザインのきほん（瀧上園枝） 287
サヤドールの木工雑貨 189
サルでもわかる！ デザインの本（矢野りん） 74
サルにもできるiPhone同人誌の創り方（安倍吉俊） 71
さわやかエネルギー風車入門（牛山泉） 225
3行しか書けない人のための文章教室（前田安正） 11
30時間でマスターWebデザイン（実教出版企画開発部） 288
38万円で本ができた（両国の隠居） 69
34の例文で苦手を克服読書感想文虎の巻（佐々木英昭） 10
斬新で創造的なフラワーデザイン（パメラ・ウェストランド） 368

サントラ、BGMの作曲法（岡素世） 135
サンプルで学ぶ魅せるスマートフォンサイト・デザイン（瀧上園枝） 294

【し】

幸福（しあわせ）を呼ぶインタビュー力（櫻田登紀子） 60
シェイクスピアが笑うまで（志子田宣生） 36
CSS組版Vivliostyle入門（Vivliostyle） 72
CSSページ組版入門（アンテナハウス株式会社） 73
Jw_cad建築詳細図入門（櫻井良明） 250
詩への道しるべ（柴田翔） 32
CMアニメはこうして作る（月岡貞夫） 247
詩を書くってどんなこと？（若松英輔） 31
詩をつくろう（和合亮一） 31
ジオラマ製作入門 194
視覚デザイン（南雲治嘉） 318
自家製 文章読本（井上ひさし） 13
色彩（大井義雄） 343
色彩ガイドブック（佐藤千佳） 344
色彩基本ブック（永田泰弘） 345
色彩工学（大田登） 345
色彩の学校（リチャード・メール） 342
色彩の教科書（芳原信） 342
色彩・配色・混色（ベティ・エドワーズ） 340
色彩百科ビギナーズ（ジーイー企画センター企画編集部） 344
色彩ルールブック（武川カオリ） 341
「しくみ」から理解する楽典（坂口博樹） 129
C言語（三谷純） 261
C言語で作るPIC電子工作（中尾司） 215
C言語ではじめるPICマイコン（中尾真治） 215
思考のレッスン（丸谷才一） 21
思考力・構成力・表現力をきたえるはじめてのロジカルシンキング（大庭コテイさち子） 14
仕事の図鑑（「仕事の図鑑」編集委員会） 2
自己満足のデザイン（いまいません） 313
自作マニアのための小型モータ・パーフェクトブック（マシュー・スカルピノ） 224
C#のプログラミングのツボとコツがゼッタイにわかる本（五十嵐貴之） 261
しずかちゃんになる方法（野村道子） 237
次世代アカペラーの参考書（古屋Chibi恵子） 146
次世代リーダーを育てる！ファーストレゴリーグ（鴨志田英樹） 221
自然の色を染める（吉岡幸雄） 184
自然の中の絵画教室（布施英利） 93
自然風庭園のつくり方（秋元通明） 357
時代をひらく書体をつくる。（雪朱里） 335
仕立て方が身に付く手作りバッグ練習帖（赤峰清香） 207
漆芸事典（光芸出版） 183

実験で学ぶ最新トランジスタ・アンプ設計法（黒田徹） 219
10歳からの図解でわかるAI（山口由美） 308
10歳からのプログラミング（中野コンテンツネットワーク協会） 270
10才からはじめるScratchプログラミング図鑑（キャロル・ヴォーダマン） 266
10才からはじめるプログラミング図鑑（キャロル・ヴォーダマン） 267
10才からはじめるプログラミングScratchでゲームをつくって楽しく学ぼう（大角茂之） 283
10ステップで完成！ 今すぐマンガが描ける 112
実践！作曲の幅を広げるコード進行パターン＆アレンジ（彦坂恭人） 136
実践！しっかり学べる対位法（彦坂恭人） 126
実践ジャーナリスト養成講座（花田達朗） 63
実践ジャーナリズム読本（読売新聞社調査研究本部） 64
実践！すぐに詠める俳句入門（石寒太） 27
実践大工道具仕立ての技法（手柴正範） 186
実践！作りながら学ぶマイコンカーラリー（島津春夫） 223
実践DTM入門 141
実践的新聞ジャーナリズム入門（猪俣征一） 59
実践でスグに役立つ新しいWebデザイン＆制作入門講座（下野宏） 291
実践！ネットアイドルのなり方・やり方・稼ぎ方（梅宮貴士） 231
実践！はじめての作曲入門（竹内一弘） .. 135, 137
実践ボーカル力養成講座（チョンギヨン） 145
実践！やさしく学べるポピュラー対位法（彦坂恭人） 128
実践！ライトノベル文章作法（榎本秋） 44
実践リズム感養成講座（チョンギヨン） 125
実践レイアウトデザイン（Far） 78
知っておきたい池坊いけばな基本講座（日本華道社編集部） 369
知っておきたい女性フィギュアのはじめかた（アーマーモデリング編集部） 193
知っておきたい書道の基礎知識（武井実） 172
知っておきたいレイアウトデザインの基本（内村光一） 76
知って得するエディション講座（吉成順） 134
知って得るようで知らない吹奏楽おもしろ雑学事典（吹奏楽雑学委員会） 160
失敗しない自費出版（喜田りえ子） 68
失敗しないデザイン（平本久美子） 324
失敗しない本づくりのために（細矢定雄） 69
執筆前夜（恩田陸） 47
10分で上達！ ユーフォニアム（深石宗太郎） 155
七宝入門（かすや桂子） 193
七宝の技法（坂本巨摩紀） 192
実用楽典（澤野立次郎） 124
実用らくらく筆書き入門（浅倉龍雲） 173

しつれ　書名索引

実例で学ぶゲーム開発に使える数学・物理学入門（加藤潔） ……… 285
実例で学ぶ！雑誌デザインのアイデア（ケイ・ライターズクラブ） ……… 74
実例で学ぶ「伝わる」デザイン（川崎紀弘） ……… 75
実例はじめてのエクステリア（U.M.E.エクステリア＆ガーデニング工学会） ……… 360
自転車の発電機でマイクロ風力発電に挑戦（三野正洋） ……… 225
自転車発電機（ハブダイナモ）による超小型風車の製作（三野正洋） ……… 225
自転車ビルダー入門（今野真一） ……… 175
児童文学塾（日本児童文芸家協会） ……… 50
自撮りの教科書（うしじまいい肉） ……… 118
シドロモドロ工作所のはじめてのお彫刻教室（田島卓央己） ……… 87
シナリオを書きたい人の本（芦沢俊郎） ……… 35
シナリオ・コンクール攻略ガイド（シナリオ・センター） ……… 35
シナリオ作法入門（新井一） ……… 35
シナリオのためのSF事典（森瀬繚） ……… 53
シナリオのためのファンタジー事典（山北篤） ……… 53
シナリオパラダイス（浅田直亮） ……… 34
シナリオ錬金術（浅田直亮） ……… 33, 35
詩の寺子屋（和合亮一） ……… 32
柴田さんと高橋さんの「小説の読み方、書き方、訳し方」（柴田元幸） ……… 46
自費出版を楽しむ（藤倉朋良） ……… 70
自費出版がよく分かる本（栄光ラボラトリ） ……… 68
GPT4に聞いた「ChatGPT」（興陽館編集部＋AI） ……… 309
C++基本プログラミング講座（日向俊二） ……… 257
Cプログラミング入門以前（村山公保） ……… 260
自分サイズのやさしい服作りガイド（津田蘭子） ……… 198
自分専用AIを作ろう！カスタムChatGPT活用入門（清水理史） ……… 307
ジブン専用パソコンRaspberry Piでプログラミング（阿部和広） ……… 268
「自分だけの答え」が見つかる13歳からのアート思考（末永幸歩） ……… 85
自分だけのボードゲームを作ろう（Jesse Terrance Daniels） ……… 195
自分で考え、自分で書くためのゆかいな文章教室（今野真二） ……… 9
自分で作ってみんなで遊べる！プログラミング（水島滉大） ……… 269
自分でつくる居心地のいい椅子（荒井章） ……… 188
自分で作るスモールガーデン ……… 360
自分で作るリニアモータカー（神田民太郎） ……… 175
自分で作れる！効果的なYouTube広告動画の作り方（藤川佑介） ……… 306
自分で作ろう！ガーデンリビング入門 ……… 356
自分で作ろう！ジュニアのビーズアクセサリー ……… 208
自分でできる庭づくり（高槻香玢） ……… 361
自分で本を出版する（七五郎） ……… 69
自分でやる庭の工事（荒井章） ……… 360
自分の歌を歌おう（福島英） ……… 150
自分の企画を本にしよう！（畑田洋行） ……… 69
自分の声をチカラにする（ウォルピスカーター） ……… 146
自分のことばで書く・話す（上村博一） ……… 20
自分の展覧会を開こう（月刊ギャラリー編集部） ……… 93
自分の本のつくり方（布施彦） ……… 68
「自分メディア」はこう作る！（ちきりん） ……… 291
自分らしさを言葉にのせる売れ続けるネット文章講座（さわらぎ寛子） ……… 299
JavaScript基礎ドリル穴埋め式（金子平祐） ……… 266
社会の今を見つめて（大脇三千代） ……… 240
尺八をはじめる本。（神永大輔） ……… 170
写真を使って絵本を作ろう！（中川素子） ……… 115
写真家へ（安友志乃） ……… 119
写真がかっこよくとれる30のわざ（塩見徹） ……… 117
写真がもっとうまくなる！デジタル一眼マスターBOOK（橘田龍馬） ……… 117
写真で読み解く俳句・短歌・歳時記大辞典（塩見恵介） ……… 23
写真でわかるパッチワーク ……… 209
写真のエッセンス（アン＝セリーヌ・イエガー） ……… 119
ジャーナリストという仕事（斎藤貴男） ……… 59
ジャーナリストという仕事（読売新聞東京本社教育支援部） ……… 62
ジャーナリストの現場（岩垂弘） ……… 61
Java（三谷純） ……… 265
Java〈完全〉入門（松浦健一郎） ……… 257
JavaScript Web開発パーフェクトマスター（金城俊哉） ……… 276
JavaScript〈完全〉入門（柳井政和） ……… 264
JavaScript Primer（azu） ……… 259
JavaScript本格入門（山田祥寛） ……… 260, 275
縦横無尽の文章レッスン（村田喜代子） ……… 14
15歳からはじめるiPhone（アイフォーン）わくわくゲームプログラミング教室（沼田哲史） ……… 286
15歳からはじめるAndroidわくわくゲームプログラミング教室（掌田津耶乃） ……… 285
15秒から始めるウケるスマホ動画入門（戸田覚） ……… 306
13か国語でわかる新・ネーミング辞典（学研辞典編集部） ……… 54
13歳からの作文・小論文ノート（小野田博一） ……… 16
13歳からのジャーナリスト（伊藤千尋） ……… 59
13歳からのPython入門（James R.Payne） ……… 263
13歳からのプログラミング入門（山口由美） ……… 257
13歳からの論理的な文章のトレーニング（小野田博一） ……… 15

書名索引　しよう

13歳から身につける一生モノの文章術（近藤勝重）……… 11
10代からのプログラミング教室（矢沢久雄）……… 271
10代から目指す！ 声優トレーニング最強BIBLE（声優塾）……… 237
住宅インテリアのための実践カラーテクニック（滝沢真美）……… 345
住宅をデザインする（建築学教育研究会）…… 353
住宅の植栽（山崎誠子）……… 359
住宅用植栽（山崎誠子）……… 357
17のキーワードでよくわかるやさしい音楽理論（香取良彦）……… 130
12歳からはじめるHTML5とCSS3（TENTO）……… 293
12歳からはじめるJavaScriptとウェブアプリ（TENTO）……… 271
"12歳"からはじめるゼロからのC言語ゲームプログラミング教室（リブロワークス）……… 282
12歳からはじめるゼロからのC言語ゲームプログラミング教室（大槻有一郎）……… 284
12歳からはじめるゼロからのSwift Playgroundsゲームプログラミング教室（柴田文彦）……… 283
12歳からはじめるゼロからのPythonゲームプログラミング教室（大槻有一郎）……… 284
12歳までに身につけたいプログラミングの超きほん（飛田桂子）……… 265
12色で描けるはじめての日本画教室（安原成美）……… 91
12のヒントで学ぶ初心者のための俳画教室（伊藤青麗）……… 91
10年続くアイドル運営術（大坪ケムタ）……… 227
10年メシが食える漫画家入門R（樹崎聖）……… 109
18歳から考える建築家として独立する為の75（澤田友典）……… 350
14歳（佐々木美夏）……… 146, 147
14歳の新しい音楽入門（久保田慶一）……… 125
14歳からのケンチク学（五十嵐太郎）……… 351
14歳からのプログラミング（千葉滋）……… 263
14歳からの文章術（小池陽慈）……… 9
14歳からはじめるHTML5 & JavaScriptわくわくゲームプログラミング教室（大槻有一郎）……… 286
ジュエラーのためのテクスチャー&装飾技法（ジンクス・マクグラス）……… 190
ジュエリーキャスティングの基本と実際（諏訪小丸）……… 191
ジュエリーデザイン制作事典（日本宝飾クラフト学院）……… 191
ジュエリーのデザインと描き方（マヌエーラ・ブラムバッティ）……… 190
授業で活躍！ タブレットPCで写真を撮ろう（並木隆）……… 116
出版業界横入りガイド（山田ゴメス）……… 69
出版される前に（田中薫）……… 69
出版・商業印刷物製作の必要知識（古殿竜夫）……… 80
ジュニア楽典（山下薫子）……… 127

ジュニアクラスの楽典テキスト・ワーク（内藤雅子）……… 127
ジュニア短歌（清水麻利子）……… 26
ジュニアのための名曲で学ぶ音楽の基礎（舟橋三十子）……… 125
ジュニアのビーズアクセサリー……… 208
ジュニアのビーズアクセサリー&雑貨……… 208
Jupyter Notebookで始めるプログラミング（桑田喜隆）……… 259
シューフィッターに頼めば歩くことがもっと楽しくなる（足と靴と健康協議会）……… 196
Juliaプログラミング大全（佐藤建太）……… 259
小学生がスラスラ読めるすごいゲームプログラミング入門（PROJECT KySS）……… 283
小学生からはじめるプログラミングの本（石井英男）……… 262
小学生から始めるマンガ教室（すぎやまゆうこ）……… 107
小学生・中学生でもできるiPhoneアプリ開発（泉直樹）……… 277
小学生でもわかるプログラミングの世界（林晃）……… 271
上手な本の作り方Q&A（深川昌弘）……… 67
上手に歌うためのQ&A（リチャード・ミラー）……… 148
小説50（森恵子）……… 47
小説を書きたい人の本（校條剛）……… 42
小説を書きたい人の本（清原康正）……… 47
小説を書くための基礎メソッド（奈良裕明）……… 48
小説を書くならこの作品に学べ！（奈良裕明）……… 48
小説を読むための、そして小説を書くための小説集（栗原丈和）……… 39
小説家という職業（森博嗣）……… 45
小説家になる！（中条省平）……… 47
〈小説家になろう〉で書こう（ヒナプロジェクト）……… 40
小説キャラクターの創り方（若桜木虔）……… 46
小説・シナリオ二刀流奥義（柏田道夫）……… 33
小説同人誌をつくろう！（弥生肇）……… 40
小説同人誌制作マニュアル……… 84
小説の書き方（森村誠一）……… 46
小説の聖典（バイブル）（いとうせいこう）……… 43
小説のはじめ（佐藤健児）……… 47
小説編集者の仕事とはなにか？（唐木厚）……… 65
招待状、届きましたか？（田中良和）……… 302
小中学生からはじめるプログラミングの本（石井英男）……… 268
小中学生でもできるプログラミング……… 270
小・中学生のための徹底!!音感トレーニング（池田奈々子）……… 129
小中学生のための墨場必携（筒井茂徳）……… 173
小品盆栽をはじめよう（梶山富美）……… 361
条幅づくりに挑戦！（可成屋書道編集部）……… 173
情報デザインベイシクス（遠藤潤一）……… 320
照明の基礎知識（照明学会）……… 345, 346
縄文土器を焼こう（宮内正勝）……… 181

ヤングアダルトの本 創作活動をささえる4000冊　393

しよく　書名索引

職業ガイド・ナビ（ヴィットインターナショナル企画室） 2, 196
職業設定類語辞典（アンジェラ・アッカーマン） 52
職業としてのシネマ（髙野てるみ） 239
職業、ブックライター。（上阪徹） 14
職業は建築家（ローランド・ハーゲンバーグ） 353
職業は専業画家（福井安紀） 90
植栽（荒木造園設計） 357
職人になるガイド（山中伊知郎） 176
職場体験学習に行ってきました。（全国中学校進路指導連絡協議会） 175, 228
職場体験完全ガイド .... 1〜3, 62, 175, 176, 197, 229, 246, 255, 370
初心者からちゃんとしたプロになるPhotoshop基礎入門（おのれいこ） 249
初心者でも基本から理解できる一年中楽しめるかぎ針編みのバッグと小物（ミミアム高橋春香） 205
初心者でもわかるChatGPTとは何か（松尾豊） 308
初心者にもよくわかるやさしい楽典問題の解き方とポイント（竹内祥子） 131
初心者にもよくわかるやさしいコードのしくみと使い方（渡部力也） 131
初心者にもよくわかるやさしいDTM・音楽の基礎知識（野田正純） 143
初心者にもよくわかるやさしいDTM・楽譜の読み方とデータ変換の方法（野田正純） ... 143
初心者にもよくわかるやさしいポピュラー音楽の基礎知識（渡部力也） 130
初心者にも分かる木工機械（エルエルアイ出版マシニングコア編集部） 187
初心者にやさしい短歌の練習帳（中川佐和子） 24
初心者による初心者のためのFlutter詳解（前田欣耶） 262
初心者のためのキーボード講座（自由現代社編集部） 136, 141
初心者のための水墨画入門（塩澤玉聖） 101
初心者のための篆刻墨場必携（矢島峰月） ... 88
初心者のためのパッチワーク（木村公子） 209
初心者のための花の本ブーケ＆アレンジメント＆アクセサリーetc（酒徳みつ子） 364
初心者のためのバンド・スコア見方・読み方・活用法（青山忠英） 134
初心者VTuber登録者数100人突破するまでの道のりまとめました！（田近葵） 305
女性ITプロフェッショナルのホンネ会議（TeaTime） 256
女性が映画をつくるということ（髙野悦子） 243
書籍編集者が教える出版は企画が9割（山田稔） 67
書体デザイン（桑山弥三郎） 336
書道にかかわる仕事（ヴィットインターナショナル企画室） 172

ショートショートでひらめく文章教室（田丸雅智） 39
書の十二則（魚住和晃） 173
書の大疑問ハンドブック（横山淳一） 171
調べてまとめて新聞づくり（竹泉稔） 61
調べてみよう、書いてみよう（最相葉月） ... 13
調べてみよう！日本の職人伝統のワザ ... 174, 350
調べる技術・書く技術（野村進） 17
調べる、伝える、魅せる！（武田徹） 63
知りたいタイポグラフィデザイン（ARENSKI） 337
知りたい配色デザイン（ARENSKI） 340
知りたい！弾きたい！キーボード（岡素世） 142
知りたいレイアウトデザイン（ARENSKI） 72
私立文章女学院（加藤道子） 7
知る！使う！作る！うるしの器（季刊「炎芸術」編集部） 183
事例でまなぶプログラミングの基礎（実教出版編修部） 270
新・アカペラパーフェクト・ブック（あっしー） 145
新アートディレクター入門（デンツウデザインタンク） 87
新イベント運営完全マニュアル（髙橋フィデル） 252
新印刷メディアの基本設計（和田義徳） 76
新・ヴォーカリストのための全知識（高田三郎） 146
新・カラーイラスト印刷技術（印刷学会出版部） 81
真空管アンプの素（木村哲） 217
真空管ギター・アンプ実用バイブル（デイヴ・ハンター） 217
真空管ギターアンプの工作・原理・設計（林正樹） 217
真空管式シングルアンプ（MJ無線と実験編集部） 218
真空管式プッシュブルアンプ（MJ無線と実験編集部） 218
新・空間設計マニュアル（西森陸雄） 353
人工知能入門（小高知宏） 308
人工知能入門（豊田秀樹） 308
新・コピーライター入門（小松洋支） 332
紳士靴のすべて（ラズロ・ヴァーシュ） 191
新・時代小説が書きたい！（鈴木輝一郎） ... 39
紳士服裁断裁縫の要點（貝島正高） 200
新植物をつくりだす（岡田吉美） 356
新人Webデザイナーの仕事（加藤才智） 296
新人デザイナーのためのWebデザインを基礎から学べる本（瀧上園枝） 291
新人デザイナーのための色彩デザイン・配色のルールを学べる本（柘植ヒロポン） 342
新人デザイナーのためのデザイン・レイアウトの定番を学べる本（柘植ヒロポン） 75
新人文学賞ガイドブック（エディトリアル・ギャンク） 49
新スピーカーの完全自作 218

人生を変えるアニメ(河出書房新社) ……… 245
人生の物語を書きたいあなたへ(ビル・ローバック) …………………………… 48
シンセサイザー入門(松前公高) ……… 138
深層学習による自動作曲入門(シンアンドリュー) …………………………… 135
人体解剖図から学ぶキャラクターデッサンの描き方(岩崎こたろう) ……… 95
人体デッサンの基礎知識(バーリントン・バーバー) ………………………… 98
人体ドローイングの基礎(パクキョンソン) …………………………… 95
人体の描き方マスターガイド(肖瑋春) … 95
人体の構造と動き描き方入門(蒙小洛) … 94
シン・短歌入門(笹公人) ……………… 24
新標準・欧文タイポグラフィ入門(アンドリュー・ボセケリ) ……………… 335
シンプルな回路でわかりやすい真空管オーディオアンプ(佐藤進) ……… 216
新聞を作ってみよう!(古舘綾子) ……… 60
新聞を読もう!(鈴木雄雅) ……………… 61
新聞記事の書き方。(鈴木史朗) ………… 64
新聞記者(若宮啓文) ……………………… 60
新聞社・出版社で働く人たち(山下久猛) … 59
新聞づくりのABCとDTP編集(神奈川県高等学校新聞連盟(高文連新聞専門部)編集委員会) ………………………………… 64
新聞製作入門(熊取義純) ……………… 62
新聞にかかわる仕事(ヴィットインターナショナル企画室) ………………… 63
新聞のひみつ(青木萌) ………………… 62
新編散文の基本(阿部昭) ………………… 7
新編どどいつ入門(中道風迅洞) ……… 24
新編庭木の選び方と手入れ事典 ……… 355
新・緑のデザイン図鑑(山﨑誠子) …… 358
新約コピーバイブル(宣伝会議コピーライター養成講座) …………………… 332
新ヨーロピアンフラワーデザイン基本テクニックブック(久保数政) ……… 366
新ライトノベルを書きたい人の本(ライトノベル創作クラブ) ……………… 42
新レイアウトデザイン見本帖(レイアウトデザイン研究会) …………………… 77
新・レコーディング/ミキシングの全知識(杉山勇司) ………………………… 243

【す】

水彩画燦めきの小径(田中己永) …… 100
吹奏楽基礎合奏スーパー・サウンド・トレーニング ………………………… 155
吹奏楽コンクールまでに身につける! クラリネット1年間上達トレーニング(齋藤雄介) ……………………………… 156
吹奏楽コンクールまでに身につける! サックス1年間上達トレーニング(田中拓也) … 156
吹奏楽コンクールまでに身につける! トランペット1年間上達トレーニング(松山萌) … 156
吹奏楽コンクールまでに身につける! フルート1年間上達トレーニング(窪田恵美) … 156
吹奏楽部(斉藤義夫) …………………… 160
吹奏楽部員のための楽典がわかる本(広瀬勇人) ……………………………… 128
吹奏楽部員のためのココロとカラダの相談室(バジル・クリッツァー) ……… 157～159
吹奏楽部員のための和声がわかる本(天野正道) ……………………………… 128
吹奏楽部に入ってはじめの3ヶ月でやっておくべき事!(市川宇一郎) ……… 160
吹奏楽部のトリセツ!(松元宏康) …… 155
SwiftでつくるiPhoneアプリやさしい制作入門(泉直樹) ……………………… 276
ZBrushフィギュア制作の教科書(榊馨) … 193
推理小説入門(木々高太郎) ……………… 47
吹奏楽人(スインド)のための超入門ジャズ講座(日衣則彦) ………………… 151
SwiftによるiPhoneプログラミング入門(大川善邦) …………………………… 277
Swift4プログラミング入門(飛岡辰哉) … 270
Swift PlaygroundsではじめるiPhoneアプリ開発入門(掌田津耶乃) ………… 274
SwiftUIではじめるiPhoneアプリプログラミング入門(大津真) ………………… 267
スウィングガールズと始めるジャズ入門(日経エンタテインメント!) ……… 153
スウェーデンで家具職人になる!(須藤生) … 347
図解活版印刷技術マニュアル(森啓) …… 80
図解雑学よくわかる色彩の科学(永田泰弘) … 343
図解ソフトウェア開発の仕組みがやさしくわかる本(玉田理英) ………………… 279
図解伝わる書き方超入門(三谷宏治) …… 12
図解でよくわかる上手な文章の書き方が身につく法(工藤圭) ………………… 21
図解でわかる楽典(musical grammar)の知識(小林一夫) …………………… 129
図解でわかる14歳から知っておきたいAI(インフォビジュアル研究所) ……… 312
図解でわかるソフトウェア開発の実践(Mint(経営情報研究会)) ………………… 279
図解でわかるソフトウェア開発のすべて(Mint) ……………………………… 279
図解でわかるパッケージデザインマーケティング(小川亮) ………………… 333
図解篆刻入門(小原俊樹) ………………… 89
図解入門よくわかる最新音響の基本と応用(岩宮眞一郎) …………………… 244
図解入門よくわかる最新ソフトウェア開発の基本(谷口功) ………………… 278
図解・盆栽テクニック101条(木原進) … 361
図解マスターはじめてのウクレレ(鈴木賢司) ……………………………… 168
図解マスターはじめてのフォーク・ギター(浦田泰宏) ……………………… 166～168

書名索引

図解マスターはじめてのロック・ギター（吉永裕一）・・・・・・・・・・・・・・・ 166〜168
図解マスターはじめてのロック・ドラム（尾崎元章）・・・・・・・・・・・・・・・ 153
図解マスターはじめてのロック・ベース（浦田泰人）・・・・・・・・・・・・・・・ 167, 168
図解毛筆書き方字典（阿保直彦）・・・・・・・ 171
図解もの創りのためのおもしろいロボット工学（門田和雄）・・・・・・・・・・・・・・・ 223
スカート作りの基礎（文化出版局）・・・・・・・ 200
「好き」を育てるマンガ術（鈴木重毅）・・・ 105
好きなものを「推す」だけ。（Jini）・・・・・・・ 329
すくすくミュージックすくーる おうたの学校（江口寿子）・・・・・・・・・・・・・・・ 148
すぐに弾けるピアノ入門（伯耆田ひろみ）・・・ 169
すぐに役立つ移調楽器の読み方（伊藤辰雄）・・・・・・・・・・・・・・・ 125
すぐに役立つ文章作法（小田武次郎）・・・・・・ 22
すぐ役立つやさしい楽譜の読み方の手引き（森本琢郎）・・・・・・・・・・・・・・・ 135
スクラッチ3.0（河西朝雄）・・・・・・・・・・・・ 269
Scratchであそぶ機械学習（石原淳也）・・・ 309
Scratchで今から始めるプログラミング（鈴木喬裕）・・・・・・・・・・・・・・・ 264
SCRATCHで楽しく学ぶアート＆サイエンス（石原淳也）・・・・・・・・・・・・・・・ 263
Scratchでトイドローンをプログラミングして飛ばそう！（高橋隆雄）・・・・・・・・・・・・・・・ 226
SCRATCHではじめよう！ プログラミング入門（杉浦学）・・・・・・・・・・・・・・・ 268
Scratchではじめる機械学習（石原淳也）・・・ 310
Scratchで学ぶプログラミングとアルゴリズムの基本（中植正剛）・・・・・・・・・・・・・・・ 269
すぐわかる!!楽譜の読み方入門（山下正）・・・ 132
すぐわかる 写真の用語・・・・・・・・・・・・・・・ 120
すぐわかる！ 4コマ楽典入門（坂口博樹）・・・ 129
スケッチが上手くなるパース講座（ティム・フィッシャー）・・・・・・・・・・・・・・・ 95
スケッチで実験・観察生物の描き方とコツ（内山裕之）・・・・・・・・・・・・・・・ 97
スケッチ入門コツのコツ（大場再生）・・・・・・ 99
スコア・リーディングを始める前に（中島克磨）・・・・・・・・・・・・・・・ 134
すごい建築士になる！（関本竜太）・・・・・・ 348
すごいぞ、さか立ちする文字！ アンビグラム暗号のなぞ（ノムライッセイ）・・・・・・ 336
すごいタイトル(秘)法則（川上徹也）・・・・・・ 328
すごいライトノベルが書ける本（西谷史）・・・ 44
図工のきほん大図鑑（辻政博）・・・・・・・・・ 175
すごすぎる色の図鑑（ingectar-e）・・・・・・ 339
図説ファンタジー百科事典（デイヴィッド・プリングル）・・・・・・・・・・・・・・・ 57
スタイリスト＆コーディネーターの条件（林泉）・・・・・・・・・・・・・・・ 197
スタイリストになるには（武藤直路）・・・・・・ 198
スタイルシート開発の基礎（アンテナハウス株式会社）・・・・・・・・・・・・・・・ 74
Studio One 6ガイドブック（近藤隆史）・・・ 136

スタックが語るデータ構造の大切さ（エコー・エリース・ゴンザレス）・・・・・・・・・ 265
スッキリわかるC言語入門（中山清喬）・・・・・・ 263
スッキリわかるJava入門（中山清喬）・・・ 257, 258
スッキリわかるPython入門（国本大悟）・・・ 258
スティップリング（点彫刻）（桔田明美）・・・ 182
すてきな手作りガーデン・・・・・・・・・・・・・・・ 357
STEP UP！ 同人誌のデザイン（髙山彩矢子）・・・・・・・・・・・・・・・ 83
ステップ式！ 羊毛フェルトの基礎BOOK（maco maako）・・・・・・・・・・・・・・・ 210
図でわかる大工道具（永雄五十太）・・・・・・ 186
ステンドグラス（青木健）・・・・・・・・・・・・ 182
ステンドグラスのきほん（岸江馨）・・・・・・ 182
ストーリーで面白いほど頭に入る木造（森山高至）・・・・・・・・・・・・・・・ 349
ストーリーの作り方（野村カイリ）・・・ 40, 42
ストーリーのつくりかたとひろげかた（イシイジロウ）・・・・・・・・・・・・・・・ 33
ストローでカラクリ工作（芳賀哲）・・・・・・ 179
スーパー人物スケッチ（川口正明）・・・・・・ 99
スピーカー＆エンクロージャー大全（佐伯多門）・・・・・・・・・・・・・・・ 216
スピーカーシステムの設計・製作ができる本（小椋實）・・・・・・・・・・・・・・・ 215
SpriteKitではじめる2Dゲームプログラミング（村田知常）・・・・・・・・・・・・・・・ 285
Spring Framework超入門（樹下雅章）・・・・・・ 273
スペイン式クラシックギター製作法（禰寝孝次郎）・・・・・・・・・・・・・・・ 218
すべての仕事はデザインから始まる。（カイシトモヤ）・・・・・・・・・・・・・・・ 324
すべての人に知っておいてほしいWEBデザインの基本原則（新谷剛史）・・・・・・ 295
すべての人に知っておいてほしい配色の基本原則（大里浩二）・・・・・・・・・・・・・・・ 342
すべては書くことから始まる（坂東眞理子）・・・・・・・・・・・・・・・ 12
スポーツアナウンサー（山本浩）・・・・・・ 228
スポーツ実況を100倍楽しむ方法（大藤晋司）・・・・・・・・・・・・・・・ 227
スポーツ実況の舞台裏（四家秀治）・・・・・・ 228
スポーツ中継（梅田明宏）・・・・・・・・・・・・ 229
#ズボラPhotoshop（トミナガハルキ）・・・ 249
住まいのひみつ（田中久志）・・・・・・・・・・ 353
スマートフォンアプリマーケティング現場の教科書（川畑雄補）・・・・・・・・・・・・ 276
スマートフォングラフィ（あああつし）・・・ 116
スマートフォンサイト制作ハンドブック（CREAMU）・・・・・・・・・・・・・・・ 294
スマートフォンサイト設計入門（アイ・エム・ジェイマルチデバイスLab.）・・・・・・ 294
スマートフォンサイトデザインブック（アジタス）・・・・・・・・・・・・・・・ 294
スマートフォンデザインでラクするために（石嶋未来）・・・・・・・・・・・・・・・ 293
スマートフォンデザイン見本帳（矢野りん）・・・・・・・・・・・・・・・ 293

スマホで描く！はじめてのデジ絵ガイドブック（（萌）表現探求サークル） 106
すみっコぐらしといっしょに学ぼう文章が上手になるコツ（土居正博） 6
スラスラ読めるUnity C# ふりがなプログラミング（安原祐二） 283
スラスラ読めるUnityふりがなKidsプログラミング（LITALICOワンダー） 283
スラスラわかるCSSデザインのきほん（狩野祐東） 292
スラスラわかるJavaScript（生形可奈子） 293
3ステップで描けちゃうかんたんイラスト練習帳（サカキヒロコ） 108
3ステップでらしく描ける伝わる絵の見本帖（OCHABI Institute） 96
3D映像制作のための基礎からわかるMR〈複合現実〉（大島登志一） 248
3Dゲーム制作のためのCryEngine（益田貴光） 285
3Dコピーライティング（栃内淳） 331
3DCGアニメーション入門（荻野哲哉） 245

【せ】

性格類語辞典（アンジェラ・アッカーマン） 54, 55
生活雑貨のデザイン（石川はるな） 347
生活デザインとインテリア（インテリア産業協会） 348
生活と園芸（松井孝） 355
生活の色彩学（橋本令子） 340
成功を呼ぶネーミングの技術（平方彰） 329
成功するバンドのつくり方（いちむらまさき） 154
成功するプロダクトのためのカラーリング講座（小倉ひろみ） 323
青春ハンドメイド 203
生成AI+Pythonで作るゲーム開発入門（廣瀬豪） 279
生物データから学ぶプログラミング入門（若林智美） 270
製本大全（フランツィスカ・モーロック） 82
声優（森川智之） 235
声優をプロデュース。（納谷僚介） 236
声優語（藤津亮太） 236
声優サバイバルガイド（大宮三郎） 236
声優さんになりたいっ！（仲川僚子） 237
声優魂（大塚明夫） 237
声優という生き方（中尾隆聖） 235
声優道（岩田光央） 236
声優道（声優グランプリ編集部） 235
声優なれるかな？（逸架ぱずる） 236
声優に死す（関智一） 236
声優になりたい！（武田正憲） 237
声優になる！（橋本崇宏） 237
声優の教科書（本田保則） 238
声優バイブル 238

声優白書（松田咲實） 238
声優100年（南沢道義） 237
声優・朗読入門トレーニング（福島英） 237
世界一やさしいWebライティングの教科書1年生（グリーゼ） 299
世界一やさしいChatGPT入門（ChatGPTビジネス研究会） 308
世界一やさしいTwitter集客・運用の教科書1年生（岳野めぐみ） 298
世界一やさしいブログの教科書1年生（染谷昌利） 289
世界一やさしいブログ×YouTubeの教科書1年生（染谷昌利） 306
世界一やさしいYouTubeビジネスの教科書1年生（KYOKO） 305
世界一わかりやすいIllustrator操作とデザインの教科書（ピクセルハウス） 248
世界が変わるプログラム入門（山本貴光） 272
世界で一番美しい「もの」のしくみ図鑑（セオドア・グレイ） 211
世界で一番やさしい建築計画（樋口善信） 349
世界で一番やさしい住宅用植栽（山崎誠子） 357
世界で一番やさしい茶室設計（桐浴邦夫） 349
世界で一番やさしい2×4住宅（大浦修二） 348
世界で一番やさしい木造3階建て（齊藤年男） 348
世界で一番やさしい木造住宅（安水正） 349
世界で一番やさしい木造住宅（関谷真一） 349
世界でただひとつ自分だけの手作りスピーカーをつくる（長岡鉄男） 219
世界でたった一冊の絵本づくり（髙橋宏幸） 115
世界の文字の書き方・書道（稲葉茂勝） 170, 171
世界はデザインでできている（秋山具義） 314
設計から楽しむガーデンデザイン入門（日本花普及センター） 359
設計者とインテリアコーディネーターが知っておきたいデザインキッチンの新しい選び方（本間美紀） 350
石けんのひみつ（宮原美香） 174
絶対！ 受かりたい音楽オーディション100のコツ（ヤマハミュージックパブリッシング企画推進グループ） 147
絶対！うまくなる合唱100のコツ（田中信昭） 147
絶対！ うまくなる吹奏楽100のコツ（小澤俊朗） 155, 158
ぜったい声優になる！ 最強トレーニングBOOK（Knowledge-NEXT） 237
絶対誰も読まないと思う小説を書いている人はネットノベルの世界で勇者になれる。（榎本秋） 40
絶対！ できるボーカロイド100のコツ（平沢栄司） 140
絶対！ 盛り上がる軽音楽部100のコツ（片桐慶久） 151
絶対役立つ音楽の問題集（大崎妙子） 129
絶対！ わかる楽典100のコツ（小谷野謙一） .. 128

絶対わかる！ 曲作りのための音楽理論（デイヴ・スチュワート）	130
節電住宅（白岩且久）	350
説得力を生む配色レイアウト（南雲治嘉）	340
セールスコピー大全（大橋一慶）	329
セールスライティング・ハンドブック（ロバート・W・ブライ）	328
ゼロ・エネルギー住宅のひみつ（大岩ピュン）	350
0から1を生み出すデザイン思考の教科書（油井毅）	314
ゼロからつくるPython機械学習プログラミング入門（八谷大岳）	310
ゼロからでも始められるアイドル運営（大坪ケムタ）	228
ゼロからの作詞入門（井筒日美）	144
ゼロからの作曲入門（四月朔日義昭）	139
ゼロからはじめる音響学（青木直史）	244
ゼロからはじめるSLAM入門（中嶋秀朗）	221
ゼロからはじめるデザイン（北村崇）	316
ゼロから始める俳句入門（大高翔）	28
ゼロから始める人の俳句の学校（実業之日本社）	29
ゼロから始める文章教室（小川こころ）	8
0から始めるまんが教室（車谷晴子）	111
0からはじめるやさしい手縫いの革小物（松﨑雅子）	191
ゼロから学ぶAI入門講座（阿部晋也）	309
ゼロから学ぶはじめてのWordPress（泰道ゆりか）	287
ゼロからわかるギター作曲講座（自由現代社編集部）	142
ゼロからわかる生成AI法律入門（増田雅史）	308
ゼロからわかるチェーンソーカービング（全国林業改良普及協会）	88
ゼロからわかる北欧神話（かみゆ歴史編集部）	54
ゼロから分かる！ やきもの入門（河野惠美子）	180
ゼロとワンが紹介プログラミング言語のいろいろ（エコー・エリース・ゴンザレス）	266
線一本からはじめる伝わる絵の描き方（OCHABI Institute）	96
染色の技法（田中清香）	184
センスを生かす！ 人気のコーディネーターになる（日経事業出版社）	5
センスがないと思っている人のための読むデザイン（鎌田隆史）	314
センスのデザイン（大内エキオ）	325
先生！ 今日も劇やりたいです（児童劇脚本研究会こまの会）	233
「全然知らない」から始める川柳入門（荒木清）	31
「全然知らない」から始める俳句入門（金子兜太）	28
1200万スタイリストの仕事（宮村浩気）	370
線の演習（小沢剛）	92
全米は、泣かない。（五明拓弥）	329

川柳へようこそ（大西泰世）	30
川柳を、はじめなさい！（大野風柳）	31
川柳作句入門（北野邦生）	30
川柳しよう（太田垣正義）	31
川柳入門（佐藤美文）	30
川柳入門上達のコツ50（杉山昌善）	30
川柳入門はじめのはじめ（田口麦彦）	31
川柳入門表現のコツ50（杉山昌善）	30
川柳の楽しみ（尾藤川柳）	30

【そ】

造園がわかる本（赤坂信）	357
造園の知識と知恵（福本要一）	357
造園の手引き（京都府造園協同組合）	358
造形の基礎（白尾隆太郎）	85
創作者のためのドイツ語ネーミング辞典（伸井太一）	53
創作者のためのファンタジー世界事典（幻想世界探究倶楽部）	51
創作入門（奥野忠昭）	38
創作ネーミング辞典	52
創作のための児童文学理論（上坂むねかず）	50
創作のための呪術用語辞典（朝里樹）	52
創作力トレーニング（原和久）	20
早大院生と考えた文章がうまくなる13の秘訣（近藤勝重）	17
続・仏像彫刻のすすめ（松久朋琳）	88
ソーシャルアプリ入門（クスール）	295
"ソーシャル"なサイト構築のためのWeb APIコーディング（MdN編集部）	295
ソーシャル・ネットワーキング・サービス（ヒマナイヌ）	302
「そのひと言」の見つけ方（渡邉洋介）	331
染め織りを習う	185
そもそものデザインのりくつ（シブヤ領一）	314
そもそも文章ってどう書けばいいんですか？（山口拓朗）	10
ソーラークッカーを作ろう（佐藤輝）	225
空飛ぶプログラム（ドローンエモーション）	226
ソラフラワーズブライダル・アレンジメント（網野妙子）	362
ソルフェージュの庭（佐怒賀悦子）	127
それいけ！ 新聞記者（くさばよしみ）	63
そろそろ常識？ マンガでわかる「正規表現」（森巧尚）	266
そろそろライトノベルでも書いてみようと思うキミへ47のtips（すずきあきら）	40
ソングライター100（中田利樹）	141

【た】

大学1年生のための日本語技法（長尾佳代子）………… 13
大学一年生の文章作法（山本幸司）………… 13
大学教授になれる本の書き方（山本武信）…… 20
大学生からの文章表現（黒田龍之助）………… 16
大学生のためのエンジニア入門（三谷千城）……………………………………………………… 4
大学生のための国語表現（増田泉）………… 10
大学生のための文章教室（大正大学表現技術研究会）……………………………………… 19
大学生のための文章表現＆口頭発表練習帳（銅直信子）……………………………………… 8
大学生のための文章表現入門（速水博司）…… 20, 21
大学生のための文章表現練習帳（坂東実子）……………………………………………………… 8
大学生のための文章表現ワークブック（専修大学ネットワーク情報学部「リテラシー演習」開発チーム）…………………………… 12
大学生のためのレトリック入門（速水博司）…… 19
大工が教えるほんとうの家づくり（阿保昭則）……………………………………………… 353
大工道具鍛冶大全（大工道具研究会）………… 186
大工道具のきほん（「大工道具のきほん」編集室）………………………………………… 185
太鼓（三宅都子）………………………………… 220
だいじょうぶ？ 体でアート（ベス・ウィルキンソン）…………………………………… 370
Titanium Mobile iPhone（アイフォーン）/Androidアプリ開発入門（小澤栄一）…… 278
タイポグラフィ（エミール・ルーダー）……… 336
タイポグラフィ（グラフィック社編集部）…… 338
タイポグラフィの基礎（小宮山博史）………… 338
タイポグラフィ・ハンドブック（小泉均）…… 335
タイポグラフィ・ベイシック（高田雄吉）…… 337
高い声が出せるヴォイトレ本！（谷口守）…… 148
打楽器（高橋秀雄）……………………………… 154
だから、君に、贈る。（佐野眞一）…………… 48
タカラジェンヌ誕生（小嶋希恵）……………… 233
タカラジェンヌになろう！（山内由紀美）…… 232
だから、僕は、書く。（佐野眞一）…………… 48
たくさん読まれるアメブロの書き方（木村賢）……………………………………………… 299
拓本入門（藪田夏秋）…………………………… 170
たくみ塾の木工の基本（庄司修）……………… 189
たくろうガールズ（ノッツ）…………………… 139
竹細工（自然素材工作編集部）………………… 188
武田隊長の一流吹奏楽団の作り方（武田晃）……………………………………………… 156
闘え！ 高専ロボコンで（萱原正嗣）………… 222
脱オートモードでこんなに写真がうまくなっちゃった！（シロシオ）…………………… 117
達吟家に学ぶ入選にとことんこだわる川柳の作り方（阿部勲）……………………………… 30

達人と作るアナログシンセサイザー自作入門（岩上直樹）…………………………………… 218
たった一行で人を動かす文章術（潮凪洋介）……………………………………………… 12
たった独りのための小説教室（花村萬月）…… 37
たった2日で楽しく身につくHTML/CSS入門教室（高橋朋代）………………………… 290
たった4行ですらすら書く技術（久保ान正）…… 17
建物をつくるということ（梶原一幸）………… 350
谷蒼涯の書道教室（谷蒼涯）…………………… 173
たのしいインフォグラフィック入門（櫻田潤）……………………………………………… 317
楽しい枝の工作と遊び（郡山順一郎）………… 188
たのしいジュニア手芸 ………………… 200, 204, 207
たのしい2Dゲームの作り方（STUDIO SHIN）………………………………………… 280
たのしい俳画入門（白岩義賢）………………… 93
楽しい文章教室 ……………………………… 15, 16, 44
たのしい編集（和田文夫）……………………… 66
たのしい落語創作（稲田和浩）………………… 253
たのしいロゴづくり（甲谷一）………………… 338
楽しく描く日本画入門（大野俊明）…………… 92
たのしく描けちゃう！ マンガキャラの描き方（少女マンガ研究会）…………………… 107
たのしく考える力が身につくScratchワークブック（古金谷博）……………………… 269
楽しく作れる！ 役に立つ！ 中学生のリサイクル工作（滝川洋二）……………………… 177
楽しく作ろう！ 手作り万華鏡（豊田芳弘）…… 182
たのしくまなぶPythonゲームプログラミング図鑑（キャロル・ヴォーダマン）………… 283
たのしくまなぶPythonプログラミング図鑑（キャロル・ヴォーダマン）……………… 270
楽しく学ぶはじめての糸鋸木工芸（橋本元宏）……………………………………………… 189
楽しく学べる！ ポーチの教室（佗美秀俊）…… 207
楽しく身に付く音楽の基礎知識（佗美秀俊）……………………………………………… 125
楽しくわかる！やってみたくなる！コンピュータ＆プログラミングキャラ図鑑（石戸奈々子）………………………………………… 262
楽しさやおもしろさを作る人（今井美沙子）……………………………………………… 87
魂の木工家具（デイヴィッド・サベージ）…… 346
タミヤ工作パーツで作るロボット工作ガイドブック（城井田勝仁）………………………… 224
ダヤンの絵本づくり絵本（池田あきこ）……… 115
だれでも書けるコメディシナリオ教室（丸山智子）…………………………………………… 35
だれでもカンタンアカペラはじめよう!!（Tsing-moo）………………………………… 150
誰でも簡単！ 手取り足取り「自分流」ブログカスタマイズ（青木恵美）…………………… 296
誰でも簡単！ 手取り足取り「自分流」ブログ入門（青木恵美）……………………………… 296
だれでも詩人になれる本（やなせたかし）…… 32
誰でも上手にイラストが描ける！ 基礎とコツ（阪尾真由美）………………………………… 96

【た】続き

誰でもすぐにできる売上が上がるキャッチコピーの作り方（堀内伸浩） 331
誰でも成功するネーミング入門（井上睦己） 332
誰でもぜったい楽譜が読める！（辻志朗） 132
誰でも作れる電子書籍（米光一成） 72
誰でもできる楽譜の読み書き（山下正） 133
だれでもできる小さな風車の作り方（松本文雄） 225
誰でもできる編曲入門（横山詔八） 143
だれでもできる木版画はがき（多摩美術大学校友会） 104
誰でもできるやさしい作曲法。（青島広志） 141
だれでもデザイン（山中俊治） 321
誰でもハモれるbook（藤田進） 150
だれでもレイアウトデザインができる本（樋口泰行） 73
誰にでも書ける5枚童話の創り方（藤田富美恵） 51
誰にでもできる作詞講座（奥平ともあき） 144
誰にでもできる作曲講座（奥平ともあき） .. 141, 142
誰にでもできるハーモニカ編曲術（斎藤寿孝） 138
誰も教えてくれないイベントの教科書（テリー植田） 252
誰も教えてくれない「インディーズ」の始め方・儲け方（郷田健二） 123
タレント「就活」（石田博利） 229
タレントだった僕が芸能界で教わった社会人として大切なこと（飯塚和秀） 229
タレントデビュー（相澤秀禎） 230
タレントになれるかな？（ホリプロ・なれるカナ子プロジェクト） 229
短歌を楽しむ基礎知識（上野誠） 24
短歌をつくろう（栗木京子） 25
短歌のための文語文法入門（今野寿美） 24
短歌の作り方、教えてください（俵万智） 25
短歌部、ただいま部員募集中！（小島なお） 24
短歌文法入門（日本短歌総研） 24
短歌レトリック入門（加藤治郎） 26

【ち】

小さな庭のガーデニング（英国王立園芸協会） 360
小さな花の教科書（佐々木じゅんこ） 365
小さな物語のつくり方（江坂遊） 42, 44
小さな洋風の庭づくり（横山正文） 360
「チェロ」初歩の初歩入門（黄原亮司） 163
知識ゼロからのギターで作曲（ROLLY） 137
知識ゼロからのミュージカル入門（塩田明弘） 233
知識ゼロからのやきもの入門（松井信義） 181
知識ゼロからはじめる作曲（平川理雄） 140
知的DIYの技術（中野不二男） 188
知的文章術（外山滋比古） 6

ChatGPTで身につけるPython（掌田津耶乃） 307
ChatGPTと学ぶPython入門（熊澤秀道） 308
ちゃんとした音楽理論書を読む前に読んでおく本（侘美秀俊） 127
ちゃんと知りたい配色の手法（石田恭嗣） 343
ちゃんと使える力を身につけるWebとプログラミングのきほんのきほん（大澤文孝） 260
中学生からの作文技術（本多勝一） 20
中学生・高校生のための劇作り9ヶ条（菅井建） 233
中学生・高校生のための吹奏楽楽典・音楽理論（侘美秀俊） 126
中学生でもわかるiOSアプリ開発講座（林晃） 277
中学生でもわかるAndroidアプリ開発講座（蒲生睦男） 277
中学生でもわかるWindowsストアアプリ開発講座（西村誠） 277
中学生にわかる遠近法（古根里峰） 96
中学プログラミング（蝦名信英） 271
中級作家入門（松久淳） 42
中高生からの論文入門（小笠原喜康） 10
中高生のための小説のつくりかた（田中哲弥） 37
中高生のための短歌のつくりかた（鈴木英子） 24
抽象画入門（金子善明） 92
抽象水墨画入門（全国水墨画美術協会） 101
超辛口先生の赤ペン俳句教室（夏井いつき） 28
〈超完全版〉YouTube大全（小山竜央） 304
超！簡単なステージ論（鬼истем院翔） 121
超簡単・譜面攻略法（いちむらまさき） 134
超簡単ブログを1時間で作る本（中村有里） 294
超簡単！ブログ入門（増田真樹） 296
超技法 桂盛仁の彫金（桂盛仁） 192
彫金と宝石の彫り留め技法（日本宝飾クラフト学院） 191
彫金の技法（塩入義彦） 192
彫刻家の現場（アトリエ）から（武田厚） 88
調査報道実践マニュアル（マーク・リー・ハンター） 59
超実践的Webディレクターの教科書（中村健太） 291
「超」実用的文章レトリック入門（加藤明） 11
超初心者からの真空管アンプ製作入門（林正樹） 216
超初心者のためのWeb作成特別講座（永野和男） 288
超初心者のためのデジタルカメラ（楽）入門（特選街出版） 120
超ショート小説の書き方（高橋フミアキ） 39
「超短編シナリオ」を書いて小説とシナリオをものにする本（柏田道夫） 35
超入門ジャーナリズム（小黒純） 62
超入門すぐ弾ける！ウクレレの弾き方（海田祐樹史） 160

書名索引　ていう

超ビギナーのためのフラワーアレンジ基礎レッスン（神保豊）…… 368
超ふしぎ体験！立体トリックアート工作キットブック（杉原厚吉）……… 194, 195
超明快Webユーザビリティ（スティーブ・クルーグ）……… 289
超やさしい楽譜の読み方（甲斐彰）…… 130
超やさしい吹奏楽（小髙臣彦）……… 158
超ライティング大全（東香名子）……… 298
超ライトノベル実戦作法（バーバラ・アスカ）……… 45
「超」連句入門（浅沼璞）……… 30
直熱＆傍熱管アンプ（松並希活）……… 220
沈黙のWebライティング（松尾茂起）……… 298

【つ】

ツイッターくらいはモテさせろ！ ゆるカワWeb女子入門書（小野ほりでい）……… 300
ツイッターってラジオだ！（吉田尚記）……… 301
ツイッターの教科書（松宮義仁）……… 301
ツイッターの使い方が面白いほどわかる本（ノマディック）……… 301
使いきりカメラであそぼう！（くもんやすし）……… 120
使いこなそう！ デジタルカメラ（下村坦）…… 119
使いこなそう！ デジタルカメラ（小松原康江）……… 119
使う（雑賀淳）……… 188
月5万円くらいは稼げる投稿生活（猫山あたりん）……… 62
作って遊べ！（かざまりんぺい）……… 177
つくって遊べる！ ボードゲーム工作（千光士義和）……… 195
つくって遊ぼう！ おもちゃのアトリエ（吉田れい）……… 179
作って覚えるiPhone/iPadアプリ開発入門（増田智明）……… 277
作って覚える！ZBrushフィギュア制作チュートリアル（ウチヤマリュウタ）……… 193
つくって楽しいJavaScript入門（柳田拓人）……… 263
作って楽しむ真空管オーディオアンプ（MJ無線と実験編集部）……… 217
作って楽しむ小さな盆栽・寄せ植え盆栽（安井義昌）……… 361
作って楽しむプログラミングiPhoneアプリ超入門（片渕彼富）……… 268
作って楽しむプログラミングAndroidアプリ超入門（髙江賢）……… 275
作ってびっくり！ 科学脳をきたえる！うごくおもちゃ工作（K&B STUDIO）……… 211
作って学ぶ！ Blender入門（M design）……… 248
作って学ぶロボット入門講座（永би照三）……… 223
作って学べるUnity本格入門（賀好昭仁）……… 279
作ってみよう！ 電子工作25（樫野清一）……… 215

作ってみようらくらく短歌（今野寿美）……… 26
作ってみようらくらく俳句（辻桃子）……… 30
作りながらおぼえる作曲術入門（大須賀淳）……… 140
作りながら基礎が学べるポーチと小もの……… 208
作りながら学ぶWebシステムの教科書（鶴長鎮一）……… 287
作りながら学ぶHTML/CSSデザインの教科書（髙橋朋代）……… 292
作りながら学ぶPICマイコン入門（神崎康宏）……… 215
作りやすい高音質スピーカー（小澤隆久）……… 217
作りやすくて音がいい真空管オーディオアンプ10機選（MJ無線と実験編集部）……… 215
作る！ 極める！ GIFアニメ!!（JEI）……… 247
つくれる!!オリジナル・ソング（竹内一弘）……… 141
つくれる!!オリジナル・メロディ（竹内一弘）……… 141
つくれるサントラ、BGM（岡素世）……… 137
つくろう！ コマ撮りアニメ（竹内泰人）……… 246
つくろうよ！ アンビグラム（野村一晟）……… 337
伝える技術はこうみがけ！（新庄秀規）……… 58
伝えるための教科書（川井龍介）……… 13
伝える伝わる文章表現（新稲法子）……… 8
「伝わる」印刷物の基本ルール（佐々木剛士）……… 79
伝わる、Webテキストのつくりかた（栗原明則）……… 302
伝わるWeb文章デザイン100の鉄則（益子貴寛）……… 302
伝わる短文のつくり方（OCHABI Institute）……… 328
伝わるデザインの基本（高橋佑磨）……… 73
伝わる人は「1行」でツカむ（川上徹也）……… 330
伝わる文章の書き方教室（飯間浩明）……… 16
伝わる文章の基本（高橋廣敏）……… 9
伝わる文章Before>>>After（坂本俊夫）……… 11
伝わるロゴの基本（ウジトモコ）……… 338
土を探る（季刊「炎芸術」編集部）……… 181
土から土器ができるまで・小さな土製品を作る（望月昭秀）……… 179

【て】

DIYアドバイザーハンドブック（日本DIY・ホームセンター協会DIYアドバイザーハンドブック技能編集委員会）……… 173
DIYアドバイザーハンドブック（日本DIY・ホームセンター協会DIYアドバイザーハンドブック編集委員会）……… 174
DIYハンドブック……… 355
D.I.Y.ミュージック（平川理雄）……… 140
TRPGのデザイン……… 195
DVD&CDでよくわかる！はじめてのアコースティック・ギター……… 162
DVD&CDでよくわかる！はじめてのエレキ・ギター……… 162

ヤングアダルトの本 創作活動をささえる4000冊　401

書名	ページ
DVD&CDでよくわかる！はじめてのエレキ・ベース	162
DVD&CDでよくわかる！ はじめてのクラシック・ギター（斉藤松男）	161
DVD&CDでよくわかる！はじめてのジャズ・ギター	163
DVD&CDでよくわかる！ はじめてのスラップ・ベース	164
DVD&CDでよくわかる！ はじめてのソロ・ギター	164
DVD&CDでよくわかる！ はじめてのハードロック・ドラム	151
DVD&CDでよくわかる！ はじめての速弾きギター	164
DVD&CDでよく わかる！ はじめてのブルース・ギター	163
DVDで今日から弾ける！ かんたんアコースティック・ギター	163
DVDで今日から弾ける！ かんたんエレキ・ギター	163
DVDで今日から弾ける！ かんたんエレキ・ベース	163
DVDで今日から弾ける！ かんたんクラシック・ギター（斉藤松男）	161
DVDで今日から弾ける！ かんたんスラップ・ベース	161
DVDで全曲弾ける！ はじめてのソロ・ギタースタンダード名曲集（松井祐貴）	158
DAWミックス/マスタリング基礎大全（大鶴暢彦）	136
DJをはじめるための本（EDIT INC.）	151
DJがわかる・できる本（M.KATAE）	151
DJ基礎テクニック講座（DJ Joe T）	153
DJ基礎テクニック講座（Kyo-Hey）	153
DJ選曲術（沖野修也）	153
DJリアル・テクニック（DJ HIRAGURI）	154
ディジタル映像表現	249
DCモータ活用の実践ノウハウ（谷腰欣司）	224
TikTok完全マニュアル（桑名由美）	298
TikTokハック（マツダ家の日常）	298
DTMerのための打ち込みドラム入門（スペカン）	136
DTMerのためのフィンガードラム入門（スペカン）	138
DTM道場forビギナー（坂本光世）	143
DTMに役立つ音楽ハンドブック（岡素世）	137
DTMのためのやさしいコード理論と入力方法（野田正純）	143
DTMミックスのコツが一冊で分かる本（中村公輔）	135
DTPベーシックガイダンス（『新版DTPベーシックガイダンス』制作委員会）	73
ディテール・イン・タイポグラフィ（ヨースト・ホフリ）	336
DVDでマスターするやさしいウクレレ入門（浦田泰宏）	168
DVDでよくわかる！ スラップ・ベース入門（河本奏輔）	165
ディープラーニング実装入門（吉崎亮介）	310
低予算の超・映画制作術（曽根剛）	239
Tailwind CSS実践入門（工藤智祥）	286
手織りと手紡ぎ（馬場きみ）	185
手織の技法（居宿昌義）	184
手織りの実技工房（吉田紘三）	185
手書き文字＆イラストLesson	335
手紙社のイベントのつくり方（北島勲）	251
手軽でたのしいふわかわパステル画（中村友美）	92
手軽に楽しむ毎日のフラワーアレンジ（並木容子）	365
テキスタイル（田中秀穂）	184
できるゼロからはじめる楽譜＆リズムの読み方超入門（侘美秀俊）	133
できるゼロからはじめるギターコード超入門（野村大輔）	162
できるゼロからはじめる作曲超入門（侘美秀俊）	137
できるゼロからはじめる三線超入門（松本克樹）	170
できるゼロからはじめるパソコン音楽制作超入門（侘美秀俊）	137
できるパソコンで楽しむマインクラフトプログラミング入門（広野忠敏）	284
できる100の新法則Google Search Console（アユダンテ株式会社）	291
テクニックインフラワーズ（レン・オークメイド）	368
デザイナーへの道を知る30人の言葉（石田純子）	319
デザイナーをめざす人の装丁・ブックデザイン（熊澤正人）	83
デザイナーが最初の3年間で身につけるチカラ（NASU Co.）	313
デザイナーが未来に残したい私の3カ条（［水野学）	315
デザイナーズテキストHTML入門（日本パソコンスクール協会）	294
デザイナーズハンドブック	74
デザイナーとして起業した〈い〉君へ。成功するためのアドバイス（David Airey）	317
デザイナーになる！（永井弘人）	315
デザイナーの仕事（Real design編集部）	320
デザイン（日野永一）	321
デザインアイデア＆ヒント（MdN編集部）	77
デザインアイデア＆ヒント（佐々木剛士）	76
デザイン・印刷加工やりくりBOOK（グラフィック社編集部）	80
デザインを仕事にする。（フレア）	317
デザインを伝える、ポートフォリオの作り方（吉田康成）	196
デザインを学ぶ	338, 342
デザインを学ぶすべての人に贈るカラーと配色の基本BOOK（大里浩二）	341
デザインをまねよう！ 生きものすごワザ図鑑	314
デザイン解体新書（工藤強勝）	77

デザイン学概論（石田亨） 316
デザイン基礎講座レイアウト＆タイポグラフィ
　（リサ・グラハム） 320
デザイン、現場の作法。（伊達千代） 319
デザイン原論（森啓） 320
デザイン3.0の教科書（山岡俊樹） 322
デザイン思考の教科書（アネミック・ファン・
　ブイエン） 322
デザイン。知らないと困る現場の新100のルー
　ル（MdN編集部） 73
デザイン・制作のセオリー（佐々木剛士） 76
デザインにルールなんてない（新谷雅弘） 75
デザインの基礎が身につくフラワーアレンジ
　上達レッスン60（長井睦美） 362
デザインのきほん（木村宏明） 313
デザインの教科書（柏木博） 318
デザインの組み方（甲谷一） 75
デザインのココロ（カトウヨシオ） 333
デザインの色彩（中田満雄） 344
デザインの思考法図鑑（btrax） 313
デザインの仕事（寄藤文平） 313, 315
デザインのしごと100の質問（ingectar-e） 323
デザインの授業（佐藤好彦） 318
デザインのすごい力（関和之） 313
デザインの煎じ薬・全十三包（武正秀治） 321
デザインのつかまえ方（小野圭介） 335
デザインのドリル（Power Design Inc.） 314
デザインのへそ（矢野りん） 326
デザイン・配色のセオリー（オブスキュアイン
　ク） 343
DESIGN BASICS（デービッド・ルーアー）
　...................... 317
Design Basic Book（生田信一） 318
デザインマネジメント（坂下清） 321
デザインリサーチの演習（木浦幹雄） 321
デザインリサーチの教科書（木浦幹雄） 322
デザイン力の基本（ウジトモコ） 315
デザイン・ルールズ『文字』（伊達千代） 339
デザイン・レイアウトの基本テクニック（志岐
　デザイン事務所） 77
デザイン・レイアウトのセオリー（佐々木剛
　士） 77
デザイン論（田中央） 323
デザインはストーリーテリング（エレン・ラプ
　トン） 322
デジ絵の描き方入門ガイド 250
デジ絵の教科書 109
デジカメの基本 121
手仕事を見つけたぼくら（小関智弘） 178
デジコミの描き方（山上勝也） 114
デジタル一眼カメラの撮り方きほんBOOK
　（WINDY Co.） 118
デジタルイラストの「武器」アイデア事典（サ
　イドランチ） 106
デジタルイラストの「服装」描き方事典（スタ
　ジオ・ハードデラックス） 108

デジタルイラストのレベルがグッと上がる！
　キャラ＆背景「塗り」上達BOOK（たける）
　...................... 107
デジタルカメラを始めよう（PC倶楽部編集
　部） 121
デジタルカメラ実践ワークフローガイド（DTP
　world編集部） 119
デジタルカメラとパソコンを合わせて使える
　本（広路和夫） 120
デジタルカメラのひみつ（鳥飼規世） 118
デジタルカメラまるごとガイド 120
デジタル技術と手製本（坂井えり） 83
デジタルコンテンツ制作入門（デジタルコン
　テンツ協会） 256
デジタル時代のクリエイターに求められる条
　件（大内エキオ） 327
デジタル写真館 119
デジタルスケッチ入門（長砂ヒロ） 95
デジタル粘土でつくるかわいいイラスト（オ
　ヨンソン） 249
デジタルの仕事がしたい（杉山知之） 255
デジタルの夢でメシを食うためにボクらは！
　（米光一成） 255
デジタル・ミラーレス一眼超かんたん撮り方
　BOOK（大橋愛） 118
手づくり絵本（沢田真理） 115
てづくりお香教室（松下恵子） 174
手作りおもちゃ（すずお泰樹） 177
手作りおもちゃ大百科（遠藤ケイ） 179
手作りが楽しいすてきな木工生活（成美堂出
　版編集部） 190
手作り革靴の本（誠文堂新光社） 192
手作りCOS！（うさこ） 201
手作りCOS！（コジマアイ） 201
手作りCOS！（柳なおみ） 201
手作り雑貨 179
手づくり製本の本（嶋崎千秋） 82
手づくり同人誌とらのまき（両角潤香） 84
手作り風車ガイド（松本文雄） 225
手作りフェルトのあったか小物（近藤美恵子）
　...................... 211
手づくりPOP 325
手づくり木工大図鑑（田中一幸） 188
手作りロケット打ち上げテクニック（足立昌
　孝） 220
手作りロケット完全マニュアル（久下洋一）
　...................... 220
手作りロケット入門（日本モデルロケット協
　会） 220
「手帳ブログ」のススメ（大橋悦夫） 302
デッサン（フォーラム11） 99
デッサン（河村栄一） 99
デッサン学入門（南城守） 99
素描（デッサン）からはじめよう（アラン・ピ
　カード） 97
デッサン上達法（早坂優子） 98
デッサン7日間（内田広由紀） 98
デッサンの55の秘訣（バート・ドッドソン） ... 97

デッサン「パーフェクトレッスン」(河村栄一) 96
徹底ArchiCAD作法(池田雅信) 251
鉄道写真をはじめよう!(福園公嗣) 116
手で作る本(山崎曜) 83
デビュー小説論(清水良典) 41
テーマからつくる物語創作再入門(K.M.ワイランド) 38
テレ東のつくり方(大久保直和) 227
テレビ局・ラジオ局64の仕事 229
テレビCMにかかわる仕事(ヴィットインターナショナル企画室) 241
テレビ・ドキュメンタリーの現場から(渡辺みどり) 243
テレビドラマの仕事人たち(上杉純也) 243
テレビの教科書(碓井広義) 230
テレビ番組をつくる人(インタラクティブ・プログラム・ガイド) 228
テレビ放送のひみつ(藤みき生) 229
テレンス・コンラン インテリアの色使い(テレンス・コンラン) 346
テレンス・コンランの美しいインテリアカラーコーディネート(テレンス・コンラン) 346
テレンス・コンラン流インテリアの基本(テレンス・コンラン) 345
天気の好い日は小説を書こう(三田誠広) 49
篆刻を愉しむ本(王小愛) 89
篆刻の学び方(王小愛) 88
天才を育むプログラミングドリル(白土良一) 270
添削から学ぶ川柳上達法(三上博史) 30
電子工作大図鑑(伊藤尚未) 212
電子書籍制作・流通の基礎テキスト(植村八潮) 70
電子書籍で人気小説を書こう!!(榎本秋) 45
電子書籍の作り方(境祐司) 71
電子書籍の作り方、売り方(加藤雅士) 71
電子書籍の作り方がカンタンにわかる本(三武信夫) 70
電子書籍の作り方ハンドブック(ジャムハウス) 71
電子編集入門(浦山毅) 72
伝承おもしろおもちゃ事典(竹井史) 177
でんじろう先生のカッコいい!科学おもちゃ(米村でんじろう) 176
伝統芸能家になるには(佐貫百合人) 231
伝統工芸ってなに?(日本工芸会東日本支部) 175
伝統工芸にたずさわる仕事(ヴィットインターナショナル企画室) 87
伝統工芸のきほん(伝統工芸のきほん編集室) 174, 180, 183, 184, 186, 192
伝統工芸袋物教室(大野一郎) 208
伝統美を表現する仕事(ヴィットインターナショナル企画室) 4
テンプレート式脱出ゲームの作り方(田中一広) 195
電流伝送方式オーディオDCアンプ(金田明彦) 217

【 と 】

動画×解説でかんたん理解!Unityゲームプログラミング超入門(大角茂之) 281
動画で楽しむはじめよう水墨画(久山一枝) 101
動機のデザイン(由井真波) 324
道具と機械の本(デビッド・マコーレイ) 212
道具のつかい方事典(峰尾幸仁) 178
陶芸をはじめよう(岸野和矢) 180
陶芸家Hのできるまで(林寧彦) 181
陶芸基本のテクニック70(柚木寿雄) 180
陶芸道場(杉山佳隆) 180
陶芸の技法(田村耕一) 181
陶芸の伝統技法(大西政太郎) 181
陶芸は生きがいになる(林寧彦) 179
陶工の本(バーナード・リーチ) 180
陶磁(小松誠) 181
どうしたらおもしろい人間になれますか?(よしもとクリエイティブカレッジ) 253
同人誌制作ナビ本(日本同人誌印刷業組合) 84
どうする?デザイン(ingectar-e) 324
動物園大脱走(デビッド・マコーレイ) 211
童話を書きたい人のための本(上條さなえ) 50
童話を書こう!(牧野節子) 50, 51
童話作家になりたい!!(立原えりか) 50
童話作家になるための本(日本児童文芸家協会) 51
童話作家になる方法(斉藤洋) 50
童話作家はいかが(斉藤洋) 51
10日間で弾けるアコースティック・ギター(森山直洋) 166
10日間で弾けるロック・ギター(河野和比古) 165
10日間で弾けるロック・ベース(河野淳) 165
時をこえる仏像(飯泉太子宗) 88
ドキドキグッズ(船本里美) 209
ときめきを結ぶタティングレース(Tiny Flowers*枝貴子) 205
ドキュメンタリーを作る(山登義明) 242
ドキュメンタリーを作る2.0(山登義明) 240
トコトンやさしい印刷の本(真山明夫) 80
トコトンやさしいエコハウスの本(鈴木八十二) 351
トコトンやさしい色彩工学の本(前田秀一) 341
トコトンやさしい包装の本(石谷孝佑) 332
とっておきのflower style(佐々木潤子) 367
トップ・インタビュアーの「聴き技」84(木村隆志) 62
届く!刺さる!!売れる!!!キャッチコピーの極意(弓削徹) 329
となりのヘルベチカ(芦谷國一) 336
トピアリー(宮崎雅代) 366

トモsunのいちばんやさしいウクレレ・レッスン（トモsun） 161
土門拳の写真撮影入門（都築政昭） 117
トラウマ類語辞典（アンジェラ・アッカーマン） 54
ドラえもんを本気でつくる（大澤正彦） 221
「ドラマ」づくりで友だち発見（大門高子） 234
ドラマスタイリストという仕事（西ゆり子） 239
劇的（ドラマチック）！ 小説術（柏田道夫） 37
ドラムをたたこう（市川宇一郎） 154
ドラム入門（島村楽器株式会社） 150
とりあえず、素人っぽく見えないデザインのコツを教えてください！（ingectar-e） 314
とりあえず作ってみる作曲術入門（岡田庄司） 142
とりあえずの国語力（石原大作） 16
Dorico 3.5楽譜作成ガイド（スタイルノート楽譜制作部） 133
ドリル式！ この1冊で譜面の読めるギタリストになれる本（渡辺具義） 133
ドリル式やさしくはじめるWebデザインの学校（佐藤好彦） 289
ドリーン・ローリンのフラワーデザインテクニック（ドリーン・ローリン） 368
撮る人へ（安友志乃） 120
DRAWINGドローイング（鈴木ヒラク） 95
ドローイング（近藤達雄） 99
ドローイングレッスン（ジュリエット・アリスティデス） 98
ドローンを作ろう！ 飛ばそう！（高橋隆雄） 226
ドローンのつくり方・飛ばし方（野波健蔵） 225
どんなストーリーでも書けてしまう本（仲村みなみ） 35
トンネルのひみつ（田川滋） 350

【な】

仲間とつくる楽しく稼げるイベントマーケティング（村井祥亮） 252
中身が見える木の家のつくり方（nestさいたま） 352
Nuxt.jsとPythonで作る！ぬるさくAIアプリ開発入門（深関嗣） 268
なぜか惹かれる言葉のつくりかた（能勢邦子） 329
なぜ私はこの仕事を選んだのか（岩波書店編集部） 4
なぞる・ぬる 2ステップレッスン帖（森田健二郎） 93
夏井いつきのおウチde俳句（夏井いつき） 27
夏井いつきの世界一わかりやすい俳句の授業（夏井いつき） 27
夏井いつきの俳句ことはじめ（夏井いつき） 27

「懐かしドラマ」が教えてくれるシナリオの書き方（浅田直亮） 34
なっちゃえ！ 女性ライター（早稲田マスコミセミナー） 22
なっとくレイアウト（フレア） 74
何かを書きたいあなたへ（内藤みか） 18
7日間でマスターする配色基礎講座（内田広由紀） 345
7日でうまくなる油絵初級レッスン（小屋哲雄） 102
なまえデザイン（小薬元） 328
「悩まない」配色の基本（細山田デザイン事務所） 339
なりたいのは建築家（ローランド・ハーゲンバーグ） 351
なるほどデッサン（白井岳志） 94
なんだ、けっきょく最後は言葉じゃないか。（伊藤公一） 329
何でもわかる文章の書き方百科（平井昌夫） 21
なんのための仕事？（西村佳哲） 317

【に】

ニコニコ動画の中の人（『ニコ動の中の人』の中の人） 300
西谷史先生のライトノベルの書き方の教科書（西谷史） 42, 43
20代で身につけたいプロ建築家になる勉強法（山梨知彦） 351
20歳（にじゅっさい）の自分に受けさせたい文章講義（古賀史健） 15
2色印刷デザイン＆テクニック（インフォメディア） 81
2色デザイン・テクニックのセオリー（佐々木剛士） 76
2択でわかる配色基礎トレーニング（内田広由紀） 339
日曜大工を極める道具の徹底使用術（荒井章） 189
日曜大工ですてきな庭づくり 360
日曜大工で建てる夢の手作りマイホーム（藤岡等） 354
日曜大工でレンガワーク（藤岡等） 359
日曜大工に役立つDIY用語事典（荒井章） 178
日曜大工の（新）常識（藤岡等） 189
日記ブログで夢をかなえる（経沢香保子） 301
2.5次元のトップランナーたち（門倉紫麻） 231
200W水力発電装置を作ろう（石田正） 224
日本映画大学で実践しているドキュメンタリー映像制作の作法（安岡卓治） 239
日本画思い通りに描く基本と応用のコツ40（中村鳳男） 91
日本画の描き方（菅田友子） 92
日本語への文士の心構え（大久保房男） 18
日本語を書く作法・読む作法（阿刀田高） 17

日本語組版入門(向井裕一) 73
日本語だからスイスイ作れるプログラミング入門教室(クジラ飛行机) 263
日本語TEX超入門(臼田昭司) 78
日本語の〈書き〉方(森山卓郎) 14
日本語の使い方に強くなる文字遊び(藁谷久三) 23
日本語の磨きかた(林望) 22
日本語の豊かな使い手になるために(大岡信) 21
日本語のレトリック(瀬戸賢一) 21
日本語表現法(白寄まゆみ) 11
日本語表現法(網本尚子) 16
日本語笑いの技法辞典(中村明) 11
日本の音階と和声(中西覚) 126
日本の染型 184
日本の発明・くふう図鑑(発明図鑑編集委員会) 1
日本の文字組・表組デザイン 78
入社1年目からの「Web技術」がわかる本(濱勝巳) 291
入門Webゲーム開発(Evan Burchard) 285
入門webデザイン 290
入門ゲームプログラミング(チャールズ・ケリー) 285
入門色彩学(松崎雅則) 344
入門者のための「合唱の要点」(鵜川敬史) 145
入門者のためのコントラバス教本(鷲見精一) 157
入門スピーカー自作ガイド(炭山アキラ) 218
入門日本語文章力(渡辺富美雄) 21
入門俳句事典(石田郷子) 29
入門Lego Mindstorms NXT(エヌエックスティ)(大庭慎一郎) 223
人気サイトに学ぶウェブユーザビリティ(猿橋大) 295
人気漫画家が教える！ まんがのかき方(久世みずき) 108, 109
Nintendo Switchで学ぶ！プログラミングワーク(スマイルブーム) 257

【ぬ】

縫いながら覚えられるホームソーイングの基礎BOOK(伊藤みちよ) 199

【ね】

猫でもわかるPlayFab(ねこじょーかー) 281, 282
猫でもわかるPlayFab入門(ねこじょーかー) 282
ネットアイドル(村松孝英) 230
ネット時代の「取材学」(藤井誠二) 59
ネット時代のボカロP秘伝の書(仁平淳宏) 139

ネーミング辞典(学研辞典編集部) 56
ネーミング全史(岩永嘉弘) 330
ネーミング発想・商標出願かんたん教科書(松野泰明) 330
ネーミング発想法(横井惠子) 332
年収1000万円！稼ぐ「ライター」の仕事術(吉田典史) 18

【の】

鋸・墨壺大全(大工道具研究会) 186
野田クリスタルのこんなゲームが作りたい！(野田クリスタル) 281
ノベルゲームのシナリオ作成奥義(無頼寿あさむ) 36
ノベルゲームのシナリオ作成技法(涼元悠一) 36
鑿大全(大工道具研究会) 185
野焼き(『つくる陶磁郎』編集部) 181
乗りものやコンピュータを扱う仕事 3
ノンデザイナーズ・デザインブック(Robin Williams) 316
ノンデザイナーのためのPhotoshop写真加工講座(パパ) 249

【は】

俳画講座(鈴木紅鷗) 94
俳句を楽しむ(佐藤郁良) 27
俳句をつくる(鍵和田秞子) 28
俳句を始めて習う人のために(甘田正翠) 30
俳句・川柳・短歌の練習帖(坊城俊樹) 23
俳句・短歌をつくろう(神野紗希) 23
俳句で能力トレーニング(明治書院編集部) 28
俳句でみがこう言葉の力(小山正見) 27
俳句入門(有馬朗人) 28
俳句入門・再入門(安部元気) 28
俳句の書き方(初山祥雲) 171
Haikuのすすめ(吉村侑久代) 29
俳句の作り方110のコツ(辻桃子) 29
俳句部、はじめました(神野紗希) 26
ハイクロペディア(蜂谷一人) 26
俳句わくわく51！(西田拓郎) 26, 27
俳句は初心(飯田龍太) 28
配色&カラーデザイン(都外川八恵) 342
配色イメージ手帳(桜井輝子) 342
配色デザイン(スーヴェニアデザイン) 343
配色デザインミニ帳(伊達千代) 340
配色デザイン見本帳(伊達千代) 341
配色手帳(日本カラーデザイン研究所) 339
Python(三谷純) 264
Python1年生(森巧尚) 261

書名	頁
Python×APIで動かして学ぶAI活用プログラミング（下山輝昌）	273
Python〈完全〉入門（松浦健一郎）	265
Python3年生機械学習のしくみ（森巧尚）	309
Python3年生ディープラーニングのしくみ（森巧尚）	309
Python3 3Dゲームプログラミング（大西武）	282
Python3で学ぶ！プログラミングはじめの一歩（大西泰平）	265
Python超入門（及川えり子）	268
Pythonで簡単プログラミング入門	258
Pythonでチャレンジするプログラミング入門（石上晋）	260
Pythonでつくるゲーム開発入門講座（廣瀬豪）	283
Pythonでつくるゲームプログラミング入門（松浦健一郎）	282
Pythonではじめるゲーム制作超入門（廣瀬豪）	280
Pythonで学ぶはじめてのプログラミング入門教室（柴田淳）	258
Pythonでまなぶプログラミング（[佐々木明]）	262
PythonとDjangoではじめる！Webアプリ制作ハンズオン（大西陽平）	273
Python2年生デスクトップアプリ開発のしくみ（森巧尚）	274
Python版コンピュータ科学とプログラミング入門（小高知宏）	264
Python FlaskによるWebアプリ開発入門（佐藤昌基）	275
Python+Panda3Dによるゲームプログラミング（多田憲孝）	281
ハイブリッドイベントの教科書（光畑真樹）	251
売文生活（日垣隆）	19
俳優になりたいあなたへ（鴻上尚史）	235
俳優になる	235
俳優になる。	235
俳優になるということ（ディー・キャノン）	234
俳優になるには（山本健翔）	234, 235
俳優になる方法（山崎哲）	234
俳優の教科書（三谷一夫）	234
How to絵織物（ユミコ・ミノーラ）	185
爆笑コント入門（元祖爆笑王）	253
バグと挑戦デバッグの方法（エコー・エリース・ゴンザレス）	265
バークリー式ビッグバンド・アレンジ入門（ディック・ローウェル）	151
箱がデキルまで（スタッフォード・クリフ）	334
初めて買う人のための300万画素時代のデジタルカメラ入門Q&A	121
はじめて描く人へ花の水彩画レッスン（玉村豊男）	100
初めて描く人のための漫画キャラデッサン（なごさわとろ）	104
はじめてカメラ（東京新聞写真部）	117
初めて挑戦する人のためのかな交じり書レッスンブック（金子卓義）	173
はじめてつくるWebアプリケーション（江森真由美）	274
はじめてつくるウッドファニチャー	189
はじめて作るバッグ	207
はじめてつくるパワーアンプ（酒井智巳）	219
はじめてつくるビスクドール（本城光太郎）	193
はじめてつくるプリアンプ（酒井智巳）	219
はじめてつくるヘッドフォンアンプ（酒井智巳）	219
初めてデザインを学ぶ人のために（大竹誠）	319
はじめてでも編めるかぎ針編みの教科書（イデガミアイ）	206
はじめてでも編める棒針編みの教科書（イデガミアイ）	206
はじめてでも必ず作れる手づくりバッグのきほん（赤峰清香）	207
はじめてでもカンタン！手づくり布マスク（手づくり布マスク編集室）	202
はじめてでも基礎から身につく石膏デッサンの描き方教室（田代聖晃）	96
はじめてでもこれ1冊できちんとわかる棒針編みの基本BOOK（鎌田恵美子）	207
はじめてでも上手にできる刺しゅうの基本（川畑杏奈）	200
はじめてでもスグ叩ける!!ロック・ドラム超入門	152
はじめてでもすぐに描けるデッサン入門（藤森詔子）	97
はじめてでもスグ弾ける!!アコースティック・ギター超入門（浦田泰宏）	165, 167
はじめてでもスグ弾ける!!ウクレレ超入門（浦田泰宏）	164
はじめてでもスグ弾ける!!ジャズ・ギター超入門（浦田泰宏）	165
はじめてでもスグ弾ける!!ソロ・ギター超入門（末原康志）	164
はじめてでもスグ弾ける!!ブルース・ギター超入門（浦田泰宏）	164
はじめてでもスグ弾ける!!ロック・ギター超入門（池田庫之助）	165, 167
はじめてでもスグ弾ける!!ロック・ベース超入門	167
はじめてでもスグ吹ける!!アルト・サックス超入門（岩佐真帆呂）	152
はじめてでもスグ吹ける!!フルート超入門（井上康子）	152
はじめてでも大丈夫！編みながら楽しく覚える棒針編みの基礎（成美堂出版編集部）	205
はじめてでも楽しくできるスケッチの基本（山田雅夫）	98
はじめてでも作れる基本の麻ひもバッグ（青木恵理子）	208
はじめてでもできる！『黒板アート』の描き方事典（小野大輔）	91
はじめてでもできる木工クラフト	189

はじめてでもできるワンポイント刺しゅうBOOK ………………………………… 199
はじめてでもひとりで弾ける！やさしいクラシックピアノ入門（井上明美）……… 169
はじめてでも迷わないMidjourneyのきほん（mikimiki web school）………… 248
はじめてのiOSアプリプログラミング入門（辨崎宗義）…………………………… 278
はじめてのアコースティック・ギター（［成瀬正樹］）…………………………… 165
はじめての油絵（金子亨）………………… 102
はじめての油絵レッスン（マーク・ウィレンブリンク）…………………………… 102
はじめてのアルゴリズム（島袋舞子）……… 257
はじめてのアルト・サックス ……………… 159
はじめてのAndroidアプリ開発（山田祥寛）………………………………………… 275
はじめてのAndroidアプリ開発（山内直）… 274
はじめてのAndroidアプリ作成HTML5入門（末次章）……………………………… 278
はじめてのAndroidアプリ作成Java入門（末次章）…………………………………… 278
はじめてのAndroidプログラミング（金田浩明）………………………………………… 266
はじめてのAndroidプログラミング入門（五十嵐貴之）……………………………… 273
はじめてのいけばな ……………………… 369
はじめての今さら聞けないアフィリエイト入門（染谷昌利）…………………………… 288
はじめての今さら聞けないGoPro入門（日沼諭史）…………………………………… 306
はじめてのIllustrator CC（佐藤理樹）…… 249
はじめてのWebデザイン＆プログラミング（村上祐治）………………………………… 259
はじめてのWebライティング大全100（芝田弘美）……………………………………… 298
はじめてのウクレレ（勝誠二）…………… 164
はじめての歌声合成ソフト（I/O編集部）… 135
はじめてのASP.NET4（フォー）プログラミング（土井毅）…………………………… 279
はじめてのEffekseer（澤田進平）………… 283
はじめての演技トレーニング（松濤アクターズギムナジウム）…………………… 234
はじめてのオイルペインティング（吉川あつこ）…………………………………………… 93
はじめてのおさいほうBOOK（高橋恵美子）………………………………………… 199
はじめてのおし花（武広美紀子）………… 368
はじめての押し花（澤登恵美子）………… 368
はじめてのおしゃれレッスン（マイバースデイ編集部）…………………………… 371
はじめてのオープン陶芸（伊藤珠子）…… 180
はじめてのオリジナル・エフェクター＆ミニ・アンプ製作（秋間経夫）……………… 216
はじめてのかぎ針 ………………………… 206
はじめての画像処理技術（岡崎彰夫）…… 250
初めてのガーデニング …………………… 357
初めてのガーデニング大図鑑（成美堂出版編集部）……………………………………… 355

はじめてのガーデニングデラックス ……… 355
はじめてのガーデン作り（中山正範）…… 356
はじめての革モノづくり（森下雅代）…… 192
はじめての漢詩作り入門（後藤淳一）……… 32
はじめての漢詩創作（鷲野正明）………… 33
はじめての簡単いけばな（竹中麗湖）…… 369
はじめてのかんたんギター作曲法（藤田進）………………………………………… 143
はじめての機械学習（田口善弘）………… 310
はじめての技術書ライティング（向井領治）………………………………………………… 11
はじめてのkindle出版方法がシンプルにわかるガイドブック（あん堂本づくり部）…… 70
はじめてのクラシック・ギター（斉藤松男）………………………………………… 164
はじめての劇作（デヴィッド・カーター）…… 36
はじめての自費出版（幻冬舎ルネッサンス）………………………………………………… 67
はじめての植物画（鎌滝由美）…………… 101
はじめての人物イラストレッスン帳（岩崎宏）………………………………………… 112
はじめての人物画レッスン帳（増井孝洋）…… 99
はじめての水彩レッスン（若月美南）…… 100
はじめての吹奏楽ブラスバンド（佐藤博）… 155
はじめての水墨画（岡村南紅）…………… 102
はじめての水墨画（小林東雲）…………… 101
初めての水墨画（矢形嵐酔）……………… 101
はじめてのスプリンギン（しくみデザイン）………………………………………… 282
はじめての声優トレーニング（松濤アクターズギムナジウム）…………………… 238
はじめてのソーシャルメディア論（白土由佳）………………………………………… 297
はじめての短歌（穂村弘）………………… 24
はじめてのデザイン思考（伊豆裕一）…… 314
はじめてのデジタル一眼撮り方超入門（川野恭子）………………………………………… 118
はじめての手づくり革小物（アトリエネトラポート）…………………………………… 191
はじめての手づくり盆栽（豊島伊都子）… 361
はじめてのデッサン教室60秒右脳ドローイングで絵が感動的にうまくなる！（松原美那子）………………………………………… 95
はじめてのデッサン教室60秒右脳ドローイングでパース・陰影がうまくなる！（松原美那子）………………………………………… 94
はじめての電子出版（タナカヒロシ）…… 71
はじめての同人誌デザイン（木緒なち）…… 84
はじめてのトートバッグ ………………… 208
はじめてのトールペイント（成美堂出版編集部）………………………………………… 93
はじめての庭作り（新星出版社編集部）… 360
はじめての「ぬう」と「あむ」＋おさいほう（ミカ＊ユカ）……………………… 200
はじめてのNode.js（松島浩道）………… 277
はじめての発声法（ジャン＝クロード・マリオン）………………………………………… 150
はじめての初音ミク ……………………… 142
はじめての花色配色テクニックBOOK（坂口美重子）…………………………………… 364

408

はない

はじめての花の木(宙出版書籍編集部) …… 357
はじめてのBLマンガの描き方(藤本ミツロウ) …………………………………… 111
初めての人にもできる！木組の家づくり絵本(松井郁夫) ………………………… 349
はじめてのフェルトケーキ(飯塚みさ江) … 210
はじめてのフェルトぬいぐるみ(浦山亜由美) …………………………………… 210
はじめてのFlex(楠神沙緒里) …………… 278
はじめてのプログラミングHSP3.4+3Dish超入門(おにたま) ……………………… 273
はじめての文学講義(中村邦生) ………… 41
初めての文章表現道場(佐藤二雄) ……… 20
初めてのペン画教室(A.L.ガプティル) … 114
はじめての棒針 ……………………………… 206
はじめてのポピュラーピアノ入門(進藤克己) …………………………………… 169
はじめてのホームページ制作WordPress超入門(早﨑祐介) ……………………… 287
はじめてのMarkdown(清水美樹) ……… 292
はじめてのマルチローディング(加藤幸子) …………………………………… 99
はじめての漫才(矢島ノブ雄) …………… 253
はじめてのメッシュフラワーとアクセサリー(塩崎文江) ……………………… 367
はじめての"文字で打ちこむ"プログラミングの本(尾関基行) ……………………… 258
はじめての木工切るだけ！つなぐだけ‼(滝口明治) ……………………………… 187
はじめてのやさしい短歌のつくりかた(横山未来子) ……………………………… 25
はじめての羊毛マスコット(せとよしみ) … 210
はじめてのLaTeX(清水美樹) …………… 76
はじめてのリボンフラワー(塩崎文江) … 368
はじめてのレコーディング(満田恒春) … 244
はじめての連句(坂本砂南) ……………… 28
はじめてのロボット工学(石黒浩) ……… 221
はじめての和楽器(石川憲弘) …………… 170
初めて本を創る人へ(杉山隆) …………… 69
はじめて学ぶ印刷技術(DTP研究会) …… 72
はじめて学ぶ印刷技術(小早川亨) ……… 80
はじめて学ぶ映像コミュニケーション(長野真一) ………………………………… 239
初めて学ぶ住居学(〈建築のテキスト〉編集委員会) ……………………………… 350
初めて学ぶ図学と製図(松井悟) ………… 354
はじめて学ぶデザインの基本(小島トシノブ) …………………………………… 316
はじめの一歩(演劇教育フォーラムこんぺいとう) ………………………………… 233
はじめましたボード織り(山野井佳子) … 185
はじめましょ！エコクラフト手芸 ……… 204
はじめよう！アコギでブルース(野村大輔) …………………………………… 166
はじめよう、いけばな(小原流編集室) … 370
はじめよう！学校ビオトープ(日本生態系協会) ………………………………… 356
はじめよう！合唱(青島広志) …………… 149

はじめよう！楽しくマスターするGarageBand iOS/iPadOS版(大津真) ………… 137
はじめよう花のある暮らし(真子やすこ) … 362
はじめよう！ピアノでコード弾き(野村美樹子) ……………………………… 169
はじめよう、ロジカル・ライティング(名古屋大学教育学部附属中学校・高等学校国語科) ………………………………………… 14
はじめるいけばな学校華道(池坊専永) … 369
芭蕉のことばに学ぶ俳句のつくり方(石寒太) ………………………………………… 28
バジル先生の吹奏楽相談室(バジル・クリッツァー) ……………………………… 156
パステル画技法と表現力を磨く50のポイント(高木匡子) ………………………… 90
パステル画入門(ジョン・ブロックリー) … 94
バズる1行(中山マコト) ………………… 329
バズる！写真撮影術(中瀬雄登) ………… 116
「バズる文章」のつくり方(尾藤克之) … 298
パソコン超初心者のための図解でかんたん！Jw_cad(中央編集舎) ………………… 251
パソコンであなたの本を作る本(パーソナル出版倶楽部) ……………………… 70
パソコンで発表しよう(月岡貞夫) ……… 247
パーソナルカラーワークブック(伊熊知子) …………………………………… 343
肌に髪に「優しい石けん」手作りレシピ32(小幡有樹子) ……………………… 178
肌にも環境にもやさしい手作り美肌石けん(今井龍弥) ……………………………… 179
肌に優しい手作り石けん&入浴剤(小幡有樹子) ……………………………… 177
はたらくプログラミング(とりたす) …… 266
バナーの機能と役割(満清一) …………… 198
はちま起稿(清水鉄平) …………………… 300
バッグ作りの基礎ノート(しかのるーむ) … 208
パッケージデザイン(佐井国夫) ………… 333
パッケージデザインを学ぶ(白尾隆太郎) … 333
パッケージデザインの教科書(日経デザイン) ……………………………………… 333
パッケージデザインのひみつ(日本パッケージデザイン協会) ……………………… 332
発信力の育てかた(外岡秀俊) …………… 59
パッチワークビギナーズブック(木村公子) …………………………………… 209
初花レッスン(坪内裕子) ………………… 363
800字を書く力(鈴木信一) ……………… 17
発明家は子ども！(マーク・マカッチャン) … 3
発明にチャレンジ！(日本弁理士会) …… 4
はてなのデザイン …………………………… 314
はてなブログカスタマイズガイド(相澤裕介) …………………………………… 289
はてなブログPerfect GuideBook(JOE AOTO) ……………………………………… 299
バード・カーヴィング入門(内山春雄) … 88
花アレンジメント ………………………… 367
花1本からはじめる基本のフラワーアレンジ(森美保) ……………………………… 363

はない　書名索引

花1本から始めるはじめてのフラワーアレンジ（小松弘典） …… 364
花1本から始めるフラワーアレンジの基本（森美保） …… 366
花・いろいろお絵かき（花と緑の研究所） …… 369
花色ブーケレッスン（ヨシタミチコ） …… 365
花を生ける（安達瞳子） …… 369
花を飾る（増田由希子） …… 361
花言葉で編むフラワーアレンジメント（長井睦美） …… 362
花束作り基礎レッスン（橋口学） …… 365
花束デザインブック（フローリスト編集部） …… 365
花束の作り方テクニック（フローリスト編集部） …… 363
花束・ブーケの発想と作り方（フローリスト編集部） …… 363
花田編集長！ 質問です。（花田紀凱） …… 66
花と緑のガーデニング（松井孝） …… 355
花にかかわる仕事（ヴィットインターナショナル企画室） …… 367
花のアレンジテクニックフォルムとプロポーション（蛭田謙一郎） …… 364
花の教室（井出綾） …… 364
花のスケッチ入門（中島千波） …… 99
花の造形理論基礎レッスン（橋口学） …… 362
花のデザイン構成（久保数政） …… 366
花のパステル画入門（ジャッキー・シモンズ） …… 93
花の本（新井光史） …… 362
はなひとつうつわ（関美香） …… 369
バーナーワーク（松村潔） …… 182
パパッとデザインレシピ（Power Design Inc.） …… 324
母と子の織りの楽しみ（志村ふくみ） …… 184
パーフェクトマスターデッサン・静物（国政一真） …… 98
パブリック・アクセスを学ぶ人のために（津田正夫） …… 230
ハムのLED工作お役立ちガイド（内田裕之） …… 214
場面設定類語辞典（アンジェラ・アッカーマン） …… 54
早引き音楽記号・用語事典（齋藤純一郎） …… 134
早わかり印刷の知識 …… 80
早分かり川柳作句Q&A（三宅保州） …… 30
早わかりメイクの秘密 …… 370
はやわかり!!ライトノベル・ファンタジー（榎本秋） …… 47
Balance in design（Kimberly Elam） …… 321
ハリウッド大作映画の作り方（ハイパーブレス） …… 243
針と糸なしで作るフェルトの焼き菓子＆パン（原口幸子） …… 210
HELLO WORLD（アリス・ローソーン） …… 317
パワーアップしようぜ！ みんなの吹奏楽 …… 158
パワーアップ吹奏楽！ オーボエ（宮村和宏） …… 155
パワーアップ吹奏楽！ からだの使い方（高垣智） …… 156
パワーアップ吹奏楽！ 心とチームワークの育て方（藤重佳久） …… 156
パワーアップ吹奏楽！ ファゴット（鹿野智子） …… 158
パワーアップ吹奏楽！ ユーフォニアム（深石宗太郎） …… 155
版画（武蔵野美術大学油絵学科版画研究室） …… 103
坂茂の家の作り方（坂茂） …… 351
ハンズオンで身につく！ Unreal Engine5ゲーム開発入門（遠藤俊太） …… 279
帆船模型製作技法（白井一信） …… 194
バンドをつくろう！（タケカワユキヒデ） …… 154
バンド・スコアを攻略しよう！（自由現代社編集部） …… 131
バンドプロデューサー5ガイドブック（平賀宏之） …… 138
バンドマンが読むべきライブハウスの取扱説明書（足立浩志） …… 151
ハンドメイドイベント出展ガイドブック …… 203
ハンドメイド作家になる本 …… 203
ハンドメイド雑貨のお仕事BOOK（マツドアケミ） …… 204
ハンド・レタリングの教科書（マルティナ・フロー） …… 337
万能ルーター加工技能（アルバート・ジャクソン） …… 187

【ひ】

ピアノで始めるやさしい作曲法（岡素世） …… 136
ピアノdeボディパーカッション（山田俊之） …… 157
ピアノと歌がじょうずになる …… 154
ピアノ名曲で学ぶ楽典book（長沼由美） …… 131
ビオトープをつくろう！（アクアライフ編集部） …… 354
比較でわかる初心者デッサンの教科書（美学館デッサンスクール） …… 96
日陰の庭のガーデニング（英国王立園芸協会） …… 360
光が照らす未来（石井幹子） …… 347
光に魅せられた私の仕事（石井リーサ明理） …… 347
光の力をつかう光の工作（住野和男） …… 177
弾きながら覚える！ バイオリン入門（葉加瀬太郎） …… 161
ビギナーのための…エコクラフト手芸入門 …… 204
pixivエンジニアが教えるプログラミング入門（金子達哉） …… 273
ひぐちみちこの手づくり絵本講座（樋口通子） …… 115
飛行機写真をはじめよう！（中野耕志） …… 116
「ビジネス書」を書いて出版する法（畑田洋行） …… 20

ビジネス書の9割はゴーストライター（吉田典史） ……………………………… 14
BISHAMONゲームエフェクトデザイン入門（moko） …………………………… 285
BISHAMONゲームエフェクトデザインレシピ（アグニ・フレア） …………………… 284
BISHAMONではじめるゲームエフェクト制作（マッチロック） ………………… 284
ビジュアルカラーコーディネート（徳永聖一郎） ………………………………… 345
Visual grammar（Christian Leborg） ……… 320
ビジュアル情報処理 ……………………… 249
ビジュアル図解micro：bitではじめるプログラミング＆マイコンボード入門（速水祐） …… 213
美術家になるには（村田真） ………………… 86
美術教師がつくった水彩画の教科書（米山政弘） ………………………………… 101
美術ってなあに？（スージー・ホッジ） ……… 85
美術の時間（松井大助） ……………………… 86
美術の進路相談（イトウハジメ） …………… 90
美大式ビジネスパーソンのデザイン入門（稲葉裕美） ……………………………… 313
左利きさんのためのはじめてのかぎ針編み（佐野純子） ……………………………… 205
左利きさんのためのはじめての棒針編み（佐野純子） ……………………………… 205
PICマイコンとBASICで広がる電子工作（丹羽一夫） ……………………………… 214
羊の毛糸とフェルト（本出まさみ） ………… 184
ヒット曲で一発マスターはじめてのアコースティックギター（古川忠義） …………… 161
ヒット商品ネーミングの秘密（秋場良宣） … 332
ヒットするiPhoneアプリの作り方・売り方・育て方（川畑雄補） ……………………… 277
ヒット・チャートをぶっとばせ！（森雪之丞） …………………………………………… 145
ヒップホップのラッパーを目指す人のラップ入門（MC・一寸法師） ………………… 147
ビデオカメラでいこう（白石草） …………… 241
ビデオジャーナリズム（神保哲生） ………… 63
ビデオ・レッスン（渡辺浩） ………………… 243
人を集めるマニュアル（東山雅広） ………… 252
人をきれいにしたい（しごと応援団） ……… 197
人を楽しませたい（しごと応援団） …………… 3
ひとこと化（坂本和加） ……………………… 328
人の動きを観察しよう（月岡貞夫） ………… 247
ひと目でわかるアートのしくみとはたらき図鑑（池上英洋） ……………………………… 85
ひと目でわかる配色デザインの基本。（柘植ヒロポン） ……………………………… 340
ひと目でわかるフォントが活きるデザインの基本。（伊達千代） …………………… 314
ひと目でわかる盆栽づくりの基本とコツ（高柳良夫） ……………………………… 361
ひと目でわかるレイアウトの基本。（大里浩二） ………………………………………… 315
ひとりから始めるアニメのつくり方（おかだえみこ） ………………………………… 246

ひとりでできるフラワーデザイン基礎講座（神保豊） ……………………………… 364
1人でできる！3日で完成！事例で学ぶ1分間PR動画ラクラク作成ハンドブック（渡川修一） ……………………………… 306
ひとりで学べる作曲法入門（伊藤康英） …… 136
1人で学べる初心者のためのチェロ入門（石黒豪） ……………………………… 162
一人でもできる映画の撮り方（西村雄一郎） ……………………………………… 243
ひとりでもみんなでもからだを使ってリズムで遊ぼう！（伊藤康英） ……………… 125
人はなぜ、こんなにも庭仕事で幸せになれるのか（エイミィ・ステュワート） …… 359
人は文章を書く生きものです。（星野人史） … 16
美の共感思考（福井安紀） …………………… 89
VIVA!!カッパン（アダナ・プレス倶楽部） …… 80
響く言葉（東京工科大学） ………………… 227
p5.jsプログラミングガイド（松田晃一） …… 263
100円グッズで作って遊ぼう！ 遊具編（工作・実験工房） ……………………………… 175
100円ショップでうきうき手づくりおもちゃ（吉田未希子） ……………………… 175
100円ショップで手づくりおもちゃ（吉田未希子） ……………………………… 179
150字からはじめる「うまい」と言われる文章の書き方（高橋フミアキ） …………… 15
100語でわかる色彩（アマンディンヌ・ガリエンヌ） ………………………………… 340
100年愛されるキャラクターのつくり方（近藤健祐） ……………………………… 112
100年後も読み継がれる児童文学の書き方（村山早紀） ………………………………… 50
100倍売れる文章が書ける！Webライティングのすべてがわかる本（KYOKO） …… 298
100万人の文章表現術（PHPエディターズ・グループ） ……………………………… 22
表現する仕事がしたい！（岩波書店編集部） … 2
評論家入門（小谷野敦） ……………………… 20
平野"フィギュア・マイスター"義高の仕事（平野義高） ……………………………… 193
ヒロイン専用スーツ・武器の作りかた（西脇直人） ……………………………… 201
広瀬香美の歌い方教室（広瀬香美） ………… 147
100万人の文章表現術（PHPエディターズ・グループ） ……………………………… 22
ヒーローの作り方（オットー・ペンズラー） … 45

【ふ】

ファッショングッズプロフェッショナル事典（ジェーン・シェイファー） …………… 196
ファッション建築ITのしごと（PHP研究所） … 2
ファッション小物のデザインと描き方（マヌエーラ・ブラムバッティ） …………… 195
ファッションディレクターの言葉と心と夢（福田春美） ……………………………… 197

ファッションデザイナー（スタジオ248）……… 196
ファッションデザイナーになろう！（山辺麻由）……………………………………… 198
ファッションデザイン101のアイデア（アルフレッド・カブレラ）………………… 197
FASHION DESIGN BASICS（Richard Sorger）………………………………… 197
ファッションデザイン・リサーチ（Simon Seivewright）……………………………… 196
ファッションデザイン・リソース（Robert Leach）…………………………………… 196
ファッションの仕事で世界を変える（白木夏子）……………………………………… 196
ファッションのひみつ（あすみきり）……… 196
ファム・ビューティー（Banana Boat Crew）………………………………………… 235
ファンタジーへの誘い（TricksterAge編集部）…………………………………………… 41
ファンタジー世界用語事典（小谷真理）…… 55
ファンタジー・ネーミング辞典EX（幻想世界研究会）………………………………… 57
ファンタジーのつくり方（中村一朗）……… 58
フィギュアの教科書（藤田茂敏）………… 193
フィギュアメイクアップマニュアル（mamoru）…………………………………… 193
VTuberデザイン大全（小栗さえ）……… 303
風景写真の正しい撮り方 ………………… 118
フェルトで作るかわいい動物（雄鶏社）… 210
フェルトでつくるスイーツ（野口光世）… 210
フェルトのマスコット&雑貨（雄鶏社）… 210
フォトジャーナリストが見た世界（川畑嘉文）…………………………………………… 118
フォト・ジャーナリズム（徳山喜雄）…… 120
フォトブックで好きな本をつくる ………… 65
フォーマット（ギャヴィン・アンブローズ）… 321
フォロワーが増える！Instagramコンテンツ制作・運用の教科書（mikimiki web school）………………………………… 297
フォントの話をしよう ……………………… 335
フォント部へようこそ（フォント部）…… 336
深くておいしい小説の書き方（三田誠広）… 49
深く「読む」技術（今野雅方）…………… 45
部活でスキルアップ！演劇上達バイブル（杉山純じ）…………………………………… 232
部活でスキルアップ！演劇部活躍のポイント（杉山純じ）…………………………… 231
部活でスキルアップ！写真部活躍のポイント（吉田允彦）…………………………… 116
部活でスキルアップ！文芸部活躍のポイント（田中拓也）……………………………… 38
部活でスキルアップ！放送部活躍のポイント（さらだたまこ）……………………… 227
部活でレベルアップ！合唱上達のポイント50（渡瀬昌治）………………………… 146
部活でレベルアップ！吹奏楽上達のコツ50（畠田貴生）…………………………… 156
服飾がわかる事典（熊崎高道）…………… 197
ブーケ基礎レッスン（渡辺俊治）………… 367
富豪作家貧乏作家（水野俊哉）……………… 7

ふしぎなトリックアート（一川誠）……… 194
舞台衣裳とデザイン（石橋舞）…………… 231
舞台衣裳の仕事（加納豊美）……………… 233
舞台に生きる（花田春兆）………………… 233
舞台に生きる（浜畑賢吉）………………… 232
プチコン4 SMILEBASIC公式リファレンスブック……………………………………… 282
プチプチアクセサリー（船本里美）……… 209
ふつうのデザイナーのためのタイポグラフィが上手くなる本（加納佑輔）………… 334
仏画入門（山田美和）……………………… 91
仏画の描き方（川端貴侊）………………… 91
仏師という生き方（江里康慧）…………… 89
仏師に聞く仏像彫刻教室（髙井龍玄）…… 88
仏像彫刻の技法（松久朋琳）……………… 88
ブティデザイン（阿部さやか）…………… 367
筆であそぼう書道入門（角田恵理子）…… 171
フードライターになろう！（浅野陽子）…… 7
譜読みチャレンジ（内藤雅子）…………… 128
Flask本格入門（樹下雅章）……………… 274
フラットデザインの基本ルール（佐藤好彦）…………………………………………… 292
プラモはじめます！（香坂きの）………… 194
フラワーアレンジスタイリング入門（渡邉昭彦）…………………………………… 365
フラワーアレンジはじめてBOOK（井越和子）…………………………………………… 365
フラワーアレンジメント楽しいレッスン33（フラワーデコレーター協会）……… 369
フラワーアレンジメント入門（新妻尚美）… 368
フラワーアレンジメントの発想と作り方（永塚慎一）……………………………… 362
フラワーアレンジレッスン（野口美知子）… 365
フラワー・インテリアbook（鈴音）……… 366
フラワーデザイナーのための花の教科書（日本フラワーデザイナー協会）………… 363
フラワーデザイナーのためのハンドブック… 365
フラワーデザインをはじめたいあなたに…… 366
フラワーデザイン入門（日本フラワーデザイナー協会）……………………………… 366
フラワーデザインの教科書（永塚慎一）… 361
フラワーラッピング・マニュアル（出崎徹）… 362
フラワーリースの発想と作り方（フローリスト編集部）…………………………… 363
プランツ・イン・スタイル（レン・オークメイド）…………………………………… 366
プリザーブドフラワーテキスト（こなかみき）…………………………………………… 366
プリザーブドフラワー・バイブル（石川妙子）…………………………………………… 367
プリザーブドフラワーブーケ&アレンジメント（今野政代）……………………… 367
フリースタイル・ラップの教科書（晋平太）… 146
ブリタニカ科学まんが図鑑ロボット（ボンボンストーリー）……………………… 222
フリーのデザイナーになる。（立БА和智）… 320
フリーライターズ・マニュアル（樋口聡）… 20
フリーライターとして稼いでいく方法、教えます。（肥沼和之）…………………… 12

フリーライターになる方法(樋口聡) 23
フリーライターになろう!(八岩まどか) 15
プリントオンデマンドガイドブック(日本複写産業協同組合連合会) 79
ブルース・ギター超入門(浦田泰宏) 165
PlayCanvasではじめるWeb3Dコンテンツ制作(津田良太郎) 248
Blenderでアニメ絵キャラクターを作ろう!(夏森轄) 244, 245
プロを目指す文章術(三田誠広) 46
プロが教えるアニソンの作り方(ランティス) 139
プロが教える少女マンガの作り方(松元美智子) 107
プロ画家になる!(佐々木豊) 90
フローが見せる制御フローのはたらき(エコー・エリース・ゴンザレス) 265
ブログを本にする本(佐藤英典) 301
ブログデザイン(大藤幹) 296
ブログデザイン(グロービズ) 296
ブログで始める超速起業入門(中野瑛彦) .. 302
ブログマネタイズのツボ84(菅家伸) 298
プログラマーになりたい!(長岡英史) .. 255
プログラマーの心得(赤間世紀) 255
プログラマーは芸術家であり、職人だ(浅井治) 255
プログラミングでSTEAMな学びBOOK(松田孝) 266
プログラミングでなにができる?(杉浦学) 273
プログラミングで目覚まし時計を作る! .. 271
プログラミングという最強の武器(庄司渉) 260
プログラミングHaskell(Graham Hutton) 267
プログラムによる計測・制御への第一歩(神崎康宏) 222
プログラムの絵本(アンク) 272
プログラムの基本を知ることで考える力が身につく(すわべしんいち) 259
Processingなら簡単!はじめてのプログラミング『超』入門(宮田章裕) 264
プロダクトデザインスケッチ(清水吉治) .. 322
プロダクトデザインのスケッチ技法(ケヴィン・ヘンリー) 322
プロダクトデザインのスタイリング入門(ピーター・ダブズ) 321
プロダクトデザイン101のアイデア(スン・ジャン) 321
プロだけが知っている届くデザイン(鎌田隆史) 313
ブロックチェーンdapp&ゲーム開発入門(Kedar Iyer) 283
プロデューサーがこっそり教えるギター弾き語りの法則(野口義修) 148
プロデュース入門(平野暁臣) 252
プロデュースの基本(木崎賢治) 146
プロなら誰でも知っているデザインの原則400(生田信一) 316

プロに聞いた!初心者が最初に覚えたいギターコード&作曲法(東哲哉) 136
プロになりたい人のための小説作法ハンドブック(榎本秋) 43
プロになるためのWeb技術入門(小森裕介) 295
プロのアドバイスで上手くなる!やさしいイラスト添削(ののまろ) 104
プロのWebクリエイターになるための教科書(千貫りこ) 295
プロの音プロの技(永野光浩) 138, 142
プロの現場で使えるデジタル一眼レフカメラ 120
プロの講師が教えるコミックイラストの描き方 106
プロの講師が教えるマンガの描き方 106
プロの作画から学ぶ超マンガデッサン(林晃) 108
プロの小説家が教えるクリエイターのための名付けの技法書(秀島迅) 37
プロのデザインルール 325, 326
プロフェッショナル13人が語るわたしの声優道(藤津亮太) 235
プロフェッショナルとは何か(香山壽夫) .. 351
プロフェッショナルな人たちのお仕事図鑑(お仕事図鑑編集委員会) 1
プロ文章論(上阪徹) 16
ふわふわ原毛でフェルトワーク(清水千絵) 211
文化系トークラジオLifeのやり方(鈴木謙介) 228
文化系部活動アイデアガイド演劇部(西野泉) 232
文化系部活動アイデアガイド合唱部(秋山浩子) 148
文化系部活動アイデアガイド美術部(秋山浩子) 86
文具と雑貨づくりの教科書(日経デザイン) 322
文系でも必ずわかる中学数学×Python(谷尻かおり) 266
文系のためのめっちゃやさしい人工知能(松原仁) 309
文系のロボット工学ことはじめ(田中善隆) 222
文彩百遊(荻生待也) 18
文章を読む、書くのが楽しくなっちゃう本(QuizKnock) 9
文章・会話辞典(野元菊雄) 21
文章がフツーにうまくなるとっておきのことば術(関根健一) 7
文章読本(日本ペンクラブ) 18
「文章の学校」の教科書(編集の学校) 19
文章のみがき方(辰濃和男) 18
文章表現のための辞典活用法(中村明) 11
文章力の「基本」が身につく本(山崎政志) .. 15
文章力の基本の基本(阿部紘久) 12
文筆生活の現場(石井政之) 63

【へ】

ヘアメイクアップアーティストになろう！（山辺麻由） ……… 371
ペイする自費出版（遠藤進） ……… 67
ベースの基本テクが完全制覇できる本（河野淳） ……… 163
へたっぴさんのためのお絵描き入門（森永みぐ） ……… 107
へたっぴさんのための身体（からだ）の描き方入門（森永みぐ） ……… 107
へたっぴさんのための表情＆ポーズの描き方入門（森永みぐ） ……… 106
ペン画（湯村京子） ……… 110
編集をするための基礎メソッド（編集の学校） ……… 66
編集者！（花田紀凱） ……… 66
編集者をめざすならぜひ聞いておきたい大先輩17人の貴重な話 ……… 66
編集者になるには（山口雄二） ……… 66
編集者になろう！（大沢昇） ……… 66
編集者のお仕事（平辻伸子） ……… 67
編集者の教室（元木昌彦） ……… 66
編集者の組版ルール基礎知識（野村保惠） ……… 77
編集者のためのInDesign入門早わかり（高田信夫） ……… 72
編集者のためのデジタル編集術入門（前川裕子） ……… 72
編集者・ライターのための必修基礎知識（編集の学校 文章の学校） ……… 65
編集デザイン入門（荒瀬光治） ……… 65
編集デザインの教科書（工藤強勝） ……… 65
編集とはどのような仕事なのか（鷲尾賢也） ……… 65
変身！ 磁気が電気に・手づくりロケットを飛ばそう！（米村傳治郎） ……… 220

【ほ】

ボーイズラブ小説の書き方（花丸編集部） ……… 48
放課後の文章教室（小手鞠るい） ……… 9
邦楽器づくりの匠たち（奈良部和美） ……… 219
冒険で学ぶはじめてのプログラミング（鈴木遼） ……… 270
宝飾クラフト技法の実際（日本宝飾クラフト学院） ……… 191
放送局で働く人たち（山中伊知郎） ……… 229
包装のひみつ（梅屋敷ミタ） ……… 332
報道記者の原点（岡田力） ……… 60
報道人の作法（伊藤友治） ……… 60
「棒人間」からはじめるキャラの描き方〈超入門〉（isuZu） ……… 106
ボーカリストのための高い声の出し方（DAISAKU） ……… 148
ボーカルが上手くなる本（ヤマハ音楽振興会） ……… 147
ボーカロイド+DTMで音楽をはじめよう ……… 142
ボカロを打ち込もう！ ……… 140
ボカロビギナーズ！ ボカロでDTM入門（Gcmstyle（アンメルツP）） ……… 138, 139
ボカロP生活（ボカロP生活プロジェクト） ……… 140
ボカロPの中の人（『ボカロPの中の人』の中の人） ……… 140
北欧神話物語百科（マーティン・J・ドハティ） ……… 52
僕がコントや演劇のために考えていること（小林賢太郎） ……… 34
ぼくたちを作ってよ（高柳ようこ） ……… 210
僕たちはなぜ取材するのか（藤井誠二） ……… 59
僕の仕事はYouTube（HIKAKIN） ……… 307
ぼくのつくった書体の話（小塚昌彦） ……… 338
ぼくらがドラマをつくる理由（北川悦吏子） ……… 243
ぼくは恐竜造形家（荒木一成） ……… 193
僕はこうしてデザイナーになった（立古和智） ……… 320
ぼくは写真家になる！（太田順一） ……… 119
ぼくは戦場カメラマン（渡部陽一） ……… 118
僕は本をつくりたい。（荒木スミシ） ……… 68
ぼくは本のお医者さん（深山さくら） ……… 81
ポケット楽典（大角欣矢） ……… 131
ポケット製本図鑑（デザインのひきだし編集部） ……… 81
ほしいを引き出す言葉の信号機の法則（堤藤成） ……… 328
星山博之のアニメシナリオ教室（星山博之） ……… 36
ポスターをつくろう！（デジカル） ……… 103
ポスターをつくろう！ 表現を工夫しよう！（デジカル） ……… 103
ポスターをつくろう！ 魅力的なイラストを描こう！（デジカル） ……… 103
ポスターで伝えよう見るコツつくるコツ（冨樫忠浩） ……… 103
保存版 基本ツールの教科書 ……… 194
ポップス作曲講座（林哲司） ……… 140
POPのパターンとレイアウト（四辻隆司） ……… 327
ボードゲームデザイナーガイドブック（トム・ヴェルネック） ……… 195
ポピュラー音楽作曲のための旋律法（高山博） ……… 138
ポピュラー楽譜がわかる本（沢彰記） ……… 134
POV-Rayによる3次元CG制作（鈴木広隆） ……… 250
ホームビオトープ入門（養父志乃夫） ……… 355
ホームページを作ろう（梅津健志） ……… 297
ホームページ作成のツボとコツがゼッタイにわかる本（中田亨） ……… 289
ホームページでふるさと新聞をつくろう（金子美智雄） ……… 297
ホームページ繁盛の法則（別冊宝島編集部） ……… 303
ホラーを書く！（朝松健） ……… 49

ホルンをふこう（吉永雅人）………… 160
Why are you creative？（ハーマン・ヴァスケ）…………………………………… 86
本（永江朗）………………………… 69
本を書く（アニー・ディラード）…… 38
本を書くhito・honを出す人（編集の学校）… 18
本を出したい（佐藤友美）…………… 67
本を出したい人の教科書（吉田浩）… 67
本を作る現場でなにが起こっているのか!?（編集の学校）……………………… 69
本を読む人のための書体入門（正木香子）… 80
本気で書きたい人の小説「超」入門（松島義一）…………………………………… 48
本気で小説を書きたい人のためのガイドブック（ダ・ヴィンチ編集部）……… 46
本気でバンドを仕事にしたい人へ（味間正樹）…………………………………… 152
ほんきで学ぶAndroidアプリ開発入門（Re：Kayo-System）……………………… 276
ほんきで学ぶSwift+iOSアプリ開発入門（加藤勝也）………………………… 276
盆栽（小松正夫）…………………… 361
盆栽えほん（大野八生）…………… 361
盆栽入門（群境介）………………… 361
本づくりの常識・非常識（野村保惠）… 82
本づくりの匠たち（グラフィック社編集部）… 82
本当におもしろいスマホコミックの描き方（成光雄）……………………………… 109
本当におもしろいマンガを描くためのプロットネームの作りかた（榎本秋）…… 110
本当に人を楽しませる！エンタメ作家になる（榎本秋）……………………… 42
本当の自分を見つける文章術（ブレンダ・ウェランド）……………………… 48
本と雑誌のデザインがわかる本（obscure inc.）……………………………… 64
ホントにうつる！手作りカメラ（伊知地国夫）……………………………… 212
ホントにとばせる！手作りアイディアロケット（後藤道夫）………………… 220
ほんとに、フォント。（ingectar-e）… 336
ホントのことを言うと、よく、しかられる。（仲畑貴志）……………………… 331
「本」に恋して（松田哲夫）………… 83
本の帯をつくろう！（「本のPOPや帯を作ろう」編集室）…………………… 323
本の顔（坂川栄治）………………… 83
ほんのひと手間で劇的に変わるスマホ写真の撮り方（吉住志穂）……………… 116
本のPOPをつくろう！（「本のPOPや帯を作ろう」編集室）…………………… 323
本文組版ガイドブック（レイアウトデザイン研究会）……………………… 78
ぽんぽこ書房小説玉石編集部（川崎昌平）… 65
翻訳教室（鴻巣友季子）…………… 58
翻訳ってなんだろう？（鴻巣友季子）… 58
翻訳に挑戦！名作の英語にふれる（河島弘美）……………………………… 58

本は自分の出版社からだす。プラス（浅田厚志）……………………………… 68

【ま】

micro：bitであそぼう！（高松基広）… 213
micro：bitで楽しむワークショップレシピ集（スイッチエデュケーション編集部）… 267
micro：bitではじめるプログラミング（スイッチエデュケーション編集部）… 213
micro：bitで学ぶプログラミング（高橋参吉）… 269
まいぜんシスターズとロブロックスでゲームをつくろう！（今澄亮太）……… 280
毎日新聞社記事づくりの現場（深光富士男）… 60
Minecraftで楽しく学べるPythonプログラミング（齋藤大輔）……………… 271
マインクラフトでわかる！プログラミングおもしろドリル特盛…………… 280
Markdownライティング入門（藤原惟）… 10
マジ文章書けないんだけど（前田安正）… 11
MathML数式組版入門（道廣勇司）… 73
まず「書いてみる」生活（鷲田小彌太）… 14
マスコミ業界のしくみとビジネスがこれ1冊でしっかりわかる教科書（中野明）… 58
マスコミ芸能創作のしごと（PHP研究所）… 2
間違いだらけの文章教室（高橋源一郎）… 10
街づくりにかかわる仕事（ヴィットインターナショナル企画室）………… 353
松隈ケンタ流ロックDTM入門（松隈ケンタ）……………………………… 138
松久宗琳の仏像彫刻（松久宗琳）…… 88
窓のひみつ（松野千歌）…………… 350
まなぶたのしむ文字デザイン（吉田佳広）… 338, 339
マナーはいらない（三浦しをん）…… 39
マネするだけでエディトリアルデザインが上手くなるはじめてのレイアウト（松田行正）……………………………… 74
まねるだけで伝わるデザイン（深田美千代）……………………………… 324
魔法をかける編集（藤本智士）……… 65
まるごとわかる！撮り方ブック（山崎理佳）……………………………… 117
マルチデバイス時代のWebデザインガイドブック（鍋坂理恵）…………… 292
マルチメディアクリエータになるには（石村武朗）……………………… 256
まんがイラストずかんパーフェクトコレクション（めちゃカワ!!まんがイラスト委員会）… 105
マンガを描くために必要な12の掟… 109
マンガを読んで小説家になろう！（大内明日香）………………………… 47
マンガ描こうよ！総集編（アミューズメントメディア総合学院）………… 111
まんが家になろう！（飯塚裕之）… 114

まんか　書名索引

マンガキャラ塗り方基本&プロ技テクニック（横濱英郷） …… 106
まんが原作・原論（大塚英志） …… 105
マンガ原作バイブル（大石賢一） …… 105
マンガストーリー&キャラ創作入門（田中裕久） …… 106
マンガ創作塾（赤津豊） …… 107
マンガって何？（京都国際マンガミュージアム） …… 104
マンガで覚える図解俳句短歌川柳の基本（白石範孝） …… 30
マンガで探検！アニメーションのひみつ（叶精二） …… 245, 246
まんがデッサン基本講座（東京コミュニケーションアート専門学校） …… 108
マンガでよくわかる人を操る禁断の文章術（DaiGo） …… 6
マンガで分かりやすい！れもんちゃんゼロからイラストはじめます（幸原ゆゆ） …… 107
マンガでわかる！音楽理論（侘美秀俊） …… 127, 128
マンガでわかるキャッチコピー力の基本（川上徹也） …… 329
漫画でわかるけっきょく、よはく。(ingectar-e) …… 323
マンガでわかる！作詞入門（田口俊） …… 144
マンガでわかる！小説家入門（榎本秋） …… 43
マンガでわかる小説入門（すがやみつる） …… 47
まんがでわかる編集者の仕事（編集実践教室） …… 65
まんがでわかる物語の学校（大塚英志） …… 42
マンガでわかるYouTuber養成講座（シオン・カジ） …… 305
まんがとイラストの描き方（まんがイラスト研究会） …… 110
マンガの描き方徹底ガイド（ゴー・オフィス） …… 112, 113
マンガの技法（ゴー・オフィス） …… 113, 114
マンガのキャラ作り入門（塚本博義） …… 111
漫画のプロが全力で教える「描き文字」の基本（東京デザイン専門学校） …… 105
漫画ノベライズによるラノベ上達教室（日昌晶） …… 45
マンガのマンガ（かとうひろし） …… 107, 112
マンガやさしい照明入門（照明学会） …… 347
万華鏡の作り方・楽しみ方（国際万華鏡協会） …… 183
漫才入門百科（相羽秋夫） …… 254
漫才の教科書（元祖爆笑王） …… 253
満点父さんの日曜大工入門（つきよのウッディクラフト・クラブ） …… 189

【み】

未経験者のためのデザイナー就活テキスト（武井正理） …… 318
短くても伝わる文章の書き方（白藍塾） …… 8
身近な道具で手づくりの本（関典子） …… 82
身近な道具と機械の図鑑（川村康文） …… 212
身近なところからはじめる建築保存（顕原澄子） …… 351
身近なモチーフで始める水彩画（堀川理万子） …… 100
身近なものの撮り方辞典100（大村祐里子） …… 116
身近なモノやサービスから学ぶ「情報」教室（土屋誠司） …… 259, 309
ミシンスタートBOOK …… 199
ミシンなしでかんたん！季節のこども手芸（C・R・Kdesign） …… 202
美篶堂とつくる美しい手製本（美篶堂） …… 81
美篶堂とつくるはじめての手製本（美篶堂） …… 82
美篶堂とはじめる本の修理と仕立て直し（美篶堂） …… 81
ミステリを書く！（綾辻行人） …… 49
ミステリを書く！10のステップ（野崎六助） …… 44
ミステリー小説を書くコツと裏ワザ（若桜木虔） …… 41
ミステリーの書き方（日本推理作家協会） …… 41
ミステリーの書き方（柏田道夫） …… 33
ミステリーはこう書く！（若桜木虔） …… 49
水の使い方がわかる水彩風景画（グラハム・ブース） …… 100
魅せるデザイン、語るレイアウト。（アレフ・ゼロ） …… 77
魅せる！同人誌のデザイン講座（齋藤渉） …… 83
見違えるように良くなる庭づくりの実例アイデア（佐藤勇武） …… 359
道づくりのひみつ（中尾雄吉） …… 351
見て覚えるいちばんやさしいエレキギター入門 …… 166
見てすぐつくれる建築模型の本（長沖充） …… 350
見てもらいたくなるマンガキャラの描き方超入門（KawaiiSensei） …… 104
見てわかるUnreal Engine5超入門（掌田津耶乃） …… 281
映画館（ミニシアター）のつくり方（映画芸術編集部） …… 241
「実のなる木」でつくるカトラリー（山下純平） …… 187
ミヒャルスキィ夫妻のお絵かきと工作（ウーテ・ミヒャルスキィ） …… 176
ミヒャルスキィ夫妻の楽しい工作教室（ウーテ・ミヒャルスキィ） …… 176
ミヒャルスキィ夫妻の楽しい木工教室（ウーテ・ミヒャルスキィ） …… 187
耳コピが基礎からできるようになる本（永野光浩） …… 126
耳コピ力アップ術（永野光浩） …… 128
ミュージカル完全ガイド …… 234
ミュージカル・劇場解体新書（石原隆司） …… 232
ミュージカルに連れてって！（萩尾瞳） …… 234
ミュージカル入門（石原隆司） …… 232
ミュージカル俳優という仕事（井上芳雄） …… 234
ミュージシャン金のバイブル（小川悦司） …… 122

ミュージシャンになる方法(加茂啓太郎) 154
ミュージシャンになろう！(加茂啓太郎) 147
未来力養成教室(日本SF作家クラブ) 42
みるさんの〈歌ってみた〉やってみた(みるさん) 306
魅惑のオーディオレシピ(小椋實) 216
魅惑の万華鏡(照木公子) 182
みんなが書き手になる時代のあたらしい文章入門(古賀史健) 11
みんなが知りたい！ファンタジーのすべて(『ファンタジーのすべて』編集室) 51
みんなが使っている！VSCode超入門(清水美樹) 259
みんなで描こう！黒板アート(すずきらな) 90
みんなでたのしい20音でできるミュージックベル教本(富澤郁子) 151
みんなでやろう！ロック・バンド(関口正治) 155
みんなの家。(光嶋裕介) 351
みんなの印刷入門(『みんなの印刷入門』制作委員会) 79
みんなのおりぞめ(山本俊樹) 184
みんなの同人グッズ制作マニュアル 174

【む】

無言板アート入門(楠見清) 324
無声映画入門(パオロ・ケルキ・ウザイ) 238
胸キュンまんがイラストプロワザコレクション(めちゃカワ!!まんがイラスト委員会) 109
Movie & design(岡野登) 241
Movie大学(cafe@franken movie workshop) 243
村松文彦の花・アレンジテクニック(村松文彦) 367

【め】

明快に書く！心をつかむ文章力(阿部紘久) 16
名曲理解のための実用楽典(久保田慶一) 126
メイキング・マスター・ギター(ロイ・コートナル) 217
Make: Analog Synthesizers (Ray Wilson) 139
名作コピーの教え(鈴木康之) 330
名人庭師剪定・整姿の知恵袋(吉村隆一) 359
名人庭師とっておきの知恵袋(平野泰弘) 360
名セリフどろぼう(竹内政明) 35
名著から学ぶ創作入門(ロイ・ピーター・クラーク) 39
名文に学ぶ授業に役立つ書くコツ！(白坂洋一) 8, 9, 23

メーカーのための「新人技術者」心得ノート(西畑三樹男) 2
メカのはてな(はてな委員会) 212
メークアップ(深町稜子) 233
めくって学べるきかいのしくみ図鑑 211
めざすは天才アーティスト！(池上彰) 86
めざせ！アニメクリエイター(末八重州) 247
めざせ！カメラ名人(楢山忠之) 120, 121
めざせコミケ！はじめての同人誌 113
めざせ！デジタルクリエイター(リクルート) 256
めざせ！編集長(高木まさき) 66
めざせ！まんが家PC(パソコン)でまんがを描こう！(少年サンデー編集部) 110
目指せ！ライトノベル作家超(スーパー)ガイド(榎本秋) 43
メタバースワールド作成入門(vins) 274
メディアをつくる！(池上彰) 305
メディアクエリで実現するレスポンシブWebデザイン(相澤裕介) 291
目で見る「住生活と」住まいのデザイン(中野明) 353
目と耳と足を鍛える技術(佐野眞一) 62
メルマガ起業1年目の成功術(平野友朗) 303
メルマガ情報発信術(中村秀樹) 303
メルマガ成功の鉄則(平野友朗) 303
『メルマガ』成功のルール(高橋浩子) 303
メロディがひらめくとき(黒田隆憲) 139
めんどくさがりなきみのための文章教室(はやみねかおる) 9

【も】

萌えわかり！ファンタジービジュアルガイド(藤浪智之) 57
木造住宅(関谷真一) 352
木造の工事(安水正) 352
木竹工芸の事典(柳宗理) 188
木彫入門者のための研ぎの技法(渡辺一生) 88
木版画を作ろう(古谷博子) 103
木目金の教科書(髙橋正樹) 192
模型飛行機入門(北代省三) 194
文字をつくる9人の書体デザイナー(雪朱里) 338
文字を作る仕事(鳥海修) 337
文字組版入門(モリサワ) 75
もじグラフィックス(そばまる) 334
文字のきほん(伊達千代) 335
文字の組み方(大熊肇) 75
文字の組方ルールブック(日本エディタースクール) 78
もじ部(雪朱里) 337
もじモジ探偵団(雪朱里) 334
モーターのひみつ(おぎのひとし) 224
木工(十時啓悦) 187

木工（平井信二） 188
木工＆ペイント雑貨決定版 189
木工技術シリーズ（アルバート・ジャクソン）
　　　　　　　　　　　　　　　　　　　　　 188
木工具なぐり・はつり・削りの技法（大工道具
　研究会） 186
木工芸の野草染め入門（藤井三枝） 189
木工工具の知識と技能（アルバート・ジャクソ
　ン） 187
木工手道具墨付けと木組みの技法（大工道具
　研究会） 185
木工入門塾 189
木工の基礎（アルバート・ジャクソン） 187
木工の基礎がわかる本 188
木工の基本を学ぶ（庄司修） 187
もっと歌がうまくなる。（日本工学院ミュージ
　ックカレッジ） 145
もっとええのん追求（つく）りたい！（ギュ
　イーントクガワ） 305
もっと！ 思いどおりに作曲ができる本（川村
　ケン） 138
もっと自由に！ 手で作る本と箱（山崎曜） ... 82
もっと知りたい建築家（淵上正幸） 353
もっと声優になる！（橋本崇宏） 237
最もわかりやすいソルフェージュ入門（赤石
　敏夫） 127
元Google AdSense担当が教える本当に稼げ
　るGoogle AdSense（石田健介） 288
モードフィッター（長屋恵美子） 197
一物語を作る人のための一キャラクター設定
　ノート（鳥居彩音） 52
一物語を作る人のための一世界観設定ノート
　（鳥居彩音） 53
物語を作る魔法のルール（山川健一） 52
物語のかたり方入門（エイミー・ジョーンズ）
　　　　　　　　　　　　　　　　　　　　　　 37
「物語」の組み立て方入門5つのテンプレート
　（円山夢久） 41
物語の作り方（G.ガルシア＝マルケス） 37
「物語」のつくり方入門7つのレッスン（円山
　夢久） 43
物語のつむぎ方入門（エイミー・ジョーンズ）
　　　　　　　　　　　　　　　　　　　　　　 38
ものづくりを学ぼう！ 生きものすごワザ図
　鑑 173
ものづくりに生きる（小関智弘） 177
ものづくりの魅力（技術教育研究会） 174
物のかたち図鑑（講談社） 321
モノのしくみがわかる本（科学技術研究倶楽
　部） 211
もののしくみ大図鑑（ジョエル・ルボーム） ... 211
モバイルファーストSEO（瀧内賢） 291
もふもふ・かわいいはじめての透明水彩（すず
　きあやえ） 100
模倣と創造（佐宗邦威） 1
森大衛のなるほど書道入門（森大衛） 172
森浩美のカクシ（書く詞）コウザ（森浩美） .. 145
問題解決のための「アルゴリズム×数学」が基
　礎からしっかり身につく本（米田優峻） ... 262

【 や 】

野外フェスのつくり方（岡本俊浩） 122
やきもの基本用語事典（陶工房編集部） 179
やきものの教科書（陶工房編集部） 180
やきものの仕事（東潔） 181
やきものの世界（江口滉） 181
役立つモノをつくる「福祉の仕事」（一番ヶ瀬
　康子） 179
野菜と果樹のガーデニング（松井孝） 355
やさしい、いけばなの基本（竹中麗湖） 369
やさしいオリジナル香水のつくりかた（立川
　一義） 176
やさしい楽典 126
やさしい楽典（ヤマハミュージックメディア）
　　　　　　　　　　　　　　　　　　　　　 131
やさしいクラシック・ギター入門（ドレミ楽譜
　出版社編集部） 162
やさしいクレパス画（米津祐介） 90
やさしい作曲入門（すぎやまこういち） 142
やさしい十二支の木彫り（駒澤聖刀） 89
やさしい人物画の描き方（角田紘一） 112
やさしい水墨画（小林東雲） 102
やさしい水墨画入門（吉岡明峰） 101
やさしい住まいのエクステリア入門（空木し
　き） 359
やさしい大正琴講座（泉田由美子） 170
やさしい楽しい新油絵入門（鈴木輝實） 102
やさしいデザインの教科書（瀧上園枝） 315
やさしい配色の教科書（柘植ヒロポン） 340
やさしいPICマイコン電子工作パソコンとつ
　ないで遊ぼう（高橋隆雄） 215
やさしい文章表現法（中西一弘） 17
やさしいレイアウトの教科書（大里浩二） ... 73
やさしく手づくり小物木工（大和屋巌） 189
やさしく学ぶ楽典の森（中村寛子） 124
やさしく学ぶ機械学習を理解するための数学
　のきほん（立石賢吾） 312
やさしく学べるpLaTeX 2ϵ 入門（皆本晃弥）
　　　　　　　　　　　　　　　　　　　　　　 78
やさしくわかる楽典（青島広志） 130
やさしくわかる3D入門（山中修） 250
やさしくわかるPythonの教室（ビープラウ
　ド） 264
やさしくわかる！ 文系のための東大の先生が
　教えるChatGPT（松原仁） 308
やすらぎの仏像彫刻（岩松拾文） 89
やつあたり俳句入門（中村裕） 29
やってみよう！ 太陽電池で手作り工作（西田
　和明） 225
ヤフー・トピックスの作り方（奥村倫弘） ... 66
"山"と"谷"を楽しむ建築家の人生（山﨑健太
　郎） 349
大和屋巌・飯野鐵郎のスケッチ入門（大和屋
　巌） 100
山の怪異大事典（朝里樹） 53

418

ややこしくない絵の描き方(松村上九郎) 107
ヤンキーマンガガイドブック(稲田豊史) 110

【ゆ】

ユウと魔法のプログラミング・ノート(鳥井雪) 259
有料メルマガの作り方(浜野秀雄) 303
ゆえに、プロ。(木村祐一) 254
YouTuberの教科書(大須賀淳) 304
YouTuberのための動画編集逆引きレシピ(阿部信行) 304
YouTube革命者 "異次元" の稼ぎ方(菅谷信一) 307
YouTube活用大全(守屋恵一) 304
YouTube成功の実践法則53(木村博史) 307
YouTubeで食べていく(愛場大介) 307
YouTubeで小さく稼ぐ(MEGWIN) 307
YouTube投稿&集客で稼ぐ! コレだけ! 技(川崎實智郎) 307
YouTube投稿&集客プロ技BESTセレクション(リンクアップ) 304
YouTubeの女王(松本通子) 307
YouTubeライブ配信大全(リンクアップ) 304
YouTubeは僕たち家族の日常をお金に換えてくれました(伊藤元亮) 307
Unity〈超〉入門(荒川巧也) 280
Unityデザイナーズ・バイブルReboot(森哲哉) 280
Unityではじめるおもしろプログラミング入門(藤森将昭) 284
UnityではじめるC#(いたのくまんぼう) 282
UnityとROS2で実践するロボットプログラミング(奥谷哲郎) 221
Unityの教科書(北村愛実) 280
ユニバーサルデザインってなにかな? 323
yupinoko's DIY BASIC LESSON(ゆぴのこ) 346
夢の名作ハンドメイド 203, 204
夢みるガーデンのつくり方(前田まゆみ) 356
夢見るディープラーニング(金城俊哉) 311
ユーモア川柳の作り方と楽しみ方(今川乱魚) 31

【よ】

妖怪プログラミング アルゴとリズムの冒険(宮嵜淳) 272
幼児のためのお話のつくり方(ジャンニ・ロダーリ) 51
要点で学ぶ、デザインの法則150(ウィリアム・リドウェル) 316
要点で学ぶ、デザインリサーチの手法125(ベラ・マーティン) 324
洋風の木彫り入門(戸島甲喜) 89
羊毛フェルト基礎テクニックBOOK(佐々木伸子) 209
羊毛フェルトに遊ぶ 210
よく生きることはよく書くこと(千本健一郎) 8
よくわかる色と配色の事典(葛西紀巳子) 344
よくわかるインテリア業界(インテリアビジネス研究会) 347
よくわかる楽典の教科書(小谷野謙一) 129
よくわかる基礎かぎ針編み(河合真弓) 206
よくわかる基礎棒針編み(河合真弓) 206
よくわかる最新音響の基本と仕組み(岩宮眞一郎) 244
よくわかる最新モータ技術の基本とメカニズム(井出萬盛) 224
よくわかる作詞の教科書(上田起士) 144
よくわかるC言語(長谷川聡) 258
よくわかるJava入門(富士通ラーニングメディア) 258
よくわかるScratch3.0ではじめるプログラミング(富士通エフ・オー・エム株式会社) 269
よくわかるPython入門(富士通ラーニングメディア) 261
よくわかるはじめてのHTML&CSSコーディング(富士通ラーニングメディア) 286
よくわかるフラワーカラーレッスン(フラワーデコレーター協会) 368
よくわかる文章表現の技術(石黒圭) ..... 17〜19
よくわかるやくにたつ ザ・楽典(飛田君夫) 124
よしもとプログラミング部と学ぶPython「超」入門教室(よしもとプログラミング部) 261
読ませる技術(山口文憲) 48
読み上手書き上手(齋藤孝) 17
読む心・書く心(秋田喜代美) 21
読むことは生きること(紺野順子) 22
読めば解かる! 作詞術・101の秘密(相良光紀) 144
読めば解かる! 作詞術101の秘密+(相良光紀) 144
ヨーロッパのクリエイティヴジュエリー(エリザベス・オルヴァー) 190
4週間超独習実戦アコギ入門(ヤマハミュージックメディア) 166
4週間超独習実戦ウクレレ入門(ヤマハミュージックメディア) 166
4週間超独習実戦ブルースハープ入門(ヤマハミュージックメディア) 152
4週間超独習実戦ボーカル入門(ヤマハミュージックメディア) 148
4週間超独習実戦ロック・ギター入門(ヤマハミュージックメディア) 166
4週間超独習実戦ロック・ドラム入門(尾崎元章) 152
4週間超独習実戦ロック・ベース入門(ヤマハミュージックメディア) 166
4週間でモノになる! カホン集中レッスン(岡部洋一) 152

読んで覚える楽譜のカラクリ(田熊健) 132
読んでナットク！やさしい楽典入門(オオシマダイスケ) 124

【ら】

ライカ入門編(島田和也) 119
ライター入門、校正入門、ずっと入門。(中嶋泰) 7
Lighting by Yourself(小林茂雄) 347
ライティングは「宝探し」(谷本理恵子) 328
ライトノベルを書きたい人の本(榎本秋) 46
ライトノベルを書く！(ガガガ文庫編集部) 47
ライトノベルを書こう！(榎本秋) 45
ライトノベル・ゲームで使える印象に残るストーリー作りのためのアイテム事典100(榎本秋) 56
ライトノベル・ゲームで使える魅力あふれるストーリー作りのためのキャラクター事典100(榎本秋) 56
ライトノベル設定資料生徒会のしくみ(ライトノベル作法研究所) 57
ライトノベル創作Q&A(エー)(ライトノベル作法研究所) 45
ライトノベル創作Q&A100(榎本秋) 43
ライトノベル創作教室(ライトノベル作法研究所) 46
ライトノベルのイラストレーターになる！(榎本秋) 111
ライトノベルの書き方(野島けんじ) 44
ライトノベルのための正しい日本語(榎本秋) 40
ライトノベルのための日本文学で学ぶ創作術(榎本秋) 40
ライブ上達100の裏ワザ(いちむらまさき) 152
ライブハウスオーナーが教える絶対盛り上がるライブステージング術(佐藤ヒロオ) 152
ラインとハンドサイン(二本柳奈津子) 134
楽々書ける中学生の作文術(板垣昭一) 22
らくらくロボット工学ことはじめ(日本ビジネスデータープロセシングセンター) 222
ラジオドラマ脚本入門(北阪昌人) 34
ラジオのすごい人たち(豊田拓臣) 228
RustとWebAssemblyによるゲーム開発(Eric Smith) 280
ラズパイ電子工作&光の実験で理解する量子コンピュータ(藤井啓祐) 213
ラズパイとEdgeTPUで学ぶAIの作り方(高橋秀一郎) 311
ラズパイPico WかんたんIoT電子工作レシピ(そぞら) 212
ラズパイ5完全ガイド(福田和宏) 212
Raspberry Piアイデア実験室(坂本俊之) 214
Raspberry Piをはじめよう(Matt Richardson) 213
Raspberry Pi教科書(I/O編集部) 213
Raspberry Piクックブック(Simon Monk) 212, 214
ラズベリー・パイで遊ぼう！(林和孝) 214
Raspberry Pi電子工作レシピ(河野悦昌) 214
Raspberry Piはじめてガイド(山内直) 213
Raspberry Piユーザーガイド(Eben Upton) 214
ラップがわかる・できる本(MC一寸法師) 149
ラップのことば(猪又孝) 148
LATEX 2ε階梯(藤田眞作) 75, 76
LATEX 2ε入門(生田誠三) 78
LATEX美文書作成入門(奥村晴彦) 72

【り】

リアリズム絵画入門(野田弘志) 93
理解しながら作るヘッドホン・アンプ(木村哲) 216
理科がもっとおもしろくなるScratchで科学実験(横川耕二) 264
理系のための文章教室(藍月要) 9
リズムに強くなるための全ノウハウ(市川宇一郎) 125
リズムの基本(アンナ・マートン) 130
リズムのプロと苦手を克服！リズム感改善メソッド(山北弘一) 124
リファレンスを使う前に読んでほしいWebデザインの心得(園田誠) 292
リボン&ペーパーギフトのためのラッピング(長谷良子) 333
緑化・植栽マニュアル(中島宏) 358
理論(高橋秀雄) 131
りんご(三木健) 315
リンボウ先生の文章術教室(林望) 19

【る】

ルポルタージュを書こう(中里喜昭) 63
ルール？本(菅俊一) 313

【れ】

レイアウト(ギャヴィン・アンブローズ) 77
レイアウトアイデア見本帳(石田恭嗣) 78
レイアウト、基本の「き」(佐藤直樹) 73
レイアウトデザイン(南雲治嘉) 76
レイアウト・デザインの教科書(米倉明男) 325
レイアウトデザインのルール(オブスキュアインク) 76

レイアウトデザイン見本帖（レイアウトデザイン研究会）............ 75, 78
レイアウトデザイン見本帳（関口裕）............ 73
レイアウトの基本ルール（大崎善治）............ 74
レイアウトのデザインを読む。（髙柳ヤヨイ）............ 77
例題で学ぶWebデザイン入門（大堀隆文）........... 289
例題と問題で身に付く楽典（オオシマダイスケ）............ 124
歴史ドラマと時代考証（小和田哲男）...... 240
rekordboxパーフェクト・ガイド（DJ MiCL）............ 136
レザークラフト技法事典（クラフト学園）... 191
レザークラフト入門............ 191
レザーのアクセサリー（雄鶏社）............ 192
レザーバッグ入門............ 191
レジンアクセサリーのきほん............ 190
レスポンシブEメールデザイン（こもりまさあき）............ 300
レスポンシブWebデザイン（渡辺竜）...... 293
レスポンシブWebデザイン「超」実践デザイン集中講義（山崎大助）............ 293
レスポンシブWebデザイン入門（小川裕之）............ 293
レスポンシブ・ウェブデザイン標準ガイド（こもりまさあき）............ 294
レタリング・タイポグラフィ（後藤吉郎）..... 339
レタリングデザインの極意（ジェシカ・ヒシュ）............ 334
レタリングマニュアル（ケン・バーバー）... 335
Let's DJ！（益田博司）............ 155
連歌を楽しむ（黒岩淳）............ 23
連歌入門（廣木一人）............ 24
連句（五十嵐譲介）............ 29
連句への招待（乾裕幸）............ 29
連句って何（磯直道）............ 29
レンズの活用きほんBOOK（WINDY Co.）............ 118
レンズの向こうに自分が見える（野村訓）..... 119

【ろ】

60日でできる！ 二足歩行ロボット自作入門（吉野耕司）............ 223
ロゴをデザインするということ。成功と失敗から伝える、君へのアドバイス（David Airey）............ 337
ロゴづくりの研究室（かねこあみ）............ 334
ロゴデザイン（ヤマダジュンヤ）............ 339
ロゴデザインの教科書（植田阿希）............ 335
ロゴデザインの原則（ジョージ・ボクア）... 334
ロゴデザインの現場（佐藤浩二）............ 337
ロゴデザインのつくり（佐藤浩二）............ 334
ロゴのつくりかたアイデア帖（遠島啓介）... 336
ロック＆ポップス・ヴォーカル初歩の初歩入門（ミュージック・スクール・ウッド）............ 147

ROCK & POPの音楽理論コンパクト・ガイド（ジュリア・ウィンターソン）............ 128
Rock音！ アナログ系ギター・エフェクタ製作集（富澤瑞夫）............ 216
ロック・キッズアコースティック・ギターが弾ける本（浦田泰宏）............ 164
ロック・キッズエレキ・ギターが弾ける本（浦田泰宏）............ 164
ロック・キーボード/早わかり（松崎順司）.... 143
ロック・ドラム入門（尾崎元章）............ 154
Robloxでゲームをつくろう！（今澄亮太）... 281
ロボカップジュニアガイドブック（子供の科学編集部）............ 224
ロボットキットで学ぶ機械工学（馬場政勝）............ 222
ロボット工学ことはじめ（日本ビジネスデータプロセシングセンター）............ 221
ロボット創造学入門（広瀬茂男）............ 222
ロボットは東大に入れるか（新井紀子）...... 312
RoboDesignerロボット製作入門（黒木啓之）............ 223
ロボ鉄（中野栄二）............ 223
ローポリで作る3Dゲームキャラクター制作ガイド（さぼてん）............ 250
ローラン・ボーニッシュのブーケレッスン（ローラン・ボーニッシュ）............ 363
ROLLYと作るギターエフェクター（ROLLY）............ 217
ローリーとふしぎな国の物語（カルロス・プエノ）............ 272
論説入門（朝倉敏夫）............ 62
論理的思考によるデザイン（山岡俊樹）...... 322

【わ】

ワイルドカラー（ジェニー・ディーン）...... 185
和歌のルール（渡部泰明）............ 25
わかばちゃんと学ぶWebサイト制作の基本（湊川あい）............ 290
わかばちゃんと学ぶGit使い方入門（湊川あい）............ 264
わからない彫刻（冨井大裕）............ 87
わかりやすい音楽理論（教育音楽研究会）... 131
わかりやすい楽典（川辺真）............ 131
わかりやすい楽典（中西覚）............ 127
わかりやすい楽典「問題集」（川辺真）...... 129
わかる！ イベント・プロデュース（宮地克昌）............ 251
わかるをつくる。（RON）............ 84
わかる！ 使える！ 色彩の教科書（勝馬ちなつ）............ 341
わかる！ 使える！ デザイン（小杉幸一）... 313
わかるものづくりの基本（山本恭嗣）...... 212
ワクワクお花屋さん気分（今野政代）...... 363
わくわく工作部（かんばこうじ）......... 173, 224
わくわく手芸部（ミカ）......... 202, 206, 208, 209

わくわくデジカメ&ホームプリント ……… 121
ワクワク・ドキドキロボットプログラミング
　大作戦(谷藤賢一) ……………………… 222
ワクワクバッグ(船本里美) ………………… 209
わくわくロボットワールド(松原仁) ……… 224
「私」を伝える文章作法(森下育彦) ………… 13
わたしが仕事について語るなら(ワダエミ)
　……………………………………………… 233
わたしが探究について語るなら(西澤潤一)
　………………………………………………… 2
わたしだけのフリーマガジン・フリーペーパー
　の作りかた(芳賀正晴) ………………… 68
私にはもう出版社はいらない(アロン・シェ
　パード) …………………………………… 68
私の絵本ろん(赤羽末吉) ………… 114
私のガーデングッズ ……………………… 190
私の出版(武田忠治) ……………………… 68
私も開ける展覧会(月刊ギャラリー編集部)
　……………………………………………… 94
ワックスで創るジュエリー(日本宝飾クラフ
　ト学院) …………………………………… 190
和の幻想ネーミング辞典(新紀元社編集部)
　……………………………………………… 56
和風住宅の基本を学ぶ本(本吉康郎) ……… 352
わら細工をつくろう(宮内正勝) ………… 188
ワンコインでできるはじめての花の飾り方(ワ
　ンコインフラワー倶楽部) ……………… 363

事項名索引

事項名索引　　　　　　　　　　　かんし

【あ】

アイデア　→創作全般 ……………………… 1
アイドル　→芸能を学ぼう ……………… 227
アカペラ　→歌唱 ………………………… 145
明かり　→インテリアをデザインしよう ‥345
アクセサリー　→宝石細工（アクセサ
　リー） ……………………………………… 190
アート　→芸術・美術を学ぼう ………… 85
アートディレクター　→アートマネジメ
　ント ………………………………………… 87
アートマネジメント　→アートマネジメ
　ント ………………………………………… 87
アナウンサー　→芸能を学ぼう ………… 227
アナログゲーム　→アナログゲーム …… 195
アニメシナリオ　→ドラマや演劇のシナ
　リオを書きたい …………………………… 33
アニメーション　→アニメを制作するた
　めに ……………………………………… 244
アパレル　→ファッションデザイン …… 195
アフィリエイト　→ウェブデザインをす
　るには …………………………………… 286
油絵　→油絵 ……………………………… 102
アプリケーション　→アプリをつくろう ‥273
編物　→編物 ……………………………… 205
アルゴリズム　→プログラムを組もう … 256
アレンジ　→楽曲制作 …………………… 135
アンプ　→楽器製作 ……………………… 215
生け花　→生け花 ………………………… 369
イベント　→イベントを企画しよう …… 251
イラスト　→マンガやイラストを描ける
　ようになるには ………………………… 104
印刷　→印刷 ……………………………… 79
インタビュー　→記事を書こう ………… 58
インディーズ　→音楽を学ぼう ………… 121
インテリアデザイン　→インテリアをデ
　ザインしよう …………………………… 345
ウェブ・デザイナー　→IT技術を学ぼう ‥255
ウェブ・プランナー　→IT技術を学ぼう ‥255
ウェブデザイン　→ウェブデザインをす
　るには …………………………………… 286
ウェブライティング　→ウェブライティ
　ング ……………………………………… 297
ヴォーカリスト　→歌唱 ………………… 145
映画　→ドラマ・映画を制作するために ‥238
映像　→ドラマ・映画を制作するために ‥238
エクステリア　→ガーデニングにチャレ
　ンジ ……………………………………… 354
絵コンテ　→アニメを制作するために … 244
エッセイ　→小説やエッセイを書きたい ‥37
エフェクター　→楽器製作 ……………… 215

絵本　→絵本を作ろう …………………… 114
演劇
　→ドラマや演劇のシナリオを書きたい … 33
　→演劇にチャレンジ …………………… 231
エンジニア　→創作全般 ………………… 1
エンターテインメント　→芸能を学ぼう ‥227
押し花　→フラワーデザインをするには ‥361
オーディション　→芸能を学ぼう ……… 227
帯　→商業デザインをするには ………… 323
おもちゃ　→ものづくりにチャレンジ … 173
織物　→染織工芸 ………………………… 184
お笑い　→お笑いにチャレンジ ………… 253
音楽　→音楽を学ぼう …………………… 121
音楽理論　→音楽基礎 …………………… 124
音響　→音響制作 ………………………… 243
音声　→音響制作 ………………………… 243

【か】

絵画　→絵を描こう ……………………… 89
怪談　→小説やエッセイを書きたい …… 37
画家　→絵を描こう ……………………… 89
家具　→インテリアをデザインしよう … 345
楽典　→音楽基礎 ………………………… 124
楽譜　→楽譜 ……………………………… 132
歌唱　→歌唱 ……………………………… 145
画像処理　→CGデザイン・画像処理 … 247
画像生成AI　→CGデザイン・画像処理 … 247
花壇　→ガーデニングにチャレンジ …… 354
楽器　→楽器製作 ………………………… 215
楽曲　→楽曲制作 ………………………… 135
合唱　→歌唱 ……………………………… 145
合奏
　→演奏 …………………………………… 150
　→吹奏楽 ………………………………… 155
ガーデニング　→ガーデニングにチャレ
　ンジ ……………………………………… 354
華道　→生け花 …………………………… 369
カードゲーム　→アナログゲーム ……… 195
カービング　→彫刻にチャレンジ ……… 87
画法基礎　→画法基礎 …………………… 94
髪型　→美容・理容・ヘアメイクにチャ
　レンジ …………………………………… 370
カメラ　→写真撮影にチャレンジ ……… 116
カラー　→カラーコーディネートしよう ‥339
カラーコーディネート　→カラーコー
　ディネートしよう ……………………… 339
ガラス工芸　→ガラス工芸 ……………… 182
カリグラフィ　→文字をデザインしよう ‥334
革細工　→革細工 ………………………… 191
漢詩

ヤングアダルトの本　創作活動をささえる4000冊　**425**

かんふ　　　　　　　　　　　　　事項名索引

　　→詩・短歌・俳句をつくりたい ………… 23
　　→漢詩 ……………………………………… 32
ガンプラ　→模型 ……………………………… 194
機械学習　→AI・ChatGPTを使おう …… 307
機械工作　→機械工作 ………………………… 211
器楽　→演奏 …………………………………… 150
戯曲　→ドラマや演劇のシナリオを書き
　　たい ………………………………………… 33
記者　→記事を書こう ………………………… 58
技術者　→創作全般 …………………………… 1
木彫　→彫刻にチャレンジ …………………… 87
キャッチコピー　→コピーライティング ‥ 328
キャラクター
　　→小説やエッセイを書きたい …………… 37
　　→マンガやイラストを描けるようにな
　　　るには ………………………………… 104
金工芸　→金工芸 ……………………………… 192
金継ぎ　→漆工芸 ……………………………… 183
組版　→組版・DTP …………………………… 72
グラフィック　→デザインを学ぼう ………… 313
軽音楽　→演奏 ………………………………… 150
芸術　→芸術・美術を学ぼう ………………… 85
芸人　→お笑いにチャレンジ ………………… 253
芸能　→芸能を学ぼう ………………………… 227
劇作　→ドラマや演劇のシナリオを書き
　　たい ………………………………………… 33
化粧　→美容・理容・ヘアメイクにチャ
　　レンジ …………………………………… 370
化粧品　→ものづくりにチャレンジ ………… 173
ケータイ小説　→小説やエッセイを書き
　　たい ………………………………………… 37
ゲームクリエイター　→IT技術を学ぼう ‥ 255
ゲームシナリオ　→ドラマや演劇のシナ
　　リオを書きたい …………………………… 33
ゲームプログラミング　→ゲーム ………… 279
弦楽器　→弦楽器 ……………………………… 160
研究者　→創作全般 …………………………… 1
建築　→建築設計にチャレンジ ……………… 348
工業デザイン　→工業デザインをするに
　　は ………………………………………… 321
工具　→機械工作 ……………………………… 211
工芸　→ものづくりにチャレンジ …………… 173
広告デザイン
　　→広告デザインをするには …………… 327
　　→コピーライティング ………………… 328
香水　→ものづくりにチャレンジ …………… 173
広報　→広告デザインをするには …………… 327
香料　→ものづくりにチャレンジ …………… 173
黒板アート　→絵を描こう …………………… 89
コスプレ　→コスプレ ………………………… 201
コーディング　→ウェブデザインをする
　　には ……………………………………… 286
コピーライティング

　　→ウェブライティング …………………… 297
　　→コピーライティング ………………… 328
小物　→ハンドメイド・ハンドクラフト ‥ 202
コーラス　→歌唱 ……………………………… 145
コンサート　→音楽を学ぼう ………………… 121
コント　→お笑いにチャレンジ ……………… 253

【さ】

裁縫　→裁縫 …………………………………… 198
作詞　→作詞 …………………………………… 143
撮影　→写真撮影にチャレンジ ……………… 116
作家　→文章を学ぼう ………………………… 6
雑貨　→ハンドメイド・ハンドクラフト ‥ 202
作曲　→楽曲制作 ……………………………… 135
サムネイル　→ウェブデザインをするに
　　は ………………………………………… 286
詩
　　→詩・短歌・俳句をつくりたい ………… 23
　　→詩 ……………………………………… 31
ジオラマ　→模型 ……………………………… 194
色彩　→カラーコーディネートしよう …… 339
刺繍　→裁縫 …………………………………… 198
システムエンジニア　→IT技術を学ぼう ‥ 255
時代小説　→小説やエッセイを書きたい … 37
漆工芸　→漆工芸 ……………………………… 183
七宝　→金工芸 ………………………………… 192
辞典　→創作のためのヒント ………………… 51
児童文学　→童話を書きたい ………………… 50
自費出版　→出版 ……………………………… 67
写真　→写真撮影にチャレンジ ……………… 116
ジャーナリスト　→記事を書こう …………… 58
住宅設計　→建築設計にチャレンジ ……… 348
ジュエリーデザイン　→宝石細工（アクセ
　　サリー） ………………………………… 190
手芸　→ハンドメイド・ハンドクラフト ‥ 202
取材　→記事を書こう ………………………… 58
出版
　　→出版・編集をしてみよう …………… 64
　　→出版 …………………………………… 67
商業デザイン　→商業デザインをするに
　　は ………………………………………… 323
小説　→小説やエッセイを書きたい ………… 37
商品　→パッケージをデザインしよう …… 332
照明　→インテリアをデザインしよう …… 345
植栽　→造園 …………………………………… 357
職人　→ものづくりにチャレンジ …………… 173
書体　→文字をデザインしよう …………… 334
書道　→書道をしてみよう ………………… 170
ショートショート　→小説やエッセイを
　　書きたい ………………………………… 37

426

女優 →俳優にチャレンジ	234
シルクスクリーン →版画	103
シンガー →歌唱	145
人工知能 →AI・ChatGPTを使おう	307
シンセサイザー →楽曲制作	135
新聞 →記事を書こう	58
水彩画 →水彩画	100
吹奏楽 →吹奏楽	155
水墨画 →水墨画	101
推理小説 →小説やエッセイを書きたい	37
スケッチ →画法基礎	94
図工 →ものづくりにチャレンジ	173
スタイリスト	
→ファッションデザイン	195
→美容・理容・ヘアメイクにチャレンジ	370
ステンドグラス →ガラス工芸	182
スピーカー →楽器製作	215
スマホ	
→写真撮影にチャレンジ	116
→動画制作・動画配信しよう	303
3D制作 →CGデザイン・画像処理	247
製図 →製図	354
製本 →製本	81
声優 →声優にチャレンジ	235
設計 →建築設計にチャレンジ	348
石けん →ものづくりにチャレンジ	173
染色 →染織工芸	184
染織工芸 →染織工芸	184
川柳	
→詩・短歌・俳句をつくりたい	23
→川柳	30
造園 →造園	357
造形家 →フィギュア	193
創作資料 →創作のためのヒント	51
創作全般 →創作全般	1
装丁 →装丁	83
染物 →染織工芸	184
ソルフェージュ →音楽基礎	124
ソングライター →楽曲制作	135

【た】

大工 →木竹工芸	185
タイポグラフィ	
→デザインを学ぼう	313
→文字をデザインしよう	334
太陽電池 →発電機製作	224
宝塚音楽学校 →演劇にチャレンジ	231
竹細工 →木竹工芸	185
タレント →芸能を学ぼう	227

短歌	
→詩・短歌・俳句をつくりたい	23
→短歌	24
聴音 →音楽基礎	124
彫刻 →彫刻にチャレンジ	87
ディープラーニング →AI・ChatGPTを使おう	307
テキスタイル →染織工芸	184
デザイン	
→デザインを学ぼう	313
→工業デザインをするには	321
→商業デザインをするには	323
→広告デザインをするには	327
→パッケージをデザインしよう	332
→文字をデザインしよう	334
手仕事 →ものづくりにチャレンジ	173
デジタルカメラ →写真撮影にチャレンジ	116
デジタルクリエイター →IT技術を学ぼう	255
デッサン →画法基礎	94
テレビ →芸能を学ぼう	227
篆刻 →彫刻にチャレンジ	87
電子出版 →電子出版	70
伝統工芸 →ものづくりにチャレンジ	173
展覧会 →絵を描こう	89
動画	
→ドラマ・映画を制作するために	238
→動画制作・動画配信しよう	303
陶芸 →陶磁工芸	179
陶磁工芸 →陶磁工芸	179
同人誌 →同人誌	83
童話 →童話を書きたい	50
土器 →陶磁工芸	179
ドキュメンタリー →ドラマ・映画を制作するために	238
ドライフラワー →フラワーデザインをするには	361
ドラマ	
→ドラマや演劇のシナリオを書きたい	33
→ドラマ・映画を制作するために	238
トリックアート →トリックアート	194
ドローイング →画法基礎	94
ドローン →ドローン工作	225

【な】

日曜大工	
→建築設計にチャレンジ	348
→ガーデニングにチャレンジ	354
日本画 →絵を描こう	89

日本語　→文章を学ぼう 6
庭　→ガーデニングにチャレンジ 354
ぬりもの　→漆工芸 183
ネット小説　→小説やエッセイを書きたい 37
ネーミング
　　→創作のためのヒント 51
　　→コピーライティング 328
ノベライズ　→小説やエッセイを書きたい 37
ノンフィクション　→記事を書こう 58

【 は 】

俳句
　　→詩・短歌・俳句をつくりたい ... 23
　　→俳句・連句 26
配色
　　→パッケージをデザインしよう ... 332
　　→カラーコーディネートしよう ... 339
俳優　→俳優にチャレンジ 234
パステル画　→絵を描こう 89
パーソナルカラー　→カラーコーディネートしよう 339
パタンナー　→ファッションデザイン ... 195
バッグ　→袋物細工（バッグ・ポーチ）.. 207
パッケージデザイン　→パッケージをデザインしよう 332
パッチワーク　→パッチワーク 208
発電機　→発電機製作 224
発表会　→音楽を学ぼう 121
発明　→創作全般 1
ハブダイナモ　→発電機製作 224
バルーンアート　→ものづくりにチャレンジ 173
版画　→版画 103
バンド　→演奏 150
ハンドクラフト　→ハンドメイド・ハンドクラフト 202
ハンドメイド　→ハンドメイド・ハンドクラフト 202
ピアノ　→ピアノ 169
ビオトープ　→ガーデニングにチャレンジ 354
ピクトグラム　→文字をデザインしよう.. 334
美術　→芸術・美術を学ぼう 85
ビスクドール　→フィギュア 193
ビーズ細工　→ビーズ細工 208
ヒップホップ　→歌唱 145
批評　→文章を学ぼう 6
美容　→美容・理容・ヘアメイクにチャレンジ 370
評論　→文章を学ぼう 6
ファッションデザイン　→ファッションデザイン 195
ファンタジー　→小説やエッセイを書きたい 37
フィギュア　→フィギュア 193
風車　→発電機製作 224
風力発電　→発電機製作 224
フェルト　→フェルト手芸 209
フォント
　　→デザインを学ぼう 313
　　→文字をデザインしよう 334
服飾　→ファッションデザイン 195
袋物細工　→袋物細工（バッグ・ポーチ）.. 207
ブーケ　→フラワーデザインをするには.. 361
舞台　→演劇にチャレンジ 231
譜読み　→音楽基礎 124
フラワーアレンジメント　→フラワーデザインをするには 361
フラワーデザイン　→フラワーデザインをするには 361
ブランディング　→パッケージをデザインしよう 332
プリザーブドフラワー　→フラワーデザインをするには 361
ブログ　→ウェブライティング 297
プログラマー　→IT技術を学ぼう 255
プログラミング
　　→電子工作 212
　　→プログラムを組もう 256
　　→アプリをつくろう 273
プロダクトデザイン　→工業デザインをするには 321
文芸　→小説やエッセイを書きたい 37
文章　→文章を学ぼう 6
ヘアメイク　→美容・理容・ヘアメイクにチャレンジ 370
編曲　→楽曲制作 135
編集
　　→出版・編集をしてみよう 64
　　→編集 65
宝石細工　→宝石細工（アクセサリー）.. 190
放送　→芸能を学ぼう 227
報道　→記事を書こう 58
ボーカル　→歌唱 145
ボーカロイド　→楽曲制作 135
ポスター　→ポスター 103
ポーチ　→袋物細工（バッグ・ポーチ）.. 207
ボードゲーム　→アナログゲーム 195
ホームページ　→ウェブデザインをするには 286
ホラー　→小説やエッセイを書きたい ... 37

盆栽　→盆栽 ……………………………… 361
翻訳　→翻訳をしてみよう ……………… 58

【ま】

マイコンボード　→電子工作 …………… 212
マイホーム　→建築設計にチャレンジ … 348
マインクラフト　→プログラムを組もう ‥ 256
マスコミ　→記事を書こう ……………… 58
マンガ　→マンガやイラストを描けるよ
　うになるには ………………………… 104
万華鏡　→ガラス工芸 …………………… 182
漫才　→お笑いにチャレンジ …………… 253
ミステリ　→小説やエッセイを書きたい ‥ 37
ミュージカル　→演劇にチャレンジ …… 231
ミュージシャン　→音楽を学ぼう ……… 121
メイク　→美容・理容・ヘアメイクに
　チャレンジ …………………………… 370
メディア　→芸能を学ぼう ……………… 227
メルマガ　→ウェブライティング ……… 297
木造住宅　→建築設計にチャレンジ …… 348
木竹工芸　→木竹工芸 …………………… 185
木彫　→彫刻にチャレンジ ……………… 87
木版画　→版画 …………………………… 103
模型　→模型 ……………………………… 194
モーター　→モーター製作 ……………… 224
木工　→木竹工芸 ………………………… 185
物語　→小説やエッセイを書きたい …… 37
ものづくり　→ものづくりにチャレンジ ‥ 173

【や】

やきもの　→陶磁工芸 …………………… 179
油彩画　→油絵 …………………………… 102
羊毛　→フェルト手芸 …………………… 209

【ら】

ライター　→文章を学ぼう ……………… 6
ライティング
　→文章を学ぼう ……………………… 6
　→インテリアをデザインしよう …… 345
ライトノベル　→小説やエッセイを書き
　たい …………………………………… 37
落語　→お笑いにチャレンジ …………… 253
ラジオ　→芸能を学ぼう ………………… 227
ラズベリー・パイ　→電子工作 ………… 212
ラッピング　→パッケージをデザインし
　よう …………………………………… 332
ラップ　→歌唱 …………………………… 145
理容　→美容・理容・ヘアメイクにチャ
　レンジ ………………………………… 370
ルポルタージュ　→記事を書こう ……… 58
レイアウト
　→組版・DTP ………………………… 72
　→デザインを学ぼう ………………… 313
レコーディング　→音響制作 …………… 243
レザークラフト　→革細工 ……………… 191
レース編み　→編物 ……………………… 205
レタリング　→文字をデザインしよう … 334
レトリック　→文章を学ぼう …………… 6
連歌　→詩・短歌・俳句をつくりたい … 23
連句
　→詩・短歌・俳句をつくりたい …… 23
　→俳句・連句 ………………………… 26
朗読　→演劇にチャレンジ ……………… 231
ロケット　→ロケット製作 ……………… 220
ロゴタイプ　→文字をデザインしよう … 334
ロボット　→ロボット工作 ……………… 221

【わ】

和歌
　→詩・短歌・俳句をつくりたい …… 23
　→短歌 ………………………………… 24
和楽器　→和楽器 ………………………… 170

【ABC】

AI　→AI・ChatGPTを使おう ………… 307
Android　→アプリをつくろう ………… 273
Arduino　→電子工作 …………………… 212
CAD　→CAD …………………………… 250
CG　→CGデザイン・画像処理 ……… 247
ChatGPT　→AI・ChatGPTを使おう … 307
CM　→ドラマ・映画を制作するために ‥ 238
CSS
　→プログラムを組もう ……………… 256
　→ウェブデザインをするには ……… 286
C言語　→プログラムを組もう ………… 256
DAW　→楽曲制作 ……………………… 135
DIY
　→ものづくりにチャレンジ ………… 173
　→建築設計にチャレンジ …………… 348
　→ガーデニングにチャレンジ ……… 354
DJ　→演奏 ………………………………… 150
DTM　→楽曲制作 ……………………… 135

DTP　→組版・DTP 72
HTML
　→プログラムを組もう 256
　→ウェブデザインをするには 286
iPhone　→アプリをつくろう 273
ITエンジニア　→IT技術を学ぼう 255
JavaScript　→プログラムを組もう 256
micro: bit　→電子工作 212
PHP　→プログラムを組もう 256
PICマイコン　→電子工作 212
Podcast　→動画制作・動画配信しよう 303
POP　→商業デザインをするには 323
Python　→プログラムを組もう 256
Raspberry Pi　→電子工作 212
Scratch　→プログラムを組もう 256
SNS　→ウェブライティング 297
TikTok
　→ウェブライティング 297
　→動画制作・動画配信しよう 303
Twitter　→ウェブライティング 297
YouTube　→動画制作・動画配信しよう .. 303

ヤングアダルトの本
創作活動をささえる 4000 冊

2024 年 10 月 25 日　第 1 刷発行

発 行 者／山下浩
編集・発行／日外アソシエーツ株式会社
　　　　〒140-0013 東京都品川区南大井 6-16-16 鈴中ビル大森アネックス
　　　　電話 (03)3763-5241 (代表)　FAX(03)3764-0845
　　　　URL　https://www.nichigai.co.jp/

電算漢字処理／日外アソシエーツ株式会社
印刷・製本／株式会社平河工業社

© Nichigai Associates, Inc. 2024
不許複製・禁無断転載

《落丁乱丁本はお取り替えいたします》　《中性紙北越淡クリームキンマリ使用》
ISBN978-4-8169-3025-6　Printed in Japan, 2024

本書はデジタルデータを有償販売しております。
詳細はお問い合わせください。

ヤングアダルトの本
スマホ時代の思想哲学がわかる4000冊
A5・470頁　定価10,780円（本体9,800円＋税10%）　2023.10刊

中高生を中心とするヤングアダルト世代に薦めたい図書の書誌事項と内容情報がわかる図書目録。「思想哲学を知ろう」「倫理学を知ろう」「宗教学・宗教思想を知ろう」「心理学を知ろう」など探しやすい分野別構成で初学者向けの入門書、概説書、学習漫画、エッセイ、伝記など最近20年間の4,429冊を新しい順に一覧できる。便利な内容紹介、用語・テーマからひける「事項名索引」付き。

ヤングアダルト受賞作品総覧
A5・420頁　定価14,960円（本体13,600円＋税10%）　2022.12刊

主に1990年代以降に国内外で実施された主要なヤングアダルト世代向けの文学賞を受賞した作品3,520点の目録。青い鳥文庫小説賞、スニーカー大賞、スコット・オデール賞や、本屋大賞などYA世代に人気の作家を輩出している大衆文学賞まで、75賞の受賞作を3,176名の受賞者ごとに一覧できる。

ヤングアダルトの本
SDGs(持続可能な開発目標)を理解するための3000冊
A5・390頁　定価10,780円（本体9,800円＋税10%）　2021.7刊

中高生を中心とするヤングアダルト世代に薦めたい図書の書誌事項と内容情報がわかる図書目録。「貧困をなくそう」「つくる責任　つかう責任」などSDGsの「17のゴール」に「SDGs総合」を加えた18のテーマ別に、2000年以降に刊行された図書を収録。大人から子どもまで幅広い世代の選書ガイドとして役立つ。

中高生のためのブックガイド
部活動にうちこむ
佐藤理絵監修　A5・240頁　定価4,290円（本体3,900円＋税10%）　2022.6刊

入門書・技術書からプロの活躍を描くノンフィクション、小説・エッセイまで、現役の司書教諭が顧問教員の協力のもと"中高生に薦めたい本"541冊を精選。「運動部」「文化部」「身体を鍛える」など部活動にまつわる幅広い分野を対象とし、入手しやすいものを中心に紹介。

データベースカンパニー
日外アソシエーツ
〒140-0013　東京都品川区南大井6-16-16
TEL.(03)3763-5241　FAX.(03)3764-0845　https://www.nichigai.co.jp/